# 深泽县人大志

## （1940—2024）

深泽县人大志编纂委员会 编

方志出版社
Publishing House of Local Records

**图书在版编目（CIP）数据**

深泽县人大志 ： 1940—2024 / 深泽县人大志编纂委员会编. -- 北京 ： 方志出版社, 2024. 11. -- ISBN 978-7-5144-6436-8

Ⅰ. D624.224

中国国家版本馆 CIP 数据核字第 2024MD5852 号

责任编辑：程倩
责任校对：张玉霞
责任印制：梅中英
出 版 者：方志出版社
地　　址：北京市朝阳区潘家园东里 9 号（国家方志馆 4 层）
邮　　编：100021
网　　址：http://www.zgfzcb.cn
发　　行：方志出版社图书营销中心（010-67110500）
印　　刷：山东黄氏印务有限公司
开　　本：889 毫米×1194 毫米　1/16
印　　张：55
字　　数：1351 千字
版　　次：2024 年 11 月第 1 版
印　　次：2024 年 11 月第 1 次印刷
定　　价：530.00 元

# 《深泽县人大志》编纂委员会

主　任：郭立辉

副主任：宋　彬　韩占昌　李　林　张江彦　赵玉景

顾　问：贾常文　袁铁民　王根拴　袁国良

委　员：王　茂　赵路通　段建欣　陈运东　高　飞

# 《深泽县人大志》编辑室

主　　编：王　茂

副 主 编：赵路通　陈运东　高　飞

特邀编辑：袁剑军

编　　辑：杨　毅　袁　茜　孙　强　司晓丹　牛佳乐

各乡镇撰稿人：

深 泽 镇：郑洪涛　杨　昭

铁 杆 镇：王　昕　张淇惟

赵 八 镇：马运泽　石梓澳

大桥头镇：翟　东　庞　博

留 村 乡：宋　秀　梁梦丹

白 庄 乡：曹兆南　连　泽

图片搜集和编辑：高　飞

# 深泽县地图

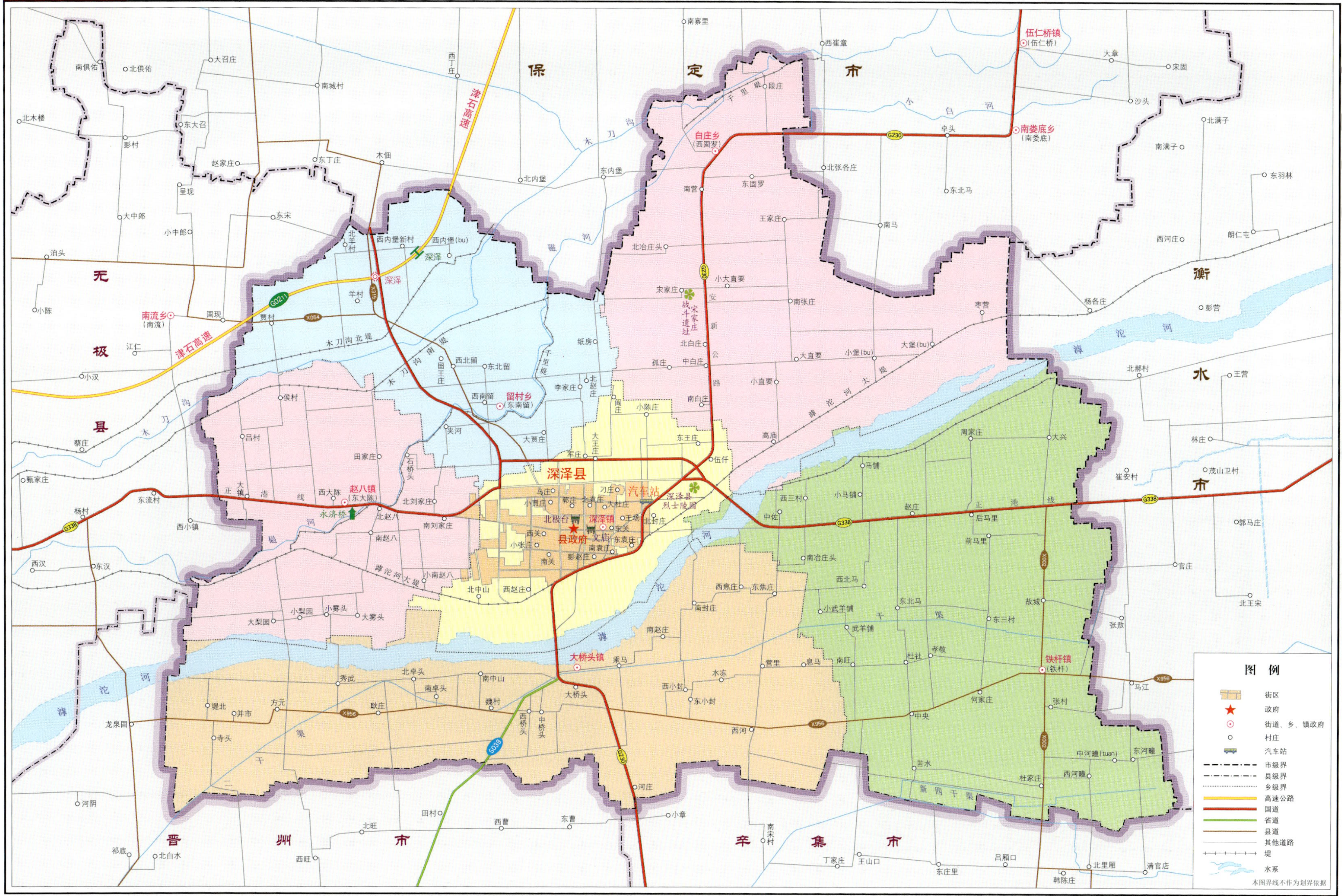


审图号：冀石S（2023）010号

石家庄市勘察测绘设计研究院 编制

1981 年 12 月 20 日至 25 日，深泽县第七届人民代表大会第一次会议召开

大会主席团

1983 年 2 月 22 日至 25 日，深泽县第七届人民代表大会第二次会议召开

1983 年 2 月 25 日，深泽县第七届人民代表大会第二次会议投票选举

1983 年 11 月 27 日至 28 日，深泽县第七届人民代表大会第四次会议召开

1984 年 5 月 30 日至 6 月 3 日，深泽县第八届人民代表大会第一次会议召开

1986 年 5 月 21 日，深泽县第八届人民代表大会第三次会议召开。图为大会主席台

深泽县第八届人民代表大会第三次会议代表们举手表决选举办法

深泽县第八届人民代表大会第三次会议代表投票

1987年4月15日至19日，深泽县第九届人民代表大会第一次会议召开

深泽县第九届人民代表大会第一次会议上，代表们认真听取报告

1987 年，县人大代表和县长对话会召开

对话会上，王玉生代表提问

1987 年，县人大常委会视察皮鞋厂

1987 年，人大代表视察食品安全工作

# 深泽县第十届人民代表大会

☆

一九九〇年三月至一九九三年二月

1990 年 3 月 6 日 至 10 日，深泽县第十届人民代表大会第一次会议召开

深泽县第十届人民代表大会第一次会议会场

1990 年 3 月 6 日，深泽县第十届人民代表大会第一次会议主席团会议召开

代表们投票选举

1991 年 3 月 15 日，深泽县第十届人民代表大会第二次会议上，表彰优秀代表和人民公仆

1991 年 3 月 12 日，县直代表团代表黎素英在深泽县第十届人民代表大会第二次会议上发言

1991 年 8 月 16 日，组织人大代表视察食品卫生工作

1992 年 11 月 21 日，召开换届选举工作会议

# 深泽县第十一届人民代表大会

一九九三年二月至一九九八年二月

1993 年 2 月 25 日至 3 月 1 日，深泽县第十一届人民代表大会第一次会议召开

大会会场

1993 年 8 月 24 日，深泽县第十一届人民代表大会第二次会议上，选举深泽县出席石家庄市第九届人民代表大会代表

1997 年 9 月 5 日，在政府会议楼第四会议室召开深泽县评议工作动员大会

1997 年 9 月 11 日，召开深泽县评议公安工作会议

1997 年 9 月 25 日，召开深泽县“企评政下评上”评议大会

深泽县第十一届人民代表大会第五次会议会场

1996 年 4 月 12 日，深泽县第十一届人民代表大会第五次会议主席团会议召开

县人大代表评议工商行政管理工作大会会场

1997 年 12 月换届选举公告

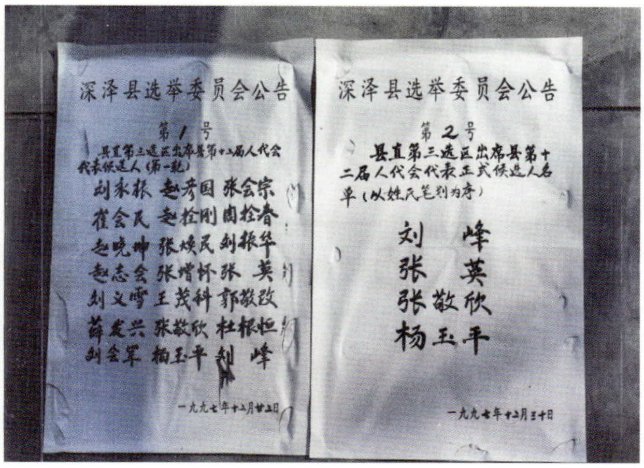

深泽县选举委员会公告

第1号

县直第三选区出席县第十二届人代会代表候选人(第一批)

刘永根 赵秀国 张会宗
崔会民 赵栓刚 阎栓春
赵晓坤 张焕民 刘振华
赵志会 张增怀 张 英
刘文雪 王茂科 郭敬政
薛发兴 张敬欣 杜根恒
刘金军 杨玉平 刘 峰

一九九七年十二月廿二日

深泽县选举委员会公告

第2号

县直第三选区出席县第十二届人代会代表正式候选人名单(以姓氏笔划为序)

刘 峰
张 英
张敬欣
杨玉平

一九九七年十二月三十日

# 深泽县第十二届人民代表大会

☆

一九九八年二月至二〇〇三年四月

1998 年 2 月 14 日至 17 日，深泽县第十二届人民代表大会第一次会议召开

大会现场

1999 年 4 月，深泽县依法治县和人大工作会议召开

2000 年 4 月，县人大常委会主任袁铁民（左一）带队视察在建的滹沱河大桥

2000 年 11 月 7 日，深泽县人大评议公检法大会召开

2000 年 11 月，县人大常委会副主任邸庆忠（前排中）带队视察农哈哈机械公司

2002 年 6 月 18 日，县人大常委会副主任张占勋（前排右二）带队视察深泽中学

深泽县第十三届人民代表大会

☆

二〇〇三年四月至二〇〇七年四月

2003 年 4 月 28 日至 30 日，深泽县第十三届人民代表大会第一次会议召开

深泽县第十三届人民代表大会第一次会议主席台

2004 年 2 月 18 日至 20 日，深泽县第十三届人民代表大会第二次会议召开

深泽县第十三届人民代表大会第二次会议会场

深泽县第十三届人民代表大会第二次会议举手表决

2008 年 1 月 15 日至 18 日，深泽县第十四届人民代表大会第二次会议召开

2008 年 1 月 15 日，深泽县第十四届人民代表大会第二次会议主席团会议召开

深泽县第十四届人民代表大会第二次会议主席台

深泽县第十四届人民代表大会第二次会议投票选举

2007年6月1日，深泽县人大代表学习培训会举行

2012年2月13日至16日，深泽县第十五届人民代表大会第一次会议召开

深泽县第十五届人民代表大会第一次会议投票选举

深泽县第十五届人大常委会主任、副主任与各乡镇人大主席、驻办事处人大副主席合影

2013 年 3 月 24 日，深泽县第十五届人民代表大会第二次会议主席团会议

2013 年 6 月 21 日，深泽县第十五届人民代表大会第三次会议投票选举

2021 年 2 月 19 日至 20 日，深泽县第十六届人民代表大会第五次会议召开

2019 年 11 月 29 日，深泽县第十六届人大常委会第二十三次会议召开

2019 年 8 月 14 日，县人大常委会主任袁国良（左四）参加深泽镇人大代表上站会议

2019 年 8 月 20 日，县人大常委会主任袁国良（左三）带队视察项目建设

2021 年 6 月 29 日，县人大办公室党史学习教育集中学习研讨会举行

2021 年 7 月 22 日至 24 日，深泽县第十七届人民代表大会第一次会议召开

在深泽县第十七届人民代表大会第一次会议上当选的县政府县长、副县长进行宪法宣誓

2021 年 10 月 12 日，深泽县第十七届人大常委会第二次会议通过人事任免事项，县委书记、县人大常委会主任王建峰（右一）为被任命人员颁发任命证书

2021 年 9 月 7 日，县委书记、县人大常委会主任王建峰（左五）视察津石高速公路深泽出入口

2023 年 12 月 14 日，深泽县人大常委会视察组 2023 年民生实事项目办理情况座谈会召开

◀▼

2024 年 10 月 12 日，县人大常委会主任郭立辉（中）组织市县人大代表视察 2024 年民生实事项目完成情况

2024 年 10 月 23 日，县人大常委会副主任宋彬（左二）调研县法院审判工作

2024 年 6 月 20 日，县人大常委会副主任韩占昌（前排中）视察县人大系统专项监督行动暨三领域联动监督工作

2024 年 6 月 14 日，县人大常委会副主任李林（左一）视察滹沱河改造工程

2024 年 6 月 4 日，县人大常委会副主任张江彦（左一）到南王庄督导大气污染防治工作

2024 年 6 月 28 日，深泽县人民代表大会制度研究会成立大会第一次全体会议召开

人大制度研究会成立大会现场

2024 年 10 月，深泽县人大常委会机关全体工作人员合影

# 历任人大常委会主任

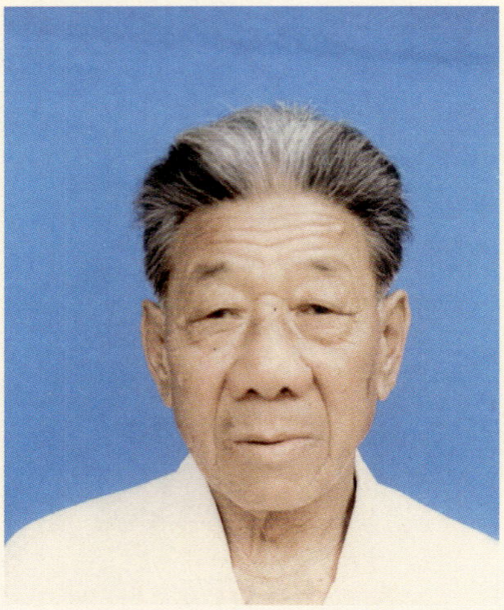

县七届人大常委会主任夏保忠
（1981 年 12 月至 1983 年 11 月）

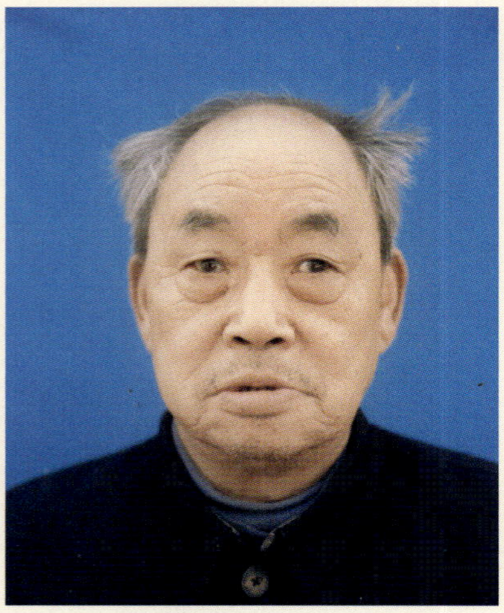

县七届、八届人大常委会主任
李小兑（1983 年 11 月至 1987 年 4 月）

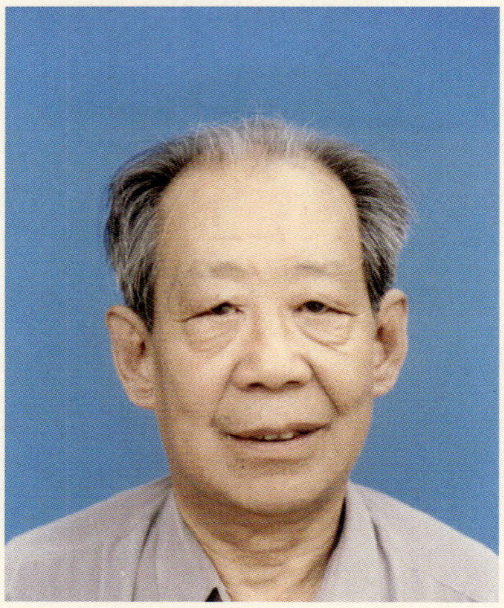

县八届、九届、十届人大常委会主任
袁东义（1987 年 4 月至 1993 年 2 月）

县十一届人大常委会主任董清彦
（1993 年 2 月至 1996 年 4 月）

县十一届人大常委会主任贾常文
（1996 年 4 月至 1998 年 2 月）

县十二届人大常委会主任袁铁民
（1998 年 2 月至 2003 年 4 月）

县十三届人大常委会主任王根拴
（2003 年 4 月至 2007 年 4 月）

县十四届人大常委会主任张俊立
（2007 年 4 月至 2008 年 1 月）

县十四届人大常委会主任王生力
（2008 年 1 月至 2012 年 2 月）

县十五届人大常委会主任杨秋
（2012 年 2 月至 2017 年 2 月）

县十六届人大常委会主任张少华
（2017 年 2 月至 2018 年 2 月）

县十六届人大常委会主任袁国良
（2018 年 2 月至 2021 年 7 月）

县十七届人大常委会主任王建峰
（2021 年 7 月至 2023 年 1 月）

县十七届人大常委会主任郭立辉
（2023 年 1 月任）

# 乡镇人民代表大会

深泽镇第十八届人民代表大会第二次会议召开

铁杆镇第七届人民代表大会第五次会议召开

赵八镇第三届人民代表大会第六次会议召开

县十三届人大常委会主任王根拴
（2003 年 4 月至 2007 年 4 月）

县十四届人大常委会主任张俊立
（2007 年 4 月至 2008 年 1 月）

县十四届人大常委会主任王生力
（2008 年 1 月至 2012 年 2 月）

县十五届人大常委会主任杨秋
（2012 年 2 月至 2017 年 2 月）

县十六届人大常委会主任张少华
（2017 年 2 月至 2018 年 2 月）

县十六届人大常委会主任袁国良
（2018 年 2 月至 2021 年 7 月）

县十七届人大常委会主任王建峰
（2021 年 7 月至 2023 年 1 月）

县十七届人大常委会主任郭立辉
（2023 年 1 月任）

# 乡镇人民代表大会

深泽镇第十八届人民代表大会第二次会议召开

铁杆镇第七届人民代表大会第五次会议召开

赵八镇第三届人民代表大会第六次会议召开

留村乡县乡人大代表述职评议会议召开

白庄乡第二届人民代表大会第一次会议召开

大桥头镇第一届人民代表大会第五次会议召开

# 十六届以前人大常委会机关院落

人大机关院门

人大机关院落

搬迁前合影

# 序

人民代表大会制度是中华人民共和国的根本政治制度，是中国共产党领导全国人民实行人民民主专政、实现人民当家做主的政权组织形式。1940年，深泽县抗日政府执行中共中央北方分局颁布的施政纲领，召开人民代表大会，开启了改天换地、建立新政权的新纪元。1949年，一个红彤彤的新中国屹立在世界东方，各界人民代表会议承载着新中国的曙光，展现着人民进行社会主义改造、建设社会主义新中国的壮志豪情。1954年，伴随着《中华人民共和国宪法》的诞生，深泽县人民代表大会届次重新排序，深泽县第一届人民代表大会第一次会议隆重召开。1981年，深泽县第七届人民代表大会设立常务委员会，作为常设机构行使人民代表大会的相关职权，深泽县人民代表大会制度更加完善。到2024年，深泽县人民代表大会历经17届，走过80多个春秋，人民当家做主、共同管理国家的政治制度更加深入人心。

记载历史，启迪未来。深泽县人大常委会在石家庄市人大常委会的指导下，编写《深泽县人大志（1940—2024）》，体现不同历史时期的时代风貌，展现充实、具体的施政内容，体例完备，资料翔实，卷首设置彩页，图文并茂，丰富直观，是全面记载中国共产党领导的深泽县人民代表大会发展的历史画卷。

《深泽县人大志（1940—2024）》编写过程中，得到县委、县政府、县人大老同志、各有关部门和社会热心人士的大力支持，在此深表谢忱。由于时间仓促，水平所限，书中不足之处在所难免，望广大读者提出宝贵意见。

深泽县人大常委会主任 郭立辉

2024年10月10日

# 凡　例

**一、指导思想** 本志以马克思列宁主义、毛泽东思想、邓小平理论、“三个代表”重要思想、科学发展观、习近平新时代中国特色社会主义思想为指导，坚持辩证唯物主义和历史唯物主义的立场、观点和方法，遵循《地方志工作条例》和志书编纂出版有关规定，全面、系统、客观、真实地记述深泽县人民代表大会及其常务委员会的历史发展、重要作用和主要贡献，体现资政、存史、育人精神。

**二、时间断限** 本志上限起于深泽县人民代表大会制度建立始端1940年，下限止于2024年7月。县人大常委会党组、县人大常委会内设机构、各乡镇人大成员任职时间按届别分段记述。

**三、结构层次** 本志首设概述，次为大事记，之后以时为序，按县人民代表大会届次设置篇章，之后为乡镇人民代表大会。篇为最高层次，篇下设章，章下设节，节下视需要设条目，以“一”“（一）”“1”“（1）”标示层次。

**四、体裁形式** 本志采用述、记、志、图、表、录等体裁，以志为主，卷首设彩页。

**五、语言文体** 本志使用规范的现代语体文，行文力求准确、简练、流畅。以第三人称表述。

**六、名称** 人名直称其姓名，必要时在姓名前冠以职务。地名、行政机构名称，以时行标准称谓为准。人员名录中，是少数民族的注明其族别，是女性的标明（女）。

**七、数字 标点 计量单位** 数字用法、标点符号用法分别采用国家标准《出版物上数字用法》（GB/T 15835—2011）、《标点符号用法》（GB/T 15834—2011），计量单位采用国家技术监督局1993年12月发布的《量和单位》系列国家标准。考虑到社会使用习惯，亩不统一换算；引文中的里、斤等照录。

**八、资料来源** 以县档案馆、县人大、各乡镇人大所存资料和《深泽县组织史资料》为主，辅以口述资料加以考证。

# 目 录


概 述 …… 1

大事记 …… 11

## 第一篇 抗日战争时期深极县人民代表大会

第一章 中国共产党深泽县党组织的建立和领导 …… 29

第一节 深泽县党组织的建立 …… 29

第二节 中共深泽县委的早期活动 …… 29

第三节 获得执政党地位 …… 30

第二章 深极县人民代表大会 …… 31

第一节 深极县新民主主义宪政运动 …… 31

第二节 人民代表大会 …… 32

## 第二篇 深泽县各界人民代表会议

第一章 深泽县各界人民代表会议代表 …… 35

第一节 第一届各界人民代表会议代表组成 …… 35

第二节 第三届各界人民代表会议代表名单 …… 35

第二章 深泽县各界人民代表会议历次会议 …… 37

第一节 深泽县第一届各界人民代表会议 …… 37

第二节 深泽县第二届各界人民代表会议 …… 37

第三节 深泽县第三届各界人民代表会议 …… 37

第四节 深泽县第四届各界人民代表会议 …… 38

## 第三篇 深泽县第一至第六届人民代表大会

第一章 深泽县第一届人民代表大会 …… 41

第一节 会议概况 …… 41

第二节　会议选举……42
第三节　会议组织……43
第四节　决议决定……44
第五节　决议决定选录……44
第六节　代表提案选录……47
**第二章　深泽县第二届人民代表大会……48**
第一节　会议概况……48
第二节　会议选举……49
第三节　会议组织……49
第四节　决议决定……50
第五节　决议决定选录……50
第六节　代表提案选录……51
**第三章　深泽县第三届人民代表大会……53**
第一节　会议概况……53
第二节　会议选举……54
第三节　会议组织……55
第四节　决议决定……56
第五节　决议决定选录……56
**第四章　深泽县第四届人民代表大会……57**
第一节　会议概况……57
第二节　会议选举……58
第三节　会议组织……59
第四节　决议决定……59
第五节　代表提案选录……60
**第五章　深泽县第五届人民代表大会……63**
第一节　会议概况……63
第二节　会议选举……63
第三节　决议决定……64
第四节　代表提案选录……65
**第六章　深泽县第六届人民代表大会……66**
第一节　代表名单……66
第二节　会议概况……68

第三节 会议选举 ……68
第四节 会议组织 ……69
第五节 决议决定 ……70
第六节 代表提案选录 ……70

## 第四篇 深泽县第七届人民代表大会

第一章 党的领导 ……81
第二章 人大代表 ……82
第一节 选举产生 ……82
第二节 代表名单 ……82
第三节 代表工作 ……85
第三章 人民代表大会 ……87
第一节 会议概况 ……87
第二节 会议选举 ……89
第三节 会议组织 ……90
第四章 人民代表大会常务委员会 ……95
第一节 常委会会议 ……95
第二节 机构设置 ……110
第五章 决议决定 ……111
第一节 作出决议决定 ……111
第二节 决议决定选录 ……112
第六章 选举任免 ……113
第一节 常委会选举任免情况 ……113
第二节 常委会接受辞职情况 ……115
第七章 机关工作 ……116

## 第五篇 深泽县第八届人民代表大会

第一章 党的领导 ……119
第二章 人大代表 ……120
第一节 选举产生 ……120

第二节 代表名单……121
第三节 代表工作……123
第三章 人民代表大会……125
第一节 会议概况……125
第二节 会议选举……127
第三节 会议组织……128
第四章 人民代表大会常务委员会……133
第一节 常委会会议……133
第二节 机构设置……139
第五章 监督工作……140
第一节 听取和审议专项工作报告与计划预算工作报告……140
第二节 法律法规实施情况检查……141
第三节 视察调研……141
第六章 决议决定……142
第一节 作出决议决定……142
第二节 决议决定选录……143
第七章 选举任免……145
第一节 常委会选举任免情况……145
第二节 常委会接受辞职情况……149
第八章 机关工作……150

## 第六篇 深泽县第九届人民代表大会

第一章 党的领导……153
第二章 人大代表……154
第一节 选举产生……154
第二节 代表名单……154
第三节 代表工作……156
第三章 人民代表大会……168
第一节 会议概况……168
第二节 会议选举……170
第三节 会议组织……171

第四章 人民代表大会常务委员会……177
第一节 常委会会议……177
第二节 机构设置……192
第五章 监督工作……194
第一节 听取和审议“一府两院”工作报告与计划预算报告……194
第二节 法律法规实施情况检查……196
第三节 视察调研……196
第六章 决议决定……197
第一节 作出决议决定……197
第二节 决议决定选录……198
第七章 选举任免……201
第一节 常委会选举任免情况……201
第二节 常委会接受辞职情况……206
第八章 机关工作……207

## 第七篇 深泽县第十届人民代表大会

第一章 党的领导……211
第二章 人大代表……212
第一节 选举产生……212
第二节 代表名单……213
第三节 代表工作……215
第三章 人民代表大会……220
第一节 会议概况……220
第二节 会议选举……224
第三节 会议组织……225
第四章 人民代表大会常务委员会……231
第一节 常委会会议……231
第二节 机构设置……245
第五章 监督工作……246
第一节 听取和审议专项工作报告与计划预算工作报告……246
第二节 法律法规实施情况检查……247

第三节　视察调研……247
第四节　民主评议……248
**第六章　决议决定**……249
第一节　作出决议决定……249
第二节　决议决定选录……250
**第七章　选举任免**……254
第一节　常委会选举任免情况……254
第二节　常委会接受辞职情况……259
**第八章　机关工作**……260

## 第八篇　深泽县第十一届人民代表大会

**第一章　党的领导**……263
**第二章　人大代表**……264
第一节　选举产生……264
第二节　代表名单……265
第三节　代表工作……268
**第三章　人民代表大会**……289
第一节　会议概况……289
第二节　会议选举……293
第三节　会议组织……295
**第四章　人民代表大会常务委员会**……303
第一节　常委会会议……303
第二节　机构设置……323
**第五章　监督工作**……325
第一节　听取和审议专项工作报告与计划预算工作报告……325
第二节　法律法规实施情况检查……326
第三节　视察调研……327
第四节　民主评议……327
**第六章　决议决定**……329
第一节　作出决议决定……329
第二节　决议决定选录……331

**第七章　选举任免** ........ 333
第一节　常委会选举任免情况 ........ 333
第二节　常委会接受辞职情况 ........ 340
**第八章　机关工作** ........ 341

## 第九篇　深泽县第十二届人民代表大会

**第一章　党的领导** ........ 345
**第二章　人大代表** ........ 346
第一节　选举产生 ........ 346
第二节　代表名单 ........ 347
第三节　代表工作 ........ 350
**第三章　人民代表大会** ........ 363
第一节　会议概况 ........ 363
第二节　会议选举 ........ 368
第三节　会议组织 ........ 370
**第四章　人民代表大会常务委员会** ........ 379
第一节　常委会会议 ........ 379
第二节　机构设置 ........ 392
**第五章　监督工作** ........ 394
第一节　听取和审议专项工作报告与计划预算和审计工作报告 ........ 394
第二节　法律法规实施情况检查 ........ 395
第三节　视察调研 ........ 396
**第六章　决议决定** ........ 397
第一节　作出决议决定 ........ 397
第二节　决议决定选录 ........ 399
**第七章　选举任免** ........ 404
第一节　常委会选举任免情况 ........ 404
第二节　常委会接受辞职情况 ........ 410
**第八章　机关工作** ........ 412

# 第十篇　深泽县第十三届人民代表大会

第一章　党的领导……415
第二章　人大代表……417
　第一节　选举产生……417
　第二节　代表名单……418
　第三节　代表工作……420
第三章　人民代表大会……438
　第一节　会议概况……438
　第二节　会议选举……441
　第三节　会议组织……443
第四章　人民代表大会常务委员会……449
　第一节　常委会会议……449
　第二节　机构设置……462
第五章　监督工作……464
　第一节　听取和审议专项工作报告与计划预算和审计工作报告……464
　第二节　法律法规实施情况检查……465
　第三节　视察调研……467
第六章　决议决定……473
　第一节　作出决议决定……473
　第二节　决议决定选录……475
第七章　选举任免……476
　第一节　常委会选举任免情况……476
　第二节　常委会接受辞职情况……481
第八章　机关工作……482

# 第十一篇　深泽县第十四届人民代表大会

第一章　党的领导……485
第二章　人大代表……487
　第一节　选举产生……487

第二节 代表名单……488
第三节 代表工作……490
**第三章 人民代表大会**……510
第一节 会议概况……510
第二节 会议选举……514
第三节 会议组织……515
**第四章 人民代表大会常务委员会**……522
第一节 常委会会议……522
第二节 机构设置……548
**第五章 监督工作**……549
第一节 听取和审议专项工作报告与计划预算和审计工作报告……549
第二节 法律法规实施情况检查……550
第三节 视察调研……553
第四节 满意度测评……560
**第六章 决议决定**……562
第一节 作出决议决定……562
第二节 决议决定选录……565
**第七章 选举任免**……566
第一节 常委会选举任免情况……566
第二节 常委会接受辞职情况……572
**第八章 机关工作**……574

## 第十二篇 深泽县第十五届人民代表大会

**第一章 党的领导**……577
第一节 党的组织机构……577
第二节 党组会议……578
**第二章 人大代表**……581
第一节 选举产生……581
第二节 代表名单……582
第三节 代表工作……585

第三章　人民代表大会……603
第一节　会议概况……603
第二节　会议选举……606
第三节　会议组织……608
第四章　人民代表大会常务委员会……615
第一节　常委会会议……615
第二节　机构设置……641
第五章　监督工作……645
第一节　听取和审议专项工作报告与计划预算和审计工作报告……645
第二节　专题询问……647
第三节　法律法规实施情况检查……648
第四节　视察调研……649
第五节　满意度测评……655
第六章　决议决定……657
第一节　作出决议决定……657
第二节　决议决定选录……660
第七章　选举任免……662
第一节　常委会选举任免情况……662
第二节　常委会接受辞职情况……668
第八章　机关工作……669

## 第十三篇　深泽县第十六届人民代表大会

第一章　党的领导……673
第一节　党的组织机构……673
第二节　党组会议……674
第二章　人大代表……679
第一节　选举产生……679
第二节　代表名单……680
第三节　代表工作……683
第三章　人民代表大会……704
第一节　会议概况……704

第二节　会议选举 ......707
第三节　会议组织 ......709
第四节　专门委员会 ......714
第四章　人民代表大会常务委员会 ......716
第一节　常委会会议 ......716
第二节　机构设置 ......737
第五章　监督工作 ......739
第一节　听取和审议专项工作报告与计划预算和审计工作报告 ......739
第二节　法律法规实施情况检查 ......741
第三节　专题询问 ......742
第四节　视察调研 ......742
第六章　决议决定 ......744
第一节　作出决议决定 ......744
第二节　决议决定选录 ......746
第七章　选举任免 ......749
第一节　常委会选举任免情况 ......749
第二节　常委会接受辞职情况 ......754
第八章　机关工作 ......756

## 第十四篇　深泽县第十七届人民代表大会

第一章　党的领导 ......761
第一节　党的组织机构 ......762
第二节　党组会议 ......762
第二章　人大代表 ......767
第一节　选举产生 ......767
第二节　代表名单 ......768
第三节　代表工作 ......770
第三章　人民代表大会 ......785
第一节　会议概况 ......785
第二节　会议选举 ......788
第三节　会议组织 ......790

第四节　专门委员会……794
第四章　人民代表大会常务委员会……795
第一节　常委会会议……795
第二节　机构设置……808
第五章　监督工作……809
第一节　听取和审议专项工作报告与计划预算和审计工作报告……809
第二节　法律法规实施情况的检查……811
第三节　视察调研……811
第四节　满意度测评……814
第六章　决议决定……819
第一节　作出决议决定……819
第二节　决议决定选录……821
第七章　选举任免……822
第一节　常委会选举任免情况……822
第二节　常委会接受辞职情况……828
第八章　深泽县人民代表大会制度研究会……829
第一节　县人大制度研究会成立大会……829
第二节　研究会成员……830
第三节　发起单位、主管单位和工作规划……831
第九章　机关工作……833

## 第十五篇　各乡镇人民代表大会

第一章　深泽镇人民代表大会……837
第二章　铁杆镇人民代表大会……840
第三章　赵八镇人民代表大会……847
第四章　大桥头镇人民代表大会……851
第五章　留村乡人民代表大会……855
第六章　白庄乡人民代表大会……861

后　记……865

# 概　述

人民代表大会制度是中华人民共和国的根本政治制度，是中国共产党团结和领导全国人民实现人民当家做主、实行人民民主专政的政权组织形式。近一百多年来，深泽人民为争取民族自由解放进行了艰苦卓绝的斗争，也通过人民代表大会行使公民权力，共同管理国家。

## 一

1940年9月，深极县人民代表大会在营里村召开，这是史无前例、开天辟地的大事件。当时的时代背景是，1925年10月，中国共产党深泽县党小组成立，马克思主义迅速在深泽大地传播；1937年10月，中共深泽县委建立了自己的武装力量，深泽大地党群一心、军民一心英勇抗日。1940年8月，无极县东部53个村庄划归深泽县，称为深极县。根据中共中央北方分局《中共晋察冀边委目前施政纲领》，深极县开展了轰轰烈烈的宪政运动，“彻底完成民主政治，建立健全各级民意机关及政府机构”。县、区、村宣传形式多种多样，有标语、壁画、诗歌、歌曲、戏剧演出等，全县上下一片欢腾。各村选举村民代表，选举村长；各区召开代表会议，选举区长，选举产生县代表。

人们敲锣打鼓欢送、营里村敲锣打鼓欢迎县代表出席大会，县代表肩负使命、胸戴红花、高高兴兴参加会议。会议通报和分析抗日形势，鼓舞抗日热情，增强胜利信心，形成了坚强的抗日民族统一战线。会议投票选举县议会议长、县长和出席晋察冀边区参议会的议员。会议审议通过县政府组成机构，形成了从县到村完整健全的行政体制。

深极县人民代表大会的召开，是深泽县革命老区为中国革命做出的巨大贡献，是“农村包围城市”战略思想的历史见证，是中国共产党领导人民当家做主的璀璨曙光和伟大实践。

## 二

1949年10月，一个红彤彤的新中国升起在世界东方。根据中国人民政治协商会议第一次会议通过的《共同纲领》，1949年11月，深泽县第一届各界人民代表会议召开，到1954年7月，各界人民代表会议共召开4届，举行全体会议8次。出席会议的代表由各界人士推选产生，党员、团员、工人、农民、教师、学生、军属、工商、妇女等各占一定比例，其中农民代表占比最多，县、区、村干部列席会议，大家齐聚一堂，共商国是。会议围绕建设新中国、发展国民经济的主题，听取县政府有关报告，选举县政府组成人员，提出意见建议，做出有关决议。在新中国成立初期，召开人民代表大会条件尚未成熟的情况下，各界人民代表会议代行了人民代表大会职权。

深泽县第一届各界人民代表会议主要讨论发展生产问题，选举产生深泽县各界代表委员会委员和主席、副主席。第三届各界人民代表会议共举行 4 次会议，为各界人民代表会议召开会议最多的一届。第一次会议向全县人民发起继续加强抗美援朝和镇压反革命运动、普遍开展农业爱国丰产运动、发展文教卫生事业、广泛宣传和大力贯彻新婚姻法的号召，做出“关于开展反贪污、反浪费、反官僚主义运动的决议”。代表们在农业、民政、监察、财政、文教、政法等方面提出许多议案。第二次会议主要内容是防旱、抗旱、春耕播种、组织劳动互助、做好代耕工作，迅速扑灭时疫流行、贯彻“三反”“五反”重要方针等工作。第三次会议听取县长郭立庄作的《关于开展爱国增产竞赛运动和组织起来的动员报告》并通过决议，通过深泽县向安国县的应战竞赛书，开展爱国增产竞赛签名运动和技术训练，参观从石家庄请来的拖拉机实验。第四届各界人民代表会议第一次会议通过划乡（镇）工作计划。

1953 年 1 月，《中央人民政府委员会关于召开全国人民代表大会及地方各级人民代表大会的决议》颁布。1954 年 6 月，《中华人民共和国宪法（草案）》公布。在全县人民深入讨论《中华人民共和国宪法（草案）》的基础上，深泽县开展全民民主普选活动，各乡（镇）分别召开人民代表大会，选举本乡镇人民政府和县人民代表大会代表，为深泽县第一届人民代表大会的召开做好充分准备。

## 三

1954 年 7 月，深泽县第一届人民代表大会第一次会议召开，深泽县各界人民代表会议及其常务委员会结束。自此，深泽县人民代表大会届次重新排序。1955 年 1 月，根据《中华人民共和国宪法》关于县设人民委员会的规定，深泽县人民政府改称深泽县人民委员会，人民委员会是人民代表大会的执行机关，是地方国家行政机关。1954 年 7 月至 1958 年 5 月，深泽县共召开三届人民代表大会，每届县人民代表大会均听取审议县政府工作报告、财政预决算报告、法院工作报告，按民主程序选举县人民政府或县人民委员会和县长、副县长及县人民法院院长。

1958 年 11 月，深泽县所辖区域划归束鹿县；1961 年 5 月，深泽县所辖区域又归属晋县。1962 年 1 月，河北省人民委员会决定恢复深泽县建制，深泽县人民委员会重新设立，仍受石家庄专署领导。1962 年 12 月至 1965 年 12 月，深泽县先后召开第四届、第五届、第六届人民代表大会。

深泽县第一届人民代表大会第一次会议，学习讨论《党在过渡时期的总路线》和《中华人民共和国宪法（草案）》，审查通过深泽县人民政府工作报告和 1954 年工作计划，选举产生县人民政府委员、县长、副县长和出席河北省人民代表大会的代表。第二次会议听取和审议县政府“关于搞好生产救灾、节约度荒和农业生产运动的报告”，作出《关于支持解放台湾的决议》。第三次会议选举产生县人民委员会委员和县长、副县长，同时选举产生县人民法院院长，至此，县法院院长不再由县政府任命。

深泽县第二届人民代表大会第一次会议，由主席团领导，设秘书长1人，会议审查通过深泽县人民委员会工作报告，深泽县人民法院工作报告和人民委员会1956年财政收支情况报告，审查通过1957年农业生产和生产救灾工作规划。

深泽县第三届人民代表大会第一次会议，听取和审议县政府工作报告、1957年财政决算和1958年财政预算的报告、第二个五年计划报告，并形成有关决议。会议选举产生第三届人民委员会、县长、副县长、法院院长和出席河北省人民代表大会的代表。第二次会议听取和审议县政府工作报告、关于并县的工作意见，作出相应决议。

深泽县第四届人民代表大会第一次会议，听取和审议县政府工作报告、财政预决算报告、县人民法院工作报告，发出各行各业都要大力支援农业的号召。

深泽县第五届人民代表大会第一次会议，听取和审议县政府工作报告、财政预决算报告、县人民法院工作报告。选举人民委员会、县长、副县长、法院院长和出席河北省第三届人民代表大会的代表。鉴于1963年遭遇特大水灾，会议明确1963年冬和1964年春全县人民的主要任务是搞好生产自救，发展农业生产。

深泽县第六届人民代表大会第一次会议，听取和审议县政府工作报告、县财政1964年决算和1965年预算执行情况的报告、县人民法院工作报告，进行大会选举。

## 四

1981年12月，根据《中华人民共和国地方各级人民代表大会和地方各级人民政府组织法》，深泽县召开第七届人民代表大会第一次会议，这次会议除选举产生政府县长、副县长外，还选举产生本届人民代表大会常务委员会，同时开始选举县人民检察院检察长。县人民代表大会是本县地方国家权力机关，县人民代表大会常务委员会在县人民代表大会闭会期间行使县人民代表大会职权。1984年2月，依照1982年12月修改公布的《中华人民共和国地方各级人民代表大会和地方各级人民政府组织法》规定，全县设9乡1镇，按行政村选举建立自治性的村民委员会。

1981年12月20日至25日，深泽县第七届人民代表大会第一次会议召开，会议审议通过县政府工作报告、财政预决算报告、法院工作报告、检察院工作报告，并作出相应决议。选举产生深泽县人民代表大会常务委员会委员、主任、副主任，深泽县人民政府县长、副县长和深泽县人民法院院长、县人民检察院检察长。自此，县人民代表大会常务委员会依照法律规定行使有关职权，定期召开常委会会议，决定有关事项，重点对县政府、县法院、县检察院（简称“一府两院”）工作进行监督。1982年4月29日至30日，深泽县七届人大常委会召开第一次会议，县委书记、县长到会，代表县委、县政府热情祝贺和支持把常委会开好。县人大常务委员会下设办公室，处理日常事务。从七届人大二次会议开始，听取和审议的工作报告一般有：县政府工作报告、财政预决算工作报告、县人大常委会工作报告、县人民法院工作报告、县人民检察院工作报告。1983 年 8 月 30 日至 31 日，深泽县七届人大召开第三次会议，听取和审议政府县长彭造岭作的《关于农村教育改革工作的报告》，并作出相应决议。深泽县七届人大共召开代表会议 4 次，七届人大常委会共召开常委会会议 14 次。

1984 年 5 月 30 日至 6 月 3 日，深泽县召开第八届人民代表大会第一次会议，听取和审议《政府工作报告》《关于深泽县 1983 年财政决算执行情况和 1984 年财政预算（草案）报告》《深泽县人大常委会工作报告》《深泽县人民法院工作报告》《深泽县人民检察院工作报告》，并作出相应决议。会议选举产生县第八届人大常委会组成人员，深泽县人民政府县长、副县长，深泽县人民法院院长，县人民检察院检察长。1984 年 8 月，深泽县人大常委会工作机构增设财经科、政教科、代表联络科。深泽县八届人大共召开代表会议 3 次，县八届人大常委会共召开会议 18 次。

1987 年 4 月 14 日至 19 日，深泽县第九届人民代表大会第一次会议召开。会议听取和审议《政府工作报告》《关于“七五”规划的报告》《关于深泽县 1986 年财政决算和 1987 年预算（草案）的报告》《深泽县人大常委会工作报告》《深泽县人民法院工作报告》《深泽县人民检察院工作报告》，并作出相应决议。会议选举产生县第九届人大常委会组成人员，选举县人民政府县长、副县长，选举县人民法院院长、县人民检察院检察长。从九届人大二次会议开始，听取和审议的工作报告一般有：县政府工作报告、国民经济计划执行情况和计划安排方案的报告、县财政决算和预算报告、县人大常委会工作报告、县人民法院工作报告、县人民检察院工作报告。九届人大三次会议除听取和审议这 6 个工作报告并作出决议外，还作出《关于加强农业工作的决议》。指出：必须提高对农业重要性的认识，牢固树立农业的基础地位，农业是国民经济的基础，粮食是基础的基础，大力发展农业是使我国经济长期稳定发展、保障人民生活富裕、社会安定的一项战略任务。九届人大常委会研究制定《关于人事任免的暂行办法》《关于加强同县人民政府、县人民法院、县人民检察院工作联系的暂行办法》《关于加强同人民代表联系的暂行办法》《关于县人民代表持证视察工作的暂行办法》《关于乡镇人大联组工作职责的试行规定》，使人大工作规范化建设得到加强。深泽县九届人大共召开代表会议 4 次，九届人大常委会共召开常委会会议 22 次。

1990 年 3 月 6 日至 10 日，深泽县第十届人民代表大会第一次会议召开。会议听取和审议 6 个报告，作出相应决议，依法进行换届选举。会议还通过《关于依法治县的决议》《关于国家机关工作人员当好人民公仆的决议》《深泽县人民代表大会议事规则》。会议安排县“一府两院”领导干部和代表座谈，征求意见和建议。十届人大二次会议，还做出《关于集中力量把深泽县办工业搞上去的决议》，指出：县办工业“基础差、底子薄”的落后状况还没有得到根本改变，把搞好县办工业作为一项重要任务，集中力量，千方百计搞上去，是振兴深泽经济的关键所在。要求县政府要把落实县委关于县办工业“三年突破、五年翻身”的决定列入重要议事日程，尽快制定实施方案，调动一切积极因素，打好工业总体战。十届人大二次会议对评选出的“优秀人大代表”和“人民公仆”进行表彰。十届人大三次会议听取和审议《深泽县国民经济和社会发展第八个五年计划（草案）的报告》，并作出决议。十届人大四次会议，做出《关于加强廉政建设的决议》《关于加强农业社会化服务的决议》。会议审议通过深泽县城标方案，对“一府两院”工作进行评议，对评选出的“优秀人大代表”和“人民公仆”进行表彰。深泽县第十届人民代表大会共召开代表会议4次，十届人大常委会共召开常委会会议18次。

1993年2月25日至29日，深泽县第十一届人民代表大会第一次会议召开，会议听取和审议6个报告，并作出相应决议。选举产生县第十一届人大常委会组成人员，县长、副县长、法院院长、检察院检察长，选举产生深泽县出席河北省第八届人民代表大会代表。十一届人大二次会议听取和审议《关于县人民政府上半年经济工作运行情况和下半年主要经济工作计划安排的报告》，选举产生深泽县出席石家庄市第九届人民代表大会代表。第三次会议通过《关于加强社会治安综合治理的决议》。第五次会议听取和审议《关于深泽县国民经济和社会发展第九个五年计划的报告》和其他5个报告，通过《关于加强深泽县预算外资金管理的决议》。深泽县第十一届人民代表大会共召开代表会议6次，十一届人大常委会共召开会议35次。

1998年2月14日至17日，深泽县第十二届人民代表大会第一次会议召开，会议听取和审议6个报告，并作出相应决议，选举产生县第十二届人大常委会组成人员，政府县长、副县长、法院院长、检察院检察长，选举产生深泽县出席石家庄市第十届人民代表大会代表。第五次会议听取和审议《关于深泽县国民经济和社会发展第十个五年计划纲要的报告》。第七次会议选举产生深泽县出席石家庄市第十一届人民代表大会代表。十二届人大常委会做出《关于“一府两院”向县人大常委会报告重大事项的决定》《关于加快依法治县进程的决议》《关于加强人民法院执行工作的决定》，制定和完善《常委会监督工作实施办法》《常委会议事规则》《代表工作暂行办法》《信访工作暂行办法》《关于加强预算监督的暂行办法》《个案监督办法》等。开展执法检查，向深泽县委报送《关于进一步实施和深化县执法责任制安排意见的报告》，加快深化实施执法责任制进程，认真履行决定权、监督权和人事任免权。深泽县第十二届人民代表大会共召开代表会议7次，十二届人大常委会共召开常委会会议39次。

2003年4月28日至30日，深泽县第十三届人民代表大会第一次会议召开，会议听取和审议《政府工作报告》《2002年国民经济和社会发展计划执行情况与2003年国民经济和社会发展计划(草案)的报告》《2002年财政预算执行情况和2003年财政预算(草案)的报告》《深泽县人大常委会工作报告》《深泽县人民法院工作报告》《深泽县人民检察院工作报告》，作出相应决议。会议选举产生县第十三届人大常委会组成人员，选举县长、副县长、法院院长、检察院检察长。第二次会议通过《深泽县人民代表大会议事规则》。十三届人大常委会制定《深泽县人民代表大会议事规则》《主任会议议事规则》《常委会组成人员守则》

《评议工作暂行办法》，修订《常委会议事规则》《常委会监督工作实施办法》《个案监督办法》《代表工作办法》，常委会及机关工作进一步制度化、规范化。深泽县第十三届人民代表大会共召开代表会议4次，十三届人大常委会共召开常委会会议27次。

2007年4月18日至21日，深泽县第十四届人民代表大会第一次会议召开，会议听取和审议6个报告，作出相应决议，选举产生县第十四届人大常委会组成人员，选举县长、副县长、法院院长、检察院检察长。第二次会议选举产生深泽县出席石家庄市第十二届人民代表大会代表。县十四届人大常委会依法决定重大事项，听取和审议计划、预算执行和审计情况报告，批准年度县级决算，及时对预算调整方案和资金使用安排方案作出决定，确保全县重点部署贯彻实施。听取和审议“两区三地三园”建设情况、打造环境品牌、创建服务型政府等工作报告，对工业企业运行和新上项目投产达效情况进行视察，对县政务中心和金融部门支持县域企业发展情况进行调研。引导和鼓励人大代表积极投身项目建设和招商引资活动，为加快项目建设发挥重要作用。听取和审议县城规划建设情况工作报告，视察向阳街拆迁改造、污水处理厂建设、企业治污情况，专题调研城乡美化、亮化、绿化工作，提出进一步整合县城资源、加快基础设施建设、提高城区承载能力、提升城市管理的建议，推动城建水平进一步提高。听取和审议县政府发展现代农业情况报告，建议县政府继续推进农业产业结构调整，发展壮大优势特色农业，加快发展畜牧业，提高农业产业化水平。对农业产业化与农民专业合作社建设情况进行视察，对种养业发展、农田水利设施建设、新农合、农村饮水安全情况进行调研，促使各项惠农政策真正惠及百姓。县十四届人大常委会不断完善监督方式，加强涉及民生事项、司法、对任命人员的监督和审议意见的督办落实。不断加强和改进代表工作，积极探索和完善代表工作新机制、新途径，为代表更好地行使职权创造条件。深泽县第十四届人民代表大会共召开代表会议6次，十四届人大常委会共召开常委会会议37次。

2012年2月13日至16日，深泽县第十五届人民代表大会第一次会议召开，会议听取和审议6个报告，并作出相应决议。选举产生县第十五届人大常委会组成人员，选举县人民政府县长、副县长、县人民法院院长、县人民检察院检察长。第二次会议选举产生深泽县出席石家庄市第十三届人民代表大会代表。十五届人大常委会紧紧围绕全县工作大局，不断规范监督范围，改进监督方法，拓宽监督渠道，切实提高监督实效。在法律监督上，按照“少而精、重深入、求实效”的原则，对安全生产法、环境保护法、科技进步法、执业医师法、义务教育法、法官法、检察官法等26部法律法规、条例的执行情况及群众反映强烈的热点案件进行检查。新预算法颁布后，将预算审查列入人大常委会审议议程。在工作监督上，按照“抓大事、议大事”的原则，围绕打造产业新城、美丽乡村和“两个环境”建设，组织开展视察、调研、专题询问、测评等活动。分别对12个有执法权和审批权的部门进行满意度测评。听取和审议县政府关于教育工作的报告，促进教育事业实现新突破。在人事监督上，完善对被任命人员进行任前供职报告、颁发任命书、表态发言等程序，增强被任命人员的人大意识、法律意识和公仆意识。十五届人大常委会第二十九次会议，首次进行专题询问。

2016 年，按国家相关规定制定《宪法宣誓实施细则》，对新任命国家机关工作人员启动宪法宣誓程序。加强“代表之家”建设，建立代表工作站 9 个，联络点 4 个。在历届常委会工作制度和优良传统的基础上，吸收近年来的成功探索和有益经验，修订完善多项议事规则、办法及岗位责任制，为人大常委会高起点、高质量、高效率履行职责提供制度保证。深泽县第十五届人民代表大会共召开代表会议 6 次，十五届人大常委会共召开常委会会议 41 次。

2017 年 2 月 25 日至 28 日，深泽县第十六届人民代表大会第一次会议召开，会议听取和审议 6 个报告，并作出相应决议，选举产生县第十六届人大常委会组成人员，选举县长、副县长、法院院长、检察院检察长。会议表决通过县第十六届人民代表大会法制委员会、财政经济委员会、教育科技文化卫生委员会组成人员名单。选举产生深泽县出席石家庄市第十四届人民代表大会代表。十六届人大二次会议，听取和审议 6 个报告，作出相应决议，补选县人大常委会主任，选举县监察委员会主任，表决通过县第十六届人民代表大会城乡建设和环境保护委员会组成人员名单。第三次会议表决通过县第十六届人民代表大会社会建设委员会组成人员名单。第四次会议票决确定 2020 年民生实事项目 10 件，第五次会议票决确定 2021 年民生实事项目 10 件。十六届人大常委会紧扣经济高质量发展、民生热点难点问题、生态文明建设、法律法规实施、社会公平正义开展监督。制定《深泽县政府向县人大常委会报告国有资产管理情况办法》，对进一步加强国有资产管理提出意见和要求。组织开展津石高速深泽段、县城建设与管理、“煤改电”、“煤改气”、农村改厕、县污水处理厂、河道整治等视察活动。出台《关于实行民生实事项目人大代表票决制的实施办法》，听取和审议县政府民生实事办理情况工作报告，开展专题询问。强化司法监督，做出《关于加强检察机关公益诉讼工作的决议》《关于深入学习宣传和贯彻落实中华人民共和国民法典的决定》，有效推动宪法和法律的贯彻实施。深泽县第十六届人民代表大会共召开代表会议 5 次，十六届人大常委会共召开常委会会议 38 次。

2021 年 7 月 22 日至 24 日，深泽县第十七届人民代表大会第一次会议召开，会议听取和审议 6 个报告，并作出相应决议。选举产生县第十七届人大常委会组成人员，选举县长、副县长、县监察委员会主任，选举县人民法院院长、县人民检察院检察长。表决通过深泽县第十七届人民代表大会法制委员会、财政经济委员会、城乡建设和环境保护委员会、教育科技文化卫生委员会、社会建设委员会组成人员名单。选举产生深泽县出席石家庄市第十五届人民代表大会代表。第二次会议票决确定 2022 年民生实事项目 10 件。第三次会议补选县人大常委会主任。票决确定 2023 年民生实事项目 10 件。第四次会议票决确定 2024 年民生实事项目 10 件，强调，2024 年是中华人民共和国成立 75 周年，全县人民要在县委坚强领导下，进一步解放思想，坚定信心，砥砺奋进，勇毅前行，不断开创深泽高质量发展新局面，为加快建设“小而精、小而美”魅力深泽而接续奋斗。

深泽县十七届人大常委会全面贯彻落实党的十九大、二十大精神，坚定党的领导，加强理论武装，贯彻县委决策，加强财经运行、招商引资、项目建设、生态保护、民生改善工作。强化法律法规监督检查，对《中华人民共和国农业法》《中华人民共和国安全生产法》

《中华人民共和国消费者权益保护法》《河北省各级人民代表大会常务委员会规范性文件备案审查条例》《河北省优化营商环境条例》《河北省地下水管理条例》《石家庄市城市管理综合执法条例》等法律法规进行执法检查。积极配合省、市人大“优化营商环境、促进种业振兴、科技成果转化、旅游发展等四项联动监督”、“推进现代商贸物流产业发展、解决房地产开发历史遗留问题、电动车综合治理等三项联动监督”等监督活动，促进法律法规的贯彻实施。加强法律监督，有力促进依法行政和公正司法。

聚力助推县城形象更新战，组织人大代表对县城建设及拆迁工作进行视察，代表们带头落实县城建设部署要求。面对“新冠”疫情，全力以赴投入疫情防控中，在特殊时期彰显人大责任担当。专题调研县检察院公益诉讼工作、水利工作、县乡村卫生健康服务一体化、发展职业教育、历史文物和文化遗产保护利用开展情况。对民生实事办理情况进行视察调研，推动办成一批群众关心关注的实事好事。

坚持代表主体地位，支持和保障代表依法行使职权，确保人民享有知情权、参与权、表达权、监督权。听取和审议代表建议、意见办理情况，对承办单位办理情况进行视察调研，组织开展满意度测评，推动解决群众关心的热点、难点问题。

坚持党管干部与人大依法任免干部有机统一原则，认真做好人事任免，实施宪法宣誓制度。全面推进常委会和机关党的建设，修订完善《深泽县第十七届人大常委会议事规则》《深泽县第十七届人大常委会主任会议议事规则》《深泽县人大常委会规范性文件备案审查制度》等规章制度，保障常委会高起点、高质量、高效率履行各项职责。

截至 2024 年 7 月，深泽县第十七届人民代表大会共召开代表会议 4 次，十七届人大常委会召开常委会会议 28 次。

## 五

深泽县人民代表大会制度是在中共深泽县委的领导下建立、发展和壮大起来的，是中国共产党为中国人民谋幸福、为中华民族谋复兴、全心全意为人民服务的伟大体现。历届中共深泽县委高度重视人大工作，始终坚持党对人大工作的政治领导和组织保障，对各个时期和阶段的人大工作提出要求、指明方向。在日常工作中，注重发挥人大作用，善于通过法律程序将重要主张上升为国家意志、并转变为全县人民的自觉行动。注重支持人大依法行使职权，在干部任免、述职评议、法律监督、工作监督、代表议政等开创性工作上给予肯定和支持。注重人大组织建设，机构设置不断完善，干部交流力度不断加大，使人大工作充满生机和活力。

深泽县人民代表大会制度的光辉历程，可以得到以下启示：第一，坚持党的领导是做好人大工作的政治保证。县人大及其常委会坚持重大事项向县委请示报告制度，坚持在县委领导下正确处理与“一府一委两院”及其部门的关系，不断改进监督方式，加大监督力度，使人大工作始终坚持正确的政治方向，确保正确履行宪法和法律赋予的工作职责。第二，执政为民是人大工作的根本目的。县人大及其常委会始终把实现人民意愿、体现人民意志、维护人民利益作为人大工作的根本出发点和落脚点，对于事关全县经济社会发展和民生的热点问题，始终给予高度关注，实施跟踪监督，不断增强执政为民的意识和责任感，有效发挥国家权力机关的作用，保障和促进人民民主权利的实现。第三，服务发展大局是人大工作的中心任务。县人大及其常委会坚持正确的指导思想，围绕县委工作中心，关注政府工作重点，把监督与支持有机结合起来，在优化经济发展环境、促进全县经济又好又快发展上提供法律保障，增强人大工作的实效性。第四，开拓创新是人大工作的不竭动力。县人大及其常委会坚持解放思想，实事求是，与时俱进，开拓创新，积极探索依法行使职权的新机制、新方法，不断增强人大工作活力，取得很好工作成效，积累很好工作经验。

纵观深泽县人民代表大会的发展历程，目标坚定，充满朝气，人民代表大会制度的建立、发展、壮大和完善，充分证明这一根本政治制度的强大生命力和巨大优越性。随着新时代国家实力的不断增强，国家治理体系的不断完善和加强，深泽县人民代表大会制度必将愈加巩固，人民当家做主作用必将进一步发挥。在中国共产党的领导下，在实现“第二个百年”奋斗目标、建设社会主义现代化强国的伟大征程上，深泽县人大及其常委会必将谱写更加辉煌的篇章，深泽人民也必将贡献更大的深泽力量。

# 大事记

## 1940 年

7 月至 10 月　根据中共中央北方分局和晋察冀边区政府的统一部署，深泽县（时为深极县）各村选举村民代表，成立村代表会，选举村长，改造村政权；选举区民代表，成立区代表会，选举区长，改造区政府；选举县议员，成立县议会，选举县长，改组县政府。

9 月　深极县人民代表大会在深泽县营里村召开。会议动员社会各界积极抗日，投票选举县议会议长、县长和出席晋察冀边区参议会的议员。会议确定县政府组成机构，形成县、区、村完整健全的行政体制。

## 1949 年

11 月　深泽县第一届各界人民代表会议第一次会议召开。

## 1950 年

12 月　深泽县第二届各界人民代表会议第一次会议召开。

## 1951 年

12 月 28 日　深泽县第三届各界人民代表会议第一次会议召开。

## 1952 年

3 月 17 日至 19 日　深泽县第三届各界人民代表会议第二次会议召开。

5 月 31 日　深泽县第三届各界人民代表会议第三次会议召开。通过深泽县向安国县的应战竞赛书，开展爱国增产竞赛运动。

12 月 15 日　深泽县第三届各界人民代表会议第四次会议召开。

## 1953 年

1 月 24 日　深泽县第四届各界人民代表会议第一次会议召开。

9 月　深泽县第四届各界人民代表会议第二次会议召开。

### 1954 年

7 月 7 日　深泽县第一届人民代表大会第一次会议召开。会议学习讨论《中华人民共和国宪法（草案）》。

11 月 17 日至 19 日　深泽县第一届人民代表大会第二次会议召开。会议通过《关于支持解放台湾的报告》的决议。

### 1955 年

1 月 13 日至 14 日　深泽县第一届人民代表大会第三次会议召开。

### 1956 年

1 月 10 日至 12 日　深泽县第一届人民代表大会第四次会议召开。听取和审议第一个五年计划后两年合作、生产规划的报告。

12 月 31 日至 1957 年 1 月 4 日　深泽县第二届人民代表大会第一次会议召开。

### 1957 年

9 月 19 日至 21 日　深泽县第二届人民代表大会第二次会议召开。

12 月 18 日　深泽县第二届人民代表大会第三次会议召开。

### 1958 年

5 月 19 日至 20 日　深泽县第三届人民代表大会第一次会议召开。

11 月 3 日至 4 日　深泽县第三届人民代表大会第二次会议召开。

11 月　深泽、晋县、束鹿三县合并为束鹿县。

### 1961 年

5 月　晋县（包括原深泽县）与束鹿县分设，恢复晋县建制。

### 1962 年

1 月　恢复深泽县建制。

12 月 22 日至 24 日　深泽县第四届人民代表大会第一次会议召开。

### 1963 年

10 月 28 日至 30 日　深泽县第五届人民代表大会第一次会议召开。

## 1965 年

12 月 25 日至 27 日　深泽县第六届人民代表大会第一次会议召开。

## 1981 年

12 月 20 日至 25 日　深泽县第七届人民代表大会第一次会议召开。

12 月 25 日　在深泽县第七届人民代表大会第一次会议上，选举产生深泽县人民代表大会常务委员会，选举产生深泽县人民政府县长、深泽县人民法院院长、深泽县人民检察院检察长。

## 1982 年

4 月 29 日至 30 日　深泽县七届人大常委会第一次会议召开。

6 月 29 日至 30 日　深泽县七届人大常委会第二次会议召开。

8 月 30 日至 31 日　深泽县七届人大常委会第三次会议召开。会议讨论通过《深泽县人大常委会关于干部任免的试行办法》。

11 月 10 日至 11 日　深泽县七届人大常委会第四次会议召开。

## 1983 年

1 月 10 日至 11 日　深泽县七届人大常委会第五次会议召开。讨论通过《深泽县人民代表大会常务委员会关于动员全县人民认真学习、宣传和保证实施〈中华人民共和国宪法〉的决议》。

2 月 22 日至 25 日　深泽县第七届人民代表大会第二次会议召开。

4 月 30 日　深泽县七届人大常委会第六次会议召开。

7 月 2 日　深泽县七届人大常委会第七次会议召开。

8 月 30 日至 31 日　深泽县第七届人民代表大会第三次会议召开。

9 月 24 日　深泽县七届人大常委会第九次会议召开。

11 月 27 日至 28 日　深泽县第七届人民代表大会第四次会议召开。

12 月 27 日　深泽县七届人大常委会第十一次会议召开。

## 1984 年

2 月 9 日　深泽县七届人大常委会第十二次会议召开。

5 月 4 日　深泽县七届人大常委会第十三次会议召开。

5 月 17 日　深泽县七届人大常委会第十四次会议召开。

5 月 28 日　深泽县七届人大常委会第十五次会议召开。

5 月 30 日至 6 月 3 日　深泽县第八届人民代表大会第一次会议召开。

7 月 30 日　深泽县八届人大常委会第一次会议召开。

9 月 18 日　深泽县八届人大常委会第二次会议召开。

12 月 17 日　深泽县八届人大常委会第三次会议召开。

**1985 年**

1 月 19 日　深泽县八届人大常委会第四次会议召开。

3 月 14 日　深泽县八届人大常委会第五次会议召开。

3 月 28 日至 30 日　深泽县第八届人民代表大会第二次会议召开。

5 月 18 日　深泽县八届人大常委会第六次会议召开。

8 月 9 日　深泽县八届人大常委会第七次会议召开。

8 月 30 日　深泽县八届人大常委会第八次会议召开。

11 月 19 日　深泽县八届人大常委会第九次会议召开。

**1986 年**

1 月 17 日至 18 日　深泽县八届人大常委会第十次会议召开。

2 月 24 日　深泽县八届人大常委会第十一次会议召开。

5 月 21 日至 24 日　深泽县第八届人民代表大会第三次会议召开。

8 月 12 日至 13 日　深泽县八届人大常委会第十三次会议召开。

10 月 27 日　深泽县八届人大常委会第十四次会议召开。

**1987 年**

1 月 12 日　深泽县八届人大常委会第十六次会议召开。

2 月 27 日　深泽县八届人大常委会第十七次会议召开。

3 月 25 日　深泽县八届人大常委会第十八次会议召开。

4 月 14 日至 19 日　深泽县第九届人民代表大会第一次会议召开。

5 月 25 日　深泽县九届人大常委会第一次会议召开。

7 月 27 日　深泽县九届人大常委会第二次会议召开。

8 月 28 日　深泽县九届人大常委会第三次会议召开。

10 月 12 日　深泽县九届人大常委会第四次会议召开。

12 月 21 日　深泽县九届人大常委会第五次会议召开。

**1988 年**

2 月 25 日　深泽县九届人大常委会第六次会议召开。

3 月 5 日至 7 日　深泽县第九届人民代表大会第二次会议召开。

3 月 21 日　深泽县九届人大常委会第七次会议召开。

4月16日　深泽县九届人大常委会第八次会议召开。

6月7日　深泽县九届人大常委会第九次会议召开。

7月21日　深泽县九届人大常委会第十次会议召开。

9月6日　深泽县九届人大常委会第十一次会议召开。

10月31日　深泽县九届人大常委会第十二次会议召开。审议通过深泽县人大常委会《议事规则（草案）》。

12月29日　深泽县九届人大常委会第十三次会议召开。审议通过县人大常委会《关于实施监督的规定（试行）》。

## 1989年

2月13日　深泽县九届人大常委会第十四次会议召开。

2月28日至3月2日　深泽县第九届人民代表大会第三次会议召开。

4月10日　深泽县九届人大常委会第十五次会议召开。

6月28日　深泽县九届人大常委会第十六次会议召开。会议听取县政府关于拓开西苑街方案的通报。

8月15日　深泽县九届人大常委会第十七次会议召开。

10月16日　深泽县九届人大常委会第十八次会议召开。

11月11日　深泽县九届人大常委会第十九次会议召开。

11月18日　深泽县九届人大常委会第二十次会议召开。

11月18日　深泽县第九届人民代表大会第四次会议召开。

12月14日　深泽县九届人大常委会第二十一次会议召开。

## 1990年

2月28日　深泽县九届人大常委会第二十二次会议召开。

3月6日至10日　深泽县第十届人民代表大会第一次会议召开。

4月20日　深泽县十届人大常委会第一次会议召开。会议决定撤销县人大常委会政教工作科，设立政法工作科和科教文卫工作科。

7月3日　深泽县十届人大常委会第二次会议召开。

8月9日　深泽县十届人大常委会第三次会议召开。

10月16日　深泽县十届人大常委会第四次会议召开。

12月18日　深泽县十届人大常委会第五次会议召开。

## 1991年

2月2日　深泽县十届人大常委会第六次会议召开。

3月12日至15日　深泽县第十届人民代表大会第二次会议召开。

5月6日　深泽县十届人大常委会第七次会议召开。

7月16日　深泽县十届人大常委会第八次会议召开。

8月27日　深泽县十届人大常委会第九次会议召开。

9月17日　深泽县第十届人民代表大会第三次会议召开。

10月31日　深泽县十届人大常委会第十次会议召开。

12月13日　深泽县十届人大常委会第十一次会议召开。

**1992年**

3月4日　深泽县十届人大常委会第十二次会议召开。

3月25日至28日　深泽县第十届人民代表大会第四次会议召开。

5月9日　深泽县十届人大常委会第十三次会议召开。审议通过县人大常委会《信访工作试行办法（草案）》。

6月30日　深泽县十届人大常委会第十四次会议召开。

8月28日　深泽县十届人大常委会第十五次会议召开。

10月28日　深泽县十届人大常委会第十六次会议召开。

12月22日　深泽县十届人大常委会第十七次会议召开。

**1993年**

2月15日　深泽县十届人大常委会第十八次会议召开。

2月25日至29日　深泽县第十一届人民代表大会第一次会议召开。

4月13日　深泽县十一届人大常委会第一次会议召开。

6月10日　深泽县十一届人大常委会第二次会议召开。

7月30日　深泽县十一届人大常委会第三次会议召开。

8月20日　深泽县十一届人大常委会第四次会议召开。

8月23日至24日　深泽县第十一届人民代表大会第二次会议召开。

9月29日　深泽县十一届人大常委会第五次会议召开。

12月21日　深泽县十一届人大常委会第六次会议召开。

**1994年**

2月26日　深泽县十一届人大常委会第七次会议召开。

3月15日至3月17日　深泽县第十一届人民代表大会第三次会议召开。

5月13日　深泽县十一届人大常委会第八次会议召开。

7月15日　深泽县十一届人大常委会第九次会议召开。

9月23日　深泽县十一届人大常委会第十次会议召开。

11月22日　深泽县十一届人大常委会第十一次会议召开。

## 1995 年

1月10日　深泽县十一届人大常委会第十二次会议召开。

2月12日　深泽县十一届人大常委会第十三次会议召开。

2月23日至25日　深泽县第十一届人民代表大会第四次会议召开。

3月10日　深泽县十一届人大常委会第十四次会议召开。

3月30日　深泽县十一届人大常委会第十五次会议召开。

5月23日　深泽县十一届人大常委会第十六次会议召开。

6月9日　深泽县十一届人大常委会第十七次会议召开。

7月28日　深泽县十一届人大常委会第十八次会议召开。

10月17日　深泽县十一届人大常委会第十九次会议召开。通过《深泽县人大常委会关于开展县人大代表议政日活动的办法》。

## 1996 年

2月5日　深泽县十一届人大常委会第二十次会议召开。

3月20日　深泽县十一届人大常委会第二十一次会议召开。

4月1日　深泽县十一届人大常委会第二十二次会议召开。

4月11日至13日　深泽县第十一届人民代表大会第五次会议召开。

5月3日　深泽县十一届人大常委会第二十三次会议召开。

6月18日　深泽县十一届人大常委会第二十四次会议召开。

8月21日　深泽县十一届人大常委会第二十五次会议召开。

11月5日　深泽县十一届人大常委会第二十六次会议召开。

12月23日　深泽县十一届人大常委会第二十七次会议召开。

## 1997 年

2月20日　深泽县十一届人大常委会第二十九次会议召开。

3月2日　深泽县十一届人大常委会第三十次会议召开。

3月4日至6日　深泽县第十一届人民代表大会第六次会议召开。

4月22日　深泽县十一届人大常委会第三十一次会议召开。

6月27日　深泽县十一届人大常委会第三十二次会议召开。

8月27日　深泽县十一届人大常委会第三十三次会议召开。

12月2日　深泽县十一届人大常委会第三十四次会议召开。

## 1998 年

2月5日　深泽县十一届人大常委会第三十五次会议召开。

2 月 14 日至 17 日　深泽县第十二届人民代表大会第一次会议召开。

2 月 18 日　深泽县十二届人大常委会第一次会议召开。

4 月 30 日　深泽县十二届人大常委会第二次会议召开。

6 月 26 日　深泽县十二届人大常委会第四次会议召开。

8 月 18 日　深泽县十二届人大常委会第五次会议召开。

9 月 25 日　深泽县十二届人大常委会第六次会议召开。

11 月 26 日　深泽县十二届人大常委会第七次会议召开。

12 月 30 日　深泽县十二届人大常委会第八次会议召开。

## 1999 年

2 月 5 日　深泽县十二届人大常委会第九次会议召开。

2 月 24 日至 26 日　深泽县第十二届人民代表大会第二次会议召开。

4 月 9 日　深泽县十二届人大常委会第十次会议召开。

5 月 17 日　深泽县十二届人大常委会第十一次会议召开。

5 月 27 日至 28 日　深泽县第十二届人民代表大会第三次会议召开。

6 月 10 日　深泽县十二届人大常委会第十三次会议召开。

9 月 7 日　深泽县十二届人大常委会第十四次会议召开。

11 月 30 日　深泽县十二届人大常委会第十五次会议召开。

12 月 30 日　深泽县十二届人大常委会第十六次会议召开。

## 2000 年

2 月 17 日　深泽县十二届人大常委会第十七次会议召开。

2 月 21 日至 23 日　深泽县第十二届人民代表大会第四次会议召开。

4 月 25 日　深泽县十二届人大常委会第十八次会议召开。

6 月 16 日　深泽县十二届人大常委会第十九次会议召开。

8 月 3 日　深泽县十二届人大常委会第二十次会议召开。

10 月 12 日　深泽县十二届人大常委会第二十一次会议召开。

11 月 7 日至 8 日　深泽县十二届人大常委会第二十二次会议召开。

12 月 26 日　深泽县十二届人大常委会第二十三次会议召开。

## 2001 年

1 月 16 日　深泽县十二届人大常委会第二十四次会议召开。

2 月 9 日　深泽县十二届人大常委会第二十五次会议召开。

2 月 20 日至 22 日　深泽县第十二届人民代表大会第五次会议召开。

3 月 29 日　深泽县十二届人大常委会第二十六次会议召开。

6 月 8 日　深泽县十二届人大常委会第二十七次会议召开。

8 月 21 日　深泽县十二届人大常委会第二十八次会议召开。

10 月 23 日　深泽县十二届人大常委会第二十九次会议召开。

## 2002 年

3 月 1 日至 3 日　深泽县第十二届人民代表大会第六次会议召开。

## 2003 年

1 月 24 日至 25 日　深泽县第十二届人民代表大会第七次会议召开。

2 月 14 日　深泽县十二届人大常委会第三十六次会议召开。

3 月 11 日　深泽县十二届人大常委会第三十七次会议召开。

3 月 28 日　深泽县十二届人大常委会第三十八次会议召开。

4 月 25 日　深泽县十二届人大常委会第三十九次会议召开。

4 月 28 日至 30 日　深泽县第十三届人民代表大会第一次会议召开。

5 月 30 日　深泽县十三届人大常委会第一次会议召开。

10 月 14 日　深泽县十三届人大常委会第三次会议召开。

11 月 28 日　深泽县十三届人大常委会第四次会议召开。

## 2004 年

2 月 18 日至 20 日　深泽县第十三届人民代表大会第二次会议召开。

2 月 7 日　深泽县十三届人大常委会第六次会议召开。

4 月 28 日　深泽县十三届人大常委会第七次会议召开。

7 月 9 日　深泽县十三届人大常委会第八次会议召开。

11 月 24 日　深泽县十三届人大常委会第九次会议召开。

12 月 7 日　深泽县十三届人大常委会第十次会议召开。

12 月 24 日　深泽县十三届人大常委会第十一次会议召开。

## 2005 年

3 月 2 日　深泽县十三届人大常委会第十二次会议召开。

3 月 8 日至 11 日　深泽县第十三届人民代表大会第三次会议召开。

4 月 4 日　深泽县十三届人大常委会第十三次会议召开。

5 月 25 日　深泽县十三届人大常委会第十四次会议召开。

7 月 26 日　深泽县十三届人大常委会第十五次会议召开。

9 月 20 日　深泽县十三届人大常委会第十六次会议召开。

11 月 23 日　深泽县十三届人大常委会第十七次会议召开。

## 2006 年

1月5日　深泽县十三届人大常委会第十八次会议召开。

3月13日　深泽县十三届人大常委会第十九次会议召开。

3月21日至24日　深泽县第十三届人民代表大会第四次会议召开。

4月28日　深泽县十三届人大常委会第二十次会议召开。

6月2日　深泽县十三届人大常委会第二十一次会议召开。

6月23日　深泽县十三届人大常委会第二十二次会议召开。

8月24日　深泽县十三届人大常委会第二十三次会议召开。

10月31日　深泽县十三届人大常委会第二十四次会议召开。

## 2007 年

1月8日　深泽县十三届人大常委会第二十五次会议召开。听取县政府关于社会主义新农村建设情况的报告。

1月22日　深泽县十三届人大常委会第二十六次会议召开。通过深泽县第十三届人大常委会关于深泽县县、乡两级人民代表大会换届选举的决定。

4月12日　深泽县十三届人大常委会第二十七次会议召开。

4月18日至21日　深泽县第十四届人民代表大会第一次会议召开。

6月12日　深泽县十四届人大常委会第一次会议召开。

7月26日　深泽县十四届人大常委会第二次会议召开。听取县政府关于新型农村合作医疗制度运行情况的报告。

8月29日　深泽县十四届人大常委会第三次会议召开。

11月7日　深泽县十四届人大常委会第四次会议召开。

11月30日　深泽县十四届人大常委会第五次会议召开。

## 2008 年

1月9日　深泽县十四届人大常委会第六次会议召开。听取并审议县人民法院、县人民检察院“两错”责任追究制情况的工作报告。

1月15日至18日　深泽县第十四届人民代表大会第二次会议召开。

2月19日　深泽县十四届人大常委会第七次会议召开。

4月24日　深泽县十四届人大常委会第八次会议召开。听取深泽县公安局社会治安综合治理情况的报告。

5月13日　深泽县十四届人大常委会第九次会议召开。

7月24日　深泽县十四届人大常委会第十次会议召开。

9月11日　深泽县十四届人大常委会第十一次会议召开。

10月29日　深泽县十四届人大常委会第十二次会议召开。

12月5日　深泽县十四届人大常委会第十三次会议召开。

12月24日　深泽县十四届人大常委会第十四次会议召开。

## 2009年

1月10日　深泽县十四届人大常委会第十五次会议召开。

2月7日　深泽县十四届人大常委会第十六次会议召开。

2月11日至14日　深泽县第十四届人民代表大会第三次会议召开。

4月28日　深泽县十四届人大常委会第十七次会议召开。

6月29日　深泽县十四届人大常委会第十八次会议召开。听取县政府关于“三年大变样”暨城市建设、管理与经营情况的工作报告。

8月6日　深泽县十四届人大常委会第十九次会议召开。

8月25日　深泽县十四届人大常委会第二十次会议召开。

10月28日　深泽县十四届人大常委会第二十一次会议召开。

12月31日　深泽县十四届人大常委会第二十二次会议召开。

## 2010年

1月5日　深泽县十四届人大常委会第二十三次会议召开。

1月13日　深泽县十四届人大常委会第二十四次会议召开。

1月17日至19日　深泽县第十四届人民代表大会第四次会议召开。

3月18日　深泽县十四届人大常委会第二十五次会议召开。

3月22日至23日　深泽县第十四届人民代表大会第五次会议召开。

4月27日　深泽县十四届人大常委会第二十六次会议召开。

6月10日　深泽县十四届人大常委会第二十七次会议召开。

8月18日　深泽县十四届人大常委会第二十八次会议召开。

10月28日　深泽县十四届人大常委会第二十九次会议召开。

12月24日　深泽县十四届人大常委会第三十次会议召开。

## 2011年

2月13日　深泽县十四届人大常委会第三十一次会议召开。

2月20日至22日　深泽县第十四届人民代表大会第六次会议召开。

3月29日　深泽县十四届人大常委会第三十二次会议召开。

5月27日　深泽县十四届人大常委会第三十三次会议召开。

6月14日　深泽县十四届人大常委会第三十四次会议召开。

7月28日　深泽县十四届人大常委会第三十五次会议召开。

9 月 20 日　深泽县十四届人大常委会第三十六次会议召开。

11 月 15 日　深泽县十四届人大常委会第三十七次会议召开。会议通过县、乡人大换届选举工作有关事宜。

## 2012 年

2 月 13 日至 16 日　深泽县第十五届人民代表大会第一次会议召开。

3 月 9 日　深泽县十五届人大常委会第一次会议召开。听取并审议县政府关于村委会换届选举工作的报告。

5 月 4 日　深泽县十五届人大常委会第二次会议召开。听取并审议县政府关于就业再就业情况的工作报告，通过《深泽县人大代表工作站和联络点实施办法》。

7 月 18 日　深泽县十五届人大常委会第三次会议召开。

9 月 20 日　深泽县十五届人大常委会第四次会议召开。

11 月 22 日　深泽县十五届人大常委会第五次会议召开。

## 2013 年

1 月 11 日　深泽县十五届人大常委会第六次会议召开。

3 月 21 日　深泽县十五届人大常委会第七次会议召开。

3 月 24 日至 26 日　深泽县第十五届人民代表大会第二次会议召开。

5 月 8 日　深泽县十五届人大常委会第八次会议召开。

6 月 18 日　深泽县十五届人大常委会第九次会议召开。

6 月 20 日至 21 日　深泽县第十五届人民代表大会第三次会议召开。

9 月 25 日　深泽县十五届人大常委会第十次会议召开。通过县人大常委会工作机构设置调整方案。

11 月 29 日　深泽县十五届人大常委会第十一次会议召开。

## 2014 年

1 月 14 日　深泽县十五届人大常委会第十三次会议召开。

1 月 21 日至 22 日　深泽县第十五届人民代表大会第四次会议召开。

3 月 20 日　深泽县十五届人大常委会第十四次会议召开。

4 月 14 日　深泽县十五届人大常委会第十五次会议召开。

5 月 27 日　深泽县十五届人大常委会第十六次会议召开。通报代表工作站（联络点）开展活动情况。

8 月 7 日　深泽县十五届人大常委会第十七次会议召开。通报县人大常委会党组召开党的群众路线教育实践活动专题民主生活会情况。

9 月 16 日　深泽县十五届人大常委会第十八次会议召开。

11月28日　深泽县十五届人大常委会第十九次会议召开。通报县人大常委会庆祝全国人民代表大会成立60周年征文比赛活动情况。

## 2015年

1月9日　深泽县十五届人大常委会第二十次会议召开。

2月27日　深泽县十五届人大常委会第二十一次会议召开。

3月3日至5日　深泽县第十五届人民代表大会第五次会议召开。

4月15日　深泽县十五届人大常委会第二十二次会议召开。

5月22日　深泽县十五届人大常委会第二十三次会议召开。

6月5日　深泽县十五届人大常委会第二十四次会议召开。

7月21日　深泽县十五届人大常委会第二十五次会议召开。

8月26日　深泽县十五届人大常委会第二十六次会议召开。

9月8日　深泽县十五届人大常委会第二十七次会议召开。

10月21日　深泽县十五届人大常委会第二十八次会议召开。

11月27日　深泽县十五届人大常委会第二十九次会议召开。对县第十五届人民代表大会第五次会议代表建议、意见办理工作及代表工作站、“代表之家”开展活动时所提问题进行专题询问。

## 2016年

2月3日　深泽县十五届人大常委会第三十次会议召开。通过《深泽县人大常委会关于调整石津高速公路深泽连接线位置的审议意见》。

2月15日至17日　深泽县第十五届人民代表大会第六次会议召开。

3月30日　深泽县十五届人大常委会第三十一次会议召开。

5月20日　深泽县十五届人大常委会第三十二次会议召开。对县市场监督管理工作进行专题询问。

5月27日　深泽县十五届人大常委会第三十三次会议召开。

7月27日　深泽县十五届人大常委会第三十四次会议召开。

9月5日　深泽县十五届人大常委会第三十五次会议召开。

11月21日　深泽县十五届人大常委会第三十六次会议召开。审议决定县、乡两级人大换届选举工作有关事项，对深泽县社会保险事业管理局养老保险征缴工作进行专题询问。

12月1日　深泽县十五届人大常委会第三十七次会议召开。

12月21日　深泽县十五届人大常委会第三十八次会议召开。

## 2017年

2月6日　深泽县十五届人大常委会第三十九次会议召开。

2月17日　深泽县十五届人大常委会第四十次会议召开。

2月22日　深泽县十五届人大常委会第四十一次会议召开。

2月25日至28日　深泽县第十六届人民代表大会第一次会议召开。

3月21日　深泽县十六届人大常委会第一次会议召开。

6月6日　深泽县十六届人大常委会第二次会议召开。

8月8日　深泽县十六届人大常委会第三次会议召开。对创建省级园林县城工作进行专题询问。

8月18日　深泽县十六届人大常委会第四次会议召开。

9月22日　深泽县十六届人大常委会第五次会议召开。

12月7日　深泽县十六届人大常委会第六次会议召开。对环境保护工作进行专题询问。

**2018年**

1月26日　深泽县十六届人大常委会第七次会议召开。

2月1日至3日　深泽县第十六届人民代表大会第二次会议召开。

2月3日　深泽县十六届人大常委会第八次会议召开。

3月1日　深泽县十六届人大常委会第九次会议召开。

5月15日　深泽县十六届人大常委会第十次会议召开。

7月18日　深泽县十六届人大常委会第十一次会议召开。

9月5日　深泽县十六届人大常委会第十二次会议召开。审议县政府关于桥头乡撤乡设镇区划调整方案（草案）。

11月14日　深泽县十六届人大常委会第十三次会议召开。

12月21日　深泽县十六届人大常委会第十四次会议召开。

**2019年**

1月9日　深泽县十六届人大常委会第十五次会议召开。

1月18日　深泽县十六届人大常委会第十六次会议召开。

1月29日至31日　深泽县第十六届人民代表大会第三次会议召开。

3月6日　深泽县十六届人大常委会第十七次会议召开。

3月13日　深泽县十六届人大常委会第十八次会议召开。

4月4日　深泽县十六届人大常委会第十九次会议召开。

5月7日　深泽县十六届人大常委会第二十次会议召开。审议通过《深泽县人大常委会关于落实省、市人大系统“河北发展、人大尽责”主题实践活动的实施方案》《深泽县人大常委会关于深化三项联动监督的工作方案》。

6月13日　深泽县十六届人大常委会第二十一次会议召开。

9月6日　深泽县十六届人大常委会第二十二次会议召开。对部分市人大代表履职情况进行评议。

11月29日　深泽县十六届人大常委会第二十三次会议召开。

12月28日　深泽县十六届人大常委会第二十四次会议召开。

## 2020年

1月13日　深泽县十六届人大常委会第二十五次会议召开。

1月19日至21日　深泽县第十六届人民代表大会第四次会议召开。

2月25日　深泽县十六届人大常委会第二十六次会议召开。

4月2日　深泽县十六届人大常委会第二十七次会议召开。

5月27日　深泽县十六届人大常委会第二十八次会议召开。

7月20日　深泽县十六届人大常委会第二十九次会议召开。听取并审议全县“6+1”联动监督各代表小组视察报告，进行专题询问。

9月4日　深泽县十六届人大常委会第三十次会议召开。

11月6日　深泽县十六届人大常委会第三十一次会议召开。听取并审议县政府关于撤销桥头乡设立大桥头镇的相关说明。

## 2021年

1月19日　深泽县十六届人大常委会第三十二次会议召开。

2月14日　深泽县十六届人大常委会第三十三次会议召开。

2月17日　深泽县十六届人大常委会第三十四次会议召开。

2月19日至20日　深泽县第十六届人民代表大会第五次会议召开。

4月29日　深泽县十六届人大常委会第三十五次会议召开。通过关于县、乡人大换届选举的相关事宜。

5月25日　深泽县十六届人大常委会第三十六次会议召开。

6月4日　深泽县十六届人大常委会第三十七次会议召开。

7月16日　深泽县十六届人大常委会第三十八次会议召开。

7月22日至24日　深泽县第十七届人民代表大会第一次会议召开。

9月3日　深泽县十七届人大常委会第一次会议召开。

10月12日　深泽县十七届人大常委会第二次会议召开。

12月14日　深泽县十七届人大常委会第三次会议召开。

## 2022年

1月20日　深泽县十七届人大常委会第四次会议召开。

1月27日至29日　深泽县第十七届人民代表大会第二次会议召开。

3月10日　深泽县十七届人大常委会第五次会议召开。

5 月 1 日　深泽县人大常委会机关搬迁到县委、人大、政府、政协办公楼。

5 月 20 日　深泽县十七届人大常委会第六次会议召开。

7 月 26 日　深泽县十七届人大常委会第七次会议召开。

8 月 8 日　深泽县十七届人大常委会第八次会议召开。

10 月 14 日　深泽县十七届人大常委会第九次会议召开。

12 月 30 日　深泽县十七届人大常委会第十次会议召开。

**2023 年**

1 月 10 日　深泽县十七届人大常委会第十一次会议召开。

1 月 12 日　深泽县十七届人大常委会第十二次会议召开。

1 月 12 日至 14 日　深泽县第十七届人民代表大会第三次会议召开。

1 月 28 日　深泽县十七届人大常委会第十三次会议召开。

2 月 21 日　深泽县十七届人大常委会第十四次会议召开。

3 月 27 日　深泽县十七届人大常委会第十五次会议召开。

5 月 18 日　深泽县十七届人大常委会第十六次会议召开。

6 月 29 日　深泽县十七届人大常委会第十七次会议召开。

7 月 4 日　深泽县十七届人大常委会第十八次会议召开。

9 月 15 日　深泽县十七届人大常委会第十九次会议召开。

11 月 7 日　深泽县十七届人大常委会第二十次会议召开。

12 月 21 日　深泽县十七届人大常委会第二十一次会议召开。

**2024 年**

1 月 4 日　深泽县十七届人大常委会第二十二次会议召开。

1 月 17 日　深泽县十七届人大常委会第二十三次会议召开。

1 月 25 日　深泽县十七届人大常委会第二十四次会议召开。

1 月 31 日　深泽县十七届人大常委会第二十五次会议召开。

1 月 31 日至 2 月 2 日　深泽县第十七届人民代表大会第四次会议召开。

3 月 29 日　深泽县十七届人大常委会第二十六次会议召开。

4 月 18 日　深泽县人大常委会部分工作委员会更名调整。

5 月 30 日　深泽县十七届人大常委会第二十七次会议召开。

6 月 28 日　深泽县人民代表大会制度研究会成立。

7 月 21 日　深泽县十七届人大常委会第二十八次会议召开。

# 第 一 篇

# 抗日战争时期深极县人民代表大会

# 第一章　中国共产党深泽县党组织的建立和领导

## 第一节　深泽县党组织的建立

1925 年 10 月，中国共产党深泽县党小组在深泽县南营村民德小学成立，王子益任组长，许卜五负责组织工作，侯文质负责宣传工作。深泽县党小组一方面继续在青年学生和广大农民中宣传马克思主义思想，另一方面秘密发展党员、党的组织和共青团员，使党的队伍不断壮大。1926 年 4 月，深泽县党小组报请中共保定地委批准，在河疃高小成立中共深泽县特别支部，王子益任特支书记，许卜五任组织委员，侯文质任宣传委员。1926 年夏，为加强对深泽、安平、饶阳三个县党组织的统一领导，中共保定地委决定在中共安饶联合县委的基础上，建立中共深安饶中心县委，王子益任中心县委宣传委员。1927 年春，深安饶中心县委由安平县台城村迁到深泽县河疃村。

1927 年 7 月，深泽县特别支部征得深安饶中心县委同意，报请中共顺直临时省委批准，在深泽县河疃村王子益家中召开会议，宣布中共深泽县委成立。王子益任中共深泽县委书记，许卜五任组织委员，李清瀚任宣传委员，李永和任农运委员，张鹤亭、宋志毅、王鹤田任县委委员。中国共产主义青年团深泽县委员会同时成立，张鹤亭兼任共青团深泽县委书记，范素平任组织委员，宋景毅任宣传委员。

## 第二节　中共深泽县委的早期活动

中共深泽县委成立后，主要开展两方面工作：一是广泛组织农民协会，进一步把广大贫苦农民团结在党的周围，同地主封建势力及反动官府进行斗争；二是积极发展党、团组织，壮大党的队伍。一些在外地入党的知识分子，利用回家探亲机会，积极宣传马克思主义。他们广泛团结劳苦大众，开办农民夜校，成立农民协会（也叫穷人会），以学认字、学算账为名，宣传革命道理。1929 年前后，组织开展工潮斗争、抗缴“杀猪税”斗争等大规模的农民运动，取得一次又一次胜利。利用庙会等场合举行大规模的宣传活动，开展深入人心的政治斗争。

1933 年和 1934 年，中共深泽县委遭到国民党反动当局两次大的破坏，他们到处抓捕共产党员，大肆破坏党的组织。个别党员叛变革命、出卖同志，给党组织造成巨大损失。信念坚定的共产党员在狱中进行了艰苦卓绝的斗争，革命同志通过各种途径想尽一切办法对狱中同志进行营救，基层党组织和党员想方设法与上级党组织取得联系，坚持更加隐蔽的斗争，积蓄力量，等待革命高潮的到来。

1935 年春，党员宋志毅、宋景毅、赵通三等人秘密组织党员和进步知识分子，采取摊钱入股方式在深泽县城南大街创办“士林书社”，毕业于天津政法学校、由天津军事法庭归来的开明人士赵缉熙以公开身份担任士林书社经理。书社以经营课本、文具为名，秘密从事党的活动，为保存党组织有生力量、团结社会各界进步人士、同国民党反动势力进行斗争、度过那一段艰难困苦时期起到了重要作用。

## 第三节　获得执政党地位

1937 年“七七事变”后，蒋介石政府采取不抵抗政策，令其军队纷纷南撤，深泽县国民党政府官员也随之南逃。深泽县处于无政府状态，土匪蜂起，盗贼横行。1937 年 10 月，吕正操率领人民自卫军进驻深泽，很快稳定局势，恢复建立中共深泽临时县委，成立深泽县抗日救国会和深泽县人民自卫团。1938 年 1 月，中共深泽县委正式恢复建立，深泽县抗日民主政府和深泽县抗日动员会同时成立。从此，中国共产党在深泽县这块土地上，从秘密活动走上执政党地位，建立了广泛的抗日民族统一战线，带领全县人民迅速开辟抗日根据地，投身全面抗战的战斗之中。

1939 年 2 月中旬，深泽县城被日军侵占，但广大农村还掌握在共产党手中。在县委领导下，全县抗日斗争蓬勃发展，迫使日军仅限于县城周围活动。1939 年 9 月初，中国共产党深泽县第一次代表会议在南营村高级小学召开，出席会议的代表 90 余人。县委书记李建邦作工作报告，会议明确三大中心工作：扩军、征献（征粮献款）、救灾。会议选举出新县委成员：县委书记李建邦、组织部部长张庆春、宣传部部长王亢之。

为便于抗日作战，1940 年 8 月，上级党委决定将无极县东部 53 个村庄与深泽县合并，原深泽县改称深极县。1941 年 1 月，上级党委又决定把石德路以北的晋县 108 个村庄和深极县合并，称为晋深极县。1945 年 6 月 6 日，晋深极县抗日军民消灭最后一批在境内的日本侵略者，晋深极县全境解放。

# 第二章　深极县人民代表大会

## 第一节　深极县新民主主义宪政运动

1940年7月至10月，深极县开展了轰轰烈烈的宪政运动。这次运动是根据中共北方分局和晋察冀边区政府的统一部署进行的。主要任务一是选举村民代表成立村代表会，选举村长，改造村政权；二是选举区民代表成立区代表会，选举区长，改造区政府；三是选举县议员，成立县议会，选举县长，改组县政府；四是选举边区参议员，出席边区参议会；五是选举国大代表，出席国民大会。

整个选举过程从7月20日至10月15日全部完成，共分四个阶段：从7月20日至8月20日为第一阶段，主要任务是进行民主建政宣传和教育，做好准备工作，完成村选。从8月21日至9月5日为第二阶段，完成区选。从9月6日至30日为第三阶段，完成县选。从10月1日至15日为第四阶段，完成边区参议员和国大代表的选举。

1940年8月30日，中共中央北方分局颁布《关于晋察冀边区目前施政纲领》(纲领共二十条，称为“双十纲领”)，其中第六条规定：彻底完成民主政治，建设健全各级民意机关及政府机构，在民意机关和政府人员中，争取并保证共产党员占三分之一，其他抗日党派及无党无派人士占三分之二，边区一切人民只要不投降不反共均可参加政府工作。这就叫“三三制”抗日政权。在纲领未正式颁布之前，“三三制”精神已在普选中作了部署。

选举条件是：中国人，年满18岁以上，拥护抗日，不是汉奸，没有被剥夺公民权利，没有精神病，不分男女不分信仰，都有选举权和被选举权。

村选是主要阶段，是各级选举的基础。在宪政运动中宣传形式之多、规模之大、发动群众之广泛是空前的，每个村都组织起规模大小不同的剧团，几乎所有知识分子、文艺爱好者都参加了剧团和各种宣传活动，村村街口和街上搭起牌楼和牌坊，上插柏枝和绚丽多彩的花朵。大街小巷挂起灯笼吊挂，上书宣传宪政的口号、诗歌、歌词及宣传彩画。墙壁上写着五颜六色的美术体标语，有大型字大到一间房墙一个字，满街写着或画着黑板报、漫画、宣传画、顺口溜、诗歌，用喇叭筒不停地喊话。县里编了十多首歌曲，各村自编许多小调。工农青妇武等团体争学争唱相互赛歌，小学生、儿童团分户分人包教歌曲。如：

“抗战需要宪政，建国需要宪政。宪政是建国的基础，宪政是胜利的保证。反对限制人民自由，反对实行一党专政。抗战需要宪政，建国需要宪政，全中国的人民赶快起来斗争，我们要为宪政斗争。”

“杨柳叶儿青，杨柳叶儿长，今天要选举个好村长，能吃苦，能耐劳，又积极，又坚强，办事公平十六两，不选那滑头鬼，不选那白眼黑心狼。”

“张家的长工，李家的闺女，嗨哟哟都来哟来选举。要选那打鬼子死心眼儿的，千万不要那坏蛋皮！”

这三首歌，人人都会唱，就是刚学会说话的娃娃也会唱句“我们需要宪政”。妇女们组成秧歌队，在街上、会场上、舞台上扭唱秧歌，邻村相互串村演戏、赛歌，真是花海歌潮，胜过任何节日，人民沉浸在一片欢乐之中。

县里提出县长候选人是王树桂，工、农、青、妇等群团推出的竞选人分别是：县青会推举刘金贵（即刘铭西），青救会推举孟加（长征干部），工会推举乔权武，妇联会推举崔玉田，农会推举李子强。

8月底，全县各村完成村选，当选的代表胸戴大红花骑上高头大马游街，9月上旬完成区选，各区选出区长和民意主席。6个区选出60名代表出席县代表大会，又从中选出30名议员出席县议会。

## 第二节　人民代表大会

1940年9月，在深泽县营里村召开深极县人民代表大会。会议前，营里村工、农、青、妇各团体群众积极进行大会筹备。全村大街小巷清理得干干净净，聘请书法家在主要街道墙上书写“拥护双十纲领”“拥护抗日民族统一战线”“开展宪政运动”等标语。全村群众从儿童团到老头老太太，人人学唱宪政歌。会场设在村东毕家家堂北边，用梢门扇搭了主席台，还搭大型帆布棚，主席台上悬挂着毛主席画像，张贴着会标和标语，代表席位摆了一排排整整齐齐的桌凳，整个会场庄严隆重。

为加强大会保卫，县大队和区小队布置在县城附近封锁敌人，营里村民兵毕金柱等人在高房上负责防空。各区人民怀着喜悦的心情敲锣打鼓欢送人民代表参加会议。代表们有的骑马，有的坐车，人人肩上披着红彩绸，胸前戴着大红花，代表着人民群众的意愿，高高兴兴出席代表大会。

会议期间，白天开会晚上演戏，大兴、故城等村剧团演出“王秀恋拉犁”“兄妹开荒”“血泪仇”“逃亡者”等剧目，方元、西河的狮子、小封的武术，王庄、北冶庄头的吹歌，先后为大会表演。

会议投票选举刘醉石为县议会议长，邸文彧为副议长，任命邸文锋为秘书，选举王树桂为县长。县议会还选出石杏村、段成斋为出席晋察冀边区参议会的议员。

县政府下设各科，有民政科、财政科、实业科、教育科、司法科、公安科。区与县各科对口，设助理员。村与县基本对口，设财政委员会、民政委员会、文教委员会、生产委员会、调解委员会、人民自卫队、治安保卫组，从县到村形成一个完整、健全的行政体制。

1940年，深极县人民代表大会的召开，有力证明深泽县作为革命老区为中国革命作出的巨大贡献和光辉探索，是毛泽东主席提出的“以农村包围城市”战略思想的具体体现和历史见证，是中国共产党领导全国人民实行人民民主专政制度、深受人民拥护的政治宣言和伟大实践。

# 第 二 篇

# 深泽县各界人民代表会议

（1949年11月至1954年7月）

# 第一章　深泽县各界人民代表会议代表

深泽县各界人民代表会议的代表，是在中国共产党党组织的领导下，经过民主协商，由各界人士直接选举产生的，县人民代表具有广泛的代表性，各方面人士的代表均占一定比例。

## 第一节　第一届各界人民代表会议代表组成

深泽县第一届各界人民代表会议的代表共757名。其中，工人代表27名，占3.6%；农民代表629名，占83.1%；教育、工商界代表39名，占5.2%；党政干部、荣军、劳动模范代表47名，占6.2%；民主人士和开明绅士代表15名，占2%。

## 第二节　第三届各界人民代表会议代表名单

**中国共产党代表：**

邵　初　张广文　臧庆云　周进潮　高天佑　宋玉民

**青年团代表：**

高　磊　王　永　赵记和　赵拐子　王进财

**政府机关代表：**

郭文庄　张志远　李　杰　王占一　袁　进　王金宝　张　峰

**地方武装代表：**

徐守模　刘大兴　马明谦　王小岭　史俊明

**工人代表：**

刘庆山　胡瑞章　袁玉芬　牛景山　刘午辰　玉小沛　郭岩刚

**工商界代表：**

刘洛靠　郭振英　刘普德　信志学　安贵欣　王新贞　黄庆祥

**爱国民主人士：**

赵思永　牛玉坤

**妇女界代表：**

李　博　王海棠　赵敬伟　杜瑞城　李　勤

**文教界代表：**

曹毅文　赵　强　杜锡珍　王明远　王纪三　张　卿　杜子仪　李文章　何国强　王文洪　王晓贞　张贵春　张五山　刘有进　刘焕辰

**青年学生代表：**

马振国　翟聪娥　石拴计　李增水　高皂奎

**医药界代表：**

赵金铎　吕丙申　崔明欣　王春堂　邸怀仁　王太成　张英洲

**烈军工属荣复军人代表：**

杜英利　陈　三　曹志芬　刘　俊　陈风菊　张小刁　王小多　王克金　王小才　刘雨三

**合作社代表：**

杜东禄　刘志荣　段校进　张振庄　宋洛栋　李秀令　贾如海　张喜成　金大朱　王风山　田振甲

**区域代表：**

张秀兰　张根深　刘双锁　张　林　成　珍　黎修年

**中苏友协代表：**

王　赞　刘其昌　焦造合

**农民代表：**

刘秀芬　朱贞印　邸文法　袁同花　张守申　杨助台　刘杏桂　赵四合　彭俊花　袁瑞山　张辰仁　王　念　魏锁祥　阎庆元　杨秀岩　阎记群　刘梨景　王礼辰　郑中元　刘山虎　刘秀恋　赵小多　杜　户　张昌林　宋俊竹　王俊娥　杜冀中　郝　民　刘　永　崔秀竹　王　贵　李洛劝　段其忠　马禄阁　贺东喜　何大顺　张兆喜　张士欣　何胜奎　刘　芸　张长山　张林生　贾　康　崔江海　赵培珍　阎春山　刘梅台　刘占三　张　启　张海子　赵里周　李起街　赵计法　张竹梅　陈记更　张喜申　赵双春　李洛读　赵银芬　宋云山　贾东海　张东山　邸福山　张小胡　王连奎　刘兵山　曹中羡　李记台　王奉须　赵　萍　郑助宣　刘小田　刘兆恒　刘洛怀　周文成　郎大春　赵兴让　邸思羡　邸锡威　许洛阁　贾　锦　马　钺　崔素格　任娃子　任竹岩　康　畔　王恒春　贾记贵　李根山　王　允　刘德此　刘朱申　郭喜春　裴俊端　孙国茂　孙棠子　刘四群　李红福　张小立　曹来康　李瑞菊　宋同喜　黎根瑞　田兰亭　胡　应　张庆云　刘俊环　王助奇　郭拴羊　曹　均　高兰双　曹清水　王永志　高因全　罗升堂　刘同岩　黎　笃　陶小青　陈平格　杜兰锁　徐国庆　赵秀景　王瑞海　李振海　张建勋　刘中谦　吕　强　赵　根　李小台　李占奎　杨庆永　陈得珍　曹光亮　温　春　李香梅　张文忠　杜凌雪　何琴增　翟礼群

# 第二章　深泽县各界人民代表会议历次会议

## 第一节　深泽县第一届各界人民代表会议

**第一次会议**　1949年11月召开，出席代表757人。会议讨论发展生产问题，选举县各界人民代表会议常务委员会主席和委员。深泽县第一届各界人民代表会议常务委员会主席为赵思永，深泽县人，任职时间为1949年11月至1950年12月。

## 第二节　深泽县第二届各界人民代表会议

**第一次会议**　1950年12月，召开第二届各界人民代表会议第一次会议。选举深泽县第二届各界人民代表会议常务委员会主席为赵思永，任职时间为1950年12月至1951年12月。

## 第三节　深泽县第三届各界人民代表会议

**第一次会议**　1951年12月28日召开，出席代表241人。会议听取和审议县人民政府工作报告，通过“关于开展反贪污、反浪费、反官僚主义运动的决议”。会议选举郭立庄为县长，李文雪（女）、高天佑为副县长。选举县各界人民代表会议常务委员会主席。深泽县第三届各界人民代表会议常务委员会主席为赵思永，任职时间为1951年12月至1953年1月。

**第二次会议**　1952年3月17日至19日召开，出席代表167人。会议主要内容是防旱、抗旱、春耕播种、组织劳动互助、做好代耕工作，迅速扑灭时疫流行，贯彻“三反”“五反”重要方针等工作。会议听取深泽县第三届人民代表会议第一次会议以来的政府工作报告。

**第三次会议**　1952年5月31日召开，出席代表183人（应到240人）。会议听取县长郭立庄作的《关于开展爱国增产竞赛运动和组织起来的动员报告》，并通过相应决议。通过深泽县向安国县的应战竞赛书，开展爱国增产竞赛签名运动和技术训练，参观由石门请来的拖拉机在当地的实验。

**第四次会议**　1952年12月15日召开。会议听取和审议县长赵志斌作的《深泽县人民政府关于八个月来政府工作报告》。

## 第四节　深泽县第四届各界人民代表会议

**第一次会议**　1953 年 1 月 24 日召开，出席代表 181 人。会议听取和审议县政府工作报告，通过划乡（镇）工作计划。深泽县第四届各界人民代表会议常务委员会主席为赵思永，任职时间为 1953 年 1 月至 1954 年 7 月。

**第二次会议**　1953 年 9 月召开，出席代表 237 人。

# 第 三 篇

# 深泽县第一至第六届人民代表大会

（1954 年 7 月至 1966 年）

# 第一章　深泽县第一届人民代表大会

深泽县第一届人民代表大会自 1954 年 7 月至 1956 年 12 月，共举行代表大会 4 次。县第一届人民代表大会实有代表 117 名。

1954—1956 年深泽县第一届人民代表大会历次会议概况表

表 1

| 会议次序 | 会议日期 | 议题（项） | 听取报告（个） | 决议决定（项） | 选举表决（项） |
|---|---|---|---|---|---|
| 第一次 | 1954 年 7 月 7 日 | 2 | 1 | 1 | 2 |
| 第二次 | 1954 年 11 月 17 日至 19 日 | 2 | 2 | 2 | 0 |
| 第三次 | 1955 年 1 月 13 日至 14 日 | 2 | 1 | 1 | 3 |
| 第四次 | 1956 年 1 月 10 日至 12 日 | 4 | 4 | 4 | 0 |

## 第一节　会议概况

### 一、县一届人大一次会议

深泽县第一届人民代表大会第一次会议，于 1954 年 7 月 7 日召开。大会在雄壮的国歌声中开幕。县长赵志斌作《政府工作报告》，学习讨论《中华人民共和国宪法（草案）》。会议选举赵志斌为深泽县人民政府县长，李文雪（女）、高天佑为副县长。会议选举产生深泽县出席河北省第一届人民代表大会代表 3 名。

### 二、县一届人大二次会议

深泽县第一届人民代表大会第二次会议，于 1954 年 11 月 17 日至 19 日召开。应出席代表 117 名，实到会代表 84 名。大会在雄壮的国歌声中开幕。县长赵志斌作《关于搞好生产救灾、节约度荒和冬季农业生产工作的报告》；大会秘书长作《关于支持解放台湾的报告》。

## 三、县一届人大三次会议

深泽县第一届人民代表大会第三次会议，于1955年1月13日至14日召开。应出席代表117名，实到会代表98名。大会在雄壮的国歌声中开幕。会议听取和审议县政府工作报告，选举赵志斌为县长，李文雪（女）、高天佑为副县长，赵志忠为县人民法院院长，选举产生深泽县人民委员会委员17名。

## 四、县一届人大四次会议

深泽县第一届人民代表大会第四次会议，于1956年1月10日至12日召开。应出席代表117名，实到会代表91名。大会在雄壮的国歌声中开幕。会议听取和审议深泽县人民委员会1955年工作总结报告，1955年财政预决算执行情况和1956年财政预算的报告，关于1956年农业生产工作计划的报告，第一个五年计划后两年合作、生产规划的报告。会议形成了相关决议。

# 第二节　会议选举

县一届人大历次会议，共选举产生县国家机关工作人员24人次。

**县人民政府**

县　长：

赵志斌　　1954年7月7日县一届人大一次会议当选
赵志斌　　1955年1月14日县一届人大三次会议当选

副县长：

高天佑　　1954年7月7日县一届人大一次会议当选
高天佑　　1955年1月14日县一届人大三次会议当选
李文雪（女）1954年7月7日县一届人大一次会议当选
李文雪（女）1955年1月14日县一届人大三次会议当选

深泽县人民委员会委员（17名，1955年1月14日县一届人大三次会议当选）

| | | | |
|---|---|---|---|
| 牛玉坤 | 牛锦章 | 李文雪（女） | 李月波 |
| 李培表 | 李　勤（女） | 杜东祥 | 高天佑 |
| 夏保忠 | 崔明欣 | 成　珍 | 贺济世 |
| 杨学政 | 赵思永 | 赵志斌 | 刘普德 |
| 刘竹申（女） | | | |

**县人民法院**

院　长：

赵志忠　　　1955 年 1 月 14 日县一届人大三次会议当选

**深泽县出席河北省第一届人民代表大会代表名单**

（1954 年 7 月 7 日，深泽县第一届人民代表大会第一次会议选举产生）

赵志斌　　　刘竹申（女）　　　王葆真

## 第三节　会议组织

### 一、县一届人大三次会议

（一）主席团名单

| | | | |
|---|---|---|---|
| 牛玉坤 | 牛锦章 | 杜东祥 | 李文雪（女） |
| 李占法 | 崔明欣 | 杨学政 | 赵志斌 |
| 赵思永 | 刘普德 | 刘竹申（女） | 刘庆山 |
| 刘老俊 | | | |

（二）秘书长：李廷山

（三）代表资格审查委员会

| | | | |
|---|---|---|---|
| 王金堂 | 王春福 | 牛玉坤 | 高天佑 |
| 李月波 | | | |

### 二、县一届人大四次会议

（一）主席团名单

| | | | |
|---|---|---|---|
| 牛玉坤 | 田玉春（女） | 杜东祥 | 李文雪（女） |
| 李　勤（女） | 夏保忠 | 高天佑 | 陈增喜 |
| 崔明欣 | 杨学政 | 赵志斌 | 赵思永 |
| 刘庆山 | 刘竹申（女） | 刘普德 | |

（二）秘书长：李廷山

（三）代表资格审查委员会

主 任 委 员：牛玉坤

副主任委员：成　珍

委员：

| | | | |
|---|---|---|---|
| 田玉春（女） | 李文雪（女） | 段成斋 | 夏保忠 |

刘庆山　　　　　　刘老俊

（四）议案审查委员会

主 任 委 员：高天佑

副主任委员：

崔明欣　　　　　　刘双锁　　　　　　刘竹申（女）

委　员：

王金堂　　　　　　李　勤（女）　　　李月波　　　　　　杜东祥

贺济世　　　　　　成　珍　　　　　　赵志忠

## 第四节　决议决定

深泽县第一届人民代表大会共作出决议决定 8 项。

**1954—1956 年深泽县第一届人民代表大会决议决定一览表**

表 2

| 时间 | 会次 | 名称 |
|---|---|---|
| 1954 年 7 月 7 日 | 一次会议 | 关于深泽县人民政府工作报告的决议 |
| 1954 年 11 月 17 日至 19 日 | 二次会议 | 1. 关于搞好生产救灾、节约度荒和冬季农业生产工作的报告的决议<br>2. 关于支持解放台湾的决议 |
| 1955 年 1 月 13 日至 14 日 | 三次会议 | 关于 1954 年政府工作报告的决议 |
| 1956 年 1 月 10 日至 12 日 | 四次会议 | 1. 关于深泽县人民委员会工作总结报告的决议<br>2. 关于 1955 年财政决算和 1956 年财政预算报告的决议<br>3. 关于 1956 年农业生产工作计划的决议<br>4. 关于第一个五年计划后两年合作、生产规划的决议 |

## 第五节　决议决定选录

### 深泽县第一届人民代表大会第二次会议<br>关于搞好生产救灾、节约度荒和冬季农业生产工作的报告的决议

1954 年 11 月 19 日

深泽县第一届人民代表大会第二次会议的全体代表，在热烈地深入地讨论了《关于搞好生产救灾、节约度荒和冬季农业生产工作的报告》之后，衷心一致地拥护这个报告的全部内容和其中的具体措施，我们认为报告的全部内容完全符合我县情况，并反映了全县人民的意志和要求，我们确信这个报告在经过全体人大代表通过之后，即成为全县人民开展生产救灾和农业生产工作的目标，我们全体代表决心以实际行动，将报告的全部精神贯彻到全体人民

中去，严肃认真地彻底执行。

## 深泽县第一届人民代表大会第四次会议
## 根据26位农业社长联名倡议，决议今年增产一倍半、缺粮县变余粮县

1956年1月12日

我们全体与会代表看到《河北日报》发表了耿长锁等26位农业社长联名发起四年完成五年农业生产计划的倡议。又于1956年1月11日听取了县长赵志斌关于1955年农业生产工作的总结报告和合作、生产规划，都感到极大的鼓舞，我们愿意同26位农业社长向社会主义并肩前进，为加速社会主义进程，热烈响应这个倡议。为此，我们讨论制定了1956年农业生产计划，向全县13万多人民群众发出今年增产一倍半，缺粮县变余粮县，巩固工农联盟，支持工业发展的号召。

**一、农业生产的奋斗目标**

我县1956年计划种植粮食作物234174亩（另有复种粮食作物9万亩），平均在去年单产180斤的基础上达到498.8斤，共产粮食1.17亿斤。其中对几项主要作物的增产要求是：小麦9.4万亩、单产250斤，山药5万亩、单产800斤（折粮），玉米6万亩、单产300斤，杂粮9.68万亩、单产350斤，经济作物种植棉花9.4万亩，单产皮棉80斤，共产752万斤。油料种植1.33万亩，其中花生1万亩，单产300斤。

为保证这个计划的实现，提出在全县开展一个万亩丰产棉，万亩丰产麦，山药丰产50顷（1顷为100亩），玉米丰产5000亩，大面积丰产竞赛运动，创造新纪录。小麦产700斤、玉米过1000斤、棉花摘800斤、山药超1万斤。一般丰产达到小麦产500斤、玉米打800斤、棉花摘500斤、山药过7000斤。在全县要出现棉花、小麦、山药、玉米等各项农作物的丰产乡、丰产社。乡乡要有丰产社，社社要有丰产队，造成人人参加竞赛，各个投入运动，掀起史无前例的增产高潮。

**二、实现上述目标的主要措施**

1.消灭水患，制止旱灾。在防旱上今年达到乡乡有机井，乡乡要有煤炭机，二年内消灭旱地、捕灭旱灾。将全县现有的16.97万亩旱田，今年通过渠道灌溉，消灭3万亩。其他通过建立抽水站、打机井、缸管井、动力水车、无井水车，旧井扩浇和发动沿河渠安装柴油机、抽水机和淘浇等，消灭旱地4.13万亩。其余旱地要充分做好防旱准备，购买万能水楼等防旱农具，也要做到适时播种，争取消灭旱灾。

在消灭水患上，主要是消灭河水泛滥，制止积水成灾。对此，一方面是对各河堤防险工程加高培土，在汛期前做好一切组织和物料准备。保证做到只许有备不用，不许用时无备。另一方面要大力发动群众举办沟洫畦田，要求春耕前完成17.5万亩，达到雨水就地降落，就地停蓄，制止积水成灾。

2.大力开展积肥运动。突出增加施肥量，为此，今冬明春开展一个亩施万斤肥的积肥运动，要以社为基础，组织青年突击队，妇女突击队为骨干，带动广大群众造成积肥热潮，提

出变水坑为糟坑的口号，将全县所有的水坑全部变为粪坑。要求小坑积肥超过1000车，大坑过1万车，并提倡挖路换土积肥，以及旧墙换新墙、拆了旧炕盘新炕等方法进行积肥。特别是发动群众更多地养猪，今年要求养猪3.14万头，公猪40头，母猪超过1000头，做到乡乡有公猪，社社有母猪，公猪不歇圈，母猪不空怀。并建立20个优种养站，更多地繁殖小猪，达到自繁自养。此外增加绵羊2000只，大社试养鸡群，群众一人一鸡，做到既改善生活，又能增积肥料。

再者是重点抓住棉秕、玉米秕、麦根等柴草积肥。要全面推进屎尿分存，变活厕所为死厕所，要求每个人平均每年积尿3000斤，大粪干150斤。同时要加强农业社的积肥领导，通过算账制定积肥计划，认真贯彻奖励积肥政策，采取私积伙用，分质论价，超额有奖的积肥政策，以激发社员积肥热情。

3.推行技术改革。根据我县自然条件，主要是适当深耕、改换良种、适时浇水、合理施肥，实现深耕要求，明春全县400部双铧犁全部动员起来，通过轮流耕作方法，要求每架春耕200亩，发挥更大的作用。为增加密植推广三脚楼100部。在改换良种方面，山药全部改为农林四号和胜利百号优种，为解决秧的不足，要求社社育苗。春玉米要全部改为白马茅和金黄后优良品种，并推广宽行密植和人工授粉的先进技术。小麦要推广十特十四号、釉子麦和碧麻一号，并根据土质和耕作条件，适当推行密植。棉花要普遍种斯子棉，提前挑选优种，做到药拌，适时播种。为实现上述推广优种计划，必须做好具体组织工作，同时为防除各种病虫害，今年必须贯彻防重于治的除虫方针。一旦发生必须做到治小、治少、治了的除虫方法。并推广喷雾车、喷雾器等除虫器械200部，和各种除虫药品，做好充分准备工作。

为全面推行技术指导，计划于二月份进行万人大传授，在现有两个技术站的基础上，增加到四个，充实领导力量，加强基层指导，通过组织观摩、座谈等多样方法，交流经验，达到玉米授粉70%，棉花全部按着技术间苗整枝和谷子适种单株密植的目的。

4.提高土地使用率。第一是改种高产作物，扩大复种面积，山药、玉米是我县群众公认的高产作物，计划比去年增加16%。这两项作物如能实现增产计划，即占全县总产量的44%，必须保证好。今年种麦9.4万亩，要有95%以上的达到复种，并在城西赵八庄乡等大力提倡棉麦、棉蒜间种等实现增产。第二是规划道路，扩大耕地面积。根据我县村密地块零、道路繁多的特点，要在已经实现了半社会主义合作化的乡村，全面进行道路规划。根据枣营村试行结果扩大了耕地80亩的统计，只一项全县扩大耕地9000余亩，增产粮食44.81万斤。第三是消灭沙荒、缘化城市和乡村，将所有河堤、公路、城墙、渠道两旁，以及宅边缘地都要采取按乡分段、住户包干，开展群众性的植树造林运动。全县除有计划地种植防风林带6条外，保证每人栽活3—5棵，达到几年后远不见村庄、近不见太阳的幽美景况。

**三、加强对农业丰产的领导**

在领导上除了全年掌握以互助合作为中心的农业生产运动为总的工作中心外，就是以开展竞赛为推动生产工作的中心环节。为此，我们计划在春耕前集中到县召开全县规模的万人竞赛，出师动员大会，在全县开展起轰轰烈烈的规模壮阔、贯彻全年的增产竞赛，为使运动开展得逐日高潮，步步深入，要有计划地组织县、乡、村干部进行检查评比，交流经验，借以培养模范，树立旗帜，真正做到旗帜有带动、骨干有群众、模范有成绩、群众有行动，达到乡乡有旗帜、社社有模范，使运动贯彻全年，直达胜利。

# 第六节 代表提案选录

## 一、第一届人民代表大会第一次会议

1. 群众反映，马里合作社收购药材不给开条，是否对？

2. 病人、产妇是否能供应细粮？

3. 有的代表提渣滓煤炭价格高又潮，为什么？

4. 固罗代表提出，一般群众是否准许经营猪毛、猪鬃？

5. 关于灾后交纳公粮，由于灾情统计后，大部分残秋作物没落实，与前统计时不同，没有什么收成，交纳公粮困难。

6. 奸商捣鬼，私自经营油菜，倒卖国家资材，怎么解决？

7. 农业生产合作社经营副业、手工业的纳税问题。

8. 要求政府对灾区粉坊粮食应多照顾一些。

9. 救济款的数目很大，年前不要再大部发放，因年前副业能解决大部分问题，如果明年春天生活成问题，再进行救济，数额大点进行救济。

## 二、第一届人民代表大会第四次会议

1. 对棉花早播造成损失棉籽，浪费人力、畜力和不根据土质气候种植等问题。

2. 去年我县水灾严重，籽种缺乏，应提前准备。

3. 播种棉花是否可以把面积缩小一点，精耕细作也不少摘。

4. 关于养猪积肥方面的几个问题，各农业社的水车放在井上没人管，应检查修理，准备春耕。

5. 去年造林会议上，让各社造种棉、种果树计划，但至今没有反响，使我们的计划落空。

6. 对县救灾办公室保畜股饲草账款的发放，认为不合理。

7. 统销指标每人全年 360 斤不够吃。

8. 农业社牲口饲料、籽种等有关社内生产困难的问题。

9. 及时清理街道，修好厕所，做好环境卫生工作。

10. 要求及时下放免费诊疗款。

# 第二章　深泽县第二届人民代表大会

深泽县第二届人民代表大会自 1956 年 12 月至 1958 年 5 月，共举行代表大会 3 次。代表名额 119 名，实有代表 119 名。

**1956—1957 年深泽县第二届人民代表大会历次会议概况表**

表 3

| 会议次序 | 会议日期 | 议题（项） | 听取报告（个） | 决议决定（项） | 选举表决（项） |
|---|---|---|---|---|---|
| 第一次 | 1956 年 12 月 31 日至 1957 年 1 月 4 日 | 5 | 4 | 4 | 2 |
| 第二次 | 1957 年 9 月 19 日至 21 日 | 1 | 0 | 0 | 1 |
| 第三次 | 不详 | | | | |

## 第一节　会议概况

### 一、县二届人大一次会议

深泽县第二届人民代表大会第一次会议，于 1956 年 12 月 31 日至 1957 年 1 月 4 日，在县人民委员会大院西屋召开。12 月 31 日举行全体会议，应出席代表 119 名，实到会代表 110 名。大会在雄壮的国歌声中开幕。县长赵志斌作《县人委会工作报告》，副县长高天佑作《关于 1956 年财政收支情况的报告》和《1957 年农业生产和生产救灾工作规划》，县人民法院副院长闫月分作《县人民法院工作报告》。会议选举赵志斌为县长，高天佑、刘双锁为副县长。选举人民委员会委员 17 名。

### 二、县二届人大二次会议

深泽县第二届人民代表大会第二次会议，于 1957 年 9 月 19 日至 21 日召开，补选范争为副县长，并经专署批准兼任农林局局长。

### 三、县二届人大三次会议

1957年12月18日，深泽县人民委员会下发《关于召开人民委员会会议的通知》，“定于本月21日上午8时，在政府会议室召开县人民委员会会议，会期1天。”会议内容3项，其中第三项为“研究召开第二届第三次人民代表大会问题”。县二届人大三次会议资料不详。

## 第二节　会议选举

县二届人大一次会议，选举产生县国家机关工作人员21人次。

**县人民政府**

县　长：

赵志斌　　1957年1月3日县二届人大一次会议当选

副县长：

高天佑　　1957年1月3日县二届人大一次会议当选

刘双锁　　1957年1月3日县二届人大一次会议当选

范　争　　1957年9月21日县二届人大二次会议当选

深泽县人民委员会委员（17人，1957年1月3日县二届人大一次会议当选）

| | | | |
|---|---|---|---|
| 李培表 | 刘竹申（女） | 夏保忠 | 王来保 |
| 李　勤（女） | 成　珍 | 杨学政 | 牛玉坤 |
| 刘普德 | 崔明欣 | 刘雨三 | 赵志斌 |
| 高天佑 | 刘双锁 | 段成斋 | 杜东祥 |
| 王金堂 | | | |

## 第三节　会议组织

### 县二届人大一次会议

（一）主席团名单

| | | | |
|---|---|---|---|
| 王来保 | 牛玉坤 | 田玉春（女） | 杜东祥 |
| 李占法 | 李　勤（女） | 秦多瑞 | 崔明欣 |
| 高天佑 | 杨学政 | 赵志斌 | 刘庆山 |
| 刘竹申（女） | 刘普德 | | |

（二）秘书长：李廷山

（三）代表资格审查委员会

主 任 委 员：高天佑

副主任委员：牛玉坤　刘竹申（女）

委　员：

李占法　　李培表　　夏保忠　　刘雨三

（四）提案审查委员会

主 任 委 员：王金堂

副主任委员：李文瑞　崔明欣

委　员：

成　珍　　杜东祥　　李　勤（女）　　段成斋

孙　超　　赵月波

## 第四节　决议决定

深泽县第二届人民代表大会共作出决议决定 4 项。

**1956—1957 年深泽县第二届人民代表大会决议决定一览表**

表 4

| 时间 | 会次 | 名称 |
|---|---|---|
| 1956 年 12 月 31 日至 1957 年 1 月 4 日 | 一次会议 | 1. 关于深泽县人民委员会工作报告的决议<br>2. 关于 1956 年财政收支情况的决议<br>3. 关于县人民法院工作报告的决议<br>4. 关于 1957 年农业生产和生产救灾工作规划的决议 |

## 第五节　决议决定选录

### 深泽县第二届人民代表大会第一次会议

### 关于 1957 年农业生产和生产救灾工作规划的决议

1957 年 1 月 4 日

深泽县第二届人民代表大会第一次会议，认真审查《深泽县 1957 年农业生产和生产救灾工作规划（草案）》，通过热烈而深入的讨论，认为为了支持国家建设，提高全县人民物质文化生活所制定的农业生产任务和实现这个任务的措施是正确的，会议还充分注意到水灾给予全县人民的严重损失。认为计划中提出的战胜灾荒、保证农业丰收、做好生产救灾工作等都是十分必要的。因此，全体代表一致同意并批准这个规划，县人民委员会应有计划地贯彻执行，与会代表将大力动员全县人民予以支持，为克服一切困难完成1957年农业生产和生产救灾的各项任务而奋斗。

# 第六节　代表提案选录

## 县二届人大第二次会议提案

**一、农业合作化方面**

1. 农业社应该账目公开，县级领导应该采取一定方法督促各社执行账目公开。

2. 农业社按2%的工对社干部不公的问题，我们认为太少，生活陷入困难。

3. 增加自留地后，社员产生了偏心眼，这是否会减少社内收入？

**二、农林水利方面**

4. 优良麦说是河南麦不耐冻，不如本地七二麦打得多。

5. 种麦粗肥不足，是否能赊销给细肥（化肥）？

6. 我县农业社应大力开展机械化的水利，多买锅驼机进行沿河安装浇地。

7. 要因地制宜，用其天然条件发展手工业、畜牧业、果木园业、蔬菜园业、药材、林木等事业。

8. 对农村儿童在地里折树枝、剥树皮，或以砍草为名偷庄稼、瓜菜等不法行为应如何解决？

9. 无极应加固堤防，免使深泽受灾，羊村新河应挖深加宽，以利泄水。

10. 渠道放水较晚，影响农业增产。

**三、交通方面**

11. 城内街道修理后，雨后仍有几处存水及泥泞的地方，妨碍交通，建议政府给予解决。

12. 北极台东边的城门口应该平宽一些，以便行人通行。

13. 去年发水后，土地已经变质，农业税还依据原先产量计算，是否合理？

**四、财经方面**

14. 村公产和小学是社主权，还是乡政府负责？

15. 生产队已分组，牲口不够用，是否能贷给一部分牲畜贷款来支持生产？

16. 我村农业社想开粉坊，是否许可？

17. 粮食部门加强收购油料问题，种麦以后应该调出一部分劳力，维持生活。

**五、政法工作方面**

18. 白庄永丰农业生产社社员代表申诉第九生产队的贪污问题，检察院没有及时解决。

19. 政府对小偷、赌博风等问题，违法乱纪行为处理不严，影响生产。

20. 我村毕大标刑事案司法部门处理不及时。

**六、教育卫生方面**

21. 要求县里对修建学校的民办教师予以补助。

22. 军烈属及灾区群众医疗减免费，是否能划给本乡保健站看病？

23. 开展爱国卫生运动中，规定的奖励办法不能兑现的问题。

**七、民政类**

24. 我村有两个烈士的尸体尚未取回，家属要求起运，尚未解决。

25. 对五保户、烈军属吃水修房问题，是否能够解决。

26. 我村农业社第二队牲口把烈士碑碰倒，烈军属和群众要求重修，计划需要260多元，望县里批准。

**八、其他方面**

27. 机关工作人员下乡在群众家用饭，付给饭费标准应适当提高一些。

28. 妇联会对边远地区的工作领导和照顾不够。

# 第三章　深泽县第三届人民代表大会

深泽县第三届人民代表大会自1958年5月至1958年11月，共举行代表大会2次。代表名额117名，实有代表117名。

**1958年深泽县第三届人民代表大会历次会议概况表**

表5

| 会议次序 | 会议日期 | 议题（项） | 听取报告（个） | 决议决定（项） | 选举表决（项） |
|---|---|---|---|---|---|
| 第一次 | 1958年5月19日至20日 | 3 | 2 | 2 | 3 |
| 第二次 | 1958年11月3日至4日 | 1 | 1 | 1 | 0 |

## 第一节　会议概况

### 一、县三届人大一次会议

深泽县第三届人民代表大会第一次会议，于1958年5月19日至20日，在招待所礼堂召开。5月19日早晨举行全体会议，会议由县长主持。应出席代表117名，实到会代表95名。大会在雄壮的国歌声中开幕。县长赵志斌作《政府工作报告》，副县长刘双锁作《关于1957年财政决算和1958年财政预算的报告》，副县长高天佑作《关于第二个五年计划的报告》。会议选举赵志斌为县长，高天佑、刘双锁、范争为副县长，王金堂、王瑞仙、成珍、刘竹申、刘普德、刘雨三、杜东祥、李培表、郑一平、夏保忠、段成斋、张明远、杨学政为县人民委员会委员，赵志忠为深泽县人民法院院长。

### 二、县三届人大二次会议

深泽县第三届人民代表大会第二次会议，于1958年11月3日至4日，在县招待所礼堂召开。11月3日早晨举行全体会议，县长赵志斌作《政府工作报告》，副县长高天佑作关于并县的工作意见。

深泽县第三届人民代表大会第二次会议，批准赵志斌所作的政府工作报告。会议认为，报告所总结的各项工作是实事求是的，对深泽县全面跃进运动，给予正确估价。同时认为，巨大成绩取得的主要原因是伟大的全民整风运动的开展，党的总路线的深入贯彻与切实执行，共产党的正确领导和广大人民群众的一致努力。会议一致表示，在胜利的基础上，高举共产主义的红旗，乘胜前进，取得社会主义建设和向共产主义过渡的更大胜利。

## 第二节　会议选举

县三届人大历次会议，共选举产生县国家机关工作人员22人次。

### 县人民政府

县　长：

赵志斌　　1958年5月20日县三届人大一次会议当选

副县长：

高天佑　　1958年5月20日县三届人大一次会议当选

刘双锁　　1958年5月20日县三届人大一次会议当选

范　争　　1958年5月20日县三届人大一次会议当选

深泽县人民委员会委员（17人，1958年5月20日县三届人大一次会议当选）

| | | | |
|---|---|---|---|
| 王金堂 | 王瑞仙 | 成　珍 | 刘竹申（女） |
| 刘普德 | 刘雨三 | 杜东祥 | 李培表 |
| 郑一平 | 赵志斌 | 高天佑 | 刘双锁 |
| 范　争 | 夏保忠 | 段成斋 | 张明远 |
| 杨学政 | | | |

### 县人民法院

院　长：

赵志忠　　1958年5月20日县三届人大一次会议当选

**深泽县出席河北省第二届人民代表大会代表名单**

（1958年5月20日县三届人大一次会议选举产生）

刘竹申（女）

# 第三节　会议组织

## 一、县三届人大一次会议

（一）主席团名单

| | | | |
|---|---|---|---|
| 刘双锁 | 刘庆山 | 刘竹申（女） | 刘普德 |
| 杜东祥 | 李占法 | 李培表 | 郑一平 |
| 赵志斌 | 段成斋 | 高天佑 | 夏保忠 |
| 秦多瑞 | 崔明欣 | 杨学政 | |

（二）提案审查委员会

主 任 委 员：刘双锁

副主任委员：李月波　崔明欣

委　员：

| | | | |
|---|---|---|---|
| 成　珍 | 杜东祥 | 赵月波 | 段成斋 |

（三）代表资格审查委员会

主 任 委 员：高天佑

副主任委员：刘竹申（女）　李培表

委　员：

| | | | |
|---|---|---|---|
| 刘雨三 | 李占法 | 夏保忠 | 秦多瑞 |

## 二、县三届人大二次会议

（一）主席团名单

| | | | |
|---|---|---|---|
| 刘庆山 | 刘竹申（女） | 刘普德 | 杜东祥 |
| 李占法 | 李培表 | 赵志斌 | 范　争 |
| 段成斋 | 高天佑 | 夏保忠 | 秦多瑞 |
| 崔明欣 | | | |

（二）提案审查委员会

主 任 委 员：范　争

副主任委员：李月波　崔明欣

委　员：

| | | | |
|---|---|---|---|
| 成　珍 | 杜东祥 | 赵月波 | 段成斋 |

（三）代表资格审查委员会

主 任 委 员：高天佑

副主任委员：刘竹申（女）　李培表

委　员：

刘雨三　　李占法　　夏保忠　　秦多瑞

## 第四节　决议决定

深泽县第三届人民代表大会共作出决议决定5项。

### 1958年深泽县第三届人民代表大会决议决定一览表

表6

| 时间 | 会次 | 名称 |
| --- | --- | --- |
| 1958年5月19日至20日 | 一次会议<br>（5月20日下午） | 1. 关于政府工作报告的决议<br>2. 关于1957年财政决算和1958年财政预算的决议<br>3. 关于第二个五年计划的报告的决议 |
| 1958年11月3日至4日 | 二次会议<br>（11月4日上午） | 1. 关于深泽县人民政府工作报告的决议<br>2. 关于并县工作意见的决议 |

## 第五节　决议决定选录

### 深泽县第三届人民代表大会第二次会议<br>关于并县工作意见的决议

1958年11月4日

深泽县第三届人民代表大会第二次会议听取了高天佑副县长所作的关于并县工作意见的报告，经过讨论，大会表示拥护。一致认为，在新的形势下，由小县并大县的措施是非常适时和正确的，并表示切实贯彻执行，动员广大人民群众，积极进行社会主义的各项建设。大会一致通过和批准并县工作的意见。

# 第四章　深泽县第四届人民代表大会

1958 年 11 月，深泽、晋县、束鹿三县合并为束鹿县。1961 年 5 月，晋县（包括原深泽县）与束鹿县分设，恢复晋县建制。时值三年经济困难时期，没有召开人民代表大会。1962 年 1 月，恢复深泽县建制。

深泽县第四届人民代表大会代表名额 119 名，选举产生县四届人大代表 119 名。深泽县第四届人民代表大会共举行代表大会 1 次，于 1962 年 12 月 22 日至 24 日召开。

1962 年深泽县第四届人民代表大会第一次会议概况表

表 7

| 会议次序 | 会议日期 | 议题（项） | 听取报告（个） | 决议决定（项） | 选举表决（项） |
|---|---|---|---|---|---|
| 第一次 | 1962 年 12 月 22 日至 24 日 | 4 | 3 | 3 | 2 |

## 第一节　会议概况

### 县四届人大一次会议

深泽县第四届人民代表大会第一次会议，于 1962 年 12 月 22 日至 24 日在轧花厂饭厅召开。12 月 22 日下午，举行第一次全体会议，应出席代表 119 名，实到会代表 106 名。大会在雄壮的国歌声中开幕。县人民政府代县长李文田作《县政府工作报告》，县财政局局长杨景波作《财政预算执行情况的报告》，县人民法院院长成珍作《县人民法院工作报告》。会议选举李文田为县长，杜东祥、高天佑、李小兑为副县长，县人民委员会委员 17 名，选举成珍为县人民法院院长。

深泽县第四届人民代表大会第一次会议与会代表，热烈的、严肃认真地讨论了政府工作报告，一致认为：政府工作报告是全面的，实事求是的。从第三届人民代表大会第一次会议以来，这四年多的时间，在党中央和毛主席的领导下，高举着总路线、“大跃进”、人民公社的光辉旗帜，朝着光明灿烂的社会主义方向，沿着农业集体化道路，取得了史无前例的巨大成就。这些成就，将对今后进行社会主义建设，有着深远的历史意义。同时认为当前的形势是大好的，去年比前年好，今年比去年好，明年还会更好，还认为这几年来发生的缺点或错误，有些问题是难以避免的，有的已经纠正，有的还正在纠正，问题产生根本与三面红旗无关，发生问题的根本原因是我们缺乏建设社会主义的经验和没有正确地执行党的方针政策所致。一致表示，今后在社会主义的建设事业中，必须高举“三面红旗”，认真学习毛泽东思想，坚决贯彻执行中共中央八届十中全会的精神和上级政府的各项方针政策，坚持集体化道路，反对单干逆流，在社会主义革命和社会主义建设的伟大斗争中，坚定立场，明确方向，加强团结，为进一步巩固和发展人民公社的集体经济、发展农业生产、夺取明年农业丰收奋发努力。

## 第二节　会议选举

县四届人大一次会议，共选举产生县国家机关工作人员22人次。

### 县人民政府

县　长：

李文田　　1962年12月24日县四届人大一次会议当选

副县长：

杜东祥　　1962年12月24日县四届人大一次会议当选

高天佑　　1962年12月24日县四届人大一次会议当选

李小兑　　1962年12月24日县四届人大一次会议当选

县人民委员会委员（17人，1962年12月24日县四届人大一次会议当选）：

| | | | |
|---|---|---|---|
| 田　义 | 杨秋林 | 李文田 | 白应刚 |
| 李　勤（女） | 夏保忠 | 成　珍 | 刘竹申（女） |
| 李培表 | 段成斋 | 张根造 | 崔明欣 |
| 刘普德 | 秦多瑞 | 杜东祥 | 高天佑 |
| 李小兑 | | | |

### 县人民法院

院　长：

成　珍　　1962年12月24日县四届人大一次会议当选

# 第三节　会议组织

## 县四届人大一次会议

（一）主席团

| | | | |
|---|---|---|---|
| 田　义 | 孙　超 | 李文田 | 李小兑 |
| 李　勤（女） | 李培表 | 成　珍 | 刘庆山 |
| 刘竹申（女） | 刘普德 | 杜东祥 | 段成斋 |
| 夏保忠 | 崔明欣 | 秦多瑞 | 高天佑 |
| 黎庆春 | | | |

（二）秘书长：赵　谦

（三）财政预决算审查委员会

主 任 委 员：杨秋林

副主任委员：王金堂　刘普德

委　员：

| | | | |
|---|---|---|---|
| 白应刚 | 李瑞身 | 杜英利 | 陈大明 |

（四）提案审查委员会

主 任 委 员：李小兑

副主任委员：成　珍　崔明欣

委　员：

| | | | |
|---|---|---|---|
| 李　勤（女） | 李月波 | 李培表 | 段成斋 |

（五）代表资格审查委员会

主 任 委 员：杜东祥

副主任委员：刘竹申（女）　夏保忠

委　员：

| | | | |
|---|---|---|---|
| 孙之一 | 李运通 | 张根造 | 黎庆春 |

# 第四节　决议决定

深泽县第四届人民代表大会共作出决议决定 3 项。

1962 年深泽县第四届人民代表大会决议决定一览表

表 8

| 时间 | 会次 | 名称 |
| --- | --- | --- |
| 1962 年 12 月 22 日至 24 日 | 一次会议（12 月 24 日下午） | 1. 关于深泽县政府工作报告的决议<br>2. 关于深泽县 1962 年财政收支情况的决议<br>3. 关于深泽县人民法院工作报告的决议 |

# 第五节　代表提案选录

## 深泽县第四届人民代表大会第一次会议

提案审查委员会对代表提案逐条进行审查，共 191 条，按部门、性质分类，涉及农田水利方面 54 条，财政金融贸易方面 92 条，政法方面 13 条，文教卫生方面 5 条，工业交通方面 9 条，其他方面 18 条。提案涉及县委、人委、公安、法院、农村、文化教育、供销、税务、银行、商业、交通、财政、水利、基站等 14 个单位，分别予以受理。

### 一、农田水利类

1. 要求多供应些化肥和农药。
2. 制止猪、羊啃麦苗。
3. 加强保护牲畜，保护机器、机井的意见。
4. 要求减少植棉任务。
5. 本队耕地多，种粮食作物苗子容易死，棉花抗药性强，应多种棉花。
6. 河滩荒地应植树成林，分村保管护理。
7. 河堤植树，经营分成。
8. 护林工作做得不好，把榆树四周的根刨了，刮风就倒。
9. 铁杆公社根据土质情况，适合多种杆柳，造林应大力发展，渠道两旁应多植杆柳。
10. 要求国家从资金物力技术等方面大力支持，兴建和扩建扬水站，迎接生产高潮。
11. 要求在木刀沟上修建扬水站。
12. 要求修建护岸工程，保护扬水站，防止塌地。
13. 要求兴建武羊铺截水闸和周家庄泄水闸，管好渠道，扩建渠道，以利于多浇地少淹地。
14. 要求加强渠道管理，保证下游浇水。
15. 要求恢复武羊铺支渠，并解决四干截断二干水的问题。
16. 要求在铁杆村村东、村北渠上架桥，便利交通。

17. 要求兴建水泥跃渠水桥，或跃渠水洞，要求买或供大型机器。

18. 要求修渠修桥，防决口，便利交通。

19. 建议把方元扬水站水引到本村水堰，并在堤上建闸，便利浇地。

20. 要求供给打井竹竿。

21. 机耕质量不好。

22. 我村距县基站较远，不能及时机耕，不能按时播种，收成受到影响。

## 二、财政金融贸易类

23. 大兴村很多碱地、风背地，每年直接影响社员生产及生活，要求党委研究减少产量预估。

24. 今年社员生活用煤指标很少，不够烧，并且大部分是爆炸煤，社员意见很大。

25. 因我队（东袁庄、西北留）牲口少、老，从晋县运煤困难，要求把煤运到深泽。

26. 商业部门发给的购货证一季购买一缕子线，这样面太窄，能不能在证上多买几样日用品，如肥皂、袜子、手巾等。

27. 布票太少，过不了冬，要求增加布票。

28. 有关车子（自行车）、表之类的供应，现在上级是否还供，供给的话怎么没有分到，不供的话是否请示上级供应。

29. 买了铁活（轮毂）买不到轮胎。

30. 要求买胶皮车 10 辆，增加胶皮车使用率。

31. 原来各村购买的 10 马力煤气机，根本没有使用过，开不转，要求退货。

32. 以前规定收猪奖励中级烟和布票，收猪后没照办。

33. 猪、鸡、蛋的派购，生产队赔钱，每头猪赔 10 元左右，应到市场上收购。

34. 为了加速农业生产的恢复和发展，县可采取措施，帮助困难队解决耕畜不足的问题。

35. 要求供应笹子、双铧犁、化肥、农药、车栓。

36. 我们（铁杆、中央、南袁庄、小梨园、东袁庄、西大陈）是受雹灾和不产棉的村庄，棉花砸坏和砸光了的，要求立即供应棉絮，和增加棉絮供应数量，每人只供 2 两过不了冬。

37. 没有棉花，奖励布票少。

38. 供销社供应群众的洋火（火柴）、粮等物资经常脱销，有事到私商手中去买。

39. 要求供应农村食用油。

40. 中央村 6、9、10、11、12 五个小队的统销指标需要在春节前供应一部分。

41. 铁杆、西焦庄适合种花生，要求解决籽种。

42. 麦季不销粮，秋季要征购。

43. 建议搞好黄壁庄水库民工生活。

44. 由于前几年我大队（前马里）牲口死亡很多，老弱严重，要求上级多补发一批牲口贷款，以利支持生产。

45. 机浇花钱多，要求多贷点款。

## 三、政法类

46. 刁庄村生产队于1961年被盗玉米案，两年未解决。
47. 关于该村刘开山偷盗库小麦问题，长期未解决。
48. 公安部门对保卫生产林木、水利设施不够，对小偷小摸处理太宽。
49. 关于处理婚姻问题，法院应亲自下去帮助动员双方，尽量不离。

## 四、文教卫生类

50. 关于民办教师吃油和日用品的供应怎样解决。
51. 普及教育的开支要按实际情况，初小教室内少桌缺凳，要求增制。

## 五、工业交通类

52. 车川买不到，农具修不好。
53. 滹沱河的桥应修好，大直要村拉煤不方便。
54. 留村到深泽应修一条大道。
55. 我县办电要加快速度，早日投入生产，争取明年粮棉双丰收；要求县人民委员会尽最大努力，在全县范围内实现电气化，支援农业高速度发展；能否加强加大建筑用电的力量，使其早日完工，早日供电，最好明春使用新电；现在发电厂供电实在成问题，三天无电，两天出毛病。

# 第五章　深泽县第五届人民代表大会

深泽县第五届人民代表大会代表名额 149 名。深泽县成立选举委员会，委员会主席：李文田；委员：高天佑、杜东祥、田义、黎庆春、李琴、夏保忠、成珍、李运通、肖万华、宋杰。选举产生县五届人大代表 149 名。深泽县第五届人民代表大会共举行代表大会 1 次，于 1963 年 10 月 28 日至 30 日召开。

**1963 年深泽县第五届人民代表大会第一次会议概况表**

表 9

| 会议次序 | 会议日期 | 议题（项） | 听取报告（个） | 决议决定（项） | 选举表决（项） |
|---|---|---|---|---|---|
| 第一次 | 1963 年 10 月 28 日至 30 日 | 4 | 3 | 3 | 3 |

## 第一节　会议概况

### 县五届人大一次会议

深泽县第五届人民代表大会第一次会议，于 1963 年 10 月 28 日至 30 日在轧花厂饭厅召开。大会在雄壮的国歌声中开幕。县长李文田作《县政府工作报告》，县财政科科长杨景波作《深泽县 1963 年 1—3 季度财政预算执行情况的报告》，县法院院长成珍作《县人民法院工作报告》。会议选举李文田为县长，杜东祥、高天佑、李小兑为副县长，县人民委员会委员 17 名，选举成珍为县人民法院院长。会议选举产生深泽县出席河北省第三届人民代表大会代表 2 名。

## 第二节　会议选举

县五届人大一次会议，共选举产生县国家机关工作人员 22 人次。

### 县人民政府

县　长：

李文田　　1963年10月30日县五届人大一次会议当选

副县长：

杜东祥　　1963年10月30日县五届人大一次会议当选

高天佑　　1963年10月30日县五届人大一次会议当选

李小兑　　1963年10月30日县五届人大一次会议当选

县人民委员会委员（17人，1963年10月30日县五届人大一次会议当选）：

| | | | |
|---|---|---|---|
| 李培表 | 杨秋林 | 张根造 | 崔明欣 |
| 夏保忠 | 段成斋 | 刘普德 | 秦多瑞 |
| 李　珍 | 张怀印 | 白应刚 | 刘竹申（女） |
| 田　义 | 李文田 | 杜东祥 | 高天佑 |
| 李小兑 | | | |

### 县人民法院

院　长：

成　珍　　1963年10月30日县五届人大一次会议当选

**深泽县出席河北省第三届人民代表大会代表名单**

（1963年10月30日县五届人大一次会议当选）

李文田　　刘竹申（女）

## 第三节　决议决定

深泽县第五届人民代表大会共作出决议决定3项。

**1963年深泽县第五届人民代表大会决议决定一览表**

表10

| 时间 | 会次 | 名称 |
|---|---|---|
| 1963年10月28日至30日 | 一次会议 | 1. 关于深泽县政府工作报告的决议<br>2. 关于深泽县1963年1—3季度财政预算执行情况的报告的决议<br>3. 关于深泽县人民法院工作报告的决议 |

# 第四节　代表提案选录

深泽县第五届人民代表大会第一次会议共收到代表提案244条。属于农林水利方面的70条，其中农林30条、水利40条；属于文教卫生方面的16条，其中教育11条、卫生5条；属于财贸金融的52条，其中商业9条、供销11条、粮食7条、财政8条、税务4条、银行13条；属于工业交通的17件，其中工业1条、交通4条、农电10条、邮电2条；属于政法方面的36条，其中公安2条、法院2条、人事3条、民政29条；属于生产救灾的19条、拖拉机站2条、经济委20条、手工业1条；其他方面11条。

1. 要求多供应一些化肥和农药。
2. 要求减少植棉任务。
3. 河堤植树经济分成。
4. 铁杆公社根据土质情况，适合多种杆柳，造林应大力发展，渠道两旁可以植杆柳。
5. 要求国家从资金、物料、技术等方面大力支持，兴建和扩建扬水站，迎接生产高潮。
6. 要求退回不合质量的煤气机。
7. 要求加强渠道管理，保证下游浇水。
8. 夹河村到赵八的千里堤不坚固，应修补。
9. 请求改修木刀沟堤防问题。
10. 靠河的村庄要在河滩种树，一能防沙，二是财富，不可轻视。

# 第六章　深泽县第六届人民代表大会

深泽县第六届人民代表大会代表名额149名。1965年12月召开县六届人大一次会议时实有代表149名。深泽县第六届人民代表大会共举行代表大会1次，于1965年12月25日至27日召开。

**1965年深泽县第六届人民代表大会第一次会议概况表**

表11

| 会议次序 | 会议日期 | 议题（项） | 听取报告（个） | 决议决定（项） | 选举表决（项） |
| --- | --- | --- | --- | --- | --- |
| 第一次 | 1965年12月25日至27日 | 4 | 3 | 3 | 2 |

## 第一节　代表名单

第一团：大直要、耿庄、留村、羊村共51人。负责人：刘平山、张子祥、郑志彬。

一组（17人）：

刘平山　杨荣甲　赵小六　秦文台
郭黑娃　纪江惠　张宏福　白应刚
秦多瑞　康文联　李颜波　王根乱
宋贵钗　邸秀子　纪照从　张培生
王秋法

二组（17人）：

张子祥　曹维士　夏保忠　李文田
陈进良　焦学敏　宋洛先　石三林
赵礼群　张欢眼　马普泽　段成斋
王兰秀　李满常　张兵海　陈提明
张根会

三组（17人）：

郑志彬　王凤山　李梅素　贾振忠

| | | | |
|---|---|---|---|
| 冯克明 | 马生法 | 刘进山 | 肖万华 |
| 赵保胜 | 马金水 | 刘小江 | 张怀印 |
| 邸怀仁 | 曹双振 | 张洛国 | 刘胜同 |
| 李礼堂 | | | |

第二团：赵八、城关、固罗共 54 人。负责人：张庆申、提庆臣、刘庆山。

一组（18 人）：

| | | | |
|---|---|---|---|
| 张庆申 | 王银胜 | 马洛更 | 李同格 |
| 张增义 | 袁茂同 | 史兰德 | 罗素格 |
| 白金江 | 张义奎 | 信拴秋 | 孙喜合 |
| 李素格 | 刘竹申 | 周来明 | 郑俊娟 |
| 王福江 | 郭俊卿 | | |

二组（18 人）：

| | | | |
|---|---|---|---|
| 提庆臣 | 赵　强 | 崔明欣 | 王　欣 |
| 张进法 | 赵礼才 | 阎喜全 | 杜英立 |
| 石明信 | 王小金 | 张　一 | 宋俊花 |
| 田　义 | 庞兰花 | 彭兰奎 | 赵堂子 |
| 李　珍 | 王连奎 | | |

三组（18 人）：

| | | | |
|---|---|---|---|
| 刘庆山 | 孙志一 | 孙振江 | 宋同义 |
| 张志会 | 贾进宏 | 赵文仲 | 吴金坤 |
| 王恒昌 | 王文峰 | 张瑞平 | 赵　谦 |
| 刘群科 | 王来全 | 陈致山 | 任发振 |
| 王俊发 | 陈大明 | | |

第三团：西河、铁杆、马里共 44 人。负责人：王兆林、商丙山、李同春。

一组（15 人）：

| | | | |
|---|---|---|---|
| 王兆林 | 王计才 | 王胜竹 | 李培表 |
| 徐志娟 | 陈进拴 | 吕小俊 | 李同欣 |
| 陈丙午 | 田聚众 | 王香花 | 李月波 |
| 张素岩 | 宋英祥 | 刘雨三 | |

二组（15 人）：

| | | | |
|---|---|---|---|
| 商丙山 | 杜培欣 | 石禄启 | 邓英祥 |
| 刘　俊 | 王金堂 | 李　吉 | 罗胜堂 |
| 成　珍 | 李造宏 | 李同改 | 赵小平 |
| 韩贵丑 | 李士芳 | 刘　娟 | |

三组（14 人）：

| | | | |
|---|---|---|---|
| 李同春 | 刘秋瑞 | 郝如峰 | 曹泥保 |
| 杨四拴 | 高多须 | 黎庆春 | 张小立 |
| 杨秋林 | 张小秋 | 郭振英 | 高林生 |
| 杜　修 | 刘永振 | | |

## 第二节　会议概况

### 县六届人大一次会议

深泽县第六届人民代表大会第一次会议，于 1965 年 12 月 25 日至 27 日召开。12 月 25 日举行全体会议，应出席代表 149 名，实到会代表 149 名。大会在雄壮的国歌声中开幕。县长李文田作《县政府工作报告》，王兆林作《关于 1964 年决算和 1965 年预算执行情况（草案）的报告》，县法院代理副院长提庆臣作《县人民法院工作报告》。会议选举李文田为县长，杜东祥、高天佑、李小兑、成珍为副县长，县人民委员会委员 17 名。

## 第三节　会议选举

县六届人大一次会议，共选举产生县国家机关工作人员 22 人次。

#### 县人民政府

县　长：

李文田　　1965 年 12 月 27 日县六届人大一次会议当选

副县长：

杜东祥　　1965 年 12 月 27 日县六届人大一次会议当选

高天佑　　1965 年 12 月 27 日县六届人大一次会议当选

李小兑　　1965 年 12 月 27 日县六届人大一次会议当选

成　珍　　1965 年 12 月 27 日县六届人大一次会议当选

县人民委员会委员（17 人，1965 年 12 月 27 日县六届人大一次会议当选）：

| | | | |
|---|---|---|---|
| 田　义 | 杨秋林 | 李文田 | 白应刚 |
| 夏保忠 | 黎庆春 | 王金堂 | 王兰秀 |
| 张　一 | 段成斋 | 崔明欣 | 秦多瑞 |
| 刘竹申 | 李培表 | 张怀印 | 杨敬然 |

步恒金

## 第四节　会议组织

（一）主席团

| | | | |
|---|---|---|---|
| 王金堂 | 王兰秀 | 成　珍 | 李文田 |
| 李　珍 | 李培表 | 刘竹申 | 刘庆山 |
| 孙之一 | 张　一 | 张怀印 | 崔明欣 |
| 秦多瑞 | 提庆臣 | 杨秋林 | 赵文仲 |
| 黎庆春 | | | |

（二）主席团执行主席

第一天（12 月 25 日）：

| | | | |
|---|---|---|---|
| 成　珍 | 崔明欣 | 王金堂 | 赵文仲 |
| 张怀印 | 提庆臣 | | |

第二天（12 月 26 日）：

| | | | |
|---|---|---|---|
| 李文田 | 秦多瑞 | 李培表 | 杨秋林 |
| 刘庆山 | | | |

第三天（12 月 27 日）：

| | | | |
|---|---|---|---|
| 黎庆春 | 刘竹申 | 李　珍 | 孙之一 |
| 王兰秀 | 张　一 | | |

（三）财政审查委员会

主 任 委 员：杨秋林

副主任委员：王金堂　赵文仲

委　员：

| | | | |
|---|---|---|---|
| 王兆林 | 郭振英 | 杜迎立 | 陈大明 |

（四）提案审查委员会

主 任 委 员：成　珍

副主任委员：刘庆山　崔明欣

委　员：

| | | | |
|---|---|---|---|
| 张子祥 | 张怀印 | 李培表 | 刘平山 |

（五）代表资格审查委员会

主 任 委 员：黎庆春

副主任委员：刘竹申　提庆臣

委　员：

| | | | |
|---|---|---|---|
| 李　珍 | 孙之一 | 秦多瑞 | 张　一 |

# 第五节　决议决定

深泽县第六届人民代表大会共作出决议决定 3 项。

**1965 年深泽县第六届人民代表大会决议决定一览表**

表 12

| 时间 | 会次 | 名称 |
|---|---|---|
| 1965 年 12 月 25 日至 27 日 | 一次会议（12 月 27 日下午） | 1. 关于政府工作报告的决议<br>2. 关于 1964 年决算和 1965 年预算执行情况的决议<br>3. 关于深泽县人民法院工作报告的决议 |

# 第六节　代表提案选录

## 深泽县第六届人民代表大会一次会议

**一、党政群团类**

1. 提案人：赵小六、陈进拴

事由：关于分配中人多劳少困难户的拿款问题

解答：按六十条规定，现金分配政策是按劳分配、多劳多得、不劳不得，对于一般人多劳少困难户，生产队应根据他们的劳动能力适当安排工作，让他们能够增加收入，除此以外，由贫下中农和全体社员讨论同意，也可以给必要的补助。公益金的提取比例最多不能超过本队可分总收入的 3%。在分配中除受灾队以外，还得掌握公共积累逐年有所增加，多数社员生活逐年有所提高的精神。

2. 提案人：刘小江、李素格、郭黑娃、宋俊花、马胜发

事由：关于自留地长期不变问题

解答：按六十条规定，由集体分配给社员的自留地归社员使用，长期不变。这样可以激发社员的耕种积极性。至于长期不变出现的不平衡问题，可以通过积极参加集体生产劳动来解决。

3. 提案人：袁茂同

事由：关于并队问题

解答：基本核算单位原则上不再变动，如非变不可的，必须逐级申请上级，经地委批准。不准在领导批准前搞并队、划队活动。

4. 提案人：王小全

事由：闲散地处理问题

解答：凡属生产队范围内的土地都归生产队所有。集体不便耕种的闲散地，可由大队统一规划分配到生产队或社员耕种。但社员开垦的分散地，一般不能超过自留地的数量，如果闲散地户已开垦耕种，只要数量不超上述规定，社员又没多大意见，可允许暂时由户耕种，如果集体需要或分配给社员做庄基，大队要进行合理规划，对已种作物合理处理。

5. 提案人：赵小六、张欢眼、杨四拴、赵小平、王连魁、张进发、李吉、孙振江、李士劳

事由：庄基问题

解答：宅基地确实不足使用的社员，可以向生产队提出增加庄基的申请。由生产队按照规定和规划，经全体社员讨论同意拨给适当的宅基地。但是拨给社员的宅基地不能从其他有宅社员的宅基地随便调剂。生产大队对缺乏宅基地的社员，要尽量给队内的公产庄基和荒地，尽量不占集体耕地，如果既没公产又没荒地需占用耕地时，必须经县人民委员会批准。社员的宅基地（包括有建筑物和没有建筑物）所有权归生产队，但是由社员长期使用，社员的宅基地不允许出租和买卖，但是兄弟们分家时可以将宅基分开。需要明确的是，分的是使用权，并不是所有权。

6. 提案人：深泽中学、伍仟代表

事由：为社员盖房要俭省节约

解答：随着农业生产的发展，粮棉产量逐年增加，社员的生活水平和收入有了很大提高，房屋逐年增新和以旧翻新的越来越多，这是个自然现象，是一个大好事，但是在好事面前，我们各级干部必须向群众做好备战备荒为人民的宣传教育，今后在这方面要厉行节约、防止浪费。

7. 提案人：手工业局代表

事由：关于建立三级修造网的问题

解答：已提交领导，指示各公社加强领导。

8. 提案人：手工业局代表

事由：关于建立亦工亦农木具社问题

解答：由计委请示领导后研究解决。

9. 提案人：城内大队代表

事由：要求在城墙里圈栽柳子

解答：不行。因为国家的地方由国家管理，现已种了树。

10. 提案人：张庆申、纪江会、孙喜合

事由：现有的青年结婚不符合婚姻法规定

解答：有的受早婚旧习惯的影响，有的法治观念不强，错误认为结婚不登记没关系，不算犯法。解决这个问题，主要通过宣传教育，使群众认识到这是不合法的，使群众自觉遵守婚姻登记制度。对于未履行登记手续而私自结婚的，应当分别进行处理。至于结婚要彩礼问题，主要靠平时加强教育，提高觉悟，逐步解决。对于借结婚名义大敛钱财的，应当对其进

行批评教育或酌情处理。

11. 提案人：铁杆代表

事由：烈属修房问题

解答：孤老烈属房屋需要修理应由大队负责，大队无力负责的国家可酌情补助。一般烈属住房需修理的，主要由个人负责解决，如无力解决的，应本着个人、集体、国家三结合的办法解决，国家解决部分应在发放优抚款时评议补助。

12. 提案人：耿庄卫生所、耿庄、秀武代表

事由：军、工、烈属困难户有病，经济困难

解答：烈属常年有病，经济困难无依靠或无供养能力时，生产队应给予优待劳动日照顾，照顾所分现金可解决经济困难，还经常有困难的，可申请给予定期补助或临时补助；军烈属确无力负担药费者，可向卫生科申请解决；工属自行解决；社会困难户，可从社会救济款内评议救济。

13. 提案人：魏村、乘马代表

事由：（1）优待军烈属，群众负担重怎么办？（2）有的烈属要求把烈士的名字写在烈士碑上。（3）烈士亭离河近，要求迁移。

解答：有的村军烈属多，群众负担重，可在调配义务工和发放优抚费中加以照顾。烈士碑是纪念革命烈士的建筑物，有的由村建立，有的由国家修建，碑上的名字是根据建碑前所牺牲烈士而刻制的。我县的烈士碑是抗日胜利后建立的，解放战争和抗美援朝牺牲的烈士没有刻在碑上，待今后扩建或新建时再刻制。烈士亭离河近，应由本村负责迁移修建，如有困难国家可酌情照顾。

14. 提案人：王根乱

事由：对老革命干部无劳动力如何解决

解答：如合乎五保条件，可给予五保待遇，遇有困难首先从公益金解决，公益金无力解决时，可以社会救济费解决。

15. 提案人：深泽中学代表

事由：婚丧嫁娶注意不要铺张浪费

解答：今后要做好宣传工作，各级干部特别是基层干部要利用活人活事大力宣传教育，提倡节俭，移风易俗。

16. 提案人：马里公社代表

事由：有的妇女打骂公婆，应加强妇女教育

解答：这种现象还很严重，影响很坏，今后妇女教育要列入工作日程，经常研究，并与法院结合，加强尊老爱幼、新道德新风尚的教育。

17. 提案人：王小全

事由：发挥妇女积极性，不要轻视妇女

解答：农村妇女社员不能发挥积极性，原因是有部分人对妇女轻视，不培养、不利用

这支生力军，致使妇女产生自卑感；另一方面妇女本身主观努力不够，没有起到半边天的作用。今后妇会要着重加强这方面的工作，向广大妇女进行男女平等的教育，敢挑重担，大胆工作，使广大妇女在建设社会主义事业中，为革命贡献最大力量。

**二、农、电、水利类**

18. 提案人：西桥头代表

事由：关于1109和761型煤气机零件供应问题

解答：根据上级指示精神，只安排了1105柴油机和煤气机这两种机型零件，对其他机型零件没做安排。

19. 提案人：吕村、西南留、北赵庄代表

事由：要求解决电动机问题

解答：根据我县实际情况，尚缺很多，为解决这个问题，我们已向上级进行了请示，必须逐步解决。

20. 提案人：中央、周家庄、赵庄、铁杆公社、耿庄公社代表

事由：关于河南办电问题

解答：上级已批准，正在跨河，但要坚持自力更生办电。

21. 提案人：段庄、东关代表

事由：要求解决办电资金问题

解答：根据上级指示精神，以自筹办电为主，国家不再给予补助。

22. 提案人：大桥头代表

事由：要求解决排灌机械问题

解答：经过清理，全县917台能用的264台，为解决河南浇水问题，我们正在安装。

23. 提案人：大直要村代表

事由：平调变压器问题

解答：1962年县局从大直要村借来一部变压器，据大直要公社说，变压器是用公社公积金买的，1965年与南白庄办电时，根据大直要公社党委意见，让把这台变压器给了南白庄。

24. 提案人：高庙代表

事由：要求改换变压器问题

解答：我们已作了研究，如确实不够用，县里可以兑换。

25. 提案人：深泽中学代表

事由：关于安装电灯问题

解答：在影院公路上安装电灯，我们进行了勘测，此处与通信线太近，不易解决。

26. 提案人：贾村、王庄代表

事由：拖拉机耕地和收费问题

解答：贾村在1965年冬，用拖拉机耕地是最晚的一个大队，当时地都冻了，有一部分不够质量，我们准备派人去解决，今后耕地注意质量，按质量收费。

27. 提案人：东关代表

事由：拖拉机站建村里不合适

解答：当时解决不了，等以后有了条件迁到村外，至于在晚上试车问题，我们在晚上少试车。

28. 提案人：侯村代表刘竹申

事由：认为本村产量达不到500斤

解答：产量指标是个奋斗方向，要千方百计努力实现，关于是否按这个产量征购不一定，可以按包干政策办事。

29. 提案人：东关大队陈志山

事由：关于东关桑园苗圃两侧植树影响庄稼生长的问题

解答：已按意见进行刨除西面，东面正采取办法解决。

30. 提案人：赵八公社刘家庄张进发

事由：建议召开农业训练班

解答：意见很好，县里已成立社办站，结合大队、生产队、技术组，组成农业技术网，传授农业技术。

31. 提案人：马里公社周家庄杜修

事由：关于护好林木问题

解答：县里出过护林布告，可按照执行，另外要加强农林、政法、公安部门的联系，及时解决发现的毁林问题。

32. 提案人：夹河卫生所邸怀仁

事由：应进行一次土地大普查

解答：土地，目前县、社、队已经基本做到三对口，县级与统计、财税、粮食部门也做到了三对口。对于个别队的问题，我们及时解决。

33. 提案人：深泽中学孙志一

事由：城墙应栽上树，保护好

解答：意见很好。

34. 提案人：马里公社周家庄杜修

事由：建议总结增产经验，并推广全县

解答：这个意见很好。

35. 提案人：铁杆刘俊

事由：（1）杆柳占耕地多；（2）关于修小井；（3）推广优良品种问题。

解答：（1）杆柳不应占耕地，以免影响粮棉生产，已占用的可由农林、统计、财税部门会同具体解决。（2）修井工作正在大力组织进行，现已有了成效。（3）优良品种我们尽力推广，现有良种场，社有粮种大队组成推广网，负责种子推广工作。

36. 提案人：西北马大队张素岩

事由：造林占地应减产量

解答：已经占用的，按具体情况解决，征购问题在包干中由粮食部门予以考虑。

37. 提案人：大直要公社小直要大队王兰秀

事由：（1）关于多种经济作物问题；（2）化肥应跟上去。

解答：应该以农家肥为主，化学肥料的增加是随着国家工业发展的情况而定的。

38. 提案人：李同春、铁杆公社、李造宏、中央大队

事由：关于提出武羊铺建水闸问题

解答：渠道建筑物国家不予补助，由受益大队自力更生解决。

39. 提案人：信拴秋、固罗大队

事由：关于与定县挖河纠纷问题

解答：坚决按照省专指示办事，由西至东顺着旧磁河道进行修整。

40. 提案人：赵堂子、赵八公社大镇大队

事由：关于无极县流村在深泽排水问题

解答：根据上级排涝的指示方针，下游必须服从上游。

41. 提案人：张一、城关公社

事由：关于南关吃水井安装辘轳问题

解答：该问题由城关公社解决。

42. 提案人：罗胜堂、西河西焦庄大队

事由：关于渠道水问题

解答：按国家规定，什么时候放水，我们就什么时候给队送水。

43. 提案人：张庆春、赵八公社

事由：无极与深泽泄水沟问题

解答：应本着下游服从上游的原则，赵八公社应主动与无极县联系，解决排水沟问题。

**三、政法类**

44. 提案人：北中山代表

事由：对小孩抚养费的执行问题

解答：确实对这方面抓得不紧，今后对这个问题要及时解决。

45. 提案人：铁杆公社东三村代表

事由：关于东三村冯慧敏被毒死一事

解答：此问题正待审判处理。

46. 提案人：石桥头代表

事由：关于张梅素的庄基纠纷问题

解答：已经做了研究，等待研究处理。

47. 提案人：西南留代表

事由：老人死后自留地的继承问题

解答：根据六十条之规定进行解决。

48. 提案人：东三村代表

事由：李春银之妻陈小珍中毒问题

解答：正在破案。

49. 提案人：西大陈代表

事由：1965 年发生的井内投毒问题

解答：正在查证此案。

**四、文教卫生类**

50. 提案人：耿庄保健站代表

事由：保健站归集体，安置医生和分粮问题

解答：保健站归集体所有，有个别医生因为某些原因，归了集体，又放回生产队，对这一部分医生，一方面卫生部门做好思想教育工作，另一方面要直接在生产队参加劳动，不能认为过去当医生，现在仍安置为医生，应该参加劳动，好好锻炼，才能分到口粮。

51. 提案人：中佐村代表

事由：关于医疗费问题

解答：此问题我们经常讨论研究，医药价贵，医院无法解决，医药价格这是国家规定的。

52. 提案人：留村公社夹河卫生所代表

事由：关于建立有线广播问题

解答：这个意见很好，现有县广播站的发展目标，不仅要村村通广播，还要户户通广播，达到人人能听广播。

53. 提案人：张志慈代表

事由：学校教育贯彻“七三”指示后，个别教师有片面理解，怕这怕那，改进不大，应及时解决这部分人的思想问题

解答：文教科正在通过组织工作组等形式对学校贯彻执行“七三”指示，及执行“七三”指示情况，不断进行检查，并将通过教师会议和平时组织教师学习研讨会解决思想问题。

54. 提案人：康文联、刘雨三代表

事由：有的农中办学委员会主任对农业中学不够重视，有些问题不能得到及时解决，有些民办教师的待遇问题解决不够妥善，工分待遇定得低，这些问题应该解决

解答：农业中学是社、队集体举办的学校，是为农村培养文化、科学、技术人才，为三大革命运动服务的有力工具，因此，各社、队要引起足够重视，民办教师的工作任务比较大，因此民办教师的待遇可以根据省人民委员会的文件精神给予解决。

**五、工业交通类**

55. 提案人：孤庄、小陈庄、夹河代表

事由：关于修路问题

解答：属于公社与公社或村与村之间的便道，修可以，但要共同出力，因为这类路既不属于县路也不属于地方道路，国家不予负责。

56. 提案人：西南留代表

事由：西南留大桥修栏杆问题

解答：此问题经请示石专交通局答复：国家只负担公路上的桥梁，地方道路由公社负责修建。

57. 提案人：西大陈代表

事由：要求解决小五金原料不足问题

解答：今后凡是属于金属材料的都是计划供应，这些都是工业、战备重要器材，应按国家计划办事。

**六、财贸类**

58. 提案人：贾村代表

事由：议价粮比定县相差10%问题

解答：议价粮的收购工作，是根据当地粮食价格情况由专区统一规定，因定县是保定专区，不是一个地区，避免不了出现差额，因石家庄地区比保定地区价格低。

59. 提案人：税务局代表

事由：银行应在铁杆、固罗建立银行所

解答：根据上级指示精神，暂不准增设机构。

60. 提案人：耿庄卫生所代表

事由：关于打击投机倒把问题

解答：我们对此意见无限欢迎，由于我们贯彻执行政策不深不透不坚决，只满足于表面工作，没有深入基层，发动群众，致使一些投机倒把者还在兴风作浪，破坏集体经济和国家建设。今后我们要坚决贯彻党的方针政策，以阶级斗争为纲，深入下层，发动群众，把打击投机倒把工作扎根于群众。

61. 提案人：马里公社赵庄代表

事由：关于药材的收购问题

解答：国家规定以产定销，凡是与国家订立合同的就收，没有订立合同的就不收。以后按照种植计划办事，不得超种，不能影响国家计划。

62. 提案人：罗胜堂、贾金红代表

事由：棉奖粮为什么按交售给国家的皮棉计算，不按单产计算

解答：1966年奖励政策，上级没有新的规定。

63. 提案人：刘雨三代表

事由：生产队开展副业，赔赚群众不了解

解答：关于开展副业生产政策，已经贯彻到各生产大队。对集体副业应与农业统一计工

分，账目应日清月结，按期公布，接受群众监督，今后要既抓生产也抓分配，加强领导。

64. 提案人：陈志山

事由：东关队用猪毛厂猪圈每月七元钱是否合理

解答：生产队与猪毛厂协商解决。

# 第四篇

# 深泽县第七届人民代表大会

（1981 年 12 月至 1984 年 5 月）

# 第一章　党的领导

深泽县第七届人民代表大会及其常务委员会，努力贯彻执行党的十一届三中全会以来的路线、方针、政策，努力推进物质文明和精神文明建设，加快改革步伐，发展社会主义民主，健全社会主义法制。在讨论、决定深泽县重大事项，任免县国家机关工作人员，监督县人民政府、人民法院和人民检察院的工作等方面，发挥了地方国家权力机关的作用。

深泽县第七届人民代表大会及其常务委员会，时刻注意自觉在政治上同党中央保持一致，紧紧围绕党的工作重心安排人大常委会的活动，及时向县委请示、汇报工作，拥护、接受和执行县委的领导部署。

深泽县第七届人大常委会，取得了县委领导的支持和帮助。县委书记袁东义到常委会帮助研究人大机构人员编制问题，主任分工问题。副书记彭造岭多次询问人大常委会的工作开展情况，帮助解决办公条件遇到的问题。县委召开常委会吸收人大党员副主任列席，帮助人大解决人、财、物等方面的困难。

深泽县第七届人大常委会第一次会议于1982年4月29日至30日，在县招待所召开。县委书记袁东义、县长彭造岭看望常委会工作人员，并代表县委、县政府热烈祝贺和支持把常委会会议开好。袁东义说："这次会议是我县人大常委会第一次会议，也是我县三十年来第一次加强政权建设的会议。因此是一次很重要和很有意义的会议。县委旗帜鲜明地支持这次会议。我今天列席会议，是来征求同志们意见的。县人大常委会是人民代表大会闭会期间的常设机构，县里的最高权力机关，代表全县人民的意志，反映人民的希望。希望委员们发扬我党优良传统和全心全意为人民服务的宗旨，依照宪法和法律规定，监督好政府、法院和检察院的工作，保证党的方针、政策的贯彻执行。"

**中共深泽县人民代表大会常务委员会党组**

书　记：夏保忠（1981年12月至1983年11月）

　　　　李小兑（1983年11月至1984年5月）

副书记：李小兑（1982年1月至1983年11月）

　　　　韩进群（1983年11月至1984年5月）

# 第二章 人大代表

深泽县第七届人民代表大会代表名额150名。1981年12月，召开县七届人大一次会议时实有代表150名。

## 第一节 选举产生

### 一、选举代表

全县共划分78个选区，按照《中华人民共和国全国人民代表大会和地方各级人民代表大会选举法》规定，全县所有选区分别于1981年12月14日至16日，以无记名投票方式进行选举。参加投票的选民共127030人，占选民总数的96.8%。选举产生150名县人大代表。

### 二、代表构成

在选举产生的150名县人大代表中，男代表111名，占74%；妇女代表39名，占26%；中共党员代表74名，占49.3%；群众代表76名，占50.7%。

## 第二节 代表名单

### 一、深泽县第七届人民代表大会代表名单

县直代表团（28名，其中妇女5名）：

团　长：夏保忠　　副团长：王秀改（女）　芦学栋

代　表：

| | | | |
|---|---|---|---|
| 丁筱文 | 王会英（女） | 崔子和 | 王玉凤 |
| 王建彬 | 康　一 | 李文瑞 | 韩进群 |
| 裴振林 | 裴秀品（女） | 李新田（女） | 周进林 |
| 赵凤珍（女） | 李小兑 | 张永恒 | 李振民 |

| | | | |
|---|---|---|---|
| 段振科 | 周俊怀 | 彭造岭 | 陈志国 |
| 李志峰 | 苏仕栋 | 郝常文 | 安生何 |
| 王木兰 | | | |

城关代表团（13 名，其中妇女 3 名）：

团　长：刘殿欣　　　　副团长：李小胖

代　表：

| | | | |
|---|---|---|---|
| 袁培申 | 刘同会（女） | 张永合 | 彭计昌 |
| 赵彩停（女） | 王玉生 | 刘兰造 | 康秀欣（女） |
| 何敬民 | 袁福因 | 张丙春 | |

留村代表团（10 名，其中妇女 5 名）：

团　长：贾礼仓　　　　副团长：贾振波

代　表：

| | | | |
|---|---|---|---|
| 袁东义 | 邸云花（女） | 刘常保 | 杜振花（女） |
| 李庆欣（女） | 王俊香（女） | 刘玉兴 | 胡玉芬（女） |

马里代表团（12 名，其中妇女 3 名）：

团　长：陈同山　　　　副团长：翟振群

代　表：

| | | | |
|---|---|---|---|
| 翟品英（女） | 罗计成 | 刘建生 | 邢锡珍（女） |
| 王明生 | 李大发 | 王发兵 | 刘五年 |
| 杜国安 | 张杏妙（女） | | |

大直要代表团（15 名，其中妇女 3 名）：

团　长：张小更　　　　副团长：高林生

代　表：

| | | | |
|---|---|---|---|
| 何福录 | 孟田顺 | 阎中志 | 陈玉生 |
| 宁杏芬（女） | 温礼明 | 白荣申 | 崔永明 |
| 贺东喜 | 段敬芬（女） | 刘万申 | 刘振习 |
| 张会改（女） | | | |

赵八代表团（17 名，其中妇女 4 名）：

团　长：马兴虎　　　　副团长：任发振

代　表：

| | | | |
|---|---|---|---|
| 焦伙振 | 甄逃气 | 赵　智 | 王成国 |
| 贾成国 | 王争国 | 许造林 | 曹拴晨 |
| 赵义乱 | 纪小秋 | 李振伍 | 曹江然（女） |
| 谷同棉（女） | 刘竹申（女） | 张英然（女） | |

固罗代表团（共 10 名，其中妇女 2 名）：

团　长：郭义忠　　副团长：张春水

代　表：

| | | | |
|---|---|---|---|
| 段小振 | 王晨英 | 刘丙欣 | 赵余生 |
| 何庆云 | 王银胜 | 赵二花（女） | 王俊娟（女） |

西河代表团（共 13 名，其中妇女 4 名）：

团　长：刘国欣　　副团长：吴浩山

代　表：

| | | | |
|---|---|---|---|
| 曹立文 | 赵云龙 | 庞兰根 | 陈永波 |
| 杨庆祥 | 李三群 | 张义改（女） | 刘翠芬（女） |
| 李志佳 | 王香花（女） | 刘青岩（女） | |

耿庄代表团（共 13 名，其中妇女 4 名）：

团　长：郭振江　　副团长：赵根虎

代　表：

| | | | |
|---|---|---|---|
| 郭英才 | 刘虎贯 | 张占欣 | 邢贵同（女） |
| 韩占庄 | 张志国 | 陈书生 | 王贵欣（女） |
| 王素勤（女） | 韩海水 | 赵荣申（女） | |

铁杆代表团（共 12 名，其中妇女 4 名）：

团　长：魏宏拴　　副团长：张荣岐

代　表：

| | | | |
|---|---|---|---|
| 张大彬 | 刘同庆 | 康印梭 | 杨　品 |
| 李庆民 | 杜建中 | 刘杏色（女） | 张欣妙（女） |
| 刘玉芬（女） | 吕敬敏（女） | | |

羊村代表团（共 7 名，其中妇女 2 名）：

团　长：李明国

代　表：

| | | | |
|---|---|---|---|
| 马志群 | 邸国志 | 张占欣 | 邸庆昌 |
| 宁会娟（女） | 张荣格（女） | | |

**深泽县第七届人大代表届中变动情况表**

表 13

| 会次 | 终止情况 | 补选情况 | 人数 |
| --- | --- | --- | --- |
| 第一次会议 | — | — | 县七届人民代表大会第一次会议时，实有代表 150 名 |
| 第二次会议 | 出国援外 1 名：王玉峰 | — | 县七届人民代表大会第二次会议时，实有代表 149 名 |
| 第三次会议 | 调离深泽 2 名：王伯年，另一不详 | 补选 2 名，姓名不详 | 县七届人民代表大会第三次会议时，实有代表 149 名 |
| 第四次会议 | 调离深泽 1 名：崔永明 | — | 县七届人民代表大会第四次会议时，实有代表 148 名 |

### 二、深泽县出席河北省第六届人民代表大会代表名单

（1983 年 2 月 25 日，深泽县第七届人民代表大会第二次会议选举产生）

李新田（女）　　　赵虎春　　　贾常文

## 第三节　代表工作

### 一、对全县人大代表进行走访

为了便于联系代表，县人大常委会将全县 150 名代表，农村以公社为单位，县直以居住情况为单位，划分成 14 个代表小组，明确正、副组长，人大常委会办公室和代表取得联系，便于开好代表小组座谈会。常委会开展走访活动，共走访代表 55 名，占全县代表的 36.7%。

### 二、建立提案催办制度

对代表提案除及时交有关部门办理外，建立催办制度。要求对于办结的提案要书面告知提案人办理结果，一时不能办结的要向提案人说明原因和办结期限。重点提案人大领导要亲自抓，召开主任办公会或常委会，听取有关部门汇报切实抓好落实。

### 三、七届人大代表提案

七届人大历次会议共受理代表提案 152 件，根据分工负责归口办案的原则分类，属于农村经济和农业生产方面的 26 件，属于工业交通、城镇建设方面的 25 件，属于财贸方面的 50 件，属于政法方面的 28 件，属于文教卫生、计划生育、体育方面的 23 件。

## 四、重点提案办理举例

马里公社到深泽县城需横跨滹沱河河滩，因这段路年久失修，道路坑洼不平，造成大小车辆毁坏事故百次之多，因路面不平从车上颠簸下来摔死1人，这条路是两个公社11个大队的社员进城的必经之路，群众反映强烈。马里公社县人大代表翟振群等人提出此案后，县人大常委会非常重视，迅速将此案交政府办理。政府及时督促县交通局和公社整修路面，公社派人常年维修，保证这段路车辆来往畅通。

关于电力、石油、煤炭、农药、化肥、农机具等主要生产资料供应及农民卖粮难、卖棉难等问题，政府及有关部门及时采取有效措施切实搞好产前产后服务工作，深泽县棉花产量大幅度增加，农业展现出空前未有的大好形势。

# 第三章　人民代表大会

深泽县第七届人民代表大会任期自1981年12月至1984年5月，共举行代表大会4次。

**1981—1983年深泽县第七届人民代表大会历次会议概况表**

表14

| 会议次序 | 会议日期 | 议题（项） | 听取报告（个） | 决议决定（项） | 选举表决（项） |
|---|---|---|---|---|---|
| 第一次 | 1981年12月20日至25日 | 5 | 4 | 4 | 4 |
| 第二次 | 1983年2月22日至25日 | 6 | 5 | 5 | 1 |
| 第三次 | 1983年8月30日至31日 | 1 | 1 | 1 | 0 |
| 第四次 | 1983年11月27日至28日 | 5 | 4 | 4 | 4 |

## 第一节　会议概况

### 一、县七届人大一次会议

深泽县第七届人民代表大会第一次会议，1981年12月20日至12月25日在石油礼堂召开。会议由县革委会副主任韩进群主持。应出席代表150名，实到会代表137名。大会在雄壮的国歌声中开幕。县革委会主任彭造岭作《政府工作报告》，财政局局长赵永志作《关于1980年财政决算和1981年财政预算执行情况的报告》，县革委会副主任兼县人民法院院长崔子和作《深泽县人民法院工作报告》，县人民检察院检察长李文瑞作《深泽县人民检察院工作报告》。选举夏保忠为深泽县人大常委会主任，周进林、李小兑、段振科、李振民、王秀改、丁筱文为副主任，委员6名。选举彭造岭为深泽县人民政府县长，韩进群、张丙春、康一、崔子和、贾常文、裴秀品为副县长，戴振山为法院院长，李文瑞为检察院检察长。

会议认为，县革命委员会在粉碎江青反革命集团以后，特别是党的十一届三中全会以来的工作，是卓有成效的，为深泽县物质文明和精神文明建设迈出新步伐打下了一个好的基础。会议号召全县人民要鼓足干劲，同心同德，在县委和县政府领导下，继续全面贯彻落实党的三中全会以来的路线、方针、政策，认真贯彻落实第五届全国人民代表大会第四次会议精神，为加快深泽县物质文明和精神文明建设的步伐而努力奋斗。

## 二、县七届人大二次会议

深泽县第七届人民代表大会第二次会议，于1983年2月22日至25日，在县招待所饭厅召开。2月22日下午举行第一次全体会议，大会由县人大常委会主任夏保忠主持。应出席代表149名，实到会代表123名。县长彭造岭作《政府工作报告》，财政局局长赵永志作《财政预决算报告》。2月24日上午举行第二次全体会议，县人大常委会副主任李小兑作《深泽县人民代表大会常务委员会工作报告》，县法院院长戴振山作《深泽县人民法院工作报告》，县检察院检察长李文瑞作《深泽县人民检察院工作报告》。

会议认为，县人民政府不断冲破“左”的束缚，进一步加强对经济工作的领导，国民经济走上了健康发展的道路。农业生产全面高涨，农村经济日益兴旺，工业生产进一步端正了服务方向，调整了产品结构。财政收支平衡，信贷平衡，市场繁荣，物价基本稳定，科技、文教、卫生、体育事业有了新的发展。会议认为，彭造岭县长报告中提出的县政府1983年的任务是积极的、可靠的，经过努力是可以实现的；提出的主要措施是符合实际的、有力的、可行的。会议批准彭造岭《解放思想，振奋精神，努力开创我县经济建设新局面》的工作报告，对执行中出现的问题，授权政府根据实际情况予以调整、解决。会议号召，全县广大工人、农民、知识分子和其他一切社会主义劳动者、爱国者，“振奋精神、开拓前进、坚毅不拔、奋斗不息”，做改革的促进派，为完成1983年的各项任务，为开创深泽县现代化建设的新局面而努力奋斗。

## 三、县七届人大三次会议

深泽县第七届人民代表大会第三次会议，于1983年8月30日至31日，在政府办公楼四楼会议室召开。8月30日，大会举行第一次全体会议，会议由县人大常委会主任夏保忠主持。应出席代表149名，实到会代表111名。听取和审议政府县长彭造岭作的《关于农村教育改革工作的报告》，审议《深泽县教改领导小组关于教育改革试点情况的调查报告》和《农村中小学教育改革实施方案》，通过《深泽县人民政府关于农村教育改革工作报告的决议》。

## 四、县七届人大四次会议

深泽县第七届人民代表大会第四次会议，于1983年11月27日至28日，在政府办公楼四楼会议室召开。2月27日上午举行第一次全体会议，会议由县人大常委会主任夏保忠主持。应出席代表148名，实到会代表93名。2月27日上午，会议听取和审议县人大常委会主任和部分副主任辞职请求的报告，听取和审议政府县长提出的免去县长和部分副县长职务请求的报告，听取和审议县人民法院院长辞职请求的报告，听取和审议县人民检察院检察长辞职请求的报告，并通过相应决议。补选李小兑为深泽县人大常委会主任，韩进群为副主任。补选耿伯平为深泽县人民政府县长，牛会栓、杜银茂为副县长。补选刘兰生为法院院长，李聚珍为检察院检察长。

## 第二节　会议选举

县七届人大历次会议，共选举产生县国家机关工作人员29人次。

### 县人大常委会

主　任：

| | |
|---|---|
| 夏保忠 | 1981年12月25日县七届人大一次会议第二次全体会议当选 |
| 李小兑 | 1983年11月27日县七届人大四次会议第二次全体会议当选 |

副主任：

| | |
|---|---|
| 周进林 | 1981年12月25日县七届人大一次会议第二次全体会议当选 |
| 李小兑 | 1981年12月25日县七届人大一次会议第二次全体会议当选 |
| 段振科 | 1981年12月25日县七届人大一次会议第二次全体会议当选 |
| 李振民 | 1981年12月25日县七届人大一次会议第二次全体会议当选 |
| 王秀改（女） | 1981年12月25日县七届人大一次会议第二次全体会议当选 |
| 丁筱文 | 1981年12月25日县七届人大一次会议第二次全体会议当选 |
| 韩进群 | 1983年11月27日县七届人大四次会议第二次全体会议当选 |

委　员（1981年12月25日县七届人大一次会议当选）：

| | | | |
|---|---|---|---|
| 王明生 | 李新田（女） | 贾振波 | 王建民 |
| 芦学栋 | 张永恒 | | |

### 县人民政府

县　长：

| | |
|---|---|
| 彭造岭 | 1981年12月25日县七届人大一次会议第二次全体会议当选 |
| 耿伯平 | 1983年11月27日县七届人大四次会议第二次全体会议当选 |

副县长：

| | |
|---|---|
| 韩进群 | 1981年12月25日县七届人大一次会议当选 |
| 张丙春 | 1981年12月25日县七届人大一次会议当选 |

康　一　　1981 年 12 月 25 日县七届人大一次会议当选
崔子和　　1981 年 12 月 25 日县七届人大一次会议当选
贾常文　　1981 年 12 月 25 日县七届人大一次会议当选
裴秀品（女）1981 年 12 月 25 日县七届人大一次会议当选
牛会拴　　1983 年 11 月 27 日县七届人大四次会议第二次全体会议当选
杜银茂　　1983 年 11 月 27 日县七届人大四次会议第二次全体会议当选

**县人民法院**

院　长：
戴振山　　1981 年 12 月 25 日县七届人大一次会议当选
刘兰生　　1983 年 11 月 27 日县七届人大四次会议第二次全体会议当选

**县人民检察院**

检察长：
李文瑞　　1981 年 12 月 25 日县七届人大一次会议当选
李聚珍　　1983 年 11 月 27 日县七届人大四次会议第二次全体会议当选

附：县七届人大常委会主任简历

夏保忠，河北省高阳县人，1940 年参军，1945 年转地方工作，任区委组织部部长，1947 年任区委副书记，1953 年任深泽县公安局局长，1958 年任束鹿县公安局局长，1962 年任深泽县公安局局长，深泽县人民委员会委员，1981 年 12 月县七届人大一次会议当选县人大常委会主任。

李小兑，深泽县新梨园村人，1945 年 1 月加入中国共产党，1945 年 1 月参加工作，历任小区公安员、村支书、区委秘书，1949 年 6 月任深泽县委组织部干事、一区委书记，1954 年 11 月任深泽县农村工作部部长、县委常委，1958 年 10 月任束鹿县委常委、组织部部长，1962 年 8 月任深泽县委常委、政府副县长，1964 年 10 月在石家庄地区“四清”工作团工作，1977 年 2 月任晋县县委常委、革委会副主任，1981 年 11 月任深泽县委常委、人大常委会副主任，1983 年 10 月任深泽县人大常委会主任。

# 第三节　会议组织

## 一、县七届人大一次会议

（一）大会临时党组

书　记：袁东义

副书记：

彭造岭　　　　崔永明　　　　夏保忠

委　员：

| | | | |
|---|---|---|---|
| 夏保忠 | 刘殿欣 | 贾礼仓 | 陈同山 |
| 张小更 | 马兴虎 | 郭义忠 | 刘国欣 |
| 郭振江 | 魏宏拴 | 李明国 | |

（二）主席团

| | | | |
|---|---|---|---|
| 丁筱文 | 马兴虎 | 王秀改（女） | 王明生 |
| 王建彬 | 王香花（女） | 刘殿欣 | 李小兑 |
| 李文瑞 | 李志峰 | 李明国 | 李振民 |
| 李新田（女） | 芦学栋 | 张小更 | 张永恒 |
| 张丙春 | 周进林 | 段振科 | 郭义忠 |
| 郭振江 | 袁东义 | 贾振波 | 夏保忠 |
| 康　一 | 崔子和 | 崔永明 | 韩进群 |
| 彭造岭 | 裴秀品（女） | 魏宏拴 | |

（三）秘书长：李小兑（兼）

（四）主席团执行主席

12 月 20 日：

| | | | |
|---|---|---|---|
| 袁东义 | 彭造岭 | 夏保忠 | 李小兑 |
| 芦学栋 | 王建彬 | 王秀改（女） | |

12 月 21 日：

| | | | |
|---|---|---|---|
| 韩进群 | 李振民 | 丁筱文 | 王明生 |
| 王香花（女） | | | |

12 月 22 日：

| | | | |
|---|---|---|---|
| 彭造岭 | 崔子和 | 张丙春 | 康　一 |
| 刘殿欣 | 张小更 | 郭义忠 | |

12 月 23 日：

| | | | |
|---|---|---|---|
| 夏保忠 | 李小兑 | 周进林 | 裴秀品（女） |
| 段振科 | 李明国 | 贾振波 | |

12 月 24 日：

| | | | |
|---|---|---|---|
| 袁东义 | 崔永明 | 李文瑞 | 马兴虎 |
| 郭振江 | 李志峰 | 张永恒 | |

12 月 25 日：

| | | | |
|---|---|---|---|
| 袁东义 | 崔永明 | 彭造岭 | 夏保忠 |
| 魏宏拴 | 李新田（女） | | |

（五）提案审查委员会

主任委员：李小兑

副主任委员：周进林　李振民

委　员：

王香花（女）　张永恒　李志峰　李新田（女）

（六）代表资格审查委员会

主 任 委 员：崔永明

副主任委员：夏保忠　崔子和

委　员：

刘殿欣　贾振波

（七）副秘书长

宋东法　宋　凯　王德欣　宁朝栋

田允光　许　光　孙跃中　冯满仓

王鹤卿

## 二、县七届人大二次会议

（一）主席团

丁筱文　王秀改（女）　王建彬　王明生

任发振　李小兑　李振民　李新田（女）

芦学栋　周进林　袁东义　夏宝忠

段振科　贾振波　张永恒　崔永明

翟品英（女）

（二）秘书长：李小兑（兼）

（三）主席团常务主席

袁东义　崔永明　夏保忠　李小兑

丁筱文

（四）主席团执行主席

2 月 22 日：

夏保忠　周进林　张永恒　李小兑

李振民　王建彬

2 月 23 日：

丁筱文　王秀改（女）　任发振　翟品英（女）

2 月 24 日：

崔永明　段振科　芦学栋　王明生

2 月 25 日：

袁东义　崔永明　贾振波　李新田（女）

（五）预算审查委员会

主 任 委 员：周进林
副主任委员：李志锋
委　员：张永恒　李新田（女）
（六）提案审查委员会
主 任 委 员：丁筱文
副主任委员：王秀改（女）
委　员：王明生　王香花（女）
（七）代表资格审查委员会
主 任 委 员：崔永明
副主任委员：李振民
委　员：贾振波　白荣申
（八）副秘书长

| | | | |
|---|---|---|---|
| 宋东法 | 王德欣 | 张中福 | 许　光 |
| 宁朝栋 | 刘方合 | 田允光 | |

## 三、县七届人大三次会议

（一）主席团

| | | | |
|---|---|---|---|
| 袁东义 | 彭造岭 | 夏宝忠 | 李小兑 |
| 丁筱文 | 周进林 | 李振民 | 王秀改（女） |
| 段振科 | 裴秀品（女） | 芦学栋 | 王建彬 |
| 张永恒 | 李新田（女） | 王明生 | 贾振波 |

（二）秘书长：丁筱文（兼）
（三）主席团执行主席
8月30日：

| | | | |
|---|---|---|---|
| 彭造岭 | 夏保忠 | 丁筱文 | 李振民 |
| 裴秀品（女） | 芦学栋 | 张永恒 | 王明生 |

8月31日：

| | | | |
|---|---|---|---|
| 袁东义 | 李小兑 | 周进林 | 王秀改（女） |
| 段振科 | 王建彬 | 李新田（女） | 贾振波 |

（四）副秘书长

| | | |
|---|---|---|
| 王德欣 | 许　光 | 刘方合 |

## 四、县七届人大四次会议

（一）主席团

| | | | |
|---|---|---|---|
| 丁筱文 | 王秀改（女） | 王香花（女） | 王建彬 |

| | | | |
|---|---|---|---|
| 王明生 | 芦学栋 | 李小兑 | 李新田（女） |
| 李振民 | 周进林 | 张丙春 | 张永恒 |
| 段振科 | 袁东义 | 夏保忠 | 贾振波 |
| 韩进群 | | | |

（二）秘书长：韩进群（兼）

（三）主席团常务主席

| | | | |
|---|---|---|---|
| 袁东义 | 夏保忠 | 李小兑 | 韩进群 |

（四）主席团执行主席

11 月 27 日：

| | | | |
|---|---|---|---|
| 夏保忠 | 韩进群 | 丁筱文 | 李振民 |
| 段振科 | 王秀改（女） | 王明生 | 李新田（女） |
| 芦学栋 | | | |

11 月 28 日：

| | | | |
|---|---|---|---|
| 袁东义 | 李小兑 | 周进林 | 王建彬 |
| 张丙春 | 张永恒 | 贾振波 | 王香花（女） |

（五）副秘书长

| | | |
|---|---|---|
| 王德欣 | 冯满仓 | 王运生 |

# 第四章　人民代表大会常务委员会

## 第一节　常委会会议

1982年4月至1984年5月，县七届人大常委会共举行常委会会议15次。

**第一次会议**　1982年4月29日至30日在县招待所召开，县人大常委会主任夏保忠主持会议。主任、副主任、委员出席会议，因病因事请假的副主任、委员各一人。副县长崔子和，县法院院长戴振山、县检察院检察长李文瑞及县人大常委会办公室人员列席会议。

会议开始，县委书记袁东义、县长彭造岭看望与会人员，并代表县委、县政府热烈祝贺和支持这次会议开好。袁东义说："这次会议是我县人大常委会第一次会议，也是我县三十年来第一次加强政权建设的会议，因此是一次很重要和很有意义的会议，县委旗帜鲜明地支持这次会议。我今天列席会议，是来征求同志们意见的，县人大常委会是人民代表大会闭会期间的常设机构，县里的最高权力机关，代表全县人民的意志，反映人民的希望，希望委员同志们发扬我党优良传统和全心全意为人民服务的宗旨，依照宪法和法律规定，监督好政府、法院和检察院的工作。保证党的方针、政策的贯彻执行。"彭造岭介绍深泽县自人大会议结束以后四个月的工农业生产情况。他说："目前我县工业生产今年比去年同期增长47%，农业主要抓了两大作物，从现在看小麦苗情不错，三水已浇完，四水浇了一半，只要加强后期管理，收成高于去年有希望。棉花4月25日已播完71000余亩，保证了四月苗。责任制问题，政府委托崔子和作专题汇报。最后希望委员们对政府的工作多提意见。"

会议学习《中华人民共和国地方各级人民代表大会和地方各级人民政府组织法》和省人大常委会办公厅《工作通讯》第二期的有关部分，进一步明确人大常委会的性质、任务、职权范围和设立人大常委会的重要意义。委员们一致表示，人大常委会的工作是一项新工作，要不断学习，不断总结，不断提高，按照法律赋予的职权，认真负责地做好工作。

为了充分发挥人大常委会的作用，会议研究、修改和通过《深泽县人大常委会关于工作制度的试行办法》。这是人大常委会自身建设的重要文件，是今后工作的依据，委员们表示一定按照文件规定办，并在今后工作中逐步总结经验，摸索前进，其中不完善的地方，在实践中加以修改，使之更加完善，更加切合实际。

会议听取崔子和代表县政府作的《关于农业生产责任制的完善、落实情况，存在问题和今后意见的汇报》。他首先介绍全县农业生产责任制的落实情况，把实行责任制中的大包干，联产到劳，联产到组，小段承包和实行两田制生产责任制的情况一一做了分析。他说：“全县实行生产责任制形势大好，深得人心，调动了群众的积极性，促进了生产的发展，使广大干部群众真正成了生产的主人，克服了过去种地不出力、不操心、当和尚撞钟的现象。群众说的好，联产连着社员的心，今年春季社员出勤平均每天有5万多人，比1980年前的2.3万人多一倍还多。小麦浇水不仅比往年早一个节令，而且管理得又细又好。今年棉花播种到4月25日已完成7万多亩，比去年缩短了四五天。土地的墒情好，压地整地也是水平最高的一年，由于实行了农业生产责任制，促进了群众学习科学技术的热情，生产责任制腾出了更多的劳力来搞多种经营，用科学促进了家庭副业的发展，带来了农民生活水平的提高。群众高兴地说这是富民政策，只要不变来变去，农村就会有翻天覆地的变化。

接着崔子和讲了由于去年麦收才实行农业联产责任制，没有经验，对苗头性的问题抓得不利，出现了一部分生产队分了组，散了队，生产队职权不存在，非法占地、毁地，一些生产队没有签订合同，计划生育照顾政策不落实，治安秩序混乱等十个方面的问题。崔子和就政府在进行摸底调查后，准备组织百名脱产干部深入社队，帮助解决建好大小队领导班子。完成合同的签订，彻底清理解决征购和提留中遗留的问题，完成分配兑现，解决拆散、变卖、平分集体财产等问题，提出5条解决意见，并详细讲了所采取的措施。决心本着“七统一”的精神，使农业生产责任制进一步完善起来，在麦收前有较大的发展。

检察院检察长李文瑞汇报检察院办结和查办经济案件的进展情况，4个多月来，自办和联办经济案件8起，为国家和集体挽回经济损失31000余元，有效打击了经济领域的严重犯罪活动。办案中，全体干警认真贯彻执行中共中央、国务院和全国人大常委会的《决定》，发扬“四敢”精神、不怕疲劳和连续作战的作风，昼夜奋战，在较短的时间里，取得了较好的成果。办案中认真贯彻执行中共中央、国务院和全国人大常委会的《决定》，坚持按司法程序和法律规定办事，坚持以事实为根据，以法律为准绳的原则。坚持坦白从宽，抗拒从严，重证据，重调查研究等党的一贯方针。对走私贩私，贪污受贿，投机诈骗，盗窃国家和集体财产的犯罪分子以及集团的首要分子4人依法逮捕。对“五一”前自首投案，自动坦白的赵某等给予从宽处理，使深泽县打击经济领域严重犯罪行动打开了一个新局面。

政府、检察院汇报结束后，委员们对他们的工作分别进行了审议，一致表示对他们前一段的工作情况表示满意。委员们说，现在农村生机勃勃，社员喜气洋洋，这首先是党的三中全会以来的路线、方针、政策对头和实行农业生产责任制的结果，也是农村基层组织和广大干部群众共同努力的结果。对于出现的问题，政府底数清楚，问题摆得比较透，解决问题的意见得当，方法措施有力，政府应抓紧时间及早解决。如果这些问题不及时解决，生产责任制就不会巩固和完善，农村经济也不可能健康发展。解决这些问题，就要加强农村基层组织建设，建好大、小队领导班子，充分发挥基层组织的作用，同时从实际情况出发，分类加以指导，有计划、有步骤、有重点加以解决。要加强对广大人民群众的政治思想工作，教育群众明确树立走社会主义道路的思想，正确处理国家、集体、个人之间的关系。检察院新同志多，全体干警情绪饱满，办一个经济案件，涉及面广，难度大、阻力多，人际关系复杂。由于大家的共同努力，4 个月来成绩是显著的。今后，检察院要把打击经济领域严重犯罪活动作为 1982 年的中心工作，集中精力，认真调查研究，要注意证据确凿，工作要细，要经得起历史考验。掌握方针政策，一抓到底，争取更大的胜利。

经委员讨论审议，原则通过县政府《关于深泽县城建设管理的暂行规定》和《关于深泽县城卫生管理的规定》，决定从 1982 年 5 月 7 日起施行。

**第二次会议**　1982 年 6 月 29 日至 30 日在县招待所举行。县人大常委会主任夏保忠，副主任丁筱文、周进林、王秀改、段振科，委员张永恒、王建彬、贾振波、李新田、王明生出席会议。会议由副主任周进林主持。县人民政府副县长韩进群，县计委副主任袁春民、县经委副主任张振刚、县财政局副局长陈汉民、县工商局副局长王金池等政府有关部门负责人，人大常委会办公室工作人员列席会议。

会议听取经委、电力局、计委、交通局、卫生局负责人员汇报提案的落实情况。从这 5 个部门办理的 16 条提案情况来看：

1. 代表所提的问题，已办理好 8 件，如第十八号提案《磷肥厂质量低，出售时斤称不足，特别是磷肥供应紧张时，像泥一样卖给生产队，使生产队吃亏》，经委为落实好提案采取 4 条措施：（1）对磷肥厂进行整顿，加强领导，加强管理，提高技术，搞好质量，教育职工充分认识支农的重要意义，并派两名技术人员到厂协助搞好技术工作。（2）停止向外县出售磷肥，同本县生产公司订立产销合同。（3）建立质量检测制度，坚持每班化验 1 次，成品肥每星期化验 1 次。（4）可以让社员晒肥，减少肥内水分，或以肥抵水，即在出售时加称，不能让社员吃亏。

2. 代表提案所提出的问题，与国家规定精神相抵触的 2 件。如第八号提案《修公路各大队和生产队石子运费问题》。

3. 代表提案提出的问题，因情况复杂，涉及面广，虽然多次做工作，尚未解决的 1 件，即合作医疗问题。

4. 代表提案提出的问题，应该解决，但由于当前条件不具备，需要缓期解决的 2 件，如用电供应问题。

5. 代表提案正在办理的 3 件。如第十六号提案《关于维修环城路和改善城镇交通案》。交通局接到提案后立即请示地、县批款 12 万元，从 3 月动工，6 月完成 2.3 公里，经地区验收合格，其余 1.3 公里计划 8 月底完成。

委员们认为，提案是国家法律赋予代表的权利，表达着人民的愿望和要求，反映人民群众的切身利益和“四化”建设。各部门要认真负责，积极主动、实事求是地研究办理。在今年召开人民代表大会前，都要有结果，凡是应该而且有条件解决的，要集中力量迅速解决。因条件有限，一时不能解决的，要制定计划，积极创造条件，逐步解决。提案与党的政策和上级指示精神有抵触的，要实事求是地说明理由，按照党和国家政策规定予以答复，并决定今年每次常委会会议都要安排一定时间，听取有关部门办理提案情况的汇报。

县财政局副局长陈汉民就 1982 年（截至 6 月 27 日）财政预算执行情况作了汇报。经过全县人民的积极努力，实现了财政预算按上级提出的时间过半，任务过半，完成得不错。陈汉民就几个问题做了说明：从收入项目看，预算内的比预算外的完成得好。预算内企业完成任务的63.6%，其中工业完成54%，供销完成81%，商业完成56%。完成好的主要原因是加强了责任制，经济效果有所提高，再就是开展了财务大检查，财经纪律大检查，纠正了违反制度的不合理的开支，增加了收入。财政收入差的方面是税收，所得税完成31.4%，农业税完成13.6%，其原因是集体企业停产，涤纶降价，集体企业转为个人不纳税。麦季连续阴雨，小麦收打不及时，影响了征购入库。从支出项目看，按收入情况支出还是很紧张的。财政根据省、地精神量入为出，本着保人头费，有多少钱办多少事的原则和县长办公会议确定的上半年掌握紧些的精神，进行严格掌握。总的来说，绝大部分部门，是按以上原则办事的，但也有的单位，未按此精神掌握，半年开支总支出达59%，公用部分达80%，这给下半年工作造成了一定困难。

工商行政管理局，今年以来，在搞好工商局所管的四项任务的同时，把打击经济领域犯罪活动列为今年的中心任务之一。上半年全县共办案83起涉及135人，其中一般违法的62起92人，投机倒把的21起43人；属大案要案的5起24人，违法金额74128元，罚没金额7307元，布票7684尺，粮票1470斤。王金池详细介绍办理立案的段庄九队倒卖中药材，北刘家庄大队王某倒卖油毡，小堡大队第十三生产队倒卖木材，无极营里张某倒卖药品，故城大队张某倒卖沙发靠背等9个案件的案情、办案过程和处理情况。

王金池汇报市场管理情况：深泽县集市贸易发展日趋活跃，品种普遍增加，价格比较稳定。全县批准的个体工商业户1013户，从业人数1332人，资金额283770元，营业额363800元。起到了活跃市场，方便群众，调剂余缺的作用。结合物委、科委、公安对违反市管规定，衡器尺码不准，进行多次检查，总的情况是好的。为做好市场管理工作，工商局采取一系列措施，领导实行分工责任，经常深入市场掌握第一手材料，及时指导。对全体工作人员进行业务培训，对交易员加强管理，加强教育，建立规章制度，对群众进行政策宣传等具体措施。

委员们审议以上两个报告，认为县财政局在第七届人民代表大会后，认真贯彻执行党的方针政策，做了大量工作，取得较好成绩，半年来在县政府领导下，注意提高经济效益，强调增产节约，保持收支平衡，各项工作安排得较为适当，下半年要广开财源，加强财政管理，加强财政监督，严格财经纪律，为完成全年财政任务而奋斗。

委员们认为，工商行政管理工作是一项复杂又艰巨的任务。从总的来看，深泽县市场管理较好，今后要按照党和国家的政策加强管理，要认真贯彻执行《河北省集市贸易管理暂行条例》，继续搞活集市贸易，同时要加强对市场管理人员的教育，使其遵纪守法做好工作。打击投机倒把是工商行政管理的一项经常任务，要认真贯彻中共中央、国务院、人大常委会关于打击经济领域严重犯罪活动的决定，协同有关部门，集中力量，狠抓大案要案，要严肃处理。

委员们一致通过《深泽县人大常委会关于组织全县人民讨论〈中华人民共和国宪法修改

草案〉的决议》。决议指出：讨论宪法修改草案是人民行使当家做主的权利。参加管理国家，学习社会主义民主和法制的重要实践，对以后提高维护法律尊严和执行宪法的自觉性，具有极其重要的意义。号召各级组织要切实加强领导，在7月集中时间，有计划、有步骤，把宪法修改草案讨论好。

**第三次会议**　1982年8月30日至31日在招待所举行。县人大常委会主任夏保忠，副主任丁筱文、周进林、李振民、段振科，委员芦学栋、张永恒、王明生、李新田、贾振波出席会议。县人民政府县长彭造岭、副县长贾常文，县人民法院院长戴振山、县人民检察院检察长李文瑞以及县政府办公室、县社、县商业局、县文教局等有关部门负责人列席会议。李振民主持会议。

会议听取和审议县政府《关于农业科技队伍建设和科普情况的报告》；县法院《关于打击经济犯罪中的审判情况和民事诉讼的工作情况报告》；听取和审议县政府办公室、县社、商业局、文教局《关于人民代表大会期间代表提案落实情况的报告》；讨论议定《深泽县人大常委会关于干部任免的试行办法》；讨论通过县法院院长提请的干部任命事项。

贾常文在报告中说：县政府根据三中全会以来提出的方针、政策，在科技队伍的建设上，一是狠抓党的知识分子政策的落实，落实了科技干部的技术职称并进行复查。全县共有专职科技人员91名，其中有农艺师6人、畜牧兽医师1人、气象工程师1人，助理农艺师13人、助理畜牧兽医师4人、助理气象师1人、农业技术员4人。二是把知识分子中的优秀人员选配到局、站、公社领导班子中来，发挥他们的一技之长。同时对他们在政治上一视同仁，工作上有职有权，技术上放手使用，生活上关心照顾。三是请河北农大教授到深泽讲学，不断提高他们的业务水平。四是建立健全机构以适应农业发展的需要。五是将赵八中学改为农业技术学校，为深泽县培养更多的农业技术人才。

在科技推广和普及上，政府遵照赵紫阳总理在五届人大四次会议上提出的发展农业生产一靠政策，二靠科学的方针，以及在实行农业生产责任制后出现的广大群众学科学用科学的热潮，做了三方面工作。一是县社技术人员通过大会、广播喇叭、宣传车宣讲农业科技知识，在集日搞技术咨询站，答复社员群众提出的农业技术问题，平时还根据农时和农作物可能出现的灾害及预防等印成材料发全县，指导社员搞好农作物管理。二是搞好新技术试验示范基地，县农业局同河北农大、地区农业局在南冶庄头、大贾庄等9个大队建立棉花、玉米、蔬菜等试验示范基地。政府在这些大队多次召开现场会，用实际教育群众推广先进经验。三是建立良种的自繁、自育、自选、自种。玉米从明年起就可以满足本县的需要。县建立良种轧花厂。再过三年就可以有计划地繁育推广，定期更新换代，彻底扭转良种依靠外调的被动局面。

贾常文说：由于我们积极搞了科学技术普及，帮助群众战胜了今年的干旱、低温、虫害、冰雹等多种严重自然灾害的侵袭，夺取了第三个夏季丰收，棉花、玉米、谷子等大秋作物，从现在情况看均可超过历史最好水平，夺得秋季大丰收。

贾常文说：当前深泽县的科技队伍和科普工作还远远不适应新形势，还存在一些问题。

如脱产科技人员没有进修机会，有的仍是六十年代水平，新毕业的没有实践经验，这些都还不能适应形势需要。有的大队至今还没有技术员，也有的大队在实行责任制后由于待遇问题解决得不好，影响了他们的积极性。由于科普工作有缺陷，在除虫中社员因不会用药而出现药害，常观虫情不准而贻误战机，影响了除治效果。今后政府根据出现的问题要进一步加强领导，搞好科学普及工作。同时加强基础工作，不断提高现有技术人员的业务水平，要不断培养新的科技人才。县把社、大队的科技队伍建立健全起来，调动他们的积极性，使之更好地为现代化建设服务。

法院院长戴振山就法院工作做了报告：半年来，由于全体干警的努力，依法惩处了一批经济罪犯和其他刑事犯罪分子。清理了一批民事积案，为10月1日全面实施民事诉讼法作了必要的准备。今年共受理经济犯罪案件18起25人，其中贪污3起3人，诈骗3起3人，盗窃公物12起19人，已审结15起22人。其中，判处9人有期徒刑，5人拘役，4人缓刑，1人免予刑事处罚。尚未结案的3起3人。办案中，对各种经济犯罪，特别是一些大案要案，在查清犯罪事实的基础上坚持从重从快，及时打击。对这些经济案件均是严格依照法律和法律程序审理和判决的。对应处理从严的在法定量刑幅度内坚决从严，该从轻的也坚持从轻。在民事诉讼工作上，今年共收民事案82件，加上去年11起积案共93件。法院采取办事人员分包案件，巡回审理就地办案的方法。到7月底共审结80件，尚存13件。办案中他们坚持以大队调解为主和调解干部定时上站制度，发挥他们的作用，使大量的民事案件解决在基层。这样有利于社员之间的团结和睦，减少民事诉讼。为今年10月1日全面实施民事诉讼法创造了有利条件。

做好法院工作人员的整顿和组织建设。今年以来法院从政治思想工作入手，不断加强干警的思想建设和组织建设，在工作中注意培养锻炼干部，提高全体干警的革命责任感和自觉性。在8月份他们分两批对民事、经济审判干部、公社司法助理21人进行培训，提高干警的政治素质和业务素质。

委员们对政府、法院的工作报告进行了热烈讨论。委员们一致认为，政府在科技队伍建设和科普工作中做了大量工作，促进了农业生产的发展，取得了较好的成绩。同时建议：政府加强对农业生产责任制的领导，健全科技队伍，做好科学普及工作。使科学技术向广度和深度发展。还要从深泽县实际情况出发建立良种基地。尽快使良种满足本县需要。深泽县有90名脱产技术干部和一批大队不脱产的技术人员。政府如何发挥他们的积极性，组织他们深入社队，解决群众要求科学种田的实际问题，应有一个好的部署和安排。

委员们认为法院在半年多来为稳定社会秩序，保卫四化建设做了大量的工作，成绩是突出的。指出同经济领域严重犯罪的斗争是当前和今后长时期政法部门工作的一个重要任务。法院要做好对经济案件的审判工作。要明确重点，集中力量抓好大案要案，确已构成犯罪的要依法严肃处理。同时要努力完成政法工作的各项任务，要切实加强同反革命和其他刑事犯罪分子的斗争。在当前落实农业生产责任制后，发生盗窃集体财产和农机具的案件时有发生，政法部门要坚决予以打击，以保证生产责任制的进一步完善。

委员们审议了县政府办公室、县供销社、商业局、文教局等单位共31条代表提案办理情况的报告。认为这些单位从实际情况出发，本着对人民群众高度负责的精神办理，对提案办理情况表示满意。要求不能满足已汇报办理完的提案，应进一步巩固和完善，要组织人员进行检查。委员们讨论决定，将其余未汇报的提案由政府、法院分别催办，并将办理情况在9月底以前，汇总报人大办公室，由人大办公室汇总向人大常委会第四次会议汇报。

会议讨论通过《深泽县人大常委会关于干部任免的试行办法》，试行办法自1982年9月1日实行。

会议通过县人民法院干部任免事项。

**第四次会议**　1982年11月10日至11日在招待所会议室举行。县人大常委会主任夏保忠，副主任丁筱文、周进林、李振民、段振科，委员王建彬、张永恒、王明生、贾振波出席会议。县人民政府副县长康一、裴秀品，县人民法院院长戴振山、县人民检察院检察长李文瑞、县文教局副局长杜英以及县人大常委会有关人员列席会议。李振民主持会议。

会议听取和审议县政府《关于粮棉油收购政策贯彻落实情况的报告》。康一在报告中说：今年的农业生产，由于全面推行联产承包责任制，大力普及科学技术和国家从各方面大力支援，调动社员群众的积极性，战胜各种自然灾害，夺得今年的全面丰收，为粮棉油征购打下了物质基础。从征购情况看，粮食入库到本月4日超额4%，完成全县秋季征购任务。棉花入库到本月8日完成86.3%，占全区第一位。油脂任务27万斤已完成25万余斤，争取超额完成任务。

康一说：今年群众交售积极性高，进度快，超额多的原因主要是政策稳定，贯彻得深入，执行得认真。政府对今年征购任务：1. 实行包干，签订合同一包三年不变，政策取信于民，群众心里清楚、踏实，群众自觉遵守，积极地执行。2. 结算及时，奖惩兑现。过去是队交队结，群众不见钱，今年是户交户结，一手交棉，一手交钱，棉奖粮、肥多数收购单位立即开条交给群众手里。粮食虽然多数是户交队结，但超交部分随交随加价，群众满意。3. 谁也不准扣款，过去光讲，但落实不了，钱根本不从群众手里过，今年规定谁也不准扣，群众交售现兑现，由于政府认真贯彻执行党的政策，采取增加收购人员，增设收购点，增长营业时间，加强对服务态度和质量的教育等措施，今年的征购工作是顺利的。

委员们认为，政府在执行粮棉油收购政策以及保证政策贯彻执行上做了大量的、深入细致的工作，政府为适应责任制的形势，在工作量增加几十倍的情况下，采取增人、增点、及时检查等措施，保证征购工作的顺利进行。总的看执行政策是稳妥的，群众是满意的。同时指出，有些社、队虽然完成了征购任务，但仍存在“白点户”，户不多但影响大，应引起重视，切实解决好这方面的问题。要加强对收购人员的技术培训，提高业务水平，把今后的收购工作做得更好。

会议听取和审议县政府《关于教育工作开展情况和今后意见的报告》。文教局副局长杜英在报告中详细介绍了全县学校、学生、教师概况，组织教师学生学习十二大文件的情况，报告中还谈到1982年抓了几件事：1. 狠抓民办教师的待遇。政府研究决定从明年11月1日起民办教师实行低工资制。中学教师月工资36元，小学教师33元，解决民办教师待遇长期得不到解决的问题。2.抓了办学条件的改善。文教局对全县156所中小学校舍情况逐个进行了调查，政府做了专题研究，成立了由计委、财政、文教、城建组成的专门班子，做了具体安排，以保证教学工作的正常开展。3.加强领导班子建设，把年富力强、思想好、作风正派、熟悉业务的同志提拔到领导岗位上来。抓了中学体制的改革，如把赵八中学改为农业技术学校。

在抓党的教育方针的贯彻落实中，主要抓了三点：1.开展十二大文件的学习，对学生进行共产主义思想教育，在学校广泛开展“五讲四美”活动。小学生人人争戴小红花，中学生“学雷锋、讲文明、创三好”。培养学生勤奋学习、讲文明、懂礼貌、讲卫生的好习惯。2.搞好教学研究和教师进修，提高教学质量。教研人员深入社队听课，指导教师的教育工作，协助各校做好教研备课，制订讲课计划，切实提高教学期望。3.开展好体育活动，学生坚持两课两操，保证学生的身心健康。

杜英就1983年及1985年前全面贯彻落实党的教育方针，中等学校的体制改革，学校建设和解决落实好民办教师的待遇等方面讲了意见。

委员们审议杜英的报告。指出党的十二大把教育工作列为经济建设的战略重点之一。政府要制定加强教育工作的长远规划，这很必要，但还必须从狠抓当前做起，把深泽教育工作搞上去。要舍得在教育上增加投资，帮助教育战线解决存在的实际问题。例如民办教师的待遇问题。从实际出发，切实搞好农业技术中学，要使百分之九十以上不能升入大学的学生，掌握各方面的科学技术，特别是农业方面的科学知识，使他们毕业后能成为建设社会主义新农村的有用人才。

委员们审议人大常委会办公室《关于代表提案落实情况的报告》。认为代表提案基本办理完，办理是认真负责的，指出对个别尚未落实的提案要创造条件积极办理，涉及几个单位过去因搬迁占房问题，要经过协调妥善解决。

会议通过人事任免事项。

会议研究决定深泽县第七届人民代表大会第二次会议于1983年2月22日左右召开。

**第五次会议** 1983年1月10日至11日在县招待所举行。县人大常委会主任夏保忠，副主任李小兑、周进林、李振民、段振科，委员王建彬、张永恒、李新田、王明生、贾振波出席会议。县政府副县长张丙春，县法院院长戴振山，县财办主任赵永志、县公安局局长张从志以及县人大常委会办公室的有关人员列席会议。李小兑主持会议。

这次会议的议程是，传达全国人大五届五次会议盛况和省人大常委会第十八次会议精神，学习新宪法，讨论通过《关于动员全县人民认真学习宣传和保证实施〈中华人民共和国宪法〉的决议》，听取和审议1982年粮棉油收购完成情况，以及春节期间物资供应和安全保卫工作的意见，讨论《深泽县人民代表大会常务委员会工作报告（草稿）》，商议召开七届人大二次会议有关事宜。

李振民介绍《关于第五届全国人民代表大会第五次会议情况的汇报》，传达省人大常委会第十八次会议的有关情况。

县财办主任赵永志在汇报中说：1982年粮棉征购实现了三超（超任务、超去年、超历史最好水平），并且质量好、进度快，棉花征购任务是407万斤，实际入库542万斤，占任务的133%。粮食征购任务是3950万斤，完成3848万斤，占任务的97%。油脂油料任务229353斤，到12月底完成165000斤，计划1983年2月底超额2万斤完成任务。

1982年粮棉油收购形势好的主要原因：一是党的农业政策落实，农业生产责任制进一步完善巩固，调动了群众交售的积极性。二是农业全面丰收，物质基础雄厚。三是县、社领导重视，亲自抓，经常过问，加快征购的进度。四是为适应由生产队变为千家万户交售的形势，采取增设收购网点，增加和培训收购人员的措施，解决交售难的问题。

赵永志汇报春节物资准备情况。对春节物资供应，县政府很重视，1月6日县长办公会作为议题进行研究，8日又召集财贸和有关部门作了详细安排。从物资准备情况看，可以叫做品种全、数量足、质量好。紧缺商品少，安排比较周到。从货源看，吃穿用等主要生活物资都多于去年，省内外优质名酒十多种，今年可以敞开供应。一般瓶酒、白酒货源充足，一些高档香烟可以随意选购，过去紧缺的荷花烟，今年满足供应。猪肉由于农业丰收杀猪吃肉的数量可能大于往年。据调查，全县春节户杀猪12000头左右，可出肉220万多斤，同时食品公司准备杀500头猪投放市场，以稳定物价。糕点小食品供应比往年数量、品种都有明显增加。往年没有的豆制品今年也安排了生产，粮食部门对非农业人口春节食油、香油、副食粮、花生、葵花籽进行调制，2月份全部供应细粮。对农村社员春节所用碱面、面酱以及受雹而毁棉的食油也进行了安排，在穿用方面如棉布、被面、电池等满足供应。自行车、缝纫机、电视机及儿童用品也都组织了货源，准备春节期间投放市场。

对离退休老干部、中级科技人员、特等残疾人，政府准备赔1万元对上述人员每人供应一定数量的肉、油、烟、酒、面粉、大米等。

政府做好春节供应的措施：将现存商品全都投放市场；增加经营网点80个，对老干部、五保户、烈军属要送货上门；充分利用集体、个体商贩拾遗补缺做好供应；开展优质服务月活动，改善服务态度，提高服务质量。

公安局副局长张从志就春节期间安全保卫工作准备情况详细作了汇报：为使全县人民喜气洋洋过好春节，一是在全县范围内认真进行一次以防火、防盗为中心的安全大检查。对供销、商业、农村副业摊点等重点部位进行认真检查，堵塞漏洞，帮助建立好岗位安全责任制，做好防范工作。二是加强农贸市场管理，增加集市安全保卫人员，控制犯罪分子作案，对炮类要严加管理，不准黄色炸药炮上市，上市要予以没收。三是要破除和制止封建迷信活动。四是要大杀赌博风，要发禁赌布告，对以赌博为业的要分情节轻重依法处理，年前要召开拘捕公判大会，以震慑敌人，教育人民，预防犯罪。

委员们对以上报告进行审议，指出，政府在粮棉征购上抓得有力，任务完成得很好，是认真贯彻执行党的方针政策的，工作是稳妥的，群众是满意的。还要继续落实油脂油料征购任务的完成。要解决好在征购上的白点队、户问题，否则会影响今后征购工作的进行。

春节物资供应准备情况好于往年。这是贯彻十一届三中全会以来方针政策，广大干部群众辛勤劳动创造丰富财富的结果。政府对春节物资供应的安排是可行的。委员们指出，对五保户、烈军属以及对在农村任职多年无儿女的老干部、战争年代的老堡垒户也要做好慰问，在经济条件允许的情况下从物质上也要给予照顾。

委员们指出：春节是我国最大的传统节日，使人民能愉快、安全地欢度春节是公安机关一项光荣而艰巨的任务。全体干警要努力做好安全防范，切实做好春节安全保卫工作。

出席会议的同志一起学习和讨论《中华人民共和国宪法》。委员们认为，新宪法总结三十多年来我国社会主义发展的丰富经验，集中全国各族人民的意志，适应新的历史时期社会主义现代化建设的需要，确实是一部合乎国情，顺乎民心的好宪法。我们作为深泽县的权力机关负有保证宪法实施的光荣职责。今后要把学习宣传、贯彻和保证宪法实施作为一项长期的工作认真做好。委员们讨论通过《深泽县人民代表大会常务委员会关于动员全县人民认真学习、宣传和保证实施〈中华人民共和国宪法〉的决议》。

**第六次会议**　1983 年 4 月 30 日在县招待所会议室举行。县人大常委会主任夏保忠，副主任丁筱文、王秀改、周进林、李振民、段振科和 2 名常委委员出席会议。县政府副县长韩进群、贾常文，县人民法院院长戴振山、县人民检察院检察长李文瑞、县经委主任张振刚、县政府办公室农业组组长苏恒军列席会议。丁筱文主持会议。

张振刚汇报工业经营承包情况。经委所属企业 22 个，其中集体所有制企业 12 个，全民所有制企业 10 个，全民所有制企业中预算内的 5 个，预算外的 4 个，人、财、物由地区统一管理的 1 个。22 个企业中，生产厂 18 个，公司 4 个。1983 年县财政对经委包干全年上缴利润 30 万元，经委对实行承包的 19 个企业共包干实现利润 915200 元，其中包干利润 601000 元，缴税金 202000 元，缴经委 312700 元，缴经委部门中上缴财政 300000 元。二机厂、马毛厂等 7 个亏损厂，实现利润弥补过去亏损，不上缴。1983 年以来特别是 2 月 23 日地区经济承包座谈会以来，县经委遵照上级改革精神和地区的安排布置，由经委几个主任分别带队，首先在预算内的磷肥厂，预算外的采石厂，集体企业的木具厂，搞了三个不同性质厂的经济承包试点，组织召开经济所属企业厂长参加的大型经济承包合同签订现场会。

在初步取得经验的基础上，经委组织三个小分队，深入各企业商谈订立经济承包合同的具体条款和内容。截至 3 月 25 日除猪毛厂、皮鞋厂以外，其他 19 个企业都与经委签订了经济承包合同。促进了生产和经济效益的提高，生产形势很快改观。如塑料厂一季度完成产值 60 万元，比去年同期增长 57.9%；实现利润 35000 元，比去年同期增长 16.7%。木具厂一季度完成产值 81000 元，比去年同期增长 216.4%，实现利润 4816 元，扭转了亏损局面（去年同期亏损 5517 元），成品合格率达 99.3%。在承包过程中，仍存在不少问题：如少数企业领导思想不够解放，怕这怕那，对职工要求承包的积极性认识不足，或有偏见，因而拖延了承包制度，影响了生产的发展和经济效益的提高；有的企业三者关系处理不恰当，个人奖惩的增长速度大于经济效益的增长速度，在国家没多得、企业没多收的情况下，增加了个人奖金；还有部分企业实行经济承包以后，没有抓紧内部经济承包，几项主要经济技术指标没有层次落实到车间、班组、个人。尤其是后勤科室与经济指标挂钩搞得不理想，仍存有“大锅饭”平均主义现象。

委员们进行审议：工业承包责任制是一项很艰巨的工作，对巩固完善责任制不能松劲，要下大力气搞下去，要开好职工代表大会，坚持群众路线，随时发现问题，要注意加强和总结政治思想工作及经验；适当安排国家、集体、个人三者关系，认真贯彻执行，国家得大头、企业得中头、个人得小头的改革精神，提高经济效益。深泽县的工程技术力量是脆弱的，要充分发挥技术人员的作用，总结先进单位的经验，因厂制宜进行推广，争取在短时期内扭转企业亏损局面。

政府办公室农业组组长苏恒军汇报推行和完善农业生产责任制的情况。截至3月底，全县1331个生产队普遍实行联产责任制。其中实行大包干的有1263个生产队，占94.9%；实行联产到劳的62个生产队，占4.7%；其余6个生产队实行双田制。政府本着遵照群众的意愿，凡是社员群众自己办到的事，放手让他们自己去办；凡是个人不能办，联户办不好的事，集体要千方百计做好，以真正解决好社员种地难的问题。在完善大包干责任制难的工作中，主要抓了四项工作：一是集中抓了浇水责任制的落实。大体有七种形式：浇水服务公司，单机专业承包，季节性承包，以井划区、组专人负责，井、泵集体统管，机、井泵集体统管，临时性承包。以上七种形式中，浇水服务公司代表了发展方向，越来越显示其优越性；井、泵集体统管当前占比例最大；而临时性承包形式问题较多。浇水责任制落实以后，基本解决了浇地难的问题。二是抓了农村干部的精简，全县123个大队，1331个生产队，原有大队干部1287人，生产队干部3176人，共4463人。目前大队干部精减2人，现有1285人，每大队平均10.4人；生产队干部精减1335人，现有1841人，队均1.4人。精减时坚持干部少而精，补贴高一些的原则。三是抓了集体提留标准的制定。四是抓了1983年农商合同的签订。存在的主要问题是：部分公社和大队的主要干部，对精减干部存有怕字，实行联产队干部，新旧干部交接不及时，干部补贴有平均主义；集体提留积累不多；账目财物不清，社员不放心，不愿交提留；柴油紧张，电力不足。听取汇报后，委员们讲行认真讨论。在肯定大好形势的基础上，提出了一些中肯的意见，主要是：精减干部要从工作实际出发，要慎重、稳妥，不能使工作脱节；集体提留应认真搞好；债权、债务要抓紧清理；化肥、农药、柴油、农机具等生产资料，必须按农商合同认真兑现，爱护农民的积极性，取得农民的信任，以保证征购、税收和集体提留工作的顺利进行，使农业生产责任制不断稳定和完善，并向纵深发展。

**第七次会议**　1983年7月2日在县招待所会议室举行。县人大常委会主任夏保忠，副主任丁筱文、王秀改、李振民、段振科，委员张永恒、李新田、王明生、贾振波出席会议。县政府县长彭造岭、副县长张丙春，县公安局局长宋凯、县财政局副局长陈汉民以及县商业局、县供销社、县农机局汇报提案的同志列席会议。会议由王秀改主持。

财政局副局长陈汉民汇报利改税工作情况。县政府根据国务院、省、地文件精神，为有利于促进国营企业建立和健全经济责任制，进一步把经济工作搞活，正确处理国家、企业和职工三者利益，保证国家财政收入稳定增长，在三者利益中体现国家得大头、企业得中头、个人得小头的原则，决定对全县工业5户、商业8户、供销（含下属单位）等14户国营企业进行利改税。方法是大中型企业交纳55%所得税，税后可采取递增包干、固定比例上交和交纳调节税的办法，小型企业按八级超额累进税交纳所得税，税后可交承包费。

介绍执行的具体办法、实施利改税各单位具体情况和深泽县国营企业利改税测算表，规定此办法从1983年起一定三年不变。从1983年1月1日起执行，6月1日开征。

宋凯就治安秩序情况做汇报。1月至6月全县发生刑事案件33起，侦破29起，重大案件发5起破5起，未发生政治案件。社会秩序虽有明显好转，但还没有从根本上得到好转，刑事案件和治安案件仍不断发生，一些案件还没有侦破，犯罪分子至今逍遥法外，特别是一些严重危及人民生命财产安全的重大案件与去年同期相比有增无减，进入夏季以来，城镇社会秩序又出现了反复，流氓分子滋扰社会治安的事件屡有发生。如5月23日至6月3日流氓犯罪分子连续几个晚上潜入女职工宿舍企图强奸妇女，虽未成事实，但危害极大，严重扰乱了城镇的社会秩序。

公安机关充分估计这些治安问题和不安定因素，对于社会主义现代化建设的危害，认识到继续整顿和加强社会治安的迫切性、艰巨性和长期性，决心下半年要抓好以下几点：1.从实际出发，解放思想，从机构体制，思想作风，工作方法和规章制度等方面，进行全面系统的坚决而有秩序的工作。2.狠抓综合治理，加强基层基础工作，运用各种力量掌握和控制社会面。解决好民事纠纷，防止矛盾激化。深入社会、青少年中，做好宣传教育工作，及时发现苗头、症候，做好疏导防范工作。对控制不住的采取果断措施，决不拖拉犹豫造成危害。3.加强侦察破案，有力打击违法犯罪分子，集中力量破大案要案，特别是集团性、行动性和危害严重的案件。对严重犯罪分子要坚决依法从重从快打击处理。4.加强治安管理，维护城乡治安秩序。5.加强队伍建设，整顿纪律作风，使全体干警树立遵纪守法、依法办事的自觉性，力争使全县社会秩序得到根本好转。

委员们审议以上两个报告认为，国家规定利改税，是财政工作的一项重要改革，税收是国家建设资金的主要来源，财政收入的重要支柱。因此，税收工作在四化建设中就显得特别重要，需要加强力量认真搞好税收工作，教育纳税的单位和个人，在经济政策放宽后，城乡集体和个人经济发展很快，收入明显增加，有义务依法纳税，对那些税收法制观念淡薄，只顾单位或个人不顾国家利益的，偷税、漏税、抗税不交的除加强教育外，必须采取措施，保证国家税收任务的完成。对偷税、漏税、抗税情节恶劣的依法惩处。

委员们认为公安机关的工作是有成效的，同意公安机关对全县社会治安秩序的分析和采取的措施。即深泽县形势虽然有明显好转，社会治安尚未恢复到新中国成立后的最好状况。委员们希望公安机关要充分发挥部门的职能作用，搞好综合治理，做好教育疏导，消除各种不安定因素外，还必须要强有力的行使专政职能，要依法从重从快惩处严重危害社会治安的犯罪分子。要求公安机关要转变思想作风，提高公安队伍的战斗力，同检察院、法院、司法要密切配合、互相支持、协同动作，为实现深泽县社会治安的进一步好转而努力奋斗。

委员们同意县社、商业局、农机局关于办理提案情况的汇报。委员们讨论修改给县委的《关于落实省委46号文件的报告》，决定将正式报告报县委的同时抄报省人大办公厅。

**第九次会议**　1983年9月24日在县政府办公楼三楼会议室举行。县人大常委会主任夏保忠，副主任丁筱文、周进林、李振民、段振科及委员出席会议。县政府副县长崔子和，县人民法院院长戴振山及县人大常委会办公室有关人员列席会议。会议由段振科主持。

公安局局长宋凯介绍根据中央“坚决打击，一网打尽、从严从快”的方针，集中打击严重刑事犯罪分子的战果和方法措施，分析打击刑事犯罪斗争中存在的问题，汇报下一步工作安排。戴振山介绍刑事审判工作的具体做法、社会效果、存在的问题及今后意见。

会议认为，自1983年8月份集中打击以来，县公检法司部门，在县委和政府的领导下，互相配合、密切协作，在中央关于“坚决打击、一网打尽、从严从快”方针指引下，严厉打击刑事犯罪，取得了显著战绩。总的来看，时间短、行动快、劲头足、效果好，受到广大人民群众的热烈支持和赞扬，震慑了敌人，教育了群众，增长了人民的志气。

会议认为，党的十一届三中全会以来，深泽县社会主义经济建设和各项工作都取得了很大成绩，全县政治、经济形势越来越好。经过全县人民的积极努力，采取综合治理，社会风气和社会治安也有好转。但是，很多地方的社会治理还没有恢复到“文化大革命”以前的状况。在一些领域阶级斗争还是复杂、激烈的。凶杀、打劫、强奸、盗窃等犯罪活动时有发生，这些犯罪分子活动猖獗，严重威胁广大人民群众的生命财产安全，影响社会的安定，破坏社会主义建设事业。会议希望政法战线的同志们发扬成绩，再接再厉。进一步发动群众，打击隐蔽较深的坏人，把打击刑事犯罪斗争搞彻底，使社会风气由明显好转变为根本好转，突破全县社会秩序的长治久安。

会议要求，全县人民坚决贯彻执行全国人大两个决定和省人大的决议精神，认识开展打击刑事犯罪活动的重要性和紧迫性，要求政法机关发挥专政职能，严厉打击刑事犯罪活动。积极协助和支持政法公安机关，坚决揭露犯罪分子，为维护好深泽社会秩序作贡献。

**第十一次会议**　1983年12月27日在政府三楼会议室举行。县人大常委会主任李小兑，副主任韩进群、李振民、段振科、王秀改及委员3人出席会议。县政府县长耿伯平、副县长贾常文，县法院院长刘兰生、县检察院检察长李聚珍，县劳动人事局局长高英豪及县人大常委会办公室的有关人员列席会议。会议由李小兑主持。

高英豪报告关于机构改革的情况。遵照省、地委关于机构改革的部署和要求，深泽县机构改革已基本完成。政府局级原有41个，这次本着重迭撤销、工作相近合并的原则，现有局级机构32个。原有局级干部104名，改革后88名（其中留位59名，新进班子29名）。年龄上由原来的51.6岁，降到42.3岁，30岁左右12名，基本形成梯形结构。从专业化知识上看，大专文化程度原来9人，现20人，占局级领导成员的22.7%，比原来高14.1%。中专比原来增加4人。具有专业知识的增加14人。由于从政治上严格层层把关，防止“三种人”和不合格的干部进入领导班子，保证新班子的纯洁性。

耿伯平作《深泽县人民政府关于一年来的工作简况和1984年工作初步设想报告》。

1983年由于全县人民一靠政策，二靠科学，坚持两个文明一齐抓，各条战线都取得较好的成绩，完成1983年经济计划，工业可完成3450万元，比去年增加8.5%。农业可完成8000万元左右，比去年增加29%，粮食单产可达1082斤，比去年增86斤。棉花单产可达170斤。财政收入可完成5966000元的任务，实现收支平衡，略有结余。交通、金融、外贸、文教卫生、科学技术、计划生育、政法等各项工作都取得了一定的成绩。

1984年政府工作总的指导思想是：以经济建设为中心，以方针政策为保证，以科学技术为动力，以商品生产为重点，坚持两个文明一齐抓。在商品生产上，从提高粮棉油的商品率，发展林果生产，发展养殖业，发展加工业，发展塑木家具生产和发展西瓜、蔬菜等6个方面讲了具体安排意见。采取建立商品信息服务中心，提高产品质量，增加品种，引进先进技术等有效措施，保证商品生产的顺利进行。对1984年工业、农业、财政税收、文教卫生、计划生育、科技、民政、政法等方面的工作都作了具体安排，提出明确的要求和实施的措施。

委员们对以上两个报告进行审议。一致认为，这次局级机构改革是县人事变动最大的一次，时间紧，任务重，但改革工作是顺利的，健康的，是符合“四化”要求的。建议应继续做好三方面的工作。一是对没有进领导班子的老同志，他们多年来兢兢业业为人民做了很多有益的工作，是有贡献的。要进行妥善安排，做好思想工作，决不能让他们坐冷板凳。二是对新班子也要加强思想工作，使他们尽快熟悉本职工作，打开新局面，做出新成绩。三是对政府组成人员要依照宪法和有关法律，做好人事任免事项。

对政府工作委员们认为，由于政府认真贯彻党的方针政策，使深泽县经济工作有了很大发展。问题是经济工作搞的还不够活，商品信息不够灵通，技术力量薄弱。1984年要积极想办法发展深泽优势产业，搞好地方性工业，按经济规律办事，一定要把商品生产搞上去。教育上资金的筹措是个大问题，教学质量和师资都存在不少问题。县人大第七届三次会议已作了决议，要保证决议的贯彻执行。

人大常委会办公室工作人员王印昌对提案落实情况做了汇报，七届二次会议代表提的59条提案，落实和基本落实37条，正在落实22条。委员们指出，代表提案是促进工作、加强同人民群众联系的大事，要引起高度重视，争取在春节前将没有落实的提案落实下来，对代表提出的婚丧嫁娶中铺张浪费歪风，社会影响很坏，危害很大，要求政府采取果断措施，狠刹这股歪风，对党员干部要提出明确要求，违者要严肃处理。

会议通过人事任免事项。

**第十二次会议** 1984年2月9日在政府办公楼三楼会议室举行。县人大常委会主任李小兑，副主任韩进群、李振民、王秀改、段振科及委员出席会议。县政府县长耿伯平，县劳动人事局局长高英豪，县法院院长刘兰生、县检察院检察长李聚珍列席会议。李小兑主持会议。

韩进群传达省人大常委会第五次会议精神。学习彭真委员长在全国人大常委会第三次会议上的两次讲话要点，解峰和葛启在人代会换届选举工作会议上的讲话。通过学习讨论，委员们一致认为，县、乡两级人民代表大会换届选举，是全县人民政治生活中的一件大事，这项工作关系着能否实现人民当家做主，建设符合“四化”标准的领导班子，保证按照多数人民的意志来管理全县人民大事的问题。关系到深泽县四个现代化建设的成败，决不能等闲视之，必须扫除思想障碍，以高度政治责任感和认真负责的态度，切实搞好选举工作。

通过讨论、修定、补充、完善，一致通过《深泽县县、乡两级人民代表大会换届选举实施方案》。通过由县委副书记齐瑞学为主任，李小兑、韩进群为副主任等17人组成的选举委员会人员名单。通过选举委员会办公室主任、副主任名单。委员们还讨论决定涉及换届选举的任务、方法、步骤、组织领导等问题，并宣布换届选举领导机构和办事机构立即开始工作。

会议通过人事任免事项。

**第十三次会议**　1984年5月4日在政府办公楼三楼会议室举行。县人大常委会主任李小兑，副主任韩进群、李振民、王秀改、段振科及委员王建彬、王明生出席会议。县政府副县长杜银茂，县法院院长刘兰生、县检察院检察长李聚珍，县民政局局长曹发智列席会议。李小兑主持会议。

会议听取和审议《县、乡换届选举工作情况汇报》，听取和审议《深泽县第八届人民代表大会代表资格审查报告》。会议审议、修改、通过第七届人大常委会工作报告。

**第十四次会议**　1984年5月17日在人大办公室举行。县人大常委会主任李小兑，副主任韩进群、李振民、王秀改、段振科及委员张永恒、李新田、王明生、贾振波出席会议。人大常委会办公室有关人员列席会议。李小兑主持会议。

会议研究讨论县长耿伯平辞职请求报告，委员们一致同意耿伯平辞去深泽县人民政府县长；鉴于牛会拴调离深泽，决定免去其深泽县人民政府副县长职务。

**第十五次会议**　1984年5月28日在人大办公室举行。县人大常委会主任李小兑，副主任韩进群、李振民、王秀改、段振科及委员张永恒、李新田、王明生、贾振波出席会议。县人大常委会办公室有关人员列席会议。李小兑主持会议。

会议研究决定深泽县第八届人民代表大会一次会议的有关事宜：1. 深泽县第八届人民代表大会一次会议议程；2. 深泽县第八届人民代表大会一次会议主席团、秘书长名单；3. 深泽县第八届人民代表大会一次会议副秘书长名单；4. 深泽县第八届人民代表大会一次会议提案审查委员会名单；5. 深泽县第八届人民代表大会一次会议财政预决算委员会名单；6. 代表资格审查委员会名单；7. 深泽县第八届人民代表大会一次会议常务主席名单；8. 深泽县第八届人民代表大会一次会议日程安排；9. 深泽县第八届人民代表大会一次会议执行主席名单；10. 深泽县第八届人民代表大会一次会议会议选举办法；11. 关于提案截止日期的决定；12. 总监票人名单；13. 深泽县第八届人民代表大会一次会议列席人员名单。

## 第二节　机构设置

**深泽县第七届人大常委会下设办公室**

主　任：张忠福（1982 年 3 月至 1983 年 12 月）

副主任：曹虎群（1983 年 12 月至 1984 年 5 月）

# 第五章　决议决定

## 第一节　作出决议决定

### 一、县第七届人大历次会议作出决议决定情况

**1981—1983 年深泽县第七届人民代表大会历次会议决议决定一览表**

表 15

| 时间 | 会次 | 名称 |
|---|---|---|
| 1981 年 12 月 20 日至 25 日 | 一次会议第三次全体会议 | 1. 关于深泽县人民政府工作报告的决议<br>2. 关于 1980 年财政决算和 1981 年财政预算执行情况的报告的决议<br>3. 关于深泽县人民法院工作报告的决议<br>4. 关于深泽县人民检察院工作报告的决议 |
| 1983 年 2 月 22 日至 25 日 | 二次会议第三次全体会议 | 1. 关于深泽县人民政府工作报告的决议<br>2. 关于深泽县财政预决算的决议<br>3. 关于深泽县人民代表大会常务委员会工作报告的决议<br>4. 关于深泽县人民法院工作报告的决议<br>5. 关于深泽县人民检察院工作报告的决议 |
| 1983 年 8 月 30 日至 31 日 | 三次会议（8 月 31 日下午） | 关于深泽县人民政府《关于农村教育改革的报告》的决议 |
| 1983 年 11 月 27 日至 28 日 | 四次会议第二次全体会议 | 听取和审议县人大常委会主任和部分副主任辞职请求的报告；听取和审议政府县长提出的免去县长和部分副县长职务请求的报告；听取和审议人民法院院长辞职请求的报告；听取和审议人民检察院检察长辞职请求的报告，并通过相应决议 |

## 二、县第七届人大常委会历次会议作出决议决定情况

### 1982—1983 年深泽县第七届人大常委会历次会议决议决定一览表

表 16

| 序号 | 时间 | 常委会会议 | 名称 |
|---|---|---|---|
| 1 | 1982 年 6 月 30 日 | 第二次 | 关于组织全县人民讨论《中华人民共和国宪法修改草案》的决议 |
| 2 | 1983 年 1 月 11 日 | 第五次 | 关于动员全县人民认真学习、宣传和保证实施《中华人民共和国宪法》的决议 |

# 第二节　决议决定选录

### 深泽县第七届人民代表大会第三次会议

### 关于深泽县人民政府《关于农村教育改革的报告》的决议

深泽县第七届人民代表大会第三次会议，经过认真审议，决定原则批准彭造岭县长代表县人民政府所作的《关于农村教育改革的报告》。

一、会议认为，县政府报告对全县教育工作的估价是符合实际情况的。三中全会以来，教育工作的成绩是显著的，但由于种种原因，教育事业发展不快，教育质量不高，很不适应现代化建设的需要，必须加以改革。

二、会议认为，报告提出的教育改革措施是切实可行的。根据全县当前经济实际情况与教育工作现状，农村中小学改为民办，逐步实行教师招聘等制度，是适宜的，经过努力是可以实现的。会议授权县人民政府根据这次会议精神积极推行教育改革。

三、会议指出，教育改革是牵动全局，涉及千家万户，关系子孙后代的大事，必须进行广泛的宣传教育和思想发动工作，下决心把农村教改工作搞好。同时鉴于全县各公社、大队的教育基础不同，经济状况各异，要求县人民政府在推行教育改革中，加强领导，继续加强调查研究，搞好试点，全面地、实事求是地总结经验，针对不同情况，采取切实有效的措施，务求达到改善办学条件，提高师资水平，提高教育质量和普及初等教育的目的。

四、会议号召，全县人民全面领会教育改革的精神实质和深远意义，以积极的态度，热情的关心教育事业，支持教育改革，力争在二三年内使全县的教育事业有一个较大的发展，为社会主义现代化建设培养更多的有用人才。

# 第六章　选举任免

## 第一节　常委会选举任免情况

1982年8月31日，县七届人大常委会第三次会议，通过县人民法院人事任免事项。

任命：

郝振英、陈增贵、刘兰生为深泽县人民法院副院长、审判委员会委员；

赵子录为深泽县人民法院刑事审判庭庭长、审判委员会委员；

李成虎为深泽县人民法院审判委员会委员、审判员；

权春来为深泽县人民法院民事审判庭庭长、审判委员会委员；

张书臣为深泽县人民法院刑事审判庭副庭长；

王民起为深泽县人民法院刑事审判庭审判员；

张礼中为深泽县人民法院经济审判庭副庭长；

王俊娟为深泽县人民法院民事审判庭审判员；

赵义为深泽县人民法院大直要法庭庭长；

刘培珍为深泽县人民法院大直要法庭审判员；

孙培英为深泽县人民法院西河法庭庭长；

苗新芳为深泽县人民法院西河法庭审判员。

1982年11月11日，县七届人大常委会第四次会议，通过县人大常委会、县人民检察院人事任免事项。

任命：

张忠福为深泽县人大常委会办公室主任；

王来全为深泽县人民检察院副检察长；

张沙池为深泽县人民检察院副检察长；

王来全、张沙池、刘顺玺、李顺增、赵振起、窦士安为深泽县人民检察院委员会委员；

刘顺玺、李顺增、窦士安、赵振起、李玉民、阎志军、张广田、傅士栋为深泽县人民检察院检察员。

1983 年 12 月 27 日，县七届人大常委会第十一次会议，通过县人民法院人事任免事项。

任命：

王民起为深泽县人民法院副院长、审判委员会委员。

1984 年 2 月 9 日，县七届人大常委会第十二次会议，通过县人民政府、县人民检察院人事任免事项。

决定任命：

袁春民为深泽县计划委员会主任；

王多阳为深泽县科学技术委员会主任；

贾洪生为深泽县统计局局长；

赵建堂为深泽县司法局局长；

邸子军为深泽县经济委员会主任；

宋凯为深泽县公安局局长；

纪广申为深泽县财政局局长；

曹刚为深泽县税务局局长；

杜文彬为深泽县商业局局长；

李敬海为深泽县粮食局局长；

王德欣为深泽县交通局局长；

孙魁林为深泽县文教局局长；

曹荣章为深泽县卫生局局长；

吴克勤为深泽县农林局局长；

陈同山为深泽县水利局局长；

刘申远为深泽县多种经营委员会主任；

赵祥魁为深泽县计划生育委员会主任；

林志海为深泽县工商行政物价管理局局长；

高英豪为深泽县劳动人事局局长；

曹发智为深泽县民政局局长。

任命：

李成虎为人民检察院副检察长、检察委员会委员。

1984 年 5 月 17 日，县七届人大常委会第十四次会议，通过县人民政府人事任免事项。

决定任命：

贾英杰任深泽县人民政府代理县长；

裴秀品任深泽县人民政府副县长。

决定免去：

牛会拴深泽县人民政府副县长职务。

## 第二节　常委会接受辞职情况

1984年5月17日，深泽县第七届人大常委会第十四次会议，批准耿伯平辞去深泽县人民政府县长职务。

# 第七章 机关工作

县第七届人大常委会按照《中华人民共和国宪法》《中华人民共和国地方各级人民代表大会和地方各级人民政府组织法》赋予的职责，以及县人民代表大会各次会议决议，努力贯彻执行党的十一届三中全会以来的路线、方针、政策，肃清“左”的思想影响，推进深泽县的物质文明和精神文明建设，加快改革步伐，发展社会主义民主，健全社会主义法制，在讨论决定深泽县重大事项，任免深泽县国家机关工作人员，监督县人民政府、人民法院和人民检察院的工作等方面，发挥了地方国家权力机关的作用。

组织讨论宪法修改草案，保证宪法的实施。县人大常委会第二次会议作出《关于组织全县人民讨论〈宪法修改草案〉的决议》，给全县人民和全县人大代表发出《立即动员，立即行动，讨论宪法修改草案》的一封信，通过全民讨论宪法修改草案，受到坚持四项基本原则和社会主义民主与法制的教育，增强人民当家做主的责任感。

认真学习宪法。第五届全国人大五次会议通过并公布实施新宪法后，县人大常委会及时作出《关于动员全县人民认真学习，宣传和保证实施〈中华人民共和国宪法〉的决议》，人大常委会全体成员及办公室全体工作人员认真学习宪法、熟悉宪法、遵守宪法、依法办事，同时组织各代表小组宣传宪法，教育人民群众知法守法，自觉维护宪法尊严。

严格执行法律、法令，加强法制建设。在全国人大分别对《中华人民共和国刑法》《中华人民共和国刑事诉讼法》《中华人民共和国人民法院组织法》《中华人民共和国人民检察院组织法》的有关条文作了重要修改后，县人大常委会组织有关部门和人大代表学习法律条文，配合有关部门在农村和城镇采取有线广播、宣传牌、黑板报等多种方式宣传法律。

# 第五篇

# 深泽县第八届人民代表大会

（1984年5月至1987年4月）

# 第一章　党的领导

深泽县第八届人民代表大会及其常务委员会，在县委领导下，围绕党的总目标、总任务，努力履行宪法和地方组织法赋予的职责，监督“一府两院”的工作，进一步加强社会主义民主与社会主义法制建设，对于促进改革的顺利进行，推动两个文明建设，起到了积极作用。

深泽县人大常委会党组向县委提交《中共深泽县人大常委会党组关于召开县九届人大一次会议的请示报告》，在1987年3月23日县委常委会上审议通过。1987年，县、乡两级人代会换届选举工作完成，县委十分重视，切实加强领导。县委在安排工作时，将换届选举作为上半年全县的一项重要工作进行布置，县委副书记齐瑞学主抓选举工作，3名县委常委参加县选举委员会。县委领导多次听取选举工作汇报，参与研究解决工作中的实际问题。包乡的县委常委和政府副县长经常下乡指导选举工作。县委还抽调10名局级领导干部作为选举工作组到各乡协助工作，从而加强了对选举工作的领导。在选举过程中，省选举办公室主任王浩、地委副书记李瑞文以及地区选举办公室的人员到深泽检查指导，介绍外地经验，促进了深泽县选举工作的顺利进行。

**中共深泽县人民代表大会常务委员会党组**

书　记：李小兑（1984年5月至1986年7月）

　　　　袁东义（1986年7月至1987年4月）

副书记：韩进群（1984年5月至1986年5月）

　　　　宋　凯（1986年7月至1987年4月）

# 第二章 人大代表

深泽县第八届人民代表大会代表名额165名。1984年5月，召开县八届人大一次会议，实有代表165名。

## 第一节 选举产生

### 一、选举委员会

1984年2月9日，深泽县第七届人大常委会举行第十二次会议，通过《深泽县县、乡两级人民代表大会换届选举实施方案》。县选举委员会主任为齐瑞学；副主任为李小兑、韩进群；委员为王建彬、刘殿欣、康一、张丙春、李振民、段振科、王秀改、常恒武、许光、王运生、李凤伟、曹发智、郭福欣、李彦国。

根据《选举法》第九条、第十条、第十八条和《河北省县、乡两级人民代表大会选举实施细则》第二章第五条的规定，拟定出席县第八届人民代表大会代表名额165人；决定各乡镇代表名额，乡级人大代表名额共878名。划分选区，从实际出发，每一选区分别选出1至3名县、乡人大代表。

1984年4月10日为选举日。全县参加投票的选民135900人，参选率98.4%，选举产生县八届人大代表165名。

### 二、代表构成

在选举产生的165名县人大代表中，中共党员代表82名，占49.7%；群众代表83名，占50.3%；工农代表128名，占77.6%；妇女代表42名，占25.5%；知识分子代表23名，占13.9%；干部代表37名，占22.4%；两户一体代表4名，占2.4%；军人代表1名，占0.6%。

## 第二节　代表名单

县直代表团（33 名）：

团长：王多阳　　　　副团长：李凤伟（女）

| | | | |
|---|---|---|---|
| 王伯年 | 王会英（女） | 刘兰生 | 许振明 |
| 齐瑞学 | 李小兑 | 李聚珍 | 李新田（女） |
| 杜寿山 | 马淑芬（女） | 陈景坤（女） | 张丙春 |
| 张文秀（女） | 张永恒 | 周俊怀 | 康　一 |
| 耿伯平 | 高英豪 | 韩进群 | 贾常文 |
| 赵大振 | 赵凤珍（女） | 雷永波 | 翟玉国 |
| 王木兰（女） | 李华春 | 李华清 | 芦学栋 |
| 陈安之 | 张正援（女） | 刘兰明 | |

城关镇代表团（13 名）：

团长：刘会军　　　　副团长：杜红其

| | | | |
|---|---|---|---|
| 刘兰造 | 李素英（女） | 何敬民 | 杜银茂 |
| 王玉生 | 张国臣 | 康秀欣（女） | 袁培申 |
| 彭计昌 | 赵英欣（女） | 袁福音 | |

大直要乡代表团（16 名）：

团长：刘国欣　　　　副团长：张银生

| | | | |
|---|---|---|---|
| 王爱花（女） | 刘万申 | 刘振习 | 李秀珍（女） |
| 宋淑琴（女） | 孟田顺 | 陈玉生 | 张二法 |
| 白荣申 | 杨忠年 | 温礼明 | 程庆昌 |
| 裴秀品（女） | 黎敬芬（女） | | |

留村乡代表团（11 名）：

团长：王明军　　　　副团长：刘亚洲

| | | | |
|---|---|---|---|
| 贾振波 | 刘贵英 | 刘胜格（女） | 李英全 |
| 李香棉（女） | 张更才 | 张茂群 | 曹丙晨 |
| 牛会拴 | | | |

赵八乡代表团（18 名）：

团长：贾振民　　　　副团长：赵　志

| | | | |
|---|---|---|---|
| 支素梅（女） | 王贞国 | 刘竹申（女） | 纪小秋 |
| 谷同棉（女） | 杜喜山 | 李荣芬（女） | 张俊京（女） |
| 张建民 | 段振科 | 陈茂起 | 贾成国 |
| 焦振刚 | 裴秋来 | 甄同香（女） | 甄争会 |

羊村乡代表团（8名）：

团长：张小更　　副团长：曹振杰

马庆林　宋彦芬（女）　邸国志　张彦刚

曹欣格（女）　马志群

固罗乡代表团（12名）：

团长：史全海　　副团长：段小振

王晨英　王银胜　王秀改（女）　司欣然（女）

刘丙欣　何庆祥　吕更民　张淑珍（女）

郑小丑　康长海

耿庄乡代表团（14名）：

团长：王存良　　副团长：赵荣申（女）

王小曾　王素琴（女）　刘灵芬（女）　刘虎贯

邢贵同　陈书生　苑顺轻　张占欣

郭英才　焦志谦　韩海水　韩占庄

西河乡代表团（14名）：

团长：王志彬　　副团长：刘子彬

孙元合　刘翠芬（女）　刘俊平（女）　刘青岩（女）

许振拴　吕丙康　庞兰根　段振科

陈振明　张顺雨　袁东义　赵志国

铁杆乡代表团（13名）：

团长：高茂林　　副团长：张荣岐

王国州　刘杏色（女）　刘军科　何振迎

邢杏毡（女）　杜永茂　康印梭　张造起

杨　品　郝永道　王秀俭（女）

马里乡代表团（13名）：

团长：贾曾录　　副团长：翟振群

王魁章　王树苍　史瑞起　刘英芬（女）

刘福珍　刘建生　杜二军　张如江

张连奎　张彦亭（女）　翟品英（女）

**深泽县第八届人大代表届中变动情况表**

表 17

| 会次 | 终止情况 | 补选情况 | 人数 |
| --- | --- | --- | --- |
| 第一次会议 | — | — | 县八届人民代表大会第一次会议，实有代表165名 |
| 第二次会议 | 调离深泽4名：芦学栋、耿伯平、牛会拴、张文秀 | — | 县八届人民代表大会第二次会议，实有代表161名 |
| 第三次会议 | 调离深泽3名：王伯年、翟玉国、康一<br>病逝1名：刘竹申 | 补选6名：宋凯、史志林、袁铁民、甄树声、贾英杰、姚治晓 | 县八届人民代表大会第三次会议，实有代表163名 |

# 第三节　代表工作

## 一、多种方式建立学习和活动制度

为了便于代表学习和活动，县人大常委会根据代表居住情况，将省、县、乡（镇）人大代表进行联合编组，建立学习和活动制度。

## 二、定期联系代表

县人大常委会制定同代表联系办法，定期联系代表，并利用下乡办事等机会走访代表，通过召开代表座谈会、学习会、与代表个别谈心等形式，多方面听取代表对人大常委会及“一府两院”工作的意见和建议。为代表参政议政创造条件，保障人民当家做主的权利。

## 三、人大代表提案

八届一次会议共收到代表提案73件，经提案审查委员会审理，立案57件，其中工业能源交通方面15件、农业方面2件、财贸方面10件、文教科学卫生计划生育方面16件、计划规划和城乡建设9件、政法民政5件。提案审查委员会对提案提出了审查处理意见，其中交深泽县人民政府研究办理55件、交深泽县人民法院办理2件；16件提案因涉及党群团体的工作，不属于立案范围，作为建议转交给有关部门。

**八届一次会议提案选录**

1. 农村庄基需要规章和规划。
2. 深泽至马里路难行，需要尽快解决。
3. 县医院门口交通拥挤，影响看病和上下班通行。

4. 加强扶持养殖业，为“四大养”创造条件，要求引进粮种问题。

5. 关于城关供销社假牌自行车退款问题的提案。

6. 关于制止化肥、柴油乱涨价问题。

7. 关于建设深泽 11 万伏变电站的提案。

八届二次会议共收到代表提案 25 件，其中工业能源交通方面 5 件、农业方面 1 件、文教卫生计划生育方面 4 件、计划规划和城乡建设方面 4 件、财经方面 3 件；8 件提案涉及党群团体方面，不属于立案范围，作为建议转交有关部门。

## 四、代表提案办理

1.1985 年，县人大八届二次会议代表提案 17 条，办结 15 条，占提案的 88%。对代表提案除及时交有关部门办理外，建立催办制度。要求对已办结的提案要书面告知提案人办理结果，一时不能办结的要向提案人说明原因和办结期限。重点提案人大领导亲自抓，召开主任办公会或常委会，听取有关部门汇报，切实抓好落实。

2.1986 年，县人大八届三次会议代表提案 20 件，全部转交县政府办理。提案全部办理完成。

# 第三章　人民代表大会

深泽县第八届人民代表大会任期自1984年5月至1987年4月，共举行代表大会3次。

**1984—1986年深泽县第八届人民代表大会历次会议概况表**

表18

| 会议次序 | 会议日期 | 议题（项） | 听取报告（个） | 决议决定（项） | 选举表决（项） |
|---|---|---|---|---|---|
| 第一次 | 1984年5月30日至6月3日 | 6 | 5 | 5 | 3 |
| 第二次 | 1985年3月28日至30日 | 5 | 5 | 5 | 0 |
| 第三次 | 1986年5月21日至24日 | 6 | 5 | 5 | 1 |

## 第一节　会议概况

### 一、县八届人大一次会议

深泽县第八届人民代表大会第一次会议，1984年5月30日至6月3日在石油四公司礼堂召开。5月30日下午举行第一次全体会议。应出席代表165名，实到会代表148名。县政府代理县长贾英杰作《政府工作报告》，财政局局长纪广申作《关于1983年财政决算和1984年财政预算（草案）的报告》，县人大常委会主任李小兑作《深泽县人民代表大会常务委员会工作报告》，县人民法院院长刘兰生作《深泽县人民法院工作报告》，县人民检察院检察长李聚珍作《深泽县人民检察院工作报告》。

会议认为，县政府贯彻执行三中全会以来的路线、方针和政策，领导和组织全县人民进行社会主义现代化建设，取得了很大成绩，使全县各个领域都发生了深刻变化。贾英杰在报告中既肯定了过去两年多的成绩，也指出了政府工作中的缺点和目前仍然存在的问题，是实事求是的。会议对政府的工作表示满意。会议认为，贾英杰在报告中提出的1984年和今后三年的农业、工业、财贸、科学、文教卫生、计划生育、民政、基本建设等各方面工作任务的建议是从实际情况出发的，是鼓舞人心的，经过努力是可以做到的，报告中提出的措施是可行的，下届政府应积极组织实施。社会主义经济建设是政府和全县人民的中心任务。一定要始终不渝地坚持实事求是的原则和稳步前进的建设方针，加快改革的步伐，大力发展商品生产，大力扶持重点户和专业户，发展多种形式的联合体，进一步搞好国民经济的调整，集中资金加强重点建设，切实抓紧现有企业的技术改造，保证当前经济的稳步增长。要认真改进领导作风，克服官僚主义，大兴调查研究之风，及时解决经济改革中出现的新问题，保证社会主义现代化建设的顺利发展。会议号召，全县的工人、农民、知识分子、解放军指战员和一切拥护社会主义祖国的劳动者，同心同德，团结一致，兢兢业业，埋头苦干，认真贯彻执行宪法，全面完成和超额完成报告中提出的各项任务，把以经济建设为中心的各项建设事业继续推向前进，实现深泽县财政经济状况和社会风气的根本好转，全面开创物质文明和精神文明建设的新局面，为深泽经济起飞共同奋斗。

## 二、县八届人大二次会议

深泽县第八届人民代表大会第二次会议，于 1985 年 3 月 28 日至 30 日，在石油四公司礼堂召开。3 月 28 日上午举行第一次全体会议。应出席代表 161 名，实到会代表 125 名。县政府县长贾英杰作《政府工作报告》，财政局局长纪广申作《财政预决算报告》；3 月 29 日下午举行第二次全体会议，县人大常委会主任李小兑作《深泽县人民代表大会常务委员会工作报告》，县人民法院院长刘兰生作《深泽县人民法院工作报告》，县人民检察院检察长李聚珍作《深泽县人民检察院工作报告》。

会议认为，报告对 1984 年政府的各项工作总结是切合实际的，两个文明建设的成绩是显著的，尤其是物质文明建设实现了新的突破，但是，还必须看到，各级领导的思想在一定程度上还不够解放，措施不够得力，还不适应商品经济蓬勃发展的新形势。因此，在新的一年里，各级领导要真正把精力转到经济建设上来，进一步增强改革的锐气，带领全县人民尽快实现“小康”。会议认为，政府工作报告中提出的 1985 年的工作任务是艰巨的，繁重的，也是十分光荣的。实现“翻两番，奔小康”的宏伟目标，就必须认真贯彻党的十二届三中全会精神和中央 1 号文件精神，大胆改革，开拓前进，要认真贯彻党的方针政策，进一步调整农村产业结构，大力发展乡镇企业，积极开发第三产业。要尊重知识，尊重人才，办好各类学校，提高教育质量，搞好智力开发。各级干部要切实加强对经济建设的服务和领导，调动全县广大干部群众的积极性，保证完成今年的各项任务。会议号召，全县人民要胸怀大目标，拧成一股劲，以改革的精神和百折不挠的毅力，发展商品经济，开拓致富门路，为加速“翻两番，奔小康，振兴深泽”而努力奋斗。

## 三、县八届人大三次会议

深泽县第八届人民代表大会第三次会议，于 1986 年 5 月 21 日至 24 日，在县礼堂召开。5 月 21 日大会举行第一次全体会议。应出席代表 163 名，实到会代表 123 名。县长贾英杰作《政府工作报告》，县财政局局长纪广申作《财政预决算报告》，县人大常委会主任韩进群作《深泽县人民代表大会常务委员会工作报告》，县人民法院院长刘兰生作《深泽县人民法院工作报告》，县人民检察院检察长李聚珍作《深泽县人民检察院工作报告》。

会议认为，过去一年里，深泽县认真贯彻党的各项方针、政策，进行农村改革、城乡经济体制改革和教育、科技等方面的改革，使深泽县在政治、经济、教育、科学、文化、卫生等各个领域都取得了很好成绩。这是全县人民努力奋斗的结果，会议对政府一年多来的工作表示满意。县政府根据“七五”计划确定的1986年度工作指导思想和主要任务是符合深泽实际情况的，经济计划指标是可行的、是积极可靠的、经过努力是可以实现的。必须坚持把改革开放在首位，继续深入进行经济体制改革和科技、教育等方面的改革。坚持在推行社会主义物质文明建设的同时，加强社会主义精神文明建设。要进一步发展社会主义民主，健全社会主义法制，加强社会治安的综合治理，坚决打击刑事犯罪和严重经济犯罪活动，保证全县两个文明建设的顺利进行。会议认为，必须切实加强农业这个国民经济的基础，促进农业的进一步发展。要继续调整农业内部结构，摆正粮食生产与多种经营的关系。要加快畜牧业和林果生产的发展。工业方面，要增强现有企业的活力，大力发展乡镇企业。会议要求，各级干部要进一步改进工作作风，坚持实事求是，认真解决改革和建设中的实际问题，密切联系群众，继续纠正不正之风，把各项工作做得更好。会议号召，全县人民要在县委和县政府的领导下，同心同德，团结一致，发扬艰苦创业的“愚公移山”精神，为胜利完成“七五”计划和实现本世纪末的宏伟目标做出新贡献。

## 第二节　会议选举

县八届人大历次会议，共选举产生县国家机关工作人员22人。

### 县人大常委会

主　任：

李小兑　　1984年6月3日县八届人大一次会议第三次全体会议当选

袁东义　　1986年5月24日县八届人大三次会议第三次全体会议当选

副主任：

韩进群　　1984年6月3日县八届人大一次会议第三次全体会议当选

王秀改　　1984年6月3日县八届人大一次会议第三次全体会议当选

段振科　　1984年6月3日县八届人大一次会议第三次全体会议当选

李新田　　1984年6月3日县八届人大一次会议第三次全体会议当选

宋　凯　　1986年5月24日县八届人大三次会议第三次全体会议当选

委　员（1984年6月3日县八届人大一次会议第三次全体会议当选）：

王伯年　　王玉生　　芦学栋　　贾振波

张永恒　　赵志国

委　员（1986年5月24日县八届人大三次会议第三次全体会议当选）：

姚治晓　　袁铁民

**县人民政府**

县　长：

贾英杰　1984年6月3日县八届人大一次会议第三次全体会议当选

副县长：

康　一　1984年6月3日县八届人大一次会议第三次全体会议当选

贾常文　1984年6月3日县八届人大一次会议第三次全体会议当选

杜银茂　1984年6月3日县八届人大一次会议第三次全体会议当选

裴秀品　1984年6月3日县八届人大一次会议第三次全体会议当选

**县人民法院**

院　长：

刘兰生　1984年6月3日县八届人大一次会议第三次全体会议当选

**县人民检察院**

检察长：

李聚珍　1984年6月3日县八届人大一次会议第三次全体会议当选

附：县八届人大常委会主任简历

袁东义，深泽县人，中共党员。历任深泽县政府交通员，县委办公室副主任，晋县县委常委、革委会副主任，石家庄地区企业局局长，深泽县委副书记、革委会主任，深泽县委书记，深泽县人大常委会主任。

# 第三节　会议组织

## 一、县八届人大一次会议

（一）大会临时党组

书　记：袁东义

副书记：

齐瑞学　　李小兑

委　员：

| | | | |
|---|---|---|---|
| 韩进群 | 王多阳 | 刘会军 | 刘国欣 |
| 史全海 | 张小更 | 王明军 | 贾振民 |

| | | | |
|---|---|---|---|
| 贾增录 | 王志彬 | 高茂林 | 王存良 |

（二）主席团

| | | | |
|---|---|---|---|
| 王玉生 | 王伯年 | 王多阳 | 王秀改（女） |
| 王存良 | 王明军 | 王志彬 | 史全海 |
| 白荣申 | 刘会军 | 刘国欣 | 齐瑞学 |
| 李小兑 | 李新田（女） | 芦学栋 | 杜红其 |
| 张丙春 | 张小更 | 张永恒 | 赵大振 |
| 赵志国 | 段振科 | 袁东义 | 康长海 |
| 贾振波 | 李振民 | 贾增录 | 高茂林 |
| 韩进群 | 翟玉国 | | |

（三）秘书长：韩进群（兼）

（四）主席团常务主席

| | | | |
|---|---|---|---|
| 袁东义 | 齐瑞学 | 李小兑 | 韩进群 |
| 张丙春 | 段振科 | 王秀改（女） | 李新田（女） |
| 王伯年 | 王多阳 | | |

（五）主席团执行主席

5 月 30 日：

| | | | |
|---|---|---|---|
| 袁东义 | 李小兑 | 王存良 | 贾振波 |
| 杜红其 | 翟玉国 | | |

5 月 31 日：

| | | | |
|---|---|---|---|
| 王秀改（女） | 王多阳 | 王志彬 | 史全海 |
| 赵大振 | 翟品英（女） | 芦学栋 | |

6 月 1 日：

| | | | |
|---|---|---|---|
| 齐瑞学 | 段振科 | 李振民 | 高茂林 |
| 赵志国 | 白荣申 | | |

6 月 2 日：

| | | | |
|---|---|---|---|
| 张丙春 | 王伯年 | 刘国欣 | 张永恒 |
| 张小更 | 康长海 | | |

6 月 3 日：

| | | | |
|---|---|---|---|
| 韩进群 | 李新田（女） | 贾增录 | 刘会军 |
| 王玉生 | 王明军 | | |

（六）财政预决算审查委员会

主 任 委 员：段振科

副主任委员：张永恒

委　员：翟玉国　李华清

（七）提案审查委员会
主 任 委 员：王秀改（女）
副主任委员：贾振波
委　员：王玉生　翟品英（女）
（八）代表资格审查委员会
主 任 委 员：齐瑞学
副主任委员：王伯年
委　员：高英豪　杜红其
（九）副秘书长

| | | | |
|---|---|---|---|
| 王运生 | 苏恒军 | 李　业 | 曹虎群 |

## 二、县八届人大二次会议

（一）主席团

| | | | |
|---|---|---|---|
| 王伯年 | 王玉生 | 王秀改（女） | 齐瑞学 |
| 李小兑 | 李新田（女） | 张永恒 | 张丙春 |
| 赵志刚 | 段振科 | 袁东义 | 贾振波 |
| 韩进群 | | | |

（二）秘书长：韩进群（兼）
（三）主席团常务主席

| | | | |
|---|---|---|---|
| 齐瑞学 | 袁东义 | 李小兑 | 韩进群 |
| 王秀改（女） | 段振科 | 李新田（女） | |

（四）主席团执行主席
3 月 28 日：

| | | | |
|---|---|---|---|
| 袁东义 | 韩进群 | 贾振波 | 李新田（女） |

3 月 29 日：

| | | | |
|---|---|---|---|
| 齐瑞学 | 王秀改（女） | 段振科 | 赵志国 |

3 月 30 日：

| | | |
|---|---|---|
| 李小兑 | 张永恒 | 王玉生 |

（五）财政预决算审查委员会
主 任 委 员：段振科
副主任委员：张永恒
委　员：翟玉国　李华清
（六）代表资格审查委员会
主 任 委 员：齐瑞学
副主任委员：王玉生

委　员：高英豪　杜红其

（七）副秘书长

| | | | |
|---|---|---|---|
| 苏恒军 | 刘进拴 | 冯满仓 | 曹虎群 |

## 三、县八届人大三次会议

（一）大会临时党组

书　记：甄树声

副书记：

| | | | |
|---|---|---|---|
| 贾英杰 | 齐瑞学 | 袁东义 | 李小兑 |
| 韩进群 | | | |

成　员（各代表团团长）：

| | | | |
|---|---|---|---|
| 王多阳 | 刘会军 | 刘国欣 | 王明军 |
| 王存良 | 史全海 | 高茂林 | 张小更 |
| 王志彬 | 王国洲 | 翟振群 | |

（二）主席团

| | | | |
|---|---|---|---|
| 王玉生 | 王多阳 | 王秀改（女） | 齐瑞学 |
| 李小兑 | 李新田（女） | 宋　凯 | 杜红其 |
| 张丙春 | 张永恒 | 赵志国 | 段振科 |
| 袁东义 | 袁铁民 | 姚治晓 | 贾振波 |
| 韩进群 | 甄树声 | | |

（三）秘书长：韩进群（兼）

（四）主席团常务主席

| | | | |
|---|---|---|---|
| 甄树声 | 齐瑞学 | 袁东义 | 李小兑 |
| 张丙春 | 韩进群 | 王秀改（女） | 王多阳 |

（五）主席团执行主席

5 月 21 日：

| | | | |
|---|---|---|---|
| 李小兑 | 韩进群 | 宋　凯 | 李新田（女） |
| 赵志国 | | | |

5 月 22 日：

| | | | |
|---|---|---|---|
| 袁东义 | 张丙春 | 张永恒 | 杜红其 |

5 月 23 日：

| | | | |
|---|---|---|---|
| 甄树声 | 段振科 | 袁铁民 | 王多阳 |

5 月 24 日：

| | | | |
|---|---|---|---|
| 齐瑞学 | 王秀改（女） | 姚治晓 | 贾振波 |
| 王玉生 | | | |

（六）财政预决算审查委员会

主 任 委 员：段振科

副主任委员：张永恒

委　　员：李华清

（七）提案审查委员会

主 任 委 员：王秀改（女）

副主任委员：贾振波

委　　员：王玉生　翟品英（女）

（八）代表资格审查委员会

主 任 委 员：齐瑞学

副主任委员：高英豪

委　　员：杜红其

（九）副秘书长

| | | | |
|---|---|---|---|
| 王国章 | 纪同振 | 刘增奎 | 刘进拴 |
| 曹虎群 | 刁国欣 | | |

# 第四章　人民代表大会常务委员会

## 第一节　常委会会议

1984年7月30日至1987年3月25日，县八届人大常委会共举行常委会会议18次。

**第一次会议**　1984年7月30日在政府办公楼三楼会议室举行，县人大常委会主任李小兑，副主任韩进群、王秀改、段振科和委员出席会议，县长贾英杰，县人民法院院长刘兰生、县人民检察院检察长李聚珍以及县人大常委会办公室的部分同志列席会议。会议由李小兑主持。

会议学习中共中央关于必须按法律程序任命国家机关工作人员的有关规定。会议通过县人民政府县长贾英杰、县人民法院院长刘兰生、县人民检察院检察长李聚珍提请的人事任免名单。委员们认为，今后人事任免必须按法律程序办事，使这一工作逐步走向正规化。

会议通过《县人大常委会1984年下半年工作安排意见》。委员们对下半年提案落实工作提出了要求，对能解决的必须尽快解决，对有困难的要积极创造条件去解决，决不能单纯地去解决，流于形式。对下半年准备听取汇报的政府方面有关电力、交通、商品生产等方面的工作，提出许多建设性的意见和建议，特别是商品生产问题，一定要有目的、有计划。从深泽县的实际情况出发，发挥深泽优势，土洋结合，两条腿走路。要重点发展饲养业和农副产品加工业。

**第二次会议**　1984年9月18日在政府办公楼二楼会议室举行。县人大常委会主任李小兑，副主任韩进群、王秀改、段振科、李新田和委员出席会议。县人民政府副县长裴秀品，办公室副主任刘建欣，县人民法院院长刘兰生、县人民检察院检察长李聚珍，县税务局、县文教局、县电力局、县经委负责人及县人大常委会办公室部分人员列席会议。会议由李小兑主持。

韩进群传达省人大选举工作经验交流会议精神及选举工作验收意见。裴秀品代表政府汇报深泽县商品生产发展情况。人大常委会办公室汇报联系代表的情况和广大人民群众对商品生产的看法和意见。

**第三次会议**　1984年12月17日在人大会议室举行。县人大常委会主任李小兑，副主任韩进群、王秀改、段振科、李新田和委员出席会议。县人民政府县长贾英杰，县人民法院院长刘兰生、县人民检察院检察长李聚珍及县人大常委会办公室部分人员列席会议。会议由李小兑主持。

会议学习《关于经济体制改革的决定》，王秀改汇报全省市、县（区）人大常委会工作经验交流会的情况。介绍其他市、县主动争取党委领导做好人大工作的经验，依法监督“一府两院”的工作经验，疏通“一府两院”的工作渠道，开好常委会例会，以及搞好人事任免等方面的工作。学习省委第一书记高扬和省人大常委会主任刘秉彦的讲话精神。会议认为，这些成功经验为今后工作提供了很好的借鉴，要尽快加速县人大组织建设，适应新形势，开创新局面，做出新贡献。

**第四次会议** 1985 年 1 月 19 日在人大会议室举行。县人大常委会主任李小兑，副主任韩进群、王秀改、段振科、李新田和委员出席会议。县人民政府副县长贾常文，县人民法院院长刘兰生、县人民检察院检察长李聚珍及县人大常委会办公室部分人员列席会议。会议由李小兑主持。

会议听取和审议贾常文代表县政府所作的《关于开发林果生产的意见》。会议通过《深泽县人大常委会职权和工作机构职权范围试行规定》，近期内健全办公室、财经科、政教科、代表联系科等机构。会议要求各科室工作人员认真学习政策、法律、法令，学习有关的业务知识，要学习好十二届三中全会决议和中共中央、国务院《关于进一步活跃农村经济的十项政策》文件。各项工作要正规化，保证党和国家政策、法律、法令的正确实施。

会议通过人事任免事项。

**第五次会议** 1985 年 3 月 14 日在人大会议室举行。县人大常委会主任李小兑，副主任韩进群、王秀改、段振科、李新田和委员出席会议。县人大常委会办公室部分人员及各科负责人列席会议。会议由李小兑主持。

会议通过人事任免事项。

会议就人大常委会工作报告（草稿）进行认真讨论。一致认为八届一次会议以来，人大常委会做了大量工作，对 1984 年上半年的换届选举工作进行严肃认真的验收。采取各种形式宣传十二届三中全会决议。依照法律赋予的职责，积极主动地支持、监督“一府两院”的工作。在联系代表、调查研究、催办代表提案等工作中，为深泽县经济体制改革提供许多宝贵的信息和建设性意见。在整党、纠正新形势下的不正之风工作中，人大常委会全体党员和干部做到和党中央保持一致，有令则行，有禁则止。

会议讨论研究第八届人民代表大会第二次会议的有关事宜。

**第六次会议** 1985 年 5 月 18 日在人大常委会会议室举行。县人大常委会主任李小兑，副主任韩进群、王秀改、段振科、李新田和委员出席会议。县人民政府县长贾英杰，县人民法院院长刘兰生、县人民检察院检察长李聚珍，县人大常委会有关工作人员列席会议。会议由李小兑主持。

全体与会人员视察 11 万伏变电站、新开街学校和澡堂 3 个工地。

会议通过人事任免事项。

会议听取贾英杰《关于农业生产情况的报告》《关于工业体制改革情况的汇报》《关于 11

万伏变电站施工情况的汇报》。委员们提出5条建议：1.农业生产方面。对于农业生产县、乡两级政府领导不力，抓得不紧，存在以下问题：（1）由于卖粮卖棉难，农民种地的积极性有所降低等，现在普遍施肥投资少了，管理松了，致使今年棉花播种，小麦浇返青水均晚于去年。（2）不少村实行大包干后，由于责任制不落实，机井坏了无人修，机具坏了无人管，出现了浇地难，耕种难。有的小麦浇水遍数少于去年。（3）烧砖成风、占地、毁地严重。政府已下发有关文件，采取措施。要狠抓落实。（4）调整农业生产结构，种千元田上果树、搞桐粮间作，农民也想搞，但苦于不知种什么，不懂有关种植技术，怕销不了，有关部门要向农民提供这方面的信息，并抓好示范户，以点带面。2.树木方面。每年植树，但重植轻管，成活率低，不少乡村将路旁成树砍伐一空，又不进行栽种，树木有减少的趋势。3.畜禽业方面。畜禽业有所发展，但较缓慢，主要原因一是缺少优良品种，二是饲料工业不适应，三是饲养技术低，四是防病灭病跟不上去，致使有的专业户饲养畜禽死亡率高，幸存下来的增肥慢，产蛋率低，经济效益低，有的甚至亏本。4.工业体制改革方面。（1）经济责任制落实不够，“大锅饭”还在不少企业不同程度的存在。（2）有的企业经济效益不高，但工资不低，奖金不少，国家、集体、个人关系摆不正。（3）有的企业乱提奖金和费用。（4）企业领导调动，不作经济责任交接，事后出现亏损，前任推后任，后任推前任，找不到责任者。（5）化肥厂3月底还报形势大好，时隔不到两个月就又告急，责任究竟在谁。（6）有关责任部门对工业放得不够，还在卡。5.关于11万伏变电站。11万伏变电站是深泽县重点项目之一，对深泽县工农业生产关系重大。目前看，从速度到质量都不乐观，7月10日土建主体完工问题很大。通变电站的路面太窄，应加宽。

**第七次会议**　1985年8月9日在人大会议室举行，人大常委会副主任韩进群、王秀改、段振科、李新田和委员出席会议。县委副书记周企尚，县政法委副书记王鹤卿，县政府副县长裴秀品，县法院院长刘兰生、县检察院检察长李聚珍、县司法局局长赵建堂、县广播电视局副局长胡瑞宗、县卫生局副局长王志强和县人大常委会办公室有关人员列席会议。会议由韩进群主持。

会议听取赵建堂所作的《关于县法制教育工作情况和今后意见的汇报》。会议要求政府：一是要抓好法制宣传队伍的建立健全。二是要抓好法律读本的订购。三是普及法制教育不要单纯依靠司法部门，要发动各部门协同工作。四是法律条文很多，一下子全部学完不可能实现，根据不同人员、不同职业，有选择有重点的组织学习或进行教育，以便实现用五年左右的时间，在全县公民中基本普及《中华人民共和国宪法》《中华人民共和国刑法》《中华人民共和国刑事诉讼法》《中华人民共和国民事诉讼法》《中华人民共和国经济合同法》等法律常识，使全县公民知法、懂法、守法，减少各类案件的发生，使社会风气和社会治安来一个大的好转。

会议听取胡瑞宗所作的《关于对营业性录像放映队管理情况的汇报》。会议认为：要进一步加强对录像放映队的管理和对录像带的审查，未经审查的录像带一律不准放映。防止和杜绝黄色、淫秽及不健康的录像放映毒害人民，特别是青少年的思想。营业性录像放映队必须持有设备使用记录登记证、录像带准映证、营业执照，否则不准放映，对不服从管理的录像放映队坚决予以取缔。

会议听取和审议《深泽县人民政府关于食品卫生若干问题的暂行规定》(简称《暂行规定》)，提出了较好的修改意见，并一致通过《暂行规定》。

**第八次会议** 1985年8月30日在县人大会议室举行，人大常委会主任李小兑，副主任韩进群、王秀改、段振科、李新田和委员出席会议。县人民政府县长贾英杰，县人民法院院长刘兰生、县人民检察院检察长李聚珍和县人大常委会办公室有关人员列席会议。会议由李小兑主持。

会议通过人事任免事项。

会议决定，为搞好法制教育，9月人大常委会主任、副主任及人大科室工作人员将分别到各乡镇，召开联系代表座谈会，送发法律常识读本，征求代表对“一府两院”工作的意见，发挥人民代表的骨干作用，动员全县人民掀起学习、宣传、普及法律常识的高潮，尽快使全县人民做到懂法、守法，自觉维护法律的尊严。

**第九次会议** 1985年11月19日在县人大会议室举行，人大常委会副主任韩进群、王秀改、段振科、李新田和委员出席会议。县人民政府县长贾英杰，县人民法院院长刘兰生、县人民检察院检察长李聚珍，县财政局局长纪广申、县税务局局长曹刚和县人大常委会办公室有关人员列席会议。会议由韩进群主持。

会议听取县长贾英杰所作的《深泽县人民政府关于1985年1—10月份财政、税收工作情况的汇报》。委员们认为，今年以来政府为实现财政经济状况的根本好转坚决贯彻执行改革开放的方针，狠抓财政税收工作，努力增收节支，全县1—10月份财政收入持续上升，尤其是税收工作成绩显著，基本做到了收支平衡。但是深泽县财政经济主要来源是税收，而企业收入差距较大，要实现财政收入状况的根本好转，重点要放在搞好企业，提高产品质量，提高经济效益上，要狠抓重点企业，调动、保护企业干部职工的积极性。商业企业要改变独家经营的官商作风，改进服务态度，改进经营方式，适应当前形势。食品企业要在提高质量的基础上，增加花色品种，满足城乡人民的需要。饲料加工业是发展养殖业的关键，一定要注意提高产品质量。

委员们听取李聚珍所作的关于《深泽县人民检察院1985年向八届九次人大常委会的工作报告》。一致认为，今年以来检察院认真履行法律监督职责，全面开展检察工作，继续严厉打击刑事犯罪活动，加强对经济犯罪行为的检察工作，积极参加社会治安的综合治理，为保障经济体制改革和经济建设的顺利进行做出了积极贡献。当前经济案件、经济纠纷不断发生，检察干部要秉公执法，慎重处理。

会议通过人事任免事项。

**第十次会议** 1986年1月17日至18日在县人大会议室举行，人大常委会副主任韩进群、王秀改、段振科、李新田和委员出席会议。县人民政府县长贾英杰、副县长贾常文、裴秀品，县法院院长刘兰生、县检察院检察长李聚珍和县人大常委会办公室有关人员列席会议。会议由韩进群主持。

贾常文代表县政府作《1985年度农业生产情况的报告》。委员们一致认为，1985年县人民政府认真贯彻中共中央文件精神，在进一步完善农业生产责任制的基础上，深入贯彻农业政策，调整农村产业结构，农业生产尽管遭受比较严重的夏旱、秋涝、风雹和病虫害等自然灾害，粮食总产仍高于1983年，其他作物除棉花外，均有不同程度的增长，特别是油料有较大幅度增长。林业、牧业产量产值均创历史最好水平。成绩是显著的，今年要继续抓好生产，搞好产前、产中、产后服务工作。林果生产要认真做好发展规划，要讲政策，降低群众顾虑，畜牧业要做好新品种引进工作和防疫工作，饲料加工要打破独家经营的局面，要抓好原料来源，提高产品质量。

副县长裴秀品汇报精神文明建设情况。委员们认为，县政府在精神文明建设中做了大量工作，取得了一定成绩。

会议通过人事任免事项。

**第十一次会议**　1986年2月24日在县人大会议室举行，人大常委会副主任韩进群、王秀改、段振科、李新田和委员出席会议。县政府县长贾英杰，检察院检察长李聚珍和县人大常委会办公室有关人员列席会议。会议由韩进群主持。

会议研究关于召开深泽县第八届人民代表大会第三次会议的有关事宜。通过县人大常委会1985年度工作报告。会议决定于1986年3月5日左右召开县八届人大三次会议，大会的主要议程是：听取和审议深泽县人民政府工作报告及1985年度财政决算和1986年财政预算报告，听取深泽县人大常委会，深泽县人民法院，深泽县人民检察院工作报告，补选县人大常委会组成人员。

会议原则通过政府县长贾英杰提请的《深泽县人民政府关于加速发展林果生产的意见》，会议责成政府修订后作为“规定”尽快印发全县。同时要采取有效措施，落实三四年内大力发展林果生产的战略措施。为深泽农村产业结构的调整和第二个经济翻番创造条件。

**第十三次会议**　1986年8月12日至13日在县委会议室举行，人大常委会主任袁东义，副主任宋凯、王秀改、段振科、李新田和委员袁铁民、赵志国、王玉生出席会议，委员姚治晓、张玉恒因事因病请假。县人大常委会原副主任韩进群，县政府副县长裴秀品，县法院院长刘兰生、县检察院检察长李聚珍，政府有关局局长或副局长和县人大常委会办公室有关人员列席会议。会议由袁东义和宋凯主持。

会议听取《关于贯彻〈中华人民共和国食品卫生法（试行）〉情况的报告》。会议建议县政府协调有关部门，利用多种形式，进一步深入广泛地宣传《中华人民共和国食品卫生法》，教育从业人员讲究职业道德，认真搞好食品卫生。教育广大群众改变不卫生的习惯，提高讲究食品卫生的自觉性。有关单位在搞承包和考核时，不要只考核经济指标，要把卫生指标作为考核的重点之一。以此促进食品卫生法（试行）的实施，防止病从口入，保障全县人民身体健康。

会议听取和审议《关于贯彻实施义务教育法的报告》。建议县政府：一是要抓好《义务教育法》的宣传，提高家长送子女上学和适龄儿童自愿入学的自觉性。二是抓好教师队伍建设，提高教师的社会地位，保证民办教师的工资，使教师队伍保持相对稳定。三是搞好校舍建设，尽快消灭危险校舍，并逐步建一些标准校舍，不断改善办学条件。四是保证教育资金的落实，并要严格管理，不许任何人挪用。

会议听取《审计工作报告》。会议认为，审计部门在人员新、人员少、任务重的情况下，克服种种困难，做了大量工作，取得较好成绩，对促进深泽县经济建设和经济体制改革，发挥了积极作用。委员们对此表示满意。

会议要求县政府对经济工作在宏观上要抓紧，在微观上要搞活，要坚决控制基建资金和消防资金的增长。县政府要加强对审计工作的领导，建议县长办公室系统地听一次审计工作汇报，解决审计工作之中应解决也能解决的问题。要按编制抓紧选调懂业务的干部，配齐审计人员，并帮助解决工作中的实际困难。审计局本身既要加强思想政治工作，又要加强业务学习，要敢于碰硬，敢于审计，切实做好审计工作。

委员们对人大常委会下半年工作安排进行讨论。

会议通过人事任免事项。

**第十四次会议** 1986年10月27日在县委二楼会议室举行，人大常委会主任袁东义，副主任宋凯、王秀改、段振科、李新田和委员袁铁民、赵志国、王玉生出席会议。县人大常委会原副主任韩进群，县政府县长贾英杰，县法院院长刘兰生、县检察院检察长李聚珍，县计委主任赵鹤儒，部分县人大代表及县人大常委会、县政府有关人员列席会议。会议由袁东义主持。

政府县长贾英杰作《关于“七五”计划（草案）的报告》。贾英杰和赵鹤儒作关于“七五”计划（草案）说明。会议对“七五”计划（草案）进行认真审议，并原则通过《深泽县“七五”计划（草案）》，建议政府根据这次会议提出的意见，进行认真修改补充后实施。

会议通过人事任免事项。

**第十六次会议** 1987年1月12日在县委会议室举行，人大常委会主任袁东义，副主任宋凯、王秀改、段振科和委员王玉生出席会议。县法院院长刘兰生、县检察院检察长李聚珍和县人大常委会办公室有关人员列席会议。会议由袁东义主持。

会议听取和审议深泽县人大常委会1986年工作总结（讨论稿）。听取和审议深泽县人大常委会1987年工作要点，提出把坚持四项基本原则反对自由化的内容加进去。审议通过深泽县选举委员会《关于1987年县、乡（镇）两级换届选举工作的实施方案》。审议10个乡（镇）选举委员会组成人员。研究授权驻会人大常委会委员在换届选举过程中处理日常工作事宜的问题。

**第十七次会议** 1987年2月27日在人大会议室举行，人大常委会主任袁东义，副主任王秀改、段振科、李新田和委员袁铁民、赵志国、王玉生出席会议。县政府副县长裴秀品，县法院副院长陈增贵、县检察院检察长李聚珍及县人大常委会办公室有关人员列席会议。会议由袁东义和宋凯主持。

会议学习全国人大常委会《关于加强法制教育维护安定团结的决定》(简称《决定》)，并进行认真讨论。委员们认为，《决定》是以宪法为核心的法制教育的重要教材，是当前坚持四项基本原则，反对资产阶级自由化、维护安定团结的强有力的法律武器和思想武器，一定要在全县范围内认真贯彻执行。

会议通过深泽县人大常委会关于贯彻执行全国人大常委会《决定》的决议。

会议听取县选举委员会《关于县、乡两级换届选举工作情况和下步工作意见的汇报》。自1月9日以来，在50天时间里，先后进行准备、宣传、选民登记、推荐代表候选人四个阶段。各选区第一轮推荐的代表候选人名单于2月26日前张榜公布。在此期间工作比较顺利。对发现的问题及时进行解决。

根据工作需要，贾英杰申请辞去县长职务，委员们一致通过。

根据县委建议，由县人大常委会主任会议提请，常委会一致通过，周企尚代理政府县长职务。

依照《中华人民共和国地方各级人民代表大会和地方各级人民政府组织法》《河北省县、乡两级人民代表大会选举实施细则》的有关规定，县人大常委会成立代表资格审查委员会。

深泽县人大常委会代表资格审查委员会：

主任委员：宋 凯

委　　员：王秀改 王玉生

**第十八次会议**　1987年3月25日在县人大会议室举行，人大常委会主任袁东义，副主任宋凯、王秀改、段振科、李新田和委员赵志国、王玉生出席会议。县委副书记王进泽、县政府代理县长周企尚，县法院副院长陈增贵、县检察院检察长李聚珍及县人大常委会办公室有关人员列席会议。会议由袁东义主持。

会议听取审议宋凯作的《关于县、乡两级换届选举工作情况的报告》。委员们对这次县、乡两级换届选举工作表示满意，一致认为华北石油四公司选举无效，重新选举。一致同意除石油四公司外的137名县九届人大代表代表资格有效，予以确认并予公布。

会议研究确定县九届人大一次会议，于1987年4月14日下午报到，15日正式开会，会期5天。

县政府副县长贾常文已经任满两届，向县人大常委会提交请求辞去政府副县长的报告，会议同意贾常文辞去县政府副县长职务。会议根据县政府代理县长周企尚的提议，决定李明国任县政府副县长。会议还通过其他人事任免事项。

## 第二节　机构设置

人大常委会办公室：

主　任：王国章（1986年1月至1987年4月）

副主任：曹虎群（1984年5月至1987年4月）

# 第五章　监督工作

## 第一节　听取和审议专项工作报告与计划预算工作报告

县八届人大常委会会议共听取和审议县“一府两院”专项工作报告16项，计划预算工作报告1项。

**1984—1987年深泽县第八届人大常委会会议听取和审议专项工作报告与计划预算工作报告情况表**

表19

| 序号 | 时间 | 常委会会议 | 报告内容 |
|---|---|---|---|
| 1 | 1984年7月30日 | 第一次 | 关于铁杆乡张村大队书记被打事件的调查报告 |
| 2 | 1984年9月18日 | 第二次 | 关于全县商品生产发展情况的报告 |
| 3 | 1985年5月18日 | 第六次 | 关于工业体制改革情况的汇报 |
| 4 | 1985年5月18日 | 第六次 | 关于11万伏变电站施工情况的汇报 |
| 5 | 1985年5月18日 | 第六次 | 关于农业生产情况的报告 |
| 6 | 1985年8月9日 | 第七次 | 关于县法制教育工作情况和今后意见的汇报 |
| 7 | 1985年8月9日 | 第七次 | 关于对营业性录像放映队管理情况的汇报 |
| 8 | 1985年11月19日 | 第九次 | 关于1985年1—10月财政、税收工作情况的汇报 |
| 9 | 1985年11月19日 | 第九次 | 关于深泽县人民检察院1985年向八届九次人大常委会的工作报告 |
| 10 | 1986年1月17日 | 第十次 | 关于1985年度农业生产情况的报告 |
| 11 | 1986年1月17日 | 第十次 | 关于精神文明建设情况的报告 |
| 12 | 1986年8月12日 | 第十三次 | 关于贯彻《中华人民共和国食品卫生法（试行）》情况的报告 |
| 13 | 1986年8月12日 | 第十三次 | 关于贯彻实施义务教育法的报告 |
| 14 | 1986年8月12日 | 第十三次 | 审计工作报告 |
| 15 | 1986年10月27日 | 第十四次 | 关于“七五”计划（草案）的报告 |
| 16 | 1987年2月27日 | 第十七次 | 关于县、乡两级换届选举工作情况和下步工作意见的汇报 |
| 17 | 1987年3月25日 | 第十八次 | 关于县、乡两级换届选举工作情况的报告 |

## 第二节　法律法规实施情况检查

1986 年，对《中华人民共和国食品卫生法》贯彻执行情况进行执法检查，先后 3 次组织代表会同工商、卫生、公安等部门深入集镇进行检查，对遵纪守法的进行表扬，对 30 多家违反《中华人民共和国食品卫生法（试行）》，出售不符合卫生标准甚至腐败变质食品的单位及个体摊点进行教育和罚款，维护消费者权益。

1986 年，县人大常委会由主任或副主任带队，对《中华人民共和国义务教育法》《中华人民共和国经济合同法》《中华人民共和国婚姻法》贯彻执行情况进行检查，对横向经济联合、县办工业、乡镇企业等方面进行调查，掌握第一手资料。

## 第三节　视察调研

1984 年 7 月，县人大常委会同政协深泽县委员会对深泽县经济体制改革情况进行调查，分别组成两个调查组，深入一机厂、猪鬃厂、开关厂、灯具厂对工业体制改革情况进行调查研究。

1985 年，县人大常委会围绕经济体制改革和发展商品生产，对工业、农业开展大调查 6 次。根据深泽县工业发展缓慢的局面，到棉织厂、提花织物厂、二机厂、电机厂、塑料厂等企业进行调查研究。

# 第六章　决议决定

## 第一节　作出决议决定

### 一、县八届人大历次会议作出决议决定情况

深泽县第八届人民代表大会共作出决议决定 15 项。

**1984—1986 年深泽县第八届人民代表大会历次会议决议决定一览表**

表 20

| 时间 | 会次 | 名称 |
| --- | --- | --- |
| 1984 年 5 月 30 日至 6 月 3 日 | 一次会议第三次全体会议 | 1. 关于深泽县人民政府工作报告的决议<br>2. 关于 1983 年财政决算草案和 1984 年财政预算（草案）报告的决议<br>3. 关于深泽县人大常委会工作报告的决议<br>4. 关于深泽县人民法院工作报告的决议<br>5. 关于深泽县人民检察院工作报告的决议 |
| 1985 年 3 月 28 日至 30 日 | 二次会议第三次全体会议 | 1. 关于深泽县人民政府工作报告的决议<br>2. 关于深泽县财政预决算的决议<br>3. 关于深泽县人民代表大会常务委员会工作报告的决议<br>4. 关于深泽县人民法院工作报告的决议<br>5. 关于深泽县人民检察院工作报告的决议 |
| 1986 年 5 月 21 日至 24 日 | 三次会议第三次全体会议 | 1. 关于深泽县人民政府工作报告的决议<br>2. 关于深泽县财政预决算的决议<br>3. 关于深泽县人民代表大会常务委员会工作报告的决议<br>4. 关于深泽县人民法院工作报告的决议<br>5. 关于深泽县人民检察院工作报告的决议 |

## 二、县八届人大常委会历次会议作出决议决定情况

### 1987 年深泽县第八届人大常委会历次会议决议决定一览表

表 21

| 序号 | 时间 | 常委会会议 | 名称 |
|---|---|---|---|
| 1 | 1987 年 2 月 27 日 | 第十七次 | 深泽县人大常委会关于贯彻执行全国人大常委会《关于加强法制教育维护安定团结的决定》的决议。 |

# 第二节　决议决定选录

### 深泽县人大常委会关于贯彻执行全国人大常委会《关于加强法制教育维护安定团结的决定》的决议

（1987 年 2 月 27 日深泽县第八届人大常委会第十七次会议通过）

深泽县第八届人民代表大会常务委员会第十七次会议，学习讨论了全国人大常委会《关于加强法制教育维护安定团结的决定》。委员们认为，《决定》是以宪法为核心的法制教育的重要教材，认真贯彻执行这一决定，对于教育广大人民群众坚持四项基本原则，维护安定团结的政治局面，保障改革、开放、搞活和四化建设的顺利进行，具有重大的意义。为此，县人大常委会决议如下：

**一、要把学习宣传贯彻执行《决定》抓紧抓好**

县、乡（镇）政府要把学习、宣传、贯彻执行《决定》列入重要议事日程，作出切实可行的安排，委派专人负责，下大力把这项工作抓紧抓好，抓出成效，并及时解决工作中出现的问题，总结推广经验，使这一活动深入扎实地开展下去。

**二、利用多种形式大力宣讲《决定》**

县政府有关职能部门、县法院、县检察院要组织力量编写宣传贯彻《决定》的辅导材料，利用广播、宣传橱窗、黑板报和宣传车等形式，大力宣讲《决定》，使广大干部群众增强法制观念和公民意识，人人知法守法，并且运用宪法和法律同一切违法行为作斗争。

**三、通过宣讲《决定》，推动普法工作开展**

以宪法为重点内容，以《决定》为重要教材，密切联系实际，进一步加强法制教育，通过学习《决定》推动普法工作，使广大干部群众正确理解民主与法制、民主与集中、自由与纪律的辩证关系，在思想上、行动上更加自觉地坚持四项基本原则。

**四、把《决议》贯彻到各项工作中去**

县、乡（镇）人大代表、国家机关工作人员、特别是领导干部，要带头学习、深刻领会

《决定》，结合本职工作宣讲《决定》，模范地贯彻执行《决定》，把《决定》的精神贯彻到各项工作中去。

**五、宣传贯彻执行《决定》要在县委的统一领导下进行**

“一府两院”及所属部门要按照县委的统一部署，积极主动地把宣传、贯彻、执行《决定》的工作做好，把普法工作引向深入，增强全县干部群众的法制观念。依照选举法规定的程序，广泛发扬民主，搞好县、乡两级换届选举工作。维护安定团结的政治局面，推进全县各项工作顺利进行。

# 第七章　选举任免

## 第一节　常委会选举任免情况

1984年7月30日，县八届人大常委会第一次会议通过县人民政府、县人民法院、县人民检察院人事任免事项。

决定免去：

孙奎林文教局局长职务；

曹发智民政局局长职务。

决定任命：

王运生为深泽县人民政府办公室主任；

封印须为深泽县民政局局长；

赵益谦为深泽县城乡建设局局长。

任命：

陈增贵为深泽县人民法院审判员、审判委员会委员、副院长；

王民起为深泽县人民法院审判员、审判委员会委员、副院长；

赵子录为深泽县人民法院审判员、审判委员会委员、刑事审判庭庭长；

张曼军为深泽县人民法院审判员、刑事审判庭副庭长；

赵鹤鸣为深泽县人民法院审判员；

权春来为深泽县人民法院审判员、审判委员会委员、民事审判庭庭长；

陈永军为深泽县人民法院审判员、民事审判庭副庭长；

王俊娟为深泽县人民法院审判员、民事审判庭副庭长；

张书臣为深泽县人民法院审判员、石油人民法庭庭长；

孙培英为深泽县人民法院审判员、西河人民法庭庭长；

刘培珍为深泽县人民法院审判员、大直人民法庭庭长；

孙国卫为深泽县人民法院审判员、经济审判庭庭长；

张礼忠为深泽县人民法院审判员、经济审判庭副庭长；

封建国为深泽县人民法院审判员；

刘顺玺为深泽县人民检察院检察员、检察委员会委员；

赵振起为深泽县人民检察院检察员、检察委员会委员；
阎志军为深泽县人民检察院检察员、检察委员会委员；
李庆年为深泽县人民检察院检察员；
李玉民为深泽县人民检察院检察员；
张同海为深泽县人民检察院检察员。

1984 年 12 月 17 日，县八届人大常委会第三次会议通过县人民政府人事任免事项。
决定任命：
袁春民为深泽县计划委员会主任；
袁振法为深泽县计划生育委员会主任；
邸子军为深泽县经济委员会主任；
刘深远为深泽县多种经营委员会主任；
王多阳为深泽县科学技术委员会主任；
宋凯为深泽县公安局局长；
高英豪为深泽县劳动人事局局长；
刘喜太为深泽县文教局局长；
赵建堂为深泽县司法局局长；
贾红生为深泽县统计局局长；
林志海为深泽县工商行政局局长；
纪广申为深泽县财政局局长；
曹刚为深泽县税务局局长；
李敬海为深泽县粮食局局长；
曹荣章为深泽县卫生局局长；
王德欣为深泽县交通局局长；
吴克勤为深泽县农林局局长；
陈同山为深泽县水利局局长；
杜文彬为深泽县商业局局长。
决定免去：
赵祥奎县计划生育委员会主任职务。

1985 年 1 月 19 日，县八届人大常委会第四次会议通过县人民政府人事任免事项。
决定任命：
赵安民为深泽县交通局局长。
决定免去：
王德欣深泽县交通局局长职务。

1985 年 3 月 14 日，县八届人大常委会第五次会议通过县人民政府人事任免事项。

决定任命：

陈振武为深泽县粮食局局长。

决定免去：

邸子军深泽县经济委员会主任职务；

李敬海深泽县粮食局局长职务。

1985 年 5 月 18 日，县八届人大常委会第六次会议通过县人民政府人事任免事项。

决定任命：

赵虎春为县经济委员会主任；

李明国为县政府办公室主任；

李玉岭为县体育委员会主任；

任文君为县审计局局长；

魏宏拴为县多种经营委员会主任；

王学永为县物价局局长。

决定免去：

王运生县政府办公室主任职务；

贾宏生县审计局局长职务；

刘深远县多种经营委员会主任职务。

1985 年 8 月 30 日，县八届人大常委会第八次会议通过县人民政府、县人民检察院人事任免事项。

决定任命：

赵鹤儒为深泽县计划委员会主任；

张从志为深泽县城建局局长。

决定免去：

袁春民深泽县计划委员会主任职务；

赵益谦深泽县城建局局长职务。

免去：

李成虎深泽县人民检察院副检察长职务。

1985 年 11 月 19 日，县八届人大常委会第九次会议通过县人民政府人事任免事项。

决定任命：

周同起为深泽县人民政府副县长。

1986年1月17日，县八届人大常委会第十次会议通过县人民政府人事任免事项。

决定任命：

史志林为深泽县人民政府副县长。

决定免去：

康一深泽县人民政府副县长职务。

1986年8月13日，县八届人大常委会第十三次会议通过县人民检察院人事任免事项。

任命：

田志刚为深泽县人民检察院检察员；

朱占枝为深泽县人民检察院检察员；

张国忠为深泽县人民检察院检察员；

杨亚红为深泽县人民检察院检察员。

1986年10月27日，县八届人大常委会第十四次会议通过县人民政府人事任免事项。

决定任命：

陈会永为深泽县水利局局长。

1987年2月27日，县八届人大常委会第十七次会议通过县人民政府人事任免事项。

批准贾英杰辞去深泽县人民政府县长职务。决定周企尚代理深泽县政府县长职务。

决定任命：

王进武为深泽县乡镇企业局局长；

贾增录为深泽县农业局局长；

吴克勤为深泽县林业局局长；

张从志为深泽县土地管理局局长。

决定免去：

宋志发县乡镇企业局局长职务；

吴克勤县农林牧局局长职务。

1987年3月25日，县八届人大常委会第十八次会议通过县人民政府、县人民法院、县人民检察院人事任免事项。

决定任命：

李明国为县政府副县长；

苏恒军为县政府办公室主任；

刘永振为县广播电视局局长。

任命：

张田灵为县人民法院副院长，审判委员会委员，代理县人民法院院长；

张根川为县人民检察院副检察长，检察委员会委员，代理县人民检察院检察长。

决定免去：

李明国县政府办公室主任职务；

苏恒军县广播电视局局长职务。

## 第二节　常委会接受辞职情况

1987 年 2 月 27 日，深泽县第八届人大常委会第十七次会议批准贾英杰辞去深泽县人民政府县长职务。

1987 年 3 月 25 日，深泽县第八届人民代表大会常务委员会第十八次会议接受贾常文辞去深泽县人民政府副县长职务。

# 第八章　机关工作

县八届人大常委会在县委的领导下，围绕党的总目标、总任务，努力履行宪法和地方组织法赋予的职责，监督“一府两院”工作，进一步加强社会主义民主与社会主义法制建设，对于促进改革推动两个文明建设，起到了积极作用。

常委会组成人员认真学习党中央、全国人大、国务院有关文件，提高在政治上同党中央保持一致的自觉性，增强做好人大工作的信心，常委会先后制定联系代表制度、调查研究制度、同“一府两院”工作联系等制度，积极改进思想作风和工作作风，克服官僚主义，提高工作效率。常委会机关工作人员，加强政治理论学习，提高执行政策和知法守法、依法办事的自觉性，制定任期目标责任制和岗位管理责任制，使机关工作逐步走向规范化、制度化。

# 第六篇

# 深泽县第九届人民代表大会

（1987年4月至1990年3月）

# 第一章　党的领导

深泽县第九届人民代表大会及其常务委员会，在中共深泽县委的领导下，以党的十一届三中全会以来的路线、方针、政策为指针，以经济建设为中心，坚持四项基本原则，坚持改革开放，按照宪法和法律赋予的职权，从深泽县实际情况出发，积极稳妥地开展工作，在发展社会主义民主，健全社会主义法制，治理整顿深化改革等方面，发挥了积极作用，对推动深泽县社会主义物质文明和精神文明建设，起到了重要作用。

深泽县委高度重视人大工作，以县委文件形式印发《深泽县人大常委会1987年工作要点》。指导思想是：认真贯彻执行《中共中央关于社会主义精神文明建设指导方针的决议》和1986年中共中央文件以及县委关于1987年的工作要求，在四项基本原则指导下，以经济建设为中心，进一步扩大和发展社会主义民主，加强社会主义法制，搞好法律监督，促进和推动经济体制改革、政治体制改革，保障深泽县两个文明建设的顺利进行。深泽县委印发《中共深泽县委关于批转县人大常委会党组五个文件的通知》。文件指出：县九届人大常委会组成后，为使人大工作制度化、规范化，依据有关法律和深泽县具体情况，九届人大常委会一次会议研究制定了《关于人事任免的暂行办法》《关于加强同县人民政府、人民法院、人民检察院工作联系的暂行办法》《关于加强同县人民代表联系的暂行办法》《关于县人民代表持证视察工作的暂行办法》和《关于乡镇人大联组工作职责的试行规定》五个文件。县人大常委会党组呈报县委后，县委经过研究，认为这五个文件是切实可行的。将五个文件予以批转，起到了支持、促进和保证作用。

**中共深泽县人民代表大会常务委员会党组**

书　记：袁东义（1987年4月至1990年3月）
副书记：宋　凯（1987年4月至1990年3月）
成　员：王多阳（1987年4月至1990年3月）
　　　　李新田（女，1987年4月至1990年3月）
　　　　段茂欣（1987年4月至1990年3月）

# 第二章　人大代表

深泽县第九届人民代表大会代表名额142名。1987年4月，召开县九届人大一次会议时实有代表142名。

## 第一节　选举产生

### 一、选举委员会

1987年1月12日，深泽县第八届人大常委会第十六次会议，审议通过深泽县选举委员会《关于1987年县、乡（镇）两级换届选举工作的实施方案》。审议10个乡（镇）选举委员会组成人员。深泽县选举委员会主任为齐瑞学；副主任为袁东义、史志林、宋凯；委员为张丙春、刘殿欣、王进泽、王秀改、段振科、封印须、李风伟、王根拴、王国章、赵益谦、刘方合、刘进拴、吕月然。

全县共划分县人大代表选区87个，乡级人大代表选区215个。1987年3月18日为选举日。选举投票形式设投票站或流动票箱，部分选区召开选举大会，全县参加投票的选民132491人，参选率94.8%，选举产生县九届人大代表142名。

### 二、代表构成

在选举产生的142名县人大代表中，中共党员代表89名，占62.6%；妇女代表27名，占19%；知识分子代表26名，占18%；脱产干部代表22名，占15.4%；农民代表71名，占50%；工人代表3名，占2%。从代表构成比例来看，基本上符合省选举工作会议提出的要求。

## 第二节　代表名单

### 一、深泽县第九届人民代表大会代表名单

县直代表团（27名）：

段茂欣　　李明国　　曹　刚　　彭杏芬（女）

| | | | |
|---|---|---|---|
| 张振朝 | 王会英（女） | 张丙春 | 马淑芬（女） |
| 段木同 | 赵虎春 | 张田灵 | 张如兵 |
| 张根川 | 李新田（女） | 冯玉春 | 李占高 |
| 刘树林 | 王多阳 | 王彦奇 | 冯满仓 |
| 高英豪 | 郑红建 | 李　智 | 杨金风 |
| 匡晓彦 | 崔志伟 | 石生华 | |

城关镇代表团（12 名）：

| | | | |
|---|---|---|---|
| 刘会军 | 李敬伟（女） | 李发生 | 袁福音 |
| 王玉生 | 刘兰造 | 王国章 | 李　杰 |
| 袁明栓 | 宋振兴 | 彭计昌 | 赵英欣（女） |

大直要乡代表团（14 名）：

| | | | |
|---|---|---|---|
| 宋培兴 | 裴秀品（女） | 刘万申 | 程庆昌 |
| 王彩然（女） | 闫建欣 | 崔印海 | 张大雨 |
| 贺振庄 | 杨虎年 | 王书林 | 段群增 |
| 林荣芬（女） | 贾红生 | | |

固罗乡代表团（10 名）：

| | | | |
|---|---|---|---|
| 王进泽 | 郑小丑 | 段小振 | 刘丙欣 |
| 郑小曾 | 利民生 | 司欣然（女） | 赵同花（女） |
| 康长海 | 何庆祥 | | |

留村乡代表团（10 名）：

| | | | |
|---|---|---|---|
| 邸彦彬 | 宋　凯 | 胡玉芬（女） | 曹炳辰 |
| 何长春 | 刘礼才 | 张海林 | |
| 贾会军 | 李英全 | 李香棉（女） | |

羊村乡代表团（7 名）：

| | | | |
|---|---|---|---|
| 袁东义 | 郝锁成 | 张庆山 | 马志群 |
| 张分杰（女） | 邸同海 | 邸敬然（女） | |

赵八乡代表团（16 名）：

| | | | |
|---|---|---|---|
| 王运生 | 贾俊缺（女） | 高英军 | 张梅花（女） |
| 赵礼星 | 贾锅造 | 王成国 | 谷同棉（女） |
| 王福志 | 刘志军 | 支素美（女） | 杜喜山 |
| 李彦彬 | 裴秋来 | 陈军田 | 史志林 |

耿庄乡代表团（12 名）：

| | | | |
|---|---|---|---|
| 甄树声 | 刘三红 | 韩占庄 | 赵平进 |
| 焦拴群 | 张志国 | 韩海水 | 常占福 |
| 张桂珍（女） | 刘虎贯 | 陈书生 | 焦运芬（女） |

西河乡代表团（12 名）：

齐瑞学　赵国华　周永波　刘翠芬（女）
宋贞发　刘俊平（女）　张来起　王兰刚
刘青雪（女）　刘文波　李友勤　曹翠江

铁杆镇代表团（11 名）：

李小录　吉双合　杨　品　康印梭
王秀俭（女）　杜永仓　周企尚　王国州
刘军科　周贞国　刘彦坤（女）

马里乡代表团（11 名）：

刑习珍（女）　贾常文　王计明　赵培英
杜增顺　黎发起　刘福珍　吉彩奎
王丽霞（女）　王保成　李英民

**深泽县九届人大代表届中变动情况表**

表 22

| 会次 | 终止情况 | 补选情况 | 人数 |
|---|---|---|---|
| 第一次会议 | — | — | 县九届人民代表大会第一次会议时，实有代表 142 名 |
| 第二次会议 | 病逝 1 名：程庆昌 | — | 县九届人民代表大会第二次会议时，实有代表 141 名 |
| 第三次会议 | 调离深泽 2 名：甄树声、周企尚 | 补选 2 名：李步军、才利民 | 县九届人民代表大会第三次会议时，实有代表 141 名 |
| 第四次会议 | 调离深泽 2 名：齐瑞学、另一不详<br>退役 1 名：不详<br>病逝 1 名：不详 | — | 县九届人民代表大会第四次会议时，实有代表 137 名 |

## 二、深泽县出席河北省第七届人民代表大会代表名单

（1988 年 3 月 7 日，深泽县第九届人民代表大会第二次会议选举产生）

李新田（女）　周企尚　周礼谦

# 第三节　代表工作

## 一、密切同代表联系

县人大常委会组成人员经常深入生产、工作一线，走访代表，召开座谈会，征求代表意见，九届人大常委会任职期间共联系县、乡镇人大代表 1573 人次，接待代表和群众来访 716

人次，县人大常委会及时将常委会公报、文件和工作简讯发给代表，听取代表意见，增进相互了解。

## 二、人大代表提案选录

九届人大一次会议代表提案18件，二次会议代表提案65件，三次会议代表提案34件，共117件。

### 九届一次会议

1. 案由：进一步加强与石油四公司的内联。

提案人：王多阳、刘树林等15名代表

理由：加强联系是双方的需要，又是对双方都有好处的事，可以建立长期稳定密切的横联关系，有进行广泛协作的前景。可由双方领导出面，经过友好协商签署横联总协议。

审查意见：由县政府办理。

2. 案由：要求粮食部门解决粮油供应质量。

提案人：刘会军、王玉生等11名代表

理由：商品粮油供应部门去年一年商品油质量太差，今年三月份供应油质量更差，群众为此十分不满，民以食为天，不能按质供应食用油，粮食部门甚为失职。

审查意见：由县政府交粮食局办理。

3. 案由：“赡养协议”应巩固和推广。

提案人：吉彩奎、黎发起等9名代表

理由：老年人对赡养协议心有顾虑，领导对此要下大力量抓紧抓死，使老年人心情舒畅，欢度晚年，大树“五好家庭”。

审查意见：由县法院办理。

4. 案由：要加强庄基和土地管理。

提案人：赵国华、段小振等42名代表

理由：当前农村的庄基和土地问题上有大量问题需要及时解决。抢占庄基、多占庄基、盖新不拆旧等问题普遍存在。农转非不交地，也不交征购、提留。县有关部门应重申或制定相应的政策，加强这方面的管理，使乡村干部便于进行这方面的工作。

审查意见：由县政府办理。

5. 案由：要严肃处理部分面粉厂伤害人民利益的行为。

提案人：王多阳、宋培英等31名代表

理由：不少面粉厂收了群众的麦子不给面粉，受害者数千户。这并不是经营不善，而是经营者中饱私囊，应由执法部门逐个查清。县政府作出明文规定，责成有关部门严肃处理，切实保护群众利益，如羊村乡面粉厂欠群众小麦7万斤，现在没人管返还，造成个别户生活困难。大直要面粉厂问题如不及时解决会影响今年麦季征购的完成。

审查意见：由县政府办理。

6. 案由：要求原化肥厂归还借款。

提案人：王保成、裴秋来等 55 名代表

理由：老提案，老答复，老不解决，强烈要求尽快兑现。

审查意见：由县政府办理。

7. 案由：要求兴修枣营至大直要公路。

提案人：刘万申、宋培英等 11 名代表

理由：在“七五”期间内修好枣营至大直要公路，加强边远和乡县的联系，增强商品运输，提高经济效益。

审查意见：由县政府办理。

8. 案由：要求修通耿庄至龙泉固的公路。

提案人：刘虎贯、陈书生等 10 名代表

理由：为加强耿庄乡的商品生产，加强同外界的联系，修通耿庄至龙泉固的公路是该乡 2 万多人民群众的迫切愿望。

审查意见：由县政府交有关部门办理。

9. 案由：加快东西大街的施工进度。

提案人：刘会军、王玉生等 11 名代表。

理由：东西大街从开始施工到目前已半年多，拖延时间太久了，一则影响商业，二则交通不便，给人民群众造成很多不利因素。

审查意见：由县政府交有关部门办理。

10. 案由：要求解决买化肥难问题。

提案人：司欣然、李友勤等 5 名代表

附议人：固罗乡、西河乡、城关镇、羊村乡，铁杆镇、赵八乡等共 63 名代表

理由：当前农业生产需要大量化肥，但化肥又相当紧缺，去年的棉奖、粮奖在哪里？为什么只有高价化肥，没有平价化肥，化肥为什么猛涨价，国家分配给的平价化肥到底是否还有？为什么全年没有发放兑现？农民不但需要交售爱国粮棉，而且更需要爱民的生产资料。

审查意见：由县政府交有关部门办理。

11. 案由：当前为什么用电这样难。

提案人：郑小丑、周永波等 6 名代表

附议人：固罗乡、西河乡、马里乡、赵八乡、城关镇、留村乡等 62 名代表

理由：全县两个电站都已交付使用，为什么目前用电还这样难？供电该哪分配，为什么供电日没电，70% ～ 80% 的潜水泵没电不能转，农民干瞪眼，农业用电原有规定，为什么电费增长 20%，全县能否同时供电，如不能的话能否采取一个有效措施保证供电，如长期供电不正常，群众有意见，农业生产不能保障。

审查意见：由县政府交有关部门办理。

12. 案由：农民买柴油难。

提案人：何长春、刘军科、贾国造

附议人：赵八乡、留村乡、铁杆镇共22名代表

理由：柴油指标本来太少，但还不能落实兑现，农民浇地无法解决，如赵八乡1985年柴油指标作废不少，1986年的油指标到现在不供油，农民对此问题意见很大，一致要求找出原因，堵塞漏洞，采取有效措施。

审查意见：由县政府交有关部门办理。

13. 案由：要求尽快解决留村供销社挪用柴油问题。

提案人：邸彦彬、张海林等10名代表

理由：1986年留村供销社一次性挪用农用柴油20吨，干部群众反映强烈，乡干部多次找县政府及县社，有关领导答复解决，但至今仍无音信，请领导明确答复解决时间与办法。

审查意见：由县政府及县社办理。

14. 案由：要求减轻农民负担。

提案人：周贞国、刘兰造、利民生、王书林。

附议人：铁杆镇、城关镇、固罗乡、大直要乡等共39名代表

理由：近年来农民负担过重，各种费用太多，农民群众意见很大。

审查意见：由县政府交有关部门办理。

15. 案由：要求解决无极造纸厂的污水对深泽县的污染。

提案人：高英军、冯玉春、张海林

附议人：赵八乡、县直、留村乡等共32名代表

理由：无极造纸厂的污水给赵八乡造成污染，给人民生活造成困难如吃水问题，水质变坏，臭气熏天。大、小梨园，大、小雾头的学生去赵八上学无法过河，要多走几里路，望县政府及有关部门关心一下赵八人民吃水和学生上学问题。

审查意见：由县政府交有关部门办理。

16. 案由：要求全县师资平衡。

提案人：赵同花、赵平进、周贞国

附议人：固罗乡、耿庄乡、铁杆镇共29名代表

理由：全县的师资不平衡，国办、民办教师也不平衡。师资太差，误人子弟。边远乡、村国办教师太少，民办教师太多，增加了边远地带乡、村的教育集资，也加重了农民负担，希望县政府及有关部门统筹安排，掌握平衡，提高教育质量，减轻农民负担。

审查意见：由县政府及有关部门办理。

## 九届二次会议

1. 案由：要求加强提案办理。

提案人：张振朝、彭杏芬等11名代表

理由：历次代表大会期间，代表所提提案不少，但有不少仅限书面答复，不能真正办理落实，需建立必要的规定、制度措施，使提案很好地落实。

审查意见：由人大常委会办理。

2. 案由：要求减轻农民负担。

提案人：段群增

附议人：大直要乡全体县代表

理由：要努力减轻农民负担。现在加在农民身上的负担过重，如教育集资、军烈属五保护照顾、村办公经费等，都由农民拿钱，再加上每年买国库券，农民实在受不了，上级领导要千方百计减轻农民负担。

审查意见：由县政府办理。

3. 案由：要求解决果园承包中的不合理现象。

提案人：李小录

附议人：铁杆镇全体县代表

理由：果园承包不合理，群众意见很大，县里也出了完善承包责任制的文件，但是单靠乡镇和村解决不了，最好在林业局和司法局、主管县长联合下决心解决，不然难以解决。

审查意见：由县政府交有关部门办理。

4. 案由：要求按时发放独生子女费。

提案人：李敬伟

附议人：深泽镇全体县代表

理由：1985、1986 年独生子女费至今未发，不知什么原因，请有关部门查对、落实。

审查意见：由县政府交有关部门办理。

5. 案由：要求增加教育经费。

提案人：段木同

附议人：马淑芬、张根川等 11 名代表

理由：现在物价上涨，学校经费紧张，加上教育的现代化，需装备现代化仪器、电教设备，维持原来经费已经不能满足，建议增加教育经费。

审查意见：由县政府办理。

6. 案由：开展尊师重教活动。

提案人：段木同

附议人：马淑芬、张根川等 11 名代表

理由：开展尊师重教活动，提倡全社会尊重教师，关心教育，1988 年要开展几次活动，为教师办些力所能及的实事，尤其要求财政按时发放教师工资。

审查意见：由县政府办理。

7. 案由：要保护好路面。

提案人：李敬伟

附议人：深泽镇全体县代表

理由：公路、街道两旁的理发店、饭店、旅馆、工厂，随便泼水、放水、倒垃圾，既不打扫卫生，又破坏路面，到了雨季简直无法行走。

审查意见：由县政府交有关部门办理。

8. 案由：要求解决无极县污水污染问题。

提案人：支素梅、段茂欣、张海林

附议人：马淑芬、李新田等 10 名代表及赵八乡、留村乡全体县代表

理由：无极县造纸厂的污水已流入深泽县留村乡境内，对人畜的健康有很大影响，建议县政府出面加以解决。

审查意见：由县政府办理。

9. 案由：要求开发温泉。

提案人：冯玉春

附议人：曹刚、张根川等 10 名代表

理由：石油四公司在封庄打出一口热水井，据石油的同志说这口井水温达 70 度左右，可利用地下热源建浴池、种大棚菜、养热带鱼等，建议县政府出头，由石油四公司同西河乡南封庄村共同开发利用。

审查意见：由县政府办理。

10. 案由：要求拓宽石油路段。

提案人：李智

附议人：崔志伟、段木同等 9 名代表

理由：石油四公司大街人口密度较大，目前作为县城环城路，车辆较多，威胁人民生命安全，建议县政府和华北石油协商，开辟拓宽西端南行环城公路。

审查意见：由县政府办理。

11. 案由：要求修缮建设大街。

提案人：曹刚

附议人：冯玉春、彭杏芬等 10 名代表

理由：建设大街下雨时水往院里流，院里的水往屋里流，下雨下雪十分难走，过往群众无不埋怨。

审查意见：由县政府交有关部门办理。

12. 案由：要求改善西河村路段。

提案人：刘文波

附议人：西河乡全体县代表

理由：深泽至铁杆公路西河村街里路段多年失修，应该维修。

审查意见：由县政府交有关部门办理。

13. 案由：保险部门不应该乱扣钱。

提案人：马淑芬、段茂欣等 10 名代表

理由：关于我县人身保险问题，据反映有些人因工作需要调出本县，保险公司以中途退出保险为由扣保险费 8 元，这样做是不合理的，这种调动属组织决定非个人所为，为何扣款，应立即退还本人。

审查意见：由县政府交有关部门办理。

14. 案由：要求减少工商税。

提案人：王书林

附议人：大直要乡全体县代表

理由：1988 年分配的工商税不合理，不论乡大小，不论基数高低，一律增长一个幅度，我们吃不消，作计划要留有余地，要从实际出发，不能一刀切。

审查意见：由县政府办理。

15. 案由：要求稳定物价。

提案人：刘军科、袁明栓

附议人：铁杆镇、深泽镇全体县代表

理由：目前猪肉、化肥、农药价格飞涨，尤其是私人倒卖化肥农药的要加以控制和查处。

审查意见：由县政府交有关部门办理。

16. 案由：应加强对电力局的领导，改善其服务态度。

提案人：王兰刚

附议人：西河乡全体县代表

理由：应加强对电力局的领导，加强职业道德教育，改善服务态度，电力局给中桥头停电一事，历时一个多月才得到解决，给群众生产生活造成很大损失，而且还应解决电力局服务公司独家经营电力设备，并且价格高，服务态度差的问题。

审查意见：由县政府办理。

17. 案由：尽快建立西河乡电管站。

提案人：赵国华

附议人：西河乡全体县代表

理由：应尽快解决西河乡电管站，由于个别人干扰建不起来的问题。

审查意见：由县政府转交有关部门办理。

18. 案由：要求对耿庄乡单独架输电线。

提案人：张桂珍

附议人：耿庄乡全体县代表

理由：通耿庄的输电线是专供耿庄一个乡用电，现在此线还挂着西河乡一半用电，在用电高峰期经常停电，1987 年电力局答应在 11 月底前断开，但至今还未断开，要求电力局尽快落实。

审查意见：由县政府转交电力局办理。

19. 案由：要求多给农村送电。

提案人：刘兰造

附议人：深泽镇全体县代表

理由：去年秋天旱情严重，政府决定给农业让电，深得人心，今年在浇水关键时刻还应给农业让电，可以根据情况少给农民一些柴油，多给工厂一些（因工厂有发电机），农民以油换电。

审查意见：由县政府办理。

20. 案由：要求装修西关路段路灯。

提案人：李杰

附议人：深泽镇全体县代表

理由：东西大街西关路段没有路灯，还是一片黑，要求装修西关路灯。

审查意见：由县政府交电力局办理。

21. 案由：尽快解决羊村分村一事。

提案人：邸同海

附议人：羊村乡全体县代表

理由：建议县政府迅速帮助乡政府解决羊村和北羊村分村一事。

审查意见：由县政府办理。

22. 案由：要求修缮烈士亭。

提案人：宋培英。

附议人：大直要全体县代表

理由：各地烈士亭常年失修，这是对烈士的不敬，在进行爱国主义教育的同时，应注意把烈士亭修建整理一次。

审查意见：由县政府交有关部门办理。

23. 案由：狠刹赌博风。

提案人：高英豪、郑小丑

附议人：王多阳、张田灵等 11 名代表及固罗全体代表

理由：赌风在我县较为严重，对全县治安、社会风气、精神文明建设极为不利。现在县里发了通知也禁而不止，甚至国家干部、农村干部也参加，要求县里采取有力措施，坚决刹住赌风，特别是干部参与的要严加处理。

审查意见：由县政府交有关部门办理。

24. 案由：应刹住早婚风。

提案人：段小振、李彦彬

附议人：固罗乡、赵八乡全体县代表

理由：近年来农村不少人早婚、偷婚，不登记也不领结婚证，也无人查问，建议有关部门要刹住这股风，对违法者进行处理。

审查意见：由县政府办理。

25. 案由：要清理农村庄基。

提案人：赵同花、何长春、李彦彬

理由：现在农村庄基混乱，请领导抓紧解决，如西固罗盖新不拆旧，暗地里高价出售房屋和宅地，建议有关部门抓一抓。

审查意见：由县政府交有关部门办理。

26. 案由：要求重新审理马里面粉厂。

提案人：王宝成

附议人：马里乡全体县代表

理由：要求县人大、县政府责成检察院重新立案，追查马里面粉厂当事人员的经济责任，让有关人员赔偿经济损失。

审查意见：由县检察院办理。

27. 案由：要求破获段庄果园树木被偷案。

提案人：段小振

附议人：固罗乡全体县代表

理由：段庄村果园有1000多棵杨树均已成材，在1986年全部被偷伐，已构成破坏森林法，群众意见很大，请有关部门予以解决。

审查意见：由检察院办理。

28. 案 由：要求解决1987年挂钩化肥。

提案人：刘兰造

附议人：深泽镇全体县代表

理由：1987年的棉奖化肥何时兑现？现将开始浇地，请迅速落实。

审查意见：由县政府交有关部门办理。

29. 案由：要求兑规柴油。

提案人：彭计昌

附议人：深泽镇全体县代表

理由：彭赵庄大队柴油没有分到社员手里，社员有意见，望有关部门办理。

审查意见：由县政府交有关部门办理。

## 九届三次会议

1. 案由：要求加强市场物价管理。

提案人：郑小丑

附议人：固罗乡全体县代表

理由：县政府要组织工商局、物价局。在1989年认真抓一下市场物价管理。要使所有国营、集体、个体户售货摊点，一律实行明码挂牌销售。县、乡集市要设物价检查队，在集市进行巡回检查，严格物价管理，依法查处违法案件。

审查意见：由县政府交工商局、物价局办理。

2. 案由：要求稳定农药价格。

提案人：刘兰造

附议人：深泽镇全体县代表

理由：目前农药价格太高，而且由包括私人在内的多渠道经营，不少销售的是假农药，严重影响农业生产，损害农民利益，希望政府能很好的检查整顿，严格控制假药的上市出售，制止农药的涨价行为。

审查意见：由县政府交工商局、物价局办理。

3. 案由：要求供应本县农民便宜煤。

提案人：彭计昌

附议人：深泽镇全体县代表

理由：目前煤紧张，而且外县来我县买煤太多，造成煤价猛涨，希望物资局认真核算一下，分别定出供应外县和本县的煤价，少赚本县的钱，定量供应，以减轻农民负担。

审查意见：由县政府交物资局办理。

4. 案由：要求兑现交棉款。

提案人：李英全、崔印海、周贞国

附议人：留村、大直要、铁杆全体县代表

理由：我县的棉花收购价格太低，而且还不当时付现金，一些小贩违法收棉，却当即付现金，这种情况影响国家的棉花收购，同时影响农民种棉的积极性，应采取改进措施，认真解决，不然农民就会少种棉花，改种其他作物，影响全县棉花种植计划的落实。

审查意见：由县政府交县社办理。

5. 案由：要求兑现挂钩柴油指标。

提案人：袁福因、杜永仓

附议人：深泽、铁杆全体县代表

理由：要求全部按合同兑现挂钩柴油指标。

审查意见：由县政府交农机局办理。

6. 案由：县占用耕地应依法减少农业税。

提案人：李杰。

附议人：深泽镇全体县代表

理由：由于县里占地，西关村减少耕地 110 亩，但农业税没减少，另外府前街开街时，西关村部分户因搬迁所占的耕地到目前还没办理征地手续。

审查意见：由县政府交财政局、土地局办理。

7. 案由：要求解决乡村规划。

提案人：杜永仓、吉彩奎

审查意见：由县政府交城建局办理。

8. 案由：要求将清理庄基发证工作进行到底。

提案人：邢习珍、杜永仓

审查意见：由县政府交土地局办理。

9. 案由：要求修建南冶庄头村北滹沱河大桥。

提案人：赵培英

审查意见：由县政府交交通局办理。

10. 案由：要求修西河至南冶庄头公路。

提案人：周永波

审查意见：由县政府交有关部门办理。

11. 案由：要求归还办电集资款。

提案人：曹丙臣、袁福因

审查意见：由县政府交财政局办理。

12. 案由：要求加强社会治安管理。

提案人：王玉生、李英全等 7 名代表

审查意见：由县政府办理。

13. 案由：要求加强市场管理。

提案人：曹刚、刘兰造等 4 名代表

审查意见：由县政府交有关部门办理。

14. 案由：要尽快修好府前大街。

提案人：曹刚、彭计昌等 4 名代表

审查意见：由县政府交有关部门办理。

15. 案由：要求修缮南濯头村小学。

提案人：张桂珍

审查意见：由县政府转耿庄乡政府办理。

16. 案由：要求解决转业军人住房。

提案人：刘兰造

审查意见：由县政府交民政局、城建局办理。

17. 案由：解决乡镇干部家属农转非问题。

提案人：陈书生

审查意见：由县政府及公安局办理。

18. 案由：要求解决磷肥厂污染问题。

提案人：李友勤

审查意见：由县政府交经委等有关部门办理。

19. 案由：要求做好农村生活资料供应。

提案人：赵平进、赵同花等 4 名代表

审查意见：由县政府交有关部门办理。

20. 案由：要求解决孝敬村、河庄村果园承包问题。

提案人：刘彦坤、曹翠江

审查意见：由县政府及林业局办理。

1989 年九届三次会议所提出的旧提案选录：

1. 要求解决羊村果园问题（张庆山）；
2. 无极县造纸厂废水污染问题（胡玉芬）；
3. 修缮大直要烈士塔问题（宋培兴）；
4. 马毛厂还南刘家庄欠款问题（张梅花）；
5. 留村供销社挪用柴油问题（邸彦彬）；
6. 化肥厂欠款问题（贾会第）；
7. 装修西关路灯问题（李杰）；
8. 要求修大直要到枣营公路（刘万申）。

## 三、代表提案办理情况

1.1987 年，县九届人大一次会议组织召开代表与县长对话会，会前广泛征求代表对政府工作的意见，经整理共提出意见 20 余条。县长周企尚逐项逐条汇报代表提案的办理情况，答复代表的意见。与会代表当场提出关于农村服务、干部作风、农村清财和推广赡养协议等方面的问题，县长及法院院长当场答复。县人大九届一次会议共有代表提案 18 件，1987 年 8 月底全部办结，并书面答复提案人。

2.1988 年，县九届人大二次会议全体代表与县长展开直接对话，就干部调动频繁、化肥厂还贷、电力局供电等方面提出 9 条意见和建议。能拍板的当场拍板，不能拍板的组织专门班子调查，创造条件进行落实。有些意见和要求一时解决不了的，政府说明原因后，得到了代表的谅解。县九届人大二次会议代表共提提案 65 件，经政府及其有关部门努力，办理完成 60 件，并逐项书面答复提案人。

3.1989 年，县九届人大三次会议代表共提出提案 34 件，全部办理完毕，做到件件提案有回音，代表和群众表示满意。

# 第三章　人民代表大会

深泽县第九届人民代表大会任期自1987年4月至1990年3月，共举行代表大会4次。

**1987—1989年深泽县第九届人民代表大会历次会议概况表**

表23

| 会议次序 | 会议日期 | 议题（项） | 听取报告（个） | 决议决定（项） | 选举表决（项） |
|---|---|---|---|---|---|
| 第一次 | 1987年4月14日至19日 | 7 | 6 | 6 | 4 |
| 第二次 | 1988年3月5日至7日 | 7 | 6 | 6 | 1 |
| 第三次 | 1989年2月28日至3月2日 | 9 | 6 | 7 | 1 |
| 第四次 | 1989年11月18日 | 2 | 1 | 0 | 1 |

## 第一节　会议概况

### 一、县九届人大一次会议

深泽县第九届人民代表大会第一次会议，1987年4月14日至19日在石油礼堂召开。4月15日举行第一次全体会议，应出席代表142名，实到会代表133名。县政府代理县长周企尚作《政府工作报告》，县计委主任赵鹤儒作《关于深泽县“七五”计划的报告》，县财政局局长纪广申作《关于深泽县财政1986年决算和1987年预算的报告》。4月17日举行第二次全体会议，县人大常委会主任袁东义作《深泽县人民代表大会常务委员会工作报告》，县人民法院代理院长张田灵作《深泽县人民法院工作报告》，县人民检察院代理检察长张根川作《深泽县人民检察院工作报告》，4月18日，表决通过《深泽县第九届人民代表大会第一次会议选举办法（草案）》，选举产生深泽县国家机关工作人员。

会议认为，县政府对三年的工作回顾是实事求是的、客观的，提出的奋斗目标是可行的。指出，深泽县工业底子薄，要下大力搞好经济体制改革，狠抓现有企业的改造挖潜，进一步把企业搞活，把经济效益搞上去。同时要大力发展乡镇企业、村办企业和个体企业，采取有效措施，使四个轮子都转起来。农业是国民经济的基础，要切实加强对农业的领导，深化对农业的改革，解决工作中的实际问题。当前化肥、柴油、电力不足的矛盾已经突出的表现了出来，对农民种地的积极性有所影响。县政府及各职能部门要深入下去，了解农民的困难，采取切实可行的措施，认真加以解决，多给农民一些方便，多提供服务，减轻农民负担。会议号召，全县人民要团结一致，埋头苦干，深入进行改革，为开创深泽县“两个文明”建设的新局面而共同奋斗。

## 二、县九届人大二次会议

深泽县第九届人民代表大会第二次会议，于1988年3月5日至7日在石油礼堂召开。3月5日上午举行第一次全体会议，大会由县人大常委会副主任宋凯主持。应出席代表141名，实到会代表104名。县长周企尚作《政府工作报告》。3月5日下午，举行第二次全体会议，县计委主任赵鹤儒作《关于深泽县1987年国民经济计划执行情况和1988年国民经济计划安排方案（草案）的报告》，县财政局局长纪广申作《关于深泽县财政1987年决算和1988年预算的报告》，县人大常委会主任袁东义作《深泽县人民代表大会常务委员会工作报告》，县人民法院院长张田灵作《深泽县人民法院工作报告》，县人民检察院检察长张根川作《深泽县人民检察院工作报告》。3月7日下午，举行第三次全体会议，表决通过《深泽县第九届人民代表大会第二次会议选举办法（草案）》。选举产生深泽县出席河北省第七届人民代表大会的代表。

会议认为，必须切实把农业特别是粮食生产放在重要战略地位。进一步落实农村各项经济政策，调动农民生产积极性，认真贯彻实施《中华人民共和国土地管理法》和《河北省土地管理条例》，严格控制占用耕地，保护土地资源，加强农田基本建设；推广科学技术和优良品种，搞好为农业的服务，保证农用生产资料供应。继续深化经济体制改革，增强企业活力，要密切关注承包，租赁后企业的经营情况，发现问题及时进行解决。要抓紧在建项目的建设，积极引进新项目、新技术。抓好现有企业的革新挖潜，加强企业管理，提高产品质量，降低成本，提高经济效益。大力发展乡（镇）企业、村办企业、联办企业和个体企业，下大办改变深泽工业落后的局面。要把教育、科技放在突出的战略地位，努力推进教育、科技、文化、卫生等事业的发展。要加强社会主义民主和社会主义法制建设，深入开展普法教育，严格依法办事，做到有法必依，执法必严，违法必究。会议号召，全县人民同心同德，认真贯彻落实党的十三大精神，深刻理解社会主义初级阶段的理论，以经济建设为中心，坚持四项基本原则和改革开放两个基本点，为完成今年的各项任务而努力奋斗。

## 三、县九届人大三次会议

深泽县第九届人民代表大会第三次会议，于1989年2月28日至3月2日，在石油礼堂召开。2月28日，大会举行第一次全体会议，会议由县人大常委会副主任宋凯主持。应出席代表141名，实到会代表104名。县政府代理县长才利民作《政府工作报告》，县计委主任赵鹤儒作《关于深泽县1988年国民经济计划执行情况和1989年国民经济计划安排方案（草案）的报告》，县财政局局长纪广申作《关于深泽县财政1988年决算和1989年预算的报告》，县人大常委会主任袁东义作《深泽县人民代表大会常务委员会工作报告》，县人民法院院长张田灵作《深泽县人民法院工作报告》，县人民检察院检察长张根川作《深泽县人民检察院工作报告》。表决通过《深泽县第九届人民代表大会第三次会议补选办法（草案）》。

会议认为，县政府要深入贯彻执行党的十三届三中全会精神，抓紧抓好治理整顿、深化改革工作，促使深泽县经济秩序的根本好转和经济建设的稳定发展。要加强农业，特别是抓好粮食生产，要真正把粮食生产放在重要的战略地位，切实加强领导，积极搞好投入，增强技术服务和农业生产资料的供应，确保农业生产有个新的突破。同时做好财政金融工作，要继续推进财税体制改革，继续开展“双增双节”运动，确保财政收入稳定增长，要使教育、科技、文化、卫生、公安、司法、体育、广播电视等工作在原有的基础上再提高一步，达到一个新的水平。各级领导干部要带头搞好廉政建设，树立人民干部为人民的思想。要继续加强社会主义民主和社会主义法制建设，深入开展普法教育，严格做到依法办事，有法必依，执法必严，违法必究，依法治县。会议号召，全县人民同心同德，认真学习贯彻落实党的十三届三中全会精神，结合深泽县实际，认真搞好治理经济环境、整顿经济秩序和深化改革工作，为推进深泽县经济稳定发展，顺利完成今年的各项任务而努力奋斗。

### 四、县九届人大四次会议

深泽县第九届人民代表大会第四次会议，于1989年11月18日在县政府四楼会议室召开。11月18日上午举行大会第一次全体会议，会议由主席团常务主席、县人大常委会主任袁东义主持。应出席代表137名，实到会代表96名。县长才利民作《关于九届人大三次会议代表提案办理情况的报告》，表决通过《深泽县第九届人民代表大会第四次会议补选办法（草案）》。会议选举段茂欣、高英豪为县人大常委会副主任。

## 第二节　会议选举

县九届人大历次会议，共选举产生县国家机关工作人员23人。

**县人大常委会**

主　任：

袁东义　　1987年4月19日县九届人大一次会议第三次全体会议当选

副主任：

宋　凯　　1987年4月19日县九届人大一次会议第三次全体会议当选

贾常文　　1987年4月19日县九届人大一次会议第三次全体会议当选

王多阳　　1987年4月19日县九届人大一次会议第三次全体会议当选

李新田　　1987年4月19日县九届人大一次会议第三次全体会议当选

段茂欣　　1989 年 11 月 18 日县九届人大四次会议当选
高英豪　　1989 年 11 月 18 日县九届人大四次会议当选
委　员（1987 年 4 月 19 日县九届人大一次会议第三次全体会议当选）：

| | | | |
|---|---|---|---|
| 王玉生 | 王国洲 | 王国章 | 冯玉春 |
| 刘树林 | 匡晓彦 | 张振朝 | 段茂欣 |

**县人民政府**

县　长：
周企尚　　1987 年 4 月 19 日县九届人大一次会议第三次全体会议当选
才利民　　1989 年 3 月 2 日县九届人大三次会议当选
副县长：
史志林　　1987 年 4 月 19 日县九届人大一次会议第三次全体会议当选
李占高　　1987 年 4 月 19 日县九届人大一次会议第三次全体会议当选
裴秀品　　1987 年 4 月 19 日县九届人大一次会议第三次全体会议当选
李明国　　1987 年 4 月 19 日县九届人大一次会议第三次全体会议当选

**县人民法院**

院　长：
张田灵　　1987 年 4 月 19 日县九届人大一次会议第三次全体会议当选

**县人民检察院**

检察长：
张根川　　1987 年 4 月 19 日县九届人大一次会议第三次全体会议当选

## 第三节　会议组织

### 一、县九届人大一次会议

（一）大会临时党组
书　记：甄树声
副书记：

| | | | |
|---|---|---|---|
| 周企尚 | 齐瑞学 | 王进泽 | 袁东义 |
| 宋　凯 | | | |

成　员：

| | | | |
|---|---|---|---|
| 段茂欣 | 刘会军 | 王书林 | 利民生 |

| | | | |
|---|---|---|---|
| 郝锁成 | 邸彦彬 | 王运生 | 刘三红 |
| 赵国华 | 李小录 | 王保成 | |

（二）主席团

| | | | |
|---|---|---|---|
| 马淑芬（女） | 王玉生 | 王多阳 | 王会英（女） |
| 王进泽 | 王国洲 | 王国章 | 冯玉春 |
| 匡晓彦 | 刘树林 | 齐瑞学 | 李新田（女） |
| 宋　凯 | 张丙春 | 张振朝 | 袁东义 |
| 贾俊缺（女） | 贾常文 | 甄树声 | |

（三）秘书长：宋　凯（兼）

（四）主席团常务主席

| | | | |
|---|---|---|---|
| 甄树声 | 齐瑞学 | 王进泽 | 袁东义 |
| 张丙春 | 宋　凯 | 贾常文 | 王多阳 |
| 李新田（女） | | | |

（五）主席团执行主席

4 月 15 日：

| | | | |
|---|---|---|---|
| 袁东义 | 宋　凯 | 冯玉春 | 刘树林 |

4 月 16 日：

| | | | |
|---|---|---|---|
| 贾常文 | 王国章 | 王玉生 | |

4 月 17 日：

| | | | |
|---|---|---|---|
| 王进泽 | 张丙春 | 匡晓彦 | 贾俊缺（女） |

4 月 18 日：

| | | | |
|---|---|---|---|
| 甄树声 | 王多阳 | 王国洲 | 马淑芬（女） |

4 月 19 日：

| | | | |
|---|---|---|---|
| 齐瑞学 | 李新田（女） | 王会英（女） | 张振朝 |

（六）财政预决算审查委员会

主任委员：贾常文

委　　员：赵虎春　李　杰

（七）提案审查委员会

主任委员：王多阳

委　　员：段茂欣　王国洲

（七）副秘书长

| | | | |
|---|---|---|---|
| 刘增奎 | 王运章 | 纪同振 | 张志杰 |
| 刘进拴 | 王国章 | 曹虎群 | 张振朝 |
| 刁国欣 | | | |

## 二、县九届人大二次会议

（一）大会临时党组

书　记：甄树声

副书记：

| | | | |
|---|---|---|---|
| 周企尚 | 齐瑞学 | 王进泽 | 袁东义 |
| 宋　凯 | | | |

成　员：

| | | | |
|---|---|---|---|
| 段茂欣 | 刘会军 | 王书林 | 利民生 |
| 郝锁成 | 邸彦彬 | 王运生 | 刘三红 |
| 赵国华 | 李小录 | 王保成 | |

（二）主席团

| | | | |
|---|---|---|---|
| 马淑芬（女） | 王玉生 | 王多阳 | 王会英（女） |
| 王进泽 | 王国洲 | 王国章 | 冯玉春 |
| 匡晓彦 | 刘树林 | 齐瑞学 | 李新田（女） |
| 宋　凯 | 张丙春 | 张振朝 | 段茂欣 |
| 袁东义 | 贾俊缺（女） | 贾常文 | 甄树声 |

（三）秘书长：宋　凯（兼）

（四）主席团常务主席

| | | | |
|---|---|---|---|
| 甄树声 | 齐瑞学 | 王进泽 | 袁东义 |
| 张丙春 | 宋　凯 | 贾常文 | 王多阳 |
| 李新田（女） | | | |

（五）主席团执行主席

3 月 5 日：

| | | | |
|---|---|---|---|
| 王进泽 | 袁东义 | 宋　凯 | 匡晓彦 |
| 段茂欣 | 王国洲 | 马淑芬（女） | |

3 月 6 日：

| | | | |
|---|---|---|---|
| 甄树声 | 贾常文 | 王多阳 | 李新田（女） |
| 王会英（女） | 王玉生 | 王国章 | |

3 月 7 日：

| | | | |
|---|---|---|---|
| 齐瑞学 | 张丙春 | 冯玉春 | 贾俊缺（女） |
| 刘树林 | 张振朝 | | |

（六）财政预决算审查委员会

主任委员：贾常文

委　员：

| | | | |
|---|---|---|---|
| 刘树林 | 赵虎春 | 王国洲 | 李　杰 |

（七）提案审查委员会

主任委员：王多阳

委　员：

| | | | |
|---|---|---|---|
| 段茂欣 | 王玉生 | 马淑芬（女） | 赵培英 |

（七）副秘书长

| | | | |
|---|---|---|---|
| 王国章 | 纪同振 | 刘进拴 | 刘增奎 |
| 贺平芬 | | | |

## 三、县九届人大三次会议

（一）大会临时党组

书　记：李步军

副书记：

| | | | |
|---|---|---|---|
| 才利民（满族） | 齐瑞学 | 王进泽 | 袁东义 |
| 宋　凯 | | | |

成　员：

| | | | |
|---|---|---|---|
| 段茂欣 | 王运生 | 王书林 | 刘三红 |
| 邸彦彬 | 马志群 | 李小录 | 赵国华 |
| 赵培英 | 刘会军 | 王玉生 | |

（二）主席团

| | | | |
|---|---|---|---|
| 马淑芬（女） | 王玉生 | 王多阳 | 王会英（女） |
| 王进泽 | 王国洲 | 王国章 | 冯玉春 |
| 齐瑞学 | 刘树林 | 匡晓彦 | 李步军 |
| 李新田（女） | 宋　凯 | 张丙春 | 张振朝 |
| 段茂欣 | 赵培英 | 袁东义 | 贾常文 |
| 贾俊缺（女） | | | |

（三）秘书长：宋　凯（兼）

（四）主席团常务主席

| | | | |
|---|---|---|---|
| 李步军 | 齐瑞学 | 王进泽 | 袁东义 |
| 张丙春 | 宋　凯 | 贾常文 | 王多阳 |
| 李新田（女） | | | |

（五）主席团执行主席

2 月 28 日：

| | | | |
|---|---|---|---|
| 王进泽 | 袁东义 | 宋　凯 | 段茂欣 |

| | | | |
|---|---|---|---|
| 匡晓彦 | 马淑芬（女） | 赵培英 | |

3 月 1 日：

| | | | |
|---|---|---|---|
| 李步军 | 王多阳 | 李新田（女） | 王玉生 |
| 王国章 | 王国洲 | 王会英（女） | |

3 月 2 日：

| | | | |
|---|---|---|---|
| 齐瑞学 | 张丙春 | 贾常文 | 冯玉春 |
| 贾俊缺（女） | 刘树林 | 张振朝 | |

（六）财政预决算审查委员会

主任委员：贾常文

委　员：

| | | | |
|---|---|---|---|
| 刘树林 | 冯玉春 | 李　杰 | 刘会军 |

（七）提案审查委员会

主任委员：王多阳

委　员：

| | | | |
|---|---|---|---|
| 段茂欣 | 王玉生 | 马淑芬（女） | 赵培英 |

（八）副秘书长

| | | | |
|---|---|---|---|
| 王国章 | 纪同振 | 苑建英 | 刘进拴 |
| 贺平芬 | | | |

## 四、县九届人大四次会议

（一）大会临时党组

书　记：李步军

副书记：

| | | | |
|---|---|---|---|
| 才利民 | 王进泽 | 袁东义 | 宋　凯 |

成　员：

| | | | |
|---|---|---|---|
| 段茂欣 | 王玉生 | 王书林 | 刘会军 |
| 马志群 | 王运生 | 邸彦彬 | 赵培英 |
| 张海林 | 张志国 | 宋贞发 | |

（二）主席团

| | | | |
|---|---|---|---|
| 马淑芬（女） | 王玉生 | 王多阳 | 王会英（女） |
| 王进泽 | 王国洲 | 王国章 | 冯玉春 |
| 匡晓彦 | 刘树林 | 李步军 | 李新田（女） |
| 宋　凯 | 张丙春 | 张振朝 | 段茂欣 |
| 袁东义 | 贾俊缺（女） | 贾常文 | |

（三）秘书长：宋　凯（兼）

（四）主席团常务主席

李步军　王进泽　袁东义　张丙春
宋　凯　贾常文　王多阳　李新田（女）

（五）提案审查委员会

主任委员：王多阳

委　员：

冯玉春　王玉生　刘树林　马淑芬（女）

（六）副秘书长

王国章　纪同振　苑建英　王建榜

# 第四章　人民代表大会常务委员会

## 第一节　常委会会议

1987年5月25日至1990年2月28日，县九届人大常委会共举行常委会会议22次。

**第一次会议**　1987年5月25日在县人大会议室举行，会期1天半。县人大常委会主任袁东义，副主任宋凯、贾常文、王多阳、李新田，委员王国章、张振朝、匡晓彦、段茂欣、王玉生出席会议。县政府县长周企尚、副县长史志林，县法院院长张田灵、县检察院检察长张根川、人大常委会原副主任王秀改及县政府办公室、县司法局、县人大常委会各科室有关人员列席会议。

会议听取和审议县政府《关于柴油、化肥供应情况的报告》。会议认为，九届人大一次会议以来，县政府对化肥、柴油供应问题很重视，做了大量工作，大部分粮油挂钩的肥、油票已发到农民手中，并采取有力措施，兑现1986年拖欠农民的柴油。会议对政府在这方面的工作表示满意，并要求政府进一步采取措施，保证今年化肥柴油供应的落实。

会议听取和审议县政府《关于工业几大项目筹建情况的报告》。会议认为，对发展工业的14个大项目，政府做了大量工作，有些项目有一些进展，有的进展不大。要总结经验，继续紧抓。委员们建议：今后搞新项目，要充分调动发挥基层的积极性，不要事事靠县长。基层主动克服困难，事情就好办得多，要注意抓重点、保重点，工程多了不可能齐头并进，对有条件上的，经济效益好的，要从领导力量、资金方面重点保证，加快速度。

会议听取和审议司法局《关于学习贯彻全国人大常委会〈关于加强法制教育维护安定团结的决定〉的报告》。会议肯定了前段时间普法工作的成绩，建议今后要利用多种形式，特别要结合实际案例进行普法宣传，效果会更好。还要抓住重点，一是结合全县每个时期的中心工作，重点普及有关法律；二是根据单位工作性质，确定普法重点，如对经济和经济管理部门，要重点普及经济法规，对食品制造和销售单位及摊点，卫生、防疫部门要重点普及食品卫生法（试行）；三是重点抓好各级领导的普法工作。

会议听取和审议县选举委员会《关于1987年县、乡两级人代会换届选举工作的总结报告（草案）》，委员们对换届选举工作比较满意，一致通过上述总结报告。

会议听取深泽县人大常委会《关于人事任免的暂行办法》《关于加强同县人民政府、人民法院、人民检察院工作联系的暂行办法》《关于加强同县人民代表联系的暂行办法》《关于县人民代表持证视察工作的暂行办法》和《关于乡（镇）人大联组工作职责的试行规定》等5个文件的讨论稿。委员们进行认真审议，提出较好的修改意见，一致通过上述5个文件。

**第二次会议** 1987年7月27日在县人大会议室举行。县人大常委会主任袁东义，副主任宋凯、贾常文、王多阳、李新田，委员王国章、张振朝、段茂欣、刘树林、冯玉春、王玉生出席会议。县政府县长周企尚、副县长裴秀品，县法院院长张田灵、县检察院检察长张根川，人大常委会原副主任王秀改列席会议，县卫生局、县工商局、县畜牧局、县劳动局、县人大常委会各科室有关人员在不同议题中分别列席会议。会议由宋凯主持。

会议听取和审议县政府《关于贯彻执行〈中华人民共和国食品卫生法（试行）〉情况的报告》，认为自《中华人民共和国食品卫生法（试行）》颁布以来，政府及有关部门非常重视。为贯彻实施好食品卫生法（试行）做了大量的宣传工作，采取有力措施，建立组织机构，对提高食品卫生水平，改变深泽县食品卫生状况，保障人民群众身体健康起到了很好的作用，成绩是肯定的。为确保《中华人民共和国食品卫生法（试行）》的贯彻实施，各级领导、执法部门、从业人员和广大群众都要提高思想认识，加深理解贯彻执行《中华人民共和国食品卫生法（试行）》对保障人民身体健康的重大意义。建议县政府要认真研究安排这项工作，制定好各职能部门的责任制，加强分工协作，杜绝互相推诿扯皮现象发生，严格依法办事。必须进一步加强宣传教育工作，动员群众搞好对食品行业的监督工作。政府有关部门应依法办事，常抓不懈，对非法经营的钉子户要坚决依法予以处理。“三证”不全者，应依法补办，无证经营者应予取缔。

会议听取和审议县政府《关于深泽县出血热发病情况和防治措施的报告》。一致认为，流行性出血热确实严重威胁着广大人民群众的身体健康。深泽县在全地区是发病率较高的县，由于县政府在全县开展灭鼠活动，使病情流行得到控制，由于卫生医疗部门措施得力，医治及时，今年全县无一病例死亡。县政府及有关部门在这方面工作成绩是显著的，委员们一致同意这个报告。鉴于流行性出血热是以老鼠为传染源的一种急性传染病，会议建议：政府及有关部门要把这件事当作一件大事来抓，深入广泛地进行宣传教育，提高各级领导和广大群众对灭鼠工作的认识。每年搞两次全县性的灭鼠活动，并做好经常性的灭鼠工作，争取能在深泽县控制住出血热病的流行。建议在条件允许的情况下购进医疗器械，提高医疗技术，以便做到早发现、早治疗。

会议通过人事任免事项。

会议通过第九届人民代表大会常务委员会代表资格审查委员会组成人员。

深泽县九届人大常委会代表资格审查委员会：

主任委员：宋　凯

委　　员：段茂欣　张振朝

**第三次会议** 1987年8月28日在县人大会议室举行。县人大常委会主任袁东义，副主任宋凯、贾常文、王多阳、李新田，委员出席会议。县“一府两院”，政府有关局负责人，县人大常委会、县政府有关人员列席会议。

会议听取和审议城建局局长张从志所作的《关于城镇规划及执行情况的报告》。会议认为，县政府及有关部门在制度和执行城镇建设总体规划方面做了大量工作。特别是近一年来克服困难兴建县城排水工程，成绩显著。委员们对此表示满意，并提出建议：一是大力宣传总体规划，使每个单位，每户居民都了解这个总体规划，资金服从总体规划，政府今后审批新建项目，无特殊情况要严格按总体规划办事，防止造成新的拆迁；二是要搞一个实施细则和城建条例；三是深泽镇应有一个专门管城建的班子，提请县长及早考虑；四是在总体规划实施过程中要注意及时发现问题，进行必要的调整；五是深泽县财政紧张，在搞城镇建设时要量力而行。

会议听取税务局局长曹刚作的《关于税收情况的报告》，会议对深泽县税收工作取得的成绩表示满意，会议对搞好今后税收工作提出三条建议：一是深泽县的财政收入主要靠税收，而税收工作的关键在于工商业的发展，要在搞好税收的同时扶持工业和商业大力发展，广泛开辟税源；二是税收工作要适应改革的形势，通过调查研究建立相适应的规章制度，对合作经济和个体户应考虑如何制定便于考核的纳税标准，对积极依法纳税者，应大力宣传表彰，对偷税漏税者，要依法惩处，通过采取措施，搞好零散税的征收工作；三是要加强税收队伍的建设，提高税收人员的素质。

在听取商业局局长魏宏拴《关于商业工作的报告》后，会议认为，商业工作有进步有发展，前景不错。委员们建议：第一，在改革开放，搞活的新形势下，国营商业应发挥主渠道作用；第二，在改革中进一步把商业搞活，让企业真正有自主权，能够及时掌握市场信息，迅速决定销售业务；第三，这次商业承包完成后，要进行认真总结，趋利避害，逐步进行完善，真正体现按劳取酬；第四，商业局要发挥好职能作用，积极开展思想政治工作，对全体职工进行职业道德教育，在业务开展方面搞好大的把关定向，少干预企业的具体经营活动。会议希望今年下半年的商业工作要争取更好成绩。

会议听取物价局局长王学永《关于物价执行情况的报告》。会议认为，物价管理涉及面广，情况复杂，是一项很严肃极敏感的工作，必须谨慎从事。有些物价上涨带有普遍性。我们县无力解决但要做好调查研究，分别情况，采取具体措施解决问题，对于投机取巧，转手倒卖，牟取暴利的，要进行严厉打击，以稳定物价，保护消费者利益。

**第四次会议**　1987 年 10 月 12 日在县人大会议室举行。县人大常委会主任袁东义，副主任宋凯、王多阳、李新田，委员张振朝、段茂欣、冯玉春、王玉生出席会议。县人民政府副县长杜银茂，县人民法院院长张田灵、县人民检察院检察长张根川，人大常委会原副主任王秀改及县文教局、县经委、县公安局、县人大常委会各科室有关人员列席会议。会议由袁东义主持。

会议听取县政府《关于 1987 年 1—9 月财政预算执行情况的报告》。会议认为，今年以来，县政府有关部门按照中央“双增双节”精神，组织收入，压缩支出、支出改革、加强管理方面做了一定工作。建议县政府及有关部门：严格执行人民代表大会通过的财政预算，对于较大项目确需变更要经过人大常委会审议通过；加强财政管理和监督，搞好财经改革；搞好财政节支要有个幅度和原则，在压缩的基础上适当考虑开支，以保证工作的正常进行。

听取和审议县政府《关于普及九年义务教育情况的报告》。会议对深泽县普及九年义务教育工作和取得的成绩表示满意。为在深泽县尽快普及九年义务教育，促进教育事业健康发展，会议提出7条建议：1.政府可考虑就实现义务教育法组织各乡镇召开一次专门会议，搞一个落实义务教育法的意见，对各乡镇提出具体要求。2.建议县文教局搞一次义务教育法执行情况的检查，对存在的问题和违法行为限期解决。3.建议县政府对人大组织教育工作方面的视察所提及的问题、建议和意见，要汇报处理情况和处理结果。4.政府及有关部门应查找一下教师思想不稳定的原因，制定出相应的措施。5.搞出一套管好、用好教育经费和教育集资的制度，抓紧解决个别乡镇拖欠教师工资问题。6.对有的学生家长只顾眼前利益，让子女中途退学当小商贩或童工，要引起高度重视。7.搞好责任制，抓紧解决好某些学校的危房问题。

听取和审议县政府《关于县办工业情况的报告》。委员们认为，尽管各项经济指标完成得不理想，但政府及有关部门，为深化企业改革、搞好经济效益、加速工业发展步伐，做了一定的工作。同时认为，今后深泽县发展县办工业总的指导思想是正确的。今后为改变深泽县工业不景气的状况，加快经济发展步伐，会议建议：1.政府及企业主管部门，要处理好内涵和外延的关系。应首先抓好现有企业的管理，然后再考虑再建项目。2.领导力量和财力应向有潜力、有效益的企业集中，今后新上项目必须从实际出发，慎重从事。3.加快租赁承包进度，在承包前和承包中，注意发现解决承包中的各种思想动态，搞好思想发动和遵纪守法教育，以便顺利完成各企业的承包工作。4.有些新上项目，县政府应向有关主管部门领导统一思想，互相通气，以便调动有关单位的积极性。

会议听取和审议县政府《关于贯彻执行〈社会治安管理处罚条例〉情况的报告》。委员们认为，新修订的《条例》实施以来，县政府及有关部门在学习、宣传、贯彻新《条例》的基础上，依照法律严格办案，治安案件查处率达百分之百，较好地维护了社会治安秩序。会议对此表示满意。今后为更好地实施新《条例》，建议继续深入广泛地进行学习宣传教育工作，让群众知法、懂法、守法，做到大家共同维护社会治安秩序，减少违法行为；围绕县城治安秩序，严格加强防范，与工商部门联系，特别注意搞好临街小商店的防范工作；与有关部门联系，加强对县城车辆管理，防止车祸发生。

会议通过人事任免事项。

**第五次会议** 1987年12月21日在县人大会议室举行。会期1天半。县人大常委会主任袁东义，副主任宋凯、贾常文、王多阳，委员王国章、张振朝、段茂欣、刘树林、冯玉春、王玉生出席会议。县政府县长周企尚，县法院院长张田灵、县检察院检察长张根川，人大常委会原副主任王秀改及县政府办公室、县计委、县民政局、县人大常委会各科室的有关人员列席会议。会议先后由袁东义、宋凯主持。

会议学习社会主义初级阶段论述和党的基本路线，关于政治体制改革精神。

会议听取和审议县政府《关于1987年国民经济和社会发展计划执行情况的报告和修改方案的说明》。委员们认为，深泽县今年的国民经济和社会发展计划情况是比较好的，双增双节取得明显成效，财政收支基本平衡，政府及有关部门做了大量工作，这种形势应该发展下去。建议：1. 节约压缩开支，该压的一定要压，压要压在该压的部位上，比如：汽车、不必要的招待和高档商品的购置等。不该压的不要硬压，应适当压缩的注意程度，比如行政办公费等。有些事要通过改革的方法解决，比如老干部的医药费问题。委员们认为现行办法是不妥的，应既要实事求是堵塞漏洞，又要实事求是解决问题。2. 按照十三大精神，发展国民经济要从注重产值转到注重效益和科学进步上来，实质是注重生产力的发展。3. 国民经济统计数字一定要做到实事求是，既不浮夸也不瞒报。4. 明年 3 月要召开县人代会，请政府及早考虑 1988 年国民经济计划。5. 今后制定国民经济计划要慎重从事，修改计划要履行法律程序。6. 县政府应设专人负责人大及代表的意见办理，并及时进行反馈。

听取和审议《法院工作报告》。委员们一致认为一年以来法院工作抓得不错，成绩是肯定的，并提出建议：要教育全体干警认真严格执法，排除各种干扰和阻力，以事实为依据、以法律为准绳，秉公执法，办好案件。法院工作要注意从法律上保护改革，促进改革的进行。

听取和审议《检察院工作报告》。委员们对检察院工作所取得的成绩表示满意，希望检察院今后继续抓好队伍建设，提高广大干警的政治素质和业务素质，充分发挥检察院的职能作用。

会议听取和审议县政府《关于贯彻执行婚姻法情况的报告》。认为政府及有关部门在贯彻执行婚姻法方面做了大量的工作，主流是好的，是按婚姻法办事的。在工作中还存在不少问题应引起重视：1. 有些人对婚姻法存有模糊认识，认为约束力不大；2. 社会上订娃娃亲、早婚、偷婚现象严重；3. 县政府贯彻执行婚姻法的具体执法部门不明确；4. 对婚姻法的宣传一般化，抓得不经常，执法不严格；5. 有相当一部分领导对存在问题重视不够，对有些问题充耳不闻，束手无策。为了在深泽县更好地贯彻执行婚姻法，建议县政府：1. 要正确分析形势，充分发挥部门作用，利用多种形式进行婚姻法的宣传教育；2. 政府应对深泽县贯彻执行婚姻法的情况进行一次认真研究，针对存在问题制定具体的解决办法；3. 政府应明确贯彻执行婚姻法的具体执法办法，建立由有关部门组成的协调领导小组，共同研究，统一行动；4. 要抓住春节前有利时节，组织一次贯彻执行婚姻法的宣传教育活动，要以乡、村为单位对违犯婚姻法者进行一次认真的、分层次的清理；5. 要抓好坏典型，宣传表彰好典型，大张旗鼓地处理坏典型，对于干部和党团员违反婚姻法的问题，通过批评教育不能解决问题，要给予必要的处分；6. 建议政府有关部门对各乡（镇）婚姻登记员和各村秘书在近期内进行一次培训，把好婚姻登记关。

会议通过人事任免事项。

**第六次会议**　1988 年 2 月 25 日在县人大会议室举行。县人大常委会主任袁东义，副主任宋凯、贾常文、王多阳、李新田，委员王国章、张振朝、段茂欣、刘树林、冯玉春、王玉生出席会议。县政府副县长杜银茂、法院副院长王明起、检察院检察长张根川、人大常委会原副主任王秀改及县人大常委会各科室的有关人员列席会议。会议由袁东义主持。

会议审议通过《关于召开深泽县第九届人民代表大会第二次会议的决议》及九届人大二

次会议议程（草案）和大会主席团、秘书长名单（草案）。

会议听取深泽县人大常委会在九届人大二次会议上的工作报告（草案）。对县人大常委会1988年工作要点（讨论稿）进行审议。

**第七次会议** 1988年3月21日在县人大会议室举行。县人大常委会主任袁东义，副主任宋凯、贾常文、李新田，委员张振朝、段茂欣、冯玉春、王玉生、匡晓燕出席会议。县政府县长周企尚，县计委主任赵鹤儒、县土地管理局副局长邸志、县林业局局长吴克勤及县人大常委会各科室负责人列席会议。会议由袁东义主持。

会议受县九届人大二次会议委托，就县政府《关于1987年国民经济计划执行情况和1988年计划安排方案（草案）的报告》进行重新审议。委员们通过投票表决，一致通过这个报告。会议建议：农业部分1988年重点应确保农业的稳步发展，继续深化农村第二步改革。1988年在执行五年计划过程中，要注重科技发展，搞好“双放”加强管理，提高经济效益。政府及有关部门结合自己的职权，在力所能及的范围内抓一下物价，为稳定深泽县物价做些工作。

会议听取和审议县政府《关于贯彻执行土地管理法情况的报告》。委员们通过这个报告。会议建议：农村乱占、抢占庄基地问题不小，应引起高度重视，建议政府应拿出办法，及时刹住乱占、抢占庄基风。在贯彻实施土地法方面，要加强对乡镇一级村干部的宣传教育。要求他们要严格执法，秉公执法，对违法的要严肃处理。土地管理局对当前存在的问题，要全面综合进行分析。对全县124个村进行分类排队，区别不同情况，采取必要措施。对依法办事，严格履行审批手续，发放合理，群众满意的要给予表扬。对擅自发放或批得少放得多，甚至出现干部多占，优亲厚友，已经引起群众不满的一律停止发放和暂停动工，控制事态发展。

会议听取和审议县政府《关于森林法执行情况的报告》。会议建议：政府领导及有关部门应检查和纠正在查处毁林案件中的某些以权压法、以言代法的问题。今后如何变被动为主动，应突击解决好严格执法问题，执法要依靠执法部门，要充分发挥执法部门作用。对未处理起来的11起毁林案件，要按森林法规定一一进行追究，依法办事严肃处理。为贯彻执行好森林法和有关方面规定，研究执法程序，明确责任。选择典型案例，大张旗鼓地处理几起，以起到教育群众、震慑犯罪的作用。

**第八次会议** 1988年4月16日在县人大会议室举行。县人大常委会副主任宋凯、贾常文、王多阳、李新田，委员王国章、张振朝、段茂欣、刘树林、冯玉春、王玉生、王国洲出席会议。县政府县长周企尚、县法院院长张田灵、县检察院副检察长阎志军，人大常委会原副主任王秀改及县政府办公室、县司法局、县电力局、县农机公司、县人大常委会各科室的负责人列席会议。会议由宋凯主持。

会议听取和审议县政府《关于工商企业承包执行情况的报告》。会议建议：县政府对56个承包企业进行的检查中，要检查内部承包程序及任务是否做到层层落实。对56个承包企业要进行全面分析，好的、差的各占多大比例。好的要总结经验进行推广，差的要摸清主要问题，以便及时采取措施，予以解决。提高和加强经营管理水平，对财务管理要定期进行检查。企业承包后，应发挥职工代表会的作用，确定职工主人翁地位，充分发挥和调动工人的积极性。企业承包后，要注意加强技术开发，引进新项目，以增强企业发展的后劲。要进一步理顺各种关系，包括主管部门与承包者、承包者与工人等方面的关系。

会议听取和审议县政府《关于化肥、柴油、电力供应情况的报告》。会议要求，继续加紧组织化肥货源，争取今年秋后种麦敞开供应，解决群众买肥难的问题。鉴于当前用油紧张，柴油分配要改革方法，做到及时合理供应，并要搞好宣传，增强柴油供应方面的透明度，以取得群众谅解。电力部门做好电力的合理定时输送，同时要加强干部职工的思想教育工作，解决在供电方面的不正之风，使现有能源能发挥出更大的作用。

会议听取和审议县政府《关于普法工作情况的报告》。委员们认为，普法形势总的是好的，在健全普法学习组织、提高干部、职工、群众法制观念方面做了很多工作。但与普法任务相比仍有不小差距，主要是有的单位、乡、村领导对普法工作不够重视，普法组织不健全，工作不得力；在普法过程中“法”的严肃性讲得不够，有的只注意普法，忽视了执法，对一些违法事件处理不及时或不敢处理。为增强全社会学法、知法、守法的自觉性，建议政府及有关部门：领导要重视普法工作，做到常抓不懈。加强普法方面的力量，及时解决人员、经费问题，并就此问题提出解决意见。各基层单位要有重点有步骤地进行普法，普法形式要多种多样，宣传方面也要多样化，利用活教材，特别对农村，可把活人活事、小案例、小故事纳入法律宣传中去。干部普法夜校应继续办好。

会议通过人事任免事项。

**第九次会议** 1988年6月7日在县人大会议室举行。会期1天半。县人大常委会主任袁东义，副主任宋凯、贾常文、王多阳、李新田，委员张振朝、段茂欣、王玉生、王国洲、冯玉春、王国章出席会议。县委副书记齐瑞学，县政府县长周企尚，县法院张沙池、人大常委会副主任王秀改及政府办公室、滹沱河治理开发公司、县文教局、县档案办、县人大常委会各科室负责人列席会议。会议由袁东义主持。

会议听取和审议县政府《关于加强乡（镇）政权建设情况的报告》。会议建议：县政府应加强对乡长全面工作的统筹安排。对下放单位的规范化管理制度及具体考核奖惩办法认真进行考核落实。乡（镇）人员尽量减少调动，保持相对的稳定。信用社和供销社应创造条件及早放下去，这对县域经济发展将起到至关重要的作用。深泽县是全区加强乡（镇）政权建设的改革试点，工商、税务部门要稳定思想，把改革继续试验下去，不要轻易变动。各乡（镇）应将简政放权5个月以来的工作，进行认真总结，以便在总结的基础上进一步完善、提高。建议年底按系统进行一次评比，以促进下放部门搞好工作。

会议听取和审议县政府《关于滹沱河治理规划情况的报告》。委员提出：应进一步明确治理开发滹沱河的指导思想，搞治理开发首先要保证行洪，保护全县人民生命财产安全，所以要坚定不移地搞好河柳坝。县政府对今后如何治理开发要有长远规划，并纳入全县商品经济大合唱，增强治河力量，解决治河资金，加强对有关项目的论证工作，以便促进治河效益和进度。治理开发要做到因地制宜，科学治理，要由小到大，有条件的也可直接搞规模经营，只有规模经营效益才会突出。要鼓励治河户、专业户从长远发展看问题，下决心搞固定的草场和林果业。随着治理开发的进展，深加工要逐步跟上，将来可以形成几个分公司。为推进治河工作的进展，建议县政府及有关部门要抓好点，并搞好治河户、专业户的技术培训，还要帮助专业户打开市场，搞好产品销售。

会议听取和审议《深泽县高中教育质量情况的报告》。委员提出，深泽中学作为深泽县唯一的重点高中，在文化发展上占有举足轻重的地位，绝不能忽视教育质量的提高，为此建议：要努力提高师资水平，搞好教师进修。要在力所能及的情况下提高教师待遇，解决教师实际困难，如住房、子女安排工作等问题，稳定教师思想。要在完成教学大纲任务的前提下适当搞些勤工俭学活动，还可以举办技术培训班，以增加收入，改变办学条件。县政府应在力所能及的前提下给予支持，增加智力投资，及时进行危险校舍的维修，逐步建设新校舍。要在办好普通高中的同时办好职业高中教育。

会议听取和审议《贯彻执行档案法情况的报告》。委员们认为近几年档案工作有一定成绩。为使档案更好地服务于深泽县两个文明建设，要把档案法的宣传贯彻纳入普法学习，特别是档案法的重点内容，要让重点单位重点人员和各级领导了解和掌握，以提高各单位对档案法的认识。要搞一个档案法的贯彻实施规划，并继续抓好各级各部门的建档工作，加强馆藏档案的管理，使档案法在深泽县尽快贯彻落实。

县政府县长周企尚就九届人大二次会议县长与代表对话会上以及代表所提建议、意见落实情况做了答复。对于这些建议、意见的办结情况，常委会责成人大办书面答复提案人。

会议听取和审议县人大常委会《关于实施法律实行部门责任制的规定（试行）》，会议决定，会后组织召开实施法律责任制有关部门的座谈会，征求意见，如没有大的变动，常委会不再研究讨论。委托主任会议定稿，并提请县委转发各有关部门和单位。会议建议县委、人大和政府联合召开一次会议，由三套班子领导对执行试行规定问题，分别讲意见，齐瑞学和周企尚接受建议。

会议通过人事任免事项。

**第十次会议** 1988 年 7 月 21 日在县人大会议室举行。县人大常委会主任袁东义，副主任宋凯、贾常文、王多阳、李新田，委员王国章、张振朝、段茂欣、冯玉春、刘树林、王玉生出席会议。县委副书记齐瑞学，县政府副县长史志林，县法院院长张田灵、县检察院张沙池、县人大常委会原副主任王秀改及县人大常委会各科室负责人列席会议。会议由袁东义主持。

会议研究讨论政府县长周企尚的辞职报告。考虑到他的身体状况，以无记名投票表决的方式通过周企尚辞职；研究讨论县委提名才利民任县政府副县长、代理县长的建议，以无记名投票表决方式通过这一提名，新代理县长才利民同常委会委员们见面。

会议听取和讨论县代表座谈会上对人大及“一府两院”所提的 43 条建议和意见。会议认为绝大多数的意见和建议提得好，很重要。代表们敢说心里话，这表示他们对我们工作的关心，是代表人民意愿积极参政议政的积极表现，我们一定要尊重代表意见，严肃对待，认真处理，及时解决，做到事事有回音，件件有结果。委员们就群众反映比较强烈、涉及面大的电力、农药供应，街道交通安全，市场卫生等方面充分发表意见，认为当前群众对电力供应方面存有优亲厚友，满足私人要电问题，反映强烈，电力部门应加强对干部职工的思想教育工作，努力实现分线定时合理供电。当前农民急需的农药，不但价格高，而且有不少假药，这样不但给农民造成直接严重损失，而且影响农民种田的积极性，建议政府在销售农药方面实行归口管理，禁止个人销售，对只顾赚钱，销售假药，坑害群众的要严肃查处。关于街道交通安全、市场卫生方面，委员们认为，交通安全与否直接关系到人民群众生命财产的安危和家庭幸福，公安、交通部门应各负其责，严格车辆串城行驶的管理，抓好城内街道交通安全工作，防止交通阻塞及恶性事故发生。面对城镇市场瓜皮乱扔、烂菜乱放、在街中心摆摊等脏乱差的状况，建议工商、卫生部门履行职责，采取有效措施，切实加强管理，特别是对集市摊点要有统一安排，努力把集贸市场建成一个既文明又繁荣的物资交流中心。会议认为，代表的意见落实是关键，对有条件解决而拖着不办的部门，人大常委会要行使职权进行质询，严重的要追究责任，给以严肃处理。会议委托王多阳对代表所提意见和建议重新分类归纳，并建议会后召开由人大和政府领导参加的会议，专题协商研究如何解决落实好代表所提意见和建议，对不同类型的问题，提出不同的解决办法和时间要求，责成有关部门落实解决。齐瑞学表示支持。

**第十一次会议**　1988年9月6日在县人大会议室举行。县人大常委会主任袁东义，副主任宋凯、贾常文、王多阳、李新田，委员王国章、张振朝、冯玉春、刘树林、王国洲、王玉生出席会议。县委副书记齐瑞学，县政府副县长史志林，县法院副院长王明起、县检察院检察长张根川，县工会副主席陈振波及政府办提案股、县经委、县土地管理局、县人大常委会各科室负责人列席会议。会议由贾常文主持。

会议听取和审议县政府《关于深泽县工业发展情况和工厂承包、租赁情况的报告》。会议建议政府及有关部门：进一步完善落实承包企业的内部责任制。要对各企业逐一进行分析、分类、排队，看看承包中还存在哪些问题，又出现哪些新情况、新特点，决不能满足已取得的成绩。抓重点企业的突破，要选准突破口，实事求是进行调查研究，具体进行分析，制定切实可行的措施，争取尽快搞出年创利税百万元以上的高效益企业。发展工业生产步伐的关键是依靠政策调动企业干部职工的内在积极性，主管部门要进行工业企业承包后政策性的研究，用足用好政策。改造企业内部干部职工的政治思想工作，提高政治素质和业务水平。理顺班子，摸清承包企业班子的问题，哪些问题能通过班子内部理顺自己解决，哪些问题需主管部门和政府帮助解决。建议政府把企业的承包情况作为一个专题进行研究，同时建议体改办、经委共同对企业承包情况进行一次检查，并将检查结果写成书面材料报县人大常委会。建议经委在三干会前，就企业承包以来的情况如实向县委、县政府领导做一次汇报。

会议听取和审议县政府《关于土地管理法贯彻执行情况的报告》。会议认为，为更好地贯彻实施土地管理法，建议政府及有关部门：各级要进一步统一思想认识，十分珍惜和合理利用每寸土地是我国的一项基本国策。一定要做到从严管理，切实保护土地资源。要在基本功上下功夫，进一步加强对土地管理法的宣传，开办农村基层干部培训班，并制定有关的规章制度，结合深泽县具体情况搞个规范性文件，同时要搞好群众监督。要秉公办事，严格执法，对屡禁不止的问题要及时查明责任，严肃处理，坚决刹住乱占、抢占庄基的不正之风。抓紧解决庄基方面的遗漏问题。对于全县户均宅基地超过法律规定标准的问题，要作为一件大事认真研究解决。建议政府协调解决好土地管理局和城建局分局后的遗留问题。

会议听取和审议县政府《关于征收兵役义务费的暂行规定》，经过讨论，原则通过这个暂行规定。

会议通过人事任免事项。

**第十二次会议** 1988 年 10 月 31 日在县人大会议室举行。县人大常委会主任袁东义，副主任宋凯、王多阳、李新田，委员王玉生、王国章、冯玉春、刘树林、张振朝、段茂欣出席会议。县委副书记齐瑞学，县政府副县长李明国、杜银茂、裴秀品及人大常委会原副主任王秀改和县法院、县检察院、县工会、县政府办公室、县乡镇企业局、县工商管理局、县人大常委会各科室的负责人列席会议。会议由王多阳主持。

会议听取和审议县政府《关于乡镇企业发展情况的报告》。委员们提出建议：乡镇企业的发展适应全国的大气候，在发展新企业的同时，要整顿好现有企业，增强企业活力，提高竞争力，争取有新的突破。组建企业联合集团要慎重，要进行必要的考察，努力创造条件，成熟后再组建。在新的形势下，要注意保护干部群众办乡镇企业的积极性，要加强领导，稳步前进，特别注意选好企业的经营者。各有关部门要积极支持乡镇、村办企业的发展，资金方面要开绿灯，同时讲有效投入，把有限的资金投入到发展潜力大、效益高的企业。

会议听取和审议县政府《关于市场管理情况的报告》。贯彻落实中央十三届三中全会精神加强市场管理，突出重点做好安排。严格区分应管应活的界限，严格执行法律和政策，切实解决由于执法不严所造成的屡禁不止问题。对违反市场管理法律法规及市场管理规定的，要改变过去以惩代罚的处理方法，不仅要罚款，对情节严重的要追究纪律处分，乃至绳之以法，要大张旗鼓地进行公开处理。要认真解决严肃处理欺行霸市行为，使市场交易公平合理地进行。整顿好市场秩序，保证城镇交通畅通。要逐步提高工商管理人员执法素质，认真解决个别管理人员工作中的不正之风问题。在执法检查中，要把有法不依、执法不严、徇私枉法、贪赃枉法的问题作为重点认真查处。

会议听取和审议县人大常委会《议事规则（草案）》。

会议通过人事任免事项。

**第十三次会议** 1988 年 12 月 29 日在县人大会议室举行。县人大常委会主任袁东义，副主任宋凯、贾常文、王多阳、李新田，委员王玉生、王国章、冯玉春、刘树林、张振朝、段茂欣出席会议。县政府代理县长才利民，县法院、县检察院、县政府办、县财政局、县人大常委会各科室负责人及 4 名人大代表列席会议。

会议听取和审议《县法院一年来工作情况的报告》。为适应形势发展需要，应加强以下几方面工作：1. 抓住工作中的薄弱环节和关键问题，认真加以解决，比如民调工作，合同管理，合作经济中的问题等。2. 研究制度法制宣传方案，利用多种形式广泛深入地搞好法制宣传。3. 继续解决打官司难的问题，特别是受理、审理和执行三项工作。不要拖，要提高工作效率，加快办案进度。4. 要看到治安形势的严峻性。从严、从重、从快打击严重违法犯罪活动。5. 继续加强法院干警的政治思想建设，逐步提高业务素质。

会议听取和审议《县检察院一年来工作情况的报告》。会议提出：1.1988 年起诉率明显低于发案率，这是不正常现象，是与失之于宽有联系的，希望县检察院进行回头看，对案件的起诉标准具体进行研究。要解决以罚代刑的问题，属于明显的漏案，要依法进行起诉。2. 在治理整顿中，要把反贪污、反受贿作为工作重点来抓，要独立行使检察权，从重从快，严厉打击经济犯罪，切实保障深泽县经济建设的健康发展。3. 要继续抓好检察队伍建设，不断提高检察工作人员政治思想和业务素质。检察官要一身正气，要用实际行动树立自己的形象。

会议听取和审议县政府《关于 1988 年财政预算执行情况的报告》。建议政府及有关部门：算账要慎重，减收超支和赤字涉及群众情绪问题。造预算一定要脚踏实地，实事求是。深泽县财政收支紧张，穷日子要穷过，建议从县大院开始，尤其要从领导开始，带头发扬艰苦朴素的作风。要抓好增收节支，总结两年来的经验教训，解决攀比思想，该压的要压。

会议听取和审议县政府《关于深泽县第九届人民代表大会第二次会议代表提案和 10 月份县代表座谈会所提意见办理情况的报告》。建议政府：对代表意见、建议应加快办理进度，对于无法落实或暂时不能落实的也要讲明原因，讲明政策，认真及时答复代表。认真解决政府下属部门对提案办理的认识问题，提高重视程度，认真负责地办理代表提案。

会议通过人大常委会《关于实施监督的规定（试行）》。

会议通过人事任免事项。

**第十四次会议**　1989 年 2 月 13 日在县人大会议室举行。会期 1 天。县人大常委会主任袁东义，副主任宋凯、王多阳、李新田，委员王玉生、王国章、冯玉春、刘树林、张振朝、段茂欣出席会议。县委副书记齐瑞学，县政府代理县长才利民，县政协主席张丙春和县法院、县检察院，县工会负责人及县政府办公室、县人大常委会各科室的负责人列席会议。会议由袁东义主持。

会议审议通过《关于召开深泽县第九届人民代表大会第三次会议的决定》及九届人大三次会议议程（草案）和大会主席团、秘书长建议名单（草案）。

会议审议通过深泽县人大常委会在九届人大三次会议上的工作报告（草案）和深泽县第九届人民代表大会第三次会议《关于加强农业的决议（草案）》。

会议对县人大常委会 1988 年工作要点（讨论稿）和 1988 年工作安排（草案）进行审议。

**第十五次会议**　1989 年 4 月 10 日在县人大会议室举行。县人大常委会主任袁东义，副主任宋凯、贾常文、王多阳、李新田，委员王玉生、王国章、冯玉春、刘树林、张振朝、王国洲、段茂欣出席会议。县委副书记齐瑞学，县政府县长才利民、副县长李明国，县法院、县检察院、县政府办公室、县林业局及县人大常委会各科室的负责人列席会议。会议由宋凯主持。

会议听取和审议县政府《关于〈中华人民共和国森林法〉执法情况的报告》。会议建议：要利用各种形式继续深入广泛地宣传《中华人民共和国森林法》。关于绿化达标问题，要跟上工作，切实搞好护林工作，提高新植树木的成活率，严格制止乱砍滥伐。主管部门要对现有案件进行全面检查，抓住重点严肃处理，严格执法，达到处理一个、教育一批的目的。在执法过程中，希望涉及的有关部门要统一思想、坚定信心、密切配合。要求“一府两院”尊重人大常委会提出的意见，讲信用，讲落实，向人大常委会汇报一次对毁林案件的处理情况。

会议听取县政府《关于落实县九届人大三次会议〈关于加强农业的决议〉具体措施的报告》。委员们提出：1. 县政府及有关部门要下决心抓好各项措施的落实。要做深入细致的工作，要改变作风，深入基层调查研究。掌握第一手材料，尤其是各乡镇政府的干部要深入基层，在这方面，县政府应引起重视，抓好落实。2. 要把农业作为一项系统工程来抓，做好宏观指挥，充分发挥职能部门作用。3. 下大力抓好农用生产资料的供应，特别是挂钩肥、挂钩油，一定要不失信用，及时落到群众手中，同时做好支农部门职工思想工作，使之树立处处方便群众、真心实意为支农服务的态度。4. 加强基层班子建设，发挥行政职能作用，要抓好典型，推广经验。5. 在注意好形势的情况下，还要注意问题的方面，如保护耕地、禁止乱挖乱占问题，对问题处理要有过硬措施，要严格占用耕地的审批手续。

会议由袁东义传达七届全国人大二次会议精神，议定向各级人大代表发送学好七届全国人大二次会议文件的通知。

会议通过人事任免事项。

**第十六次会议**　1989 年 6 月 28 日在县人大会议室举行。县人大常委会主任袁东义，副主任宋凯、贾常文、王多阳、李新田，委员王玉生、王国洲、王国章、冯玉春、刘树林、张振朝、段茂欣出席会议。县政府副县长史志林、裴秀品、李明国，县法院、县检察院、县工会、县土地管理局、县物价局、县城建局及县人大常委会各科室负责人列席会议。会议由袁东义主持。

会议听取和审议县政府《关于土地管理法执行情况的报告》。会议建议：应继续抓好对土地管理法的宣传工作，解决好干部、群众对“爱惜土地，珍惜土地”的认识问题，这是贯彻土地管理法很重要的思想基础。要认真执法、依法办事，而且要严格按法律程序办事。土地管理工作的重点在基层，建议今后结合土地管理的实际情况和典型案例对基层干部进行短训，或以会代训，增强法制观念。今后要注意抓苗头，把问题解决在萌芽状态，不要让问题蔓延。大家对报告比较满意，希望县政府及职能部门不要放松，要常抓不懈，把工作做得更好。

会议对县政府《关于物价管理方面的情况报告》进行审议。建议：在大气候没有大的变化的情况下，深泽县应千方百计确保今年物价上涨指数明显低于去年，实现县长和地区签署的责任状。抓好热点物价的管理，一是生活必需品，二是生产资料。对国营企业要管，对个体户更要严格按照物价法规去管理。在管理物价的方法上，一是报告中所提到的方法要认真抓落实，比如可以有重点地测定物价，算清不合理的价格收入，使管理工作底数清楚；二是对紧缺物资是否可以实行票证，比如农药、煤炭等，这样既能防止外流，又能控制物价。究竟哪一种商品适合使用票证，政府可以研究。还有明码售货方式，便于群众监督，建议提倡。搞好物价管理人员的组织建设、思想建设和业务素质建设。要加强政治思想教育和物价法规的学习。物价管理人员一要执法清廉，二要认真负责。领导上给予明确目标责任，工作中要有奖有惩。为稳定群众情绪，便于群众监督。建议物价主管部门把群众生产、生活必需的140种商品逐渐搞好“两公开一监督”。

会议讨论县委、县政府关于《筹集教育基金，增加教育投入，改善办学条件的决定（草案）》。会议认为，这是发展深泽县教育事业的有效措施，原则上同意决定内容，并认为需要进一步对照有关法规和政策，弄清底数再做修改。

会议听取县政府关于拓开西苑街方案的通报。

会议通过人事任免事项。

**第十七次会议** 1989年8月15日在县人大会议室举行。县人大常委会主任袁东义，副主任宋凯、王多阳、李新田，委员王玉生、王国洲、王国章、冯玉春、刘树林、张振朝、段茂欣出席会议。县委副书记齐瑞学，县政府副县长史志林，县政协副主席常恒武，县法院、县检察院、县政府办公室、县工会、县财政局、县人大常委会各科室负责人列席会议。会议由袁东义主持。

会议听取和审议县政府《关于社会治安情况的报告》。会议认为，要继续搞好社会治安秩序，全民动员，各行、各业、各机关团体齐抓共管。教育本单位成员遵纪守法，自觉地同违法犯罪分子作斗争，在深泽县形成一个社会治安社会治，人民安全人人管的局面。充分认识综合治理的薄弱环节在基层这个问题，大力加强基层基础工作，探索增强农村防范机制的新路子。经常开展安全防范大检查，堵塞发案漏洞，减少各类案件发生。继续坚持严打方针，严厉打击严重危害社会治安的刑事犯罪分子。围绕经济建设这个中心，继续搞好治安防范和安全保卫，打击扰乱、破坏生产和工作秩序的违法犯罪活动。搞好廉政建设，加强思想政治工作，严格队伍管理，不断提高公安干警的政治素质和业务素质。

会议听取和审议县政府《关于财政预算执行情况的报告》。会议建议：要继续深入、持久、扎实地开展“双增双节”运动，对广大干部职工进行艰苦朴素教育，堵塞漏洞，增加收入。加强承包企业的内部管理，在配套、完善、发展上下功夫，逐步完善内部机制，搞好内部分配制度。县财政对企业实行直接的财政担保要慎重，这种做法漏洞不小，潜伏着一定的危险，建议政府进行认真调查研究，发现问题及时解决。强化税收征管，对个体工商户实行综合治理，特别是要认真检查个体户的纳税情况，加强个人收入调节税的征收，严惩偷税抗税行为。要严格执行财经纪律，认真进行财经纪律大检查，严肃查处个别单位和企业滥发奖金实物以及私设小钱柜问题。对个别人员利用手中的权力，对企业进行敲诈勒索、白吃白拿白要的问题，建议政府查清情况，进行处理。

会议听取和审议县政府《关于九届人大三次会议提案、对话会上代表所提意见以及今年1月份代表座谈会所提意见落实情况的报告》。会议认为，应进一步提高对人民代表提案和意见的重视程度，对一些提案，比如无极县造纸厂的污水污染问题，政府应积极努力，早日解决。要把办理落实代表提案工作当作一件大事来抓并认真落到实处。对代表提案的落实情况进行回访是一种联系群众，密切同群众关系，发扬党的优良传统和作风，树立党的光辉形象的一种好形式，应该坚持和提倡。

会议听取和审议县法院关于代表提案落实情况的报告。

**第十八次会议** 1989年10月16日在县人大会议室举行。会期1天半。县人大常委会主任袁东义，副主任宋凯、贾常文、李新田，委员王玉生、王国洲、王国章、冯玉春、刘树林、张振朝、段茂欣出席会议。县委副书记王进泽、县政府副县长史志林、裴秀品，政协主席张丙春、副主席缪西月，县法院、县检察院、县监察局、县文教局、县政法办公室、县人大常委会各科室负责人及3名县人大代表列席会议。会议由宋凯主持。

袁东义传达河北省部门市县执法责任制座谈会精神，提出贯彻执行意见。委员们就常委会10月下旬将要进行的执法责任制检查提出建议，常委会将采纳委员提出的建议，进一步安排好执法责任制检查工作。

会议听取和审议县“一府两院”《关于加强政治思想工作和廉政建设的工作报告》。为加强思想政治工作和搞好廉政建设，会议认为，1. 要继续深入贯彻执行党的十三届四中全会精神和江泽民国庆讲话精神，进一步提高全县干部群众对加强思想政治工作，廉政建设与经济建设重要性的认识，要充分认识廉政建设任务的艰巨性，下决心把廉政建设搞好。2. 要进一步摆正加强思想政治工作，廉政建设与经济建设的关系，要坚持两手抓，通过加强思想政治工作，开展廉政建设促进经济建设的发展，要防止出现新的“一手软，一手硬”，防止经济工作的滑坡。3. 要在抓重点案子的基础上，搞好面上的宣传教育工作，并结合抓典型案件把腐败表现形式危害性及搞好廉政建设的措施公布于众。4. 要抓好廉政建设的建章立制工作，不仅仅是规定几条写在纸上，贴在墙上，更要做到认真落实。5. “两院”要抓好秉公执法，要从秉公执法上检查廉政建设的成效，真正做到以事实为依据，以法律为准绳。

会议作出《关于加强国家机关廉政建设的决议》。

会议听取和审议县政府《关于贯彻执行义务教育法情况的报告》。为不断提高人口文化素质，促进物质文明和精神文明建设，为深泽县培养出更多的“四有”人才，委员们建议：1. 要求各级领导必须把贯彻实施义务教育法当做一件根本的大事来抓，真正纳入重要议事日程，常抓不懈。2. 进一步加强教师队伍建设，国家下大力提高教师的“两个待遇”，但是有的教师的工作不能尽人满意，主管部门要针对实际情况，采取相应措施，加强教师队伍的政治思想建设和业务素质建设，提高教学质量。3. 根据本县实施教育法的情况和全县人民群众的迫切要求，要尽最大努力，克服困难，创造条件，加快普及初中教育。4. 解决好实施教育法的两大关键问题，一是解决师资问题，要做好工作，创造条件；二是解决财力不足问题，县政府就筹集教育基金改善办学条件做了规定，人大常委会做了决议，政府与职能部门要抓好落实。

会议通过人事任免事项。

**第十九次会议** 1989年11月11日在县人大会议室举行。县人大常委会主任袁东义，副主任宋凯、贾常文、王多阳，委员王玉生、王国洲、王国章、张振朝、段茂欣出席会议。县委副书记王进泽，县政府县长才利民，县政协副主席段振科，县法院、县检察院，县工会及县人大常委会各科室负责人列席会议。会议由袁东义主持。

会议审议通过《关于召开深泽县第九届人民代表大会第四次会议的决定》，审议通过关于县、乡两级人代会换届选举的决定，研究决定深泽县选举委员会组成人员名单，讨论提交九届人大四次会议预备会议通过的议程（草案）及主席团、秘书长建议名单（草案），研究决定关于评选执法先进单位和执法模范工作者的意见，进行人事任免事宜。

**第二十次会议** 1989年11月18日在县人大会议室举行。县人大常委会主任袁东义，副主任宋凯、贾常文、王多阳、李新田、段茂欣、高英豪，委员王玉生、王国洲、王国章、冯玉春、刘树林、张振朝、段茂欣出席会议。县委副书记王进泽列席会议。会议由袁东义主持。会议进行人事任免事项。

**第二十一次会议** 1989年12月14日在县人大会议室举行。县人大常委会主任袁东义，副主任宋凯、贾常文、王多阳、李新田、段茂欣、高英豪，委员王玉生、王国洲、王国章、冯玉春、刘树林、张振朝出席会议。县政府副县长杜银茂，县政协副主席段振科，县法院院长张田灵，县工会主席冯志广及县人大常委会各科室负责人列席会议。会议由宋凯主持。

会议决定出席深泽县第十届人民代表大会的代表名额为175名，并决定分配到县直单位和各乡（镇）的县代表名额；会议决定出席深泽县县、乡两级第十届人民代表大会的名额，在县乡两级人大代表构成上，要求非共产党员占代表总数的35%左右，妇女代表不低于代表总数的20%。

**第二十二次会议** 1990年2月28日在县人大会议室举行。会期1天。县人大常委会主任袁东义，副主任宋凯、贾常文、王多阳、李新田、段茂欣、高英豪，委员王国章、张振朝、刘树林、王玉生出席会议。县政协副主席段振科及县人大常委会各科室负责人列席会议。会议由袁东义主持。

会议听取和审议《县选举委员会关于县、乡两级人代会换届选举工作情况的汇报》。

听取和审议《县九届人大常委会代表资格审查委员会关于县第十届人民代表大会代表资格的审查报告》，一致通过这个报告，当选的175名县第十届人大代表代表资格有效，予以确认。

会议审议通过《关于召开深泽县第十届人民代表大会第一次会议的决议》。

会议审议通过县十届人民代表大会第一次会议议程（草案）和大会主席团、秘书长建议名单（草案），通过县十届人民代表大会第一次会议财政经济审查委员会和议案审查委员会组成人员建议名单（草案），同意将以上草案提请县十届人民代表大会第一次会议预备会议审议通过。会议通过列席县十届人民代表大会第一次会议的人员和范围（草案），同意提请县十届人民代表大会第一次会议主席团审议决定。

会议听取和审议第九届人大常委会在县十届人民代表大会第一次会议上的工作报告（草案）、县十届人民代表大会第一次会议《关于依法治县的决议（草案）》《关于国家机关工作人员当好人民公仆的决定（草案）》以及《深泽县人民代表大会议事规则（草案）》。

会议通过人事任免事项。

## 第二节 机构设置

1987年11月，深泽县人大常委会行政编制16人，内设一室三科，即办公室、政教科、财经科、代表联系科。1989年8月，根据工作需要，经县机构编制委员会同意，撤销政教科分设科教文卫科、政法工作科。县人大常委会内设一室三科改建为一室四科。

### 一、办公室

负责掌握县人大常委会的全面工作情况，负责召集各科室负责人及工作人员会议，组织学习，协调工作，起草县人大常委会的文件、报告、汇报、决议、决定，负责文书档案、图书资料的保管；负责筹备召开人大常委会会议、主任会议的具体事宜；负责人大机关的行政事务等工作。

主　任：王国章（1987年4月至1990年3月）

副主任：曹虎群（1987年4月至1990年3月）

　　　　邸民生（1989年3月至1990年3月）

### 二、政教科

科　长：张振朝（1988年11月至1990年1月）

副科长：张振朝（1987年7月至1988年11月）

　　　　曹计敏（1987年7月至1990年1月）

### 三、财经科

负责了解掌握县人民政府及其有关部门贯彻执行有关农业、工业、财政、贸易等经济方面的法律、法规情况；负责国民经济计划和财政预算审理工作中的具体事宜；负责掌握全面性经济体制、经济计划和预算变更情况；负责对县人民代表大会及常务委员会通过的与本科有关的决议、决定的执行情况进行调查研究，并向人大常委会提出报告；对代表提出的重要建议和意见的处理进行监督检查。

科　长：（缺职）

副科长：赵成文（1987年7月至1990年3月）

## 四、代表联系科

负责县人民代表大会代表提出的建议、批评和具体交办、信办工作，及时将办理结果转交提案人；负责人大常委会自办代表议案的审理调整，接待解答，办理人民代表和群众的来信来访；负责联系人民代表和代表联系选民的工作，包括有关制度的制定，组织代表学习、征求代表意见等；负责人大常委会组成人员和代表视察的具体组织工作；负责审查代表资格以及本级和上一级代表的罢免出缺、补选的具体工作；负责指导乡镇人代会及主席团（联组）的工作；组织乡镇人代会主席团常务主席（联组长）上站、学习、交流工作情况。

科　长：（缺职）

副科长：王印昌（1987 年 7 月至 1990 年 3 月）

## 五、科教文卫科

负责了解掌握科技、文教、卫生、防疫、计划生育、环境保护等方面的工作情况及有关法律、法规的贯彻执行情况，负责审查科教文卫部门起草的有关法规实施办法、草案，提出建议和意见；组织人大代表对科技、文化教育、卫生防疫等工作进行视察。就有关法律、法规的实施情况或重大违法案件组织调查、检查活动；对县人民代表大会和常务委员会通过的与本科有关的决议、决定的执行情况进行调查研究，并向县人大常委会提出报告；对代表提出的重要建议和意见的处理，进行督促检查。

科　长：（缺职）

副科长：曹计敏（1990 年 1 月至 1990 年 3 月）

## 六、政法工作科

负责了解掌握“一府两院”贯彻执行宪法及有关法律法规的情况；负责审查“一府两院”的决定、命令、指示、行政规章，乡镇人民代表大会及乡镇人民政府的决定、决议，如有与宪法、法律相抵触，及时向人大常委会提交报告；了解县法院、检察院的工作情况及县人民政府有关公安、司法、民族、宗教、侨务等方面的工作情况及上述各项工作有关的法律、法规和方针政策的执行情况；对县人民代表大会和常务委员会通过的与本科有关的决议、决定的执行情况进行调查研究，并向人大常委会提出报告；对代表提出的重要建议和意见的处理，进行督促检查。

科　长：张振朝（1990 年 1 月至 1990 年 3 月）

# 第五章　监督工作

## 第一节　听取和审议“一府两院”工作报告与计划预算报告

县第九届人大常委会会议共听取和审议县“一府两院”工作报告44项，计划预算报告3项。

**1987—1989年深泽县第九届人大常会会议听取和审议“一府两院”工作报告与计划预算报告情况表**

表24

| 序号 | 时间 | 会次 | 报告内容 |
| --- | --- | --- | --- |
| 1 | 1987年5月25日 | 第一次 | 关于柴油、化肥供应情况的报告 |
| 2 | 1987年5月25日 | 第一次 | 关于工业几大项目筹建情况的报告 |
| 3 | 1987年5月25日 | 第一次 | 关于学习贯彻全国人大常委会《关于加强法制教育维护安定团结的决定》的报告 |
| 4 | 1987年7月27日 | 第二次 | 关于贯彻执行《中华人民共和国食品卫生法（试行）》情况的报告 |
| 5 | 1987年7月27日 | 第二次 | 关于深泽县出血热发病情况和防治措施的报告 |
| 6 | 1987年8月28日 | 第三次 | 关于城镇规划及执行情况的报告 |
| 7 | 1987年8月28日 | 第三次 | 关于税收情况的报告 |
| 8 | 1987年8月28日 | 第三次 | 关于商业工作的报告 |
| 9 | 1987年8月28日 | 第三次 | 关于物价执行情况的报告 |
| 10 | 1987年10月12日 | 第四次 | 关于1987年1—9月财政预算执行情况的报告 |
| 11 | 1987年10月12日 | 第四次 | 关于普及九年义务教育情况的报告 |
| 12 | 1987年10月12日 | 第四次 | 关于县办工业情况的报告 |
| 13 | 1987年10月12日 | 第四次 | 关于贯彻执行《中华人民共和国治安管理处罚条例》情况的报告 |
| 14 | 1987年10月12日 | 第四次 | 关于乡镇企业发展情况 |
| 15 | 1987年12月21日 | 第五次 | 关于1987年国民经济和社会发展计划执行情况的报告 |
| 16 | 1987年12月21日 | 第五次 | 县法院工作报告 |

续表 24

| 序号 | 时间 | 会次 | 报告内容 |
| --- | --- | --- | --- |
| 17 | 1987 年 12 月 21 日 | 第五次 | 关于贯彻执行《中华人民共和国婚姻法》情况的报告 |
| 18 | 1988 年 3 月 21 日 | 第七次 | 关于贯彻执行《中华人民共和国土地管理法》情况的报告 |
| 19 | 1988 年 3 月 21 日 | 第七次 | 关于《中华人民共和国森林法》执行情况的报告 |
| 20 | 1988 年 4 月 16 日 | 第八次 | 关于工商企业承包执行情况的报告 |
| 21 | 1988 年 4 月 16 日 | 第八次 | 关于化肥、柴油、电力供应情况的报告 |
| 22 | 1988 年 4 月 16 日 | 第八次 | 关于普法工作情况的报告 |
| 23 | 1988 年 6 月 7 日 | 第九次 | 关于加强乡（镇）政权建设情况的报告 |
| 24 | 1988 年 6 月 7 日 | 第九次 | 关于治理滹沱河规划和情况的报告 |
| 25 | 1988 年 6 月 7 日 | 第九次 | 关于深泽县高中教育质量情况的报告 |
| 26 | 1988 年 6 月 7 日 | 第九次 | 贯彻执行《中华人民共和国档案法》情况的报告 |
| 27 | 1988 年 6 月 7 日 | 第九次 | 关于贾村贾同泽案件审理情况报告 |
| 28 | 1988 年 9 月 6 日 | 第十一次 | 关于深泽县工业发展情况和工厂承包、租赁情况的报告 |
| 29 | 1988 年 9 月 6 日 | 第十一次 | 关于《中华人民共和国土地管理法》贯彻执行情况的报告 |
| 30 | 1988 年 10 月 31 日 | 第十二次 | 关于乡镇企业发展情况的报告 |
| 31 | 1988 年 10 月 31 日 | 第十二次 | 关于市场管理情况的报告 |
| 32 | 1988 年 12 月 29 日 | 第十三次 | 县法院一年来工作情况的报告 |
| 33 | 1988 年 12 月 29 日 | 第十三次 | 县检察院一年来工作情况的报告 |
| 34 | 1988 年 12 月 29 日 | 第十三次 | 关于 1988 年财政预算执行情况的报告 |
| 35 | 1988 年 12 月 29 日 | 第十三次 | 关于 1988 年财政预算执行情况的报告 |
| 36 | 1988 年 12 月 29 日 | 第十三次 | 关于深泽县第九届人民代表大会第二次会议代表提案和十月份县代表座谈会所提意见办理情况的报告 |
| 37 | 1989 年 4 月 10 日 | 第十五次 | 关于落实县九届人大三次会议《关于加强农业的决议》具体措施的报告 |
| 38 | 1989 年 4 月 10 日 | 第十五次 | 关于《中华人民共和国森林法》执法情况的报告 |
| 39 | 1989 年 6 月 28 日 | 第十六次 | 关于《中华人民共和国土地管理法》执行情况的报告 |
| 40 | 1989 年 6 月 28 日 | 第十六次 | 关于物价管理方面的情况报告 |
| 41 | 1989 年 6 月 28 日 | 第十六次 | 关于拓开西苑街方案的通报 |
| 42 | 1989 年 8 月 15 日 | 第十七次 | 关于社会治安情况的报告 |
| 43 | 1989 年 8 月 15 日 | 第十七次 | 关于财政预算执行情况的报告 |
| 44 | 1989 年 8 月 15 日 | 第十七次 | 关于九届人大三次会议提案、对话会上代表所提意见以及今年一月份代表座谈会所提意见落实情况的报告 |
| 45 | 1989 年 8 月 15 日 | 第十七次 | 关于人民代表提案、意见和建议的落实情况报告 |

续表 24

| 序号 | 时间 | 会次 | 报告内容 |
| --- | --- | --- | --- |
| 46 | 1989 年 10 月 16 日 | 第十八次 | 县“一府两院”关于加强政治思想工作和廉政建设的工作报告 |
| 47 | 1989 年 10 月 16 日 | 第十八次 | 关于贯彻执行《中华人民共和国义务教育法》情况的报告 |

# 第二节　法律法规实施情况检查

## 执法检查情况

1.1987 年，对《中华人民共和国食品卫生法（试行）》《中华人民共和国义务教育法》等法律法规贯彻执行情况进行检查。

2.1988 年，根据省人大常委会《关于在全省开展执法检查的决定》，县人大常委会对县政府、法院、检察院进行执法检查，历时两个月。在检查中坚持内外结合，通过召开座谈会、走访各界人士多种渠道广泛听取群众意见，坚持自查和抽查相结合，共查出法制观念淡薄、执法不严、打击不力、以罚代刑、执法犯法、违法乱纪、重实体法轻程序法、吃喝风现象八个方面的问题。

3.1989 年，县人大常委会检查各级领导干部和执法人员执法情况，重点检查各级领导干部是否有以言代法、以权压法和徇私枉法问题，通过检查发现问题，解决问题，完善制度，促进执法责任制进一步落实。

4.1989 年，组织县、乡两级人大代表视察检查 14 次，重点检查《市场管理条例》《中华人民共和国土地管理法》贯彻执行情况。

# 第三节　视察调研

## 视察调研概况

1.1987 年，先后组织 63 名代表，开展物价管理、工业发展等持证视察 5 次，表扬先进，发现问题，进行整改。

2.1988 年，组织代表视察 17 次。

# 第六章　决议决定

## 第一节　作出决议决定

### 一、县第九届人大历次会议作出决议决定情况

深泽县第九届人民代表大会共作出决议决定 19 项。

**1987—1989 年深泽县第九届人民代表大会历次会议决议决定一览表**

表 25

| 时间 | 会次 | 名称 |
|---|---|---|
| 1987 年 4 月 14 日至 19 日 | 一次会议第三次全体会议 | 1. 关于深泽县人民政府工作报告的决议<br>2. 关于“七五”计划的决议<br>3. 关于深泽县财政 1986 年决算和 1987 年预算的决议<br>4. 关于深泽县人大常委会工作报告的决议<br>5. 关于深泽县人民法院工作报告的决议<br>6. 关于深泽县人民检察院工作报告的决议 |
| 1988 年 3 月 5 日至 7 日 | 二次会议第三次全体会议 | 1. 关于深泽县人民政府工作报告的决议<br>2. 关于深泽县 1987 年国民经济计划执行情况和 1988 年国民经济计划安排方案的决议<br>3. 关于深泽县财政 1987 年决算和 1988 年预算的决议<br>4. 关于深泽县人民代表大会常务委员会工作报告的决议<br>5. 关于深泽县人民法院工作报告的决议<br>6. 关于深泽县人民检察院工作报告的决议 |
| 1989 年 2 月 28 日至 3 月 2 日 | 三次会议第二次全体会议 | 1. 关于深泽县人民政府工作报告的决议<br>2. 关于深泽县 1988 年国民经济计划执行情况和 1989 年国民经济计划安排方案的决议<br>3. 关于深泽县财政 1988 年决算和 1989 年预算的决议<br>4. 关于深泽县人民代表大会常务委员会工作报告的决议<br>5. 关于深泽县人民法院工作报告的决议<br>6. 关于深泽县人民检察院工作报告的决议<br>7. 关于加强农业的决议 |

## 二、县第九届人大常委会历次会议作出决议决定情况

县第九届人大常委会作出决议决定 8 项（不包含人事任免事项）。

**县第九届人大常委会历次会议决议决定一览表**

表 26

| 序号 | 时间 | 常委会会议 | 名称 |
|---|---|---|---|
| 1 | 1988 年 2 月 25 日 | 第六次 | 关于召开深泽县第九届人民代表大会第二次会议的决议 |
| 2 | 1989 年 2 月 13 日 | 第十四次 | 关于召开深泽县第九届人民代表大会第三次会议的决议 |
| 3 | 1989 年 10 月 16 日 | 第十八次 | 关于加强国家机关廉政建设的决议 |
| 4 | 1989 年 11 月 11 日 | 第十九次 | 关于召开深泽县第九届人民代表大会第四次会议的决定 |
| 5 | 1989 年 11 月 11 日 | 第十九次 | 关于县、乡两级人代会换届选举的决定 |
| 6 | 1989 年 12 月 14 日 | 第二十一次 | 关于深泽县第十届人民代表大会代表名额的决定 |
| 7 | 1989 年 12 月 14 日 | 第二十一次 | 关于深泽县各乡（镇）第十届人民代表大会的名额的决定 |
| 8 | 1990 年 2 月 28 日 | 第二十二次 | 关于召开深泽县第十届人民代表大会第一次会议的决议 |

# 第二节　决议决定选录

### 深泽县第九届人民代表大会第三次会议<br>关于加强农业的决议

党的十一届三中全会以来，农村改革使我县农业出现了重大转折。农产品产量有了大幅度增长，农民生活有了明显改善。但是，近几年来，农民种田积极性有所下降，农业发展后劲不足。农产品供求矛盾趋于紧张。最近，党中央明确指出：1989 年，要着重抓好两件大事，其中一件就是大力发展农业，特别是粮食生产。为了加强农业这个基础，夺取今年农业丰收，经深泽县九届人民代表大会三次会议代表审议通过。特作如下决议：

一、必须提高对农业重要性的认识，牢固树立农业的基础地位。农业是国民经济的基础，粮食是基础的基础。大力发展农业，是使我国经济长期稳定发展，保证人民生活富裕、社会安定的一项战略任务。当前，增加粮、棉油和肉蛋菜的生产，对平抑物价、保证市场的有效供给和大局稳定，具有重要作用，对治理经济环境，整顿经济秩序，全面深化改革，有决定性的影响。因此，无论是从长远看，还是从当前看，都必须提高对农业重要性的认识，一定要把农业放在非常重要的位置，统一思想、齐心协力、大力发展农业生产。

二、深化农业改革，用政策进一步调动农民积极性。以家庭经营为主的联产承包责任制，符合目前我县农业生产力的发展水平，应当继续保持稳定并不断完善。当前突出的问题是：要按照中央确定的政策，建立多层次、多形式的服务体系，做好对农户多方面的服务。要强

化服务职能，扩大服务范围，拓展服务领域，对少数确实具备条件的地方，在真正尊重群众意见的前提下，可以引导农民实行适时、适度的多种形式的规模经营，以进一步提高农业劳动生产率。

三、增加资金投入，改善农业生产条件。要努力增加对农业的资金投入，根据我县情况，要坚持国家、集体、个人一齐上的办法。县乡两级财政和集体企业税后留利部分，要划出一定比例用于农业投入。要研究和建立农业发展基金制度，政府要制定具体办法，认真贯彻执行。银行部门对农业贷款要大力支持，优先解决。同时要引导农民转变资金投向，鼓励农民把更多的资金转到农业投入上来，要用好海河流域平原农业开发资金，加强农业基础建设。

四、搞好农业生产资料的供应，强化农口部门职能作用。化肥、农药、农膜等农用生产资料是夺取农业丰收的物质保证。要采取有力措施，千方百计满足农业生产的需要。电力部门要在目前电源十分紧张的情况下，挖掘潜力，合理调配，定期分路送电。要保证粮棉挂钩肥油的落实，对计划内的农用柴油指标要做到专油专用。农机、供销、石油等有关部门，要大力组织货源，缓解供求矛盾。对于农业生产资料要加强管理，打击非法经营，尤其是对经营假冒、伪劣农业生产资料的部门和个人，要从严惩处，切实保证农用生产资料的正常供应。县政府有关支农部门和各乡镇政府要充分发挥职能作用，积极深入农业生产第一线，组织并推广综合性的集团承包，实行技术、资金、物资的综合服务。与此同时，要抓好部门自身建设，不断提高业务素质，拓宽服务领域，提高服务质量。

五、完善科技推广体系，充分发挥科学技术在农业发展中的作用。当前，要以推广良种、改善施肥技术和发展节水农业等常规农业技术措施为重点，加强农业新技术的推广，要运用科学技术，走集约经营道路，使粮食生产和经济作物收入再跨新台阶。各乡镇政府要把乡镇技术站、兽医站的工作列入议事日程，定期研究、认真帮助解决具体问题，在全县真正形成县、乡、村、户四级科技推广网络。搞好农业技术推广服务工作，农业技术部门要按照农作物的生育进程，通过各种形式，对农民进行及时指导。要加强农业气候、病虫等的预测预报，特别是要利用好电视广播加快信息传递。要鼓励国家农业技术人员深入农村第一线，进行多种形式的技术承包，做好对农民的技术培训和服务的同时，重视发挥民间科技组织和农民技术员的作用。工作中要注意把科技服务和经营服务结合起来，以增强农技推广活力。对农业有突出贡献者，要给予奖励。

六、加强农田基本技术，保护耕地资源。要挖掘资金和物资潜力，继续搞好原有水利设备的配套、修复工作，改善灌溉条件。各乡村都要因地制宜地兴建一批新的治水改土工程，提高抵御自然灾害的能力。要在全县普遍建立健全劳动积累工作制度，鼓励农民积极投工，增加劳动积累。要有抗春旱、防秋涝的思想准备，立足于抗灾一夺丰收。要认真贯彻执行《中华人民共和国土地管理法》和《河北省土地管理条例》，珍惜和保护现有的每一寸土地，严禁乱占耕地烧窑、盖房和毁田卖土。县政府要责成有关部门，对严重破坏耕地的违法行为进行认真查处。同时，不准在耕地内栽种果树，确保粮棉、油和蔬菜的种植面积。今年全县棉花播种面积要确保七万亩，争取八万亩。要搞好滹沱河的综合治理和开发。要大力发展畜牧业，积极开展植树造林，今年必须实现我县绿化达标。

七、充实领导力量，加强监督检查。县政府要把加强农业生产夺取农业大丰收作为一项重要任务来抓。政府县长、主管农业的副县长以及农业职能部门都要把主要精力放到农业方面来，要拿出较多的时间深入农村体察民情，经常分析全县农村经济和农业生产形势，总结经验，认真落实，及时解决阻碍生产发展的各种具体问题。切实加强对农业生产的领导，要进一步完善简政放权工作，要稳定和加强农业干部队伍，选调一批干部充实乡镇和到部分村任职。要加强乡镇基层政权和村领导班子建设，带领群众搞好农业生产。要积极搞好扶贫工作，帮助贫困户尽快脱贫。积极动员和组织各行各业大力支持农业，积极为发展农业做出贡献。

人大常委会要拿出较多的时间和精力，加强对政府农业工作的监督和检查，经常组织常委会委员和人大代表进行视察和调查研究，听取政府和有关部门汇报，监督各项农业法律、法规和本决议的贯彻实施，督促检查发展农业的各项政策和措施的贯彻执行。

深泽县第九届人民代表大会第三次会议号召：全县各级干部和广大人民群众在党委和政府领导下，下定决心，共同努力，排除困难，为夺取今年夏季丰收，进而夺取全年农业的好收成，并为深泽县农业持续稳定发展而努力奋斗。

# 第七章　选举任免

## 第一节　常委会选举任免情况

1987年7月27日，县九届人大常委会第二次会议通过县人民政府、县人大常委会、县人民法院、县人民检察院人事任免事项。

决定任命：

杜银茂为深泽县人民政府副县长；

苏恒军为县政府办公室主任；

赵虎春为县科委主任；

邸子军为县经委主任；

王学勇为县物价局局长；

林志海为县工商局局长；

魏宏拴为县商业局局长；

冯满仓为县粮食局局长；

赵安民为县交通局局长；

王志强为县卫生局局长；

刘喜太为县文教局局长；

李玉岭为县体委主任；

王进武为县乡镇企业局局长；

吴克勤为县林业局局长；

高英豪为县劳动人事局局长；

赵鹤儒为县计划委员会主任；

任文君为县审计局局长；

赵建堂为县司法局局长；

封印须为县民政局局长；

袁振法为县计划生育委员会主任；

纪广申为县财政局局长；

李占国为县公安局局长；

张从志为县城建局局长、县土地管理局局长；

贾增录为县农业局局长；

陈会永为县水利局局长；

曹刚为县税务局局长；

贺振兴为县统计局局长。

任命：

张振朝为县人大常委会政教科副科长；

曹计敏为县人大常委会政教科副科长；

王印昌为县人大常委会代表联系科副科长；

赵成文为县人大常委会财经科副科长；

王夯平为县人民检察院副检察长、检察委员会委员；

刘四群为县人民法院经济审判庭副庭长。

免去：

张沙池县人民检察院副检察长，检察委员会委员职务。

1987 年 10 月 17 日，县九届人大常委会第四次会议通过县人民政府、县人民检察院人事任免事项。

决定任命：

李占文为县畜牧局局长。

免去：

刘顺玺县人民检察院检察委员会委员职务；

赵振旗县人民检察院检察委员会委员职务。

1987 年 12 月 21 日，县九届人大常委会第五次会议通过县人民政府人事任免事项。

决定免去：

赵虎春县科委主任职务；

张从志县土地管理局局长职务。

决定任命：

赵益谦为县土地管理局局长。

1988 年 4 月 16 日，县九届人大常委会第八次会议通过县人民政府、县人民检察院人事任免事项。

决定任命：

陈振武为县粮食局局长；

郭振江为县科委主任；

张振英为县标准计量局局长。

任命：

崔跃进为县人民检察院检察员。

决定免去：

冯满仓县粮食局局长职务。

1988 年 6 月 8 日，县九届人大常委会第九次会议通过县人民政府、县人民法院人事任免事项。

决定任命：

高茂林为县司法局局长；

陶保辰为县监察局局长。

任命：

李造起为县人民法院审判员、大直要法庭副庭长；

封建国为县西河法庭副庭长。

决定免去：

赵建堂县司法局局长职务。

1988 年 7 月 21 日，县九届人大常委会第十次会议接受周企尚辞去深泽县人民政府县长职务，决定任命才利民为县人民政府副县长、代理县长。

1988 年 9 月 6 日，县九届人大常委会第十一次会议通过县人民政府人事任免事项。

决定任命：

邸庆忠为县公安局局长。

免去：

李占国县公安局局长职务。

1988 年 10 月 31 日，县九届人大常委会第十二次会议通过县人民政府、县人民法院人事任免事项。

决定任命：

贺振兴为县统计委员会主任。

决定免去：

贺振兴县统计局局长职务。

免去：

王民起县人民法院副院长职务。

1988 年 12 月 29 日，县九届人大常委会第十三次会议通过人事任免事项。

决定免去：

王志强县卫生局局长职务。

免去：

张振朝县人大常委会政教科副科长职务；

苗新芳县人民法院赵八法庭庭长职务；

孙培英县人民法院西河法庭庭长职务；

王俊娟县人民法院民庭副庭长职务；

田志刚县人民检察院检察员职务。

决定任命：

梁趁海为县卫生局局长。

任命：

张振朝为县人大常委会政教科科长；

苗新芳为县人民法院审判委员会委员；

王民起为县人民法院赵八法庭庭长；

李彦文为县人民法院行政审判庭庭长；

孙培英为县人民法院执行庭庭长；

王俊娟为县人民法院城关法庭庭长；

周益兵为县人民检察院检察委员会委员；

刘顺国为县人民检察院检察委员会委员；

李庆年为县人民检察院检察委员会委员；

张国斌为县人民检察院检察委员会委员。

1989 年 4 月 10 日，县九届人大常委会第十五次会议通过县人民政府、县人大常委会人事任免事项。

决定任命：

王存良为县审计局局长。

任命：

邸民生为县人大常委会办公室副主任。

1989 年 6 月 28 日，县九届人大常委会第十六次会议通过县人民政府、县人民法院人事任免事项。

决定免去：

李占高县政府副县长职务。

任命：

苗新芳为深泽县人民法院副院长。

1989年10月16日，县九届人大常委会第十八次会议通过县人民政府、县人民法院人事任免事项。

决定任命：

赵鹤儒为县人民政府副县长；

任世远为县人民政府副县长；

贾增录为县计划委员会主任；

贾礼仓为县农业局局长。

决定免去：

赵鹤儒县计划委员会主任职务；

贾增录县农业局局长职务。

免去：

王民起县人民法院审判委员会委员职务；

陈永军县人民法院民事审判庭副庭长职务；

崔跃进县人民检察院检察员职务。

1989年11月11日，县九届人大常委会第十九次会议通过县人民政府人事任免事项。

决定任命：

贾益谦为县粮食局局长。

决定免去：

陈振武县粮食局局长职务。

1989年11月18日，县九届人大常委会第二十次会议通过县人民政府人事任免事项。

决定免去：

高英豪县劳动人事局局长职务。

决定任命：

纪同振为县劳动人事局局长。

1990年2月28日，县九届人大常委会第二十二次会议通过县人民法院人事任免事项。

免去：

张田灵县人民法院院长、审批委员会委员职务。

任命：

高建文为县人民法院副院长、代理院长。

## 第二节　常委会接受辞职情况

1987 年 7 月 27 日，深泽县第九届人大常委会第一次会议接受张沙池辞去县人民检察院副检察长、检察委员会委员职务。

1988 年 7 月 21 日，深泽县第九届人大常委会第十次会议接受周企尚辞去深泽县人民政府县长职务。

1988 年 10 月 31 日，深泽县第九届人大常委会第十二次会议接受王民起辞去县人民法院副院长职务。

1989 年 6 月 28 日，深泽县第九届人大常委会第十六次会议接受李占高辞去县政府副县长职务。

1990 年 2 月 28 日，深泽县第九届人大常委会第二十二次会议接受张田灵辞去县人民法院院长、审批委员会委员职务。

# 第八章　机关工作

县第九届人大常委会在县委的领导下，在省人大和地区人大联络处的指导下，在全县代表和人民的支持下，人大常委会以党的十一届三中全会以来的路线、方针、政策为指针，以经济建设为中心，坚持四项基本原则，坚持改革开放，按照宪法和法律赋予的职权，从本县实际情况出发，积极稳妥地开展工作，在发展社会主义民主，健全社会主义法制，深化改革方面发挥了人大常委会的职能作用，对推动深泽县社会主义物质文明和精神文明建设的发展起到了应有作用。

1. 加强政治思想建设和廉政建设。主要抓了党的路线、方针、政策、各项法律法规及中央关于治理整顿深化改革等方面文件的学习，澄清思想，提高认识，坚决贯彻执行党中央的大政方针。

2. 加强廉政建设。常委会组成人员和机关工作人员带头执行常委会《关于加强国家机关廉政建设的决议》，以全心全意为人民服务为宗旨，甘当人民公仆，自觉廉洁从政。

3. 建立健全人大常委会工作制度。逐步做到常委会工作制度化。第九届人大常委会共制定《人大常委会会议事规则》《人大常委会监督办法》等 8 项制度，使常委会各项工作的开展有所遵循，逐步走上规范化、制度化轨道。

4. 建立健全常委会组织机构。按照规定，常委会设立“一室四科”，配备科室负责人，明确各科室的职责范围，有效提高了人大机关的工作效率。

5. 改进工作作风。常委会成员坚持深入基层，采取多种形式密切联系代表和选民，认真听取群众意见和呼声，自觉把自己置于代表和人民群众监督之下，同时深入工厂、农村、学校等单位，广泛进行调查研究。

# 第七篇

# 深泽县第十届人民代表大会

（1990年3月至1993年2月）

# 第一章　党的领导

深泽县第十届人民代表大会及其常务委员会，在深泽县委的领导下，在河北省人大常委会和石家庄地区人大工委的指导下，在全体人大代表和全县人民的支持下，以党的基本路线为指针，解放思想，更新观念，紧紧围绕经济建设这个中心，按照宪法和法律所赋予的职权，从深泽县实际出发，积极稳妥地开展工作。在加强社会主义民主和法制建设，推进经济体制和政治体制改革等方面，发挥了应有的职能作用，为深泽县社会主义物质文明和精神文明建设做出了应有贡献。

深泽县人大常委会坚持党的领导。深刻领会并认真实践中国特色社会主义理论，自觉把人大工作置于党的领导之下。凡涉及全局的重大事项，主动请示县委，密切配合党的中心工作开展活动，及时把党的主张转化为国家意志、变为群众的自觉行动。在县委统一领导下，协调好同“一府两院”的关系，树立人大的权威。

1990 年至 1993 年，县委批转人大常委会文件 18 件。县委、人大分别通过会议、学习班等形式，培训干部 300 多人次，提高各部门、各级领导干部对人大性质、地位和作用的认识，增强接受监督的自觉性。在县委的支持下，县人大常委会多次组织到外地参观学习，解放思想，更新观念，在工作中大胆探索，使人大工作得到不断创新和发展。

**中共深泽县人民代表大会常务委员会党组**

书　记：袁东义（1990 年 3 月至 1993 年 2 月）
副书记：宋　凯（1990 年 3 月至 1991 年 3 月）
　　　　贾常文（1990 年 3 月至 1993 年 2 月）
成　员：王多阳（1990 年 3 月至 1992 年 12 月）
　　　　李新田（女，1990 年 3 月至 1992 年 12 月）
　　　　段茂欣（1990 年 3 月至 1992 年 12 月）
　　　　高英豪（1990 年 3 月至 1993 年 2 月）
　　　　赵益谦（1992 年 12 月至 1993 年 2 月）
　　　　王国章（1992 年 12 月至 1993 年 2 月）

# 第二章 人大代表

深泽县第十届人民代表大会代表名额175名。1990年3月，召开县十届人大一次会议时实有代表175名。

## 第一节 选举产生

### 一、选举委员会

1989年11月11日，深泽县第九届人大常委会第十九次会议通过《关于县、乡两级人代会换届选举的决定》《关于深泽县选举委员会组成人员的决定》。主任：王进泽；副主任：袁东义、宋凯、张丙春、史志林；委员17名。

河北省人大常委会确定深泽县县人大代表名额为175名。深泽县九届人大常委会第十九次会议确定县人大代表名额分配方案，决定各乡镇代表名额，乡级人大代表名额共607名。全县共划分县人大代表选区91个，乡级人大代表选区228个，按照每选区分别将175名县人大代表名额和228名乡级人大代表名额分配到各县代表和乡级代表选区。

1990年2月13日为选举日。选举投票形式设投票站或流动票箱，部分选区召开选举大会，全县参加投票的选民152423人，参选率96.7%，选举产生县十届人大代表175名。

### 二、代表构成

在选举产生的175名县人大代表中，党员117名，占66.7%；群众58名，占33.1%；妇女37名，占21.1%；干部53名，占30.3%；工人农民代表122名，占69.7%。在选举产生的607名乡镇人大代表中，党员407名，占67.2%；群众200名，占32.8%；妇女126名，占20.7%；干部99名，占16.3%；工人农民代表508名，占83.7%。选举产生的县乡两级人大代表中，干部、工农、知识分子构成比例合理，文化程度有所提高，平均年龄有所下降。

## 第二节　代表名单

县直代表团（28 名）：

| | | | |
|---|---|---|---|
| 王会英（女） | 冯玉春 | 冯志广 | 纪会改（女） |
| 纪同振 | 刘树林 | 朱建民 | 许礼英 |
| 匡晓彦 | 安生河 | 何其生 | 李新田（女） |
| 余秀云（女） | 张永安 | 张根川 | 张海丰 |
| 张彩欣（女） | 邸子军 | 苏恒军 | 赵益谦 |
| 赵连明 | 段木同 | 高建文 | 崔飞云 |
| 崔志伟 | 崔胜国 | 彭国春 | 黎素英（女） |

深泽镇代表团（15 名）：

| | | | |
|---|---|---|---|
| 才利民（满族） | 王玉生 | 王建成 | 刘兰锁 |
| 刘志民 | 李　杰 | 李敬伟（女） | 宋振兴 |
| 张惠英（女） | 赵英欣（女） | 段茂欣 | 袁明栓 |
| 袁福因 | 彭计昌 | 黎春生 | |

大直要乡代表团（17 名）：

| | | | |
|---|---|---|---|
| 王建民 | 王树林 | 王彩然（女） | 刘根林 |
| 刘万申 | 刘振习 | 闫建欣 | 张大兴 |
| 张焕民 | 李造起 | 何福录 | 宋培兴 |
| 林荣芬（女） | 贺振庄 | 段群增 | 贾宏生 |
| 裴秀品（女） | | | |

固罗乡代表团（13 名）：

| | | | |
|---|---|---|---|
| 王多阳 | 王进泽 | 司欣然（女） | 李兴家 |
| 何庆云 | 杜义山 | 周子波 | 郑小丑 |
| 杨大楞 | 贺海林 | 段小振 | 提会然（女） |
| 康长海 | | | |

留村乡代表团（13 名）：

| | | | |
|---|---|---|---|
| 刘礼才 | 杜根恒 | 宋　凯 | 何长春 |
| 李香棉（女） | 李英全 | 张海林 | 林志江 |
| 胡玉芬（女） | 贾会军 | 贾俊娟（女） | 高英豪 |
| 曹丙辰 | | | |

羊村乡代表团（8 名）：

| | | | |
|---|---|---|---|
| 马志群 | 李贞明 | 张　欣（女） | 张水水 |
| 张庆山 | 邸英民 | 郭文宣（女） | 崔建民 |

赵八乡代表团（21 名）：

| | | | |
|---|---|---|---|
| 于明谦 | 王成国 | 王拴良 | 王保振 |
| 支素美（女） | 史志林 | 刘志军 | 陈礼春 |
| 李平顺 | 张占勋 | 张梅花（女） | 张建民 |
| 张俊京（女） | 赵礼星 | 贾俊缺（女） | 贾振杰 |
| 康占峰 | 曹计敏 | 崔务臣 | 焦振拴 |
| 裴秋来 | | | |

耿庄乡代表团（16 名）：

| | | | |
|---|---|---|---|
| 丁贞来 | 刘虎贯 | 孙英起 | 李发山 |
| 李东升 | 李步军 | 张志国 | 张桂珍（女） |
| 陈永茂 | 陈书生 | 赵根良 | 郭凤来（女） |
| 崔子和 | 崔庆来 | 常占福 | 焦运芬（女） |

西河乡代表团（15 名）：

| | | | |
|---|---|---|---|
| 丁进友 | 马文科 | 王国勋 | 王国章 |
| 吕彦拴 | 刘文波 | 刘青雪（女） | 刘俊平（女） |
| 李友勤 | 陈庆珍 | 周永波 | 郝大雨 |
| 袁东义 | 贾彦辉 | 翟英会（女） | |

铁杆镇代表团（14 名）：

| | | | |
|---|---|---|---|
| 王占根 | 王秀俭（女） | 王国州 | 吉双合 |
| 刘军科 | 刘杏色（女） | 刘彦坤（女） | 张振朝 |
| 杜永苍 | 周贞国 | 赵利宏 | 郭义忠 |
| 贾常文 | 康印梭 | | |

马里乡代表团（15 名）：

| | | | |
|---|---|---|---|
| 王小棉（女） | 王计明 | 王丽霞（女） | 刘福珍 |
| 刘增奎 | 刑习珍（女） | 李志国 | 李英民 |
| 杜增顺 | 罗和平 | 林三皮 | 高玉欣（女） |
| 赵会英（女） | 赵培英 | 黎发起 | |

**深泽县第十届人大代表届中变动情况表**

表 27

| 会次 | 终止情况 | 补选情况 | 人数 |
|---|---|---|---|
| 第一次会议 | — | — | 县十届人民代表大会第一次会议时，实有代表 175 名 |
| 第二次会议 | — | — | 县十届人民代表大会第二次会议时，实有代表 175 名 |
| 第三次会议 | 调离深泽 2 名：<br>才利民、王多阳<br>病逝 1 名：张梅花 | — | 县十届人民代表大会第三次会议时，实有代表 172 名 |
| 第四次会议 | 病逝 2 名：曹丙辰、刘兰锁 | — | 县十届人民代表大会第四次会议时，实有代表 170 名 |

# 第三节　代表工作

## 一、健全完善各项制度

本届常委会先后修订和完善《关于加强同县人大代表联系的办法》，制定《关于县人大代表联系选民的暂行办法》《关于县人大代表议案及建议、批评和意见办理的暂行办法》《关于开展评选优秀代表活动的意见》，常委会组成人员定点、定人联系代表等有关制度。建立代表情况档案，试行人大常委会组成人员联系代表登记卡、代表意见和建议卡、代表和人民群众来信来访登记卡，为方便联系，还将全县 175 名县代表划分为 12 个代表小组，并委托乡镇人代会主席团常务主席协助指导小组活动。

## 二、密切联系代表，认真办理代表建议、批评和意见

本届常委会通过定点定人联系代表、召开代表座谈会和开展评议活动，联系各级人大代表 2600 多人次，征求到对人大常委会和“一府两院”建议、批评和意见 392 条次。人大常委会按照“三明确”“一限定”的原则，明确承办领导，明确办理单位，明确办理标准，限定时间办理，及时催办和反馈。同时实行县长回访代表制度，县长带领有关部门深入乡镇，召开代表座谈会，征求代表对办理结果的意见，对需要继续办理的问题，当即拍板解决，或拿出解决办法，提高办理人大代表建议、批评和意见的效果，进一步密切了干群关系。

## 三、加强信访工作，密切群众联系

通过制定《信访工作试行办法》、建立主任信访接待日制度，本届常委会共接访 361 人次、来信 232 件次，受理案件 173 件次。对代表和群众反映的问题，常委会领导亲自参与调查、催办，并及时转交有关部门办理。

## 四、积极推进代表参政议政

邀请部分代表列席常委会会议，参加常委会组织的重大活动。组织代表围绕群众普遍关心的热点问题进行视察和检查。开展“双联”“双评”促进代表活动，常委会在完善联系代表办法的同时，制定代表联系选民办法，进一步拓宽联系渠道，丰富代表活动内容。

## 五、历次会议期间代表议案、建议和意见

十届一次会议共收到10名以上代表联名提出的议案62件，经归纳整理同事同案并案后，实为30件，经大会议案审查委员会审理，其中11件属于旧案重提，需继续督办。3件不足立案转有关部门办理，8件涉及政党群团的工作，不属立案范围，作为建议或意见转有关部门办理。交人大常委会审议的8件，全部转为建议，其中属于交通方面的2件、文教卫生方面的2件、城建方面的1件、土地管理方面的1件、果园承包方面的1件、转业军人建房补助费方面的1件、交政府及政府部门办理。1990年闭会期间，县政府向人大代表征求意见，收集建议34条。

十届二次会议共收到10名以上代表联名提出的议案47件，经归纳整理同事同案并案后，实为14件，其中农业方面4件、治安方面1件、军转费方面1件、廉政方面2件、民政方面1件、交通方面1件、其他方面4件。经议案审查委员会审议，其中8件作为建议转交有关部门办理。交人大常委会审议的6件，全部转为建议，交县政府和公检法部门办理。

十届四次会议共收到10名以上代表联名提出的议案26件，经归纳整理同事同案并案后，实为18件，其中工业方面1件、农业方面2件、交通方面2件、城建方面1件、计划生育方面5件、土地管理方面1件、公检法方面2件、电力方面1件、民政方面1件、其他方面2件。经议案审查委员会审议，其中13件作为建议、3件作为意见转交有关部门办理。交人大常委会审议的2件，全部转为建议，交县政府办理。

## 六、代表建议、意见选录

### 县十届人大二次会议期间

（一）议案转建议

1. 案由：要求赔偿因玉米种造成的损失

提议案人：张建民、林三皮、刘振林

附议人：赵八乡、马里乡、大直要乡全体县代表

理由：1990年县农业局种子公司购进的玉米种确实有问题，技术措施也没跟上，给全县农民造成不同程度的经济损失，仅赵八乡的不完全统计，全乡共种一万亩，亩减产450斤，共减产450万斤，强烈要求种子公司给农民以适当的赔偿。

审查意见：由县政府责成农业局办理。

2. 案由：要求加强社会治安

提议案人：曹丙辰、罗和平、贺振庄、段小振、刘军科

附议人：留村乡、马里乡、大直要乡、固罗乡、铁杆镇全体县代表

理由：当前社会治安秩序不稳定，给社会造成不良影响和不安定因素，望县政府加强综合治理，严厉打击。

审查意见：由县政府会同公、检、法办理。

3. 案由：要求解决 1983 年以前转业军人建房补助费

提议案人：王建民、黎春生

附议人：大直要乡、深泽镇全体县代表

理由：县政府把军队转业干部建房补助费打节处理的办法是不妥的，因 1984 年以后的建房费已给个人，可是这些人也有占公房的，想优先照顾 1983 年以前的住房问题落实不了，强烈要求县政府妥善解决。

审查意见：由县政府责成军转办办理。

4. 案由：要求修缮故城烈士塔

提议案人：王占根

附议人：铁杆镇全体县代表

理由：故城村烈士塔多年失修，前排房被拆，东门和烈士塔已倒，要求县民政局进行修缮，以慰烈士英灵。

审查意见：由县政府交民政局办理。

5. 案由：要求尽快解决原化肥厂欠款

提议案人：贾会军、邢习珍

附议人：留村乡、马里乡全体县代表

理由：原县化肥厂欠款一事，经多次提出，但一直兑现不了，群众意见很大，望县政府能积极想办法，尽快解决。

审查意见：由县政府办理。

6. 理由：要求修缮三条公路

提议案人：刘万申、赵培英、赵根良

附议人：大直要乡、马里乡、耿庄乡全体县代表

理由：大直要至枣营的公路，因年久失修已不成样子，致使石家庄至枣营的班车中断；南冶庄头至西河的公路，已大部分毁坏；堤北至龙泉固的公路，有 100 多米路面已坏。要求尽快维修。

审查意见：由县政府责成交通局办理。

（二）建议

1. 案由：要求加强科技兴农网络建设

提建议人：刘增奎

附议人：马里乡全体县代表

理由：科技兴农是个大事，原来的科技组织网络不健全，望县政府给各乡配好专职技术人员，加强科技队伍建设，搞好各乡技术指导和服务工作。

审查意见：由县政府办理。

2. 案由：要求兑现挂钩化肥

提建议人：裴秋来、杜根恒、段群增、赵根良、彭计昌、林三皮、康长海、周贞国

附议人：赵八乡、留村乡、大直要乡、耿庄乡、深泽镇、马里乡、固罗乡、铁杆镇全体县代表

理由：1990 年国家给农民的挂钩化肥到目前还没兑现完毕，只兑现 40% ～ 60%，要求及时兑现。

审查意见：由县政府转交县社办理。

3. 案由：要求制止红白事大操大办

提建议人：林三皮、张大兴

附议人：马里乡、大直要乡全体县代表

理由：当前红白事大操大办的问题很严重，影响很坏，人民群众意见很大，望能从县直部门做起，坚决刹住红白事大操大办风气。

审查意见：由县政府交民政局办理。

4. 案由：要求解决派出所的隶属关系

提建议人：崔建民

附议人：羊村乡、留村乡全体县代表

理由：派出所当前隶属关系不明确，成为两不管单位，经费没着落，望县政府尽快解决此问题。

审查意见：由县政府办理。

5. 案由：要求解决果园承包的不合理现象

提建议人：刘振习

附议人：大直要乡全体县代表

案由：完善果园承包合同是一个亟待解决的问题，不少果园在承包上发生矛盾，为避免矛盾激化，望县政府组织力量解决此问题。

审查意见：由县政府转林业局办理。

6. 案由：要求彻底解决城里街交通问题

提建议人：曹记敏

附议人：段茂欣、赵利宏、宋凯、冯玉春、王会英、黎素英、纪同振、苏恒军、高建文、段木同、许礼英

理由：县城街道摆摊太乱，尤其东西大街，街中间摆摊，严重影响交通，群众意见很大，要求县政府采取有效措施，彻底解决这类问题。

审查意见：由县政府责成城建局、公安局、工商局办理。

## 七、代表议案、建议和意见办理

1.1990 年，县人大十届一次会议交付“一府两院”办理的建议、意见 19 件，全部办结。县政府与人大代表座谈中，收集建议 34 条，全部予以解决。

2.1991 年，县人大十届二次会议交付县政府办理的代表建议 14 件，均得到积极办理。

3.1992 年，县人大十届四次会议交付县政府办理的代表建议 15 件、意见 3 件，全部办结。

## 八、表彰优秀代表和人民公仆

为促进县人大代表积极参政议政，国家机关工作人员当好人民公仆，县人大常委会开展评选优秀人大代表和人民公仆活动。1991 年 3 月，评选出优秀人大代表 23 名，人民公仆 20 名；1992 年 3 月，评选出优秀人大代表 23 名，人民公仆 10 名。

1991 年 3 月评选出的优秀人大代表名单（23 名）：

| | | | |
|---|---|---|---|
| 张海林 | 刘礼才 | 李　杰 | 彭计昌 |
| 贾俊缺 | 裴秋来 | 刘志军 | 马文科 |
| 刘文波 | 刘军科 | 康印梭 | 郑小丑 |
| 杨大楞 | 赵培英 | 邢习珍 | 马志群 |
| 宋培兴 | 贺振庄 | 郭风来 | 李东升 |
| 刘树林 | 许礼英 | 王会英 | |

1991 年 3 月评选出的人民公仆名单（20 名）：

| | | | |
|---|---|---|---|
| 王进武 | 王国章 | 冯录刚 | 刘文达 |
| 刘树林 | 纪广申 | 纪同振 | 张从志 |
| 何其生 | 李玉章 | 苏恒军 | 邸子军 |
| 杨占军 | 赵文斌 | 赵安民 | 郭振江 |
| 郝占军 | 贾礼仓 | 阎中义 | 曹桂雨 |

1992 年 3 月评选出的优秀人大代表名单（23 名）：

| | | | |
|---|---|---|---|
| 纪同振 | 许礼英 | 张彩欣 | 李　杰 |
| 贺振庄 | 宋培兴 | 司欣然 | 郑小丑 |
| 张海林 | 贾俊娟 | 邸英民 | 赵英欣 |
| 王成国 | 刘志军 | 贾俊缺 | 李东生 |
| 焦运芬 | 马文科 | 刘文波 | 刘军科 |
| 康印梭 | 赵培英 | 邢习珍 | |

1992 年 3 月评选出的人民公仆名单（10 名）：

| | | | |
|---|---|---|---|
| 张振朝 | 王进武 | 魏宏拴 | 陈会永 |
| 赵国华 | 郝占军 | 贾增录 | 何其生 |
| 权春来 | 肖栓聚 | | |

# 第三章　人民代表大会

深泽县第十届人民代表大会任期自1990年3月至1993年2月，共举行代表大会4次。

1990—1992年深泽县十届人大历次会议概况表

表28

| 会议次序 | 会议日期 | 议题（项） | 听取报告（个） | 决议决定（项） | 选举表决（项） |
|---|---|---|---|---|---|
| 第一次 | 1990年3月6日至10日 | 12 | 6 | 8 | 4 |
| 第二次 | 1991年3月12日至15日 | 9 | 6 | 7 | 0 |
| 第三次 | 1991年9月17日 | 2 | 1 | 1 | 1 |
| 第四次 | 1992年3月25日至28日 | 11 | 6 | 7 | 0 |

## 第一节　会议概况

### 一、县十届人大一次会议

深泽县第十届人民代表大会第一次会议，于1990年3月6日至10日在石油礼堂召开。3月6日上午，举行第一次全体会议。应出席代表175名，实到会代表166名。大会在雄壮的国歌声中开幕。县政府县长才利民作《政府工作报告》，县计划委员会主任贾增录作《关于深泽县1989年国民经济及社会发展计划执行情况和1990年国民经济及社会发展计划（草案）的报告》，县财政局局长纪广申作《关于深泽县1989年财政决算执行情况和1990年财政预算（草案）报告》，县人大常委会主任袁东义作《深泽县人民代表大会常务委员会工作报告》，县人民法院代院长高建文作《深泽县人民法院工作报告》，县人民检察院检察长张根川作《深泽县人民检察院工作报告》，通过《关于依法治县的决议》和《关于国家机关工作人员当好人民公仆的决议》，通过《深泽县人民代表大会议事规则》，通过议案审查委员会《关于议案的审查报告》，表决通过《深泽县第十届人民代表大会第一次会议选举办法（草案）》。

会议认为，要继续贯彻落实县九届人大三次会议《关于加强农业的决议》。高度重视农业，牢固树立农业的基础地位，大力争取农业生产再上一个新台阶。要深入贯彻落实党的农村经济政策，稳定以家庭经营为主的承包责任制。进一步调动农民种田的积极性；要增加对农业的投入，用好国家的农业开发基金，建立和完善深泽县的农业发展基金制度。同时鼓励农民把更多的资金投入到农业上来。加强农业的基础建设；要巩固和完善农业技术推广体系，引进先进技术和优良品种；要强化对农业的服务。搞好农用生产资料的供应；要调整农业的内部结构，在大力抓好粮食生产的同时，突出抓好棉花生产，执行对棉花生产的优惠政策，落实棉花种植面积，千方百计完成今年棉花生产任务；要切实保护土地资源。坚决制止乱占耕地，同时要搞好滹沱河的综合开发和利用。全县人民要积极行动起来，各行各业要大力支援农业，为在三年内完成农业的“四项开发工程”，为夺取今年的农业丰收而努力。

会议认为，要在治理整顿中抓住机遇发展县办工业和乡镇企业，要依法治厂，全心全意依靠工人阶级，要继续稳定和完善企业承包经营责任制，强化企业的内部管理，深化改革，增强企业活力；要调整产品结构、产业结构，提高产品质量，增强竞争能力；要努力加快新建项目的投产和在建项目的工程进度，使其尽快发挥经济效益；要不失时机地增加投入上规模，确保深泽县工业持续、稳定、协调发展，还要千方百计做好财贸工作，保证工农业生产资料和人民生活必需品的供应。在抓好物质文明建设的同时，要抓好精神文明建设，要积极推进教育、科学、文化、卫生、体育等项事业的发展。要做好计划生育工作，提高人口素质。

会议指出，必须切实加强社会主义民主与社会主义法制建设。深入开展普法教育，严格依法办事，实行依法治县。各国家机关要把廉政建设纳入重要议事日程，国家机关工作人员要当好人民公仆，全心全意为人民服务。会议号召，全县人民同心同德，认真贯彻执行党的十三届四中、五中全会精神，坚持“一个中心，两个基本点”，努力开拓，奋发进取，为巩固深泽县安定团结的政治局面，为繁荣深泽县经济，为提高人民的物质和文化生活水平，为全面完成物质文明和建设精神文明的各项任务而努力奋斗。

## 二、县十届人大二次会议

深泽县第十届人民代表大会第二次会议，于1991年3月12日至15日在石油公司礼堂召开。3月12日上午，举行第一次全体会议。应出席代表175名，实到会代表136名。大会在雄壮的国歌声中开幕。县政府县长才利民作《政府工作报告》，县计划委员会主任贾增录作《关于深泽县1990年国民经济及社会发展计划执行情况和1991年国民经济计划（草案）的报告》，县财政局局长纪广申作《关于深泽县1990年财政决算执行情况和1991年财政预算（草案）报告》，县人大常委会主任袁东义作《深泽县人民代表大会常务委员会工作报告》，县人民法院院长高建文作《深泽县人民法院工作报告》，县人民检察院检察长张根川作《深泽县人民检察院工作报告》，通过《关于集中力量把深泽县办工业搞上去的决议》。

会议指出，1991年是十年规划、八五计划的第一年，各级各部门要牢固树立以经济建设为中心的指导思想，坚持四项基本原则，坚持改革开放，集中精力搞好治理整顿和深化改革，紧紧围绕解决深泽主要矛盾，打好工业翻身仗，要认真落实搞活企业的各项法律法规和政策。要加强企业管理，增强企业活力，要调整产品结构，适应市场需要，要搞好企业技术改造，推进企业技术进步，认真开展“质量、品种、效益年”活动，增强企业发展后劲，各有关部门要密切配合，通力合作，集中一切力量把深泽工业搞上去。同时，要不失时机地继续抓好农业生产。要进一步加强农业的基础地位，加快农村系列化服务体系的建立和完善，鼓励农民加强农田基本建设，增加对农业的投入。在重视粮食生产的同时，下大力发展棉花生产，要真正落实对棉花生产的倾斜政策，在资金、物资、技术上提供可靠的保障，从根本上扭转棉花生产的被动局面。要继续实施农业四项工程，用好农业开发资金，增强农业生产后劲，保持农业生产的高产稳产，夺取今年农业全面丰收。

会议提出，各级各部门要继续贯彻落实县十届人大一次会议作出的依法治县和国家机关工作人员当好人民公仆的两个决议，把各项建设事业纳入法治轨道。要在抓好物质文明建设的同时，抓好精神文明建设。要积极推进教育、文化、科技、卫生、体育等各项事业的发展，认真搞好计划生育，严格控制人口增长，要继续抓好“扫黄”和禁赌工作，严厉打击严重刑事犯罪分子和严重经济犯罪分子，加强社会治安的综合治理，保持安定团结的政治局面，为深泽县的经济发展和人民生活提供良好的社会环境。

会议号召，全县人民要积极行动起来，认真贯彻党的十三届七中全会精神，围绕经济建设，全面实施务实战略，积极进取，勤奋工作，为打好经济翻身仗，为提高人民的物质和文化水平而努力奋斗。

## 三、县十届人大三次会议

深泽县第十届人民代表大会第三次会议，于1991年9月17日，在政府四楼会议室召开。9月17日上午，大会举行第一次全体会议。应出席代表172名，实到会代表139名。县政府代理县长王进泽作《深泽县国民经济和社会发展第八个五年计划（草案）的报告》，表决通过《深泽县第十届人民代表大会第三次会议选举办法（草案）》。

会议认为，“七五”期间，全县人民在县委和县政府的领导下，认真贯彻执行党的各项路线、方针、政策，以经济建设为中心，坚持四项基本原则，坚持改革开放，各项事业取得一定成绩，为进一步繁荣深泽县经济，全面实施“八五”计划奠定了基础。但是，在经济工作中，“县办工业落后，集体经济薄弱，三级财政吃紧”等问题，仍制约着深泽县经济的发展。对此，县政府应给予高度重视，要抓住机遇，采取积极有效的措施，在“八五”期间，全面实现预定的战略目标。

会议要求，要继续坚持以经济建设为中心，以调整产业结构和提高效益为重点，把深泽县经济的整体素质提高到一个新水平，实现国民经济持续、稳定、协调发展。要大力加强农业，提高农业综合生产能力，要坚持和完善家庭联产承包责任制，积极发展多种形式的社会化服务体系，健全充分结合的双层经营体制，逐步壮大集体经济实力。要进一步增强全民所有制企业的活力，充分发挥它们在经济建设中的骨干作用，并在发展国营经济的同时，支持和促进乡镇企业和集体经济的健康发展，适当发展个体经济。要把发展科技教育事业放在突出位置，建立适应计划经济与市场调节相结合的经济体制和科技发展机制。要在运用现代科技改造传统产业、发展高新技术及其他产业化方面有所突破，使经济建设转移到依靠科技进步和提高劳动者素质的轨道上来。要进一步推进改革开放，把改革同发展更好地结合起来，创出一条适合深泽县经济发展的路子。要利用掌握好社会闲散资金和外来资金的投放，进一步创造优越的投资环境，大上低投入、高产出、高效益的合资开发项目。要坚持艰苦奋斗、勤俭建国的方针，大力增产节约、增收节支，努力实现财政状况的根本好转。要坚定不移地实行计划生育，严格控制人口增长，要切实加强水、土、林等资源的管理和环境保护，把资源的合理开发利用和生态建设纳入社会发展计划。要大力推进社会主义精神文明建设，广泛开展爱国主义、集体主义和社会主义思想教育，进一步坚定社会主义信念，要大力加强社会主义民主和法治建设，严格依法办事，依法行政，保障公民正确行使法律赋予的各项权利，履行各项义务。要继续加强社会治安的综合治理，依法严厉打击严重刑事犯罪和严重经济犯罪，制止和清除一切危害社会治安和扰乱社会秩序的不法行为，保持安定团结的政治局面和良好的社会环境，为实施“八五”计划提供可靠的政治保证。会议指出，不管国际风云如何变化，我们都要始终保持清醒的头脑，树立坚定的社会主义信念，坚定不移地走有中国特色的社会主义道路，使深泽县的两个文明建设始终朝着正确方向发展。会议号召，全县人民要振奋精神，在县委和县政府的领导下，大力弘扬深泽精神，认真实施务实战略，万众一心，埋头苦干，开拓进取，为全面实现“八五”计划的各项任务而努力奋斗。

## 四、县十届人大四次会议

深泽县第十届人民代表大会第四次会议，于1992年3月25日至28日在县政府会议楼二楼会议厅举行。3月26日上午，举行大会第一次全体会议。应出席代表170名，实到会代表121名。县政府县长王进泽作《政府工作报告》，县计划委员会主任贾增录作《关于深泽县1991年国民经济及社会发展计划执行情况和1992年国民经济计划（草案）的报告》，县财政局局长陈汉民作《关于深泽县1991年财政决算执行情况和1992年财政预算（草案）报告》，县人大常委会主任袁东义作《深泽县人民代表大会常务委员会工作报告》，县人民法院院长高建文作《深泽县人民法院工作报告》，县人民检察院检察长张根川作《深泽县人民检察院工作报告》。通过《关于加强廉政建设的决议》《关于加强农业社会化服务的决议》和县城标方案的意见。

会议认为，1991年县政府认真贯彻执行县十届人大二次会议作出的各项决议，立足于解决深泽县的主要矛盾，采取有效措施，动员全县人民，齐心协力，艰苦创业，推进全县经济建设和各项社会事业的发展，为实现“八五计划”创造了一个良好的开端。同时，也要清醒看到当前面临不少困难和问题，主要是农业生产没有大的突破，农业社会化服务水平低，县办工业回升缓慢，产品结构不合理，经济效益不高，发展后劲不足等问题，仍然制约着深泽县经济发展。对此，政府要引起高度重视，采取有效措施，切实加以解决。

会议强调，1992年的经济工作必须抓住有利时机，进一步解放思想，加快改革开放步伐，促进深泽县经济持续、稳定、协调发展。要重视农业的基础地位，认真贯彻党的八中全会的精神，深化农村改革，在稳定家庭联产承包责任制的基础上，进一步建立和完善统分结合的双层经营体制，积极发展农业社会化服务体系，坚持科技兴农；要大力发展乡镇企业。努力提高农业的综合生产能力，夺取农业的全面丰收。要认真贯彻实施企业法，围绕调整结构，提高效益，进一步搞活县办企业，以转换企业经营机制为重点，深化企业改革，增加投入，加快技术改造和新产品开发，把企业推向市场，要努力转变政府职能，精简机构，切实落实企业自主权，为企业发展创造良好的外部环境。要坚定不移地扩大对外开放，积极引进资金和项目，进一步搞活流通，抓好财政金融工作。要认真实施“科技兴县”的发展战略，积极引进和应用科技成果，促进科技与经济的结合，使经济发展真正走上依靠科技进步和提高劳动者素质的轨道。在生产发展的基础上，不断改善人民生活。必须坚持社会主义物质文明和精神文明建设一起抓的方针。深入开展社会主义思想教育和法制教育，坚定社会主义信念，增强把经济建设搞上去的责任感和紧迫感。要把科技、教育放在优先发展的战略地位。继续抓好计划生育工作。要努力发展社会主义文化、卫生和体育等各项事业。不断加强廉政建设，坚决纠正行业不正之风，提高干部队伍的战斗力。要进一步加强社会治安综合治理，依法严厉打击各种犯罪活动，巩固和发展安定团结的政治局面。

会议要求，各级领导干部要切实转变作风，深入调查研究，密切联系群众，自觉接受人民的监督，少说多做，努力提高工作效率，把各项工作做得更好。会议号召，全县人民要团结一致，认真实施务实战略，大力弘扬深泽精神，艰苦奋斗，开拓进取，再创新成绩。

## 第二节 会议选举

县十届人大历次会议，共选举产生县国家机关工作人员28人。

### 县人大常委会

主　任：

袁东义　　1990年3月10日县十届人大一次会议第二次全体会议当选

副主任：

贾常文　　1990年3月10日县十届人大一次会议第二次全体会议当选

裴秀品　　1990年3月10日县十届人大一次会议第二次全体会议当选

高英豪　　1990年3月10日县十届人大一次会议第二次全体会议当选

段茂欣　　1990年3月10日县十届人大一次会议第二次全体会议当选

赵益谦　　1990年3月10日县十届人大一次会议第二次全体会议当选

李新田　　1990年3月10日县十届人大一次会议第二次全体会议当选

委　员（1990年3月10日县十届人大一次会议第二次全体会议当选）：

王玉生　　王国章　　冯志广　　刘树林

纪会改（女）　　余秀云（女）　　张振朝　　段木同

曹计敏　　　崔胜国　　　黎素英（女）

**县人民政府**

县　长：

才利民　　1990年3月10日县十届人大一次会议第二次全体会议当选

王进泽　　1991年9月17日县十届人大三次会议第二次全体会议当选

副县长：

史志林　　1990年3月10日县十届人大一次会议第二次全体会议当选

杜银茂　　1990年3月10日县十届人大一次会议第二次全体会议当选

李明国　　1990年3月10日县十届人大一次会议第二次全体会议当选

赵鹤儒　　1990年3月10日县十届人大一次会议第二次全体会议当选

任世远　　1990年3月10日县十届人大一次会议第二次全体会议当选

张占勋　　1990年3月10日县十届人大一次会议第二次全体会议当选

**县人民法院**

院　长：

高建文　　1990年3月10日县十届人大一次会议第二次全体会议当选

**县人民检察院**

检察长：

张根川　　1990年3月10日县十届人大一次会议第二次全体会议当选

# 第三节　会议组织

## 一、县十届人大一次会议

（一）大会临时党组

书　记：李步军

副书记：才利民　王进泽　袁东义　宋　凯　贾常文

成　员：

| | | | |
|---|---|---|---|
| 纪同振 | 赵利宏 | 王建民 | 杜根恒 |
| 王建成 | 周子波 | 崔建民 | 康占峰 |
| 丁贞来 | 王国勋 | 刘增奎 | |

（二）主席团

| | | | |
|---|---|---|---|
| 王玉生 | 王多阳 | 王会英（女） | 王进泽 |

王国章　　冯玉春　　冯志广　　纪会改（女）
刘树林　　李步军　　李新田（女）　　宋　凯
余秀云（女）　　张振朝　　赵益谦　　段木同
段茂欣　　袁东义　　高英豪　　贾常文
曹计敏　　崔子和　　崔胜国　　裴秀品（女）
黎素英（女）

（三）秘书长：贾常文（兼）

（四）主席团常务主席

李步军　　王进泽　　袁东义　　崔子和
宋　凯　　贾常文　　裴秀品（女）　　王多阳
段茂欣　　高英豪　　赵益谦　　李新田（女）

（五）主席团执行主席

3月6日：
袁东义　　贾常文　　冯玉春　　王玉生
余秀云（女）

3月7日：
李新田（女）　　刘树林　　崔胜国　　段木同
黎素英（女）

3月8日：
李步军　　裴秀品（女）　　赵益谦　　曹计敏
冯志广

3月9日：
宋　凯　　王多阳　　段茂欣　　王国章
纪会改（女）

3月10日：
王进泽　　崔子和　　高英豪　　张振朝
王会英（女）

（六）财政经济审查委员会

主任委员：高英豪

委　员：
冯志广　　王建民　　郭义忠　　王玉生
段木同　　黎素英（女）

（七）议案审查委员会

主任委员：段茂欣

委　员：

| | | | |
|---|---|---|---|
| 冯玉春 | 袁明栓 | 余秀云（女） | 王会英（女） |
| 刘增奎 | 贾彦辉 | | |

（八）副秘书长

| | | | |
|---|---|---|---|
| 王国章 | 刘进拴 | 王运章 | 陈茂兴 |
| 刘纪元 | 王建榜 | | |

## 二、县十届人大二次会议

（一）大会临时党组

书　记：李步军

副书记：

| | | | |
|---|---|---|---|
| 才利民 | 王进泽 | 袁东义 | 贾常文 |
| 宋　凯 | | | |

成　员：

| | | | |
|---|---|---|---|
| 王建成 | 王建民 | 贺海林 | 杜根恒 |
| 崔建民 | 王保振 | 丁贞来 | 康占峰 |
| 崔胜国 | 刘增奎 | | |

（二）主席团

| | | | |
|---|---|---|---|
| 王玉生 | 王多阳 | 王会英（女） | 王进泽 |
| 王国章 | 冯志广 | 纪会改（女） | 刘树林 |
| 余秀云（女） | 李步军 | 李新田（女） | 宋　凯 |
| 张振朝 | 段木同 | 段茂欣 | 赵益谦 |
| 袁东义 | 高英豪 | 贾常文 | 崔子和 |
| 曹计敏 | 裴秀品（女） | 黎素英（女） | |

（三）秘书长：贾常文（兼）

（四）主席团常务主席

| | | | |
|---|---|---|---|
| 李步军 | 王进泽 | 袁东义 | 崔子和 |
| 贾常文 | 宋　凯 | 王多阳 | 裴秀品（女） |
| 高英豪 | 段茂欣 | 赵益谦 | 李新田（女） |

（五）主席团执行主席

3 月 12 日：

| | | | |
|---|---|---|---|
| 李步军 | 袁东义 | 裴秀品（女） | 李新田（女） |
| 王玉生 | 曹计敏 | 段木同 | |

3 月 13 日：

| | | | |
|---|---|---|---|
| 贾常文 | 宋　凯 | 王多阳 | 高英豪 |

王国章　　刘树林　　纪会改（女）　　余秀云（女）

3 月 14 日：

王进泽　　崔子和　　段茂欣　　赵益谦

张振朝　　冯志广　　黎素英（女）　　王会英（女）

（六）财政经济审查委员会

主 任 委 员：高英豪

副主任委员：赵益谦

委　员：

刘树林　　黎素英（女）　　王建民　　王保振

朱建民

（七）议案审查委员会

主 任 委 员：段茂欣

副主任委员：李新田（女）

委　员：

冯玉春　　王玉生　　刘增奎　　贾宏生

王会英（女）

（八）副秘书长

王国章　　刘进拴　　陈茂兴　　刘纪元

曹彦平　　王建榜

## 三、县十届人大三次会议

（一）大会临时党组

书　记：李步军

副书记：

王进泽　　袁东义　　贾常文

成　员：

纪同振　　王建成　　王建民　　贺海林

崔建民　　王保振　　杜根恒　　丁贞来

康占峰　　崔胜国　　刘增奎

（二）主席团

王玉生　　王会英（女）　　王国章　　冯志广

刘树林　　纪会改（女）　　余秀云（女）　　李步军

李新田（女）　　张振朝　　段木同　　段茂欣

赵益谦　　袁东义　　高英豪　　贾常文

崔子和　　曹计敏　　裴秀品（女）　　黎素英（女）

（三）秘书长：贾常文（兼）

（四）主席团常务主席

李步军　　袁东义　　崔子和　　贾常文
裴秀品（女）　　高英豪　　段茂欣　　赵益谦
李新田（女）

（五）财政经济审查委员会

主 任 委 员：高英豪

副主任委员：赵益谦

委　员：

刘树林　　黎素英（女）　　王建民　　王保振
朱建民　　王会英　　马文科

（六）副秘书长

王国章　　陈茂兴　　黎亚津　　曹彦平
王建榜

## 四、县十届人大四次会议

（一）大会临时党组

书　记：李步军

副书记：

王进泽　　袁东义　　贾常文

成　员：

纪同振　　王建成　　王建民　　贺海林
杜根恒　　崔建民　　王保振　　丁贞来
周子波　　刘增奎　　贾彦辉

（二）主席团

王玉生　　王会英（女）　　王国章　　冯志广
纪会改（女）　　刘树林　　李步军　　李新田（女）
余秀云（女）　　张振朝　　段木同　　段茂欣
赵益谦　　赵培英　　袁东义　　高英豪
贾常文　　崔子和　　曹计敏　　裴秀品（女）
黎素英（女）

（三）秘书长：贾常文（兼）

（四）主席团常务主席

李步军　　袁东义　　崔子和　　贾常文
裴秀品（女）　　高英豪　　段茂欣　　赵益谦

李新田（女）

（五）主席团执行主席

3月26日：

| | | | |
|---|---|---|---|
| 袁东义 | 崔子和 | 高英豪 | 王玉生 |
| 刘树林 | 纪会改（女） | 黎素英（女） | |

3月27日：

| | | | |
|---|---|---|---|
| 贾常文 | 赵益谦 | 李新田（女） | 王国章 |
| 曹计敏 | 段木同 | | |

王会英（女）

3月28日：

| | | | |
|---|---|---|---|
| 李步军 | 裴秀品（女） | 段茂欣 | 张振朝 |
| 冯志广 | 余秀云（女） | 赵培英 | |

（六）计划预算审查委员会

主 任 委 员：高英豪

副主任委员：赵益谦

委　员：

| | | | |
|---|---|---|---|
| 马文科 | 王建民 | 王保振 | 刘树林 |

黎素英（女）

（七）议案审查委员会

主 任 委 员：段茂欣

副主任委员：李新田（女）

委　员：

| | | | |
|---|---|---|---|
| 王玉生 | 王会英（女） | 冯玉春 | 刘增奎 |

李贞明

（八）副秘书长

| | | | |
|---|---|---|---|
| 王国章 | 曹占英 | 陈茂兴 | 黎亚津 |
| 曹彦平 | 王建榜 | | |

# 第四章　人民代表大会常务委员会

## 第一节　常委会会议

1990年4月20日至1993年2月15日，县十届人大常委会共举行常委会会议18次。

**第一次会议**　1990年4月20日先后在人大会议室，县委二楼中厅会议室举行，会期1天。县人大常委会主任袁东义，副主任贾常文、裴秀品、高英豪、段茂欣、赵益谦及委员王玉生、王国章、刘树林、纪会改、张振朝、段木同、曹计敏、崔胜民、黎素英出席会议。县委副书记王进泽，人大党组副书记宋凯，县政府县长才利民、副县长任世远，县政协副主席缪西月、县法院院长高建文，县委组织部部长王俊林、副部长陈茂兴，政府序列各委、办、局正局、县人大常委会各科室负责人及其他有关人员就不同议题列席会议。会议由袁东义主持。

会议针对十届常委会半数新成员的情况，由袁东义组织学习人大常委会的职权责任。每个委员要在宪法和法律赋予职责范围内，认真行使职权，努力尽职尽责，在县委领导下，与县政府通力合作，把深泽县的事情办好。

会议通报县第十届人大常委会负责干部的分工。

会议听取和审议《县、乡两级人代会换届选举工作总结报告》，委员们进行充分发言，一致认为，这次县、乡两级人代会换届选举工作，宣传工作做得比较充分，认真依照法律完成工作任务。委员们认为，总结报告总的讲比较全面，切合实际，一致通过。会议提出：在下一步对换届选举的执法检查中，要认真检查存在的问题，并写入执法检查的总结汇报中，作为今后的经验教训。会议要求，县人大常委会的领导和机关工作人员以及乡人代会主席团常务主席，要做好未继续连任的九届县、乡两级代表的回访工作，征求意见和建议，以密切国家机关同人民群众的联系。

会议研究讨论《1990年人大常委会工作要点和主要工作的安排计划》。

为更好地贯彻落实中共中央六中全会精神和县委召开的五届一次党代会会议精神，鼓励和鞭策被任免干部不辜负全县人民的重托，当好人民公仆，为人民扎扎实实办实事，把深泽事情办得更好。本届一次常委会进行的人事任免事项，在法律上进行了改革，凡属政府序列换届后继续被提名拟任的局级正职，都到会向委员们当面报告在本届任职期内的办实事计划，然后由常委会对拟任免干部进行投票表决。会议决定县人大常委会代表资格审查委员会组成人员。会议决定撤销县人大常委会政教工作科，设立政法工作科和科教文卫科。

**第二次会议** 1990年7月3日在人大会议室举行，会期1天。县人大常委会主任袁东义，副主任贾常文、裴秀品、高英豪、段茂欣、赵益谦、李新田及委员王玉生、王国章、冯志广、刘树林、纪会改、余秀云、张振朝、段木同、曹计敏出席会议。县委副书记王进泽、人大党组副书记宋凯、县政府副县长史志林、赵鹤儒，县政协副主席王多阳，县法院院长高建文、县检察院检察长张根川，县政府办公室主任苏恒军、县人大常委会各科室负责人及县人大代表崔建民、李杰、康印俊等列席会议。会议由袁东义主持。

会议听取和审议《县政府有关落实十届人大一次会议作出的依法治县决议的安排计划报告》，委员们进行认真的审议，一致认为，这个安排计划比较全面和切合实际，总的思路是正确的，指导思想是正确的，同意这个报告。为使安排计划落到实处，真正把深泽县工作纳入法制轨道，逐步实现依法治县，会议认为，依法治县是一个艰巨复杂的系统工程，各级领导要不断提高法治意识，尽快适应由人治到法治的过渡。一是要认真解决以言代法、以权压法的问题，自觉依法办事，秉公执法。各级领导要把依法治县的计划和措施，认真落实部门执法责任制，尽快地把各项工作纳入法制轨道。二是进一步抓好全民普法工作。除普法的专业机构和人员努力深入地做好普法工作外，各执法单位除执法外，还要搞好普法工作，提高全社会的法律意识和法制观念。三是搞好执法队伍的整顿工作，解决执法人员中存在的问题，做到有法必依，执法必严，违法必究，树立执法人员 在人民群众中的光辉形象。四是政府要尽快制定出依法治县的实施方案及实施细则。五是依法治县要突出抓好专题教育和专题治理。会议同时要求法院、检察院在三季度制定出本部门落实依法治县决议的实施方案。

会议听取和审议县政府《关于落实十届人大一次会议做出的国家机关工作人员当好人民公仆决议的安排计划报告》，委员们认为，国家机关工作人员当好人民公仆的决议贯彻落实了党的六中全会精神，在当前形势下作此决议是非常及时和有必要的，一是要让全县国家机关工作人员进一步明确在我国经济治理整顿和深化改革的新时期，为什么要当好人民公仆和怎样当好人民公仆的思想认识，建议政府在这些方面做做文章；二是各级领导要率先垂范，带头执行决议，真正树立当好人民公仆的意识，自觉做到清正廉洁全心全意为人民服务；三是靠纪律约束，制定严格的规章制度，使国家机关工作人员用制度来规范自己的言行；四是要在全县形成一个大张旗鼓的宣传声势，宣传决议，宣传和表彰当好人民公仆的先进典型。

会议听取和审议县政府《关于十届人大一次会议代表建议、意见和代表座谈会所提意见办理情况的报告》。一致认为，由于政府领导的重视，承办机构逐步健全，十届人大一次会议代表建议、意见和代表座谈会意见办结速度较快，质量较高，委员们表示满意。会议同时认为，个别建议、意见的办结质量要进一步提高。建议今后办理一个就要真正彻底地办结好，避免再出现旧案重提的问题。建议政府对办结工作来个回头看，对一些至今未办结的旧案排排队，特别是对于群众反映比较强烈的旧建议、意见，比如无极污水污染问题，要做出努力，使之尽快得到解决。

会议听取和审议《深泽县今年以来农业工作的报告》。一致认为，今年以来，在县委和政府的统一领导下，在十三届五中、六中全会精神的指引下，经全县人民的共同努力，深泽县农业发展的形势是好的，为进一步强化农业的基础地位，深泽县农业发展，建议政府，1. 要继续实行好对农业的政策倾斜，并在原有基础上进一步完善；2. 继续抓好以家庭为主的联产承包责任制，在此基础上实现农业的机械化，这是农业的根本出路；3. 要搞好科技队伍建设，充分发挥科技人员的作用，把科技兴农作为农业再上新台阶的突破口；4. 建议县政府及主管部门注意建立良种繁殖体系，这是大上农业的关键；5. 进一步搞好农村服务体系建设。

会议通过人事任免事项。

**第三次会议**　1990 年 8 月 9 日在人大会议室举行，会期 1 天。县人大常委会主任袁东义，副主任贾常文、裴秀品、高英豪、段茂欣、赵益谦、李新田及委员王玉生、王国章、冯志广、刘树林、张振朝、段木同、曹计敏出席会议。县政府县长才利民、副县长李明国、任世远，县人大党组副书记宋凯，县政协副主席段振科，县法院院长高建文、县检察院周益民，县政府办公室主任苏恒军、县财政局局长纪广申、县经委主任邸子军及县人大常委会各科室负责人列席会议。会议由袁东义主持。

会议听取和审议县政府《关于 1990 年上半年财政收支情况的报告》，组成人员进行充分讨论发言，一致认为，深泽县财政工作在资金、能源、原材料紧张和市场疲软、经济滑坡、对财政收入制约较大的困境中，上半年财政收入能实现时间过半，任务超半，县政府和职能部门是做了大量工作，付出了艰苦努力取得的，成绩值得肯定。但必须清醒地认识到，深泽县经济形势还没走出低谷，财政形势仍然严峻，不容乐观。为确保下半年财政收入的完成，实现年初预算计划，保证全县各项工作的正常运行，会议认为，1. 财政工作是综合性的工作，财政收入反映全局工作，是全县经济效益的体现，政府应围绕财政做好协调，使财政有个较好的良性循环。2. 下半年财政部门应认真贯彻执行十届一次人代会通过的决议，保持决议的严肃性，在贯彻执行决议的基础上，建议政府及财税部门认真学习《河北省预算管理条例》，使其按法定程序执行。3. 下半年要继续搞好增收节支，增产节约的工作，广开财源。要继续实行紧缩政策，在这方面要有具体措施；要积极保护、合理利用原有财源，使其发挥应有的作用，对个体、联体要加强税收征管，堵塞漏洞，做到依法纳税，足额征收。对集体和国营企业要依照税法，积极纳税。对应给企业的部分要留给企业，以增强活力，培养财源。4. 加强财税人员的思想教育和业务学习，提高财税人员的政治素质和业务素质，努力做好财税工作。

会议听取和审议县政府《关于县办工作情况的报告》，人大常委会认为，深泽县县办工业在政府及职能部门的努力下，做了一定的工作，但由于县办工业基础薄弱，再加上当前受大气候影响，县办工业资金、能源、原材料紧张，产品滞销，工业出现严重滑坡，整个县办工业形势严峻，为在质量整顿和深化改革中尽快扭转目前的被动局面，会议认为，一是加强工业生产决策的民主化和科学化，对新上项目一定要多方组织讨论尽量减少盲目性。二是要正确对待新上项目和原有企业的关系。首先加强对原有企业的领导，改善经营管理，加强技术改造。三是对第一轮承包企业进行认真考察，总结经验教训，进一步完善企业内部承包机制，为第二轮承包打好基础。四是优化企业内部管理，建立健全各种制度，强化企业领导班子，提高干部职工思想觉悟和业务素质。五是优化企业产品结构，努力提高产品质量，要把产品的更新换代，提高质量意识，列为企业头等大事，常抓不懈，以增强企业的竞争能力。六是加强企业内部岗位培训，提高技术水平。对调入、引进科技人才要合理使用，热情关怀，充分发挥他们的作用。七是注意解决企业内部分配不合理的问题，充分调动广大职工为企业生产发展而努力工作的积极性。

会议在听取和审议县政府《关于乡镇企业生产情况的报告》后，表示满意，一致认为，乡镇企业的工作在前一段狠抓企业基础管理，全面质量管理，现代化管理以及技术改造，产品创优、企业升级，提高企业素质和经济效益方面，成绩显著。应当继续抓下去。但还应看到深泽县乡镇企业还很脆弱，应当继续加强领导，改善经营管理，在巩固和提高的基础上创造条件，瞄准国际市场。目前，乡镇企业与县办工业同受一个大气候影响，从客观条件讲，在某些方面比县办工业困难很多，可是乡镇企业不仅没有出现滑坡，反而得到发展，表现出它顽强的生命力。建议县政府及职能部门认真总结这方面的经验，并与县办工业企业认真交流，达到以乡办促县办工业发展的目的。

会议听取和审议县政府《关于社会治安综合治理情况的报告》。认为公安部门在县委、县政府的领导下，按照中央和省地关于开展严厉打击严重刑事犯罪斗争的安排部署，根据全县社会治安情况，认真开展深泽县"严打"斗争，经过全体公安干警的积极努力，破获一大批重大刑事案件，抓获一批严重违法犯罪分子，摧毁横行乡里，称霸一方的几个犯罪团伙，广大群众无不拍手称快，会议同意这个报告。但同时强调，深泽县治安形势依然十分严峻，犯罪分子的嚣张气焰尚未彻底打下去，隐藏较深的犯罪分子和其他各种刑事犯罪分子还会伺机破坏，对此切不可麻痹大意，要一抓到底。政府及职能部门对目前严打形势必须有个正确估计，既充分肯定成绩，又不可估计过高，要按中央及省地指示精神，继续抓紧下一阶段工作，确保亚运会和国庆节的绝对安全。广泛深入地发动群众，把严打斗争不断引向深入，这是严打工作彻底与否的关键。公安部门在严打的基础上，做好基层基础工作。从公安业务的角度出发，做好有关法律、法规的宣传和破获案件后的实物展览，拘捕会要灵活，大小型结合，以达到宣传群众、教育群众的目的。严打要充分体现"严"字，依法从重、从快严惩一批严重刑事犯罪分子，使严打斗争再上新台阶。严格队伍管理，不断提高公安干警的政治，业务素质，提高执法水平。要排除一切干扰，做到秉公办案，严格执法，搞好内部经常性的执法检查，确保法律的准确实施。各职能部门要站在全局的战略高度，同心协力，紧密配合搞好社会的综合治理，特别是要加强对青少年的法制教育，增强全民学法守法意识，依法规范自己的行动，维护城镇交通秩序和整个社会秩序，保持社会稳定。

**第四次会议**　1990年10月16日在人大会议室举行，会期1天。县人大常委会主任袁东义，副主任贾常文、裴秀品、高英豪、段茂欣、赵益谦、李新田及委员王玉生、王国章、冯志广、余秀云、张振朝、段木同、崔胜国出席会议。县人大党组副书记宋凯，县政府副县长史志林，县政协副主席段振科，县法院院长高建文、县检察院检察长张根川，县政府办公室

副主任李彦超、县土地局局长郝锁奎、县公安局副局长马录山、县工商局副局长赵利彬及县人大常委会各科室负责人出席会议。会议由袁东义主持。

会议听取和审议县政府《关于实施行政诉讼法安排意见的报告》。会议认为县政府就行政诉讼法的实施做了大量的充分的准备工作，领导是重视的，指导思想是明确的，贯彻实施安排意见也是可行的，县政府应继续努力，在实施中抓好落实。为确保行政诉讼法的贯彻实施，更好地保护公民、法人和其他组织的合法权益，维护和监督行政机关依法行使行政职权。建议县政府抓好以下几个方面的工作：1. 要提高执法人员的政治素质和法律素质，减少工作中的随意性，这是当前急需解决的问题。提高政治素质要与廉政建设和整顿行业不正之风结合起来。2. 要尽快从思想上、组织上、制度上进行必要的建设，以适应行政诉讼法的实施。3. 克服片面性，秉公执法。实施行政诉讼法对行政机关来说，既有监督的一面，又有维护的一面。因此，贯彻实施好行政诉讼法的标准严格执法，以事实为根据，以法律为准绳。4. 政法部门实施行政诉讼法的要害是抓好行政复议，减少行政诉讼法。5. 要随着行政诉讼法的实施，继续深入地搞好多种形式的宣传。

会议听取和审议县政府《关于治理整顿城镇交通秩序情况的报告》。常委会组成人员进行充分的讨论，一致认为，县政府对于治理整顿城镇交通秩序工作是比较重视的，有关部门作了大量的工作，但问题还不少，群众意见较大，应进一步引起重视。为从根本上治理好城镇交通秩序，会议认为，1. 治理整顿城镇交通秩序，核心的问题是县政府的协调，应对职门进行明确的分工，落实责任制，做到奖惩分明；2. 治理整顿城镇秩序要有一个统一的规划，包括市场、交通、城综等方面，根据有关法律法规建立必要的规章，并根据分管工作认真抓好贯彻落实；3. 建议在这次行业整顿工作中，把治理整顿城镇交通秩序作为一项重要的内容，重点问题解决，努力提高管理人员的素质；4. 建议政府要把这次会议做为解决城镇交通秩序的起点，本着搞好综合治理和真正解决问题的精神，再专题研究一次，并在第五次人大常委会会议上汇报办理结果。

会议听取和审议县政府《关于土地管理法执行情况的报告》，认为县政府及职能门在宣传和贯彻执行法律法规、保护耕地、清理庄基和宅基地的有偿使用方面做了大量工作，取得了一定的成绩，会议同时建议：1. 土地的有偿使用工作（包括宅基地有偿使用）要加快进度，彻底完成，不留后遗症，并要制定配套措施，使之逐步规范化。2. 土地管理部门是政府的重要组成部门，要加强执法队伍的建设，建立健全必要的自我约束机制，做到严格依法办事。3. 执法要与普法相结合起来，继续广泛深入地搞好土地管理法的宣传工作。

会议研究讨论人大常委会《主任会议议事规则》《信访工作试行办法》《关于评选优秀代表的意见》和重新修订的《乡镇人代会主席团工作试行办法》《关于加强同县人民代表联系的办法》，并原则通过，会议同意根据常委会组成人员提出的意见，分别由办公室和代表联系科进行文字修改。由贾常文、段茂欣两位副主任定稿签发。

**第五次会议**　1990 年 12 月 18 日在人大会议室举行，会期 1 天。县人大常委会主任袁东义，副主任贾常文、裴秀品、高英豪、段茂欣、赵益谦、李新田及委员王玉生、王国章、冯志广、纪会改、余秀云、张振朝、段木同、曹计敏出席会议。县政府副县长史志林，县政协副主席段振科，县法院院长高建文，县政府办公室副主任宋有兴、县民政局副局长王彦民、县城建局局长张从志、县工商局副局长赵立彬、县公安局交警大队队长邸庆昌及县人大常委会各科室负责人列席会议。

会议听取和审议县政府《关于今年以来贯彻执行婚姻法情况的报告》，会议认为一年以来政府及职能部门在宣传贯彻婚姻法方面做了大量的工作，并取得了一定成效，但是还是存在不少问题，有些问题还是严重的，早婚、偷婚和婚事大操大办屡禁不止。为把婚姻法的贯彻实施真正落到实处，会议建议县政府及有关部门，一是要从思想上把贯彻实施工作提到一定的高度，当做一件大事来抓，尤其是农村在春节前的一两个月务必认真抓好。二是要加强基层组织建设，乡有民政所、村有村民委员会及其他有关基层组织协调一致，要认真把这件事抓起来。三是对于早婚、偷婚等违法行为，要严格依法处理。这项工作应先从县直干部职工抓起，职能部门要做到有法必依，执法必严，违法必究。四是要进一步深入广泛地加强对婚姻法的宣传，抓好正反两方面的典型，大张旗鼓地进行表彰和处理。五是县政府及职能部门在赡养老人、健全红白理事会组织及章程、提倡红白事勤俭节约等方面搞好协调，理顺各方面的关系。会议决定春节前人大常委会分管主任和有关科室再听一次县政府关于贯彻实施婚姻法情况的汇报，重点是这段时间是如何抓的，内容要具体。

会议听取和审议县政府《关于今年以来贯彻执行义务教育法情况的报告》。为更好地贯彻实施义务教育法，努力实现普及九年义务教育规划，会议认为，1. 要提高对贯彻执行义务教育法的认识，要把贯彻执行义务教育法作为一项重要法律来抓，做到常抓不懈，并作为一项系统工程列入各级领导议事日程。2. 对实行义务教育法规划的每个阶段所涉及的目的、内容，总体上是否配套要及时进行检查。3. 要继续加强师资队伍建设，不断提高教师的思想政治素质和业务素质，建议搞好各乡镇教师定编，利用假期进行整顿和培训。4. 采取多种渠道想方设法，争取在今年 12 月底全部解决拖欠教师工资的问题，1991 年强调要按时发放。5. 建议县政府对边缘地区学校的管理，教师的配备，教师的考核等问题进行调查研究，并根据实际情况采取措施，予以解决。6. 建议县政府在学校布局上再做考虑，以便有利于文化教育事业。7. 建议县政府在抓好义务教育法的同时，抓一抓扫盲工作。

会议在听取和审议县政府《关于县城交通秩序综合治理办理结果的报告》后，认为政府及有关职能部门通过几个月的努力，在综合治理方面取得了一定的效果，为尽快把县城建成文明城镇，会议认为，应在此基础上继续抓综合治理，加强基础设施建设，并要一抓到底，坚持以法治理，从严治理，高标准治理，同时建议县政府及有关职能部门，把治理县城秩序作为 1991 年办实事计划，真正干出个样子来。

会议审议通过县人大常委会关于《县人民代表联系选民的暂行办法》《县人民代表议案及建议、批评和意见的暂行办法》和《开展评选模范人民公仆活动的安排意见》，并公布执行。

会议通过人事任免事项。

**第六次会议**　1991 年 2 月 2 日在人大会议室举行，会期 1 天。县人大常委会主任袁东义，副主任裴秀品、高英豪、段茂欣、赵益谦、李新田及委员王玉生、王国章、冯志广、刘树林、张振朝、段木同、曹计敏出席会议。县政府副县长史志林、县政协副主席缪西月及县人大常委会各科室负责人列席会议。会议由袁东义主持。

会议对县人大常委会1991年工作要点和几项主要工作的安排计划（草案）进行审议，同意按会议意见修改后，由主管主任定稿。

会议研究讨论关于召开深泽县第十届人民代表大会第二次会议的有关事项，审议通过《关于召开深泽县第十届人民代表大会第二次会议的决定》；审议通过深泽县第十届人民代表大会第二次会议主席团和秘书长建议名单、财政经济审查委员会和议案审查委员会组成人员名单；会议原则同意县人大常委会在第十届人民代表大会第二次会议上的工作报告，同意按会议意见修改后，由常委会主任定稿；会议审议县第十届人民代表大会第二次会议准备作出的《关于集中力量把深泽原县办工业搞上去的决议（草案）》，同意按会议意见修改后，由常委会副主任贾常文、赵益谦定稿，提交十届人大二次会议审议通过。

会议通过人事任免事项。

**第七次会议**　1991年5月6日在人大会议室举行，会期1天。县人大常委会主任袁东义，副主任贾常文、裴秀品、高英豪、段茂欣、赵益谦、李新田及委员王玉生、王国章、张振朝、段木同、曹计敏出席会议。县政府副县长李明国、县政协副主席缪西月、县法院院长高建文及县人大常委会各科室负责人列席会议。会议由袁东义主持。

会议听取和审议副县长李明国作的《关于落实深泽县人民政府〈县人大十届二次会议作出的集中力量把县办工业搞上去的决议〉的初步安排意见》，委员们一致认为，县政府对人代会作出的决议是重视的，具体安排意见是符合深泽实际情况的。为使安排意见落到实处，真正解决深泽县县办工业落后的矛盾，实现三年突破、五年翻身的奋斗目标。会议建议县政府继续不失时机地增加投入，扩大规模，壮大县办工业实力；抓好现有企业的内部管理，搞好技术改造，挖掘现有潜力。要坚持微观上狠抓管理，宏观上狠抓投入，即效益经营和规模经营并举的方针。落实好下放给企业的各种权利，要给企业创造一个宽松的外部环境，使企业真正行使生产经营自主权。同时，企业也要为自身创造一个好的内部环境。健全内部制约机制，真正做到能者上，庸者下。重视科技队伍建设，强化科技管理，推进企业技术进步。在企业厂长的责、权、利关系上，一定把“责”放在核心地位，要加强对企业厂长的政治思想工作和业务培训，不断提高厂长政治素质和管理水平。政府及职能部门，应把产品的创优升级，基础管理达标等任务明确定到各厂，使之有个奋斗目标。每轮企业承包结束，要严格按照合同办事，做到该奖则奖，该罚就罚，严明奖惩。政府及职能部门要切实加强对县办工业的领导，不拘一格选人才，配备好企业厂长；同时深入企业帮助解决困难，坚决把深泽的县办企业搞上去。

会议审议通过政府县长才利民的辞职报告，县委提名王进泽任政府副县长、代理县长的建议和其他人事任免事项。

**第八次会议**　1991年7月16日在人大会议室举行，会期1天。县人大常委会主任袁东义，副主任贾常文、裴秀品、高英豪、段茂欣、赵益谦及委员王玉生、王国章、冯志广、刘树林、纪会改、张振朝、段木同、曹计敏、黎素英出席会议。县委副书记王文祥、县政府副县长李明国、县法院院长高建文、县检察院检察长张根川，县经委主任郭振江及县人大常委会各科室负责人列席会议。会议由袁东义主持。

会议听取和审议县政府《关于贯彻执行〈中华人民共和国全民所有制工业企业法〉情况的报告》，委员们结合会前对深泽县贯彻实施企业法情况的调查，做了有针对性地发言，提出许多好的意见和建议。会议认为，自 1988 年 8 月 1 日企业法颁布三年以来，县政府及职能部门做了不少的工作，取得了一定的成绩，但这只是个开端，距认真贯彻实施还有差距，还有大量的工作要做，对此要有清楚明确的认识。

为使企业法在深泽县得以贯彻落实，尽快解决县办工业落实的矛盾，实现“三年突破，五年翻身”的战略目标。会议建议政府及其职能部门：1. 继续加强对企业法的学习和宣传工作，在今年 8 月 1 日企业法颁布实施三周年之际，认真地总结贯彻实施企业法的经验，同时找到差距，定措施，掀起一次学习、宣传、贯彻企业法的普法教育新高潮；2. 政府及职能部门，在学习宣传和贯彻执行企业法过程中，应该强化法律意识，增强执法观念，提高学法用法依法治厂的素质，尽快实现由人治到法治的过渡，搞好三大管理，通过依法治厂，促进生产的发展；3. 政府及职能部门贯彻执行企业法，要做到以法理顺协调好各部门之间的关系，理顺协调好职能部门与企业的关系，自觉地为企业服好务；4. 要针对当前在发展工业方面本县本厂存在的问题，认真学习好企业法，力争在实施上真正的有所突破，并进行认真的检查和总结，及时向职代会报告。

会议根据代县长王进泽的提议，以无记名投票表决方式，通过牛凤霞为县政府副县长职务的任命。

**第九次会议** 1991 年 8 月 27 日在人大会议室举行，会期 1 天。县人大常委会副主任贾常文、裴秀品、高英豪、段茂欣、赵益谦、李新田及委员王玉生、王国章、刘树林、纪会改、余秀云、张振朝、段木同、曹计敏、黎素英出席会议。县政府副县长牛凤霞、县政协副主席缪西月及县人大常委会各科室负责人列席会议。会议由袁东义主持。

会议首先听取和审议县政府《关于贯彻执行〈河北省发展职业技术教育暂行条例〉情况的报告》。委员们进行认真的审议，一致认为，1986 年《河北省发展职业技术教育暂行条例》颁布实施以来，县政府及职能部门是重视的，指导思想是明确的，并做了一定的努力，取得一定的成绩，职业技术教育网络在深泽县已初步建立，为今后职教工作的开展打下基础。会议同时认为，职教工作是一项新兴事业，今后应把这项工作继续抓紧抓好，要把县职业高中办成综合培训中心，把有限的人力、物力、财力集中使用，会议就进一步发展职教工作提出应注意解决的问题：一是县政府应结合当前形势，面向本县实际进一步修订有关贯彻实施《河北省发展职业技术教育暂行条例》的规定，使具体措施切实可行；二是这次会后请县政府对发展职业技术教育中的生源问题、毕业生就业问题、师资的合理配备等问题进行认真研究，予以解决。

会议听取和审议县政府《关于贯彻执行食品卫生法（试行）情况的报告》。委员们进行充分的讨论发言，一致通过这个报告。为进一步贯彻落实好食品卫生法，改善深泽县食品卫生状况，保障人民身心健康，会议建议县政府：1. 进一步加强对食品卫生法的广泛宣传，通过宣传教育提高从业人员执法自觉性和道德素质。2. 严格执法，9月作为宣传贯彻食品卫生法的突击月，要采取非常措施，大张旗鼓地进行宣传，认真贯彻落实，使食品行业从生产到销售的每个环节都实现依法治理，改变现有的卫生状态。3. 食品卫生突击月中，重点解决集贸市场，肉食，面食生产厂家，冷饮，小批发市场的卫生状况，要首先抓影响大而又容易做到的问题，如从业人员的三证、服装、防尘、防蝇设施等问题。4. 突击月检查和经常性检查相结合，对于好的典型要大张旗鼓地进行表扬，对严重违反食品卫生法有关规定的反面典型要依法惩处，要通过检查，使食品行业逐步走向正轨。5. 请政府尽快对有关执法部门做好组织协调。

会议审议通过《县人大常委会关于贯彻〈河北省预算管理条例〉的执行办法》，同意作为县人大常委会文件正式公布执行，并在适当时机，举办一次由政府有关职能部门参加的学习班，认真学习《执行办法》，然后依照此办法进行认真的检查落实，由县人大常委会财经科拿出具体意见，主管主任定。

会议还通过关于召开县第十届人民代表大会第三次会议的有关事项和人事任免事宜。

**第十次会议**　1991年10月31日在人大会议室举行。县人大常委会主任袁东义，副主任裴秀品、高英豪、段茂欣、赵益谦及委员王玉生、王国章、冯志广、刘树林、纪会改、张振朝、段木同、曹计敏出席会议。县政府副县长赵鹤儒，县政协副主席纪广申，县法院院长高建文、检察院检察长张根川及县人大常委会各科室负责人列席会议。会议由袁东义主持。

会议听取和审议县政府《关于治理“三乱”工作情况的报告》。会议认为，今年以来，县政府对治理“三乱”工作比较重视，取得了一定成绩。会议原则通过报告材料，并提出如下建议：要对“三乱”前段的工作有个正确的估计，切不可估计过高。当前查“三乱”工作基本结束，但“三乱”并没有结束，而且还有边查边犯的现行。今后应认真地对待和解决“三乱”问题，不然会引起不良后果。要提高对查“三乱”工作重要意义的认识，前段查“三乱”有些问题不能彻底解决，关键是个认识问题，这项工作关系到党和人民群众的关系，政府和人民群众的关系，做好这项工作也是贯彻落实中央六中全会精神的重要方面，切不可应付。要把治理“三乱”同社教工作结合起来，同廉政建设结合起来，同改进作风结合起来，同政府工作作风结合起来，彻底铲除不正之风的温床。治理“三乱”要从根本方面入手，有些“三乱”问题是制度弊端、长官意志造成的，比如有的部门以自筹资金办事等搞“三乱”。因此只有从根本上解决问题，才能收到好得结果。查“三乱”要有明确的界限，不要把“正”当乱，也不要把“乱”当正。建议政府对查“三乱”工作进行研究，查“三乱”工作虽基本结束，但仍存有问题，要认真对待和解决存在的问题。

会议听取审议《深泽县人民政府关于县城综合管理暂行规定（讨论稿）》。委员们进行认真的讨论发言，一致认为，为搞好县城管理，改变城容城貌，制定县城综合治理管理规定很有必要。一致同意制定暂行规定。会议要求县政府根据大家提出的意见建议反复斟酌，认真修改，删掉不可行的条款。由人大常委会发公告予以实现。会议认为，县政府主动提请人大常委会审议该规定应受到欢迎。希望县政府对于全县经济发展和人民生活的大事，今后应继续主动提交人大常委会讨论审议，以广泛听取意见，把事情办得更好。

**第十一次会议** 1991 年 12 月 13 日在人大会议室举行。县人大常委会主任袁东义，副主任贾常文、裴秀品、高英豪、段茂欣、赵益谦、李新田及委员王国章、冯志广、刘树林、张振朝、段木同、曹计敏出席会议。县委副书记王文祥、县政府副县长任世远，县政协副主席纪广申、县法院院长高建文及县科委主任王明生、县劳动人事局局长纪同振和县人大常委会各科室负责人列席会议。会议由袁东义主持。

在听取县政府《关于贯彻执行行政诉讼法情况的报告》后，委员们根据调查了解的情况，结合实际案例进行认真审议。会议认为，行政诉讼法颁布实施以来，县政府做了大量工作，开了个好头。但从总的情况来看，今后的任务还很艰巨，要进一步加强这方面的工作。各级政府要切实增强法律和依法行政的观念，坚持依法办事，逐步实现依法治县和依法治乡、治厂、治村。要通过法律约束行政行为，调节社会矛盾，通过法律保护国家、部门、集体和公民的权利，完善社会主义民主，推动各项事业的发展。会议指出：行政诉讼法的实施是我国社会主义民主和法制建设的新标志，是由人治到法治的过渡，县政府要切实引起重视。会议建议县政府：1. 要进一步加强对行政诉讼法的宣传，用法律手段加强对行政行为的约束，解决好政府和群众之间的矛盾。2. 培训骨干，使执行裁定的政府机关人员真正懂得政府和法律程序，要杜绝用行政通知代替法律文书的做法。3. 建议县政府拿出贯彻行政诉讼法的意见，向人大常委会备案。同时建议法院要秉公执法，抓重点，抓热点，使行政诉讼法得以更好地贯彻实施。

在审议县政府有关科技工作情况的报告时，委员们就发掘和重用科技人才，健全科技队伍，科技兴县的问题进行深入讨论。会议提出：发展深泽县经济的出路是依靠进步和提高劳动者素质，搞好科技工作要从深泽县的实际出发。1. 要注意人才问题，要做到人尽其才，用之所学、用之所专、用之所长；2. 要大兴科技热，在推广科学技术上搞突破，通过实践，重点试验、示范，加强正面宣传，要使广大干部、工人、农民真正认识到“科学技术是第一生产力”；3. 有关部门和单位要重视和支持“职工技术协会”的活动，加强科学技术普及工作，提高劳动者素质；4. 科委作为政府的参谋和工作部门，要在引进和利用科技成果上抓一些试点，一般号召与个别指导相结合，推动全县科技工作的发展，同时，建议县政府制定出一套科学、系统的计划，逐步把工作推开。

会议审议通过县政府关于追加财政预算的报告。

会议通过人事任免事项。

**第十二次会议** 1992 年 3 月 4 日在县人大会议室举行。县人大常委会主任袁东义，副主任贾常文、裴秀品、高英豪、段茂欣、赵益谦及委员王玉生、王国章、冯志广、刘树林、纪会改、张振朝、段木同、曹计敏、黎素英出席会议。县政府副县长史志林，县政协副主席纪广申，县法院院长高建文、县检察院检察长张根川、县政府办公室副主任宋有兴及县人大常委会各科室负责人列席会议。会议由贾常文主持。

会议研究讨论关于召开深泽县第十届人民代表大会第四次会议的有关事项。审议通过《关于召开深泽县第十届人民代表大会第四次会议的决议》、审议通过深泽县第十届人民代表大会第四次会议主席团成员和秘书长建议名单、计划预算审查委员会和议案审查委员会组成人员建议名单；会议原则同意县人大常委会第十届人民代表大会第四次会议上的工作报告，同意按会议意见由办公室负责修改后，提交县第十届人民代表大会第四次会议审通过；会议审议县十届人大四次会议准备作出的《关于加强廉政建设的决议（草案）》和《关于加强农业社会化服务的决议（草案）》，原则通过这两个草案文稿并同意根据大家提出的意见和建议作进一步修改后，由副主任裴秀品和贾常文分把关定稿，提交县十届人大四次会议审议通过。

会议审议通过县人大常委会 1992 年工作要点和主要工作安排计划。

会议通过人事任免事项。

**第十三次会议**　1992 年 5 月 9 日在人大会议室举行。县人大常委会副主任贾常文、段茂欣、赵益谦、李新田及委员王玉生、王国章、冯志广、刘树林、张振朝、曹计敏、黎素英出席会议。县政府副县长赵鹤儒，县法院院长高建文、县检察院检察长张根川，县监察局局长王夯平，县城建局局长张从志、县政府办公室、县人大常委会各科室负责人及有关人员列席会议。会议由贾常文主持。

会议听取和审议县政府、县法院、县检察院《关于贯彻执行〈关于加强廉政建设的决议〉的具体实施方案》，一致认为，县政府、县法院、县检察院制定的有关方案切合实际，是比较可行的。为更好地贯彻实施，会议建议：1. 对于具体方案，关键是狠抓落实，要面对当前深泽县实际，从纠正利用公款大吃大喝、婚丧嫁娶大操大办等几股歪风做起，坚持不懈，扎扎实实地做好工作。2. 切实提高对廉政工作重要性的认识，增强搞好廉政建设的自觉性，要从领导做起，从我做起，从县直单位抓起，领导带头，以身作则，树立良好的公仆形象。3. 提高国家工作人员的政治素质和业务素质，树立为人民服务的思想，做到全心全意为人民服务。4. 健全约束机制，建立必要的检查制度，检查要着眼于解决实质性问题，不搞形式。

会议在听取县政府《关于加强农业社会化服务的决议》实施方案情况报告后，进行认真的审议，认为县政府在加强农业社会化服务方面做了不少工作，取得了一定成绩，一致通过这个报告。

为全面落实中共中央十三届八中全会精神，进一步贯彻执行好县十届人大四次会议作出的《关于加强农业社会化服务的决议》，使深泽县农业再上一个新台阶，会议建议：1. 要进一步加强对农业基础地位的认识，牢固树立以农为本的思想。2. 为切实做好农企的社会化服务，县政府要继续抓紧制定一些扶持政策。3. 要根据不同类型，搞好试点，指导面上工作。4. 调整农企产品结构，扶持科技、政、物相结合的经济实体。

会议接着听取审议县政府《关于贯彻执行《河北城市规划条例》情况的报告》，认为县政府及有关职能部门，自《条例》颁布实施以来，在搞好宣传、制定实施县城规划、搞好县城综合治理等方面做了大量的工作，成绩是显著的，应给予充分肯定。为进一步贯彻执行《条例》，把深泽县城建设得更好，会议建议政府及有关部门：1. 要把县域规划公布于众，让广大人民群众监督执行。2. 对于已经竣工的工程，要加强管理，防止前修后毁问题的发生，对于非法破坏者，要抓住典型，大张旗鼓地进行处理。3. 每项工程，必须做好周密的计划防止出现不必要的重复施工。

会议审议通过县人大常委会《信访工作试行办法（草案）》。

**第十四次会议** 1992 年 6 月 30 日在人大会议室举行。县人大常委会主任袁东义，副主任贾常文、裴秀品、高英豪、段茂欣及委员王玉生、王国章、冯志广、刘树林、纪会改、张振朝、段木同、曹计敏、黎素英出席会议。县政府副县长牛凤霞，县政协副主席缪西月，县法院副院长陈增贵、县检察院副检察长闫志军，县文教局局长刘喜太、县经委副主任李树梅及县人大常委会各科室负责人列席会议。会议由袁东义主持。

会议听取和审议县政府《关于贯彻执行企业法情况的报告》，并结合会前对企业法贯彻实施情况的调查，有针对性地进行发言，提出一些意见和建议。会议认为：自企业法颁布以来，县政府及职能部门做了不少的工作，取得了一定成绩，但不要估计过高，报告基本符合本县实际，但内容不够充实，今后，为进一步贯彻执行企业法，促进深泽县工业迅速发展，改变工业落后的情况，会议建议政府及主管部门：1. 要结合改革开放新形势，继续抓好企业法的学习、宣传和贯彻执行，要提高自觉性，调动积极性，进一步搞好企业管理。2. 要强化服务意识，积极为企业提供服务，政府可以搞一些为企业服务的具体规划和办法，要理顺各方面的关系，并要抓好试点，总结经验，进一步推广企业法，在贯彻执行中有一个良好的环境和条件。 3. 强化厂长的职能，使厂长能够按照企业法所赋予的职权，在企业生产经营、管理工作中充分发挥作用；要进一步建立健全职工代表大会制度，真正实行民主管理，充分发挥职工代表大会在企业经营管理中的作用，并逐步使之规范化。

会议听取和审议县政府《关于贯彻执行义务教育法情况的报告》，常委会组成人员进行充分讨论发言，同意这个报告。为搞好教育事业，顺利实现深泽县普及九年义务教育，会议认为，1. 要按照深泽县制定的普及九年义务教育规划，认真抓落实，今年要对实施情况进行检查，要采取措施，缺什么，补什么。 2. 要加强师资队伍建设，提高教师的思想政治素质和业务素质，要自力更生搞好教师培训，培养教育所急需的初中师资。3. 要搞好上下梳理工作，下大力解决教育资金短缺问题。 4. 要广开门路，实行多渠道办学。对 3 处县办初中如何进行改革，以适应教育结构调整的需要，请政府研究办理。

会议通过人事任免事项。

**第十五次会议** 1992 年 8 月 28 日在人大会议室举行。县人大常委会主任袁东义，副主任贾常文、裴秀品、高英豪、段茂欣、赵益谦及委员王玉生、王国章、冯志广、纪会改、张振朝、段木同、曹计敏、黎素英出席会议。县政府副县长史志林，县政协副主席纪广申，县法院院长高建文、县检察院副检察长闫志军，县卫生局局长梁趁海、县经办主任陈占永及县人大常委会各科室负责人列席会议。会议由袁东义主持。

会议听取和审议县政府《关于贯彻执行食品卫生法情况的报告》，认为食品卫生法颁布实施以来，县政府及其主管部门是比较重视的，积极宣传贯彻，认真组织实施。在改变深泽县食品卫生状况，保障人民身心健康，促进两个文明建设方面起到了一定的作用。但应看到，在改革开放新形势下，更好地贯彻实施食品卫生法问题还不少，任务还相当艰巨，为此，建议政府及其主管部门：1.食品卫生法的宣传工作要从深度上加强，特别是要针对一些案例加强宣传就案讲法，让群众提高识别低档及伪劣食品的能力，自觉加以抵制，促使食品行业提高产品质量。2.政府各主管部门之间应积极配合，互相协调，对严重违法的，要严肃处理，在关于人民群众身体健康和生命安全的问题上不能手软，凡触犯法律的一定要依法办理，不能以罚代法。3.食品卫生检查要结合搞好食品行业基本建设，不要头疼医头、脚疼医脚，要解决实际问题。4.执法检查要注意源头检查和市场摊点检查相结合，经常性检查和突击性检查相结合，使执法检查制度化、经常化。5.当前和今后一段时间内检查和整治的重点是肉食糕点和冷饮，要在九月庙会以前解决好这些方面存在的问题。

会议听取县政府关于中外合资项目建设进展情况的通报，委员们一致认为，要想使深泽县经济尽快实现“三年突破，五年翻身，十年巨变”，中外合资项目的建设和发展占有重要地位，一定要从时间上抓紧，力争更快地见到效益。

会议听取县评议工作领导小组关于对县“两院一局”评议情况的汇报，认为这次对“两院一局”的评议，群众发动广泛，各级领导重视，调查研究深入细致，评议是比较成功的，但这只是好的开头，对此不能估计过高。为更好地开展各项评议工作，会议要求，一是人大要从组织领导等方面认真搞好总结，尤其要注意评议的薄弱环节，以便把深泽县的评议工作引向更广的范围，更深的层次；二是“两院一局”对代表提出的批评意见和建议，要积极进行整改，并在9月底以前答复代表。

**第十六次会议**　1992年10月28日在人大会议室举行。县人大常委会主任袁东义，副主任贾常文、高英豪、段茂欣、赵益谦、李新田及委员王玉生、王国章、纪会改、刘树林、张振朝、段木同、曹计敏、黎素英出席会议。县政府副县长任世远，县法院副院长陈增贵、县检察院副检察长王民起、县监察局局长王夯平及政府办提案股郭彦儒、县人大常委会办公室副主任陈继明等列席会议。会议由袁东义主持。

会议听取和审议县政府《关于贯彻执行诉讼法情况的报告》，认为自诉讼法颁布实施以来，县政府就搞好宣传、调整、调整充实政府法制机构，完善必要配套制度及建立健全行政执法部门内部约束机制等方面做了大量的工作。为今后更好地贯彻执行诉讼法从而进一步提高执法人员法律意识，增强依法行政观念，逐步实现依法治县的目标，根据深泽县实际，建议政府：1.进一步深入地搞好宣传工作，要把重点放在农村，让广大群众认识行政诉讼法的基本内容和执法程序，政府应在这些方面多搞调查研究，找出带有普遍性的问题，有针对性地加大宣传力度。2.加强对政府执法人员的培训，把诉讼法列入干部上岗前的培训内容，使执法人员懂得有关法律和法定程序。3.县、乡两级政府及其他执法部门，应进一步增强依法行政观念，坚持依法办事，要通过法律约束行政行为，调节社会矛盾，通过法律保护国家、集体和公民个人的权利，推动深泽县各项事业的发展。4.在贯彻执行诉讼法的基础上进一步修订和补充县政府有关贯彻执行诉讼法的安排意见，并报人大常委会备案。

会议听取和审议县“一府两院”《关于贯彻执行〈关于加强廉政建设的决议〉情况的报告》，委员们进行充分的讨论，认为“一府两院”对决议是重视的，并做了大量的工作，取得一定的成绩，但按决议要求还有差距。“一府两院”应进一步总结经验，发扬成绩，找出问题，改进工作，使廉政建设工作有一个大的起色，真正当好人民公仆。会议并建议“一府两院”领导认真组织工作人员及全体干警，在深入学习党的十四大文件，领会精神实质，贯彻十四大各项决议的基础上，按照要求做好自查，并研究制定几条过硬的措施，严格执行。

会议通过深泽县县、乡两级人大换届选举工作的有关事宜：1. 通过深泽县人大常委会关于县、乡两级人代会换届选举的决定；2. 通过深泽县选举委员会组成人员名单（草案）；3. 通过深泽县各乡镇选举委员会组成人员名单（草案）；4. 通过深泽县人大常委会关于第十一届人民代表大会代表名额的决定（草案）及十一届人民代表大会名额分配；5. 通过深泽县人大常委会关于深泽县各乡镇第十一届人大代表名额的决定（草案）；6. 原则同意深泽县选举委员会关于 1993 年县、乡两级人民代表大会换届选举工作的实施方案（草案）；7. 同意深泽县人大常委会向县人大代表发出的《关于认真学习、宣传、落实党的十四大精神的通知》。

会议通过人事任免事项。

**第十七次会议** 1992 年 12 月 22 日在人大会议室举行。县人大常委会主任袁东义，副主任贾常文、裴秀品、高英豪、段茂欣及委员王玉生、王国章、冯志广、纪会改、刘树林、张振朝、段木同、黎素英出席会议。县政府副县长杜银茂，县法院副院长陈增贵、县检察院副检察长王民起、县体改委主任宋有兴及县政府、县人大常委会有关人员列席会议。会议由袁东义主持。

会议听取和审议县政府《关于企业法和〈全民所有制企业转换经营机制条例〉情况的报告》。认为县政府及其职能部门，在贯彻执行企业法和条例的方面做了大量的工作，并在某方面收到了一定的效果，但必须看到，贯彻落实好企业法和条例，不仅仅是出台几条措施，开几次会议的问题，而是今后需要做更加艰苦、细致的工作，要深入实际，深入基层，把保障企业发展的底数摸清找准，贯彻落实才有针对性，才能收到实效。会议建议县政府及职能部门应注意以下几个问题，1. 要讲转换经营机制的最终效果，这是问题的关键所在。企业的经营效益，就是看所生产的产品是否有使用价值，经营结果是否盈利。2. 转换经营机制放权是主要的问题，要按照条例要求，该放一定放。但同时，企业本身还必须做好内部经营机制的转换工作，要建立和完善企业监督和约束机制，把权用好。3. 建议县政府在县第十一届人代会之前，进一步搞好调查，把条例的贯彻实施情况充实到政府工作报告中。

会议审查县政府关于调整 1992 年度财政收支预算的报告，委员们一致通过这个报告。

会议通过人事任免事项。

**第十八次会议** 1993 年 2 月 15 日在人大会议室举行。县人大常委会主任袁东义，副主任贾常文、裴秀品、高英豪、段茂欣、赵益谦、李新田及委员王玉生、王国章、冯志广、纪会改、刘树林、张振朝、曹计敏、黎素英出席会议。县政府副县长史志林，县法院张礼忠、县检察院副检察长王民起及县人大常委会各科室负责人列席会议。会议由袁东义主持。

会议研究讨论关于召开深泽县第十一届人民代表大会第一次会议的有关事项：1. 审议通

过《关于召开深泽县第十一届人民代表大会第一次会议的决定》; 2. 批准县第十届人大常委会代表资格审查委员会关于县第十一届人民代表大会代表资格审查报告; 3. 审议通过县第十一届人民代表大会第一次会议主席团成员和秘书长建议名单、财政经济审查委员会和议案审查委员会组成人员建议名单; 4. 通过县第十一届人民代表大会第一次会议列席人员建议名单和范围; 5. 原则同意县十届人大常委会在第十一届人民代表大会第一次会议上的工作报告，同意按会议意见由办公室负责修改后，提交县十一届人民代表大会第一次会议审议通过。

## 第二节　机构设置

1989 年 8 月，经县机构编制委员会同意，撤销政教科分设科教文卫科、政法工作科。县人大常委会内设一室三科改建为一室四科。深泽县第十届人民代表大会工作期间，县人大常委会内设办公室、政法工作科、科教文卫科、财经科、代表联系科五个科室，行政编制 23 人。

### 一、办公室

主　任：王国章（1990 年 3 月至 1993 年 2 月）

副主任：曹虎群（1990 年 3 月至 1990 年 12 月）

邸民生（1990 年 3 月至 1993 年 2 月）

陈继明（1991 年 8 月至 1993 年 2 月）

### 二、政法工作科

科　长：张振朝（1990 年 3 月至 1993 年 2 月）

### 三、科教文卫科

科　长：（缺职）

副科长：曹计敏（1990 年 3 月至 1993 年 2 月）

### 四、财经科

科　长：（缺职）

副科长：赵成文（1990 年 3 月至 1991 年 3 月）

曹青哲（1991 年 3 月至 1993 年 2 月）

### 五、代表联系科

科　长：（缺职）

副科长：王印昌（1990 年 3 月至 1991 年 3 月）

高晴君（1991 年 3 月至 1993 年 2 月）

# 第五章 监督工作

## 第一节 听取和审议专项工作报告与计划预算工作报告

县十届人大常委会会议共听取和审议县“一府两院”专项工作报告23项，计划预算工作报告3项。

**1990—1992年深泽县第十届人大常委会会议听取和审议专项工作报告与计划预算工作报告情况表**

表29

| 序号 | 时间 | 常委会会议 | 报告内容 |
|---|---|---|---|
| 1 | 1990年8月9日 | 第三次 | 关于今年上半年财政收支情况 |
| 2 | 1990年8月9日 | 第三次 | 关于县办工作情况的报告 |
| 3 | 1990年8月9日 | 第三次 | 关于乡镇企业生产情况的报告 |
| 4 | 1990年8月9日 | 第三次 | 关于社会治安综合治理情况的报告 |
| 5 | 1990年10月16日 | 第四次 | 关于实施《中华人民共和国行政诉讼法》安排意见的报告 |
| 6 | 1990年10月16日 | 第四次 | 关于治理整顿城镇交通秩序情况的报告 |
| 7 | 1990年10月16日 | 第四次 | 关于《中华人民共和国土地管理法》执行情况的报告 |
| 8 | 1990年12月18日 | 第五次 | 关于今年以来贯彻执行《中华人民共和国婚姻法》情况的报告 |
| 9 | 1990年12月18日 | 第五次 | 关于今年以来贯彻执行《中华人民共和国义务教育法》情况的报告 |
| 10 | 1990年12月18日 | 第五次 | 关于县城交通秩序综合治理办理结果的报告 |
| 11 | 1991年7月16日 | 第八次 | 关于贯彻执行《中华人民共和国全民所有制工业企业法》情况的报告 |
| 12 | 1991年8月27日 | 第九次 | 关于贯彻执行《河北省发展职业技术教育暂行条例》情况的报告 |
| 13 | 1991年8月27日 | 第九次 | 关于贯彻执行《中华人民共和国食品卫生法（试行）》情况的报告 |
| 14 | 1991年10月31日 | 第十次 | 关于治理“三乱”工作情况的报告 |
| 15 | 1991年12月13日 | 第十一次 | 关于贯彻执行《中华人民共和国行政诉讼法》情况的报告 |
| 16 | 1991年12月13日 | 第十一次 | 关于追加财政预算的报告 |
| 17 | 1992年5月9日 | 第十三次 | 关于贯彻执行《河北城市规划条例》情况的报告 |
| 18 | 1992年6月30日 | 第十四次 | 关于贯彻执行企业法情况的报告 |
| 19 | 1992年6月30日 | 第十四次 | 关于贯彻执行《中华人民共和国义务教育法》情况的报告 |
| 20 | 1992年8月28日 | 第十五次 | 关于贯彻执行《中华人民共和国食品卫生法（试行）》情况的报告 |

续表 29

| 序号 | 时间 | 常委会会议 | 报告内容 |
|---|---|---|---|
| 21 | 1992 年 8 月 28 日 | 第十五次 | 关于中外合资项目建设进展情况的通报 |
| 22 | 1992 年 8 月 28 日 | 第十五次 | 关于对县“两院一局”评议情况的汇报 |
| 23 | 1992 年 10 月 28 日 | 第十六次 | 关于贯彻执行《中华人民共和国诉讼法》情况的报告 |
| 24 | 1992 年 10 月 28 日 | 第十六次 | 关于贯彻执行《关于加强廉政建设的决议》情况的报告 |
| 25 | 1992 年 12 月 22 日 | 第十七次 | 关于企业法和《全民所有制企业转换经营机制条例》情况的报告 |
| 26 | 1992 年 12 月 22 日 | 第十七次 | 关于调整 1992 年度财政收支预算的报告 |

## 第二节　法律法规实施情况检查

### 执法检查情况

深泽县十届人大常委会共组织开展执法检查 14 次。

1.1991 年上半年，常委会组织代表开展对《中华人民共和国义务教育法》《河北省普及义务教育条例》《河北省计划生育条例》《关于依靠科技进步发展河北经济的决议》《中华人民共和国食品卫生法（试行）》等法律法规实施情况的执法检查。

2.1991 年 8 月，县人大常委会就企业法的贯彻执行情况对经委所属织布厂、皮鞋厂、石油化工厂进行调查。

3.1992 年，县人大常委会组织部门代表对《中华人民共和国义务教育法》《河北省普及九年义务教育条例》《河北省计划生育条例》《中华人民共和国土地管理法》等 9 部法律进行视察和检查，对执法中存在的问题提出建议、批评和意见，促使有关部门整顿执法队伍，认真改进工作。

## 第三节　视察调研

### 视察调研概况

深泽县十届人大常委会共组织开展视察调研活动 4 次。

**1991—1992 年深泽县第十届人大常委会视察调研活动一览表**

表 30

| 序号 | 时间 | 视察调研内容 | 牵头单位 |
|---|---|---|---|
| 1 | 1991 年 8 月 | 食品卫生法（试行）的贯彻执行情况 | 教科文卫 |
| 2 | 1991 年 10 月 | 棉花收购工作 | 人大常委会 |
| 3 | 1992 年 | 塑料厂、石油化工厂、皮鞋厂等多个企业车间生产情况 | 人大常委会 |
| 4 | 1992 年 9 月 | 《全民所有制工业企业转换经营机制条例》贯彻执行情况 | 人大常委会 |

## 第四节　民主评议

1.1991 年，县人大常委会开创性地开展代表评议执法部门工作，加强人民对执法部门的监督。1991 年上半年，县人大组织代表评议地区检察分院和中级人民法院，通过不同类型、不同层次的座谈会，对 4 起案件提出 5 条意见和要求，反映了人民呼声。下半年，组织马里乡的县、乡两级人大代表对乡镇各执法部门进行评议，对 19 个单位提出批评和意见 119 条，涉及廉政建设等 6 个方面的问题。

2.1992 年，县人大常委会组织县、乡两级人大代表，先后对乡镇各执法部门、石家庄地区公安处和卫生局、县法院、县检察院和县卫生局进行评议，共对有关部门提出建议、批评和意见 110 条，涉及案件 19 件，重大问题 23 个。评议后，县人大常委会认真监督有关部门制定整改方案，限期解决问题，并及时反馈结果。

# 第六章　决议决定

## 第一节　作出决议决定

### 一、县十届人大历次会议作出决议决定情况

深泽县第十届人民代表大会共作出决议决定24项。

**1990—1992年深泽县第十届人民代表大会历次会议决议决定一览表**

表31

| 时间 | 会次 | 名称 |
|---|---|---|
| 1990年3月6日至10日 | 一次会议<br>第二次全体会议 | 1. 关于深泽县人民政府工作报告的决议<br>2. 关于深泽县1989年国民经济及社会发展计划执行情况和1990年国民经济及社会发展计划的决议<br>3. 关于深泽县1989年财政决算执行情况和1990年财政预算的决议<br>4. 关于深泽县人大常委会工作报告的决议<br>5. 关于深泽县人民法院工作报告的决议<br>6. 关于深泽县人民检察院工作报告的决议<br>7. 关于依法治县的决议<br>8. 关于国家机关工作人员当好人民公仆的决议 |
| 1991年3月12日至15日 | 二次会议<br>第二次全体会议 | 1. 关于深泽县人民政府工作报告的决议<br>2. 关于深泽县1990年国民经济及社会发展计划执行情况和1991年国民经济计划的决议<br>3. 关于深泽县1990年财政决算执行情况和1991年财政预算的决议<br>4. 关于深泽县人民代表大会常务委员会工作报告的决议<br>5. 关于深泽县人民法院工作报告的决议<br>6. 关于深泽县人民检察院工作报告的决议<br>7. 关于集中力量把深泽县办工业搞上去的决议 |
| 1991年9月17日 | 三次会议<br>第二次全体会议 | 1. 关于深泽县国民经济和社会发展第八个五年计划的决议 |

续表 31

| 时间 | 会次 | 名称 |
|---|---|---|
| 1992 年 3 月 25 日至 28 日 | 四次会议<br>第二次全体会议 | 1. 关于深泽县人民政府工作报告的决议<br>2. 关于深泽县 1991 年国民经济及社会发展计划执行情况和 1992 年国民经济计划的决议<br>3. 关于深泽县 1991 年财政决算执行情况和 1992 年财政预算的决议<br>4. 关于深泽县人民代表大会常务委员会工作报告的决议<br>5. 关于深泽县人民法院工作报告的决议<br>6. 关于深泽县人民检察院工作报告的决议<br>7. 关于加强廉政建设的决议<br>8. 关于加强农业社会化服务的决议 |

## 二、县十届人大常委会历次会议作出决议决定情况

县十届人大常委会作出决议决定 10 项（不包含人事任免事项）。

**1991—1993 年深泽县十届人大常委会历次会议决议决定选**

表 32

| 序号 | 时间 | 常委会会议 | 名称 |
|---|---|---|---|
| 1 | 1991 年 2 月 2 日 | 第六次 | 关于召开深泽县第十届人民代表大会第二次会议的决定 |
| 2 | 1991 年 8 月 27 日 | 第九次 | 关于召开县第十届人民代表大会第三次会议的决定 |
| 3 | 1992 年 3 月 4 日 | 第十二次 | 关于召开深泽县第十届人民代表大会第四次会议的决定 |
| 4 | 1992 年 10 月 28 日 | 第十六次 | 关于县、乡两级人代会换届选举的决定 |
| 5 | 1992 年 10 月 28 日 | 第十六次 | 关于第十一届人民代表大会代表名额的决定 |
| 6 | 1992 年 10 月 28 日 | 第十六次 | 关于深泽县各乡镇第十一届人大代表名额的决定 |
| 7 | 1993 年 2 月 15 日 | 第十八次 | 关于召开深泽县第十一届人民代表大会第一次会议的决定 |

# 第二节　决议决定选录

### 深泽县第十届人民代表大会第四次会议<br>关于加强农业社会化服务的决议

（1992 年 3 月 28 日深泽县第十届人民代表大会第四次会议通过）

为深入贯彻党的十三届八中全会精神，进一步完善家庭联产承包责任制，切实搞好农业社会化服务，促进生产力的发展，巩固农村政权，坚持社会主义方向，特作如下决议：

**一、努力完善双层经营体制**

实行家庭联产承包为主、统分结合的双层经营体制，适应现阶段农村生产力的发展水平，是促进农村经济发展和社会稳定的基础，符合全县农民的意愿，必须作为一项基本制度长期稳定下来，并不断加以完善。要在家庭联产承包经营的基础上，按照“宜统则统、宜分则分、统分结合”的原则，加强集体统一经营的功能，做到集体财产有人管，生产服务有人抓，农田基本建设有人组织，资源开发有人负责，从而把统一经营的优越性和家庭联产承包经营的积极性更好地结合起来。全县各级干部必须从思想上认识到只有随着生产的发展、生产力水平的提高，才能逐步加强和完善农业社会化服务，因而县、乡两级人民政府要采取措施，尽快地把发展集体经济和建立服务体系，搞好社会化服务，从一般号召变为具体行动，一步一个脚印地抓好落实。

**二、发展壮大集体经济实力，增强统的功能**

乡、村两级都要不断增加集体积累，要在稳定和完善家庭经营基础上健全集体经营机制，建立集体的公共积累制度。发展壮大集体经济，主要靠自力更生、自我积累、自我发展。要认真搞好农村财务清理，管好用好集体积累。当前集体经济实力薄弱的村，要帮助他们克服畏难情绪，增强服务意识，制定发展规划，充分利用现有条件，发展农产品加工业和养殖业。对依法向农民征收的各项费用要实行村有乡管，应主要用在购置农机具和增强农业后劲上，集体为农户提供的各项服务要坚持有偿原则，合理收取服务费，不断增加集体经济实力。

**三、建立健全各级各类社会化服务组织，为调整产品结构，发展生产服务**

搞好农业社会化服务是农村经济发展的要求，是深化农村改革的重点，也是农村经济的一项迫切任务。目前我县已有部分乡、村在农业社会化服务方面作出一定成绩，取得明显实效，但是，就全县而言，发展还很不平衡。今后，凡是集体经济实力较强的村，要扶植建立健全农机服务组织，积极推行大中型农机具集体经营，逐步发展机耕、播种、浇水、植保、收割、脱粒等产中全过程服务，一般的村要积极组织和利用个人现有农机具，逐步实行农机作业统一调度、统一作业、统一供油、统一收费，以解决农民在生产过程中存在的各种实际困难；经济实力弱、服务尚处于空白的村要从组织力所能及的服务入手，解决农民耕地、浇水、治虫等生产中的主要问题。在实施过程中要坚持自愿、有偿、方便群众的原则。乡镇一级的服务，要侧重抓好村级服务组织办不了，办不好的事情，着重搞好全乡范围内的农业产品结构调整、农业基础建设、农业开发、生产资料供应、农业信息和农副产品销售等方面的服务，有条件的乡镇可以创办农工商一体化的服务组织，使之成为联结农户与市场的纽带。同时还要帮助和指导条件较差的村，尽快地把农业社会化服务开展起来、供销农机等经济部门是农业社会化服务的重要力量，要充分发挥其职能作用，为农业提供产前、产中、产后的系列化服务。要变与农民之间单纯的买卖关系为合作服务关系，经常深入农户、深入市场调查了解农民在生产、加工、销售、储运等各个环节中的困难，有针对性地提供各种高质量服务，并形成良性循环，促进我县农业生产上新台阶。

**四、完善农技推广体系，为提高农民科学素质，提供社会化服务**

当前，科学技术在调整生产结构，开发新型农产品，提高产品质量，增加产量方面有很大的潜力。必须依靠科技求发展、求效益。要依据“加强县级、壮大乡级、提高村级、抓好示范户”的指导思想，抓好“三级一户”农技推广体系的完善和提高。县政府要建立农技推广中心，着力解决目前农业科技工作中存在的科学技术入村到户难的问题。乡镇建立农技综合服务站，加强农民科技培训工作，向农民传授最新、最实用的生产技术，提高农民的科学文化素质和劳动技能；村建立农技服务组，本着“自主管理、自主经营、自我服务”的原则，扶植兴办民办科技服务组织，推动农村产业结构调整，促进专业化、商品化生产的发展，要在全县范围内健全县、乡、村、示范户四级科技推广网络，实行技（技术）、政（行政）、物（物资）的三结合，充分发挥其在推广适用技术和开辟新产业中的作用。

**五、协调各方力量，加强对农业社会化服务的领导**

完善和发展家庭联产承包责任制，搞好农业系列化服务，基层班子是关键。各级政府要对村级领导班子进行分析研究，将坚持四项基本原则、办事公道、有事业心和强烈服务意识的人才选拔找到村级领导班子中来。

县、乡两级政府都要把农业社会化服务列入重要工作议程，深入生产第一线，调查研究，听取群众意见，尽快制定出实施方案，将任务分解，落实到部门，实行目标责任管理。定期研究，总结新经验，解决新问题，尤其要将本县涌现出的先进典型，认真加以总结，迅速在全县推广。要建立县、乡、村三级农业社会化服务领导小组，负责协调社会化服务中出现的各种矛盾，要建立健全各项专业组织，制定制度，提出要求，明确责任，抓好落实。县人民代表大会及其常委会要定期听取政府和有关部门的工作报告，要深入调查研究，对本决议的贯彻落实实行监督，人大代表要密切联系选民，为实现本决议充分发挥作用。

## 深泽县第十届人民代表大会第四次会议<br>关于加强廉政建设的决议

（1992 年 3 月 28 日深泽县第十届人民代表大会第四次会议通过）

为加强国家机关的廉政建设，使国家工作人员清正、廉洁、勤政、务实，全心全意为人民服务，保证我县经济建设和各项任务的顺利完成，会议特作如下决议：

**一、国家工作人员要当好人民公仆**

人民是国家的主人，国家工作人员是人民的公仆，每个国家工作人员都要站在国家和人民利益的高度来认识这种关系，自觉地摆正位置，全心全意为人民服务。

国家工作人员要从人民利益出发，认真贯彻执行党的路线、方针、政策和国家法律、法规，坚持四项基本原则，坚定地走具有中国特色的社会主义道路，积极投身到改革开放和经济建设事业中去。

国家工作人员要时刻保持清正、廉洁的作风，决不允许利用人民赋予的职权谋取私利。

努力做好本职工作，任劳任怨，甘于奉献。

**二、坚持依法办事**

社会主义法律体现了人民的意志，是公民必须遵守的行为规则。国家工作人员要做执法的模范，没有法律之外的任何特权，从事政务、司法事务和参与社会活动必须在法律允许的范围内进行，严格依法办事。

国家机关要进一步加强社会主义法制建设，逐步实现由人治到法治的转变，把各项事业纳入依法管理的轨道。行政机关必须依法行政，制定行政规章和采取行政措施，要有助于促进有关法律、法规的实施。执法部门和执法人员必须坚持法律面前人人平等，坚决维护国家法律的尊严，做到秉公执法。要严厉打击刑事犯罪分子和经济犯罪分子，维护正常的社会秩序。

国家机关必须把纠正行业不正之风当作一项政治任务常抓不懈，在提高干部素质的基础上，进一步落实执法责任制，健全工作制度和廉政制度，完善各种制约机制，坚决杜绝以言代法、以权压法和贪赃枉法等行为。

**三、坚持勤政、务实**

国家工作人员必须忠于职守，树立高尚的职业道德，勇挑重担、迎难而上，不断提高决策水平。要强化改革意识，敢于创新，求实务实，勤政为民，密切联系群众，做群众的知心人，多为群众办实事，带领群众发展生产，走共同富裕之路。

**四、必须自觉接受监督**

国家工作人员特别是领导干部，要经常深入基层，调查研究，虚心听取群众的建议、批评和意见，及时纠正错误、改进工作方法、提高工作效率。

国家机关各职能部门要坚持实行政务公开，不断提高工作的透明度，主动接受人民群众的监督。各执法部门和执法人员，要正确对待执法检查和民主评议活动，勇于自我解剖、认真整改。对群众反映强烈的问题，主管部门和主管领导要高度重视，及时查处，决不能姑息迁就。

会议强调，在当前复杂的国际形势下，随着国内改革开放的不断深入发展，加强廉政建设尤为重要。全县国家机关和每个国家工作人员都要从国家兴衰和社会主义事业成败的高度来重视廉政建设，切实抓出成效。

会议号召，全县干部群众要团结一致，认真落实党的十三届六中、七中、八中全会精神，进一步弘扬深泽精神，全面实施务实战略，为实现“八五计划”，搞好我县的两个文明建设而努力奋斗。

# 第七章　选举任免

## 第一节　常委会选举任免情况

1990年4月20日，县十届人大常委会第一次会议通过县人民政府、县人大常委会、县人民法院人事任免事项。

决定任命：

苏恒军为县政府办公室主任；

贾增录为县计划委员会主任；

邸子军为县经济委员会主任；

纪同振为县劳动人事局局长；

邸庆忠为县公安局局长；

纪广申为县财政局局长；

封印须为县民政局局长；

高茂林为县司法局局长；

陶保辰为县监察局局长；

郭振江为县科学技术委员会主任；

贺振兴为县统计委员会主任；

王存良为县审计局局长；

林志海为县工商行政管理局局长；

张从志为县城建局局长；

王进武为县乡镇企业局局长；

贾礼仓为县农业局局长；

吴克勤为县林业局局长；

翟习珍为县畜牧局局长；

陈会永为县水利局局长；

王学永为县物价局局长；

魏宏拴为县商业局局长；

贾益谦为县粮食局局长；

赵安民为县交通局局长；

郝锁奎为县土地局局长；

刘喜太为县文教局局长；

梁趁海为县卫生局局长；

张振英为县标准计量局局长；

袁振法为县计划生育委员会主任；

贺平芬为县体育运动委员会主任；

冯满仓为县档案局局长。

任命：

张振朝为县人大常委会政法科科长；

曹计敏为县人大常委会科教文卫科副科长；

刘兰生为县人民法院审判员，审批委员会委员；

陈永军为县人民法院审判委员会委员；

邸平均为县人民法院审判员；

袁宝山为县人民法院审判员；

陈彦申为县人民法院审判员；

张彦申为县人民法院审判员；

刘勇为县人民法院审判员；

黎昆池为县人民法院审判员；

王运欣为县人民法院审判员。

决定免去：

赵益谦县土地管理局局长职务；

李占文县畜牧局局长职务；

李玉岭县体育运动委员会主任职务。

免去：

张振朝县人大常委会政教科科长职务；

曹计敏县人大常委会政教科副科长职务；

王民起县人民法院审判员、赵八法庭庭长职务。

1990 年 7 月 3 日，县十届人大常委会第二次会议通过县人民政府、县人民检察院人事任免事项。

决定任命：

王夯平为县监察局局长。

决定免去：

陶保辰县监察局局长职务。

免去：

王夯平县人民检察院副检察长，检察委员会委员、检察员职务。

1990 年 12 月 18 日，县十届人大常委会第五次会议通过县人民法院人事任免事项。

任命：

张曼军为县人民法院刑事审判庭庭长；

权春来为县人民法院深泽镇法庭庭长；

王俊娟为县人民法院民事审判庭庭长；

张书臣为县人民法院告诉、申诉审判庭庭长；

李造起为县人民法院西河法庭庭长；

封建国为县人民法院大直要法庭庭长；

赵鹤鸣为县人民法院刑事审判庭副庭长；

邸平均为县人民法院民事审判庭副庭长；

刘勇为县人民法院经济审判庭副庭长；

张彦申为县人民法院深泽镇法庭副庭长；

袁宝山为县人民法院大直要法庭副庭长；

陈彦申为县人民法院赵八法庭副庭长；

崔跃民为县人民法院审判员、留村法庭副庭长。

免去：

张曼军县人民法院刑事审判庭副庭长职务；

权春来县人民法院民事审判庭庭长职务；

王俊娟县人民法院深泽镇法庭副庭长职务；

张书臣县人民法院石油法庭庭长职务；

李造起县人民法院大直要法庭副庭长职务；

封建国县人民法院西河法庭副庭长职务。

1991 年 2 月 2 日，县十届人大常委会第六次会议通过县人民政府、县人大常委会、县人民检察院人事任免事项。

决定任命：

宋志法为县农业局局长；

贺礼仓为县林业局局长；

杨文锁为县民政局局长；

王明生为县科委主任。

任命：

王民起为县人民检察院副检察长、检察委员会委员、检察员；

曹虎群为县人大常委会办公室副科级调研员。

决定免去：

贺礼仓县农业局局长职务；

郭振江县科委主任职务；

吴克勤县林业局局长职务；

封印须县民政局局长职务。

免去：

曹虎群县人大常委会办公室副主任职务。

1991 年 5 月 6 日，县十届人大常委会第七次会议通过县人民政府、县人大常委会、县人民检察院人事任免事项。

决定任命：

王进泽为深泽县人民政府副县长、代理县长；

邸子军为深泽县人民政府副县长；

郭振江为县经委主任。

任命：

曹青哲为县人大常委会财经科副科长；

高晴君为县人大常委会代表联系科副科长；

王印昌为县人大常委会代表联系科副科级调研员。

免去：

赵成文县人大常委会财经科副科长职务；

王印昌县人大常委会代表联系科副科长职务；

张沙池县人民检察院检察员职务；

马贵昌县人民检察院检察员职务。

1991 年 7 月 16 日，县十届人大常委会第八次会议通过县人民政府人事任免事项。

决定任命：

牛凤霞为深泽县人民政府副县长。

1991 年 8 月 27 日，县十届人民代表大会常务委员会第九次会议通过县人民政府、县人大常委会人事任免事项。

决定任命：

陈汉民为县财政局局长。

任命：

陈继明为县人大常委会办公室副主任。

决定免去：

纪广申县财政局局长职务。

1991 年 12 月 13 日，县十届人大常委会第十一次会议通过县人民政府人事任免事项。

决定任命：

赵国华为县粮食局局长；

贾益谦为县政府办公室主任。

决定免去：

贾益谦县粮食局局长职务；

苏恒军县政府办公室主任职务；

贺平芬县体委主任职务。

1992 年 3 月 4 日，县十届人大常委会第十二次会议通过县人民法院人事任免事项。

任命：

王立平为县人民法院审判员、西河人民法院副庭长；

马运英为县人民法院审判员；

王彩棉为县人民法院审判员；

曹昆跃为县人民法院审判员；

刘习军为县人民法院审判员；

孙焱为县人民法院审判员；

张运启为县人民法院审判员。

免去：

张礼忠县人民法院经济审判庭副庭长职务。

1992 年 6 月 30 日，县十届人大常委会第十四次会议通过县人民政府人事任免事项。

决定任命：

王运生为县交通局局长；

康彩芬为县体委主任。

决定免去：

赵安民县交通局局长职务。

1992 年 10 月 28 日，县十届人大常委会第十六次会议通过县人民政府、县人民法院、县人民检察院人事任免事项。

决定任命：

郭领域为深泽县人民政府副县长；

刘增奎为县统计委员会主任；

张从志为县建设委员会主任；

王建民为县物价局局长。

任命：

阎志军为县人民法院副院长、审判员、审判委员会委员。

决定免去：

李明国深泽县人民政府副县长职务；

贺振兴县统计委员会主任职务；

王学永县物价局局长职务。

免去：

张国斌县人民检察院检察委员会委员、检察员职务。

1992年12月22日，县十届人大常委会第十七次会议通过县人民政府、县人大常委会、县人民法院人事任免事项。

决定任命：

杨英波为深泽县人民政府副县长，代理县长；

何志福为县监察局局长。

任命：

刘长生为深泽县人民检察院副检察长，代理检察长；

王夯平为县人民检察院副检察长，检察委员会委员、检察员；

杜印安为县人民检察院副检察长，检察委员会委员、检察员。

决定免去：

王进泽深泽县人民政府县长职务；

牛凤霞深泽县人民政府副县长职务；

王夯平县监察局局长职务。

免去：

张根川深泽县人民检察院检察长职务。

## 第二节　常委会接受辞职情况

1991年5月6日，县第十届人民代表大会常务委员会第七次会议接受才利民辞去深泽县人民政府县长职务。

# 第八章　机关工作

县第十届人大常委会在县委的领导下，在省人大及石家庄地区人大工作联络处的指导下，在全县人民代表和人民群众的大力支持下，县人大常委会坚持以党的基本路线为指导，本着务实、创新的原则，努力发挥好人大及其常委会的各项职能作用，为促进深泽县政治经济的稳步发展及廉政建设的不断深入，做了大量工作，较好地发挥了地方国家权力机关的作用。

1. 人大常委会组成人员和机关工作人员认真学习制度，学习党的六中全会精神，学习马列主义、毛泽东思想，学习法律、法规，不断提高政治思想水平和民主与法制观念。

2. 在实际工作中不断加强制度建设，第十届人大常委会制定和修订 8 项工作制度，《主任会议议事规则》《人代会议事规则》《人大常委会议事规则》，使人大常委会的“三会”实现规范化、制度化，有效提高了会议质量和议事效率。

3. 修订联系代表办法，制定代表联系选民、信访工作等办法，制定关于贯彻《河北省预算管理条例》的执行办法，保证了机关工作的正常开展。

# 第八篇

# 深泽县第十一届人民代表大会

（1993年2月至1998年2月）

# 第一章　党的领导

深泽县第十一届人民代表大会及其常务委员会，坚持以邓小平理论为指导，坚决维护党中央权威，坚决贯彻落实县委工作要求，把党的领导贯彻到人大工作的方方面面，确保人大各项工作围绕中心、服务大局。

县委书记尚建军在深泽县第十一届人民代表大会第一次会议上讲话。他指出，这次大会，与会代表集中精力，开动脑筋，畅所欲言，各抒己见，本次大会是一个民主的大会，团结的大会，胜利的大会。他要求，一是要充分认识人大工作的重要性，切实加强新形势下人大工作。二是人大工作要以经济建设为中心，为改革开放铺路搭桥。三是进一步做好人大代表工作，充分发挥人大代表在经济建设和改革开放中的纽带作用、带头作用。他希望，大会闭幕后，各位代表要广泛宣传大会精神，带头认真贯彻执行大会的各项决议，进一步增强使命感、责任感，进一步弘扬自强、开拓、务实、奉献的深泽精神，励精图治，奋发进取，团结奋斗，为实现深泽县第六次党代会和本次人民代表大会提出的各项目标做出应有的贡献。

## 中共深泽县人民代表大会常务委员会党组

书　记：袁东义（1993 年 2 月至 1993 年 3 月）
　　　　董清彦（1993 年 3 月至 1996 年 11 月）
　　　　贾常文（1996 年 11 月至 1998 年 1 月）
　　　　袁铁民（1998 年 1 月至 1998 年 2 月）
副书记：贾常文（1993 年 2 月至 1996 年 11 月）
　　　　刘殿欣（1996 年 11 月至 1998 年 2 月）
成　员：高英豪（1993 年 2 月至 1993 年 3 月）
　　　　赵益谦（1993 年 2 月至 1998 年 2 月）
　　　　王国章（1993 年 2 月至 1998 年 2 月）
　　　　刘殿欣（1993 年 3 月至 1996 年 11 月）
　　　　刘树林（1993 年 3 月至 1997 年 11 月）
　　　　邸庆忠（1998 年 1 月至 1998 年 2 月）
　　　　纪同振（1998 年 1 月至 1998 年 2 月）

# 第三章 人大代表

深泽县第十一届人民代表大会代表名额180名。1993年2月，召开县十一届人大一次会议时实有代表180名。

## 第一节 选举产生

### 一、选举委员会

1992年10月28日，深泽县第十届人大常委会第十六次会议，通过深泽县县、乡两级人大换届选举工作有关事宜，通过《深泽县人大常委会关于县、乡两级人代会换届选举的决定》《深泽县选举委员会组成人员名单（草案）》《深泽县各乡镇选举委员会组成人员名单（草案）》《深泽县人大常委会关于第十一届人民代表大会代表名额的决定（草案）及十一届人民代表大会名额分配》《深泽县人大常委会关于深泽县各乡镇第十一届人大代表名额的决定（草案）》《深泽县选举委员会关于1993年县、乡两级人民代表大会换届选举工作的实施方案（草案）》。

深泽县选举委员会组成人员名单：

主　任：王文祥

副主任：贾常文　段茂欣

委　员：

| | | | |
|---|---|---|---|
| 秦占波 | 王国章 | 贾益谦 | 陈茂兴 |
| 贺幸来 | 张振朝 | 赵贯斌 | 杨文锁 |
| 冯志广 | 刘茂秋 | 纪会改（女） | 陈汉民 |

河北省人大常委会确定深泽县县人大代表名额为180名。全县划分选举县人大代表的选区102个，选举乡镇人大代表的选区243个。县人大常委会确定县人大代表名额为180名，乡镇代表名额为618名。选举日为1993年1月5日。选举投票形式设投票站或流动票箱，部分选区召开选举大会，全县参加投票的选民152079人，参选率95%，选举产生县十一届人大代表180名。

## 二、代表构成

在选举产生的 180 名县人大代表中，中共党员代表 116 名，占 64.4%；群众代表 64 名，占 35.6%；妇女代表 38 名，占 21.1%；干部代表 64 名，占 35.6%；工人农民代表 115 名，占 63.9%。在选举产生的 618 名乡镇人大代表中，中共党员代表 411 名，占 66.5%；群众代表 207 名，占 33.5%；妇女代表 121 名，占 19.6%；干部代表 43 名，占 6.96%；工人农民代表 575 名，占 93%。选举产生的县乡两级人大代表中，干部、工农、知识分子构成比例合理，文化程度有所提高，平均年龄有所下降。

# 第二节　代表名单

## 一、深泽县第十一届人民代表大会代表名单

县直代表团（32 名）：

| | | | |
|---|---|---|---|
| 王会英（女） | 王志农 | 王素芬（女） | 冯玉春 |
| 冯志广 | 石会芹（女） | 纪会改（女） | 刘长生 |
| 刘茂秋 | 刘树林 | 许礼英 | 李新田（女） |
| 李玉林（女） | 李福录 | 张柱昌 | 尚建军 |
| 赵双法 | 郝迎斌 | 高建文 | 高　森 |
| 梁鹏飞 | 梁趁海 | 郭振江 | 贾益谦 |
| 曹贵雨 | 甄计根 | 蔡书成 | 翟秀芹（女） |
| 樊领然（女） | 黎素英（女） | 薛发兴 | 魏宏拴 |

深泽镇代表团（16 名）：

| | | | |
|---|---|---|---|
| 王玉生 | 王建成 | 白进永 | 刘殿欣 |
| 李　杰 | 李敬伟（女） | 陈　军 | 宋玉生 |
| 张会英（女） | 赵英欣（女） | 杨英波 | 段茂欣 |
| 袁明栓 | 袁金科 | 贾书平（女） | 彭计昌 |

固罗乡代表团（13 名）：

| | | | |
|---|---|---|---|
| 王四成 | 李江国 | 何庆云 | 刘志明 |
| 刘敬然（女） | 杜义山 | 张伟风 | 张彦辉（女） |
| 杨大楞 | 杨泉河 | 贺海林 | 康长海 |
| 康顺京 | | | |

留村乡代表团（13 名）：

| | | | |
|---|---|---|---|
| 王灵芬（女） | 刘明欣 | 李英全 | 李香棉（女） |
| 张和平 | 张增坏 | 张海英 | 胡玉芬（女） |

| | | | |
|---|---|---|---|
| 郭领域 | 贾会军 | 贾秋录 | 高英豪 |
| 曹计申 | | | |

羊村乡代表团（10 名）：

| | | | |
|---|---|---|---|
| 王庆刚 | 马志群 | 史志林 | 李贞明 |
| 李国宣（女） | 张春喜 | 邸英民 | 范文振 |
| 郭文宣（女） | 贾保才 | | |

赵八乡代表团（20 名）：

| | | | |
|---|---|---|---|
| 支素美（女） | 王成国 | 王拴良 | 王保振 |
| 刘志军 | 陈礼春 | 李平顺 | 杜国进 |
| 张贵林 | 张俊京（女） | 赵同会（女） | 赵振英 |
| 贾同雨 | 贾俊缺（女） | 曹计敏 | 袁其珍 |
| 翟务臣 | 董清彦 | 焦志斌 | 裴秋来 |

耿庄乡代表团（16 名）：

| | | | |
|---|---|---|---|
| 刘进国 | 李东升 | 邢茂福 | 张志国 |
| 张东录 | 张明欣 | 张桂珍（女） | 陈永茂 |
| 赵益谦 | 郭凤来（女） | 常占福 | 崔子和 |
| 韩占庄 | 焦运芬（女） | 焦翠芬（女） | 韩振军 |

西河乡代表团（15 名）：

| | | | |
|---|---|---|---|
| 马文科 | 王国章 | 吕彦拴 | 孙占永 |
| 刘文波 | 刘青雪 | 刘胜斌 | 刘俊平（女） |
| 刘振华 | 李友勤 | 张占锁 | 袁东义 |
| 郝大雨 | 贾二民 | 翟英会（女） | |

铁杆镇代表团（14 名）：

| | | | |
|---|---|---|---|
| 王小贞 | 王占根 | 王国州 | 石兰芹（女） |
| 刘军科 | 刘彦坤 | 杜永藏 | 李士杰 |
| 张振朝 | 陈振英 | 赵永恩 | 郭义忠 |
| 贾常文 | 康印梭 | | |

马里乡代表团（14 名）：

| | | | |
|---|---|---|---|
| 王青妙（女） | 王造领 | 王殿勋 | 刘福珍 |
| 李志国 | 李建国 | 罗和平 | 高晴君 |
| 赵义亭 | 赵惠英（女） | 赵培英 | 贺书良 |
| 贾惠彩 | 曹立贞 | | |

大直要乡代表团（17 名）：

| | | | |
|---|---|---|---|
| 王同音（女） | 王彩然（女） | 左从民 | 刘志存 |
| 刘根林 | 杜如川 | 何占民 | 何福录 |

| | | | |
|---|---|---|---|
| 张建川 | 张国贞 | 郭荣志 | 崔荣欣 |
| 彭彦民 | 程全军 | 曹青哲 | 翟彦平（女） |
| 裴秀品（女） | | | |

**深泽县第十一届人大代表届中变动情况表**

表 33

| 会次 | 终止情况 | 补选情况 | 人数 |
|---|---|---|---|
| 第一次会议 | — | — | 县十一届人民代表大会第一次会议时，实有代表 180 名 |
| 第二次会议 | 病逝 1 名：甄计根 | — | 县十一届人民代表大会第二次会议时，实有代表 179 名 |
| 第三次会议 | — | — | 县十一届人民代表大会第三次会议时，实有代表 179 名 |
| 第四次会议 | 调离深泽 1 名：尚建军 | 补选代表 1 名：杨智勇 | 县十一届人民代表大会第四次会议时，实有代表 179 名 |
| 第五次会议 | 调离深泽 1 名：杨英波 | — | 县十一届人民代表大会第五次会议时，实有代表 178 名 |
| 第六次会议 | 调离深泽 4 名：杨智勇、董清彦、康顺京、高建文 | 补选代表 6 名：王文治、郑宗起、王文朝、陈宏兴、贺建强、翟振军 | 县十一届人民代表大会第六次会议时，实有代表 180 名 |

## 二、深泽县出席石家庄市第九届人民代表大会代表名单

（1993 年 8 月 24 日，深泽县第十一届人民代表大会第二次会议选举产生）

| | | | |
|---|---|---|---|
| 马焕兴 | 于造发 | 王长敏 | 王运生 |
| 王坤乱 | 朱进才 | 刘进英 | 刘树英（女） |
| 刘振华 | 刘福珍 | 孙秀云（女） | 何占民 |
| 张茂林 | 李敬伟（女） | 杨英波 | 周子波 |
| 尚庆忠 | 范娣荣（女） | 董清彦 | 黎素英（女） |

1996 年 12 月 23 日，县十一届人大常委会第二十七次会议，补选贾常文为石家庄市第九届人大代表。

### 三、深泽县出席河北省第八届人民代表大会代表名单

（1993 年 3 月 1 日，深泽县第十一届人民代表大会第一次会议选举产生）

| | | | |
|---|---|---|---|
| 王长敏 | 张鸿修 | 邸彩君 | 陈本金 |
| 马文科 | 李新田（女） | | |

## 第三节　代表工作

### 一、加强制度建设

1. 常委会联系代表制度。常委会成员定点定人联系代表，保持与代表的经常性联系，广泛听取他们的意见建议。

2. 代表座谈会。常委会半年召开 1 次代表座谈会，征集代表和选民对“一府两院”和人大常委会的意见建议，5 年共征集各种意见和建议 270 多条次。

3. 做好代表积极参政议政工作。县十一届人大常委会第十九次会议审议通过《关于开展县人大代表议政日活动的办法》，办法规定代表“议政日”活动每季度 1 次，每次 1 项议题。

### 二、聘请代表做执法部门监督员

县十一届人大期间，先后有国税局、地税局、工商局、电力局、公安局等部门聘请人大代表为行风行纪监督员，根据监督结果及时召开座谈会，征询意见。

### 三、开展评选优秀代表活动

制作“代表风采录”，宣传代表的模范事迹和先进作用。对省、市、县、乡四级 12 名优秀代表的先进事迹进行整理录像，在县电视台播出，在全县产生较大影响，树立了人民代表积极参政议政、带领群众翻番致富奔小康的模范形象。

### 四、代表建议、意见选录

#### 县十一届人大一次会议期间

县十一届人大一次会议期间，经议案审查委员会审查，建议 8 件，意见 19 件。经人大常委会审议的议案 4 件，全部转为建议。

（一）议案转建议

1. 坚决要求修通和拓宽新建宾馆西侧商业街至新开街的道路。

提议案人：崔荣欣、高晴君、王保振、宋玉生

附议人：大直要、马里、赵八、深泽镇全体代表

理由：此路本是商业街至新开街的一个自然通道，集日和平时来往行人很多。县城内都在整修和拓宽街道，可是宾馆围墙人为的造成道路堵塞，对群众交通造成障碍，给此地居民生活造成不便。望县政府想人民之所想，急人民之所急，开通拓宽此路，方便人民群众的交通和生活。

2. 要求尽快架设通羊村的电路。

提议案人：邸英民

附议人：羊村乡全体代表

理由：深泽县“八五规划”定于1993年投资13万元，完成新设11万伏电站至羊村10千伏支线电路，羊村乡人民拍手称快，望县政府及有关部门尽快落实。

3. 要求筹建政法办公楼。

提议案人：高建文、刘长生、王玉生

附议人：冯玉春、李福录、高森、李育林、樊领然、梁趁海、魏宏拴、纪会改、石会芹、王会英、刘茂秋、郭振江及深泽镇全体代表

理由：1984年根据县委安排，深泽检察院搬进县招待所暂时办公，一住就是9年。招待所是公共场所，人员复杂，不利于检察工作的开展。提议在本年度内政府拨款一部分，向上级申请一部分，通过办案上缴财政返还一部分，尽快盖政法大楼，以改善“两院”办公条件。

4. 要求重修深泽至铁杆公路。

提议案人：王占根、王国州、刘文波

附议人：铁杆、西河全体代表

理由：深泽至铁杆公路路面多年失修，对所有车辆的行驶造成困难，给人民生产生活带来不便，县政府1992、1993年都将此事列为办实事计划，望尽快落实。

（二）建议

1. 要求尽快落实新开发区占地赔损。

提建议人：李杰

附议人：深泽镇全体代表

理由：去年新开发区修路占地1000多亩，至今没有赔偿损失，群众意见很大，要求尽快解决。

2. 要求对倒闭企业挂账停息。

提建议人：郭义忠

附议人：铁杆11名代表

理由：铁杆镇1989年前倒闭5个企业，面粉丝厂、面粉厂、织网厂、磨玉厂、儿童食品厂，1990年倒闭棉油厂，共欠银行贷款70多万元，成为发展企业的负担，为此要求对这些企业挂账停息。

3. 要求县政府退回1992年雹灾保险款。

提建议人：贾会军、李志国、杨泉河、郭荣志

附议人：留村、马里、固罗、大直要全体代表

理由：1992 年麦季，冰雹袭击深泽县小麦，各乡都入了保险，原说连本带赔偿费一并返还各乡、村，如不赔偿就返还本金。但时至今日，赔偿费未给，本金也未返还，这部分款是乡村干部筹集，或贷款交上的，望县政府尽快协调办理此事。

4. 计划生育要综合治理。

提建议人：赵培英、刘敬然、张伟峰

附议人：马里、固罗全体县代表

理由：计划生育工作不能只限于刮阵风，要建立各级班子，常抓不懈，要一层层抓起，要抓细要狠抓，对违法的处理要严肃，措施要得力，不要形成拿钱买早婚，用钱买孩子的现象，而且对计划生育后遗症要妥善处理，解除后顾之忧，对交了保险金的要兑现，如南冶庄头、马铺、大兴、东西北马各一例，不要失信于民。

审查意见：由县政府及计生委办理。

5. 要求平衡全县师资力量。

提建议人：李平顺、李贞明、张彦辉

附议人：赵八、羊村、固罗全体县代表

理由：全县国办教师分配太不平衡，赵八、羊村、固罗的边远地带村没有国办教师，都是带课和民办教师，这 3 个乡的民办和代课教师占全乡教师的 70%，望县政府全面平衡师资力量，全面提高全县的教育教学质量，把深泽县的教育事业搞好。

审查意见：由县政府及文教局办理。

6. 要求减轻对学生的收费

提建议人：何占民、康印梭、李平顺、赵会英

附议人：大直要、铁杆、赵八马里全体县代表

理由：目前学校对学生征收各种费用较多，而且名目繁多，也致使农民家庭经济负担越来越重，造成一部分家庭的孩子上不起学，全县人民意见很大，望县政府责成有关部门清查和减少各种不合理费用。

审查意见：由县政府及文教局办理。

7. 要求解决中医院病房楼占地问题 。

提建议人：贾书平

附议人：深泽镇全体县代表

理由：中医院扩建病房楼，1992 年省卫生厅已立项。款已拨来，因病房楼占地问题达不成协议，致使不能动工兴建，如今年再不能动工兴建，省里就要把款收回，望县政府尽快解决占地一事。

审查意见：由县政府及有关部门办理。

8 . 要求修建南冶庄头大桥。

提建议人：赵培英

附议人：马里全体县代表

理由：随着正饶公路的开通车辆逐年增多，南冶庄头河畔已成为此路的咽喉要道，恳切希望修建南冶庄头大桥，以避免再次出现大水断路，翻船死人的严重事故。

审查意见：由县政府向上申报批审。

（三）意见

1. 县代表刘军科及铁杆县代表提出：铁杆是深泽县两镇之一，要求县政府按有关政策拨款建设铁杆镇，促其加快经济发展步伐。

审查意见：由县政府办理。

2. 县代表宋玉生及深泽镇全体代表提出：目前汽车站破烂不堪，无人管理，希望汽车站尽快定位建设。

审查意见：由县政府交建委办理。

3. 县代表张贵林及赵八乡县代表们提出：目前农村电价不平衡，不统一，望县政府及有关部门定出统一电价，列出详细价目表发到农村，以便实施管理和监督。

审查意见：由县政府交电力局办理。

4. 县代表李平顺及铁杆、赵八乡县代表们提出：要求县政府责成执法机关，加强社会治安管理，赵八乡三年来丢失变压器五台 低压电线上万米，至今疑案未破，铁杆虽破获过，但处理太轻，群众意见很大，望有关部门严厉打击不法分子，提高破案率。

审查意见：由县政府交公安局办理。

5. 县代表马志群、高建文及羊村县直代表们提出：在改革的浪潮中要加强政法队伍的业务素质，使公安干警起到保驾护航作用，并且要加强政法队伍的业务素质，思想建设。对招聘的一批人员要加强教育，不能任意执行权力而造成不良影响，对那些不称职的要清除。

审查意见：由县政府交公安局办理。

6. 县代表高建文及县直代表们提出：执法机关是国家单位，财政不应下达创收指标，应按中央 6 号文件精神，收支两条线，各单位罚没款如数上缴，财政要保证开支。

审查意见：由县政府办理。

7. 县代表刘进国及耿庄县代表提出：耿庄乡北卓头村的庄基问题，县法院已受理 5 年多，还没解决，要求县法院尽快解决此案。

审查意见：由县法院办理。

8. 县代表贾会军、郝大雨及留村、西河县代表提出：县政府应责成县公安局查清对购买和转入城镇户口的应取消农村户口，收回所承包土地，以免造成农村各村的混乱现象。

审查意见：由县政府交公安局办理。

9. 县代表张海英及留村县代表提出：要减轻农民负担，不要硬性让农民订阅报纸杂志，购买各种奖券。

审查意见：由县政府交有关部门办理。

10. 县代表刘胜斌及西河乡县代表提出：为保护和发展乡镇企业，县政府应出文规定，明确合理的负担和税收，明确税收增长幅度，保证企业的喘息和积极性，防止乱摊派收和税收不休止的增长，如西河造纸厂税收大，摊派多，资金已陷困境。

审查意见：由县政府交有关部门办理。

11. 县代表李敬伟及深泽镇县代表提出：对县财政部门每月扣发工资一事，广大教师反映强烈，财政部门是否按照存款自愿，取款自由的原则，不要硬性转存。

审查意见：由县政府交财政局办理。

12. 县代表张桂珍及耿庄乡县代表提出：南卓头有些农户要求种植大棚菜，可是没有技术人员和经济条件，望县政府能帮助解决技术指导培训和资金。

审查意见：由县政府交农业局办理。

13. 县代表韩占庄及耿庄乡县代表提出：耿庄浴盆厂是个体企业，应在耿庄乡税务所交税，不应交税务局，望县政府帮助解决。

审查意见：由县政府交税务局办理。

14. 县代表赵同会及赵八县代表提出：宽幅织布厂借南留家庄款 24 万元，从 1992 年第四季度至今，未结利息，请县政府责成经委帮助抓紧办理。

审查意见：由县政府交经委办理。

15. 县代表韩振军及耿庄县代表提出：耿庄至锦州的公路有几段已损坏，应抓紧维修。

审查意见：由县政府交交通局办理。

16. 县代表彭彦民及大直要县代表提出：去年秋天新修了大直要到枣营的公路，大堡到小堡的柏油路面因工程质量问题，仅月余时间路面已全部损坏，要求重修。

审查意见：由县政府交交通局办理。

17. 县代表张伟峰及固罗乡县代表提出：县政府要着力抓好乡村企业的发展，西固罗村的粮食包装市场红火，望县政府下力扶持，尽快发展，扩大经营。

审查意见：由县政府交工商局办理。

18. 县代表贺海林及固罗县代表提出：对执行浮动工资的专业技术干部，应按规定时间转为固定工资。对已不干专业工作的应取消浮动工资，望县政府着手清理一下。

审查意见：由县政府交有关部门办理。

19. 县代表王玉生及深泽镇县代表提出：深泽镇由于部分吃集体粮的人员家中无地，集体又不供应粮食，又不是商品粮户口，也不是正式工，工资又低，生活很困难，望县政府考虑解决。

审查意见：由县政府交有关部门办理。

## 县十一届人大三次会议期间

县十一届人大三次会议期间，经议案审查委员会审查，代表建议 8 件，意见 18 件，旧案重提 4 件。

（一）建议

1. 事由：要求解决县、乡两级农业科技人员工资待遇。

提建议人：贾二民、薛发兴、张增怀、贾保才

附议人：县直、西河乡、留村乡、羊村乡全体县人大代表

内容：1994 年县政府在扣发农业、畜牧、林业三局办公经费，医疗费的基础上又停发三局政策因素增支部分（平均每人近百元），停发各乡（镇）农业技术干部工资实行自收自支。使得本来工资待遇不高的农业技术干部，生活更为困难，影响了他们的工作热情及队伍稳定。

建议：按农业法、农业技术推广法及各级政府发展农业改善农业科技人员工作生活条件的政策，补足农业局、林业局、畜牧局因增资因素增加的经费、医疗费及工资福利待遇；在农业部门经济基础差、暂时创收无望的情况下，保证乡（镇）农业技术人员工资待遇；稳定基层技术人员队伍，补充铁杆镇、耿庄乡、赵八乡农业技术人员。

审查意见：由县政府办理。

2. 事由：建议加强社会治安综合治理工作以保证经济发展和人民生产、生活的安定。

提建议人：赵义亭、邸英民、张志国

附议人：耿庄乡、羊村乡、马里乡全体县代表

内容：近几年社会秩序很不安定，偷盗、抢劫、杀人案件屡有发生，再加上公安部门打击不力，一些大案、要案没能及时侦破。建议加强社会治安综合治理，严厉打击违法犯罪分子，使社会治安状况尽快得到改善。

审查意见：由县政府交公安局办理。

3. 事由：要求尽快侦破大雾头村强奸杀人案。

提建议人：陈礼春

附议人：赵八乡全体代表

内容：大雾头村一学生，在放学回家的路上，被坏人强奸后杀死，至今未破案，群众反映强烈。要求公安局下大力气，尽快侦破此案。

审查意见：由县政府交公安局办理。

4. 事由：要求将原赵八乡两个建筑公司划归赵八乡政府。

提建议人：袁其珍

附议人：王保振、崔务辰、杜国进等 9 名县代表

内容：深泽县建委在未与赵八乡政府打招呼的情况下，于 1993 年 6 月将赵八乡两个建筑公司（深泽县房建公司和深泽县城乡建筑公司）的执照取消，并在两个公司的基础上成立了深泽县城建公司，还把两个建筑公司的领导人安排了职务。这样赵八乡几百万元财产和几十年培养起来的技术人才全部无偿调用了，对此赵八乡其他企业及两个公司人员人心不定，致使税收和乡提留无法完成。要求恢复赵八乡两个建筑公司执照，人、财、物三权归乡

政府。

审查意见：由县政府交建委办理。

5. 事由：城区环境污染严重。

提建议人：宋玉生、刘茂秋

附议人：深泽镇全体县代表

内容：造纸厂污水排放，化工厂有毒物质及有毒烟雾的排放，街道和公路两旁，乱堆柴草和粪土，使城区环境受到严重污染。建议县政府责成有关部门尽快解决。

审查意见：由县政府交卫生局建委等有关部门办理。

6. 事由：要求尽快修复铁杆至西河公路。

提建议人：王国州

附议人：铁杆镇全体县代表

内容：铁杆至西河公路由于年久失修，百分之八十的油面已坏，车辆无法通行，直接影响着铁杆镇的经济发展。要求县政府尽快拿出一个切实可行的方案，协调各方面力量，使铁杆至西河公路尽快得到修复。

审查意见：由县政府协调有关部门办理

7. 事由：要求解决停产企业正式职工生活费问题。

提建议人：李福录

附议人：梁趁海、赵双法等 10 名县代表

内容：部分工厂停产放假、工人暂时失业，有些正式职工只能回家，既没有地种，工厂也不发生活费，使这部分工人生活无着落，要求解决正式职工失业后的生活费。

审查意见：由县政府交经委等有关部门办理。

8. 事由：要求对县医院实行差额补贴。

提建议人：李新田

附议人：纪会改、许礼英等 10 名县代表

内容：县医院是福利事业单位，是预防治疗疾病为广大劳动人民服务的。县财政对县医院停发工资，而医院仍是 1989 年的收费标准，无法保证医务人员工资，可能导致高收费，这样就加重了农民负担。省财政厅、卫生厅也答复每年卫生事业费应增加，而深泽县全部取消工资是不合理的，要求对县医院实行差额补贴。

审查意见：由县政府办理。

（二）意见

1. 曹贵雨等 10 名县直代表提出：民办教师工资偏低，国家有政策，但不落实，在某种程度上挫伤了民办教师的积极性，要求适当增加民办教师工资。

审查意见：由县政府交有关部门办理

2. 羊村乡李贞明等 9 名县代表提出：学生书费学费急剧上升，有的村教师工资由读书学生负担，群众反映非常强烈，要求县政府对学生每个学期的书费、学费进行统一时间统一标

准征收，并利用电视台宣传，让全县人民知道。

审查意见：由县政府交文教局办理

3. 留村乡部分县代表提出：小学学生考评应让全部学生参加考试，不应丢掉部分学生，考核教师教学质量，应随时抽查，不该按一次考评结果评定教师教学质量。

审查意见：由县政府交文教局办理

4. 县代表郭凤来提出：关于重点中学招生的，县里要早做打算，招不招提前给各校打招呼，使学校师生心中有底。

审查意见：由县政府交文教局办理

5. 西河乡刘文波等9名县代表，赵八乡王保振等10名县代表及大直要乡全体县代表提出：1993年粮食挂钩化肥，到现在也没有给农民兑现，要求尽快如数兑现粮挂化肥。

审查意见：由县政府交县社办理

6. 县代表张东录及马里乡全体县代表提出：农村奔小康必须发展两高一优农业，要想发展两高一优，必须向农业倾斜，增加投入，如近几年棉花种不成，主要是棉铃虫治不下去，县政府及有关部门应在技术上下功夫，另一方面在政策资金上也应给予倾斜。

审查意见：由县政府交有关部门办理

7. 固罗乡王四成等4名县代表提出：王家庄自1982年以来从未调过地，南营自1985年以来从未调过地，西固罗村也长时间未调，所以三村人地不均情况严重，群众意见很大，要求调整土地。

审查意见：由县政府研究办理

8. 大直要乡全体县代表提出：滹沱河北大堤路段，由于偷工减料，简化工序，质量很差，现在路面已坏，难以通行，人们反映强烈，要求尽快修复。

审查意见：由县政府交交通局办理

9. 县代表王玉生、王明拴提出：深泽县城的商业网点、交通秩序及市政缺乏合理的布局和管理，缺乏严格的制度和长期的坚持，此案也属老问题了，深泽城内主要街道的十字路口及车站的道路经常被堵塞，给车辆和行人造成很多不便，要求县政府责成有关部门彻底解决此问题，并严格长期坚持下去。

10. 县代表程全军提出：减轻农民负担后，部分农民认为乡统筹也加重农民负担，建议县领导电视讲话，讲清乡统筹是农民应尽义务，以消除农民的误解。

审查意见：由县政府办理

11. 赵八乡王成国、赵振英等10名县代表提出：目前农村乱占耕地现象严重，特别是沿公路两侧、村边等乱盖私房、盖工厂和商业网点，要求县政府和土地局采取有力措施，认真执行征用土地的审批手续，禁止在耕地上乱盖、乱建。

审查意见：由县政府并土地局办理

12. 县代表王造领及马里乡全体县代表提出：有的乡镇及村没有具体人抓电价管理，农民用电电费居高不下。县代表常占福还反映电力局服务门市部校表不准。要求狠抓一下电价，使电价降下来。

审查意见：由县政府交电力局办理

13. 固罗乡段庄村县代表刘敬然提出：段庄村段景录是烈属，20 多年来证书办不成，该户因困难没钱至今连电灯也没用上，要求有关部门尽快出具证件办理证书，解决困难。

审查意见：由县政府交民政局办理

14. 赵八乡张俊京等 10 名县代表提出：县政府应尽快落实国家干部和正式工人到农村任职的有关文件精神，北赵八村王怀振是县社职工，1993 年 3 月回村任村主任，改变村的落后面貌，到现在已经一年了，还没有办理正式手续（县社不给办理），要求县政府尽快解决。

审查意见：由县政府交县社办理

15. 县代表陈永茂及大直要乡全体代表提出：停发乡镇事业单位人员工资后，这些人员怎么办？县里应发文件，有一个统一的安排办法及具体措施。

审查意见：由县政府办理

16. 县代表张国贞提出：1993 年各乡镇都精简了人员，现在乡镇事业单位人员又停发工资，但县直有的单位却私招乱雇人员，给乡镇工作造成很大的影响，要求撤销设在几个乡镇的法律服务所。

审查意见：由县政府交司法局办理

17. 县代表陈永茂提出：派出所、工商所、税务所三所权力下放到乡，从管理体制方面应改进，乡里对三所没有制约，只是发放待遇。

审查意见：由县政府办理

18. 县代表刘志明提出：固罗乡王家庄村近几年来养猪事业发展很快，去年出栏百头以上 5 户，几十头者达几十户，今年我村养猪事业又有大的发展，已初具规模，要求在资金方面给予支持。

审查意见：由县政府办理

（三）旧案重提

1. 要求落实城西开发区占地赔偿。

2. 要求退还 1992 年重灾保险费。

3. 要求县政府对铁杆镇建设的投资。

4. 要求县政府对西固罗粮食市场的支持。

### 县十一届人大四次会议期间

县十一届人大四次会议期间，经议案审查委员会审查没有确定代表议案；代表建议 6 件，旧案重提 12 件。

（一）建议

1. 事由：要求抓紧修建西河至铁杆路。

提建议人：孙占永、刘胜宾、王国洲

附议人：铁杆、西河全体县代表

理由：该路自1991年以来，县委、县政府每年都列入办实事计划，但一直未修成，石油勘四车多载重，对坏路应负有一定责任，应为修路做出贡献。

方案：1. 勘四出资100万元，县筹资50万元，乡镇集资一部分。

2. 县政府协助贷款150万元，由铁杆西河联合修建，修好后收费，两年内还清贷款。

审查意见：由县政府办理。

2. 事由：要求修建商业街路面。

提建议人：贾秋录

附议人：留村乡全体县代表

理由：商业街地处深泽县城中心地段，是县政府最早规划的街道之一，两侧房屋已盖好两年多，可路面迟迟修不上。群众反映说：商业街已成荒芜之所，垃圾之所，污水横流，蚊蝇成群，杂草丛生，疾病传染之所，成了深泽的“龙须沟”。为此，群众怨声载道，修建此路迫在眉睫。

方案：居住群众集资和工商投资办法。

审查意见：由县政府责成有关部门办理。

3. 事由：要求在西河境内修建3.5万千伏电站。

提建议人：王电勋

附议人：西河乡全体县代表

理由：该乡两个造纸厂用动力1.5万千伏安，冷库群有变压器30多台，动力1.5万千伏安，另加各村农业及企业用电，急需新建变电站。

方案：以集资建站为主，冷库100多个，每个库集资一万元，两个造纸厂集资100万元，其他企业集资一部分，可集资300多万元。

审查意见：由县政府协调关部门办理。

4. 事由：要求建立深泽县果品蔬菜冷储协会。

提建议人：张占锁

附议人：西河乡全体县代表

理由：深泽县冷库近几年发展较快，但由于缺乏协调，出现了互相涨价、压价等现象，严重影响了效益。如：冷储蒜苔一项，全县冷储5000万斤，每斤价格低一角，就可节省500万元。

方案：县有关部门牵头，以西河乡为主，工商、税务、银行等部门配合，县政府制定有关措施和章程，3月筹建，4月开展工作。

审查意见：由县政府牵头办理。

5. 事由：要求严格控制私营农药。

提建议人：赵义亭、李江国

理由：近年来棉农受假药坑害现象严重，棉铃虫盛期，一瓶假农药会导致无数棉农白辛苦一年，棉花产量保不住，建议县政府责成有关部门严格查处私营农药，尤为假农药。

审查意见：由县政府责成有关部门办理。

6. 事由：要求对种棉技术指导。

提建议人：刘志军、曹立贞

理由：农民种棉的积极性还是有的，但近几年棉花枯黄萎病发展严重，尽管认真管理，所收无几，甚至绝收，希望县政府组织技术指导，或进行培训，使棉农得到好收成。

审查意见：由县政府责成有关部门办理。

（二）旧案重提

1. 要求修通羊村—赵八—耿庄乡级公路。（赵八乡：王成国）

2. 要求将原赵八乡两个建筑公司归还赵八乡政府。（赵八乡：王保振）

3. 要求县政府支援铁杆镇的建设。（铁杆：王占根）

4. 滹沱河北大堤石子路已坏要求维修。（大雾头：陈礼春）

5. 要求清理农村宅基地盖新不拆旧的现象。（留村、羊村）

6. 要求依法统一收缴农村教育附加费。（留村：张海英）

7. 要求落实农田耕地保护，严禁各种破坏土地现象。（留村：曹计申）

8. 要求国办教师到边远农村去。（赵八乡：焦志彬）

9. 要求发展深泽集贸市场，严厉打击欺行霸市等不法分子。（赵八乡：王栓良）

10. 要求组织专门计划生育班子，腾出乡镇干部集中精力搞经济。（赵八乡：王保振）

11. 要求解决磁河水污染问题。（留村：胡玉芬）

12. 要求退还 1992 年雹灾保险本金。（深泽镇：王玉生）

## 县十一届人大五次会议期间

县十一届人大五次会议期间，经议案审查委员会审查，建议 5 件，意见 21 件。经人大常委会审议，6 件议案转为建议。

（一）议案转建议

1. 案由：要求全面落实农业两法。

提议案人：薛发兴

附议人：刘振华、魏宏拴、纪会改、杨泉和、贾二民、刘进国、孙占永、王素芬、李东升、陈永茂

案据：农业两法在深泽县没有得到全面落实，农业科技队伍的人员问题、工资、福利待遇和经费都没有按规定全面落实，严重挫伤了农业科技工作人员的积极性，使农业科技队伍面临断线、网破、人散的危险。

方案：（1）认真抓好乡镇合并后各乡镇农业科技队伍的三定工作。

（2）稳定县政府农口各单位科技队伍，抓好人员分流后的必要补充，落实政府工作报告的人才回归和放虎归山，停止并退回在这次机构改革中政府、县委抽调的技术骨干。

（3）尽快解决并落实农口各局的工资福利待遇及公用经费和医药费，保证农业科技人员起码的生活水平，稳定队伍。

审查意见：由县政府办理。

2.案由：返还各村上交的棉花保证金。

提议案人：王成国

附议人：王保振、陈礼春、裴秋来、李平顺、贾俊缺、赵同会、杜国进、王栓良、焦志彬、支素英

案据：1994年底按下达的棉花任务，收了各村的棉花保证金，待完成1995年棉花任务后再返还各村。1995年底，各村按任务交了棉花差价，已完成了棉花任务，棉花保证金就应返还给各村。

方案：已完成棉花任务的村，应尽快返还棉花保证金，以取信于民。

审查意见：由县政府交有关部门办理。

3.案由：原羊村乡派出所对曹某团伙盗窃案处理不当。

提议案人：刘志军

附议人：焦志彬、贾俊敏、李平顺、杜国进、王成国、裴秋来、陈礼春、赵同会、王检良、赵振英、支素英、王保振

案据：侯村曹某等多次盗窃农用电动机、潜水泵、电缆、电线，被原羊村乡派出所抓获后，原羊村乡派出所对案犯只进行了罚款处理，也没有对盗窃赃物进行追究、登记、返还，这样以罚代法，在群众中引起强烈的民愤，造成了极坏的影响。

方案：对此盗窃案进行立案侦查，对当事人进行刑事追究。对受害群众进行赃物返还，以泄民愤。

审查意见：由县政府交公安局办理。

4.案由：要求解决企业离退休人员工资问题。

提议案人：王会英

附议人：赵双法、许礼英、黎素英、薛发兴、王素芬、石会芹、魏宏拴、冯玉春、郝迎彬

案据：企业离退休人员大多数是建厂初期对工厂及国家有贡献的，现在企业困难了发不了工资，有的连基本的生活费都无法保障，使离退休人员心里不平衡，造成离退休人员经常上访，给社会造成不安定因素。

方案：县政府应采取有力措施解决这一难题。

审查意见：由县政府办理。

5.案由：公路“三乱”屡禁不止，乱查车、乱收费现象仍然存在。

提议案人：李友勤

附议人：桥头乡25名县代表

案据：目前公路上设卡查车的现象仍然存在，特别是对外地车辆，致使一些外地车辆

不敢来深泽县，有的厂子由于送原料的车辆没有了而使厂子停工停产，影响了深泽县经济的发展。

方案：建议政府严格治理公路三乱，不该上路不上路，不该设卡的不设卡，不该收的费不收。

审查意见：由县政府交有关部门办理。

6. 案由：要求政府不要硬性下达种植西红柿任务。

提议案人：王占根、赵永恩

附议人：铁杆代表团全体代表

案据：去年县政府下达西红柿种植任务，由于不信守合同，压级压价甚至托收，使种植户受到很大损失，今年以来政府又下达西红柿种植任务，群众意见很大，致使今年西红柿面积很难落实。

方案：（1）有关部门必须和种植户签订合同，并保证按合同办事。

（2）有关部门必须给予必要的技术指导。

审查意见：由县政府交有关部门办理。

（二）建议

1. 事由：建议对桥头乡施行优惠政策，进行修改完善后以县政府文件的形式下发。

提建议人：王殿勋

附议人：陈振英、马文科等 10 名县代表

内容：县政府工作报告中指出，要把桥头乡建成深泽县“四最”乡镇，建成特区，这就需要制定相应的优惠政策，桥头已起草优惠政策但需要修改和完善，要求县政府修改完善后以政府文件形式下发。

审查意见：由县政府办理。

2. 事由：建议县政府解决农广校无教室和办公室的问题。

提建议人：魏宏拴

附议人：郝迎彬、贾二民等 9 名县代表

内容：农广校是县政府抓成人教育的成人中专学校，但深泽县没有农广校自己的场地、教室、办公室等，现在农广校仅有借占外单位的三间危房。要求县政府筹款给农广校建一个可容百人的教室，建五间办公室。另外给农广校配备一部电话。如经费紧张也可将闲置不用的场地、房屋（非危房）划归农广校使用。

审查意见：由县政府办理。

3. 事由：建议将夜市建成干部职工娱乐的地方。

提建议人：王保振

附议人：李平顺等 9 名代表

内容：深泽县城干部职工没有娱乐场所，夜市是个好地方，要求把夜市的小摊点清理出去，使之成为干部职工娱乐的地方。

审查意见：由县政府交有关部门办理。

4. 事由：建议在滹沱河增建大桥一座。

提建议人：李友勤、赵培英

附议人：桥头乡 25 名县代表、铁杆镇全体县代表

内容：安辛公路滹沱河大桥，车流量太大，事故频繁，为此省政府办公厅已作了规划，今年县政府工作报告中也做了安排，要求尽快落实。

审查意见：由县政府办理。

5. 事由：要求抓紧筹建桥头乡 3.5 万伏变电站。

提建议人：马文科

附议人：陈振英、王电勋等 12 名县代表

内容：近两年桥头乡电力不足的矛盾突出，为解决这一矛盾，县里计划在桥头乡境内修建 3.5 万伏变电站一座，县里虽然连续两年列入办实事计划，但由于资金等问题至今未落实。建议一名县政府领导牵头，县电力局和桥头乡共同筹建，采取多方集资，电费加价收费还馈的办法，争取年内建成。

审查意见：由县政府责成电力局办理。

（三）意见

1. 赵八乡贾俊缺等 16 名县代表、留村乡全体县代表、白庄乡全体县代表提出：学校在给学生买书时，带一些无用书籍和一些质次价高的本子，希望政府能管一管此事，以减轻学生家长的负担。

审查意见：由县政府交文教局办理。

2. 刘树林等 10 名县代表及深泽镇 10 名县代表提出：城区卫生状况太差，沿街道随便倒脏水、堆放垃圾。应指定地点、专人负责、及时清理，使城区环境保持清洁。

审查意见：由县政府交有关部门办理。

3. 留村乡全体县代表及铁杆镇全体县代表提出：近两年公安系统以罚代法，执法不严的现象严重。有的本该量刑，但只要给钱就免其刑，这对犯罪分子打击不力，使人民群众失去了安全感。

审查意见：由县政府交公安局办理。

4. 铁杆镇石兰芹等 11 名县代表、赵八乡王保振等 10 名县代表提出：拖欠教师工资问题一直得不到很好的解决，教师生活困难，情绪不稳，直接影响教学质量，要求县政府抓紧解决。

审查意见：由县政府交有关单位办理。

5. 留村乡全体县代表及白庄乡全体县代表提出：深泽县教师队伍中有部分教师素质低，特别是一些代课老师教学能力差，影响了教育质量。对一些不合格的教师应清除教师队伍。

审查意见：由县政府交文教局办理。

6. 深泽镇及白庄乡全体县代表提出：现在农村财务管理混乱，导致一些村干部犯错误。

应该制定农村财务管理制度，完善农村财务管理监督机制。

审查意见：由县政府交有关部门办理。

7. 铁杆镇赵培英等 10 名县代表提出：商贩乱占县城主要街道，道路不畅通，现在有好转，应持之以恒。

审查意见：由县政府交有关部门办理。

8. 深泽镇 10 名县代表提出：新建汽车站应抓紧投入使用，以缓解旧车站路口堵车现象。

审查意见：由县政府交交通局办理。

9. 深泽镇 10 名代表提出：电视台常年播放一些类似江湖骗子的广告。如专治各种皮肤病、性病等，实际都不起作用。电视台不能给钱就播，不顾影响，充当骗子喉舌。

审查意见：由县政府交广播电视台办理。

10. 留村乡全体县代表提出：羊村两起个人不经同意私自在承包田开沙矿，要求县政府马上制止。

审查意见：由县政府责成土地局办理。

11. 赵八乡赵同会等 12 名县代表提出：宽幅织布厂欠南留家庄村十多万元已有十年多了，至今未还，望县政府有关部门急群众所急，想群众所想，予以彻底解决。

审查意见：由县政府责成有关部门办理。

12. 白庄乡全体县代表提出：农村发放新庄基占地，旧庄基利用不起来，因为有些户盖新不拆旧。

审查意见：由县政府责成有关部门办理。

13. 赵八乡李平顺等 11 名县代表提出：有些部门在农村巧立名目乱收费，如：办一个统计证收 70 元，不办不行；盖章收费等，加重了农民负担。希望县政府坚决制止各种不同形式的乱收费。

审查意见：由县政府责成有关部门办理。

14. 赵八乡贾俊缺等 12 名县代表提出：赵八乡石桥头村“出龙”奇闻，希望有关单位解开其谜，以破除人们的迷信思想。

审查意见：由县政府责成有关部门办理。

15. 县代表石惠芹提出：全国人大会议提出反对吃喝浪费，深泽县也应该及时反对吃喝浪费，希望深泽县狠刹“吃喝风”。

审查意见：由县政府办理。

16. 深泽镇 10 名县代表提出：有许多机关、企事业单位主要领导干部政绩不佳、经济不清、品行不端、职务却有升。要求建立必要的约束机制，该处理的处理，该免职的免职，该降职的降职。

审查意见：由县政府办理。

17. 深泽镇 10 名县代表提出：在干部分配工作中许多专业人才分配不对口，学到的东西用不上，造成人才资源的浪费，要求要尽量按专业分配，杜绝走后门挑单位。

审查意见：由县政府责成有关部门办理。

18. 白庄乡及铁杆镇全体县代表提出：近几年深泽县冷库发展迅速，但由于内部竞争激烈，致使购销价格混乱，影响冷库业的健康发展，要求成立冷库协会或建立集团公司。

审查意见：由县政府责成有关部门办理。

19. 纪会改等 10 名县代表提出：应减轻工薪阶层的各项集资。

审查意见：由县政府办理。

20. 白庄乡全体县代表提出：深泽县林果业已形成规模，要求有关部门建立专门的服务组织，负责技术指导，组织销售。

审查意见：由县政府责成林业局办理。

21. 白庄乡全体县代表提出：建议在白庄一带建立 3.5 万伏电站一座，以解决白庄乡供电不足的矛盾。

审查意见：由县政府责成电力局办理。

## 县十一届人大六次会议期间

县十一届人大六次会议期间，经议案审查委员会审查，建议 7 件，意见 14 件。交人大常委会审议的议案 8 件，全部转为建议。

（一）议案转建议

1. 案由：要求合理发放救灾款物，并公布发放结果。

提议案人：马文科、焦志彬、刘志军、李平顺

附议人：桥头乡 29 名代表、赵八乡 18 名代表

案据：1996 年 8 月水灾，桥头乡、赵八乡受灾较重，有些村秋作物几乎绝收，给人民生产生活带来很多困难，但上级拨给的救济款，很多灾民没有得到，分配情况灾民们也不明白。

方案：一是要求民政部门要分清轻重灾区，该多救济的多救济，该少救济的少救济，不该救济的不救济。

二是救灾款物的分配情况应公布于众，以便接受群众监督。

审查意见：由县政府责成有关部门办理。

2. 案由：县城主要街道和十字路口乱设点，影响交通。

提议案人：张春起

附议人：留村乡代表团 23 名代表

案据：县城主要街道，小商贩乱摆乱占，很多摊摆在路中央，特别是十字路口处，既影响交通又影响市容。

方案：县政府要责成有关部门进行清理整顿，保证交通顺畅。

审查意见：县政府办理。

3. 案由：磁河水污染严重，影响了沿岸人民的生活和生产。

提议案人：张海英、张俊京、张伟峰

附议人：白庄乡全体代表、留村乡23名代表、赵八乡10名代表

案据：磁河污水，使饮用水源受到污染，危害了沿岸人民的身体健康，每到夏天，蚊虫特别多，也给沿岸人民生活带来不便，磁河西固罗段，污水外溢，淹没了农田，影响了农业生产。

方案：要求县政府抓紧时间协调解决。

审查意见：由县政府负责联系解决。

4. 案由：要求尽快修建滹沱河大桥和修通河床土路。

提议案人：翟振军

附议人：铁杆镇全体代表

案据：去年，洪水把深泽到马里的河床路冲断，至今没有修通，滹沱河大桥也迟迟没有动工，交通十分不便。

方案：滹沱河大桥动工前先将河床路修通，滹沱河大桥也应提早动工。

审查意见：由县政府责成交通局办理。

5. 案由：解决县办企业的各种困难，帮助企业尽快发展。

提议案人：王会英

附议人：赵双法、黎索英、魏宏拴、梁趁海、许礼英、李新田、杨泉河、石会芹、薛发兴

案据：目前深泽县绝大部分县办企业都面临很多困难，已无法维持下去，一些有才干有技术的人员不愿去，使企业很难重新起步再发展，就深泽县目前情况看，如不在这方面下功夫，很多县办企业都要面临破产的危险。

方案：一是要选好人，企业能否发展，厂长、经理很关键，要注意选拔有头脑、懂技术，各方面素质过硬的人到企业中去。

二是县政府要抓住李鹏总理在全国人民代表大会政府工作报告中提出的1997年要解决国营企业问题这个机遇，加大力度，帮助一些企业尽快起步，实在没有发展希望，该兼并的兼并，该破产的破产。

审查意见：由县政府把关，责成经贸局办理。

6. 案由：学校收费繁杂，家长负担过重。

提议案人：刘敬然

附议人：白庄乡全体代表

案据：学生除收学费、书费外，另外还强行推销一些无用的书刊、笔，学生用本也统一购买，但价格要比市场上高。

方案：要求有关部门要明确收费项目，坚决禁止不合理的收费。

审查意见：由县政府责成文教局办理。

7. 案由：加强深泽县舞厅管理，稳定社会秩序。

提议案人：贾保财

附议人：留村乡代表团23名代表

案据：深泽县舞厅管理混乱，据不完全统计现在深泽县已有大小歌舞厅20家之多，有些歌舞厅根本不符合有关规定，不良现象时有发生，影响很坏，人民群众反映极为强烈，同时也给社会带来不安定因素。

方案：加大清理整顿力度，对于不符合有关规定的舞厅坚决取缔。

审查意见：由县政府责成有关部门办理。

8.案由：要求尽快解决拖欠教师工资问题。

提议案人：曹贵雨

附议人：薛发兴、贺书良、李新田、石会芹、张增怀、许礼英、杨泉河、赵双法、梁趁海

案据：深泽县拖欠教师工资问题十分严重，过去每到教师节政府还解决一部分，去年教师节政府也不提了，所以，各乡也不把拖欠教师工资当成问题了，直接影响了深泽县教育事业的发展。

方案：一是提高教师待遇，二是补发拖欠的工资，三是保证正常的教育经费。

审查意见：由县政府责成文教局办理。

（二）建议

1.事由：清理整顿农村宅基地，解决出现的“空心村”问题。

提建议人：张增怀

附议人：魏宏拴、刘振华等12名县代表

内容：深泽县农村宅基地乱批滥占问题普遍存在，非法买卖，在个人承包地里建房，由于盖新不拆旧，致使村内庄基无法搭配，出现了“空心村”，建议县政府及有关部门尽快研究制定治理方案，对农村宅基地问题进行专项治理。

审查意见：由县政府责成有关部门办理。

2.事由：解决农广校无教室和办公室问题。

提建议人：魏宏拴

附议人：杨泉河、薛发兴等10名县代表

内容：农广校是深泽县唯一一所农业中专学校，但建校16年来一直没有校舍，现仅有3间漏雨的办公室，没有教室，如不解决，上级就取消深泽县农广校资格，建议政府拨款建校舍或把政府招待所划一块给农广校或其他办法，只要有校舍就行。

审查意见：由县政府办理。

3.事由：建议理顺县财政体制，增加理财的透明度。

提建议人：袁东义

附议人：桥头乡29名代表

内容：财政收入主要应靠税收完成，但两个税务局仅完成任务的70%左右，预算外收

入 1136 万元，其他收入 1491 万元，其他收入比一个税务局收入还多，这是很不正常的。

审查意见：由县政府办理。

4. 事由：建议县政府给乡镇下达税收任务应结合实际，不应一律按同一比例上调。

提建议人：王殿勋、李志国

附议人：桥头乡 29 名代表，铁杆镇全体代表

内容：县政府给乡镇下达税收任务时，由原基数按同一比例增长，原任务大的乡，由于增长过多，实际无法完成，另外返还比例不合理，贡献大的乡返还比例低，多劳反而少得。

审查意见：由县政府办理。

5. 事由：建议县政府对县医院应进行适当补贴。

提建议人：李新田

附议人：王会英、赵双法等 11 名代表

内容：1996 年中央对卫生工作专门开会，对医院定性是福利事业单位，卫生事业费应随财政增长而增长，但县财政自 1995 年以来，对县医院完全断奶，造成医院经费紧张，不利于医院的发展。

审查意见：由县政府办理。

6. 事由：要求公安部门应组织力量尽快抓捕营里村殴打乡干部的不法分子，并进行公开处理，教育群众。

提建议人：陈振英

附议人：桥头乡 29 名代表

内容：1996 年 12 月 10 日，桥头乡干部在营里村征收农林特产税时，不法分子赵怀玉等聚众围攻追打乡干部，造成轻伤 1 名，轻微伤 2 名，首犯至今未归案，公安部门应加大力度，抓捕首犯，依法进行严肃处理。

审查意见：由县政府责成公安局办理。

（三）意见

1. 铁杆镇全体代表提出：由于正饶路动工，车辆全集中到我镇集资修成的马里—铁杆—西河—冶庄头公路通行，路面损坏加快，急需养护，要求有关部门应给予补贴，进行养护。

审查意见：由县政府责成有关部门办理。

2. 留村乡 23 名代表提出：新汽车站交付使用，开始运营，但客车不进站，停在站外，影响交通、影响市容，有关部门应加强管理，让客车进站。

审查意见：由县政府责成交通局办理。

3. 赵八乡赵同会等 11 名代表提出：县宽幅织布厂借南刘家庄村 20 多万元至今未还，被占地户也因得不到补偿，不交公粮和提留，给村工作带来困难，强烈要求县政府给予妥善解决。

审查意见：由县政府责成有关部门办理。

4. 铁杆镇全体代表提出：由于近两年来果品的行情衰落，要求适当降低农林特产税，以

保护果农的积极性。

审查意见：由县政府办理。

5. 白庄乡全体代表提出：白庄乡3.5万伏变电站应尽快落实。

审查意见：由县政府交有关部门办理。

6. 刘振华等12名县代表提出：深泽县农业科技人员编制没有落实，6个乡镇仅8名，其中两个乡没有技术员，农业科技人员待遇没有彻底落实，像医药费等，要求落实市编办文件配备农业科技人员，解决农口医药费报销问题。

审查意见：由县政府办理。

7. 深泽镇县代表提出：一些生产单位和销售人员冒充红星汽门厂的产品，影响了本厂的声誉和信誉，要求有关部门应严厉打击制假售假者，保护企业合法权益。

审查意见：由县政府交有关部门办理。

8. 深泽镇全体县代表提出：县乡村应坚持实事求是的工作作风，要坚决刹住为应付检查而弄虚作假的歪风。

审查意见：由县政府办理。

9. 深泽镇全体代表提出：取消石油大街路口的洗车点，维护公共卫生。

审查意见：由县政府交有关部门办理。

10. 深泽镇全体代表提出：健全监督机构，充分发挥村民代表的作用，使村务公开真实可信，促进廉政、勤政。

审查意见：由县政府责成有关部门办理。

11. 深泽镇全体代表提出：尽快修好向阳街中医院门口段路面。

审查意见：由县政府交城建局办理。

12. 深泽镇全体代表提出：电视台应停止播放污染视听的一些虚假的治疗广告，不能给钱就播。

审查意见：由县政府交广播电视局办理。

13. 贺书良等12名县代表提出：切实解决企业离退休干部职工工资问题，现在深泽县把1942年以前参加工作在企业离休的干部工资由县财政解决，造成部分企业离退休干部工资长期被拖欠，要求县政府统筹解决，可采取财政补贴的办法，要落实好部门责任。

审查意见：由县政府办理。

14. 赵八乡焦志彬等12名县代表提出：赵八乡1975年前建立的两个建筑队，县城建委1995年无偿平调，要求将两个建筑队划归乡政府。

审查意见：由县政府办理。

## 五、代表建议、意见办理

1.1993年，县人大十一届一次会议，经县人大常委会研究，交付县政府办理的代表建议12件、意见19件，全部答复代表。

2.1994 年，县人大十一届三次会议，交付县政府办理代表建议 8 件、意见 18 件、旧案重提 4 件。县政府及有关部门对代表建议和意见全部办结，办结率 100%。其中，已解决和部分解决的 10 件，列入规划和正在解决的 15 件，解释说明 5 件。

3.1995 年，县人大十一届四次会议，交付县政府办理的代表建议 6 件、旧案重提 12 件。县政府已全部办结完毕并答复代表，代表对办理结果满意。

4.1996 年，县人大十一届五次会议，经县人大常委会研究后交付县政府办理的代表建议 11 件、意见 21 件。答复率 100%，办结率 85%。

5.1997 年，县人大十一届六次会议，经县人大常委会研究，交付县政府办理的代表建议 15 件、意见 14 件，全部答复代表。

# 第三章　人民代表大会

深泽县第十一届人民代表大会任期自1993年2月至1998年2月，共举行代表大会6次。

**1993—1997年深泽县第十一届人大历次会议概况表**

表34

| 会议次序 | 会议日期 | 议题（项） | 听取报告（个） | 决议决定（项） | 选举表决（项） |
|---|---|---|---|---|---|
| 第一次 | 1993年2月25日至29日 | 8 | 6 | 6 | 4 |
| 第二次 | 1993年8月23日至24日 | 2 | 1 | 0 | 1 |
| 第三次 | 1994年3月15日至17日 | 8 | 6 | 7 | 0 |
| 第四次 | 1995年2月23日至25日 | 7 | 6 | 6 | 0 |
| 第五次 | 1996年4月11日至13日 | 9 | 6 | 7 | 2 |
| 第六次 | 1997年3月4日至6日 | 8 | 6 | 6 | 2 |

## 第一节　会议概况

### 一、县十一届人大一次会议

深泽县第十一届人民代表大会第一次会议，于1993年2月25日至29日在县政府会议楼二楼会议厅举行。2月25日上午，举行第一次全体会议。应出席代表180名，实到会代表161名。大会在雄壮的国歌声中开幕。县政府代县长杨英波作《政府工作报告》，县计委副主任赵志斌作《1992年国民经济和社会发展计划执行情况与1993年国民经济和社会发展计划（草案）的报告》，县财政局局长陈汉民作《1992年财政预算执行情况与1993年财政预算（草案）的报告》，县人大常委会副主任贾常文作《深泽县人民代表大会常务委员会工作报告》，县人民法院院长高建文作《深泽县人民法院工作报告》，县人民检察院代检察长刘长生作《深泽县人民检察院工作报告》，表决通过《深泽县第十一届人民代表大会第一次会议选举办法（草案）》。

会议认为，要继续认真落实县十届人大四次会议《关于集中力量把深泽县办工业搞上去的决议》，要深入贯彻落实《全民所有制工业企业转换经营机制条例》，使企业真正成为自主经营、自负盈亏、自我发展、自我约束的市场竞争的主体。要强化企业的内部管理，调整产品结构，适应社会主义市场经济的要求，真正把企业推向市场。要努力加快新建项目的投产和在建项目的工程进度，缩短建设周期，使其尽快发挥效益。要继续坚持多轮驱动，大力发展乡镇企业，鼓励发展个体、私营企业，发展一批适应国内外市场需要的产品。确保深泽县工业持续稳定协调发展。

会议强调，在抓好物质文明建设的同时，要抓好精神文明建设，要积极推进教育、科技、文化、卫生、体育事业的发展。要进一步加强社会治安综合治理，依法严厉打击各种犯罪活动。

会议指出，国家机关工作人员必须认真转变作风，强化服务意识。要廉洁从政，勤政为民，秉公尽职，严守法纪。要深入体察民情、社情，开展调查研究，求真务实，提高工作效率，把各项工作做得更好。

会议号召，全县人民要团结一致，认真实施务实战略，大力弘扬深泽精神，艰苦奋斗，开拓进取，为繁荣深泽县经济，完成大会提出的各项任务而努力奋斗。

## 二、县十一届人大二次会议

深泽县第十一届人民代表大会第二次会议，于 1993 年 8 月 23 日至 24 日在县政府会议楼二楼会议厅举行。8 月 23 日下午，举行第一次全体会议。应出席代表 179 名，实到会代表 129 名。听取了县政府县长杨英波关于县政府上半年经济工作运行情况和下半年主要经济工作计划安排的报告，表决通过《深泽县第十一届人民代表大会第二次会议选举办法（草案）》。选举产生深泽县出席石家庄市第九届人民代表大会代表 20 名。

## 三、县十一届人大三次会议

深泽县第十一届人民代表大会第三次会议，于 1994 年 3 月 15 日至 17 日在县政府会议楼二楼会议厅举行。3 月 15 日上午，大会举行第一次全体会议，会议由大会执行主席、县人大常委会主任董清彦主持。应出席代表 179 名，实到会代表 164 名。县政府县长杨英波作《政府工作报告》，县计委主任贾增录作《1993 年国民经济和社会发展计划执行情况与 1994 年国民经济和社会发展计划（草案）的报告》，县财政局局长陈汉民作《1993 年财政预算执行情况与 1994 年财政预算（草案）的报告》，县人大常委会主任董清彦作《深泽县人民代表大会常务委员会工作报告》，县人民法院院长高建文作《深泽县人民法院工作报告》，县人民检察院检察长刘长生作《深泽县人民检察院工作报告》，通过《关于加强社会治安综合治理》的决议。

会议认为，过去的一年，县政府在县委的领导下，认真贯彻党的十四大和十四届三中全会精神，坚持以经济建设为中心，坚持“两个文明”建设一起抓。使深泽县经济建设和社会各项事业都取得了可喜的成绩。报告对 1993 年工作的总结是实事求是的，提出的 1994 年的任务和措施是积极可行的，经过努力是可以实现的。1994 年是深泽县经济翻番的关键年，也是各项社会事业加速发展的重要一年，我们要抓住机遇，深化改革，扩大开放，促进发展，保持稳定，加速深泽县各项事业的发展。

会议强调，1994 年，农村工作要以奔小康统揽全局，强化农业的基础地位，加速发展市场农业。要加强科技兴农工作，发展“两高一优”农业，全力实施农业五项工程，努力提高经济效益，增加农民收入。要继续采取切实可行的措施，减轻农民负担，调动农民的种田积极性。要大力推进企业产权制度和财税、金融、投资、外贸等体制改革，确保各项政策措施顺利实施。以市场为导向，进一步调整产业和产品结构，大力发展高新技术产业，加快现有企业的技术改造，精心培育经济建设新的增长点，使全县工业实现速度和效益的同步增长，在搞好县办工业的同时，要放手发展乡镇企业，不断壮大县域经济实力。在抓好物质文明建设的同时，要抓好精神文明建设，要做好计划生育工作，严格依法办事，有效控制人口增长，提高人口素质。要进一步加强社会治安综合治理，依法严厉打击各种严重刑事犯罪和严重经济犯罪活动，为改革和发展创造良好的社会环境。

会议要求，全县国家机关工作人员要认真改进工作作风，强化服务意识，廉洁从政，勤政为民，秉公执法，严守法纪，要深入群众搞好调查研究，坚持实事求是的工作作风，力戒官僚主义和形式主义，真抓实干，尽职尽责，创造性地开展工作。

会议号召，全县人民要在县委和县政府的领导下，同心同德，克服困难，团结合作，开拓进取，为完成大会提出的各项任务而努力奋斗。

## 四、县十一届人大四次会议

深泽县第十一届人民代表大会第四次会议，于 1995 年 2 月 23 日至 25 日在县政府会议楼二楼会议厅举行。2 月 23 日上午，举行大会第一次全体会议，会议由大会执行主席、县人大常委会主任董清彦主持。应出席代表 179 名，实到会代表 159 名。县政府县长杨英波作《政府工作报告》，县计委主任贾增录作《1994 年国民经济和社会发展计划执行情况与 1995 年国民经济和社会发展计划（草案）的报告》，县财政局局长陈汉民作《1994 年财政预算执行情况与 1995 年财政预算（草案）的报告》，县人大常委会主任董清彦作《深泽县人民代表大会常务委员会工作报告》，县人民法院院长高建文作《深泽县人民法院工作报告》，县人民检察院检察长刘长生作《深泽县人民检察院工作报告》。

会议认为，1995 年是“八五”计划的最后一年，县政府应紧紧把握“抓住机遇，深化改革，扩大开放，促进发展，保持稳定”的工作大局，以经济建设为中心，以小康建设统揽县域经济工作全局。全力提高县域经济综合实力。坚定不移地推进精神文明建设和社会事业的发展，真心实意地为人民群众办实事，全面推进 1997 年奔小康奋斗目标的实现。

会议强调，要保持经济发展的良好势头，必须切实加强农业的基础地位，稳定党在农村的基本政策，重视市场机制对农业的促进和引导作用。在确保粮棉油稳定增长的前提下，优化农业结构，增加对农业的投入，积极发展“两高一优”农业，加强科技兴农，加速农业五项工程的开发，提高农业规模效益。要努力健全服务体系，集中发展产前、产中、产后系列化服务，加快农业产业化进程。1995 年要把县乡工业作为经济翻番的主体工程，强项带动，科技推动，全力扭转工业经济格局，推动全县工业持续、快速、健康发展。要认真总结经验教训，优化投资方向，确保资金的投入效益。强调工业发展以市场为导向，以效益为中心，以技术进步为动力，以调整产品结构为重点，努力培植主导产业，嫁接、改造传统行业，努力提高经济运行质量，推进全县工业规模效益的大幅度提高。建设经济强县一靠政策，二靠科技，要注重科技人才的培养和使用，加大对教育的投入，切实落实九年义务教育。要正确处理好改革、发展和稳定的关系，坚持“两手抓，两手都要硬”的方针，大力加强社会主义民主法治建设，深入开展法制教育，增强法治观念，坚持不懈地开展反腐败斗争。要强化社会治安综合治理，依法严厉打击严重刑事犯罪和严重经济犯罪活动，为改革和发展创造一个良好的社会环境。国家机关工作人员要认真改进工作作风，强化服务意识。要秉公执法，依法行政，廉洁从政，勤政为民。要深入群众搞好调查研究，虚心听取群众的意见和要求，认真办理代表建议和意见。妥善解决群众关心的“热点”问题，扎扎实实地把深泽的各项事业办好。

会议号召，全县人民要在县委、县政府领导下，振奋精神，同心同德，克服困难，开拓进取，为加快深泽两个文明建设而努力奋斗。

## 五、县十一届人大五次会议

深泽县第十一届人民代表大会第五次会议，于 1996 年 4 月 11 日至 13 日在县政府会议楼二楼会议厅召开。4 月 11 日上午举行大会第一次全体会议。应出席代表 178 名，实到会代表 168 名。县政府代县长董清彦作《关于深泽县国民经济和社会发展第九个五年计划的报告》，县计划局局长贾增录作《1995 年国民经济和社会发展计划执行情况与 1996 年国民经济和社会发展计划（草案）的报告》，县财政局局长王贵良作《1995 年财政预算执行情况与 1996 年财政预算（草案）的报告》，县人大常委会代主任贾常文作《深泽县人民代表大会常务委员会工作报告》，县人民法院院长高建文作《深泽县人民法院工作报告》，县人民检察院检察长刘长生作《深泽县人民检察院工作报告》。通过《关于加强深泽县预算外资金管理的决议》。表决通过《深泽县第十一届人民代表大会第五次会议选举办法（草案）》。

## 六、县十一届人大六次会议

深泽县第十一届人民代表大会第六次会议，于 1997 年 3 月 4 日至 6 日在县政府会议楼二楼会议厅举行。3 月 4 日上午举行大会第一次全体会议。应出席代表 180 名，实出席代表 161 名。县政府代县长郭领域作《政府工作报告》，县计划局局长贾增录作《1996 年国民经济和社会发展计划执行情况与 1997 年国民经济和社会发展规划的报告》，县财政局副局长曹平均作《1996 年财政预算执行情况与 1997 年财政预算的报告》，县人大常委会主任贾常文作《深泽县人民代表大会常务委员会工作报告》，县人民法院代院长王文朝作《深泽县人民法院工作报告》，县人民检察院检察长刘长生作《深泽县人民检察院工作报告》。表决通过《深泽县第十一届人民代表大会第六次会议选举办法（草案）》。

会议认为，1996 年是实施“九五”计划的起步之年，政府按照县十一届人民代表大会第五次会议审议通过的《关于深泽县国民经济和社会发展第九个五年计划的报告》所确定的指导思想、奋斗目标和工作思路，在上级党委和县委的正确领导下，抓住开局之年的历史机遇，团结和带领全县人民，精心谋划、扎实工作、自我加压、开拓进取，有力地推动全县改革开放、经济建设和社会事业的发展，较好地完成了年内确定的各项主要任务。农业在大灾之年获得较好的收成；工业保持稳定、持续、快速增长；商贸流通和个体私营经济得到较快发展；科教、文卫、计划生育、社会治安、精神文明等社会事业全面发展。大灾之年创出不平凡的业绩，实现了“九五”计划第一年开好局、起好步的要求。报告对 1996 年工作的总结是实事求是的，提出的 1997 年工作的指导思想、任务目标和改革措施是符合实际、积极可行的。

会议指出，1997 年是我国社会主义现代化建设进程中极为重要的一年，是实施“九五”计划的第二年，也是深泽县全面建成小康县的最后一年。做好今年的工作，对于巩固和发展 1996 年取得的成绩，推动深泽各项事业在全市的升级进位、胜利完成“九五”时期的目标任务，将会产生重大影响。会议要求，要进一步认真贯彻党的十四届五中、六中全会精神，紧紧围绕年内建成小康县的总体目标，坚持稳中求进的总原则，着力推进两个根本性转变。要突出抓好工业经济和财政收入两项重点工作，继续抓好交通、城建等基础设施建设，积极培育新的经济增长点，切实加强社会主义精神文明建设。促进国民经济持续、快速、健康发展和社会进步，努力实现县域经济实力在全省的升级进位。会议强调，要坚持以小康建设统揽农村工作全局，努力提高农业的综合效益和集约化水平，在“两高一优”大农业上搞突破，在延伸产业链条、实现多元化增值上做文章，达到农业增长与农民增收的有机统一。要牢固树立“工业立县”的思想，大力提高县域工业的总体实力、存活力和经济效益，把发展工业经济放到县域工作的首位，以两个根本性转变统揽工业经济全局，上好项目促外延，调整结构内涵，强化管理增效益，全方位致力于工业经济的突破、翻身和飞跃。

会议号召，全县人民要在县委、县政府的领导下，同心同德、开拓进取，努力完成 1997 年各项任务，推动深泽经济和各项社会事业不断向前发展。

## 第二节 会议选举

县十一届人大历次会议，共选举产生县国家机关工作人员 32 人次。

### 县人大常委会

主 任：

| | |
|---|---|
| 董清彦 | 1993 年 2 月 28 日县十一届人大一次会议第二次全体会议当选 |
| 贾常文 | 1996 年 4 月 13 日县十一届人大五次会议第二次全体会议当选 |

副主任：

贾常文　1993年2月28日县十一届人大一次会议第二次全体会议当选

裴秀品　1993年2月28日县十一届人大一次会议第二次全体会议当选

赵益谦　1993年2月28日县十一届人大一次会议第二次全体会议当选

刘殿欣　1993年2月28日县十一届人大一次会议第二次全体会议当选

刘树林　1993年2月28日县十一届人大一次会议第二次全体会议当选

李新田　1993年2月28日县十一届人大一次会议第二次全体会议当选

委　员（1993年2月28日县十一届人大一次会议第二次全体会议当选）

王玉生　王国章　冯志广　纪会改（女）

李敬伟（女）　张柱昌　张振朝　高晴君

曹计敏　曹青哲　甄计根　黎素英（女）

## 县人民政府

县　长：

杨英波　1993年2月28日县十一届人大一次会议第二次全体会议当选

董清彦　1996年4月13日县十一届人大五次会议第二次全体会议当选

郭领域　1997年3月6日县十一届人大六次会议第二次全体会议当选

副县长：

郭领域　1993年2月28日县十一届人大一次会议第二次全体会议当选

杜银茂　1993年2月28日县十一届人大一次会议第二次全体会议当选

赵鹤儒　1993年2月28日县十一届人大一次会议第二次全体会议当选

张占勋　1993年2月28日县十一届人大一次会议第二次全体会议当选

邸子军　1993年2月28日县十一届人大一次会议第二次全体会议当选

邸庆忠　1993年2月28日县十一届人大一次会议第二次全体会议当选

## 县人民法院

院　长：

高建文　1993年2月28日县十一届人大一次会议第二次全体会议当选

王文朝　1997年3月6日县十一届人大六次会议第二次全体会议当选

## 县人民检察院

检察长：

刘长生　1993年2月28日县十一届人大一次会议第二次全体会议当选

附：县十一届人大常委会主任简历

董清彦，河北藁城人，中共党员。历任藁城县团县委书记，藁城县大同乡党委书记，晋县检察院检察长，晋县县委常委、纪委书记、县委副书记、政法委书记，深泽县委副书记，深泽县人大常委会主任。

贾常文，山东省黄县人，中共党员。历任河北省粮食作物研究所技术员，深泽县农业局技术员、副局长，深泽县革委会副主任，县人大常委会副主任、主任。

# 第三节　会议组织

## 一、县十一届人大一次会议

（一）大会临时党组

书　记：尚建军

副书记：

| | | | |
|---|---|---|---|
| 杨英波 | 董清彦 | 康顺京 | 李建国 |
| 贾常文 | | | |

成　员：

| | | | |
|---|---|---|---|
| 魏宏拴 | 王建成 | 郭荣志 | 杨泉河 |
| 张增怀 | 贾保才 | 袁其珍 | 张明欣 |
| 刘振华 | 陈振英 | 贺书良 | |

（二）主席团成员：

| | | | |
|---|---|---|---|
| 王玉生 | 王国章 | 冯志广 | 史志林 |
| 纪会改（女） | 刘殿欣 | 刘树林 | 李建国 |
| 李敬伟（女） | 李新田（女） | 尚建军 | 张柱昌 |
| 张振朝 | 赵益谦 | 高英豪 | 高晴君 |
| 贾常文 | 曹计敏 | 曹青哲 | 董清彦 |
| 甄计根 | 裴秀品（女） | 黎素英（女） | |

（三）秘书长：贾常文（兼）

（四）主席团常务主席

| | | | |
|---|---|---|---|
| 尚建军 | 董清彦 | 李建国 | 贾常文 |
| 裴秀品（女） | 赵益谦 | 李新田（女） | 刘树林 |
| 刘殿欣 | | | |

（五）主席团执行主席

2月25日：

| | | | |
|---|---|---|---|
| 董清彦 | 贾常文 | 刘树林 | 张柱昌 |

李敬伟（女）

2月26日：

| | | | |
|---|---|---|---|
| 裴秀品（女） | 高英豪 | 王国章 | 王玉生 |
| 纪会改（女） | | | |

2月27日：

| | | | |
|---|---|---|---|
| 赵益谦 | 冯志广 | 曹青哲 | 黎素英（女） |

2月28日：

| | | | |
|---|---|---|---|
| 尚建军 | 李新田（女） | 曹计敏 | 高晴君 |

3月1日：

| | | | |
|---|---|---|---|
| 李建国 | 史志林 | 刘殿欣 | 张振朝 |
| 甄计根 | | | |

（六）财政经济审查委员会

主 任 委 员：赵益谦

副主任委员：刘树林

委　员：

| | | | |
|---|---|---|---|
| 冯志广 | 黎素英（女） | 曹青哲 | 甄计根 |

（七）议案审查委员会

主 任 委 员：裴秀品（女）

副主任委员：李新田（女）

委　员：

| | | | |
|---|---|---|---|
| 刘殿欣 | 张柱昌 | 高晴君 | 王玉生 |
| 纪会改（女） | | | |

（八）副秘书长

| | | | |
|---|---|---|---|
| 王国章 | 陈茂兴 | 贺幸来 | 曹彦平 |
| 王建榜 | 曹占英 | | |

## 二、县十一届人大二次会议

（一）大会临时党组

书　记：尚建军

副书记：

| | | | |
|---|---|---|---|
| 杨英波 | 董清彦 | 康顺京 | 李建国 |
| 贾常文 | | | |

成　员：

| | | | |
|---|---|---|---|
| 魏宏拴 | 王建成 | 郭荣志 | 杨泉河 |
| 张增怀 | 贾保才 | 袁其珍 | 刘振华 |

| | | | |
|---|---|---|---|
| 陈振英 | 贺书良 | 陈永茂 | |

（二）主席团成员：

| | | | |
|---|---|---|---|
| 王玉生 | 王国章 | 冯志广 | 史志林 |
| 纪会改（女） | 刘殿欣 | 刘树林 | 李建国 |
| 李敬伟（女） | 李新田（女） | 张柱昌 | 张振朝 |
| 尚建军 | 赵益谦 | 高英豪 | 高晴君 |
| 贾常文 | 康顺京 | 曹计敏 | 曹青哲 |
| 董清彦 | 裴秀品（女） | 黎素英（女） | |

（三）秘书长：贾常文（兼）

（四）主席团常务主席

| | | | |
|---|---|---|---|
| 尚建军 | 董清彦 | 康顺京 | 李建国 |
| 贾常文 | 裴秀品（女） | 赵益谦 | 刘殿欣 |
| 刘树林 | 李新田（女） | | |

（五）副秘书长

| | | | |
|---|---|---|---|
| 王国章 | 陈茂兴 | 贺幸来 | 曹彦平 |
| 王建榜 | | | |

## 三、县十一届人大三次会议

（一）大会临时党组

书　记：尚建军

副书记：

| | | | |
|---|---|---|---|
| 董清彦 | 杨英波 | 康顺京 | 李建国 |
| 贾常文 | | | |

成　员：

| | | | |
|---|---|---|---|
| 魏宏拴 | 王建成 | 郭荣志 | 杨泉河 |
| 张增怀 | 贾保才 | 袁其珍 | 刘振华 |
| 陈振英 | 贺书良 | 陈永茂 | |

（二）主席团成员：

| | | | |
|---|---|---|---|
| 王玉生 | 王国章 | 冯志广 | 史志林 |
| 纪会改（女） | 刘殿欣 | 刘树林 | 李建国 |
| 李敬伟（女） | 李新田（女） | 尚建军 | 张柱昌 |
| 张振朝 | 赵益谦 | 高英豪 | 高晴君 |
| 康顺京 | 贾常文 | 曹计敏 | 曹青哲 |
| 董清彦 | 裴秀品（女） | 黎素英（女） | |

（三）秘书长：贾常文（兼）

（四）主席团常务主席

| | | | |
|---|---|---|---|
| 尚建军 | 董清彦 | 康顺京 | 李建国 |
| 贾常文 | 裴秀品（女） | 赵益谦 | 刘殿欣 |
| 刘树林 | 李新田（女） | | |

（五）主席团执行主席

3 月 15 日：

| | | | |
|---|---|---|---|
| 董清彦 | 贾常文 | 裴秀品（女） | 史志林 |
| 张柱昌 | 高英豪 | 纪会改（女） | |

3 月 16 日：

| | | | |
|---|---|---|---|
| 康顺京 | 赵益谦 | 刘殿欣 | 冯志广 |
| 王国章 | 李敬伟（女） | 高晴君 | 曹青哲 |

3 月 17 日：

| | | | |
|---|---|---|---|
| 尚建军 | 李建国 | 刘树林 | 李新田（女） |
| 王玉生 | 张振朝 | 曹计敏 | 黎素英（女） |

（六）副秘书长

| | | | |
|---|---|---|---|
| 王国章 | 陈茂兴 | 贺幸来 | 曹彦平 |
| 王建榜 | 曹占英 | | |

（七）计划预算审查委员会

主任委员：刘树林

委　员：

| | | | |
|---|---|---|---|
| 冯志广 | 黎素英（女） | 曹青哲 | 王建成 |
| 王保振 | 赵培英 | | |

（八）议案审查委员会

主任委员：刘殿欣

委　员：

| | | | |
|---|---|---|---|
| 张柱昌 | 王玉生 | 纪会改（女） | 高晴君 |
| 杨泉河 | 陈永茂 | | |

## 四、县十一届人大四次会议

（一）大会临时党组

书　记：杨智勇

副书记：

| | | | |
|---|---|---|---|
| 杨英波 | 董清彦 | 康顺京 | 李建国 |
| 贾常文 | | | |

成　员：

| | | | |
|---|---|---|---|
| 魏宏拴 | 王建成 | 郭荣志 | 杨泉河 |
| 张增怀 | 贾保才 | 王保振 | 陈振英 |
| 贺书良 | 陈永茂 | | |

（二）主席团成员：

| | | | |
|---|---|---|---|
| 王玉生 | 王国章 | 冯志广 | 史志林 |
| 纪会改（女） | 刘殿欣 | 刘树林 | 李建国 |
| 李敬伟（女） | 李新田（女） | 杨智勇 | 张柱昌 |
| 张振朝 | 赵益谦 | 高英豪 | 高晴君 |
| 康顺京 | 贾常文 | 曹计敏 | 曹青哲 |
| 董清彦 | 裴秀品（女） | 黎素英（女） | |

（三）秘书长：贾常文（兼）

（四）主席团常务主席

| | | | |
|---|---|---|---|
| 杨智勇 | 董清彦 | 康顺京 | 李建国 |
| 贾常文 | 裴秀品（女） | 赵益谦 | 刘殿欣 |
| 刘树林 | 李新田（女） | | |

（五）主席团执行主席

2 月 23 日：

| | | | |
|---|---|---|---|
| 董清彦 | 贾常文 | 裴秀品（女） | 史志林 |
| 张柱昌 | 高英豪 | 纪会改（女） | |

2 月 24 日：

| | | | |
|---|---|---|---|
| 康顺京 | 赵益谦 | 刘殿欣 | 冯志广 |
| 王国章 | 李敬伟（女） | 高晴君 | 曹青哲 |

2 月 25 日：

| | | | |
|---|---|---|---|
| 杨智勇 | 李建国 | 刘树林 | 李新田（女） |
| 王玉生 | 张振朝 | 曹计敏 | 黎素英（女） |

（六）副秘书长

| | | | |
|---|---|---|---|
| 王国章 | 陈茂兴 | 贺幸来 | 韩周群 |
| 王建榜 | 曹占英 | | |

（七）计划预算审查委员会

主任委员：刘树林

委　员：

| | | | |
|---|---|---|---|
| 冯志广 | 黎素英（女） | 曹青哲 | 王建成 |
| 王保振 | 赵培英 | | |

（八）议案审查委员会

主任委员：刘殿欣

委　员：

| | | | |
|---|---|---|---|
| 张柱昌 | 王玉生 | 纪会改（女） | 高晴君 |
| 杨泉河 | 陈永茂 | | |

## 五、县十一届人大五次会议

（一）大会临时党组

书　记：杨智勇

副书记：

| | | |
|---|---|---|
| 康顺京 | 贾常文 | 董清彦 |

成　员：

| | | | |
|---|---|---|---|
| 郭领域 | 李建国 | 刘殿欣 | 魏宏拴 |
| 王建成 | 陈永茂 | 贾保才 | 杜如川 |
| 陈振英 | 刘茂秋 | | |

（二）主席团成员：

| | | | |
|---|---|---|---|
| 马文科 | 王玉生 | 王国章 | 冯志广 |
| 史志林 | 纪会改（女） | 刘殿欣 | 刘树林 |
| 李建国 | 李敬伟（女） | 李新田（女） | 杨智勇 |
| 张柱昌 | 张振朝 | 赵益谦 | 高英豪 |
| 高晴君 | 康顺京 | 贾常文 | 曹计敏 |
| 曹青哲 | 裴秀品（女） | 黎素英（女） | |

（三）秘书长：刘殿欣（兼）

（四）主席团常务主席

| | | | |
|---|---|---|---|
| 杨智勇 | 康顺京 | 贾常文 | 李建国 |
| 裴秀品（女） | 赵益谦 | 刘殿欣 | 刘树林 |
| 李新田（女） | | | |

（五）主席团执行主席

4 月 11 日：

| | | | |
|---|---|---|---|
| 杨智勇 | 贾常文 | 裴秀品（女） | 高英豪 |
| 张柱昌 | 黎素英（女） | 马文科 | |

4 月 12 日：

| | | | |
|---|---|---|---|
| 李建国 | 赵益谦 | 李新田（女） | 冯志广 |
| 王国章 | 李敬伟（女） | 高晴君 | 曹青哲 |

4 月 13 日：

| | | | |
|---|---|---|---|
| 康顺京 | 刘殿欣 | 刘树林 | 史志林 |
| 王玉生 | 纪会改（女） | 张振朝 | 曹计敏 |

（六）副秘书长

| | | | |
|---|---|---|---|
| 王国章 | 曹占英 | 李志勇 | 周子波 |
| 梁建涛 | 王建榜 | | |

（七）计划预算审查委员会

主任委员：刘树林

委　员：

| | | | |
|---|---|---|---|
| 冯志广 | 黎素英（女） | 曹青哲 | 王建成 |
| 王保振 | 赵培英 | | |

（八）议案审查委员会

主任委员：裴秀品（女）

委　员：

| | | | |
|---|---|---|---|
| 张柱昌 | 高晴君 | 王玉生 | 纪会改（女） |
| 杨泉河 | 陈永茂 | | |

## 六、县十一届人大六次会议

（一）大会临时党组

书　记：王文治

副书记：贾常文

成　员：

| | | | |
|---|---|---|---|
| 郭领域 | 李建国 | 郑宗起 | 刘殿欣 |
| 魏宏拴 | 王建成 | 陈永茂 | 贾保才 |
| 杜如川 | 陈振英 | 刘茂秋 | |

（二）主席团成员：

| | | | |
|---|---|---|---|
| 马文科 | 王文治 | 王玉生 | 王国章 |
| 冯志广 | 史志林 | 纪会改（女） | 刘殿欣 |
| 刘树林 | 李建国 | 李敬伟（女） | 李新田（女） |
| 郑宗起 | 张柱昌 | 张振朝 | 赵益谦 |
| 贾常文 | 高晴君 | 曹计敏 | 曹青哲 |
| 裴秀品（女） | 黎素英（女） | | |

（三）秘书长：刘殿欣（兼）

（四）主席团常务主席

| | | | |
|---|---|---|---|
| 王文治 | 贾常文 | 李建国 | 郑宗起 |

| | | | |
|---|---|---|---|
| 刘殿欣 | 裴秀品（女） | 赵益谦 | 刘树林 |
| 李新田（女） | | | |

（五）主席团执行主席

3 月 4 日：

| | | | |
|---|---|---|---|
| 王文治 | 贾常文 | 裴秀品（女） | 张柱昌 |
| 黎素英（女） | 马文科 | 曹计敏 | |

3 月 5 日：

| | | | |
|---|---|---|---|
| 刘殿欣 | 赵益谦 | 李新田（女） | 冯志广 |
| 王国章 | 李敬伟（女） | 高晴君 | 曹青哲 |

3 月 6 日：

| | | | |
|---|---|---|---|
| 李建国 | 郑宗起 | 刘树林 | 史志林 |
| 张振朝 | 王玉生 | 纪会改（女） | |

（六）副秘书长

| | | | |
|---|---|---|---|
| 王国章 | 曹占英 | 李志勇 | 周子波 |
| 秦会欣（女） | 王建榜 | | |

（七）计划预算审查委员会

主任委员：刘树林

委　员：

| | | | |
|---|---|---|---|
| 冯志广 | 黎素英（女） | 曹青哲 | 王建成 |
| 王殿勋 | 赵培英 | | |

（八）议案审查委员会

主任委员：裴秀品（女）

委　员：

| | | | |
|---|---|---|---|
| 张柱昌 | 高晴君 | 王玉生 | 纪会改（女） |
| 杨泉河 | 陈永茂 | | |

# 第四章　人民代表大会常务委员会

## 第一节　常委会会议

1993年4月13日至1998年2月5日，县十一届人大常委会共举行常委会会议35次。

**第一次会议**　1993年4月13日先后在政府会议楼第一会议室和第四会议室举行，会期1天。县人大常委会主任董清彦，副主任贾常文、裴秀品、赵益谦、刘殿欣、刘树林，委员王玉生、王国章、冯志广、李敬伟、张振朝、高晴君、曹计敏、曹青哲、甄计根、黎素英出席会议。县政府副县长张占勋，县政协副主席段振科，县检察院检察长刘长生、县法院副院长陈增贵列席会议。根据会议议题内容安排，政府序列各局级单位正职列席会议。会议由贾常文主持。

会议对县人大常委会1993年工作要点和计划进行认真审议，原则通过。

会议通报县第十一届人大常委会主任和副主任分工。董清彦主持人大常委会全面工作。贾常文协助主任抓全面工作，主管政法科工作及人大常委会文件批示；裴秀品主管科教文卫科工作；赵益谦主管人大常委会行政工作和办公室工作；刘殿欣主管代表联系科工作和乡（镇）人大工作；刘树林主管财经科工作；李新田协助裴秀品抓科教文卫科工作；高英豪协助刘树林抓财经科工作；段茂欣协助刘殿欣抓代表联系科工作。

会议听取县换届选举委员会关于县、乡两级换届后选举工作情况的报告，并进行充分发言。一致认为，这次县乡两级换届选举工作，由于各级领导重视，宣传工作深入，发动群众广泛，工作进展顺利，完成了县、乡两级换届选举的各项工作。

会议研究通过县十一届人大常委会代表资格审查委员会组成人员名单。

深泽县第十一届人大常委会代表资格审查委员会

主任委员：刘殿欣

委　　员：高晴君　纪会政（女）

刘殿欣传达石家庄地区人大工作会议精神，研究确定贯彻落实的具体意见。会议请拟任命政府序列局级单位正职到会，分别报告任期内（五年）办实事计划（着重报告1993年工作计划），常委会成员进行认真评议，以无记名投票表决方式通过人事任免事项。

为促使新一届政府各职能部门在改革开放、大上经济中更好地发挥作用，为深泽“两个文明”建设做贡献，董清彦讲具体意见：进一步增强人民代表大会制度意识，充分认识人民代表大会制度是国家的根本政治制度。正确处理监督和被监督的关系，“一府两院”及其职能部门要自觉接受人大及其常委会的监督。要进一步贯彻落实好党的十四大精神，加快改革开放步伐，努力抓好经济工作。要不断提高干部队伍领导现代化经济建设的水平。领导干部要加强自身修养，树立高大形象。

**第二次会议**　1993 年 6 月 10 日在县委会议楼第一会议室举行。县人大常委会主任董清彦，副主任贾常文、裴秀品、赵益谦、刘殿欣、刘树林、李新田及委员王玉生、王国章、纪会改、李敬伟、张振朝、高晴君、曹计敏、曹青哲、甄计根、黎素英出席会议。县政府副县长邸庆忠、刘尚华，县政协副主席段振科，县检察院检察长王夯平、县法院副院长陈增贵列席会议。列席会议的还有留村乡、耿庄乡、深泽镇的人大主席团常务主席、副主席及县人大常委会各科室有关人员。根据会议有关议题安排，政府序列农、林、牧 3 个局的负责人列席会议。会议由贾常文主持。

会议听取和审议县政府《关于农业和农村情况的报告》，常委会组成人员进行充分的发言，一致认为，县政府认真贯彻执行党中央、国务院有关文件精神，进一步强化农业基础地位的认识，在加强农业和农村工作方面，采取了有力措施，并取得一定成效。报告内容比较客观、实在，基本符合本县实际，同意这个报告。

遵照党中央、国务院有关文件精神，为进一步加强深泽县农业和农村工作，会议提出了如下建议：1. 要进一步强化农业的基础地位，切实加强对农业和农村工作的领导，各级领导干部要努力学习上级有关文件精神，要熟悉和掌握农业和农村的客观规律，按客观规律办事；对存在和潜在的问题决不能掉以轻心，要及时妥善地加以解决。2. 对于农村各种名目的收费，要按照国务院、省有关法规和县政府的有关规定，认真进行清理。不合理的收费要坚决取消，正当的提留要坚决提上来。对这项工作不能只抓一阵子，喊一阵子，要贯彻始终。3. 要进一步加强科技兴农工作，特别是对科级干部的使用，政府要认真落实有关政策，要大力解决乡、村两级农技队伍的断层问题，要认真搞好整顿，充分调动农技人员的积极性，把基层科技力量使用起来。4. 要抓好农村产业结构，搞好典型示范，根据当地资源和人才力争实现一品一村，一业一乡，形成市场。5. 三夏在即，政府有关部门要认真落实农产品收购资金的到位工作，千方百计筹措好资金，决不能向农民打白条，要搞好平价柴油的供应。要认真清理电价，不能突破最高限度。6. 政府要认真调查，清理全县的土地利用情况，解决乱占乱用的问题。切实保护好现有的耕地资源。7. 政府要加强农口职能部门的班子建设，要开好生活会，认真总结工作找差距、定措施，切实发挥作用。8. 建议县政府近期召开一次会议专题研究有关加强农业和农村工作的问题。县政府对于贯彻国务院《农民承担费用和劳务管理条例》的情况每年要向县人大常委会报告一次。

会议通过人事任免事项。

**第三次会议**　1993 年 7 月 30 日在县委会议楼第一会议室举行。副主任贾常文、裴秀品、赵益谦、刘殿欣、刘树林及委员王玉生、王国章、冯广志、张振朝、高晴君、曹计敏、曹青哲、黎素英出席会议。县政府副县长杜银茂，县政协副主席段振科，县检察院副检察长杜印安、县法院院长高建文，县财政局局长陈汉民、县税务局局长毕国珍及政府办、县人大常委会办公室有关人员列席会议。会议由贾常文主持。

常委会组成人员分别对县政府关于1993年财政预算执行情况的报告和县政府税收征管情况的报告进行认真充分讨论。一致认为，深泽县税收工作，在县办工业基础薄弱，财源不畅的情况下，上半年实现时间过半完成任务过半，县政府及其职能部门是经过了一番努力，做了大量工作的，成绩应予以肯定。

在新的形势下，为确保下半年财税收入及时足额入库，必须利用多种形式下大力气。1.广泛深入地开展税收征管法的宣传教育，并长期坚持不断提高纳税人的自觉纳税意识。2.要特别加强对个体私营经济税收的征管工作，集中解决税收流失问题。采取有效措施继续清理归欠，防止发生新的拖欠。3.整顿财税秩序，严格财经纪律，要将整顿财税秩序提高到建立社会主义市场经济体制和维护国家政局稳定的高度来认识，坚决刹住各种铺张浪费现象。4.继续深化税收征管改革，要搞好试点总结经验，积极推进。5.加强财税队伍的自身建设，强化财税人员的思想教育和业务学习，提高财税人员的政治素质和业务素质，努力做好财税工作。

**第四次会议** 1993年8月20日在县委会议楼第一会议室举行。县人大常委会副主任贾常文、裴秀品、赵益谦、刘殿欣、刘树林、李新田及委员王玉生、王国章、李敬伟、张振朝、高晴君、曹计敏、曹青哲出席会议。县政府副县长邸庆忠，县检察院检察长刘长生、县法院副院长陈增贵及县人大常委会办公室有关人员列席会议。会议由贾常文主持。

会议研究讨论并通过关于召开深泽县第十一届人民代表大会第二次会议的决定（草案）；通过县第十一届人民代表大会第二次会议议程（草案）和主席团组成人员、秘书长建议名单。

**第五次会议** 1993年9月29日在县委会议楼第一会议室举行。县人大常委会主任董清彦，副主任贾常文、裴秀品、赵益谦、刘殿欣、刘树林、李新田及委员王玉生、王国章、冯志广、纪会改、李敬伟、张振朝、高晴君、曹计敏、曹青哲、黎素英出席会议。县政府副县长杜银茂，县政协副主席段振科，县检察院检察长刘长生、县法院院长高建文，县建设委员会主任张从志、县乡镇企业局副局长彭礼同、县人大常委会、县政府办公室有关人员列席会议。会议由贾常文主持。

会议听取和审议县政府《关于乡镇企业发展情况的报告》。委员们进行充分讨论，一致认为，乡镇企业今年以来取得的成绩是显著的，应予以肯定。但用高标准来衡量并与其他县市横向相比还有一定的差距。为此，我们要认清形势，增强压力感、紧迫感，想方设法解决好制约乡镇企业发展的一些具体问题，从而使深泽县乡镇企业的发展实现新的突破。为此，建议政府及主管部门：1.继续贯彻中央及地方各级政府关于发展乡镇企业的有关政策，加强宏观调控，深化企业内部改革，转换经营机制，全面提高乡镇企业经济效益。通过后几个月的努力，力争完成今年乡镇企业的发展任务。2.要加快产品结构的调整，认真解决产品品种滞后于市场经济发展的问题，充分发挥现有生产力。3.当年，资金是影响企业发展的关键性问题，要眼睛向内向下，下大力度融通资金来源，合理调度，有保有压，确保重点，把有限的资金用在刀刃上，保证骨干企业的发展。4. 要保证乡镇企业发展的后劲，重点仍然是培养人才，这项工作要常抓不懈，要有计划地把企业现有人才通过培训逐步加以提高。5. 要进一步研究如何围绕农业办好乡镇企业，加大养殖力度，搞好产品深加工，使农民的收入逐年有所增长。

会议审议并通过深泽县城镇建设总体规划的修改方案，待上级批准后贯彻执行。

会议通过人事任免事项。

**第六次会议** 1993 年 12 月 21 日在县委会议楼第一会议室举行。县人大常委会主任董清彦，副主任贾常文、裴秀品、赵益谦、刘殿欣、刘树林、李新田及委员王玉生、王国章、冯志广、纪会改、李敬伟、张振朝、高晴君、曹计敏、曹青哲、黎素英等出席了会议。县政府副县长邸庆忠、刘尚华，县政协副主席段振科，县检察院检察长王夯平、县法院副院长陈增贵列席会议。列席会议的还有留村乡、耿庄乡、深泽镇的人大主席团常务主席、副主席及县人大常委会各科室有关人员。根据会议有关议题安排，政府序列农、林、牧 3 个局的负责人列席会议。会议由贾常文主持。

会议听取县政府《关于社会治安综合治理情况的报告》，并根据当前社会治安情况进行讨论。认为政府及职能部门 1993 年以来在搞好社会治安综合治理方面做了大量的工作，对当前改革开放时期起到保驾护航的作用，成绩是肯定的。但我们还必须清醒地认识到，社会治安综合治理任务艰巨，形势严峻。深泽县大案要案居高不下，盗窃案件接连发生，严重威胁着全县人民生命财产的安全。为使社会治安综合治理工作从根本上有所好转，确保深泽县“两个文明”建设的顺利进行，会议指出：1. 要进一步强化对社会综合治理工作的领导，正确分析形势，保持清醒头脑，不断总结经验，及时发现问题。要经常分析，研究社会上各种动向，发现和掌握社会上潜在的不安定因素，以高度负责的态度认真进行解决。2. 要加大打击力度。坚持“严打”方针，不停顿地开展各种形式的严打斗争。当前要加强对刑事案件侦破、审批的力度，迅速侦破一批刑事案件，震慑各种犯罪。3. 从上到下健全执法责任制。要维护社会安定光靠政法机关是绝对不行的，必须紧密依靠群众，尤其在改革开放的新形势下，社会治安综合治理更要走好群众路线，开展群防群治。为此，必须尽快调整和补实基层治保组织。这个问题请政府抓紧进行研究落实。4. 加强政法队伍的建设。一是公安部门要教育好自身的干警，提高政治素质严格依法办案。二是保证办案经费。政策经费可高于其他行政部门，严格执行收支两条线，建议政府召开一次专门会议进行研究，使公安部门的办公条件逐步有所改善。

会议听取和审议县法院、县检察院工作情况的报告。一致认为，一年来，法、检两院在办案条件差，人员少，经费不足的情况下，做了大量工作，成绩应予以肯定。但从公法检汇报数字上看，发案与批捕衔接不紧密。建议公安检察机关对漏捕和该捕未捕的情况进行核实后，书面反馈到人大常委会。

为确保法检两院在两个文明建设中起到保驾护航作用，会议认为，1. 要强化案件的集体研究，建立案件集体研究制度，搞好集体把关。2. 加强领导班子的思想政治建设，把思想统一到依法办案上来，在执法上形成核心，并做到有法必依，执法必严。3. 建议政府部门落实年初办实事计划，尽快研究解决法检办公住房问题。4. 法检两院的人员按原定编制配齐，解决警力不足的问题。

**第七次会议** 1994 年 2 月 26 日在县委会议楼第一会议室举行。县人大常委会副主任贾常文、裴秀品、刘殿欣、刘树林及委员王玉生、王国章、冯志广、李敬伟、张振朝、高晴君、曹青哲、黎素英出席会议。县政府副县长郭领域，县政协副主席段振科，县人大常委会党组顾问高英豪，县检察院检察长杜印安、县法院副院长陈增贵及县人大常委会办公室有关人员列席会议。会议由贾常文主持。

会议研究讨论关于召开深泽县第十一届人民代表大会第三次会议的有关事宜。1. 审议通过《关于召开深泽县第十一届人民代表大会第三次会议的决定（草案）》；2. 审议通过县第十一届人民代表大会第三次会议议程（草案）；3. 审议通过县十一届人民代表大会第三次会议主席团成员和秘书长建议名单（草案）、计划预算审查委员会和议案审查委员会组成人员建议名单（草案）；4. 原则通过县人大常委会主任在人民代表大会上的工作报告，同意按会议意见修改后，提交县第十一届人民代表大会第三次会议审议通过。

会议就 1994 年县人大常委会工作要点和几项重要工作的安排计划（草案）进行研究和讨论。会议审议通过县政府关于调整 1993 年度财政收支预算的报告。

**第八次会议** 1994 年 5 月 13 日在县委会议楼第一会议室举行。县人大常委会主任董清彦，副主任贾常文、赵益谦、刘殿欣、刘树林及委员王玉生、王国章、冯志广、纪会改、张振朝、高晴君、曹青哲、曹计敏、黎素英出席会议。县政府副县长邸庆忠、高翠君，县政协副主席段振科，县法院院长高建文、县检察院检察长刘长生，县公安局局长童向阳、县文教局局长刘喜太、县政府办公室副主任黎亚津、县民政局副局长杨江会及政府办公室、县人大常委会办公室有关人员列席会议。会议由董清彦主持。

会议听取和审议县政府《关于制定落实〈关于加强社会治安综合治理决议〉实施方案情况的报告》，会议认为县政府在社会治安综合治理方面做了大量工作，落实决议的实施方案是切实可行的，如能认真贯彻执行，深泽县社会治安状况一定能进一步好转。

深泽县治安任务艰巨，形势严峻，大案要案接连发生，而且侦破不力，为尽快扭转深泽县社会治安综合治理工作的被动局面，保证“两个文明”建设的顺利进行，会议认为，1. 要提高各级领导对做好综合治理工作重要意义的认识，真正把它列入政府及其职能部门的重要议事日程中，做到常抓不懈。2. 社会治安综合治理工作是一项庞大的系统工程，要动员全县广大干部和群众积极参与，建立横向到边、纵向到底的安全防范责任制，要坚持打防并举、标本兼治的原则，深泽县社会治安综合治理工作收到实效。要加强政法队伍和基层治安保卫组织的建设。3. 公检法部门要加强自身领导班子建设，强化集体研究决策水平，重大事件及时请示报告，并互相通气，防止错案发生，提高办案效率。要提高干警的政治和业务素质，每周至少拿出半天时间进行学习。要尽快加强和补实基层治安保卫组织，使之充分发挥作用。4. 加大宣传力度。要采取多种形式加强对群众的宣传教育，特别是对青少年的宣传教育，真正做到知法、懂法、守法。5. 抓住群众关心的热点、难点，解决大案要案侦破不力的问题。深泽县各种犯罪与批捕人数相比存在着失之于缓、失之于软、失之于宽的问题，主管部门要强化侦破手段，筛选一些大案要案，成立专案组，明确责任制，一抓到底，实行重点突破，并把筛选的大案要案及参加侦破的有关人员书面报送人大政法科，以便进行监督。6. 要继续发动和依靠群众，坚持专业队伍和群众路线相结合的办法，真正把综合治理工作的重点放到基层，群防群治，做到防患于未然。同时，要加强政法队伍内部敌情耳目的建设，并充分发挥其作用。7. 人大要加强执法监督的力度。重大案件要及时过问，群众有反映的案件，人大可以随时调卷，发现问题及时纠正，并实行错案追究制。要定期不定期地深入下去，了解情况，听取汇报，在坚持搞好事后监督的同时，探索搞好事前监督方法。

会议听取和审议县政府《关于村民委员会换届选举情况的报告》，各位主任和委员进行充分的讨论发言，一致认为深泽县村民委员会换届选举工作的任务还很艰巨，为此，1. 要进一步提高各级领导对这一工作重要性的认识，特别是应引起乡一级领导干部的重视，把这项工作列入重要议事日程，切实抓紧抓好。2. 深入广泛地搞好宣传发动工作，做到家喻户晓、人人明白，使广大农村干部群众真正了解村民委员会换届选举的重要意义，并积极参与。3. 结合奔小康工作搞好试点，由人大、组织部、民政局 3 个部门组成试点工作组，先行试点，通过试点总结经验后，再全面铺开。4. 村民委员会的换届选举工作，下半年适当时机集中半月时间完成工作任务。

会议听取和审议县政府《关于落实教师法工作情况的报告》，会议认为，自 1994 年 1 月 1 日教师法颁布实施以来，县政府坚持把贯彻执行教师法作为推进深泽县教育事业发展的动力，结合深泽县实际做了大量的工作。

为更好地发展深泽县教育事业，充分调动广大教师的积极性，根据本县具体实际，会议进行充分的审议发言，并指出：1. 要理顺关系，积极筹措资金，按政府落实教师待遇，及时发放工资，解决教育经费不足问题。建议政府及其职能部门，把贯彻落实作为一项重要工作召开专门会议，集中研究认真解决。统筹和提留工作先落实村筹乡管，逐步到位，实现乡筹县管。2. 切实按教师法要求，到 1996 年实现九年义务教育，县、乡、村三级要统筹规划，抓住重点，多方集资，要把解决师资和校舍问题列入政府议事日程，认真抓好落实。3. 要抓好教师学历达标和解决学生负担过重的问题。主管部门应强化学校的财物管理工作，把有限的资金充分利用起来。

**第九次会议** 1994 年 7 月 15 日在县委会议楼第一会议室举行。县人大常委会主任董清彦，副主任贾常文、赵益谦、刘殿欣、刘树林、李新田及委员王玉生、王国章、冯志广、张振朝、曹青哲、曹计敏、黎素英出席会议。县政府副县长张占勋，县法院院长高建文、县检察院检察长刘长生，县政府办公室副主任黎亚津，县人大常委会办公室副主任陈继明及政府办公室、人大常委会办公室有关人员列席会议。会议由贾常文主持。

会议听取和审议县政府《关于办理县十一届人大第三次会议代表建议和意见情况的报告》，会议认为县政府在办理人代会代表建议和意见方面，做了一些工作，取得一定效果，但达到满意还有差距，报告材料质量不高，没有具体反映工作情况，特别是对于重提的旧案未报告办理情况，为在今后办理好代表的建议和意见，充分调动广大代表参政议政的积极性，会议建议：1. 政府及其有关部门要进一步提高对人大代表建议和意见办理工作重要意义的认识，站在维护代表权益的高度，认真做好办理工作。2. 进一步加大办理代表建议和意见工作的力度。承办单位要组织与任务相适应的人员，采取得力措施，在法定时限之内完成办理工作任务，要克服重解释轻落实的现象，真正做到事事有着落、件件有回音，特别是对于重点热点问题，要拿出只争朝夕的精神来，尽快办理落实，达到广大代表和选民的满意。3. 人大要加大监督力度。对于重点热点问题，人大常委会可组织人大代表和政府有关部门人员进行调查视察，督促落实，对于拖着不办的部门，人大常委会可组织会议进行质询，限期办理。4. 建议政府组成人员提高对人大工作的重视程度。对于人大常委会召开的会议，政府组成人员要按会议要求，积极列席会议。5. 建议政府对报告重新进行修改、补充，并尽快报送县人大常委会。

会议听取和审议县政府《关于落实企业法重点是企业产权制度改革工作情况的报告》，讨论中委员们充分发表自己的意见，一致认为，县政府及其有关部门在企业产权制度改革工作中做了大量的工作，采取比较得力的措施，取得一定的成绩，这些应予以肯定。但从深泽县目前产权制度改革工作情况看，难度较大，任务还很艰巨，为此，1. 要继续做好宣传工作，提高全县广大干部职工对产权制度改革工作的再认识，深刻领会国家、省、市出台的配套文件和会议精神，继续做好培训工作，进一步明确进行产权制度改革的方法步骤和审批程序。2. 建议政府及有关部门在企业产权制度改革工作中领导思想要坚定，要善始善终抓到底。要进行分类指导、总结经验抓典型，对于做得好的企业要巩固提高，并在此基础上分别筛选出一个实行股份制和股份合作制企业，进行重点解剖，以便总结经验，全面铺开。3. 加强研究，完善政策，进一步规范企业内部管理，充分发挥实施股份制和股份合作制企业内各个组织的作用，确保集体企业的壮大和国有资产的增值。4. 实施企业产权制度改革工作，不能一哄而起，也不能举足不前，要根据企业内部实际情况稳妥地进行，条件不具备的要积极创造条件，尽快开展工作。5. 已经实行产权制改革的企业要组织力量，加快企业的技术改造，提高产品的技术含量，以提高市场的竞争力。

会议通过人事任免事项。

**第十次会议**　1994 年 9 月 23 日在县委会议楼第一会议室举行。县人大常委会主任董清彦，副主任贾常文、裴秀品、刘殿欣、刘树林及委员王玉生、王国章、冯志广、纪会改、李敬伟、张振期、高晴君、曹青哲、曹计敏、黎素英出席会议。县政府副县长邸庆忠，县法院院长高建文、县检察院副检察长王夯平，县工商局局长赵国华、县物价局党组书记王学永、县消费者协会秘书长李连奎及政府办公室、人大常委会办公室有关人员列席会议。会议由贾常文主持。

会议听取和审议县政府《关于贯彻落实〈中华人民共和国消费者权益保护法〉和〈河北省保护消费者合法权益条例〉及当前物价管理工作情况的报告》。会议认为，今年以来县政府及其职能部门在平抑物价和保护消费者合法权益两项工作中做了大量的工作，取得一定成效，这些应予以肯定。但达到群众满意还有不小的差距。我们必须清楚地认识到，要真正做好这两项工作，难度还很大，任务相当艰巨。为此，建议政府及其职能部门：1. 强化宣传工作，进一步加大宣传力度。要采取多种形式广泛深入地宣传“一法一例”的具体内容，以便增强生产者、经营者的守法意识，提高消费者自我保护意识，以确保自己的权益不受损害。2. 增强执法力度，严厉打假。要明确进货渠道，严把进货关，充分发挥有关部门主渠道作用。工商、物价、公检法及其他有关部门，要搞好总的协调，抓好综合治理。目前要重点严厉打击县域内欺行霸市、缺斤少两、制假贩假等不法行为，以维护市场政策秩序，保护消费者合法权益。3. 要抓好国营、集体及私营个体门市部和摊点的标价工作，建议政府及主管部门对此工作搞一次普遍的检查验收，没有标价的要进行处罚并限期改正。4. 当前，要迎合种麦时机，整顿好农资市场，保证生产资料货源充足，特别是化肥要货源好、价格稳、不误农时，尽最大努力维护国家的最高限价。5. 要竭尽全力稳定广大群众最关心的吃、穿、烧及生活必需品的价格，以保持社会稳定。

为改善深泽县执法状况，增强执法部门和执法人员严格执法，秉公办案的自觉性和责任感，会议作出《关于在全县实行错案和过错责任追究制度的决定》，以人大常委会文件印发，发至全县各执法部门和行政执法执纪部门。

会议通过人事任免事项。

**第十一次会议** 1994 年 11 月 22 日在县委会议楼第一会议室举行。县人大常委会主任董清彦，副主任贾常文、裴秀品、赵益谦、刘殿欣、刘树林及委员王玉生、王国章、张振朝、高晴君、曹计敏、曹青哲、黎素英出席会议。县政府副县长邸子军，县政协副主席段振科，县法院院长高建文、县公安局局长童向阳、县农业局副局长王国勋、县人大常委会办公室主任陈继明以及县人大常委会办公室、政府办公室工作人员列席会议。会议由贾常文主持。

会议听取农业局副局长王国勋代表县政府所作的《关于落实〈农民承担费用和劳务管理条例〉及开展“乡统筹、村提留”工作情况的报告》。会议认为政府在减轻农民负担贯彻落实《农民承担费用和劳务管理条例》及开展“乡统筹、村提留”方面做了大量的工作，废除有关农民不合理负担的文件，特别是今年以来，县政府设在农业局的深泽县农民负担监督管理办公室、深泽县农业经济办公室深入全县 53 个村，进行专项审计，帮助农村理顺账目、制定财务制度方面做了大量的工作，取得一定的成绩。但是全县农村的“乡统筹、村提留”工作基本不到位，仅有 20% 的村提了少部分，因此造成教师工资不能按时发放、集体福利事业不能兴建、军烈属五保户生活达不到中上等水平等被动局面。针对这些情况，政府没有及时采取过硬措施，会议建议县政府：1. 要进一步提高对“乡统筹、村提留”工作的认识。农村统筹提留工作是一项对农民进行集体主义教育增强集体观念的有效措施，做好这项工作对农村致富奔小康有重大意义，按小康要求初中入学率要 100%；五保户供养率 100%，保持中上等水平、村级路面硬化、村办卫生室文化活动中心、自来水等福利事业必须做好统筹提留工作才能完成，因此必须提高认识把这项工作列入各级领导议事日程，切实抓紧抓好。2. 要大造声势，充分做好宣传工作。政府要提早部署，制定方案，利用各种宣传工具充分做好宣传工作，让每个群众认识到“村提留”是自己应尽的义务，是搞好农村翻番致富奔小康的一项重要措施，必须把“乡统筹、村提留”工作落到实处。3. 建议各乡镇每年要召开两次人代会，要将“乡统筹、村提留”工作列入议程，春季听取有关实施计划，年终时听取落实情况，接受代表监督，切实把这项工作抓好。4. 减轻农民负担工作仍然不能放松，要防止出现反复，要作为一项长期任务，坚持不懈地抓下去。减轻农民负担，最根本的是发展农村经济，要将减轻农民负担工作和农民致富奔小康结合起来。

会议听取和审议公安局局长童向阳代表政府作的《〈关于加强社会治安综合治理的决议〉落实情况的报告》。会议认为《关于加强社会治安综合治理的决议》是今年春天第十一届人代会第三次会议上所作的决议，县政府在抓落实这个决议方面取得很大成效，有力的打击刑事犯罪分子，侦破一些大案要案，保持深泽县良好的社会秩序，但还存在一些问题，因此，建议政府要进一步抓好这项工作。1. 社会治安综合治理是一项庞大的系统工程，需要全社会各个方面总体配合，共同努力，不仅仅满足于上级的安排布置，而且还要根据本县的实际情况作出适时的安排，不失时机地开展专项斗争。2. 加强扫黄打非工作。政府及有关部门要认真研究，争取在春节和元旦前来一次彻底的清理。3. 加强对刑事犯罪分子的打击力度，对大案要案要抓紧侦破，对盗窃案件不能以罚代法，坚持依法办事。4. 加强基层民调工作，矛盾化解在基层，减少和预防犯罪，以保持社会的安定，进一步加强对综合治理领导要从严治警，进一步提高干警的政治素质和业务素质，廉洁奉公，依法办事。政法委要对公、检、法做好协调工作，建立一支团结、协作、思想红、作风硬的干警队伍。

**第十二次会议**　1995 年 1 月 10 日在县委会议楼第一会议室举行，县人大常委会主任董清彦，副主任贾常文、裴秀品、赵益谦、刘殿欣、刘树林及委员王玉生、王国章、冯志广、纪会改、张振朝、高晴君、曹青哲、曹计敏、黎素英出席会议。县政府副县长张占勋，县政协副主席段振科，县法院院长高建文、县检察院副检察长杜印安及县人大常委会办公室、政府办公室有关人员列席会议。会议由贾常文主持。

会议研究讨论关于召开县第十一届人民代表大会第四次会议的有关事宜。1. 审议通过《关于召开深泽县第十一届人民代表大会第四次会议的决定》；2. 审议通过县第十一届人民代表大会第四次会议议程（草案）；3. 审议通过县第十一届人民代表大会第四次会议主席团成员和秘书长建议名单、计划预算审查委员会和议案审查委员会组成人员建议名单。

会议就 1995 年县人大常委会的工作要点和计划（草案）进行认真的研究和讨论，委员们根据当前具体工作实际，提出一些修改意见，会议原则通过，并授权人大常委会主任会议最后审查定稿。

会议听取和审议县政府《关于办理县十一届人民代表大会第三次会议代表建议和意见的情况报告》。会议进行充分的讨论发言，会议认为，今年以来，政府及其有关部门对代表建议、意见的办理工作重视程度不够，措施不够得力，代表建议、意见办结速度慢，质量不高，特别是对多次重提尚未办理的旧案，没有真正引起政府及其主管部门的重视，会议对此报告原则上不予通过。会议建议县政府：1. 要进一步加大对代表建议和意见的落实力度，政府要明确一名副县长主抓此项工作，把办理代表建议和意见的工作列入议事日常，严格按照办结代表建议和意见的时限和要求办理，真正达到广大代表和选民的满意。2. 政府及其有关部门要进一步提高对人大代表建议和意见办理工作的重要意义的认识，认真对待代表所提的每项建议和意见，加快办理进度，提高办理质量。3. 要充实和加强办理代表建议和意见的工作班子。人员不足的及时加以调配。建议县政府春节前召开一次政府常务会议，就此工作认真研究，并将结果报人大常委会。4. 为提高各级领导对人大工作的重视程度，今后凡人大常委会听取审议的政府工作报告，一般由主管县长亲自汇报。

**第十三次会议**　1995 年 2 月 12 日在县委会议楼第一会议室举行。县人大常委会主任董清彦，副主任贾常文、裴秀品、赵益谦、刘殿欣、刘树林、李新田及委员王玉生、王国章、冯志广、纪会改、李敬伟、张柱昌、张振朝、曹青哲、曹计敏出席会议。县政府副县长杜银茂，县财政局副局长王贵良列席会议。会议由贾常文主持。

会议审议通过县政府《关于调整 1994 年度财政收支预算的报告》。同意将调整后的数字编排到 1994 年度财政预算执行情况的报告中去。审议县人大常委会向县十一届人大四次会议上提交的工作报告（草案）同意根据委员们的意见修改后，提交第十一届人民代表大会四次会议批准。

**第十四次会议**　1995 年 3 月 10 日在县委会议楼第一会议室举行。县人大常委会主任董清彦，副主任贾常文、裴秀品、赵益谦、刘殿欣、刘树林及委员王玉生、王国章、冯志广、纪会改、李敬伟、高晴君、曹青哲、曹计敏、黎素英出席会议。县政府副县长邸子军，县法院副院长闫志军、县检察院副检察长王民起，深泽镇人大副主席宋玉生、赵八乡人大主席王保振、留村乡人大主席邸安志及人大常委会办公室负责人列席会议。会议由贾常文主持。

会议审议通过县人民政府《关于贯彻执行农业法和深泽县发展“两高一优”农业情况及农村小康建设情况的报告》。会议认为农业法颁布实施以来，县政府紧紧围绕贯彻落实农业法，按照“稳定政策、强化基础、提高效益”的工作思想，在努力完善双层经营体制、致力于农业结构的调整、发展“两高一优”农业等方面做了大量工作，粮食生产稳步增长，林木覆盖率进一步提高，畜禽饲养量不断增加，农业的综合效益明显提高，广大农民群众的生活水平进一步得到改善。会议对县政府取得的成绩是满意的，但是也必须看到由于思想认识和领导精力等多方面因素，对农业保护和扶持的力度还不够大，工业与农业发展的摆位和速度还存在一定的距离，农业基础相当脆弱，这一问题如不尽快解决，必将制约整个经济持续、快速、健康发展。会议建议：1. 加大对农业法和农业技术推广法的宣传力度，同时集中学习中央农村工作会议精神和八届全国人大三次会议文件，进一步统一认识、统一意志、统一行动，真正地而不是口号地强化农业这个基础地位，采取坚决有力的措施促进农业的发展，加快奔小康的步伐。2. 在计划安排上，切实把农业摆在第一位；在资金投放上，首先保证农业的需要。鉴于深泽县财政吃紧的状况，一方面要研究解决个体、私营企业的纳税问题，加大执法力度，打击偷漏税的不法行为，农林特产税要严格按标准征收。另一方面对上级拨付的农业开发基金，要真正投入到农业上来，今年县有关部门要争取入笼项目，增加单项开发，争取更多的开发资金用于农业基础设施建设。3.加强科技队伍建设。建立健全的全社会化服务体系，县政府要拿出具体实施意见，今年首先要解决县、乡两级科技队伍的实际问题，组建机构，配齐人员，并在经费上给予必要的支持。4.小康建设是县委统筹农村工作全局的一项长期任务，但县政府必须履行自己的行政职能，加大工作力度，具体研究实现硬件建设的目标和具体工作计划。同时当前要突出抓好以棉花生产、植树造林和小麦管理为中心的春季生产以及村庄道路的硬化，保证如期完成建设小康目标。5.加强土地管理，防止土地流失，对此建议政府对当前深泽县土地管理失控，乱占乱建问题拿出具体的解决意见。尽快召开一个调查清理非法占地工作会议，落实这项工作。

会议决定任命赵宝深为深泽县人民政府副县长。

**第十五次会议**　1995年3月30日在县委会议楼第一会议室举行。县人大常委会主任董清彦，副主任贾常文、裴秀品、赵益谦、刘殿欣、刘树林、李新田及委员王玉生、王国章、冯志广、纪会改、李敬伟、张柱昌、高晴君、曹青哲、曹计敏、黎素英全部出席会议。县政府副县长郭领域，县政协副主席苏恒军，县法院院长高建文、县检察院检察长刘长生，县劳动人事局局长纪同振列席会议。会议由贾常文主持。

会议通过人事任免事项。

**第十六次会议**　1995年5月23日在县委会议楼第一会议室举行。县人大常委会主任董清彦，副主任贾常文、裴秀品、赵益谦、刘殿欣、刘树林、李新田及委员王玉生、王国章、冯志广、纪会改、李敬伟、张振朝，高晴君、曹计敏、曹青哲，黎素英出席会议。县政府副县长邸子军，县政协副主席苏恒军，县检察院检察长刘长生、县法院副院长陈增贵，县土地局局长郝锁奎及县人大常委会办公室、政府办公室有关人员列席会议。会议由贾常文主持。

会议听取和审议县政府《关于土地管理法贯彻执行情况的报告》。会议认为，自土地管理法、河北省土地管理条例、基本农田保护条例颁布实施以来，县政府及其职能部门在认真开展宣传、土地忧患意识教育、土地使用制度改革、农村宅基地审批、基本农田保护以及查处违纪违法案件等方面做了大量的工作，并取得一定的成绩，但还存在不少的问题，尤其在加强执法监督力度，查处违纪违法案件等方面还有相当差距。为充分利用现有土地资源，切实保护耕地，建议县政府及其职能部门：1.要切实加强对土地管理工作的领导，把土地管理工作列为政府领导任期目标责任制的重要内容，切实抓紧抓好。2.要加大土地管理的执法监督力度，严格查处土地违纪违法案件，对以前的积案，要按土地管理法规尽快解决，对农田保护区内的要强行复垦还耕，切实保护耕地。3.要加强土地管理人员队伍建设，提高土地管理人员的政治素质和业务素质，保持执法人员在人民群众中的良好形象。4.要加大土地管理法规的宣传力度，近期内要结合查处违法案件，搞一次大规模的土地管理法规宣传活动，增强干部执法意识和广大人民群众土地忧患意识，从而自觉地遵守土地管理法规，珍惜土地、节约土地和合理利用土地。5.建议县政府就解决理顺以前土地问题，召开专门会议，进行专题研究，拿出意见，制定出行政处罚标准并尽快组成专门队伍进行一次专项清理，并就此写出专题汇报，送交人大常委会。

会议以无记名投票表决方式进行人事任免事项，并对新任命的干部立即颁发任命书。

**第十七次会议** 1995 年 6 月 9 日在县委会议楼第一会议室举行。县人大常委会副主任贾常文、裴秀品、赵益谦、刘殿欣、刘树林、李新田及委员王玉生、王国章、冯志广、纪会改、李敬伟、张振朝、高晴君、曹青哲、黎素英出席会议。县政协副主席段振科，县法院院长高建文、县检察院检察长刘长生，县信访局局长郝志华及县人大常委会办公室、政府办公室有关人员列席会议。会议由贾常文主持。

会议听取和审议通过县人大常委会《信访工作试行办法（草案）》。

会议通过人事任免事项。

**第十八次会议** 1995 年 7 月 28 日在县委会议楼第一会议室举行。县人大常委会主任董清彦、副主任贾常文、裴秀品、赵益谦、刘殿欣、刘树林及委员王玉生、王国章、冯志广、纪会改、张振朝、高晴君、曹计敏、曹青哲、黎素英出席会议。县政府副县长邸庆忠，县政协副主席段振科，县检察院检察长刘长生、县法院副院长陈增贵，县财政局局长陈汉民及县人大常委会办公室、政府办公室有关人员列席会议。会议由贾常文主持。

会议就县政府《关于上半年财政预算执行情况的报告》进行认真审议，委员们一致认为，今年以来深泽县财政工作，在县办工业基础薄弱，财政吃紧的情况下，能够实现时间过半任务过半，支持和保证全县经济工作的开展及各项开支，表明县政府及其职能部门是付出了努力，做了大量扎实工作的，成绩是肯定的。但我们还要清楚地意识到，深泽县财政形势仍然严峻，任务相当繁重。在新的形势下，为尽快缓解财政吃紧的局面，确保全年财税任务的完成，会议建议：1. 进一步加大税法宣传，严格执法力度。要采取多种形式，广泛深入地搞好税法的宣传工作，不断增强全民自觉纳税意识，以便使税法能够严格地贯彻实施，把应纳的税全额交上来。县政府要把宣传税法工作作为一项经常性的工作来抓，真正抓出成效来。2. 要加大税收征管力度。调查发现，深泽县的私营企业、个体工商业大户、闪商和农林特产税漏洞多，要突出加强这两方面的税收征管工作，集中解决税收严重流失问题，建议政府在这方面多做工作，并做好调查研究，摸清底数，制定出切实可行的措施，使税收一步到位。3. 加强财政管理，厉行节约，减少开支。4. 保护和扶持重点企业，加强管理，加大投入，要集中有限资金，保证资金合理流向，使其尽快发挥效益。

会议通报县人大常委会《关于组织人大代表评议工商行政管理工作的实施意见》。

会议通过人事任免事项。

**第十九次会议** 1995 年 10 月 17 日在县委会议楼第一会议室举行。县人大常委会主任董清彦，副主任贾常文、裴秀品、赵益谦、刘殿欣、刘树林、李新田及委员王玉生、王国章、冯志广、李敬伟、张振朝、高晴君、曹计敏、曹青哲、黎素英出席会议。县政府副县长张占勋，县政协副主席段振科，县法院院长高建文、县检察院检察长刘长生，县司法局局长高茂林、县综合治理办公室主任王建民及县人大常委会办公室、政府办公室有关人员列席会议。会议由贾常文主持。

会议就县政府、县法院、县检察院《关于推行错案和行政执法过错责任追究情况的报告》进行审议，认为一年多来“一府两院”在推行“两错”责任追究制工作中，做了大量的工作，取得明显效果，成绩是肯定的。但我们必须充分地认识到，目前在推行“两错”责任追究制工作中还存有一些不可忽视的问题，特别是有的错案和行政过错追究不力，社会影响不好，群众不满意。为真正把这项工作抓在手上，落到实处，会议认为，1. 推行错案和行政执法过错责任追究制具有非常重大的意义，它关系着深泽县社会稳定和经济发展，要进一步提高对其重要性和必要性的认识，加强领导力度。2. 推行“两错”责任追究制是一项全新的工作，要边干，边探索，边完善。要进一步明确认定错案的标准、责任的划分，追究的具体办法以及责任的承担形式和追究程序，及时总结交流并逐步加以完善，促进本部门的工作。3. 各有关职能部门要进一步加强对推行“两错”责任追究制工作的领导，提高思想认识，切实负起责任，真正做到有错必改，违法必究。4. 建议县政府督促尚未制定“两错”责任追究制实施办法的 11 个执法部门在近期内尽快制定出实施办法，经县政府审核批准后，报县人大常委会备案。对于已制定“两错”责任追究制实施办法的执法部门要分类指导，认真落实，县人大准备就此在适当时候再次听取有关情况的汇报。5. 在推行“两错”责任追究制工作中，不搞年终算总账，要发现一件追究一件，做到一事一清。6. 建议“一府两院”在推行“两错”责任追究制工作中，要互相协调，密切配合，真正抓出成效来。

会议原则通过《深泽县法制教育中心管理办法（试行）》。会议通过《深泽县人大常委会关于开展县人大代表议政日活动的办法》，并印发县人大常委会正式文件。

**第二十次会议**　1996 年 2 月 5 日在县委会议楼第一会议室举行。县人大常委会副主席贾常文、裴秀品、赵益谦、刘殿欣、刘树林及委员王玉生、王国章、冯志广、纪会改、李敬伟、张振朝、曹计敏、曹青哲、黎素英出席会议。县政府副县长邸子军，县法院院长高建文、县检察院副检察长杜印安，县工商局局长陈茂兴及县人大常委会办公室、政府办公室有关人员列席会议。会议由贾常文主持。

经审议通过深泽县人大常委会 1996 年工作要点和计划。

会议听取县政府《关于人大代表评议工商行政管理工作整改情况的报告》，常委会各成员一致认为，自去年组织人大代表对工商部门工作进行评议以来，县政府及其职能部门对代表评议意见、建议很重视，为改进工商管理工作，采取了一些必要措施，效果是比较好的，成绩是肯定的。但就目前深泽县工商行政管理工作的现状来看，还有不少问题需要县政府及其职能部门引起重视，以便在今后进一步加强整改工作。为此会议建议：1. 要加大整改力度，搞好代表评议后深层次问题的整改。这里包括行政管理方面和对经营者政治思想教育、职业道德教育方面的问题。2. 下大力搞好市场的整体规划，使市场进一步规范化、专业化，要避开东西大街主干道，保证道路畅通。这个问题要近期见效，建议县政府组织有关职能部门就解决深泽县集贸市场以街代市、乱摆摊位、乱放自行车、食品不卫生、交通不方便等问题召开一次专题会议研究解决。3. 关于缺斤短两、坑害顾客的问题，政府及有关部门要真正履行职责认真加以解决，特别是春节前要坚决遏制住这种不道德的职业行为，保证广大消费者的合法权益不受侵害。4.工商职能部门，要在整改中不断加强队伍建设，提高整体素质，改善整体形象，为深泽县工商工作兴旺发达作出贡献。

会议听取和审议县政府《关于落实市人大九届三次会议〈关于增加农技推广经费稳定农技推广队伍决议〉情况的报告》，会议认为，目前深泽县严重拖欠农口部门工资，大大挫伤了农口科技人员的积极性，为稳定队伍、利于今后搞好工作，就这个问题必须提起领导的高度重视。1.要认真贯彻落实好农企“两法”和市九届人大三次会议的决议，将其列入领导议事日程，尽快解决农口人员工资拖欠问题。2.上下形成共识，稳定农口科技队伍当前关键就是落实人员工资。1996年农口人员工资应编入财政预算。3.农口各部门，在目前财政困难，资金短缺的情况下，要努力搞好创收，以解决办公经费紧张的问题。

会议通过人事任免事项。

**第二十一次会议** 1996年3月20日在县委会议楼第二会议室举行。县人大常委会主任董清彦，副主任贾常文、裴秀品、赵益谦、刘殿欣、刘树林、李新田及委员王玉生、王国章、冯志广、纪会改、李敬伟、张振朝、高晴君、曹计敏、曹青哲、黎素英出席会议。县委常委、组织部部长李建国，县政协副主席郭振江，县检察院检察长刘长生、县法院副院长苗新芳，县财政局王贵良及政府办公室、县人大常委会办公室有关人员列席会议。会议由贾常文主持。

会议原则通过人大常委会主任在县第十一届人大五次会议上所作的工作报告（草案），同意根据委员们的意见，由办公室做进一步修改，提交县第十一届人大五次会议审议。

会议对县政府《关于调整1995年度财政收支预算的请示》进行认真审议，原则通过，指出县政府向十一届人大五次会议提交的1995年财政预算执行情况的报告以及向市政府的报告数字，均以调整后的数字为准。今后为搞好财政预算工作，维护财政预算的严肃性，会议指出：1.财政预算经人代会批准后，就具有法律效力，不能随意变更，如因特殊情况必须变动，亦应按法定程序报经县人大常委会批准后方可实施。2.政府及其职能部门要下大力开辟财源，搞好节支，抓好预算外资金的管理，努力增加财政收入。1996年财政预算工作要根据现有财力，充分考虑政策性增支和非政策性增支因素，坚持量入为出的原则，作出周密安排。

会议通过人事任免事项。

**第二十二次会议** 1996年4月1日在县委会议楼第一会议室举行。县人大常委会副主任贾常文、裴秀品、赵益谦、刘殿欣、刘树林、李新田及委员王玉生、王国章、冯志广、纪会改、张振朝、高晴君、曹计敏、曹青哲、黎素英出席会议。县法院院长高建文及县人大常委会办公室、政府办公室有关人员列席会议。会议由贾常文主持。

会议首先研究讨论关于召开深泽县第十一届人民代表大会第五次会议的有关事宜：1.审议通过了“关于召开深泽县第十一届人民代表大会第五次会议的决定”；2.审议通过县第十一届人民代表大会第五次会议议程（草案）；3.审议通过县第十一届人民代表大会第五次会议主席团组成人员和秘书长建议名单、计划预算审查委员会和议案审查委员会组成人员建议名单（草案）；4.审议通过列席会议人员名单。

会议通过人事任免事项。

**第二十三次会议** 于1996年5月3日在会议楼第一会议室举行。县人大常委会主任贾常文，副主任裴秀品、赵益谦、刘殿欣、刘树林及委员王玉生、王国章、冯志广、张振朝、高晴君、曹青哲、曹计敏、黎素英出席会议。县政协副主席段振科，县检察院检察长刘长生、县法院副院长陈永军，县人大常委会办公室、政府办公室有关人员及被提请任命的政府序列有关局拟任局长列席会议。会议由贾常文主持。

会议通过人事任免事项。

会议审议通过深泽县乡镇换届选举工作实施方案和深泽县各乡镇换届选举工作委员会组成人员名单。会议决定分别以正式文件印发并予以实施。

**第二十四次会议** 1996年6月18日在会议楼第一会议室举行。县人大常委会主任贾常文，副主任裴秀品、赵益谦、刘殿欣、刘树林及委员王国章、冯志广、纪会改、曹青哲、黎素英、李敬伟出席会议。县政府副县长杜银茂，县政协副主席段振科、县检察院副检察长杜印安及政府有关部门列席会议。会议由贾常文主持。

会议听取杜银茂代表县政府作《关于贯彻执行科技进步法情况的报告》。会议认为，县政府在贯彻科技进步法方面做了大量工作，对推动深泽县工农业生产起到了巨大的促进作用。特别是今年以来，县政府在财政非常拮据的情况下，拨款12万元用于农口经费补助，决定今年1月起，改变对农口六个单位旧的拨款体制，其正常经费全部由财政拨付，保证科技人员工资足额发放，1994—1995年拖欠部分将视财力情况予以补发，进一步调动农技人员的积极性。加强横向联合，加速新技术引进，1994—1995年天津工学院为深泽县培养了200多名毕业生，全部分配到企业上，为企业的发展增添了活力，推动了科技进步法在深泽县的贯彻落实。会议认为成绩是肯定的，但也存在着不少问题需要进一步改进和加强。建议县政府：1.对“科技兴县”的认识需要进一步提高，科学技术是第一生产力，农业是国民经济的基础，落实“科技兴县”的战略决策就要认真贯彻科技进步法，要利用广播、电视等各种宣传工具，进一步加大对科技进步法的宣传力度，真正把“科技兴县”工作列入领导议事日程上来。2.迅速整顿科技队伍，健全科技组织。目前科技队伍青黄不接，农业各部门的科技人员年龄老化，科技副乡长不是科技人员，企业内大专毕业生缺乏，因此要进一步健全科技队伍，对农口大中专毕业生一定要归口使用，真正发挥科技人才作用。还要大力健全三级科技网络，解决网破断线的问题。同时，要注意不断提高科技人员素质，组织学习新知识。3.认真落实科技人员三项费用，并依据深泽县财力情况，尽力做到每年拨款比例不低于同财政总支出的1%。4.县政府主管局要制定长期规划和年度计划，定期组织检查，发现问题的同时及时解决，扎扎实实的一步一个脚印地将科技进步法落到实处。

会议通过深泽县人大常委会《关于充分发挥村民代表会的作用、搞好农村村务公开的决议》。会议对两个备案的事项没有提出异议，同意县政府县域总体规划中北环路和东环路的调整意见；许可县人民检察院对县人大代表马某采取逮捕的强制措施。

**第二十五次会议**　1996年8月21日在县委会议楼第一会议室举行。县人大常委会主任贾常文，副主任裴秀品、赵益谦、刘殿欣、刘树林、李新田及委员王国章、冯志广、张振朝、高晴君、曹青哲、曹计敏、黎素英、李敬伟、纪会改参加会议。县政府副县长张占勋，县政协副主席段振科，县检察院副检察长王民起、县法院王文朝及县工商局、县畜牧局等有关局、县人大常委会办公室有关工作人员列席会议。贾常文主持会议。

会议听取政府副县长张占勋代表县政府作《关于贯彻执行〈中华人民共和国食品卫生法〉情况的报告》。会议认为，近几年来特别是《中华人民共和国食品卫生法》颁布以来，政府在贯彻食品卫生法工作方面，做了大量的工作，建立健全《中华人民共和国食品卫生法》执法组织，明确卫生、工商、畜牧计量等有关执法部门的职责，集市贸易食品经销人员基本上做到了三证齐全，生肉检疫到位、热肉摊点大部分设有防绳防尘设备、总的情况看经过政府职能部门的努力工作集贸市场食品卫生状况有明显提高，但是还存在不少问题：一是食品摊点销售过期和无出厂日期的奶粉、罐头等食品，馒头房没有防蝇设备，售货员不用食品夹售货，肉糕加色；二是夜市小吃摊点卫生情况差，碗筷不消毒，由于没有自来水源，清洗水多遍重复使用，由于没有污水处理设施，污水乱洒，垃圾乱倒，由于没有公厕，就餐人员随意大小便，严重影响公共卫生。造成这种状况的原因：一是对《中华人民共和国食品卫生法》的宣传力度不够；二是有些执法部门执法不严，该罚的不罚或者轻罚，纵容从业人员不遵纪守法，不服管教；三是对食品生产源头治理不力。针对以上问题，会议强调：食品卫生是关系到全民身体健康的大事，政府及各执法部门一定要认真抓好。1. 针对当前在贯彻《中华人民共和国食品卫生法》中存在的问题，要进一步提高思想认识，加强对食品卫生工作的领导，扎扎实实做好食品卫生工作。2. 对当前群众反映的热点问题，要加强综合治理，广泛宣传《中华人民共和国食品卫生法》和食品卫生知识，增强广大群众的自我保护意识。3. 更好地宣传贯彻《中华人民共和国食品卫生法》加大监督力度仍是当前食品卫生工作的重点，一是要狠抓食品生产源头的卫生管理，特别是易被污染和腐败食品的卫生质量。二是要坚决取缔无证经营的街头饮食摊点和食品加工点。4. 当前已到秋季，是肠道传染病季节，对食品经销和生产的重点部位要重点治理。5. 在《中华人民共和国食品卫生法》实施一周年之际，搞一次大的联合行动，采取多种形式，特别是利用广播电视等新闻媒介，广泛宣传《中华人民共和国食品卫生法》，组织执法大检查，进一步落实。

会议审议通过《深泽县人大常委会关于县人民政府向县人大常委会报告重大事项、通报重要情况和报送重要文件的规定（草案）》。

会议通过人事任免事项。

**第二十六次会议**　1996年11月5日在县委会议楼第一会议室举行。县人大常委会主任贾常文，副主任裴秀品、赵益谦、刘殿欣、刘树林、李新田及委员王玉生、冯志广、张振朝、曹计敏、曹青哲、黎素英出席会议。县政协副主席康彩芬，县检察院副检察长杜印安，县政府办公室主任宋彦群及县人大常委会办公室、政府办公室有关人员列席会议。会议由贾常文主持。

会议听取和审议县政府《关于办理县人代会代表建议、意见情况的报告》，会议进行认真讨论，一致认为，县政府对承办工作比较重视，采取了一些具体措施，从承办时限和承办质量上都比往年有所提高，但就承办工作的全局来看，县政府的个别职能部门还不同程度地存在对此项工作认识不高，重视不够，工作中支应、拖拉，特别是对于多次重提尚未办理的旧案，没有真正引起政府及其职能部门的重视，所以始终不能给广大人民代表一个切合实际而又满意的答复。因此为真正把承办代表议案和建议的工作落到实处，更好地调动和发挥代表参政议政的积极性，会议建议：1. 政府及其职能部门要进一步加大承办工作力度，把这项工作列入议事日程，实事求是，认真负责地把此项工作抓在手上，按照法定时限，保证承办质量，使承办工作落到实处。2. 进一步健全承办工作班子。政府除 1 名常务副县长负总责外，办公室也要明确 1 名主任分管这项工作，并配有具体工作人员，集中精力抓好和办好承办工作。3. 政府在办理代表议案、建议和意见过程中，除派出任务，应在年初、年中、年底分别对各职能部门进行必要的督促，力促加快办结进度，使之按时按要求办结并答复代表。4. 政府及其职能部门要进一步提高人大代表对建议和意见承办工作重要性的认识。建议政府对各职能部门加强培训，认真对待人大代表所提出的每项建议和意见，从而真心实意地高质量地加以办结。5. 建议政府将此次办结人大代表建议和意见情况的报告，作进一步修改后，近期以书面材料报人大常委会。

会议通过人大常委会《关于认真学习贯彻党的十四届六中全会精神的决议（草案）》，委员们认为此决议的做出，顺民心，合民意，必将对深泽县精神文明建设起到积极的推动作用。

**第二十七次会议**　1996 年 12 月 23 日在县委会议楼第二会议室举行。县人大常委会主任贾常文，副主任裴秀品、赵益谦、刘殿欣、刘树林、李新田及委员王玉生、王国章、李敬伟、高晴君、张振朝、曹计敏、曹青哲、黎素英出席会议。会议由贾常文主持。

按照石家庄市人大常委会《关于补选市九届人大代表的批复》意见，会议以无记名投票表决方式进行有关补选事宜。

**第二十八次会议**　1997 年 1 月 26 日在县人大会议室举行，县人大常委会主任贾常文，副主任刘殿欣、裴秀品、赵益谦、刘树林及委员王国章、李敬伟、张振朝、高晴君、曹计敏、曹青哲、黎素英出席会议。县委组织部常务副部长周子波及县人大常委会办公室有关人员列席会议。会议由贾常文主持。

会议听取和审议县人大常委会 1997 年工作要点和计划，并原则通过。会议同意根据委员们提出的意见，办公室再做修改后，由副主任刘殿欣审定，以人大常委会文件印发。

会议通过人事任免事项。

**第二十九次会议**　1997 年 2 月 20 日在县委会议楼第一会议室举行。县人大常委会主任贾常文，副主任刘殿欣、赵益谦、刘树林、李新田及委员王玉生、王国章、冯志广、张振朝、高晴君、曹计敏、曹青哲出席会议。县政府副县长杜银茂，县政协副主席郭振江，县法院代院长王文朝、县检察院副检察长王民起，县政府办公室主任宋彦群、县财政局副局长张志强及县人大常委会办公室、县财政局预算股有关人员列席会议。会议由贾常文主持。

会议研究讨论关于召开深泽县第十一届人民代表大会第六次会议的有关事宜：1. 审议通过《关于召开县第十一届人民代表大会第六次会议的决定》；2. 审议通过县第十一届人民代表大会第六次会议议程（草案）；3. 审议通过县第十一届人民代表大会第六次会议主席团成员和秘书长建议名单、计划预算审查委员会和议案审查委员会组成人员建议名单及列席人员名单和范围。

会议审议通过县政府关于调整1996年度财政收支预算的请示报告，委员们认为，1996年度财政预算是经县人代会批准的，如某些项目确需变更，必须请示县人大常委会批准后才能执行，今后应严格按照预算法办事。

会议就县人大常委会主任在县十一届人民代表大会第六次会议上所做的工作报告进行认真的审议，一致同意提交县第十一届人民代表大会第六次会议审议通过。

**第三十次会议**　1997年3月2日下午在县委会议楼第一会议室举行。县人大常委会主任贾常文，副主任刘殿欣、赵益谦、刘树林、李新田及委员王国章、冯志广、纪会改、李敬伟、张柱昌、张振朝、高晴君、曹计敏、曹青哲、黎素英出席会议。会议由贾常文主持。

会议通过县第十一届人民代表大会常务委员会代表资格审查委员会关于补选部分县人大代表代表资格的审查报告。会议决定任命贾连海为深泽县人民政府副县长。

**第三十一次会议**　1997年4月22日在人大会议室举行。县人大常委会主任贾常文，副主任刘殿欣、赵益谦、刘树林、李新田及委员王国章、冯志广、纪会改、李敬伟、张振朝、高晴君、曹计敏、曹青哲、黎素英出席会议。会议由贾常文主持。

会议听取和审议县政府《关于“普九”情况的报告》，委员们进行认真的讨论发言。一致认为，深泽县的“普九”工作，在政府领导及主管部门的努力下，做了大量的工作，领导重视，起点高，力度大。经省市验收一举达标，成绩是肯定的，必将进一步推动深泽县教育事业的发展。但同时也应充分认识到，深泽县的“普九”工作还存有不少问题需要在今后工作中去克服和完善。为更好地贯彻实施义务教育法尽快甩掉深泽县教育落后的帽子，会议建议政府及职能部门：1. 对“普九”工作来个回头看，总结成绩，找出差距和不足，正视问题，缺什么补什么，明确目标，制定措施，通过两三年的努力，使“普九”工作再上新台阶，从根本上改变教育落后面貌。 2. 国家兴衰，教育为本。实现科教兴县，必须人才先行。为此，要增强对提高教师队伍素质重要性的认识，制定教师培训规划，搞好教师培训，提高教师政治、业务素质。要确保教师工资按时发放，建议国办教师工资，县统一按月拨发，政府及主管部门要每季检查一次落实情况。要下大力解决“村提留、乡统筹”的问题，从根本上解决教育经费紧张问题。要加强对代课教师任职权限管理，代课教师的任职权限要收回到县统一管理，保证代课教师质量。3. 为培养学生向多方面高素质发展，要逐步变应试教育为素质教育。学习要创造条件，配齐老师，开全课程，使学生在德、智、体、美、劳各方面都得到发展，减少与学生学习无关的各种额外摊派，减轻学生负担，防止由此而造成的部分学生中途辍学问题。

会议接着听取和审议县政府《关于文化市场管理整顿情况的报告》。会议认为，深泽县文化市场经过一个时期的清理整顿，已初见成效，为巩固这一成果，进一步净化文化市场，会议建议政府及其主管部门：1. 在 1997 年应继续把管理整顿文化市场作为精神文明建设的一项重要任务认真抓下去，要把歌舞厅、音像厅、印刷、出售各种非法淫秽书刊、传播销售封建迷信场所的清理整顿作为工作重点，切实抓紧抓好，让健康向上的文化活动占领城乡思想文化阵地。2. 清理整顿文化市场工作要做到反复抓、抓反复，不能满足于一时的奏效，既要有突击性工作，又要有经常性的措施，要真正做到彻底治理。3. 要抓好正、反两方面的典型，先进典型要大力表彰，反面典型要加强法制教育，要认真进行处理。4. 进一步加大宣传力度，除搞好电视讲座以外，还要有针对性地采用多种形式进行宣传教育工作，弘扬正气，提高广大人民群众的文明意识。

会议通过人事任免事项。

**第三十二次会议**　1997 年 6 月 27 日下午在人大会议室举行。县人大常委会主任贾常文，副主任刘殿欣、裴秀品、赵益谦、刘树林及委员王玉生、王国章、纪会改、李敬伟、张振朝、曹计敏、曹青哲、黎素英出席会议。县政府副县长贾连海，县政协副主席彭礼同，县法院副院长苗新芳、县检察院副检察长王民起，县财政局副局长张志强及县人大常委会办公室、政府办公室有关人员列席会议。会议由贾常文主持。

会议听取和审议县政府《关于上半年财政预算执行情况的报告》，会议认为，今年以来深泽县财政工作在基础差、底子薄、财政包袱沉重的情况下，能够实现时间过半任务过半，支持和保证全县经济工作的开展及各项开支。为此，政府及其职能部门付出了艰辛的努力，做了大量扎实而有效的工作，成绩是肯定的。但必须充分地意识到，深泽县财政形势依然严峻，下半年工作任务相当繁重，不容乐观。在新的形势下，为尽快扭转财政吃紧状况，确保 1997 年财税任务的顺利完成，会议认为，1. 加强税法的宣传，仍然是一项重要的长期的工作任务。要采取多种形势广泛深入地搞好税法宣传工作，可重点结合税收工作中的好、坏典型实行现场说法、讲法，以达到鼓励先进教育大家的目的，使广大纳税户自觉、依法纳税，把应交的税真正全额交上来；2. 要强化税收征管、依法治税的力度，使税收真正到位。建议政府及其职能部门，对深泽县财政税收工作要进一步理顺，认真细致地做好调查摸底工作。要挖掘潜力，严格杜绝一切跑、冒、滴、漏现象，解决好税收的流失问题；3. 要加强财税队伍的建设，不断提高有关人员政治业务素质，做到严格执法、依法征税；4. 要加强财政管理，厉行节约，减少和压缩一些不必要的开支，树立“穷日子要打紧过”的思想；5. 要培植财源，重点是巩固和发展企业。对现有重点企业和新上企业要给予保护和扶持，特别是职能部门对企业要少些干预，多些帮助，使它们能够在一个宽松的环境中全身心地做好经营管理，以便尽快摆脱困境，提高效益、扭亏为盈，为县财政收入做贡献。

会议通过人事任免事项。

**第三十三次会议**　1997 年 8 月 27 日上午在县委会议楼第一会议室举行，县人大常委会主任贾常文，副主任刘殿欣、裴秀品、赵益谦、李新田及委员王玉生、王国章、纪会改、李敬伟、张振朝、高晴君、曹计敏出席会议。县政府副县长邸庆忠，县政协副主席康彩芬，县法院院长王文朝，县武装部副部长温祥、县武装部军事科科长郭贵行，县土地局局长张增怀及县人大常委会办公室有关人员列席会议。会议由贾常文主持。

会议听取和审议县政府《关于贯彻执行土地管理法情况的报告》。会议进行充分的讨论发言，一致认为，土地问题，是一个非常重要的问题，做好土地管理特别是耕地的保护工作，是事关大局和子孙后代休养生息的关键大事。目前深泽县土地管理工作遗留问题不少，乱占乱建，违法占地，浪费土地问题没有从根本上得到解决。我们必须清醒地认识到深泽县土地管理工作的严峻形势，加倍努力，保护土地资源，遏制各种违法违纪行为，防止现有耕地的再度流失。为此，建议政府及其职能部门：1. 要以中共中央、国务院精神为契机，进一步加大土地法律法规的宣传教育力度，努力提高全民法制观念和土地忧患意识，使广大干部群众把珍惜爱护土地作为自己的自觉行动。2. 各级领导要加强土地管理法的学习，真正能做到学法、懂法、用法，特别是县政府主要领导成员，要从我做起，从自身做起，带头学法、用法，要把学法作为一项主要工作列入议事日程，通过学习把思想认识统一到土地管理法律法规上来。3. 要狠抓用地管理，妥善解决经济发展和用地矛盾问题，有效控制乱占违建，发挥现有场地的作用。4. 土地执法要坚持常抓不懈，特别是农村，应每年集中一定力量，搞一次以农村土地流失的清理整顿为主的专项治理工作，以便解决每年出现的问题。5. 在解决当前现有问题的同时，要加大力度妥善处理遗留问题，建议政府及其职能部门、通过调查研究，对深泽县土地管理所存问题种类进行梳理。

会议审议县政府关于贯彻《河北省民兵预备役条例》的实施细则（讨论稿），并原则通过。

**第三十四次会议**　1997 年 12 月 2 日上午在县委会议楼第一会议室举行。县人大常委会主任贾常文，副主任刘殿欣、赵益谦、刘树林及委员王玉生、王国章、冯志广、李敬伟、张柱昌、张振朝、高晴君、曹计敏、曹青哲出席会议。县政府副县长邸庆忠，县法院副院长苗新芳、县检察院检察长刘长生及县人大常委会办公室、政府办公室有关工作人员列席会议。会议由贾常文主持。

大会讨论决定 1998 年县级人民代表大会换届选举的有关事宜；审议通过深泽县人大常委会关于县级人民代表大会换届选举的决定；通过深泽县选举委员会组成人员名单；通过深泽县人大常委会关于深泽县第十二届人民代表大会代表名额分配的决定；通过各乡镇和县直选举领导小组组成人员名单；通过深泽县选举委员会关于县人民代表大会换届选举工作实施方案。

会议通过人事任免事项。

**第三十五次会议**　1998 年 2 月 5 日举行。县人大常委会主任贾常文，副主任刘殿欣、裴秀品、赵益谦、刘树林、李新田及委员王玉生、王国章、纪会改、李敬伟、张振朝、高晴君、曹计敏、曹青哲出席会议。会议由贾常文主持。

审议通过县政府关于 1997 年财政预算调整情况的报告；原则通过县第十一届人大常委会工作报告，并同意提交县第十二届人民代表大会第一次会议审议通过；通过县第十二届人民代表大会代表资格的审查报告；审议通过《关于召开深泽县第十二届人民代表大会第一次会议的决定》；审议通过县第十二届人民代表大会第一次会议议程（草案）和主席团成员、秘书长建议名单，计划预算审查委员会、议案审查委员会组成人员建议名单；审议通过县第十二届人民代表大会第一次会议列席人员名单和范围。

## 第二节　机构设置

县人大常委会办事机构，从1995年1月，按市人大信访会议精神，经县机构编制委员会同意，设立人大信访科，由原来的一室四科增至一室五科，即办公室、政法科、财经科、科教文卫科、代表联系科、信访科。从1992年6月至1996年7月，深泽县人大常委会编制为26人，其中行政编制23人，事业编制3人。按党政机构改革精神，经县机构编制委员会批准，1996年8月，县人大常委会编制定为23人，其中行政编制20人，事业编制3人。

### 一、办公室

负责掌握县人大常委会全面工作情况；负责召集各科室负责人及工作人员会议，组织学习，协调工作；起草县人大常委会的文件、报告、汇报、决议、决定；负责文书档案、图书资料的保管；负责筹备召开人大常委会会议、主任会议的具体事宜；负责人大机关的行政事务等工作。

主　任：王国章（1993年2月至1998年2月）
副主任：邸民生（1993年2月至1998年2月）
　　　　陈继明（1993年2月至1998年2月）
　　　　程彦波（1994年6月至1998年2月）

### 二、财经科

负责了解掌握县人民政府及其有关部门贯彻执行有关农业、工业、财政、贸易等经济方面的法律、法规的情况；负责国民经济计划和财政预算审理工作中的具体事宜；负责掌握全面性经济体制、经济计划和预算变更情况；负责对县人民代表大会及常务委员会通过的与本科有关的决议、决定的执行情况进行调查研究，并向人大常委会提出报告；对代表提出的重要建议和意见的处理进行监督检查。

科　长：（缺职）
副科长：曹青哲（1993年2月至1998年2月）

### 三、科教文卫科

负责了解掌握科技、文教、卫生、防疫、计划生育、环境保护等方面的工作情况及有关法律、法规的贯彻执行情况；负责审查科教文卫部门起草的有关法规实施办法、草案，提出建议和意见；组织人大代表对科技、文化教育、卫生防疫等工作进行视察；就有关法律、法规的实施情况或重大违法案件组织调查、检查活动；对县人民代表大会和常务委员会通过的与本科有关的决议、决定的执行情况进行调查研究，并向县人大常委会提交报告；对代表提出的重要建议和意见的处理进行督促检查。

科　长：曹计敏（1994 年 6 月至 1998 年 2 月）

副科长：曹计敏（1993 年 2 月至 1994 年 6 月）

## 四、代表联系科

负责县人民代表大会代表提出的建议、批评和具体交办、信办工作，并及时将办理结果转交提案人；负责人大常委会自办代表议案的审理调整，接待解答，办理人民代表和群众的来信来访；负责联系人民代表和代表联系选民的工作，包括有关制度的制定，组织代表学习、征求代表意见等；负责人大常委会组成人员和代表视察的具体组织工作；负责审查代表资格以及本级和上一级代表的罢免出缺、补选的具体工作；负责指导乡镇人代会及主席团（联组）的工作；组织乡镇人代会主席团常务主席（联组长）上站、学习、交流工作情况。

科　长：高晴君（1995 年 3 月至 1998 年 2 月）

副科长：高晴君（1993 年 2 月至 1995 年 3 月）

## 五、政法科

负责了解掌握“一府两院”贯彻执行宪法及法律法规的情况；负责审查“一府两院”的决定、命令、指示、行政规章，乡镇人民代表大会及乡镇人民政府的决定、决议，如有与宪法、法律相抵触，及时向人大常委会提交报告；了解县法院、检察院的工作情况及县人民政府有关公安、司法、民族、宗教、侨务等方面的工作情况及上述各项工作有关的法律、法规和方针政策的执行情况；对县人民代表大会和常务委员会通过的与本科有关的决议、决定的执行情况进行调查研究，并向人大常委会提交报告；对代表提出的重要建议和意见的处理，进行督促检查。

科　长：张振朝（1993 年 2 月至 1998 年 2 月）

## 六、信访科

受理下列信访事项：本级人大代表对本级人民代表大会及其常务委员会的工作及通过的决议、决定的批评和建议；对本级国家行政机关、审判机关、检察机关遵守执行宪法、法律、法规和本级人民代表大会及其常务委员会的决议、决定的批评、建议和申诉；对本行政区域内的经济、文化、社会事务等行政工作的批评和建议；对本级人民代表大会代表、常务委员会及国家工作人员的批评和建议以及对上述人员违法失职行为的申诉、控告或者检举；上级人民代表大会及其常务委员会转办、交办的信访事项；接受信访人法律、法规询问；应由县级人民代表大会及其常务委员会处理的其他信访事件。

科　长：（缺职）

副科长：赵敬捷（女，1995 年 5 月至 1998 年 2 月）

# 第五章 监督工作

## 第一节 听取和审议专项工作报告与计划预算工作报告

县十一届人大常委会会议，共听取和审议县“一府两院”专项工作报告24项，计划预算工作报告5项。

**1993—1998年深泽县十一届人大常委会会议听取和审议专项工作报告与计划预算工作报告情况表**

表35

| 序号 | 时间 | 常委会会次 | 报告内容 |
|---|---|---|---|
| 1 | 1993年4月13日 | 第一次 | 关于县、乡两级换届选举工作情况的报告 |
| 2 | 1993年4月10日 | 第二次 | 关于农业和农村工作情况的报告 |
| 3 | 1993年7月30日 | 第三次 | 关于1993年财政预算执行情况的报告 |
| 4 | 1993年7月30日 | 第三次 | 税收征管情况的报告 |
| 5 | 1993年9月29日 | 第五次 | 关于乡镇企业发展情况的报告 |
| 6 | 1993年12月21日 | 第六次 | 关于社会治安综合治理情况的报告 |
| 7 | 1993年12月21日 | 第六次 | 县法院、县检察院工作情况的报告 |
| 8 | 1994年2月26日 | 第七次 | 关于调整1993年度财政收支预算的报告 |
| 9 | 1994年5月13日 | 第八次 | 关于制定落实《关于加强社会治安综合治理决议》实施方案情况的报告 |
| 10 | 1994年5月13日 | 第八次 | 关于村民委员会换届选举情况的报告 |
| 11 | 1994年7月15日 | 第九次 | 关于办理县十一届人大第三次会议代表建议和意见情况的报告 |
| 12 | 1994年7月15日 | 第九次 | 关于落实企业法重点是企业产权制度改革工作情况的报告 |
| 13 | 1994年9月23日 | 第十次 | 关于贯彻落实《中华人民共和国消费者权益保护法》和《河北省保护消费者合法权益条例》及当前物价管理工作情况的报告 |
| 14 | 1994年11月22日 | 第十一次 | 关于落实《农民承担费用和劳务管理条例》及开展“乡统筹、村提留”工作情况的报告 |
| 15 | 1994年11月22日 | 第十一次 | 《关于加强社会治安综合治理决议》落实情况的报告 |

续表 35

| 序号 | 时间 | 常委会会次 | 报告内容 |
|---|---|---|---|
| 16 | 1995 年 1 月 10 日 | 第十二次 | 关于办理县十一届人民代表大会第三次会议代表建议和意见的情况的报告 |
| 17 | 1995 年 3 月 10 日 | 第十四次 | 关于贯彻执行《中华人民共和国农业法》和深泽县发展“两高一优”农业情况及农村小康建设情况的报告 |
| 18 | 1995 年 7 月 28 日 | 第十八次 | 关于上半年财政预算执行情况的报告 |
| 19 | 1995 年 10 月 17 日 | 第十九次 | 关于推行错案和行政执法过错责任追究情况的报告 |
| 20 | 1996 年 2 月 5 日 | 第二十次 | 关于人大代表评议工商行政管理工作整改情况的报告 |
| 21 | 1996 年 2 月 5 日 | 第二十次 | 关于落实市人大九届三次会议通过的《关于增加农技推广经费稳定农技推广队伍》决议情况的报告 |
| 22 | 1996 年 6 月 18 日 | 第二十四次 | 关于贯彻执行《中华人民共和国科技进步法》情况的报告 |
| 23 | 1996 年 8 月 21 日 | 第二十五次 | 关于贯彻执行《中华人民共和国食品卫生法》情况的报告 |
| 24 | 1996 年 11 月 5 日 | 第二十六次 | 关于办理县人代会代表议案和建议情况的报告 |
| 25 | 1997 年 4 月 22 日 | 第三十一次 | 关于“普九”工作情况的报告 |
| 26 | 1997 年 4 月 22 日 | 第三十一次 | 关于文化市场管理整顿情况的报告 |
| 27 | 1997 年 6 月 27 日 | 第三十二次 | 关于上半年财政预算执行情况的报告 |
| 28 | 1997 年 8 月 27 日 | 第三十三次 | 关于贯彻执行《中华人民共和国土地管理法》情况的报告 |
| 29 | 1998 年 2 月 5 日 | 第三十五次 | 关于 1997 年财政预算调整情况的报告 |

## 第二节　法律法规实施情况检查

深泽县十一届人大常委会共组织开展执法检查 44 次。

1.1993 年 9 月，县人大常委会对全县 10 个乡镇和县直部门贯彻落实《中华人民共和国土地管理法》和《河北省土地管理条例》情况进行执法检查。

2.1993 年 9 月，县人大常委会组织部分代表和有关人员对经委、二轻公司、城建、交通、经贸五大系统贯彻落实《中华人民共和国工会法》情况进行视察，实地查看系统及基层工会制度、职工之家建设情况。

3.1993 年，对《中华人民共和国食品卫生法》《中华人民共和国土地管理法》《中华人民共和国工会法》《中华人民共和国农业法》《中华人民共和国反不正当竞争法》《税收征收管理法》进行执法检查。

4.1994 年 2 月，县人大常委会对治理“三乱”工作进行执法检查。

5.1994 年 4 月，县人大常委会副主任带队、财经科主管，对开展环境保护情况进行执法检查。主要检查《中华人民共和国环境保护法》《中华人民共和国野生动物保护法》《中华人民共和国水污染防治法》《中华人民共和国大气污染防治法》《国务院关于加强乡镇、街道企业环境保护管理的规定》等环境保护法律法规的执行情况。

6.1994 年，先后对《中华人民共和国产品质量法》《中华人民共和国标准化法》《中华人民共和国计量法》《中华人民共和国环境保护法》《中华人民共和国土地管理法》《中华人民共和国水法》《中华人民共和国农业法》《中华人民共和国农业技术推广法》《中华人民共和国教师法》《中华人民共和国食品卫生法》《河北省计划生育条例》《河北省农业承包合同管理条例》等法律法规的贯彻执行情况进行执法检查，在检查中及时解决查出的问题。

7.1995 年，对《中华人民共和国农业法》《中华人民共和国农业技术推广法》《中华人民共和国城市规划法》《中华人民共和国产品质量法》《中华人民共和国计量法》《中华人民共和国土地管理法》《中华人民共和国环境保护法》《中华人民共和国科技进步法》《中华人民共和国义务教育法》等法律法规的贯彻执行情况进行调查。

8.1996 年，县人大常委会先后组织执法检查 7 次，涉及土地管理、食品卫生、计划生育、科技推广以及农业、教育、信访等 7 个方面。9 月下旬至 11 月底，在公检法系统开展旧案重查执法检查活动，在公检法系统进行自查的基础上，人大常委会组织部分人大代表进行联查和抽查。

## 第三节　视察调研

深泽县十一届人大常委会组织开展视察调研活动 9 次。

**深泽县十一届人大常委会视察调研活动选录表**

表 36

| 序号 | 时间 | 视察调研内容 | 牵头单位 |
|---|---|---|---|
| 1 | 1993 年 4 月 | 关于农村收入和学生负担情况 | 人大常委会 |
| 2 | 1993 年 6 月 | 关于个体商户纳税情况 | 人大常委会 |
| 3 | 1993 年 7 月 | 关于县城内及铁杆镇食品卫生情况 | 人大常委会 |
| 4 | 1993 年 10 月 | 关于法、检两院及公安局 1993 年以来所办案件情况 | 人大常委会 |
| 5 | 1994 年 1 月 | 关于深泽县农业、工业生产情况 | 人大常委会 |
| 6 | 1995 年 | 关于农业基础设施情况 | 人大常委会 |
| 7 | 1995 年 | 关于农业“两法一条例”贯彻实施情况 | 人大常委会 |
| 8 | 1995 年 | 关于小康建设情况 | 人大常委会 |
| 9 | 1995 年 | 关于公安局看守所执法情况 | 人大常委会 |

## 第四节　民主评议

为加强监督工作力度，十一届人大常委会每年都组织 1 ～ 2 次评议活动，先后组织人大代表对公安局、工商局、经贸局、乡镇企业局等部门的工作进行评议，在评议工商工作中，参加座谈和调查的各级人大代表共200人，走访企业和个体工商户350余家。各界代表按照有关工商方面的法律法规，在肯定工商工作成绩的同时，也针对存在的问题提出很好的建议、批评和意见。通过评议，进一步促进工商系统的廉政建设，提高干部职工的执法自觉性，增强为人民服务的意识，推动工商行政管理工作的开展。1997年9月，县人大常委会在县委的支持下，组织人大代表和社会各界人士开展“企评政，下评上”活动。对全县执法执纪和行政管理部门进行评议。各部门根据各界人士提出的意见和建议认真抓整改，使部门整体工作水平进一步提高。

# 第六章　决议决定

## 第一节　作出决议决定

### 一、县十一届人大历次会议作出决议决定情况

深泽县第十一届人民代表大会共作出决议决定 32 项。

**1993—1997 年深泽县第十一届人民代表大会历次会议决议决定一览表**

表 37

| 时间 | 会次 | 名称 |
|---|---|---|
| 1993 年 2 月 29 日 | 一次会议第二次全体会议 | 1. 关于深泽县人民政府工作报告的决议<br>2. 关于 1992 年国民经济和社会发展计划执行情况与 1993 年国民经济和社会发展计划的决议<br>3. 关于 1992 年财政预算执行情况与 1993 年财政预算的决议<br>4. 关于深泽县人大常委会工作报告的决议<br>5. 关于深泽县人民法院工作报告的决议<br>6. 关于深泽县人民检察院工作报告的决议 |
| 1994 年 3 月 17 日 | 三次会议第二次全体会议 | 1. 关于深泽县人民政府工作报告的决议<br>2. 关于深泽县 1993 年国民经济和社会发展计划执行情况与 1994 年国民经济和社会发展计划的决议<br>3. 关于 1993 年财政预算执行情况与 1994 年财政预算的决议<br>4. 关于深泽县人民代表大会常务委员会工作报告的决议<br>5. 关于深泽县人民法院工作报告的决议<br>6. 关于深泽县人民检察院工作报告的决议<br>7. 关于加强社会治安综合治理的决议 |

续表 37

| 时间 | 会次 | 名称 |
|---|---|---|
| 1995 年 2 月 25 日 | 四次会议<br>第二次全体会议 | 1. 关于深泽县人民政府工作报告的决议<br>2. 关于深泽县 1994 年国民经济和社会发展计划执行情况与 1995 年国民经济和社会发展计划的决议<br>3. 关于 1994 年财政预算执行情况与 1995 年财政预算的决议<br>4. 关于深泽县人民代表大会常务委员会工作报告的决议<br>5. 关于深泽县人民法院工作报告的决议<br>6. 关于深泽县人民检察院工作报告的决议 |
| 1996 年 4 月 13 日 | 五次会议<br>第二次全体会议 | 1. 关于深泽县国民经济和社会发展第九个五年计划的报告的决议<br>2. 关于深泽县 1995 年国民经济和社会发展计划执行情况与 1996 年国民经济和社会发展计划的决议<br>3. 关于 1995 年财政预算执行情况与 1996 年财政预算的决议<br>4. 关于深泽县人民代表大会常务委员会工作报告的决议<br>5. 关于深泽县人民法院工作报告的决议<br>6. 关于深泽县人民检察院工作报告的决议<br>7. 关于加强深泽县预算外资金管理的决议 |
| 1997 年 3 月 6 日 | 六次会议<br>第二次全体会议 | 1. 关于深泽县人民政府工作报告的决议<br>2. 关于深泽县 1996 年国民经济和社会发展计划执行情况与 1997 年国民经济和社会发展规划的报告的决议<br>3. 关于 1996 年财政预算执行情况与 1997 年财政预算的报告的决议<br>4. 关于深泽县人民代表大会常务委员会工作报告的决议<br>5. 关于深泽县人民法院工作报告的决议<br>6. 关于深泽县人民检察院工作报告的决议 |

## 二、县十一届人大常委会历次会议作出决议决定情况

县十一届人大常委会作出决议决定 12 项（不包含人事任免事项）。

### 1993—1998年深泽县第十一届人大常委会历次会议决议决定一览表

表38

| 序号 | 时间 | 常委会会议 | 名称 |
|---|---|---|---|
| 1 | 1993年8月20日 | 第四次 | 关于召开深泽县第十一届人民代表大会第二次会议的决定 |
| 2 | 1994年2月26日 | 第七次 | 关于召开深泽县第十一届人民代表大会第三次会议的决定 |
| 3 | 1994年9月23日 | 第十次 | 关于在全县实行错案和过错责任追究制度的决定 |
| 4 | 1995年1月10日 | 第十二次 | 关于召开深泽县第十一届人民代表大会第四次会议的决定 |
| 5 | 1996年4月1日 | 第二十二次 | 关于召开深泽县第十一届人民代表大会第五次会议的决定 |
| 6 | 1996年6月18日 | 第二十四次 | 关于充分发挥村民代表会作用、搞好农村村务公开的决议 |
| 7 | 1996年6月18日 | 第二十四次 | 关于城建道路捐资的决定 |
| 8 | 1996年11月5日 | 第二十六次 | 关于认真学习贯彻党的十四届六中全会精神的决议 |
| 9 | 1997年2月20日 | 第二十九次 | 关于召开深泽县第十一届人民代表大会第六次会议的决定 |
| 10 | 1997年12月2日 | 第三十四次 | 关于县级人民代表大会换届选举的决定 |
| 11 | 1997年12月2日 | 第三十四次 | 关于深泽县第十二届人民代表大会代表名额分配的决定 |
| 12 | 1998年2月5日 | 第三十五次 | 关于召开深泽县第十二届人民代表大会第一次会议的决定 |

## 第二节　决议决定选录

### 深泽县人大常委会
### 关于充分发挥村民代表会作用，搞好农村村务公开的决议

（1996年6月18日深泽县第十一届人大常委会第二十四次会议通过）

为维护农村稳定，进一步促进农村经济发展，密切党群、干群关系，在全县农村充分发挥村民代表会作用，搞好村务“六公开”（财务收支公开、计划生育公开、电价电费收缴公开、宅基地发放公开、婚姻状况公开、干部责任目标公开）。现决议如下：

一、全县农村要进一步健全、完善村民代表会议制度，这是加强农村基层民主政治建设，落实群众自治原则，体现村民当家做主的一种有效形式。

在实现社会主义市场经济的新形势下，农村面临许多新矛盾、新问题，这些矛盾和问题的解决最终都离不开发扬民主，调动广大农民当家做主的积极性和主人翁责任感。因此，进一步健全和完善村民代表会议制度具有重要的现实意义和历史意义。

二、村民代表会要对村务“六公开”实施有效监督，凡村务“六公开”的事项，在向村民公布之前，必须经村民代表会议审查讨论，获得通过后再公之于众，确保公开的事项真实、公正、合理、合法。

三、村民代表会要接受村民的监督。村民代表会是农村的自治组织，它应代表广大群众的利益。因此，在村务“六公开”的过程中，村民代表会要认真听取村民的意见，接受村民对公开事项的咨询，对公开事项中确有失公正的，要重新审查和进行复议。村民代表会要设立村民举报箱，以开辟听取意见的渠道，接受村民的监督。

四、加强领导，切实发挥村民代表会的作用。村民代表会议制度是一件新生的事物，它是建设有中国特色社会主义民主政治在农村的体现，是村民参与管理村务的一种有效的形式。因此，要发挥好村民代表会的作用，就必须加强领导。村民代表会要在村党支部的领导下开展工作，乡、镇人大要加强对村民代表会的工作指导，乡镇人大主席要做好日常工作，要注意培养典型，树立样板，不断总结经验，使村民代表会的工作逐步完善和规范，以发挥其在基层民主政治建设和管理村务中的重要作用。县人大常委会要不定期听取各乡镇人大对村民代表会在村务“六公开”的活动中的工作情况。达到相互交流经验，取长补短。县人大常委会还要深入实际，调查、研究新问题，总结新经验，使村民代表会议制度的建设及参与村务管理逐步条理化、规范化、系统化，一步一个脚印地把这项工作推向前进。

# 第七章　选举任免

## 第一节　常委会选举任免情况

1993年4月13日，县十一届人大常委会第一次会议，通过县人民政府人事任免事项。

决定任命：

刘尚华为深泽县人民政府副县长；

贾益谦为县政府办公室主任；

纪同振为县劳动人事局局长；

高茂林为县司法局局长；

郭振江为县经委主任；

陈汉民为县财政局局长；

魏宏拴为县商业局局长；

王运生为县交通局局长；

赵国华为县粮食局局长；

陈会永为县水利局局长；

刘喜太为县文教局局长；

梁趁海为县卫生局局长；

王明生为县科委主任；

贾增录为县计委主任；

王存良为县审计局局长；

杨文锁为县民政局局长；

刘增奎为县统计委员会主任；

张从志为县建设委员会主任；

郝锁奎为县土地管理局局长；

何志福为县监察局局长；

康彩芬为县体育运动委员会主任；

袁振法为县计划生育委员会主任；

王进武为县乡镇企业局局长；

王建民为县物价局局长；

冯满仓为县档案局局长；

张振英为县计量局局长。

1993 年 6 月 10 日，县十一届人大常委会第二次会议，通过县人民政府、县人民检察院人事任免事项。

决定任命：

高翠君为深泽县人民政府副县长；

童向阳为县公安局局长；

宋志法为县农业局局长；

贾礼仓为县林业局局长；

翟习珍为县农业局局长。

任命：

刘四群为县人民检察院检察员；

王建水为县人民检察院检察员；

杜永志为县人民检察院检察员；

崔跃进为县人民检察院检察员。

决定免去：

邸庆忠县公安局局长职务。

1993 年 9 月 29 日，县十一届人大常委会第五次会议，通过县人民政府、县人民法院人事任免事项。

决定任命：

赵国华为县工商局局长；

赵中群为县科学技术委员会主任；

王明生为县统计局委员会主任；

杜根恒为县粮食局局长。

任命：

张国斌为县人民法院审判员、留村法庭庭长；

王彩棉为县人民法院经济审判庭副庭长；

王运欣为县人民法院告诉、申诉审判庭庭长。

决定免去：

赵国华县粮食局局长职务；

王建民县物价局局长职务；

王明生县科学技术委员会主任职务；

刘增奎县统计局委员会主任职务。

1994 年 7 月 15 日，县十一届人大常委会第九次会议，通过县人大常委会、县人民法院人事任免事项。

任命：

曹计敏为县人大常委会科教文卫科科长；

程彦波为县人大常委会办公室副主任；

曹彦平为县人民法院副院长、审判委员会委员、审判员。

免去：

曹计敏县人大常委会科教文卫科副科长职务。

1994 年 9 月 23 日，县十一届人大常委会第十次会议，通过县人民政府、县人民检察院人事任免事项。

决定任命：

崔建民为县计划生育委员会主任；

丁贞来为县林业局局长；

康彩芬为县卫生局局长。

任命：

袁振法为县人民检察院副检察长，检察委员会委员、检察员。

决定免去：

康彩芬县体委主任职务；

袁振法县计划生育委员会主任职务；

梁趁海县卫生局局长职务；

贾礼仓县林业局局长职务。

1995 年 3 月 10 日，县十一届人大常委会第十四次会议，决定任命赵宝深为深泽县人民政府副县长。

1995 年 3 月 30 日，县十一届人大常委会第十五次会议，通过县人民政府、县人大常委会、县人民法院人事任免事项。

决定任命：

陈茂兴为县工商局局长；

贺幸来为县文教局局长；

王茂科为县畜牧局局长；

王书斋为县商业局局长；

利民生为县物价局局长；

崔双义为县经委主任。

任命：

李彦文为县人民法院副院长；

陈永军为县人民法院副院长；

高晴君为县人大常委会代表联系科科长。

决定免去：

赵国华县工商局局长职务；

刘喜太县文教局局长职务；

翟习珍县畜牧局局长职务；

魏宏拴县商业局局长职务；

郭振江县经委主任职务。

免去：

李彦文县人民法院行政审判庭庭长职务；

高晴君县人大常委会代表联系科副科长职务。

1995 年 5 月 23 日，县十一届人大常委会第十六次会议，通过县人民政府、县人大常委会人事任免事项。

决定任命：

许庆林为县体育运动委员会主任。

任命：

赵敬捷为县人大常委会信访科副科长。

1995 年 6 月 9 日，县十一届人大常委会第十七次会议，通过县人民法院、县人民检察院人事任免事项。

任命：

赵鹤鸣为县人民法院行政审判庭庭长；

刘勇为县人民法院经济审判庭庭长；

袁宝山为县人民法院大直要人民法庭庭长；

王立平为县人民法院留村人民法庭庭长；

纪兰生为县人民法院大直要人民法庭副庭长；

田立根为县人民检察院检察员；

孙艳春为县人民检察院检察员；

邸丽琴为县人民检察院检察员；

李友彬为县人民检察院检察员；

高亚静为县人民检察院检察员；

毛敬芬为县人民检察院检察员。

免去：

赵鹤鸥县人民法院刑事审判庭副庭长职务；

刘勇县人民法院经济审判庭庭长职务；

袁宝山县人民法院大直要人民法庭副庭长职务；

王立平县人民法院西河人民法庭副庭长职务。

1995 年 7 月 28 日，县十一届人大常委会第十八次会议，通过县人民法院人事任免事项。

任命：

贾福刚为县人民法院审判员；

马殿勋为县人民法院审判员；

纪兰生为县人民法院审判员；

张英琴为县人民法院审判员；

张庆法为县人民法院审判员；

刘彦兵为县人民法院审判员；

孙建起为县人民法院审判员；

张悦钊为县人民法院审判员；

宋跃轩为县人民法院审判员。

1996 年 2 月 5 日，县十一届人大常委会第二十次会议，通过县人民政府人事任免事项。

任命：

张进友为县人民法院审判员；

贾贵龙为县人民法院审判员。

1996 年 3 月 20 日，深泽县第十一届人大常委会第二十一次会议，决定任命董清彦为深泽县人民政府副县长、代理县长；冯玉春为深泽县人民政府副县长；任命贾常文为县人大常委会代理主任。

1996 年 5 月 3 日，县十一届人大常委会第二十三次会议，通过县人民政府、县人民法院人事任免事项。

决定任命：

宋彦群为县政府办公室主任；

崔建民为县计划生育局局长；

崔双义为县经济贸易局局长；

李庆国为县信访局局长；

贺书良为县统计局局长；

赵晓坤为县农业局局长；

韩周群为县文教局局长；

许庆林为县体育局局长；

孙文科为县科学技术局局长；

郝锁成为县民政局局长兼民族宗教局局长；

赵立宏为县卫生局局长；

袁英豹为县建设环保局局长；

张增怀为县土地局局长；

刘永振为县技术监督局局长；

王彦民为县粮食局局长；

史全海为县监察局局长；

周平均为县司法局局长。

任命：

李文妙为县人民法院审判员。

决定免去：

贾益谦县政府办公室主任职务；

高茂林县司法局局长职务；

杜根恒县粮食局局长职务；

宋志法县农业局局长职务；

贺幸来县文教局局长职务；

康彩芬县卫生局局长职务；

赵中群县科委主任职务；

杨文锁县民政局局长职务；

张从志县建委主任职务；

郝锁奎县土地管理局局长职务；

丁贞来县林业局局长职务；

王明生县统计委主任职务；

张振英县技术监督局局长职务；

崔建民县计生委主任职务；

何志福县监察局局长职务；

许庆林县体委主任职务；

崔双义县经委主任职务。

1996年8月21日，县十一届人大常委会第二十五次会议，通过县人民政府、县人民法院人事任免事项。

决定免去：

高翠君深泽县人民政府副县长职务。

免去：

高建文深泽县人民法院院长，审判委员会委员、审判员职务。

任命：

王文朝为深泽县人民法院副院长、代理院长、审判委员会委员、审判员。

1997年1月26日，县十一届人大常委会第二十八次会议，决定任命郭领域为深泽县人民政府代理县长。

1997年3月2日，县十一届人大常委会第三十次会议，决定任命贾连海为深泽县人民政府副县长。

1997年4月22日，县十一届人大常委会第三十一次会议，通过县人民法院人事任免事项。

免去：

孙培英县人民法院执行庭庭长职务；

张书臣县人民法院告诉、申诉庭庭长职务；

权春来县人民法院深泽镇法庭庭长职务；

袁保山县人民法院大直要法庭庭长职务；

王立平县人民法院留村法庭庭长职务；

王彩棉县人民法院经济庭副庭长职务；

王运欣县人民法院告诉、申诉庭副庭长职务；

崔跃民县人民法院留村法庭副庭长职务；

纪兰生县人民法院大直要法庭副庭长职务。

任命：

权春来为县人民法院民事审判庭庭长；

袁保山为县人民法院执行庭庭长；

孙培英为县人民法院告审庭庭长；

王彩棉为县人民法院深泽镇法庭庭长；

张书臣为县人民法院留村法庭庭长；

黎昆池为县人民法院大直要法庭庭长；

崔跃民为县人民法院石油庭庭长；

王立平为县人民法院经济庭副庭长；

纪兰生为县人民法院经济庭副庭长；

王运欣为县人民法院刑事审判庭副庭长；

马运英为县人民法院留村法庭副庭长；

孙建起为县人民法院大直要法庭副庭长；

曹昆跃为县人民法院赵八法庭副庭长。

1997年6月27日，县十一届人大常委会第三十二次会议，通过县人民政府人事任免事项。

决定免去：

王彦民县粮食局局长职务。

决定任命：

杨恩科为县粮食局局长。

1997年12月2日，县十一届人大常委会第三十四次会议，通过县人民政府人事任免事项。

决定任命：

王建成为县交通局局长；

赵志广为县乡镇企业局局长；

陈振英为县工商局局长。

决定免去：

王运生县交通局局长职务；

王进武县乡镇企业局局长职务；

陈茂兴县工商局局长职务。

## 第二节　常委会接受辞职情况

1997年1月26日，县十一届人大常委会第二十八次会议，接受董清彦辞去深泽县人民政府县长职务的请求。

# 第八章　机关工作

县十一届人大常委会坚持以邓小平理论和党的基本路线为指导，解放思想，更新观念，紧紧把握改革、发展、稳定大局，围绕经济建设这个中心，按照宪法和法律所赋予的职权，从深泽县实际出发，充分发挥地方国家权力机关的作用，认真搞好法律监督和工作监督，促进了“一府两院”的工作，为社会主义物质文明和精神文明建设作出应有的贡献。

1. 加强思想建设。常委会成员和机关工作人员认真学习邓小平建设有中国特色社会主义理论、方针、政策，学习党的十五大精神，学习宪法、法律和人大工作业务知识，增强全心全意为人民服务的思想，不断提高政治素质和业务素质，提高工作效率。

2. 加强制度建设。常委会进一步完善了工作制度，坚持集体行使职权，实行民主决策，保证了决策的正确性和科学性。常委会还对自身各项规章制度进行了修改、补充，使各方面的工作更加制度化和规范化。

3. 坚持深入实际调查研究，改进工作作风，不断提高议事能力和工作水平。

4. 加强与其他县、市人大常委会的工作交流，互相学习借鉴，促进了人大工作的发展。加强人大宣传工作，常委会建立了信息反馈工作领导小组，制定了目标责任制和奖惩办法，每年撰写稿件达 100 多篇，刊出《深泽人大简讯》30 余期，省市两级报刊和上级人大机关内刊近两年发稿达到 140 多篇，对深泽县人大工作进行了有效的报道。市人大对此项工作开展评比已进行了两年，深泽县人大常委会连续两年都被评为先进单位。

5. 做好信访工作。建立专门机构，明确专人负责；建章立制，在县十一届常委会第十七次会议上审议通过《深泽县人大常委会信访工作试行办法》，信访工作纳入法制化轨道；制定人大常委会主任、副主任接待日制度，比较重大的信访案件经过主任会议研究解决，使信访工作纳入人大常委会议事日程。5 年共接待来信来访 247 件次，全部办结。

# 第九篇

# 深泽县第十二届人民代表大会

（1998年2月至2003年4月）

# 第一章　党的领导

深泽县第十二届人民代表大会及其常务委员会，在县委领导和市人大常委会指导下，坚持以邓小平理论和“三个代表”重要思想为指导，认真贯彻执行党的方针、政策，紧紧围绕全县改革、发展、稳定大局，以经济建设为中心，以依法治县总揽工作全局，认真履行宪法和法律赋予的各项职权，不断加强常委会及机关自身建设，扎实工作，创新开拓，与时俱进，各项工作都取得显著成绩，为保障和促进全县改革开放和物质文明、政治文明、精神文明建设做出了应有贡献。

深泽县人大常委会始终坚持和依靠党的领导，自觉接受党委领导，把党的主张通过法定程序变为国家意志。

**中共深泽县人民代表大会常务委员会党组**

书　记：袁铁民（1998 年 2 月至 2003 年 4 月）
副书记：刘殿欣（1998 年 2 月至 2003 年 4 月）
　　　　邸庆忠（1998 年 9 月至 2003 年 4 月）
成　员：赵益谦（1998 年 2 月至 1998 年 3 月）
　　　　邸庆忠（1998 年 2 月至 1998 年 9 月）
　　　　纪同振（1998 年 2 月至 2003 年 4 月）
　　　　王国章（1998 年 2 月至 2003 年 4 月）

# 第二章　人大代表

深泽县第十二届人民代表大会代表名额169名。1998年2月，县十二届人大一次会议召开，实有代表168名。县十二届人大常委会坚持充分发挥人大代表的主体作用，切实保障人大代表和人民群众的民主权利，服务经济建设，促进生产力发展，加强社会主义民主法制建设，全面履行宪法和法律赋予的各项职责，与时俱进，勇于创新，不断开创人大工作新局面。

## 第一节　选举产生

### 一、选举委员会

1997年12月2日，深泽县第十一届人大常委会第三十四次会议通过《关于深泽县选举委员会组成人员的决定》。主任为袁铁民，副主任为邸庆忠、刘殿欣、张占勋、纪同振，委员为裴秀品（女）、李新田（女）、王国章、张振朝、曹计敏、高晴君、曹青哲、李敬伟（女）、冯志广、纪会改（女）、马文科、崔荣欣、袁明栓、陈发文。

根据《中华人民共和国全国人民代表大会和地方各级人民代表大会选举法》的规定，1997年6月29日河北省第八届人民代表大会常务委员会第二十七次会议通过的《河北省人民代表大会常务委员会关于设区的市、县两级人民代表大会换届选举时间和代表名额的决定》，确定深泽县第十二届人民代表大会代表名额为169名。深泽县人大常委会根据《中华人民共和国全国人民代表大会和地方各级人民代表大会选举法》规定，把169名代表名额分配到各选区，各选区依法选出深泽县第十二届人民代表大会代表169名。

1998年2月17日为选举日。各选区在选举工作中，充分发扬民主，严格依法办事。政党、人民团体和选民十人以上联名推荐的代表候选人504名，经过选民反复酝酿、讨论、协商，根据较多数选民的意见，按照法定程序确定正式代表候选人256名，进行无记名投票选举。选举过后，因工作需要调出深泽县行政区域1名，其代表资格依法终止。深泽县第十一届人民代表大会常务委员会代表资格审查委员会对168名代表的代表资格进行审查，认为当选代表的选举符合法律规定，代表资格全部有效。

## 二、代表构成

选出的代表具有较强的代表性，在168名代表中，农业方面78名，占46.4%；工建交方面15名，占8.9%；文教卫生方面7名，占4.17%。在代表中，群众代表61名，占36.3%；妇女37名，占22%；上届代表67名，占39.9%。代表的知识结构也有了较大改善，具有大专以上文化程度的37名，占22%；高中以上文化程度的67名，占39.9%；初中以下文化程度的64名，占38%。代表的年龄结构也较合适，35岁以下的18名，占10.7%；36至45岁的71名，占42.3%；46至55岁的64名，占38%；56至65岁的13名，占7.7%；66岁以上的2名，占1.2%.

# 第二节　代表名单

## 一、深泽县第十二届人民代表大会代表

县直代表团（33名，石油单列）：

| | | | |
|---|---|---|---|
| 王文治 | 王会英（女） | 王志农 | 王建成 |
| 王贵良 | 冯志广 | 吕兵武 | 许礼英 |
| 孙世光 | 纪会改（女） | 李新田（女） | 杨玉平（女） |
| 杜琳琳（女） | 宋更全 | 宋彦群 | 吴正育 |
| 张　英 | 张敬欣（女） | 张增林 | 陈拴群 |
| 陈振武 | 赵　静 | 赵志斌 | 段木同 |
| 韩周群 | 温　祥 | 魏宏拴 | |

华北石油：

| | | | |
|---|---|---|---|
| 马录仁 | 边建英（女） | 张永青 | 陈发文 |
| 袁树理 | 韩淑梅（女） | | |

深泽镇代表团（20名）：

| | | | |
|---|---|---|---|
| 王迎兴 | 王国章 | 王建军 | 白进勇 |
| 刘殿欣 | 刘兰造 | 刘志申 | 李敬伟（女） |
| 邸民生 | 张会英（女） | 陈　军 | 陈占海 |
| 陈红兴 | 陈连记 | 郑丙江 | 赵国秀（女） |
| 赵路通 | 袁明栓 | 焦文考 | 黎彦如（女） |

白庄乡代表团（24名）：

| | | | |
|---|---|---|---|
| 马平格（女） | 王运昌 | 王栓良 | 王彩然（女） |
| 刘志存 | 刘根林 | 刘敬然（女） | 杜占辉 |
| 杜建兴 | 何庆云 | 张文丰 | 张玉秋 |

| | | | |
|---|---|---|---|
| 张国贞 | 赵平会（女） | 贺建强 | 秦杏彬 |
| 袁铁民 | 郭建华 | 曹青哲 | 康占桥 |
| 彭彦民 | 程彦波 | 裴秀品（女） | 翟彦平（女） |

留村乡代表团（23名）：

| | | | |
|---|---|---|---|
| 王红欣（女） | 王灵芬（女） | 王国彬 | 王建波 |
| 刘灵欣（女） | 刘明欣 | 刘树林 | 刘建国 |
| 李会军 | 李英全 | 邸义坤 | 邸六群 |
| 邸庆忠 | 张小贺 | 张春起 | 陈胜欣（女） |
| 郑宗起 | 赵双喜 | 贾永法 | 郭文宣（女） |
| 郭领域 | 曹振其 | 崔荣欣 | |

赵八乡代表团（20名）：

| | | | |
|---|---|---|---|
| 王成果 | 王建领 | 兰辰士 | 刘志军 |
| 杜国进 | 邸彦彬 | 张占芬（女） | 张占勋 |
| 陈继明 | 陈振秋 | 赵　伟（女） | 赵英民 |
| 贾俊缺（女） | 贾彦改（女） | 曹计敏 | 崔务辰 |
| 康春生 | 焦志彬 | 焦新国 | 裴秋来 |

桥头乡代表团（25名）：

| | | | |
|---|---|---|---|
| 马文科 | 马壮国 | 王建光 | 王素芹（女） |
| 吕建中 | 刘青雪（女） | 刘虎贯 | 邢茂福 |
| 纪从珍（女） | 纪同振 | 纪进锁 | 李东升 |
| 吴礼栓 | 张占锁 | 张志兵 | 周子军 |
| 赵益谦 | 赵秋山 | 赵敬捷（女） | 郝大雨 |
| 袁民杰 | 贾连海 | 常占福 | 韩周顺 |
| 翟英会（女） | | | |

铁杆镇代表团（23名）：

| | | | |
|---|---|---|---|
| 王　静（女） | 王占根 | 王国州 | 王英昌 |
| 王培宣 | 刘晓英 | 杜运奎 | 邸四平（女） |
| 张小改（女） | 张新建 | 张振朝 | 周计海 |
| 赵义亭 | 赵贵世 | 赵培英 | 贾会彩（女） |
| 贾常文 | 高晴君 | 郭玉芳 | 陶敬平（女） |
| 曹立贞 | 康会春 | 翟振军 | |

**深泽县第十二届人大代表届中变动情况表**

表 39

| 会次 | 终止情况 | 补选情况 | 人数 |
|---|---|---|---|
| 第一次会议 | 调离深泽 1 名 | — | 县十二届人民代表大会第一次会议时，实有代表 168 名 |
| 第二次会议 | 病逝代表 2 名：陈继明、崔务辰<br>暂停执行代表职务 1 名：张春起 | — | 县十二届人民代表大会第二次会议时，实有代表 166 名 |
| 第三次会议 | 调离深泽 2 名：郑宗起、郭领域<br>暂停执行代表职务 1 名：张春起 | 补选代表 1 名：张双全 | 县十二届人民代表大会第三次会议时，实有代表 165 名 |
| 第四次会议 | 病逝代表 2 名：张国贞、彭彦民<br>暂停执行代表职务 1 名：张春起 | 补选代表 4 名：张军波、杜礼欣、姜增雪、冉荣广 | 县十二届人民代表大会第四次会议时，实有代表 167 名 |
| 第五次会议 | 调离深泽 3 名：<br>温祥、张双全、赵贵世<br>暂停执行代表职务 1 名：张春起 | 补选代表 4 名：李耀江、孙会平、庞彦须、宋存汉 | 县十二届人民代表大会第五次会议时，实有代表 168 名 |
| 第六次会议 | 调离深泽 2 名：贾连海、陈发文 | — | 县十二届人民代表大会第六次会议时，实有代表 166 名 |
| 第七次会议 | 调离深泽 1 名：宋存汉<br>病逝代表 2 名：王建领、张占芬 | — | 县十二届人民代表大会第七次会议时，实有代表 163 名 |

## 二、深泽县出席石家庄市第十届人民代表大会代表名单

（1998 年 2 月 17 日，深泽县第十二届人民代表大会一次会议第二次全体会议选举产生）

| | | | |
|---|---|---|---|
| 王长敏 | 刘兆安 | 赵其信 | 王文治 |
| 袁铁民 | 郭领域 | 宋更全 | 范娣荣（女） |
| 王灵芬（女） | 邢俊生 | 翟振军 | 张焕民 |
| 康会彬 | 翟彦珍（女） | | |

## 三、深泽县出席石家庄市第十一届人民代表大会代表名单

（2003 年 1 月 25 日，深泽县第十二届人民代表大会第七次会议选举产生）

| | | | |
|---|---|---|---|
| 赵其信 | 刘兆安 | 杜　刚 | 王文治 |
| 王国强 | 苏艳华（女，回族） | 宋更全 | 张亚萍（女） |
| 张焕民 | 庞彦须 | 荣　润（女） | 耿　领（女） |

2003 年 5 月 30 日，县十三届人大常委会第一次会议补选王根拴为石家庄市第十一届人民代表大会代表。

2004年12月24日，县十三届人大常委会第十一次会议补选朱献军为石家庄市第十一届人民代表大会代表。

# 第三节　代表工作

## 一、加强制度建设

1. 常委会组成人员定期联系代表制度。为加强县人大常委会组成人员与县人大代表、县人大代表与选民的联系，县人大常委会建立并实行常委会组成人员定期联系代表制度，每位常委会组成人员在其联系乡镇确定8—10名县人大代表作为重点联系对象，每年至少走访两次。征求他们对县人大和“一府两院”的意见建议，为他们排忧解难。

2. 邀请代表列席常委会会议制度。每次常委会会议邀请3—5名对会议议题比较熟悉或从事相关工作的县人大代表列席会议，一起参加讨论和审议。

3. 情况通报制度。县人大机关办公室编发《情况通报》专刊，定期将县人大和“一府两院”重要工作安排、重大工作事项及时通报给每位代表，征求他们的意见建议。

4. 评选先进人大代表制度。定期开展评选先进人大代表活动，激励先进，鞭策后进。

## 二、做好闭会期间的代表活动

1. 完善代表活动制度，丰富代表活动内容，提高代表活动质量，努力推动闭会期间代表活动向经常化、深层次、宽领域、实效性方向发展。

2. 定期组织代表座谈会。为广泛征求代表对“一府两院”和全县各方面工作的意见建议，了解人民群众普遍关心的热点问题，县人大常委会每年分别组织召开县直和各乡镇县人大代表座谈会。

3. 代表参加视察调研等活动。每次组织视察、调查、评议、执法检查等活动，均邀请代表参加，在“企评政、下评上”活动中，人大代表发挥了重要作用。

## 三、开展“国徽在心、责任在身”主题代表活动

为进一步调动人大代表履行职责的积极性，促使每一位代表依法行使代表职权，县人大常委会以邓小平理论和党的十五大精神为指导，以《中华人民共和国全国人民代表大会和地方各级人民代表大会代表法》《石家庄市人民代表大会代表工作条例》为依据，在市、县、乡三级人大代表中开展“国徽在心、责任在身”活动。活动内容：1. 举办法律理论学习和业务培训；2. 积极出席人民代表大会会议；3. 积极开展代表小组活动；4. 积极开展代表民主议政日活动；5. 加强同选民的联系。活动的开展提高了代表综合素质，增强代表履职能力，充分调动人大代表执行代表职务的积极性、主动性和创造性。

## 四、开展代表培训

1. 为提高人大代表履职能力和工作水平，县人大常委会组织代表举办集中培训 1 次，培训代表 156 名，为代表依法履职奠定良好基础。

2.1999 年 6 月，为贯彻落实省、市依法治省、治市和人大工作会议精神，进一步提高各级干部的法治观念和依法行政素质，县人大常委会邀请河北省政法干部管理学院教授谢士文对县领导干部及部分人大代表，就依法治国、建设社会主义法治国家、依法行政等方面内容举办法治讲座，代表们的思想政治水平和法律政策水平得到提高。

## 五、做好人民群众来信来访工作

站在落实“三个代表”重要思想的高度，认真办理群众来信，热情接待群众来访，实行信访科主抓、其他科室密切配合工作制度，机关科室与县信访局经常沟通联系，重要信访案件由常委会主任、副主任批办，机关科室跟踪督办。

## 六、代表建议和意见选录

### 县十二届人大一次会议期间

县十二届人大一次会议，经议案审查委员会审查，建议 11 件，意见 14 件。提交县人大常委会审议，议案转为建议 8 件。交县政府办理。

（一）议案转建议

1. 白庄乡电力紧张，影响工农业生产和人民生活正常用电。

提议案人：王栓良

附议人：白庄乡 18 名县人大代表

案据：随着农村经济的快速发展和人民生活水平的不断提高，对电力的需求逐步增加，使白庄乡电力供应紧张，特别到了农业用电高峰季节，一方面停电较多，另一方面来了电互相争抢，使电压降低，造成有电谁也用不成。

方案：要求县政府及时协调有关部门和单位，积极筹备资金，尽快建设白庄乡电站，建议由专人负责督促办理，争取到 1999 年建成并投入使用。

2. 滹沱河北大堤汛前需要保护和修缮。

提议案人：焦志彬

附议人：赵英民、王成国、贾俊缺、康春生、焦新国、杜国进、刘志军、兰辰士、陈振秋、张占芬、王建领、邱彦彬

案据：滹沱河北大堤有几处险情较为严重，直接影响深泽县人民生命财产安全，如汛前不重视，汛期来临，抢险保护困难。

方案：希望有关部门在汛前对滹沱河北大堤进行修护。

3. 企业进行股份制改造后，应抓紧出台转制企业运行管理配套政策。

提议案人：赵静

附议人：赵志彬、陈栓群、宋彦群、马录仁、杜琳琳、袁树理、张敬欣、王会英、纪会改、杨玉平

案据：目前部分企业改制后，已脱离原主管部门领导，有些新问题不能得到及时解决。

方案：县政府应按企业转制精神，结合深泽县实际，制定对转制企业的有关配套政策。

4. 农村宅基地管理混乱，“空心村”没有得到真正的治理。

提议案人：焦志彬

附议人：焦新国、贾俊缺、邸彦彬、王成国、杜国进、刘志军、赵英民、兰辰士、康春生、张占芬、贾彦改、陈振秋

案据：加强对农村宅基地的规划管理，解决农村出现的“空心村”现象。

方案：出台有关文件，提出具体的办法和措施，使农村宅基地管理做到有章可循。

5. 磁河河道堵塞，流水不畅，影响两岸人民群众生产生活。

提议案人：张伟风 王成国

附议人：白庄乡 12 名代表，赵八乡 14 名代表

案据：白庄乡西固罗、南营两村村西磁河河堤塌陷，河道堵塞，河水漫出，淹没农田，下游定州市东内堡村段大量挖砂，致使河堤倒塌，堵塞河道，直接危害上游两岸人民群众的生产和生活。

方案：要求县政府请示省、市有关部门，进行协调，尽快加固设防，疏通河道。

6. 鲜鱼市场卫生太差，冬季路面太滑。

提议案人：陈栓群

附议人：赵志彬、赵静、宋彦群、张增林、张英、王志农、纪会改、杜琳琳、杨玉平

案据：鲜鱼市场经营者乱泼污水，鱼鳞等脏物随处可见，很不卫生，冬季路面结冰，容易使行人滑倒，严重影响市容市貌和深泽形象。

方案：建议有关部门采取措施加以制止，使经营者树立良好的环境保护意识和公共道德意识。对违者应严肃处罚。

7. 落实好城内、西关两村的建设规划，加快旧城改造。

提议案人：王建军

附议人：陈占海、刘兰造、陈军、黎艳茹、王迎兴、陈农兴、白进勇、郑丙江、焦文考、刘志申

案据：政府工作报告中提到组织实施城内、西关村发展详规，加快旧城改造步伐，将两村住宅建设纳入县城总体规划。

方案：县政府应尽快抓落实，出政策，出文件，在道路等公共设施方面，应有一定的资金投入。

8. 偿还原县化肥厂所欠农村生产队借款。

提议案人：袁明栓

附议人：刘兰造、陈军、郑丙江、王迎兴、张会英、黎艳茹、陈占海、陈宏兴、王建军、焦文考、白进勇

案据：原县化肥厂所欠生产队的借资，当时还给了借资存折，说是有偿借款，至今没有还清。

方案：由县财政或万深公司将1998年上半年本息还清。

（二）建议

1. 解决农广校无教室、教研室的问题。

提建议人：魏宏拴

附议人：陈拴群、张英等11名县代表

内容：深泽县农广校是一所成人教育中专学校，但却只有借用的危房三间作办公室，没有教室、教研室，影响教学，1997年国家有关文件强调各级政府必须给农广校配备教学场地、交通工具、电教设备等，建议政府划拨5亩地给农广校作教学场地，并拨一部分经费，不足部分由农广校向上级求援。

2. 因县城建设涉及的农村占用耕地，应减免农业税、征购粮。

提建议人：袁明栓

附议人：王建军、焦文考等11名代表

内容：由于县城建设涉及到的农村耕地包括街道、道路占地，搬迁户搭配庄基占地，应由县有关部门核实耕地占用亩数，按数减免农业税、征购粮。

3. 关于有些职能部门乱收费问题。

提建议人：赵志彬

附议人：赵静、许礼英等11名代表

内容：县政府虽然采取了一些措施，但某些职能部门的乱收费问题尚未彻底解决，县政府对有关职能部门应继续加大监督检查力度，制止不合理收费，减轻企业负担。

4. 要求解决农业科技人员医疗费问题。

提建议人：张英

附议人：宋彦群、张敬欣等11名代表

内容：农技人员医疗费没按全县正常序列执行，影响了农业科技人员的情绪，希望县政府恢复农口科技人员正常的医疗费待遇，鼓舞农业科技人员的士气，加快深泽县农业的发展。

5. 县医院人员工资县财政应负担一部分。

提建议人：李新田

附议人：王会英、张敬欣等11名代表

内容：1996年中央卫生工作会议强调，卫生技术人员的工资应由财政负担，最低应发给标准工资部分，中央、省、市都有文件，考虑到深泽县财政比较紧张，建议县财政拨给标准工资部分。

6. 深泽县新上变压器附加费过高，施工速度慢。

提建议人：康会春

附议人：周计海等 10 名代表

内容：深泽县新上一台 50 千瓦变压器需 5 万余元，安平县只需 2 万元，高出很多，并且施工时间拉得较长，建议降低费用，缩短施工时间。

7. 解决 1992 年以来购买了城镇户口的户籍管理混乱问题。

提建议人：刘敬然

内容：购买了本县城镇户口的，有的村注销了农业户口，有的村没注销，造成两个户口现象，有的去了地，有的没去地，建议县政府统一口径，规范管理。

8. 建议搞好桥头开发区规划安排。

提建议人：马文科

内容：县政府提出要建立桥头经济开发区。现在安辛公路拓宽马上就要动工，希望县政府给予重视，统筹安排，搞好开发区规划。

9. 深泽县舞厅、美容美发厅管理不严，存在“三陪”问题。

提建议人：纪会改

附议人：杜琳琳等 12 名县代表

内容：目前深泽县新上舞厅、美容美发厅很多，有很多容留三陪小姐搞三陪，另外三陪小姐充斥县城街道，给人民群众带来非常恶劣的影响，影响社会安定，败坏社会风气。建议做好以下几个方面工作：1. 坚决取缔三陪小姐；2. 执纪执法部门搞好管理；3. 建立一支长期的社会监督队伍。

10. 深泽县对新上企业应制定具体的优惠政策。

提建议人：赵义亭

附议人：王占根等 11 名代表

内容：深泽县新上企业在占地办证、用电等方面没有具体的支持优惠政策。有的厂子一上马有些部门就上门要钱，影响企业发展。建议县政府制定合理的优惠政策，并真正落到实处。

11. 关于大雾头气门业形成规模的问题。

提建议人：陈振秋

附议人：王成国等 11 名代表

内容：现在大雾头的气门业大多是一家一户的作坊式生产，对于创名牌上规模很不利，要想发展气门业使它成为深泽县优势行业，县政府必须采取强有力的措施，减少部门干扰，创造宽松环境，还应拿出具体办法，改变作坊式生产的现状，形成大工厂、大企业、大集团，提高知名度和竞争力。

（三）意见

1. 桥头乡郝大雨代表、铁杆镇曹立贞等 14 名代表提出：近两年来林果业一直不景气，果园收入降低，农林特产税也应适当降低。

2. 铁杆镇王英昌、王占根代表提出：县政府应及时组织科技咨询，组织科技队伍下乡服务，解决乡、村、户科技难的问题。

3. 赵八乡王成国代表、留村乡全体代表提出：人地不均的问题日趋严重，影响群众正常生活，也给农村工作带来一些麻烦，希望县政府尽快妥善解决。

4. 桥头乡翟英会代表、铁杆镇全体代表提出：南冶庄头通西河公路由于正饶路施工，车辆增多，现已轧坏，需要翻修，希望县里给解决部分资金。

5. 马录仁等 11 名代表提出：深泽镇小张庄拨丝厂、西关造纸厂噪音、烟尘、有害气体等污染，严重影响当地居民的生活和身体健康，希望有关部门进行整顿。

6. 铁杆镇赵培英等 12 名代表提出：深泽镇至铁杆镇的公路，由于去年正饶路施工，重载车增多，将路面轧坏，急需修复，资金要求由交通局负担。

7. 桥头乡吴礼拴等 10 名代表提出：滹沱河污水污染环境需要治理。

8. 留村乡全体代表提出：要下大力抓农村合作医疗，解决农村就医难问题。

9. 留村乡全体代表提出：乡镇中心工作如征购、提留、计划生育等，遇到问题需要执法部门配合的，应积极帮助解决。

10. 白庄乡马平格代表提出：1997 年麦季征购时，粮站不收议价粮，有些粮站收了也没有按国家保护价，损害了农民利益，希望 1998 年严格按国家政策办。

11. 深泽镇郑丙江等 12 名代表提出：向阳街南段、中医院门前应明确职责尽快硬化。

12. 桥头乡马壮国代表提出：由于税收分配的任务较大，致使桥头乡经济负担过重，影响发展。

13. 桥头乡邢茂福代表提出：对深泽县的肥皂、冷库、气门等支柱行业应进行宏观管理，成立行业协会。

14. 铁杆镇王国州代表提出：石油公司占铁杆镇中央村的地，这几年种植利用不力，部分荒芜，中央村要求出款承包一部分土地，希望有关部门协调解决。

## 县十二届人大五次会议期间

县十二届人大五次会议，经议案审查委员会审查，建议 8 件，意见 13 件。提交县人大常委会审议，议案转建议 5 件。交县政府办理。

（一）议案转建议

1. 关于农业产业化结构调整问题。

提议案人：白庄乡代表团杜建兴，耿庄办事处代表邢茂福。

附议人：白庄乡代表团王栓良等 18 名代表，铁杆镇代表团全体代表。

案据：近年，深泽县为增加农民收入，对农业产业化结构调整做了大量工作，但由于服务工作还有差距，销售环节薄弱，致使部分农民仍持观望态度，给农业产业结构调整带来一定难度。

方案：（1）县政府要在搞好市场调查的基础上，引导农民调整农业产业化结构。（2）县政府要制定服务措施，健全服务网络，一抓到底搞好服务。（3）利用铁杆镇收回的2000亩原石油勘四公司占地，建成有特色的高新农业开发区。

2. 乡级公路维修问题。

提议案人：白庄乡代表团杜建兴、赵八乡代表团康春生。

附议人：白庄乡代表团刘志存等10名代表、赵八乡代表团兰辰士等10名代表、铁杆镇全体代表。

案据：县城通往铁杆镇、魏村至堤北段、后马里到铁杆镇等乡村公路，由于缺乏养护，出现路面损坏，造成交通不便，给人民生产、生活带来一定困难，影响经济发展。

方案：县政府应把乡级公路维修摆上议事日程，采取有效措施，本着谁受益谁出钱的原则，协调好各方面关系，多方筹措资金，尽快改善乡级公路交通状况。

3. 加强教师队伍管理问题。

提议案人：留村乡代表团刘灵欣 附议人：留村乡代表团全体代表。

案据：由于教师工资不到位，影响部分教师的教学积极性，有些教师有脱岗现象，有的私自找代课教师顶替，有的是支应差事，责任心不强。公办学校与私立学校因教师管理问题，也发生了一些矛盾。

方案：（1）尽快解决拖欠教师工资问题，充分调动教师的教学积极性。（2）进一步加强教师队伍管理，对于一些责任心不强，素质不高的教师，应作出必要处理。（3）按照上级文件精神，处理好公办学校与私立学校的关系，保证教师正常流动，大力支持多渠道办学。

4. 关于解决拖欠乡镇公教人员工资问题。

提议案人：桥头乡代表团吴礼栓，耿庄办事处代表团邢茂福。

附议人：桥头乡代表团张志兵等10名代表，耿庄办事处代表团李东升等10名代表，铁杆镇代表团全体代表。

案据：桥头乡、耿庄办事处、铁杆镇拖欠公教人员工资已达一年多，直接影响公教人员的工作积极性、影响各项工作的开展。另外桥头乡和耿庄办事处分开后，有些人员拖欠的工资及集资款不知由谁来还，铁杆镇与马里办事处分开后也存在这个问题。

方案：（1）县政府应采取有效措施对乡镇拖欠公教人员工资问题要着力解决。（2）桥头乡与耿庄办事处、铁杆镇与马里办事处分开后，对于分开以前拖欠的公教人员工资及集资款应分清，明确谁来还、怎么还。

5. 对于一些重大刑事案件判决不及时，打击不力。

提议案人：留村乡代表团王灵芬

附议人：留村乡代表团全体代表。

案据：近几年来深泽县发生并破获多起故意杀人案、抢劫杀人、报复杀人等重大刑事案件，但大部分案件没能及时判决，有的已经拖了很久，群众反映强烈。

方案：应严格执法，提高审判时效，从重从快打击各种刑事犯罪。

（二）建议

1. 关于规范城区市场管理的建议。

提建议人：白庄乡代表团王栓良、深泽镇代表郑丙江。

内容：一些临街门店占道经营，不管门前卫生。还有一些经商户在街道四处摆摊设点，严重影响县城交通和城镇街道卫生。要求加强临街门店和临时经商户的管理，做到归店经营，或到指定地点摆摊设点，并落实门前三包。

2. 恢复红绿灯交警值勤。

提建议人：白庄乡代表团曹青哲

内容：原来县城几处红绿灯有交警值勤，县城交通秩序一度好转，不知什么原因，现在又出现反复。建议公安交警部门尽快恢复红绿灯及交警值勤，维持好县城交通秩序。

3. 关于在南关兴华街和向阳街建立专业农资市场的建议。

提建议人：县直代表团赵志彬

内容：南关兴华街、向阳街农资市场已基本形成，建议县政府制定优惠政策，鼓励农资经营者大力发展，使之成为深泽县的专业农资市场。

4. 清理整顿电子游戏厅。

提建议人：白庄乡代表团张伟峰。

内容：许多电子游戏厅虽然挂有不许学生入内的牌子，但进入游戏厅的大多数为中小学生，有的电子游戏厅就在学校附近，许多学生沉迷于玩电子游戏，荒废学业，挥霍钱财，有的甚至走上犯罪，已引起家长和教师的强烈不满。建议县政府组织有关部门尽快对城、乡电子游戏厅予以彻底清理。

5. 关于深泽县西河造纸厂建职工宿舍征地一事。

提建议人：桥头乡代表团马文科

内容：西河造纸厂为“筑巢引凤”，尽快满足外来科技人员及职工的住房问题，于1999年12月征用原县棉油厂地皮，各种手续已经办妥，征地款也已如数拨付到县土地局，但不知何原因，时至今日，被征土地上的附着物仍未按协议进行清除，致使无法施工，给造纸厂造成一定损失。建议县政府及有关部门尽快协调解决，使造纸厂早日施工建设。

6. 关于深泽县造纸厂、板纸厂门前道路问题。

提建议人：桥头乡代表团马文科

内容：深泽县造纸厂、板纸厂出入车辆较多，外来车辆较多，但两厂门前道路狭窄，路面坑洼难行，出入很不方便，影响企业形象和深泽县的对外形象，建议县政府协调有关部门尽快修建造纸厂、板纸厂以西至收费站道路。

7. 关于解决农村收提留统筹难、收税难问题。

提建议人：白庄乡代表团刘志存

内容：近两年来，农村收提留统筹难、收税难，导致乡、村两级财政困难。建议县政府加大宣传力度，增强群众依法交费，依法交税的自觉性，由县政府牵头，建议由司法、农经、财政等有关部门参加的集中收费机关，加大征收力度，确保乡村两级的财政收入。

8. 关于铁杆镇集贸市场规划建设问题。

提建议人：铁杆镇全体代表。

内容：要本着建设深泽县第二大集贸市场的目标，把铁杆镇的集贸市场建成一个像样的大市场，吸引周边县市经商者，建议县政府给予扶持。

（三）意见

1. 留村乡代表团邸六群提出：磁河污染严重，河道不畅，影响两岸群众生活和生产，希望县政府尽快协调解决。

2. 铁杆镇代表团全体代表提出：应针对“十五”规划逐年逐单下达任务目标，抓好落实，确保“十五”规划落到实处。

3. 白庄乡代表团马平格提出：乡、村应成立文化、体育活动队伍，丰富和活跃群众的业余文化生活，抵制封建迷信和邪教的侵袭，改变赌博恶习，减少家庭矛盾，维护社会稳定。

4. 白庄乡代表团程彦波提出：许多无牌照车辆行驶，有的横冲直撞，严重影响交通秩序，希望公安交警部门对于无照上路行驶的车辆予以查处。

5. 白庄乡代表团王栓良提出：旧北环路路面损坏严重、交通不便，希望尽快修复。

6. 白庄乡代表团杜建兴提出：千里磁河大堤西固罗村、南营村段出现塌陷，希望尽快加固。

7. 铁杆镇代表团全体代表提出：近年来乡镇（办事处）干部调动频繁，使乡镇（办事处）干部情绪不稳，事业心和责任感不强，希望县政府稳定乡镇（办事处）干部队伍，鼓励他们树立长期扎根基层爱岗敬业的思想。

8. 留村乡代表团邸义坤提出：对砂矿资源开采，县里收取的各项管理费用太高，村里有意见，希望县里能适当降低管理费收费标准。

9. 深泽镇代表团陈军、铁杆镇代表团全体代表提出：农村实行费改税时，要扣除城镇建设道路占地的面积，不应再由村里负担农业税。另外，定任务时应考虑地域差别，土地质量差别，如果单纯按地亩数定任务，有些乡镇可能承受不了。

10. 留村乡代表团曹振其提出：由于税收不平衡，透明度不高，造成一些床垫生产户转移生产地点或停业。

11. 县直代表团张增林提出：为了适应新时期社会发展的要求，有效地预防和打击犯罪，希望尽快解决公安机关经费不足问题，应将公安民警的医疗保险费用纳入财政开支序列。

12. 赵八乡代表团王成国、杜国进提出：在农村低压线路改造中，有些村施工质量较差，有些用料存在质量问题；有些村自有的新变压器、电线杆、配电盘等设备材料不让用，造成浪费；供电局收取低压维护费，加重了农民负担，因为低压维护费用都是由用户负担。

13. 深泽镇代表团陈红兴提出：《中华人民共和国残疾人保障法》落实不到位，像残疾人经商、办企业等个人所得税减免政策，残疾人就业保障金的收取，农村残疾人的农业税、征购提留的减免等都落实不到位，残疾人事业费也没有按有关法律和文件规定列入政府财政预算。

## 县十二届人大六次会议期间

县十二届人大六次会议，经议案审查委员会审查，建议7件，意见12件。提交县人大常委会审议，议案转为建议6件。交县政府办理。

（一）议案转建议

1. 关于深泽县税收问题

提议案人：王占根　单位（住址）：铁杆镇故城村

附议人：铁杆镇代表团全体代表

案据：一方面企业税赋过重，致使一些企业无法生存，有的停产，有的到外县办企业，一些新办企业也由于税收过重而下马；另一方面税赋不均，有些该收的没有收到位。

方案：要注意培植税源，保护税源，尤其是新企业新税源，应给予优惠，使其发展壮大，同时加大税收透明度，一视同仁，应收尽收。

2. 关于修建宋家庄抗日纪念碑一事

提议案人：马平格　单位（住址）：白庄乡宋家庄村

附议人：白庄乡代表团刘敬然等10名代表

案据：发生在1942年6月9日的宋家庄之战，是抗日战争史上的一次以少胜多的典型战例，是冀中抗日军民浴血奋战，不畏强暴，不屈不挠的一曲英雄颂歌。多年来参加过战斗的老首长们每次来深泽都要去宋家庄看看。群众多次要求建立纪念碑，以慰藉英灵，昭示后人。现在，全国政协原副主席吕正操将军，原省军区司令员孙毅将军，政治委员贺明将军已为纪念碑提词，撰写了碑文，万事俱备，只欠动工。

方案：希望县政府尽快协调有关部门，对此事做出安排，使纪念碑早日建成。

3. 关于学校收费问题

提议案人：纪从珍　单位（住址）：桥头乡东小封村

附议人：桥头乡代表团刘青雪等10名代表

案据：全县大部分学校收费过高，实际书费不过50元，而收学生100多元，各种杂费有的学校学期收几次，既不开收据，又不向学生家长说明用途。

方案：加大学校收费透明度，学校收费应开收据，应该让学生家长明白钱干什么用了。

4. 关于磁河污水治理问题

提议案人：刘敬然　单位（住址）：白庄乡段庄村

附议人：白庄乡代表团张伟峰等10名代表，留村乡代表团刘明欣等3名代表

案据：深泽县虽然已将污染企业关闭，但磁河污水还在流，沿河村庄饮水污染，给人民群众的生产生活带来危害。

方案：建议县政府尽快协调解决，将上游污水控制住。

5. 关于深泽县网吧管理问题

提议案人：杜琳琳　单位（住址）：县团委

附议人：县直代表团魏宏拴等10名代表

案据：近两年来深泽县网吧增多，去网吧的大部分是青少年，网上一些不健康的东西对他们毒害很大，带来不良影响。

方案：应加大对网吧的监督管理力度，从根本上治理，不能以罚代管。

6. 关于拖欠教师工资问题

提议案人：王静 单位（住址）：铁杆镇中学

附议人：铁杆镇代表团全体代表

案据：各乡镇公教人员工资长期拖欠，有的数额较大，影响教师的工作和生活，对教学工作十分不利。

方案：由于拖欠数额较大，各乡镇自身解决确有困难，希望县政府统筹考虑，分期分批予以解决。

（二）建议

1. 关于县公安局110装备问题

提建议人：宋更全 单位（住址）：县经贸局

内容：县公安局110群众报警后，不能及时出警，群众意见很大，2001年底，部分市、县人大代表视察时，公安局许多干警反映，车辆装备落后是导致不能及时出警的直接原因，为更好的保障人民群众生命、财产安全，希望县政府落实经费改善县110的车辆装备。

2. 关于对县宾馆清理整顿的建议

提建议人：深泽镇代表团全体代表，马里办事处代表团全体代表

3. 关于乡村两级公路管理养护问题

提建议人：王建成 周子军　单位（住址）：县交通局、桥头乡西河村

内容：深泽县大部分乡村级公路已经损坏，给群众生产生活带来不便，影响经济发展，根据公路法的有关规定，乡道的建养由乡镇政府负责。建议县政府尽快协调解决修补已损坏的公路。

4. 关于铁杆镇发展建设问题

提建议人：铁杆镇代表团全体代表

内容：铁杆镇是历史重镇，又是新的经济试验区，建议县政府在政策上给予优惠，在资金上给予扶持，使铁杆镇得到快速发展。

5. 关于火化厂交通不便问题

提建议人：刘志存　单位（住址）：白庄乡北白庄村

内容：大堤到火化厂只有一条下堤道，东边的车辆下堤很不方便，建议再修一条下堤道，东西各一道。

6. 关于树木保护问题

提建议人：铁杆镇代表团全体代表

内容：县政府年年搞绿化，但由于管护不利，树木破坏严重，烧砍现象时有发生，建议县政府采取相应措施，保护好现有树木。

7. 关于电力局收取的低压维护费问题

提建议人：焦志彬　单位（住址）：赵八乡南赵八村

内容：电管站收的低压维护费，物价局出文件让其退回各村，至今没有落实，建议县政府督促解决。

（三）意见

1. 耿庄办事处代表团邢茂福、铁杆镇代表团全体代表提出：耿庄办事处、铁杆镇财税任务过重，原来石油公司负担的税收任务近 60 万元，现由铁杆镇负担，希望县政府适当调整降低任务。

2. 深泽镇代表团刘兰造、耿庄办事处代表团常占福提出：低压整改后电费没有下降，反而上升，群众认为不合理。

3. 白庄乡代表团杜占辉提出：深泽县的烟草经营不能独断经营，外省和外地区的烟应该在深泽流通销售，搞活市场。

4. 县直代表团陈栓群提出：教育费附加是教育法确定的法定收支项目，应单独列收列支，而深泽县将排污费与教育费附加合在一起，县政府应加大教育投入，促进教育发展。

5. 赵八乡代表团康春生提出：有线电视好多村没有线路设施，影响农村的文化生活，希望有关部门尽快解决。

6. 留村乡代表团刘明欣提出：民营基金会欠农民存款的问题，已有四五年了，没有解决，希望尽快解决。

7. 留村乡代表团刘明欣提出：县民政局曾办理养老保险，现在已停办，已上的保险怎么办，希望县民政局尽快答复解决。

8. 留村乡代表团李英全提出：李家庄猪场，几十亩地多年来分文不收，影响农村工作开展，希望县政府给予解决。

9. 耿庄办事处代表团赵益谦提出：土地局家属院电话线太乱，电缆已到院内，要求统一安装入户。

10. 白庄乡代表团杜占辉提出：深泽县 110 出警不及时，接到报警几个小时甚至十几个小时都不到现场。

11. 深泽镇代表团袁明栓提出：县汽车站应该是一个文明窗口，但汽车站过脏、过乱、临建房太多，影响深泽形象。

12. 耿庄办事处代表团刘虎贯提出：耿庄公路修不上影响企业发展，影响群众生活，群众怨声载道，希望尽快协调解决。

## 七、代表建议、意见办理

1.1998 年，县人大十二届一次会议交付县政府办理代表建议、意见 33 件。县政府及有关部门对所有承办件按工作程序全部办理完毕，并答复代表，代表满意度达到95%。

2.2000年，县人大十二届四次会议交付县政府办理代表建议和意见共27件。县政府及有关部门对所有承办件按工作程序全部办理完毕，通过征询代表意见，均表示理解或满意。

## 八、评选优秀县人大代表

为总结经验，表彰先进，激励全体县人大代表更好地行使代表职权，履行代表义务，发挥代表作用，十二届人大常委会期间，两次对优秀县人大代表进行表彰。2000年2月17日，县十二届人大常委会第十七次会议通过，对27名优秀县人大代表进行表彰；2001年1月16日，县十二届人大常委会第二十四会议通过，对21名优秀县人大代表进行表彰。

深泽县1999年优秀县人大代表名单（27名）：

| | | | |
|---|---|---|---|
| 魏宏拴 | 段木同 | 许礼英 | 陈栓群 |
| 王会英 | 焦文考 | 陈红兴 | 王建军 |
| 王栓良 | 马平格 | 刘志存 | 何庆云 |
| 曹振其 | 刘明欣 | 刘灵欣 | 邸义坤 |
| 王成国 | 康春生 | 陈振秋 | 马文科 |
| 纪进锁 | 张志兵 | 韩周顺 | 周技海 |
| 郭玉芳 | 赵义亭 | 翟振军 | |

深泽县2000年优秀县人大代表名单（21名）：

| | | | |
|---|---|---|---|
| 赵志斌 | 张　英 | 宋更全 | 杜琳琳 |
| 许礼英 | 王栓良 | 张伟峰 | 刘志存 |
| 陈宏兴 | 刘明欣 | 张小货 | 赵双喜 |
| 姜增雪 | 王成国 | 杜国进 | 马文科 |
| 张志兵 | 韩周顺 | 王国州 | 郭玉芳 |
| 赵义亭 | | | |

## 九、深泽县代表团获优秀市人大代表情况

**深泽县代表团获奖情况表**

表40

| 评选单位 | 评选时间 | 姓名 | 出处 |
|---|---|---|---|
| 石家庄市第十届人大常委会 | 2000年 | 宋更全 | 《石家庄人大志》第七篇石家庄市第十届人民代表大会 |
| | 2001年 | 张焕民 邢俊生 | |

# 第三章　人民代表大会

深泽县第十二届人民代表大会任期自1998年2月至2003年4月，共举行代表大会7次。

**1998—2003年深泽县十二届人大历次会议概况表**

表41

| 会议次序 | 会议日期 | 议题（项） | 听取报告（个） | 决议决定（项） | 选举表决（项） |
|---|---|---|---|---|---|
| 第一次 | 1998年2月14日至17日 | 8 | 6 | 6 | 4 |
| 第二次 | 1999年2月24日至26日 | 7 | 6 | 6 | 0 |
| 第三次 | 1999年5月27日至28日 | 1 | 0 | 0 | 1 |
| 第四次 | 2000年2月21日至23日 | 8 | 6 | 6 | 1 |
| 第五次 | 2001年2月20日至22日 | 8 | 6 | 6 | 2 |
| 第六次 | 2002年3月1日至3日 | 7 | 6 | 6 | 0 |
| 第七次 | 2003年1月24日至25日 | 1 | 0 | 0 | 1 |

## 第一节　会议概况

### 一、县十二届人大一次会议

深泽县第十二届人民代表大会第一次会议，于1998年2月14日至17日在县政府会议楼二楼会议厅举行。2月14日上午，举行第一次全体会议，会议由大会执行主席袁铁民主持。应出席代表168名，实到会代表159名。大会在雄壮的国歌声中开幕。县政府县长郭领域作《政府工作报告》，县计划局局长贾增录作《深泽县1997年国民经济和社会发展计划执行情况与1998年国民经济和社会发展计划（草案）的报告》，县财政局局长王贵良作《深泽县1997年财政预算执行情况和1998年财政预算（草案）的报告》，县人大常委会主任贾常文作《深泽县人民代表大会常务委员会工作报告》，县人民法院副院长苗新芳作《深泽县人民法院工作报告》，县人民检察院副检察长王夯平作《深泽县人民检察院工作报告》，表决通过《深泽县第十二届人民代表大会第一次会议选举办法（草案）》。

会议认为，五年来，在县委领导下，县政府同全县人民一道，认真贯彻执行党的方针、政策，坚持以经济建设为中心，坚持两个文明一起抓，不断加快改革步伐，求真务实，奋发进取，卓有成效地完成各项既定任务，全县经济和各项社会事业都取得令人瞩目的成就。这五年是全县改革开放和现代化建设取得显著成就的五年，是政治安定、社会稳定的局面进一步巩固和发展的五年。特别是1997年，县委六届七次全委会召开后，政府工作进展较快。会议指出，1998年是实施“九五”计划的关键之年，今后五年是深入贯彻落实党的十五大精神，跨入21世纪的关键时期，做好1998年及今后五年的工作，对于实现县城经济新旧体制的转变，推动深泽各项建设事业的升级进位，胜利完成第二步战略目标任务，将会产生重大影响。会议要求，要继续高举邓小平理论伟大旗帜，以经济建设为中心，以小康建设总揽工作全局，认真实施“工业立县”“科教兴县”“实干强县”三大主体战略，进一步加强农业基础地位，大力发展农业产业化经营，不断深化改革，扩大开放，推进“两个根本性转变”，加强经济结构调整力度，努力构筑县城特色经济，积极培育新的经济增长点，切实安排好人民生活，大力发展社会各项事业，确保实现县域经济综合实力在全省的升级进位。会议强调，在确保基本农产品稳定增长的基础上，紧紧围绕农业增产、农民增收、农村稳定，大力实施“科教兴农”战略，落实党在农村的各项政策，全力推进农业产业化经营，延伸产业链条，培植龙头企业，提高综合效益，推进小康建设步伐。会议强调，要把握市场导向，以“两个转变”为目标，紧紧围绕全面提高工业经济运营质量和效益这个中心，立足规模发展，重点是发展深泽特色工业经济，大力发展民营个体经济，全力推进县域工业整体实力上台阶。会议号召，全县人民要在“十五大”精神指引下，在县委、县政府正确领导下，解放思想，开拓务实，坚定信心，团结奋斗，努力完成既定任务和目标，促进深泽各项事业实现新的腾飞。

## 二、县十二届人大二次会议

深泽县第十二届人民代表大会第二次会议，于1999年2月24日至26日在县政府会议楼二楼会议厅举行。2月24日下午，举行第一次全体会议，由大会执行主席袁铁民主持大会。应出席代表165名，实到会代表148名。县政府县长郭领域作《政府工作报告》，县计划局副局长封志安作《深泽县1998年国民经济和社会发展计划执行情况和1999年国民经济和社会发展计划（草案）的报告》，县财政局局长王贵良作《深泽县1998年财政预算执行情况和1999年财政预算（草案）的报告》，县人大常委会代主任袁铁民作《深泽县人民代表大会常务委员会工作报告》，县人民法院院长陈联记作《深泽县人民法院工作报告》，县人民检察院检察长吴正育作《深泽县人民检察院工作报告》。

会议认为，1998年，县政府认真贯彻落实党的十五大、十五届三中全会及县委七届一次全委（扩大）会议精神，紧紧依靠和团结全县人民，坚持以经济建设为中心，“两个文明”一起抓，努力克服市场需求不足等种种困难，深化改革，扩大开放，迎难而上，奋发进取，较好地完成县十二届人大一次会议确定的各项任务。1999年，是我国历史上具有特殊意义的一年，也是深泽县整体工作实现“大发展”之年。政府及其各部门要高举邓小平理论伟大旗帜，深入贯彻落实党的十五大和十五届三中全会精神，认真实施“工业立县、科教兴县、实干强县”三大主体战略，坚持以经济建设为中心，以“大发展”为县域工作主旋律，以争先进位建强县为奋斗目标，以“稳中求进、进中求快、快中求好”为总原则，加大工作力度，提高工作实效，确保深泽县国民经济持续快速发展和社会全面进步，使深泽县以崭新的姿态和面貌胜利跨入21世纪。会议要求，要把经济工作的着力点放在调整优化结构、培育特色经济、提高经济增长的质量和效益上来，进一步加强农业和农村工作，确保农业增产、农民增收、农村稳定。全面落实党在农村的各项基本政策，重点抓好土地延期承包三十年政策的落实；进一步深化农村改革，调整优化农业结构，大力发展农业产业化经营；认真实施“科教兴农”战略，提高农业的科技含量；加强农村基层民主政治建设，努力构建农村民主管理新体制；加强以水利为重点的农业基础设施建设，增强农业发展后劲。以培育、发展特色经济为重点，推动县域工业经济整体实力升级进位。实施名牌产品、骨干企业、特色行业带动战略，扶优壮强，加快发展，努力培植具有相当规模和鲜明特色的区域经济；千方百计上项目、增投入，增强县域工业发展后劲；坚持因企制宜、规范运作、加强管理，扎实推进企业产权制度改革，进一步解放思想、优化环境，搞好服务，加快个体私营经济发展。加强市场体系建设，深化流通企业改革，大力发展第三产业。坚持增收与节支并重，认真抓好财税工作。切实做好农村合作基金会工作，积极防范、化解金融风险，确保社会稳定。加强城乡基础设施建设，改善人民生活环境。坚持“两个文明”一起抓，不断加强社会主义民主法制建设和精神文明建设。实施可持续发展战略，推进经济与人口、资源、环境协调发展。会议强调，政府及其各部门要充分认识肩负的重大责任，努力提高工作效率和工作水平。要“讲学习、讲政治、讲正气”，强化宗旨观念，坚持依法行政，抓好廉政建设。要切实转变政府职能，改进工作作风，深入实际，调查研究，多办实事、好事；以良好的政风和优异的政绩取信于民。会议号召，全县人民要高举邓小平理论伟大旗帜，在县委领导下，统一思想、坚定信心，抓住机遇、知难而进，团结一致、艰苦奋斗，以优异成绩迎接共和国成立50周年和新世纪的到来。

## 三、县十二届人大三次会议

深泽县第十二届人民代表大会第三次会议，于1999年5月27日至28日在县政府会议楼二楼会议厅举行。5月27日下午，大会举行第一次全体会议，会议由大会执行主席王文治主持。应出席代表164名，实到会代表126名。表决通过《深泽县第十二届人民代表大会第三次会议选举办法（草案）》。选举张双全为深泽县人民政府县长。

## 四、县十二届人大四次会议

深泽县第十二届人民代表大会第四次会议，于2000年2月21日至23日在县政府会议楼二楼会议厅举行。2月22日上午，举行大会第一次全体会议，会议由大会执行主席袁铁民主持。应出席代表166名，实到会代表134名。县政府县长张双全作《政府工作报告》，县计划局副局长王树凯作《深泽县1999年国民经济和社会发展计划执行情况与2000年国民经济和社会发展（草案）的报告》，县财政局副局长张志强作《深泽县1999年财政预算执行情况和2000年财政预算（草案）的报告》，县人大常委会副主任邸庆忠作《深泽县人民代表大会常务委员会工作报告》，县人民法院院长陈联记作《深泽县人民法院工作报告》，县人民检察院检察长吴正育作《深泽县人民检察院工作报告》，表决通过《深泽县第十二届人民代表大会第四次会议选举办法（草案）》。

会议认为，1999年，县政府认真贯彻落实党的十五大及十五届三中、四中全会精神，紧紧依靠和团结全县人民，坚持以经济建设为中心，“两个文明”一起抓、全力维护稳定，克服前进中的困难，创造发展环境，较好地完成了县十二届人大二次会议确定的各项任务。2000年是世纪交替之年，也是完成“九五”计划奋斗目标的最后一年，做好2000年工作意义十分重大。政府及其各部门要高举邓小平理论伟大旗帜，深入贯彻落实党的十五大和十五届三中、四中全会精神，全面贯彻落实中央关于推进改革和发展的一系列政策、措施，以经济建设为中心，抓项目，办实事，确保国民经济持续快速健康发展和社会全面进步，努力完成本次会议确定的各项任务。会议要求，要重视农业的基础地位，把农村工作的着力点放在调整农业产业结构、培育特色经济、提高经济增长的质量和效益上来，千方百计增加农民收入，发展创税农业；要继续创造宽松的经济环境，引导国有和集体企业深化改革、自我完善、谋求发展。要大力发展个体私营经济，加快城镇建设，促进市场繁荣；坚持增收与节支并重，认真抓好财税工作；要进一步加快依法治县进程、坚持“两个文明”一起抓，不断加强社会主义民主法制建设和精神文明建设，维护社会稳定，实施可持续发展战略，推进经济与人口资源、环境协调发展。会议强调，政府及其各部门要充分认识肩负的重大责任，努力提高工作效率和工作水平，“讲学习、讲政治、讲正气”，强化宗旨观念，坚持依法行政，抓好廉政建设。切实转变政府职能，改进工作作风，深入实际，调查研究，多办实事、好事，以良好的政风和优异的政绩取信于民。会议号召，全县人民要高举邓小平理论伟大旗帜，在县委领导下，统一思想，坚定信心，抓住机遇，知难而进，团结一致，艰苦奋斗，以优异成绩迎接新世纪的到来。

## 五、县十二届人大五次会议

深泽县第十二届人民代表大会第五次会议，于2001年2月20日至22日在县政府会议楼二楼会议厅召开。2月20日上午举行大会第一次全体会议。应出席代表167名，实到会代表139名。县政府代县长庞彦须作《关于深泽县国民经济和社会发展第十个五年计划纲要的报告》，县计划招商局局长王树凯作《2000年国民经济和社会发展计划执行情况与2001年国民经济和社会发展规划的报告》，县财政局局长张志强作《2000年财政预算执行情况与2001年财政预算的报告》，县人大常委会副主任邸庆忠作《深泽县人民代表大会常务委员会工作报告》，县人民法院代院长李耀江作《深泽县人民法院工作报告》，县人民检察院检察长吴正育作《深泽县人民检察院工作报告》，会议以举手表决方式通过县十二届人大五次会议选举办法（草案）。

会议认为，“九五”期间，县政府认真贯彻落实党中央、国务院和上级一系列重大决策部署，紧紧依靠和团结全县人民坚持以经济建设为中心，在“解放思想、抢抓机遇、深化改革、扩大开放、加快发展、保持稳定”的主旋律中，迎难而上，开拓进取，较好完成“九五”计划和县十二届人大各次会议确定的任务。2001年是新世纪的第一年，也是完成“十五”计划奋斗目标的第一年，开好头、起好步，做好工作意义十分重大。政府及其各部门要高举邓小平理论伟大旗帜，以江泽民“三个代表”重要思想为指导，认真贯彻落实党的十五大和十五届五中全会精神，以经济建设为中心，积极实施“工业立县”“科教兴县”“实干兴县”和“可持续发展”四大主体战略，扎实推进各项工作，确保深泽县国民经济持续、健康发展和社会全面进步，努力完成本次会议确定的各项任务。会议要求，要重视农业基础地位，加快农业产业结构调整步伐，大力培育特色经济，以农业增效、农民增收为目标，发展创税农业；要继续深化经济体制改革，逐步完善市场经济运行机制，抓住“入世”和西部大开发的良好机遇，放手发展外向型经济，努力扩大开放，促进经济发展，从根本上扭转经济工作的被动局面；要大力发展个体私营经济，积极推进城乡一体化进程，促进市场繁荣；坚持增收与节支并重，认真抓好财税工作，推进税费改革；要进一步加快依法治县进程，坚持“两个文明”一起抓，不断加强社会主义民主法制建设和精神文明建设，维护社会稳定，实施可持续发展战略，推进经济与人口资源环境协调发展。会议强调，政府及其各部门要充分认识肩负的重大责任，进一步提高工作效率和工作水平，“讲学习、讲政治、讲正气"，强化宗旨观念，坚持依法行政，抓好廉政建设，办实事、好事，以良好的政风和优异的政绩取信于民。会议号召，全县人民要高举邓小平理论伟大旗帜，在县委领导下，坚定信心，团结一致，抓住机遇，知难而进，艰苦奋斗，以优异的成绩跨入新世纪。

## 六、县十二届人大六次会议

深泽县第十二届人民代表大会第六次会议，于2002年3月1日至3日在县政府会议楼二楼会议厅举行。3月2日上午举行大会第一次全体会议。应出席代表166名，实出席代表153名。县政府县长庞彦须作《政府工作报告》，县计划招商局局长王树凯作《关于深泽县2001年国民经济和社会发展计划执行情况与2002年国民经济和社会发展规划的报告》，县财政局局长张志强作《关于2001年财政预算执行情况与2002年财政预算的报告》，县人大常委会主任袁铁民作《深泽县人民代表大会常务委员会工作报告》，县人民法院院长李耀江作《深泽县人民法院工作报告》，县人民检察院检察长吴正育作《深泽县人民检察院工作报告》。

会议认为，2002年是中国加入世贸组织的第一年，也是实施“十五”计划的关键一年，做好2002年工作，对于推进全县改革开放和各项建设事业，具有十分重要的意义。县政府一定要继续坚持以邓小平理论和“三个代表”重要思想为指导，认真贯彻落实党的十五大、十五届五中、六中全会和县委七届八次全委（扩大）会议精神，围绕实现跨越式发展和富民强县目标，抓住机遇、下大力实施“工业立县、科教兴县、实干强县”三大主体战略和可持续发展战略，努力推动经济和社会事业持续快速健康发展，进一步增强深泽综合实力，全面提高人民生活水平和质量。会议强调，必须巩固和加强农业的基础地位，进一步深化农村改革，推进农业和农村经济结构调整，加大实施科教兴农力度，大力发展农业产业化经营和区域特色经济，努力增加农民收入。深化企业改革，建立和完善现代化企业制度，大力培育发展重点企业和优势行业，着力发展第三产业和非公有制经济，提高经济运行质量和效益。积极应对我国加入世贸组织的新形势，努力提高对内对外开放水平。加大工作力度，进一步整顿和规范市场经济秩序。大力实施科教兴县战略，强化科技创新，全面推进教育事业，重视人才的培养和引进。加快城镇建设，提高城镇管理水平，坚持可持续发展，全面落实计划生育基本国策，合理利用资源，加强生态建设和环境保护，建立和完善多层次社会保障体系，拓宽就业渠道，不断增加居民收入。会议要求，必须坚持“两手抓，两手都要硬”的方针，把依法治国和以德治国相结合，积极推进社会主义精神文明和民主法制建设。继续抓好社会主义思想道德建设和精神文明创建活动，活跃城乡居民文化生活，提高全社会的文明水平。进一步加强基层民主政治建设，保障人民群众依法行使各项权利，强化社会治安综合治理，严厉打击各种犯罪活动，维护社会稳定，保障人民安居乐业。县人民政府要认真贯彻县十二届人大六次会议精神，进一步解放思想，更新观念，加快职能转变，改进工作作风，坚持依法行政，从严治政，努力提高工作效率和工作水平。要深入开展反腐败斗争，坚持不懈抓好廉政建设。要大力发扬勤俭节约、艰苦奋斗的优良传统，反对铺张浪费，要牢固树立勤政为民的思想，全心全意为人民服务。会议号召，全县人民要高举邓小平理论伟大旗帜，坚持以江泽民“三个代表”重要思想为指导，在中共深泽县委领导下，团结一致，扎实工作，开拓奋进，为推进深泽县国民经济跨越式发展和社会全面进步而努力奋斗。

### 七、县十二届人大七次会议

深泽县第十二届人民代表大会第七次会议，于2003年1月24日至25日在县政府会议楼二楼会议厅举行。1月24日上午举行大会第一次全体会议，会议由大会执行主席、主席团常务主席袁铁民主持。应出席代表163名，实出席代表125名。会议以举手表决方式通过县十二届人大七次会议选举办法（草案）。选举产生深泽县出席石家庄市第十一届人民代表大会代表17名。

## 第二节　会议选举

县十二届人大历次会议，共选举产生县国家机关工作人员32人。

**县人大常委会**

主　任：

袁铁民　　1998年2月17日县十二届人大一次会议第二次全体会议当选

副主任：

邸庆忠　　1998年2月17日县十二届人大一次会议第二次全体会议当选

刘殿欣　　1998年2月17日县十二届人大一次会议第二次全体会议当选

张占勋　　1998年2月17日县十二届人大一次会议第二次全体会议当选

纪同振　　1998年2月17日县十二届人大一次会议第二次全体会议当选

委　员（1998年2月17日县十二届人大一次会议第二次全体会议当选）：

| | | | |
|---|---|---|---|
| 裴秀品（女） | 李新田（女） | 王国章 | 张振朝 |
| 曹计敏 | 高晴君 | 曹青哲 | 李敬伟（女） |
| 冯志广 | 纪会改（女） | 马文科 | 崔荣欣 |
| 袁明栓 | 陈发文 | | |

程彦波（2000年2月23日县十二届人大四次会议第二次全体会议当选）

## 县人民政府

县　长：

郭领域　　1998年2月17日县十二届人大一次会议第二次全体会议当选

张双全　　1999年5月28日县十二届人大三次会议第二次全体会议当选

庞彦须　　2001年2月23日县十二届人大五次会议第二次全体会议当选

副县长：

贾连海　　1998年2月17日县十二届人大一次会议第二次全体会议当选

杜银茂　　1998年2月17日县十二届人大一次会议第二次全体会议当选

秦占波　　1998年2月17日县十二届人大一次会议第二次全体会议当选

冯玉春　　1998年2月17日县十二届人大一次会议第二次全体会议当选

韩清榕　　1998年2月17日县十二届人大一次会议第二次全体会议当选

李立水　　1998年2月17日县十二届人大一次会议第二次全体会议当选

## 县人民法院

院　长：

陈联记　　1998年2月17日县十二届人大一次会议第二次全体会议当选

李耀江　　2001年2月23日县十二届人大五次会议第二次全体会议当选

## 县人民检察院

检察长：

吴正育　　1998年2月17日县十二届人大一次会议第二次全体会议当选

附：县十二届人大常委会主任简历

袁铁民，深泽县城内村人，中共党员。历任深泽县武装部参谋、科长、副部长，束鹿县、行唐县武装部副部长，深泽县委常委、武装部部长，深泽县委副书记，深泽县人大常委会主任。

# 第三节　会议组织

## 一、县十二届人大一次会议

（一）大会临时党组

书记：王文治

副书记：

| | | | |
|---|---|---|---|
| 袁铁民 | 郭领域 | 郑宗起 | 赵贵世 |

成　员：

| | | | |
|---|---|---|---|
| 袁民杰 | 焦文考 | 刘晓英 | 康占桥 |
| 李会平 | 赵英民 | 杨玉平（女） | |

（二）主席团和秘书长

| | | | |
|---|---|---|---|
| 马文科 | 王文治 | 王国章 | 冯志广 |
| 刘殿欣 | 纪会改（女） | 纪同振 | 李敬伟（女） |
| 李新田（女） | 邸庆忠 | 张占勋 | 张振朝 |
| 陈发文 | 陈振武 | 郑宗起 | 赵贵世 |
| 袁民杰 | 袁明栓 | 袁铁民 | 高晴君 |
| 郭领域 | 贾连海 | 曹计敏 | 曹青哲 |
| 崔荣欣 | 裴秀品（女） | | |

秘书长：刘殿欣（兼）

（三）主席团常务主席

| | | | |
|---|---|---|---|
| 王文治 | 袁铁民 | 郭领域 | 郑宗起 |
| 赵贵世 | 邸庆忠 | 刘殿欣 | 张占勋 |
| 纪同振 | | | |

（四）主席团执行主席

2月14日

| | | | |
|---|---|---|---|
| 袁铁民 | 郭领域 | 刘殿欣 | 李新田（女） |
| 陈发文 | 冯志广 | 马文科 | |

2月15日

| | | | |
|---|---|---|---|
| 贾连海 | 邸庆忠 | 纪同振 | 裴秀品（女） |
| 王国章 | 曹青哲 | 崔荣欣 | |

2 月 16 日

王文治　赵贵世　张占勋　曹计敏

纪会改（女）　袁明栓

2 月 17 日

陈振武　郑宗起　袁民杰　张振朝

高晴君　李敬伟（女）

（五）财经审查委员会

主任委员：纪同振

委　员：

冯志广　曹青哲　吕兵武　宋更全

刘志申　赵培英

（六）议案审查委员会

主任委员：刘殿欣

委员：

纪会改（女）　高晴君　崔荣欣　邢茂福

许礼英　刘敬然（女）

（七）副秘书长

王国章　周子波　秦会欣（女）　张学荣

王建榜　曹占英

## 二、县十二届人大二次会议

（一）大会临时党组

书　记：王文治

副书记：

袁铁民　郭领域　郑宗起　贾连海

赵贵世

成　员：

袁民杰　焦文考　刘晓英　康占桥

李会军　赵英民　杨玉平

（二）主席团成员

马文科　王文治　王国章　冯志广

刘殿欣　纪会改（女）　纪同振　李敬伟（女）

李新田（女）　邸庆忠　张占勋　张振朝

陈发文　陈振武　郑宗起　赵贵世

袁民杰　袁明栓　袁铁民　高晴君

郭领域　　贾连海　　曹计敏　　曹青哲

崔荣欣　　裴秀品（女）

（三）秘书长：刘殿欣（兼）

（四）主席团常务主席

王文治　　袁铁民　　郭领域　　郑宗起

赵贵世　　邸庆忠　　刘殿欣　　张占勋

纪同振

（五）主席团执行主席名单

2月24日

王文治　　袁铁民　　郭领域　　刘殿欣

李新田（女）　　冯志广　　马文科　　陈发文

2月25日

贾连海　　赵贵世　　邸庆忠　　纪同振

裴秀品（女）　　王国章　　曹青哲　　崔荣欣

李敬伟（女）

2月26日

郑宗起　　陈振武　　张占勋　　袁民杰

张振朝　　高晴君　　曹计敏　　纪会改（女）

袁明栓

（六）副秘书长

王国章　　周子波　　秦会欣（女）　　张学荣

杨恩科　　王建榜　　曹占英

（七）计划预算审查委员会

主任委员：纪同振

委员：

冯志广　　曹青哲　　吕兵武　　宋更全

刘志申　　赵培英

（八）议案审查委员会

主任委员：刘殿欣

委员：

纪会改（女）　　高晴君　　崔荣欣　　邢茂福

许礼英　　刘敬然（女）

## 三、县十二届人大三次会议

（一）大会临时党组

书　记：王文治

副书记：袁铁民　张双全

成　员：

| | | | |
|---|---|---|---|
| 贾连海 | 赵贵世 | 邸庆忠 | 刘殿欣 |
| 纪同振 | 袁民杰 | 焦文考 | 康占桥 |
| 李会军 | 杨玉平 | 王成果 | 赵培英 |
| 张英利 | 李　林 | 邸新月 | 赵永红 |
| 刘彦军 | | | |

（二）主席团成员

| | | | |
|---|---|---|---|
| 马文科 | 王文治 | 王国章 | 冯志广 |
| 刘殿欣 | 纪会改（女） | 纪同振 | 李敬伟（女） |
| 李新田（女） | 邸庆忠 | 张双全 | 张占勋 |
| 张振朝 | 陈发文 | 陈振武 | 赵贵世 |
| 袁民杰 | 袁明栓 | 袁铁民 | 高晴君 |
| 贾连海 | 曹计敏 | 曹青哲 | 崔荣欣 |
| 裴秀品（女） | | | |

（三）秘书长：刘殿欣（兼）

（四）主席团常务主席

| | | | |
|---|---|---|---|
| 王文治 | 袁铁民 | 张双全 | 赵贵世 |
| 邸庆忠 | 刘殿欣 | 张占勋 | 纪同振 |

（五）主席团执行主席名单

2月27日

| | | | |
|---|---|---|---|
| 王文治 | 张双全 | 贾连海 | 刘殿欣 |
| 纪同振 | 裴秀品（女） | 李新田（女） | 王国章 |
| 曹青哲 | 冯志广 | 马文科 | 崔荣欣 |
| 陈发文 | | | |

2月28日

| | | | |
|---|---|---|---|
| 袁铁民 | 陈振武 | 赵贵世 | 袁民杰 |
| 邸庆忠 | 张占勋 | 张振朝 | 曹计敏 |
| 高晴君 | 李敬伟（女） | 纪会改（女） | 袁明栓 |

（六）副秘书长

| | | | |
|---|---|---|---|
| 王国章 | 周子波 | 张学荣 | 杨恩科 |

王建榜

## 四、县十二届人大四次会议

（一）大会临时党组

书　记：王文治

副书记：袁铁民　张双全

成　员：

| | | | |
|---|---|---|---|
| 贾连海 | 赵贵世 | 邸庆忠 | 刘殿欣 |
| 纪同振 | 杨玉平（女） | 康占桥 | 焦文考 |
| 姜增雪 | 冉荣广 | 崔荣欣 | 张志兵 |

（二）主席团成员

| | | | |
|---|---|---|---|
| 马文科 | 王文治 | 王国章 | 冯志广 |
| 刘殿欣 | 纪会改（女） | 纪同振 | 李敬伟（女） |
| 李新田（女） | 邸庆忠 | 张双全 | 张占勋 |
| 张振朝 | 陈发文 | 陈振武 | 赵贵世 |
| 袁民杰 | 袁明栓 | 袁铁民 | 高晴君 |
| 贾连海 | 曹计敏 | 曹青哲 | 崔荣欣 |
| 裴秀品（女） | | | |

（三）秘书长：刘殿欣（兼）

（四）副秘书长：

| | | | |
|---|---|---|---|
| 程彦波 | 秦会欣 | 袁永福 | 王建榜 |
| 张振波 | | | |

（五）主席团常务主席

| | | | |
|---|---|---|---|
| 王文治 | 袁铁民 | 张双全 | 赵贵世 |
| 邸庆忠 | 刘殿欣 | 张占勋 | 纪同振 |

（六）执行主席分组名单

2月21日

| | | | |
|---|---|---|---|
| 贾连海 | 刘殿欣 | 纪同振 | 裴秀品（女） |
| 王国章 | 曹青哲 | 李敬伟（女） | 崔荣欣 |
| 冯志广 | | | |

2月22日

| | | | |
|---|---|---|---|
| 袁铁民 | 张双全 | 邸庆忠 | 李新田（女） |
| 陈发文 | 马文科 | 张占勋 | 纪会改（女） |
| 袁明栓 | | | |

2月23日

| | | | |
|---|---|---|---|
| 王文治 | 袁铁民 | 陈振武 | 赵贵世 |
| 袁民杰 | 张占勋 | 张振朝 | 曹计敏 |
| 高晴君 | | | |

（七）计划预算审查委员会

主任委员：纪同振

委　　员：

| | | | |
|---|---|---|---|
| 冯志广 | 曹青哲 | 吕兵武 | 宋更全 |
| 刘志申 | 赵培英 | | |

（八）议案审查委员会

主任委员：刘殿欣

委　　员：

| | | | |
|---|---|---|---|
| 纪会改（女） | 高晴君 | 崔荣欣 | 邢茂福 |
| 许礼英 | 刘敬然（女） | | |

## 五、县十二届人大五次会议

（一）大会临时党组

书　记：王文治

副书记：袁铁民　庞彦须

成　员：

| | | | |
|---|---|---|---|
| 贾连海 | 宋存汉 | 邸庆忠 | 刘殿欣 |
| 纪同振 | 杨玉平（女） | 康占桥 | 焦文考 |
| 姜增雪 | 冉荣广 | 孙会平 | 张志兵 |
| 张军波 | 韩周顺 | | |

（二）主席团成员

| | | | |
|---|---|---|---|
| 马文科 | 王文治 | 王国章 | 刘殿欣 |
| 纪会改（女） | 纪同振 | 宋存汉 | 李敬伟（女） |
| 李新田（女） | 邸庆忠 | 张占勋 | 张振朝 |
| 陈发文 | 陈振武 | 庞彦须 | 袁民杰 |
| 袁明栓 | 袁铁民 | 高晴君 | 贾连海 |
| 曹计敏 | 曹青哲 | 崔荣欣 | 程彦波 |
| 裴秀品（女） | | | |

（三）秘书长：刘殿欣（兼）

（四）副秘书长

| | | | |
|---|---|---|---|
| 程彦波 | 秦会欣 | 袁永福 | 王建榜 |
| 韩立辉 | | | |

（五）主席团常务主席

| | | | |
|---|---|---|---|
| 王文治 | 袁铁民 | 庞彦须 | 宋存汉 |
| 邸庆忠 | 刘殿欣 | 张占勋 | 纪同振 |

（六）执行主席

2月20日

| | | | |
|---|---|---|---|
| 袁铁民 | 刘殿欣 | 裴秀品（女） | 王国章 |
| 曹青哲 | 李敬伟（女） | 程彦波 | 崔荣欣 |

2月21日

| | | | |
|---|---|---|---|
| 庞彦须 | 贾连海 | 张占勋 | 李新田（女） |
| 陈发文 | 马文科 | 纪会改（女） | 袁明栓 |

2月22日

| | | | |
|---|---|---|---|
| 王文治 | 陈振武 | 邸庆忠 | 纪同振 |
| 袁民杰 | 宋存汉 | 张振朝 | 曹计敏 |
| 高晴君 | | | |

（七）议案审查委员会

主任委员：刘殿欣

委　　员：

| | | | |
|---|---|---|---|
| 纪会改（女） | 高晴君 | 崔荣欣 | 邢茂福 |
| 许礼英 | 刘敬然（女） | 赵路通 | |

（八）计划预算审查委员会

主任委员：纪同振

委　　员：

| | | | |
|---|---|---|---|
| 冯志广 | 曹青哲 | 吕兵武 | 宋更全 |
| 刘志申 | 赵培英 | | |

## 六、县十二届人大六次会议

（一）大会临时党组

书　记：王文治

副书记：袁铁民　庞彦须

成　员：

| | | | |
|---|---|---|---|
| 宋存汉 | 邸庆忠 | 刘殿欣 | 纪同振 |
| 康占桥 | 焦文考 | 杨玉平（女） | 张志兵 |
| 姜增雪 | 冉荣广 | 崔荣欣 | |

（二）主席团成员

| | | | |
|---|---|---|---|
| 马文科 | 王文治 | 王国章 | 刘殿欣 |

| | | | |
|---|---|---|---|
| 纪会改（女） | 纪同振 | 宋存汉 | 李敬伟（女） |
| 李新田（女） | 邸庆忠 | 张占勋 | 张振朝 |
| 陈振武 | 庞彦须 | 袁民杰 | 袁明栓 |
| 袁铁民 | 高晴君 | 贾连海 | 曹计敏 |
| 曹青哲 | 崔荣欣 | 程彦波 | 裴秀品（女） |

（三）秘书长：刘殿欣（兼）

（四）副秘书长

| | | | |
|---|---|---|---|
| 程彦波 | 梁建涛 | 袁永福 | 王建榜 |
| 韩立辉 | | | |

（五）主席团常务主席

| | | | |
|---|---|---|---|
| 王文治 | 袁铁民 | 庞彦须 | 宋存汉 |
| 邸庆忠 | 刘殿欣 | 张占勋 | 纪同振 |

（六）大会执行主席

3 月 2 日

| | | | |
|---|---|---|---|
| 邸庆忠 | 刘殿欣 | 裴秀品（女） | 王国章 |
| 曹青哲 | 李敬伟（女） | 程彦波 | 崔荣欣 |

3 月 3 日

| | | | |
|---|---|---|---|
| 庞彦须 | 张占勋 | 李新田（女） | 马文科 |
| 高晴君 | 纪会改（女） | 袁明栓 | |

3 月 4 日

| | | | |
|---|---|---|---|
| 王文治 | 袁铁民 | 陈振武 | 纪同振 |
| 袁民杰 | 宋存汉 | 张振朝 | 曹计敏 |

（七）计划预算审查委员会

主任委员：纪同振

委　　员：

| | | | |
|---|---|---|---|
| 冯志广 | 曹青哲 | 吕兵武 | 宋更全 |
| 刘志申 | 赵培英 | | |

（八）议案审查委员会

主任委员：刘殿欣

委　　员：

| | | | |
|---|---|---|---|
| 纪会改（女） | 高晴君 | 崔荣欣 | 邢茂福 |
| 许礼英 | 刘敬然（女） | 赵路通 | |

## 七、县十二届人大七次会议

（一）大会临时党组

书　记：王文治

副书记：袁铁民　庞彦须

成　员：

邱庆忠　刘殿欣　纪同振　康占桥

焦文考　杨玉平（女）　张志兵　姜增雪

冉荣广　崔荣欣

（二）主席团成员

马文科　王文治　王国章　刘殿欣

纪会改（女）　纪同振　李敬伟（女）　李新田（女）

邱庆忠　张占勋　张振朝　陈振武

陈联记　庞彦须　袁民杰　袁明栓

袁铁民　高晴君　曹计敏　曹青哲

崔荣欣　程彦波　裴秀品（女）

（三）秘书长：刘殿欣（兼）

（四）副秘书长：程彦波　袁国良　王建榜

（五）主席团常务主席

王文治　袁铁民　庞彦须　邱庆忠

刘殿欣　张占勋　纪同振

（六）大会执行主席

1 月 24 日

王文治　袁铁民　陈振武　袁民杰

刘殿欣　张占勋　裴秀品（女）　王国章

曹计敏　曹青哲　程彦波　崔荣欣

1 月 25 日

庞彦须　陈联记　邱庆忠　纪同振

李新田（女）　张振朝　高晴君　李敬伟（女）

马文科　袁明栓　纪会改（女）

# 第四章　人民代表大会常务委员会

深泽县第十二届人大常委会，坚持以邓小平理论和“三个代表”重要思想为指导，认真履行宪法和法律赋予的决定权、监督权、人事任免权等各项职权，定期召开人大常委会会议，听取有关报告，决定重大事项，有效推进全县依法治县进程。

## 第一节　常委会会议

1998年2月18日至2003年4月25日，县十二届人大常委会共举行常委会会议39次。

**第一次会议**　1998年2月18日在县人大会议室召开。县人大常委会主任袁铁民，副主任邸庆忠、刘殿欣、张占勋、纪同振，委员王国章、冯志广、纪会改、陈发文、张振朝、李敬伟、袁明栓、高晴君、曹计敏、曹青哲、崔荣欣出席会议。会议由袁铁民主持。

会议通报县第十二届人大常委会主任和副主任分工。袁铁民主持人大常委会全面工作。邸庆忠主管政法和信访工作，刘殿欣主管代表和人大办公室工作，张占勋主管科教文卫工作，纪同振主管财经工作。会议通过深泽县第十二届人大常委会代表资格审查委员会组成人员名单。

深泽县第十二届人大常委会代表资格审查委员会

主任委员：刘殿欣

委　员：纪会改　　高晴君

会议审议通过深泽县人大常委会1998年工作要点和主要工作安排意见。

**第二次会议**　1998年4月30日在政府会议楼第一会议室召开。县人大常委会主任袁铁民，副主任刘殿欣、纪同振，委员裴秀品、王国章、冯志广、纪会改、陈发文、张振朝、李敬伟、高晴君、曹计敏、曹青哲出席会议。县政府副县长韩清榕，县政协副主席邸子军，县法院副院长苗新芳、县检察院副检察长杜印安和县人大常委会、县政府有关部门负责人列席会议。会议由袁铁民主持。

会议听取县收费管理局局长杜秀欣代表县政府所作的《关于预算外资金管理情况的报告》。会议认为，深泽县预算外资金的管理在短时间内取得了很大成绩，使预算外资金管理走上了规范化、科学化、法制化轨道，为确保财政收入作出贡献。要求进一步加大工作力度，采取切实可行的措施，解决多收少交、两本账的问题，控制不合法、不合理的开支，减少资金流失。建议县政府把预算外资金管理纳入议事日程，尽快出台有关政策或意见，给主管部门以支持，把工作做得更好。

会议审议县人大常委会《关于加快依法治县进程的决议（草案）》。会议审议通过县人大常委会有关议事规则、工作办法、规定共6项规章制度。

**第四次会议** 1998年6月26日在政府会议楼第四会议室召开。县人大常委会主任袁铁民，副主任邸庆忠、刘殿欣、张占勋、纪同振，委员裴秀品、王国章、冯志广、纪会改、张振朝、李敬伟、高晴君、曹计敏、曹青哲出席会议。县政府副县长李立水，县政协副主席邸子军，县检察院检察长吴正育列席会议。会议由袁铁民主持。

会议听取县政府序列拟任各局长1998年工作思路和完成考核目标主要措施。会议认为，各局围绕县委提出的"争先进位建强县"目标和"工业立县、科教兴县、实干强县"三大主体战略，提出了切实可行的工作目标和方法措施。思路宽阔，态度明朗，有为深泽经济腾飞的决心和信心，能担负人民赋予的重任。会议对拟任各局局长进行政治、法律知识考试。以无记名投票表决方式任命政府提名的26位局级正职。

**第五次会议** 1998年8月18日在政府会议楼第二会议室召开。县人大常委会主任袁铁民，副主任邸庆忠、刘殿欣、张占勋、纪同振，委员裴秀品、王国章、纪会改、张振朝、李敬伟、袁明栓、高晴君、曹计敏、曹青哲、崔荣欣出席会议。县政府副县长贾连海、秦占波，县政协副主席邸子军，县法院院长陈联记、县检察院检察长吴正育及有关部门负责人列席会议。

会议听取县政府《关于企业改制、减轻企业负担情况的报告》。会议建议：1. 要进一步提高企业改制工作的认识，把此项工作纳入县政府主要议事日程，要坚定不移，积极稳妥，依法扎实推进。2. 企业改制工作中要增强社会责任，切实解决好离退休人员两费问题和职工安置问题。3. 要制止和杜绝随便买卖企业的问题，要防止企业改制过程中国有资产的流失。4. 对企业改制工作要因企制宜，防止一刀切，赶风头，要走好自己的路。5. 要加强对转型企业的宏观管理，及时总结经验，推广典型，尽快解决出现的新矛盾，新问题，要按改制、改组、改造和加强管理即"三改一加强"思路指导企业发展，促使转制企业尽快发挥出新体制的活力。

会议听取县政府《关于"三五"普法工作的报告》。会议要求，要继续加大普法工作领导力度、宣传力度、落实力度。要抓好典型，改进方法，提高质量。要注意抓时机，用好多种载体，面向群众增强普法工作的广泛性。要抓好干部和青少年两个重点。定期对干部职工进行法律知识培训、考核。

**第六次会议** 1998年9月25日在人大会议室召开。县人大常委会主任袁铁民，副主任邸庆忠、刘殿欣、张占勋、纪同振，委员裴秀品、王国章、张振朝、曹计敏、高晴君、曹青哲、李敬伟、冯志广、崔荣欣、陈发文出席会议。县政府副县长贾连海、杜银茂，县政协副主席康彩芬，县法院院长陈联记、县检察院副检察长杜印安，有关部门负责人列席会议。

会议听取县政府《关于贯彻实施"科教兴县"情况的报告》。会议建议：1. 进一步加深对实施“科教兴县”的认识，提高全民科教意识，迎接知识经济的到来。县政府要把此项工作纳入主要议事日程，依靠科技发展，积极推进县域经济持续、快速、健康发展。2. 继续加强与大专院校及科研部门的联系，充分依托院校科研部门，加速新技术引进，新成果转化。3. 加大科技投入和人才引进，政府要对必要的方面实行有目的的政策倾斜，改善对科技人员的待遇，保持科技队伍的相对稳定。在现有的基础上，县属机关内可实行人才调节，充实科技力量，使科技队伍后继有人。4. 加快人才培养，政府转变观念，鼓励社会办学，把政府办学与社会办学有机结合起来，尽快研究出台有关政策。在政府财力紧张的形势下，可采取措施，尽量满足学生的学习场地。5. 要努力改善和落实科技人员的待遇，确保科技人员的工资按时足额到位。

会议听取县政府《关于推行社会保险制度情况的报告》。会议建议：既要加大宏观调控又要有必要的强制措施，才能确保养老保险金足额收缴到位。要将社会保险工作纳入法制轨道，加大落实力度。现阶段要集中精力进行大规模宣传，建立起规范化、法制化的社会保险制度。

**第七次会议**　1998 年 11 月 26 日在人大会议室召开。县人大常委会主任袁铁民，副主任邸庆忠、刘殿欣、张占勋、纪同振，委员裴秀品、冯志广、张振朝、李敬伟、高晴君、曹计敏、曹青哲出席会议。县政府副县长贾连海、杜银茂、秦占波，县政协副主席邸子军，县法院副院长苗新芳、县检察院副检察长王明起，县政府有关部门负责人列席会议。会议由袁铁民主持。

会议听取县政府《关于发展非国有制经济情况的报告》。会议建议：1. 县政府制定措施，加大发展非国有制经济的力度。2. 县政府要多搞服务，创造宽松的环境，有潜力的企业要重点扶持。3. 要进一步加强对传统行业的技术改造，大力引进高新技术，提高企业管理水平和产品科技含量。4. 要坚决制止企业的“五乱”现象，确保非公有制经济快速、健康发展。

会议听取县政府《关于 1998 年 1—9 月县本级预算执行情况及其他财政收支审计情况的报告》。会议建议：1. 县政府在预决算上要专题研究，要保收保支。2. 要注意加强对非国有制企业税收的征管力度及对纳入预算的行政性收费的管理，确保财政收入增长和收支平衡，严格按照预算安排支出，厉行节约，反对浪费，有保有压，使有限财力发挥最大作用。

会议听取和审议县政府《关于办理县第十二届人民代表大会第一次会议人大代表建议、意见情况的报告》。会议认为，本届政府对代表提出的建议、意见办理速度快，答复代表具体。会议建议：1. 今后对代表提出的建议、意见，要及时、准确地按照建议、意见要求的内容答复代表。2. 针对代表对建议、意见办理的期望值高和紧迫心理，县政府要本着负责到底的态度，尽快落实，确实办不了的不许空愿，列入议程，创造条件解决。

会议听取和审议县政府《关于道路建设改造、拓宽安辛线建设情况的报告》。会议建议：县政府要做好安辛线公路两侧的规划，建设要把好关。乡级公路要设立养路工，县政府协调有关部门，解决养路工的待遇问题。

会议研究讨论召开深泽县第十二届人民代表大会第二次会议的有关事宜。

**第八次会议**　1998 年 12 月 30 日在县人大会议室召开。县人大常委会主任袁铁民，副主任刘殿欣、张占勋，委员李新田、王国章、张振朝、曹计敏、高晴君、曹青哲、李敬伟、冯志广、马文科、袁明栓出席会议。县政府副县长贾连海，县政协副主席邸子军，县法院院长苗新芳、县检察院检察长吴正育及有关人员列席会议。会议由袁铁民主持。

会议审议通过《深泽县人大常委会关于乡镇人民代表大会换届选举的实施方案》，县换届选举领导小组组成人员名单，批准6个乡镇换届选举委员会组成人员名单。

会议通过人事任免事项。

**第九次会议** 1999年2月5日在人大会议室召开。县人大常委会主任袁铁民，副主任邸庆忠、刘殿欣、张占勋、纪同振，委员裴秀品、李新田、王国章、张振朝、曹计敏、高晴君、曹青哲、李敬伟、冯志广、崔荣欣出席会议。县政府副县长贾连海，县检察院检察长吴正育及有关人员列席会议。会议由邸庆忠主持。

会议审议通过《关于召开深泽县第十二届人民代表大会第二次会议的决定》，审议通过县第十二届人民代表大会第二次会议议程（草案）和主席团组成人员名单、秘书长建议名单，计划预算审查委员会，议案审查委员会组成人员建议名单，审议通过县第十二届人民代表大会第二次会议列席人员名单和范围。

原则通过县人大常委会工作报告，并同意按常委会意见修改后，提交县第十二届人民代表大会第二次会议审议通过。

审议通过县人大常委会1999年工作要点及主要工作安排（草案）。

会议通过人事任免事项。

**第十次会议** 1999年4月9日在政府会议楼第一会议室召开。县人大常委会主任袁铁民，副主任邸庆忠、刘殿欣、张占勋、纪同振，委员裴秀品、王国章、张振朝、曹计敏、高晴君、曹青哲、李敬伟、冯志广、纪会改、崔荣欣出席会议。县政府副县长贾连海，县政协副主席王运生，县检察院检察长吴正育、县法院副院长陈永军及县人大常委会办公室、政府办公室、县劳人局、县基金会有关负责人和各乡镇1名代表列席会议。会议由袁铁民主持。

会议听取乡镇人大换届选举工作完成情况的汇报。会议认为，这次乡镇换届选举法律程序严格，党委重视，准备工作充分，工作认真，步骤清晰，真正选出了一批在改革开放、经济建设和精神文明建设中作出突出贡献的先进人物，代表总体水平比往年有所提高，这无疑对今后加强各乡镇人大工作，起到一定的积极作用，也为广大人民参政议政打下了坚实的基础。

会议听取副县长贾连海代表县政府所作的《关于农村合作基金会贷款收缴规范运行情况的报告》。会议认为，县政府在1998年出现的基金会危机中，态度明朗，措施得力，把矛盾化解到了最低点，保护了人民群众的利益，人民法院在依法收贷过程中，起到了一定积极作用，成绩是有目共睹的。为了加快基金会贷款收缴及规范运行，会议建议县政府：1. 要毫不松懈地加快依法收贷步伐，确立整顿规范目标，要看到难度，要把此项工作摆在重要位置上，和全县人民齐心协力共渡难关。2. 要加大加快基金会内部的清理整顿，不断提高基金会的整体素质。对群众反映较强烈的问题，要有结果、有说法、要有强制性措施、要做到规范整顿与依法收贷同时并进，对当前存在的问题和人大调查报告所提的建议、措施及确保农村合作基金会平稳过渡的情况，县政府要站在人民利益高于一切的立场上予以考虑、落实。会议对县法院加大收贷力度等方面提出建议。

会议通过人事任免事项。

**第十一次会议**　1999 年 5 月 17 日在政府会议楼第一会议室召开。县人大常委会主任袁铁民，副主任刘殿欣、张占勋、纪同振，委员裴秀品、王国章、张振朝、曹计敏、高晴君、曹青哲、李敬伟、纪会改、崔荣欣、袁明栓出席会议。县政府副县长冯玉春，县政协副主席邸子军，县法院院长陈联记、县检察院检察长吴正育以及县人大常委会办公室、政府办公室有关人员列席会议。会议由袁铁民主持。会议接受郭领域辞去深泽县人民政府县长职务，决定任命张双全为深泽县人民政府副县长、代理县长。

**第十二次会议**　1999 年 5 月 26 日在人大会议室召开。县人大常委会主任袁铁民，副主任邸庆忠、刘殿欣、张占勋、纪同振，委员王国章、张振朝、高晴君、曹青哲、李敬伟、纪会改、崔荣欣、袁明栓出席会议。县政府副县长韩清榕，县法院院长陈联记、县检察院检察长吴正育以及各乡镇人大主席、副主席，县直代表团代表魏宏拴、杨玉平和县人大常委会有关人员列席会议。会议由袁铁民主持。

会议研究确定召开深泽县第十二届人民代表大会第三次会议的有关事宜。

**第十三次会议**　1999 年 6 月 10 日分别在工商局会议室和人大会议室举行。县人大常委会主任袁铁民，副主任邸庆忠、刘殿欣、张占勋，委员李新田、王国章、张振朝、曹计敏、高晴君、曹青哲、李敬伟、纪会改、袁明栓出席会议。县政府副县长贾连海，县法院院长陈联记、县检察院检察长吴正育以及各局正职列席上午的会议。会议由刘殿欣主持。

上午，县工商局局长陈振英作题为“加大执法力度，强化市场监管，发挥职能作用，服务经济发展，推动工商行政管理再上新台阶”的汇报，县人大常委会副主任邸庆忠代表县人大常委会评议组作“关于对工商行政管理工作的考察报告”，然后进行分组评议。会议认为，为促进县域经济的快速发展，工商行政管理局做了大量工作，成绩是有目共睹的。通过了解座谈，工商行政管理工作中也存在一些问题，为此，会议建议：1. 工商部门要制定发展规划，对于初具规模的专业市场要重点扶植。县政府要制定优惠政策，协调各有关部门，加强统一管理，使这些专业市场迅速发展壮大。2. 继续加强工商队伍的思想作风建设，进一步提高工商人员的执法水平。工商部门对雇用人员应加强培训，不断提高业务素质。3. 新建市场起点要高，各种设施要一步到位，要克服困难，加大资金投入。4. 市场各种税费的收取要适度。要管好市场，扶植市场，发展市场。5. 县政府应对市场萎缩问题高度重视，建议恢复四月庙会。6. 政府应加大对消协的投入，解决消协人力、财力、交通、通信等问题，加强对消协的领导，使其发挥应有作用。

下午，常委会继续进行第二项议题，由袁铁民主持，表决通过人事任免事项。

**第十四次会议**　1999 年 9 月 7 日在县人大常委会会议室召开。县人大常委会主任袁铁民，副主任邸庆忠、刘殿欣、张占勋、纪同振，委员裴秀品、李新田、王国章、张振朝、曹计敏、高晴君、曹青哲、李敬伟、纪会改、袁明栓出席会议。县政府副县长杜银茂、冯玉春、秦占波，县政协副主席邸子军，县法院院长陈联记、县检察院副检察长袁振发，县人大代表陈军及政府有关部门负责人列席会议。会议由袁铁民主持。

会议听取和审议县政府《关于土地延包30年、农业结构调整、产业化经营及科教兴县等工作进展情况报告》；听取和审议县政府《关于县域经济环境整治及工业上项目、增投入、转机制、强管理情况的工作报告》；听取和审议县政府《关于城乡建设情况的报告》。

在听取县政府三项报告后，先分组审议，再进行集中审议。会议认为：政府在上述工作中做了大量工作，取得了一定成绩，会议批准这三个报告。同时，针对工作中存在的问题，提出建议。就土地延包30年、农业结构调整、产业化经营和科教兴县工作，会议建议：1.加大土地延包工作的宣传力度，要像抓“三提五统”工作那样抓土地延包工作，以加快延包工作的进度，争取今冬明春完成。2.对人地矛盾突出和没有班子的村，政府要协调解决，确保农村稳定。3.围绕提高农产品质量提高，有关部门要加快引进新品种、新技术，先示范后推广。4.政府应就调整农业产业结构，研究制定相关政策，出一个指导性文件，解决调什么，怎么调的问题。5.政府及有关部门要在为农户服务方面下真功夫，多为农户提供信息，跑销路，为农业产业化发展创造宽松、良好的环境。

就县域经济环境整治及工业上项目、增投入、转机制、强管理工作，会议建议：1.对已转制的企业，政府要加强善后工作。2.上项目、跑项目要建立多途径、多渠道，要对口，有目的地跑，克服盲目性和形式主义，保证资金、项目引进的实际效果。

就城乡建设工作开展情况，会议建议：1.要解决重建设、轻管理的问题，政府出台的有关城建规划、办法及制度，要切实落到实处。2.城内主要街道的临街建筑，要克服样式单一、陈旧的通病，要力求创新，有所突破。3.要加大红绿灯四角建筑工程安排的工作力度，政府要有决心，要专题研究，尽快加以解决，以维护政府的形象。4.城内卫生管理不力，垃圾乱扔乱放，建议政府及主管部门加大管理力度。5.对安辛线公路两旁建筑垃圾要及时进行整治。

**第十五次会议**　1999年11月30日在政府会议楼第一会议室召开。县人大常委会主任袁铁民，副主任邸庆忠、刘殿欣、张占勋、纪同振，委员王国章、张振朝、曹计敏、高晴君、曹青哲、李敬伟、崔荣欣、袁明栓出席会议。县政府副县长贾连海、秦占波，县政协副主席王运生，县法院院长陈联记、县检察院检察长吴正育及政府有关部门负责人列席会议。上午邀请驻深泽县的省、市人大代表及乡镇人大主席列席会议。会议议题共六项，会期1天。

上午议题3项：听取和审议县政府《关于“九件实事”进展情况的报告》；听取和审议县政府《关于办理人代会建议、批评和意见的情况报告》；听取和审议县政府《关于1999年1—10月财政预算执行情况的报告》。

会议在听取县政府三项报告后，先分组审议，再进行集中审议。会议认为，政府在上述工作中做了大量工作，对于取得的战绩应给予肯定。会议针对工作中存在的问题提出建议：

就县政府关于“九件实事”进展情况，会议建议：1.文化活动中心摊位乱摆乱放没有文化味，应下大力进行整顿，让人民群众活动起来。2.应加大管理城容城貌力度，建议政府部门解决好建筑垃圾乱摊乱放问题，要与建筑户签协议，规定垃圾摆放位置。3.应加强深泽县城镇形象建设，尤其要加强交警自身形象建设。4.红绿灯安装应明确时间限期完成。5.街道两旁的小吃摊点应在每天上午8点30分前全部清光。

就县政府关于办理人代会建议、批评和意见的情况，会议提出：1.报告中提到“法律不允许或条件不具备而不能解决的，做出说明、解释，求得理解和谅解”，此段不妥，人大决议具有法律效力，不存在法律不允许的情况，以上报告中用语错误情况，要避免再次出现。2.报告中对全县人民普遍关心的重要建议的办理情况应逐项予以说明。

就县政府关于1999年1—10月县财政预算执行情况，会议建议：1.完成今年全年财政预算收入困难比较大，应进一步加大税收征缴力度。2.县政府有关部门应帮助骨干行业、企业找原因，进一步强化服务措施，保住税源，达到增收目的。3.财税部门不要征过头税，要扶持纳税户，同时也要防止偷税现象。

下午议题3项：会议审查批准《深泽县县域规划建设管理办法（试行）》；讨论通过县人大常委会《关于加强人民法院执行工作的决定（草案）》和《关于防范和惩治邪教活动的决议（草案）》；通过人事任免事项。

**第十六次会议** 1999年12月30日在人大会议室召开。县人大常委会主任袁铁民，副主任邸庆忠、刘殿欣、张占勋、纪同振，委员裴秀品、王国章、李新田、张振朝、曹计敏、高晴君、曹青哲、李敬伟、崔荣欣、袁明栓出席会议。县政府副县长贾连海，县法院院长陈联记、县检察院检察长吴正育以及政府有关部门负责人、县人大常委会办公室、财经科人员列席会议。会议由纪同振主持。

会议听取和审议县政府《关于调整1999年度县财政预算的报告》。会议建议：预算要实事求是，要留有余地，对预算外资金要切实加强管理，超收部分可弥补赤字。增强预算工作的法律意识，预算法有明确规定，预算一经人代会批准就具有法律效力，要做到尽量少调整或不调整。鉴于2000年预算的问题，不能盲目乐观，省市精神是淡化预算指标，建议县预算尽量遵循，不漏不虚。

会议审议并通过《深泽县人大常委会关于加强财政预算监督的暂行办法（草案）》。

会议通报深泽县人大常委会党组关于召开县第十二届人大第四次会议的意见。

**第十七次会议** 2000年2月17日在会议楼第一会议室召开。县人大常委会主任袁铁民，副主任邸庆忠、刘殿欣、张占勋、纪同振，委员裴秀品、王国章、张振朝、曹计敏、高晴君、曹青哲、李敬伟、纪会改、崔荣欣、袁明栓、陈发文出席会议。县政府副县长贾连海，县政协副主席邸子军，县法院院长陈联记、县检察院检察长吴正育列席会议。会议由袁铁民主持。

会议通过关于召开县第十二届人民代表大会第四次会议的有关事宜，讨论通过县人大常委会工作报告，通过县人大常委会关于评选先进执法单位和关于评选优秀县人大代表的安排意见，通过县人大常委会关于表彰优秀代表的决定，讨论通过县人大常委会2000年工作要点，接受冯志广辞去人大常委会委员职务，通报人大常委会党组补选常委会委员的推荐名单。

**第十八次会议** 2000年4月25日在会议楼第一会议室召开。县人大常委会主任袁铁民，副主任邸庆忠、刘殿欣、张占勋、纪同振，委员裴秀品、王国章、张振朝、曹计敏、高晴君、曹青哲、李敬伟、纪会改、崔荣欣、袁明栓、程彦波出席会议。县政府副县长秦占波、冯玉春，县政协主席王运生，县法院院长陈联记、县检察院检察长吴正育及政府有关部门负责人列席会议。会议由袁铁民主持。

会议听取冯玉春作的县政府《关于农业农村经济结构调整情况的报告》，秦占波、陈联记、吴正育分别作的落实县人大常委会《关于防范和惩治邪教活动的决议》防范和惩治邪教活动情况的报告。之后分组进行审议，再进行集中审议。

就县政府于农业农村经济结构调整情况，会议建议：1. 要站在“入世”的高度，根据市场情况指导农业产业结构调整。2. 围绕“八个工程”，发展龙头企业，抓好经济合作社或行业协会的组建，充分发挥其作用，逐步由粗放型农业生产向订单农业发展。3. 政府制定相关政策，协调金融部门，多方面筹措资金，对农民调整产业结构予以扶持。4. 建立健全服务体系，特别是涉农部门要尽快转变职能。

就“一府两院”关于落实县人大常委会《关于防范和惩治邪教活动的决议》防范和惩治邪教活动情况，会议建议：1. 对惩治邪教要提高认识，树立长期作战思想，继续做好重点人员的转化帮教工作。2. 有关部门要进一步加大科普力度，利用集日或深入学校宣传科学知识，对广大群众和青少年进行远离邪教教育。3. 由公安部门牵头，文化部门参与，对文化市场进行一次整治，重点打击算卦、相面等封建迷信活动。5 月 30 日将有关开展整治活动情况报县人大常委会。

会议通过人事任免事项。

**第十九次会议** 2000 年 6 月 16 日在会议楼第一会议室召开。县人大常委会副主任邸庆忠、刘殿欣、张占勋、纪同振，委员王国章、张振朝、曹计敏、高晴君、曹青哲、李敬伟、纪会改、崔荣欣、程彦波出席会议。县政府副县长秦占波，县法院院长陈联记及政府有关部门领导列席会议。会议由邸庆忠主持。

会议听取和审议县政府《关于县城建设情况的报告》，听取和审议县政府《关于个体私营经济及特色行业发展情况的报告》，通过县人大常委会《关于评议县公安局、县法院、县检察院工作的实施方案》。

就县城建设，会议建议：1. 抓城建的同时，要注意向高标准、高层次发展，临街建筑设计上要新颖，风格模式要多样化。2. 建筑材料和建筑垃圾乱放的问题较严重，城管部门要制定相应措施，加以管理。3. 对于车站和红绿灯四角车辆乱停、摊位乱摆的情况，政府有关部门要进一步下大力加以清理整顿。4. 在拆迁过程中要考虑周全，要做好各方面的善后工作。5. 对于原红绿灯四角建设问题，政府及有关部门尽快采取办法，加以解决，争取在年内完成。

就个体私营经济及特色行业发展问题，会议建议：1. 在抓投入过程中要注重实效，避免重投入、轻管理，忽视效益问题。2. 注重发挥管委会协会的作用，相关行业要集中打造一个品牌，创出自己的名牌品牌。3. 环保、税收、金融部门对个体经营者给予支持，政府要统一协调各有关部门，全力以赴发展个体私营经济。4. 政府要加强对各执法部门的管理，要强化服务意识，为个体私营经济创造宽松环境。5.提高个体私营者素质，对其进行培训。6.对新上项目要严格审批，要从长远发展的高度来考虑，避免先污染后治理的情况发生。

**第二十次会议**　2000年8月3日在县人大会议室召开。县人大常委会主任袁铁民，副主任邸庆忠、刘殿欣、张占勋、纪同振，委员裴秀品、王国章、张振朝、曹计敏、高晴君、曹青哲、李敬伟、纪会改、程彦波、袁明栓出席会议。县政府副县长韩清榕，县政协副主席王进武，县法院院长陈联记、县检察院检察长吴正育及县人大常委会、政府有关部门列席会议。会议由袁铁民主持。

会议听取和审议县政府《关于专业市场建设情况的报告》。会议建议：1.继续加大对市场建设的力度，建成有深泽特点的高标准市场。2.要在制约市场发展的土地和资金问题上下功夫，多渠道办市场。3.加强对市场的管理，防止欺行霸市、掺杂使假等不良习气败坏市场信誉、阻碍市场发展。4.发展专业市场与健全规范综合市场相结合。5.对有关部门乱查车、乱收费等问题，要制定严厉制裁措施，防止时紧时松，先紧后松。6.加强宣传，扩大影响，力争把专业市场越办越大，越办越活。7.专业市场发展缓慢，建议政府对市场建设要进一步论证，加快市场发展步伐。

会议审议通过县人大常委会实施个案监督办法（草案）。会议通过人事任免事项。

**第二十一次会议**　2000年10月12日在县人大会议室召开。县人大常委会主任袁铁民，副主任邸庆忠、刘殿欣、张占勋，委员裴秀品、李新田、张振朝、曹计敏、曹青哲、李敬伟、崔荣欣、袁明栓、程彦波出席会议。县政府县长张双全列席会议。会议由袁铁民主持。会议表决通过人事任免事项。

**第二十二次会议**　2000年11月7日至8日在县政府会议楼会议室举行。县人大常委会主任袁铁民，副主任邸庆忠、刘殿欣、张占勋、纪同振，委员张振朝、王国章、曹计敏、高晴君、纪会改、曹青哲、李敬伟、崔荣欣、袁明栓、程彦波出席会议。

7日上午，会议对县公安局、县法院、县检察院进行工作评议。县委副书记苑彦刚、县政府副县长秦占波，县委政法委负责人，县公安局、县法院、县检察院领导班子成员，县政府所属各部门正职，各乡镇（办事处）人大主席（副主席），县人大代表魏宏拴、张增林、陈红兴、王会英，县人大机关各科室负责人列席。会议由刘殿欣主持。会议听取县公安局局长童向阳、县法院副院长苗新芳、县检察院检察长吴正育作本单位1999年以来工作总结报告。与会人员分成三个小组，对县公安局、县法院、县检察院工作进行评议。

8日上午，会议由邸庆忠主持。听取县人大常委会评议考察组对县公安局、县法院、县检察院的工作考察报告。各评议小组召集人向会议报告本小组分组评议情况。县公安局局长童向阳、县法院党组书记李耀江、县检察院检察长吴正育分别作表态发言。县人大常委会主任袁铁民讲话。

8日下午，会议由纪同振主持。县政府常务副县长贾连海，县法院党组书记李耀江、县检察院检察长吴正育，县人大代表张增林、王会英，县财政局局长张志强，县人大常委会办公室副主任袁占强、财经科副科长陈雄志列席。会议听取和审议县政府常务副县长贾连海代表县政府所作的《关于2000年1—9月财政预算执行情况的报告》。会议建议：1.县政府要进一步加强财税工作，做到依法聚财、依法理财，做到培植财源与应收尽收相结合，对一些新上项目、新开工企业可以先予以减免，但对已经纳入正常经营、发展壮大起来的业户，要摸清底数，依法征收税金。2.县政府要进一步关注乡镇（办事处）的财政状况，采取更加有效的措施，千方百计逐步扭转被动局面，维护全县大局稳定。3.县政府要进一步完善和规范协税员制度，使之发挥更大作用。

**第二十三次会议**　2000年12月26日在县人大会议室召开。县人大常委会副主任庆忠、刘殿欣、张占勋、纪同振，委员裴秀品，王国章、张占勋、曹计敏、高晴君、曹青哲、李敬伟、纪会改、崔荣欣、袁明栓、程彦波出席会议。县政府副县长贾连海，县政协副主席邸子军，县法院党组书记李耀江、县检察院检察长吴正育，县人大常委会有关科室负责人、县政府办公室副主任张志兴、县财政局长张志强列席会议。会议由邸庆忠主持。

会议听取和审议县政府关于深泽县第十二届人民代表大会第四次会议建议和意见办理情况的报告。会议建议：1.对尚未办理完毕的代表意见、批评和建议，应督促有关部门尽快办理，尽快答复代表。2.对涉及多个部门的共性问题，县政府作好协调工作，责成牵头部门，共同解决。3.政府有关部门在代表建议、意见承办工作中，要有轻重缓急，办一件报一件，结一件。4.对比较重要的建议，可分阶段进行汇报，要把承办工作列入议事日程，常抓不懈。

会议对县政府提请的2000年度财政预算调整方案进行审议，并批准这一方案。会议建议：1.县政府要严格按《中华人民共和国预算法》办事，除特殊情况外，一般不得对财政收入和支出进行调整。2.县政府要采取得力措施，千方百计保证县人代会所批准的财政预算全面落实。

会议表决通过人事任免事项。

**第二十四次会议**　2001年1月16日在会议楼第一会议室召开。县人大常委会主任袁铁民，副主任邸庆忠、刘殿欣、张占勋、纪同振，委员裴秀品、李新田、王国章、张振朝、曹计敏、高晴君、曹青哲、李敬伟、纪会改、崔荣欣、袁明栓、程彦波出席会议。县政协副主席邸子军，县检察院检察长吴正育，县人大常委会有关科室负责人列席会议。会议由袁铁民主持。

会议讨论通过县人大常委会2001年工作要点；讨论决定关于召开深泽县第十二届人民代表大会第五次会议的有关事宜；讨论通过县人大常委会工作报告；审查批准2000年先进执法单位和优秀县人大代表名单，作出关于对先进执法单位和优秀县人大代表进行表彰的决定；通报关于补选县人大代表的工作情况。

**第二十五次会议**　2001年2月9日在县政府会议楼第一会议室召开。县人大常委会主任袁铁民，副主任邸庆忠、刘殿欣、张占勋、纪同振，委员裴秀品、李新田、王国章、张振朝、曹计敏、高晴君、曹青哲、李敬伟、纪会改、崔荣欣、程彦波出席会议。县委副书记、县政府党组书记庞彦须，县法院代院长李耀江列席会议。会议由袁铁民主持。会议接受张双全辞去深泽县人民政府县长职务的请求，决定任命庞彦须为深泽县人民政府副县长、代理县长。

**第二十六次会议**　2001在3月29日在县政府会议室第一会议室召开。县人大常委会主任袁铁民，副主任邸庆忠、刘殿欣、纪同振，委员裴秀品、李新田、王国章、张振朝、曹计敏、高晴君、曹青哲、李敬伟、纪会改、崔荣欣、袁明栓、程彦波出席会议。县政府副县长秦占波，县法院院长李耀江、县检察院检察长吴正育，县政法委副书记杜运双，县公安局政委孟建中及政府办公室、县建设环卫局、县人大常委会有关科室负责人列席会议。会议由袁铁民主持。

会议听取县政府《关于县城建设和管理情况的报告》，听取县公安局、县法院、县检察院《关于集中评议整改工作情况的报告》。分两个组对4个报告进行审议。会议建议：1.县政府及有关部门要进一步加大县城建设和管理力度，坚持一手抓建设，一手抓管理，在建设方面，要加快2001年已确定的城建五项工程和各项在建工程的建设进度，关注遗留问题的解决；要转变观念，多方筹措资金，加大城建投入。在管理方面，要进一步健全县城管理体系和管理网络，加大管理力度，彻底解决垃圾乱扔乱倒、摊点乱摆乱占、车辆乱停乱放、违章建筑乱搭乱建等问题；要进一步狠抓“门前三包”责任制和街道卫生清扫责任制的落实。2.公、检、法部门要进一步加强班子和队伍建设，提高干警素质；公安局要加大案件侦破力度、加强对流动人口的管理，加大“扫黄打非”力度，要坚持夜间巡逻制度，交警队要恢复并加强红绿灯岗的执勤。

袁铁民作总结讲话。1.城镇建设要牢固树立以“一法一例”为依据，以城镇总体规划、控制性详规的编制和执行为重点，切实纠正不依法编制和审批城镇规划、随意变更规划、违反规划进行建设等违法行为，进一步建立和健全城镇规则执法过错责任制，切实解决城建方面存在有法不依、执法不严、违法不究的问题，保证城建规划法律、法规的全面贯彻实施，以促进经济和社会协调发展的指导思想。2.城镇建设规划要依法、科学，合理编制，要面对现实、着眼未来、统筹兼顾，要注重保护和改善城镇生态环境、把历史文化遗产、基础设施、住宅小区、各类开发区和各类市场建设统一规划、合理布局、配套建设，千方百计提高城镇整体功能。3.各级领导和广大群众要不断强化法律意识，自觉遵守城镇规划法律、法规，严格依法办事。关于公、检、法的整改工作，他强调，三部门整改力度大、效果明显。今后要始终把克服职业特权思想和树立民本意识作为各单位加强班子和队伍建设的根本来抓。

会议通过人事任免事项。

**第二十七次会议**　2001年6月8日在县政府会议楼第一会议室召开。县人大常委会主任袁铁民，副主任邸庆忠、刘殿欣、纪同振，委员裴秀品、李新田、王国章、张振朝、曹计敏、高晴君、曹青哲、崔荣欣、袁明栓、程彦波出席会议。县政府副县长杜银茂、秦占波、王建华，县法院院长李耀江，县体改办、县经贸局、县技术监督局、县工商局、县建设环卫局、县土地局主要负责人、县人大常委会有关科室负责人列席会议。会议由袁铁民主持。

会议听取县政府《关于国有集体企业改制情况的报告》。会议建议：1.要进一步统一思想，充分认识当前搞好国有集体企业改制工作的重要性、必要性和深远意义。2.要进一步明晰思路，狠抓落实。按照《报告》中确定的下步工作计划，一项一项抓落实，确保取得实效。

3. 要千方百计防止国有资产流失。4. 要高度重视社会保障工作，始终坚持社会保障优先的原则。

会议分别听取县技术监督局局长刘永振、县工商局局长陈振英、县土地局局长张增怀、县建设环卫局局长曹谦所作的关于开展打击制售假冒伪劣商品、土地管理、城市规划三项执法检查自查自纠情况的报告。会议建议：1. 各执法主体要进一步提高对开展打击制售假冒伪劣商品、土地管理、城市建设三项执法检查重要性、必要性的认识，认真搞好自查自纠，坚持有什么问题就解决什么问题，什么问题突出就着重先解决什么问题，确保最终取得明显成效。2. 关于打假工作，要进一步加大打假力度。要树立“不打假就是打真”的观念；要从维护全局利益、长远利益、消费者利益和维护国格、人格尊严的高度，充分认识打假的重要性和必要性，要正确认识和处理打假与发展的关系；要注意发挥广大人民群众和新闻舆论的监督作用。3. 关于城镇规划，要进一步完善县城规划详规，力争早日出台；要重视村镇规划，乡镇所在地的规划要突出重点，可以先搞示范；要认真贯彻落实城建规划法律、法规，严格依法办事，各有关部门要给予大力支持；要进一步做好城建规划法律、法规的宣传工作，提高人们的法律意识；要注意抓亮点、抓窗口；要对各类广告牌的制作和悬挂进行规范。4. 各执法主体要进一步加强执法队伍建设，内强素质，外树形象。

会议通过人事任免事项。

**第二十八次会议** 2001 年 8 月 21 日在县政府会议楼第一会议室召开。县人大常委会主任袁铁民，副主任邸庆忠、刘殿欣、张占勋，委员裴秀品、李新田、王国章、张振朝、曹计敏、高晴君、曹青哲、李敬伟、纪会改、崔荣欣、程彦波出席会议。县政府副县长秦占波，县检察院检察长吴正育，县公安局局长童向阳、政委孟建中、县法院闫志军、县工商局局长陈振英、县司法局局长贾保才、县监察局局长贾增科及县人大常委会有关科室负责人、各乡镇人大主席（副主席）、部分县人大代表列席会议。会议由邸庆忠主持。

会议分别听取县公安局、县法院、县检察院《关于开展“打黑除恶”“扫黄打非”》工作情况的报告》及县人大政法科《关于公检法机关开展“严打整治”情况的调查报告》。与会人员分两组进行审议，并对县公安局、县法院、县检察院开展“打黑除恶”“扫黄打非”工作进行评议。县政府副县长秦占波、县检察院检察长吴正育、县公安局局长童向阳、县法院闫志军分别作表态发言。县人大常委会副主任邸庆忠作总结讲话。

会议建议：1. 政法各部门要站在贯彻落实“三个代表”重要思想和江泽民总书记“七一”讲话精神的高度，攻坚克难，进一步把“严打整治”斗争引向深入。要突出重点，在短时间内着力突破一批影响大、群众反映强烈的大案、要案，赢得人民群众的支持和信赖。2.“一府两院”要高度重视，严厉打击印制、张贴违禁宣传品的违法犯罪行为。3. 县公安局要恢复夜间巡逻制度，牵头搞好县乡村治安联防组织建设。

**第二十九次会议** 2001 年 10 月 23 日在县政府会议楼第一会议室召开。县人大副主任邸庆忠、刘殿欣、纪同振、张占勋，委员裴秀品、张振朝、曹计敏、高晴君、曹青哲、李敬伟、袁明栓、崔荣欣、程彦波出席会议。会议由邸庆忠主持。

会议对环保工作进行视察、评议。县政府副县长秦占波、县环保局局长赵志栋和深泽镇、留村乡、桥头乡、耿庄办事处的乡镇长（主任）、人大主席列席。

上午，会议分别听取县政府《关于环境污染治理情况的报告》和县环保局《关于全县造纸、洗涤行业环境治理情况的汇报》。组织与会人员深入留村乡第二造纸厂、留村造纸厂、华丰造纸厂、深泽县第二造纸厂和耿庄村东、西排污口进行实地察看。下午，与会人员分组对县政府及县环保局进行讲评。邸庆忠作总结讲话。会议建议：1.县政府及有关部门要进一步提高对环保工作的认识，站在贯彻落实基本国策的高度，着眼于全县经济的长远发展、可持续发展认识环保工作。要正确对待群众意见和上级批评，变压力为动力。2.县政府及有关部门治理环境污染态度要坚决，措施要得力，力度要加大。对已上治污设备的企业，如县造纸厂，要帮助其尽快充分利用；对新上企业要在环保问题上严格把关。要加快县城污水处理厂项目的筹建进度。3.县政府及有关部门要把治理污染与企业改革发展结合起来，进一步加大环保方面法律、法规宣传力度，使企业和个人知法懂法、严格守法。4.县环保部门要进一步加强队伍建设，实行环保工作责任制，严格执法，各部门、各单位要对环保工作给予支持和配合。

会议通过人事任免事项。

**第三十六次会议** 2003年2月14日在县政府会议楼第一会议室召开。县人大常委会主任袁铁民，副主任邸庆忠、张占勋、纪同振，委员裴秀品、王国章、张振朝、马文科、高晴君、曹青哲、李敬伟、纪会改、崔荣欣、袁明栓、程彦波出席会议。县法院副院长曹彦平、县检察院检察长吴正育列席会议。会议由袁铁民主持。会议以无记名投票方式通过人事任免事项。

**第三十七次会议** 2003年3月11日在县人大会议室召开。县人大常委会主任袁铁民，副主任邸庆忠、刘殿欣、张占勋、纪同振，委员裴秀品、高晴君、曹青哲、李敬伟、袁明栓、程彦波出席会议。会议由袁铁民主持。会议讨论县级人大换届选举的有关事宜。以举手表决形式先后通过《深泽县人大常委会关于县级人民代表大会换届选举的决定（草案）》《深泽县选举委员会组成人员名单（草案）》《各乡镇（办事处）和县选举领导小组名单（草案）》《深泽县选举委员会关于县人民代表大会换届选举工作实施方案（草案）》和《深泽县人大常委会关于深泽县第十三届人民代表大会代表名额的决定（草案）》。

**第三十八次会议** 2003年3月28日在县人大会议室召开。县人大常委会副主任邸庆忠、张占勋、纪同振，委员裴秀品、李新田、高晴君、曹青哲、李敬伟、曹计敏、崔荣欣、纪会改、张振朝、程彦波出席会议。会议由邸庆忠主持。会议通过人事任免事项。

**第三十九次会议** 2003年4月25日在政府会议楼第一会议室召开。县人大常委会主任袁铁民，副主任邸庆忠、刘殿欣、张占勋、纪同振，委员裴秀品、曹计敏、高晴君、曹青哲、李敬伟、崔荣欣、马文科、李新田、张振朝、袁明栓、程彦波出席会议。县政府县长朱献军，县人大党组书记王根拴，县人大党组成员崔建民、王建成，县法院副院长陈永军、县检察院副检察长崔跃进列席会议。会议由袁铁民主持。

会议研究确定县十三届人民代表大会第一次会议有关事宜。以举手表决方式分别通过《深泽县人大常委会关于召开深泽县第十三届人民代表大会第一次会议的决定（草案）》《深泽县第十三届人民代表大会第一次会议议程（草案）》《深泽县第十三届人民代表大会第一次会议主席团和秘书长建议名单（草案）》《深泽县第十三届人民代表大会第一次会议主席团常务主席建议名单（草案）》《深泽县第十三届人民代表大会第一次会议副秘书长建议名单（草案）》《深泽县第十三届人民代表大会第一次会议预算审查委员会建议名单（草案）》《深泽县第十三届人民代表大会第一次会议议案建议审查委员会建议名单（草案）》《深泽县第十三届人民代表大会第一次会议选举总监票人、监票人建议名单（草案）》《深泽县第十三届人民代表大会第一次会议列席人员名单（草案）》。

会议原则通过《深泽县第十三届人大常委会工作报告》。会议认为，五年来，县人大常委会在县委和市人大常委会的正确指导下，在全体人大代表的支持、监督下，在“一府两院”和各乡镇人大的配合下，各项工作都取得显著成绩，圆满完成历史使命。常委会的工作还存在一些不足，如监督方法需进一步改进，发挥代表主体作用的方式方法尚需探索，常委会机关自身建设有待进一步加强等。会议决定，由县人大常委会办公室根据各位委员所提意见对常委会工作报告进行修改，提交深泽县第十三届人民代表大会第一次会议审议。

会议通过人事任免事项。

## 第二节　机构设置

县人大常委会办事机构，从 1995 年 1 月为一室五科，即办公室、政法科、财经科、科教文卫科、代表联系科、信访科。1999 年 3 月，增设老干部服务科，增为一室六科。2002 年 5 月机构改革中，内设机构由一室六科定为一室四科，即办公室（同时挂信访科牌子）、代表联系科、政法科、财经科、科教文卫科。1996 年 8 月至 2002 年 5 月，县人大常委会编制为 23 人，其中行政编制 20 人，事业编制 3 人。2002 年 5 月机构改革中，人大常委会定编为 20 人，其中行政编制 17 人，事业编制 3 人。

### 一、办公室

主　任：王国章（1998 年 2 月至 1999 年 5 月）
　　　　程彦波（1999 年 5 月至 2003 年 4 月）
副主任：程彦波（1998 年 2 月至 1999 年 5 月）
　　　　邸民生（1998 年 2 月至 1999 年 5 月）
　　　　陈继明（1998 年 2 月至 1998 年 9 月）
　　　　袁占强（1999 年 12 月至 2002 年 8 月）

### 二、财经科

科　长：陈雄志（2002 年 8 月至 2003 年 4 月）
副科长：曹青哲（1998 年 2 月至 1999 年 12 月）

陈雄志（1999 年 12 月至 2002 年 8 月）

**三、科教文卫科**

科　长：曹计敏（1998 年 2 月至 1999 年 5 月）

（缺职）（1999 年 5 月至 2002 年 8 月）

袁占强（2002 年 8 月至 2003 年 4 月）

副科长：李敬伟（1999 年 12 月至 2003 年 4 月）

**四、代表联系科**

科　长：高晴君（1998 年 2 月至 1999 年 5 月）

（缺职）（1999 年 5 月至 2002 年 8 月）

赵路通（2002 年 8 月至 2003 年 4 月）

副科长：赵路通（1999 年 12 月至 2002 年 8 月）

**五、政法科**

科　长：张振朝（1998 年 2 月至 1999 年 5 月）

（缺职）（1999 年 5 月至 2002 年 8 月）

史志法（2002 年 8 月至 2003 年 4 月）

副科长：史志法（1999 年 12 月至 2002 年 8 月）

**六、信访科**

科　长：曹青哲（2002 年 5 月至 2003 年 4 月）

副科长：赵敬捷（女，1998 年 2 月至 1999 年 5 月）

曹欣恋（女，1999 年 12 月至 2003 年 4 月）

**七、老干部服务科**

科　长：曹青哲（1999 年 12 月至 2002 年 5 月）

副科长：曹青哲（1999 年 3 月至 1999 年 12 月）

# 第五章　监督工作

## 第一节　听取和审议专项工作报告与计划预算和审计工作报告

县十二届人大常委会会议共听取和审议县“一府两院”专项工作报告19项，计划预算和审计工作报告4项。

**深泽县第十二届人大常委会会议听取和审议专项工作报告与计划预算和审计工作报告情况表**

表42

| 序号 | 时间 | 常委会会议 | 报告内容 |
|---|---|---|---|
| 1 | 1998年4月30日 | 第二次 | 关于预算外资金管理情况的报告 |
| 2 | 1998年8月18日 | 第五次 | 关于企业改制、减轻企业负担情况的报告 |
| 3 | 1998年8月18日 | 第五次 | 关于“三五”普法情况的报告 |
| 4 | 1998年9月25日 | 第六次 | 关于贯彻实施“科教兴县”情况的报告 |
| 5 | 1998年9月25日 | 第六次 | 关于推行社会保险制度情况的报告 |
| 6 | 1998年11月26日 | 第七次 | 关于发展非国有制经济情况的报告 |
| 7 | 1998年11月26日 | 第七次 | 关于1998年1—9月县本级预算执行情况及其他财政收支审计情况的报告 |
| 8 | 1998年11月26日 | 第七次 | 关于办理第十二届人民代表大会第一次会议人大代表建议、意见情况的报告 |
| 9 | 1998年11月26日 | 第七次 | 关于道路建设改造、拓宽安辛线建设情况的报告 |
| 10 | 1999年9月7日 | 第十四次 | 关于城乡建设情况的报告 |
| 11 | 1999年11月30日 | 第十五次 | 关于办理人大建议、批评和意见的情况的报告 |
| 12 | 1999年11月30日 | 第十五次 | 1999年1—10月财政预算执行情况的报告 |
| 13 | 1999年12月30日 | 第十六次 | 关于调整1999年度县财政预算的报告 |
| 14 | 2000年4月25日 | 第十八次 | “一府两院”落实县人大常委会《关于防范和惩治邪教活动的决议》防范和惩治邪教活动的情况的报告 |
| 15 | 2000年6月16日 | 第十九次 | 关于县城建设情况的报告 |
| 16 | 2000年6月16日 | 第十九次 | 关于个体私营经济及特色行业发展情况的报告 |

续表 42

| 序号 | 时间 | 常委会会议 | 报告内容 |
|---|---|---|---|
| 17 | 2000 年 8 月 3 日 | 第二十次 | 关于专业市场建设情况的报告 |
| 18 | 2000 年 11 月 8 日 | 第二十二次 | 关于 2000 年 1—9 月预算执行情况的报告 |
| 19 | 2000 年 12 月 26 日 | 第二十三次 | 关于深泽县第十二届人民代表大会第四次会议建议和意见办理情况的报告 |
| 20 | 2001 在 3 月 29 日 | 第二十六次 | 关于县城建设和管理情况的报告 |
| 21 | 2001 在 3 月 29 日 | 第二十六次 | 关于 2000 年集中评议整改情况的报告 |
| 22 | 2001 年 6 月 8 日 | 第二十七次 | 关于国有集体企业改制情况的报告 |
| 23 | 2001 年 6 月 8 日 | 第二十七次 | 关于开展打击制售假冒伪劣商品、土地管理、城市规划三项执法检查自查自纠情况的报告 |

## 第二节　法律法规实施情况检查

深泽县十二届人大常委会组织开展执法检查 25 次。

1.1998 年 4 月，县人大常委会组织机关人员和代表深入乡、村开展《河北省计划生育条例》执行情况调查，向政府提出 7 条建议。

2.1998 年 6 月，县人大财经科及县审计局有关人员开展《中华人民共和国审计法》执法检查，在执法检查领导小组的督导下，审计部门各股室进行了历时十天的自查，在主任会议上作自查报告。

3.1998 年 6 月，县人大常委会组织部分人大代表对“两法三例”贯彻执行情况进行执法检查，实地查看堤防管护情况。

4.1998 年 7 月，县人大财经科及地税局、国税局对《中华人民共和国税收征收管理法》进行执法检查，地、国税两局通过召开会议，走访座谈等形式，自下而上进行回顾总结，对照有关法律条文和部门实际工作，用十天时间进行自查。

5.1998 年 8 月，县人大办公室组织，劳动部门配合，县总工会参加，开展《中华人民共和国劳动法》《石家庄市城镇企业职工社会保险基金监督管理条例》执法检查。

6.1999 年第一季度，检查《中华人民共和国农业法》《中华人民共和国农业技术推广法》《河北省农作物种子条例》执行情况检查。

7.1999 年第二季度，检查《中华人民共和国土地管理法》《中华人民共和国乡镇企业法》《中华人民共和国产品质量法》《中华人民共和国价格法》执行情况检查。

8.1999 年第三季度，检查《中华人民共和国食品卫生法》《河北省制止乱收费、乱罚款、乱摊派的若干规定》执行情况检查。

9.1999 年第四季度，检查《中华人民共和国村民委员会组织法》《河北省预算外资金管理条例》执行情况检查。

10.1999 年第四季度，对公检法等有执法职能的单位的执行情况进行检查，重点对公安局应立案、应移交案件及检察院免诉和不起诉案件、法院缓刑和免予刑事处分案件逐案进行检查、监督。

11.2000 年 7 月，县人大常委会组织部分县人大代表、各乡镇人大主席团成员和县人大机关有关人员，对《中华人民共和国村民委员会组织法》进行执法检查。

12.2000 年 8 月，县人大组织部分委员、代表和政府办、工商局、卫生局、公安局、畜牧局等 11 个部门的执法人员，对《中华人民共和国食品卫生法》进行执法检查。

13.2001 年 6 月 8 日，深泽县第十二届人民代表大会常务委员会第二十七次会议，听取县技术监督局、工商局、土地局、建设环保局关于开展打击制售假冒伪劣商品、土地管理、城市规划三项执法检查自查自纠情况的报告。

## 第三节　视察调研

深泽县十二届人大常委会共组织开展视察调研活动 14 次。

**1999—2001 年深泽县第十二届人大常委会视察调研活动一览表**

表 43

| 序号 | 时间 | 视察调研内容 | 牵头单位 |
|---|---|---|---|
| 1 | 1999 年 3 月 | 关于农村合作基金会贷款收缴及规范运行情况 | 县人大常委会 |
| 2 | 1999 年 5 月 | 对工商行政管理工作 | 财经科 |
| 3 | 1999 年 9 月 | 关于土地延包 30 年 | 财经科 |
| 4 | 1999 年 9 月 | 关于农业结构调整 | 财经科 |
| 5 | 1999 年 9 月 | 关于产业化经营 | 财经科 |
| 6 | 1999 年 9 月 | 关于科教兴县 | 科教文卫科 |
| 7 | 1999 年 9 月 | 关于县域经济环境整治及工业上项目、增投入、转机制、强管理情况 | 财经科 |
| 8 | 1999 年 11 月 | 关于“九件实事”进展情况 | 县人大常委会 |
| 9 | 2000 年 4 月 | 关于农业农村经济结构调整情况 | 财经科 |
| 10 | 2000 年 8 月 | 关于电子游戏市场 | 科教文卫科 |
| 11 | 2000 年 11 月 | 关于组织省人大代表和市人大代表开展会前视察活动 | 县人大常委会 |
| 12 | 2001 年 6 月 | 关于县城建设和管理情况 | 财经科 |
| 13 | 2001 年 7 月 | 关于公检法机关开展“严打整治”情况 | 政法科 |
| 14 | 2001 年 10 月 | 关于环境污染治理情况 | 县人大常委会 |

# 第六章　决议决定

## 第一节　作出决议决定

### 一、县十二届人大历次会议作出决议决定情况

深泽县第十二届人民代表大会作出决议决定 30 项。

**1998—2002 年深泽县第十二届人民代表大会历次会议决议决定一览表**

表 44

| 时间 | 会次 | 名称 |
|---|---|---|
| 1998 年 2 月 17 日 | 一次会议第二次全体会议 | 1. 关于深泽县人民政府工作报告的决议<br>2. 关于深泽县 1997 年国民经济和社会发展计划执行情况与 1998 年国民经济和社会发展计划的决议<br>3. 关于深泽县 1997 年财政预算执行情况与 1998 年财政预算的决议<br>4. 关于深泽县人民代表大会常务委员会工作报告的决议<br>5. 关于深泽县人民法院工作报告的决议<br>6. 关于深泽县人民检察院工作报告的决议 |
| 1999 年 2 月 26 日 | 二次会议第三次全体会议 | 1. 关于深泽县人民政府工作报告的决议<br>2. 关于深泽县 1998 年国民经济和社会发展计划执行情况与 1999 年国民经济和社会发展计划的决议<br>3. 关于深泽县 1998 年财政预算执行情况和 1999 年财政预算的决议<br>4. 关于深泽县人民代表大会常务委员会工作报告的决议<br>5. 关于深泽县人民法院工作报告的决议<br>6. 关于深泽县人民检察院工作报告的决议 |
| 2000 年 2 月 23 日 | 四次会议第二次全体会议 | 1. 关于深泽县人民政府工作报告的决议<br>2. 关于深泽县 1999 年国民经济和社会发展计划执行情况与 2000 年国民经济和社会发展计划的决议<br>3. 关于深泽县 1999 年财政预算执行情况和 2000 年财政预算的决议<br>4. 关于深泽县人民代表大会常务委员会工作报告的决议<br>5. 关于深泽县人民法院工作报告的决议<br>6. 关于深泽县人民检察院工作报告的决议 |

续表 44

| 时间 | 会次 | 名称 |
| --- | --- | --- |
| 2001 年 2 月 22 日 | 五次会议第二次全体会议 | 1. 关于深泽县国民经济和社会发展第十个一年计划纲要的决议<br>2. 关于深泽县 2000 年国民经济和社会发展计划执行情况与 2001 年国民经济和社会发展计划的决议<br>3. 关于深泽县 2000 年财政预算执行情况与 2001 年财政预算的决议<br>4. 关于深泽县人民代表大会常务委员会工作报告的决议<br>5. 关于深泽县人民法院工作报告的决议<br>6. 关于深泽县人民检察院工作报告的决议 |
| 2002 年 3 月 4 日 | 六次会议第二次全体会议 | 1. 关于深泽县人民政府工作报告的决议<br>2. 关于深泽县 2001 年国民经济和社会发展计划执行情况与 2002 年国民经济和社会发展计划的决议<br>3. 关于深泽县 2001 年财政预算执行情况和 2002 年财政预算的决议<br>4. 关于深泽县人民代表大会常务委员会工作报告的决议<br>5. 关于深泽县人民法院工作报告的决议<br>6. 关于深泽县人民检察院工作报告的决议 |

## 二、县十二届人大常委会历次会议作出决议决定情况

### 1998—2003 年深泽县第十二届人大常委会历次会议决议决定一览表

表 45

| 序号 | 时间 | 常委会会议 | 名称 |
| --- | --- | --- | --- |
| 1 | 1998 年 4 月 30 日 | 第二次 | 关于加快依法治县进程的决议 |
| 2 | 1998 年 4 月 30 日 | 第二次 | 关于“一府两院”向县人大常委会报告重大事项的决定 |
| 3 | 1999 年 2 月 9 日 | 第九次 | 关于召开深泽县第十二届人民代表大会第二次会议的决定 |
| 4 | 1999 年 5 月 26 日 | 第十二次 | 关于召开深泽县第十二届人民代表大会第三次会议的决定 |
| 5 | 1999 年 11 月 30 日 | 第十五次 | 关于加强人民法院执行工作的决定 |
| 6 | 1999 年 11 月 30 日 | 第十五次 | 关于防范和惩治邪教活动的决议 |
| 7 | 2000 年 2 月 17 日 | 第十七次 | 关于召开县第十二届人大第四次会议的决定 |
| 8 | 2000 年 2 月 17 日 | 第十七次 | 关于表彰优秀代表的决定 |
| 9 | 2001 年 1 月 16 日 | 第二十四次 | 关于召开深泽县第十二届人民代表大会第五次会议的决定 |
| 10 | 2001 年 1 月 16 日 | 第二十四次 | 关于对先进执法单位和优秀县人大代表进行表彰的决定 |
| 11 | 2003 年 3 月 11 日 | 第三十七次 | 关于县级人民代表大会换届选举的决定 |
| 12 | 2003 年 4 月 25 日 | 第三十九次 | 关于召开深泽县第十三届人民代表大会第一次会议的决定 |

# 第二节　决议决定选录

## 深泽县人大常委会关于加快依法治县进程的决议

（1998年4月30日深泽县第十二届人大常委会第二次会议通过）

深泽县第十届人民代表大会第一次会议作出《关于依法治县的决议》以来，全县广大干部群众把贯彻决议精神落实到具体行动之中，自觉地学法、守法、用法，促进了依法治县工作的开展。一是工商企业实现依法经营，各类市场运作更加规范，全县经济保持稳定、健康地发展；二是涉及农村的经济、行政法律、法规进一步普及，村民民主自治、民主选举等制度进一步推行，村级管理、农业生产及农村各项事业的发展更加有序，农村的总体面貌明显改善；三是执法责任制、错案和执法过错责任追究制得以深入实施，先后纠正了一些错案，处理了一些执法人员，强化执法队伍，提高执法工作水平；四是纠风、打假、扫黄等专项治理工作收到显著效果，违法犯罪分子受到法律制裁，广大群众受到教育和鼓舞，社会风气进一步好转，社会更加安定；五是各执法部门和执法人员接受监督的自觉性大大提高，通过聘请监督员、实行公开承诺制度、积极配合视察、执法检查和民主评议活动，不断改进工作、搞好自身建设，遏制腐败和各种不正之风的滋长、蔓延，强化为人民服务的宗旨观念。

回顾几年的工作，看到成绩的同时，还必须充分认识到依法治县的长期性、艰巨性，与十五大提出的实现依法治国的要求，仍有不小差距。首先，普法工作中的一些死角还没解决好、措施办法不够，在“二五”普法活动中，一些单位做得不扎实、不细致，流于形式，以致于一些新出台、新修改的法律、法规长时期内群众都不知道，遇到问题不知道找哪个部门解决，甚至无意识中就违反了法律，给我们的工作带来被动。其次，执法不严、办案不公、执行不力的问题时有发生。特别是以办案为借口，强行拉赞助、索要费用；重视有罚没收入的案件，轻视其他案件；甚至以罚代法，以罚代刑，重经济效益而忽视社会效益，不同程度地干扰了法律的公正性和严肃性，在社会上造成不良影响。再次，部分执法人员不能胜任工作，有的简单粗暴，对群众冷、横、硬，甚至出现打人、骂人现象，严重损坏执法人员在群众中的形象。个别领导干部和社会人员干扰执法部门正常办案的现象仍然存在。这些问题如果不认真解决，将严重制约全县各项事业的发展。

县人大常委会认为，要认真贯彻落实党的十五大确立的“依法治国、建设社会主义法制国家”的基本方略，积极推进依法治县进程，营造健康、良好的社会、经济环境，使司法行政工作更好地适应经济发展和社会进步的需要，保持全县政治稳定、社会安定和经济持续快速发展。

**一、深入持久地开展普法工作，提高全县人民的法制意识**

执法部门和执法人员是执法的主体，在学法、普法上要走在前头。特别是对业务内的专项法律，既要熟悉有关法律程序，又要掌握实体法的运用，对法律条文要做到熟记于心。各执法部门要建立法律学习专项制度，有计划、有步骤地开展好法律的学习。同时注意采取现场模拟、知识竞赛、专题辩论等行之有效的方法组织好练兵活动，不断提高执法人员的业务水平和实际工作能力。

在搞好自身学习的基础上，各执法部门和执法人员还要结合部门工作特点，自觉开展法律宣传活动。要充分利用各种机会，以群众乐于接受的方式搞好宣传。当前，要特别注意抓好对在校学生、流动人员、再就业人员以及帮教对象的法制教育工作。

县电台、电视台作为公众宣传的主要阵地，要切实发挥新闻舆论的导向作用，创办好法制专题栏目，在宣传的深度和广度上下功夫，提高新闻宣传的影响力。县司法局作为法制宣传的主管部门，要采取有效措施，认真实施“三五”普法规划，做好组织、引导、宣传、咨询和检查等各项工作。要抓好不同系统的普法典型，带动全县普法工作扎实推进，促使普法工作经常化、科学化、制度化，切实保证效果，使每个公民懂法、守法、学会运用法律维护合法权益，在各行业形成讲法制的良好风气。

**二、切实提高执法工作质量，保障各项法律、法规的正确执行**

各级国家机关和国家工作人员，必须坚持有法必依、执法必严、违法必究的原则，坚持法律面前人人平等。县、乡人民政府，要坚持依法决策、民主决策、科学决策，坚决消除主观武断和长官意志，防止以权压法、以言代法。政府各职能部门特别是乡级政府的工作人员，要彻底改变在行政管理中随意超越法律权限限制人身自由、体罚当事人以及扣压、破坏当事人合法财产的行为，把执法与服务统一起来。各级行政领导干部要切实转变观念，转变领导方式，由过去主要靠行政命令、搞突出推动工作，转变到按照法制原则实现重点工作的经常化、制度化管理上来。政府各职能部门及其派出机构，要全面推行执法责任制，明晰责、权，厘清主办事务和协办事务，防止工作中推诿扯皮，避免出现“三不管”的现象。各职能部门内部，也要按照执法责任制的原则，实行任务分解，做到谁主管谁负责，把工作落到实处。

县公安局、法院、检察院，要把严格执法作为自己的生命线，认真实行重大疑难案件集体讨论制度，实行对口领导办案把关制度。进一步明确条块责任，层层落实管辖权限，严格落实回避制度，消除乱插手、乱办事现象。要从根本上纠正办案与“创收”挂钩的做法，严格按法律规定收缴费用和罚金。进一步加大案件侦破、查证力度、加大执行力度，努力提高办案效率。县法院要认真抓好审判制度改革，凡需要公开审理的案件要公开审理，增强审判工作的透明度，保证判案质量；县检察院要切实发挥好自身职能，正确行使抗诉权，防止因人为因素造成的审判不公。

对执法犯法、徇私枉法人员，各机关要严格按“两错”责任追究工作办法真追实究，对屡纠屡犯，在办案中造成严重事故的要公开处理。因过当行使职权，侵犯当事人人身权、财产权，在国家赔偿法规定内的要依法进行赔偿。结合“两错”责任追究制的实施，各机关要加强对执法人员的教育，不断提高其政治觉悟和职业道德水平，努力造就一支过硬的执法队伍。

县人大常委会、各乡（镇）人大以及县、乡两级人民政府，要努力为执法部门创造良好的执法环境，支持执法机关依法独立公正地行使职权、履行职责。

**三、完善农村及城镇居民小区的管理，深入开展专项治理活动**

要按照有关法律、法规来规范农村及城镇居民小区的管理。村民代表会和村民委员会必须按照规定的程序民主选举产生，任期届满要及时进行换届。各乡（镇）人大要指导各村健全组织、完善规章制度，依法搞好村民自治。加强村民代表会工作，完善民主监督机制，提高农村管理水平。县人大常委会、各乡镇人大要作为一项重点工作来抓，注意培养典型、推广先进经验，推动村民代表会工作向法制化、科学化、经常化方向发展。通过村民代表会的决策、监督和配合，理顺各方面关系，保持稳定，促进农业生产和农村经济的发展。居民小区建设是城镇管理的主要内容，有关部门要依照居民委员会组织法，制定实施方案，搞好居民小区规划和居委会建设，组织开展好小区的卫生、治安建设等活动，使城镇综合治理上升到一个新的水平。

执法部门要从实际出发，进一步搞好专项治理工作，创造性地开展好依法治乡（镇）、治村、治厂、治校、治店活动。要继续扫黄打非，切实抓好治理污染、保护环境工作，严厉打击制、售假冒伪劣产品及不正当竞争行为，彻底解决企业“三乱”以及各种名目的乱摊派、乱收费、乱罚款问题，认真查纠资金管理、使用中存在的问题。通过开展专项治理，确保各项事业协调发展。

**四、强化执法监督，坚决遏制司法腐败**

全县各执法部门，要进一步适应依法治县的需要，搞好内部工作机制的改革、完善，建立起系统、严格的工作程序和制度，加强内部监督。特别对执法责任制和“两错”责任追究制的实施，要做到任务、职责明确，追究条款严格。同时要进一步实行好公开、承诺制度，扩大公开范围，认真落实承诺事项，使执法、服务工作更加深入、扎实。

县人大常委会要充分行使职权，及时听取有关依法治理工作的情况报告，有计划、有重点地开展调查、视察、执法检查、民主评议和代表专题议政活动。对重要工作、重大案件和重要治理活动要积极参与，实行跟踪监督。要把干部的法律知识水平和执法工作能力作为重要条件，引入干部任免工作中去。要试行干部任职期间述职评议制度，促使干部不断提高自身水平，为推进依法治县努力工作。对政府出台的有关政策、决定，乡级人大工作的决议、决定，凡与法律、法规相抵触的，县人大常委会要通过法律程序予以撤销。对重大违法事件和群众反映强烈的问题，要通过质询、组织特定问题调查等形式及时进行监督，必要时作出决议或决定。

县监察局、反贪局，要把惩治司法腐败作为重要工作来抓，对在经济案件、刑事案件中参与行贿、受贿、索贿、贪赃枉法的人员，一经发现坚决查处。县人大常委会要认真受理群众对国家工作人员的申诉控告和检举，支持各级人大代表参与监督，通过强化监督，遏制司法腐败的滋长和蔓延。

全县人民要紧跟党中央的战略部署，争做学法、守法、用法的带头人，为加快依法治县进程、促进各项事业健康发展、顺利实现九五计划各项目标贡献力量。

## 深泽县人大常委会关于加强人民法院执行工作的决定

（1999 年 11 月 30 日深泽县第十二届人民代表大会常务委员会第十五次会议通过）

为贯彻落实《中共中央关于转发〈中共最高人民法院党组关于解决人民法院“执行难”问题的报告〉的通知》精神，切实加强深泽县人民法院的执行工作，实现“执行年”活动的目标要求，结合深泽县实际，特做如下决定。

**一、为人民法院执行工作创造良好的外部环境**

执行是负有履行义务的当事人自动履行或者被人民法院强制履行人民法院的裁判、仲裁机关的裁决、行政机关的决定、公证机关的公证等生效法律文书的活动。长期以来，人民法院的执行工作一直相当困难，被执行人难找、执行财产难寻、协助执行人难求、应执行财产难动等问题不断加剧，加之人民法院执行力度不大，存有畏难情绪等，以致造成未执行案件大量积压，“执行难”问题日益突出。为此，要为人民法院的执行工作创造良好的外部环境。一要搞好法制宣传教育工作，要将自觉履行生效法律文书、支持人民法院执行工作作为当前普法教育的重要内容，利用广播、电视等一些行之有效的形式，加大法制宣传教育的力度，努力提高人民群众特别是领导干部对人民法院执行工作的认识，在全社会树立起生效法律文书必须执行的法律意识，形成以服从、协助、支持人民法院执行工作为荣，抗拒阻碍、干预人民法院执行工作为耻的舆论氛围。二要克服地方和部门保护主义，地方和部门保护主义是人民法院依法执行的严重障碍。全社会要旗帜鲜明地反对地方和部门保护主义，特别在县域内要对那些有令不行、有禁不止，继续搞地方和部门保护主义、非法干预人民法院执行的部门和个人，法院要维护法律的权威和严肃性，勇于冲破人情、关系网和各种干扰，坚决依法追究其责任。三要加强协同配合，任何负有法定协助执行义务的机关、单位或个人，都要依法支持协助人民法院的执行工作，拒不履行协助义务的，应当依法追究法律责任。公安、检察机关及有关部门要积极配合人民法院的执行工作，对于人民法院已经依法采取了强制执行措施的财产，不得重复采取强制措施或擅自解除执行法院的强制措施。

**二、人民法院要充分运用法律赋予的各种手段，依法加大执行工作的力度**

人民法院要充分运用法律赋予的各种强制执行手段，不断加大执行工作的力度，大力发挥国家法律的权威作用。一要公正司法，人民法院要依法公正裁判案件，务使交付执行的案件事实清楚，证据充分，责任明确，处理得当。二要依法保全，为便于生效后法律文书的执行，在诉前、诉中，根据申诉申请，对申请保全的财产要依法保全。三要严格执行程序，严肃执行纪律，杜绝执行工作中的“人情案、关系案、金钱案”。四要增加投人，努力改善执行装备，使各种装备逐步适应执行工作需要。五要抵制地方和部门保护主义，排除部门或个人的种种干扰，严格依法执行。对各种抗拒、阻碍执行的违法行为，要坚决依法采取罚款、司法拘留等民事强制措施。六要落实执法责任制。认真执行工作程序、规范执法文书，减少

“两错”案的发生，对发生的“两错”案及其当事人进行真追实究。七要积极探索新的执行方式，提高执行水平，保证执行效果。

**三、人民法院要强化对干警的政治思想教育和业务知识培训，建设一支高素质的执行队伍**

人民法院要结合开展“争创人民满意的法院、争当人民满意的法官”活动，把“讲学习、讲政法、讲正气”作为党性党风教育的主要内容，加强对干警的政治思想教育，树立群众意识、服务意识、公正意识、廉洁自律意识，秉公执法、爱岗敬业。对违反最高人民法院“八不准”和中央政法委“四条禁令”敢于“闯红灯”知法犯法的干警要坚决清除出政法队伍。人民法院要坚持不懈对干警进行业务培训，不断提高审判质量和执行效率，努力成就一支政治思想合格、业务技能过硬，敢打必胜的高素质执行队伍。

**四、加强监督检查，确保执行工作落到实处**

一是定期听取汇报。对人民法院的执行工作，县人大常委会定期听取工作汇报，必要时做出决议和决定。主任会议根据实际情况随时听取汇报，监督支持人民法院的执行工作。主任会议认为需要由县人大常委会会议作出决定或者提出质询案、撤销职务案、组织特定问题调查委员会进行调查的，依照法定程序提交常委会会议审议决定。对久拖不执行的案件，发《法律监督书》限期执行。二是开展个案监督。对群众反映强烈、社会影响较大、久拖不执行的案件，实施个案监督。三是组织代表对执行工作进行评议。四是实行执行工作公开公示制。人民法院要将所有的执行案件、执行程序、执行时限向社会公开公示，自觉接受监督。

# 第七章　选举任免

## 第一节　常委会选举任免情况

1998年6月26日，县十二届人大常委会第四次会议通过县人民政府人事任免事项。

决定任命：

宋彦群为县政府办公室主任；

陆振秋为县劳动人事局局长；

李庆国为县信访局局长；

贾增录为县计划局局长；

贺书良为县统计局局长；

崔双义为县经贸局局长；

赵晓坤为县农业局局长；

韩周群为县文化教育局局长；

许庆林为县体育局局长；

孙文科为县科技局局长；

童向阳为县公安局局长；

郝锁成为县民政局局长；

王贵良为县财政局局长；

赵立宏为县卫生局局长；

崔建民为县计生局局长；

王存良为县审计局局长；

陈振英为县工商局局长；

利民生为县物价局局长；

王建成为县交通局局长；

袁英豹为县建设环保局局长；

张增怀为县土地管理局局长；

赵志广为县乡镇企业局局长；

刘永振为县技术监督局局长；

史全海为县监察局局长；
周平均为县司法局局长；
杨恩科为县粮食局局长。

1998年12月30日，县十二届人大常委会第八次会议通过县人民政府、县人民法院人事任免事项。

决定任命：
黎亚津为县政府办公室主任；
宋彦群为县计生局局长；
刘会凯为县粮食局局长。

任命：
王建生为县人民法院审判员；
张建英为县人民法院审判员；
张彦为县人民法院审判员；
刘士军为县人民法院审判员；
刘月彩为县人民法院审判员。

决定免去：
宋彦群县政府办公室主任职务；
崔建民县计划生育局局长职务；
杨恩科县粮食局局长职务。

1999年2月5日，县十二届人大常委会第九次会议通过县人民检察院人事任免事项。

任命：
唐永清为县人民检察院检察员；
林蕴为县人民检察院检察员。

1999年4月9日，县十二届人大常委会第十次会议通过县人民政府、县人民检察院人事任免事项。

决定任命：
牛贞奎为县乡镇企业局局长。

免去：
杜印安县人民检察院副检察长职务。

1999年5月17日，县十二届人民代表大会常务委员会第十一次会议决定任命张双全为深泽县人民政府副县长、代理县长。

1999 年 6 月 10 日，县十二届人民代表大会常务委员会第十三次会议通过县人民政府、县人大常委会人事任免事项。

决定任命：

史全海为县劳动人事局局长；

刘会凯为县审计局局长；

黎建辉为县物价局局长；

曹谦为县建设环保局局长；

贾增科为县监察局局长；

贾保才为县司法局局长；

崔双义为县粮食局局长。

决定免去：

贾增录县计划局局长职务；

崔双义县经贸局局长职务；

陆振秋县劳动人事局局长职务；

王贵良县财政局局长职务；

王存良县审计局局长职务；

利民生县物价局局长职务；

牛贞奎县乡镇企业局局长职务；

袁英豹县建设环保局局长职务；

史全海县监察局局长职务；

周平均县司法局局长职务。

免去：

王国章县人大常委会办公室主任职务；

张振朝县人大常委会政法科科长职务；

曹计民县人大常委会科教文卫科科长职务；

高晴君县人大常委会代表联系科科长职务；

邸民生县人大常委会办公室副主任职务；

赵敬捷县人大常委会信访科副科长职务。

1999 年 11 月 30 日，县十二届人民代表大会常务委员会第十五次会议通过县人民法院、县人民检察院人事任免事项。

任命：

张曼军为县人民法院审判委员会委员；

孙培英为县人民法院审判委员会委员；

王彩棉为县人民法院民事审判庭庭长；

纪兰生为县人民法院告诉、申诉庭庭长；

马运英为县人民法院深泽镇人民法庭庭长；

贾桂龙为县人民法院留村人民法庭庭长；

曹昆跃为县人民法院大直要人民法庭庭长；

孙建起为县人民法院铁杆镇人民法庭庭长；

曹春暖为县人民检察院检察员；

焦志军为县人民检察院检察员；

贾建立为县人民检察院检察员。

免去：

闫志军县人民法院副院长职务；

孙培英县人民法院告诉、申诉庭庭长职务；

权春来县人民法院民事审判庭庭长职务；

张书臣县人民法院留村人民法庭庭长职务；

黎昆池县人民法院大直要人民法庭庭长职务；

王彩棉县人民法院深泽镇人民法庭庭长职务；

纪兰生县人民法院经济审判庭副庭长职务；

马运英县人民法院留村法庭副庭长职务；

曹昆跃县人民法院赵八人民法庭副庭长职务；

孙建起县人民法院大直要人民法庭副庭长职务。

2000 年 4 月 25 日，县十二届人民代表大会常务委员会第十八次会议通过县人民检察院人事任免事项。

任命：

何俊文为县人民检察院检察员；

杨占博为县人民检察院检察员；

王志宗为县人民检察院检察员。

2000 年 8 月 3 日，县十二届人民代表大会常务委员会第二十次会议通过县人民政府、县人大常委会人事任免事项。

决定任命：

王树凯为县计划招商局局长；

王大奎为县经贸局局长；

张志强为县财政局局长。

任命：

程彦波为县人大常委会办公室主任。

2000年10月12日，县十二届人民代表大会常务委员会第二十一次会议通过县人民政府、县人大常委会人事任免事项。

决定任命：

王建华为深泽县人民政府副县长。

任命：

崔胜国为县人大常委会科教文卫科科长；

陈雄志为县人大常委会财经科副科长。

决定免去：

王大奎县经贸局局长职务。

2000年12月26日，县十二届人民代表大会常务委员会第二十三次会议通过县人民法院人事任免事项。

任命：

李耀江为深泽县人民法院审判委员会委员、副院长、代理院长。

免去：

陈联记深泽县人民法院审判委员会委员、院长职务。

2001年2月9日，县十二届人民代表大会常务委员会第二十五次会议决定免去张双全深泽县人民政府县长职务。决定任命庞彦须为深泽县人民政府副县长、代理县长。

2001年3月29日，县十二届人民代表大会常务委员会第二十六次会议，通过县人大常委会人事任免事项。

任命：

曹青哲为县人大常委会老干部服务科科长；

袁占强为县人大常委会办公室副主任；

史志法为县人大常委会政法科副科长；

曹欣恋为县人大常委会信访科副科长；

李敬伟为县人大常委会科教文卫科副科长；

赵路通为县人大常委会代表联系科副科长。

免去：

曹青哲县人大常委会老干部服务科副科长职务。

2001年10月23日，县十二届人民代表大会常务委员会第二十九次会议通过县人大常委会、县人民法院人事任免事项。

免去：

崔胜国县人大常委会科教文卫科科长职务。

任命：

杨英媛为深泽县人民法院审判员；

马剑为深泽县人民法院审判员；

王军峰为深泽县人民法院审判员。

2003年2月14日，县十二届人民代表大会常务委员会第三十六次会议通过县人民法院人事任免事项。

任命：

封建国为深泽县人民法院立案庭庭长；

李造起为深泽县人民法院审判监督庭庭长；

赵鹤鸣为深泽县人民法院刑事审判庭庭长；

王彩棉为深泽县人民法院民事审判庭一庭庭长；

贾桂龙为深泽县人民法院民事审判庭二庭庭长；

曹昆跃为深泽县人民法院行政审判庭庭长；

王立平为深泽县人民法院执行庭庭长；

孙建起为深泽县人民法院深泽镇人民法庭庭长；

杨英媛为深泽县人民法院立案庭副庭长；

刘月彩为深泽县人民法院刑事审判庭副庭长；

马殿勋为深泽县人民法院民事审判庭一庭副庭长；

李文妙为深泽县人民法院民事审判庭二庭副庭长；

刘彩虹为深泽县人民法院行政审判庭副庭长；

张庆法为深泽县人民法院执行庭副庭长；

张进友为深泽县人民法院白庄人民法庭副庭长；

宋跃轩为深泽县人民法院白庄人民法庭副庭长；

刘彦兵为深泽县人民法院赵八人民法庭副庭长；

张运启为深泽县人民法院赵八人民法庭副庭长；

孙淼为深泽县人民法院桥头人民法庭副庭长；

张英琴为深泽县人民法院桥头人民法庭副庭长；

刘士军为深泽县人民法院深泽镇人民法庭副庭长。

免去：

封建国深泽县人民法院大直要人民法庭庭长职务；

李造起深泽县人民法院西河人民法庭庭长职务；

赵鹤鸣深泽县人民法院行政审判庭庭长职务；

王彩棉深泽县人民法院民事审判庭庭长职务；
贾桂龙深泽县人民法院留村人民法庭庭长职务；
曹昆跃深泽县人民法院大直要人民法庭庭长职务；
刘勇深泽县人民法院经济审判庭庭长职务；
崔跃民深泽县人民法院石油人民法庭庭长职务；
王立平深泽县人民法院经济审判庭副庭长职务；
孙建起深泽县人民法院铁杆镇人民法庭庭长职务；
张彦申深泽县人民法院西河人民法庭副庭长职务。

2003年3月28日，县十二届人民代表大会常务委员会第三十八次会议决定任命朱献军为深泽县人民政府副县长、代理县长。决定免去庞彦须深泽县人民政府县长职务。

2003年4月25日，县十二届人民代表大会常务委员会第三十九次会议通过县人民法院、县人民检察院人事任免事项。

免去：

李耀江深泽县人民法院院长、审判委员会委员职务；
吴正育深泽县人民检察院检察长、检察委员会委员职务。

任命：

刘喜奎为深泽县人民法院副院长、代理院长、检察委员会委员；
李立燕为深泽县人民检察院副检察长、代理检察长、检察委员会委员。

## 第二节　常委会接受辞职情况

1999年4月9日，县十二届人大常委会第十次会议接受杜印安辞去县人民检察院副检察长职务。

1999年5月17日，县十二届人大常委会第十一次会议接受郭领域辞去县人民政府县长职务。

1999年11月30日，县十二届人大常委会第十五次会议接受闫志军辞去县人民法院副院长职务。

2000年2月17日，县十二届人大常委会第十七次会议接受冯志广辞去县人大常委会委员职务。

2000年12月26日，县十二届人大常委会第二十三次会议接受陈联记辞去县人民法院审判委员会委员、院长职务。

2001年2月9日，县十二届人大常委会第二十五次会议接受张双全辞去县人民政府县长职务。

2001 年 6 月 8 日，县第十二届人大常委会第二十七次会议接受陈发文辞去县人大常委会委员职务。

2003 年 3 月 28 日，县十二届人大常委会第三十八次会议接受庞彦须辞去县人民政府县长职务。

2003 年 4 月 25 日，县十二届人大常委会第三十九次会议接受吴正育辞去县人民检察院检察长、检察委员会委员职务。

2003 年 4 月 25 日，县十二届人大常委会第三十九次会议接受李耀江辞去县人民法院院长、审判委员会委员职务。

# 第八章　机关工作

十二届县人大常委会在县委的坚强领导和市人大常委会的正确指导下，坚持以邓小平理论和“三个代表”重要思想为指导，认真贯彻执行党的各项方针、政策，紧紧围绕全县改革、发展、稳定大局，以经济建设为中心，以依法治县总揽工作全局，认真履行宪法和法律赋予的各项职权，不断加强常委会及机关自身建设，扎实工作，创新开拓，与时俱进，各项工作都取得了显著成绩，为保障和促进全县改革开放和物质文明、政治文明、精神文明建设的顺利进行做出了应有贡献。

1. 加强思想作风建设。县人大常委会始终把政治思想作风建设作为加强常委会及机关自身建设的先导性工程来抓，通过加强政治理论学习，开展思想作风整顿，进行廉政警示教育等形式不断加强常委会领导班子及机关工作人员的思想作风建设。2000 年，按照中央及省市要求，县人大常委会领导班子和领导干部开展了历时两个月的“三讲”集中教育活动，领导班子每位成员自觉做到领导、时间、精力“三集中”，高标准、高质量做好每个阶段、每个环节的每一项“规定动作”。通过开展“三讲”教育集中活动，每一位领导干部的政治思想素养和理论水平进一步提高，工作作风进一步转变，班子凝聚力、战斗力进一步增强。2000 年和 2001 年，县人大常委会机关领导班子开展思想作风整顿活动和“三个代表”集中教育活动，收到了明显成效。

2. 加强组织建设。县人大常委会始终把机关组织建设作为一项重要工作来抓。先后有 8 名 50 周岁以上的机关干部提前离岗，新进 25 ～ 35 周岁左右的年轻干部 7 人，机关干部平均年龄由上届的 48 周岁降到现在的 36 周岁。机关干部中大学专科以上学历的有 11 人，中专学历的 6 人。有 4 名年轻干部走上了正科级领导岗位。机关干部的年龄结构、知识结构进一步优化，为今后更好地开展工作奠定了坚实基础。

3. 加强制度建设和人大宣传工作。本届常委会先后制定常委会党组中心组学习制度、“三会一课”制度；健全、完善机关各项规章制度 10 余项，主要包括机关学习制度、科室联席会议制度、安全保卫制度、党支部活动制度等；对各科室岗位职责进行了重新规范和明确。坚持对内对外宣传一起抓，定人、定任务、定奖惩，机关各科室一起上，人大宣传工作取得了较好成绩。5 年来，各级刊物共刊发人大各种稿件 160 余篇。

# 第 十 篇

# 深泽县第十三届人民代表大会

（2003 年 4 月至 2007 年 4 月）

# 第一章　党的领导

深泽县第十三届人民代表大会及其常务委员会，在中共深泽县委的领导下，全面贯彻党的十六届三中、四中、五中、六中全会精神，联系人大工作实际，努力探索和实践在新形势下如何强化党的领导，做好人大工作这个重大课题，深入开展如何实现加强党的领导、人民当家作主和依法治县的统一，“深泽要发展、人大工作怎么办、人大干部怎么办”大讨论，进一步提高思想认识，从理论和实践的结合上加深对党的领导的认识和对人大工作的把握，增强做好人大工作的积极性、自觉性。

深泽县人大常委会党组坚持正确的政治方向，自觉接受县委领导。人大工作的重要事项，主动向县委请示报告，人大工作的指导思想、工作思路切实贯彻县委八次、九次党代会精神，使人大工作始终坚持和把握正确的政治方向。

深泽县人大常委会党组坚持依法治国，不断强化国家机关的政治理念和法律观念。按照法律赋予的职权，认真履行职责，监督“一府两院”依法行政，公正司法，有力推进依法治县进程。

深泽县人大常委会党组充分把握大局，服务大局。始终坚持和贯彻县委提出的突出五个主攻方向、实施四大战略、切实打好三个攻坚战以及实现更快更好发展、构建和谐深泽两大目标的总体工作思路，把人大工作置于全局工作之中。坚持行使职权不越位，找准角色不错位，履行职责要到位，确保了人大工作顺利开展，为实现“更快更好发展、构建和谐深泽”两大目标发挥了重要作用。

按照县委统一部署，认真开展保持共产党员先进性教育活动。在活动中，坚持高标准、严要求，规定动作不走样、自选动作有特色。以人民代表大会制度建立50周年为契机，开展多项纪念活动。开展“八荣八耻”为主要内容的社会主义荣辱观教育活动。通过经常地、有针对性地抓好思想教育，人大常委会党组各成员的政治思想素养进一步提高，立党为公、执政为民、履行职权、不辱使命的观念进一步增强。

**中共深泽县人民代表大会常务委员会党组**

书　记：王根拴（2003年4月至2007年4月）

副书记：纪同振（2003年4月至2007年4月）

成　员：崔建民（2003年4月至2007年4月）

王建成（2003 年 4 月至 2007 年 4 月）
程彦波（2003 年 4 月至 2007 年 4 月）

# 第二章　人大代表

深泽县第十三届人民代表大会代表名额169名。2003年4月，召开县十三届人大一次会议时实有代表167名。县十三届人大常委会不断完善代表工作制度，加强代表建议和意见的办理，加强与代表的联系，拓宽代表知情知政的渠道，搞好闭会期间的代表活动，充分发挥了代表作用。

## 第一节　选举产生

### 一、选举委员会

2003年3月11日，深泽县第十二届人大常委会第三十七次会议通过《深泽县人大常委会关于县级人民代表大会换届选举的决定》《深泽县选举委员会组成人员名单》《各乡镇（办事处）和县选举领导小组名单》《深泽县选举委员会关于县人民代表大会换届选举工作的实施方案》《深泽县人大常委会关于深泽县第十三届人民代表大会代表名额的决定》。

县选举委员会主任为朱献军；副主任为刘殿欣、杨国芳；委员为袁永福、程彦波、黎亚津、韩立辉、袁国良、梁建涛、纪计栓、郝锁成、赵建立、李林、杜琳琳、张志强、赵路通、黎建辉、苑运良、陈会兴、康占桥、张广茂、纪书强、张学荣、张英立。下设选举办公室，主任为程彦波（兼）。

河北省人大常委会确定深泽县县人大代表名额为169名。深泽县十二届人大常委会第三十七次会议确定县人大代表名额169名和代表名额分配方案，将168名代表名额分配到89个选区。

2003年4月25日为选举日。选举投票形式主要是投票站或流动票箱，部分选区召开选举大会，全县参加投票选举的选民153018人，参选率为94.2%，选举产生县十三届人大代表167名。深泽县第十二届人民代表大会常务委员会代表资格审查委员会对167名代表的代表资格进行审查，认为代表选举符合法律规定，代表资格全部有效。

### 二、代表构成

在选举产生的167名代表中，党员109名，占65.3%；群众58名，占34.7%；妇女35

名，占21%；上届代表48名，占28.7%；干部58名，占34.7%；农民75名，占44.9%；工人17名，占10.2%；知识分子11名，占6.6%；其他方面6名，占3.6%。代表结构比较合理。代表知识结构也有较大完善，大专以上文化程度59名，占35.3%，较上届提高13.5%；高中以上文化程度59名，占35.3%，较上届降低4.2%；初中及以下文化程度49名，占29.3%，较上届降低8.3%。代表的年龄结构也较合理，35岁以下19名，占11.4%；36至55岁132名，占79%；56岁以上16名，占9.6%。新一届县人大代表，平均年龄有所下降，文化程度明显提高。

## 第二节 代表名单

县直代表团（30名，含石油综合四处）：

| | | | |
|---|---|---|---|
| 丁建刚 | 王万峰 | 王建群 | 纪计栓 |
| 杨玉平（女） | 李占辉 | 李运波 | 李　林 |
| 张志兴 | 张志强 | 张国振 | 张建辉 |
| 张景节（女） | 张增怀 | 赵志彬 | 段会友 |
| 郝彦涛 | 袁曙光 | 贾　红（女） | 郭旭光 |
| 郭冀婵（女） | 高彦法 | 崔双义 | 韩周群 |
| 王建成 | 赵建立 | 张静棉（女） | |

石油综合四处：

| | | |
|---|---|---|
| 宋　伟 | 陈国云 | 綦　群（女） |

深泽镇代表团（20名）：

| | | | |
|---|---|---|---|
| 王迎兴 | 王群英 | 刘兰造 | 刘喜奎 |
| 李书强 | 李敬伟（女） | 张印昌 | 张会英（女） |
| 陈　军 | 范　征 | 段贵芹（女） | 袁占州 |
| 梁平军 | 曹焕民 | 韩彩芹（女） | 黎建辉 |
| 韩清榕（女） | 袁占强 | 赵路通 | 王国强 |

白庄乡代表团（24名）：

| | | | |
|---|---|---|---|
| 马平格（女） | 王彩然（女） | 刘贞全 | 刘志存 |
| 刘敬然（女） | 杜占辉 | 杜建兴 | 肖永欣 |
| 何庆云 | 李东兴 | 张仓民 | 张同录 |
| 张伟峰 | 张志中 | 邸新月 | 赵平会（女） |
| 赵利宏 | 郭建华 | 康占桥 | 韩玉钊 |
| 翟彦平（女） | 王文治 | 程彦波 | 曹青哲 |

留村乡代表团（23名）：

| | | | |
|---|---|---|---|
| 田志军 | 刘灵欣（女） | 刘建生 | 刘建州 |

| | | | |
|---|---|---|---|
| 刘国柱 | 刘增奎 | 孙会平 | 李立燕 |
| 李英芬（女） | 邸义坤 | 邸东亚 | 张广茂 |
| 张占群 | 张建民 | 陈胜欣（女） | 赵双喜 |
| 贾平生 | 郭文宣（女） | 曹海林 | 王根拴 |
| 朱献军 | 杨国芳 | 康会彬 | |

赵八乡代表团（20 名）：

| | | | |
|---|---|---|---|
| 刘志军 | 杜国进 | 宋森林 | 张同珍（女） |
| 张洪武 | 陈礼才 | 陈会兴 | 陈同肖（女） |
| 陈振秋 | 赵建芬（女） | 贾俊缺（女） | 贾锅造 |
| 高丙文 | 曹志欣 | 康春生 | 康彦申 |
| 焦志彬 | 郝建农 | 纪同振 | 陈雄志 |

桥头乡代表团（13 名）：

| | | | |
|---|---|---|---|
| 王欣然（女） | 刘彦军 | 刘翠芬（女） | 纪书强 |
| 杨庆祥 | 陈铁刚 | 周子军 | 秦玉申 |
| 曹翠江 | 翟英会（女） | 张占勋 | 崔建民 |
| 马壮国 | | | |

耿庄办事处代表团（12 名）：

| | | | |
|---|---|---|---|
| 王运生 | 冯翠平（女） | 邢茂福 | 纪小群 |
| 张进刚 | 张亚强 | 张英利 | 赵鹏卿（女） |
| 曹欣恋（女） | 韩永谦 | 韩满军 | 张占营 |

铁杆镇代表团（14 名）：

| | | | |
|---|---|---|---|
| 王国周 | 刘芹英（女） | 李朋珍 | 李敬表 |
| 张树永 | 张彦格（女） | 张彦博 | 苑运良 |
| 周淑平（女） | 赵永红 | 郭玉芳 | 袁铁民 |
| 杜振琪 | 张俊立 | | |

马里办事处代表团（11 名）：

| | | | |
|---|---|---|---|
| 王会军 | 杜进兵 | 李西谦 | 邸四平（女） |
| 赵义亭 | 郭运周 | 翟路民 | 邸庆忠 |
| 史志法 | 张学荣 | 贾会彩（女） | |

深泽县第十三届人大代表届中变动情况表

表 46

| 会次 | 终止情况 | 补选情况 | 人数 |
|---|---|---|---|
| 第一次会议 | — | — | 县十三届人民代表大会第一次会议时，实有代表 167 名 |
| 第二次会议 | 病逝 1 名：张建民 | 补选 1 名：支彦杰 | 县十三届人民代表大会第二次会议时，实有代表 167 名 |
| 第三次会议 | 调离深泽 3 名：<br>袁曙光、王文治、李立燕<br>暂停执行代表职务 1 名：张广茂 | 补选 2 名：聂英武、李芳栋 | 县十三届人民代表大会第三次会议时，实有代表 166 名 |
| 第四次会议 | 调离深泽 3 名：<br>王万峰、朱献军、郝建农<br>暂停执行代表职务 1 名：张广茂 | 补选 6 名：王志强、邸亚中、贾占锁、王伟、郭立辉、宋文军 | 县十三届人民代表大会第四次会议时，实有代表 169 名 |

# 第三节　代表工作

## 一、完善代表工作制度

为进一步做好代表工作，常委会认真学习贯彻胡锦涛总书记的重要讲话和省、市、县委各级文件精神，根据深泽县实际制定《深泽县人大常委会关于充分发挥闭会期间代表作用的意见》《深泽县人大常委会关于代表议案、建议、批评和意见办理的意见》等五个文件，使深泽县代表工作更加规范化、制度化。

## 二、建立“梯形代表联系网络”

为加强代表联系网络建设，促进各级人大代表与原选举单位或选民的联系，加强原选举单位或选民对代表的监督，按省人大常委会要求，县人大常委会建立“梯形代表联系网络”，以在深泽县选出的 12 名市人大代表，每人分别重点联系 5 名县人大代表，县、乡人大代表定点原选区联系选民，一个选区有多名代表的分单位或分片进行定点联系，联系选民人数不少于 10 人。

## 三、召开代表座谈会

为广泛征求代表对“一府两院”和全县各方面工作的意见建议，了解人民群众普遍关心的热点问题，县人大常委会每年分别组织召开县直和各乡镇县人大代表座谈会。

## 四、代表建议、意见选录

### 县十三届人大一次会议期间

县十三届人大一次会议，经议案审查委员会审查，建议11件，意见17件。提交县人大常委会审议，议案转建议6件。交县政府办理。

（一）议案转建议

1.关于深泽县农村工业化问题

提议案人：崔双义 单位（住址）：县粮食局

附议人：县直代表团张志兴等10名代表

案据：政府工作报告中提出“农村三化”关键是农村工业化，这方面从目前情况看，主攻方向还不够明确，扶持措施、工作目标还不够具体。

方案：深泽县实现农村工业化应确定发展的主攻方向，拿出具体扶持措施，县要适应石家庄市建设纺织城的发展战略，选择农民能上、能干产业，吸取成功经验、推行小规模大群体发展形式，建设纺织基地县。在大项目发展上要实行县级领导包项目包企业责任制，制定出工作目标，集中精力抓好协调督导，确保落实。

2.关于县城西苑街建设问题

提议案人：刘彦军 单位（住址）：桥头乡

附议人：桥头乡代表团周子军等10名代表

案据：政府工作报告中提出把西苑街建成样板街，提得很好。西苑街南大门城标、广告牌、路灯等也都建设得不错。但西苑街两旁便道破烂不堪，西苑街北口车站一带比较脏乱。

方案：西苑街两旁便道进行整修，统一铺设花砖，不允许占道经营。西苑街马庄段搞好排水、清障、标志性路灯、城标等配套设施建设。车站是交通枢纽对外窗口，应装饰一新，成为西苑街的一个亮点。

3.关于乡镇文化站建设问题

提议案人：韩周群 单位（住址）：县文体局

附议人：县直代表团张增怀等10名代表

案据：乡镇文化站作为普及农村科技，搞好农村社会主义精神文明建设的载体和工作机构，几年来一直未能达到场地、软件及专门工作人员的“三落实”，难以适应农村两个文明建设和日益增长的科技、文化生活需求。在当今建设小康社会的新形势下，乡镇文化站建设已显得尤为重要。

方案：按照市委文件提出的要求，各乡镇应尽快落实。同时尽快延伸到村，建立村级文化活动室，成为上下贯通的工作网络，更好地为全面建设小康社会服务。

4.关于县城新开街、西苑街部分路段排水问题

提议案人：张志兴 单位（住址）：县经贸局

附议人：县直代表团崔双义等10名代表

案据：县城新开街、西苑街部分路段，每次大雨积水很多，群众行路困难，特别是新开街学校，每遇大雨放学后学生回不了家，十分不便。

方案：要求县政府采取有效措施，对新开街、西苑街排水设施进行整治，保证排水畅通。

5. 呼吁解决耿庄村经济发展环境问题

提议案人：王运生 单位（住址）：耿庄办方元村

附议人：耿庄办事处代表团韩永谦等10名代表

案据：耿庄村是深泽县经济发展较快村之一，日用化工优势明显，但近年来市场逆转，经营惨淡，正是应当培植扶持之际，一些职能部门却滥加收费，影响企业的正常生产经营。如工商、技术监督等下属各科股室，为完成既定收费任务，轮番到企业收费，有的既不举证、也不持据；环保局借年检之机搭车收费，否则不予年检，不得开工，一些职能部门报刊费、通信费、吃喝费、治安费、租车费等硬让企业负担，让企业苦不堪言。

方案：压费保税，严禁随意进入进行收费。如确需收费，县政府可印制特别证件，签字有效。

6. 关于兑现退耕还林补贴问题

提议案人：曹志欣 单位（住址）：赵八乡北赵八村

附议人：赵八乡代表团焦志彬等13名代表

案据：今年的退耕还林，发展林业工作开展得不错，大部分群众按照上级要求栽树造林，但“绿林公司”所承诺的补贴至今没有兑现，群众反映强烈。

方案：希望有关部门按照政策规定兑现补贴，以取信于民，否则势必影响群众情绪和其他工作的开展。

（二）建议

1. 关于铁杆镇城镇建设问题

提建议人：张彦卜 单位（住址）：铁杆镇铁杆村

2. 关于改善新开街学校周边环境问题

提建议人：杨玉平 单位（住址）：县教育局

3. 关于解决铁杆镇电力紧张问题

提建议人：张树永 单位（住址）：育德学校

4. 关于解决公安局经费紧张问题

提建议人：贾红 单位（住址）：县公安局

5. 关于铁杆镇工业区建设问题

提建议人：李彭真 单位（住址）：铁杆镇南旺村

6. 关于解决我县高中普及率低的问题

提建议人：张树永 单位（住址）：育德学校

7. 关于落实基层工会经费问题

提建议人：赵建立　单位（住址）：县总工会

8. 关于农村有线电视用电问题

提建议人：韩永谦　单位（住址）：耿庄村

9. 关于改善马里办事处机关办公条件问题

提建议人：杜进兵　单位（住址）：马里办马铺村

10. 关于治理磁河污染问题

提建议人：张伟峰　刘建生　贾锅造　单位（住址）：白庄乡西固罗村、留村乡留王庄村、赵八乡石桥头村

11. 关于解决学校经费不足问题

提建议人：段贵芹　单位（住址）：城内小学

（三）意见

1. 县直代表团杨玉平、铁杆镇代表团刘芹英、留村乡代表团康会彬提出：2000 年以来教师工资没有与职称挂钩，影响教师工作积极性，希望县政府尽快给予解决。

2. 深泽镇代表团张印昌提出：向农民发放小额贷款政策保证落实到位，以解决部分群众在生产结构调整中资金不足的问题。

3. 白庄乡代表团杜建兴提出：去冬今春南张庄、王庄、小堡、大堡等村发生丢失羊群、电表、电线等事件，报案后无人问津，南营村出现车祸以后，报警无人管，18 天以后才有人处理，群众意见很大。

4. 耿庄办事处代表团刑茂福提出：耿庄办事处 10 个村的户口仍在桥头乡派出所，办理身份证、迁移户口不方便，希望耿庄办事处户口归耿庄办事处派出所管理。

5. 留村乡代表团贾平生提出：交警查住摩托车后要扣到停车场，不能及时处理，要求现场办公及时处理。

6. 马里办事处代表团翟路民提出：电力局、技术监督局在农村强制统一更换指定型号的电表，增加农民负担，群众有意见。

7. 深泽镇代表团王迎兴提出：深泽镇农业税比其他乡镇偏高，群众不理解，征收难度大。

8. 铁杆镇代表团王国周提出：西河到铁杆公路已经损坏，交通不便，要求尽快修好。

9. 耿庄办事处代表团韩永谦提出：魏龙公路耿庄村段迟迟不能拓宽，影响交通，修此公路时耿庄村从市交通局争取到 15 万元支持款，其中仅有 1 万元到位，其余 14 万元滞留县交通局，要求县政府尽快协调解决，今年务必动工拓宽。

10. 赵八乡代表团陈振秋提出：滹沱河大堤硬化路面，由于缺乏养护，已出现损坏，希望有关部门加强管理，搞好养护维修。

11. 县直代表团张国振提出：非法办证广告太多，影响城容城貌，希望有关部门采取措施，加强管理。

12. 耿庄办事处代表团韩永谦提出：耿庄村宅基地遗留问题较多，村里解决困难很多，希望有关部门协助解决。

13. 白庄乡代表团刘志存提出：去年人代会提出的火化厂东边修一条下堤道，县政府答复2003年春落实，希望尽快落实动工。

14. 马里办事处代表团李西谦提出：县奶牛养殖业发展很快，对于奶牛的一些疑难杂症，我县兽医不能治愈，要从外县聘请兽医，耽误病情，希望县畜牧局配备高技术兽医，为奶牛养殖户搞好技术服务。

15. 县直代表团张静棉提出：一些执法、行政部门还存在话难听、事难办、门难进的现象，希望进一步加强职业道德教育，转变工作作风。

16. 白庄乡代表团张同录提出：2002年农业税该返还到村的部分，至今没有返还，影响今年农业税征收工作和村里其他工作的正常开展。

## 县十三届人大二次会议期间

县十三届人大二次会议，经议案审查委员会审查，建议10件，意见26件。提交县人大常委会审议，议案转建议6件。交县政府办理。

（一）议案转建议

1. 关于乡镇（办事处）拖欠公教人员工资及奖励、工资政策落实不到位的问题

提议案人：宋森林、张同珍、刘芹英 单位：赵八乡、赵八乡南赵八小学、铁杆镇中学

附议人：赵八乡代表团贾锅造等10名代表、铁杆镇代表团张彦卜等10名代表

案据：我县各乡镇（办事处）公教人员工资均有不同程度的拖欠，全县公教人员奖励、工资政策落实不到位。赵八乡工作人员1999年10—12月，2000年10—12月拖欠6个月工资，赵八学区教师工资1999年2个月、2000年3个月拖欠5个月工资。县直部门和乡镇（办事处）工作人员2002、2003年连续三年优秀、2003年级别工资5年滚动、2001、2003年职务工资正常晋升、干部提职工资晋升均没有兑现。

方案：希望县政府统筹安排，把解决拖欠公教人员工资问题列入议事日程，认真研究，制订还款计划，积极筹措资金，使问题逐步得到解决。

2. 关于农业税款和转移支付款返还和发放不到位的问题

提议案人：陈铁刚、张洪武、邢茂福、张志中 单位：桥头乡西小封村、赵八乡、耿庄办事处魏村、白庄乡大直要村

附议人：桥头乡代表团周子军等10名代表，赵八乡代表团曹志欣等10名代表，耿庄办事处代表团张进刚等9名代表，白庄乡代表团马平格等11名代表

案据：由于农业税款应返还乡镇（办事处）村部分返还不到位，转移支付款也没有划拨到各村，致使乡村两级财力紧张，村干部工资不能正常发放，影响到乡村两级的正常运转。

方案：农业税款应专款专用，按政策应返还乡、村的部分，应按比例返还到位，转移支付款也应按政策划拨给各村。

3. 关于县农业产业结构调整的有关问题

提议案人：杜进兵 单位：马里办事处马铺村

附议人：马里办事处代表团李西谦等 9 名代表

案据：县农业产业结构调整工作，经过县政府及有关部门的努力，已有较大发展，有的已初具规模，但由于信息、技术、管理、防病治病、产品销售等环节存在一些问题，导致农产品销售难。

方案：建议县政府及有关部门进一步加强产前、产中、产后的信息、技术、销售服务，引导农民上新品种，积极培养和引进农业技术人才，加强乡镇农业技术站建设，加强技术指导，搞好农民科技培训班，解决产品产量、质量低和防病治病难的问题，发展订单农业，积极培养农产品销售人才，打开销售渠道，对农产品运输车辆不查不扣，涉农部门和各乡镇（办事处）领办农产品销售合作经济组织，建立生产、销售基地，切实使农民获得较好的经济效益。

4. 关于县“空心村”治理问题

提议案人：贾锅造　单位：赵八乡石桥头村

附议人：赵八乡代表团焦志彬等 10 名代表

案据：县“空心村”现象比较严重，影响农村建设规划，致使部分村民建房困难，有的村出现私自买卖庄基乱占耕地问题。

方案：希望县政府及有关部门针对各村具体情况，统一部署，严格规划，明确政策，集中时间，集中力量，进行清理。禁止并查办买卖宅基地、耕地发放庄基地等违法行为，制定并规范发放庄基办法。

5. 关于县城综合整治，加强县城管理问题

提议案人：纪计栓、王国周　单位：县直机关工委、铁杆镇中央村

附议人：县直代表团赵志彬等 10 名代表，铁杆镇代表团郭玉芳等 10 名代表

案据：县医院东东袁庄段、西苑街北口、马庄段没有铺设地下管道，影响着样板街的建设。府前街及西苑街大量占道经营摊点，不但造成交通拥挤，而且卫生环境肮脏不堪，尤其是府前路向阳街、文昌街两个十字路口、夜市一带。县城车辆随意停放问题也比较严重，严重影响深泽形象。

方案：把马庄段、东袁庄段铺设地下管道作为样板街收尾工程，年内完成，建议县政府尽快落实文昌街菜市场、夜市周边饮食摊点搬迁工作，县城主要街道占道经营摊点一律进店经营或搬迁，规划安排停车场，下大力解决车辆乱停乱放问题，争取半年内完成。

6. 关于鼓励支持私立学校办学及筹建县第三高中的有关问题

提议案人：张树永、刘翠芬　单位：育德学校　桥头乡营里村

附议人：铁杆镇代表团郭玉芳等 10 名代表，桥头乡代表团王欣然等 9 名代表

案据：私立教育在深泽县教育工作中已占有一定地位，但县政府在师资、资金等方面支持不够。根据省市规划，2006 年县普及高中阶段教育，筹建县第三高中已迫在眉睫，根据我县实际情况，县长办公会决定在育德学校建第三高中，这是明智之举，因为在此建第三高中投资少、速度快，建成后能解决铁杆、马里、桥头等乡镇（办事处）学生上高中难问题。

方案：建议县政府从师资、资金、占地等方面制定鼓励支持私立教育的相关政策，保证我县私立教育持续健康发展。在育德学校建第三高中工作应尽快落实，在资金、占地、师资配备等方面予以支持。

（二）建议

1. 关于私营经济发展问题

提建议人：赵义亭、张彦卜、纪小群 单位：马里办事处后马里村，铁杆镇铁杆村，耿庄办事处耿庄村

2. 关于铁杆镇城镇建设问题

提建议人：张彦卜 单位：铁杆镇铁杆村

3. 关于县有关部门道路查车问题

提建议人：张国振 单位：县电力局

4. 关于农村支付两委正职加入财险及寿险的有关问题

提建议人：张洪武 单位：赵八乡

5. 关于在大雾头村附近建设 3.5 万千伏变电站问题

提建议人：陈礼才 单位：赵八乡大雾头村

6. 关于教师队伍素质问题

提建议人：康会彬 单位：留村乡中学

7. 关于减少养鸡户污染问题

提建议人：张彦格 单位：铁杆镇故城村

8. 关于磁河、木刀沟污染治理问题

提建议人：贾锅造、刘建生 单位：赵八乡石桥头村、留村乡刘王庄村

9. 关于乡村公路维修问题

提建议人：邸东亚、曹海林、郭运周、王运生 单位：留村乡北羊村、东北留村、马里办事处、耿庄办事处方元村

10. 关于乡村网吧管理问题

提建议人：张进刚 单位：耿庄办事处北濯头村

（三）意见

1. 县司法局张静棉代表提出：政府各种会议频繁，部门领导很多时间用在应付各种会议上，希望政府压缩会议数量，改善会议质量，提高会议效率。

2. 马里办事处赵庄村贾会彩代表提出：各村大鼓队、秧歌队大部分处于自发状态，希望政府及有关部门加强组织指导，并给予资金支持。

3. 赵八乡大雾头村陈振秋代表提出：滹沱河北大堤硬化路面损坏，没人维修，希望有关部门尽快维修。

4. 赵八乡石桥头村贾锅造代表提出：1980 年代初，县政府号召集资办电，每名村民 2 元，由县政府负责 3 年内本息还清，但至今未还。

5. 深泽镇黎建辉代表提出：向阳街北段占地赔款不到位，希望政府尽快解决；向阳街南段、兴华街东段所涉及户由于不知道是否开通，什么时间开通，有的想翻盖旧房也不敢翻盖，希望政府尽快给予答复。

6. 深泽镇乐春散热器有限公司曹焕民代表提出：政府工作报告中提到在优化政策环境上制定了《关于进一步优化经济发展环境的暂行规定》《关于招商引资的暂行规定》等政策，请把有关文件下发到企业，以便了解其中的内容。

7. 白庄乡孤庄村张同录代表提出：各村盖学校县里都拨一部分款项，孤庄村盖学校县里没有拨一分钱，负债20多万元，现在各村学校正在合并，各村共同受益，希望政府拨一部分款项给予必要的支持。

8. 白庄乡代表团全体代表提出：上级拨给我县粮食差价款100万元，不知道用在了什么地方，希望政府专款专用。

9. 耿庄办事处寺头村冯翠平代表提出：农村小学生收费过高，借发课本之机搭车卖课外参考书、作业本等，希望按国家标准收费，课外参考书等由学生自愿购买。

10. 铁杆镇中学刘芹英代表、赵八乡南赵八小学张同珍代表提出：教师职称与工资挂钩问题至今没有得到解决，希望县政府尽快解决落实。

11. 铁杆镇中学刘芹英代表提出：乡镇中学办学条件差，教室及学生宿舍不足，教学设备不足，希望加大乡镇中学教育经费投入，改善办学条件。

12. 深泽镇东王庄村王迎兴代表提出：农村小学部分校长年龄已高，有的学校教师不足，任用代课教师，甚至有的班级没有教师，影响小学教学质量。

13. 深泽镇城内村小学段贵芹代表提出：教育“普九”是政府行为，因“普九”工作学校所欠债务，县政府应给予解决。

14. 赵八乡北赵八村曹志欣代表、桥头乡河庄村曹翠江代表提出：2003年退耕还林政策落实不到位，很多村农民没有享受到退耕还林补偿政策，希望县政府及有关部门尽快解决落实。

15. 深泽镇西关村梁平军代表提出：县西部开发占地，因粮食涨价赔款不到位，希望县政府给予解决。

16. 留村乡中学康会彬代表提出：文昌街北段没有路灯，希望尽快安装。

17. 深泽镇鹏辉纺织有限公司王群英代表提出：县政府曾承诺投资1亿元以上的项目实行零地价，鹏辉纺织有限公司准备投资1.9亿元上高档面料布项目，希望政府兑现承诺。

18. 深泽镇南关村陈军代表提出：去年冬天向阳街中段一服装商店被盗，早晨8点报110，1个半小时才到。

19. 白庄乡东固罗村杜占辉代表提出：去年6月地税所到东固罗村6家小卖部收税，态度恶劣，且未开具发票。

20. 白庄乡段庄村刘敬然代表提出：段庄砖窑承包人违反承包合同，改变耕地用途建拨丝厂，希望有关部门给予解决。

21. 县烟草专卖局李占辉代表提出：电视台右下角字幕广告影响收看效果，特别是一些体育节目，看不见比分。

22. 留村乡中学康会彬代表提出：骚扰学校的恶性事件时有发生，去年留村乡中学20多天内发生五六次，严重影响学校正常教学，希望加强学校治安管理和周边环境治理。

23. 留村乡西内堡村张占群代表提出：部分村由于电工拖欠电力局电费，电力局不给村里安装变压器，影响群众正常的生产生活用电，希望县政府协调解决。

24. 桥头乡东小封村杨庆祥代表提出：县法院对东小封砖窑承包一案办案不力，拖延时间过长，造成从2001年开始村集体砖窑被个人侵占，要求县法院对非法侵占行为尽快制止，并给予妥善解决。

25. 深泽镇西赵庄张印昌代表、白庄乡大直要村张志中代表，耿庄办事处张英利代表提出：农业税案存在立案难、执行难问题，致使好多农业税遗留问题得不到解决。

26. 县粮食局崔双义代表提出：县法院在办理县饲料公司由于建养鸡场欠市自来水公司款一案时，本来市自来水公司想通过县法院取得一个法律文书，欠款不打算再要，县法院却以非法融资为由划拨市自来水公司款84万元，激化了矛盾，对我县饲料公司很不利，希望县法院尽快协调解决。

### 县十三届人大三次会议期间

县十三届人大三次会议，经议案审查委员会审查，建议7件，意见23件。提交县人大常委会审议，议案转建议5件。交县政府办理。

（一）议案转建议

1. 依法治理农村有关遗留问题，重点是“空心村”，财务不清等问题。

提议案人：康春生、邢茂福、贾会彩　单位：县棉麻公司、耿庄办魏村、马里办赵庄村

附议人：赵八乡代表团刘志军等12名代表，耿庄办代表团张进刚等10名代表，马里办代表团杜进兵等10名代表

案据：农村盖新不拆旧，闲散旧庄基不能利用，私自买卖庄基，占耕地建房等问题依然比较严重，形成“空心村”。农村财务也存在账目不健全、管理不规范的问题。

方案：一是希望县政府及有关部门进一步加大治理力度，集中力量、集中时间进行全面治理。二是进一步完善农村财务管理制度，严格财务审计监督，提高农村财务收支透明度。村欠户、欠前任干部工资、户欠村等农村财务遗留问题，也要摸清底数，逐步解决。

2. 加强县城管理和建设，重点解决西苑街马庄段清障开街美化、府前路环境治理、城标建设等问题。

提议案人：纪计栓　单位：县直机关工委

附议人：县直代表团张国振等10名代表

案据：西苑街特别是汽车站一带脏乱差问题依然存在，马庄段遗留问题没有得到很好解决。建设街、文昌街路面破损比较严重，车辆乱停乱放、占道经营等问题没有得到很好解决。

方案：一是改造西苑街，把西苑街建成迎宾大道。特别是汽车站一带环境治理，马庄段清障开街、美化。二是进一步加大占道经营治理力度，特别是府前路、西苑街、真武路与文昌街交叉路口等治理。三是大修建设街、文昌街路面。四是搬迁文化广场“城标”建筑物。五是解决车辆乱停乱放问题。

3. 治理校园周边不良环境，重点治理整顿网吧秩序

提议案人：赵建芬　单位：赵八乡北刘家庄村

附议人：赵八乡代表团贾俊缺等 16 名代表

案据：农村中小学周边环境不好，小商小贩太多，农村黑网吧太多，中小学生有的逃学上网影响学业。

方案：取缔农村黑网吧，加强对全县网吧的管理和检查，限制中小学生入网吧。

4. 治理经济发展环境，宽松经济发展政策等问题

提议案人：纪小群、赵义亭　单位：耿庄办耿庄村、马里办后马里村

附议人：耿庄办代表团韩满军等 10 名代表，马里办代表团王会军等 10 名代表

案据：深泽县经济发展环境不宽松，乱收费现象严重。一些执法部门无证乱查，吃拿卡要，收费太高。县拔丝企业税费负担与安平县相比高出一倍多，使县拔丝企业发展困难。

方案：县政府要出台优惠政策，优化经济发展环境，规范有关部门的收费行为，使我县企业税费负担至少不高于周围县市。

5. 治理环境污染，重点解决磁河、木刀沟污染问题

提议案人：张伟峰、刘建州、曹志欣　单位：白庄乡西固罗村、留村乡西南留村、赵八乡北赵八村

附议人：白庄乡代表团刘敬然等 10 名代表、留村乡代表团刘建生等 10 名代表、赵八乡代表团贾锅造等 10 名代表

案据：磁河、木刀沟污水污染问题，严重影响两岸人民群众正常生产和生活，沿岸有些果园、耕地被淹，沿岸村庄地下水受到污染，夏天蚊、蝇太多。

方案：希望县政府及有关部门尽快解决磁河、木刀沟污染问题，同时解决沿岸村庄饮用水问题。

（二）建议

1. 关于打击“三霸”问题

提建议人：邸四平　单位：马里办东北马村

内容：市霸、路霸、村霸与社会黑恶势力相勾结，严重影响正常的市场经济秩序和社会秩序。县政府工作报告中提出严厉打击“三霸”行为，顺民心，合民意，希望有关部门严格落实政府工作报告精神，对“三霸”坚决给予打击，以净化经济发展环境及社会环境。

2. 关于解决拖欠乡镇（办事处）公教人员工资问题

提建议人：邸新月、孙会平、刘芹英、王运生、秦玉申　单位：白庄乡人大、留村乡人大、铁杆镇中学、耿庄办方元村、桥头乡西焦庄村

内容：县政府工作报告中提出，2004 年偿还了部分乡镇（办事处）拖欠公教人员工资，但大部分乡镇（办事处）一点都没有偿还。希望县政府尽快拿出切实可行的解决方案，帮助解决。

3. 关于落实田间林网更新补助政策的问题

提建议人：邸四平 单位：马里办东北马村

内容：田间林网更新涉及千家万户，为鼓励此项工作，县出台了补助政策。目前马里办事处田间林网更新工作正大力进行，希望县政府有关部门要加强对田间林网更新工作的指导，并坚决落实补助政策。

4. 关于县第三化工厂、板纸厂出让土地及厂房的有关问题

提建议人：段会友 单位：华洋纸业有限公司

内容：县第三化工厂、板纸厂已闲置多年，2004 年 5 月开始由华洋纸业有限公司与桥头乡、县经贸局、上访代表经几次协商，初步达成一致意见，县第三化工厂、板纸厂出让土地及厂房，华洋纸业出资偿还工人集资及相关职工保障金，受让后华洋纸业上涂布厚纸生产线一条，与现有加工能力配套，开成年产值 3000 余万元，利税 200 万 ~ 300 万元的小型企业，由于涉及政府部门较多，一直难以落实，希望县政府给予协调，使此项目早日开工建设。

5. 关于解决县社机关工作人员工资及养老保险金问题

提建议人：王建群 单位：深泽县供销社物资回收公司

内容：由于以下几方面的客观原因，一是 1997 年 9 月底，县政府将县社投资 4000 万元的纺纱厂划归政府管理，每年少收管理费 10 多万元。二是 1999 年县政府让县社牵头建农哈哈农贸市场，前期投入 80 万元，由于农贸市场未建成，形成很大的包袱。三是为兑现股金合作社的股金，对全系统闲置资产进行处置，向存款大户借款 200 多万元，向有能力的企业提前收取管理费 100 多万元，由于提前收取了管理费，目前县社已无任何经济来源。四是县社系统共有离退休人员 350 多名，其中离休人员 50 多名，为解决拖欠离休人员“两费（离休费、医药费）”问题，近几年县社机关拿出 60 多万元用于离休人员补发部分拖欠工资、药费。造成县社经济十分困难，现已拖欠县社机关工作人员工资累计达 33 个月，养老保险金自 2003 年 3 月到 2005 年 6 月未能按时交纳。希望县政府给予妥善解决，请求县政府将县社机关人员列入财政开支。

6. 关于解决液压缸厂改制存在的问题

提议建人：王建群 单位：县供销社物资回收公司

内容：2004 年液压缸厂改制时不公开，不审计、不评估、不招标。造成集体（国有）资产流失，企业职工失业回家，生活无着落，职工集资 27 万元无着落，企业职工虽多次找县社主要领导和企业厂长，但问题一直得不到解决，希望县政府及有关部门给予帮助解决。

7. 关于解决二等乙级革命伤残军人王喜进公费医疗和工资问题

提建议人：王建群 单位：县供销社物资回收公司

内容：王喜进现年 60 岁，参加工作 41 年，曾任基层供销社主任、书记 20 余年，系二等

乙级革命伤残军人，1974 年前他曾持有县政府和卫生部门联合签发的公费医疗证，后因县政府压缩财政开支将他的公费医疗转入企业开支，由于县社系统经济困难，从 1993 年至今王喜进的公费医疗被拖欠 13 个年头，工资已两年没有发放，生活极度困难，请求县政府将王喜进的公费医疗和工资纳入县财政开支。

（三）意见

1. 耿庄办魏村邢茂福代表、铁杆镇南旺村李朋真代表提出：乡、村两级转移支付落实不到位，造成乡、村两级财力更加拮据，希望县政府及有关部门切实将转移支付款落实到位，并加大转移支付力度，帮助解决乡、村两级财力紧张问题。

2. 铁杆镇铁杆村张彦卜代表提出：政府工作报告中连续三年提出抓好铁杆镇的小城镇建设，但要有具体措施，要有优惠政策，要有组织机构，县直有关部门要积极配合，特别是土地、城建等部门。

3. 铁杆镇赵永红代表提出：部分乡（镇）中学学生辍学情况严重，希望有关部门，在查清原因的基础上，采取有效措施，加大工作力度，使问题得到根本解决。

4. 耿庄办方元村王运生代表提出：低压整改后，电力部门又强迫农民换新表，必须是指定表型，到指定地点购买，增加了农民负担，希望县政府协调解决。

5. 深泽镇城内村王国强代表提出：深泽镇 26 个村一万多户入股城关供销社，股份分红多年未落实，要求利用城关供销社转制拍卖资金偿还股金及股份分红。

7. 桥头乡河庄村曹翠江代表、铁杆镇铁杆村张彦卜代表提出：县新开街学校、铁杆镇中学的滚动借款至今未还，要求尽快解决。

8. 深泽镇东王庄村王迎兴代表提出：去年农忙季节，丢失变压器数台，给农业生产带来损失，要求有关部门加大巡防和侦破打击力度。

9. 铁杆镇故城村张彦格代表提出：铁杆镇故城、东三村、杜家庄、苦水等村，养殖户在村内养鸡、养猪、养羊，污染村内环境，要求县政府出台政策，让养殖户迁到村外养殖。

10. 白庄乡东固罗村杜占辉代表提出：我县稽征站收取代劳金每年 200 元，其他县没有这项收费。

11. 县供电局张国振代表提出：深泽县两个收费站制约经济流通，给我县经济发展带来不良影响，希望县政府协调妥善解决。

12. 县人大曹青哲代表提出：要求公开职工养老保险收费标准和养老金的计算方法。

13. 深泽镇范征代表提出：向阳街南段打通工程久拖不决，部分村民想建新房不能建，希望县政府尽快给予明确答复。

14. 留村乡李家庄村李英芬代表提出：原留村棉油厂停产倒闭多年，群众集资 200 万元左右无法偿还，希望县政府给予协调解决。

15. 赵八乡小梨园村陈同肖代表提出：中小学生发很多课外书，但又不学不看，造成浪费。

16. 赵八乡南赵八村贾俊缺代表提出：绿林公司与种树农户签订的补贴粮食合同不能按时

兑现，希望县政府及有关部门协调解决。

18. 赵八乡大雾头村陈礼才代表提出：滹沱河北大堤堤顶公路已被轧坏，影响防洪及两侧村庄交通，希望县政府责成有关部门解决。

19. 深泽镇城内小学段贵芹代表、赵八乡南赵八小学张同珍代表提出：县政府应按政策加大中、小学教育经费投入，以迎接今年的“普九”复查工作。

20. 留村乡中学康会彬代表、赵八乡南赵八小学张同珍代表提出：2004 年对全县 2002 年前的教师职称进行了聘任，但有一部分新开街初中、赵八中学、深泽镇中学等中学的教师职称未聘，这些未聘的教师工作也很出色，造成这部分教师情绪低落，希望县政府尽快给予解决。

21. 铁杆镇中央村王国周代表提出：西九公路铁杆过村段至今未修，交通不便，群众意见很大，要求尽快施工。

22. 桥头乡西河村周子军代表提出：桥头乡西河村到南冶庄头村公路路面已面目全非，交通十分不便，群众意见很大，要求县政府协调早日大修。

23. 留村乡羊村邸义坤代表提出：定深公路羊村段，损坏严重，影响交通，希望尽快修建。

## 县十三届人大四次会议期间

县十三届人大四次会议，经议案审查委员会审查，重要建议 2 件，建议 9 件，意见 18 件。提交县人大常委会审议，议案转建议 3 件。交县政府办理。

（一）议案转建议

1. 案由：加强县城综合整治，全面提升县城形象

提议案人：纪计栓、李书强、王志强 单位：县直机关工委、县太和商城、白庄乡党委书记

附议人：县直代表团韩周群等 10 名代表，深泽镇代表团曹焕民等 12 名代表，白庄乡代表团张伟风等 11 名代表

案据：基础建设方面：没有制定城区建设详规，街道路面破损严重，街道路灯覆盖面不够，城中村改造工作不到位，城区美化、绿化水平较低，向阳街南北两段整治、西苑街马庄段便道开通及排水工程，遗留问题的处理等问题，没有得到较好解决。管理方面：存在摊点乱摆乱放占道经营问题，特别是向阳街中段摊点脏乱问题，府前街东袁庄段摊点影响交通问题，车辆乱停乱放问题、垃圾乱堆乱放问题。

方案：（1）尽快制定城区建设详细规划。（2）加强城区基础建设。一是有计划地整修破损路面；二是坚决制止城中村乱拆乱建，按规划适时加快城中村改造步伐；三是进一步扩大城区亮化、美化、绿化覆盖面，提高亮化、美化、绿化水平，特别是一些重点路段、窗口单位；四是向阳街南北两段开通整治并合理规划利用，年内完成西苑街马庄段便道开通、排水工程及遗留问题的处理。（3）加强管理。一是对城区内市场摊位重新进行合理布局，解决城

区占道经营及脏乱问题，特别是向阳街中段摊位应搬迁归店经营。二是加强城区卫生监管，坚决禁止乱堆乱放垃圾，要做到及时清扫，及时清运。三是治理城区交通秩序，禁止车辆乱停乱放。

2. 关于文庙修缮扩建，基本恢复历史原貌的问题

提议案人：纪书强 单位：文体局

附议人：桥头乡代表团周子军等 10 名代表

案据：我县文庙始建于宋朝元祐年间，是我县文化源远流长的标志，一些建筑装饰特色在全国独一无二，历史上文庙占地规模较大，在我县文化历史上有着重要地位。文庙大成殿作为省级重点文物保护单位，已下拨修复资金，要抓紧筹资对文庙大成殿进行修缮。但由于文庙以南、以西、以北土地被其他单位占用，狭小的院落与雄伟的大殿极不相称。

方案：（1）以文庙大成殿修缮为契机，制定文庙扩建基本恢复历史原貌规划和方案，使文庙南到府前东路，与文体广场相对，西至原城关粮店房西墙，根据规划可暂时冻结相关土地。（2）加强文庙扩建工作。县政府一方面要下大力协调解决文庙扩建占地问题，另一方面通过多种渠道筹集资金，修复庙门、配殿、碑廊等，同时收集我县各方面文物予以陈列，把文庙建成观赏、娱乐、健身于一体的景点区。

3. 进一步优化经济发展环境等问题

提议案人：纪计栓 单位：县直机关工委

附议人：县直代表团张静棉等 10 名代表

案据：《关于进一步优化经济发展环境的若干规定（试行）》有些落实不到位，有些职能部门违反有关规定到企业乱收费、变相收费的问题。一些职能部门为企业上项目、多服务、服务好的意识还不够强，设卡添乱现象还不断发生。

方案：（1）严格落实《关于进一步优化经济发展环境的若干规定（试行）》，重点解决职能部门乱收费问题。（2）县政府适时出台发展经济，大上项目，上大项目，上好项目，特别是立县项目的优惠政策。（3）各有关职能部门要进一步增强服务意识，充分利用政策，积极帮助解决企业经营和上项目过程中出现的困难和问题。

（二）重要建议

1. 关于农村小学乱收费问题

提建议人：张亚强 单位：耿庄办事处

内容：农村小学不同程度存在乱收杂费、借读费现象，学校账目不清、校务不能公开。建议加强对农村小学收费监管力度，坚决禁止学校乱收费，收费项目让学生家长明白，同时搞好校务公开。

2. 关于解决拖欠乡镇（办事处）公教人员工资问题

提建议人：刘彦军、邸新月 单位：县安监局、县林业局

内容：县各乡镇（办事处）以前拖欠的公教人员工资，大部分没有偿还，建议县政府督促和协助各乡镇（办事处）拿出具体方案，每年偿还一部分，尽快还清。

（三）建议

1. 关于桥头乡工业园区建设问题

提建议人：马壮国 单位：深玉纸业有限公司

内容：建议规划建设桥头乡工业园区，范围从深泽南大桥至桥头乡营里村北，打造新的深泽工业园区，此区范围土地广阔，北临滹沱河，有一个很好的开发空间。

2. 关于解决法院、检察院、公安局人员医疗保险问题

提建议人：李芳栋、贾红 单位：县检察院、县公安局

内容：由于公、检、法三家人员没有入医保，医疗费用不能报销，在一定程度上影响了工作情绪，建议县政府尽快将公、检、法三家纳入医保序列。

3. 关于乡、村两级道路建设问题

提建议人：赵义亭、张彦格、赵双喜 单位：马里办后马里村、铁杆镇故城村、留村乡北赵庄村

内容：代表们提出铁杆到马里公路损坏严重，铁杆镇故城至铁杆，东三村至马里，南旺至武羊铺，故城至大兴，留村乡北赵庄至大王庄道路狭窄，影响经济发展和群众生产生活。建议县政府统筹安排，尽快对以上道路进行维修和修建。

4. 关于农村治安问题

提建议人：贾会彩、田志军、王运生 单位：马里办赵庄村、留村乡西内堡村、耿庄办方元村

内容：县各村入户偷盗、抢劫，盗窃农用电力设施等案件时有发生，对一些村霸路霸等黑恶势力打击不力。建议有关部门加强防范和打击力度，给广大群众营造一个安居乐业的生活和生产环境。

5. 关于深泽坠子保护问题

提建议人：支彦杰 单位：县妇联会

内容：深泽坠子即北方坠子，是中国稀有剧种，建议有关部门加大保护力度，增加投入，培养下一代，使这一稀有剧种后继有人，得以发展，多创作与时代合拍的“新产品”。

6. 关于解决沿河村庄饮水污染问题

提建议人：刘建生、王会军 单位：留村乡刘王庄村、马里办运动衣厂

内容：磁河、木刀沟、滹沱河一些沿岸村庄饮用水受到污染，损害群众的身体健康。建议有关部门一方面下大力治理污染，另一方面要统筹安排，解决所有受污染村庄的吃水问题。

7. 关于支持民办学校发展问题

提建议人：张树永 单位：育德中学

内容：随着《中华人民共和国民办教育促进法》的实施，民办教育已成为县教育的组成部分，法律规定民办学校与公办学校具有同等的法律地位，建议县政府进一步加大对民办学校的支持力度，通过制定相关扶持政策，使县民办教育持续健康发展。

8. 关于解决国有、集体企业离休老干部医药费问题

提议建人：张志兴　单位：县经贸局

内容：深泽县国有、集体企业大部分已改制，未改制的也处于停产、破产状态，这些企业离休老干部的医药费，企业已无力解决，建议县政府将这些离休老干部的医药费纳入县财政开支范围。

9. 关于解决县社机关人员工资及养老保险问题

提建议人：纪计栓　单位：县直机关工委

内容：由于市场放开，改革不规范、管理失误等原因，目前县社机关 18 名在职干部、职工长达 43 个月未发过工资，自 2003 年 6 月至今未交过养老保险，干部、职工的工作积极性受到极大挫伤，情绪已低落到极点。

（冀字〔2005〕35 号）文件《关于进一步推进供销社改革与发展的意见》中明确提出：县社机关经费问题，可根据县级供销合作社承担的职能和任务，由县级财政给予定额补贴，有条件的县可将县级供销社机关经费纳入财政预算，县社机关人员按照当地机构管理部门确定的身份参加养老、医疗等社会保险。希望县政府根据文件精神给予妥善解决，将县社机关人员定编、定岗纳入财政开支。另外，县社系统有许多老职工在单位解体后无能力参加养老保险，现在即将达到退休年龄，单位和个人都拿不出钱补缴养老保险金，造成大量上访案件，建议政府依照国营企业改革办法，对那些固定工工龄（包括缴费和视同缴费）达到 15 年以上和合同制职工缴费满 15 年以上的，到达退休年龄，按有关政策办理退休手续。

（四）意见

1. 耿庄白云日用化工有限公司韩满军代表提出：县政府工作报告中提出：打造培植五大基地，没有耿庄皂业生产基地。耿庄皂业生产规模较大，共有二十多个厂家，其中有一定影响的有六七家，已成为中国北方皂业基地，产品销往全国，有的还销往国外。希望县政府重视耿庄皂业基地发展，大力进行培植打造。

2. 耿庄村综合纸箱厂纪小群、赵八乡石桥头村贾锅造代表提出：农村盖新不拆旧、闲散旧庄基不能利用，私自买卖庄基等问题没有得到根本解决，希望县政府吸收相关部门成立专门机构，加大“空心村”治理力度，结合“空心村”治理工作，对农村街道进行整治，使农村街道整洁平坦。

3. 马里办事处赵庄村贾会彩代表提出：农民缺乏技术、信息，希望有关部门一方面组织农业技术人员深入农村办讲座，加强对农民群众的技术培训，另一方面提供农业信息，特别是新农产品市场行情信息。

4. 白庄乡西固罗村张伟峰代表提出：农机补贴不要受限制，应该使购买农机的用户更方便更多的得到农机补贴。

5. 赵八乡南赵八村焦志彬代表提出：农业用低压线被盗，电力局答复给村补偿，一直未落实，希望尽快落实。

6. 留村乡西南留村刘建州代表提出：现留村乡所有中小学照明用电为 0.71 元每千瓦时，经咨询市供电公司，学校照明用电应为 0.49 元每千瓦时，要求按 0.49 元每千瓦时收取学校电费，并退回多收部分。

7. 白庄乡邸新月代表提出：有线电视台角标广告和滚动广告影响收视效果，要求取消角标广告和滚动广告。

8. 留村乡北赵庄村赵双喜代表提出：农村小额贷款，一般农户贷不了，要求农村小额贷款真正方便农民，使农户真正贷得到款。

9. 铁杆镇铁杆村张彦卜代表提出：铁杆镇小城镇建设没有落实到位，要求县政府落实机构，落实政策，落实资金。

10. 县供电局张国振代表提出：为保证输电线路顺畅运行，保证优质供电，建议输电线路下禁止种树，并清除输电线路下的违规树木。

11. 赵八乡南赵八村贾俊缺代表提出：身份证现已停办，影响许多事情，要求及时办理。

12. 白庄乡北冶头村何庆云代表提出：化肥、农药、种子等农资涨价，增加农民负担，希望县政府加强管理。

13. 桥头乡刘彦军代表提出：县农村有线电视覆盖面低，影响农民了解有关信息，要求有线电视村村通，降低收费标准，鼓励农民接通有线电视。

14. 赵八乡南赵八小学张同珍代表提出：合村并点，学校建设村里没有能力，应加大财政投入。

15. 马里办事处东北马村邸四平代表提出：东北马村田间林网建设补助款因种种原因没有落实到户，希望加大工作力度尽快落实。

16. 赵八乡北赵八村曹志欣代表提出：农村乱占耕地治理力度不够，有的经村委会罚款就可以占，要求加大治理力度。

17. 赵八乡小梨园村陈同肖代表提出：西苑街与府前路交叉路口应设红绿灯并利用起来。

18. 赵八乡北刘家庄村赵建芬代表提出：对假种子、假化肥、假农药应严格检查，并严肃处理。

## 五、代表建议、意见办理

1.2003 年，县人大十三届一次会议交付县政府办理代表建议 17 件、意见 17 件，共 34 件。县政府及有关部门对所有承办件按工作程序全部办理完毕，按要求答复了代表。

2.2004 年，县人大十三届二次会议交付县政府办理代表建议、意见共 42 件，县政府及有关部门对所有承办件按工作程序全部办理完毕，办结率 100%。

3.2005 年，县人大十三届三次会议交付县政府办理代表建议和意见共 37 件。县政府及有关部门对所有承办件按工作程序全部办理完毕。其中，基本解决或部分解决 24 件，解释说明 7 件，因政策、资金等条件限制近期内无法解决 6 件。

4.2006 年，县人大十三届四次会议交付县政府办理代表建议和意见共 32 件。县政府及有关部门高度重视承办工作，对所有承办件按工作程序全部办理。其中解决和基本解决的 22 件，解释说明的 7 件，因政策、资金等条件限制近期内无法解决的 3 件。代表满意和基本满意率98%。

## 六、深泽县代表团获优秀市人大代表情况

**深泽县代表团获奖情况表**

表47

| 评选单位 | 评选时间 | 姓名 | 出处 |
|---|---|---|---|
| 石家庄市第十一届人大常委会 | 2005年 | 王国强 | 《石家庄人大志》第八篇石家庄市第十一届人民代表大会 |
| | 2005年优秀市人大代表小组长 | 宋更全 | |
| | 2007年 | 张焕民<br>荣润（女） | |

# 第三章 人民代表大会

深泽县第十三届人民代表大会任期自2003年4月至2007年4月，共举行代表大会4次。

2003—2006年深泽县十三届人民代表大会历次会议概况表

表48

| 会议次序 | 会议日期 | 议题（项） | 听取报告（个） | 决议决定（项） | 选举表决（项） |
|---|---|---|---|---|---|
| 第一次 | 2003年4月28日至30日 | 7 | 6 | 6 | 5 |
| 第二次 | 2004年2月18日至20日 | 8 | 6 | 6 | 1 |
| 第三次 | 2005年3月8日至11日 | 7 | 6 | 6 | 2 |
| 第四次 | 2006年3月21日至24日 | 8 | 7 | 7 | 2 |

## 第一节 会议概况

### 一、县十三届人大一次会议

深泽县第十三届人民代表大会第一次会议，于2003年4月28日至30日在县政府会议楼二楼会议厅举行。4月28日上午，举行第一次全体会议，会议由大会执行主席、主席团常务主席王根拴主持。应出席代表167名，实到会代表151名。大会在雄壮的国歌声中开幕。县政府代县长朱献军作《政府工作报告》，县发展计划局局长王树凯作《深泽县2002年国民经济和社会发展计划执行情况与2003年国民经济和社会发展计划（草案）的报告》，县财政局局长张志强作《深泽县人民政府关于2002年县本级预算及县总预算执行情况和2003年县本级预算及县总预算（草案）的报告》，县人大常委会主任袁铁民作《深泽县人民代表大会常务委员会工作报告》，县人民法院代院长刘喜奎作《深泽县人民法院工作报告》，县人民检察院代检察长李立燕作《深泽县人民检察院工作报告》，表决通过《深泽县第十三届人民代表大会第一次会议选举办法（草案）》。

会议认为，过去五年是跨世纪发展的重要时期，县政府高举邓小平理论伟大旗帜，坚持以“三个代表”重要思想为指导，认真贯彻党中央、国务院和省、市决策部署，团结和依靠全县人民，解放思想，抢抓机遇，开拓进取，扎实工作，较好地完成了县十二届人大确定的各项目标任务。会议指出，2003 年是全面贯彻落实党的十六大精神的第一年，也是实施“十五”计划的关键一年。县政府一定要以邓小平理论和“三个代表”重要思想为指导，认真贯彻落实党的十六大精神，紧紧围绕全面建设小康社会总体目标，以结构调整为主线，以改革开放和科技进步为动力，正确处理改革、发展、稳定的关系，全面建设社会主义物质文明、政治文明和精神文明，推动国民经济持续快速健康发展和社会全面进步。会议要求，县政府要突出强化“第一要务”和“优化环境”意识，紧紧围绕全面建设小康社会的总体目标，以加快发展、富民强县为主题，以经济建设为中心，坚持“一特三化”发展思路，着力构筑和培育县域特色经济，积极实施农业产业化，大力推进农村工业化，加快发展农村城镇化。会议强调，县政府一定要进一步解放思想，转变观念，破除制约发展的思想和体制障碍，聚精会神搞建设，一心一意谋发展。要加快政府职能转变，加强队伍建设，改进工作作风，提高行政效能。要坚持“两个务必”，艰苦奋斗，真抓实干，以奋发有为、昂扬向上的精神状态，扎扎实实推进各项工作。会议号召，全县人民要在中共深泽县委的领导下，以邓小平理论和“三个代表”重要思想为指导，全面贯彻党的十六大精神，树正气、讲团结、求发展，全面开创深泽县改革开放和现代化建设事业新局面。

## 二、县十三届人大二次会议

深泽县第十三届人民代表大会第二次会议，于 2004 年 2 月 18 日至 20 日在县政府会议楼二楼会议厅举行。2 月 18 日上午，举行第一次全体会议，大会执行主席、主席团常务主席纪同振主持大会。应出席代表 167 名，实到会代表 136 名。县政府县长朱献军作《政府工作报告》，县发展改革局局长王树凯作《深泽县 2003 年国民经济和社会发展计划执行情况与 2004 年国民经济和社会发展计划（草案）的报告》，县财政局局长张志强作《深泽县人民政府 2003 年县本级预算及县总预算执行情况和 2004 年县本级预算及县总预算（草案）的报告》，县人大常委会代主任王根拴作《深泽县人民代表大会常务委员会工作报告》，县人民法院院长刘喜奎作《深泽县人民法院工作报告》，县人民检察院检察长李立燕作《深泽县人民检察院工作报告》，表决通过《深泽县第十三届人民代表大会第二次会议选举办法（草案）》。

会议认为，2004 年是实施“十五”计划的关键一年，也是全面落实党的十六大和十六届三中全会精神，深化改革、扩大开放、促进发展的重要一年，对于推进全县改革开放和社会各项事业的发展具有十分重要的意义。县政府一定要继续坚持以邓小平理论和“三个代表”重要思想为指导，认真贯彻落实党的十六大、十六届三中全会精神和县委八届二次全委（扩大）会议精神，高扬“树正气、讲团结、求发展”的主旋律，紧紧围绕全面建设小康社会的总体目标，坚持以人为本，树立全面、协调、可持续的发展观和全心全意为人民谋利的政绩观，贯彻“一特三化”和集中精力抓经济，重点抓工业，突出抓城建，关键抓项目的思路，推动国民经济跨越式发展。正确处理改革、发展、稳定的关系，努力建设社会主义物质文明、政治文明和精神文明，进一步推动经济和社会事业持续、快速、健康发展，增强深泽县综合实力，全面提高人民群众日益增长的物质和文化生活水平。会议强调，必须巩固和加强农业的基础地位，强化“三农”工作，推进农业结构调整和产业化经营，加快县域经济发展，努力增加农民收入。强化工业经济的主导地位，加快县域工业总量扩张。在建设社会主义物质文明的同时，必须协调推进社会主义政治文明和精神文明建设。大力实施科教兴县、人才强县战略，强化科技创新，加快教育事业发展，重视人才的培养和引进。全面落实计划生育基本国策，合理利用资源，加强生态建设和环境保护，实现经济、社会可持续发展。建立和完善多层次社会保障体系，拓宽就业渠道，不断增加居民收入。会议要求，县政府要按照“为民、务实、清廉”的要求，切实加强自身建设，建立服务型政府。坚持依法行政，深化审批制度改革，进一步转变政府职能，健全民主集中制，加强廉政建设，弘扬求真务实精神，坚决反对和克服形式主义、官僚主义，牢记“两个务必”，增强公仆意识，扎扎实实地做好各项工作。会议号召，全县人民要更加紧密地团结起来，高举邓小平理论旗帜，全面贯彻“三个代表”重要思想，在县委领导下，继续高扬“树正气、讲团结、求发展”主旋律，万众一心，发奋图强，为全面建设小康社会、实现经济和各项社会事业跨越式发展、加快富民强县步伐而努力奋斗。

## 三、县十三届人大三次会议

深泽县第十三届人民代表大会第三次会议，于2005年3月8日至11日在县政府会议楼二楼会议厅举行。3月9日上午，大会举行第一次全体会议，会议由大会执行主席、主席团常务主席纪同振主持。应出席代表165名，实到会代表144名。县长朱献军作《政府工作报告》，县发展改革局局长王树凯作《县政府关于2004年国民经济和社会发展计划执行情况与2005年国民经济和社会发展计划（草案）报告》，县财政局局长张志强作《县政府关于2004年财政预算执行情况和2005年财政预算（草案）的报告》，县人大常委会主任王根拴作《深泽县人民代表大会常务委员会工作报告》，县人民法院院长刘喜奎作《深泽县人民法院工作报告》，县人民检察院检察长李芳栋作《深泽县人民检察院工作报告》，表决通过《深泽县第十三届人民代表大会第三次会议选举办法（草案）》。

会议指出，2005年是全面实现“十五”计划、顺利衔接“十一五”发展的重要一年，县政府要以邓小平理论和“三个代表”重要思想为指导，认真贯彻党的十六大和十六届三中、四中全会精神，认真贯彻县委八届三次全委（扩大）会议精神，牢固树立和落实科学发展观，突出“加快发展、富民强县”这个主题，努力构建和谐社会，全力维护社会稳定，促进社会主义物质文明、政治文明和精神文明协调发展，全面完成本次会议的各项任务。会议号召，全县人民要在中共深泽县委的领导下，高举邓小平理论和“三个代表”重要思想伟大旗帜，高扬“树正气、讲团结、求发展”主旋律，同心同德，奋发图强，与时俱进，为全面建设小康社会，开创深泽县经济社会发展新局面而努力奋斗。

### 四、县十三届人大四次会议

深泽县第十三届人民代表大会第四次会议，于2006年3月21日至24日在县政府会议楼二楼会议厅举行。3月22日上午，大会举行第一次全体会议，会议由县人大常委会主任、主席团常务主席、大会执行主席王根拴主持。应出席代表168名，实到会代表152名。县政府代县长杜振琪作《政府工作报告》，县发展改革局局长王树凯作《深泽县2005年国民经济和社会发展计划执行情况与2006年国民经济和社会发展计划（草案）报告》，县财政局局长张志强作《关于2005年县本级预算及县总预算执行情况与2006年县本级预算及县总预算（草案）的报告》，县人大常委会副主任纪同振作《深泽县人民代表大会常务委员会工作报告》，县人民法院院长刘喜奎作《深泽县人民法院工作报告》，县人民检察院检察长李芳栋作《深泽县人民检察院工作报告》，表决通过《深泽县第十三届人民代表大会第四次会议选举办法（草案）》。

会议指出，2006年是实施“十一五”规划的开局之年，也是加快县域经济社会发展的关键一年，县政府要以邓小平理论和“三个代表”重要思想为指导，认真贯彻党的十六大、十六届五中全会和县委八届五次全委（扩大）会议精神，以科学发展观和建设社会主义新农村统领全局，紧紧围绕“更快更好发展、构建和谐深泽”两大目标，继续全面深化实施“五四三”工程，努力把各项工作往深里做、往实里做，促进社会主义经济建设、政治建设、文化建设、社会建设全面发展，全面完成本次会议确定的各项任务，为“十一五”规划顺利实施开好局、起好步。会议号召，全县人民要在中共深泽县委的领导下，高举邓小平理论和“三个代表”重要思想伟大旗帜，高扬“树正气、讲团结、求发展”主旋律，同心同德，奋发图强，与时俱进，为全面建设小康社会，开创经济社会发展新局面而努力奋斗。

## 第二节　会议选举

县十三届人大历次会议，共选举产生县国家机关工作人员32人。

**县人大常委会**

主　任：

王根拴　　2003年4月30日县十三届人大一次会议当选

副主任：

纪同振　　2003年4月30日县十三届人大一次会议当选

张占勋　　2003年4月30日县十三届人大一次会议当选

崔建民　　2003年4月30日县十三届人大一次会议当选

王建成　　2003年4月30日县十三届人大一次会议当选

委 员（2003年4月30日县十三届人大一次会议当选）

| | | | |
|---|---|---|---|
| 程彦波 | 曹青哲 | 史志法 | 袁占强 |
| 赵路通 | 陈雄志 | 赵建立 | 张学荣 |
| 马壮国 | 王国强 | 张静棉（女） | 康会彬 |
| 贾会彩（女） | | | |

委员：支彦杰（2004年2月20日县十三届人大二次会议选举产生）；田志军（2005年3月10日县十三届人大三次会议选举产生）；高丙文（2006年3月24日县十三届人大四次会议选举产生）。

## 县人民政府

县 长：

朱献军 2003年4月30日县十三届人大一次会议当选

杜振琪 2006年3月24日县十三届人大四次会议当选

副县长：

张占营 2003年4月30日县十三届人大一次会议当选

冯玉春 2003年4月30日县十三届人大一次会议当选

王生力 2003年4月30日县十三届人大一次会议当选

黎亚津 2003年4月30日县十三届人大一次会议当选

杨 秋 2003年4月30日县十三届人大一次会议当选

赵云爱（女）2003年4月30日县十三届人大一次会议当选

## 县人民法院

院 长：

刘喜奎 2003年4月30日县十三届人大一次会议当选

## 县人民检察院

检察长：

李立燕 2003年4月30日县十三届人大一次会议当选

李芳栋 2005年3月10日县十三届人大三次会议当选

附：县十三届人大常委会主任简历

王根拴，深泽县堤北村人，中共党员。历任深泽县委办公室副主任，研究室主任，县委办公室主任，县委常委，宣传部部长，县委副书记，县人大常委会主任。

# 第三节　会议组织

## 一、县十三届人大一次会议

（一）大会临时党委

书　记：王文治

副书记：

| | | | |
|---|---|---|---|
| 王根拴 | 朱献军 | 杜振琪 | 韩清榕（女） |
| 张俊立 | | | |

成　员：

| | | | |
|---|---|---|---|
| 杨国芳 | 纪同振 | 纪计栓 | 黎建辉 |
| 陈会兴 | 张广茂 | 纪书强 | 张学荣 |
| 张英利 | 邸新月 | | |

（二）主席团和秘书长

| | | | |
|---|---|---|---|
| 马壮国 | 王文治 | 王建成 | 王国强 |
| 王根拴 | 史志法 | 纪同振 | 朱献军 |
| 张占营 | 张占勋 | 张学荣 | 张俊立 |
| 张静棉（女） | 邸庆忠 | 杜振琪 | 陈雄志 |
| 杨国芳 | 郝建农 | 赵建立 | 赵路通 |
| 袁占强 | 袁铁民 | 贾会彩（女） | 康会彬 |
| 崔建民 | 曹青哲 | 程彦波 | 韩清榕（女） |

秘书长：纪同振（兼）

（三）主席团常务主席

| | | | |
|---|---|---|---|
| 王文治 | 王根拴 | 朱献军 | 杜振琪 |
| 韩清榕（女） | 张俊立 | 杨国芳 | 张占勋 |
| 纪同振 | 崔建民 | 王建成 | |

（四）主席团执行主席

4 月 28 日：

| | | | |
|---|---|---|---|
| 王根拴 | 朱献军 | 杜振琪 | 袁铁民 |
| 邸庆忠 | 纪同振 | 崔建民 | 张占营 |
| 赵建立 | 陈雄志 | | |

4 月 29 日：

| | | | |
|---|---|---|---|
| 韩清榕（女） | 张占勋 | 王建成 | 程彦波 |
| 张学荣 | 赵路通 | 史志法 | |

| | | | |
|---|---|---|---|
| 康会彬 | 马壮国 | 贾会彩 | |

4 月 30 日：

| | | | |
|---|---|---|---|
| 王文治 | 王根拴 | 张俊立 | 郝建农 |
| 杨国芳 | 纪同振 | 曹青哲 | 袁占强 |
| 王国强 | 张静棉 | | |

（五）计划预算审查委员会

主任委员：纪同振

委　员：

| | | | |
|---|---|---|---|
| 陈雄志 | 曹青哲 | 王建群 | 张伟丰 |

（六）议案审查委员会

主任委员：张占勋

委　员：

| | | | |
|---|---|---|---|
| 赵路通 | 李敬伟 | 邢茂福 | 纪计栓 |

（七）副秘书长

| | | | |
|---|---|---|---|
| 程彦波 | 袁国良 | 王建榜 | |

## 二、县十三届人大二次会议

（一）大会临时党委

书　记：王文治

副书记：

| | | | |
|---|---|---|---|
| 王根拴 | 朱献军 | 杜振琪 | 韩清榕（女） |
| 张俊立 | | | |

成　员：

| | | | |
|---|---|---|---|
| 杨国芳 | 纪同振 | 纪计栓 | 黎建辉 |
| 苑运良 | 陈会兴 | 纪书强 | 张学荣 |
| 张英利 | 孙会平 | 邸新月 | |

（二）主席团成员：

| | | | |
|---|---|---|---|
| 马壮国 | 王文治 | 王国强 | 王建成 |
| 王根拴 | 史志法 | 纪同振 | 朱献军 |
| 张占勋 | 张占营 | 张学荣 | 张俊立 |
| 张静棉（女） | 杜振琪 | 陈雄志 | 杨国芳 |
| 郝建农 | 赵建立 | 赵路通 | 袁占强 |
| 贾会彩（女） | 康会彬 | 曹青哲 | 崔建民 |
| 程彦波 | 韩清榕（女） | | |

（三）秘书长：纪同振（兼）

（四）主席团常务主席

| | | | |
|---|---|---|---|
| 王文治 | 王根拴 | 朱献军 | 杜振琪 |
| 韩清榕（女） | 张俊立 | 杨国芳 | 纪同振 |
| 张占勋 | 崔建民 | 王建成 | |

（五）主席团执行主席名单

2月18日：

| | | | |
|---|---|---|---|
| 王根拴 | 杜振琪 | 韩清榕（女） | 张占营 |
| 纪同振 | 王建成 | 程彦波 | 赵路通 |
| 赵建立 | | | |

2月19日：

| | | | |
|---|---|---|---|
| 朱献军 | 张俊立 | 崔建民 | 曹青哲 |
| 袁占强 | 陈雄志 | 史志法 | 马壮国 |
| 张静棉（女） | | | |

2月20日：

| | | | |
|---|---|---|---|
| 王文治 | 王根拴 | 郝建农 | 杨国芳 |
| 张占勋 | 张学荣 | 康会彬 | 王国强 |
| 贾会彩（女） | | | |

（六）副秘书长

| | | | |
|---|---|---|---|
| 程彦波 | 袁国良 | 张造国 | 梁建涛 |
| 王建榜 | 王彦准 | | |

（七）计划预算审查委员会

主任委员：王建成

委　　员：

| | | | |
|---|---|---|---|
| 陈雄志 | 曹青哲 | 王国强 | 张伟丰 |

（八）议案审查委员会

主任委员：崔建民

委　　员：

| | | | |
|---|---|---|---|
| 赵路通 | 李敬伟 | 邢茂福 | 纪计栓 |

## 三、县十三届人大三次会议

（一）大会临时党委

书　记：聂英武

副书记：

| | | | |
|---|---|---|---|
| 王根拴 | 朱献军 | 杜振琪 | 韩清榕（女） |
| 张俊立 | | | |

成　员：

| | | | |
|---|---|---|---|
| 杨国芳 | 纪同振 | 纪计栓 | 黎建辉 |
| 陈会兴 | 张学荣 | 张英利 | 李　林 |
| 邸新月 | 赵永红 | 刘彦军 | |

（二）主席团成员

| | | | |
|---|---|---|---|
| 马壮国 | 王国强 | 王建成 | 王根拴 |
| 支彦杰（女） | 史志法 | 纪同振 | 朱献军 |
| 张占勋 | 张占营 | 张学荣 | 张俊立 |
| 张静棉（女） | 杜振琪 | 杨国芳 | 郝建农 |
| 赵建立 | 赵路通 | 袁占强 | 贾会彩（女） |
| 聂英武 | 康会彬 | 曹青哲 | 崔建民 |
| 程彦波 | 韩清榕（女） | | |

（三）秘书长：纪同振（兼）

（四）主席团常务主席

| | | | |
|---|---|---|---|
| 聂英武 | 王根拴 | 朱献军 | 杜振琪 |
| 韩清榕（女） | 张俊立 | 杨国芳 | 纪同振 |
| 张占勋 | 崔建民 | 王建成 | |

（五）主席团执行主席名单

3 月 8 日：

| | | | |
|---|---|---|---|
| 韩清榕（女） | 王根拴 | 张占营 | 张占勋 |
| 程彦波 | 赵路通 | | |

3 月 9 日：

| | | | |
|---|---|---|---|
| 张俊立 | 纪同振 | 曹青哲 | 史志法 |
| 袁占强 | 张静棉（女） | | |

3 月 10 日：

| | | | |
|---|---|---|---|
| 朱献军 | 崔建民 | 王建成 | 张学荣 |
| 马壮国 | 王国强 | | |
| 康会彬 | | | |

3 月 11 日：

| | | | |
|---|---|---|---|
| 聂英武 | 杜振琪 | 王根拴 | 郝建农 |
| 杨国芳 | 赵建立 | 贾会彩（女） | |

（六）计划预算审查委员会

主任委员：王建成

委　员：

| | | | |
|---|---|---|---|
| 曹青哲 | 陈雄志 | 王国强 | 张伟丰 |

（七）议案审查委员会

主任委员：崔建民

委　员：

| | | | |
|---|---|---|---|
| 赵路通 | 李敬伟（女） | 邢茂福 | 纪计栓 |

（八）副秘书长

| | | | |
|---|---|---|---|
| 程彦波 | 袁国良 | 张造国 | 梁建涛 |
| 张志强 | 王彦准 | | |

## 四、县十三届人大四次会议

（一）大会临时党委

书　记：聂英武

副书记：

| | | | |
|---|---|---|---|
| 王根拴 | 杜振琪 | 韩清榕（女） | 张俊立 |

成　员：

| | | | |
|---|---|---|---|
| 杨国芳 | 纪同振 | 纪计栓 | 黎建辉 |
| 陈会兴 | 张学荣 | 邸亚忠 | 王志强 |
| 宋文军 | 王　伟 | 郭立辉 | |

（二）主席团成员

| | | | |
|---|---|---|---|
| 马壮国 | 王建成 | 王国强 | 王根拴 |
| 支彦杰（女） | 田志军 | 史志法 | 纪同振 |
| 张占勋 | 张占营 | 张学荣 | 张俊立 |
| 杜振琪 | 杨国芳 | 赵建立 | 赵路通 |
| 袁占强 | 贾会彩（女） | 聂英武 | 康会彬 |
| 崔建民 | 曹青哲 | 程彦波 | 韩清榕（女） |

（三）秘书长：纪同振（兼）

（四）副秘书长

| | | | |
|---|---|---|---|
| 程彦波 | 袁国良 | 郭彦儒 | 李　健 |
| 张志强 | 王彦准 | | |

（五）主席团常务主席

| | | | |
|---|---|---|---|
| 聂英武 | 王根拴 | 杜振琪 | 韩清榕（女） |
| 张俊立 | 杨国芳 | 纪同振 | 张占勋 |
| 崔建民 | 王建成 | | |

（六）计划预算审查委员会

主任委员：王建成

委　　员：

| | | | |
|---|---|---|---|
| 曹青哲 | 陈雄志 | 王国强 | 张伟丰 |

（七）议案审查委员会

主任委员：崔建民

委　　员：

| | | | |
|---|---|---|---|
| 赵路通 | 李敬伟（女） | 邢茂福 | 纪计栓 |

# 第四章　人民代表大会常务委员会

第十三届县人大常委会在县委领导下，在“一府两院”和县政协的支持下，以邓小平理论和“三个代表”重要思想为指导，全面贯彻党的十六大各项方针、政策，按照科学发展观的要求，紧紧围绕全县改革、发展、稳定大局和“更快更好发展、构建和谐深泽”两大任务，认真依法履行宪法和法律赋予的各项职权，创新工作，务实开拓，各项工作均取得显著成绩，为保障和促进全县经济发展和社会全面进步做出了新的贡献。县十三届人大常委会把认真抓好每次常委会会议重要审议意见的督办、落实，作为提高常委会审议质量的一个重要环节来抓，明确责任、跟踪督办。四年间共召开常委会会议27次，审议议题78项，依法任免干部122名。

## 第一节　常委会会议

2003年5月30日至2007年4月12日，县十三届人大常委会共举行常委会会议27次。

**第一次会议**　深泽县第十三届人民代表大会常务委员会第一次会议于2003年5月30日在政府会议楼第一会议室和第四会议室召开。县人大常委会主任王根拴，副主住纪同振、张占勋、崔建民、王建成，委员程彦波、曹青哲、史志法、袁占强、赵路通、陈雄志、赵建立、张学荣、马壮国、王国强、张静棉、康会彬出席会议。县政府县长朱献军、副县长赵云爱，县政协副主席康占桥，县法院院长刘喜奎、县检察院检察长李立燕列席会议。

5月30日上午，听取和审议县政府副县长赵云爱代表县政府所作的《关于“非典”疫情防治情况的报告》。会议由王根拴主持。会议认为：县政府在防治“非典”工作中，认真按照上级工作部署，领导到位，措施得力，成效显著。会议建议：1.县政府要进一步明确思想，提高认识，加强领导。按照上级要求，认真抓好落实，及时总结前段工作经验，取得抗“非典”斗争的彻底胜利。2.县级各部门要严格责任，严肃纪律，加大宣传力度，克服麻痹、松懈思想，做到“群防群治”“全民防疫”。3.县政府及有关部门要抓好重点部位的防治工作，如学校、一些大企业和县出入境路口。继续加大对外来车辆和返乡民工的监控、检验；对学生复课问题要先在通风、消毒、值勤等方面达到复课条件后，再根据上级精神，确定具体复课日期。4.要加强对夜市小吃摊的食品卫生管理。5.尽可能避免集日人员聚集现象。6.在全县范围内广泛开展“爱国卫生环境月”活动，树文明新风，创优美环境。

会议通过人事任免事项。

5月30日下午，会议由崔建民主持。会议以无记名投票方式补选王根拴为石家庄市第十一届人民代表大会代表。会议通报县人大常委会各主任分工，通过县人大常委会2003年工作要点（草案）。部分驻县市人大代表及常委会组成人员学习《中华人民共和国全国人民代表大会和地方各级人民代表大会代表法》和《地方组织法》等有关法律法规。

**第三次会议** 深泽县第十三届人民代表大会常务委员会第三次会议于2003年10月14日在政府会议楼第一会议室召开。县人大常委会主任王根拴，副主任纪同振、张占勋、崔建民、王建成，委员程彦波、曹青哲、史志法、袁占强、赵路通、陈雄志、马壮国、王国强、张静棉、贾会彩出席会议。县政府副县长黎亚津，县法院院长刘喜奎、县检察院副检察长袁振法列席会议。会议由王根拴主持。

会议听取和审议刘喜奎和袁振法分别作的《关于深化实施“两错”责任追究制工作情况的报告》。会议建议：1.“两院”要进一步认识实施“两错”追究制的重要意义。“两错”责任追究制，是司法机关和行政执法部门对国家工作人员办理的错案或者执法中的错误行为，依照法律、法规追究其相关责任的一种内部监督制约机制。实行这一制度，对于保证宪法、法律的有效实施，防止或减少“两错”发生，维护公民、法人和其他组织的合法权益，促进国家机关廉政勤政建设，保障改革开放和经济建设的顺利进行，具有十分重要的意义。2.“两院”要进一步采取措施，千方百计杜绝“两错”问题的出现，自觉维护法律的尊严和广大人民群众的根本利益，落实学习培训教育制度，努力提高干警的政治业务素质。严明纪律，落实责任，强化督查，确保内部监督制约机制的落实；坚持强化内部监督与主动接受外部监督相结合，自觉接受人大及其常委会、人民群众、新闻媒体等外部监督。3.“两院”要进一步做好“两错”责任追究制的组织实施工作。切实加强领导，确保司法人员秉公办案、公正司法，为促进全县改革开放、经济建设和各项社会事业的快速、健康发展创造良好的环境。

与会人员对拟通过的常委会各项工作制度（草案）进行审议，提出多方面修改意见。会议以举手表决方式依次通过《深泽县人民代表大会议事规则（草案）》《深泽县人民代表大会常务委员会主任会议议事规则》《深泽县人民代表大会常务委员会议事规则》《深泽县第十三届人民代表大会常委会组成人员守则》《深泽县人民代表大会常务委员会监督工作实施办法》《深泽县人民代表大会常务委员会个案监督办法》《深泽县人民代表大会常务委员会关于县人民政府、县人民法院、县人民检察院向县人民代表大会常务委员会报告重要情况、通报重大事项和报送重要文件的规定（试行）》《深泽县人民代表大会常务委员会代表工作办法》《深泽县人民代表大会常务委员会关于县人大代表建议、批评和意见提出和办理的规定》《深泽县人民代表大会常务委员会信访工作办法》。

**第四次会议** 深泽县第十三届人民代表大会常务委员会第四次会议于2003年11月28日在政府会议楼第一会议室召开。县人大常委会主任王根拴，副主任纪同振、崔建民、王建成，委员程彦波、曹青哲、史志法、袁占强、赵路通、陈雄志、赵建立、张学荣、马壮国、王国强、张静棉、康会彬、贾会彩出席会议。县政府常务副县长张占营，县政协副主席王运生，县法院院长刘喜奎、县检察院检察长李立燕，县财政局局长张志强、县卫生局局长赵利宏列席会议。会议由王根拴主持。

会议听取并审议张占营代表县政府作的《关于县第十三届人代会第一次会议代表建议和意见办理情况报告》，县人大代联科作的《关于代表建议、意见办理情况的调查报告》。会议认为，县政府对代表建议、意见办理工作较重视，承办单位均做了一定工作，取得一定成绩，但在实际办理过程中，仍存在一些遗留问题。会议建议：1. 县政府及有关部门要进一步重视代表建议、意见办理工作，明确责任，明确时限，针对存在的问题找原因、找差距、找解决办法，争取在下次人代会召开前办结完毕，向县人大常委会书面汇报办结情况。2. 县人大常委会要及时跟踪视察，召开县乡代表会议听取政府汇报，2004 年上半年要就政府组成人员承办工作组织代表进行述职评议。

会议听取并审议张志强受县政府委托作的《关于深泽县 2003 年 1—10 月财政预算执行情况的报告》。会议建议：1. 财税部门要把税收大检查进行到底，确保完成全年收入任务。2. 政府及财政部门要解决税务人员工作不扎实的问题，尤其是地税局欠收问题，要加大督促力度。3. 县政府要做好增收节支工作，制定切实可行的制度或办法并抓好落实。

会议听取并审议赵利宏受县政府委托作的《关于健全“非典”防疫机制情况的报告》。会议认为，自开展防治“非典”工作以来，通过县政府及广大卫生系统工作人员的努力，全县“防非”工作取得了阶段性胜利。会议建议：1.“防疫工作无小事”，各级各部门要提高认识，切实抓好防疫工作，进一步完善预防机制。2. 要加大防疫工作的宣传力度，努力实现“群防群治”。

会议通过人事任免事项。

会议审议通过《县人大常委会评议工作暂行办法（草案）》《县人大常委会代表资格审查委员会组成人员名单（草案）》。

**第六次会议**　深泽县第十三届人民代表大会常务委员会第六次会议于 2004 年 2 月 7 日在县人大机关会议室召开。县人大常委会主任王根拴，副主任纪同振、崔建民、王建成，委员程彦波、曹青哲、史志法、袁占强、赵路通、陈雄志、赵建立、张学荣、王国强、张静棉、康会彬、贾会彩出席会议。县政府常务副县长张占营，政府办公室副主任刘礼英列席会议。会议由王根拴主持。

会议听取刘礼英代表县政府作的《关于办理县第十三届人大常委会一次会议代表建议和意见情况的报告》。会议认为，自县十三届人大常委会第四次会议审议县政府《关于办理县第十三届人大常委会一次会议代表建议和意见情况的报告》后，县政府对代表建议和意见办理工作动作快，措施得力，效果明显，承办工作取得实质性进展。会议建议：1. 县政府及各承办单位要站在践行“三个代表”重要思想的高度，把办理代表建议和意见作为“三个文明”建设的重要内容，进一步做好代表建议和意见承办工作。2. 县政府要把办理代表建议和意见同办实事有机结合起来，作为县十三届人大二次会议及今后办理代表建议和意见的指导思想。

3. 代表建议、意见的后续办理工作，要明确责任、明确任务，有针对性地采取措施，与代表多沟通、多联系，同时县人大常委会要做好调研、视察工作，加快办理进度。

会议以举手表决方式通过县十三届人大二次会议有关事项。会议审议通过县人大常委会2004年工作要点和县人大常委会工作报告。

**第七次会议** 深泽县第十三届人民代表大会常务委员会第七次会议于2004年4月28日在政府会议楼第一会议室召开。县人大常委会主任王根拴，副主任纪同振、张占勋、崔建民、王建成，委员程彦波、袁占强、赵路通、陈雄志、张学荣、王国强、张静棉、康会彬、贾会彩、支彦杰出席会议。县政府副县长冯玉春、杨秋、赵云爱，县政协副主席王运生，县法院副院长曹彦平、县检察院副检察长袁振法，县卫生局局长赵立宏、县畜牧局局长王茂科、县发展计划局副局长李根全列席会议。会议由王根拴主持。

会议听取和审议县政府《关于项目建设情况的报告》及县人大财经科《关于项目建设情况的调查报告》。会议认为：2003年以来，县政府坚定不移地把上项目、增投入作为经济工作的主线，大中小项目一起上，一二三产项目一起抓，一批重点建设项目相继开工或投产，项目建设工作取得一定成绩。会议建议：1. 县政府要切实把握好当前的经济形势，进一步明确抓经济工作的指导思想。当前，各级各部门和广大群众抓经济、上项目、增投入的热情很高。国家大的方针政策是加强宏观调控，控制信贷增长，严格土地、电力等资源管理。如何把国家方针政策和深泽具体实际相结合、如何把各级各部门和广大群众发展经济、上项目、增投入的积极性引导好、保护好、发挥好，从而尽快实现深泽经济的跨越式发展，县政府及有关部门要认真考虑、精心谋划，进一步明确指导思想，明晰工作思路，制定工作措施，并切实抓好落实。2. 县政府及有关部门抓项目建设自始至终要突出一个“实”字。数字要搞实，各项工作要抓实。3. 县政府要切实抓好人大常委会精神的落实，及时向县人大常委会报告重要情况和重大事项，包括重大项目建设情况。

会议听取和审议县政府《关于防疫工作开展情况的报告》和县人大科教文卫科《关于全县防疫工作开展情况的调研报告》。会议认为，近年来，县政府及有关部门重视防疫工作，全县防疫工作取得明显成效，尤其是在2003年防治传染性非典型性肺炎和今春阻击高致病性禽流感期间，县政府及有关部门和广大防疫工作者尽职尽责、甘于奉献，为确保传染性非典型性肺炎在深泽县“力争不发生、确保不蔓延”既定目标的最终实现和取得阻击高致病性禽流感的阶段性胜利做出了应有贡献。会议建议：1. 县政府及有关部门要进一步提高思想认识，尽职尽责做好各项防疫工作，站在全面贯彻落实“三个代表”重要思想和党的十六大、十六届三中全会精神的高度，站在落实坚持以人为本，树立全面、协调、可持续发展的高度，站在统筹经济与社会协调发展、人与自然协调发展的高度，进一步提高思想认识，做好各项防疫工作。2. 要进一步加强防疫队伍建设，健全防疫体系，逐步落实防疫专项经费，完备防疫专用设施设备。3. 要进一步加大防疫知识及有关法律、法规宣传力度，教育和引导各级各部门和广大干部群众科学防疫、依法防疫。

会议通过县十三届人大常委会代表资格审查委员会关于终止李立燕县人大代表资格的报

告。会议通过人事任免事项。

**第八次会议**　深泽县第十三届人民代表大会常务委员会第八次会议于2004年7月9日在政府会议楼第一会议室召开。县人大常委会主任王根拴，副主任张占勋、崔建民、王建成，委员程彦波、曹青哲、史志法、袁占强、赵路通、陈雄志、赵建立、王国强、张静棉、康会彬、支彦杰出席会议。县政府副县长黎亚津、赵云爱，县法院院长刘喜奎、县检察院代检察长李芳栋，县政府办公室副主任刘礼英，县教育局局长许庆林、县建设局局长张广茂列席会议。王根拴主持会议并作总结讲话。

会议听取和审议县政府《关于城乡基础设施建设、加快农村城镇化进程的报告》和县人大财经科《关于对全县城乡基础设施建设情况的调研报告》。会议议定：1. 县政府及有关部门要进一步明确城建工作的指导思想，继续加大城建工作推进力度。树立“城建工作就是经济建设，抓城建就是抓经济”观念，确立经营城市的理念；进一步解放思想、更新观念、转变思路，拓宽融资渠道；进一步坚定“小县大县城”奋斗目标，既要量力而行，更要千方百计拓宽思路搞城建。2. 县政府及有关部门要进一步加快现有项目的建设力度。3. 县政府及有关部门要进一步加大县城管理力度，坚持管理与建设并重，解决县城主要街道、公共场所、重点部位车辆乱停乱行、摊点乱摆乱占、垃圾乱扔乱倒、污水乱排乱放等“脏乱差”问题，为县城居民提供一个整洁有序的工作生活环境，重塑县城形象。

会议听取和审议县政府《关于“普九”巩固提高和“普高”运行情况的报告》及县人大科教文卫科《关于全县巩固“普九”教育和发展高中阶段教育情况的调研报告》。会议议定：1. 县政府及有关部门要从战略高度进一步增强发展教育事业的责任感、使命感和紧迫感，竭力抓好“普九”教育巩固提高和发展高中阶段教育工作。2. 县政府及有关部门要高度关注并切实解决关于“普九”教育巩固提高和发展高中阶段教育的一些重点问题，如教育投入问题、“普九”巩固提高过程中债务问题、新开街学校初中小学混办问题、高中学校建设严重滞后、深泽中学教师编制问题等等。确保2005年顺利通过省政府第三轮“普九”巩固复查，确保2006年实现“普及高中”阶段教育，确保2004年年底深泽中学顺利通过“省示范性高中”达标验收。3. 县政府及有关部门要进一步加强教育教学管理，努力提高教师队伍整体素质，提高全县各类学校教育教学水平。

会议听取和审议县政府、县法院《关于办理代表建议和意见情况的报告》及县人大代联科所作的调研报告。会议认为，自县十三届人大二次会议召开以来，县政府和县法院在办理代表建议和意见方面做了大量工作，承办效果明显好于2003年，大部分建议、意见均有一定进展。会议议定：县政府、县法院及有关部门要进一步加大代表建议和意见的办理力度。2004年时间已过半，各承办单位要增强时间紧迫感，要把代表建议和意见的办理，作为深入进行“三个代表”重要思想教育，增强立党为公，执政为民，提高执政水平，加强民主政治建设，密切同人民群众的联系的大事来抓。

会议审议通过《深泽县人大常委会对选举和任命人员述职评议的实施细则（草案）》。

会议通过人事任免事项。

**第九次会议** 深泽县第十三届人民代表大会常务委员会第九次会议于2004年11月24日在政府会议楼第一会议室召开。县人大常委会主任王根拴，副主任纪同振、张占勋、崔建民、王建成，委员程彦波、曹青哲、史志法、袁占强、赵路通、王国强、张静棉、康会彬、贾会彩、支彦杰出席会议。县政府副县长张占营、黎亚津，县政协副主席康占桥，县法院院长刘喜奎、县检察院代检察长李芳栋，县财政局局长张志强、县审计局局长刘会军列席会议。王根拴主持会议。

会议听取并审议县政府《关2004年于1—10月财政预算执行情况及2003年财政决算审计情况的报告》及县人大财经科《关于对县财政2004年1—10月预算执行情况的调研报告》。会议议定：1.县政府及财税部门要进一步明确财政工作的指导思想。牢记“发展是第一要务”，解放思想、更新观念，各项工作都要紧紧围绕“发展”这一中心，把财政工作重点转移到“抓发展、跑项目、促落实”上。2.县政府及财税部门要进一步坚定完成和超前完成跨越式发展目标的信心，继续加大工作力度。针对工作中发现的问题采取有效的解决措施，千方百计克服困难，力争到年底财政收入超亿元。3.县政府及财税部门要加强预算约束，实事求是，坚决杜绝虚收、虚支问题；通过加强审计、加强监督来保证财政工作指导思想的转变，促进深泽经济发展。建议政府多方筹资，建立重点企业扶持基金，支持纳税大户、重点企业、新上项目的发展。

会议听取和审议“一府两院”《关于进一步深化实施执法责任制和“两错”责任追究制情况的报告》及县人大政法科《关于“一府两院”深化实施“两制”情况的调研报告》。会议要求：1.“一府两院”要进一步明确贯彻实施“两制”的重要意义，深刻认识推行“两制”的重要性和紧迫性，把推行“两制”当成与党风廉政建设同等重要的大事来抓。2.“一府两院”要继续完善各项规章制度，靠制度约束来促进司法公正；继续加大推行力度，严格落实责任、落实奖惩。3.“一府两院”要进一步加强执法队伍的素质建设，更新学习观念，大兴学习之风，创造浓厚的学习氛围，通过学习来切实提高执法人员的自身素质。

会议听取并审议县政府《关于“民心工程”实施情况的报告》。会议议定：1.县政府及有关部门要进一步加大工作力度，寻找差距，找准突破口，专题调研，逐项调度，多方协调，齐抓共管，力争到年底前全部完成，给人民一份满意答卷。2.县政府及有关部门到年底前要把八项工程的实施进展情况及存在问题，本着实事求是的态度向县人大常委会作专题汇报。

会议通过人事任免事项。

**第十次会议** 2004年12月7日，深泽县第十三届人民代表大会常务委员会召开第十次会议。会议听取石家庄市人民检察院关于县人大代表张某涉嫌贪污受贿的情况通报。县十三届人大常委会第十次会议决定同意石家庄市人民检察院对张某采取强制措施。

**第十一次会议** 深泽县第十三届人民代表大会常务委员会第十一次会议于2004年12月24日在县人大机关会议室召开。县人大常委会主任王根拴，副主任纪同振、崔建民、王建成，委员程彦波、曹青哲、史志法、袁占强、赵路通、张学荣、支彦杰、王国强、张静棉、康会彬出席会议。王根拴主持会议。依法补选深泽县人民政府县长朱献军为石家庄市第十一届人民代表大会代表。

**第十二次会议**　深泽县第十三届人民代表大会常务委员会第十二次会议于2005年3月2日在县人大机关会议室召开。县人大常委会主任王根拴，副主任纪同振、张占勋、崔建民、王建成，委员程彦波、曹青哲、史志法、袁占强、赵路通、赵建立、马壮国、王国强、张静棉、康会彬、贾会彩、支彦杰出席会议。县政府常务副县长张占营，县法院院长刘喜奎、县检察院代检察长李芳栋列席会议。王根拴主持会议。会议以举手表决方式通过县十三届人大三次会议的有关事项。审议并通过县人大常委会2005年工作要点和县人大常委会工作报告。

**第十三次会议**　2005年4月4日，深泽县第十三届人大常委会召开第十三次会议，会议听取《深泽县公安局关于县人大代表梁某涉嫌赌博侦查情况的通报》。县十三届人大常委会第十三次会议决定同意深泽县公安局对梁某采取强制措施。

**第十四次会议**　深泽县第十三届人民代表大会常务委员会第十四次会议于2005年5月25日在县人大机关会议室召开。县人大常委会副主任纪同振、张占勋、崔建民、王建成，委员程彦波、曹青哲、史志法、袁占强、赵路通、赵建立、张学荣、支彦杰、张静棉、贾会彩出席会议。纪同振主持会议。免去陈永军深泽县人民法院副院长、审判委员会委员职务，免去刘习军深泽县人民法院审判委员会委员职务。

**第十五次会议**　深泽县第十三届人民代表大会常务委员会第十五次会议于2005年7月26日在县政府会议楼第一会议室召开。县人大常委会主任王根拴，副主任纪同振、张占勋、崔建民、王建成，委员程彦波、曹青哲、史志法、袁占强、赵路通、赵建立、张学荣、支彦杰、马壮国、王国强出席会议。县政府常务副县长张占营，县法院院长刘喜奎、县检察院检察长李芳栋，县教育局局长许庆林、县发展计划局局长王树凯、县建设局主要负责人张英利列席会议。王根拴主持会议。

会议听取和审议县政府《关于"普九"巩固和发展高中阶段教育工作情况的报告》和县人大科教文卫科《关于全县巩固"普九"教育和发展高中阶段教育情况的调研报告》。会议要求：1.县政府及有关部门要进一步牢固树立"百年大计、教育为本"观念，统一思想，提高认识，以巩固"普九"和发展高中阶段教育为契机，全面提高各级各类学校的教育质量和水平。2.县政府及有关部门要高度关注并想方设法解决"普九"巩固提高和发展高中阶段教育工作中存在的问题，要多方筹集资金，明确各级责任，加大投入力度，完善义务教育阶段各类学校的软硬件建设，确保今年省政府第三轮"普九"巩固提高复查验收顺利通过。3.县政府及有关部门要不断探索教育体制改革和创新，进一步加强教育系统内部管理。

会议听取和审议县政府《关于城建及环境治理工作情况的报告》和县人大财经科《关于城建及环境治理情况的调研报告》。会议要求：1.县政府及有关部门要对县城综合整治工作常抓不懈，进一步巩固已有成果，尤其重点解决城乡接合部"脏乱差"的问题。2.进一步转变思想，拓宽思路，树立经营城市、开发建设城市理念，引进竞争机制，多渠道筹措资金。3.按照年初既定目标，克服困难，圆满完成建设及综合整治任务。

会议听取和审议县政府《关于项目建设情况的报告》和县人大财经科《关于项目建设情

况的调研报告》。会议要求：1.县政府及有关部门要进一步加大项目建设跑办力度，高度关注并千方百计解决一些重点项目建设中遇到的困难和问题，促其尽快开工、竣工、投产。2.要进一步转变政府职能，优化经济和社会发展环境，包括优质高效的服务环境、安全稳定的治安环境、规范有序的市场环境、公正严明的法制环境、团结鼓励的舆论环境和文明向上的人文环境，为全县项目建设创造良好条件。

会议听取和审议县政府《关于县十三届人大三次会议代表建议、意见办理情况的报告》和县人大代联科《关于代表建议、意见办理情况的调研报告》。会议要求：县政府及有关部门要进一步加大代表建议和意见的办理工作力度，加强调度、协调、督促和检查，确保代表建议和意见高标准、高质量如期办理完毕，并答复代表。

**第十六次会议** 深泽县第十三届人民代表大会常务委员会第十六次会议于2005年9月20日在政府会议楼第一会议室召开。县人大常委会主任王根拴，副主任纪同振、张占勋、崔建民、王建成，委员程彦波、曹青哲、史志法、袁占强、赵路通、赵建立、张学荣、支彦杰、王国强、张静棉、马壮国、康会彬、田志军出席会议。县政府常务副县长张占营、副县长黎亚津，县法院院长刘喜奎、县检察院检察长陈芳栋，县财政局局长张志强、县审计局主要负责人苑运良列席会议。王根拴主持会议。

会议听取和审议县政府《关于2005年1—7月财政预算执行情况及2004年财政决算情况的审计报告》和县人大财经科《关于对县财政2005年1—7月预算执行情况的调研报告》。会议要求：1.县政府及有关部门要切实把财政工作的着眼点转移到扶持企业发展、上项目增后劲上来，要协调有关部门对有发展前途、市场前景看好的重点企业给予政策资金上的支持。2.县政府要在财政收入增收的同时，对公教人员工资和待遇给予更多关注，切实让广大干部职工亲身感受到经济发展、财政收入增长给每个人带来的益处和实惠。3.县政府要进一步加强预算约束，追加预算要及时向县人大常委会报告。4.要加大财税征管力度，加强财税队伍建设，在重视提高财税工作人员业务的同时，加强道德素质教育。

会议听取和审议县政府、县法院、县检察院《关于社会治安综合治理情况的报告》和县人大常委会政法科《关于"一府两院"社会治安综合治理情况的调查报告》。会议要求：1.要进一步加强基层防控组织建设，建立健全群防群治的综合网络，彻底解决基层防控体系不健全，人员不到位，作用发挥不充分的问题。2.要大力加强政法队伍建设，不断提高政法干警的政治、业务素质，应在技术装备、经费投入等方面给予倾斜，同时对专政部门进一步增强人防、物防、技防能力。3.要加大对盗窃、抢劫、抢夺犯罪的打击力度，提高侦破能力，做到快侦快破、快捕快诉，依法从重判处。4.要进一步加强法制宣传教育工作，提高广大群众学法、守法、用法意识和能力，尤其要高度重视青少年的法制教育问题。

会议听取和审议县政府《关于农村法制建设情况的报告》及县人大财经科《关于农村民主法制建设情况的调研报告》。会议要求：1.要进一步加大农村普法工作力度，逐步提高农民群众的法律意识、法制理念和法制素质。2.要建立健全以民主选举、民主决策、民主管理和民主监督为重点的各项规章制度。

会议通过人事任免事项。

**第十七次会议**　深泽县第十三届人民代表大会常务委员会第十七次会议于2005年11月23日在政府会议楼第一会议室召开。县人大常委会主任王根拴，副主任张占勋、崔建民、王建成，委员程彦波、曹青哲、史志法、袁占强、赵路通、赵建立、支彦杰、王国强、张静棉、马壮国、康会彬、贾会彩出席会议。县政府副县长冯玉春、赵云爱，县法院院长刘喜奎、县检察院检察长李芳栋，县科技局局长王会彬列席会议。王根拴主持会议。

会议听取和审议县政府《关于科技进步法实施情况的报告》和县人大科教文卫科《关于县政府贯彻实施科技进步法情况的执法检查报告》。会议要求：1. 县政府要进一步提高认识，把科技工作列入议程，抓在手上。近年来深泽县科技工作虽然取得很大进步，但也存在重视不够的问题，科技工作的基础是教育，政府应采取有效措施，抓好科技基础工作，强化管理、深化改革、加大财政投入，使深泽县的科技工作再上新台阶。2. 切实加大普及培训工作力度，注重科技研发创新，要把科技创新同普及培训结合起来，要争取请进来、走出去，利用讲座、科技庙会、示范点等多种形式普及科学技术。提倡企业开展科技研发创新，推动科技进步，实现增产、增收、增效。3. 科技部门要切实转变职能，以组织、协调、指导、服务为宗旨，急企业和农民之所急，想企业和农民之所想，为全县工业、农业发展当好参谋、服好务，并在全社会形成重视科技的氛围，创造良好的科技环境。4. 县政府及有关部门要重视人才培养和引进，不拘一格选人才，制定优惠政策招聘人才。要靠待遇、环境、感情、事业留住人才。

会议听取和审议县政府《关于农业产业化工作情况的报告》和县人大财经科《关于农业产业化工作情况的调研报告》。会议要求：1. 要强化统一指挥，合力抓好农业产业化工作。要牢固确立抓农业必抓农业产业化、抓农村经济必抓农业产业化、全面建设小康社会必抓农业产业化的工作思路，以农业产业化总揽农村经济工作全局。2. 县政府应有针对性地制定出台一些优惠政策，加快农业龙头企业建设，提高辐射带动能力，在农业产业化经营上，下大力扶持一批农、林、牧龙头企业，不断提高其内部管理水平，提高企业自我发展能力，以产业化带动农业产业结构调整，以龙头企业带动行业生产发展。3. 县政府要进一步加大农业结构调整力度，继续发展蔬菜、果品、奶牛、食用菌等优势产业，引进优良品种，推广先进配套技术，组织农民外出参观学习，聘请专家教授讲课，提高农民的技术素质，以促进优势产业的规模化、专业化、集约化经营。4. 要加强市场建设。在加强基地建设的同时，加强专业市场建设，以市场带基地，以基地促市场。5. 县政府应借助省政府重新修订土地利用规划的契机，从深泽发展的长远出发，科学制定出切合实际又留有发展余地的县、乡、村三级土地利用规划。6. 要加强合作经济组织建设，制定优惠政策，支持和引导成立信息、交通、销售顺畅的中介机构，促进基地和市场发展壮大。

会议通过人事任免事项。

**第十八次会议**　深泽县第十三届人民代表大会常务委员会第十八次会议于2006年1月5日在政府会议楼第一会议室召开。县人大常委会主任王根拴，副主任纪同振、张占勋、崔建民、王建成，委员程彦波、曹青哲、史志法、袁占强、赵路通、支彦杰、王国强、张静棉、田志军出席会议。县政府副县长杨秋，县财政局局长张志强、县发展计划局副局长李国英及部分石家庄市人大代表列席会议。王根拴主持会议。

会议听取和审议县政府《关于第十三届人民代表大会第三次会议代表建议和意见办理情况的报告》，县人大代联科科长赵路通作《关于代表建议和意见办理情况的调研报告》。会议要求：1.县政府及有关部门要站在贯彻“三个代表”重要思想，密切与人民群众的联系，对人大代表负责、对人民群众负责、对宪法和法律负责的高度，充分认识代表建议和意见办理工作的重要性。2.要对前段办理工作进行一次“回头看”，认真查找问题、不足和差距，进一步规范办理程序，落实办理责任，加大办理力度，确保办理实效，让人大代表和人民群众满意。

会议听取和审议县政府《关于2005年财政预算执行情况的报告》，县人大财经科副科长贾占锁作《关于对县财政2005年1—11月预算执行情况的调研报告》。会议要求：1.要加强财税队伍素质教育，加大财税征管力度，在重视提高财税工作人员业务水平的同时，加强职业道德和警示教育，严格财税征管制度，对违纪违规人员进行严肃处理。2.要加大项目建设力度，政府应协调有关部门，制定出台有效的政策措施，对有发展前途、市场前景看好的企业，给予政策、资金上的支持，使之尽快壮大，为财政税收增长奠定坚实基础。

会议听取和审议县政府《关于2005年项目建设工作情况的报告》，县人大财经科副科长贾占锁作《关于2005年项目建设工作情况的调研报告》。会议要求：1.要进一步加大“六联六找”力度，拓宽思路，多渠道筹措项目资金，充分利用好现有资金，县政府对重点项目继续进行扶持。2.强化政府服务职能，进一步加大对新上项目的扶持力度，强化县直各部门分包责任制，全县上下形成项目建设的合力，要把项目建设当作头等大事来抓。3.要进一步治理县域投资环境，继续加快城镇建设步伐，加大公益基础设施建设力度，继续出台优惠政策，继续整治政务环境、治安环境、行业风气、交通秩序，严厉打击黑恶势力，为企业发展和项目建设创造宽松环境，树立深泽的良好形象。

**第十九次会议** 深泽县第十三届人民代表大会常务委员会第十九次会议于2006年3月13日在政府会议楼第一会议室召开。县人大常委会主任王根拴，副主任纪同振、张占勋、崔建民、王建成，委员程彦波、曹青哲、史志法、袁占强、赵路通、赵建立、张学荣、马壮国、王国强、张静棉、康会彬、田志军、贾会彩出席会议。县政府常务副县长张占营，县法院院长刘喜奎、县检察院检察长李芳栋列席会议。王根拴主持会议。会议以举手表决方式通过县十三届人大四次会议的有关事项。审议通过县人大常委会2006年工作要点和县人大常委会工作报告。以投票方式通过人事任免事项。

**第二十次会议** 深泽县第十三届人民代表大会常务委员会第二十次会议于2006年4月28日在政府会议楼第一会议室召开。县人大常委会主任王根拴，副主任纪同振、张占勋、崔建民、王建成，委员程彦波、曹青哲、史志法、赵路通、赵建立、张学荣、马壮国、王国强、康会彬、贾会彩、高丙文出席会议。县政府常务副县长张占营，县法院院长刘喜奎、县检察院检察长李芳栋，县民政局局长郝锁成、县财政局副局长孙少英、各乡镇人大主席和铁杆镇驻马里办、桥头乡驻耿庄办人大副主席列席会议。王根拴主持会议。

会议听取县政府《关于第七届村委会换届选举工作情况的报告》和县人大代联科《关于村民委员会换届选举工作的调研报告》。会议要求：1. 要进一步提高认识。村委会换届选举工作是农村民主政治建设的一件大事，是深化农村改革的重要内容，也是实施依法治国的一大尝试，事关农村稳定发展，一定要切实抓在手上，要把换届过程作为对农村干部和全体村民进行民主法制教育的过程，周密安排，强化督导，抓出成效。2. 要善始善终完成换届选举工作，凡没有进入程序的村要尽快进入程序，已经进入程序的村要按要求抓紧运作，个别条件不成熟的村要创造条件，待条件成熟后进行选举。3. 要严格按程序办事，不能简化程序，自行其是。4. 认真做好群众来信来访工作，做好换届后各项善后工作。

会议听取县政府《关于财政预算外资金管理使用情况的报告》和县人大财经科《关于财政预算外资金管理使用情况的调研报告》。会议要求：1. 政府要进一步规范预算外资金收入，强化对预算外资金的管理，严格预算外资金使用，要严格落实收支两条线，完善管理使用制度。2. 要进一步加大稽查工作力度，集中力量查处乱收乱罚、收入不入账、私设小金库等违法违规行为。3. 围绕优化县域经济发展环境，要进一步清理和规范有关单位的收费项目、收费标准，面向社会公开，增加罚款、收费的透明度。

**第二十一次会议**　深泽县第十三届人民代表大会常务委员会第二十一次会议于 2006 年 6 月 2 日在政府会议楼第一会议室召开。县人大常委会主任王根拴，副主任纪同振、张占勋、崔建民、王建成，委员程彦波、曹青哲、史志法、袁占强、赵建立、张学荣、王国强、支彦杰、贾会彩、田志军出席会议。县政府副县长冯玉春列席会议。王根拴主持会议。会议以无记名投票方式进行表决，一致通过黎亚津辞去深泽县人民政府副县长职务、任命杨国芳为深泽县人民政府副县长。

**第二十二次会议**　深泽县第十三届人民代表大会常务委员会第二十二次会议于 2006 年 6 月 23 日在县人大机关会议室召开。县人大常委会主任王根拴，副主任纪同振、张占勋、崔建民、王建成，委员程彦波、曹青哲、史志法、袁占强、赵建立、张学荣、王国强、支彦杰、贾会彩、高丙文出席会议。县政府副县长赵云爱，县法院院长刘喜奎、县检察院检察长李芳栋，县卫生局局长赵利宏、各乡镇人大主席及铁杆镇驻马里办、桥头乡驻耿庄办人大副主席列席会议。王根拴主持会议。

会议听取县政府《关于治理整顿非法行医情况的工作报告》。会议要求：1. 对治理整顿非法行医工作要进一步提高认识、常抓不懈。此项工作涉及广大人民群众的就医安全、生命健康，是广大人民群众最关心、最直接、最现实的利益，县政府及有关部门要站在这一高度去认识，牢牢抓在手上，确保治理整顿非法行医工作取得明显成效。2. 要坚持治理整顿、规范提高两手一起抓。对地下“黑诊所”“游医”“假医”发布虚假医疗广告信息，欺骗、误导患者的行为，要坚决予以打击惩处。3. 要进一步深化医疗机构改革。县卫生局卫生监督所力量明显不足，县政府要在人员编制、经费等方面给予卫生监督工作更多支持。

会议集中听取县国教办主任刘英军作国际周边形势及周边安全环境的报告。

**第二十三次会议** 深泽县第十三届人民代表大会常务委员会第二十三次会议于2006年8月24日在政府会议楼第一会议室召开。县人大常委会主任王根拴，副主任纪同振、张占勋、崔建民、王建成，委员程彦波、曹青哲、史志法、袁占强、赵路通、赵建立、张学荣、王国强、支彦杰、马壮国、康会彬、高丙文出席会议。县政府副县长杨国芳、赵云爱，县法院院长刘喜奎，县建设局局长张英利、县文体局局长纪书强、县审计局局长苑运良、县财政局局长张志强，各乡镇人大主席及铁杆镇驻马里办、桥头乡驻耿庄办人大副主席列席会议。王根拴主持会议。

会议听取县政府《关于整顿和规范文化市场工作情况的报告》和县人大常委会科教文卫科《关于全县整顿和规范文化市场情况的调研报告》。会议要求：1.要进一步提高认识，加强领导。县政府及有关部门要进一步提高思想认识，创新工作思路，加大工作力度，确保工作实效。要坚持一手抓整顿，一手抓繁荣发展。通过文化市场的繁荣与发展，为深泽县政治、经济、社会发展提供精神动力和智力支持。2.要进一步加强管理，规范经营。网吧业要千方百计彻底解决未成年人上网的问题，加大对农村网吧的监管力度，最终实现网吧业的资源整合和健康发展。印刷业要以做强、做大为目标，引导和扶持各经营户通过发展股份制公司等形式扩大生产规模，提高科技含量，为深泽经济发展注入新的活力。3.要进一步强化打击力度。整顿和规范文化市场工作是一项需要常抓不懈的系统工程，县政府应继续加大检查力度，严厉打击违规经营户，依法行政，保障深泽县文化市场健康繁荣发展。

会议听取和审议《关于县政府2005年财政决算情况的审计报告》。会议要求：1.进一步强化财政支持企业力度，对一些重点企业、高科技企业，发展前景好的企业，财政要千方百计给予支持。2.进一步加强预算约束。县政府应继续深化预算管理改革，加快推进部门预算管理，规范预算编制内容、程序和方法，细化预算，增加预算透明度，强化预算约束。3.进一步加强对部门收支情况的监督。有关部门要通力合作，促进加强会计基础工作，落实责任追究制，促进部门依法理财。

会议听取和审议县政府《关于城建工作情况的报告》和县人大财经科《关于城建工作情况的调研报告》。会议要求：1.县政府一定要把城建工作作为重中之重，切实抓在手上。在一定意义上讲，县城建设就是经济建设，县城建设就是深泽形象，县城建设就是发展环境。2.要切实抓好县城规划，严格依规办事。3.要进一步加大城容城貌综合整治力度。要按照县政府既定要求和部署，一步一步抓好落实。尤其要抓好一些重点基础设施建设。4.确立经营思想，强化开发建设。要转变工作思路，拓宽筹资渠道，加大引资力度，吸引民间资金，把工艺项目推向市场，有序经营，有偿使用。5.要进一步加大宣传教育力度，提高城镇居民的城市意识，促使居民群众逐步实现由农民到市民的转变。

**第二十四次会议** 深泽县第十三届人民代表大会常务委员会第二十四次会议于2006年10月31日在政府会议楼第一会议室召开。县人大常委会主任王根拴，副主任纪同振、张占勋、崔建民、王建成，委员程彦波、曹青哲、史志法、袁占强、赵路通、赵建立、张学荣、王国强、支彦杰、马壮国、康会彬、高丙文出席会议。县政府副县长杨国芳，县法院院长刘喜奎、县检察院检察长李芳栋，县人大常委会财经科科长贾占锁，县司法局局长贾保才、县发展改革局副局长李国英，各乡镇人大主席及铁杆镇驻马里办、桥头乡驻耿庄办人大副主席列席会议。王根拴主持会议。

会议听取县政府《关于项目建设情况的工作报告》和县人大常委会财经科《关于项目建设情况的调研报告》。会议要求：1. 要一以贯之地贯彻项目立县的发展战略，要把“工业兴县、项目立县”作为一个长期的指导思想，大张旗鼓地宣传，创造良好的舆论氛围，在全县各级各部门中形成共识和合力。2. 要进一步加大改革开放力度，既要“立足深泽、发展深泽”又要“跳出深泽、发展深泽”，靠解放思想来招商引资，靠深化改革来调动全县上下上项目的积极性。3. 要进一步下大力解决好项目建设中的一些主要问题。应以长远的、发展的眼光，统筹安排，合理盘活现有闲置土地，把全县可以利用的土地牢牢掌握在政府手中，形成土地一级市场，为企业发展壮大留足空间，加大向上争取资金跑办力度和县内金融机构的协调力度、大力推进银企对接，增强企业发展活力。4. 要进一步抓好环境建设，一方面要加大公共设施尤其是水、电、路等基础设施的建设力度，另一方面要在政策、政务、人文、舆论、治安、交通等环节上下大力气进行整顿，提高深泽的综合竞争力和整体形象。

会议听取县政府《关于司法鉴定工作情况的报告》和县人大政法科《关于司法鉴定工作情况的调研报告》。会议要求：1. 针对目前县内两家司法鉴定机构相互冲突的现状，政府应进行认真细致的调查研究，对存在问题进行分析，协调有关部门解决，确保司法鉴定工作顺利进行。2. 要加大对司法鉴定工作人员的职业道德教育和业务素质培训，做到警钟长鸣。

会议通过人事任免事项。

**第二十五次会议** 深泽县第十三届人民代表大会常务委员会第二十五次会议于2007年1月8日在政府会议楼第一会议室召开。县人大常委会主任王根拴，副主任纪同振、张占勋、崔建民、王建成，委员程彦波、曹青哲、史志法、赵路通、王国强、支彦杰、马壮国、康会彬、高丙文出席会议。县政府副县长张占营、冯玉春，县法院院长刘喜奎、县检察院检察长李芳栋，县人大常委会财经科科长贾占锁，各乡镇人大主席及铁杆镇驻马里办、桥头乡驻耿庄办人大副主席列席会议。王根拴主持会议。

会议听取县政府《关于社会主义新农村建设情况的工作报告》和县人大常委会财经科《关于社会主义新农村建设情况的调研报告》。会议要求：1. 社会主义新农村建设是中央政策中的一个长期的任务目标，县政府要进一步提高认识，统一思想，切实把这项工作放在心上，抓在手上。2. 发展农村经济是新农村建设的基础，要进一步出台惠农政策，发展优质高效农业，大力扶持涉农企业，继续探索一条壮大农村集体经济的可行机制，探索一条发展农村公益事业的有效途径。3. 要进一步加强农村基层组织建设，利用农村经济形势报告会、科技知识培训、普法讲座等形式，使农村干部从旧的传统观念中解放出来，树立科学发展观，提高他们带领群众建设社会主义新农村的工作能力。

会议听取县政府2006年度财政预算执行情况的报告和县人大常委会财经科关于对县财政2006年预算执行情况的调研报告。会议要求：1. 要进一步加大项目建设力度，继续对市场前景看好、有发展前途的企业给予政策、资金上的支持，使之尽快壮大，为县财政税收持续增长奠定坚实基础。2. 要进一步实行纳税公开制度，政府与企业、企业与企业、行业与行业之间相互监督，避免纳税不公，实现相对的公平税赋。3. 要加强财税队伍素质教育，加大财税征管力度，在重视提高财税工作人员业务水平的同时，加强职业道德和警示教育，对违纪违规人员进行严肃处理。

会议听取县政府《关于代表建议和意见办理情况的报告》和县人大常委会代表联系科《关于代表建议和意见办理情况的调研报告》。会议要求：1. 要站在改进政府工作，加强职能部门与人民群众的联系，促进民主政治建设的高度，进一步认真做好建议和意见的承办工作，把承办的过程变为提高政府工作、加强与人民群众联系、了解民情民意、为群众办实事的过程。2. 要进一步扩大代表知情知政的渠道，把政府有关承办工作的安排、文件、简报等发放给代表，让代表了解建议和意见的办理过程和工作进展，使承办工作公开、透明，有利于加强政府与人民群众的联系，提高政府形象。3. 建议县政府把代表建议、意见的办理作为对承办部门全年考核的一项内容，从而加强承办部门的责任心，促进工作开展。

会议通过人事任免事项。

**第二十六次会议**　深泽县第十三届人民代表大会常务委员会第二十六次会议于 2007 年 1 月 22 日在县人大机关会议室召开。县人大常委会主任王根拴，副主任纪同振、张占勋、崔建民、王建成，委员程彦波、曹青哲、史志法、袁占强、赵路通、张学荣、王国强、支彦杰、贾会彩、高丙文出席会议。王根拴主持会议。

会议审议通过《深泽县第十三届人大常委会关于深泽县县、乡两级人民代表大会换届选举的决定（草案）》《深泽县第十三届人大常委会关于深泽县选举委员会组成人员的决定（草案）》《深泽县第十三届人大常委会关于各乡镇选举委员会组成人员的决定（草案）》《深泽县关于县、乡两级人民代表大会同步换届选举工作实施方案（草案）》《深泽县第十四届人民代表大会代表名额分配及深泽县各乡镇新一届人民代表大会代表名额（草案）》。

**第二十七次会议**　深泽县第十三届人民代表大会常务委员会第二十七次会议于 2007 年 4 月 12 日在县人大机关会议室召开。县人大常委会主任王根拴，副主任纪同振、张占勋、崔建民、王建成，委员程彦波、曹青哲、史志法、袁占强、赵路通、赵建立、王国强、康会彬、支彦杰出席会议。王根拴主持会议。

会议通过决定召开深泽县第十四届人民代表大会第一次会议的有关事宜。审议通过县人大常委会工作报告（草案）。以投票方式表决通过人事任免事项。

## 第二节　机构设置

县人大常委会办事机构，为一室四科，即办公室（同时挂信访科牌子）、代表联系科、政法科、财经科、科教文卫科。定编为 20 人，其中行政编制 17 人，事业编制 3 人。

**一、办公室**

主　任：程彦波（2003 年 4 月至 2007 年 4 月）

副主任：赵　兴（2006 年 6 月至 2007 年 4 月）

**二、财经科**

科　长：陈雄志（2003 年 4 月至 2004 年 8 月）

（缺职）（2004 年 8 月至 2005 年 12 月）

贾占锁（2005 年 12 月至 2007 年 4 月）

副科长：（缺职）（2003 年 4 月至 2004 年 8 月）

贾占锁（2004 年 8 月至 2005 年 12 月）

**三、科教文卫科**

科　长：袁占强（2003 年 4 月至 2007 年 4 月）

副科长：李敬伟（女，2003 年 4 月至 2006 年 6 月）

高　飞（2006 年 6 月至 2007 年 4 月）

**四、代表联系科**

科　长：赵路通（2003 年 4 月至 2007 年 4 月）

副科长：（缺职）

**五、政法科**

科　长：史志法（2003 年 4 月至 2007 年 4 月）

副科长：（缺职）

**六、信访科**

科　长：曹青哲（2003 年 4 月至 2007 年 4 月）

副科长：曹欣恋（女，2003 年 4 月至 2007 年 4 月）

# 第五章　监督工作

县十三届人大常委会依法行使职权，通过召开人大常委会听取“一府两院”工作报告，认真开展执法检查和代表视察活动，开展调查研究，加强个案监督，提高监督实效，抓好信访工作。

## 第一节　听取和审议专项工作报告与计划预算和审计工作报告

县十三届人大常委会会议共听取和审议县“一府两院”专项工作报告 6 项，计划预算和审计工作报告 6 项。

**深泽县十三届人大常委会会议听取和审议专项工作报告与计划预算和审计工作报告情况表**

表 49

| 时间 | 常委会会议 | 报告内容 |
| --- | --- | --- |
| 2003 年 5 月 30 日 | 第一次 | 关于“非典”疫情防治情况的报告 |
| 2003 年 10 月 14 日 | 第三次 | 县法院、县检察院深化实施“两错”责任追究制情况的报告 |
| 2003 年 11 月 28 日 | 第四次 | 关于 2003 年财政预算执行情况的报告 |
| 2003 年 11 月 28 日 | 第四次 | 关于健全“非典”防疫机制情况的报告 |
| 2004 年 2 月 7 日 | 第六次 | 关于办理县十三届人大一次会议代表建议和意见情况的报告 |
| 2004 年 11 月 24 日 | 第九次 | 关于对县财政 2004 年 1—10 月预算执行情况的报告 |
| 2005 年 9 月 20 日 | 第十六次 | 关于对县财政 2005 年 1—7 月预算执行情况的报告 |
| 2006 年 1 月 5 日 | 第十八次 | 关于对县财政 2005 年 1—11 月预算执行情况的报告 |
| 2006 年 4 月 28 日 | 第二十次 | 关于财政预算外资金管理使用情况的报告 |
| 2006 年 6 月 23 日 | 第二十二次 | 关于治理整顿非法行医情况的报告 |
| 2006 年 8 月 24 日 | 第二十三次 | 关于县政府 2005 年财政决算情况的审计报告 |
| 2007 年 1 月 8 日 | 第二十五次 | 关于县财政 2006 年预算执行情况的报告 |

# 第二节　法律法规实施情况检查

## 一、执法检查情况

深泽县十三届人大常委会组织开展执法检查7次。

2003—2006年，深泽县人大常委会由分管主任带队，组织常委会委员、各级人大代表、有关单位工作人员，先后对有关单位贯彻实施《中华人民共和国农业法》《中华人民共和国食品卫生法》《中华人民共和国中小企业促进法》《中华人民共和国科学技术进步法》等20余部法律、法规进行执法检查。其中，2005年10月，县人大常委会分管主任、部分常委会委员、县人大代表及科技局有关负责人对贯彻实施科技进步法情况进行检查。2005年11月23日，县十三届人大常委会第十七次会议，听取和审议县政府《关于科技进步法实施情况的报告》和县人大科教文卫科《关于县政府贯彻实施科技进步法情况的执法检查报告》。

## 二、执法检查报告选录

### 深泽县人大常委会科教文卫科<br>关于县政府贯彻实施《中华人民共和国科学技术进步法》情况的执法检查报告

按照县人大常委会2005年工作要点要求，前段时间，由县人大常委会分管主任带队，科教文卫科牵头，部分县人大代表及县科技局有关负责人参加，对县政府贯彻实施《中华人民共和国科学技术进步法》情况进行执法检查。

**一、贯彻实施《中华人民共和国科学技术进步法》的基本情况**

近年来，县政府及有关部门认真落实"科教兴县"战略，不断加大科技方面法律、法规的宣传培训和贯彻实施力度。全县广大科技工作者以科技富民强县为己任，尽职创新，务实奉献。科技正在成为促进县经济发展和社会进步的强大动力和有力支撑。

全民的科技意识进一步增强，学科技、用科技、靠科技理念深入人心。县政府及有关部门利用电视讲座、庙会或集市期间上街发放明白纸、举办专题培训、进村入户进行现场授课、开通农技服务热线、组织外出参观学习培训等多种形式，传播科技新知识，推广科技新技术、新成果，广大农民群众靠科技增收致富，各工业企业依靠科技发展壮大，新品种引进、新技术推广为促进农、林、牧各业发展注入了新的活力。近两年共引进新品种20余个，优良品种覆盖率达95%，其中小麦良星99、石新733、石麦12三个新品种已成为县的当家品种。随着今年我县争取到的农业部"粮饲兼用玉米标准化项目"和"国家良种示范补贴项目"的实施，必将进一步促进全县小麦、玉米新品种、新技术的引进和推广。畜牧业近两年先后引进了澳大利亚荷斯坦奶牛、波尔山羊、小尾寒羊，长白和大白猪、海兰系列蛋鸡等优良品种，从而使我县畜牧各业的品种进一步优化、改良，优良品种存栏率稳步提升。林果业近两年先后引进了克伦生葡萄、日本短枝富士、园黄梨、香花槐等新品种10余个。新技术应用方面：近两年，共有35项种养新技术在县得到试验、示范和推广。农业重点应用推广小麦吸浆虫防治、配方施肥、节水灌溉及高标准设施温室建设等新技术。畜牧业重点应用推广奶牛人工授精、饲养贮料、动物防病治病等新技术。林果业重点应用推广红富士苹果套袋、红地球葡萄栽培管理标准化等优质高产管理新技术，结合新品种的引进和新技术的应用，农、林、牧各部门利用多种形式、通过多种途径为农户提供多方面的科技服务。2005年，共组织新品种试验示范观摩培训6次、大型讲座9次、外出参观学习4次，举办各种技术培训200余次。林业局还专门邀请享受国务院政府特殊津贴的中国葡萄协会副会长修德仁教授和中国农科院王中月研究员等全国知名专家到县授课。

科技项目成为工业企业增加科技投入、提高研发和创新能力、用自主品牌抢占市场生机、使企业尽快做强做大的发动机和助推器。近两年来，农哈哈机械有限公司共承担和实施科技项目6项，其中国家级项目4项，包括国家级科技成果转化项目1项（仓转式精位玉米穴播机）、国家科技成果重点推广技术项目1项（免耕覆盖施肥播种技术、国家星火计划项目1项（夹持输送式稽杆割捆机）、国家“十五”科技攻关课题1个（一年两熟少耕除草与小麦免耕播种机具研究课题），市级科技项目2项（农机制造业信息化及工程技术研究中心建设）。该公司2004年荣获由国家民营科技联合会颁发的“民营科技企业创新奖”、柏奇化工公司的“甲氧亚胺基呋喃乙酸铵盐项目”已列入2005年国家重点新产品计划，2005年市级重大科技攻关新产品“头孢呋辛酸“已研发成功，该公司还承担了2005年国家科技项目“甲氧胺盐酸盐生产”和2005年市级招标投标项目“医药中间体产品生产”，柏奇化工公司2003年被认定为河北高新技术企业。深玉纸业有限公司的“亚钠浆蒸煮黑液综合利用”科技项目现已研发成功。农哈哈机械有限公司和柏奇化工公司均建有自己的研发中心，其中农哈哈机械有限公司研发中心有正高职研究员2名、副高职5名，与国家农机研究院、省市农机研究所及中国农业大学、河北农业大学等大中专院校建有密切的合作关系。柏奇化工公司研发中心有博士后1名、博士2名，与河北科技大学、天津工业大学、河北医科大学等大中专院校及北京万全药业等专业科技公司建有密切的合作关系。

**二、贯彻实施科技进步法过程中存在的主要问题**

近年来，贯彻实施科技进步法虽然取得了一定成绩，但仍然存在一些问题。

1. 全社会的科技意识有待进一步增强，对科技在促进经济和社会各项事业发展中的特殊地位和重要作用认识不足，科技法律、法规意识不强，新时期、新形势下做好科技工作、振兴科技事业的思想观念、工作方法、政策机制均存在不相适应的问题。

2. 政府、企业、社会对科技的投入严重不足，科技服务体系不健全；企业技术创新意识、能力和积极性、主动性不高，拥有自主知识产权的科技成果和核心技术少；农业科技创新、技术推广能力弱，科技对农业生产、农民增收的贡献率不高。

3. 科技人才的培养、引进、管理和使用缺乏统一、长远、科学、开放的规划，高科技人才和实用型科技人才匮乏。

### 三、几点建议

1. 县政府及有关部门要进一步提高对科技工作的认识，坚定不移地实施和深化“科教兴县”战略。要充分认识科技在促进经济和社会各项事业发展中的特殊地位和重要作用，牢固树立“科学技术是第一生产力”“科技兴则百业兴”的理念，牢固树立实现“富民强县”、加快全面建设小康社会进程，动力在科技、潜力在科技、后劲在科技的理念要结合制定“十一五”规划，研究制定好我县“十一五”期间的科技发展战略、规划要进一步加大科技法律、法规的学习宣传和贯彻实施力度。

2. 县政府及有关部门要进一步优化科技政策环境，提高科技服务水平，县政府一方面要加大科技投入，另一方面要用政策引导和激励社会、金融机构加大科技投入，逐步形成以政府投入为引导、企业投入为主体、金融贷款为支撑、社会筹资为补充的多元化科技投入体系。要制定优惠政策，激励企业自主创新，激发企业以市场为导向、以产权为纽带，搞好与高等院校、科研院所的集成创新，促进产学研结合。要制定优惠政策，推动农业科技创新，促进农业科技成果的推广与转化，扶持引导农户应用农业新科技、新成果。要制定优惠政策，扶持各科技型企业、科技服务组织和服务实体的创办和发展。

3. 要坚持以人为本，高度重视各类科技人才的培养、引进、管理和使用工作，努力营造尊重劳动、尊重知识、尊重创造、尊重人才的良好社会氛围。

## 第三节　视察调研

### 一、视察调研概况

深泽县十三届人大常委会共组织开展视察调研活动32次。

**深泽县十三届人大常委会视察调研活动一览表**

表50

| 序号 | 时间 | 视察调研内容 | 牵头单位 |
|---|---|---|---|
| 1 | 2003年11月 | 关于代表建议、意见办理情况 | 代联科 |
| 2 | 2004年4月 | 关于项目建设情况 | 财经科 |
| 3 | 2004年4月 | 关于防疫工作开展情况 | 教科文卫科 |
| 4 | 2004年6月 | 关于对全县城乡基础设施建设情况 | 财经科 |
| 5 | 2004年7月 | 关于全县巩固“普九”教育和发展高中阶段教育情况 | 科教文卫科 |
| 6 | 2004年7月 | 关于办理代表建议和意见情况 | 代联科 |
| 7 | 2004年7月 | 关于城乡基础设施建设，加快农村城镇化进程 | 财经科 |
| 8 | 2004年8月 | 对“一府两院”深化实施执法责任制和“两错”责任追究制情况 | 政法科 |

续表 50

| 序号 | 时间 | 视察调研内容 | 牵头单位 |
|---|---|---|---|
| 9 | 2004 年 11 月 | 关于“民心工程”进展情况 | 财经科 |
| 10 | 2005 年 5 月 | 关于全县“普九”教育及发展高中阶段教育 | 科教文卫科 |
| 11 | 2005 年 5 月 | 关于城建及环境治理情况 | 财经科 |
| 12 | 2005 年 7 月 | 关于项目建设情况 | 财经科 |
| 13 | 2005 年 7 月 | 关于代表建议、意见办理情况 | 代联科 |
| 14 | 2005 年 8 月 | 关于县财政 2005 年 1—7 月预算执行情况 | 财经科 |
| 15 | 2005 年 9 月 | 关于“一府两院”社会治安综合治理工作情况 | 政法科 |
| 16 | 2005 年 9 月 | 关于农村民主与法制建设情况 | 财经科 |
| 17 | 2005 年 11 月 | 关于农业产业化工作情况 | 财经科 |
| 18 | 2005 年 11 月 | 关于科技进步法实施情况 | 科教文卫科 |
| 19 | 2005 年 12 月 | 关于第十三届人民代表大会第三次会议代表建议和意见办理情况 | 代联科 |
| 20 | 2005 年 12 月 | 关于项目建设情况 | 财经科 |
| 21 | 2005 年 12 月 | 关于代表建议、意见办理情况 | 代联科 |
| 22 | 2005 年 12 月 | 关于县财政 2005 年 1—11 月预算执行情况 | 财经科 |
| 23 | 2006 年 3 月 | 关于财政预算外资金管理使用情况 | 财经科 |
| 24 | 2006 年 4 月 | 关于村民委员会换届选举工作 | 代联科 |
| 25 | 2006 年 6 月 | 关于全县开展治理整顿非法行医工作情况 | 科教文卫科 |
| 26 | 2006 年 8 月 | 关于全县整顿和规范文化市场情况 | 科教文卫科 |
| 27 | 2006 年 8 月 | 关于城建工作情况 | 财经科 |
| 28 | 2006 年 10 月 | 关于项目建设情况 | 财经科 |
| 29 | 2006 年 10 月 | 关于司法鉴定工作情况 | 政法科 |
| 30 | 2006 年 12 月 | 关于社会主义新农村建设情况 | 财经科 |
| 31 | 2006 年 12 月 | 关于对县财政 2006 年预算执行情况 | 财经科 |
| 32 | 2007 年 1 月 | 关于代表建议和意见办理情况 | 代联科 |

## 二、视察调研报告选录

### 深泽县人大常委会财经科
### 关于对全县城乡基础设施建设情况的调研报告

根据县人大常委会工作安排，县人大机关有关工作人员和部分人大常委会委员在王建成副主任带领下，对我县城乡基础设施建设情况进行调研。在调研过程中，着重听取建设局、铁杆镇和铁杆村主要负责人的有关情况介绍，并深入到几个在建工程建设现场，了解城乡基础设施建设的现状和所遇到的困难以及存在的问题，并围绕“小县大县城”和“加快农村城镇化进程”的主体思路，提出意见和建议，现将有关情况报告如下：

**一、县城规划、城乡基础设施建设和农村城镇化进程取得长足进展**

1.县城规划建设和城乡基础设施建设情况。今年以来，县建设局以“绿化、亮化、美化”为目标投资380万元对县城东西大街、西苑街的便道砖和路灯进行统一更新改造、投资150万元对北极台公园进行规划建设，另外，西苑街与兴华路交叉路口垃圾乱倒乱放的问题十分突出、严重影响县城形象和群众生活、浪费财政资金这一情况，经多方协调，县建设局积极筹措、迅速施工，将昔日的垃圾山建设成小花园，美化了县城环境，增加了群众的休闲场所。此外，为优化生存环境，提高社会效益，县建设局对县污水处理厂项目正在进行积极跑办，现已通过专家论证和省发改委批复可行性报告，争取国债资金计划报告已报省发改委待批。项目拟采用投资方投资、运营的方式引进资金进行建设，目前，此项工作正在运作中。

2.农村城镇化建设。铁杆镇是省33个小城镇建设试点镇之一。今年，镇党委、政府和铁杆村两委班子计划以“西九”公路建设为契机，加快铁杆村的小城镇建设进程，此项工作的完成，必将对铁杆的集贸市场和拔丝工业园区发育等产生积极、长远的影响。其中道路拓宽工程去年经县建设局上报市建设局批复，补贴15万元专项资金已经到位。此次小城镇建设共涉及门店拆迁73家，目前，镇领导和村两委班子成员正在全力以赴，加强对拆迁户的思想工作，部分农户已经拆迁。

**二、存在的困难和不足**

1.资金问题。县城规划及基础设施建设需投入资金，一方面县财政对建设资金投入不足，另一方面县建设局本身也存在城建配套费收缴不到位的问题。

2.建设项目难以做到建前审批。一些建设项目开始施工之后才补办审批手续，有的甚至开始施工之后仍不补办审批手续，一旦出现问题，既影响县城整体规划又会造成不应有的经济损失。

3.到县人大组织调查时，县政府对铁杆小城镇建设方案的报告还未批复，建设中涉及的农户和部分站、所的拆迁，因没有县政府批复文件，工作没有依据，致使拆迁工作陷于被动。

4.在铁杆小城镇建设拆迁工作中，由于政策不明等，部分拆迁户对拆迁以后能否顺利翻盖、置换的土地是否合法、翻盖时土地部门是否会干涉等问题心存疑虑导致行动上的迟缓。

**三、几点建议**

1.建议县政府加大对城建资金的投入，加强城建配套费的收缴工作，并使之在县城建设中发挥应有的作用。

2.依法规范建筑施工市场，严格审批制度，对于手续不全或未办手续私自开工建设的项目或单位，坚决予以制止，防止造成不必要的损失。

3.建议县政府尽快对铁杆小城镇建设方案作出批复，以使铁杆镇、村两级加大拆迁工作力度，加快建设进程。

4. 建议县政府协调国土资源管理局等有关部门，根据《中共石家庄市委办公厅、石家庄市人民政府办公厅关于加快农村现代化试点村建设的意见》（石办字〔2002〕119号）文件的精神，以符合土地利用总体规划为基本原则，合理解决建设用地问题。

## 深泽县人大常委会财经科
## 关于农业产业化工作情况的调研报告

按照县人大常委会工作安排，十月上旬，王建成副主任带领财经科人员，从发展农村经济解决“三农”问题出发，深入各乡镇办事处和县直农口部门，对全县农业产业化工作的开展情况进行了深入的调查研究，调研过程中，采取走访调查、召开座谈会和现场观摩等多种方式，广泛听取干部群众对农业产业化工作的意见和呼声，在此基础上，对收集到的情况进行详细的梳理分析，提出意见和建议，现将调研情况报告如下：

**一、工作开展情况**

县政府在农业产业化工作中，进一步树立科学的发展观，面向农村工作实际，立足于发展农村经济解决“三农”问题，促进深泽经济的和谐发展，认真谋划、扎实推进农业内部产业调整，做了大量艰苦细致的工作，使全县农村在传统的种植业基础上，向着订单农业、集约化经营、规模化经营迈出了坚实的一步，有力促进了农村经济的协调发展。

耕作农业以良种繁育推广、配方施肥、科学管理为重点，不断提高大田作物的品质和产量，降低生产成本，增加农民收入。今年县政府重点抓了优质粮食产业工程，组织落实了12万亩优质专用玉米和10万亩优质专用小麦生产基地，夏季小麦亩产达到446公斤，秋季玉米亩产达到465公斤，尤其是我县被国家确定为小麦良种项目补贴县，今秋种麦补贴面积10万亩，每亩补10元，共补贴资金100万元。在农民购买专供麦种时已经如数兑现到户，这样一来，有力推动了全县大田作物良种普及和科技成果转化，粮食生产既降低成本又提高价值，增加了农民收入，促使我县粮食生产向着高产、优质、低成本的良性循环发展。蔬菜生产以马铺、西北马和四季青公司的塑料大棚为龙头，规模效益不断提高，以大棚西红柿为例：每棚占地一亩，棚架投资7000元，年生产成本1800元，每棚产西红柿15000斤上下，每斤收购价格6毛，出口率90%，收入9000元，当年收回投资，棚架可用10年。

林果业以巩固万亩速生林、稳定两黄、精抓两红为重点，县政府抓了速生林的管护与落实补偿合同，注册了一个红地球品牌，扶持了1000亩克伦生葡萄，并制定严格的质量标准，解决农药超标的问题，确保食用安全。目前国家三北防护林工程在石家庄市确定新乐、无极、深泽、高邑4个重点县，在我县重点涉及田间林网建设，林业部门在马里搞试点，新造林一亩国家补助给植树户90元。

畜牧业生产围绕奶牛、禽蛋、优质猪三个特色主导产业的发展，按照布局区域化、生产标准化、结构品牌化的要求，继续加大畜牧业结构的调整力度，做大做强龙头企业，提高辐射带动能力。县政府重点扶持三维乳业、乳泉合作社、牯苑奶牛合作社、留村养猪协会、白庄养猪协会、炎宏森饲料有限公司等产业化龙头企业与农民专业经济合作组织，提高了养殖经济效益，形成了龙头带基地、基地连农户的利益共同体，进一步增强了抵御风险的能力，提高了产品的市场竞争力。现已建成标准化的存栏500头以上的奶牛小区2个（金玉奶牛小区、牯苑奶牛小区），存栏300头以上的奶牛小区4个（鑫鑫奶牛小区、益康奶牛小区、鑫达奶牛小区、固罗奶牛小区）。

**二、存在问题**

1. 县内缺少粮食综合加工企业，种植业调整速度慢，链条延伸短，导致效益偏低。我县10万亩优质专用小麦，年产量5万吨，农民辛辛苦苦种植的优质专用小麦都按普通小麦处理，优质不优价，藁城按普通小麦价格在深泽县收购，加工后按优质专用面卖出，获得高效益，我们拱手把赚钱的后续深加工部分让给了外人。

2. 县内规模化农业企业较少，现有农业企业内部管理缺乏经验，龙头带动作用乏力。四季青公司是县规模较大的农业企业，具有一定示范拉动作用，外地公司找上门有意与其签订合同，先行预付定金；提供种苗包销产品，但最近公司内部管理出现问题，拆棚卖架子不干了，对企业造成损失，对社会造成影响。

3. 县原有的土地利用规划，已经不能适应当前农业产业化发展的需要，更不能满足城镇建设、公益设施建设和工商企业发展的需求，经济发展与项目建设亟待解决发展空间的问题。上述矛盾和问题突出，必须统筹兼顾全盘修改土地利用规划，留足发展空间。

4. 畜牧防疫存在着重大户轻零散的问题，在禽流感、口蹄疫、布病等重大动物疫病的防治工作中，难以做到万无一失。

5. 农资市场上的假冒伪劣商品坑农案件屡有发生，部门执法查处力度不够，不能协调有力地打击制假贩假违法行为，农民消费者的合法权益和利益受到侵害。

**三、几点建议**

1. 制定优惠政策，加快龙头企业建设。提高辐射带动能力，在农业产业化经营上，下大力扶持一批农、林、牧龙头企业，不断提高其内部管理水平，提高企业的自我发展能力，以产业化带动农业结构调整，以龙头企业带动行业生产发展。

2. 鼓励新上粮食综合加工企业，实现粮食深加工增值，延伸产业链条，增加社会效益和农民收入。

3. 进一步加大农业产业结构调整力度，继续发展蔬菜、果品、奶牛、食用菌产业，引进优良品种，推广先进适用配套技术，组织农民外出参观学习，聘请专家教授讲课，提高农民的技术素质，以促进优势产业的规模化、专业化、集约化经营。

4. 实施品牌战略，提高深泽产品的知名度，积极跑办禽蛋、蔬菜、果品、猪牛等农产品及其深加工产品的商标注册，对重点产品制定严格的质量标准，统一印制质量标准明白纸分发到企业和农户，以提高农副产品的竞争能力。

5. 继续发展农民合作经济组织，帮助各类协会起草章程，健全各项规章制度，真正发挥农民合作经济组织的职能，重点解决农民一家一户解决不了的困难和问题。

6. 依法修订土地利用规划，为农业产业化经营留足相当的发展空间，要借助省政府重新修订土地利用规划的契机，从深泽发展的大局出发，科学制定出既切合实际又留有发展余地的县、乡、村三级土地利用规划。

7. 进一步加强农资市场整顿治理和打假护农执法，集中开展以查处假冒伪劣化肥、农药、兽药、种子、苗木为重点的农资专项治理活动，切实维护农民利益。

# 第六章　决议决定

深泽县十三届人大及其常委会，坚持正确的政治方向，坚持民主集中制，坚持走群众路线，以发展社会主义民主政治、建设社会主义政治文明、加强党的执政能力建设，实现党的领导、人民当家做主和依法治国的有机统一为目标，善于通过法定程序使党的主张成为国家意志，作出决议决定，维护和实现广大人民群众的最根本利益，实现人民当家做主。

## 第一节　作出决议决定

### 一、县十三届人大历次会议作出决议决定情况

深泽县第十三届人民代表大会共作出决议决定 25 项。

**2003—2006 年深泽县第十三届人民代表大会历次会议决议决定一览表**

表 51

| 时间 | 会次 | 名称 |
|---|---|---|
| 2003 年 4 月 28 日 | 一次会议<br>第二次全体会议 | 1. 关于深泽县人民政府工作报告的决议<br>2. 关于深泽县 2002 年国民经济和社会发展计划执行情况与 2003 年国民经济和社会发展计划的决议<br>3. 关于 2002 年县本级预算及县总预算执行情况和 2003 年县本级预算及县总预算的决议<br>4. 关于深泽县人民代表大会常务委员会工作报告的决议<br>5. 关于深泽县人民法院工作报告的决议<br>6. 关于深泽县人民检察院工作报告的决议 |
| 2004 年 2 月 20 日 | 二次会议<br>第二次全体会议 | 1. 关于深泽县人民政府工作报告的决议<br>2. 关于深泽县 2003 年国民经济和社会发展计划执行情况与 2004 年国民经济和社会发展计划的决议<br>3. 关于 2003 年县本级预算及县总预算执行情况和 2004 年县本级预算及县总预算的决议<br>4. 关于深泽县人民代表大会常务委员会工作报告的决议<br>5. 关于深泽县人民法院工作报告的决议<br>6. 关于深泽县人民检察院工作报告的决议 |

续表 51

| 时间 | 会次 | 名称 |
|---|---|---|
| 2005 年 3 月 11 日 | 三次会议<br>第二次全体会议 | 1. 关于深泽县人民政府工作报告的决议<br>2. 关于深泽县 2004 年国民经济和社会发展计划执行情况与 2005 年国民经济和社会发展计划的决议<br>3. 关于 2004 年县本级预算及县总预算执行情况和 2005 年县本级预算及县总预算的决议<br>4. 关于深泽县人民代表大会常务委员会工作报告的决议<br>5. 关于深泽县人民法院工作报告的决议<br>6. 关于深泽县人民检察院工作报告的决议 |
| 2006 年 3 月 24 日 | 四次会议<br>第二次全体会议 | 1. 关于深泽县人民政府工作报告的决议<br>2. 关于深泽县国民经济和社会发展第十一个五年规划纲要的决议<br>3. 关于深泽县 2005 年国民经济和社会发展计划执行情况与 2006 年国民经济和社会发展计划的决议<br>4. 关于 2005 年县本级预算及县总预算执行情况和 2006 年县本级预算及县总预算的决议<br>5. 关于深泽县人民代表大会常务委员会工作报告的决议<br>6. 关于深泽县人民法院工作报告的决议<br>7. 关于深泽县人民检察院工作报告的决议 |

## 二、县十三届人大常委会历次会议作出决议决定情况

县十三届人大常委会作出决议决定 7 项（不包含人事任免事项）。

### 2004—2007 年深泽县十三届人大常委会历次会议决议决定一览表

表 52

| 序号 | 时间 | 常委会会议 | 名称 |
|---|---|---|---|
| 1 | 2004 年 2 月 7 日 | 第六次 | 关于召开县第十三届人民代表大会第二次会议的决定 |
| 2 | 2005 年 3 月 2 日 | 第十二次 | 关于召开深泽县第十三届人大三次会议的决定 |
| 3 | 2006 年 3 月 13 日 | 第十九次 | 关于召开深泽县第十三届人大四次会议的决定 |
| 4 | 2007 年 1 月 22 日 | 第二十六次 | 关于深泽县县、乡两级人民代表大会上换届选举的决定 |
| 5 | 2007 年 1 月 22 日 | 第二十六次 | 关于各乡镇选举委员会组成人员的决定 |
| 6 | 2007 年 1 月 22 日 | 第二十六次 | 关于乡镇人民代表大会代表名额的决定 |
| 7 | 2007 年 4 月 12 日 | 第二十七次 | 关于召开县第十四届人大第一次会议的决定 |

## 第二节 决议决定选录

### 深泽县第十三届人民代表大会第四次会议
### 关于深泽县国民经济和社会发展第十一个五年规划纲要的决议

（2006年3月24日深泽县第十三届人民代表大会第四次会议第二次全体会议通过）

深泽县第十三届人民代表大会第四次会议，经过认真审议，并根据计划预算审查委员会的审查报告，决定批准县政府提出的《深泽县国民经济和社会发展第十一个五年规划纲要》。

# 第七章　选举任免

## 第一节　常委会选举任免情况

2003 年 5 月 30 日，县十三届人大常委会第一次会议，通过县人民政府人事任免事项。

决定任命：

袁国良为深泽县人民政府办公室主任；

王树凯为深泽县发展计划局局长；

张志兴为深泽县经济贸易局局长；

许庆林为深泽县教育局局长；

王会彬为深泽县科学技术局局长；

孟建忠为深泽县公安局局长；

贾增科为深泽县监察局局长；

郝锁成为深泽县民政局局长；

贾保才为深泽县司法局局长；

张志强为深泽县财政局局长；

史全海为深泽县人事劳动和社会保障局局长；

贺书良为深泽县国土资源局局长；

曹谦为深泽县建设局局长；

张增怀为深泽县交通局局长；

赵晓坤为深泽县农业局局长；

韩周群为深泽县文化体育局局长；

赵立宏为深泽县卫生局局长；

宋彦群为深泽县计划生育局局长；

刘会军为深泽县审计局局长；

赵志东为深泽县环境局局长；

史国士为深泽县统计局局长。

决定免去：

黎亚津县政府办公室主任职务；

张增怀县国土资源局局长职务；

王建成县交通局局长职务；

刘会凯县审计局局长职务；

贺书良县统计局局长职务。

2003 年 11 月 28 日，县十三届人大常委会第四次会议，通过县人民政府、县人大常委会人事任免事项。

决定任命：

张广茂为深泽县建设局局长。

任命：

袁占强为深泽县人大常委会科教文卫科科长；

陈雄志为深泽县人大常委会财经科科长；

史志法为深泽县人大常委会政法科科长；

赵路通为深泽县人大常委会代表联系科科长。

决定免去：

曹谦深泽县建设局局长职务。

免去：

袁占强深泽县人大常委会科教文卫科副科长职务；

陈雄志深泽县人大常委会财经科副科长职务；

史志法深泽县人大常委会政法科副科长职务；

赵路通深泽县人大常委会代表联系科副科长职务。

2004 年 4 月 28 日，县十三届人大常委会第七次会议，通过县人民检察院人事任免事项。

免去：

李立燕深泽县人民检察院检察长、检察委员会委员职务。

任命：

李芳栋为深泽县人民检察院副检察长、代检察长、检察委员会委员。

2004 年 7 月 9 日，县十三届人大常委会第八次会议，通过县人民法院人事任免事项。

任命：

刘习军为深泽县人民法院审判委员会委员；

马运英为深泽县人民法院审判委员会委员；

纪兰生为深泽县人民法院审判委员会委员；

李造起为深泽县人民法院审判委员会委员；

赵鹤鸣为深泽县人民法院审判委员会委员；

王彩棉为深泽县人民法院审判委员会委员；

曹坤跃为深泽县人民法院审判委员会委员；

贾桂龙为深泽县人民法院审判委员会委员。

2004年11月24日，县十三届人大常委会第九次会议，通过县人民政府、县人大常委会、县人民检察院人事任免事项。

决定免去：

赵晓坤县农业局局长职务。

免去：

陈雄志县人大常委会财经科科长职务。

决定任命：

陈振宏为县农业局局长。

任命：

张国忠为县人民检察院检察委员会委员；

邸丽琴为县人民检察院检察委员会委员；

贾占锁为县人大常委会财经科副科长。

2005年5月25日，县十三届人大常委会第十四次会议，通过县人民法院人事任免事项。

免去：

陈永军深泽县人民法院副院长、审判委员会委员职务；

刘习军深泽县人民法院审判委员会委员职务。

2005年9月20日，县十三届人大常委会第十六次会议，通过县人民政府、县人民法院、县人民检察院人事任免事项。

决定任命：

宋全兴为县安全生产监督管理局局长；

张英利为县建设局局长；

纪书强为县文化体育局局长；

苑运良为县审计局局长。

任命：

张造国为县人民法院审判员、审判委员会委员、副院长；

纪兰生为县人民法院副院长；

邸丽琴为县人民检察院副检察长；

林蕴为县人民检察院检察委员会委员。

决定免去：

张广茂县建设局局长职务；

韩周群县文化体育局局长职务；

刘会军县审计局局长职务。

免去：

李彦文县人民法院副院长职务；

马运英县人民法院审判委员会委员、审判员职务；

陈永军县人民法院审判员职务；

刘习军县人民法院审判员职务；

朱占枝县人民检察院副检察长职务；

杜印安县人民检察院监察委员会委员、检察员职务；

王民起县人民检察院监察委员会委员、检察员职务。

2005 年 11 月 23 日，县十三届人大常委会第十七次会议，通过县人民法院人事任免事项。

任命：

康海龙为深泽县人民法院审判员；

张亚萍为深泽县人民法院审判员；

冯丽娜为深泽县人民法院审判员；

康晓燕为深泽县人民法院审判员；

陈丽为深泽县人民法院审判员；

刘彩红为深泽县人民法院审判员。

2006 年 3 月 13 日，县十三届人大常委会第十九次会议，通过县人民政府、县人大常委会人事任免事项。

决定任命：

杜振琪为深泽县人民政府副县长、代理县长。

任命：

贾占锁为深泽县人大常委会财经科科长；

赵兴为深泽县人大常委会办公室副主任。

免去：

贾占锁深泽县人大常委会财经科副科长职务。

2006 年 6 月 2 日，县十三届人大常委会第二十一次会议，决定任命杨国芳为深泽县人民政府副县长。

2006 年 10 月 31 日，县十三届人大常委会第二十四次会议，通过县人民政府、县人大常委会、县人民检察院人事任免事项。

决定免去：

王树凯深泽县发展计划局局长职务；

张志兴深泽县经贸局局长职务；

赵立宏深泽县卫生局局长职务。

免去：

李敬伟深泽县人大常委会科教文卫科副科长职务。

决定任命：

王树凯为深泽县发展改革局局长；

张志兴为深泽县卫生局局长。

任命：

高飞为深泽县人大常委会科教文卫科副科长；

张永计为深泽县人民检察院检察员。

2007 年 1 月 8 日，县十三届人大常委会第二十五次会议，通过县人民法院人事任免事项。

免去：

张进友县人民法院白庄人民法庭副庭长职务；

刘彦兵县人民法院赵八人民法庭副庭长职务；

孙焱县人民法院桥头人民法庭副庭长职务。

任命：

刘勇为县人民法院审判委员会委员；

马剑为县人民法院审判委员会委员；

张进友为县人民法院白庄人民法庭庭长；

刘彦兵为县人民法院赵八人民法庭庭长；

孙焱为县人民法院桥头人民法庭庭长。

2007 年 4 月 12 日，县十三届人大常委会第二十七次会议，通过县人民政府、县人民法院、县人民检察院人事任免事项。

决定任命：

张少华为深泽县人民政府副县长；

曹树池为深泽县人民政府副县长；

袁国良为深泽县人民政府副县长。

任命：

高会岭为县人民法院副院长、代理院长，审判委员会委员；

张伟新为县人民检察院副检察长、代理检察长，检察委员会委员。

免去：

刘喜奎县人民法院审判委员会委员职务。

## 第二节　常委会接受辞职情况

2004年4月28日，县十三届人大常委会第七次会议，县十三届人大常委会代表资格审查委员会终止李立燕县人大代表资格。

2004年11月24日，县十三届人大常委会第九次会议，接受陈雄志辞去人大常委会财经科科长职务。

2006年3月13日，县十三届人大常委会第十九次会议，接受朱献军辞去深泽县人民政府县长职务。

2006年3月13日，县十三届人大常委会第十九次会议，接受张静棉辞去深泽县第十三届人大常委会委员职务。

2006年6月2日，县十三届人大常委会第二十一次会议，接受黎亚津辞去深泽县人民政府副县长职务。

2007年4月12日，县十三届人大常委会第二十七次会议，同意下列人员辞职：

刘喜奎辞去深泽县人民法院院长职务；

李芳栋辞去深泽县人民检察院检察长、检察委员会委员职务；

袁国良、张增怀、段木同、张运波、宋更全辞去深泽县第十四届人大代表职务。

# 第八章 机关工作

县十三届人大常委会在县委的领导下，在“一府两院”和县政协的支持下，以邓小平理论和“三个代表”重要思想为指导，全面贯彻党的十六大以来的各项方针、政策，按照科学发展观的要求，紧紧围绕全县改革、发展、稳定大局和“更快更好发展、构建和谐深泽”两大任务，认真依法履行宪法和法律赋予的各项职权，创新工作，务实开拓，各项工作均取得显著成绩，为保障和促进深泽县经济发展和社会全面进步做出了新的贡献。

1. 加强思想建设。按照县委统一部署，认真开展保持共产党员先进性教育活动。在活动中，坚持高标准、严要求，规定动作不走样、自选动作有特色。以人民代表大会制度建立50周年为契机，开展多项庆祝活动。为使常委会组成人员和机关工作人员树立正确的荣辱观，开展以“八荣八耻”为主要内容的社会主义荣辱观教育活动。通过经常地、有针对性地抓思想教育，常委会组成人员和机关工作人员的政治思想素养进一步提高，立党为公、执政为民、履行职权、不辱使命的观念进一步增强。

2. 加强作风建设。按照严、细、深、实、快的要求，大力倡导爱岗敬业、求真务实、科学严谨、规范高效、团结协作、开拓创新的工作作风，结合创建“六型”机关活动，认真开展“责任问题大讨论”、刹“三风”、祛“六气”活动。常委会组成人员和机关工作人员的作风得到明显转变。

3. 加强制度建设。换届后，为适应形势和工作的需要，本着认清形势、找准位置、明确职责、规范程序、强化监督、利于工作的目的，新制定《深泽县人民代表大会议事规则》《主任会议议事规则》《常委会组成人员守则》《评议工作暂行办法》等工作制度6项；修订《常委会议事规则》《监督工作实施办法》《个案监督办法》《代表工作办法》等工作制度5项。这些制度由常委会机关编辑成册，印发常委会组成人员、全体县人大代表、“一府两院”及人大机关全体人员。监督法出台后，常委会机关随即印册也予以下发。完善机关学习制度、党支部活动制度等多项制度。常委会及机关各项工作进一步制度化、规范化。

# 第 十 一 篇

# 深泽县第十四届人民代表大会

（2007 年 4 月至 2012 年 2 月）

# 第一章　党的领导

深泽县第十四届人民代表大会及其常务委员会，坚持以邓小平理论和“三个代表”重要思想为指导，深入贯彻落实科学发展观，紧紧围绕全县经济和社会发展大局，把党委重大决策、政府着力推进、群众普遍关注的问题作为工作重点，依法履职，依法监督，使人大工作与党委部署相一致、与全县大局相协调、与人民利益相统一，为保障和促进全县经济建设、政治建设、文化建设和社会建设发挥积极作用。

县委每年听取县人大常委会党组工作汇报。县人代会筹备阶段，县委常委会专题研究县人代会方案。人代会有选举任务时，大会开幕前，县委召开中共党员代表会议。每次人代会闭幕会上，县委主要领导到会讲话。

县人大常委会党组严格执行请示报告制度，做到整体工作自觉向县委请示、重要工作主动向县委报告、阶段工作及时向县委汇报。坚决完成县委交办的各项任务，聚焦县城建设、食品安全、农业产业化、职业教育、项目建设等重点任务，深入开展监督检查，依法作出决议决定，推动县委重大决策部署落地落实。

县人大常委会党组坚持用党的最新理论成果武装头脑、指导实践，切实把思想和行动统一到中央和省、市、县委的决策部署上来，进一步增强政治意识、大局意识和责任意识，深入开展学习实践科学发展观活动，切实提高活动实效，进一步增强贯彻落实科学发展观的自觉性和坚定性。强化遵纪守法观念，营造奋发向上的工作氛围。严格执行政治纪律、保密纪律、会议纪律，认真遵守党员领导干部廉洁从政若干规定，提高党组织凝聚力、战斗力和执行力。

**中共深泽县人民代表大会常务委员会党组**

书　记：

王根拴（2007年4月至2011年7月）

杨　秋（2011年9月至2012年2月）

副书记：

张俊立（2007年4月至2007年11月）

王生力（2007年4月至2011年9月）

成 员：

崔建民（2007 年 4 月至 2012 年 2 月）

王建成（2007 年 4 月至 2012 年 2 月）

贾增科（2007 年 4 月至 2012 年 2 月）

黎建辉（2010 年 3 月至 2012 年 2 月）

高志强（2011 年 9 月至 2012 年 2 月）

程彦波（2007 年 4 月至 2009 年 9 月）

袁占强（2009 年 9 月至 2012 年 2 月）

# 第二章　人大代表

深泽县第十四届人民代表大会代表名额169名。2007年4月，召开县十四届人大一次会议时实有代表163名。县十四届人大常委会尊重代表主体地位，不断加强和改进代表工作，积极探索和完善代表工作新机制、新途径，为代表更好行使职权创造条件。

## 第一节　选举产生

### 一、选举委员会

2007年1月22日，深泽县第十三届人大常委会第二十六次会议通过《关于深泽县选举委员会组成人员的决定》。主任为张俊立；副主任为王荣丽、崔建民；委员为刘跃东、程彦波、袁国良、韩立辉、郭彦儒、李健、赵彦龙、赵路通、纪计栓、郝锁成、赵建立、刘亚红、支彦杰、张志强、黎建辉、宋文军、王志强、邸亚中、陈会兴、王伟、郭立辉、张学荣。

河北省人大常委会确定深泽县县人大代表名额为169名。深泽县十三届人大常委会第二十六次会议确定县人大代表名额分配方案，决定各乡镇代表名额，乡级人大代表名额共393名。全县共划分县人大代表选区87个，乡级人大代表选区173个，按照每选区1～3名代表分别将163名县人大代表名额和381名乡级人大代表名额分配到各县代表和乡级代表选区。

2007年3月15日为选举日。选举投票形式设投票站或流动票箱，部分选区召开选举大会，全县参加投票的选民156641人，参选率90.6%，选举产生县十四届人大代表163名。

### 二、代表构成

在选举产生的163名县人大代表中，党员106名，占65%；群众57名，占35%；妇女34名，占20.9%；上届代表68名，占41.7%。在选举产生的381名乡镇人大代表中，党员252名，占66.1%；群众129名，占33.9%；妇女82名，占21.5%；上届代表137名，占36%。选举产生的县乡两级人大代表中，干部、工农、知识分子构成比例合理，文化程度有所提高，平均年龄有所下降。

# 第二节　代表名单

## 一、深泽县第十四届人民代表大会代表名单

县直代表团（31 名，含华丽综合服务处）：

| | | | |
|---|---|---|---|
| 王丽敏（女） | 王志民 | 王志锋 | 王建群 |
| 王树凯 | 师　威 | 孙亚兰（女） | 刘亚红（女） |
| 许庆林 | 邸义兴 | 张玉欣（女） | 张亚静 |
| 张志兴 | 张志强 | 张英利 | 陈会兴 |
| 陈振宏 | 陈淑然（女） | 孟文英 | 赵志东 |
| 贾　红（女） | 郭彦儒 | 高彦发 | 崔双义 |
| 黎建辉 | 支彦杰（女） | 张学荣 | 赵建立 |

华丽综合服务处：

| | | | |
|---|---|---|---|
| 王风雨 | 冯桂房（女） | 朱立强 | |

深泽镇代表团（19 名）：

| | | | |
|---|---|---|---|
| 王迎兴 | 王建平 | 王群英 | 任秋栓 |
| 杜彦芝（女） | 张占山 | 张印昌 | 张英魁 |
| 范林英（女） | 袁占周 | 袁民虎 | 徐扣成 |
| 曹焕民 | 韩占昌 | 王建成 | 高会岭 |
| 袁占强 | 赵路通 | 王国强 | |

白庄乡代表团（23 名）：

| | | | |
|---|---|---|---|
| 马平格（女） | 王木顺 | 王志强 | 王彩然（女） |
| 刘长军 | 刘振习 | 刘　峰 | 杜占辉 |
| 何世荣 | 何泉水 | 张长贵 | 张书民 |
| 张伟风 | 张志中 | 赵平会（女） | 赵玉兰（女） |
| 段运兴 | 郭建华 | 谢金乱 | 翟彦平（女） |
| 张伟新 | 程彦波 | 史志法 | |

留村乡代表团（23 名）：

| | | | |
|---|---|---|---|
| 王五林 | 刘义杰 | 刘庆春 | 刘新国 |
| 李永民 | 李英芬（女） | 邸亚中 | 邸同海 |
| 张占群 | 张立杰（女） | 张海英 | 陈胜欣（女） |
| 郝东升 | 赵素青（女） | 赵振宏 | 贾平生 |
| 贾占锁 | 贾彩芬（女） | 聂英武 | 王根拴 |
| 杨国芳 | 康会彬 | 田志军 | |

赵八乡代表团（20 名）：

| | | | |
|---|---|---|---|
| 杜国进 | 张二争 | 张同珍（女） | 张建民 |
| 张建毅 | 张彦轻 | 陈振秋 | 赵建芬（女） |
| 赵春明 | 赵景波 | 贾俊缺（女） | 贾锅造 |
| 曹志欣 | 康志军 | 康春生 | 康彦生 |
| 王荣丽（女） | 纪同振 | 史国士 | 高丙文 |

桥头乡代表团（13 名）：

| | | | |
|---|---|---|---|
| 王　伟 | 王志刚 | 王泽军 | 刘翠芬（女） |
| 杜小田 | 陈铁刚 | 陈　梅（女） | 周子军 |
| 曹翠江 | 翟英会（女） | 张占勋 | 贾增科 |
| 马壮国 | | | |

耿庄办事处代表团（11 名）：

| | | | |
|---|---|---|---|
| 王敬棉（女） | 邢茂福 | 纪拴进 | 李彦青（女） |
| 林雄伟 | 赵根志 | 郭立辉 | 康瑛鑫 |
| 韩永谦 | 韩满军 | 张占营 | |

铁杆镇代表团（12 名）：

| | | | |
|---|---|---|---|
| 王国周 | 刘芹英（女） | 杨保录 | 李西科 |
| 宋文军 | 张树永 | 张彦卜 | 张彦格（女） |
| 贾　恒 | 郭玉芳 | 杜振琪 | 张俊立 |

马里办事处代表团（11 名）：

| | | | |
|---|---|---|---|
| 王会军 | 刘占兵 | 刘恒章 | 许彦芝（女） |
| 杜进兵 | 杨彦景（女） | 邸四平（女） | 张军坡 |
| 翟路民 | 王生力 | 崔建民 | |

**深泽县第十四届人大代表届中变动情况表**

表 53

| 会次 | 终止情况 | 补选情况 | 人数 |
|---|---|---|---|
| 第一次会议 | 调离深泽 2 名：刘喜奎、李芳栋<br>辞职 5 名：袁国良、张增怀、段木同、张运波、宋更全 | 补选代表 8 名：高会岭、张伟新、杨国芳、史国士、韩占昌、刘义杰、张建毅、张军坡 | 县十四届人民代表大会第一次会议时，实有代表 163 名 |
| 第二次会议 | 调离深泽 2 名：张占营、王荣丽 | 补选代表 3 名：宋文军、袁士科、杨秋 | 县十四届人民代表大会第二次会议时，实有代表 164 名 |

续表 53

| 会次 | 终止情况 | 补选情况 | 人数 |
|---|---|---|---|
| 第三次会议 | 调离深泽 1 名：聂英武 | 补选代表 1 名：盛庆功 | 县十四届人民代表大会第三次会议时，实有代表 164 名 |
| 第四次会议 | 病逝 1 名：王国强 | 补选代表 6 名：王志强、秦晓烨、冯新健、宋彬、张海涛、张丽 | 县十四届人民代表大会第四次会议时，实有代表 169 名 |
| 第五次会议 | 调离深泽 1 名：师威 | — | 县十四届人民代表大会第五次会议时，实有代表 168 名 |
| 第六次会议 | 调离深泽 4 名：张俊立、杨国芳、许庆林、王志锋 | 补选代表 1 名：李林 | 县十四届人民代表大会第六次会议时，实有代表 165 名 |

## 二、深泽县出席石家庄市第十二届人民代表大会代表名单

（2008 年 1 月 18 日，深泽县第十四届人民代表大会二次会议第二次全体会议选举产生）

| | | | |
|---|---|---|---|
| 赵其信 | 齐惠明 | 于奕峰 | 聂英武 |
| 杜振琪 | 张俊立 | 王生力 | 王国强 |
| 王群英 | 任秋栓 | 宋习坤（女） | 张亚平（女） |
| 荣　润（女） | | | |

2008 年 2 月 19 日，深泽县第十四届人民代表大会常务委员会第七次会议，补选许广为为石家庄市第十二届人民代表大会代表。

2009 年 1 月 10 日，深泽县第十四届人民代表大会常务委员会第十五次会议，补选盛庆功为石家庄市第十二届人民代表大会代表。

2010 年 1 月 5 日，深泽县第十四届人民代表大会常务委员会第二十三次会议，补选刘晓军为石家庄市第十二届人民代表大会代表。

# 第三节　代表工作

## 一、举办代表履职培训

为提高新一届县人大代表特别是新当选代表的素质，增强履职能力，更好地发挥代表作用，进一步提高人大代表工作的整体水平，2007 年 5 月，县人大常委会邀请省人大选举任免代表工委副主任姚生泉，就《中华人民共和国全国人民代表大会和地方各级人民代表大会代表法》有关内容对部分县人大代表及县人大常委会全体进行集中培训，使代表更加熟悉和了

解《中华人民共和国全国人民代表大会和地方各级人民代表大会代表法》，为代表依法履职奠定了良好基础。

## 二、建立“双联”机制

为加强县人大常委会组成人员与县人大代表、县人大代表与选民的联系，根据《中华人民共和国地方各级人民代表大会和地方各级人民政府组织法》《中华人民共和国全国人民代表大会和地方各级人民代表大会代表法》有关规定，2010 年 4 月，县十四届人大常委会制定《深泽县人大常委会关于常委会组成人员联系县人大代表、县人大代表联系选民的办法（试行）》，按照办法规定积极组织开展“双联”活动。2010 年，县人大常委会组成人员联系县人大代表 66 人，县直和各乡镇（办事处）县人大代表联系选民 1529 人次，县人大代表和选民提出建议、意见 102 件次。2011 年，县人大常委会组成人员联系县人大代表 66 人，县直和各乡镇（办事处）县人大代表联系选民 1580 人次，县人大代表和选民提出建议、意见 149 件次。

## 三、召开代表座谈会

为广泛征求代表对“一府两院”和全县各方面工作的意见建议，了解人民群众普遍关心的热点问题，县人大常委会每年分别组织召开县直和各乡镇县人大代表座谈会。

**2007—2011 年人大代表座谈会提出意见建议情况表**

表 54

| 代表座谈会召开时间 | 提出意见建议 |
|---|---|
| 2007 年 10 月 | 28 件 |
| 2008 年 9 月 | 30 件 |
| 2009 年 9 月 | 25 件 |
| 2010 年 9 月 | 14 件 |
| 2011 年 8 月 | 21 件 |

## 四、代表建议、意见选录

### 县十四届人大一次会议期间

县十四届人大一次会议期间，经议案建议审查委员会审查，重点建议 4 件，建议 5 件，意见 25 件。提交县人大常委会审议，议案转为建议 2 件。交县政府办理。

（一）议案转建议

1. 进一步健全农村合作医疗组织机构、监督机制，解决农民看病难收费不合理的问题。

提议案人：王建平、赵建芬、段运兴 单位：深泽镇王场村、赵八乡北刘家庄村、白庄乡

段庄村

附议人：深泽镇代表团张印昌等10名代表，赵八乡代表团曹志欣等9名代表，白庄乡代表团张伟风等9名代表

案据：农村新型合作医疗组织机构不健全，定点医院对参加农村新型合作医疗的农民，看病时有的医院随意加价收费，乡镇定点医院设备陈旧，基层群众有病不愿到乡镇卫生院就医，造成农民看病难，看病贵。

方案：进一步健全县、乡、村三级组织机构，特别是监督管理机构，形成农民交费、报销、就医用药及收费等相互约束机制，对违反规定报销、乱用药、加价收费、乱收费、乱开处方等行为给予一定处罚，建议加大对乡镇卫生院资金投入，改善医疗条件，解决群众看病难问题。

2. 全面塑造县城新形象，全面优化县城新环境。

提议案人：张彦卜、贾红、曹焕民　单位：铁杆镇铁杆村、深泽县公安局、深泽镇北封庄村

附议人：铁杆镇代表团高芹英等10名代表、县直代表团支彦杰等10名代表、深泽镇代表团杜彦芝等10名代表

案据：经过近几年的综合整治，县城形象得到明显改善，但是部分街道路面破损问题，西苑街马庄段遗留问题，车辆乱停乱放问题，占道经营问题，垃圾乱倒问题，仍需进一步解决，城区亮化、美化、绿化水平需进一步提高。

方案：塑造县城新形象，优化县城新环境，制定县城美化、亮化、绿化方案，增加美化、绿化面积，扩大亮化范围，进一步加大管理力度，彻底解决摊位乱摆，垃圾乱倒，车辆乱停问题，限期拆除西苑街马庄段便道障碍物，解决马庄段排水不通问题，西苑街与南苑路交叉路口最好安装红绿灯，城区内主要干道基本实现路面无破损，规范美化广告牌，增设公益广告牌，年内高标准完成北苑路建设，治理车站公共环境。

（二）重点建议

1. 进一步健全监督、监察、监管职能收费机制，遏制乱收费及不合理收费。

提建议人：任秋栓　单位：柏奇化工有限公司

2. 两个公路收费站影响和制约深泽经济发展，建议取消或拆迁。

提建议人：杨保录、高丙文、邢茂福　单位：铁杆镇故城村、昊博建筑公司、耿庄办事处魏村

3. 治理滹沱河、木刀沟、磁河环境污染，解决饮用水污染问题。

提建议人：杜进兵、韩永谦、曹志欣、贾平生　单位：马里办马铺村、耿庄办耿庄村、赵八乡北赵八村、留村乡大贾庄村

4. 保护修缮赵八永济桥，恢复文庙历史原貌。

提建议人：张玉欣、曹志欣　单位：深泽县文化馆、赵八乡北赵八村

（三）建议

1. 建议县政府把消防队建设作为一件大事来抓，争取今年完成县消防队建设。

提建议人：张亚静　单位：人保财险深泽支行

2. 关于加强信用村镇创建，有效解决农户贷款难问题的建议。

提建议人：孟文英　单位：中国人民银行深泽支行

3. 关于解决白庄乡供电不足问题的建议。

提建议人：何泉水　单位：白庄乡北冶头村

4. 关于彻底清理整顿农村集体资产问题的建议。

提建议人：张海英　单位：留村乡夹河村

5. 关于桥头造纸工业园区建设问题的建议。

提建议人：马壮国　单位：深玉纸业有限公司

（四）意见

1. 西河学区陈梅代表提出：农村学前三年教育达标率低，幼儿得不到正规教育，素质得不到提高，希望县政府加大农村学前教育投资，规范农村学前教育。

2. 桥头乡东焦庄翟英会代表提出：西河—营里，西河—南冶庄头公路损坏，希望尽快修复。

3. 留村乡北羊村邸同海代表提出：只需修建200多米便可将羊村公路与新乐和无极贯通，方便群众出行，希望县政府予以考虑，尽快修通。

4. 铁杆镇故城村张彦格代表提出：故前线已列入修路计划，应尽快落实。

5. 留村乡北赵庄村赵振宏代表提出：希望由北赵庄向南过大王庄修通直通县城的公路。

6. 桥头乡西河村周子军代表提出：桥头乡是深泽县果品、蔬菜储存基地，乱查车、乱罚款直接影响了果品、蔬菜的运输和销售，希望县政府进一步加大力度，坚决禁止乱查车、乱罚款。

7. 深泽县公安局贾红代表提出：政法机关普遍存在经费不足问题，无力偿还欠款，尤其是办公楼基建欠款，希望县政府在财政拨款中给予优惠政策，帮助解决政法机关的基建欠款问题。

8. 昊博建筑公司高丙文代表提出：随着深泽经济发展，城乡道路、城区街道建设已有较大变化，建议绘制新的深泽县地图。

9. 赵八乡北刘家庄村赵建芬代表提出：集贸市场管理费收费过高，希望降低收费标准，为个体工商户提供一个宽松的经营环境。

10. 马里办事处王会军代表提出：营里中学学杂费减免一半，大直要中学、赵八中学未减免，希望按上级政策统一执行，免除中小学生的学杂费。

11. 马里办南冶庄头村翟路民代表提出：马里办事处户籍部在铁杆派出所，群众办理户口比较困难，希望将马里办群众户口转归马里派出所管理，以方便群众。

12. 留村乡大贾庄贾平生代表提出：更改身份证、户口簿错误手续繁琐，希望简便手续。

13. 羊村中学张立杰代表提出：1999—2000年拖欠教师工资将近一年，希望县政府分期解决。

14. 深泽镇西赵庄村张印昌、赵八乡南赵八村贾俊缺代表提出：农村电力设施频频被盗，自行车、三轮车被盗案件经常发生，希望有关部门加大打击力度，加强综合治理，遏制此类案件发生。

15. 白庄乡南营村王木顺代表提出：安辛线南营、固罗段的排水沟不通，每逢雨季公路两旁臭气熏天，希望有关部门尽快解决。

16. 白庄乡西固罗村张伟风代表提出：学校“普九”期间欠款无法偿还，希望县政府帮助解决。

17. 铁杆镇中学刘芹英代表提出：一些工作在第一线的老教师，在中高职评职时连机会都没有，希望在评职时给这些老教师一些照顾。

18. 铁杆镇故城村张彦格代表、赵八乡南赵八小学张同珍代表提出：故城小学是深泽县东唯一的寄宿式学校，现学生宿舍不够占，部分房屋已成危房，其他个别村学校已成危房，希望县政府加大投资力度给予解决。

19. 县教育局许庆林代表提出：部分农村小学、幼儿园校舍、校产被侵占，一些村在学校内乱搭乱建，个别村把校舍发放为宅基地，希望县政府采取有力措施，立即制止。

20. 桥头乡王伟代表提出：希望协调解决银行、信用社贷款问题，加大对大蒜种植、养鸭业等农业龙头企业的扶植。

21. 留村乡李家庄村李英芬代表提出：网吧害苦了青少年，使其形成恶习，厌学甚至导致辍学，希望加强对网吧的管理，该取缔的坚决取缔。

22. 深泽镇北袁庄村范林央代表、耿庄办寺头村赵根志代表提出：农村建房没有统一规划，抢占、强占、该报的不报，造成有的村街道混乱，排水不畅，希望县政府采取措施加大治理力度。

23. 县文化馆张玉欣代表提出：希望增加文化馆人员编制，充实坠子剧团人员，充实书画创作人员，建正规的图书馆，进一步繁荣县文化事业。

24. 县工业园区黎建辉代表、县建设局张英利代表提出：希望县每一宗占地，尤其是规划内占地，全部由县长一支笔审批。

25. 铁杆镇杜社村李西科代表提出：在取缔地面卫星接收装置的同时，希望把有线电视通到各村。

### 县十四届人大二次会议期间

县十四届人大二次会议期间，经议案建议审查委员会审查，建议9件，意见27件。提交县人大常委会审议，议案转为建议3件。交县政府办理。

（一）议案转建议

1. 依法治理“空心村”，禁止乱占耕地。

提议案人：张建民、何世荣、王志刚　单位：河北昊博建筑工程公司、大直要医院、桥头

乡大桥头村

附议人：赵八乡代表团贾锅造等10名代表、白庄乡代表团张长贵等10名代表、桥头乡代表团周子军等9名代表

案据：农村盖新不拆旧，一些闲散旧庄基不能利用，形成“空心村”，不仅影响农村规划和交通，还导致乱占耕地建房。

方案：希望县政府协调有关部门进一步加大治理力度，集中力量、集中时间进行治理，对于农村旧庄基地进行统一规划利用，坚决制止乱占耕地建房行为。

2. 采取有效措施，治理滹沱河、木刀沟、磁河污染，逐步解决沿岸村民饮用水问题。

提议案人：何泉水、韩永谦、张海英　单位：白庄乡北冶庄头村、耿庄办耿庄村、留村乡夹河村

附议人：白庄乡代表团段运兴等11名代表、耿庄办代表团邢茂福等9名代表、留村乡代表团刘新国等10名代表

案据：滹沱河、木刀沟、磁河污水一直在流，污染地下水，严重影响人民群众的生活和身体健康。

方案：希望县政府积极向上级有关部门反映，加大对上游污水治理力度；同时多方面筹集资金，继续打深水井，逐步解决沿岸村庄村民饮用水问题。

3. 加强社会治安，构建和谐社会。

提议案人：杨彦景、刘长军、杜国进　单位：马里办赵庄村、白庄乡王家庄村、赵八乡大镇村

附议人：马里办代表团邸四平等9名代表、白庄乡代表团张长贵等11名代表、赵八乡代表团贾俊缺等10名代表

案据：群众反映现在城乡社会治安状况较差，入室偷盗、拦路抢劫、飞车抢夺、农村农用电力设施被盗案件时有发生。

方案：加强社会治安综合治理，加强治安巡逻，加大打击力度，努力构建和谐社会。

（二）建议

1. 关于进一步优化经济发展环境的建议。

提建议人：张占山　单位：华运化工有限公司

2. 关于深泽县造纸厂工业园区建设的建议。

提建议人：马壮国　单位：深玉纸业有限公司

3. 关于耿庄工业园区建设的建议。

提建议人：纪拴进　单位：耿庄洁玉有限公司

4. 重视文化事业发展，文化搭台、经济唱戏的建议。

提建议人：邸义兴　单位：正大装饰工程有限公司

5. 关于引导村镇尝试建立小额信贷组织，解决“三农”贷款难的建议。

提建议人：孟文英　单位：中国人民银行深泽支行

6. 关于耿庄西区皂业污水处理厂有关手续办理的建议。

提建议人：韩满军 单位：白云日化有限公司

7. 关于加强林果技术指导的建议。

提建议人：李西科 单位：铁杆镇杜社村

8. 解决企业流动资金短缺、支持企业发展的建议。

提建议人：田志军 单位：龙潼电子有限公司

9. 关于西苑街和南苑路交叉路口安装红绿灯的建议。

提建议人：曹焕民、赵根志 单位：深泽镇北封庄村、耿庄办寺头村

（三）意见

1. 杜社村李西科代表、侯村赵春明代表提出：定点药价太贵，买药报销还不如去其他地方买药便宜，希望加强管理，规范医疗服务行为，让群众真正体会到新农合带来的实惠。

2. 县供电局师威代表、耿庄办袁士科代表提出：府前路与向阳街、文昌街交叉口，建设路与文昌街交叉口，真武路与文昌街交叉口摊点乱摆，占道经营，严重影响交通，希望尽快下大力治理。

3. 杜社村李西科代表提出：政府工作报告提出，城镇建设以铁杆镇为重点，希望政府制定相关政策，成立管理机构，进一步规范管理权、执法权，给予财力支持，地税局收取城建税，应返还给铁杆镇，用于基础设施建设。

4. 鹏辉纺织有限公司王群英代表、西河村周子军代表提出：两个收费站制约我县经济发展，要求取消两个收费站。

5. 耿庄办纳利鑫公司康瑛鑫代表、马铺村杜进兵代表提出：两办事处派出所无户籍管理职能，群众办理户口不方便，希望将两办事处所辖户口分别归两个办事处派出所管理。

6. 县残联陈淑然代表、留村乡刘义杰代表提出：各乡镇干部职工工资均有尾欠，希望制定偿还计划，逐步解决。

7. 鹏辉纺织有限公司王群英代表提出：乱查车影响企业正常经营，影响经济发展，要求规范查车行为，给企业发通行证。

8. 小堡村张长贵代表提出：小堡台布加工应搞一个园区，把所有加工户集中起来，有利于发展。

9. 深泽镇学区杜彦芝代表提出：城乡教师待遇差别太大，致使教育资源不平衡，要求提高乡村教师待遇。

10. 北袁庄村范林英代表提出：新开街学校班容量太大，影响教学质量，影响学生发展。

11. 王场村王建平代表提出：提高电子眼限速标准，要求提高到时速 60 公里。

12. 石桥头村贾锅造代表提出：要求修建磁河石桥头村通田家庄、木刀沟侯村通贾村桥，方便群众出行。

13. 南赵八村康志军代表提出：赵八永济桥年久失修，应加固维修。

14. 大雾头村陈振秋代表提出：滹沱河北大堤堤顶路面大坑小洼，无法行走，希望尽快

维修。

15. 马里办代表王会军提出：农村小学合校并点后，部分校舍闲置不能充分利用，希望充分整合利用闲置校舍。

16. 马铺村杜进兵代表提出：大棚蔬菜科技含量低，无统一组织，经济效益增长速度慢。希望成立合作社或协会，加强资金和技术支持。

17. 西河学区陈根代表提出：西河通南冶庄头公路年久失修，路面损坏严重，严重影响经济发展和人民生活，希望尽快维修。

18. 北羊村邸同海代表提出：由于农作物价格等原因，留村沙漏地开采积极性受限制。希望县政府协调，重新进行沙漏地开采，收益分成。

19. 大贾庄村贾平生代表提出：大贾庄村集体有近200亩规划内建设用地，希望县政府协调招商引资，引进大项目。

20. 南赵八村贾俊缺代表提出：大小梨园、东西大陈树林中有小皮革化工厂，严重污染环境，应尽快取缔，防止反弹。

21. 中国人民银行深泽支行孟文英代表提出：截至2007年底，深泽县仅评选信用户3660户，占全县农户比例为0.05%，信用村镇创建工作刚刚起步，和金融支持新农村建设的要求有很大差距，信用村镇创建是一项系统工程，单靠信用社很难实现，需要借助政府力量来推动。

22. 深泽中学王丽敏代表提出：深泽中学是深泽县唯一一所重点高中，但教师待遇低，优秀人才流失严重，给深泽教育造成很大影响，希望提高教师待遇，留住优秀教师、优秀人才。

23. 深泽县供电局师威代表提出：希望县政府协调解决电力“惠民工程”中占地受阻问题，责成各乡镇政府牵头组织各村制定具体的落实方案，保证工程按期完成。

24. 河北昊博建筑工程公司张建民代表提出：县城内公厕太少，给外来人员带来很大不便。

25. 河北昊博建筑工程公司张建民代表提出：火化厂骨灰盒太贵，必须买火化厂的，群众有意见。

26. 故城村张彦格代表提出：农村集体土地有的发包不下去，有的发包后收不回承包费，影响村级政权的稳定，希望县政府协调解决。

27. 北刘家庄村赵建芬代表提出：计生局技术站乱收费，一胎办孕检，孕检费200多元，原来孕检乡办不收费，要求在乡免费办孕检，以方便孕妇。

## 县十四届人大三次会议期间

县十四届人大三次会议期间，经议案建议审查委员会审查，建议8件，意见24件。提交县人大常委会审议，议案转为建议2件。交县政府办理。

（一）议案转建议

1. 健全新农合运行监督机制，提高新农合管理水平。

提议案人：赵根志　单位：耿庄办事处寺头村

附议人：耿庄办事处代表团韩永谦等 10 名代表

案据：新农合是一项利国利民的好政策，但由于在运行中存在监督机制不完善，监督不到位，例如药品价格不合理、大处方、转院困难等问题，给住院群众带来很多不便，没有完全实现便民、利民、惠民，造成部分群众对新农合具体运行、管理的抱怨和不满。

方案：进一步改革和完善新农合的监督管理机制，使新农合运行特别是定点医疗机构的医疗行为得到有效监管，让住院群众真正从新农合这一惠民政策中得到实惠。

2. 落实《互联网上网服务营业场所管理条例》，加大网吧管理力度。

提议案人：杜占辉　单位：白庄乡东固罗村

附议人：白庄乡代表团何泉水等 13 名代表

案据：由于管理力度不够，网吧接纳未成年人上网的问题依然比较严重，特别是农村黑网吧问题更加突出，带来偷、抢、打架斗殴等社会问题，危害青少年身心健康，严重影响社会治安。

方案：严格落实《互联网上网服务营业场所管理条例》，文化、工商、公安、教育等有关部门各负其责协调联动，对无证无照的黑网吧坚决取缔，对正规网吧进一步加大管理力度，使其规范经营，坚决禁止未成年人进入，问题严重的依法进行取缔。

（二）建议

1. 关于府前路东袁庄段，西苑街马庄段建设问题。

提建议人：袁民虎　单位：翔云日化有限公司

内容：府前路东袁庄段路灯安装、便道铺砖、绿化，西苑街马庄段便道障碍拆除，以及美化、绿化等工作至今没有完成，由于县集贸市场和汽车站分别处在这两个路段，严重影响深泽的形象，建议县政府年内彻底完成这两个路段的后续建设，早日实现美化、亮化、绿化。

2. 关于县城占道经营问题。

提建议人：邸义兴、张二争、王会军　单位：正大装饰工程有限公司、赵八乡、马里办事处

内容：县城各种摊位占道经营，堵塞道路，影响正常的交通秩序，向阳街封闭市场及各种摊点影响县城形象和交通。建议县政府有关部门进一步加大管理力度，彻底清除占道经营摊点，取消向阳街封闭市场，保证县城交通畅通。

3. 关于取消深泽公路收费站问题。

提建议人：邢茂福、王志刚　单位：耿庄办事处位村、桥头乡大桥头村

内容：县两个公路收费站，严重制约经济发展，国务院已出台取消二级公路收费站相关政策，建议县政府及有关部门积极跑办，争取早日取消县两个公路收费站。

4. 关于西苑街与南苑路交叉口安装红绿灯的问题。

提建议人：曹焕民　单位：深泽镇北丰庄村

内容：西苑街与南苑路交叉口由于没有红绿灯，已多次发生车祸，建议尽快安装红绿灯。

5. 关于充分发挥政务服务中心作用，提升服务水平的问题。

提建议人：张占山　单位：华运化工有限公司

内容：政务服务中心为企业办事应该有个期限，进一步提高工作效率，建议学习和借鉴外地高效能政务服务机构的先进经验，努力提升县政务服务中心的服务水平，真正做到便捷高效。

6. 要求尽快修建滹沱河南污水处理厂问题。

提建议人：马壮国　单位：深玉纸业有限公司

内容：近年来，在县委、县政府的正确领导下，县域经济呈现快速健康发展的良好态势，但随着工业项目的不断增多，污水排放量不断增加，县治污设施相对滞后，虽然滹沱河北已新建一座污水处理厂，但处理能力还远远不足，因此建议尽快修建滹沱河南污水处理厂，解决滹沱河南几个乡镇（办事处）的污水处理问题，有利于县域经济平衡发展，有利于加快全县经济建设。

7. 关于解决滹沱河沿岸村庄群众安全饮水问题。

提建议人：周子军、韩永谦　单位：桥头乡西河村、耿庄办事处耿庄村

内容：滹沱河沿岸村庄，浅层地下饮用水受到不同程度的污染，影响人民群众身体健康，桥头乡和耿庄办事处还有多个村需要打深水井解决群众饮水安全问题，建议县政府有关部门给予资金支持，使问题早日得到解决。

8. 关于耿庄中学教学楼建设问题。

提建议人：王敬棉　单位：耿庄中学

内容：耿庄中学教学质量不断提高，师资力量不断增强，但学校硬件设施比较落后，教室仍是20世纪50年代的房屋，是全县唯一一所无教学楼的中学。建议县政府及有关部门给予大力支持，争取年内完成耿庄中学教学楼建设。

（三）意见

1. 白庄乡北冶庄头村何泉水代表、赵八乡北赵八村曹志欣代表提出：劣质化肥、农药、种子坑农事件时有发生，希望有关部门加强对农资市场的管理，对经销劣质农资的商户，要严厉查处，坚决打击，防止坑农害农事件的发生。

2. 耿庄白云日化有限公司韩满军代表、赵八乡北刘家庄村赵建芬代表提出：进一步宽松我县投资环境，有关职能部门在执法的同时，加大对企业的帮扶力度，特别是外来客商，让他们进得来，留得住。

3. 深泽镇王场村王建平代表提出：城中村改造在我县是新事物，没有具体的优惠政策，而城中村改造对于全县发展和县城整体面貌的改变有很大影响，希望县政府协调有关部门制定具体的城中村改造优惠政策。

4. 赵八乡侯村赵春明代表提出：农村户籍姓名、性别、年龄差错较多，希望派出所简化手续，积极给予改正。

5. 马里办事处马铺村杜进兵代表提出：马里办事处辖区人口户籍在铁杆镇派出所，群众

办理户籍非常不方便，要求马里办事处辖区人口户籍由马里办事处派出所管理。

6. 留村学区张立杰代表、赵八乡南赵八村张同珍代表提出：近日县违法犯罪案件数量呈上升趋势，特别是入室盗窃、拦路抢劫案件屡有发生，群众利益受到严重威胁。希望有关部门在加大案件侦破、打击力度的同时，加强防范，加大巡逻力量和力度，各乡镇（办事处）成立巡逻队，减少案件的发生。

7. 桥头乡东焦庄村翟英会代表、桥头乡营里村刘翠芬代表提出：西河至南冶庄头公路严重损坏，要求尽快修复。

8. 留村乡北羊村邸同海代表提出：定深公路西北留段、羊村段，留白公路东北留段路面严重破损，群众出行非常不便，要求尽快修复。

9. 留村乡北赵庄村赵振宏代表提出：北赵庄村距深泽县城 2.5 公里，如遇雨天去县城要绕东北留、西北留走 10 多公里，要求县政府及有关部门进行协调，多方集资，硬化北赵庄村通县城的道路。

10. 马里办事处南冶庄头村翟路民代表提出：南冶庄头通焦庄道路不通畅，路面难行，要求尽快硬化路面，修通公路。

11. 铁杆镇故城村杨保录代表提出：县政府及有关部门积极协调解决故前路工程中的问题，争取早日修通此公路。

12. 纳利鑫洗化有限公司康英鑫代表、留村乡西南留村刘新国代表提出：滹沱河、磁河上游污水一直不断，影响沿岸群众正常生活，希望县政府及有关部门积极向上反映和协调，促使上游污水达标排放，减少对下游的污染。

13. 河北昊博建筑工程公司高丙文代表提出：县城公厕太少，管理不到位，现有公厕脏、乱、差无法使用。

14. 铁杆镇铁杆村张彦卜代表提出：为了提高农村文化生活，增强农民文化素质，让广大农民群众业余时间多学习和了解科学文化知识，希望县政府协调有关部门为铁杆镇建立一个文化活动场所。

15. 桥头乡西小封村陈铁刚代表提出：金融部门对农副产品收购企业要积极放贷，给予必要的资金支持。

16. 铁杆镇杜社村李西科代表提出：要加大有线电视覆盖面，实现有线电视村村通，让农民群众更多地了解各方面的信息。

17. 铁杆镇中央村王国周代表提出：一些果农为提早上市和增加产量，使用催熟剂和膨大素，影响了水果品质，影响食用者的身体健康，希望引起有关部门的高度重视。

18. 赵八乡石桥头村贾锅造代表提出：部分教师业务素质和责任心较差，误人子弟，要求加强教师队伍管理，提高教师整体素质。

19. 河北昊博建筑工程公司张建民代表提出：县城一些车辆安全意识差，闯红灯现象严重，有的掩盖牌照，希望有关部门加强管理，对违章车辆坚决从重处理。

20. 赵八乡北赵八村曹志欣代表提出：磁河大堤破坏严重，希望有关部门加强管理。

21. 赵八乡大雾头村陈振秋代表提出：滹沱河堤南大雾头、小雾头、大梨园、小梨园四村在滹沱河行洪区内，堤南四村搬迁计划已上报有关部门，希望县政府协调尽快落实。

22. 县妇联支彦杰代表提出：应提高县金秋采摘节的接待水平。

23. 留村乡刘王庄村王五林代表提出：木刀沟已断流多年，河道闲置，上游已平整利用，希望有关部门结合乡村搞好合理开发利用。

24. 深泽镇北袁庄村范林英代表提出：去年良种补贴项目所供平价种子，质量较差，希望有关部门加大监管力度，保证种子质量。

## 县十四届人大四次会议期间

县十四届人大四次会议期间，经议案建议审查委员会审查，建议 9 件，意见 23 件。提交县人大常委会审议，议案转为建议 2 件。交县政府办理。

（一）议案转建议

1. 加大工业园区建设力度，增强工业园区承载能力。

提议案人：任秋栓、邢茂福 单位：柏奇化工有限公司、耿庄办事处魏村

附议人：深泽镇代表团张英魁等 12 名代表、耿庄办事处代表团韩永谦等 11 名代表

案据：随着工业园区整体规划的不断完善，"一园三区"框架已经形成，在城南工业区积极规划石家庄国家生物（医药）产业园，东区和西区初具规模，但工业园区硬件建设相对滞后，承载能力有待进一步增强。

方案：进一步加大投入，搞好工业园区道路、美化包装、城南污水处理厂等硬件设施建设，使工业园区承载能力不断增强。

2. 加大县城建设力度，提高县城管理水平。

提议案人：张学荣、张英魁 单位：深泽县民政局、鸿泽包装有限公司

附议人：县直代表团张玉欣等 11 名代表、深泽镇代表团袁民虎等 11 名代表

案据：随着"三年大变样"工作的不断深入，县城建设已有所改善，县城管理也日趋规范，但是县城部分街道路面破损问题，部分路段排水不畅、路灯不亮问题，占道经营问题，车辆乱停乱放问题，仍需进一步解决。

方案：1. 进一步加大县城建设力度，尽快解决东苑路、真武路东段路面破损问题；府前路东袁庄段便道铺设及绿化美化问题；真武路中段排水问题。进一步扩大县城亮化范围，尽快解决文昌街和北苑路路灯不亮问题。2. 进一步加大管理力度，城市管理局要充分发挥职能作用，彻底解决摊点乱摆、车辆乱停乱放问题，加大广告牌匾和违章建筑治理力度，使县城管理秩序进一步规范。

（二）建议

1. 关于乡镇卫生院新农合报销起付线的问题。

提建议人：何士荣 单位：大直要卫生院

内容：新农合报销起付线 2010 年乡镇卫生院从 100 元提到 200 元，报销比例从 70% 提

到75%，这样造成1500元以内，参合农民能够报销的费用比2009年低，引起部分参合农民的不满，影响了农民的参合积极性。建议适当降低乡镇卫生院的报销起付线，让住院费用较低的参合农民的利益不受损害。另外，有些县新农合用药已经放开，建议我县逐步放开，保证参合农民的用药需求。

2. 关于定深公路整修问题。

提建议人：王五林 单位：留村乡刘王庄村

内容：定深公路西北留段、刘王庄段、羊村段路面破损严重，晴天一身土，雨天一身泥，群众出行非常不便。建议：（1）县政府协调有关部门加紧跑办，尽快整修。（2）是否将定深公路改道西环，绕过村庄。

3. 关于“三无”食品影响儿童健康问题。

提建议人：张立杰 单位：留村学区

内容：农家店特别是学校周边，存在销售“三无”儿童食品问题，安全无保障，对儿童身体健康很不利。建议有关部门进行彻底清查，坚决取缔“三无”食品。

4. 关于取缔黑网吧问题。

提建议人：郝东升 单位：留村学区

内容：虽然有关部门对黑网吧进行整顿和取缔，但仍有黑网吧存在，并接纳未成年人上网，影响学生学习。建议有关部门加大力度，对黑网吧坚决予以取缔。

5. 关于建立中小企业贷款风险补偿基金的问题。

提建议人：孟文英 单位：中国人民银行深泽支行

内容：在国家实施适度宽松货币政策的大环境下，县金融机构没有实现贷款的有效投入，县域企业融资难问题普遍存在。为有效降低金融机构贷款风险，鼓励和支持金融机构加大对县域经济的信贷支持力度，建议由政府财政部门安排专项资金建立中小企业贷款风险补偿基金。具体可由财政部门牵头、工业园区、企业主管部门和金融机构配合，确定纳入中小企业贷款补偿的企业名单，一旦这些企业发生贷款风险，担保不足以偿还时，可由贷款风险补偿基金按一定比例进行补偿。

6. 关于成立中小企业资金互助组织，解决企业临时资金不足的建议。

提建议人：孟文英 单位：中国人民银行深泽支行

内容：目前，资金问题是困扰县企业发展的突出问题，企业在金融机构贷款又比较困难，为解决企业临时资金不足的问题，建议由政府牵头、工业园区具体负责，由入驻工业园区企业成立中小企业资金互助组织，互助组织中资金不足企业可根据有关协议向资金富裕的企业临时借用。

7. 关于县中医院搬迁重建的问题。

提建议人：支彦杰 单位：深泽县妇联

内容：县中医院去年通过招商引资进行搬迁重建，由于多种原因，投资方不再投资，中医院搬迁工程就此停顿，建议县政府及有关部门依照国家政策，结合实际情况，加以妥善处理与解决。

8. 关于制定股级干部提前离职政策的建议。

提建议人：张志兴　单位：深泽县卫生局

内容：目前，县乡局级领导干部已制定提前离职的政策，这对乡局级领导班子年轻化、知识化起到了很好的作用。但股级干部尚没有出台提前离职的政策，这就出现“小局长”领导“大股长”的现象，不利于推动工作，不利于后备人才的培养。建议县政府出台股级干部提前离职政策。

9. 关于女干部退休工资待遇的问题。

提建议人：支彦杰　单位：深泽县妇联

内容：根据现有政策规定，干部退休时工龄达到 35 年的才能享受在职工资 90% 的待遇，由于妇女干部 55 岁退休，退休时很难达到 35 年工龄，只能享受在职工资 85% 的待遇，造成男女干部退休待遇不平等。建议：修改干部工资改革中有关退休工资和工龄挂钩的条款，退休时男性 35 年工龄和女性 30 年工龄享受同等待遇。

（三）意见

1. 马里办事处马铺村杜进兵代表提出：马铺大棚蔬菜，由于销售市场不规范、技术跟不上，致使经济效益下滑，农民种植积极性下降，发展缓慢，希望县政府整治市场交易秩序，打击欺行霸市行为，制定出台优惠政策，从资金、技术、销售等方面给予大力扶持，促其规模不断壮大。

2. 留村乡夹河村张海英代表提出：化肥、种子市场管理混乱，一些假化肥、假种子流入市场，坑害农民，希望有关部门进一步加强对化肥、种子市场管理，加大对贩假者的打击力度。

3. 铁杆村中心小学刘芹英代表提出：由于农村小学办学条件差，致使一些孩子舍近求远到别的学校学习，希望尽快改善农村小学办学条件，让孩子能就近读书。

4. 深泽镇学区杜彦芝代表提出：深泽县和周边县相比教师工资偏低，希望及时落实国家政策，提高教师工资，以安抚教师情绪。

5. 铁杆镇杜社村李西科代表提出：农村养老保险问题一直没有解决，希望县政府尽快出台相关政策，启动此项工作。

6. 深泽镇北袁庄村范林英代表提出：残疾人丧失劳动能力，生活不能自理，应给予适当的补助，解决基本生活问题。

7. 赵八乡北赵八村曹志欣代表提出：北赵八永济桥年久失修，快要塌陷，希望有关部门尽快修复。

8. 桥头乡营里村刘翠芬代表提出：北环路金三角十字路口事故多，希望安装红绿灯。

9. 桥头乡东焦庄村翟英会代表提出：西河至南冶庄头公路年久失修，无法通行，希望尽快修复。

10. 西河学区陈梅代表提出：农村幼儿入园率低，受教育程度低，希望县政府加大农村学前教育投入，提高农村幼儿入园率。

11. 赵八乡南赵八村康志军代表提出：空心村现象严重，希望进一步加大治理力度。

12. 铁杆镇中央村王国周代表提出：农村孤寡老人生活条件差，亟需人来照顾，希望在铁杆镇建一所敬老院。

13. 耿庄办事处寺头村赵根志代表提出：参合农民住院花费大，希望对治疗费、药费进一步加大透明度，做到公开、公平。

14. 铁杆镇铁杆村张彦卜代表提出：新农合村卫生室个别医生医术不高，看病不放心，希望加强培训提高医术水平。

15. 留村乡夹河村张海英代表提出：磁河污水年年泛滥，淹没农田，希望有关部门利用春冬河道干涸之季，清理河道，并做好防渗漏工作。

16. 留村乡西南留村刘新国代表提出：随着国家对新农村建设扶植力度加大，县政府及有关部门要加快协调跑办新民居建设工程的有关手续，加大对建设工程质量监管力度，让群众住放心房、舒心房、满意房。

17. 赵八乡南赵八村康志军代表提出：派出所户口登记有的姓名错误，同音不同字，有的出生年月错误，希望简化手续，给予及时纠正。

18. 留村金玉奶牛厂田志军代表、赵八乡北赵八村曹志欣代表、耿庄办事处白云日化有限公司韩满军代表提出：社会治安比较混乱，西内堡河堤段接连出现抢劫案，无一起侦破，希望公安机关进一步加大各类治安、刑事案件的打击侦破力度，确保一方平安。

19. 县医院王志民代表提出：利用公益广告、图片等方式加强交通安全、用电安全宣传。

20. 深泽镇东袁庄村袁占周代表提出：东袁庄西口土产公司门前垃圾成山，应及时清理。

21. 深泽镇东袁庄村袁占周代表提出：育才学校东边河堤马道至今未完工，造成东袁庄、北封庄两村村民出行困难，希望尽快解决。

22. 铁杆镇故城村张彦格代表提出：故前线至今没有修成，此路严重影响铁杆镇及故城村的发展，希望县政府高度重视，早日修通。

23. 县国税局杜小田代表提出：县政府下达国税局 2010 年税收任务时按 2009 年实际完成的收入加上 2009 年新上和 2010 年准备新增生产设备的八家重点企业的税收任务，但经过对八家企业的测算，根本不能完成县政府下达的税收任务，任务过高，无法完成，希望县政府实事求是的分配任务。

**县十四届人大六次会议期间**

县十四届人大六次会议期间，经议案建议审查委员会审查，建议 8 件，意见 26 件。提交县人大常委会审议，议案转为建议 2 件。交县政府办理。

（一）议案转建议

1. 加强教师队伍建设，切实提高教学质量

提议案人：张二争 单位：县国教办

附议人：县直代表团支彦杰等12名代表

案据：近年来，我县虽然在抓教师队伍建设，提高教学质量上做了不少工作，取得了一定成效，但也存在一些问题，一是教师队伍年龄结构失衡。8年来，深泽县仅在2009年公开招录45名年轻教师，目前全县教师年龄结构偏高，在一定程度上影响教学质量。二是教学质量整体偏低。从教学质量监测和中高考成绩来看，县中小学教学水平普遍偏低，优秀学校少、校际差距大，尖子学生少、差生比例大，造成学生流失，影响了学校生源。

方案：一是加强教师队伍建设。按照“凡进必考、按需设岗、择优录用”的原则，定期公开招录补充一定数量素质较高的年轻教师，逐步解决教师队伍年龄偏高问题。二是加强教师队伍管理，全面提高教学质量。提高教学质量关键靠教师，要积极探索提高教师业务素质和教学能力的新途径、新方法，进一步加强对教师的监管和考核，通过制定监督制约机制和奖惩机制，全面提高教师的教学水平和管理水平，使整体教学质量切实得到提升，学生升学率不断得到提高，以此吸引学生保住生源，解决学生流失问题。

2. 加大河流整治力度，加快河流生态建设。

提议案人：曹志欣　单位：赵八乡北赵八村

附议人：赵八乡代表团赵春明等10名代表

案据：滹沱河流经县6个乡镇办事处，磁河流经县3个乡，两条河常年污水不断，给沿岸地下水和生态环境造成污染。近年来，磁河污水年年在雨季泛滥，淹没农田，影响沿岸群众正常生产和生活。

方案：建议尽快清理疏通河道并做好防渗漏处理，加快滹沱河生态湿地公园建设。

（二）建议

1. 关于基本农田管理问题。

提建议人：王志强　单位：县农业局

内容：部分农村存在基本农田乱占乱建现象，建议有关部门进一步加大管理力度，防止土地流失，保障粮食生产安全。

2. 关于葡萄基地技术指导问题。

提建议人：李西科　单位：铁杆镇杜社村

内容：随着葡萄基地的扩大，对种植技术的要求越来越高，需要专门的科技人员进行技术指导，建议专业技术人员经常下乡进行技术指导。

3. 关于深泽坠子戏的传承问题。

提建议人：张玉欣　单位：县文化馆

内容：县坠子剧团后继乏人，建议县政府及有关部门进一步加大保护力度，增加资金投入，出台相关优惠政策，培养接班人，并留住人才，使深泽这一优秀剧种得以传承和发展。

4. 关于提升耿庄办事处西九公路两侧企业形象问题。

提建议人：康英鑫　单位：纳利鑫洗化有限公司

内容：耿庄办事处西九公路两侧企业，七出八进又脏又乱，没有企业形象，建议进行规划管理，统一划线修建围墙，门前统一绿化，简单美观，树立企业形象。

5. 关于恢复铁杆镇中学问题。

提建议人：张彦卜 单位：铁杆镇铁杆村

内容：铁杆镇地处三县交界，人口较多，取消铁杆镇中学后，由于不能就近上学，造成一些学生流失到外县，给县生源造成一定影响，建议恢复铁杆镇中学，保住生源，控制学生流失。

6. 关于项目用地问题。

提建议人：刘荣建 单位：深泽镇

内容：土地仍是制约深泽县项目建设的一大瓶颈，建议结合当前市场环境，县政府鼓励有能力的商家进行土地收储，破解土地制约，全力保障项目用地。

7. 关于加强地热供暖管理的问题。

提建议人：孟文英 单位：人行深泽支行

内容：近年来，县地热供暖发展很快，但由于缺乏管理，出现一些问题。有的由于超负荷供热，达不到承诺的最低温度，造成收费困难，致使供采双方发生矛盾，建议县政府成立专门机构，出台管理办法，制定相关标准，明确供采双方的权利、义务，禁止超负荷供暖，确保供热效果，避免供采双方发生纠纷。

8. 关于解决企业融资难问题。

提建议人：孟文英 单位：人行深泽支行

内容：由于货币政策由适度宽松转向稳健，企业通过银行融资将更加困难，资金制约问题将更加突出，为解决企业融资难问题，去年，全省通过短期融资券和中期票据等直接融资235 亿元，解决了部分企业融资难问题，可以借鉴。建议县政府及相关部门引导具备条件的企业通过发行短期融资券和中期票据等直接融资，解决资金短缺问题。

（三）意见

1. 铁杆镇中心小学刘芹英代表、赵八乡南赵八小学张同珍代表、西河学区陈梅代表提出：近几年来，中、小学教师职称未与工资挂钩，这些教师都是教师队伍中的优秀者，希望尽快落实解决。

2. 白庄乡西固罗村张伟风代表提出：农民现在急切要求加入养老保险，以解决后顾之忧，希望尽快启动此项工作。

3. 马里办事处东北马村邸四平代表提出：发展大棚蔬菜，农民急需资金支持，要求帮助解决贷款问题。

4. 大直要卫生院何士荣代表提出：大直要村西口变压器安装一年多，至今不能运行供电，影响群众生活及工农业用电，要求尽快正常运行供电。

5. 赵八乡大雾头村陈振秋代表提出：滹沱河北大堤路面坑坑洼洼，不方便出行，要求尽快维修。

6. 赵八乡中学康会彬代表提出：赵八乡中学和赵西小学，由于水井太浅，饮用水不达标，影响学生健康，需要打深水井，要求有关部门尽快帮助解决。

7. 赵八乡中学康会彬代表提出：中央三套、十一套节目下边广告字幕覆盖节目字幕，要求对广告字幕进行调整。

8. 赵八乡北赵八村曹志欣代表提出：北赵八永济桥年久失修，要求尽快维修。

9. 深泽镇西赵庄村张印昌代表提出：南苑路与石油大街十字路口往南建一个垃圾池，防止生活垃圾乱倒。

10. 深泽镇东袁庄村袁占周代表提出：东袁庄村西路口垃圾成山，要求尽快清理。

11. 白庄乡南营村王木顺代表提出：安辛路过村段，公路两侧刷墙美化清理垃圾等不应由村里负责，应该由公路站负责。

12. 白庄乡西固罗村张伟风代表、南营村王木顺代表提出：安辛路南营、西固罗段排水沟无处排水，每到雨季污水直接排到农田，淹了庄稼，群众意见很大，希望有关部门尽快解决。

13. 白庄乡西固罗村张伟风代表提出：中白庄村南一块白庄乡路牌、北白庄村北一块白庄乡路牌，容易对白庄乡的区域造成误解，希望有关部门尽快更正，应在伍仟村北竖一块，安国交界处竖一块。

14. 桥头乡营里村刘翠芬代表提出：大桥头集日占道影响交通，希望有关部门进行治理。

15. 留村乡羊村赵素青代表提出：新农合药价高，群众不能真正得到实惠，希望进一步加强规范和管理，使群众真正受益。

16. 铁杆镇故城村张彦格代表提出：故城通东三村的公路，年前已交了押金，希望早日修通。

17. 西河学区陈梅代表提出：西河至南冶庄头公路已严重损坏，无法通行，给老百姓生产和生活带来很多不便，要求尽快修复。

18. 县林业局孙亚兰代表提出：近年来，县林果业规模扩大较快，而林业技术人员匮乏，林业专业技术人员 6 人，在岗 3 人，技术指导和服务力量差距很大，希望选调专业对口优秀大学毕业生，充实我县林业技术人员队伍。

19. 铁杆镇铁杆村张彦卜代表提出：按照有关政策，新民居贷款期应为 3 ~ 5 年，但只批 2 年期，老百姓有意见，希望有关部门协调解决。

20. 深泽镇王场村王建平代表提出：加快东环路中段建设，尽快南北连接。

21. 深泽镇北袁庄村范林英代表提出：尽快落实向阳街南北两头的拆迁，实现向阳街南北贯通。

22. 深泽镇东袁庄村袁占周代表提出：因车站搬迁，安辛路车辆增多，造成育才学校西十字路口处，经常发生交通事故，已造成多人伤亡，建议在该十字路口安装红绿灯。

23. 铁杆镇故城村张彦格代表提出：故城村一直在饮用受到污染的浅水井的水，影响老百姓的身体健康，需要打深水井，希望县政府有关部门及时帮助解决。

24. 人行深泽支行孟文英代表提出：随着人民生活水平的提高，城区车辆数量增加较多，造成一些交叉路口交通事故频发。仅年前一段时间，石油大街与府前路交叉口就发生大小交通事故10起之多，建议在该交叉口及县城内其他主要交通路口安装红绿灯。

25.桥头乡大桥头村王志刚代表、耿庄办事处魏村邢茂福代表提出：“西九”公路穿村较多，沿线还有学校和多个交叉口，容易发生交通事故。要求在过村段、学校、交叉路口等重点部位设置交通警示牌，在安辛线等主要交叉口安装红绿灯。

26.赵八乡南赵八村贾俊缺代表、羊村学区张立杰代表提出：社会治安秩序混乱，入户偷盗案件时有发生，而且有很多是白天作案，群众无安全感，希望在工作体制上下功夫，加大治安巡逻力度。

## 五、代表建议、意见办理

1.2007年，县人大十四届一次会议交付县政府办理代表建议、意见36件。县政府及有关部门对所有承办件按工作程序全部办理完毕，办结率100%，代表满意率98%。有15件全部解决，12件部分解决，9件由于条件不具备或政策方面原因无法解决，向代表作出解释说明。

2.2008年，县人大十四届二次会议交付县政府办理代表建议、意见39件，其中建议12件、意见27件。县政府及有关部门对所有承办件按工作程序全部办理完毕，办结率100%。其中，代表表示满意的27件，基本满意的10件，表示理解的2件，满意率达到95%。有23件全部解决，11件部分解决，5件由于条件不具备或政策方面原因无法解决，向代表作出解释说明。

3.2009年，县人大十四届三次会议交付县政府办理代表建议、意见34件，其中建议10件、意见24件。县政府及有关部门对所有承办件按工作程序全部办理完毕，办结率100%。其中，代表表示满意的32件、基本满意的2件，满意率达到98%。有22件全部解决，5件部分解决，7件由于条件不具备或政策方面原因无法解决，向代表作出解释说明。

4.2010年，县人大十四届四次会议交付县政府办理代表建议11件、意见23件，共34件。县政府及有关部门高度重视承办工作，对所有承办件按工作程序全部办理，完成进度较快，承办质量较好。已办结事项29项，5件由于条件不具备或政策方面原因目前无法解决，向代表作出解释说明。

5.2011年，县人大十四届六次会议交付县政府办理代表建议10件、意见26件，共36件。县政府及有关部门高度重视承办工作，对所有承办件按工作程序全部办理。办结事项31项，5件由于条件不具备或政策方面原因无法解决，向代表作出解释说明。

## 六、评选优秀县人大代表

为总结经验，表彰先进，激励全体县人大代表更好地行使代表职权，履行代表义务，发挥代表作用，2008年下半年县十四届人大常委会开展评选优秀县人大代表活动，共评选出优秀县人大代表22名。

**优秀县人大代表名册**

表 55

| 代表团 | 姓　名 | 单位职务 |
|---|---|---|
| 县直代表团（6 名） | 崔双义 | 深泽县粮食局局长 |
| | 邸义兴 | 深泽县正大装饰公司经理 |
| | 王志民 | 深泽县医院外一科副主任 |
| | 贾　红（女） | 深泽县公安局 |
| | 陈淑然（女） | 深泽县残联 |
| | 王丽敏（女） | 深泽县中学教师 |
| 深泽镇代表团（4 名） | 王国强 | 深泽镇城内村党支部书记 |
| | 王群英 | 鹏辉纺织有限公司董事长兼总经理 |
| | 张占山 | 华运化工有限公司董事长兼总经理 |
| | 张英奎 | 深科金属制品有限公司董事长 |
| 白庄乡代表团（2 名） | 王志强 | 白庄乡党委书记 |
| | 何世荣 | 白庄中心卫生院院长 |
| 留村乡代表团（2 名） | 邸亚忠 | 留村乡党委书记 |
| | 田志军 | 龙潼电子有限公司、金玉良种奶牛繁育中心经理 |
| 赵八乡代表团（2 名） | 高丙文 | 河北昊博建筑工程有限公司董事长 |
| | 赵景波 | 石家庄金发房地产开发有限公司董事长 |
| 桥头乡代表团（1 名） | 陈铁刚 | 桥头乡西小封村党支部书记 |
| 铁杆镇代表团（2 名） | 李西科 | 铁杆镇杜社村党支部书记 |
| | 张彦卜 | 铁杆镇铁杆村党支部书记 |
| 耿庄办代表团（2 名） | 邢茂福 | 耿庄办魏村党支部书记 |
| | 韩永谦 | 耿庄办耿庄村村委会主任 |
| 马里办代表团（1 名） | 刘恒章 | 马里办前马里村党支部书记 |

## 七、深泽县代表团获优秀市人大代表情况

**深泽县代表团获奖情况表**

表 56

| 评选单位 | 评选时间 | 姓名 | 出处 |
|---|---|---|---|
| 石家庄市第十二届人大常委会 | 2010 年 5 月 | 张亚平（女）<br>王群英 | 《石家庄人大志》第九篇石家庄市第十二届人民代表大会 |
| | 2012 年 7 月 | 任秋栓<br>荣润（女） | |

# 第三章　人民代表大会

深泽县第十四届人民代表大会任期自2007年4月至2012年2月，共举行代表大会6次。

2007—2011年深泽县第十四届人大历次会议概况表

表57

| 会议次序 | 会议日期 | 议题（项） | 听取报告（个） | 决议决定（项） | 选举表决（项） |
| --- | --- | --- | --- | --- | --- |
| 第一次 | 2007年4月18日至21日 | 7 | 6 | 6 | 5 |
| 第二次 | 2008年1月15日至18日 | 7 | 6 | 6 | 1 |
| 第三次 | 2009年2月11日至14日 | 7 | 6 | 6 | 1 |
| 第四次 | 2010年1月17日至19日 | 6 | 6 | 6 | 0 |
| 第五次 | 2010年3月22日至23日 | 1 | 0 | 0 | 1 |
| 第六次 | 2011年2月20日至22日 | 7 | 6 | 6 | 0 |

## 第一节　会议概况

### 一、县十四届人大一次会议

深泽县第十四届人民代表大会第一次会议，于2007年4月18日至21日在县政府会议楼二楼会议厅举行。4月19日上午，举行第一次全体会议，会议由主席团常务主席、大会执行主席纪同振主持。应出席代表163名，实到会代表161名。大会在雄壮的国歌声中开幕。县政府县长杜振琪作《政府工作报告》，县发展改革局局长王树凯作《深泽县2006年国民经济和社会发展计划执行情况与2007年国民经济和社会发展计划（草案）的报告》，县财政局局长张志强作《关于2006年县本级预算及县总预算执行情况与2007年县本级预算及县总预算（草案）的报告》，县人大常委会主任王根拴作《深泽县人民代表大会常务委员会工作报告》，县人民法院代院长高会岭作《深泽县人民法院工作报告》，县人民检察院代检察长张伟新作《深泽县人民检察院工作报告》，表决通过《深泽县第十四届人民代表大会第一次会议选举办法（草案）》。

会议认为，过去四年，县政府团结带领全县人民，紧紧围绕“更快更好发展、构建和谐深泽”两大任务，深入实施“五四三”发展战略，解放思想，抢抓机遇，扎实工作，开拓进取，较好完成了县十三届人大确定的各项目标任务，实现了“十一五”规划的良好开局。会议指出，2007年是为“十一五”规划和新深泽建设夯实基础的重要一年，也是抢抓机遇、激发潜能、加速发展的关键一年。县政府一定要以邓小平理论和“三个代表”重要思想为指导，以科学发展观和建设社会主义新农村统领全局，牢牢抓住建设沿海经济社会发展强省的重大历史机遇，深入贯彻落实县第九次党代会、县委九届二次全委（扩大）会议精神，紧紧围绕“更快更好发展、构建和谐深泽”两大任务，毫不动摇地继续突出“五个主攻方向”，毫不动摇地继续实施“四大战略”，毫不动摇地继续打好“三个攻坚战”，努力推进全县经济社会快速协调发展。会议号召，全县人民要在中共深泽县委的领导下，以“小县能有大作为，小县能干大事业”的胆识和魄力，解放思想，更新观念，抢抓机遇，大干快上，为建设经济繁荣、人民富裕、环境优美、社会和谐的新深泽而努力奋斗。

## 二、县十四届人大二次会议

深泽县第十四届人民代表大会第二次会议，于2008年1月15日至18日在县政府会议楼二楼会议厅举行。1月16日上午，举行第一次全体会议，大会主席团常务主席、执行主席崔建民主持大会。应出席代表164名，实到会代表152名。县政府县长杜振琪作《政府工作报告》，县发展改革局局长王树凯作《深泽县2007年国民经济和社会发展计划执行情况与2008年国民经济和社会发展计划（草案）的报告》，县财政局局长左占红作《关于2007年县本级预算及县总预算执行情况和2008年县本级预算及县总预算（草案）的报告》，县人大常委会代主任王生力作《深泽县人民代表大会常务委员会工作报告》，县人民法院院长高会岭作《深泽县人民法院工作报告》，县人民检察院检察长张伟新作《深泽县人民检察院工作报告》，表决通过《深泽县第十四届人民代表大会第二次会议选举办法（草案）》。

会议认为，2007年，县政府团结带领全县人民，认真贯彻落实党的十七大和县委九届二次全会精神，紧紧围绕建设“经济繁荣、人民富裕、环境优美、社会和谐”新深泽的奋斗目标，深入实施“五四三”发展战略，解放思想，抢抓机遇，扎实工作，开拓进取，较好完成了县十四届人大一次会议确定的各项目标任务。会议指出，2008年是建设经济强县的起步之年，也是实施“十一五”规划承上启下的关键一年。县政府一定要以建设经济强县统领工作全局，深入贯彻落实科学发展观，按照党的十七大和县委九届三次全会要求和部署，继续毫不动摇地突出“五个主攻方向”，坚定不移地实施“四大战略”，坚持不懈地打好“三个攻坚战”，努力推进全县经济社会快速协调发展。会议号召，全县人民要在中共深泽县委的领导下，以“小县能有大作为，小县能干大事业”的胆识和魄力，凝心聚力搞建设，一心一意谋发展，解放思想，抢抓机遇，开拓创新，真抓实干，为加快建设经济强县而努力奋斗。

## 三、县十四届人大三次会议

深泽县第十四届人民代表大会第三次会议，于2009年2月11日至14日在县政府会议楼二楼会议厅举行。2月12日上午，大会举行第一次全体会议，会议由县人大常委会副主任、主席团常务主席、大会执行主席崔建民主持。应出席代表164名，实到会代表151名。县政府代县长盛庆功作《政府工作报告》，县发展改革局局长王树凯作《深泽县2008年国民经济和社会发展计划执行情况与2009年国民经济和社会发展计划（草案）的报告》，县财政局局长张志强作《关于2008年县本级预算及县总预算执行情况和2009年县本级预算及县总预算（草案）的报告》，县人大常委会主任王生力作《深泽县人民代表大会常务委员会工作报告》，县人民法院院长高会岭作《深泽县人民法院工作报告》，县人民检察院检察长张伟新作《深泽县人民检察院工作报告》，表决通过《深泽县第十四届人民代表大会第三次会议选举办法（草案）》。

会议认为，2008年，县政府团结带领全县人民，深入实施“五四三”发展战略，解放思想，真抓实干，较好完成了县十四届人大二次会议确定的各项目标任务。会议指出，2009年是实施“十一五”规划承上启下的重要一年，也是建设经济强县的关键一年，县政府一定要以科学发展观为指导，全面贯彻党的十七届三中全会和县委九届四次全委（扩大）会议精神，紧紧围绕建设经济强县的奋斗目标，深入实施“五四三”发展战略，全力以赴保增长，千方百计促和谐，尽心竭力惠民生，努力推进全县经济社会又好又快发展。会议号召，全县人民要在中共深泽县委领导下，进一步解放思想，坚定信心，抢抓机遇，真抓实干，为加快建设经济强县进程而努力奋斗。

## 四、县十四届人大四次会议

深泽县第十四届人民代表大会第四次会议，于2010年1月17日至19日在县政府会议楼二楼会议厅举行。1月18日上午，举行大会第一次全体会议，会议由县人大常委会副主任、主席团常务主席、大会执行主席崔建民主持。应出席代表169名，实到会代表162名。县政府县长盛庆功作《政府工作报告》，县发展改革局局长王树凯作《深泽县2009年国民经济和社会发展计划执行情况与2010年国民经济和社会发展计划（草案）的报告》，县财政局局长张志强作《关于2009年县本级预算及县总预算执行情况和2010年县本级预算及县总预算（草案）的报告》，县人大常委会主任王生力作《深泽县人民代表大会常务委员会工作报告》，县人民法院院长高会岭作《深泽县人民法院工作报告》，县人民检察院检察长张伟新作《深泽县人民检察院工作报告》。

会议认为，2009年，县政府紧紧围绕建设经济强县奋斗目标和保增长、促和谐、惠民生总体要求，团结带领全县人民，深入实施“五四三”发展战略，解放思想，真抓实干，较好完成了县十四届人大三次会议确定的各项目标任务。会议指出，2010年是实施“十一五”规划、实现“三年大变样”的最后一年，也是建设经济强县的关键一年，县政府要以科学发展观为指导，全面贯彻党的十七届四中全会和县委九届五次全委（扩大）会议精神，紧紧围绕建设“实力深泽、宜居深泽、绿色深泽、平安深泽”奋斗目标，毫不动摇地继续深入实施“五四三”发展战略，强力加快发展，全面加速提升，努力推进全县经济社会又好又快发展。会议号召，全县人民要在中共深泽县委的领导下，进一步解放思想，坚定信心，抢抓机遇，真抓实干，为加快建设经济强县进程而努力奋斗。

## 五、县十四届人大五次会议

深泽县第十四届人民代表大会第五次会议，于2010年3月22日至23日在县政府会议楼二楼会议厅召开。3月22日下午，举行大会第一次全体会议，会议由县人大常委会主任、主席团常务主席王生力主持。应出席代表168名，实到会代表147名。会议以举手表决方式通过县十四届人大五次会议选举办法（草案）。选举黎建辉为深泽县人大常委会副主任。

## 六、县十四届人大六次会议

深泽县第十四届人民代表大会第六次会议，于2011年2月20日至22日在县政府会议楼二楼会议厅举行。2月21日上午举行大会第一次全体会议，会议由县人大常委会副主任、主席团常务主席、大会执行主席崔建民主持。应出席代表165名，实出席代表156名。县政府县长盛庆功作《关于深泽县国民经济和社会发展第十二个五年规划纲要的报告》，县发展改革局局长王树凯作《关于深泽县2010年国民经济和社会发展计划执行情况与2011年国民经济和社会发展计划（草案）的报告》，县财政局局长张志强作《关于2010年县本级预算及县总预算执行情况和2011年县本级预算及县总预算（草案）的报告》，县人大常委会主任王生力作《深泽县人民代表大会常务委员会工作报告》，县人民法院院长高会岭作《深泽县人民法院工作报告》，县人民检察院检察长张伟新作《深泽县人民检察院工作报告》，县政府向大会书面提交《深泽县国民经济和社会发展第十二个五年规划纲要（草案）》。

深泽县第十四届人民代表大会第六次会议，审议县政府《关于深泽县国民经济和社会发展第十二个五年规划纲要的报告》，审查《深泽县国民经济和社会发展第十二个五年规划纲要（草案）》。会议认为，过去五年，县政府团结带领全县人民，围绕建设经济强县奋斗目标，谱写了科学发展、加速发展的新篇章。《纲要》和报告对“十一五”时期深泽县工作的回顾实事求是，提出“十二五”时期国民经济和社会发展的指导思想、目标任务和主要措施，体现了党的十七届五中全会精神，反映了全县人民的愿望。会议指出，“十二五”时期是加快经济强县建设的关键时期，也是深泽县科学发展、跨越发展的重要时期。实现《纲要》和报告提出的任务，县政府一定要坚持以邓小平理论和“三个代表”重要思想为指导，深入落实科学发展观，全面贯彻党的十七届五中全会和县委九届六次全会精神，以建设经济强县为奋斗目标，坚持发展和民生“两大主题”，大力实施工业立县、环境兴县、开放强县“三大战略”，强力推进重点项目攻坚、城乡建设升级、新农村建设突破、社会事业提升“四大工程”，努力在东部突破中率先突破、在加速发展中率先发展，加快向“实力深泽、宜居深泽、绿色深泽、平安深泽”目标迈进。会议强调，2011年是实施“十二五”规划的开局之年，对于促进“十二五”开好局、起好步，以优异成绩迎接中国共产党成立90周年，具有非常重要的意义。县政府要站在战略的、全局的高度，正确认识和把握当前形势，增强做好工作的责任感和紧迫感，高标准起步、高起点开局，努力完成经济社会发展的目标任务。会议号召，全县人民要在中共深泽县委的领导下，进一步解放思想，坚定信心，抢抓机遇，真抓实干，为顺利实现国民经济和社会发展“十二五”规划目标、加快建设经济强县进程而努力奋斗。

## 第二节　会议选举

县十四届人大历次会议，共选举产生县国家机关工作人员17人次。

**县人大常委会**

主　任：

张俊立　　2007年4月21日县十四届人大一次会议第二次全体会议当选

王生力　　2008年1月18日县十四届人大二次会议第二次全体会议当选

副主任：

王生力　　2007年4月21日县十四届人大一次会议第二次全体会议当选

史国士　　2007年4月21日县十四届人大一次会议第二次全体会议当选

贾增科　　2007年4月21日县十四届人大一次会议第二次全体会议当选

崔建民　　2007年4月21日县十四届人大一次会议第二次全体会议当选

黎建辉　　2010年3月23日县十四届人大五次会议第二次全体会议当选

委　员（2007年4月21日县十四届人大一次会议第二次全体会议当选）：

| | | | |
|---|---|---|---|
| 马壮国 | 王志民 | 王国强 | 王建成 |
| 王根拴 | 王群英 | 支彦杰（女） | 田志军 |
| 史志法 | 刘亚红（女） | 刘新国 | 孙亚兰（女） |
| 杨彦景（女） | 赵建立 | 赵路通 | 袁占强 |
| 贾占锁 | 高丙文 | 康会彬 | 程彦波 |

**县人民政府**

县　长：

杜振琪　　2007年4月21日县十四届人大一次会议第二次全体会议当选

盛庆功　　2009年2月14日县十四届人大三次会议第二次全体会议当选

副县长：

杨　秋　　2007年4月21日县十四届人大一次会议第二次全体会议当选

杨国芳　　2007年4月21日县十四届人大一次会议第二次全体会议当选

张少华　　　2007 年 4 月 21 日县十四届人大一次会议第二次全体会议当选
赵云爱（女）2007 年 4 月 21 日县十四届人大一次会议第二次全体会议当选
袁国良　　　2007 年 4 月 21 日县十四届人大一次会议第二次全体会议当选
曹树池　　　2007 年 4 月 21 日县十四届人大一次会议第二次全体会议当选

**县人民法院**

院　长：

高会岭　　　2007 年 4 月 21 日县十四届人大一次会议第二次全体会议当选

**县人民检察院**

检察长：

张伟新　　　2007 年 4 月 21 日县十四届人大一次会议第二次全体会议当选

附：县十四届人大常委会主任简历

张俊立，河北鹿泉人，中共党员。历任行唐县副县长，深泽县委副书记、纪委书记，深泽县人大常委会主任。

王生力，河北省石家庄市人，中共党员。历任石家庄地委农工部基层科副科长，石家庄地委农工部综合科科长，石家庄市委农工委乡镇企业处处长，石家庄市委农工委合作处处长，深泽县人民政府副县长，深泽县人大常委会副主任，深泽县人大常委会主任。

# 第三节　会议组织

## 一、县十四届人大一次会议

（一）大会临时党委

书　记：聂英武

副书记：王根拴　杜振琪　张俊立

成　员：

| | | | |
|---|---|---|---|
| 王荣丽（女） | 王生力 | 崔建民 | 许庆林 |
| 韩占昌 | 王志强 | 邸亚中 | 张建毅 |
| 王　伟 | 郭立辉 | | |
| 宋文军 | 张军波 | | |

（二）主席团和秘书长

| | | | |
|---|---|---|---|
| 马壮国 | 王生力 | 王国强 | 王建成 |
| 王荣丽（女） | 王根拴 | 支彦杰（女） | 田志军 |

| | | | |
|---|---|---|---|
| 史志法 | 史国士 | 纪同振 | 张占勋 |
| 张占营 | 张学荣 | 张俊立 | 杜振琪 |
| 赵建立 | 赵路通 | 高丙文 | 袁占强 |
| 聂英武 | 贾增科 | 康会彬 | 崔建民 |
| 程彦波 | | | |

秘书长：纪同振（兼）

（三）主席团常务主席

| | | | |
|---|---|---|---|
| 聂英武 | 王根拴 | 杜振琪 | 张俊立 |
| 王荣丽（女） | 纪同振 | 王生力 | 张占勋 |
| 崔建民 | 王建成 | | |

（四）主席团执行主席

4 月 18 日：

| | | | |
|---|---|---|---|
| 纪同振 | 王生力 | 张占勋 | 崔建民 |
| 袁占强 | 赵路通 | 史志法 | 高丙文 |

4 月 19 日：

| | | | |
|---|---|---|---|
| 聂英武 | 王根拴 | 王荣丽（女） | 纪同振 |
| 王建成 | 程彦波 | 支彦杰（女） | 王国强 |

4 月 20 日：

| | | | |
|---|---|---|---|
| 杜振琪 | 王建成 | 贾增科 | 张学荣 |
| 康会彬 | 田志军 | | |

4 月 21 日：

| | | | |
|---|---|---|---|
| 张俊立 | 王根拴 | 张占营 | 崔建民 |
| 史国士 | 赵建立 | 马壮国 | |

（五）计划预算审查委员会

主任委员：王建成

委　员：

| | | | |
|---|---|---|---|
| 贾占锁 | 赵建立 | 王国强 | 张伟锋 |

（六）议案审查委员会

主任委员：崔建民

委　员：

| | | | |
|---|---|---|---|
| 赵路通 | 王迎兴 | 邢茂福 | 支彦杰（女） |

（七）副秘书长

| | | | |
|---|---|---|---|
| 程彦波 | 郭彦儒 | 李　健 | 张志强 |
| 曹青哲 | 李庆国 | 王彦准 | |

## 二、县十四届人大二次会议

（一）主席团成员：

| | | | |
|---|---|---|---|
| 马壮国 | 支彦杰（女） | 王生力 | 王志民 |
| 王建成 | 王国强 | 王根拴 | 王群英 |
| 田志军 | 史志法 | 史国士 | 刘亚红（女） |
| 孙亚兰（女） | 杜振琪 | 杨　秋 | 杨国芳 |
| 张俊立 | 赵建立 | 赵路通 | 袁占强 |
| 聂英武 | 贾占锁 | 贾增科 | 高丙文 |
| 崔建民 | 康会彬 | 程彦波 | |

（二）秘书长：崔建民（兼）

（三）主席团常务主席

| | | | |
|---|---|---|---|
| 聂英武 | 杜振琪 | 张俊立 | 王生力 |
| 王根拴 | 崔建民 | 史国士 | 贾增科 |
| 王建成 | | | |

（四）副秘书长

| | | | |
|---|---|---|---|
| 程彦波 | 郭彦儒 | 李　健 | 张志强 |
| 曹青哲 | 李庆国 | 王会卿 | |

（五）计划预算审查委员会

主任委员：贾增科

委　员：

| | | | |
|---|---|---|---|
| 贾占锁 | 赵建立 | 王国强 | 张伟锋 |

（六）议案审查委员会

主任委员：崔建民

委　员：

| | | | |
|---|---|---|---|
| 赵路通 | 王迎兴 | 邢茂福 | 支彦杰（女） |

## 三、县十四届人大三次会议

（一）主席团成员：

| | | | |
|---|---|---|---|
| 马壮国 | 支彦杰（女） | 王生力 | 王志民 |
| 王建成 | 王国强 | 王根拴 | 王群英 |
| 田志军 | 史志法 | 史国士 | 刘亚红（女） |
| 孙亚兰（女） | 杜振琪 | 杨　秋 | 杨国芳 |
| 张俊立 | 赵建立 | 赵路通 | 袁占强 |
| 贾占锁 | 贾增科 | 高丙文 | 盛庆功 |

| | | | |
|---|---|---|---|
| 崔建民 | 康会彬 | 程彦波 | |

（二）秘书长：崔建民（兼）

（三）主席团常务主席

| | | | |
|---|---|---|---|
| 杜振琪 | 盛庆功 | 张俊立 | 王生力 |
| 王根拴 | 崔建民 | 史国士 | 贾增科 |
| 王建成 | | | |

（四）计划预算审查委员会

主任委员：贾增科

委　员：

| | | | |
|---|---|---|---|
| 贾占锁 | 赵建立 | 王国强 | 张伟锋 |

（五）议案审查委员会

主任委员：崔建民

委　员：

| | | | |
|---|---|---|---|
| 赵路通 | 王迎兴 | 邢茂福 | 支彦杰（女） |

（六）副秘书长

| | | | |
|---|---|---|---|
| 程彦波 | 郭彦儒 | 李　健 | 张志强 |
| 曹青哲 | 李庆国 | | |

## 四、县十四届人大四次会议

（一）大会临时党委

书　记：杜振琪

副书记：

| | | | |
|---|---|---|---|
| 盛庆功 | 张俊立 | 王生力 | 王根拴 |

成　员：

| | | | |
|---|---|---|---|
| 冯新健 | 崔建民 | 许庆林 | 韩占昌 |
| 贾卫东 | 邸亚中 | 张建毅 | 宋　彬 |
| 袁士科 | 刘荣建 | 张军波 | |

（二）主席团成员：

| | | | |
|---|---|---|---|
| 马壮国 | 支彦杰（女） | 王生力 | 王志民 |
| 王建成 | 王根拴 | 王群英 | 田志军 |
| 史志法 | 史国士 | 冯新健 | 刘亚红（女） |
| 孙亚兰（女） | 杜振琪 | 杨　秋 | 杨国芳 |
| 张俊立 | 赵建立 | 赵路通 | 袁占强 |
| 贾占锁 | 贾增科 | 高丙文 | 盛庆功 |
| 崔建民 | 康会彬 | 程彦波 | |

（三）秘书长：崔建民（兼）

（四）副秘书长：

| | | | |
|---|---|---|---|
| 袁占强 | 郭彦儒 | 李　健 | 张志强 |
| 李庆国 | 魏亚鹏 | 袁海涛 | |

（五）主席团常务主席

| | | | |
|---|---|---|---|
| 杜振琪 | 盛庆功 | 张俊立 | 王生力 |
| 王根拴 | 冯新健 | 崔建民 | 史国士 |
| 贾增科 | 王建成 | | |

（六）计划预算审查委员会

主任委员：贾增科

委　员：

| | | | |
|---|---|---|---|
| 贾占锁 | 赵建立 | 张印昌 | 张伟锋 |

（七）议案审查委员会

主任委员：崔建民

委　员：

| | | | |
|---|---|---|---|
| 赵路通 | 支彦杰（女） | 王迎兴 | 邢茂福 |

## 五、县十四届人大五次会议

（一）大会临时党委

书　记：杜振琪

副书记：

| | | | |
|---|---|---|---|
| 盛庆功 | 张俊立 | 王生力 | 王根拴 |

成　员：

| | | | |
|---|---|---|---|
| 冯新健 | 崔建民 | 许庆林 | 韩占昌 |
| 贾卫东 | 邸亚中 | 张建毅 | 宋　彬 |
| 袁士科 | 刘荣建 | 张军波 | |

（二）主席团成员：

| | | | |
|---|---|---|---|
| 马壮国 | 支彦杰（女） | 王生力 | 王志民 |
| 王建成 | 王根拴 | 王群英 | 田志军 |
| 史志法 | 史国士 | 冯新健 | 刘亚红（女） |
| 孙亚兰（女） | 杜振琪 | 杨　秋 | 杨国芳 |
| 张俊立 | 赵建立 | 赵路通 | 袁占强 |
| 贾占锁 | 贾增科 | 高丙文 | 盛庆功 |
| 崔建民 | 康会彬 | 程彦波 | 黎建辉 |

（三）秘书长：崔建民（兼）

（四）副秘书长

| | | | |
|---|---|---|---|
| 袁占强 | 郭彦儒 | 李　健 | 张志强 |
| 李庆国 | 魏亚鹏 | 袁海涛 | |

（五）主席团常务主席

| | | | |
|---|---|---|---|
| 杜振琪 | 盛庆功 | 张俊立 | 王生力 |
| 王根拴 | 冯新健 | 崔建民 | 史国士 |
| 贾增科 | 王建成 | | |

## 六、县十四届人大六次会议

（一）大会临时党委

书　记：杜振琪

副书记：盛庆功　王生力　王根拴

成　员：

| | | | |
|---|---|---|---|
| 冯新健 | 崔建民 | 张英利 | 贾卫东 |
| 邸亚中 | 张建毅 | 宋　彬 | 袁士科 |
| 刘荣建 | 张军波 | 李　林 | |

（二）主席团成员：

| | | | |
|---|---|---|---|
| 马壮国 | 支彦杰（女） | 王生力 | 王志民 |
| 王建成 | 王根拴 | 王群英 | 田志军 |
| 史志法 | 史国士 | 冯新健 | 刘亚红（女） |
| 孙亚兰（女） | 杜振琪 | 杨　秋 | 赵建立 |
| 赵路通 | 袁占强 | 贾占锁 | 贾增科 |
| 高丙文 | 盛庆功 | 崔建民 | 康会彬 |
| 程彦波 | 黎建辉 | | |

（三）秘书长：崔建民（兼）

（四）副秘书长

| | | | |
|---|---|---|---|
| 袁占强 | 郭彦儒 | 张彦华 | 张志强 |
| 李庆国 | 魏亚鹏 | 袁海涛 | |

（五）主席团常务主席

| | | | |
|---|---|---|---|
| 杜振琪 | 盛庆功 | 王生力 | 冯新健 |
| 王根拴 | 崔建民 | 史国士 | 贾增科 |
| 黎建辉 | 王建成 | | |

（六）大会执行主席

2 月 16 日大会第一次全体会议（开幕式）执行主席：

| | | | |
|---|---|---|---|
| 杨　秋 | 史国士 | 黎建辉 | 高志强 |

郭彦儒

2月17日大会第二次全体会议（闭幕式）执行主席：

| | | | |
|---|---|---|---|
| 王德庆 | 杨　秋 | 史国士 | 黎建辉 |
| 高志强 | 郭彦儒 | | |

（七）副秘书长

| | | | |
|---|---|---|---|
| 李宇飞 | 袁占强 | 张建毅 | 宋　彬 |
| 孙英山 | 张志强 | 郑红桥 | 黎　伟 |
| 周　层 | 杜京军 | 曹月涛 | |

（八）计划预算审查委员会

主任委员：贾增科

委　员：

| | | | |
|---|---|---|---|
| 贾占锁 | 赵建立 | 张印昌 | 张伟锋 |

（九）议案审查委员会

主任委员：崔建民

委　员：

| | | | |
|---|---|---|---|
| 赵路通 | 支彦杰（女） | 王迎兴 | 邢茂福 |

# 第四章　人民代表大会常务委员会

深泽县第十四届人大常委会在县委领导下，深入贯彻落实科学发展观，紧紧围绕全县经济和社会发展大局，把党委重大决策、政府着力推进、群众普遍关注的问题作为工作重点，依法履职，依法监督，使人大工作与党委的部署相一致、与全县的大局相协调、与人民的利益相统一，为推动全县经济发展和社会进步发挥了积极作用。

## 第一节　常委会会议

2007年6月至2011年11月，县十四届人大常委会共举行常委会会议38次。

**第一次会议**　深泽县第十四届人民代表大会常务委员会第一次会议于2007年6月12日在会议楼第一会议室召开。县人大常委会主任张俊立，县人大常委会党组书记、委员王根拴，副主任王生力、崔建民、史国士、贾增科，县人大常委会党组成员、委员王建成，委员马壮国、王志民、王国强、王群英、支彦杰、田志军、史志法、刘亚红、孙亚兰、赵建立、赵路通、袁占强、贾占锁、高丙文、康会彬、程彦波出席会议。县政府常务副县长杨国芳，县政协副主席康占桥，县检察院检察长张伟新、县法院副院长张造国列席会议。县委常委、组织部部长王荣丽应邀列席第三项议题和颁发任命书仪式。会议由张俊立主持。

会议审议通过县人大常委会2007年工作要点和监督工作计划（草案）；审议通过县第十四届人大常委会代表资格审查委员会组成人员名单；以无记名投票方式表决人事任免事项。

深泽县第十四届人大常委会代表资格审查委员会

主 任 委 员：崔建民

副主任委员：赵路通

委　　　员：王国强

在会议楼第四会议室举行颁发任命书仪式。张俊立为20个政府组成部门的主任、局长颁发任命书，县政府办公室主任郭立辉代表新任的政府组成人员作表态发言。张俊立对被任命的政府组成人员提出要求。

**第二次会议**　深泽县第十四届人民代表大会常务委员会第二次会议于2007年7月26日在会议楼第一会议室召开。县人大常委会主任张俊立，党组书记、委员王根拴，党组副书记、副主任王生力，副主任崔建民、史国士、贾增科，县人大常委会党组成员、委员王建成，委员王志民、王国强、王群英、支彦杰、史志法、孙亚兰、赵建立、赵路通、袁占强、贾占锁、高丙文、康会彬、程彦波出席会议。县政府常务副县长杨国芳、副县长赵云爱，县政协副主席段木同，县法院院长高会岭，县财政局局长张志强、县卫生局局长张志兴列席会议。会议由张俊立主持。

会议听取县政府《关于2006年财政决算（草案）的报告》和县人大常委会财经科《关于深泽县2006年度财政决算（草案）报告的审查意见》。会议认为，经过县政府和有关部门的不懈努力，2006年财政工作取得突破性进展，县财政收入实现快速增长，增幅位居全市前列。随着财政收入的增长，在保证机关正常运转的同时，政府支持企业发展的力度进一步加强，基础设施建设、民生、教育等方面的投入力度进一步加大，有力地促进社会事业健康发展。会议要求：1. 进一步加大项目建设力度，继续对市场前景看好、有发展前途的企业给予政策、资金上的支持，使之尽快发展壮大，为深泽财税持续增长奠定坚实基础。2. 加强财税队伍管理，加大财税征管力度，在重视提高财税工作人员业务水平的同时，加强职业道德教育和警示教育，对违规违纪人员进行严肃处理。3. 县政府要认真执行“收支两条线”政策，切实加强财政监督，维护财经纪律，防止预算外资金违纪问题的发生。4. 报人大审批的财政决算（草案）报告，应多用数据说明财政收入“量”和“质”的变化。5. 有关县本级决算情况应当按照人大批准的预算所列科目报告，并做出说明。通过表决，会议决定批准县政府关于2006年财政决算（草案）的报告。

会议听取县政府《关于新型农村合作医疗制度运行情况的报告》和人大常委会视察调研组《关于全县新型农村合作医疗制度运行情况的调研报告》。会议认为，新农合工作在时间紧、任务重的情况下，通过县政府大力协调和有关部门积极配合，实现正常运转，并取得很好的社会效益。但由于此项工作开展时间还较短，仍有一些问题需要解决和完善。部分乡镇定点医院软硬件条件太差，人员少、设备少，无法满足参合群众看病就医需要；部分定点医疗机构没有按规定对用药目录、诊疗项目、收费标准进行公示，县内各定点医疗机构的药品和诊疗价格不统一，存在同病同药不同价现象；补偿范围不合理，一些农村常见、多发慢性病未列入补偿范围，用药目录的药品品种过少，一些常用药没有列入目录；对各级定点医疗机构的监管力度有待进一步加大。会议要求：1. 解放思想，通过各种形式、多种途径进一步加大对各乡镇定点医院，尤其是条件较差乡镇医院的扶持力度，不断改善软硬件条件，提高乡镇定点医院的整体水平。2. 针对深泽县新农合运行半年以来，在实际操作中遇到的药品目录、补偿范围、起补线、补偿比例等具体问题进行认真研究，使新农合制度更加合理，参合群众得到更多实惠。3. 进一步加强对各级定点医疗机构、合管机构的监督和管理，通过多种形式的教育培训活动，不断提高定点医疗机构医务人员、合管机构工作人员的职业素养、业务水平、为民意识和服务质量，通过公示公开、设立举报电话、举报箱等形式，建立健全一套内部监督与外部监督相结合的长效制约机制。4. 进一步加大宣传力度，通过多种形式，宣传新农合制度的有关政策、规定，宣传新农合制度的优越性和参合农民的补偿受益情况，进一步调动广大农民的参合积极性。

**第三次会议**　深泽县第十四届人民代表大会常务委员会第三次会议于 2007 年 8 月 29 日在会议楼第一会议室召开。县人大常委会主任张俊立，党组书记王根拴，副主任崔建民、史国士、贾增科，县人大常委会党组成员、委员王建成，委员马壮国、王志民、王国强、王群英、支彦杰、史志法、孙亚兰、赵建立、赵路通、袁占强、贾占锁、高丙文、程彦波出席会议。县政府常务副县长杨国芳，县政协副主席张增怀，县法院院长高会岭、县检察院副检察长袁振法，县财政局局长张志强、县审计局局长苑运良，各乡镇（办事处）人大主席、副主席列席会议。会议由张俊立主持。

会议听取县政府《关于 2007 年上半年财政预算执行情况的报告》和县人大常委会财经科《关于 2007 年上半年财政预算执行情况报告的审查意见》。会议认为，上半年全县财政预算执行情况良好，实现时间、任务双过半，为完成和超额完成全年预算打下了坚实基础。县财政在财政改革、财政监督、支持县域经济发展、解决落实群众关心的热点问题等方面做了大量工作，取得一定成绩。会议要求：1. 继续加大“六联六找”工作力度，提高招商引资效率，促进项目工作开展，为财政税收增长培植税源和发展后劲，不断提高新上项目的财政贡献率。2. 在招商引资基础上，继续加大对现有重点企业技改扩规的支持力度，引进新项目，发展老企业，培植县内纳税大户，逐步调整财税收入结构，降低税收成本。3. 继续加强财政监管，严格落实收支两条线措施，加强对预算外资金管理和使用的监控力度，严肃处理私设小金库和使用非法票据等违纪违法行为。4. 进一步优化经济发展环境，在硬环境方面，加大县城建设、城容城貌整顿力度，尤其是县域内两个收费站问题，应考虑妥善解决，树立良好城市形象；在软环境方面，继续解放思想，从土地、税收等方面给予企业更多的优惠和扶持。5. 继续加强财税队伍建设，不断提高财税人员政治素质和业务素质，防止拖、逃、欠、抗和人情税、关系税问题的发生，做到应收尽收。

会议听取县政府《关于 2006 年度县本级预算执行和其他财政收支的审计工作报告》。会议认为，审计部门对 2006 年度县本级预算执行情况和其他财政收支情况进行了认真细致、公正公开的审计，对审计出的问题进行严肃查处，有利于财税工作健康、规范发展。会议要求：继续加大对专项资金的审计力度，确保专项资金落实到位，使用到位；加大对违规、违纪问题的查处，对审计中查出的问题要切实做到纠正到位，处罚到位。

**第四次会议**　深泽县第十四届人民代表大会常务委员会第四次会议于 2007 年 11 月 7 日在会议楼第一会议室召开。县人大常委会党组书记、委员王根拴，副主任王生力、崔建民、史国士、贾增科，县人大常委会党组成员、委员王建成，委员马壮国、王志民、支彦杰、田志军、史志法、刘亚红、孙亚兰、赵建立、赵路通、袁占强、贾占锁、康会彬、程彦波出席会议。县政府常务副县长杨国芳、副县长张少华，县政协副主席张增怀，县法院院长高会岭、县检察院检察长张伟新，县发展改革局局长王树凯、县建设局局长张英利，各乡镇（办事处）人大主席列席会议。会议由王生力主持。

会议听取县政府《关于 2007 年 1—10 月项目建设情况的报告》和县人大常委会财经科《关于项目建设情况的调研报告》。会议认为，县政府始终如一地把项目建设作为全县工作的重中之重，项目建设呈现出氛围浓、办法多、效果好的良好态势。会议要求：1. 要一以贯之的贯彻项目立县发展战略，把“工业兴县、项目立县”作为一个长期的指导思想，大张旗鼓地宣传，创造良好的舆论氛围，进一步在全县各级各部门中形成共识和合力。2. 进一步加大改革开放力度，既要“立足深泽、发展深泽”，又要“跳出深泽、发展深泽”，靠解放思想来招商引资，靠深化改革来带动全县上下上项目、求发展的积极性。3. 实事求是地分析和解决项目建设中的困难和问题，帮助企业排忧解难，把工作做深、做细、做实。4. 加大向上争取资金的跑办力度和县内金融机构的协调力度，大力推进银企对接，在政府扶持下，给予有发展前途的企业以资金上的支持，促使他们走出一时的困境，为县域经济发展做出贡献。5. 进一步抓好环境建设，一方面加大公共设施，尤其是水、电、路等基础设施的建设力度，另一方面要在政策、政务、人文、治安、交通等环节上下大力进行整顿，提高深泽综合竞争力和整体形象。

会议听取县政府《关于城建工作进展情况的报告》和县人大常委会财经科、代联科《关于“全面塑造县城新形象、全面优化县城新环境”建议办理情况的报告》。会议认为，2007年是县政府对城建工作投入力度最大、任务最繁重、工程最艰巨的一年，实现由“有多少钱办多少事”到“有多少事筹多少钱”的思想观念的转变，实现由建设局一个部门管理到多部门、全社会参与，齐抓共管的工作思路的转变。县政府和有关部门认真谋划、积极部署，加大对公共基础设施的建设力度和对城容城貌的综合整治力度，取得了显著成绩，受到群众认可和拥护。会议要求：1. 城建工作要放在政府工作的重要位置，在一定意义上讲，县城建设就是深泽形象，就是发展环境，就是经济建设，县政府一定要作为重中之重，切实抓在手上。2. 要科学规范地编制未来几年的县城规划，并严格依规办事。3. 要进一步加大城容城貌综合整治力度，按照县政府要求和部署，对已制定和出台的一系列关于县城整治（管理）办法、方案、措施，要切实抓好落实，要下大力抓好重点基础设施建设。4. 进一步加大宣传教育力度，提高城镇居民的城市意识，促使居民群众逐步实现由农民到市民的转变。

**第五次会议**　深泽县第十四届人民代表大会常务委员会第五次会议于2007年11月30日在会议楼第一会议室召开。县人大常委会主任张俊立，县人大常委会党组书记、委员王根拴，副主任王生力、崔建民、史国士、贾增科，县人大常委会党组成员、委员王建成，委员马壮国、王志民、王国强、王群英、支彦杰、田志军、史志法、刘亚红、孙亚兰、赵建立、赵路通、袁占强、贾占锁、高丙文、康会彬、程彦波出席会议。县政府副县长杨秋，县法院副院长张造国列席会议。会议先后由张俊立、王生力主持。

会议接受张俊立辞去深泽县第十四届人民代表大会常务委员会主任职务，杨秋辞去深泽县人民政府副县长职务。任命王生力为深泽县第十四届人民代表大会常务委员会代理主任。会议通过其他人事任免事项。

**第六次会议**　深泽县第十四届人民代表大会常务委员会第六次会议于2008年1月9日在会议楼第一会议室召开。县人大常委会代主任王生力，县人大常委会党组书记、委员王根拴，副主任崔建民、史国士、贾增科，委员马壮国、王志民、王国强、支彦杰、史志法、刘亚红、孙亚兰、赵建立、赵路通、袁占强、贾占锁、高丙文、康会彬、程彦波出席会议。县政府副县长杨国芳，县政协副主席段木同，县法院院长高会岭、县检察院检察长张伟新及各乡镇人大主席，铁杆镇驻马里办事处人大副主席、桥头乡驻耿庄办事处人大副主席列席会议。会议由王生力主持。

会议听取县政府《关于代表建议和意见办理情况的工作报告》和县人大代联科《关于代表建议和意见办理情况的调研报告》。会议认为，县政府对代表建议和意见的办理，领导认识到位，安排部署到位，措施落实到位，办理结果质量高、结案率高、满意度高，对案件的办理完全彻底，充分体现了政府工作制度运行有序。会议要求：政府要在 2008 年给予一定的财政支持，适当提高乡级定点医院的报销比例；下大力解决城建拆迁遗留问题，明确承办单位和责任人限期解决。

会议决定任命尚秀伟为深泽县人民政府副县长。

会议听取和审议县法院、县检察院《关于“两错”责任追究制情况的工作报告》和县人大政法科《关于法院、检察院“两错”责任追究制情况的调研报告》。会议认为，法、检两院“两错”责任追究制工作开展扎实，办案质量和效率稳步提高，这与院领导的重视、思想统一分不开，对两院的工作给予肯定。要将“两错”责任追究制工作与加强办案关系理顺，进一步协调二者关系，对存在的制度建设与执行脱节现象要进一步加强监管力度。

会议通过关于召开深泽县第十四届人民代表大会第二次会议的决定和有关事宜。审议并通过《深泽县人大常委会工作报告（草案）》。审议并通过《深泽县人大常委会 2008 年工作要点（草案）》。

**第七次会议** 深泽县第十四届人民代表大会常务委员会第七次会议于 2008 年 2 月 19 日在会议楼第一会议室召开。县人大常委会主任王生力，县人大常委会党组书记、委员王根拴，副主任崔建民、史国士、贾增科，县人大常委会党组成员、委员王建成，委员马壮国、王志民、王国强、王群英、支彦杰、史志法、刘亚红、孙亚兰、赵建立、赵路通、袁占强、贾占锁、高丙文、康会彬、程彦波出席会议。会议由王生力主持。

会议补选许广为为深泽县出席石家庄市第十二届人民代表大会代表。

**第八次会议** 深泽县第十四届人民代表大会常务委员会第八次会议于 2008 年 4 月 24 日在会议楼第一会议室召开。县人大常委会主任王生力，县人大常委会党组书记、委员王根拴，副主任崔建民、史国士、贾增科，县人大常委会党组成员、委员王建成，委员马壮国、王志民、王国强、王群英、支彦杰、史志法、田志军、孙亚兰、赵建立、赵路通、袁占强、贾占锁、高丙文、康会彬、程彦波出席会议。县政府副县长赵云爱，县法院院长高会岭、县检察院副检察长邸丽琴，县公安局政委范振文、县计生局局长王振平，各乡镇人大主席及铁杆镇驻马里办、桥头乡驻耿庄办人大副主席列席会议。会议由王生力主持。

会议听取县政府《关于贯彻落实〈中华人民共和国人口与计划生育法〉情况的报告》和县人大常委会《中华人民共和国人口与计划生育法》执法检查组《关于开展〈中华人民共和国人口与计划生育法〉执法检查的情况报告》。会议认为，《中华人民共和国人口与计划生育法》颁布实施以来，县政府坚持以控制人口数量，提高人口素质，改善人口结构，切实将人口发展计划纳入国民经济和社会发展计划，计生工作取得明显进展，成绩是有目共睹的。会议要求：1. 县政府及有关部门要进一步提高对做好人口与计划生育工作的认识，切实加强对人口与计划生育工作的领导，为做好人口与计划生育工作提供有力组织保证。2. 县政府要切实将各项人口与计划生育经费纳入财政预算，并及时足额拨付。3. 县政府及有关部门要切实加大对人口与计划生育工作的综合治理力度，努力形成各级政府牵头，相关部门各负其责、相互配合、齐抓共管、全社会共同参与的工作氛围。4. 县政府及有关部门要进一步加大人口与计划生育法规、政策、科普知识的宣传力度，为稳定低生育水平创造良好的政策舆论环境。

会议听取《深泽县公安局社会治安综合治理工作情况报告》和深泽县人大常委会政法科《关于公安局2007年以来社会治安综合治理工作情况的调研报告》。会议认为，2007年以来，深泽县公安局紧紧围绕“服务第一要务、构建平安深泽”总目标，以开展平安建设和维护稳定专项整治活动为依托，充分发挥社会治安主力军作用，不断强化社会治安综合治理，取得了一定成效。会议要求：1. 要进一步加强政治思想学习，使广大干警充分认识到社会治安综合治理工作的重要性和紧迫性。2. 要加大对社会治安隐患的排查力度，坚持打击和防范各种刑事犯罪和危害社会治安的不法行为。3. 要进一步加强对干警的教育和管理，使他们认识到自己肩负的职责和使命，维护社会和谐和安定，使人民群众安居乐业。

**第九次会议**　深泽县第十四届人民代表大会常务委员会第九次会议于2008年5月13日在会议楼第一会议室召开。县人大常委会主任王生力，县人大常委会党组书记、委员王根拴，副主任崔建民、史国士、贾增科，县人大常委会党组成员、委员王建成，委员王志民、王国强、王群英、支彦杰、田志军、史志法、刘亚红、孙亚兰、赵建立、赵路通、袁占强、贾占锁、高丙文、康会彬、程彦波出席会议。县政府常务副县长杨国芳，县法院院长高会岭、县检察院检察长张伟新，县政府办公室主任郭立辉列席会议。会议由王生力主持。

会议通过人事任免事项。

**第十次会议**　深泽县第十四届人民代表大会常务委员会第十次会议于2008年7月24日在会议楼第一会议室召开。县人大常委会主任王生力，县人大常委会党组书记、委员王根拴，副主任崔建民、史国士、贾增科，县人大常委会党组成员、委员王建成，委员马壮国、王志民、王国强、王群英、支彦杰、田志军、史志法、刘亚红、孙亚兰、赵路通、袁占强、贾占锁、高丙文、康会彬、程彦波出席会议。县政府常务副县长杨国芳、副县长张少华，县政协副主席段木同，县法院院长高会岭、县检察院检察长张伟新，县财政局局长张志强、县建设局局长张英利、县环保局局长赵志东、各乡镇人大主席及铁杆镇驻马里办、桥头乡驻耿庄办人大副主席列席会议。会议由王生力主持。

会议听取和审议《县政府2008年上半年财政预算执行情况的报告》，听取县人大财经科关于2008年1—6月财政预算执行情况的调研报告。会议认为，上半年全县财政预算执行情况良好，全部财政收入实现时间、任务双过半，为完成全年预算打下基础；财政支出适度增长，较好地保障了公教人员工资发放和党政机关的正常运行，保证了农村义务教育、新农合、社会保障等重点项目支出，财政收支运转平稳。会议要求：进一步加大招商引资力度，把更大、更好、更环保的项目引入深泽，千方百计优化投资环境；大力支持企业发展，对老企业搞好管理、搞好帮扶；优先保证事关人民群众切身利益的支出项目。

会议听取审议《深泽生态县建设规划（2006—2020年）》的报告和县人大常委会财经科关于《深泽生态县建设规划（2006—2020年）的初审意见》。会议认为，编制2006—2020年深泽生态县建设规划，指导思想明确，遵循原则正确，功能定位准确，重点突出，过程民主，合乎深泽县情，体现民众意愿，是落实科学发展观的重要体现，是实施可持续发展战略的重要举措，是指导全县生态建设的纲领性文件。会议要求：建设生态县要统筹城乡发展，统筹区域发展，统筹经济发展，统筹人与自然和谐发展，实现眼前利益与长远利益的统一，经济效益、社会效益和环境效益的统一，要以转变经济增长方式为核心，突出发展循环经济这一重点，坚持以人为本的原则，依法推进生态县建设，切实保障生态经济、生态环境、生态社会顺利发展。

会议听取审议县政府《关于城建工作进展情况的报告》，听取县人大常委会财经科《关于城建工作进展情况的调研报告》。会议认为，2008年以来，县政府紧紧抓住全省城镇化建设“一年一大步，三年大变样”的大好机遇，着力打造生态家居县城，以拆保建，以拆促变，城建工作力度和效果有目共睹，县城污水处理厂等重点工程，攻坚克难扎实推进，城容城貌综合整治取得实质性进展。会议要求：1. 继续拓宽融资渠道，加大资金跑办力度，多渠道寻求合作伙伴，吸引社会资金参与深泽建设，还要加大财政投入，多途径解决县城建设瓶颈问题。2. 一定要抓住石家庄“三年大变样”的机遇，进一步加大拆违、拆破、拆旧、拆陋力度，优化县城环境。对城区流动摊点、商户占道经营、车辆乱停乱放等多种违规现象，启动新一轮集中整治，实现县城综合秩序持续好转。

会议通过人事任免事项。

**第十一次会议** 深泽县第十四届人民代表大会常务委员会第十一次会议于2008年9月11日在会议楼第一会议室召开。县人大常委会主任王生力，党组书记、委员王根拴，副主任史国士、贾增科，县人大常委会党组成员、委员王建成，委员王志民、王国强、支彦杰、田志军、史志法、刘亚红、孙亚兰、赵建立、赵路通、袁占强、贾占锁、高丙文、康会彬、程彦波出席会议。县政府常务副县长杨国芳，县政协副主席张增怀，县法院院长高会岭、县检察院检察长张伟新，县财政局局长张志强、县审计局局长苑运良、县政府办公室副主任王秀党，各乡镇（办事处）人大主席、副主席列席会议。会议由王生力主持。

会议听取县政府《关于2007年度财政决算情况的报告》和县人大常委会财经科《关于2007年度财政决算情况的审查意见》。会议认为，经过县政府和有关部门的不懈努力，2007年财政工作取得显著成绩，财政收入实现快速增长。政府支持企业发展的力度进一步加强，基础设施建设、民生、医疗等方面的投入进一步加大，有力促进了全县经济和各项社会事业的健康发展。会议要求：1. 继续加大“六联六找”工作力度，提高招商引资效率，促进项目工作开展，为财政税收的增长培植税源和发展后劲，不断提高新上项目的财政贡献率。2. 在招商引资的基础上，继续加大对现有重点企业技改扩规的支持力度，引进新项目，发展老企业，培植县内纳税大户，逐步调整财税收入结构，降低税收成本。3. 继续加强财政监管，严格落实收支两条线政策，加强对预算外资金管理和使用的监控力度，严肃处理私设小金库和使用非法票据等违纪违法行为。4. 继续加强财税队伍建设，不断提高财税人员的政治素质和业务素质，防止拖、逃、抗、欠和人情税、关系税问题的发生，做到应收尽收。通过表决，会议决定批准县政府关于 2007 年财政决算报告。

会议听取县政府《关于 2007 年度县本级预算执行和其他财政收支的审计工作报告》。会议认为，审计部门对 2007 年度县本级预算执行情况和其他财政收支情况进行认真细致、公正公开的审计，对审计出的问题进行严肃查处，有利于财税工作健康、规范发展。会议要求：1. 继续加大对专项资金的审计力度，确保专项资金落实到位，使用到位。2. 加大对违规违纪问题的查处，对审计中查出的问题要切实做到纠正到位，处罚到位。

会议听取县政府《关于 2008 年 11 件实事办理情况的报告》和县人大调研组《关于 2008 年县政府 11 件实事办理情况的调研报告》。会议认为，2008 年县政府高度重视 11 件实事办理工作，将其作为转变政府职能、提升政府形象的一项重要工作来抓，加强领导、组织和协调，多次召开专题会议进行研究部署，思路明晰，措施得力，11 件实事不同程度取得进展。但其中 2 件实事还没有实质性进展。会议要求：县政府及有关部门要进一步提高对 11 件实事办理工作的认识，要作为打造诚信政府、促进社会和谐稳定的重要工作来抓，年内确保 11 件实事能够全部完成。县政府近期要组织 11 件实事所涉及部门逐件进行一次“回头看”，总结成功经验，查找问题不足，对正在进展中的实事，抓时间，抓进度，对还没有实质进展的实事，要尽快拿出方案。

会议通过人事任免事项。

**第十二次会议**　深泽县第十四届人民代表大会常务委员会第十二次会议于 2008 年 10 月 29 日在会议楼第一会议室召开。县人大常委会主任王生力，县人大常委会党组书记、委员王根拴，副主任崔建民、史国士、贾增科，县人大常委会党组成员、委员王建成，委员马壮国、王志民、王群英、支彦杰、田志军、史志法、刘亚红、孙亚兰、赵建立、赵路通、贾占锁、康会彬、程彦波出席会议。县人事劳动和社会保障局局长贺书良、县卫生局局长张志兴、县农业局局长陈振宏，县法院副院长张造国、县检察院副检察长邸丽琴，各乡镇（办事处）人大主席、副主席列席会议。会议由王生力主持。

会议听取县政府《关于 2008 年新农合运行情况、城镇居民、城镇职工医疗保险运行情况的报告》和县人大常委会科教文卫科《关于县政府 2008 年新农合运行情况、城镇居民、城镇职工医疗保险运行情况的调研报告》。会议认为，2008 年以来，县政府及有关部门在新农合和城镇居民、城镇职工医疗保险政策实施过程中，做了大量细致的工作，各定点医疗机构制度规范，治疗、报销流程图上墙公示，使患者一目了然。会议要求：1. 县政府及有关部门要进一步加强对各级定点医疗机构的监督和管理，确保各级定点医疗机构不出现任何损害参合农民、参保居民、职工利益的违纪违规现象。2. 借鉴外地经验，结合深泽实际，进一步探索规范新农合、城镇居民、城镇职工医疗保险更好运行。3. 进一步加大舆论宣传力度，调动参保人员的积极性，提高参合率、参保率。

会议听取《县政府农业产业化工作情况的报告》和县人大常委会财经科《关于农业产业化工作情况的视察报告》。会议认为，近年来，县政府在农业产业化工作中，始终坚持科学发展观，立足于发展农村经济解决“三农”问题，扎实推进农业内部结构调整，做了大量艰苦细致的工作。会议要求：1. 继续出台支农惠农政策，强化政府服务职能。2. 下大力扶持一批粮食、果品、肉奶深加工企业，带动种植养殖各业发展。3. 继续实施品牌战略，政府相关部门要积极跑办果品、禽蛋、蔬菜、猪牛等产品商标注册，提高深泽农副产品的知名度和竞争力。4. 继续发展农民合作经济组织，健全各项规章制度，解决当地群众一家一户解决不了的难题。

**第十三次会议**　深泽县第十四届人民代表大会常务委员会第十三次会议于 2008 年 12 月 5 日在会议楼第一会议室召开。县人大常委会主任王生力，县人大常委会党组书记、委员王根拴，副主任崔建民、贾增科，县人大常委会党组成员、委员王建成，委员马壮国、王志民、王群英、田志军、史志法、刘亚红、孙亚兰、赵路通、贾占锁、康会彬、程彦波出席会议。县政府副县长张少华，县法院副院长贾福刚、县检察院副检察长邸丽琴，县建设局局长张英利，各乡镇（办事处）人大主席、副主席列席会议。会议由王生力主持。

会议听取深泽县人民政府副县长张少华受县政府委托所作的《深泽县县城总体规划（2008—2020 年）的编制说明》，并对《深泽县县城总体规划（2008—2020 年）的编制说明》进行认真审议。会议认为，县政府组织编制的县城总体规划，指导思想明确，思路清晰，内容全面，城市性质定位准确，符合深泽发展实际。新规划的科学性、现实性、前瞻性和可操作性强，是一个高起点、高层次、高水平的规划。实施这一规划，对于打造宜居宜看精品县城，完善市政功能，改善县城环境，实现“三年大变样”目标，落实高标准建设、市场化经营、精细化管理县城，对于改善县域投资环境，增强县域经济承载能力，促进项目建设和经济发展，必将起到积极的促进作用。会议以举手表决方式通过《深泽县县城总体规划（2008—2020 年）》编制情况的报告。

**第十四次会议**　深泽县第十四届人民代表大会常务委员会第十四次会议于 2008 年 12 月 24 日在会议楼第一会议室召开。县人大常委会主任王生力，党组书记、委员王根拴，副主任崔建民、贾增科，县人大常委会党组成员、委员王建成，委员马壮国、王国强、王群英、田志军、史志法、赵路通、高丙文、贾占锁、康会彬、程彦波出席会议。县政府常务副县长杨国芳，县政协副主席段木同，县法院院长高会岭、县检察院副检察长崔跃进，县发展改革局局长王树凯，各乡镇（办事处）人大主席列席会议。会议由王生力主持。

会议听取县政府《关于代表建议和意见办理情况的报告》和县人大常委会代联科《关于代表建议和意见办理情况的调研报告》。会议认为，2008 年县政府对代表建议和意见的办理工作十分重视，办理程序规范、责任明确、措施得力、效果显著，办结率和代表对承办工作的满意率有很大提高。会议要求：1. 要站在改进政府工作，加强职能部门与人民群众的联系，促进民主政治建设的高度，进一步认真做好建议和意见的承办工作，把承办过程变为提高政府工作、加强与人民群众联系、了解民情民意、为群众办实事的过程。2.进一步扩大代表知情知政的渠道，把政府有关承办工作的安排、文件、简报等发放给代表，让代表了解建议和意见的办理过程和工作进展，使承办工作公开、透明，有利于加强政府与群众的联系，提高政府形象。3.建议县政府把代表建议、意见的办理作为对承办部门全年考核的一项内容，加强承办部门的责任心，促进工作开展。

会议听取县政府《关于项目建设工作情况的报告》和县人大常委会财经科《关于项目建设情况的调研报告》。会议认为，县政府始终如一地把项目建设作为全县工作的重中之重，项目建设呈现出开工一批、储备一批、谋划一批的良好态势，圆满完成年初人代会确定的项目建设任务。会议要求：1.要一以贯之的贯彻项目立县的发展战略，把"工业兴县、项目立县"作为一个长期的指导思想，大张旗鼓地宣传，创造良好的舆论氛围，进一步在全县各级各部门中形成共识和合力。2.进一步扩宽融资渠道，充分利用国家拉动内需增加资金投放的机遇，既要抓住信贷资金不放，又要力争列入省市重点项目，最大限度争取配套资金。3.县政府要对尚未完成投资计划的项目逐个进行会诊，实事求是地分析和解决项目建设中的困难和问题，就如何帮助企业排忧解难把工作做深、做细、做实。4.进一步加大对现有企业生产经营的扶持力度，在定期调度在建项目的同时，安排调度现有企业生产经营情况，针对企业生产经营中存在的共性问题出台政策扶持，针对金融危机带来的负面影响，采取措施应对，通过抓现有企业的巩固提高，带动全县经济持续增长。

会议以举手表决方式通过《深泽县人大常委会关于表彰优秀县人大代表的决定（草案）》。

**第十五次会议**　深泽县第十四届人民代表大会常务委员会第十五次会议于2009年1月10日在会议楼第一会议室召开。县人大常委会主任王生力，县人大常委会党组书记、委员王根拴，副主任崔建民、贾增科，县人大常委会党组成员、委员王建成，委员马壮国、王志民、王国强、支彦杰、史志法、刘亚红、孙亚兰、赵建立、赵路通、贾占锁、康会彬、程彦波出席会议。会议由王生力主持。

会议接受杜振琪辞去深泽县人民政府县长职务，决定任命盛庆功为深泽县人民政府副县长、代县长，补选盛庆功为石家庄市第十二届人民代表大会代表。

**第十六次会议**　深泽县第十四届人民代表大会常务委员会第十六次会议于2009年2月7日在会议楼第一会议室召开。县人大常委会主任王生力，县人大常委会党组书记、委员王根拴，副主任崔建民、史国士、贾增科，县人大党组成员、委员王建成，委员马壮国、支彦杰、王志民、王国强、田志军、史志法、刘亚红、孙亚兰、赵建立、赵路通、袁占强、贾占锁、高丙文、康会彬、程彦波出席了会议。县政府常务副县长杨国芳，县政协副主席段木同，县法院院长高会岭、县检察院检察长张伟新及各乡镇人大主席、铁杆镇驻马里办事处人大副主席、桥头乡驻耿庄办事处人大副主席列席会议。会议由王生力主持。

会议通过关于决定召开深泽县第十四届人民代表大会第三次会议的有关事宜。审议通过《深泽县人大常委会2008年工作要点（草案）》。审议通过《深泽县人大常委会工作报告（草案）》。

**第十七次会议** 深泽县第十四届人民代表大会常务委员会第十七次会议于2009年4月28日在会议楼第一会议室召开。县人大常委会主任王生力，县人大常委会党组书记、委员王根拴，副主任崔建民、史国士、贾增科，县人大常委会党组成员、委员王建成，委员王志民、王群英、支彦杰、史志法、刘亚红、孙亚兰、赵建立、赵路通、贾占锁、高丙文、康会彬、程彦波出席会议。县政府常务副县长杨国芳，县法院副院长贾福刚、县检察院副检察长邸丽琴，县监察局局长高志强、县就业局局长孙英山，各乡镇人大主席、铁杆镇驻马里办、桥头乡驻耿庄办人大副主席列席会议。会议由王生力主持。

会议听取县政府《关于优化经济发展环境的工作报告》和县人大财经科《关于县政府优化经济发展环境的调研报告》。会议认为，2008年以来，面临国际金融危机大环境，县政府牢固树立抓环境就是抓发展，优化发展环境就是提高生产力的理念，毫不动摇地实施“环境兴县”战略，积极采取应对措施，竭尽全力建设优美的县城环境、高效的政务环境、优惠的政策环境、和谐的社会环境，努力在危急中求生机，全县招商引资、项目建设和公益事业取得有目共睹的成绩，得到上级肯定和群众认可。会议要求：1.优化发展环境。重在解决土地、资金和环保三大难题。2.继续出台优化经济发展环境的政策规定，落实企业宁静日制度，让企业经营者把主要精力放在保生存、促发展、创名牌、创效益上来。3.简化行政审批手续，强化政务中心一站式审批。4.统一步调，千方百计促发展，结合干部作风建设年活动，强化机关干部服务理念。

会议听取县政府《关于〈中华人民共和国就业促进法〉贯彻落实情况的工作报告》和县人大科教文卫科《关于县政府贯彻落实〈中华人民共和国就业促进法〉情况的调研报告》。会议要求：1.要继续加大宣传力度，各部门要带头学习和全面准确掌握《中华人民共和国就业促进法》等相关法律法规的内容和要求。2.要整合资源，提高职业培训实效。3.加快人力资源市场建设，搭建好就业服务平台。4.要进一步加大政府、财政支持力度，保证此项工作正常有效开展和运行。

会议通过人事任免事项。

**第十八次会议** 深泽县第十四届人民代表大会常务委员会第十八次会议于2009年6月29日在会议楼第一会议室召开。县人大常委会主任王生力，县人大常委会党组书记、委员王根拴，副主任崔建民、史国士、贾增科，县人大常委会党组成员、委员王建成，委员王志民、王群英、支彦杰、田志军、史志法、刘亚红、孙亚兰、赵建立、赵路通、高丙文、袁占强、贾占锁、康会彬出席会议。县委常委、县政府副县长张少华，县政府党组成员冯玉春，县政协副主席段木同，县法院副院长纪兰生、县检察院检察长张伟新，县城建局局长张英利、县农业局局长王志强，各乡镇人大主席、铁杆镇驻马里办、桥头乡驻耿庄办人大副主席列席会议。会议由王生力主持。

会议听取县政府《关于“三年大变样”暨城市建设、管理与经营情况的工作报告》和县人大财经科《关于"三年大变样"暨城市建设、管理与经营情况的调研报告》。会议认为，2009年以来，县政府围绕城镇建设"三年大变样"目标，立足深泽发展实际，扎扎实实开展工作，一手建，一手管，建管并重，城建城管工作在去年基础上取得实质性进展，对于改善老百姓生活环境、优化经济发展环境，发挥了关键作用。会议要求：要紧紧抓住全省全市"三年大变样"机遇，完成拆迁规划；要按照城建规划，高标准建设县城，坚决制止私搭乱建现象再次发生；要探索经营城市的途径和办法，解决缺少建设资金的瓶颈问题；要不断提高居民群众的城市意识，实现由村民到居民，由居民到市民的转变；要建设一支政治思想坚定、业务素质过硬且相对稳定的城管队伍。

会议听取县政府《关于农业工作情况的工作报告》和县人大财经科《关于县政府农业工作情况的调研报告》。会议认为，2009年以来，县政府把农业发展放在重要位置，紧紧抓住国家扩大内需加大农业投入的政策机遇，积极跑办农业项目，争取专项资金，促进农业发展，惠及全县农民。夏粮喜获丰收。会议要求：1. 要按照产业化的思路发展农业。大力培育特色主导产业，发展壮大龙头企业和农民专业合作组织，培育农业品牌，推进产业化经营。2. 用足用好国家惠农政策，农口各部门要对口力争农业项目，争取国家支农资金。3. 健全农业科技队伍，政府要注意解决农口技术人员青黄不接问题，为农业持续发展解除后顾之忧。

**第十九次会议**　深泽县第十四届人民代表大会常务委员会第十九次会议于2009年8月6日在会议楼第一会议室召开。县人大常委会主任王生力，县人大常委会党组书记、委员王根拴，副主任崔建民、史国士、贾增科，县人大常委会党组成员、委员王建成，委员马壮国、王志民、王群英、支彦杰、田志军、史志法、刘亚红、孙亚兰、赵建立、赵路通、袁占强、贾占锁、康会彬、程彦波出席会议。县政府常务副县长杨国芳，县政协副主席张增怀，县法院副院长张造国、县检察院副检察长崔跃进，县财政局局长张志强、县发展改革局局长王树凯、县政府办公室副主任袁立锋、县财政局副局长盖会恩列席会议。会议由王生力主持。

会议听取《县政府关于市发投对鹏辉公司等企业融资情况的说明》《深泽县人民政府关于申请批复以委托贷款形式落实石家庄发展投资有限责任公司资金有关情况的报告》。会议认为，深泽县从市发投争取资金支持鹏辉等3家企业尽快做大做强，是件好事，要抓紧时间运作，把好事办好。会议要求：1. 县政府要与三家企业分别签订书面文件，对资金用途、还本付息、税收增长等作出详细安排。2. 县财政部门要与三家企业分别签订企业对县财政反担保协议，把各自企业的有效资产抵押给县财政局，到工商、土地、房产等相关部门办理抵押登记。3. 县政府要加强资金使用及还本付息监督，按年度向县人大常委会报告情况。会议以举手表决方式通过决议。

会议听取深泽县人民政府《关于利用信用社贷款进行县城及工业园区建设的报告》。会议认为，县政府利用信用社贷款进行应由政府投资的县城及工业园区建设，是一件利县、利民的好事。会议要求：县政府要对贷款资金统一调配使用，在县财政设专户管理，并严格支出审批程序。会议以举手表决方式通过这个报告。

**第二十次会议**　深泽县第十四届人民代表大会常务委员会第二十次会议于2009年8月

25日在会议楼第一会议室召开。县人大常委会主任王生力，县人大常委会党组书记、委员王根拴，副主任崔建民、史国士、贾增科，县人大常委会党组成员、委员王建成，委员马壮国、王志民、支彦杰、田志军、史志法、刘亚红、孙亚兰、赵建立、赵路通、袁占强、贾占锁、高丙文、程彦波出席会议。县政府常务副县长杨国芳，县政协副主席段木同，县法院院长高会岭、县检察院副检察长邸丽琴，县财政局局长张志强、县审计局局长苑运良，各乡镇人大主席及铁杆镇驻马里办、桥头乡驻耿庄办人大副主席列席会议。会议由王生力主持。

会议听取县政府《关于2008年度财政决算情况的报告》和县人大常委会财经科《关于2008年度财政决算情况的审查意见》。会议认为，经过县政府和有关部门的不懈努力，2008年财政工作取得显著成绩，财政收入实现快速增长。随着财政收入的增长，在保证机关正常运转的同时，政府支持企业发展的力度进一步加强，基础设施建设、民生、医疗等方面的投入力度进一步加大，有力地促进了深泽经济和各项社会事业的健康发展。但财政还存在一些不容忽视的问题。会议要求：1.继续加大“六联六找”工作力度，提高招商引资效率，促进项目工作开展，为财政税收的增长培植税源和发展后劲，不断提高新上项目的财政贡献率。2.在招商引资的基础上，继续加大对现有重点企业技改扩规的支持力度，引进新项目，发展老企业，培植县内纳税大户，逐步调整财税收入结构，降低税收成本。3.继续加强财政监管，严格落实收支两条线政策，加强对预算外资金管理和使用的监控力度，严肃处理私设小金库和使用非法票据等违纪违法行为。4.继续加强财税队伍建设，不断提高财税人员的政治素质和业务素质，防止拖、逃、抗、欠和人情税、关系税问题的发生，做到应收尽收。通过表决，会议决定批准县政府关于2008年财政决算报告。

会议听取县政府《关于2008年度县本级预算执行和其他财政收支的审计工作报告》。会议认为，审计部门对2008年度县本级预算执行情况和其他财政收支情况进行认真审计，对审计出的问题进行严肃处理，有利于财税工作健康、规范发展。会议要求：1.继续加大对专项资金的审计力度，确保专项资金落实到位，使用到位。2.加大对违规违纪问题的查处，对审计中查出的问题要切实做到纠正到位，处罚到位。

会议听取《县政府2009年上半年财政预算执行情况的报告》和县人大财经科《关于2009年上半年财政预算执行情况的调研报告》。会议认为，上半年全县财政预算执行情况良好，全部财政收入实现时间、任务双过半，为完成全年预算打下基础；财政支出适度增长，较好地保障了公教人员工资发放和党政机关的正常运行，保证了农村义务教育、新农合、社会保障等重点项目支出，财政收支运转平稳。会议要求：1.继续加大“六联六找”力度，千方百计优化投资环境，把更大、更好、更环保的项目引入深泽，为财政增长培植稳定税源。2.加大税收征管力度，治理拖逃抗欠，做到应收尽收。3.优化支出结构，强化预算约束，确保重点支出和财政收支平衡。4.强化财政监督，严肃查处违规违纪行为，维护财经秩序，提高财政资金的使用效果。

会议审议并以举手表决方式通过《深泽县人民代表大会常务委员会审议意见办理办法（试行）（草案）》和《深泽县人大常委会关于对县政府、县法院、县检察院专项工作报告进行满意度测评的实施意见（草案）》。

会议通过人事任免事项。

**第二十一次会议**　深泽县第十四届人民代表大会常务委员会第二十一次会议于2009年10月28日在会议楼第一会议室召开。县人大常委会主任王生力，县人大常委会党组书记、委员王根拴，副主任崔建民、史国士、贾增科，县人大常委会党组成员、委员王建成，委员马壮国、王志民、田志军、史志法、刘亚红、孙亚兰、赵路通、贾占锁、高丙文、康会彬、程彦波出席会议。县委常委、县政府副县长张少华、副县长赵云爱，县政协副主席、交通局局长张增怀、县政协副主席段木同，县法院院长高会岭、县检察院检察长张伟新，县政府办公室主任郭立辉，县教育局局长许庆林和各乡镇人大主席及铁杆镇驻马里办、桥头乡驻耿庄办人大副主席列席会议。会议由王生力主持。

会议听取县政府《关于〈中华人民共和国义务教育法〉贯彻落实情况的工作报告》和县人大科教文卫科《关于〈中华人民共和国义务教育法〉贯彻落实情况的调研报告》。会议认为，2006年新的《中华人民共和国义务教育法》颁布实施以来，政府及有关部门按照相关要求，认真履行职责，在宣传普及、经费保障、统筹规划、教育教学等方面做了大量工作，取得明显成效。会议要求：加大宣传普及力度，优化义务教育发展环境；健全经费保障机制，保障义务教育经费投入；合理规划学校布局，推进义务教育均衡发展；加强队伍建设，提高教育教学质量。

会议听取县政府《关于2009年县政府12件实事办理情况的报告》和《县人大常委会办公室关于2009年县政府12件实事办理情况的调研报告》。县政府确定的12件为民“办实事”项目内容涉及社会保障、就业服务、城市建设、医疗卫生、道路交通、电力建设等方面，都是当前全县广大人民群众普遍关心和迫切需要解决的实际问题。县政府对“办实事”工作高度重视，把此项工作作为践行“以人为本的科学发展观”重要思想，打造诚信政府、促进社会和谐稳定的重要工作来抓。会议认为，通过各方共同努力，2009年为民“办实事”工作取得较好成效，得到广大人民群众普遍认可。会议要求：为民“办实事”工作是一项民心工程，对没有完成的实事，要进一步加大工作力度，确保按时完成；对已经完成或基本完成的为民“办实事”项目要进一步巩固工作成果；为民“办实事”工作是一项长期的系统工程，要进一步完善工作机制。

会议听取《深泽县交通局专项工作报告》和县人大财经科《关于交通工作情况的调研报告》，并进行满意度测评。会议认为，2009年以来，交通局认真贯彻执行国家交通运输法规，积极完成年初交通运输发展目标和工作任务，工程建设和行业管理都取得了较好成效。会议要求：1.要将农村公路管理养护纳入目标管理考核办法。2.拓宽筹集公路建设资金渠道，按照国家、省、市有关政策，借鉴其他县市经验方法，及时足额将纳入县、乡财政预算拨付到位。3.由政府牵头，土地、城建、公安、交通等部门协调联动，对公路沿线村庄、房屋进行集中整治。会议对交通局工作进行了满意度测评。

会议通过人事任免事项。

**第二十二次会议** 深泽县第十四届人民代表大会常务委员会第二十二次会议于2009年12月31日在会议楼第一会议室召开。县人大常委会主任王生力，县人大常委会党组书记、委员王根拴，副主任崔建民、史国士，县人大常委会党组成员、委员王建成，委员马壮国、支彦杰、王群英、田志军、史志法、刘亚红、孙亚兰、赵路通、赵建立、贾占锁、高丙文、康会彬、袁占强、程彦波出席会议。县政府常务副县长杨国芳、副县长曹树池，县法院院长高会岭、县检察院副检察长邸丽琴，县财政局局长张志强、县发改局局长王树凯、县政府侨务办主任袁立锋、县工业园区副主任秦恒民和各乡镇人大主席及铁杆镇驻马里办、桥头乡驻耿庄办人大副主席列席会议。会议由王生力主持。

会议听取《深泽县人民政府关于调整2009年县财政全部预算收入的报告》和《深泽县人大常委会财经科关于县政府调整2009年财政预算报告的初审意见》。会议认为，2009年县政府一手抓项目建设，一手抓增收节支，全县财政收入实现稳步增长。但是由于受金融危机、增值税转型、所得税下调、利息税免征等诸多不利因素的影响，导致全县税收任务难以完成年初预算目标。县政府提出调整2009年财政预算，符合目前宏观经济形势和深泽实际。为此，根据《预算法》和《河北省预算审查监督条例》的相关规定，会议决定批准县政府2009年财政预算调整方案。会议以举手表决方式，通过《深泽县人大常委会关于批准县政府调整2009年财政预算的决定》。

会议听取《县政府关于县十四届人大三次会议人大代表建议、意见办理情况的报告》和《县人大常委会调研组关于代表建议和意见办理情况的调研报告》。会议认为，2009年，县政府高度重视代表建议和意见办理工作。通过采取加强领导、明确责任、规范办理、强化督导等措施，不断加大办理工作力度。到年底，34件代表建议、意见已全部办理完毕，并答复代表，代表满意率进一步提高。会议要求：县政府及有关部门要以对人民高度负责的精神，进一步加大代表建议、意见的办理力度，对于条件具备能解决的问题，要想方设法给予解决；需逐步解决的，要拿出方案逐步落实解决；对于一些确实受条件或政策所限不能解决的问题，要实事求是地向代表做好解释工作；对于涉及多个部门办理的建议和意见，县政府要加大协调力度，保证办理质量。

会议听取《县政府关于项目及工业园区建设工作情况的报告》和《县人大常委会视察组关于我县重点项目及工业园区建设情况的视察报告》。会议认为，县政府在项目及工业园区建设方面，2009年是措施最有力、效果最明显的一年。会议要求：1.县政府要在进一步加大新项目跑办力度的同时，更加关注原有企业、已开工企业的生产和经营，完善政策机制，加大帮扶力度，促其尽快做强做大。2.县政府要在全民招商的基础上，集中人力、物力、财力，攻坚克难，重点突破，确保已落地项目尽快达产达效。3.县政府要在关注上项目数量的同时，更加注重一些立县大项目的跑办。

**第二十三次会议** 深泽县第十四届人民代表大会常务委员会第二十三次会议于2010年1月5日在会议楼第一会议室召开。县人大常委会主任王生力，县人大常委会党组书记、委员王根拴，副主任崔建民、史国士、贾增科，县人大常委会党组成员、委员王建成，委员马壮国、王志民、支彦杰、田志军、史志法、刘亚红、孙亚兰、赵路通、赵建立、贾占锁、高丙文、袁占强、程彦波出席会议。会议由王生力主持。

会议依法补选刘晓军为石家庄市第十二届人民代表大会代表。

**第二十四次会议** 深泽县第十四届人民代表大会常务委员会第二十四次会议于2010年1月13日在会议楼第一会议室召开。县人大常委会主任王生力，县人大常委会党组书记、委员王根拴，副主任崔建民、史国士、贾增科，县人大党组成员、委员王建成，委员马壮国、支彦杰、王志民、王群英、田志军、史志法、刘亚红、孙亚兰、赵路通、袁占强、贾占锁、高丙文、康会彬、程彦波出席会议。县政协副主席段木同，县法院院长高会岭、县检察院副检察长崔跃进及各乡镇人大主席、铁杆镇驻马里办事处人大副主席、桥头乡驻耿庄办事处人大副主席全程列席会议，县政府副县长赵云爱，县卫生局局长张志兴、县人民政府侨务办公室主任袁立峰、县农发行副行长袁兰雨、县医院副院长陈会民列席会议第四项议题。会议由王生力主持。

会议以举手表决方式逐项通过关于召开深泽县第十四届人民代表大会第四次会议的有关事宜。

会议讨论、审议《深泽县人大常委会工作报告（草案）》，以举手表决方式原则通过该草案。

会议讨论、审议《深泽县人大常委会2010年工作要点（草案）》，以举手表决方式原则通过该草案。

会议听取和审议由县政府侨务办公室主任袁立峰受县政府委托所作的《关于利用农发行贷款进行县医院新建综合楼项目建设有关问题的报告》。会议认为，县医院门诊及病房楼房屋陈旧且短缺，已不能满足广大人民群众就医需要，急需新建一座综合楼。但由于资金缺口较大，短期难以建成。鉴于县医院不能直接贷款，县政府决定由深泽县经发投资有限公司采取担保贷款方式从农发行融资1000万元，支持县医院病房楼建设很有必要。会议原则通过《深泽县人民政府关于利用农发行贷款进行县医院新建综合楼项目建设有关问题的报告》。会议要求：县政府要采取有效措施，加强融资资金管理，确保县医院到期按时还本付息，彻底消除财政资金风险。会议以举手表决方式通过《深泽县人大常委会关于批准〈深泽县人民政府关于利用农发行贷款进行县医院新建综合楼项目建设有关问题的报告〉的决议（草案）》。

**第二十五次会议** 深泽县第十四届人民代表大会常务委员会第二十五次会议于2010年3月18日在会议楼第一会议室召开。县人大常委会主任王生力，县人大常委会党组书记、委员王根拴，副主任崔建民、史国士、贾增科，县人大党组成员、委员王建成，委员支彦杰、王群英、田志军、史志法、刘亚红、孙亚兰、赵路通、袁占强、贾占锁、高丙文、康会彬、程彦波出席会议。县法院副院长张造国、县检察院副检察长邸丽琴及各乡镇人大主席、铁杆镇驻马里办事处人大副主席、桥头乡驻耿庄办事处人大副主席列席会议。会议由王生力主持。

会议以举手表决方式逐项通过深泽县人大常委会关于召开县第十四届人民代表大会第五次会议的决定（草案）、深泽县第十四届人民代表大会第五次会议主席团和秘书长建议名单

（草案）、主席团常务主席建议名单（草案）、副秘书长建议名单（草案）、各代表团召集人名单（草案）、总监票人、监票人名单（草案）及深泽县第十四届人大常委会代表资格审查委员会关于代表资格的审查报告（草案）。

**第二十六次会议** 深泽县第十四届人民代表大会常务委员会第二十六次会议于2010年4月27日在县政府会议楼第一会议室召开。县人大常委会主任王生力，副主任崔建民、史国士、贾增科、黎建辉，县人大常委会党组成员、委员王建成，委员马壮国、王群英、王志民、支彦杰、田志军、史志法、刘亚红、孙亚兰、赵路通、袁占强、贾占锁、高丙文、康会彬、程彦波出席会议。县政府副县长曹树池，县法院院长高会岭、县检察院副检察长邸丽琴，县政府办公室副主任王秀党，县工促局局长赵志彬、县发改局局长王树凯、县水务局局长赵志东和各乡镇人大主席及铁杆镇驻马里办、桥头乡驻耿庄办人大副主席列席会议。会议由王生力主持。

会议听取和审议《县政府关于现有工业企业运行及新上项目投产达效情况的工作报告》和《县人大财经科关于现有工业企业运行及新上项目投产达效情况的调研报告》。会议认为，2009年以来，县政府面对金融危机持续蔓延和经济下行压力加大的严峻形势，深入开展“保增长、调结构、抓项目、强园区、全力打好工业攻坚战”活动，全县项目建设实现逆势突破，工业经济运行实现企稳回升。2009年，全县固定资产投资50万元以上竣工投产及在建项目达到132个，其中76个工业项目中，已有53个实现投产和逐步达效；2010年一季度，全部工业经济完成增加值、利税、实现利润均比上年同期有较大幅度增长。会议要求：1. 县政府要进一步强化“坚定不移抓项目、突出重点抓工业”的工作理念，坚持一手抓招商引资、上新项目，一手抓原有企业运行和新上项目的投产达效，提高财政贡献率。2. 要进一步理顺政府有关部门的管理职能，将原有企业和新上企业的生产、经营情况统一协调管理起来，确保全县工业企业取得预期效益。3. 要进一步关注原有工业企业的生产和经营情况，在资金、人才、土地、软硬环境等方面给予支持和帮助，确保其正常运转。4. 要进一步加大招商引资力度，完善招商引资考核机制，建立招商引资奖励政策，充分利用现有产业、园区等招商引资平台，实现产业承接。5. 要进一步优化经济发展环境，积极营造更加宽松、开放、高效的发展环境。

会议通过人事任免事项。

会议听取和审议《县政府关于水务工作情况的报告》和《县人大财经科关于水务工作情况的调研报告》。会议认为，水务工作既涉及到全县经济发展，又关系到民生，责任重大。会议要求：1. 进一步加强水务政策法规的宣传力度，在全县范围内形成人人遵纪守法、人人节约用水、人人维护水利设施的良好风气。2. 进一步加大执法力度，加强基础设施保护。滹沱河河道内沙场开采要加强管理，落实统一规划，大沙坑必须填埋。3. 进一步拓宽水利项目融资渠道，加大饮用水安全治理力度，尤其是部分没打深水井的住宿学校，县、乡政府应多方筹措资金，加以解决，确保师生饮水安全。4. 进一步加大农村帮扶力度，科学规划，突出重点，把农村水利建设与农业发展、农村环境整治、农民生活改善等有机结合起来，推动农村节水项目步入快车道。

会议以无记名投票方式对县工促局、县发改局、县水务局工作进行满意度测评。

会议以举手表决方式通过《深泽县第十四届人大常委会组成人员联系县人大代表、县人大代表联系选民办法（试行）》，该《办法》自通过之日起施行。

**第二十七次会议**　深泽县第十四届人民代表大会常务委员会第二十七次会议于2010年6月10日在县政府会议楼第一会议室召开。县人大常委会主任王生力，县人大常委会党组书记、委员王根拴，副主任崔建民、史国士、黎建辉，县人大常委会党组成员、委员王建成，委员马壮国、王志民、支彦杰、史志法、刘亚红、孙亚兰、赵路通、贾占锁、高丙文、康会彬、程彦波出席会议。县政府常务副县长杨国芳，县政协副主席段木同，县法院副院长张造国、县检察院副检察长崔跃进，县政府侨务办主任袁立峰，县发改局局长王树凯、县财政局局长张志强、县文体局局长纪书强、县广播电视局局长曹占青、县文联主席刘炬和各乡镇人大主席及铁杆镇驻马里办、桥头乡驻耿庄办人大副主席列席会议。会议由王生力主持。

会议听取和审议《深泽县人民政府关于市发投和信用社贷款到位、使用及还本付息情况的工作报告》和《深泽县人大常委会调研组关于市发投和信用社贷款到位、使用及还本付息情况的调研报告》。会议认为，利用财政担保争取金融部门资金，目的是促进优势行业和重点企业做大做强，进行县城基础设施建设，政府及相关部门积极运作，资金到位、使用及还息情况基本正常。会议要求：1. 加大工作力度，使贷款资金尽早全部到位。县政府及相关部门要力争促成鹏辉公司贷款及时足额到位。同时继续积极跑办信用社贷款，进行县城和工业园区建设。2. 进一步完善贷款资金的使用监管机制，把资金风险降到最低程度。县政府要在贷款使用一个年度前，就贷款使用、还本付息及下年度继续使用等情况，以书面材料报县人大常委会。3. 发挥好贷款资金的最大效益。政府及相关部门要监督和帮助企业把贷款资金使用好，确保引进资金的预期效益。

会议听取和审议《深泽县人民政府关于推进文化强县建设，打造先进文化品牌工作情况的报告》和《深泽县人大常委会调研组关于推进文化强县建设，打造先进文化品牌工作情况的调研报告》。会议认为，近年来，县政府高度重视文化强县建设，各部门做了大量工作，取得一定成绩。会议要求：1. 进一步统一思想，提高认识，制定出符合深泽实际，有利于文化事业发展的中长期规划。2. 进一步加大文化事业投入，不断提升文化设施档次。坚持文化设施建设与城乡基础设施建设和环境建设相结合，按照多渠道投入、市场化运作、分阶段实施的原则，建设一批有地域特色、品位高雅、风格鲜明的文化基础设施，努力提升深泽文化品位。3. 建立健全文化管理体系。要加强组织领导，明确各乡镇和各部门负责人员，加强培训，上下联动，形成齐抓共管的网络体系。4. 加强文化专业人才队伍建设，培养一批专业人才，强力打造深泽特色文化品牌。

**第二十八次会议**　深泽县第十四届人民代表大会常务委员会第二十八次会议于2010年8月18日在县政府会议楼第一会议室召开。县人大常委会主任王生力，县人大常委会党组书记、委员王根拴，副主任崔建民、史国士、贾增科、黎建辉，委员马壮国、王志民、王群英、支彦杰、田志军、史志法、刘亚红、孙亚兰、赵路通、袁占强、贾占锁、高丙文、康会彬、程彦波出席会议。县政府副县长尚秀伟，县法院副院长张造国、县检察院副检察长张国忠，县财政局局长张志强、县审计局局长苑运良及各乡镇人大主席、桥头乡驻耿庄办人大副主席列席会议。会议由王生力主持。

会议听取和审议县财政局局长张志强所作的《关于2009年财政决算情况的工作报告》、县审计局局长苑运良所作的《关于2009年度县财政预算执行情况和其他财政收支审计情况的工作报告》和县人大常委会财经科《关于2009年度财政决算情况的审查意见》。会议认为，县政府提交的《财政决算报告》客观真实地反映了2009年度深泽县财政收支的总体状况，实事求是地查找出了存在的问题；县政府提交的《审计工作报告》全面总结对2009年度预算执行和其他财政收支的审计情况，指出审计过程中发现的问题，针对发现的问题提出了具体建议。2009年，县政府一手抓项目建设，竭力培植财源；一手抓税费征管，努力做到应收尽收。全县财政收入实现新的突破，财政支出坚持保重点、保运转、保民生，实现全年收支平衡。会议建议：1. 进一步加大项目建设力度，千方百计培植税源，努力提高新上项目的财政贡献率。2. 坚持不懈抓好税收征管工作，严格落实收支两条线政策，加强对预算外资金管理和使用的监控力度。3. 优化支出结构，强化预算约束，确保重点支出和收支平衡。4. 继续加大对财政资金的审计力度，尤其是重点领域、重点项目、重点部门的专项资金审计，确保资金使用安全、有效。5. 进一步提升审计质量和水平，为健全市场经济秩序切实发挥审计系统“免疫系统”功能。

会议以举手表决方式通过《深泽县人大常委会关于2009年度县财政决算的决议》。

会议听取和审议县财政局局长张志强所作的《关于2010年上半年预算执行情况的工作报告》及县人大常委会调研组《关于2010年1—6月财政预算执行情况的调研报告》。会议认为，今年上半年全县财税工作总体形势较好，财税部门在面临诸多困难情况下，较好完成了上半年任务，确保了各项工作的正常运转。会议建议：1. 大力培植税源，对新企业和老企业、外来企业和本县企业、大项目和小项目一样重视和支持，千方百计增加财政收入。2. 继续加大税收征管力度，尤其要抓好对重点企业的税收征管。3. 在进一步扶持企业发展的同时，要按照公共财政要求，规范财政资金供给范围，形成制度性运作机制，确保财政资金支持合情、合理、规范、有效，控制税收成本的增长，提高财政资金使用效益。

会议通过人事任免事项。

**第二十九次会议** 深泽县第十四届人民代表大会常务委员会第二十九次会议于2010年10月28日在县政府会议楼召开。县人大常委会主任王生力，县人大常委会党组书记、委员王根拴，副主任崔建民、史国士、贾增科、黎建辉，县人大常委会党组成员、委员王建成，委员马壮国、王志民、支彦杰、田志军、史志法、刘亚红、孙亚兰、赵路通、袁占强、贾占锁、高丙文、康会彬、程彦波出席会议。县政府常务副县长杨国芳、副县长张少华，县法院副院长贾福刚、县检察院副检察长邸丽琴，县财政局局长张志强、县政府体改办主任王秀党、县政府信息中心主任张江彦及各乡镇人大主席、桥头乡驻耿庄办人大副主席列席会议。会议由王生力主持。

会议听取和审议《县政府关于代表建议和意见办理情况的工作报告》和《县人大调研组关于代表建议和意见办理情况的调研报告》。会议认为，县政府高度重视代表建议和意见办理工作，通过采取加强领导、明确责任、规范办理、强化督导等措施，不断加大工作力度，代表建议和意见办理工作质量、办结率、答复率和代表满意率进一步提高。会议要求：县政府及有关部门要以对人民高度负责的精神，进一步把代表建议和意见的办理工作抓实抓好。对于已答复代表，需要逐步落实解决的，县政府要进行督导，承办单位要抓好落实，直到问题彻底解决；对于涉及多个部门办理的，县政府要加强协调，相关单位要各负其责、协作配合，确保办理落实。

会议听取和审议《县政府关于2010年惠农政策落实情况的报告》和《县人大调研组关于惠农政策落实情况的调研报告》。会议认为，县政府历来对中央的惠农政策理解深刻、贯彻到位，落实不打折扣，从而进一步密切了党群、干群关系，促进了全县社会和谐稳定。会议要求：1.继续加大惠农政策的宣讲力度，让基层干部掌握准，让百姓理解透，避免产生不必要的误会和矛盾。2.进一步加大监督检查力度，细化措施和责任，切实加强监管，提高贯彻落实惠农政策的透明度，杜绝各种违法违纪现象出现。3.加强对基层干部的培训、教育，提升服务水平和群众满意度，让农民群众在分享各项惠农政策的同时，真正感受到党和政府的温暖。

会议听取和审议《县政府关于继续安排财政资金支付石家庄发展投资有限公司贷款利息和本金的报告》，以举手表决方式通过《深泽县人大常委会关于石家庄柏奇化工有限公司医药中间体项目贷款的决定（草案）》。

会议听取和审议《县政府关于“三年大变样”暨城市建设、管理与经营情况的工作报告》和《县人大调研组关于县城建设、经营与管理情况的调研报告》。会议认为，2010年以来，县政府深入贯彻落实科学发展观，围绕实现“三年大变样”总体目标，突出抓好县城建设、管理和经营三个重点，县城建设坚持“大拆促大建、大建促大变”，各项重点工程稳步推进；县城管理进一步规范、高效，管理水平进一步提高；城市经营呈现出良好开端，实现新的突破。会议要求：1.县政府要牢牢抓住城乡建设“三年大变样”“三年上水平”大好机遇，进一步加大拆迁和建设力度，以“大拆促大建、大建促大变”；要进一步加快县城基础设施建设，提高城区承载能力。要用经营城市的理念破解资金“瓶颈”，促进投资主体与融资渠道的多元化，鼓励引导更多民间资本投入县城建设。2.继续加大城管工作力度。对城区流动摊点、商户占道经营、车辆乱停乱放、建筑物料占道等问题，启动新一轮整治，进一步提升县城整体形象。3.要进一步加强土地市场监管，确保土地市场规范、有序。

**第三十次会议**　深泽县第十四届人民代表大会常务委员会第三十次会议于2010年12月24日在县政府会议楼第一会议室召开。县人大常委会主任王生力，县人大常委会党组书记、委员王根拴，副主任史国士、贾增科，县人大常委会党组成员、委员王建成，委员马壮国、王志民、王群英、支彦杰、史志法、刘亚红、赵路通、贾占锁、高丙文、袁占强、康会彬出席会议。县政府副县长张少华，县政协副主席段木同，县法院院长高会岭、县检察院副检察长张国忠，县政府办副主任、体改办主任王秀党，县发改局局长王树凯、县工业园区书记秦恒民、县生物医药产业园副主任周层、县政府2010年“办实事”计划涉及到的相关部门主要负责人，各乡镇人大主席或副主席列席会议。会议由县王生力主持。

会议听取和审议《深泽县人民政府关于2010年县政府16件实事办理情况的报告》和《深泽县人大常委会调研组关于2010年县政府为民办实事工作情况的调研报告》。2010年县政府确定的16件为民办实事计划，内容涉及道路交通、城市建设、电力建设、医疗卫生和就业服务等多个方面，都是全县人民群众普遍关心和迫切需要解决的实际问题。会议认为，2010年，县政府对办实事工作高度重视，把此项工作作为打造为民、务实、诚信政府的一项重要工作来抓。通过努力，2010年为民办实事工作在克服种种困难的情况下，取得较好成效，得到广大人民群众的认可。会议要求：1.县政府要对16件实事的办理情况进行一次“回头看”，对已经完成的办实事项目，要进一步巩固工作成果；对基本完成的办实事项目，要做好查漏补缺工作，确保按要求、按进度、高质量、高标准完成；对差距较大的办实事项目，要分析原因、制定措施、明确时限、落实责任，加快办理进程。2.县政府要在办好16件实事的同时，围绕促进县域经济发展、社会和谐稳定以及关系人民群众切身利益的一些重大事项，尽早、认真谋划明年办实事计划。

会议听取和审议《深泽县人民政府关于2010年项目建设和园区建设完成情况的工作报告》和《深泽县人大常委会调研组关于项目和园区建设情况的调研报告》。会议认为，2010年以来，县政府高度重视项目和园区建设，把项目和园区建设作为推动县域经济实现跨越式发展的突破口和增长极，通过采取“六联六找”抓招商、搭建平台抓园区、谋划项目抓跑办、签约项目抓落地、在建项目抓竣工、投产项目抓达效等有力措施，全县项目和园区建设取得扎扎实实的成效。会议建议：1.县政府要进一步转变观念，解放思想，多渠道筹措资金，努力解决项目和园区建设资金困难。2.要进一步盘活闲置厂房、场地，有效利用闲置土地。在建设用地越来越紧张的形势下，合理利用闲置土地，能有效缓解一些企业用地紧张的矛盾。3.要进一步加大宣传力度，制定优惠政策，鼓励、引导当地劳动力就地就业。大力宣传全县经济发展的大好形势，尤其要加大劳动保障待遇高、经济效益好、管理科学规范的优秀企业的宣传力度，鼓励、引导本地劳动力为家乡建设服务。劳动部门进一步完善各项劳动用工保障制度，加强对职业中介、人才市场的建设和管理，进一步完善有关吸引本地劳动力的优惠政策，缓解县内企业招工难问题。4.要进一步优化经济发展环境，集聚更多的项目入驻园区。通过进一步优化县域经济发展环境，吸引更多的客商到深泽投资兴业，集聚更多的项目入驻园区，推动县域经济持续、快速发展。

会议通过人事任免事项。

**第三十一次会议**　深泽县第十四届人民代表大会常务委员会第三十一次会议于2011年2月13日在会议楼第二会议室召开。县人大常委会主任王生力，县人大常委会党组书记、委员王根拴，副主任崔建民、史国士、贾增科，县人大党组成员、委员王建成，委员马壮国、支彦杰、王群英、田志军、史志法、刘亚红、孙亚兰、赵路通、袁占强、贾占锁、高丙文、康会彬出席会议。县法院院长高会岭，各乡镇人大主席、铁杆镇驻马里办事处人大副主席、桥头乡驻耿庄办事处人大副主席列席会议。会议由王生力主持。

会议以举手表决方式逐项通过关于决定召开深泽县第十四届人民代表大会第六次会议的有关事宜。讨论、审议《深泽县人民代表大会常务委员会工作报告（草案）》。讨论、审议《深泽县人大常委会2011年工作要点（草案）》。

**第三十二次会议**　深泽县第十四届人民代表大会常务委员会第三十二次会议于2011年3月29日在县政府会议楼第一会议室召开。县人大常委会主任王生力，县人大常委会党组书记、委员王根拴，副主任史国士、贾增科、黎建辉，县人大常委会党组成员、委员王建成，委员马壮国、王志民、支彦杰、田志军、史志法、刘亚红、孙亚兰、赵建立、赵路通、袁占强、贾占锁、高丙文、康会彬、程彦波出席会议。县政府领导冯玉春，县政协副主席段木同，县法院副院长张造国、县检察院副检察长邸丽琴，县政府办副主任、体改办主任王秀党、县政府法制办副主任李永东，县农业局局长王志强、县畜牧局局长王茂科、县林业局局长张英及各乡镇人大主席、桥头乡驻耿庄办事处人大副主席、铁杆镇驻马里办事处人大副主席列席会议。会议由王生力主持。

会议听取和审议《深泽县人民政府关于打造环境品牌创建服务型政府情况的报告》和《深泽县人大常委会调研组关于打造环境品牌创建服务型政府情况的调研报告》。会议认为，近年来，县政府坚持用硬措施治理软环境，在打造环境品牌、创建服务型政府方面做了大量工作，全县政务环境、社会环境、市场环境、创业环境、人文环境等均有较大改善，为促进经济社会持续、快速发展奠定了坚实基础。会议建议：1. 严格落实优化经济发展环境的有关政策规定，进一步加大监督、监察、惩戒力度，以优质高效的政务环境，影响和带动社会环境、创业环境、市场环境、人文环境进一步改善。2. 加强行政执法队伍建设，强化行政执法人员的服务意识，转变行政执法人员的工作作风。3. 加快工业园区基础设施建设，不断改善园区软硬发展环境，提高园区承载力和吸引力。

会议听取和审议《深泽县人民政府关于加快推进现代农业建设情况的工作报告》和《深泽县人大常委会调研组关于加快现代农业建设情况的调研报告》。会议认为，近年来，深泽县大力发展现代农业，改造传统农业，农业结构进一步优化，产业化水平进一步提高，有效促进了农业农村发展和农民致富、增收。会议建议：1. 积极争取农业项目，加大政府投入力度。农口各部门要对口力争农业项目，争取国家支农资金，用于现代农业发展，县政府要协调、落实好配套资金。2. 大力发展农产品深加工龙头企业。重点扶植发展粮食、果品、肉奶深加工企业，带动种植、养殖各业发展，增加农民收入。3. 健全农业科技队伍。县政府要注意解决农技人员青黄不接问题，为农业持续发展解除后顾之忧。

会议以无记名投票方式对县农业局工作进行满意度测评。

会议表决通过人事任免事项，向被任命人员颁发任命书。

**第三十三次会议**　深泽县第十四届人民代表大会常务委员会第三十三次会议于2011年

5月27日在县政府会议楼第一会议室召开。县人大常委会主任王生力，县人大常委会党组书记、委员王根拴，副主任崔建民、史国士、贾增科、黎建辉，县人大常委会党组成员、委员王建成，委员马壮国、王志民、支彦杰、史志法、刘亚红、赵建立、赵路通、袁占强、贾占锁、高丙文出席会议。县政府副县长袁国良，县政协副主席段木同，县法院院长高会岭、县检察院副检察长张国忠，县政府办副主任、体改办主任王秀党、县民政局副局长、民族宗教事务管理局局长陈旭东、县社会保险事业管理局局长左占红及各乡镇人大主席、桥头乡驻耿庄办事处人大副主席、铁杆镇驻马里办事处人大副主席列席会议。会议由王生力主持。

会议听取和审议《深泽县人民政府关于完善城乡社保体系、提高城乡社保水平情况的工作报告》和《深泽县人大常委会调研组关于我县完善城乡社保体系、提高城乡社保水平情况的调研报告》。会议认为，近年来，县政府高度重视城乡社保体系建设，经过不断努力逐步建立起以社会保险、社会救助为主要内容的社会保障制度，形成以五大社会保险为基础，以新型农村合作医疗、社会优抚和社会救助为补充的社会保障体系雏形，开创了深泽县老有所养、病有所医、失有所偿、伤有所补、困有所济的社会保障新局面。会议建议：1. 进一步提高对完善社保体系建设的认识，牢牢把社保工作抓在手上，促进经济和社会的均衡发展。2. 进一步加大社保政策法规的宣传力度，使社保政策深入人心，形成全社会都来支持社保工作的良好局面。3. 继续健全社保工作机构，加强社保队伍自身建设，强化培训，提高素质，促进社保工作顺利开展。4. 要协调各有关部门积极参与、支持社保工作，形成合力，共同推进社保工作上台阶。

会议听取和审议《深泽县人民法院关于执行工作开展情况的工作报告》和《深泽县人大常委会调研组关于县法院2010年以来执行工作情况的调研报告》。会议认为，近年来，县法院创新执行工作理念、完善执行工作机制，大力破解“执行难”，维护生效判决、裁定的严肃性，捍卫法律尊严，为深泽县经济发展、社会和谐稳定提供了有力司法保障。会议建议：1. 县法院要进一步加大法律法规的宣传力度，积极争取社会各界的广泛支持和认同，为执行工作开展创造良好的法律环境和社会环境。2. 继续强化执行手段，加大执行力度，坚决依法执行，维护司法权威。加强与公安、金融、工商、城建、国土资源等执行义务协助部门的沟通、协调，完善联动机制。3. 强化执行队伍建设，提高整体执法水平，打造一支政治过硬、业务精通、作风优良、纪律严明的执法队伍，为执行工作提供有力保障。

会议以无记名投票方式对县法院执行工作进行满意度测评。

**第三十四次会议** 深泽县第十四届人民代表大会常务委员会第三十四次会议于2011年6月14日在县政府会议楼第一会议室召开。县人大常委会主任王生力，县人大常委会党组书记、委员王根拴，副主任崔建民、史国士、贾增科，县人大常委会党组成员、委员王建成，委员马壮国、王志民、王群英、支彦杰、田志军、史志法、刘亚红、孙亚兰、赵路通、袁占强、贾占锁、高丙文、康会彬、程彦波出席会议。县政府常务副县长张少华，县法院副院长张造国、县检察院副检察长崔跃进列席会议。会议由王生力主持。

会议通过人事任免事项。

**第三十五次会议**　深泽县第十四届人民代表大会常务委员会第三十五次会议于2011年7月28日在县政府会议楼第一会议室召开。县人大常委会主任王生力，县人大常委会党组书记、委员王根拴，副主任崔建民、史国士、贾增科，县人大常委会党组成员、委员王建成，委员支彦杰、田志军、史志法、刘亚红、孙亚兰、赵路通、袁占强、贾占锁、高丙文、康会彬、程彦波出席会议。县政府副县长尚秀伟、副县长赵云爱，县法院副院长张造国、县检察院副检察长张国忠，县财政局局长张志强、县审计局局长苑运良、县教育局局长张英利及各乡镇人大主席、桥头乡驻耿庄办事处人大副主席、铁杆镇驻马里办事处人大副主席列席会议。会议由王生力主持。

会议听取和审议《深泽县人民政府关于2010年度财政决算情况的报告》及《深泽县人大常委会财经科关于2010年度财政决算情况的审查意见》。会议认为，县政府提交的报告实事求是地反映了深泽县2010年度财政收支的总体状况，客观、全面地提出了存在的问题。2010年，县政府一手抓项目建设，努力培植税源；一手抓税费征管，努力应收尽收，完成县十四届人大四次会议确定的预算任务，基本实现全年收支平衡。会议建议：1. 继续加大项目建设力度，千方百计培植税源，不断提高新上项目的财税贡献率。2. 进一步加大税收征管执法工作力度，严格落实收支两条线政策，严厉制裁偷、逃、拖、抗税行为。3. 进一步加强对预算外资金管理和使用的监控力度。

会议听取和审议《深泽县人民政府关于2010年度预算执行和其他财政收支的审计工作报告》。会议认为，近年来，县审计局依法履行审计监督职责，不断加大审计工作力度，为维护财经秩序，推进廉政建设，促进依法行政，服务宏观决策发挥了重要作用。县政府提交本次会议审议的《审计工作报告》，全面总结2010年度县级预算执行及其他财政收支的审计情况，分析查找存在的主要问题，有针对性地提出审计建议。会议建议：1. 县审计部门要进一步加大对财政资金的审计力度，提高财政资金运行的安全性和效益性。对审计出的问题要监督被审计单位依法依规予以纠正。2. 县财税及有关单位要认真落实县审计部门提出的各项审计建议，完善制度，加强管理，确保各项财政资金安全、规范、有效运行。3. 县审计部门要进一步提高审计人员的综合素质，不断提高审计的质量、水平和效果，圆满完成越来越繁重的各项审计任务，真正担负起“经济卫士”的神圣职责。会议以举手表决方式通过《深泽县人大常委会关于2010年度县财政决算的决议（草案）》。

会议听取和审议《深泽县人民政府关于2011年上半年财政预算执行情况的报告》及《深泽县人大常委会调研组关于2011年1—6月财政预算执行情况的调研报告》。会议认为，2011年上半年全县财政预算执行情况良好，全部财政收入实现时间、任务“双过半”，财税工作取得长足进步。会议建议：1. 大力培植、稳定税源，千方百计增加财政收入。2. 在进一步扶持企业发展的同时，按照公共财政要求，规范财政资金供给范围，提高财政资金使用效益。

会议听取和审议《深泽县人民政府关于优化教育资源配置、推进教育均衡发展情况的工作报告》及《深泽县人大常委会调研组关于优化教育资源配置、推进教育均衡发展情况的调研报告》。会议认为，近年来，县政府在推进经济社会快速发展的同时，始终坚持把教育事业摆在优先发展的战略位置，高度重视教育资源的优化配置和推进教育均衡发展，办学条件逐步改善，学校布局进一步优化，城乡教育差距不断缩小，教育公平化程度不断提高。会议建议：1. 进一步加大教育投入，全面改善中小学办学条件。2. 进一步优化整合教育资源，合理规划学校布局，确保政策均衡、机会均衡和教师资源均衡。3. 进一步加强教师队伍建设，创新机制，逐步解决教师队伍老龄化、男女失调、学科结构失衡的问题，确保教师队伍稳定，促进教育事业持续健康发展。会议以无记名投票方式对县教育局工作进行满意度测评。

会议通过人事任免事项。

**第三十六次会议** 深泽县第十四届人民代表大会常务委员会第三十六次会议于2011年9月20日在县政府会议楼第一会议室召开。副主任崔建民、史国士、黎建辉，县人大常委会党组成员、委员王建成，委员马壮国、王志民、王群英、支彦杰、田志军、史志法、刘亚红、孙亚兰、赵建立、赵路通、袁占强、贾占锁、高丙文、康会彬、程彦波出席会议。县委常委、常务副县长张少华，县委常委、副县长尚秀伟，副县长刘禹，县法院院长高会岭、县检察院检察长张伟新，县政府办副主任、体改办主任王秀党、县工业园区副主任张亚强、县生物医药产业园副主任陈浓、县住房和城乡建设局局长韩占昌及各乡镇人大主席或副主席列席会议。县人大常委会党组书记杨秋讲话，党组成员高志强参加会议。会议由崔建民主持。

会议通过人事任免事项。

会议听取和审议《县政府关于加快推进城建上水平、出品位，打造宜居宜业精品县城情况的工作报告》和《深泽县人大常委会调研组关于上水平出品位打造宜居宜业精品县城情况的调研报告》。会议认为，2011年以来，县政府及职能部门积极实施城区“南跨北拓、东进西延”发展战略，高起点规划、高标准建设、高效能管理，全面加强城区规划、建设、管理工作，树立起城建良好的社会形象，为推动整个深泽加快发展，建设高水平、高品位、宜居宜业精品县城做出了积极贡献。会议建议：1. 继续加强县城基础设施建设，把管好城市与方便居民生活结合起来，进一步搞好绿地、停车场、公厕等基础设施建设。2. 坚持依法行政，全面加强城建队伍建设，为做好城建工作提供强大的精神动力。3. 加大宣传力度，让全县上下都来关心、支持、理解城建工作，为城建工作创造良好的发展环境。4. 针对城建工作面临的资金不足问题，政府应给予政策扶持，并结合部门自身努力，逐步加以解决。会议以无记名投票方式对县住房和城乡建设局工作进行满意度测评。

会议听取和审议《县政府关于“两区三地三园”建设情况的工作报告》和《深泽县人大常委会调研组关于“两区三地三园”建设情况的调研报告》。会议认为，“两区三地三园”成立以来，在县政府的高度重视和领导下，其职能作用得到较好发挥，在加强基础设施建设、强化管理服务、优化经济发展环境、为全县招商引资，培植新的经济增长点等方面做出了积极贡献。会议建议：1. 多途径解决建设用地。一方面积极向上申报省级重点项目，大力争取建设用地指标；另一方面盘活闲置土地用于企业发展。2. 多渠道筹集建设资金。加强银企对接，进一步解放思想，拓宽融资渠道。3. 立足长远解决环保问题。要借鉴县城污水处理厂和城南污水处理厂的建设经验，下定决心早日解决环保问题。4. 加大宣传力度，教育当地农民、企业经营者和机关干部，树立经济发展大局意识，积极支持园区、基地和创业园建设，全民动员打好全县经济发展翻身仗。

**第三十七次会议**　深泽县第十四届人民代表大会常务委员会第三十七次会议于2011年11月15日在县政府会议楼第一会议室召开。县人大常委会副主任崔建民、史国士、贾增科、黎建辉，委员马壮国、支彦杰、史志法、刘亚红、孙亚兰、赵建立、赵路通、袁占强、贾占锁、高丙文、康会彬、程彦波出席会议。县人大常委会党组书记杨秋，县委常委、常务副县长张少华，县人大常委会党组成员高志强，县法院院长高会岭、县检察院副检察长张国忠，县金融办公室主任、县政府办公室副主任孙少英、县政府督查室主任崔亚超、县政府信息中心主任张江彦及各乡镇人大主席或副主席列席会议。会议由崔建民主持。

会议听取和审议《深泽县人民政府关于2011年县政府16件实事办理情况的报告》。会议认为，2011年县政府对“办实事”工作高度重视，把此项工作作为保增长、保民生、保稳定的重要举措来抓。通过不懈努力，为民“办实事”工作取得较好成效，得到广大人民群众普遍认可。会议要求：县政府及有关部门要进一步完善机制、明确责任、狠抓落实。对没有完成的实事，要进一步加大工作力度，确保按时完成；对已经完成或基本完成的为民“办实事”项目要进一步巩固工作成果；确保县政府承诺的16件为民“办实事”项目，事事有着落，件件能兑现。

会议听取和审议《深泽县人民政府关于县十四届人大六次会议人大代表建议和意见办理情况的工作报告》。会议认为，2011年，县政府高度重视代表建议和意见办理工作。通过采取加强领导、明确责任、规范办理、强化督导等措施，不断加大办理工作力度，36件代表建议、意见已办结23件，正在办理中的8件，5件由于政策因素或条件不具备暂时没有解决，代表满意率进一步提高。会议要求：县政府及有关部门要以对人民高度负责的精神，进一步加大代表建议、意见的办理力度，对于条件具备能解决的问题，要想方设法给予解决；需逐步解决的，要拿出方案逐步落实解决；对于一些确实受条件或政策所限不能解决的问题，要实事求是的向代表做好解释工作；对于涉及到多个部门办理的建议和意见，县政府要加大协调力度，保证办理质量。

会议以举手表决方式通过县乡人大换届选举工作有关事宜。

**第三十八次会议**　深泽县第十四届人民代表大会常务委员会第三十八次会议于2012年2月8日在会议楼第一会议室召开。县人大常委会副主任崔建民、史国士、贾增科、黎建辉，委员马壮国、支彦杰、王志民、王建成、王群英、田志军、史志法、刘亚红、孙亚兰、赵建立、赵路通、袁占强、贾占锁、高丙文、康会彬、程彦波出席会议。县人大常委会党组书记杨秋、党组成员高志强参加会议。县政府副县长袁国良，县法院副院长张造国、县检察院副检察长崔跃进，各乡镇人大主席或副主席列席会议。崔建民主持会议。

会议以举手表决方式通过高会岭辞去深泽县人民法院院长、张伟新辞去深泽县人民检察院检察长职务的请求，以无记名投票方式表决通过人事任命事项。

会议以举手表决方式通过县第十五届人民代表大会第一次会议有关事项。审议通过《县人大常委会工作报告（草案）》。

会议审议通过《深泽县人大常委会关于县乡人大换届选举期间部分人员辞去选举委员会职务的确认报告》。

## 第二节　机构设置

县人大常委会办事机构，为一室四科，即办公室（同时挂信访科牌子）、代表联系科、政法科、财经科、科教文卫科。定编为20人，其中行政编制17人，事业编制3人。

**一、办公室**

主　任：程彦波（2007年4月至2009年9月）

　　　　袁占强（2009年9月至2012年2月）

副主任：赵　兴（2007年4月至2009年9月）

　　　　王　茂（2009年9月至2012年2月）

**二、财经科**

科　长：贾占锁（2007年4月至2011年18月）

副科长：（缺职）

**三、科教文卫科**

科　长：袁占强（2007年4月至2009年9月）

副科长：高　飞（2007年4月至2012年2月）

**四、代表联系科**

科　长：赵路通（2007年4月至2012年2月）

副科长：（缺职）

**五、政法科**

科　长：史志法（2007年4月至2012年2月）

副科长：（缺职）

**六、信访科**

科　长：曹青哲（2007年4月至2009年9月）

　　　　赵　兴（2009年9月至2012年2月）

副科长：曹欣恋（女，2007年4月至2009年9月）

　　　　王文静（女，2009年9月至2012年2月）

# 第五章　监督工作

十四届人大常委会，以增强监督实效为核心，不断完善监督方式，重点加强涉及民生事项、司法、新任命人员的监督，加强审议意见的督办落实，在监督中体现支持、在支持中实施监督，促进全县经济社会又好又快发展。

## 第一节　听取和审议专项工作报告与计划预算和审计工作报告

县十四届人大常委会会议共听取和审议县“一府两院”专项工作报告 13 项，计划预算和审计工作报告 14 项。

2007—2011 年深泽县人大常委会会议听取和审议专项工作报告与计划预算和审计工作报告情况表

表 58

| 时间 | 常委会会议 | 报告内容 |
|---|---|---|
| 2007 年 7 月 26 日 | 第二次 | 关于 2006 年财政决算 |
| 2007 年 8 月 29 日 | 第三次 | 关于 2007 年上半年财政预算执行情况<br>关于 2006 年度县级预算执行和其他财政收支情况 |
| 2007 年 11 月 7 日 | 第四次 | 关于城建工作进展情况 |
| 2008 年 7 月 24 日 | 第十次 | 2008 年上半年财政预算执行情况<br>审议《深泽生态县建设规划》 |
| 2008 年 9 月 11 日 | 第十一次 | 关于 2007 年度财政决算情况<br>关于 2007 年度县本级预算执行和其他财政收支情况 |
| 2008 年 12 月 5 日 | 第十三次 | 深泽县县城总体规划（2008—2020 年）的编制情况 |
| 2009 年 8 月 6 日 | 第十九次 | 关于市发投对鹏辉公司等企业融资情况的说明<br>深泽县人民政府关于申请批复以委托贷款形式落实石家庄发展投资有限责任公司资金有关情况<br>关于利用信用社贷款进行县城及工业园区建设 |
| 2009 年 8 月 25 日 | 第二十次 | 2008 年度财政决算情况<br>2008 年度财政预算执行和其他财政收支 |

续表 58

| 时间 | 常委会会议 | 报告内容 |
| --- | --- | --- |
| 2009 年 10 月 28 日 | 第二十一次 | “办实事”工作情况<br>县交通局专项工作报告 |
| 2009 年 12 月 31 日 | 第二十二次 | 关于调整 2009 年财政预算 |
| 2010 年 1 月 13 日 | 第二十四次 | 关于利用农发行贷款进行县医院新建综合楼项目建设有关问题 |
| 2010 年 8 月 18 日 | 第二十八次 | 关于 2009 年度财政决算情况<br>关于 2009 年度财政预算执行和其他财政收支审计情况 |
| 2010 年 10 月 28 日 | 第二十九次 | 关于惠农政策落实情况<br>关于继续安排财政资金支付石家庄发展投资有限公司贷款利息和本金 |
| 2011 年 7 月 28 日 | 第三十五次 | 2010 年度财政决算情况<br>2010 年度财政预算执行情况和其他财政收支<br>2011 年上半年预算执行情况 |
| 2011 年 9 月 20 日 | 第三十六次 | 关于加快推进城建上水平、出品位，打造宜居宜业精品县城情况 |
| 2011 年 11 月 15 日 | 第三十七次 | 关于“办实事”情况 |

## 第二节　法律法规实施情况检查

### 一、执法检查情况

深泽县十四届人大常委会共组织开展执法检查 26 次。

1.2007 年 9 月 7 日，县人大常委会副主任崔建民、贾增科，部分县人大代表和工作人员，就《中华人民共和国种子法》贯彻实施情况进行检查。听取县农业局工作汇报，实地检查种子公司和种子销售网点，考察玉米品种生长、发育情况。

2.2008 年 3 月，县人大常委会副主任史国士、部分常委会委员、县人大代表对《中华人民共和国人口与计划生育法》贯彻实施情况进行检查。2008 年 4 月 24 日，县十四届人大常委会第八次会议，听取县政府关于贯彻落实《中华人民共和国人口与计划生育法》情况的报告和县人大常委会执法检查的情况报告。

3.2008 年 5 月 16 日，县人大常委会部分工作人员，在环保局人员陪同下，对全县水污染防治法执法情况进行检查。听取环保局李志东的工作汇报，实地检查县城污水处理厂、较大型宾馆饭店、深玉纸业公司、耿庄皂业污水处理设施建设和运转情况，代表提出了意见和建议。

4.2008 年 9 月下旬，县人大常委会副主任史国士，部分常委会委员、人大代表，政府办公室和有关部门，对深泽县实施《中华人民共和国食品卫生法》情况进行检查。检查组听取县政府和有关部门的情况汇报，深入县城和各乡镇进行调研和检查，实地察看 26 家饭店、超市、食品加工摊点。

5.2009 年 7 月 21 日，县人大常委会分管主任，部分常委会委员、人大代表，对深泽县贯彻实施《中华人民共和国食品安全法》情况进行执法检查，执法检查组首先对《中华人民共和国食品安全法》逐章逐条进行认真学习和领会，分别听取县卫生局、县工商局、县质量技术监督局、县食品药品监督管理局、县农业局关于贯彻实施《中华人民共和国食品安全法》有关情况的专题汇报，深入部分食品生产经营企业、餐饮服务场所进行实地检查。

6.2010 年 5 月 12 日，县人大常委会副主任史国士带队，对深泽县实施《中华人民共和国档案法》情况进行执法检查，听取档案局和相关部门的工作汇报，实地查看县档案馆、县社、农机局、民政局、商务局、交通局、法院等部门的档案管理工作。

7.2010 年 7 月 12 日，县人大常委会副主任史国士，部分市、县人大代表，对深泽县《中华人民共和国科学技术进步法》贯彻实施情况进行执法检查。听取科技局的工作汇报，与相关人员进行座谈，视察杜社村万亩葡萄园种植基地，大兴村中华鳖养殖基地。

8.2010 年 8 月，县人大常委会副主任崔建民组织部分常委会委员和人大代表，对公安局实施《中华人民共和国治安管理处罚法》开展执法检查，到城区分局、看守所、赵八派出所、110 指挥中心、法制科进行实地查看，与有关人员进行交谈，了解相关情况，抽查有关治安处罚卷宗材料，听取工作汇报。

9.2010 年 11 月，县人大常委会副主任史国士、教科文卫科组织部分县人大代表，对深泽县贯彻实施义务教育法情况进行执法检查，听取县教育局的工作汇报，到赵八中学、南赵八小学、方元小学进行实地检查。

10.2010 年 11 月，县人大常委会副主任贾增科，部分县人大代表，对《中华人民共和国农业技术推广法》贯彻实施情况进行执法检查，重点检查农业技术在农产品生产加工销售方面的应用情况，听取农业局工作汇报，征求人大代表、农业技术人员的意见建议，实地查看县农业技术服务中心，铁杆、桥头农资综合服务站。

11.2011 年 8 月，县人大常委会副主任崔建民，部分常委会委员、人大代表，对公安局实施《中华人民共和国道路交通安全法》情况进行执法检查，走访车管所、交警大队事故科，抽查部分档案数据，听取负责人情况介绍，询问当事人相关情况，实地查看县城主要交通路口车辆通行状况，到公安局开展座谈。

## 二、执法检查报告选录

### 深泽县人大常委会办公室<br>关于《中华人民共和国种子法》执法检查情况的通报

2007 年 9 月 7 日上午，县人大常委会副主任崔建民、贾增科，带领部分人大代表和工作人员，就《中华人民共和国种子法》在我县的贯彻实施情况进行了检查，检查过程中，听取了县农业局的工作汇报，实地检查了种子公司和种子销售网点，考察了玉米品种的生长、发育情况，检查情况通报如下：

一、农业执法工作情况

2005年以前我县种子执法以种子公司为主，2006年成立了农业行政综合执法队，加强了包括种子、肥料、农药等农业生产资料的执法监管力度，取得了较好效果。一是加大宣传工作力度，增强法制观念。今年以来，举办各乡镇主管领导、农资门市负责人参加的培训班4期，开通农业快易通智能服务热线，印制电话簿10000余册，建成了农业科技服务大厅，健全完善农业快易通进村服务站54个，其中明星站3个。增强了农民的法律意识，强化了经营者的诚信经营意识。二是加强种子监督，规范行政许可。对全县90%以上的种子市场进行有效监管，每个生产加工批次都要跟踪取样，繁育和调入的种子经严格检疫后颁发植物检疫合格证，同时对销售量少的品种进行不定期的检查和监督。三是健全规章制度，严查假冒伪劣农资。今年对全县75个农资经营门市健全了7种规章制度，建立了两账两卡一证一书。多种形式加强了执法检查，共查处各类案件5起，结案5起。其中没收劣质农药1箱，伪劣种子1000斤，取消无照经营摊点32家，迎接各县互查4次，严厉打击了制售假冒伪劣农资行为，净化了农资市场。

二、推广优良品种情况

今年我县被确定为优质麦良种补贴项目县，每年补贴面积10万亩，补贴资金100万元，补贴种子200万斤，占全县小麦种植面积的50%。今年中标的小麦品种有石麦14，数量54万斤，面积27000亩；石麦15，数量100万斤，面积5万亩；石新828，数量40万斤，面积2万亩，补贴后价格均为0.78元/斤。其次玉米14万亩，花生5000亩，还有其他中标的蔬菜品种如西红柿金鹏一号，黄瓜津绿、津优，韭菜嘉兴白根、雪韭，苍山大蒜、永年大蒜等等。

三、存在问题和建议

近几年来，县政府及其农业部门在《中华人民共和国种子法》执法工作中做了大量工作，促进了农业增产和农民增收，但是在执法过程中，仍存在着一些困难和问题。如农业执法机构不健全，人员不足，资金短缺，交通工具和检测设备不能适应工作需要；种子公司改制过程中的资产评估、人员分流等问题难以解决；乡村两级农业执法网络不健全，责任难以落实，对此提出以下建议：

1、农业执法部门要解放思想，更新观念，走出传统农业的小圈子，学习外地、外国先进经验，完善种子执法，在引进优良品种的同时引进先进的管理模式。

2、种子公司转制要稳步实施，既要完成转制，又要加强执法，为全县农业生产提供优良品种和优良服务。

3、县政府及其农业部门的工作重点要从大田生产和技术推广为主转变到以农业执法为主，充分发挥执法部门的职能作用。

4、县政府及其农业部门在确保小麦种子补贴项目的同时，积极向上级争取玉米及其他品种的补贴项目，把国家政策资金争取过来，让农民群众得到实惠。

5、县政府要进一步加强农业部门的执法队伍建设，在人员编制、办公经费、交通工具、检测设备等方面逐步落实到位。

# 第三节　视察调研

## 一、视察调研概况

深泽县第十四届人大常委会共组织开展视察调研活动 61 次。

**2007—2011 年深泽县第十四届人大常委会视察调研活动一览表**

表 59

| 序号 | 时间 | 视察调研内容 | 牵头单位 |
|---|---|---|---|
| 1 | 2007 年 6 月至 7 月 | 关于全县新型农村合作医疗运行情况 | 科教文卫科<br>代联科 |
| 2 | 2007 年 8 月 | 关于农业产业化经营情况 | 政法科<br>财经科<br>代联科 |
| 3 | 2007 年 8 月 | 关于滹沱河、磁河污水监测和治理情况 | 政法科<br>财经科<br>代联科 |
| 4 | 2007 年 9 月 | 关于“全面塑造县城新形象、全面优化县城新环境”建议办理情况 | 财经科<br>代联科 |
| 5 | 2007 年 10 月 | 关于项目建设情况 | 财经科 |
| 6 | 2007 年 11 月 | 关于法、检两院“两错”责任追究工作情况 | 政法科 |
| 7 | 2007 年 12 月 | 关于代表建议和意见办理情况 | 代联科 |
| 8 | 2008 年 4 月 | 关于公安局 2007 年以来社会治安综合治理工作情况 | 政法科 |
| 9 | 2008 年 5 月 | 关于深泽县中医院运行情况 | 教科文卫科 |
| 10 | 2008 年 6 月 | 关于城建工作进展情况 | 财经科 |
| 11 | 2008 年 9 月 | 关于 2008 年县政府 11 件实事办理情况 | 代联科 |
| 12 | 2008 年 10 月 | 关于县政府 2008 年新农合运行情况和城镇居民城镇职工医疗保险运行情况 | 科教文卫科 |
| 13 | 2008 年 10 月 | 关于“家具产业园”“布艺创业园”建设情况 | 财经科 |
| 14 | 2008 年 10 月 | 关于项目和城建工作 | 财经科 |
| 15 | 2008 年 10 月 | 关于农业产业化工作情况 | 财经科 |
| 16 | 2008 年 11 月 | 关于电力建设情况 | 财经科 |

续表 59

| 序号 | 时间 | 视察调研内容 | 牵头单位 |
|---|---|---|---|
| 17 | 2008 年 12 月 | 关于代表建议和意见办理情况 | 代联科 |
| 18 | 2008 年 12 月 | 关于项目建设情况 | 财经科 |
| 19 | 2009 年 3 月 | 关于县政府优化经济发展环境情况 | 财经科 |
| 20 | 2009 年 4 月 | 关于县政府贯彻落实《就业促进法》情况 | 科教文卫科 |
| 21 | 2009 年 5 月 | 关于“三年大变样”暨城市建设、管理与经营情况 | 财经科 |
| 22 | 2009 年 6 月 | 关于县政府农业工作情况 | 财经科 |
| 23 | 2009 年 8 月 | 关于代表建议和意见办理情况 | 代联科 |
| 24 | 2009 年 8 月 | 关于项目建设情况 | 财经科 |
| 25 | 2009 年 10 月 | 关于《中华人民共和国义务教育法》贯彻落实情况 | 科教文卫科 |
| 26 | 2009 年 11 月 | 关于深泽县重点项目及工业园区建设情况 | 财经科 |
| 27 | 2010 年 4 月 | 关于现有工业企业运行及新上项目投产达效情况 | 财经科 |
| 28 | 2010 年 4 月 | 关于水务工作情况 | 财经科 |
| 29 | 2010 年 5 月 | 关于市发投和信用社贷款到位、使用及还本付息情况 | 财经科 |
| 30 | 2010 年 5 月 | 关于五五普法工作情况 | 政法科 |
| 31 | 2010 年 5 月 | 关于县法院 2010 年以来执行工作情况 | 政法科 |
| 32 | 2010 年 6 月 | 关于推进文化强县建设、打造先进文化品牌工作情况 | 教科文卫科 |
| 33 | 2010 年 6 月 | 关于政务服务中心工作运行情况 | 教科文卫科 |
| 34 | 2010 年 7 月 | 关于项目和园区建设情况 | 财经科 |
| 35 | 2010 年 7 月 | 关于 2010 年 1—6 月财政预算执行情况 | 财经科 |
| 36 | 2010 年 7 月 | 关于县检察院批捕公诉工作情况 | 政法科 |
| 37 | 2010 年 7 月 | 关于金融部门服务县域经济，支持企业发展情况 | 财经科 |
| 38 | 2010 年 8 月 | 关于县公安局“扫黑除恶”工作情况 | 政法科 |
| 39 | 2010 年 8 月 | 关于县医院门诊楼工程情况 | 财经科 |
| 40 | 2010 年 8 月 | 关于县医药药材总公司营业楼住宅楼工程情况 | 财经科 |
| 41 | 2010 年 8 月 | 关于农村新民居建设情况 | 财经科 |
| 42 | 2010 年 9 月 | 关于县城建设、经营与管理情况 | 财经科 |
| 43 | 2010 年 9 月 | 关于食品安全情况 | 教科文卫科 |
| 44 | 2010 年 9 月 | 关于信访工作开展情况 | 信访科 |
| 45 | 2010 年 10 月 | 关于代表建议和意见办理情况 | 代联科 |
| 46 | 2010 年 12 月 | 关于 2010 年县政府为民“办实事”工作情况 | 代联科 |
| 47 | 2010 年 12 月 | 关于项目和园区建设情况 | 财经科 |
| 48 | 2011 年 3 月 | 关于打造环境品牌创建服务型政府情况 | 财经科 |
| 49 | 2011 年 3 月 | 关于加快现代化农业建设情况 | 财经科 |

续表 59

| 序号 | 时间 | 视察调研内容 | 牵头单位 |
|---|---|---|---|
| 50 | 2011 年 4 月 | 关于安置帮教工作开展情况 | 政法科 |
| 51 | 2011 年 5 月 | 关于完善城乡社保体系、提高城乡社保水平工作情况 | 教科文卫科 |
| 52 | 2011 年 5 月 | 关于企业职工参加养老保险情况 | 教科文卫科 |
| 53 | 2011 年 5 月 | 关于学前教育发展情况 | 教科文卫科 |
| 54 | 2011 年 6 月 | 关于卫生事业发展情况 | 教科文卫科 |
| 55 | 2011 年 6 月 | 关于检察院监所检察工作情况 | 政法科 |
| 56 | 2011 年 7 月 | 关于优化教育资源配置、推进教育均衡发展情况 | 教科文卫科 |
| 57 | 2011 年 7 月 | 关于宗教工作开展情况 | 教科文卫科 |
| 58 | 2011 年 7 月 | 关于 2011 年 1—6 月财政预算执行情况 | 财经科 |
| 59 | 2011 年 8 月 | 关于上水平出品位打造宜居宜业精品现成情况 | 财经科 |
| 60 | 2011 年 8 月 | 关于信访条例贯彻落实情况 | 信访科 |
| 61 | 2011 年 9 月 | 关于“两区三地三园”建设情况 | 财经科 |

## 二、视察调研报告选录

### 深泽县人大常委会调研组<br>关于打造环境品牌创建服务型政府情况的<br>调研报告

3 月上旬，人大专题调研组在人大常委会副主任贾增科带领下，围绕常委会议题，就我县打造环境品牌创建服务型政府工作情况进行了深入调研。调研中听取了县政府及相关部门的工作汇报，深入部分企业和农村进行了走访座谈，经反复梳理分析，提出了意见和建议。

**一、工作开展情况**

1. 大力实施环境兴县战略，积极营造互利互赢的政策环境。为建设具有深泽特色的经济发展环境，近年来县委县政府联合出台了一系列招商引资项目建设的优惠办法和奖励措施，县财政在财力相当紧张的情况下筹措资金扶持重点项目建设，充分利用优惠政策吸引外部大企业、大项目、大品牌到我县安家落户，对于重点项目我县在不违背国家政策法规的前提下，采用“一事一议”“个案处理”的办法，在土地、资金、能源等多方面给予最大限度的优惠和倾斜，把投资者引进来留得住，互利双赢共同发展。

2. 大力实施环境兴县战略，积极营造优质高效的政务环境。为建设服务型效能型政府，我县提出企业是业主，政府做服务，部门当保姆，做到墙内的事企业管，墙外的事政府办，各级各部门积极为经济发展铺路搭桥排忧解难。县政务中心目前集中 10 个审批部门、一个商务中心、65项审批服务项目，采用一站式办公一条龙服务的工作模式，搭建了方便快捷的政务服务平台，中心成立以来，共受理各类审批事项3856件，协调办理3847件，办结率达99%，很受企业和客户欢迎。

3. 大力实施环境兴县战略，积极营造诚信公平的市场环境。为建设公平诚信的市场竞争体系，近年来我县从重点行业、重点岗位、重点环节抓起，大力推行行业自律和公开承诺、践诺公示制度，建立了工商企业信用激励和失信惩戒机制。对于原材料市场、土地市场、建筑市场中的欺行霸市、强买强卖、土地私下交易、违规违法建设等扰乱经济秩序的行为，进行了集中清理整治，有力维护了经济秩序和良性竞争。

4. 大力实施环境兴县战略，积极营造安全稳定的社会环境。为给项目建设和企业生产经营创造宽松和谐的社会环境，我县开展了“三位一体”民间纠纷大排查大调解活动，把大量的民间纠纷解决在基层解决在萌芽状态，积极维护投资者和企业经营者的合法权益，在建项目实现了进场无障碍，施工无干扰。政法部门积极受理经济、民事和刑事案件，以事实为依据，以法律为准绳，切实维护社会经济秩序，为全县经济发展和社会稳定保驾护航。

**二、面临的困难和问题**

1. 行政执法环境有待进一步改善。有的基层干部思想不解放，缺乏大局意识和发展意识，只看本部门本单位眼前利益，不考虑全县经济发展环境实际，红灯多绿灯少，检查多服务少，索取多奉献少。企业普遍反映，县里政策和县级领导对企业发展大力支持厚爱一层，一些具体执法人员则不尽如此。

2. 对企业收费罚款有待进一步规范。一些部门自收自支人员多开支大，为保工资和经费，给下属科室定任务定奖罚，工作人员一到企业不是收费就是罚款，整改与否放在一边，情急之下说话变味态度变形，搞服务当保姆置若罔闻。

3. 园区基础设施建设有待进一步加强。我县工业园区建设近年来取得了长足发展，但是硬件建设与外县相比仍然存在诸多方面的差距，尤其是城南生物产业园筹建时间短，基础设施建设处于起步阶段，整体环评尚未通过上级验收，园区承载能力和吸引力远远没有达到设计要求。

4. 居民群众的环境意识有待进一步提高。面对我县发展实际，居民群众都在想发展谈发展盼发展，但是项目建设和企业经营触及到个人利益，脸色一变斤斤计较争红了眼，在征地、拆迁、挖沟、架线过程中，一步一坎步步维艰，只顾个人利益，不看全县大局。

**三、几点建议**

1. 继续出台优化经济发展环境的政策规定，落实企业宁静日制度，让投资者企业经营者把主要精力放在谋生存谋发展创品牌创效益上来，把他们从酒场上、从与执法人员捉迷藏打游击的内耗中解脱出来。

2. 继续开展服务型政府创建活动，强化机关干部的服务理念，转变执法人员的工作作风。年内集中开展一次对机关干部尤其是行政执法人员的思想和法制教育活动，对于经教育仍无悔改表现的干部，及时作出岗位调整。

3. 继续加强工业园区基础设施建设，不断改善园区软硬发展环境，提高园区承载能力和吸引力。尤其要加快城南生物产业园建设，产业园污水处理厂和新开道路要加紧施工，早日投入使用，电力和地下管网建设同步开展，力争更多的项目入驻园区。

4. 利用多种宣传媒体，在全县人民群众中开展优化经济环境教育，让广大群众从自身做起，从今天做起，形成全民招商重商经商的浓厚社会氛围。

## 深泽县人大常委会调研组<br>关于上水平、出品位、打造宜居宜业精品县城<br>情况的调研报告

8 月下旬，人大专题调研组在分管领导的带领下，围绕本次会议议题，对上水平、出品位、打造宜居宜业精品县城情况进行了认真的调研。调研过程中，听取了住房和城乡建设局的工作汇报，现场视察了城区拆迁、建设、绿化、亮化、美化工程的进展情况，倾听了居民的意见、建议和呼声。

调研组认为，今年是城镇建设“三年上水平”的开局之年，我县积极实施城区“南跨北拓、东进西延”发展战略，拉大县城框架，不断提高承载功能、环境质量和管理水平，努力建设上水平、出品位、宜居宜业精品县城，迈出了坚实的一步。

**一、城建工作开展情况**

围绕建设一流环境质量、一流承载能力、一流居住条件、一流管理水平、宜居宜业精品县城，促进城区建设和管理迈上新台阶的总体目标和要求，我县今年的城建工作努力做到了四个结合，取得了显著效果。

一是落实上级“三年上水平”工作部署与深泽县城建设实际情况相结合，做到了上水平与大变样并重。我县的城市建设工作近年来取得了突破性进展，但与周边县市相比，仍然存在着规模小、承载能力低的问题。对此，县政府下大力开拓北外环和东西外环北延工程，拉大县城框架，为城区今后发展开辟空间积蓄后劲。

二是住宅小区建设与城中村改造、保障房建设相结合，不断改善居民居住条件和城容城貌。我县的住宅小区建设向着高层次、高标准方向发展，目前北方明珠、吴泽花园、银都花园、三水俪城等住宅小区都在进行主体工程建设。西关、小贾庄、马庄等 8 个城中村改造工程取得进展，目前已建成 8 栋住宅楼，22 栋正在建设中。保障房建设起步发展，北方明珠 1、2 号楼配建 528 套廉租房，主体施工至 20 多层；银都花园 12 号楼配建 48 套保障房，主体工程正在施工。

三是基础设施建设与加强城市管理相结合，城容城貌综合整治效果显著。县城基础设施建设中，城区污水处理厂完成了升级改造，二期扩建工程正在施工；生活垃圾处理厂正式投入使用；集中供热、集中供气工程正在进行开工准备；路网建设采用 BT 模式全面动工。城管工作健全县直部门分包路段和商户临街单位门前三包责任制，城区主要街道规范广告牌匾、市政设施维护、环境卫生保洁、绿化带管护不断加强，城区卫生保洁范围不断扩大，清洁工

实行全天保洁，从早到晚分段盯守，环境卫生质量不断改善。子弟学校东侧菜市场搬迁，街道拥堵现象得到缓解。

四是旧城改造与新区开发相结合，提升了县城整体形象。旧城改造中，365生活广场、人民商场主体完工，正进行内外装修，文庙地下商场和广场完成主体工程，商贸文化中心进行地上一层建设，烈士陵园搬迁工程，新址正在进行纪念馆、纪念碑主体及墓区建设。县城新区开发向北向西发展，前期工程以路网建设为主，各路段陆续进入占地协调、路基铺设、进场施工。

**二、面临的困难和问题**

1. 基础设施建设仍然滞后。县城下水管道老化失修，大雨天许多路段排水不畅，如：县工商局宿舍楼雨天积水严重，居民出行十分不便。县城停车场、菜市场、公共厕所、休闲健身场所、文化娱乐场所等服务设施缺乏，影响县城整体形象。

2. 城容城貌综合整治力度需要进一步加大。有些部门和单位缺乏大城建意识，对城容城貌综合整治配合不力。部分居民不遵守城市规划，诸如垃圾乱扔、污水乱排、车辆乱停、摊点乱摆、物料乱放、私拉乱接、乱贴乱画等问题还比较突出，破坏县城公共设施现象时有发生。

3. 全民城建意识有待进一步提高。县城建设功在当今利在后世，合民心顺民意，但是不论拆迁还是占地涉及到的单位、居民和农户，脸色一变提要求讲条件，一步一坎步步维艰。

4. 建设部门自身困难。住房和城乡建设局从局长到一般职工全员自收自支，由于近年来收费项目的政策性减免，总体收入减少单位入不敷出，工资不能正常发放，仅18名离退休人员每年支取50多万元，由于内外欠账较多，牵扯班子精力。

**三、几点建议**

1. 继续加强县城基础设施建设，不断增强城市功能，提升县城整体形象。要抓紧规划实施强电弱电管线入地工程，使县城火电和通信线路全部走地下管道，解决各种线路交叉分布，影响市容和安全问题。

2. 继续加大城管工作力度，对城区流动摊点、商户占道经营、车辆乱停乱放、建筑物料占道等影响交通和市容问题，启动新一轮综合整治，实现城区秩序持续好转。

3. 继续对居民群众进行思想和法制教育，在广大群众中普遍树立人民城市人民建的思想意识，做到局部利益服从整体利益、个人利益服从国家利益、私利服从公益，动员广大群众积极参与县城建设和管理工作中来。

4. 研究解决住房和城乡建设局自身存在的经济困难，住建局面临着职工工资发放、偿还外债、办公设备、职工培训等困难，说到底是经费问题，政府应给予政策扶持，并通过部门的自身努力，逐步加以解决。

## 深泽县人大常委会调研组
## 关于“两区三地三园”建设情况的调研报告

9月初，人大专题调研组在分管主任带领下，围绕深泽县“两区三地三园”建设情况进行调研。调研组分别听取了工业园区、生物产业园和城关、耿庄、铁杆、赵八、白庄、留村等六个乡镇（办事处）的专项工作汇报，实地视察“两区三地三园”工程建设进展情况，经认真梳理分析，提出了意见和建议。

**一、“两区三地三园”建设进展情况**

1. 工业园区建设起步早效果显著。园区总规划面积13.84平方公里，路网建设形成了总长20公里“三纵三横”的框架格局，目前工业一街南延495米，南苑路西延1410米工程正在建设中。电网建设实现了双回路供电，区内建成35千伏变电站3座、110千伏和220千伏变电站各1座，能够满足各企业用电需求。区内2万吨供水厂、2万吨污水处理厂和供排水管网基本适应目前城区生产生活需求。园区投产项目、在建项目和跑办项目发展势头强劲。

2. 生物产业园规划总面积13.8平方公里，起步区6.25平方公里，确定了“一心、一带、两轴、五区”的规划格局。一期道路建设“两纵两横”4.4公里完成路面铺设，二期道路和污水处理管网配套工程近期将开工建设。城南污水处理厂综合办公楼主体完工，主生化池施工收尾，年底试运行。目前产业园落地项目有河北凯恩利公司头孢素双酶固化生产项目和惠泽化工氯乙酸生产项目，另有5个项目正在洽谈中。

3. 铁杆丝网产业基地企业分布较为集中，目前形成占地1000亩，入驻企业108家，其中大型拔丝厂32家，小型丝网加工企业76家，从业3000多人，年产值近10亿元的生产规模。基地供水厂项目取得进展，一期资金到位300万元，近期摸排华油农场退还土地底数，收储土地500亩，成为基地发展的利用空间。

4. 赵八汽车零部件产业基地规划占地3000亩，预计2020年完成，目前正在进行水电路建设等前期准备工作，迁移坟墓38座，树木移植233棵，新打机井11眼。

5. 耿庄日化产业基地正在谋划建设规划，寻找合作伙伴，进行前期准备工作。

6. 白庄布艺创业园规划占地400亩，其中200亩将用于建设布艺销售市场，40亩用于“红庄”公司生产基地，剩余160亩作为储备用地。今年以来乡政府与石家庄手工业编织协会进行了多次洽谈，达成了合作建设布艺创业园的一致意见，并就编织协会与布艺加工大户投资股份比例等具体事宜进行了深入协商，达成了投资意向。

7. 留村家具创业园选址在留村新区西侧，规划占地1000亩，以夹河窑70亩建设用地作为切入点，已经县国土部门进行组卷，准备招拍挂。留村乡政府与河北供销集团多次洽谈合作开发事宜，并达成投资意向。

8. 城关印刷创业园选址工业园区西区，规划占地100亩，分两期建设，到2013年园内建成印刷业规模企业5～8家，目前正在围绕农户土地和印刷大户搬迁做工作。

**二、面临困难和问题**

1. 土地制约因素。由于国家土地卫片检查和建设用地指标不足，影响招商引资总体效果，已落地企业没有用地指标，影响建设速度，尤其是产业基地和创业园起步建设，面临大面积占地的难题。

2. 资金制约因素。生物产业园建设资金不足，不能在短期内实现“九通一平”，影响产业项目落地进程，由于没有大量资金用于土地前期收储，难以实现以地生财。鸿泽塑胶二期工程，由于资金所限向后延迟。乡镇产业基地和创业园建设资金短缺，只有寻找合作伙伴，建设进度又受合作投资方的制约。

3. 环保制约因素。不在两个园区的产业基地和创业园都面临污水处理设施建设和整体通过环评问题，制约企业发展。铁杆丝网产业基地已发展到一定规模，由于没有污水处理和排水配套设施，不少企业因无环保手续不能取得工商执照，企业带病运转，缺乏生存空间，产业链更无法延伸。

4. 意识制约因素。家纺布艺和印刷由个体工商户发展而成，多集中在小堡和南关两个村，均系家庭作坊式生产，经营者农民出身，小富即安，缺乏做大做强意识，对生产场地从小院里搬迁到创业园存在着资金、精力等多方面的顾虑。不少农民和有的村干部思想不够解放，在占地等问题上不支持，甚至干扰影响工作开展。

**三、几点建议**

1. 多途径解决建设用地。一方面积极向上申报省级重点项目，大力争取建设用地指标，扩大发展空间；一方面盘活闲置土地用于企业发展，如铁杆镇重新摸排华油农场搬迁退还土地，收储土地500亩用于丝网产业基地建设。

2. 多渠道筹集建设资金。要在不放松银行贷款资金来源的同时，争取外部企业和单位融资，如工业园区路网建设引进太平洋投资集团采用BT模式投资；白庄布艺创业园与石家庄手工业编织协会合作融资开发；留村家具创业园与河北供销集团达成合作投资意向。

3. 立足长远解决环保问题。不在两个园区的产业基地和创业园，要借鉴县城污水处理厂和城南污水处理厂的融资经验，下定决心早日解决环保难题。

4. 教育当地农民和企业经营者，树立经济发展大局意识，树立全县经济发展一盘棋思想观念，积极支持园区、基地和创业园建设，全民动员打好全县经济发展翻身仗。

## 第四节　满意度测评

深泽县第十四届人大常委会共开展满意度测评6次。

## 深泽县第十四届人大常委会开展满意度测评选录表

表 60

| 序号 | 时间 | 常委会会议 | 被测评单位 | 测评结果 |
|---|---|---|---|---|
| 1 | 2009 年 10 月 28 日 | 第二十一次 | 县交通局 | 满意票 14 票、基本满意票 2 票、不满意票 1 票 |
| 2 | 2010 年 4 月 27 日 | 第二十六次 | 县工促局、县发改局 | 满意票 17 票、基本满意票 3 票、不满意票 0 票 |
| 3 | 2010 年 4 月 27 日 | 第二十六次 | 县水务局 | 满意票 17 票、基本满意票 3 票、不满意票 0 票 |
| 4 | 2011 年 3 月 29 日 | 第三十二次 | 县农业局 | 满意票 19 票、基本满意票 1 票、不满意票 0 票 |
| 5 | 2011 年 5 月 27 日 | 第三十三次 | 县法院 | 满意票 15 票、基本满意票 2 票、不满意票为 0 票 |
| 6 | 2011 年 7 月 28 日 | 第三十五次 | 县教育局 | 满意票 16 票，基本满意票 1 票，不满意票 0 票 |
| 7 | 2011 年 9 月 20 日 | 第三十六次 | 县住房和城乡建设局 | 满意票 19 票，基本满意票 0 票，不满意票 0 票 |

# 第六章　决议决定

县十四届人大及其常委会坚持把事关全县改革发展的重大问题作为人大履职的重点内容，依据县委决策确定思路、开展工作，围绕全县大局行使职权、发挥作用，抓重点、促落实，强力推进项目建设，大力督导城乡建设，积极关注新农村建设，依法决定重大事项。按照法定要求，适时对计划、预算及预算调整、决算等重大问题作出决议决定，保障经济平稳运行。

## 第一节　作出决议决定

### 一、县十四届人大历次会议作出决议决定情况

深泽县第十四届人民代表大会共作出决议决定30项。

**2007—2011年深泽县第十四届人民代表大会历次会议决议决定一览表**

表61

| 时间 | 会次 | 名称 |
|---|---|---|
| 2007年4月21日 | 一次会议<br>第二次全体会议 | 1. 关于深泽县人民政府工作报告的决议<br>2. 关于深泽县2006年国民经济和社会发展计划执行情况与2007年国民经济和社会发展计划的决议<br>3. 关于2006年县本级预算及县总预算执行情况和2007年县本级预算及县总预算的决议<br>4. 关于深泽县人大常委会工作报告的决议<br>5. 关于深泽县人民法院工作报告的决议<br>6. 关于深泽县人民检察院工作报告的决议 |
| 2008年1月18日 | 二次会议<br>第二次全体会议 | 1. 关于深泽县人民政府工作报告的决议<br>2. 关于深泽县2007年国民经济和社会发展计划执行情况与2008年国民经济和社会发展计划的决议<br>3. 关于2007年县本级预算及县总预算执行情况和2008年县本级预算及县总预算的决议<br>4. 关于深泽县人民代表大会常务委员会工作报告的决议<br>5. 关于深泽县人民法院工作报告的决议<br>6. 关于深泽县人民检察院工作报告的决议 |

续表 61

| 时间 | 会次 | 名称 |
| --- | --- | --- |
| 2009 年 2 月 14 日 | 三次会议<br>第二次全体会议 | 1. 关于深泽县人民政府工作报告的决议<br>2. 关于深泽县 2008 年国民经济和社会发展计划执行情况与 2009 年国民经济和社会发展计划的决议<br>3. 关于 2008 年县本级预算及县总预算执行情况和 2009 年县本级预算及县总预算的决议<br>4. 关于深泽县人民代表大会常务委员会工作报告的决议<br>5. 关于深泽县人民法院工作报告的决议<br>6. 关于深泽县人民检察院工作报告的决议 |
| 2010 年 1 月 19 日 | 四次会议<br>第二次全体会议 | 1. 关于深泽县人民政府工作报告的决议<br>2. 关于深泽县 2009 年国民经济和社会发展计划执行情况与 2010 年国民经济和社会发展计划的决议<br>3. 关于 2009 年县本级预算及县总预算执行情况和 2010 年县本级预算及县总预算的决议<br>4. 关于深泽县人民代表大会常务委员会工作报告的决议<br>5. 关于深泽县人民法院工作报告的决议<br>6. 关于深泽县人民检察院工作报告的决议 |
| 2011 年 2 月 22 日 | 六次会议<br>第二次全体会议 | 1. 关于深泽县国民经济和社会发展第十二个五年规划纲要及纲要报告的决议<br>2. 关于深泽县 2010 年国民经济和社会发展计划执行情况与 2011 年国民经济和社会发展计划的决议<br>3. 关于 2010 年县本级预算及县总预算执行情况和 2011 年县本级预算及县总预算的决议<br>4. 关于深泽县人民代表大会常务委员会工作报告的决议<br>5. 关于深泽县人民法院工作报告的决议<br>6. 关于深泽县人民检察院工作报告的决议 |

## 二、县十四届人大常委会历次会议作出决议决定情况

县十四届人大常委会作出决议决定 23 项（不包含人事任免事项）。

### 2007—2012 年深泽县第十四届人大常委会历次会议决议决定一览表

表 62

| 序号 | 时间 | 常委会会议 | 名称 |
| --- | --- | --- | --- |
| 1 | 2007 年 11 月 30 日 | 第五次 | 深泽县人大常委会关于接受张俊立、杨秋同志辞职的决定 |
| 2 | 2008 年 1 月 9 日 | 第六次 | 深泽县人大常委会关于召开第十四届人民代表大会第二次会议的决定 |
| 3 | 2008 年 7 月 24 日 | 第十次 | 深泽县人大常委会关于《深泽生态县建设规划（2006—2020 年）》的决议 |

续表 62

| 序号 | 时间 | 常委会会议 | 名称 |
|---|---|---|---|
| 4 | 2008 年 9 月 11 日 | 第十一次 | 深泽县人大常委会关于 2007 年县财政决算的决议 |
| 5 | 2008 年 12 月 24 日 | 第十四次 | 深泽县人大常委会关于表彰优秀县人大代表的决定 |
| 6 | 2009 年 2 月 7 日 | 第十六次 | 深泽县人大常委会关于召开第十四届人民代表大会第三次会议的决定 |
| 7 | 2009 年 8 月 6 日 | 第十九次 | 深泽县人大常委会关于批准《深泽县人民政府关于利用信用社贷款进行县城及工业园区建设的报告》的决议 |
| 8 | 2009 年 8 月 6 日 | 第十九次 | 深泽县人大常委会关于批准《深泽县人民政府关于申请批复以委托贷款形式落实石家庄发展投资有限公司资金有关情况的报告》的决议 |
| 9 | 2009 年 8 月 25 日 | 第二十次 | 深泽县人大常委会关于批准 2008 年县财政决算的决议 |
| 10 | 2010 年 1 月 13 日 | 第二十四次 | 深泽县人大常委会关于召开第十四届人民代表大会第四次会议的决定 |
| 11 | 2010 年 1 月 13 日 | 第二十四次 | 深泽县人大常委会关于批准《深泽县人民政府关于利用农发行贷款进行县医院新建综合楼项目建设有关问题的报告》的决议 |
| 12 | 2010 年 3 月 18 日 | 第二十五次 | 深泽县人大常委会关于召开第十四届人民代表大会第五次会议的决定 |
| 13 | 2010 年 8 月 18 日 | 第二十八次 | 深泽县人大常委会关于 2009 年度县财政决算的决议 |
| 14 | 2010 年 10 月 28 日 | 第二十九次 | 深泽县人大常委会关于石家庄柏奇化工有限公司医药中间体项目贷款的决定 |
| 15 | 2011 年 2 月 13 日 | 第三十一次 | 深泽县人大常委会关于召开第十四届人民代表大会第六次会议的决定 |
| 16 | 2011 年 3 月 29 日 | 第三十二次 | 深泽县人大常委会关于接受杨国芳辞去深泽县人民政府副县长职务请求的决定 |
| 17 | 2011 年 7 月 28 日 | 第三十五次 | 深泽县人大常委会关于 2010 年度县财政决算的决议 |
| 18 | 2011 年 9 月 20 日 | 第三十六次 | 深泽县人大常委会关于接受王生力辞去县人民代表大会常务委员会主任职务请求的决定 |
| 19 | 2011 年 9 月 20 日 | 第三十六次 | 深泽县人大常委会关于接受曹树池、赵云爱辞去县人民政府副县长职务请求的决定 |
| 20 | 2011 年 11 月 15 日 | 第三十七次 | 深泽县人大常委会关于深泽县县、乡两级人民代表大会换届选举时间的决定 |
| 21 | 2012 年 2 月 8 日 | 第三十八次 | 深泽县人大常委会关于接受高会岭辞去深泽县人民法院院长、审判委员会委员职务请求的决定 |
| 22 | 2012 年 2 月 8 日 | 第三十八次 | 深泽县人大常委会关于接受张伟新辞去深泽县人民检察院检察长、检察委员会委员职务请求的决定 |
| 23 | 2012 年 2 月 8 日 | 第三十八次 | 深泽县人大常委会关于召开县十五届人大一次会议的决定 |

# 第二节　决议决定选录

## 深泽县人大常委会
## 关于批准《深泽县人民政府关于申请批复以委托贷款形式落实石家庄发展投资有限公司资金有关情况的报告》的决议

（2009年8月6日深泽县第十四届人民代表大会常务委员会第十九次会议通过）

深泽县第十四届人民代表大会常务委员会第十九次会议听取并审议了《深泽县人民政府关于申请批复以委托贷款形式落实石家庄发展投资有限公司资金有关情况的报告》和《深泽县人民政府关于市发投对我县鹏辉公司等企业融资情况的说明》。会议决定：

一、同意市发投委托银行向石家庄鹏辉纺织有限公司、石家庄柏奇化工有限公司和石家庄龙泽制药有限公司贷款6000万元。

二、三家借款企业应按期还本付息，到期不能偿还本息时，用各自企业全部资产作价偿还，仍不能偿还部分，由县财政担保偿还，并纳入财政预算。

三、县财政部门要与三家企业分别签订企业对县财政反担保协议，把各自企业的有效资产抵押给县财政局，并到工商、土地、房产等相关部门办理抵押登记。

四、县政府要与三家企业分别签订书面文件，对资金用途、还本付息、企业效益、税收增长等作出详细安排。

五、县政府要加强资金使用及还本付息监督，并按年度向县人大常委会报告情况。

## 深泽县人大常委会
## 关于批准《深泽县人民政府关于利用信用社贷款进行县城及工业园区建设的报告》的决议

（2009年8月6日深泽县第十四届人民代表大会常务委员会第十九次会议通过）

深泽县第十四届人民代表大会常务委员会举行第十九次会议，听取和审议了《深泽县人民政府关于利用信用社贷款进行县城及工业园区建设的报告》，决议如下：

一、批准县政府这一报告。

二、同意深泽县经发投资有限公司、深泽县田健土地开发整理有限公司、深泽县深发城市建设投资有限公司三个国有独资公司为借款人，在县政府审批的用途和数额范围内向信用社申请借贷。

三、上述借款由县政府统一调配使用，在县财政设专户管理，并严格支出审批程序，把有限资金用于需政府投资的公益项目。

四、同意县财政安排专项资金为上述借款还本付息，并列入同期年度预算。

# 第七章　选举任免

## 第一节　常委会选举任免情况

2007 年 6 月 12 日，县十四届人大常委会第一次会议，通过县人民政府人事任免事项。

决定任命：

郭立辉为县人民政府办公室主任；

王树凯为县发展改革局局长；

许庆林为县教育局局长；

王会彬为县科学技术局局长；

孟建中为县公安局局长；

高志强为县监察局局长；

张学荣为县民政局局长；

贾保才为县司法局局长；

张志强为县财政局局长；

贺书良为县人事劳动和社会保障局局长；

张英利为县建设局局长；

张增怀为县交通局局长；

陈振宏为县农业局局长；

纪书强为县文化体育局局长；

张志兴为县卫生局局长；

王振平为县人口和计划生育局局长；

苑运良为县审计局局长；

赵志东为县环境保护局局长；

赵立为县统计局局长；

宋全兴为县安全生产监督管理局局长。

决定免去：

袁国良县人民政府办公室主任职务；

贾增科县监察局局长职务；

郝锁成县民政局局长职务；
史全海县人事劳动和社会保障局局长职务；
宋彦群县人口和计划生育局局长职务；
史国士县统计局局长职务。

2007 年 11 月 30 日，县十四届人大常委会第五次会议，通过县人大常委会、县人民法院人事任免事项。

任命：

王生力为深泽县第十四届人民代表大会常务委员会代理主任；
贾桂龙为县人民法院刑庭庭长；
王彩棉为县人民法院城关法庭庭长；
李文妙为县人民法院行政庭庭长；
崔跃民为县人民法院审监庭庭长；
曹昆跃为县人民法院民一庭庭长；
王立平为县人民法院民二庭庭长；
张运启为县人民法院立案庭庭长；
刘月彩为县人民法院少年庭庭长；
张庆法为县人民法院执行一庭庭长；
宋跃轩为县人民法院执行二庭庭长；
康海龙为县人民法院桥头法庭副庭长；
张亚平为县人民法院白庄法庭副庭长；
冯丽娜为县人民法院赵八法庭副庭长；
康晓燕为县人民法院城关法庭副庭长；
陈丽为县人民法院少年法庭副庭长；
杨英媛为县人民法院民二庭副庭长；
刘士军为县人民法院刑庭副庭长。

免去：

贾桂龙县人民法院民二庭庭长职务；
王彩棉县人民法院民一庭庭长职务；
李文妙县人民法院民二庭副庭长职务；
曹昆跃县人民法院行政庭庭长职务；
王立平县人民法院执行庭庭长职务；
张运启县人民法院桥头法庭副庭长职务；
刘月彩县人民法院刑庭副庭长职务；
张庆法县人民法院执行庭副庭长职务；

宋跃轩县人民法院白庄法庭副庭长职务；

杨英媛县人民法院立案庭副庭长职务；

刘士军县人民法院深泽镇法庭副庭长职务；

曹彦平县人民法院法院副院长、审判委员会委员职务；

李造起县人民法院审监庭庭长、审判委员会委员职务；

赵鹤鸣县人民法院刑庭庭长、审判委员会委员职务；

封建国县人民法院立案庭庭长职务。

2008年1月9日，县十四届人大常委会第六次会议，决定任命尚秀伟为深泽县人民政府副县长。

2008年2月19日，县十四届人大常委会第七次会议，补选许广为为深泽县出席石家庄市第十二届人民代表大会代表。

2008年5月13日，县十四届人大常委会第九次会议，通过县人民政府人事任免事项。

决定免去：

孟建中深泽县公安局局长职务。

决定任命：

曹夫坤为深泽县公安局局长。

2008年7月24日，县十四届人大常委会第十次会议，通过县人民检察院人事任免事项。

任命：

邸聪敏为深泽县人民检察院检察员。

2008年9月11日，县十四届人大常委会第十一次会议，通过县人民法院人事任免事项。

任命：

杜伟为深泽县人民法院审判员；

王立军为深泽县人民法院审判员。

2009年1月10日，县十四届人大常委会第十五次会议，通过杜振琪辞去深泽县人民政府县长职务的报告，表决任命盛庆功为深泽县人民政府副县长、代县长，补选盛庆功为石家庄市第十二届人民代表大会代表。

2009年4月28日，县十四届人大常委会第十七次会议，通过县人民政府、县人大常委会人事任免事项。

决定免去：

宋全兴深泽县安监局局长职务；

贾保才深泽县司法局局长职务；

陈振宏深泽县农业局局长职务；

赵志东深泽县环保局局长职务。

免去：

曹青哲深泽县人大常委会信访科科长职务；

曹欣恋深泽县人大常委会信访科副科长职务。

决定任命：

纪锁军为深泽县安监局局长；

马运英为深泽县司法局局长；

王志强为深泽县农业局局长；

王伟为深泽县环保局局长。

2009年8月25日，县十四届人大常委会第二十次会议，通过县人民法院人事任免事项。

免去：

马殿勋县人民法院一庭副庭长职务；

崔跃民县人民法院审监庭庭长职务。

任命：

马殿勋为县人民法院审监庭庭长；

袁伟为县人民法院审判员；

刘玉坤为县人民法院审判员；

陈洁为县人民法院审判员。

2009年10月28日，县十四届人大常委会第二十一次会议，通过县人民政府、县人民法院、县人民检察院人事任免事项。

决定免去：

贺书良深泽县人事劳动和社会保障局局长职务。

决定任命：

赵英民为深泽县人事劳动和社会保障局局长。

任命：

刘志兴为深泽县人民法院审判员、审判委员会委员、副院长；

张国忠为深泽县人民检察院副检察长。

2010年1月5日，县十四届人大常委会第二十三次会议，补选刘晓军为石家庄市第十二届人民代表大会代表。

2010 年 8 月 18 日，县十四届人大常委会第二十八次会议，通过县人民政府、县人民法院、县人民检察院人事任免事项。

决定任命：

张增怀为县交通运输局局长；

赵英民为县人力资源和社会保障局局长；

张英利为县住房和城乡建设局局长；

王振平为县人口和计划生育局局长。

决定免去：

张增怀县交通局局长职务；

赵英民县人事劳动和社会保障局局长职务；

张英利县建设局局长职务；

王振平县计划生育局局长职务。

任命：

曹昆跃为深泽县人民法院深泽镇法庭庭长；

张运启为深泽县人民法院白庄法庭庭长；

李文妙为深泽县人民法院赵八法庭庭长；

张亚平为深泽县人民法院桥头法庭庭长；

杨英媛为深泽县人民法院民一庭庭长；

王彩棉为深泽县人民法院民二庭庭长；

张进友为深泽县人民法院行政庭庭长；

孙焱为深泽县人民法院审监庭庭长；

刘月彩为深泽县人民法院立案庭庭长；

陈丽为深泽县人民法院少年法庭庭长；

刘彦兵为深泽县人民法院刑庭副庭长；

康晓燕为深泽县人民法院民二庭副庭长；

王立军为深泽县人民法院民一庭副庭长；

张观华为深泽县人民法院赵八法庭副庭长；

王军锋为深泽县人民法院深泽镇法庭副庭长；

李立军为深泽县人民法院审判员、白庄法庭副庭长；

曹春暖为深泽县人民检察院检察委员会专职委员。

免去：

曹昆跃深泽县人民法院民一庭庭长职务；

张运启深泽县人民法院立案庭庭长职务；

李文妙深泽县人民法院行政庭庭长职务；

张亚平深泽县人民法院白庄法庭副庭长职务；

杨英媛深泽县人民法院民二庭副庭长职务；

王彩棉深泽县人民法院深泽镇法庭庭长职务；

张进友深泽县人民法院白庄法庭庭长职务；

孙淼深泽县人民法院桥头法庭庭长职务；

刘月彩深泽县人民法院少年法庭庭长职务；

陈丽深泽县人民法院少年法庭副庭长职务；

刘彦兵深泽县人民法院赵八法庭庭长职务；

康晓燕深泽县人民法院深泽镇法庭副庭长职务；

冯丽娜深泽县人民法院赵八法庭副庭长职务；

王立平深泽县人民法院民二庭庭长职务；

马殿勋深泽县人民法院审监庭庭长职务。

2010 年 12 月 24 日，县十四届人大常委会第三十次会议，通过县人民政府、县人民法院人事任免事项。

决定任命：

张英利为县教育局局长；

韩占昌为县住房和城乡建设局局长。

决定免去：

许庆林县教育局局长职务；

张英利县住房和城乡建设局局长职务。

任命：

刘月彩为县人民法院审判委员会委员；

孙淼为县人民法院审判委员会委员；

张进友为县人民法院审判委员会委员；

张亚萍为县人民法院审判委员会委员；

张运启为县人民法院审判委员会委员；

冯丽娜为县人民法院审判委员会委员；

李文妙为县人民法院审判委员会委员。

免去：

马剑县人民法院审判委员会委员职务；

曹昆跃县人民法院审判委员会委员职务。

任命：赵跃周、李拴起、曹建、王英然、贾英涛、赵辉、刘会敏、安悦、陈颖、王永青、赵亚品、崔擘、张丽、黎静、纪立云、李向阳、王建生、郭灵胜、杜红、邸国申、黎超、王更申、王春林、张平会、王建平、李亚斌为县人民法院人民陪审员。

2011 年 3 月 29 日，县十四届人大常委会第三十二次会议，通过县人民政府、县人民检察院人事任免事项。

决定任命：

张运凯为深泽县人民政府副县长。

任命：

赵淑敏为深泽县人民检察院检察员。

2011 年 6 月 14 日，县十四届人大常委会第三十四次会议，通过县人民政府人事任免事项。

决定任命：

张迎新为深泽县人民政府副县长；

张军坡为深泽县科技局局长。

决定免去：

王会彬深泽县科技局局长职务。

2011 年 7 月 28 日，县十四届人大常委会第三十五次会议，通过县人民法院、县人民检察院人事任免事项。

任命：

张观华为深泽县人民法院审判员；

王亚卿为深泽县人民检察院检察员。

2011 年 9 月 20 日，县十四届人大常委会第三十六次会议，决定任命陈玉联、刘禹为深泽县人民政府副县长。

2012 年 2 月 8 日，县十四届人大常委会第三十八次会议，通过县人民法院、县人民检察院人事任免事项。

任命：

侯忠义为深泽县人民法院审判员、副院长、代理院长、审判委员会委员；

王彦芳为深泽县人民检察院副检察长、代理检察长、检察委员会委员。

## 第二节　常委会接受辞职情况

2007 年 11 月 30 日，深泽县十四届人大常委会第五次会议接受张俊立辞去深泽县第十四届人民代表大会常务委员会主任职务。

2007 年 11 月 30 日，深泽县十四届人大常委会第五次会议接受杨秋辞去深泽县人民政府副县长职务。

2009 年 1 月 10 日，深泽县十四届人大常委会第十五次会议接受杜振琪辞去深泽县人民政府县长职务。

2011 年 3 月 29 日，深泽县十四届人大常委会第三十二次会议接受杨国芳辞去深泽县人民政府副县长职务。

2011 年 9 月 20 日，深泽县十四届人大常委会第三十五次会议接受王生力辞去深泽县人民代表大会常务委员会主任职务。

2011 年 9 月 20 日，深泽县十四届第三十六次会议接受曹树池、赵云爱辞去深泽县人民政府副县长职务。

2012 年 2 月 8 日，深泽县十四届人大常委会第三十八次会议接受高会岭辞去深泽县人民法院院长、审判委员会委员职务。

2012 年 2 月 8 日，深泽县十四届人大常委会第三十八次会议接受张伟新辞去深泽县人民检察院检察长、检察委员会委员职务。

# 第八章　机关工作

深泽县第十四届人大常委会，深入贯彻落实科学发展观，紧紧围绕全县经济和社会发展大局，把党委重大决策、政府着力推进、群众普遍关注的问题作为工作重点，依法履职，依法监督，使人大工作与党委的部署相一致、与全县的大局相协调、与人民的利益相统一，为推动全县经济发展和社会进步发挥了积极作用。

1.高度重视思想建设。坚持党的领导，确保人大工作的正确方向，定期组织机关干部学习中国特色社会主义理论和有关法律法规，提高机关干部政治业务素质。扎实开展强化执行力、锤炼硬作风大讨论、创先争优、双创双树主题教育活动，广大干部的思想水平明显提高。

2.及时完善工作制度。制定并实施深泽县人民代表大会议事规则、主任会议议事规则、代表工作办法。修订会议组织、公文处理、宣传信息、后勤保障等方面的制度，使机关工作有章可循，并适应新的形势和任务。对各科室的岗位职责、工作规程进行重新明确，责任到人，严格考核，实现机关高效运转。

3.认真转变工作作风。根据常委会议题提前安排调查研究、了解民意，使常委会提出的审议意见更加符合实际。组织开展强化人大监督、改进代表工作、提高建议意见办理质量等方面的专题调研活动，促进人大工作水平的提高。认真开展深入学习实践科学发展观、干部作风建设年活动，使人大常委会组成人员和机关干部的政治意识、大局意识和责任意识明显增强，工作作风得到明显转变。

# 第 十 二 篇

# 深泽县第十五届人民代表大会

（2012 年 2 月至 2017 年 2 月）

# 第一章　党的领导

深泽县第十五届人民代表大会及其常务委员会，在中共深泽县委的领导下，深入学习贯彻党的十八大和习近平总书记系列重要讲话精神，自觉服从服务于全县大局，认真履行宪法和法律赋予的职责，充分发挥地方国家权力机关的职能作用，为建设实力宜居绿色平安的幸福深泽做出更大贡献。

县人大常委会党组坚持请示报告制度，主动争取县委的领导和支持，及时将工作中的重大事项和重大问题向县委报告。充分发挥党组的领导核心作用和党员的模范带头作用，使党的主张顺利通过法定程序转变为决议决定。

县人大常委会党组认真落实中央和省、市、县委决策部署，深入开展党的群众路线教育实践、“三严三实”专题教育、“两学一做”学习教育、“解放思想大讨论”等活动，不断强化政治意识、大局意识、核心意识、看齐意识，坚定中国特色社会主义道路自信、理论自信、制度自信、文化自信。全面落实党要管党、从严治党政治责任，扎实推进作风建设和党风廉政建设，把纪律和规矩挺在前面，努力打造良好政治生态。认真学习贯彻习近平总书记在庆祝全国人民代表大会成立六十周年大会上的重要讲话精神，深入贯彻落实省委关于进一步加强和改进人大工作的决定和市委人大工作会议精神，切实增强做好人大工作的政治责任感和历史使命感。

## 第一节　党的组织机构

### 中共深泽县人民代表大会常务委员会党组

书　记：杨　秋（2012 年 2 月至 2017 年 2 月）

成　员：贾增科（2012 年 2 月至 2017 年 2 月）

黎建辉（2012 年 2 月至 2017 年 2 月）

高志强（2012 年 2 月至 2017 年 2 月）

郭彦儒（2015 年 3 月至 2017 年 2 月）

袁占强（2012 年 2 月至 2017 年 2 月）

# 第二节　党组会议

## 一、党组会

县十五届人大期间，县人大常委会党组召开党组会22次。其中2014年召开党组会1次，2015年召开党组会6次，2016年召开党组会14次，2017年召开党组会1次。

**2014年深泽县人大常委会召开党组会情况表**

表63

| 时间 | 会次 | 会议议题 |
|---|---|---|
| 12月9日 | 第1次 | 研究党的群众路线教育实践活动整改落实“回头看”情况 |

**2015年深泽县人大常委会召开党组会情况表**

表64

| 时间 | 会次 | 会议议题 |
|---|---|---|
| 2月9日 | 第1次 | 研究审议关于召开县人大常委会第二十次会议的有关事宜 |
| 2月25日 | 第2次 | 研究县人大常委会党组关于召开县十五届人大五次会议的请示；研究县十五届人大五次会议的日程安排（草案）；研究关于召开县人大常委会第二十一次会议的有关事宜 |
| 3月16日 | 第3次 | 通报县委碰头会有关情况；讨论各位副主任、党组成员临时工作分工；廉政谈话；研究关于召开县人大常委会第二十二次会议的有关事宜；安排部署学习全国“两会”精神事宜；安排常委会组成人员联系代表、代表联系选民相关工作 |
| 9月17日 | 第4次 | 研究人大代表上站、“人大代表之家”开展活动事宜；部署“双节”廉洁自律相关工作；学习《中国共产党党组工作条例》；研究干部人事事项 |
| 10月17日 | 第5次 | 研究关于机关工作人员（个别）调整的有关事项；学习中央文件；研究修改常委会议事规则 |
| 11月23日 | 第6次 | 研究关于县人大常委会党组贯彻中央文件的意见；研究机关干部问题；研究关于机关建设的有关问题 |

**2016年深泽县人大常委会召开党组会情况表**

表65

| 时间 | 会次 | 会议议题 |
|---|---|---|
| 1月14日 | 第1次 | 研究县人大常委会党组关于召开县十五届人大六次会议的请示；研究县十五届人大六次会议日程；研究关于召开县人大常委会第三十次会议的有关事宜 |
| 3月2日 | 第2次 | 学习传达县委召开的党的干部会议精神和县委书记讲话精神；研究县人大近期工作；研究部署党风廉政建设，落实“两个责任” |

续表 65

| 时间 | 会次 | 会议议题 |
| --- | --- | --- |
| 5月16日 | 第3次 | 学习传达县委组织部转发的《关于县处级以上党员领导干部“两学一做”学习教育具体实施方案》（深组〔2016〕5号）文件精神；审议通过《深泽县人大常委会领导班子县处级以上领导干部“两学一做”学习教育具体实施方案》；听取县人大机关党支部开展“两学一做”学习教育进展情况汇报；研究审议《县人大常委会议事规则（修订案）》；安排修订《中共深泽县人大常委会党组议事规则》 |
| 6月10日 | 第4次 | 通报5月21日县委碰头会的相关事宜；强调党组各成员在换届工作中的纪律；修订党组会议议事规则；研究“两学一做”学习教育活动；研究县人大领导班子年终考核等问题 |
| 7月6日 | 第5次 | 审议通过《县人大常委会党组会议议事规则》；对前段时间县委关于做好县处级以上党员领导干部“两学一做”学习教育相关要求进行说明；学习习近平总书记“七一”讲话精神；讨论主任会议、主任办公会审议的县人大常委会第三十六次会议的议题 |
| 7月25日 | 第6次 | 通报县人大常委会党组及机关党支部开展“两学一做”学习教育开展情况，并对下步工作进行安排；通报县委常委会会议相关事宜；研究落实县委近期主要工作部署的意见；研究县人大常委会下一步建设的有关事宜；研究学习传达《中国共产党问责条例》；研究部署近期防汛工作 |
| 9月1日 | 第7次 | 研究讨论关于市人大要求报送优秀市人大代表的有关事宜 |
| 10月11日 | 第8次 | 学习传达10月11日全县领导干部会议精神；听取机关“两学一做”学习教育情况汇报；学习传达中央、省、市有关换届纪律规定；研究县人大常委会相关事宜；研究机关建设事宜 |
| 11月7日 | 第9次 | 学习传达10月31日全省市县乡人大换届工作部署会议精神；学习传达全省市县乡领导班子换届工作会议和全市县乡领导班子换届工作会议精神 |
| 11月14日 | 第10次 | 学习传达党的十八届六中全会精神；对人大机关学习贯彻党的十八届六中全会精神进行安排部署；研究通过《县人大常委会党组关于县乡人大换届工作的意见》；研究县乡选举委员会组成人员拟提名人员名单 |
| 11月24日 | 第11次 | 学习传达“习近平总书记在党的十八届六中全会第二次全体会议上的讲话精神传达提纲”、河北省委书记赵克志在设区市和省直管县党委书记会议上的讲话；研究关于11月25日上午召开“深泽县县乡人大换届选举工作会议”的有关筹备情况；研究关于县委常委会议、政府常务会议研究美丽乡村筹资融资等事项 |
| 11月30日 | 第12次 | 学习传达11月21日省第九次党代会精神及赵克志书记的讲话精神；学习传达11月29日县委常委扩大会议精神及王书记讲话精神 |
| 12月6日 | 第13次 | 通报12月5日县委常委会会议有关情况；学习省委办、省政府办印发《关于改进财政资金使用管理的若干意见》的通知；学习传达省第九次党代会精神及赵克志书记讲话精神；研究换届选举相关事宜 |
| 12月12日 | 第14次 | 听取常委会各位副主任下乡督导县乡人大换届工作开展情况；研究关于县乡换届代表候选人提出、按时张贴等问题；研究关于年度总结、考评的问题；研究关于县级人大代表活动经费开支问题；听取机关党支部工作开展情况 |

**2017 年深泽县人大常委会召开党组会情况表**

表 66

| 时间 | 会次 | 会议议题 |
|---|---|---|
| 1月14日 | 第1次 | 传达市委换届风气巡查组专题会议精神和县委常委会会议精神；学习传达市委九届九次全委会精神；研究当前人大常委会重点工作 |

## 二、党组民主生活会

县十五届人大期间，县人大常委会党组召开党组民主生活会3次。

2014年7月16日，按照党的群众路线教育实践活动的统一安排，县人大常委会党组召开专题民主生活会，以整风精神开展批评与自我批评，进一步查摆剖析“四风”方面存在的突出问题，明确今后努力方向和整改措施。

2014年12月9日，按照党的群众路线教育实践活动的统一安排，县人大常委会党组召开党的群众路线教育实践活动整改落实“回头看”专题民主生活会。

2015年12月30日，县人大常委会党组领导班子召开“三严三实”专题民主生活会。

# 第二章　人大代表

深泽县第十五届人民代表大会代表名额169名。2012年2月，召开县十五届人大一次会议时实有代表163名。县十五届人大常委会尊重代表主体地位，积极支持和保障代表依法履职，健全代表履职激励监督机制，建立代表履职档案，加强代表建议督办，推动代表工作得到新提升。

## 第一节　选举产生

### 一、选举委员会

2011年11月15日县十四届人大常委会第三十七次会议通过《深泽县人大常委会关于县、乡两级人民代表大会换届选举工作的实施方案》，成立深泽县选举委员会。

主　任：周树仁

副主任：

| | | | |
|---|---|---|---|
| 齐志良 | 郭立辉 | 卢明刚 | 李　遐（女） |
| 崔建民 | | | |

委　员：

| | | | |
|---|---|---|---|
| 宋文军 | 郭彦儒 | 张彦华 | 赵彦龙 |
| 曹寿怀 | 赵路通 | 张造国 | 崔跃进 |
| 张学荣 | 张志强 | 闫振涛 | 马运英（女） |
| 王大奎 | 刘亚红（女） | 支彦杰（女） | 贾　炜（女） |
| 李远东 | 周　层 | 何　影 | 崔　擘 |
| 李建朋 | 张永军 | 李向阳 | |

根据《中华人民共和国全国人民代表大会和地方各级人民代表大会选举法》关于选举委员会组成人员为代表候选人的，应当辞去选举委员会职务的规定，选举委员会部分组成人员提出辞职请求。2011年12月19日县十四届人大常委会主任会议研究，决定接受周树仁辞去深泽县选举委员会主任职务，齐志良、卢明刚、李遐、崔建民辞去深泽县选举委员会副主任职务，赵路通、张志强、刘亚红、支彦杰辞去深泽县选举委员会委员职务。深泽县选举委员

会的工作由副主任郭立辉主持。2012 年 2 月 8 日，县十四届人大常委会第三十八次会议进行确认。

根据省人大常委会关于县、乡人大代表名额的决定，深泽县县人大代表名额为 169 名，乡级人大代表名额共 393 名。全县共划分县人大代表选区 82 个，乡级人大代表选区 173 个，按照每选区 1—3 名代表，分别将 163 名县人大代表名额和 380 名乡级人大代表名额分配到各县代表和乡级代表选区。

2011 年 12 月 28 日为代表选举日，全县参加投票的选民 170633 人，参选率 91.2%，选举产生县十五届人大代表 164 名。

### 二、代表构成

在选举产生的 163 名县人大代表中，中共党员代表 105 名，占 64.4%；群众代表 58 名，占 35.6%；工农知识分子代表 98 名，占 60.1%；妇女代表 33 名，占 20.2%；党政干部代表 43 名，占 26.4%；上届代表 80 名，占 49.1%。

## 第二节 代表名单

### 一、深泽县第十五届人民代表大会代表名单

县直代表团（18 名，含华丽综合服务处）：

| | | | |
|---|---|---|---|
| 王力军 | 王建群 | 王树凯 | 闫丽宁（女） |
| 刘　光 | 邸　景（女） | 张会肖（女） | 张志强 |
| 郝彦涛 | 韩占昌 | 崔建民 | 张增怀 |
| 支彦杰（女） | 刘亚红（女） | 王志民 | 孙亚兰（女） |

华丽综合服务处：

| | |
|---|---|
| 马广全 | 邵志洪 |

深泽镇代表团（21 名）：

| | | | |
|---|---|---|---|
| 王迎兴 | 王建平 | 戴庆年 | 任秋栓 |
| 刘月强 | 刘荣建 | 刘海英 | 李立根 |
| 李志国 | 张占山 | 张印昌 | 张英魁 |
| 范林英（女） | 袁义国 | 袁民虎 | 顾小勇 |
| 郭习昌 | 高玉涛 | 曹焕民 | 王群英 |
| 张少华 | | | |

铁杆镇代表团（14 名）：

| | | | |
|---|---|---|---|
| 王国周 | 王顺成 | 刘芹英（女） | 杨保录 |
| 李西科 | 张　丽（女） | 张树永 | 张彦卜 |

| | | | |
|---|---|---|---|
| 张彦格（女） | 赵　兴 | 袁士科 | 翟伟冬 |
| 盛庆功 | 杨　秋 | | |

赵八镇代表团（22 名）：

| | | | |
|---|---|---|---|
| 刘云峰 | 杜国进 | 李宇飞 | 张士友 |
| 张同珍（女） | 张泽英 | 张建民 | 张彦轻 |
| 陈振秋 | 赵春明 | 赵造谦 | 赵景波 |
| 贾俊缺（女） | 贾锅造 | 曹志欣 | 康彦申 |
| 康彩红（女） | 焦翠军 | 周树仁 | 李　遐（女） |
| 高丙文 | 康会彬 | | |

白庄乡代表团（23 名）：

| | | | |
|---|---|---|---|
| 马平格（女） | 王建宁 | 王景波 | 戴贺年 |
| 杜怀建 | 杨鹤伟 | 李国宏 | 何世荣 |
| 何亚雄 | 何泉水 | 宋淑恋（女） | 张兰敏（女） |
| 张伟风 | 张志中 | 张建立 | 张荣虎 |
| 张恋英（女） | 赵玉兰（女） | 段建法 | 贺亚平 |
| 张庆民 | 齐志良 | 史国士 | |

留村乡代表团（22 名）：

| | | | |
|---|---|---|---|
| 马建平 | 田志军 | 刘玉龙 | 刘庆春 |
| 刘新国 | 李彦分（女） | 邸东亚 | 宋义欣（女） |
| 宋书建（女） | 张礼明 | 张　伟 | 张荣珍（女） |
| 张海坡 | 张海英 | 郝东升 | 赵同娟（女） |
| 贾军明 | 郭雷雨 | 曹志法 | 曹海林 |
| 王德庆 | 史志法 | | |

桥头乡代表团（15 名）：

| | | | |
|---|---|---|---|
| 马壮国 | 王志刚 | 李　卫 | 李志谦 |
| 何海英（女） | 宋　彬 | 陈铁刚 | 陈　梅（女） |
| 赵振全 | 秦争坡 | 曹建恒 | 翟英会（女） |
| 贾增科 | 侯忠义 | 袁占强 | |

耿庄办事处代表团（15 名）：

| | | | |
|---|---|---|---|
| 王敬棉（女） | 邢茂福 | 纪计芬（女） | 纪振友 |
| 杜建领 | 李　林 | 李　宪 | 张淑平（女） |
| 赵根志 | 高永强 | 康瑛鑫 | 韩永谦 |
| 卢明刚 | 黎建辉 | 赵路通 | |

马里办事处代表团（13 名）：

| | | | |
|---|---|---|---|
| 左立兵 | 刘占兵 | 刘　英（女） | 刘恒章 |

杜国强　　杨彦景（女）　　邸四平（女）　　赵玉景
曹同进　　翟路民　　高志强　　王彦芳
贾占锁

**深泽县第十五届人大代表届中变动情况表**

表 67

| 会次 | 终止情况 | 补选情况 | 人数 |
| --- | --- | --- | --- |
| 第一次会议 | 调离深泽2名：高会岭、张伟新 | 补选2名：侯忠义、王彦芳 | 县十五届人民代表大会第一次会议时，实有代表163名 |
| 第二次会议 | 辞职9名：支彦杰、张会肖、高玉涛、张丽、刘云峰、贾卫东、戴贺年、贾占锁、高永强 | 补选9名：崔磊、王文静、刘志敏、闫成、张英民、周层、韩士谦、张梁、王义聪 | 县十五届人民代表大会第二次会议时，实有代表163名 |
| 第三次会议 | 调离深泽2名：盛庆功、周树仁<br>辞职4名：王树凯、刘荣建、刘志敏、周层 | 补选代表4名：贾炜、张亚萍、郑红桥、刘宁 | 县十五届人民代表大会第三次会议时，实有代表161名 |
| 第四次会议 | 辞职1名：韩占昌<br>去世3名：康会彬、张海坡、张志中 | 补选代表6名：范文龙、陈国强、尚秀伟、张平英、张建欣、宋文军 | 县十五届人民代表大会第四次会议时，实有代表163名 |
| 第五次会议 | 辞职3名：崔磊、宋彬、李林<br>去世1名：贾锅造 | 补选代表8名：刘志坚、李鹏、郑建龙、史建平、曹亚峰、郭彦儒、高学永、王永 | 县十五届人民代表大会第五次会议时，实有代表167名 |
| 第六次会议 | 辞职4名：赵玉景、李宇飞、张礼明、张造国 | 补选代表3名：李振庄、王永鹏、宋玉龙 | 县十五届人民代表大会第六次会议时，实有代表166名 |

## 二、深泽县出席石家庄市第十三届人民代表大会代表名单

（2013年3月26日县十五届人大二次会议第二次全体会议当选）

王　辉（女）　　王群英　　王雁南　　王德庆
任秋栓　　刘荣建　　刘晓军　　许广为（女）
杜会芹（女）　　杜国强　　李西科　　杨　秋
辛换生　　张英魁　　张　炬　　林　蕴（女）
高丽婷（女）　　盛庆功

2015年9月8日，深泽县第十五届人大常委会第二十七次会议，补选尚秀伟为石家庄市第十三届人民代表大会代表。

# 第三节　代表工作

## 一、联系代表

常委会继续实行“双联”制度，常委会组成人员重点联系县人大代表 5 人，县人大代表重点联系选民 5 人，保持与代表、选民的经常性联系，广泛听取意见建议。

## 二、代表培训

通过“家”“站”活动对代表进行集中培训，印发学习资料 7 期，组织集体学习和自学十八大及十八届各次全会精神、《中华人民共和国全国人民代表大会和地方各级人民代表大会代表法》、《中华人民共和国预算法》、习近平在庆祝全国人民代表大会成立 60 周年大会上的讲话及省市系列人大工作会议文件。

## 三、建立代表“家”“站”

按照 2012 年 5 月 4 日深泽县第十五届人民代表大会常务委员会第二次会议审议通过的《深泽县人大代表工作站、联络点实施办法》。按照“有场所、有标牌、有制度、有记录本、有召集人”的“五有”标准，建立代表工作站 9 个，联络点 4 个，统一制作标牌、制度牌、记录本，明确任务、职责、程序和要求。2014 年 8 月，按照市人大创建“人大代表之家”的要求，在原有“人大代表工作站、联络点”的基础上，通过更换活动场所、办公设施，完善五项制度、“活动登记簿”、“联系群众登记簿”、“述职登记簿”、“建议办理情况登记簿”，悬挂人大代表公示牌、“人大代表之家”标志牌，创建“人大代表之家”9 个，“人大代表联络站”4 个。分别组织开展活动 30 余次，县域各级人大代表均积极、踊跃参加，提出多方面意见、建议共计 900 余条，代表闭会期间履职积极性和针对性大大加强，代表作用得到充分发挥。

## 四、建立代表退出机制

2012 年 12 月，县委批转中共深泽县人大常委会党组《关于届中调整县人大代表有关问题的意见》。总体原则：届中调整县人大代表必须坚持党的领导，充分发扬民主，严格依法办事和尊重代表意愿；换届时确定的县人大代表结构比例保持不变；一般每年调整一次，安排在人代会之前两个月内进行。具体要求：1. 乡镇党委书记、人大主席必须是县人大代表，平时作为人大工作的召集人，人代会时为代表团团长、副团长提名人选。2. 乡镇党委书记、人大主席和县直部门人大代表因工作或职务变动，在代表结构中失去其原有代表性的；长期不参加代表活动的；因其他原因不能正常履行代表职务的，按照市委《关于进一步加强人大工作的决定》有关要求，建议其辞去县人大代表职务，空额按结构要求安排补选。3. 新任乡镇党委书记、人大主席不是县人大代表的，须补选为县人大代表。

## 五、邀请代表列席常委会会议

每次常委会会议都根据会议议题，有计划安排5名左右县人大代表列席，确保届内每名县人大代表至少能参加一次活动，列席一次常委会会议，使代表更直接、更深入、更全面了解到县人大常委会依法履职的过程，拓宽审议广度和深度，提高审议质量。

## 六、代表建议、意见选录

### 县十五届人大一次会议

县十五届人大一次会议期间，经议案审查委员会审查，建议7件，意见17件。提交县人大常委会审议，议案转为建议2件。交县政府办理。

（一）议案转建议

1. 案由：加强对青少年的法制教育，预防和减少青少年犯罪。

提议案人：刘亚红　单位：共青团深泽县委

附议人：县直代表团支彦杰等10名代表

案据：近年来，青少年参与的犯罪案件仍然比较多，根据从县法院了解到的数据，2011年青少年犯罪人数占到了全部犯罪人数的21.6%，家长、学校忧心忡忡，同时也影响了社会的和谐安定，预防和减少青少年犯罪，已经成为一个不能回避的重要问题，必须给予高度关注。

方案：预防和减少青少年犯罪是一个系统工程，在加强对青少年法制教育的同时，各有关职能部门要切实负起责任，发挥应有的作用，协同作战、形成合力，为青少年健康成长营造良好的社会环境，共同遏制青少年犯罪的发生。

2. 案由：充分发挥县政务中心的作用，切实简化行政审批程序，提高审批效率，努力打造建设经济强县的“软环境”。

提议案人：左立兵　单位：马里办事处

附议人：马里办事处代表团杜国强等10名代表

案据：近年来，县委、县政府始终把优化发展环境，简化行政审批程序，当作一件大事来抓，出台了相关文件，也取得了一定的成效，使我县的发展环境不断得到改善。但与建设经济强县目标的要求相比，与企业和群众的期望相比，还存在一些差距和不足，在行政审批方面，县政务中心“只挂号、不看病”“体外循环”问题依然存在，审批项目没有实现应进必进，充分授权，县政务中心“一站式”服务的作用还没有充分发挥出来。

方案：进一步加强政务中心的规范化建设和管理，认真筛选县政务中心审批项目，做到应进必进，充分授权，坚决杜绝“体外循环”，充分发挥县政务中心的作用，真正做到行政审批“审批项目最少、程序最简、办理最快、费用最低、服务最优”，努力打造一流的县域经济建设“软环境”。

（二）建议

1. 事由：关于深泽坠子戏的传承发扬问题。

提建议人：张会肖　单位：深泽县剧团

内容：现在剧团面临的最大问题是人员缺乏，后继乏人，严重断档，希望县政府及有关部门采取措施，加大对坠子剧团的扶持力度，增加资金投入，出台相关政策，培养学员，使深泽坠子这一优秀剧种发扬光大。

2. 事由：关于进一步改善基层医疗水平问题。

提建议人：刘玉龙　单位：留村乡卫生院

内容：乡级卫生院投入不到位，基础设施，医疗设备都比较落后，乡、村两级医疗队伍技术水平急需提高，建议县政府及有关部门加大对乡、村两级医疗基础设施建设的投入，加强乡村两级医疗人员的技术培训，改善基层医疗水平，解决基层群众看病难问题。

3. 事由：关于加大公办幼儿园办学力度问题。

提建议人：王顺成　单位：铁杆镇中央村

内容：我县公办幼儿园太少，一些私立幼儿园又不太规范，严重影响了学龄前儿童学前教育。建议县政府加大投入，增加公办幼儿园数量，提高其办学条件，使学龄前儿童能够及时入园接受教育。

4. 事由：关于铁杆小城镇建设问题。

提建议人：张彦卜　单位：铁杆镇铁杆村

内容：为加快铁杆小城镇建设步伐，尽快打造县城副中心，建议县政府在税收分成，土地征用等方面给予政策支持。

审查意见：交县政府办理

5. 事由：关于“西九”公路加宽问题。

提建议人：李卫　单位：桥头乡西河村

内容：桥头乡是林果大乡，冷库业是本乡的主导产业，采果、入库出库车辆较多，由于“西九”公路比较窄，影响车辆通行，建议县政府及有关部门尽快对“西九”公路加宽改造。

6. 事由：关于滹沱河北大堤堤顶路面翻修问题。

提建议人：陈振秋、何亚雄　单位：赵八镇大雾头村、白庄乡小堡村

内容：滹沱河北大堤堤顶路面大坑小洼损坏严重，影响沿堤村庄群众的正常出行以及防洪物资的运输，希望尽快翻修。

7. 事由：关于向阳街南北两头拆迁治理问题。

提建议人：张建民 单位：河北昊博建筑工程公司

内容：向阳街南北两头仍未打通，影响群众出行及县城美化，建议有关部门加大力度，尽快治理，实现向阳街南北贯通。

（三）意见

1. 白庄乡中白庄村李国宏代表提出：部分中小学教师离岗经商，找他人代课，严重影响

教学质量，希望有关部门尽快进行清理整顿，加强老师队伍管理，提高教学质量。

2. 白庄乡西固罗村张伟风代表提出：安辛公路过村段排水沟有的没有排水口，有的排水口直接排到农田，淹没庄稼，希望有关部门尽快解决。

3. 白庄乡小直要村贺亚平代表提出：希望县政府设立专项资金，加大投入解决农村垃圾围村问题。

4. 铁杆镇故城村张彦格代表提出：西河、大桥头大集占道经营，车辆无法通行，希望有关部门进行治理。

5. 桥头乡西焦庄村秦争坡代表提出：滹沱河南侧采沙严重，沙坑影响西焦庄、南封庄村的耕地安全，希望有关部门尽快治理。

6. 桥头乡大桥头村王志刚代表提出：沿主要街道、公路的学校附近要设立警示标志，确保学生的安全。

7. 白庄乡中白庄村李国宏代表提出：希望尽快落实农村养老保险政策，启动此项工作。

8. 县医院王志民代表提出：县医院门口占道经营，尤其是集日，造成县医院门口交通拥堵，病人进、出院困难，不利于病人急救，希望有关部门尽快治理。

9. 马里办事处赵庄村杨彦景代表提出：赵庄村饮用水经有关部门鉴定污染严重，影响村民身体健康，希望有关部门给予帮助和支持，早日让村民吃上放心水。

10. 桥头乡大桥头村王志刚代表提出：大桥头南头三叉口交通秩序混乱，容易发生交通事故，希望有关部门在此处设立限速限行标志，改善交通秩序。

11. 桥头乡西河村赵振全代表提出：各村民调员的误工补贴未能及时兑现，已拖欠两年半多了，为了稳定各村民调员的情绪，做好基层矛盾纠纷排查工作，希望有关部门尽快兑现已拖欠的误工补贴。

12. 深泽镇城内村袁义国代表提出：府前路县政府门口以东路面大坑小洼，希望尽快进行修补，方便群众出行。

13. 赵八乡赵八中学康会彬代表提出：赵八中学、赵西小学的水井很浅，已被污染、影响师生身体健康，希望有关部门尽快协调资金，帮助学校打深水井。

14. 桥头乡西焦庄小学陈梅代表提出：现在很多私人黑车接送学生，有一定安全隐患，希望有关部门加强治理。

15. 赵八乡北赵八村曹志欣代表、留村乡夹河村张海英代表提出：磁河污染严重，造成沿岸地下水及空气污染、影响沿岸群众的身体健康，每到夏季，污水泛滥，淹没农田，希望有关部门尽快进行治理。

16. 白庄乡枣营村张兰敏代表提出：实施节水灌溉项目白庄乡大部分村已受益，剩余大堡、枣营、孤庄三个村未实施，希望有关部门尽快实施。

## 县十五届人大二次会议

县十五届人大二次会议期间，经议案审查委员会审查，建议6件，意见17件。提交县人大常委会审议，议案转为建议3件。交县政府办理。

（一）议案转建议

1. 案由：进一步加强县城和公路建设，提高县城承载能力，解决交通“瓶颈”，改善经济建设“硬环境”。

提议案人：张英魁　单位：河北千秋节能防腐高新技术开发有限公司

附议人：深泽镇代表团刘海英等10名代表

案据：县城建设方面，经过这几年的综合治理，县城形象得到明显改善，但是部分街道路面破损问题，向阳街南北段拆迁治理问题，部分路段排水不畅问题，占道经营问题等，仍需进一步解决，城区亮化、美化、绿化水平需进一步提高。交通方面，由于我县不通铁路，公路交通也不发达，在一定程度上制约了我县生物产业园及省工业聚集区优势的发挥，加强公路建设，改善交通运输条件势在必行。

方案：县城建设方面，进一步加大县城亮化、美化、绿化面积，扩大亮化范围，进一步加大管理力度，解决占道经营问题，尽快解决府前路东段，建设路路面破损问题，加大向阳街拆迁整治力度，尽快实现南北贯通，尽快解决县城部分路段，特别是新开街学校门口路段，雨天积水问题。交通方面，进一步加大力度，加强我县公路交通网建设，争取我县早日通高速公路，吸引更多大项目落地。

2. 案由：制定鼓励政策，对纳税多贡献大的企业进一步加大扶持力度。

提议案人：纪振友　单位：耿庄深龙包装制品有限公司

附议人：耿庄办事处代表团杜建领等10名代表

案据：近年来，我县一批大项目相继落地，也涌现了一些纳税大户，切实为我县经济发展做出了贡献，为使这些企业更好更快发展，营造纳税光荣的浓厚氛围，县政府应制定相关鼓励政策，扶持企业健康快速发展。

方案：对纳税多贡献大的企业，县政府制定鼓励政策，切实帮助优先解决土地、融资等实际问题。

3. 案由：进一步优化教育资源配置，全面提升我县教学质量。

提议案人：杜国强　单位：河北汇博国际贸易有限公司

附议人：马里办事处代表团刘占兵等10名代表

案据：我县教育资源配置有待进一步优化，一方面教师队伍年龄结构偏高，整体素质需进一步提升，另一方面教育资源配置不均衡，特别是一些基层偏远学校，师资力量薄弱，基础设施较差，导致一些基层学校教学质量偏低。

方案：一是定期公开招录一定数量的素质较高的年轻新教师，补充教师队伍，提升我县教师整体素质。二是全面优化我县教育资源配置，师资力量，基础设施建设可适当向基层偏远学校倾斜，提高基层偏远学校教师待遇，给予适当的补贴，吸引高水平教师在基层偏远学校任教，提升我县整体教学质量。

（二）建议

1. 事由：关于铁杆镇杜社村特色农业种植扶持问题。

提建议人：李西科 单位：铁杆镇杜社村

内容：铁杆镇杜社村葡萄、蔬菜种植已形成一定规模，但形成农业产业化，继续发展，存在着技术、政策等“瓶颈”制约，建议县政府进一步加大扶持力度，使该村特色农业种植持续健康发展，尽快形成产业化。

2. 事由：关于加强食品安全监管的建议。

提建议人：刘志敏 单位：深泽镇人大

内容：食品安全关系千家万户，有关部门要加大食品质量检查力度，加大食品检测设备购置经费投入力度，设置食品质量有奖举报电话，加大查处力度。

3. 事由：关于白庄乡枣营、大堡等村成立农业合作社的建议。

提建议人：张兰敏 单位：白庄乡枣营村

内容：白庄乡枣营、大堡等村白山药、中药材、果树种植已形成一定规模，建议有关部门牵头成立农业合作社，进行统一技术指导，统一销售等服务。

4. 事由：关于解决耿庄办事处南卓头村特色林业种植园和耿庄村蔬菜基地道路硬化问题。

提建议人：张淑平 单位：耿庄办南卓头村

内容：为打造特色农业，绿色农业、观光农业，耿庄办事处南卓头村和耿庄村分别建起了林业种植园和蔬菜大棚基地共200余亩，但远离交通主干线，只有田间小路，影响观光采摘和销售运输。建议交通运输局、农业局帮助尽快解决道路拓宽硬化问题。

5. 事由：关于解决“空穴”老人无人照顾问题。

提建议人：王敬棉 单位：耿庄中学

内容：为了让子女安心工作，服务社会，让老人有所依，建议有关部门加大资金投入，落实互助幸福院建设项目，解决“空穴”老人生活问题。

审查意见：交县政府办理

6. 事由：关于安辛公路与留村至大直要公路交叉口安装红绿灯的建议。

提建议人：李国宏 单位：白庄乡中白庄村

内容：由于机动车辆的增多，安辛公路与留村至大直要公路交叉口经常堵车和发生交通事故，建议尽快在此路口安装红绿灯。

（三）意见

1. 马里办事处前马里村刘恒章代表、深泽镇小贾庄村刘月强代表提出：农村垃圾清理费用高，村、乡两级无力承担，建议列入县财政预算，解决村级环境治理问题。

2. 铁杆镇社社村李西科代表、白庄乡西固罗村张伟风代表提出：新农合农村卫生室报销不规范，有时报有时停，群众意见很大，希望加强管理、进一步规范化。

3. 留村乡东北留村曹海林代表、赵八镇北赵八村曹志欣代表提出：磁河污染严重，影响周边群众正常生产生活，希望尽快治理。

4. 深泽镇东王庄村王迎兴代表提出：部分老师课外办班收费，希望有关部门加强管理。

5. 华运化工有限公司张占山代表提出：严格控制土地使用，防止哄抬地价，有利于县城总体规划。

6. 河北昊博建筑公司康彦申代表提出：赵八乡南赵八村西口需要修建一条出村公路，方便群众出行。

7. 桥头乡大桥头村王志刚代表提出：农村学校合并后，家长接送孩子很不方便，希望有关部门合理安排，有一定人口规模的村，学校要保留。

8. 桥头乡西河村李卫代表提出：学生作业过重，压力大，希望改进教学方法，适当减少学生作业量。

9. 桥头乡西焦庄村学校陈梅代表提出：华丽综合服务处西区空气污染严重，威胁居民生命安全，希望有关部门加强监管。

10. 桥头乡西焦庄村秦争坡代表提出：群众到电管站交电费，等待时间太长，有时等半天也交不上，希望多设立几个收费窗口，便于群众交费。

11. 铁杆镇铁杆村张彦卜代表提出：铁杆小城镇建设力度不大，要求加大投入，加强扶持力度，加快铁杆小城镇建设进度。

12. 铁杆镇中央村王顺成代表提出：农村治安不稳定，入户盗窃案频发，群众反映强烈，希望加强治安巡逻，加大治安防范力度，确保人民群众生命财产安全。

13. 赵八乡大雾头村陈振秋代表提出：滹沱河北大堤路面损坏严重，影响堤南群众出行，希望尽快修复。

14. 留村乡大贾庄村贾军明代表提出：千里堤、木刀沟存在安全隐患，希望有关部门加固堤坝，整修路面，做到防患于未然。

15. 白庄乡中白庄村李国宏代表提出：留村到枣营村的公路中白庄段损坏严重，雨天无法通行，希望有关部门尽快修复。

16. 赵八镇北刘家庄村张泽英代表提出：一些路边废品收购站，占道经营，影响交通，希望有关部门加强管理，使其规范经营。

17. 县妇联刘亚红代表提出：加强对排污企业监管，加大环保力度，改善人民群众生活环境。

## 县十五届人大四次会议

县十五届人大四次会议期间，经议案审查委员会审查，建议 4 件，意见 14 件。提交县人大常委会审议，议案转为建议 3 件。交县政府办理。

（一）议案转建议

1. 案由：落实中央一号文件，加强农村建设，改善村居环境，建设生态家园，提升农村居民的幸福指数。

提议案人：袁义国　单位：深泽镇城内村

附议人：深泽镇代表团刘海英等 10 名代表

案据：近几年来，县政府在农村基础设施建设，环境综合整治方面，做了大量工作，取得了一定成效。但农村路难行，脏、乱、差等影响村容村貌的问题依然比较突出，影响了人民群众的生活质量。

方案：按照中央一号文件开展村庄人居环境整治的要求，结合农村容貌改造提升工程，县政府要进一步加强农村生活污水处理、农村生活垃圾处置、村内道路硬化、环境美化、农村饮用水安全、太阳能、沼气等清洁能源使用等方面的工作，全面改善和提高农村生产生活环境质量，建设生态家园，提升农村居民的幸福指数。

2. 案由：谋划启动“三河治理”，恢复滩涂生态，继承河流文化，提升县城品味，为建设产业新城提供优质的招商环境。

提议案人：张平英　单位：留村乡西北留村

附议人：留村乡代表团张海英等 10 名代表

案据：流经我县的滹沱河、磁河常年污水不断，近年来，磁河污水每年在雨季泛滥，淹没农田、厂房，造成巨大损失，滹沱河、磁河、木刀沟两岸生态环境也遭到不同程度的破坏，影响了沿岸群众的正常生产和生活，影响了我县的形象。

方案：县政府及有关部门进一步加大跑办力度，尽快制定“三河治理”方案，早日启动落实，大力进行生态治理，美化两岸生态环境，提升我县对外形象。

3. 案由：处理好经济发展与生态保护的关系，进一步加大大气污染治理力度，提升居民生活环境质量。

提议案人：马广全　单位：华丽综合服务处

附议人：县直代表团刘亚红等 10 名代表

案据：随着我县工业企业的不断发展，大气污染问题越来越突出，按照省、市关于大气污染防治工作的要求，虽然我县对大气污染进行了治理，但大气污染问题仍然存在，一些企业排放的烟尘、废气，散发着怪味，给周边大气环境造成严重污染，严重影响了周边人民群众的生活和身体健康。

方案：根据省、市有关要求，结合我县实际，进一步加大大气污染防治力度，对重点行业、重点企业加强治理和监管，努力做到“统筹兼顾、标本兼治、综合治理、注重实效”。

（二）建议

1. 事由：关于集市占道问题。

提建议人：刘占兵　单位：马里办事处大兴村

内容：正绕线赵八段、马里段，安辛线西固罗段等，每逢集日，占道经营，严重影响车辆通行。建议县政府协调有关部门加大管理力度，妥善处理，使集市搬离交通主干道。

2. 事由：关于对出租车行业加强管理的问题。

提建议人：杨彦景　单位：马里办事处赵庄村

内容：我县出租车行业经营水平不高，管理混乱，黑出租非法营运严重。建议有关部门加强对出租车行业的监管，认真落实乘客举报投诉制度，严厉打击不打表、乱收费、黑出租等非法营运问题。

3. 事由：关于县城部分路段设为步行街问题。

提建议人：曹建恒　单位：县国税局城南分局

内容：新开街学校门口，深泽高中门口，车辆多，影响交通，危害师生人身安全。建议真武路文昌街至向阳街段，建设路府前街至西苑街段设为步行街，禁止车辆通行。

4. 事由：关于华丽综合服务处机关及生活区大气污染问题。

提建议人：马广全　单位：华丽综合服务处

内容：深泽华丽综合服务处，常住人口12000多人，华丽丽泽广场每天都有很多居民在此健身休闲。近几年，因为空气中的怪味严重影响了居民的生活和身体健康，华丽综合服务处信访部门，每年都接到反映大气污染的来信数十封，接待来访十几起、上百人次。建议县政府及有关部门，积极响应上级大气污染治理的号召，针对周边企业存在的问题，尽快出台有效的治理方案，使问题早日得到解决。

（三）意见

1. 深泽镇小陈庄村刘海英代表提出：东环路多年来未修通，致使正绕线和北苑路不能互通，交通不便，希望尽快修通东环路。

2. 佳世界商城张士友代表提出：县城排水不畅，雨天无法通行，希望尽快加强排水设施建设，提高排水能力。

3. 耿庄办事处寺头村赵根志代表、白庄乡东泰金属制品公司张建立代表提出：在本村卫生室看病不方便时，在其他村卫生室看病拿药无法报销，建议使用新农合一卡通，在全县各村看病都能报销，方便群众。

4. 耿庄卫生院纪计芬代表提出：向阳街供销大楼至百货大楼段，占道经营严重，希望有关部门加强管理。

5. 白庄乡枣营村张兰敏代表提出：滹沱河河堤路大坑小洼，出行困难，希望尽快修补。

6. 深泽镇小贾庄村刘月强代表提出：城中村改造手续办理不畅，希望县政府协调土地、城建等相关职能部门，提供方便快捷的绿色通道。

7. 深泽镇南关村李立根代表、昊博建筑公司高丙文代表提出：向阳街南北两段中间建筑物，影响县城容貌和正常通行，希望尽快进行拆迁治理，实现南北贯通。

8. 马里办事处赵庄村杨彦景代表提出：农村入室盗窃案件频发，群众安全感低，希望加大治安巡逻和打击力度。

9. 马里办事处西北马村邸四平代表提出：正绕公路赵庄段车祸较多，虽设立了减速慢行标志，但效果不明显，希望在赵庄路口设立慢行示意灯。

10. 县政法委李宪代表提出：大桥南侧去往辛集、晋州三叉口交通拥堵，希望对此路口进行改造拓宽，安装红绿灯。

11. 铁杆镇铁杆村张彦卜代表提出：铁杆镇东口西九线与固前线交叉口经常堵车和发生交通事故，希望在此路口安装红绿灯及监控设备，进行交通管制。

12. 耿庄办事处纳利鑫洗化公司康英鑫代表提出：晋深公路位村路口车流量大，经常发生交通事故，希望尽快安装红绿灯。

13. 县国税局城南分局曹建恒代表提出：西九线与安新线交叉口，随着私家车的不断增多，车流量越来越大，希望在此路口尽快安装红绿灯。

14. 白庄乡北白庄村杨鹤伟代表提出：安新线中白庄到大直要路口，经常堵车，事故多发，希望此路口增设红绿灯。

## 县十五届人大五次会议

县十五届人大五次会议期间，经议案审查委员会审查，建议6件，意见18件。提交县人大常委会审议，议案转为建议3件。交县政府办理。

（一）议案转建议

1. 案由：进一步加强县城精细化管理，改善县城卫生状况和交通条件，全面提升县城形象。

提议案人：范林英  单位：深泽镇北袁庄村

附议人：深泽镇代表团袁义国等10名代表

案据：近几年来，县政府在县城基础设施建设，环境综合整治方面，做了大量工作，取得了一定成效。但县城垃圾点垃圾无序堆放、清理不及时，车辆乱停乱放、摊点乱摆影响交通等问题依然存在，影响了县城形象。

方案：县政府有关部门要进一步加强县城精细化管理，加强宣传教育和监管，使垃圾点垃圾倾倒进一步规范，清运不仅要及时，还要选择行人较少的时间点。禁止摊点乱摆，车辆乱停，加强县城交通巡查管理，缓解车辆增多带来的交通压力，解决县城交通堵塞问题，全面提升县城形象。

2. 案由：进一步加强管理，解决新农合农村卫生室报销不规范问题。

提议案人：王顺成  单位：铁杆镇中央村

附议人：铁杆镇代表团等11名代表

案据：目前，新农合农村卫生室报销目录内药品价格偏高，看病拿药后报销不及时等问题普遍存在。个别医生还存在服务态度不好的问题。

方案：县政府有关部门要进一步加强管理，规范报销药品价格和报销程序，尽快解决农村卫生室报销药品价格偏高和报销不及时问题。加强对农村卫生室医生的培训，改善农村医生的服务态度、提高诊疗水平。

3. 案由：尽快建立长效机制，解决农村垃圾处理问题。

提议案人：邢茂福、李卫  单位：耿庄办事处位村、桥头乡西河村

附议人：耿庄办事处代表团韩永谦等10名代表、桥头乡代表团王志刚等11名代表。

案据：目前，农村垃圾处理处于无序状态，有些村由于管理不善，造成垃圾乱堆乱放，形成垃圾围村现象。有些村虽然能定期清理，但由于无处倾倒，给垃圾处理带来困难。

方案：建议尽快建立长效机制，解决农村垃圾日常管理，清运等方面的问题，尽快合理选址，建设垃圾处理厂，解决农村垃圾无处倾倒的问题。

（二）建议

1. 事由：关于继续加大农村教育投入，改善农村办学条件的建议。

提建议人：郝东升　单位：留村学区

附议人：留村乡代表团曹海林等 10 名代表

内容：近年来，县政府一直重视教育工作，加强了师资管理和教育投入，取得了较好的成绩。但农村办学条件还比较落后，如：学校操场大都没有硬化，晴天一身土，雨天一身泥。建议继续加大农村教育投入，改善农村办学条件。

2. 事由：关于加强耿庄日化园区道路建设，改善交通条件的建议。

提建议人：韩永谦　单位：耿庄办事处耿庄村

附议人：耿庄办事处代表团张淑平等 10 名代表

内容：西九线位村至堤北段经常交通阻塞，制约和影响耿庄日化园区的发展。建议修一条东起位村开发区，西到祁底的公路。修通此路对耿庄日化园区知名度的提升和耿庄经济发展将起到积极的促进作用。

3. 事由：关于加强对医疗废物监督处理的建议。

提建议人：张亚萍　单位：县法院

内容：我国已经在 2003 年公布实施医疗废物管理条例，对医疗废物的收集、运送、储存、处置及监督管理等活动均有详细规定。但在现实生活中，总有些人投机取巧，与一些黑心门诊勾结，低价收购医疗垃圾，在条件极恶劣的情况下进行回收再加工，牟取暴利，严重危害人民群众的身体健康。建议有关部门加大管理、监督、打击力度，不留死角，确保该现象不在我县发生。

4. 事由：关于进一步加强我县大气污染治理的建议。

提建议人：马广全　单位：华丽综合服务处

内容：2014 年，县委、县政府在环保方面投入人力、资金，下了很大力气进行整治，一批污染企业迁出了居民聚集区，空气质量大有好转，在保护群众健康方面发挥了重要作用。但我们也感到，治理污染仍然任重而道远，我县包括石油矿区在内的一些区域依然受到部分企业排放废气的影响，居民群众对此意见很大。建议县政府及有关部门投入更大的精力关注空气质量，加大宣传力度，加强企业监管，对污染严重的企业该停的停，该搬的搬，该整改的整改到位，进一步改善空气质量，保障人民群众身体健康。

5. 事由：关于征收新农合费前，提前公布当年新农合政策的建议。

提建议人：张海英　单位：留村乡夹河村

附议人：留村乡代表团张平英等 10 名代表

内容：各村在征收新农合费时，由于乡村两级干部不了解新农合方面的新政策，对群众咨询不能正确解释，导致征收工作被动。建议有关部门在征收前制定出台相关政策，对有关人员逐级培训，讲清讲透政策，做到征收人员清楚征收，入合群众明白入合。

6. 事由：关于进一步加强我县养老机构建设的建议。

提建议人：刘占兵 单位：马里办事处大兴村

内容：农村空巢老人无人照顾，我县养老机构欠缺，目前，马里办事处周边无养老机构，建议县政府合理选址，建设养老机构，或县政府补贴，扶持建设民间养老机构。

（三）意见

1. 桥头乡乘马村小学陈梅代表提出：希望加大对乡镇公办幼儿园师资及硬件的投入，规范农村民办幼儿园管理。

2. 桥头乡大桥头村王志刚代表提出：晋深公路路口处中心隔离带护栏网影响视线，容易引发交通事故。建议拆除路口处隔离护栏网50到100米。

3. 县医院王志民代表提出：减少和规范小锅炉使用，选用节能环保锅炉，节能减排。

4. 桥头乡大桥头村王志刚代表提出：加强生物园区建设，加大招商引资力度，多引进环保型企业，既要发展经济，又要重视民生。

5. 深泽镇小贾庄村刘月强代表提出：加快实施石油街北延、北苑路西延道路建设工程。

6. 深泽镇小贾庄村刘月强代表提出：城中村改造手续办理不畅，希望县政府协调土地、城建等相关职能部门，提供方便快捷的绿色通道。

7. 留村乡西北留村张平英代表提出：磁河大堤留村段水土流失严重，应抓紧修补，稳固堤防，河堤路两边应培好土坡，否则容易出交通事故。

8. 深泽镇城内村袁义国等12名代表提出：向阳街拆迁改造进展缓慢，希望加大工作力度，加快工作进度，提升县政府在群众中的公信力。

9. 赵八镇东大陈村鸿源织布厂张彦轻代表提出：加强磁河治理，清理河道，治理污水，防止污染。

10. 桥头乡乘马村小学陈梅代表提出：希望增加城乡公交车数量，优化公交车线路，缓解县城交通压力。

11. 白庄乡小堡村何亚雄等11名代表提出：为发展小堡布艺产业园及其他产业，希望尽快拓宽整修侯枣线中白庄至枣营村公路。

12. 留村乡贾村郭雷雨代表提出：各村在公路上的集市，严重阻碍交通，希望将集市搬离交通主干道。

13. 铁杆镇铁杆村张彦卜等11名代表提出：目前，农村部分家庭领养儿童，不能登记户口，影响着这部分儿童的上学、农合、保险等一系列问题，希望有关部门给予妥善解决。

14. 深泽镇南关村李立根等17名代表提出：南关、小贾庄村已列入我县城中村改造计划，且已得到国开行的资金承诺，之所以该项目迟迟不能落地，开发商、投资商、老百姓担心的是政府的优惠政策是否能落实，建议县政府尽快落实南关、小贾庄村城中村改造相关政策。

15. 河北昊博建筑工程有限公司张建民等10名代表提出：滹沱河北大堤赵八段堤顶路面

破损严重，大坑小洼，无法通行，希望尽快整修。

16. 河北汇博国际贸易有限公司杜国强等 10 名代表提出：2014 年 12 月底，深泽县共有 80 岁以上老人 6333 人，85 岁以上老人 2820 人，90 岁以上老人 980 人。这部分老人享受的农村养老保险金额较低，相当一部分老人生活较为困难。希望有关部门多渠道筹措资金，对这部分老人适当发放生活补助。

17. 白庄乡小直要村贺亚平代表、桥头乡西河村李卫代表、耿庄白云日化有限公司杜建领代表分别提出：中白庄十字路口、桥头三角路口、西九线与安新线、晋深线交叉口，交通事故频发，希望尽快安装红绿灯。

## 县十五届人大六次会议

县十五届人大六次会议期间，经议案审查委员会审查，建议 13 件，意见 19 件。提交县人大常委会审议，议案转为建议 5 件。交县政府办理。

（一）议案转建议

1. 案由：加大石津高速和正绕线改造提升项目跑办力度，争取早日开工建设，进一步改善我县道路交通状况。

提议案人：袁义国　单位：深泽镇城内村

附议人：深泽镇代表团王建平等 10 名代表

内容：石津高速及我县连接线已列入我市道路交通建设计划，正绕线改造提升工程也准备启动，希望县政府有关部门要进一步加大项目跑办力度，积极做好前期工作，争取早日开工建设，尽快结束我县不通高速的历史，改善我县交通条件。

2. 案由：加强滹沱河生态修复工程建设，改善沿岸生态环境。

提议案人：翟路民　单位：马里办事处南冶庄头村

附议人：马里办事处代表团刘占兵等 10 名代表

内容：由于滹沱河污染严重，给两岸人民群众的生产、生活带来严重危害，像南冶庄头村和中佐村，2015 年沿岸 1000 多亩农田几乎颗粒无收，滹沱河治理已迫在眉睫。希望县政府及有关部门，在深泽湖建设的基础上，尽快启动滹沱河生态修复建设工程，大力改善滹沱河生态环境，造福两岸百姓，提升我县形象。

3. 案由：尽快推进城区集中供热工程，加强农村采暖治理，改善我县大气环境质量。

提议案人：曹建恒、邸四平　单位：深泽县国税局、马里办事处西北马村

附议人：桥头乡代表团陈梅等 10 名代表、马里办事处代表团曹同进等 11 名代表

内容：城区居民楼分散供热，农村的取暖锅炉、煤炉，造成大气环境污染，资源浪费。为更好地改善我县大气环境质量，一是建议县政府牵头制定城区集中供热整体规划和实施方案，通过市场化运作机制，引进集中供热公司，尽快推进城区集中供热工程。二是进一步加大型煤和小型环保锅炉在农村的推广使用力度。

4. 案由：加大农村集市占道经营治理力度，解决集日交通堵塞问题。

提议案人：张彦卜　单位：铁杆镇铁杆村

附议人：铁杆镇代表团李西科等 11 名代表

内容：一些农村集市占道经营，像正绕线、安新线、西九线等主要交通道路都有此现象，每逢集日造成交通堵塞，严重影响正常通行。建议有关部门加大治理力度，对农村占道集市特别是主要道路的集市进行规划搬迁。

5. 案由：进一步加大美丽乡村建设投入力度，着力改善农村人居环境。

提议案人：邢茂福　单位：耿庄办事处位村

附议人：耿庄办事处代表团韩永谦等 10 名代表

内容：近几年来，我县新农村建设力度不断加大，特别是重点村的村容村貌明显改善，虽然取得了一定的成绩，但今后的工作任务仍很艰巨，希望进一步加大投入力度，使美丽乡村建设工作从典型示范向全面改造提升转变，使农村人居环境整体改善。

（二）建议

1. 事由：关于石津高速连接线两侧，规划建设物流及工业园区的建议。

提建议人：张海英　单位：留村乡夹河村

内容：石津高速及我县连接线即将开工建设，连接线两侧土地应调整为工业用地，并选出合适地点规划建设物流及工业园区。

2. 事由：关于改善中韩日化产业园交通条件的建议。

提建议人：康英鑫　单位：耿庄办事处中韩日化产业园

内容：西九线位村至堤北村段交通堵塞，直接影响中韩日化产业园发展，建议县工业园区兴泽路西延，经耿庄南、方元南到寺头南，一举两得，缓解西九线交通堵塞问题，开路便民兴企。

3. 事由：关于打通向阳街、北苑路等街、路，解决县城交通拥堵问题的建议。

提建议人：袁义国　单位：深泽镇城内村

内容：深泽县城交通拥堵，希望打通向阳街，东苑街；北苑路西延、石油大街北延，增加南北、东西贯通的街、路，使车辆疏散分流，缓解县城交通压力。

4. 事由：关于建立城区设施巡查维护机制，保护县城整洁卫生的建议。

提建议人：刘光　单位：县社会保险局

附议人：县直代表团郑建龙等 10 名代表

内容：我县县城的一些公共设施包括路面等常有破损现象，城管部门在维护城区秩序的同时应肩负起对城区的设施巡查维护的功能，对损坏的设施能及时发现和维修，防止小毛病变大毛病浪费维修资金。

5. 事由：关于增加农村小学专业教师，改善教学质量的建议。

提建议人：陈梅　单位：西河学区

附议人：桥头乡代表团曹建恒等 8 名代表

内容：农村小学专业教师配备不足，例如英语、音乐、体育、美术等专业教师少，不能满足教学要求，农村小学多所学校是一名教师认多学科，由于专业性不强，精力有限，达不到教学的基本目标，希望政府通过聘任专业教师，组织教师再培训，增加农村小学专业教师数量，提高农村小学教学质量。

6. 事由：关于提高县医院医疗水平，加强医务人员业务知识培训，更好地为全县人民服务的建议。

提建议人：王顺成　单位：铁杆镇中央村

附议人：铁杆镇代表团李西科等 11 名代表

内容：县医院是我县主要的医疗机构，承载着全县 26 万人民群众的医疗卫生保健任务，但是目前县医院的医疗条件和医生的业务水平远远不能满足群众需求。建议引进先进的医疗设备，同时加强医护人员业务知识培训，提高医疗水平，邀请省市医院专家到我县医院坐诊。

7. 事由：关于解决县医院急救绿色通道受阻问题的建议。

提建议人：王志民　单位：县医院

内容：每到集日，县医院门口人流量大，医院急救车辆难以畅通出入，对于及时抢救伤病人员是一重大隐患。建议有关部门设立标志，明确急救通道专用区域，并在集日派驻警力，维持交通秩序，为急救通道保驾护航，或将集市搬离彻底消除隐患。

8. 事由：关于加快丝网产业园建设进程的建议。

提建议人：孙趁改　单位：马里办事处

内容：目前，马里办事处丝网加工企业达到近百家，企业规模有的已达亿元，加快丝网园区建设，对推动马里发展乃至深泽“洼地崛起”有重大意义，特提出如下建议：一是进一步加快土地调整进度与力度，为园区的发展提供便利的土地条件和更广阔的发展空间。二是加大各部门的协调力度，缩短项目各种手续的办理时间，使企业早日开工，尽早投产达效。三是加大优惠政策的进一步完善，营造良好的投资环境。

9. 事由：关于解决电力项目建设占地问题和维护供电设施安全运行的建议。

提建议人：王立军　单位：县供电公司

内容：近年来，县供电公司向上级争取的电力建设与改造项目，由于规划和占地的问题，一些项目难以落实。现有电力设施屡遭破坏，电力线路走廊的违章建筑、施工、植树等，严重影响电力设施的安全稳定运行。建议应将县城内电力基础建设规划（变电站、电力线路等）纳入全县城乡总体规划中，有关部门比如住建局、工信局、林业局、城管局等配合，对线路走廊实施保护，对线下违章建筑、植树等行为要依法制止，确保电力安全可靠供应，为全县工农业生产和人民生活提供坚强的电力保障。

10. 事由：关于加快发展现代有机农业的建议。

提建议人：张亚萍　单位：县人民法院

内容：我县工业发展迅猛，农业依然是主导产业，我县有着优越的农业生产基础，建议加大对农业生产的指导，一是以蔬菜、粮食、水果为重点，强势推进高效农业园区建设，形成规模，扩大有机农业产品种植面积。二是大力引进大型农业企业的同时，积极引导县内农业企业通过改制合作等形式，不断做大产业规模，尽快做响有机品牌，做强龙头公司。三是强化有机农产品的宣传推介力度，不断扩大产品的影响力，构建现代营销模式，抢占市场份额，促进现代有机农业蓬勃发展。

11. 事由：关于引进秸秆处理技术，为农民排忧解难的建议。

提建议人：张亚萍　单位：县人民法院

内容：禁止焚烧秸秆工作近几年取得了较好效果，但是秸秆如何处理成了面临的棘手问题，一些玉米秸秆在堆积一段时间后最终还是付之一炬，污染环境问题没有得到真正根治。希望有关部门从秸秆的综合利用出发，引进秸秆处理技术，使农民体验到秸秆变废为宝，不再焚烧秸秆。

12. 事由：关于加强农产品用药监管的建议。

提建议人：翟伟冬　单位：铁杆宏大金属有限公司

附议人：铁杆镇代表团张彦卜等 11 名代表

内容：现在种白山药、红薯大都使用剧毒农药呋喃丹等国家明令禁止的农药。希望有关部门加大农药管理力度，严查农药经营摊点，对经营和使用国家禁止农药的，一旦查处严肃处理。

13. 事由：关于改善红柏家纺市场交通条件的建议。

提建议人：何亚雄　单位：白庄乡小堡村

附议人：白庄乡代表团贺亚平等 8 名代表

内容：红柏家纺市场的建设，促进了农村经济的发展，但由于留枣公路道路狭窄，车辆较多，交通拥堵，事故频发，严重影响了红柏家纺市场的发展。希望拓宽留枣公路，改善交通条件。

（三）意见

1. 深泽镇小贾庄村刘月强代表提出：府前路与向阳街、文昌街两个路口，经常堵车，希望有关部门加大治理力度，派专门人员值守疏导交通。

2. 深泽镇小贾庄村刘月强代表提出：真武路、北苑路下水道外溢，居民学生无法进出，严重影响居民生活。希望清理下水道，治理污水。

3. 益佳悦商城张士友代表提出：城区垃圾多环境卫生脏乱，希望有关部门加大投入资金把县城环境卫生搞好。

4. 赵八镇大雾头村陈振秋代表提出：滹沱河大堤北中山至大梨园接头处路面损坏严重，给堤南大小勿头、大小梨园带来不便。严重影响堤南四村经济发展和出行安全，希望政府协调有关部门尽快解决。

5. 留村乡大贾庄村贾军明代表提出：磁河大堤道路难走交通不便，经常出现交通事故，希望硬化赵八至李家庄的磁河大堤道路。

6. 留村乡羊村张荣珍代表提出：木刀沟河道由于老百姓开荒种植挖掘，已经破坏严重，希望对大堤、河道进行全面维护整修。

7. 白庄乡西古罗村张伟风代表提出：希望连续参合与不连续参合的农民，报销比例和参合交费额应区别对待。另白庄乡 18 个村，门诊补偿在白庄卫生院、古罗卫生院应都能使用，方便参合农民就医。

8. 赵八镇北刘家庄村张泽英代表提出：乡镇卫生院报销难，星期六、星期日发生的费用，星期一上班后不能一次性报销完。

9. 留村乡夹河村张海英代表提出：新农合政策不能及时公布到村，使征收新农合费困难加大。希望新农合政策在征收新农合费前及时公开到村。

10. 留村学区郝东升代表提出：在县医院只能用医院的卡，医保卡不能使用。建议实行医保卡一卡通，在县医院和其他医疗点都能使用。

11. 耿庄办事处位村邢茂福代表提出：路边、村边卖沙石料、水泥、灰粉等摊点，散落的沙土、灰粉，经过路车辆碾压，漫天飞扬，对大气环境造成危害。希望有关部门对路边、村边的这些摊点进行改造，垒上围墙，或者搬迁远离村庄、道路，净化空气。

12. 赵八镇北刘家庄村张泽英代表提出：北外环、西环路经常有车乱倒垃圾，拉商品灰罐车剩余商品灰在绿化带处乱倒。

13. 赵八镇东大陈村鸿源织布厂张彦轻代表提出：农村垃圾堆放散乱不规范，清理不及时，影响空气质量和环境卫生。

14. 西河学区陈梅代表提出：教育招生混乱，没有真正划片招生，使得一些农村学校资源闲置浪费。希望有关部门把好关，严格落实划片招生，保证学校教育均衡开展。

15. 汽车检测中心郭习昌代表提出：希望加快安辛线拓宽工程进度。

16. 铁杆镇杜社村李西科代表提出：佳上大道已经成为铁杆镇和马里办事处的重要交通道路，但是南口西九线、北口正绕线未安装明显的交通标识，不易分辨。希望交通部门在西九线、正绕线与佳上大道交叉路口安装道路标识。

17. 留村乡西北留村张平英代表提出：西北留村至留王庄村道路拐弯处，弯度大视觉不清楚，发生重大交通事故多起，希望有关部门设立交通警示牌。

18. 铁杆镇铁杆村张彦卜代表、耿在办事处位村邢茂福代表、白庄乡小堡村何亚雄代表分别提出：西九线与正前线及晋深线交叉口、安新线中白庄路口，交通事故频发，希望安装红绿灯及监拍设施。

## 七、代表建议、意见办理

1.2012 年，县人大十五届一次会议经县人大常委会研究后，交付县政府办理的建议 9 件、意见 17 件。县政府及相关部门高度重视，所有承办件均按程序进行办理，代表满意率 100%。

2.2013 年，县人大十五届二次会议经县人大常委会研究后，交付县政府办理的建议 9 件、意见 17 件。县政府及相关部门高度重视，所有承办件均按程序进行办理，代表满意率 98% 以上。

3.2014 年，县人大十五届四次会议，经县人大常委会研究后，交付县政府办理的建议 7 件、意见 14 件。代表对办理结果表示满意 17 件、基本满意 4 件。

4.2015 年，县人大十五届五次会议，经县人大常委会研究后，交付县政府办理的建议 9 件、意见 18 件。县政府有关部门高度重视承办工作，所有承办件均按工作程序进行办理和答复，代表满意率达到 98% 以上。

5.2016 年，县人大十五届六次会议，经县人大常委会研究后，交付县政府办理的建议 18 件、意见 19 件。县政府有关部门高度重视承办工作，所有承办件均按工作程序进行办理答复，代表满意率 98%。

## 八、深泽县代表团获优秀市人大代表情况

**深泽县代表团获奖情况表**

表 68

| 评选单位 | 评选时间 | 姓名 | 出处 |
| --- | --- | --- | --- |
| 石家庄市第十三届人大常委会 | 2016 年 12 月 | 张英魁 杜国强 王辉（女） | 《石家庄人大志》第十篇石家庄市第十三届人民代表大会 |

# 第三章　人民代表大会

深泽县第十五届人民代表大会任期自2012年2月至2017年2月，共举行代表大会6次。

**县十五届人大历次会议概况表**

表69

| 会议次序 | 会议日期 | 议题（项） | 听取报告（个） | 决议决定（项） | 选举表决（项） |
| --- | --- | --- | --- | --- | --- |
| 第一次 | 2012年2月13日至16日 | 7 | 6 | 6 | 3 |
| 第二次 | 2013年3月24日至26日 | 7 | 6 | 6 | 2 |
| 第三次 | 2013年6月20日至21日 | 1 | 0 | 0 | 1 |
| 第四次 | 2014年1月21日至22日 | 6 | 6 | 6 | 0 |
| 第五次 | 2015年3月3日至5日 | 7 | 6 | 6 | 1 |
| 第六次 | 2016年2月15日至17日 | 7 | 7 | 7 | 0 |

## 第一节　会议概况

### 一、县十五届人大一次会议

深泽县第十五届人民代表大会第一次会议，于2012年2月13日至16日在县政府会议楼二楼会议厅举行。2月14日上午，举行第一次全体会议，会议由县委副书记、主席团常务主席、大会执行主席周树仁主持。应出席本次会议的代表163名，实到会代表161名，因事请假2名。大会在雄壮的国歌声中开幕。县政府县长盛庆功作《政府工作报告》，县发展改革局局长王树凯作《关于深泽县2011年国民经济和社会发展计划执行情况与2012年国民经济和社会发展计划（草案）的报告》，县财政局局长张志强作《关于2011年县本级预算及县总预算执行情况与2012年县本级预算及县总预算（草案）的报告》，县人大常委会党组书记杨秋作《深泽县人民代表大会常务委员会工作报告》，县法院代院长侯忠义作《深泽县人民法院工作报告》，县检察院代检察长王彦芳作《深泽县人民检察院工作报告》，表决通过了《深泽县第十五届人民代表大会第一次会议选举办法（草案）》。

会议指出，今后五年，是全面建设小康社会的关键时期，是建设经济强县的攻坚时期。2012年，是新一届县政府的开局之年，是全面实施“十二五”规划的关键一年。做好当前和今后一个时期的工作，意义重大，影响深远。县政府要以科学发展观为指导，全面贯彻省、市党代会、县第十次党代会和县委十届二次全会精神，以加快转变经济发展方式为主线，坚持发展和民生“两大主题”，大力实施工业立县、环境兴县、开放强县“三大战略”，强力推进重点项目攻坚、城乡建设升级、新农村建设突破、社会事业提升“四大工程”，奋力抓发展、着力保民生、全力促和谐，加快推进县域经济社会突破发展、跨越赶超，全面建设实力宜居绿色平安的幸福深泽。会议号召，全县人民要在中共深泽县委的领导下，进一步解放思想、坚定信心、务实开拓，努力实现全县经济社会又好又快发展，以优异成绩迎接党的十八大胜利召开。

## 二、县十五届人大二次会议

深泽县第十五届人民代表大会第二次会议，于2013年3月24日至26日在县政府会议楼二楼会议厅举行。3月25日上午，大会举行第一次全体会议，会议由县人大副主任贾增科主持。应出席本次会议的代表163名，实到会代表158名，因事请假5名。大会在雄壮的国歌声中开幕。县政府县长盛庆功作《政府工作报告》，县发展改革局局长王树凯作《关于深泽县2012年国民经济和社会发展计划执行情况与2013年国民经济和社会发展计划（草案）的报告》，县财政局局长张志强作《关于2012年县本级预算及县总预算执行情况与2013年县本级预算及县总预算（草案）的报告》，县人大常委会主任杨秋作《深泽县人民代表大会常务委员会工作报告》，县法院院长侯忠义作《深泽县人民法院工作报告》，县检察院检察长王彦芳作《深泽县人民检察院工作报告》，表决通过《深泽县第十五届人民代表大会第二次会议选举办法（草案）》。补选县人大常委会委员3名。

会议指出，2013年，是全面贯彻落实党的十八大精神的开局之年，县政府一定要以科学发展观为指导，深入贯彻落实县委十届三次全会精神，以提高经济增长质量和效益为中心，加快推进工业化、城镇化和农业现代化步伐，着力打造产业新城、生态家园、和谐之区，全力提速幸福深泽建设进程，确保全面建成小康社会取得突破性进展。会议号召，全县人民要在中共深泽县委的坚强领导下，坚定信心，迎难而上，开拓进取，扎实工作，为早日迈入全市“第二方阵”而努力奋斗。

## 三、县十五届人大三次会议

深泽县第十五届人民代表大会第三次会议，于2013年6月20日至21日在县政府会议楼二楼会议厅举行。6月20日下午，举行大会开幕式和第一次全体会议，会议由县人大常委会主任杨秋主持。应出席本次会议的代表161名，实到会代表147名，因事请假14名。表决通过《深泽县第十五届人民代表大会第三次会议选举办法（草案）》。会议选举张少华为深泽县人民政府县长。

## 四、县十五届人大四次会议

深泽县第十五届人民代表大会第四次会议，于 2014 年 1 月 21 日至 22 日在县政府会议楼二楼会议厅举行。1 月 21 日上午，大会举行开幕式和第一次全体会议，县人大常委会副主任贾增科主持。应出席本次会议代表 163 名，实到会代表 156 名，因事请假 7 名。县政府县长张少华作《政府工作报告》，县发展改革局局长贾炜作《关于深泽县 2013 年国民经济和社会发展计划执行情况与 2014 年国民经济和社会发展计划（草案）的报告》，县财政局局长张志强作《关于 2013 年县本级预算及县总预算执行情况与 2014 年县本级预算及县总预算（草案）的报告》，县人大常委会主任杨秋作《深泽县人民代表大会常务委员会工作报告》，县法院院长侯忠义作《深泽县人民法院工作报告》，县检察院检察长王彦芳作《深泽县人民检察院工作报告》。

会议认为，2013 年，县政府以科学发展观为指导，紧紧围绕提速幸福深泽建设进程、早日迈入全市“第二方阵”奋斗目标，全力以赴上项目、保增长、优环境、惠民生，较好地完成了县十五届人大二次会议确定的目标任务。会议指出，2014 年，县政府要以科学发展观为指导，深入贯彻落实十八届三中全会和县委十届四次全会精神，以提高经济质量和效益为中心，以开展党的群众路线教育实践活动为动力，以新型城镇化为重大潜力，着力打造产业新城、生态家园、和谐之区，为顺利实现深泽县“十二五”规划目标、全面建成小康社会奠定坚实基础。会议号召，全县人民要在中共深泽县委的坚强领导下，解放思想、提速发展，改革创新、锐意进取，为跨入全市“第二方阵”而努力奋斗。

## 五、县十五届人大五次会议

深泽县第十五届人民代表大会第五次会议，于 2015 年 3 月 3 日至 5 日在县政府会议楼二楼会议厅举行。3 月 4 日上午，大会举行开幕式和第一次全体会议，大会主席团常务主席、执行主席黎建辉主持。应出席代表 167 名，实到会代表 161 名。县政府县长张少华作《政府工作报告》，县发展改革局局长袁士科作《关于深泽县 2014 年国民经济和社会发展计划执行情况与 2015 年国民经济和社会发展计划（草案）的报告》，县财政局局长张志强作《关于 2014 年县本级预算及县总预算执行情况和 2015 年县本级预算及县总预算（草案）的报告》，县人大常委会主任杨秋作《深泽县人民代表大会常务委员会工作报告》，县法院院长侯忠义作《深泽县人民法院工作报告》，县检察院检察长王彦芳作《深泽县人民检察院工作报告》。会议选举县人大常委会委员 3 名。

会议认为，2014 年，县政府在县委的正确领导下，紧紧围绕跨入全市“第二方阵”奋斗目标，稳增长、调结构、抓改革、治污染、惠民生，全县经济社会发展逆势而上，较好地完成了县十五届人大四次会议确定的目标任务。会议强调，2015 年，是完成“十二五”规划目标的收官之年，是全面深化改革的推进之年，也是全面建成小康社会的关键一年。县政府要坚持以科学发展观为指导，深入贯彻落实十八届三中、四中全会和中央经济工作会议，以及省委八届九次全会、全省经济工作会议、市委九届六次全会、县委十届五次全会精神，坚持总量速度与质量效益并重，主动适应经济发展新常态，把转方式调结构放到更加重要位置，大力实施“小县大产业、小县大县城、小县大统筹、小县大服务”四大战略。会议号召，全县人民要在中共深泽县委的坚强领导下，全面赶超、重点突破、创新发展，为跨入“第二方阵”、实现“洼地崛起”而努力奋斗。

### 六、县十五届人大六次会议

深泽县第十五届人民代表大会第六次会议，于2016年2月15日至17日在县政府会议楼二楼会议厅举行。2月16日上午，大会举行开幕式和第一次全体会议，会议由主席团常务主席、大会执行主席黎建辉主持。应出席本次会议的代表166名，实到会代表153名，缺席13名。县政府县长张少华作《政府工作报告》，县发展改革局局长袁士科作《深泽国民经济和社会发展第十三个五年规划纲要（草案）》、《关于深泽县2015年国民经济和社会发展计划执行情况与2016年国民经济和社会发展计划（草案）的报告》，县财政局局长张志强作《关于2015年县本级预算及县总预算执行情况和2016年县本级预算及县总预算（草案）的报告》，县人大常委会主任杨秋作《深泽县人民代表大会常务委员会工作报告》，县法院院长侯忠义作《深泽县人民法院工作报告》，县检察院检察长王彦芳作《深泽县人民检察院工作报告》。

会议认为，“十二五”时期，县政府紧密团结全县人民主动适应经济发展新常态，攻坚克难、锐意进取，以党的十八大、十八届三中、四中、五中全会精神统领经济社会发展全局，在稳增长、调结构、促改革、治污染、惠民生等各个方面持续发力，全县经济社会各项事业不断取得新成就、跃上新台阶，完成了“十二五”规划确定的主要目标任务。会议指出，今后五年，是全面建成小康社会的窗口期，是实现第一个百年奋斗目标的决胜期。县政府要全面贯彻党的十八大和十八届三中、四中、五中全会精神，深入贯彻习近平总书记系列重要讲话精神，坚持中央“四个全面”的战略布局，全面落实省委八届十二次全会、市委九届七次全会、县委十届六次全会精神，坚持创新、协调、绿色、开放、共享的发展理念，坚持新型工业化、信息化、城镇化、农业现代化“四化同步”，统筹推进经济建设、政治建设、文化建设、社会建设、生态文明建设和党的建设，深入实施项目立县、工业强县战略，抢抓新机遇、创新促升级，奋力开创深泽经济社会高速发展的新局面。会议号召，全县人民要在中共深泽县委的坚强领导下，解放思想、坚定信心，抢抓新机遇、创新促升级，为开创深泽经济社会高速发展的新局面而努力奋斗。

## 第二节　会议选举

县十五届人大历次会议，共选举产生县国家机关工作人员38人次。

## 县人大常委会

主　任：

杨　秋　　2012 年 2 月 16 日县十五届人大一次会议第二次全体会议当选

副主任：

史国士　　2012 年 2 月 16 日县十五届人大一次会议第二次全体会议当选

贾增科　　2012 年 2 月 16 日县十五届人大一次会议第二次全体会议当选

黎建辉　　2012 年 2 月 16 日县十五届人大一次会议第二次全体会议当选

高志强　　2012 年 2 月 16 日县十五届人大一次会议第二次全体会议当选

郭彦儒　　2015 年 3 月 5 日县十五届人大五次会议第二次全体会议当选

委　员（2012 年 2 月 16 日县十五届人大一次会议第二次全体会议当选）：

| | | | |
|---|---|---|---|
| 王志民 | 王建平 | 王群英 | 支彦杰（女） |
| 史志法 | 闫丽宁（女） | 刘亚红（女） | 孙亚兰（女） |
| 张会肖（女） | 赵　兴 | 赵路通 | 袁占强 |
| 贾占锁 | 顾小勇 | 高丙文 | 康会彬 |

委　员（2013 年 3 月 26 日县十五届人大二次会议第二次全体会议当选）：

| | | |
|---|---|---|
| 王文静（女） | 崔　磊 | 韩士谦 |

委　员（2015 年 3 月 5 日县十五届人大五次会议第二次全体会议当选）：

| | | |
|---|---|---|
| 李　鹏 | 杨保录 | 郑建龙 |

## 县人民政府

县　长：

盛庆功　　2012 年 2 月 16 日县十五届人大一次会议第二次全体会议当选

张少华　　2013 年 6 月 21 日县十五届人大三次会议第二次全体会议当选

副县长：

张少华　　2012 年 2 月 16 日县十五届人大一次会议第二次全体会议当选

尚秀伟　　2012 年 2 月 16 日县十五届人大一次会议第二次全体会议当选

袁国良　　2012 年 2 月 16 日县十五届人大一次会议第二次全体会议当选

陈玉联　　2012 年 2 月 16 日县十五届人大一次会议第二次全体会议当选

张迎新　　2012 年 2 月 16 日县十五届人大一次会议第二次全体会议当选

刘　禹　　2012 年 2 月 16 日县十五届人大一次会议第二次全体会议当选

## 县人民法院

院　长：

侯忠义　　　2012年2月16日县十五届人大一次会议第二次全体会议当选

**县人民检察院**

检察长：

王彦芳　　　2012年2月16日县十五届人大一次会议第二次全体会议当选

附：县十五届人大常委会主任简历

杨秋，河北省辛集市人，中共党员。历任辛集市政府办公室副主任，辛集市委组织部副部长、常务副部长，深泽县副县长，深泽县政协主席，深泽县人大常委会主任。

# 第三节　会议组织

## 一、县十五届人大一次会议

（一）大会临时党委

书　记：王德庆

副书记：盛庆功　周树仁　杨　秋

成　员：

| | | | |
|---|---|---|---|
| 齐志良 | 卢明刚 | 李　遐（女） | 崔建民 |
| 韩占昌 | 刘荣建 | 袁士科 | 李宇飞 |
| 贾卫东 | 张礼明 | 宋　彬 | 李　林 |
| 赵玉景 | | | |

（二）主席团：

| | | | |
|---|---|---|---|
| 支彦杰（女） | 王志民 | 王群英 | 王德庆 |
| 卢明刚 | 史志法 | 史国士 | 刘亚红（女） |
| 齐志良 | 孙亚兰（女） | 杨　秋 | 李　遐（女） |
| 张少华 | 张庆民 | 周树仁 | 赵路通 |
| 袁占强 | 贾占锁 | 贾增科 | 高丙文 |
| 高志强 | 盛庆功 | 崔建民 | 康会彬 |
| 黎建辉 | | | |

（三）秘书长：崔建民（兼）

（四）主席团常务主席

| | | | |
|---|---|---|---|
| 王德庆 | 盛庆功 | 周树仁 | 杨　秋 |
| 卢明刚 | 崔建民 | 史国士 | 贾增科 |
| 黎建辉 | 高志强 | | |

（五）大会执行主席

| | | | |
|---|---|---|---|
| 王德庆 | 盛庆功 | 周树仁 | 杨　秋 |
| 卢明刚 | 崔建民 | 史国士 | 贾增科 |
| 黎建辉 | 高志强 | | |

（六）计划预算审查委员会

主任委员：贾增科

委　员：

| | | | |
|---|---|---|---|
| 贾占锁 | 王建平 | 张　丽（女） | 张伟风 |

（七）议案审查委员会

主任委员：高志强

委　员：

| | | | |
|---|---|---|---|
| 赵路通 | 支彦杰（女） | 王迎兴 | 邢茂福 |

（八）副秘书长

| | | | |
|---|---|---|---|
| 张军良 | 袁占强 | 张建毅 | 郭彦儒 |
| 张彦华 | 张志强 | 刘　炬 | 高新未 |
| 袁海涛 | 郑红桥 | 纪兰锁 | |

## 二、县十五届人大二次会议

（一）大会临时党委

书　记：王德庆

副书记：盛庆功　周树仁　杨　秋

成　员：

| | | | |
|---|---|---|---|
| 齐志良 | 卢明刚 | 李　遐（女） | 高志强 |
| 韩占昌 | 刘荣建 | 袁士科 | 李宇飞 |
| 张英民 | 张礼明 | 宋　彬 | 李　林 |
| 赵玉景 | | | |

（二）主席团

| | | | |
|---|---|---|---|
| 王志民 | 王建平 | 王群英 | 王德庆 |
| 卢明刚 | 史志法 | 史国士 | 闫丽宁（女） |
| 刘亚红（女） | 齐志良 | 孙亚兰（女） | 杨　秋 |
| 李　遐（女） | 张少华 | 张庆民 | 周树仁 |
| 赵　兴 | 赵路通 | 袁占强 | 贾增科 |
| 顾小勇 | 高丙文 | 高志强 | 盛庆功 |
| 康会彬 | 黎建辉 | | |

（三）秘书长：高志强（兼）

（四）主席团常务主席

| | | | |
|---|---|---|---|
| 王德庆 | 盛庆功 | 周树仁 | 杨　秋 |
| 卢明刚 | 史国士 | 贾增科 | 黎建辉 |
| 高志强 | | | |

（五）大会执行主席

| | | | |
|---|---|---|---|
| 王德庆 | 盛庆功 | 周树仁 | 杨　秋 |
| 卢明刚 | 史国士 | 贾增科 | 黎建辉 |
| 高志强 | | | |

（六）计划预算审查委员会

主任委员：贾增科

委　员：

| | | | |
|---|---|---|---|
| 韩士谦 | 王建平 | 王建群 | 张伟风 |

（七）议案审查委员会

主任委员：高志强

委　员：

| | | | |
|---|---|---|---|
| 赵路通 | 刘亚红（女） | 王迎兴 | 邢茂福 |

（八）副秘书长

| | | | |
|---|---|---|---|
| 张军良 | 袁占强 | 张建毅 | 郭彦儒 |
| 田　炜 | 张志强 | 郑红桥 | 黎　伟 |
| 高新未 | 杜京军 | 纪兰锁 | |

## 三、县十五届人大三次会议

（一）大会临时党委

书　记：王德庆

副书记：张少华　杨　秋

成　员：

| | | | |
|---|---|---|---|
| 齐志良 | 卢明刚 | 李　遐（女） | 高志强 |
| 韩占昌 | 郑红桥 | 袁士科 | 李宇飞 |
| 张英民 | 张礼明 | 宋　彬 | 李　林 |
| 赵玉景 | | | |

（二）主席团

| | | | |
|---|---|---|---|
| 王文静（女） | 王志民 | 王建平 | 王群英 |
| 王德庆 | 卢明刚 | 史志法 | 史国士 |
| 闫丽宁（女） | 刘亚红（女） | 齐志良 | 孙亚兰（女） |
| 杨　秋 | 李　遐（女） | 张少华 | 张庆民 |

| | | | |
|---|---|---|---|
| 赵　兴 | 赵路通 | 袁占强 | 贾增科 |
| 顾小勇 | 高丙文 | 高志强 | 崔　磊 |
| 康会彬 | 韩士谦 | 黎建辉 | |

（三）秘书长：高志强（兼）

（四）主席团常务主席

| | | | |
|---|---|---|---|
| 王德庆 | 张少华 | 杨　秋 | 卢明刚 |
| 史国士 | 贾增科 | 黎建辉 | 高志强 |

（五）大会执行主席

| | | | |
|---|---|---|---|
| 王德庆 | 张少华 | 杨　秋 | 卢明刚 |
| 史国士 | 贾增科 | 黎建辉 | 高志强 |

（六）副秘书长

| | | | |
|---|---|---|---|
| 张军良 | 袁占强 | 张建毅 | 郭彦儒 |
| 刘　炯 | 张志强 | 郑红桥 | 黎　伟 |
| 周　层 | 杜京军 | 纪兰锁 | |

## 四、县十五届人大四次会议

（一）大会临时党委

书　记：王德庆

副书记：张少华　范文龙　杨　秋

成　员：

| | | | |
|---|---|---|---|
| 尚秀伟 | 齐志良 | 卢明刚 | 李　遐（女） |
| 高志强 | 宋文军 | 郑红桥 | 袁士科 |
| 李宇飞 | 张英民 | 张礼明 | 宋　彬 |
| 李　林 | 赵玉景 | | |

（二）主席团

| | | | |
|---|---|---|---|
| 王文静（女） | 王志民 | 王建平 | 王群英 |
| 王德庆 | 卢明刚 | 史志法 | 史国士 |
| 闫丽宁（女） | 刘亚红（女） | 齐志良 | 孙亚兰（女） |
| 杨　秋 | 李　遐（女） | 张少华 | 张庆民 |
| 范文龙 | 尚秀伟 | 赵　兴 | 赵路通 |
| 袁占强 | 贾增科 | 顾小勇 | 高丙文 |
| 高志强 | 崔　磊 | 韩士谦 | 黎建辉 |

（三）秘书长：高志强（兼）

（四）主席团常务主席

| | | | |
|---|---|---|---|
| 王德庆 | 张少华 | 范文龙 | 杨　秋 |

| | | | |
|---|---|---|---|
| 卢明刚 | 史国士 | 贾增科 | 黎建辉 |
| 高志强 | | | |

（五）大会执行主席

| | | | |
|---|---|---|---|
| 王德庆 | 张少华 | 范文龙 | 杨　秋 |
| 卢明刚 | 史国士 | 贾增科 | 黎建辉 |
| 高志强 | | | |

（六）计划预算审查委员会

主任委员：贾增科

委　员：

| | | | |
|---|---|---|---|
| 韩士谦 | 王建平 | 王建群 | 张伟风 |

（七）议案审查委员会

主任委员：高志强

委　员：

| | | | |
|---|---|---|---|
| 赵路通 | 刘亚红（女） | 王迎兴 | 邢茂福 |

（八）副秘书长

| | | | |
|---|---|---|---|
| 张军良 | 袁占强 | 张建毅 | 郭彦儒 |
| 田　炜 | 张志强 | 郑红桥 | 黎　伟 |
| 周　层 | 杜京军 | 纪兰锁 | |

## 五、县十五届人大五次会议

（一）大会临时党委

书　记：王德庆

副书记：张少华　范文龙　杨　秋

成　员：

| | | | |
|---|---|---|---|
| 尚秀伟 | 齐志良 | 卢明刚 | 李　遐（女） |
| 高志强 | 袁士科 | 郑红桥 | 赵玉景 |
| 李宇飞 | 张英民 | 张礼明 | 曹亚峰 |
| 王　永 | 高学永 | | |

（二）主席团

| | | | |
|---|---|---|---|
| 王文静（女） | 王志民 | 王建平 | 王群英 |
| 王德庆 | 卢明刚 | 史志法 | 史国士 |
| 闫丽宁（女） | 刘亚红（女） | 齐志良 | 孙亚兰（女） |
| 杨　秋 | 李　遐（女） | 张少华 | 张庆民 |
| 范文龙 | 赵　兴 | 赵路通 | 袁占强 |
| 贾增科 | 顾小勇 | 郭彦儒 | 高丙文 |

高志强　　韩士谦　　黎建辉

（三）秘书长：高志强（兼）

（四）主席团常务主席

| | | | |
|---|---|---|---|
| 王德庆 | 范文龙 | 杨　秋 | 卢明刚 |
| 史国士 | 贾增科 | 黎建辉 | 高志强 |
| 郭彦儒 | | | |

（五）大会执行主席

| | | | |
|---|---|---|---|
| 王德庆 | 范文龙 | 杨　秋 | 卢明刚 |
| 史国士 | 贾增科 | 黎建辉 | 高志强 |
| 郭彦儒 | | | |

（六）议案审查委员会

主任委员：高志强

委　员：

| | | | |
|---|---|---|---|
| 赵路通 | 刘亚红（女） | 袁义国 | 张彦卜 |
| 邢茂福 | | | |

（七）副秘书长

| | | | |
|---|---|---|---|
| 张军良 | 袁占强 | 张建毅 | 荣志戢 |
| 田　炜 | 张志强 | 郑红桥 | 黎　伟 |
| 周　层 | 杜京军 | 纪兰锁 | |

## 六、县十五届人大六次会议

（一）大会临时党委

书　记：王德庆

副书记：张少华　范文龙　杨　秋

成　员：

| | | | |
|---|---|---|---|
| 齐志良 | 卢明刚 | 李　遐（女） | 高志强 |
| 李　鹏 | 郑红桥 | 李振庄 | 张英民 |
| 宋玉龙 | 曹亚峰 | 王　永 | 高学永 |
| 王永鹏 | | | |

（二）主席团

| | | | |
|---|---|---|---|
| 王　永 | 王永鹏 | 王群英 | 王德庆 |
| 史国士 | 刘亚红（女） | 齐志良 | 杨　秋 |
| 李　遐（女） | 李　鹏 | 李振庄 | 宋玉龙 |
| 张庆民 | 张英民 | 范文龙 | 郑红桥 |
| 袁占强 | 贾增科 | 郭彦儒 | 高志强 |

高学永　　曹亚峰　　黎建辉

（三）秘书长：高志强（兼）

（四）主席团常务主席

王德庆　　杨　秋　　史国士　　黎建辉
高志强　　郭彦儒

（五）大会执行主席

2 月 16 日大会第一次全体会议（开幕式）执行主席（5 人）：

杨　秋　　史国士　　黎建辉　　高志强
郭彦儒

2 月 17 日大会第二次全体会议（闭幕式）执行主席（6 人）：

王德庆　　杨　秋　　史国士　　黎建辉
高志强　　郭彦儒

（六）议案审查委员会

主任委员：高志强

委　员：

赵路通　　刘亚红（女）　　袁义国　　张彦卜
邢茂福

（七）副秘书长

李宇飞　　袁占强　　张建毅　　宋　彬
孙英山　　张志强　　郑红桥　　黎　伟
周　层　　杜京军　　曹月涛

# 第四章　人民代表大会常务委员会

## 第一节　常委会会议

2012 年 3 月至 2016 年 12 月，县十五届人大常委会共举行常委会会议 41 次。

**第一次会议**　2012 年 3 月 9 日在会议楼第四会议室召开。县人大常委会主任杨秋，副主任史国士、贾增科、黎建辉、高志强，委员王志民、王建平、支彦杰、史志法、闫丽宁、孙亚兰、赵兴、赵路通、袁占强、贾占锁、顾小勇、高丙文、康会彬出席会议。县委常委、常务副县长张少华，县政协副主席段木同，县法院院长侯忠义、县检察院检察长王彦芳，县民政局局长张学荣及各乡镇人大主席、铁杆镇驻马里办事处人大副主席、桥头乡驻耿庄办事处人大副主席列席会议。会议由杨秋主持。

会议通过人事任免事项。

会议通报新一届县人大常委会各主任工作分工。

会议以举手表决方式通过深泽县第十五届人大常委会代表资格审查委员会组成人员名单。

深泽县第十五届人大常委会代表资格审查委员会：

主 任 委 员：高志强

副主任委员：赵路通

委　　　员：刘亚红　王建平　康会彬

听取并审议县政府《关于村委会换届选举情况的工作报告》。县民政局局长张学荣受县政府委托作报告，县人大代联科科长赵路通作汇报发言。会议认为，深泽县第九届村委会换届选举工作时间紧、任务重，县政府及有关部门积极组织、统筹安排、严格程序、依法办事、进展顺利、态势平稳。会议建议：1. 对村委会换届选举没有完成的重点、难点村，县政府及有关部门，要因地制宜，拿出具体方案，严格依法、依程序选举，确保换届选举工作圆满完成。2. 县政府及有关部门要认真做好因村委会换届选举引发的群众来信来访工作，能及时解决的及时解决，不能及时解决的做好解释工作，确保农村和谐稳定。3. 县政府及有关部门要在村委会换届选举工作基本完成后，及时认真做好培训新一届村委会成员、组建村委会配套组织、完善村委会工作制度、修订村规民约等各项后续工作，确保各项农村工作的扎实有效开展。

以举手表决方式通过《深泽县人大常委会 2012 年度工作要点》和《深泽县人大常委会

2012年监督计划》。

会议讨论《深泽县人大常委会工作规则（征求意见稿）》并议定继续征求委员建议。

**第二次会议** 2012年5月4日在县政府会议楼第一会议室召开。县人大常委会主任杨秋，副主任史国士、贾增科、黎建辉、高志强，委员王志民、王建平、王群英、支彦杰、史志法、闫丽宁、刘亚红、孙亚兰、张会肖、赵兴、赵路通、袁占强、贾占锁、顾小勇、高丙文出席会议。县政府副县长陈玉联，县政协副主席段木同，县检察院检察长王彦芳、县法院副院长张造国，县人力资源和社会保障局局长赵英民、县农业局局长王志强、县就业服务局局长孙英山及各乡镇（办事处）人大主席（副主席）列席会议。会议由杨秋主持。

会议通过人事任免事项。

听取并审议县政府《关于就业再就业情况的工作报告》并对县就业局工作进行满意度测评。县人力资源和社会保障局局长赵英民受县政府和张少华常务副县长委托作报告，县人大科教文卫科作调研报告。会议建议：1.继续加大就业促进法的宣传力度，充分发挥部门职能作用，确保就业促进法的全面、正确贯彻实施，形成全社会关注就业、支持就业、促进就业的良好氛围。2.进一步完善就业服务体系，健全培训机制，多渠道广开就业岗位、拓展就业空间；加强信息平台建设，为下岗失业人员提供优质服务信息。3.制定优惠政策，采取有力措施，吸引优秀大学生来深泽创业。4.继续完善社会保障体系，努力扩大社会保险覆盖面，解除下岗失业人员的后顾之忧，调动他们自谋职业、灵活就业的积极性。随后，会议对县就业局工作进行满意度测评。

听取并审议县政府《关于加快推进现代农业情况的工作报告》。县农业局局长王志强受县政府和袁国良副县长委托作报告，县人大财经科作调研报告。会议建议：1.要用足用好国家惠农政策，争引更多的农业项目和支农资金，像抓工业项目一样，抓好现代农业项目。2.要大力实施农业品牌战略，提高深泽农副产品的知名度和竞争力。3.要注重发展农产品深加工企业，不断延伸产业链条，增加社会效益和农民收入。4.要进一步健全和完善农业科技推广体系，提高科技对促进农业发展、农民增收的贡献率。

以举手表决方式原则通过《深泽县人大代表工作站和联络点实施办法》。会议议定，由办公室对该实施办法进一步修改完善后，以常委会文件形式印发实施。

**第三次会议** 2012年7月18日在县政府会议楼第一会议室召开。县人大常委会主任杨秋，副主任史国士、贾增科、高志强，委员王志民、王建平、支彦杰、史志法、刘亚红、孙亚兰、赵兴、赵路通、袁占强、贾占锁、顾小勇、高丙文、康会彬出席会议。县委常委、常务副县长张少华，县委常委、副县长尚秀伟，县政协副主席段木同，县法院院长侯忠义、县检察院副检察长曹寿怀，县财政局局长张志强、县住建局局长韩占昌、县审计局局长高殿恒及各乡镇（办事处）人大主席（副主席）列席会议。会议由杨秋主持。

以举手表决方式通过《深泽县人大常委会关于接受张运凯辞去深泽县人民政府副县长职务请求的决定》。

听取和审议《深泽县人民政府关于2011年度财政决算情况的报告》及《深泽县人大常

委会财经科关于2011年度财政决算情况的审查意见》。会议建议：1.继续加大项目建设力度，千方百计培植税源，不断提高新上项目的财税贡献率。2.进一步加大税收征管执法工作力度，严格落实收支两条线政策，严厉制裁偷、逃、拖、抗税行为。3.进一步加强对预算外资金管理和使用的监控力度。会议决定批准这个预算。

听取和审议《深泽县人民政府关于深泽县2011年度预算执行和其他财政收支的审计工作报告》。会议建议：1.县审计部门要进一步加大对财政资金的审计力度，提高财政资金运行的安全性和效益性。对审计出的问题要监督被审计单位依法依规予以纠正。2.县财税及有关单位要认真落实县审计部门提出的各项审计建议，完善制度，加强管理，确保各项财政资金安全、规范、有效运行。3.县审计部门要进一步提高审计人员的综合素质，不断提高审计的质量、水平和效果，圆满完成越来越繁重的各项审计任务。

听取和审议《深泽县人民政府关于2012年上半年财政预算执行情况的报告》及《深泽县人大常委会调研组关于2012年1—6月份财政预算执行情况的调研报告》。会议认为，今年上半年全县财政预算执行情况良好，全部财政收入实现时间、任务“双过半”，财税工作取得长足进步。在肯定成绩的同时，也应看到一些问题仍不容忽视：1.新上项目财政贡献率尚未完全显现；2.非税收入占全部财政收入的比例较高。会议建议：1.大力培植、稳定税源，千方百计增加财政收入。2.在进一步扶持企业发展的同时，按照公共财政要求，规范财政资金的供给范围，提高财政资金的使用效益。

听取和审议《深泽县人民政府关于加快推进城市建设情况的工作报告》及《深泽县人大常委会视察组关于加快推进城市建设情况的视察报告》。会议建议：1.继续加快县城基础设施建设，把管好城市与方便居民生活结合起来，进一步搞好绿地、停车场、公厕等基础设施建设。2.坚持依法行政，全面加强城建队伍建设，为做好城建工作提供有力保障。3.加大宣传力度，让全县上下都来关心、支持、理解城建工作，为城建工作创造良好环境。4.针对城建工作面临的资金不足问题，县政府应给予政策扶持。

听取《深泽县人大常委会代联科关于县人大代表工作站启动及第一次活动情况的报告》。

审议《深泽县人大常委会关于对县政府、县法院和检察院进行专题询问的暂行办法（征求意见稿）》。会议议定：会后，由办公室收集常委会各组成人员意见，对该暂行办法进一步修改完善，经常委会主任会议研究通过后印发实施。

**第四次会议** 2012年9月20日在县政府会议楼第一会议室召开。县人大常委会主任杨秋，副主任史国士、贾增科、黎建辉、高志强，委员王志民、王建平、支彦杰、史志法、闫丽宁、刘亚红、孙亚兰、赵兴、赵路通、袁占强、高丙文、康会彬出席会议。县委常委、常务副县长张少华，县政协副主席段木同列席部分会议，县法院院长侯忠义、县检察院副检察长邸立琴，县金融工作办公室主任、县政府办公室副主任孙少英、县投资促进局局长贾炜及各乡镇（办事处）人大主席（副主席）列席会议。会议由杨秋主持。

听取和审议《深泽县人民政府关于项目建设情况的工作报告》及《深泽县人大常委会调研组关于项目建设情况的调研报告》。会议建议县政府：1.要进一步强化“工业立县”的工作理念，坚持一手抓招商引资、上新项目，一手抓原有企业运行和新上项目的投产达效，提高财政贡献率。2. 要多途径解决项目建设用地。一方面积极向上申报省级重点项目，大力争取项目建设用地指标，另一方面盘活闲置土地用于企业发展。3. 要多渠道筹集项目建设资金。加强银企对接，进一步解放思想，拓宽融资渠道。4. 要调整优化现有产品结构，提高新上项目准入门槛。现有企业要积极推进技术创新，逐步淘汰高能耗、高排放、低效益产能。新上项目，要尽力提高准入门槛，对投资少、效益差、科技含量不高、污染严重、发展后劲不足的项目应尽力收紧。

以无记名投票方式通过《深泽县人民检察院关于提请任命王建水职务的议案》。县人大常委会主任杨秋给被任命人员颁发任命书，被任命人员作供职报告和表态发言。

听取审议《深泽县人民检察院关于开展法律监督情况的工作报告》及《泽县人大常委会调研组关于深泽县人民检察院开展法律监督工作情况的调研报告》。会议建议县检察院，1. 要进一步增强法律监督意识，充分发挥法律监督职能作用，切实承担起宪法和法律赋予的神圣使命。2. 要进一步加大法律监督工作力度，针对群众反映强烈的问题，采取有力措施，严厉查处执法不严、司法不公背后的违法行为。3. 要进一步拓宽监督领域和范围，有的放矢地开展法律监督工作，全方位地履行法律监督职责，确保宪法和法律全面贯彻实施。会议以无记名投票方式对县检察院工作进行满意度测评。

学习传达《中共石家庄市委关于进一步加强人大工作的决定》。会议要求：县人大常委会组成人员和各乡镇人大主席（副主席）要认真学习市委文件精神，深刻领会精神实质，切实增强做好人大工作的主动性和自觉性。

县人大常委会主任杨秋就做好当前维稳工作，对常委会全体组成人员、各乡镇（办事处）人大主席（副主席）提出三点要求。一是要身体力行，做维护稳定的先锋和表率；二是要看好自己的门，管好自己的人，尽好自己的义务和职责；三是要充分发挥常委会组成人员和乡镇人大主席、副主席的独特优势，动员和引导各级人大代表和广大选民积极主动做好十八大期间的维护稳定工作，做好本职工作，以优异成绩迎接十八大召开。

**第五次会议** 2012 年 11 月 22 日在县政府会议楼第一会议室召开。县人大常委会主任杨秋，副主任史国士、贾增科、高志强，委员王志民、王建平、支彦杰、史志法、闫丽宁、刘亚红、孙亚兰、赵兴、袁占强、康会彬出席会议。县委常委、常务副县长张少华，县法院副院长刘志兴、县检察院副检察长崔跃进，县政府督查室主任崔亚超、县政府法制办公室副主任李永东，各乡镇（办事处）人大主席（副主席）及 2012 年县政府 13 件实事牵头单位、县十五届人大一次会议代表建议、意见承办单位负责人列席会议。会议由杨秋主持。

安排部署学习贯彻党的十八大精神。县人大常委会主任杨秋对当前和今后一个时期县人大常委会及机关学习贯彻党的十八大精神提出三点要求。一是认真学习，深刻领会。常委会及机关全体党员干部要充分利用集中学习、自主学习、座谈研讨等多种形式，认真深入学习党的十八大文件，全面深刻领会党的十八大精神实质。二是统一思想，提高认识。在认真学习、深刻领会十八大精神基础上，切实把思想和行动统一到党的十八大精神上来，进一步增强坚持和完善人民代表大会制度的自觉性和坚定性，依法履行宪法和法律赋予的各项职责，充分发挥地方国家权力机关作用。三是结合实际，全面贯彻。紧密联系人大工作实际和党员干部思想实际，切实抓好十八大精神的全面贯彻落实。要进一步加强监督工作，促进“一府两院”依法行政、公正司法。要进一步做好代表工作，为代表依法履职和充分发挥作用创造条件、搞好服务、提供保障。要进一步加强常委会及机关自身建设，提高依法履职能力和水平。

听取和审议《深泽县人民政府关于2012年县政府13件实事办理情况的报告》及《深泽县人大常委会视察组关于2012年县政府“办实事”工作情况的视察报告》。会议认为，为民办实事工作既是一项民心工程，又是一项德政工程。今年以来，县政府切实把办好年初向民众承诺的13件实事作为打造为民、务实、诚信政府的有效抓手，强化领导，统筹协调；各责任部门攻坚克难，协作配合。截至目前，13件实事已有7件完成、2件基本完成、4件正在办理，“办实事”工作得到广大人民群众的普遍认可，但工作中还存在一些不足和差距。主要是13件实事进展不平衡，个别“办实事”项目还没有按要求完成年度工作目标，有的差距仍很大。会议要求：1. 县政府要对今年13件实事的办理情况进行一次“回头看”，对已经完成的“办实事”项目，要进一步巩固工作成果；对基本完成的“办实事”项目，要做好查漏补缺工作，确保按要求、按进度、高质量、高标准完成；对差距较大的“办实事”项目，要分析原因、制定措施、明确时限、落实责任，加快办理进程。2. 县政府要在办好今年13件实事的同时，围绕促进县域经济发展、社会和谐稳定以及关系人民群众切身利益的一些重大事项，尽早、认真谋划明年“办实事”计划。

会议听取和审议《深泽县人民政府关于县十五届人大一次会议代表建议和意见办理情况的工作报告》及《深泽县人大常委会调研组关于代表建议和意见办理情况的调研报告》。会议要求：县政府及有关部门要以对人民高度负责的精神，进一步把代表建议和意见的办理工作抓实抓好。对于已答复代表，需要逐步落实解决的，县政府要进行督导，承办单位要抓好落实，直到问题彻底解决；对于涉及多个部门办理的，县政府要加强协调，相关单位要各负其责、协作配合，确保办理落实。

杨秋就做好春节前几项主要工作提出三点要求。一是常委会各组成人员、机关各科室要对2012年工作进行一次“回头看”，总结成绩，查找问题和不足。二是要结合学习贯彻党的十八大精神，提早对明年工作进行谋划。三是认真做好县十五届人大二次会议、常委会第六次会议的各项准备工作，确保县十五届人大二次会议顺利圆满召开。

**第六次会议**　2013年1月11日在会议楼第一会议室召开。县人大常委会主任杨秋，副主任史国士、黎建辉、高志强，委员王志民、王建平、王群英、史志法、闫丽宁、孙亚兰、赵兴、赵路通、袁占强出席会议。县政府副县长张迎新，县法院院长侯忠义、县检察院副检察长邸丽琴，各乡镇人大主席、铁杆镇驻马里办事处人大副主席、桥头乡驻耿庄办事处人大副主席列席会议。会议由杨秋主持。

会议通过人事任免事项。

接受支彦杰、贾占锁、张会肖、贾卫东、张丽、高玉涛、戴贺年、刘云峰、高永强 9 位县人大代表辞去代表职务的请求；安排县人大代表补选的有关事宜。根据《中华人民共和国全国人民代表大会和地方各级人民代表大会选举法》第五十三条之规定，支彦杰、贾占锁、张会肖辞去县十五届人大代表职务后，其常委会委员职务相应终止。

审议并原则通过《深泽县人大常委会 2013 年度工作要点》和《深泽县人大常委会 2013 年监督计划》。会议议定：会后由县人大常委会办公室按照常委会组成人员所提意见进行修改完善，经主任会议审定后正式印发。

**第七次会议** 2013 年 3 月 21 日在会议楼第一会议室召开。县人大常委会主任杨秋，副主任贾增科、黎建辉、高志强，委员王志民、王建平、王群英、史志法、闫丽宁、刘亚红、孙亚兰、赵兴、赵路通、袁占强、高丙文、康会彬出席会议。县法院副院长张造国、县检察院副检察长曹寿怀及各乡镇人大主席或副主席列席会议。会议由杨秋主持。

以举手表决方式分别通过关于召开县十五届人大二次会议的决定（草案）、县十五届人大二次会议主席团和秘书长建议名单（草案）、县十五届人大二次会议主席团常务主席建议名单（草案）、县十五届人大二次会议拟设的专门委员会建议名单（草案）、县十五届人大二次会议副秘书长建议名单（草案）、各代表团召集人名单（草案）、县十五届人大二次会议列席人员名单（草案）、县十五届人大二次会议总监票人、监票人名单（草案）、县十五届人大常委会代表资格审查委员会关于代表资格的审查报告（草案）。

审议并原则通过《深泽县人大常委会工作报告（草案）》。

**第八次会议** 2013 年 5 月 8 日在县政府会议楼第一会议室举行。县人大常委会主任杨秋，副主任史国士、贾增科、黎建辉、高志强，委员王文静、王志民、王建平、王群英、史志法、闫丽宁、刘亚红、孙亚兰、赵兴、赵路通、袁占强、崔磊、韩士谦出席会议。县政府副县长张迎新，县法院院长侯忠义、县检察院检察长王彦芳，县教育局局长苑运良及各乡镇（办事处）人大主席（副主席）列席会议。会议由杨秋主持。

会议听取和审议《深泽县人民政府关于职业教育发展情况的工作报告》及《深泽县人大常委会调研组关于我县推进职业教育发展情况的调研报告》，并对县教育局工作进行满意度测评。会议建议：1. 继续加强宣传，进一步营造发展职业教育的良好氛围。2. 继续加大投入，进一步改善职业教育学校的办学条件。3. 继续提升教师素质，进一步强化对职业教育师资队伍的建设力度。4. 继续完善相关政策，进一步拓宽校企合作的领域和成效。随后，会议对教育局工作进行满意度测评。

会议表决通过《深泽县人大常委会关于接受盛庆功辞去深泽县人民政府县长职务请求的决定》。表决通过《深泽县人大常委会关于明确张少华为深泽县人民政府代理县长的决定》。

**第九次会议** 2013 年 6 月 18 日在会议楼第四会议室召开。县人大常委会主任杨秋，副主任史国士、贾增科、黎建辉、高志强，委员王文静、王志民、王建平、王群英、史志法、闫丽宁、刘亚红、孙亚兰、赵兴、赵路通、袁占强、崔磊、韩士谦出席会议。县政府副县长陈玉联，县政协副主席段木同，县法院院长侯忠义、县检察院检察长王彦芳，县畜牧局局长王振平、县商务局局长张志兴、县工商局局长吕月然和各乡镇人大主席或副主席及部分县人大代表列席会议。部分县政协委员、退职老干部旁听会议。会议由杨秋主持。

会议通过人事任免事项。

听取和审议《深泽县人民法院2012年以来关于执行工作的情况报告》及《深泽县人大常委会调研组关于县法院2012年以来执行工作情况的调研报告》。会议认为，2012年以来，县法院执行工作以维护生效判决的严肃性和依法保护当事人的合法权利为根本，加大执行力度，穷尽执行措施，严格责任追究，确保有执行条件的案件在规定时限内执结，为维护县域社会稳定，促进经济发展发挥积极作用。在肯定成绩的同时，还存在一些不容忽视的问题：一是被执行人法律意识淡薄，社会诚信度较差。二是部分依法有协助义务的部门对法院执行工作协助配合不够，一定程度上还存在地方和部门保护主义、本位主义。三是个别执行干警自身法律素质、业务素质还不过硬，还不能很好地适应新形势下执行工作的需要。会议建议：1.要进一步加大相关法律法规的宣传力度，积极争取社会各界的广泛支持和认同，为执行工作的开展营造良好的法律环境和社会环境。2.要进一步加大执行工作力度，创新执行方式，维护司法权威，维护生效判决的严肃性。3.要进一步加强和完善协调配合机制，多部门、多方位协调联动，共同破解“执行难”问题。4.要进一步强化执行队伍建设，提高广大干警的整体执法水平，建设一支政治坚定、业务精通、作风优良、纪律严明的执行队伍。

听取和审议《深泽县人民政府关于〈动物防疫法〉贯彻落实情况的报告》及《深泽县人大常委会执法检查组关于〈动物防疫法〉贯彻落实情况的执法检查报告》。会议认为，新修订的《动物防疫法》实施以来，县政府及有关部门高度重视，切实加强组织领导，全面落实防控责任，有效控制全县动物疫病的发生和大规模疫情的出现，在增加农民收入、保障畜牧业安全生产和可持续发展方面发挥重要作用。会议建议：1.县政府及相关部门要进一步加强法制宣传教育，不断提高全民动物防疫意识，共同促进《动物防疫法》的深入实施。2.要建立完善动物防疫经费保障机制，为法律实施提供必要支撑，并逐步解决基层防疫员的工资报酬。3.要进一步改善动物疫病的防控条件，完善和配套必要防护设施，确保从业人员的安全。

听取和审议《深泽县人民政府关于商贸市场建设情况的工作报告》及《深泽县人大常委会调研组关于商贸市场建设情况的调研报告》。会议认为，近年来，县政府始终把完善商贸设施、加快商贸市场体系建设作为促进深泽县商贸服务业发展的主要抓手，创新工作机制，加大招商引资力度，打破资金瓶颈制约，全县商贸市场体系建设呈现出良好态势。但仍然存在着一些不足和差距，如市场监管水平不高，以街代市，以街代场，随地摆摊，占道经营现象突出，部门执法人员素质参差不齐，执法水平不高等。会议建议：1.进一步优化县城商贸格局，提升县城整体形象。按照市场经济体制的要求和现代商贸市场发展方向，做好深泽县的规划编制工作，着力打造“东西两城、区中三街”的大格局。2.加大商贸项目的招商引资力度，制定优惠政策，采取有力措施，使深泽县商贸服务业进一步提档升级，实现跨越式发展。3.进一步完善市场监管的长效机制，切实为经营户、百姓营造规范、有序的商贸市场环境。

会议以无记名投票方式对县法院、县畜牧局、县商务局和县工商局四个部门专项工作进行满意度测评。

会议以举手表决方式通过县十五届人大三次会议有关事项。

**第十次会议** 2013 年 9 月 25 日在县政府会议楼第四会议室召开。县人大常委会主任杨秋，副主任史国士、贾增科、黎建辉、高志强，委员王文静、王志民、王建平、史志法、闫丽宁、刘亚红、孙亚兰、赵兴、赵路通、袁占强、崔磊、韩士谦出席会议。县委常委、县政府常务副县长尚秀伟，县委常委、政法委书记袁国良，县政协副主席段木同，县法院院长侯忠义、县检察院检察长王彦芳，县财政局局长张志强、县审计局局长高殿恒、县民政局局长刘荣建及各乡镇（办事处）人大主席或副主席及部分县人大代表列席会议。部分来自县政协和退职老干部方面的公民旁听会议。会议由杨秋主持。

会议听取和审议《深泽县人民政府关于 2012 年度财政决算情况的报告》《深泽县人民政府关于深泽县 2012 年度预算执行和其他财政收支的审计工作报告》，表决通过《深泽县人大常委会关于 2012 年度县财政决算情况的审查意见》及《深泽县人大常委会关于 2012 年度财政决算的决议（草案）》。会议建议：1. 继续加大招商引资力度，提高招商引资效率，不断提高新上项目的财税贡献率。2. 进一步加大税收征管执法工作力度，严格落实收支两条线政策，严厉制裁偷、逃、拖、抗税行为。3. 进一步加强对预算外资金管理和使用的监控力度。4. 县审计部门要进一步加大对财政资金的审计力度，提高财政资金运行的安全性和效益性，对审计出的问题要督促其依法依规予以纠正，杜绝屡审屡犯。会议要求县审计局要加强对审议意见落实情况的追踪，提高审议效能。

听取和审议《深泽县人民政府关于 2013 年上半年财政预算执行情况的报告》及《深泽县人大常委会调研组关于 2013 年 1—6 月份财政预算执行情况的调研报告》。会议建议：1. 进一步加强对财税工作的分析研究，及时制定经济新形势新体制下的应对措施，增强工作主动性。2. 大力抓好财源建设，发展壮大大中企业，巩固现有税源，充分调动部门和基层挖掘财源税源的积极性，做到应收尽收。3. 加大财政预算管理和执行力度，不断提高预算编制的科学性和准确性，提高财政公开透明度，提高财政资金的使用效益，增强预算执行的严肃性。会议要求，县政府对预算的调整必须依法报县人大常委会批准。

听取和审议《深泽县人民政府关于落实城乡居民最低生活保障情况的报告》和《深泽县人大常委会调研组关于我县城乡居民最低生活保障工作情况的调研报告》。会议建议：1. 加大对低保政策的宣传教育力度，增强干群对低保政策的统一认识，提高工作人员业务素质和执行政策的水平。2. 加强动态管理，规范操作程序，建立健全公示制和责任追究制，排除长官意志、行政干预等因素干扰，杜绝“关系保、人情保”。3. 逐步扩大低保覆盖面，尽快落实低保配套资金，努力提高低保受惠面和标准。4. 落实低保工作经费，加强低保队伍建设，提高低保工作水平。

会议对县财政局、审计局和民政局工作进行满意度测评。

会议以举手表决方式通过《深泽县人大常委会关于接受袁国良辞去深泽县人民政府副县长职务请求的决定（草案）》。

会议以举手表决方式通过县人大常委会内部工作机构设置调整方案。决定代表联系科改为选举任免代表工作委员会、政法科改为政法工作委员会、财经科改为财政经济工作委员会、科教文卫科改为教育科学文化卫生工作委员会、信访科改为信访办公室，增设老干部办公室，人大常委会办公室设置不变。

**第十一次会议**　2013 年 11 月 29 日在县政府会议楼第四会议室召开。县人大常委会主任杨秋，副主任史国士、贾增科、黎建辉、高志强，委员王文静、王志民、王建平、王群英、史志法、闫丽宁、刘亚红、孙亚兰、赵兴、赵路通、袁占强、崔磊、韩士谦出席会议。县委常委、县政府副县长刘禹，县法院副院长贾福刚、县检察院副检察长邸丽琴，县公安局、县卫生局、县安监局、县城管局主要负责人，县十五届人大二次会议代表所提议案牵头承办单位主要负责人及各乡镇（办事处）人大主席或副主席、部分县人大代表列席会议；部分县政协委员和退职老干部旁听会议。会议由杨秋主持。

会议通过人事任免事项。

听取和审议《深泽县人民政府关于加强道路安全管理、服务环境建设情况的工作报告》及《深泽县人大常委会调研组关于对县公安局道路交通安全管理和服务环境建设工作情况的调研报告》。会议建议：1. 进一步增强全民道路交通安全意识，提高宣传教育的针对性和时效性。2. 加强安全隐患排查，降低道路交通事故的发案率，同时克服重处罚轻管理的错误观念。3. 加强统筹、协调和调度，齐心协力共同维护深泽县交通安全大环境。4. 增加必要的建设投入和人员配备，提高道路交通安全管理能力。

听取和审议《深泽县人民政府关于安全生产管理情况的工作报告》和《深泽县人大常委会调研组关于安全生产管理情况的调研报告》。会议建议：1. 进一步加强宣传和培训，全面增强全社会安全意识和安全素质，在全社会形成“安全生产、关注安全”的良好舆论氛围。2. 进一步加大投入，切实提高安全保障水平和安全监管执法水平。3. 进一步强化考核，严格事故查处和责任追究，同时加大企业自查自纠力度，督促业主制定并落实科学可行的防治措施，在源头上有效避免安全事故的发生。4. 进一步强化专业化队伍建设，树立良好的队伍形象。

听取和审议《深泽县人民政府关于新型农村合作医疗制度运行情况的工作报告》和《深泽县人大常委会调研组关于新型农村合作医疗制度运行情况的调研报告》。会议建议：1. 继续加大宣传力度，提高农民参合率。2. 继续加大投入力度，改善就医环境。3. 加强队伍建设，调动基层卫生人员的积极性。4. 完善和探索运行制度，提高新农合服务效率。

会议对县公安局、县安监局和县卫生局专项工作进行满意度测评。

听取和审议《深泽县人民政府关于加强城市管理情况的工作报告》和《深泽县人大常委会调研组关于加强城市管理工作的调研报告》。会议建议：1. 加强宣传教育，提高群众的城市意识、环保意识和经营者的守法经营意识，努力营造良好的城市氛围。2. 坚持疏堵结合，建立城管长效机制。3. 加大协调督办力度，明确工作责任，严格依法管理。4. 加强城管队伍建设，树立良好执法形象。

听取和审议《深泽县人民政府关于县十五届人大二次会议代表建议和意见办理情况的工作报告》和《深泽县人人大常委会调研组关于代表建议和意见办理情况的调研报告》。会议要求：县政府及有关部门要以对人民高度负责的精神，进一步把代表建议和意见的办理工作抓实抓好。对于已答复代表、需要逐步落实解决的，县政府要进行督导，承办单位要抓好落实，直到问题彻底解决；对于涉及多个部门办理的，县政府要加强协调，相关单位要各负其责、协作配合，确保办理落实。

以举手表决方式逐项通过《深泽县人大常委会议事规则》《深泽县人大常委会主任会议议事规则》《深泽县第十五届人大常委会关于加强自身建设的意见》《深泽县人大常委会关于加强和改进代表工作的意见》《深泽县人大常委会关于加强和改进监督工作的意见》《深泽县人大常委会关于对财政预决算审查监督的暂行办法》共6项县人大常委会工作制度。

**第十三次会议** 2014年1月14日在会议楼第一会议室召开。县人大常委会主任杨秋，副主任史国士、贾增科、黎建辉、高志强，委员王文静、王志民、王建平、王群英、闫丽宁、刘亚红、孙亚兰、赵兴、赵路通、袁占强、韩士谦出席会议。县委常委、县政府副县长尚秀伟，县法院院长候忠义、县检察院检察长王彦芳及各乡镇人大主席或副主席列席会议。会议由杨秋主持。

会议通过人事任免事项。

以举手表决方式审议通过县十五届人大四次会议相关事宜。

审议并原则通过县人大常委会2014年工作要点、监督计划（讨论稿）。

**第十四次会议** 2014年3月20日在县政府会议楼第一会议室召开。县人大常委会主任杨秋，副主任史国士、贾增科、黎建辉、高志强，委员王文静、王志民、王建平、史志法、闫丽宁、刘亚红、孙亚兰、赵路通、袁占强、高丙文、崔磊、韩士谦出席会议。县政府副县长张迎新，县法院院长侯忠义、县检察院检察长王彦芳，县就业局局长孙英山、县公安局副局长王亚飞及各乡镇（办事处）人大主席或副主席列席会议。会议由杨秋主持。

会议通过人事任免事项。

听取和审议县公安局向会议提交的关于提请县人大常委会许可依法对县人大代表袁某采取行政拘留的情况报告。

听取和审议《深泽县人民政府关于就业服务情况的工作报告》及《深泽县人大常委会视察组关于我县促进就业再就业工作情况的视察报告》。会议认为，近几年县政府把做好就业再就业工作作为关注和保障民生的重要举措，认真贯彻落实就业促进法，通过加强政策引导、搭建平台、健全就业服务体系、强化技能培训等一系列措施，扎实、稳步推进深泽县的就业再就业工作。针对当前整体就业形势严峻、就业结构性矛盾突出等问题，会议建议：1. 进一步加大就业促进法的宣传力度，确保就业促进法的全面、正确贯彻实施，充分发挥各相关部门的职能作用，在全社会形成关注就业、支持就业、促进就业的良好氛围。2. 进一步完善就业服务体系，完善再就业培训机制，多渠道开辟就业岗位，不断提高劳动者的技能水平，拓展就业空间，同时加强信息化建设，为求职者提供高效快捷服务，实现省、市、县、乡四级联网动态管理。3. 积极推进高校毕业生就业，通过组织开展各类招聘会和提供专项服务，畅通大学生面向企业、服务基层和自主创业的渠道。4. 继续完善社会保障体系，努力扩大社会保险覆盖面，解除失业人员的后顾之忧，激发他们自谋职业、灵活就业的积极性。5. 加大创业培训和小额贷款帮扶力度，引导和帮助更多人实现自主创业和技能就业。会议对县就业局专项工作进行满意度测评。

征求各位常委会组成人员及列席人员对县人大常委会领导班子、党员领导干部及县人大常委会办公室领导班子、领导干部“四风”方面存在的问题和意见，并发放征求意见表。会议议定，由县人大常委会办公室负责收集、梳理、汇总各位组成人员及列席人员所提问题和意见。

**第十五次会议**　2014 年 4 月 14 日在县政府会议楼第一会议室召开。县人大常委会主任杨秋，副主任史国士、贾增科、黎建辉、高志强，委员王文静、王志民、王建平、王群英、史志法、闫丽宁、刘亚红、赵兴、赵路通、袁占强、高丙文、崔磊、韩士谦出席会议。县政府常务副县长尚秀伟，县政协副主席、交通局局长张增怀，县法院副院长张造国、县检察院副检察长邸丽琴，县交通局党委书记刘奇及各乡镇（办事处）人大主席或副主席列席会议。会议由杨秋主持。

会议通过人事任免事项。

听取和审议《深泽县交通运输局关于执行〈公路法〉工作情况的汇报》及《深泽县人大常委会执法检查组关于〈公路法〉贯彻实施情况的执法检查报告》。会议建议：1. 进一步加大《公路法》的宣传教育工作，营造爱公路、管公路、护公路的良好氛围。2. 进一步加大公路管护力度，确保公路安全通行。3. 进一步坚持依法治路、依法维权，严肃查处各种侵害路产路权的违法行为。4. 进一步强化路政队伍建设，加大依法行政工作力度，有效保护路产路权。

会议对县交通运输局专项工作进行满意度测评。

**第十六次会议**　2014 年 5 月 27 日在县政府会议楼第一会议室召开。县人大常委会主任杨秋，副主任史国士、贾增科、黎建辉、高志强，委员王文静、王志民、王建平、高丙文、史志法、闫丽宁、刘亚红、孙亚兰、赵兴、赵路通、袁占强、崔磊、韩士谦出席会议。县委常委、县政府副县长刘禹，县法院副院长贾福刚、县检察院副检察长王建水，县工信局局长王秀党及各乡镇（办事处）人大主席或副主席列席会议。会议由杨秋主持。

会议听取和审议《深泽县人民检察院关于反贪污贿赂工作开展情况的工作报告》及《深泽县人大常委会调研组关于县人民检察院反贪污贿赂工作情况的调研报告》。会议建议：1. 进一步抓好反贪宣传工作，不断提高公民对贪污贿赂犯罪危害性的认识。2. 进一步拓宽反贪领域，加大查案力度，根据深泽县实际适时将征地拆迁、土地转让、审计、金融等领域纳入反贪视野，同时加大对环评、产品质量认证等重要环节的监管。3. 进一步加强与纪检监察机关的协作配合，克服检察机关单打独斗的局面。4. 进一步加强预防工作，摆正查处与预防的关系，做到预防与查处两手抓、两手都要硬。5. 进一步优化反贪环境，完善查案取证、线索移送协作机制，不断提高科技强检建设。6. 进一步强化队伍建设，把队伍建设的成效充分体现到执法办案工作中去。

会议听取和审议《深泽县人民政府关于工业运行情况的工作报告》及《深泽县人大常委会视察组关于工业经济运行情况的视察情况》。会议建议：1. 正确分析当前工业经济形势，坚定发展信心，千方百计实现工业经济稳定增长。2. 充分挖掘土地潜力，探索土地瓶颈解决方法，拓展企业发展空间。3. 进一步推进企业技术创新，大刀阔斧引进高科技人才，促进县域工业企业整体上水平，尽快实现质的飞跃。4. 坚持抓招商引资、上新项目与抓现有工业企业运行相结合；坚持抓现有工业企业内部升级改造、技改扩规与优化企业外部发展环境相结合；坚持整顿治理与扶持帮助相结合。

会议对县检察院和县工信局的专项工作进行满意度测评。

会议通报代表工作站（联络点）今年第一次上站（进点）开展活动情况。会议议定，由高志强副主任牵头、选举任免代表工委负责，将本次代表上站（进点）所提意见、建议归纳整理后及时转交县政府办理。

**第十七次会议** 2014 年 8 月 7 日在县政府会议楼第一会议室召开。县人大常委会主任杨秋，副主任贾增科、黎建辉、高志强，委员王文静、王志民、王建平、史志法、闫丽宁、刘亚红、孙亚兰、赵兴、赵路通、袁占强、崔磊、韩士谦出席会议。县政府副县长张迎新，县法院院长侯忠义、县检察院副检察长邸丽琴，县林业局局长邸亚中、县教育局局长苑运良、县司法局局长高新未及各乡镇（办事处）人大主席或副主席及部分县人大代表列席会议，部分公民旁听会议。会议由杨秋主持。

会议听取和审议《深泽县人民政府关于林业及园林绿化工作情况的工作报告》及《深泽县人大常委会视察组关于林业及园林绿化情况的视察报告》。会议建议：1. 进一步广泛开展宣传教育，提高全社会对植树造林、园林绿化重要性的认识，努力形成全社会参与和支持林业、园林绿化的良好氛围。2. 进一步扩大园林绿化面积，努力提高栽植成活率，坚持高起点规划、高标准设计，突出深泽特色。3. 进一步加大养护管理力度，坚持数量与质量并重、栽植与管理并重，不断提升林业及园林绿化的管护水平和管护效果。4. 进一步加强林业工程专业技术队伍建设，努力提高队伍素质和整体水平，以适应长时间、大面积造林需要。

会议听取和审议《深泽县人民政府关于高中阶段教育教学质量情况的工作报告》及《深泽县人大常委会调研组关于高中阶段教育教学质量情况的调研报告》。会议建议：1. 进一步加强宣传引导，树立深泽县高中教育良好形象，为高中教育发展提供有力的舆论支持。2. 进一步加大资金投入力度，不断完善高中教育经费保障机制，改善高中办学条件，谋求新的发展。3. 进一步加强师资队伍建设，努力提升教师职业素质和专业能力，促进深泽县高中教育教学质量的不断提升。4. 进一步探索特色教育强校之路，确保高考成绩稳中有升的同时把美术特色办学打造成深泽教育的新亮点。

会议对县林业局和县教育局的专项工作进行满意度测评。

会议通过人事任免事项。

通报县人大常委会党组召开党的群众路线教育实践活动专题民主生活会情况。

**第十八次会议**　2014 年 9 月 16 日在县政府会议楼第一会议室召开。县人大常委会主任杨秋，副主任贾增科、黎建辉、高志强，委员王文静、王志民、王建平、史志法、闫丽宁、刘亚红、孙亚兰、赵兴、赵路通、袁占强、崔磊、韩士谦出席会议。县委常委、县政府常务副县长尚秀伟，县政府副县长、县公安局局长史树昌，县法院副院长张造国、县检察院副检察长邸丽琴，县财政局局长张志强、县审计局局长高殿恒、县公安局副局长贺建中及各乡镇（办事处）人大主席或副主席列席会议。会议由杨秋主持。

会议通过人事任免事项。

听取和审议《深泽县人民政府关于 2013 年度财政决算情况的报告》及《深泽县人大常委会调研组关于 2013 年度财政决算情况的初审意见》。会议建议：1. 继续加强税收征管，深入推进综合治税，加强重点税源监管，努力堵塞收入漏洞，切实做到应收尽收。2. 积极发挥财政的支持、促进功能和杠杆作用，多方筹措资金，创新投入方式，服务深泽县经济发展。3. 紧紧围绕义务教育保障、文体设施建设、新农合和城镇居民基本医疗保险等民生工程，加大资金支持力度，提高财政保障水平。4. 牢固树立勤俭节约思想，集中有限资金用于稳增长、调结构、惠民生等重点领域和关键环节。5. 严肃财经纪律，努力构建透明预算，深入推进政府预算公开，不断优化经济和社会发展环境。

听取和审议《深泽县人民政府关于深泽县 2013 年度预算执行和其他财政收支的审计工作报告》。会议认为，县审计部门紧扣主题主线，客观、全面地分析审计出的问题，并提出针对性的审计建议，忠实履行审计部门的监督职责会议建议：县政府要进一步加大对财政资金的审计力度，提高财政资金运行的安全性和效益性，对审计中发现的问题要认真分析原因，切实抓好整改，杜绝屡审屡犯。

会议以举手表决方式通过《深泽县人大常委会关于 2013 年度县财政决算的决议（草案）》。

听取和审议《深泽县人民政府关于 2014 年上半年预算执行情况的报告》及《深泽县人大常委会调研组关于 2014 年 1—6 月份财政预算执行情况的调研报告》。会议建议：1. 大力抓好财源建设，发展壮大大中企业，调动部门和基层挖掘财源税源的积极性，做到应收尽收。2. 加大财政预算管理和执行力度，坚持依法理财、科学理财，提高财政公开透明度，对重点单位、重点建设项目加大监控力度，增强预算执行的严肃性。3. 组织好财税队伍的培训和教育，进一步提高员工的工作能力和综合素质，为完成好全年财税工作任务提供良好保障。4. 预算调整或较大资金项目，要报县人大常委会审批。

听取和审议《深泽县公安局关于刑侦工作开展情况的工作报告》及《深泽县人大常委会调研组关于县公安局刑侦工作情况的调研报告》。会议认为，县公安局高度重视刑侦工作，不断提高侦查能力和执法办案水平，严厉打击各种刑事犯罪，为维护深泽县社会稳定和保障经济社会发展发挥重要作用。会议建议：1. 进一步围绕发展稳定大局创新平安深泽。2. 进一步运用科技手段，加大案件的侦破力度，提高案件的侦破率。3. 进一步加强刑侦队伍建设，努力改善刑侦设施装备。4. 进一步建立健全协调配合机制，完善社会治安防控体系。

会议对县财政局、县审计局、县公安局3个部门专项工作进行满意度测评。

全体与会人员聆听毛泽东主席在第一届全国人民代表大会第一次会议上的讲话录音（片段）。

**第十九次会议** 2014年11月28日在县政府会议楼第四会议室召开。县人大常委会主任杨秋，副主任史国士、贾增科、黎建辉、高志强，委员王文静、王志民、王建平、史志法、闫丽宁、刘亚红、赵兴、赵路通、袁占强、崔磊、韩士谦出席会议。县政府副县长王伟，县法院副院长张造国、县检察院副检察长曹寿怀，县政府办、县信访局、县工商局、县发改局、县环保局、县水务局、县交通局、县卫生局、县住建局、县农业局、县林业局主要领导及各乡镇（办事处）人大主席或副主席、部分县人大代表列席会议，部分公民旁听会议。会议由杨秋主持。

会议听取和审议《深泽县人民政府关于县十五届人大四次会议代表议案建议和意见办理情况的工作报告》及《深泽县人大常委会调研组关于代表建议和意见办理情况的调研报告》。会议建议：1. 要进一步深化对办理工作的认识，克服“承办就是答复”的误区，站在“对人大负责就是对党委负责”的认识高度继续做好办理工作。2. 要进一步提高办理工作质量，由答复型办理向落实型办理转变，由重点型办理向普遍型办理转变，以点带面、触类旁通、统筹安排，既不“一对一”，也不“过渡分解”。3. 要进一步加大办理工作的督办协调力度，早督查早协调，真督查真协调，努力提高办结率和群众满意度。4. 要切实重视代表提出的有关具体问题的研究和解决。

听取和审议《深泽县人民法院关于2014年信访情况的工作报告》《深泽县人民检察院关于信访工作开展情况的工作报告》《深泽县人民政府关于全县信访工作情况的工作报告》《深泽县人大常委会调研组关于全县信访工作开展情况的调研报告》。会议建议：1. 进一步提高对信访工作的认识，高度重视群众的依法访和初信初访，以化解矛盾纠纷为重点，以解决问题为目标，促进信访工作深入开展。2. 进一步加强信访工作基础建设，拓宽信访渠道，规范信访环境，完善信访机制。3. 进一步加大依法治访的力度，有效避免和防止集体访等群体性事件，正确引导群众依法文明表达合理诉求。4. 进一步加大生效判决法律文书的依法执行力度，降低执行类案件的信访量。5. 进一步加强信访干部队伍建设，充实人员力量，增强学习培训，提高信访干部队伍整体素质和工作水平。6. 探索建立政府司法救助体系并合理规范使用救助基金，体现司法为民和政府关怀。

听取和审议《深泽县人民政府关于工商行政管理工作开展情况的工作报告》及《深泽县人大常委会调研组关于工商行政管理工作开展情况的调研报告》。会议建议：1. 围绕工商管理工作转型，继续充实基层执法队伍，优化人员配置。2. 重视维护法律权威，严格履行工商职责。3. 坚持整治和教育并举，规范经营行为，促进经济社会和谐发展。4. 努力提升服务质量，推动市场主体创业创牌，促进市场管理能力再提升。

会议对县发改局、县环保局、县水务局、县交通局、县卫生局、县住建局、县农业局、县林业局、县法院、县检察院、县信访局、县工商局共12个部门的专项工作进行满意度测评。

通报县人大常委会举办的“纪念全国人民代表大会成立60周年征文比赛”评选情况。会议议定，以县人大常委会名义为获奖人员、单位颁发荣誉证书并给予适当物质奖励。

**第二十次会议**　2015年1月9日在县政府会议楼第四会议室召开。县人大常委会主任杨秋，副主任史国士、贾增科、黎建辉、高志强，委员王文静、王志民、王建平、王群英、史志法、闫丽宁、刘亚红、孙亚兰、赵路通、袁占强、顾小勇、韩士谦出席会议。县委常委、县政府常务副县长尚秀伟，县法院院长侯忠义、县检察院检察长王彦芳，各乡镇（办事处）人大主席或副主席，县直代表工作站代表列席会议。会议由杨秋主持。

会议通过人事任免事项。

会议以举手表决方式通过《主任会议关于提请任命深泽县人大常委会选举任免代表工作委员会等4个工作委员会组成人员职务的议案》，由选任工委报县委组织部备案。会议以举手表决方式通过《深泽县人大常委会关于接受宋彬等3名县人大代表辞去代表职务请求的决定（草案）》，决定接受宋彬、李林、崔磊三名县人大代表辞去代表职务的请求；根据《中华人民共和国全国人民代表大会和地方各级人民代表大会选举法》第五十三条之规定，崔磊辞去县十五届人大代表职务后，其常委会委员职务相应终止。

审议并原则通过《深泽县人大常委会工作报告》《深泽县人大常委会2015年工作要点》和《深泽县人大常委会2015年监督计划》。

**第二十一次会议**　2015年2月27日在会议楼第四会议室召开。县人大常委会主任杨秋，副主任史国士、贾增科、黎建辉、高志强，委员王文静、王志民、王建平、史志法、闫丽宁、刘亚红、孙亚兰、赵兴、赵路通、袁占强、顾小勇、高丙文、韩士谦出席会议。县委常委、县政府常务副县长尚秀伟，县人大党组成员郭彦儒，县法院副院长张造国、县检察院副检察长邸丽琴，县发改局党组书记袁士科、县财政局局长张志强及各乡镇人大主席或副主席、部分县人大代表列席会议，部分公民旁听会议。会议由杨秋主持。

会议通过人事任免事项。

听取并审议县发改局关于《县2014年国民经济和社会发展计划执行情况的报告》及《2015年国民经济和社会发展计划（草案）》、县财政局关于《县2014年县本级预算及县总预算执行情况的报告》及《深泽县2015年县本级和全县政府预算（草案）》；以举手表决方式审议通过县人大常委会《关于深泽县2014年国民经济和社会发展计划执行情况与2015年国民经济和社会发展计划草案审查结果的报告（草案）》《关于深泽县2014年县本级预算及县总预算执行情况和2015年县本级预算及县总预算草案审查结果的报告（草案）》。会议议定，计划、预算草案审查结果的报告（草案），常委会会议通过后提交县十五届人大五次会议主席团审议。县人大财经工委主任韩士谦作《深泽县人大常委会预算审查组关于县2014年县本级预算及县总预算执行情况和2015年县本级预算及县总预算草案审查结果的报告》。会议印发学习预算法、地方组织法有关人代会、常委会对计划预算审查和批准的相关规定条款。

会议以举手表决方式逐项审议通过县十五届人大五次会议相关事宜。

**第二十二次会议** 2015年4月15日在会议楼第四会议室召开。县人大常委会主任杨秋，副主任史国士、黎建辉、高志强、郭彦儒，委员王志民、王建平、史志法、闫丽宁、刘亚红、李鹏、杨保录、郑建龙、赵兴、赵路通、袁占强、高丙文、韩士谦出席会议。县政府副县长王伟，县法院院长候忠义、县检察院检察长王彦芳，县卫生和计划生育局局长张学荣、县法院副院长张志兴及各乡镇人大主席或副主席、部分县人大代表列席会议，部分公民旁听会议。

会议议程：1. 听取和审议县政府《关于执业医师法贯彻落实情况的工作报告》，并对县卫计局专项工作进行满意度测评；2. 听取和审议《县法院执行工作开展情况的工作报告》，并对县法院专项工作进行满意度测评；3. 人事任免事项；4. 通报县人大财经工委对县政府预算公开的督导检查情况。

县人大常委会主任杨秋根据主任会议精神提出5点要求：一是常委会组成人员、人大代表、机关工作人员要坚持认真学习领会党和国家的路线、方针、政策，尤其是中央关于“四个全面”的战略部署、新制定颁布的各项党纪党规和法律法规，为更好地开展工作在思想、素质、能力等方面奠定坚实基础。二是各项工作要加大追踪问效和落实反馈的力度。今后，凡是县人大常委会组织的执法检查、视察、调研中提出的意见和常委会会议的审议意见，“一府两院”及有关部门要认真研究并抓好落实，落实情况要形成专题报告，经“一府两院”领导审定、县人大相关工委审查后，提交下次常委会会议。各工委负责督促检查、追踪问效。三是人大常委会办公室、选任代工委要继续做好常委会会议到会情况的统计与通报工作。各常委会组成人员要认真遵守《常委会议事规则》《关于加强自身建设的意见》，积极按要求出席会议，保证出勤率，出席会议情况每半年统计、通报一次。“一府两院”领导、各乡镇人大主席（副主席）、人大代表也应按常委会要求按时积极列席常委会会议，列席会议情况统计汇总后一并通报。四是县人大常委会上半年拟安排1至2次代表上站、联络活动，各乡镇（办事处）工作站和联络点也可自行安排。五是各乡镇要做好召开乡镇人民代表大会的各项准备工作。

**第二十三次会议** 2015年5月22日在会议楼第四会议室召开。县人大常委会主任杨秋，副主任史国士、黎建辉、高志强、郭彦儒，委员王文静、王志民、王建平、史志法、刘亚红、孙亚兰、李鹏、杨保录、郑建龙、赵兴、赵路通、袁占强、高丙文、韩士谦出席会议。县政府副县长王伟，县法院院长候忠义、县检察院检察长王彦芳，县民政局局长刘荣建、县质监局局长马慧业、县卫计局副局长袁彦改及各乡镇人大主席或副主席、部分县人大代表列席会议，部分公民旁听会议。

会议议程：1. 审议人事任免事项；2. 听取和审议县政府关于村民委员会换届情况的工作报告，并对县民政局专项工作进行满意度测评；3. 听取和审议县政府关于产品质量法贯彻实施情况的工作报告，并对县质监局专项工作进行满意度测评；4. 听取县十五届人大常委会第二十二次会议审议意见的督办落实情况的通报。

县人大常委会主任杨秋根据主任会议精神提出3点要求：一是常委会会议通报审议意见督办落实情况制度要逐步完善并长期坚持，保证常委会会议审议意见和执法检查、视察、调研报告中提出的建议真正落到实处。县人大机关各工委要继续加大追踪问效和督办落实力度。二是下周各工作站分别组织一次代表上站活动，主要内容是学习王书记在全县着力改善“两个环境”大会上的讲话和食品安全法；各站结合本站实际组织一次视察活动；听取和收集代表联系选民时征集到的热点难点问题及意见建议等。各工作站站长、副站长届时组织好这次代表上站活动。三是市人大近期将对各县（市、区）“代表之家”建设情况进行一次集中观摩，各乡镇（办事处）要认真做好各项准备工作。

**第二十四次会议**　2015 年 6 月 5 日在县人大机关会议室召开。县人大常委会主任杨秋，副主任黎建辉、高志强，委员王文静、王志民、王建平、史志法、闫丽宁、孙亚兰、刘亚红、李鹏、杨保录、郑建龙、赵兴、赵路通、袁占强、韩士谦出席会议。县法院副院长刘志兴、县检察院副检察长邸丽琴，县纪委副书记、监察局局长姜增雪列席会议。

会议审议邢台市公安局开发区分局关于提请许可对深泽县十五届人大代表张某刑事拘留的报告，表决同意邢台市公安局开发区分局提请的许可事项。

**第二十五次会议**　2015 年 7 月 21 日在会议楼第四会议室召开。县人大常委会主任杨秋，副主任史国士、黎建辉、高志强、郭彦儒，委员王志民、王文静、王建平、王群英、史志法、闫丽宁、孙亚兰、李鹏、郑建龙、赵路通、袁占强、韩士谦出席会议。县委常委、县政府副县长刘禹，县检察院检察长王彦芳、县法院副院长刘志兴，县人力资源和社会保障局局长赵玉景，县人力资源和社会保障局党组成员、社保局局长左占红及各乡镇人大主席或副主席、部分县人大代表列席会议，部分公民旁听会议。

会议议程：1. 补选出席市人代会代表，表决副县长任命议案，表决接受代表辞职；2. 听取和审议县检察院《关于“两法”衔接工作开展情况的工作报告》，并对县检察院专项工作进行满意度测评；3. 听取和审议县政府《关于社会保险法贯彻落实情况的工作报告》，并对县人社局（县社保局）专项工作进行满意度测评；4. 通报省人大常委会统一部署的行政许可法律法规执法检查情况及县十五届人大常委会第二十四次会议审议意见的督办落实情况。

县人大常委会主任杨秋根据主任会议精神提出 3 点要求：一是常委会各组成人员要按照《常委会议事规则》和《常委会组成人员守则》要求，积极参加常委会会议，依法认真履职。二是各乡镇人大主席（副主席）按预算法要求及时将本乡镇人代会通过的财政预算报县人大财经工委备案，财经工委负责督促；按代表法规定安排补选出缺的县代表。三是下次常委会会议通报本次会议的审议意见督办落实情况，县检察院和县人社局（社保局）要及时向县人大常委会政法工委、教科文卫工委报告审议意见落实情况

**第二十六次会议**　2015 年 8 月 26 日在会议楼第四会议室召开。县人大常委会主任杨秋，副主任史国士、黎建辉、高志强、郭彦儒，委员王文静、王建平、王群英、史志法、闫丽宁、孙亚兰、刘亚红、郑建龙、赵兴、赵路通、袁占强、韩士谦出席会议。县政府副县长田建方，县法院院长侯忠义、县检察院检察长王彦芳，县财政局局长张志强、县审计局局长高殿恒、县档案局局长曹建芝及各乡镇人大主席或副主席、部分县人大代表列席会议，部分公民旁听会议。

会议议程：1. 人事事项：表决提请任命副县长议案；表决通过《关于代表资格的审查报告（草案）》。2. 听取和审议县政府《关于2014年度财政决算情况的工作报告》《关于2014年度预算执行和其他财政收支的审计工作报告》，作出相应决议；听取和审议县政府《关于2015年上半年财政预算执行情况的工作报告》，并对县财政局、审计局专项工作进行满意度测评。3. 听取和审议县政府《关于〈档案法〉贯彻落实情况的工作报告》，并对县档案局专项工作进行满意度测评。4. 通报县十五届人大常委会第二十五次会议审议意见落实情况，通报今年以来“一府两院”及各乡镇人大主席（副主席）列席常委会会议情况。

县人大常委会主任杨秋根据主任会议精神提出3点要求：1. 一是请大家关注正在举行的全国人大常委会会议，会上审议一批法律修正草案，包括和我们工作联系紧密的《组织法》《选举法》和《代表法》等，要在修改决定发布后，认真学习落实。二是请大家关注“中国人民抗日战争暨世界反法西斯战争胜利70周年”各项纪念活动，认识其历史和现实意义，作为抗日模范县和老区人民的代表激发起爱国爱民、为中华复兴圆梦的信心和激情。三是请大家带头做好“九·三”阅兵期间的安全稳定、安全生产、大气污染防治、值勤值班等项重点工作和自身本职工作。2. 一是人大办牵头，机关其他委室配合，准备根据各级常委会会议议事规则，提出深泽县的常委会会议议事规则修订草案。二是就常委会会议室改造建设提出可研报告。三是准备安排下一次代表上站，提出安排意见。四是加快机关网站建设和档案数字化建设工作步伐。3. 各乡镇（办事处）人大主席（副主席）结合代表上站，组织好本乡镇代表的“代表之家”活动。

**第二十七次会议** 2015年9月8日在县人大机关会议室召开。县人大常委会主任杨秋，副主任史国士、黎建辉、高志强、郭彦儒，委员王文静、王建平、史志法、闫丽宁、刘亚红、孙亚兰、郑建龙、赵兴、赵路通、袁占强、顾小勇、韩士谦出席会议。县政府副县长田建方、县法院院长侯忠义列席会议。

会议补选尚秀伟为深泽县出席石家庄市第十三届人民代表大会代表。

**第二十八次会议** 2015年10月21日在会议楼第四会议室召开。县人大常委会主任杨秋，副主任史国士、黎建辉、高志强，委员王文静、王志民、王建平、王群英、史志法、闫丽宁、刘亚红、孙亚兰、李鹏、杨保录、郑建龙、赵兴、赵路通、袁占强、高丙文、韩士谦出席会议。县委常委、县政府常务副县长卢明刚，县法院院长侯忠义、县检察院副检察长邸丽琴，县财政局局长张志强、县审计局局长高殿恒、县档案局局长曹建芝及各乡镇人大主席或副主席、部分县人大代表列席会议，部分公民旁听会议。

会议议程：1. 人事任命事项：表决提请任命副县长议案。2. 按照市人大安排，对部分市人大代表进行履职评议。3. 听取和审议县政府《关于争取国家帮扶资金支持企业发展情况的工作报告》。4. 通报二十六次常委会会议审议意见落实情况。5. 安排常委会组成人员联系县人大代表发放有关法律书籍事宜。

县人大常委会主任杨秋根据主任会议精神提出3点要求；1. 人大机关各委室和各位常委

会组成人员要在11月底前把今年的人大工作收尾清零，12月份开始总结2015年工作、谋划2016年工作。2.中央18号文件就加强县乡人大工作和建设提出了具体要求和任务，希望大家认真学习，并按照文件精神开始谋划明年工作，逐步加以落实。会后，人大办组织起草县人大常委会党组落实意见，经党组研究后报县委。3.各位常委会组成人员要在下一次常委会会议召开前，开展一次走访联系代表活动，向代表发放新修订的《地方组织法》《选举法》《代表法》，通报本人履职情况，并征求代表对本人和县人大常委会、"一府两院"工作的建议和意见。各乡镇人大主席（副主席）要在组织本乡镇人大代表开展"代表之家"活动时，认真学习三部新修订法律，安排本乡镇人大主席团成员联系走访乡镇人大代表、发书、述职、征求意见。

**第二十九次会议**　2015年11月27日在会议楼第四会议室召开。县人大常委会主任杨秋，副主任史国士、黎建辉、高志强、郭彦儒，委员王文静、王志民、王建平、闫丽宁、刘亚红、孙亚兰、李鹏、郑建龙、赵兴、赵路通、袁占强、韩士谦出席会议。县委常委、县政府常务副县长卢明刚，县法院院长侯忠义、县检察院检察长王彦芳，县政府办主任张建毅、县财政局局长张志强、县城管局局长杜彦民、县卫计局局长张学荣、县住建局局长宋文军、县教育局长苑运良、县环保局局长李林、县农业局局长王志强、县公安局交警大队队长曹亚利以及代表建议和意见主办单位负责人、各乡镇人大主席或副主席及部分县人大代表列席会议，部分公民旁听会议。

会议议程：1.听取和审议县政府《关于2015年县级预算调整方案的报告》。2.听取和审议县政府《关于代表建议和意见办理情况的工作报告》，并对建议和意见主办单位专项工作进行满意度测评。3.就建议、意见涉及问题进行专题询问。4.通报二十八次常委会会议审议意见督办落实情况。5.表决通过韩士谦辞去县人大常委会财经工委主任职务，暂由副主任陈运东主持工作。

本次会议首次进行专题询问。对县十五届人大五次会议代表建议、意见办理工作及代表工作站、"代表之家"开展活动时所提热点问题进行专题询问。会议现场现问现答，委员王建平、李鹏、闫丽宁、孙亚兰、刘亚红、郑建龙、赵兴和县人大代表范林英、王顺成、邢茂福，分别就如何改善农村寄宿制学校硬件设施、解决县城部分街道脏乱差和交通拥堵问题、新农合药价虚高且报销比例农民缴费时不知情、农村垃圾处理、大气污染防治、向阳街拆迁改造、农药发放不合理等问题，对列席会议的县政府相关部门进行询问。教育局局长苑运良、城管局局长杜彦民、卫计局局长张学荣、住建局局长宋文军、环保局局长李林、农业局局长王志强等一一做认真解答，提问委员和代表表示满意和基本满意。

县人大常委会主任杨秋根据主任会议精神提出5点要求：1.预算调整不能过多过频繁，更不能先斩后奏，要严格依法依程序办理，切实维护法律的权威性和预算的严肃性。同时要向社会公开，向上级备案，接受公民监督。2.专题询问提出的问题都是事关群众切身利益的民生问题，也是群众关注的热点和焦点问题，涉及千家万户，希望政府和有关部门认真对待，进一步加大工作力度，让群众满意。3.下次常委会会议主要研究审议常委会工作报告、2016

年工作要点和监督计划。常委会各组成人员对明年常委会工作有什么好的意见、建议，请及时向办公室、各工委反馈。4. 下次常委会上统计并通报常委会组成人员参会情况和法定列席人员到会情况，选任代工委负责落实。5. 下次人代会将以审议“十三五”规划和2016年工作、年度计划预算等为主要内容，常委会各组成人员、各位人大代表对“十三五”规划的建议和人代会上提出的建议和意见要提前考虑。

**第三十次会议** 2016年2月3日在会议楼第四会议室召开。县人大常委会主任杨秋，副主任史国士、黎建辉、高志强、郭彦儒，委员王文静、王志民、王建平、闫丽宁、刘亚红、孙亚兰、郑建龙、赵兴、赵路通、袁占强、韩士谦出席会议。县政府副县长陈玉联，县法院院长侯忠义、县检察院检察长王彦芳，县财政局局长张志强、县发改局局长袁士科、县交通局局长刘奇、县住建局副局长何毅及各乡镇人大主席或副主席、部分县人大代表列席会议，部分公民旁听会议。

会议议程：1. 人事任免事项。表决县政府、县法院提请任免议案；审议通过《深泽县人大常委会关于接受李宇飞等三名县人大代表辞去代表职务请求的决定（草案）》。2. 通报第二十九次常委会会议审议意见督办落实情况。3. 表决通过《深泽县人大常委会关于调整石津高速深泽连接线位置的审议意见》。4. 听取和审议县发改局《关于“十三五”规划纲要草案》《2016年计划草案》及《2015年国民经济和社会发展计划执行情况与2016年国民经济和社会发展计划草案的报告》；听取和审议县财政局《关于2016年预算草案》及《2015年县本级预算及县总预算执行情况和2016年县本级预算及县总预算草案的报告》。通过县人大常委会《关于深泽县第十三个五年规划纲要（草案）审查结果的报告（草案）》《关于深泽县2015年国民经济和社会发展计划执行情况与2016年国民经济和社会发展计划草案审查结果的报告（草案）》和《关于深泽县2015年县本级预算及县总预算执行情况和2016年县本级预算及县总预算草案审查结果的报告（草案）》。5. 审议通过关于召开县十五届人大六次会议的相关事宜。6. 审议通过《县人大常委会工作报告（征求意见稿）》《2016年工作要点（草案）与监督计划（草案）》。7. 书面通报2015年下半年常委会组成人员出席常委会会议、“一府两院”及各乡镇人大主席（副主席）列席常委会会议情况。

县人大常委会主任杨秋根据主任会议精神提出6点要求：1. 新任司法局局长、法院副院长从即日起开始履行相应职务，新任命的3人要严格按照宪法、地方组织法、公务员法、法官法的规定，在县长、院长的领导下认真履行职责，不辱使命，不负重托，自觉接受人民群众和县人大及常委会的监督，为奋力开创深泽经济高速发展的新局面作出新的贡献。遵照《全国人大常委会关于实行宪法宣誓制度的决定》和《河北省实施宪法宣誓制度办法》的规定，从2016年1月1日起，县人大及其常委会选举或者决定任命、任命的国家机关工作人员，应当公开进行宪法宣誓。因宪法宣誓抚按桌、抚按本需向省人大统一订购，目前尚未到位，待相关准备工作就绪后，县人大常委会或主任会议另行组织新任命人员公开宣誓。2. 县政府及交通、住建等部门要认真落实《深泽县人大常委会关于调整石津高速深泽连接线位置的审议意见》，切实把通过的调整方案落实到城乡规划中。今后城乡总体规划的调整、修编，应提前提交县人大常委会审议通过。3. 三个审查结果的报告（草案），常委会会议通过后提交县十五届人大六次会议主席团审议。常委会工作报告（征求意见稿）、2016 年度工作要点（草案）与监督计划（草案），由人大办进一步修改完善，主任办公会定稿后，工作报告提交县十五届人大六次会议审议，工作要点、监督计划印发常委会正式文件。4. 县十五届人大六次会议主席团组成人员名单（草案）比照各级人代会主席团组成人员安排原则进行理顺调整，常委会会议通过后提交大会预备会表决通过。5. 常委会各组成人员、机关各委室，从现在开始按照各自职责分工认真筹备人代会。各乡镇人大主席、副主席提前组织代表征求广大选民的意见，撰写议案、建议、意见，召开人代会时一并带来，组织好人大代表按时出席大会，认真审议各项报告和草案，遵守大会各项会风会纪。

**第三十一次会议**　2016 年 3 月 30 日在会议楼第四会议室召开。县人大常委会主任杨秋，副主任史国士、黎建辉、高志强、郭彦儒，委员王文静、王志民、王建平、王群英、史志法、闫丽宁、刘亚红、孙亚兰、李鹏、杨保录、郑建龙、赵路通、袁占强、韩士谦出席了会议。县政府副县长田建方，县法院院长侯忠义、县检察院检察长王彦芳，县科技局局长张军坡、各乡镇人大主席或副主席及部分县人大代表列席了会议，部分公民旁听会议。

会议议程：1. 听取和审议县政府《关于〈科技进步法〉贯彻落实情况的工作报告》，并对县科技局专项工作进行满意度测评。2. 听取和审议县法院《关于刑事审判工作开展情况的工作报告》，并对县法院专项工作进行满意度测评。3. 审议通过《深泽县人大常委会宪法宣誓仪式实施细则（草案）》。4. 人事任免事项。表决县政府提请任命副县长议案，表决县检察院提请免去两名检察员议案。5. 就《深泽县人大常委会会议议事规则（修订案）》征求意见。

县人大常委会主任杨秋根据主任会议精神提出 5 点要求：1. 县政府、县法院要认真考虑本次常委会所提意见和建议，具体落实情况分别报送县人大常委会教科文卫工委和政法工委，下次常委会会议分别听取督办落实情况汇报。2. 人大办负责将本次常委会满意度测评结果会后上报县委、通报县政府。3. 新任命的张彩顺副县长要严格按宪法、地方组织法等法律规定，认真履行职责，切实增强责任意识、使命意识，充分发挥自身优势，在服务深泽经济发展上作出贡献。4. 县“一府两院”各自任命人员和各乡镇人民代表大会选举产生人员的宪法宣誓办法、细则，各自分别制定，并报县人大常委会备案。5.《深泽县人大常委会议事规则（修订案）》已印发常委会各组成人员，请大家认真阅改，修改意见报政法工委史志法主任，待下次常委会会议上审议通过。

根据《全国人大常委会关于实行宪法宣誓制度的决定》《河北省实施宪法宣誓制度办法》和《深泽县人大常委会宪法宣誓仪式实施细则》，组织 2016 年以来新任命的县政府副县长张彩顺、县司法局局长左占宏，县法院副院长刘剑波、袁伟，分两组举行宪法宣誓。宣誓仪式由县人大常委会主任杨秋主持并监誓，出席、列席、旁听第三十一次常委会会议的全体人员参加了宣誓仪式。这是深泽县史上首次首批宪法宣誓仪式。

**第三十二次会议**　2016 年 5 月 20 日在县人大常委会会议室召开。县人大常委会主任杨秋，副主任黎建辉、高志强、郭彦儒，委员王文静、王志民、王建平、王群英、史志法、闫丽宁、刘亚红、孙亚兰、李鹏、郑建龙、赵兴、赵路通、袁占强、韩士谦出席会议。县政府副县长张军良，县检察院检察长王彦芳、县法院副院长刘剑波，县市场监管局局长邸亚忠、县农业局局长王志强、县科技局局长张军坡，各乡镇人大主席或副主席及部分县人大代表列席会议，部分公民旁听会议。

会议议程：1. 人事任命事项及宪法宣誓仪式；2. 听取和审议县政府《关于农业法贯彻落实情况的工作报告》，并对县农业局专项工作进行满意度测评；3. 对县市场监督管理工作开展情况进行专题询问，并对县市场监管局专项工作进行满意度测评；4. 通报第三十一次常委会会议审议意见督办落实情况；5. 审议通过《深泽县人大常委会议议事规则（修订案）》。

会议召开前，县人大常委会主任杨秋就县人大常委会会议室第一阶段修缮恢复情况向各位常委会组成人员及列席、旁听人员进行简要说明。提出，县人大常委会会议室的恢复修缮是贯彻落实中央文件精神，人大党组报请县委同意，经主任会议研究决定，写入提请县十五届人大六次会议审议的常委会工作报告，人大六次会议表决通过后实施的。会议室的恢复修缮工作始终坚持合规、节俭、实用和分期建设的原则，也始终得到县委、县政府支持。目前，第一阶段的修缮工作基本完成，今天的常委会会议室第一次启用，下一步的修建工作将在县委的领导下规范有序进行。

会议按照 2016 年监督计划，对县市场监督管理工作开展情况进行专题询问。会议现场现问现答，委员李鹏、刘亚红、闫丽宁、王建平、孙亚兰、郑建龙分别就学校食堂卫生、虚假广告误导消费者、保健品市场监管、企业申办商标注册、问题疫苗等方面问题进行询问，县市场监管局局长邸亚中和 2 名副局长对 6 位委员提出的问题逐一做认真解答，提问委员均表示满意或基本满意。

县人大常委会主任杨秋根据主任会议精神提出 4 点要求：1. 新任命的马运泽局长要严格按照宪法、地方组织法、公务员法等法律法规履行职责，切实增强责任意识、担当意识，在服务深泽经济发展上做出新贡献。2. 县政府和县农业局要充分考虑本次常委会会议所提意见和建议，具体落实情况报送县人大常委会财经工委，下次常委会会议财经工委报告督办落实情况。3. 人大办负责印发通过的《深泽县人大常委会议事规则（修订案）》，着手《主任会议议事规则》和《党组会议议事规则》的修订。4. 麦收前搞一次代表上站和“代表之家”活动，以县人大代表为主、各级人大代表都可参加。

**第三十三次会议** 2016 年 5 月 27 日在县人大常委会会议室召开。县人大常委会主任杨秋，副主任黎建辉、高志强、郭彦儒，委员王文静、王志民、王建平、史志法、闫丽宁、刘亚红、孙亚兰、李鹏、郑建龙、赵兴、赵路通、袁占强、韩士谦出席会议。县政府副县长张迎新，县检察院检察长王彦芳、县法院副院长刘剑波列席会议。

会议听取和审议检察长王彦芳《关于提请对深泽县人大代表任某采取强制措施的报告》。会议以举手表决方式同意深泽县人民检察院提请的许可事项。

县人大常委会主任杨秋根据主任会议精神提出 3 点要求：1. 县检察院要依法办案、依法对待。2. 人大代表、各位常委会组成人员要带头遵纪守法，依法行使宪法和法律赋予的各项职权，不能把这一职务当作违法违纪的护身符、保护伞。3. 公、检、法三家要依法办事，保障代表权益，同时做好与县人大常委会的工作衔接，拟定议题要充分考虑县人大常委会组织召开常委会会议的有关程序、时间要求。

**第三十四次会议**　2016 年 7 月 27 日在县人大常委会会议室召开。县人大常委会主任杨秋，副主任史国士、黎建辉、高志强、郭彦儒，委员王文静、王志民、王建平、史志法、闫丽宁、刘亚红、孙亚兰、李鹏、郑建龙、赵兴、赵路通、袁占强、高丙文、韩士谦出席会议。县政府副县长张迎新，县法院院长侯忠义、县检察院检察长王彦芳、副检察长王建水，县教育局局长苑运良、县农业局局长王志强，各乡镇人大主席或副主席及部分县人大代表列席会议，部分公民旁听会议。

会议议程共五项：1. 人事任免事项；2. 听取和审议县检察院《关于反贪污贿赂工作开展情况的工作报告》，并对县检察院专项工作进行满意度测评；3. 听取和审议县政府《关于学前教育开展情况的工作报告》，并对县教育局专项工作进行满意度测评；4. 通报第三十二次常委会会议审议意见督办落实情况；5. 书面通报上半年常委会组成人员出席常委会会议及“一府两院”领导、各乡镇人大主席（副主席）列席常委会会议情况。

会议通过人事任免事项。

县人大常委会主任杨秋根据主任会议精神提出 5 点要求：1. 县法院新任命的各位庭长在新的岗位上，要勤勉担当、公正司法、依法办案，不断提高业务水平，为全县社会稳定和经济发展做出新贡献。根据《深泽县人大常委会宪法宣誓仪式实施细则》，经第三十六次主任会议研究决定，今天新任命的各位庭长和人民陪审员，由县法院组织宣誓活动，宣誓仪式由县法院院长侯忠义主持，县人大主管主任和政法工委、选任代工委负责人参加并监誓。2. 下次常委会会议召开前，县检察院、县教育局要将视察报告中和今天会议上委员提出的意见建议落实情况分别向政法工委、教科文卫工委报告。政法工委、教科文卫工委向下次常委会会议报告督办落实情况。满意度测评结果，会后由人大办报县委、通报县政府，并印发常委会公报向社会公布。3. 根据工作需要，今年上半年常委会组成人员出席常委会会议情况以及“一府两院”领导和各乡镇人大主席（副主席）列席常委会会议情况已印发大家。常委会组成人员按时出席常委会会议，参加对会议各项议题的审议和表决，既是常委会组成人员行使法定职权的基础，也是提高常委会整体履职效能的基本要求。“一府两院”列席人大常委会会议，不仅是一种权利，也是一种义务，还是接受人大监督的一种方式，地方组织法有明确规定，希望有关人员积极参会，认真履职，主动接受人大监督。4.《深泽县人大常委会主任会议议事规则》，在 2014 年进行第一次修订，今年根据工作需要和新政策、新法规又做第二次修订，并经第三十六次主任会议审议通过。新修订的《主任会议议事规则》主要是增添宪法宣誓、代表工作站（代表之家）、联络点建设等本届常委会的一些创新性做法，并通过制度固定下来，现以人大常委会正式文件形式印发常委会各组成人员和“一府两院”。5. 现在正值汛期，滹沱河河水已流入深泽县，磁河、木道沟上游水库也在放水，虽然流量都不大，但大家切不可掉以轻心，要贯彻落实县委、县政府防汛工作要求和部署，认真履行职责，确保思想认识到位，工作措施到位，必要的物料筹备到位，随时准备应对各种防汛应急需要。常委会各组成人员、各级人大代表要发挥模范带头作用，在做好分包堤段、乡村、单位防汛工作的同时，影响和带动周围群众做好各项防汛救灾工作。另外，今年是换届年，大家要保持良好的精神状态，多做贡献，勇于担当，对上对下多宣传深泽取得的成绩，维护好深泽良好形象和声誉，激发正气、凝聚正能量，为深泽经济社会发展营造良好的外部环境。

**第三十五次会议** 2016年9月5日在县人大常委会会议室召开。县人大常委会主任杨秋，副主任史国士、黎建辉、高志强、郭彦儒，委员王文静、王志民、王建平、史志法、闫丽宁、刘亚红、孙亚兰、李鹏、郑建龙、赵兴、赵路通、韩士谦出席会议。县委常委、县政府常务副县长卢明刚，县法院院长侯忠义、县检察院检察长王彦芳，县发改局局长袁士科、县审计局局长高殿恒、县教育局局长苑运良、县财政局副局长盖会恩，各乡镇人大主席及部分县人大代表列席会议，部分公民旁听会议。

会议议程：1.听取和审议县政府《关于“十三五”规划执行情况重点是2016年上半年国民经济和社会发展计划执行情况的工作报告》，并对县发改局专项工作进行满意度测评。2.听取和审议县政府《关于2016年上半年财政预算执行情况的工作报告》《2015年度财政决算情况的工作报告》《2015年财政预算执行和其他财政收支的审计工作报告》，作出相应决议，并对县财政局、县审计局专项工作进行满意度测评。3.通报第三十四次常委会会议审议意见督办落实情况。4.人事任免事项。

县人大常委会主任杨秋根据主任会议精神提出4点要求：1.县政府要充分考虑本次常委会所提意见、建议，具体落实情况报送县人大常委会财经工委，下次常委会会议将听取督办落实情况汇报。如果有预算调整事项，请按预算法要求提前向人大财经工委提请。2.人大办负责将本次常委会满意度测评结果上报县委、通报县政府，并向社会公布。3.新任命的王永鹏、李林两位局长要严格按照宪法和地方组织法等法律规定，在县委县政府的领导下依法履职尽责，自觉接受人大和人民的监督，为深泽县的发展做出新贡献。4.11月份计划召开一次常委会会议，主要是审议人大代表议案、建议、意见办理情况，列席和参会人员有好的意见建议可以通过人大代表工作站或乡镇人大主席汇总上来。

根据《全国人大常委会关于实行宪法宣誓制度的决定》《河北省实施宪法宣誓制度办法》和《深泽县人大常委会宪法宣誓仪式实施细则》，组织县环保局局长王永鹏和县农林畜牧局局长李林公开进行宪法宣誓。宣誓仪式由县人大常委会主任杨秋主持并监誓。出席、列席三十五次常委会会议的全体人员参加宣誓仪式。

**第三十六次会议** 2016年11月21日在县人大常委会会议室召开。县人大常委会主任杨秋，副主任史国士、高志强、郭彦儒，委员王文静、王志民、王建平、史志法、闫丽宁、孙亚兰、李鹏、郑建龙、赵兴、赵路通、袁占强，韩士谦出席会议。县委常委、县政府副县长卢明刚，县法院副院长刘剑波、县检察院副检察长邸丽琴，县政府办公室主任张建毅、县发改局局长袁士科、县财政局局长张志强和县社保局局长李建锁、副局长刘光，各乡镇人大主席及部分县人大代表列席会议，部分公民旁听会议。

会议议程：1. 人事任免事项；2. 听取和审议县政府《关于代表建议和意见办理情况的工作报告》，并对涉及部门专项工作进行满意度测评；3. 通报第三十五次常委会会议审议意见督办落实情况；4. 审议县政府《关于2016年县级预算调整方案（草案）的议案》，审查预算调整方案（草案）；5. 养老保险征缴工作专题询问；6. 审议决定县乡两级人大换届选举工作有关事项。

会议对县社保局养老保险征缴工作进行专题询问，委员郑建龙、李鹏、王文静、孙亚兰、韩士谦、王建平及列席代表分别就外省参保的农村户籍人员能否回原籍参保、职工基本养老保险参保范围和缴费的标准、机关事业单位改革后参保范围、职业年金的缴费比例和基数、乡村人员如何使用社保卡缴纳养老保险、无卡户如何交费等问题进行询问，县社保局局长李建锁、副局长刘光一一作解答，提问委员和代表均表示满意或基本满意。

县人大常委会主任杨秋根据主任会议精神提出7点要求：1. 根据《深泽县人大常委会宪法宣誓仪式实施细则》规定，今天新任命的县法院庭长宪法宣誓由县法院组织，宣誓仪式由侯忠义院长主持，县人大常委会副主任郭彦儒和政法工委主任史志法参加监督。2. 县政府要抓好本次会议关于代表建议和意见办理工作审议意见的督办落实，并及时向常委会、选任代工委反馈，下次常委会会议听取选任代工委督办落实情况汇报。人大常委会办公室负责将满意度测评结果报县委、通报县政府，并印发常委会公报，向社会公布。3. 县政府要按照预算法要求，将今天会议通过的“2016年县政府预算调整方案”上报市政府备案，并按规定公开。4. 常委会各组成人员、各乡镇人大主席、副主席，各位代表和机关各委室，要认真全面地回顾本年度工作，总结经验，分析问题，查找不足，善始善终完成今年的各项任务。5. 从今天开始，大家要集中时间、集中精力抓好两方面重点工作，一是县乡人大换届选举工作；二是新一届县乡人大第一次代表大会和县人大人代会前常委会会议的筹备工作。6. 换届期间，各级领导干部、全体党员和广大选民要按照“九个严禁、九个一律”要求严格遵守换届纪律，确保县乡人大换届选举工作风清气正、依法依规顺利进行。7. 本届人代会代表出席会议情况、本届常委会组成人员出席会议和“一府两院”领导、各乡镇人大主席列席会议情况，由选任代工委统计列表，经高志强审核后报县委组织部。

**第三十七次会议**　2016年12月1日在县人大常委会会议室召开。县人大常委会主任杨秋，副主任史国士、高志强、郭彦儒，委员王文静、王志民、王建平、史志法、闫丽宁、刘亚红、孙亚兰、李鹏、郑建龙、赵兴、赵路通、韩士谦出席会议。县政府副县长张军良，县法院院长侯忠义、县检察院检察长王彦芳，县住建局局长宋文军、县农工委副书记兼美丽办主任刘海强列席会议。

会议议程：1. 审议县政府《关于改善农村人居环境建设一期项目购买服务资金列入县级财政预算的议案》。2. 审议县政府《关于县城区道路建设工程项目有关情况的报告》及说明。

县人大常委会主任杨秋根据主任会议精神提出4点要求：1. 会议审议的两个项目在具体运作中，需要根据会议通过的决议、决定以人大常委会名义出具公文文书的，由有关委室报办公室办理，最后由高志强副主任负责把关。2. 两个项目的负责单位在项目实施、资金的运作中，要严格依法依规进行，县政府、住建局和美丽办要加强监管、审查、审计与监督。3. 今后县政府有此类议案要按规定先行研究提前报送。4. 县人大常委会各组成人员、“一府两院”要积极参加县乡人大换届选举各项活动，同时积极为下一次常委会会议的筹办工作多提建议。

**第三十八次会议**　2016 年 12 月 21 日在县人大常委会会议室召开。县人大常委会主任杨秋，副主任史国士、黎建辉、高志强、郭彦儒，委员王文静、王志民、王建平、史志法、闫丽宁、刘亚红、孙亚兰、李鹏、郑建龙、赵兴、赵路通、袁占强、顾小勇、韩士谦出席会议。县委常委、县政府常务副县长卢明刚，县法院院长侯忠义、县检察院检察长王彦芳，各乡镇人大主席或副主席列席会议。

会议议程共两项：1. 人事任免事项，宪法宣誓仪式。2. 审议《县乡选举委员会部分成员辞去选举委员会职务请求的决定（草案）》。

根据《全国人大常委会关于实行宪法宣誓制度的决定》《河北省实施宪法宣誓制度办法》和《深泽县人大常委会宪法宣誓仪式实施细则》，组织新任命人员公开进行了宪法宣誓。宣誓仪式由县人大常委会主任杨秋主持并监誓。出席、列席三十八次常委会会议的全体人员参加宣誓仪式。

县人大常委会主任杨秋根据主任会议精神提出 2 点要求：1. 新任命的同志要严格按照宪法和地方组织法等法律规定，在县委县政府的领导下依法履职尽责，自觉接受人大代表和人大常委会的监督，在新的岗位上为深泽县的发展做出新贡献。2. 县政府要提前准备提交下次人代会的政府工作报告和计划草案、预算草案。按照预算法规定，预算草案要在人代会召开前 30 天送县人大财经工委预审。3. 行政审批局副局长应由县政府履行任命手续并组织宪法宣誓。

**第三十九次会议**　2017 年 2 月 6 日在县人大常委会会议室召开。县人大常委会副主任黎建辉、高志强、郭彦儒，委员王文静、王志民、王建平、史志法、闫丽宁、刘亚红、孙亚兰、李鹏、杨保录、郑建龙、赵兴、赵路通、袁占强、韩士谦出席了会议。县政府副县长张军良，县法院副院长刘剑波、县检察院副检察长邸丽琴，各乡镇人大主席列席会议。

以举手表决方式分别通过《深泽县人大常委会关于接受卢明刚等 6 人辞去深泽县人民政府副县长职务请求的决定（草案）》《深泽县人大常委会关于接受侯忠义辞去深泽县人民法院院长、审判委员会委员、审判员职务请求的决定（草案）》《深泽县人大常委会关于接受王彦芳辞去深泽县人民检察院检察长、检察委员会委员、检察员职务请求的决定（草案）》。以无记名投票方式表决通过县政府代县长李向阳提请的《深泽县人民政府关于提请任免徐圣银等职务的议案》和县人大常委会主任会议提请的《关于提请任命和决定冯青林职务的议案》《关于提请任命和决定刘如卿职务的议案》。以举手表决方式分别通过《深泽县人大常委会关于冯青林为深泽县人民法院代理院长的决定（草案）》和《深泽县人大常委会关于刘如卿为深泽县人民检察院代理检察长的决定（草案）》。全体被任命人员在表决前作了供职报告，表决后作表态发言并进行宪法公开宣誓。宣誓仪式由县人大常委会副主任黎建辉主持并监誓。出席、列席的全体人员参加宣誓仪式。

**第四十次会议**　2017 年 2 月 17 日在县人大常委会会议室召开。县人大常委会副主任黎建辉、高志强、郭彦儒，委员王文静、王志民、王建平、史志法、闫丽宁、刘亚红、孙亚兰、李鹏、杨保录、郑建龙、赵兴、赵路通、袁占强、韩士谦出席了会议。县政府副县长张军良，县法院副院长刘剑波、县检察院代检察长刘如卿，县发改局局长袁士科、县财政局局长张志强及各乡镇人大主席列席会议。

听取和审议县政府《关于 2017 年计划草案及 2016 年国民经济和社会发展计划执行情况与 2017 年国民经济和社会发展计划草案的报告》；听取和审议县政府《关于 2017 年预算草案和 2016 年县本级预算及县总预算执行情况和 2017 年县本级预算及县总预算草案的报告》；通过县人大常委会《关于深泽县 2016 年国民经济和社会发展计划执行情况与 2017 年国民经济和社会发展计划草案审查结果的报告（草案）》和《关于深泽县 2016 年县本级预算及县总预算执行情况和 2017 年县本级预算及县总预算草案审查结果的报告（草案）》。

审议通过关于召开深泽县第十六届人大一次会议相关事宜。

审议通过《县人大常委会工作报告（讨论稿）》。

**第四十一次会议**　2017 年 2 月 22 日在县人大常委会会议室召开。县人大常委会副主任黎建辉、郭彦儒，委员王文静、王志民、史志法、闫丽宁、孙亚兰、郑建龙、赵兴、赵路通、袁占强、韩士谦出席会议。会议审议通过《深泽县第十五届人大常委会代表资格审查委员会关于代表资格的审查报告（草案）》。

## 第二节　机构设置

深泽县人大常委会根据中共石家庄市委《关于进一步加强人大工作的决定》和市人大常委会办公厅、市编办《关于落实市委〈决定〉解决机构编制有关问题的通知》精神，机构设置由一室四科改为一室四委两办，即办公室、选任代工委、政法工委、财经工委、教科文卫工委、信访办、老干部办公室。人大常委会定编为 20 人，其中行政编制 17 人、事业编制 3 人。

**一、办公室**

主　任：袁占强（2012 年 2 月至 2017 年 2 月）

副主任：王　茂（2012 年 2 月至 2014 年 12 月）

　　　　高　飞（2014 年 12 月至 2017 年 2 月）

**二、财经科**（2014 年 12 月前）

科　长：韩士谦（2012 年 3 月至 2014 年 12 月）

三、科教文卫科（2014 年 12 月前）

科　长：王文静（2012 年 3 月至 2014 年 12 月）

副科长：高　飞（2012 年 2 月至 2014 年 12 月）

　　　　王　茂（2014 年 12 月至 2014 年 12 月）

**四、代表联系科**（2014 年 12 月前）

科　长：赵路通（2012 年 2 月至 2014 年 12 月）

**五、政法科**（2014 年 12 月前）

科　长：史志法（2012 年 2 月至 2014 年 12 月）

**六、信访办**（2014 年 12 月前称信访科，职务称科长、副科长；2015 年 1 月后称信访办，职务称主任、副主任）

科　长（主任）：赵　兴（2012 年 2 月至 2013 年 5 月）

副科长（副主任）：王文静（2012 年 2 月至 2012 年 3 月）

　　　　　　　　陈运东（2012 年 3 月至 2017 年 2 月）

**七、老干部办公室**

主　任：（缺职）

2013 年 9 月 25 日，县十五届人大常委会第十次会议通过以下工作委员会，作为人大常委会办事机构，取代原财经科、科教文卫科、代表联系科、政法科。2015 年 1 月 9 日县十五届人大常委会第二十次会议，任命各工作委员会组成人员。

**一、财政经济工作委员会**

主　任：韩士谦　原县人大常委会财经科科长

驻会副主任：陈运东（兼）县人大信访办副主任

不驻会副主任：王群英　县人大常委会委员

　　　　　　　孙亚兰　县人大常委会委员

不驻会委员：刘志坚　县人行行长

　　　　　　刘海欣　县财政局预算科科长

　　　　　　张　谦　县审计局行政科科长

　　　　　　刘立峰　县环保局监测站站长

驻会委员：苗　旭　县人大常委会办公室科员

**二、教科文卫工作委员会**

主　任：王文静　原县人大常委会科教文卫科科长

驻会副主任：王　茂（主持工作）原县人大常委会办公室副主任

不驻会副主任：王志民　县人大常委会委员

　　　　　　　高丙文　县人大常委会委员

不驻会委员：袁剑军　县地方志办公室主任

　　　　　　孙晓青　县文联副主席

李亚强　县教育局教育股股长
肖　兰　县卫生局干部
周　建　县人社局仲裁科科长
杨保录　县人大代表、昊博建筑公司董事长
驻 会 委 员：段立群　县人大常委会办公室科员

**三、选举任免代表工作委员会**

主　　　任：赵路通　原县人大常委会代联科科长
不驻会副主任：刘亚红　县人大常委会委员
王建平　县人大常委会委员
不 驻 会 委 员：赵　周　县考核办副主任、县委组织部干部科科长
陈旭东　县民政局副局长兼民族宗教局局长
杜建军　县人社局副局长
李勇军　县委统战部副部长兼工商联党组书记
杨　燕　县财政局国库中心主任
驻 会 委 员：袁　茜　县人大常委会办公室科员

**四、政法工作委员会**

主　任：史志法　原县人大常委会政法科科长
不驻会副主任：赵　兴　县人大常委会委员
闫丽宁　县人大常委会委员
顾小勇　县人大常委会委员
不 驻 会 委 员：李　宪　县维稳办主任兼县委政法委副书记
王建水　县检察院副检察长
刘志兴　县法院副院长
贺建忠　县公安局副局长
张静棉　县司法局副局长
李永东　县政府法制办副主任
驻 会 委 员：杨　毅　县人大常委会办公室科员

2015 年 1 月至 2017 年 2 月各委任职情况：

**一、财政经济工作委员会**

主　任：韩士谦（2015 年 1 月至 2015 年 12 月）
副主任：陈运东（兼，2015 年 1 月至 2017 年 2 月）

**二、教科文卫工作委员会**

主　任：王文静（2015 年 1 月至 2017 年 2 月）
副主任：王　茂（2015 年 1 月至 2016 年 4 月）

**三、选举任免代表工作委员会**

主　任：赵路通（2015 年 1 月至 2017 年 2 月）

**四、政法工作委员会**

主　任：史志法（2015 年 1 月至 2017 年 2 月）

# 第五章　监督工作

## 第一节　听取和审议专项工作报告与计划预算和审计工作报告

县十五届人大常委会会议共听取和审议县“一府两院”专项工作报告 45 项，计划预算和审计工作报告 23 项。

### 2012—2017 年深泽县第十五届人大常委会会议听取和审议专项工作报告与计划预算和审计工作报告情况表

表 70

| 时间 | 常委会会议 | 报告内容 |
|---|---|---|
| 2012 年 3 月 9 日 | 第一次 | 关于村委会换届选举情况的工作报告 |
| 2012 年 5 月 4 日 | 第二次 | 关于就业再就业情况的工作报告 |
| 2012 年 5 月 4 日 | 第二次 | 关于加快推进现代农业情况的工作报告 |
| 2012 年 7 月 18 日 | 第三次 | 关于 2011 年度财政决算情况的报告 |
| 2012 年 7 月 18 日 | 第三次 | 关于深泽县 2011 年度预算执行和其他财政收支的审计工作报告 |
| 2012 年 7 月 18 日 | 第三次 | 关于 2012 年上半年财政预算执行情况的报告 |
| 2012 年 7 月 18 日 | 第三次 | 关于加快推进城市建设情况的工作报告 |
| 2012 年 11 月 22 日 | 第五次 | 关于 2012 年县政府 13 件实事办理情况的报告 |
| 2012 年 11 月 22 日 | 第五次 | 关于县十五届人大一次会议代表建议和意见办理情况的工作报告 |
| 2013 年 5 月 8 日 | 第八次 | 关于职业教育发展情况的工作报告 |
| 2013 年 6 月 18 日 | 第九次 | 深泽县人民法院 2012 年以来关于执行工作的情况报告 |
| 2013 年 6 月 18 日 | 第九次 | 关于动物防疫法贯彻落实情况的报告 |
| 2013 年 6 月 18 日 | 第九次 | 关于商贸市场建设情况的工作报告 |
| 2013 年 9 月 25 日 | 第十次 | 关于 2012 年度财政决算情况的报告 |
| 2013 年 9 月 25 日 | 第十次 | 关于深泽县 2012 年度预算执行和其他财政收支的审计工作报告 |
| 2013 年 9 月 25 日 | 第十次 | 关于 2013 年上半年财政预算执行情况的报告 |
| 2013 年 9 月 25 日 | 第十次 | 关于落实城乡居民最低生活保障情况的报告 |
| 2013 年 11 月 29 日 | 第十一次 | 关于加强道路安全管理、服务环境建设情况的工作报告 |

续表 70

| 时间 | 常委会会议 | 报告内容 |
| --- | --- | --- |
| 2013 年 11 月 29 日 | 第十一次 | 关于安全生产管理情况的工作报告 |
| 2013 年 11 月 29 日 | 第十一次 | 关于新型农村合作医疗制度运行情况的工作报告 |
| 2013 年 11 月 29 日 | 第十一次 | 关于加强城市管理情况的工作报告 |
| 2013 年 11 月 29 日 | 第十一次 | 关于县十五届人大二次会议代表建议和意见办理情况的工作报告 |
| 2014 年 3 月 20 日 | 第十四次 | 关于就业服务情况的工作报告 |
| 2014 年 4 月 14 日 | 第十五次 | 关于执行公路法工作情况的汇报 |
| 2014 年 5 月 27 日 | 第十六次 | 关于反贪污贿赂工作开展情况的工作报告 |
| 2014 年 5 月 27 日 | 第十六次 | 关于工业运行情况的工作报告 |
| 2014 年 8 月 7 日 | 第十七次 | 关于林业及园林绿化工作情况的工作报告 |
| 2014 年 8 月 7 日 | 第十七次 | 关于高中阶段教育教学质量情况的工作报告 |
| 2014 年 9 月 16 日 | 第十八次 | 关于 2013 年度财政决算情况的报告 |
| 2014 年 9 月 16 日 | 第十八次 | 关于深泽县 2013 年度预算执行和其他财政收支的审计工作报告 |
| 2014 年 9 月 16 日 | 第十八次 | 关于 2014 年上半年预算执行情况的报告 |
| 2014 年 9 月 16 日 | 第十八次 | 关于刑侦工作开展情况的工作报告 |
| 2014 年 11 月 28 日 | 第十九次 | 关于县十五届人大四次会议代表议案建议和意见办理情况的工作报告 |
| 2014 年 11 月 28 日 | 第十九次 | 深泽县人民法院关于 2014 年信访情况的工作报告 |
| 2014 年 11 月 28 日 | 第十九次 | 深泽县人民检察院关于信访工作开展情况的工作报告 |
| 2014 年 11 月 28 日 | 第十九次 | 深泽县人民政府关于全县信访工作情况的工作报告 |
| 2014 年 11 月 28 日 | 第十九次 | 关于工商行政管理工作开展情况的工作报告 |
| 2015 年 2 月 27 日 | 第二十一次 | 县 2014 年国民经济和社会发展计划执行情况的报告 |
| 2015 年 2 月 27 日 | 第二十一次 | 县 2014 年县本级预算及县总预算执行情况的报告 |
| 2015 年 4 月 15 日 | 第二十二次 | 关于执业医师法贯彻落实情况的工作报告 |
| 2015 年 4 月 15 日 | 第二十二次 | 县法院执行工作开展情况的工作报告 |
| 2015 年 5 月 22 日 | 第二十三次 | 关于村民委员会换届情况的工作报告 |
| 2015 年 5 月 22 日 | 第二十三次 | 关于产品质量法贯彻实施情况的工作报告 |
| 2015 年 7 月 21 日 | 第二十五次 | 关于“两法”衔接工作开展情况的工作报告 |
| 2015 年 7 月 21 日 | 第二十五次 | 关于社会保险法贯彻落实情况的工作报告 |
| 2015 年 8 月 26 日 | 第二十六次 | 关于 2014 年度财政决算情况的工作报告 |
| 2015 年 8 月 26 日 | 第二十六次 | 关于 2014 年度预算执行和其他财政收支的审计工作报告 |
| 2015 年 8 月 26 日 | 第二十六次 | 关于 2015 年上半年财政预算执行情况的工作报告 |
| 2015 年 8 月 26 日 | 第二十六次 | 关于档案法贯彻落实情况的工作报告 |
| 2015 年 10 月 21 日 | 第二十八次 | 关于争取国家帮扶资金支持企业发展情况的工作报告 |
| 2015 年 11 月 27 日 | 第二十九次 | 关于 2015 年县级预算调整方案的报告 |

续表 70

| 时间 | 常委会会议 | 报告内容 |
| --- | --- | --- |
| 2015 年 11 月 27 日 | 第二十九次 | 关于代表建议和意见办理情况的工作报告 |
| 2016 年 2 月 3 日 | 第三十次 | 关于“十三五”规划纲要草案 |
| 2016 年 2 月 3 日 | 第三十次 | 2016 年计划草案及 2015 年国民经济和社会发展计划执行情况与 2016 年国民经济和社会发展计划草案的报告 |
| 2016 年 2 月 3 日 | 第三十次 | 关于 2016 年预算草案及 2015 年县本级预算及县总预算执行情况和 2016 年县本级预算及县总预算草案的报告 |
| 2016 年 3 月 30 日 | 第三十一次 | 关于科学技术进步法贯彻落实情况的工作报告 |
| 2016 年 3 月 30 日 | 第三十一次 | 关于刑事审判工作开展情况的工作报告 |
| 2016 年 5 月 20 日 | 第三十二次 | 关于农业法贯彻落实情况的工作报告 |
| 2016 年 7 月 27 日 | 第三十四次 | 关于反贪污贿赂工作开展情况的工作报告 |
| 2016 年 7 月 27 日 | 第三十四次 | 关于学前教育开展情况的工作报告 |
| 2016 年 9 月 5 日 | 第三十五次 | 关于十三五规划执行情况重点是 2016 年上半年国民经济和社会发展计划执行情况的工作报告 |
| 2016 年 9 月 5 日 | 第三十五次 | 关于 2016 年上半年财政预算执行情况的工作报告 |
| 2016 年 9 月 5 日 | 第三十五次 | 2015 年度财政决算情况的工作报告 |
| 2016 年 9 月 5 日 | 第三十五次 | 2015 年财政预算执行和其他财政收支的审计工作报告 |
| 2016 年 11 月 21 日 | 第三十六次 | 关于代表建议和意见办理情况的工作报告 |
| 2016 年 12 月 1 日 | 第三十七次 | 关于县城区道路建设工程项目有关情况的报告及说明 |
| 2017 年 2 月 17 日 | 第四十次 | 关于 2017 年计划草案及 2016 年国民经济和社会发展计划执行情况与 2017 年国民经济和社会发展计划草案的报告 |
| 2017 年 2 月 17 日 | 第四十次 | 关于 2017 年预算草案和 2016 年县本级预算及县总预算执行情况和 2017 年县本级预算及县总预算草案的报告 |

## 第二节　专题询问

县十五届人大常委会组织开展专题询问 3 次。

### 2015—2016 年深泽县人大常委会专题询问一览表

表 71

| 时间 | 常委会会议 | 询问内容 |
| --- | --- | --- |
| 2015 年 11 月 27 日 | 第二十九次 | 对县十五届人大五次会议代表建议、意见办理工作及代表工作站、“代表之家”开展活动时所提热点问题进行专题询问 |
| 2016 年 5 月 20 日 | 第三十二次 | 对县市场监督管理工作开展情况进行专题询问 |
| 2016 年 11 月 21 日 | 第三十六次 | 对县社保局养老保险征缴工作进行专题询问 |

# 第三节　法律法规实施情况检查

县十五届人大常委会共组织开展执法检查15次。

1.2013年5月，执法检查组关于动物防疫法贯彻落实情况的执法检查报告。

2.2014年3月下旬，县人大常委会组织部分委员和财经科工作人员对深泽县公路法贯彻实施情况进行了执法检查。执法检查组首先就公路法及相关政策、业务知识进行了专题学习培训，而后通过听取汇报、查阅资料、现场查看、召开座谈会等方式，对深泽县公路法的贯彻实施情况进行了检查。

3.2015年3月下旬，由史国士主任带队，教科文卫工委组织部分委员、代表组成执法检查组，就深泽县贯彻实施《中华人民共和国执业医师法》(以下简称执业医师法）情况进行执法检查，检查组认真听取县卫计局工作汇报，实地察看了赵八镇卫生院、田家庄卫生室、北赵八村卫生室等医疗机构，与相关人员进行座谈交流。

4.2015年3月，人大常委会政法工委邀请部分常委会委员、人大代表组成视察组，在县人大常委会副主任郭彦儒的带领下，对县法院2014年以来执行工作的开展情况进行专题视察调研。视察组实地察看了法院执行局办公场所及执行装备的配备状况，查阅了相关案卷资料，询问了个别执行案件的进展情况，召开了相关人员参加的座谈会，听取法院关于执行工作情况的书面汇报，对法院的执行工作进行了认真细致的了解。

5.2015年4月下旬，以黎建辉为组长，财经工委组成人员和部分企业代表为成员组成的执法检查组，首先就产品质量法及相关政策、业务知识进行了专题学习培训，而后深入农哈哈集团、盛驰公司等企业进行了实地查看，并通过听取质监局汇报、查阅资料、召开座谈会等方式，对深泽县产品质量法的贯彻实施情况进行了执法检查。

6.2015年7月，县人大常委会郭彦儒副主任带领由部分常委会委员、人大代表和政法工委工作人员组成的视察组，就深泽县行政执法与刑事司法衔接（以下简称“两法衔接”）工作开展情况进行了认真的视察。视察组先后听取县检察院及县政府几个行政执法部门的工作情况汇报，并进行了交流座谈，查看了“两法衔接”信息共享监督管理平台的建设和使用情况及有关档案资料，基本了解和掌握了深泽县“两法衔接”工作开展的实际情况。

7.2015年7月上旬，以史国士为组长，教科文卫工委组织部分委员和代表组成执法检查组，对深泽县贯彻实施《中华人民共和国社会保险法》情况进行了执法检查。执法检查组听取县社保局的工作汇报，实地查看了县城乡社会养老保险服务大厅，与相关人员进行了座谈交流，对深泽县贯彻实施社会保险法情况进行了详细了解。

8.2015年8月下旬，以县人大副主任史国士为组长，由部分常委会组成人员、教科文卫工委委员和县人大代表组成的执法检查组，对深泽县贯彻实施《中华人民共和国档案法》情况进行了执法检查。检查组先后听取档案局、住建局、国土局、市场监管局、卫计局、农经局等部门工作汇报，实地察看了有关部门的档案管理工作，与相关人员进行了座谈交流，对深泽县贯彻实施档案法情况进行了全面了解。

9.2016年3月，县人大常委会副主任史国士带队，教科文卫工委组织部分县人大代表和工委委员组成执法检查组，对深泽县贯彻实施科技进步法有关情况进行了执法检查，检查组认真听取县科技局工作情况汇报，与相关人员进行了座谈交流，深入到农哈哈机械公司、凯恩利公司等企业，对该法贯彻实施情况进行了详细了解。

10.2016年3月上旬，县人大常委会政法工委邀请部分常委会委员、人大代表组成视察组，在主管主任郭彦儒的带领下，深入县法院、县公安局看守所，对县法院刑事审判工作的开展情况进行了视察调研。视察组通过旁听刑事案件庭审、听取工作汇报、召开座谈会、查看相关案卷资料等形式，基本了解和掌握了县法院刑事审判工作开展的实际状况。

11.2016年4月，由黎建辉主任任组长，部分常委会委员、县人大代表和财经工委人员组成执法检查组，对深泽县农业法贯彻实施情况进行了执法检查。执法检查组首先就农业法及相关政策、业务知识进行了专题学习培训，而后通过听取汇报、查阅资料、现场查看、召开座谈会等方式，对深泽县农业法的贯彻实施情况进行了检查。

# 第四节　视察调研

## 一、视察调研活动

县十五届人大常委会共组织开展视察调研活动70次。

**2012—2016年深泽县第十五届人大常委会视察调研活动一览表**

表72

| 序号 | 时间 | 视察内容 | 牵头单位 |
|---|---|---|---|
| 1 | 2012年10月 | 关于代表建议和意见办理情况 | 选任代工委 |
| 2 | 2013年4月 | 关于深泽县推进职业教育发展情况 | 教科文卫工委 |
| 3 | 2013年5月 | 关于县法院2012年以来执行工作情况 | 政法工委 |
| 4 | 2013年5月 | 关于商贸市场建设情况 | 财经工委 |
| 5 | 2013年7月 | 关于2013年1—6月财政预算执行情况 | 财经工委 |
| 6 | 2013年8月 | 关于深泽县城乡居民最低生活保障工作情况 | 财经工委 |
| 7 | 2013年8月 | 关于2012年度财政决算的决议 | 财经工委 |
| 8 | 2013年10月 | 关于对县公安局道路交通安全管理和服务环境建设工作情况 | 政法工委 |
| 9 | 2013年10月 | 关于安全生产管理情况 | 财经工委 |
| 10 | 2013年11月 | 关于新型农村合作医疗制度运行情况 | 教科文卫工委 |
| 11 | 2013年11月 | 关于加强城市管理工作 | 财经工委 |
| 12 | 2013年11月 | 关于代表建议和意见办理情况 | 选任代工委 |

续表 72

| 序号 | 时间 | 视察内容 | 牵头单位 |
|---|---|---|---|
| 13 | 2014 年 3 月 | 关于深泽县促进就业再就业工作情况 | 教科文卫工委 |
| 14 | 2014 年 5 月 | 关于县人民检察院反贪污贿赂工作情况 | 财经工委 |
| 15 | 2014 年 5 月 | 关于工业经济运行情况的视察情况 | 财经工委 |
| 16 | 2014 年 6 月 | 关于林业及园林绿化情况 | 财经工委 |
| 17 | 2014 年 7 月 | 关于高中阶段教育教学质量情况 | 教科文卫工委 |
| 18 | 2014 年 7 月 | 关于 2013 年度财政决算情况的初审意见 | 财经工委 |
| 19 | 2014 年 7 月 | 关于 2014 年 1—6 月份财政预算执行情况 | 财经工委 |
| 20 | 2014 年 8 月 | 关于县公安局刑侦工作情况 | 政法工委 |
| 21 | 2014 年 10 月 | 关于工商行政管理工作开展情况的调研报告 | 财经工委 |
| 22 | 2014 年 11 月 | 关于代表建议和意见办理情况的调研报告 | 选任代工委 |
| 23 | 2014 年 11 月 | 关于全县信访工作开展情况的调研报告 | 信访办 |
| 24 | 2015 年 4 月 | 关于村民委员会换届选举工作情况 | 选任代工委 |
| 25 | 2015 年 8 月 | 关于 2015 年上半年财政预算执行情况 | 财经工委 |
| 26 | 2015 年 7 月 | 关于县检察院反贪污贿赂工作情况 | 政法工委 |
| 27 | 2016 年 7 月 | 关于学前教育发展情况的视察报告 | 教科文卫工委 |
| 28 | 2016 年 10 月 | 关于代表建议和意见办理情况 | 选任代工委 |

## 二、视察调研报告选录

### 深泽县人大常委会调研组<br>关于新型农村合作医疗制度运行情况的调研报告

按照县人大常委会 2013 年工作要点和监督计划，11 月下旬，由史主任带队，教科文卫工委牵头，组织部分县人大代表成立调研组，对我县新农合制度运行情况进行了专题调研。调研组认真听取县卫生局有关情况汇报，现场视察了县农合中心、县医院及部分村卫生室，与相关人员进行了座谈交流，对我县新农合运行情况进行了详细了解，现将有关情况报告如下：

**一、基本情况**

2007 年我县实行新农合制度以来，县政府及相关部门认真落实上级有关规定，不断健全各项制度，强化定点医疗机构监管，严格农合基金管理，建立了比较完善的新农合组织管理体系，基金运转安全，制度运行平稳，新农合工作在全市名列前茅，2013 年各项指标运行情况综合评估全市第三。目前，我县有定点医疗机构 137 个，其中县级 2 个、乡级 10 个、村级 125 个，2013 年全县参合人数为 205437 人，参合率达到了 95.1%。筹资水平、各级财政补助水平和补偿比例不断提高，参合农民个人缴费从2007年的10元提高到2013年的60元，各级财政补贴从2007年的40元提高到2013年的280元，农民住院补偿比例县级从2007年的40%提高到2013年的73%，乡级从2007年的60%提高到2013年的80%。截至今年10月，累计统筹基金支出44863241.46元，补偿人数为369563人次，次均费用4916.5元，基金使用率72.25%，住院率8.46%，域外转诊率18.33%.

**二、取得的成效**

1. 群众得实惠。自2007年启动新农合以来，全县医疗机构共进行补助995474人次，补偿金额达20755万元。特别是去年启动重大疾病补偿工作以来，共进行重大疾病补偿131人次，补偿金额161万元。今年又增加了肺癌等14病种，使补偿范围扩大到20种重大疾病，补偿比例达到70%以上，极大地减轻了农民的就医负担，农民的就医意识由过去的“小病不愿看、大病看不起”转变为“小病看门诊、大病去住院”。

2. 政府得民心。新农合制度使农民看病也可以报销，体现了党和政府对农民健康的关心，是关心农民疾苦的民心工程、德政工程，农民群众越来越感受到新农合制度的优越性，从心底里感谢党和政府的好政策，新农合制度已成为农民健康的保护神。

3. 医院得发展。新农合启动后，县政府和卫生部门出台了一系列政策措施，加强医疗机构基础设施等硬件建设，改善医疗卫生条件，提高了医务工作者的业务水平和诊断质量。新农合制度的健康运行，也为基层卫生医疗机构注入了活力，县医院和基层卫生院的业务收入也有所增长，社会效益和经济效益都得到了提高，促进了我县卫生事业的发展。

**三、困难和问题**

尽管我县新农合各项工作进展顺利并稳步推进，规范管理和运行机制初步形成，但仍存在一些困难和问题，主要有：

1. 认识还需提高。部分群众对推行新农合的目的、意义了解还不够深，对报销程序、报销比例、报销范围、转诊程序等内容还不完全了解，对新农合各项政策能否真正兑现，经费会不会被截留、挪用，部分农民在参合上还有顾虑。一些农民住院后获得的补偿与期望有差距，造成对新农合误解，影响了参加新农合的积极性。

2. 投入还需加大。一是县农合中心人员少，任务重，办公条件差。据了解，县农合中心仅有工作人员8名，要监管100多家定点医疗机构，工作任务相当繁重，力量严重不足。办公地点位置偏僻，设施简陋，与上级要求差距较大，农民群众办理业务很不方便。二是由于资金投入不足，一些乡镇卫生院人才匮乏，设备老化，基础设施相对落后等问题比较突出，服务能力和水平与农民群众需求尚存在一定的差距，难以满足人民群众就近就医的需求。

3. 医疗队伍建设亟待加强。目前，我县医疗卫生机构普遍缺乏医疗卫生人员，特别是村医老化问题相当严重，从调查走访的情况看：相当一部分村医年龄在65岁以上，虽经农合中心多次培训，但运用现代化办公设备，实现网络直报还有一定困难。

**四、建议和意见**

1. 加大宣传力度，提高参合率。进一步加大舆论宣传力度，充分利用各种媒体进行全方位的宣传，让农民群众深入了解新农合制度报销程序、补偿标准、转院手续等方面的政策规定，充分调动广大农民拥护新农合、支持新农合、踊跃参加新农合的积极性。

2. 加大投入力度，改善就医环境。一是加强农合管理机构建设，增加县农合中心人员编制，保障工作经费，加强硬件设施建设，提高服务能力。二是加强医疗机构基础设施建设，配备、更新医疗器械设备，改善患者看病就医环境，特别是加大对条件较差的乡镇卫生院的扶持力度，改善其软硬件条件，提高乡镇卫生院的整体水平。

3. 加强队伍建设，调动基层卫生人员的积极性。加强对农合中心管理人员和医务工作人员的教育培训，探索引进高级医务人员的新机制，实施有效的激励约束机制，提高业务水平和工作效率。特别是要加强农村卫生队伍建设，制定基层卫生人员优惠政策，充分调动农村卫生人员的积极性。

4. 完善和探索运行制度，提高新农合服务效率。加强对各级定点医疗机构的监管，完善定点医疗机构的准入和退出制度，实行动态管理。严格落实药品零差率销售，落实支付方式改革方案，控制医疗费用不合理增长。继续规范农合基金管理，按时兑现医疗机构报销垫付款。完善转诊制度，简化报销程序，提高工作效率和服务水平。对违反合作医疗管理规定的行为和套取、骗取合作医疗基金的行为，加大惩罚力度，确保不出现损害参合农民利益的违纪违规现象。

## 深泽县人大常委会调研组<br>关于高中阶段教育教学质量情况的调研报告

按照县人大常委会2014年工作要点和监督计划，7月上旬，县人大常委会副主任史国士带队，教科文卫工委组织部分委员、代表组成调研组，对我县高中阶段教育教学质量情况进行了专题调研，调研组认真听取县教育局有关情况汇报，实地查看了图书馆、阅览室、学生公寓等基础设施，并与有关人员进行了座谈，对我县高中阶段教育工作情况进行了详细了解，现将有关情况报告如下：

**一、基本情况**

目前，我县有普通高级中学一所，即深泽中学，成立于1952年，占地66667平方米，建筑面积35484平方米，有教学班36个、在校生1900人，教职工192人，2005年被命名为省级示范性高中。

1. 教学质量迈上新台阶。特别是今年的高考取得历史性突破，在参考人数减少的情况下，“本一”“本二”上线人数较上年又有所增加，本科上线率达到70.1%，比上年提高了2.5个百分点，“本二”以上上线202人，突破了200人大关，有14人总分超过了600分，其中应届生有12人，最高分654分，超过重点线81分，创下深泽高考历史新纪录。

2. 特色办学取得新突破。深泽中学根据新生学习基础总体水平较低、参差不齐、相差较大的实际情况，探索实施了特色教育强校之路。与天津美院附中合作，由知名画家李刚教授牵头，邀请天津美院具有丰富教学经验的知名画家和相关教学人员来校指导、授课，三个年级分别组建了文理共6个美术教学班，学生文化成绩和专业成绩都得到很大的提高。上年高考，两名学生分别考取了中央美术学院和北京航空航天大学。今年高考，艺术类考生本科上线48人，比上年增加30人，美术特色教学取得优异成绩，成为今年高考的一个亮点。

3.教学改革取得新成效。为适应新课程要求，深泽中学以高效课堂为抓手，大力推进新的课堂教学模式改革，在高三年级尖子班实行学生“团团坐”，即分小组教学，取得了良好的教学效果。高一、高二年级各学科开展了新课堂模式展示课，并在此基础上举行了优质课比赛，评出一、二、三等奖，有力引领全校的课堂教学改革。经过几年的不断摸索和实践，形成了一整套行之有效的、符合各学科特点的教学模式，教师的教改热情日益高涨，为改进教学、提高成绩营造了浓厚氛围。

4.办学条件又有新提高。我县在财政比较紧张的情况下，千方百计加大对高中教育的投入，办学条件显著改善。近年来，投资670万元建成的高标准图书馆和学生公寓已竣工验收并投入使用，为学生学习和生活提供了优越条件。新建成的图书馆现有图书12万册，阅览用桌椅300套，还配套建成了图书借阅系统，实现了信息化管理，达到了省一级图书馆的标准。另外，还多方筹措资金，实施了标准化塑胶操场项目，目前各项手续已跑办完成，到位资金200万元，近期可开工建设。塑胶操场的建成，将进一步提升学校硬件设施整体水平，为全校师生营造良好的生活学习氛围。

**二、困难和问题**

1.优秀生源流失比较严重。由于种种原因，每年流失到市级重点中学和周边县市中学的优秀初中毕业生约为200人，致使我县高中生源的质量明显下降。

2.教育投入力度还需加大。尽管我县不断加大对高中教育的投入，但与一些重点中学相比，我县的办学条件还有不小差距，深泽中学塑胶操场项目资金缺口还很大，部分教师宿舍还需安装空调等等。

3.师资队伍建设亟待加强。深泽中学现有师资严重短缺，政治、历史、地理等多个学科任课教师不足，物理老师年龄老化严重，如不及时补充，面临断档危险，在一定程度上制约了我县高中教育可持续发展和教学质量的全面提升。

**三、建议和意见**

1.加强宣传引导，树立我县高中教育良好形象。要充分利用各种新闻媒介，大张旗鼓地宣传高中教育取得的优异成绩，提高全社会对我县高中教育的正确认识，教育引导学生及家长不要盲目冲动，不要偏信偏听，要根据学生本人和家庭实际，理智选择，为高中教育发展提供有力的舆论支持。

2.加大投入力度，不断改善高中办学条件。按照省市有关规定，进一步完善高中教育经费保障机制，足额预算，足额拨付，确保学校正常运转。学校也要增强自我发展意识，努力拓宽教育投入渠道，多方筹措资金，节约办学，改善办学条件，不断谋求新的发展。

3.加强师资队伍建设，努力提升教师综合素质。要严格按照学校规模和编制标准核定高中教师人数，对编制空缺的学科教师要及时进行补充。要制定优惠政策，简化手续，吸引优秀教师投身我县高中教育。同时，加强对教师的岗位培训工作，提高教师的职业素养和专业能力，促进我县高中教育教学质量的提升。

（四）抓好特色办学，继续打造深泽教育的新亮点。要充分利用我县美术人才较为集中的优势，继续探索实施特色教育强校之路，引进一批有影响力的特色教师，把高中教育办活办好，把美术特色办学打造成深泽教育的新亮点。

## 深泽县人大常委会调研组
## 关于工商行政管理工作开展情况的调研报告

根据县人大常委会2014年工作要点和主任会议安排，10月23日，以主管主任贾增科任组长，部分常委会委员、县人大代表和财经工委人员为成员组成调研组，深入桥头工商分局、12315投诉举报中心、县工商局注册大厅等进行实地查看，并采取召开座谈会、个别访谈、听取县工商局工作情况汇报等形式，对深泽县工商行政管理工作开展情况进行调研。

在建立有序的市场经济秩序中，工商行政管理担负着重要职责。县工商局在县委、县政府和市工商局的领导下，坚持依法行政，加强市场监管，严格市场准入，不断整顿规范市场经济秩序，努力为企业、个体工商户和私营业主服务，较好地维护了市场环境和投资环境。工商部门积极推进职能转变和制度创新，完善服务举措，助推经济发展。积极培育市场主体，县域登记各类企业1814户，个体户7116户，农民专业合作社414户。根据经济形势变化相继出台各类扶持政策和措施，着力在缓解企业融资难、促进企业做大做强、帮助企业建立现代企业制度和帮扶“三农”方面，为企业创业和发展营造良好环境。大力推动品牌建设，全县有效注册商标482件，全国驰名商标1件，河北省著名商标10件，石家庄知名商标4件，农产品商标5件。

今后的努力方向。一是围绕工商管理工作转型，不断加强自身建设。工商管理工作已从“收费管理”向“监管服务”转型，要按照转型要求，积极转变工作观念和工作方法。加强基层工商所建设，充实基层执法队伍，优化人员配置。要切实提高工商队伍服务全局、执政为民的责任心，着力提升工作创新、破解难题的能力，努力建设一支政治强、业务精、作风硬、人民群众满意的工商管理队伍。二是重视维护法律权威，严格履行工商职责。要按照法律法规的规定和程序开展注册登记工作，认真把好市场准入关。要依法履行对企业、市场、合同、商标、广告以及食品安全等方面监管职责，加大日常巡查工作力度，加强与有关职能部门联系和联动，严厉打击各种严重危害市场经济秩序的违法活动，深化法律法规和工商市场管理职能的宣传，指导和教育市场主体遵纪守法和诚信经营，维护法律的权威性。三是坚持整治和教育并举，促进经济社会和谐发展。坚持以人为本、宽严相济，对首次违法、轻微违法和社会危害不大的市场主体，可通过宣传教育和指导帮助，规范经营行为。同时，县政府要积极推动工商部门与其他部门的协调工作，健全和完善相关行政部门的联动执法机制，不断提升职能部门之间在开展市场整治和监管方面的协同配合能力。四是努力提升服务质量，推动市场主体创业创牌。充分发挥工商资源优势，创新服务方法，激发企业自主创牌的热情加强对商标品牌的孵化和培育工作，实现我县商标品牌新突破要重视民生保障工作，以涉及广大群众切身利益的社会性市场管理工作为重点，努力探索民生保障工作的新机制，促进市场管理能力再提升。

## 第五节　满意度测评

2013年5月8日，深泽县第十五届人大常委会第八次会议，对教育局工作进行满意度测评。

2013年9月25日，深泽县第十五届人大常委会第十次会议，对县财政局、审计局和民政局工作进行满意度测评。

2013年11月29日，深泽县第十五届人大常委会第十一次会议，对县公安局、县安监局和县卫生局专项工作进行满意度测评。

2014年3月20日，深泽县第十五届人大常委会第十四次会议，对县就业局专项工作进行满意度测评。

2014年4月14日，深泽县第十五届人大常委会第十五次会议，对县交通运输局专项工作进行满意度测评。

2014年5月27日，深泽县第十五届人大常委会第十六次会议，对县检察院和县工信局的专项工作进行满意度测评。

2014年8月7日，深泽县第十五届人大常委会第十七次会议，对县林业局和县教育局的专项工作进行满意度测评。

2014年9月16日，深泽县第十五届人大常委会第十八次会议，对县财政局、县审计局、县公安局3个部门专项工作进行满意度测评。

2014年11月28日，深泽县第十五届人大常委会第十九次会议，对县发改局、县环保局、县水务局、县交通局、县卫生局、县住建局、县农业局、县林业局、县法院、县检察院、县信访局、县工商局共12个部门的专项工作进行满意度测评。

2015年4月15日，深泽县第十五届人大常委会第二十二次会议，对县卫计局、县法院进行满意度测评。

2015年5月22日，深泽县第十五届人大常委会第二十三次会议，对县民政局、县质监局进行满意度测评。

2015年7月21日，深泽县第十五届人大常委会第二十五次会议，对县检察院、县人社局（县社保局）进行满意度测评。

2015年8月26日，深泽县第十五届人大常委会第二十六次会议，对县财政局、县审计局、县档案局进行满意度测评。

2015年11月27日，深泽县第十五届人大常委会第二十九次会议，对县城管局、县卫计局、县环保局、县教育局、县民政局、县住建局、县国土局、县水务局、县交通局、县公安局、县开发区进行满意度测评。

2016 年 3 月 30 日，深泽县第十五届人大常委会第三十一次会议，对县法院、县科技局进行满意度测评。

2016 年 7 月 27 日，深泽县第十五届人大常委会第三十四次会议，对县检察院、县教育局进行满意度测评。

2016 年 9 月 5 日，深泽县第十五届人大常委会第三十五次会议，对县发改局、县财政局、县审计局进行满意度测评。

2016 年 11 月 21 日，深泽县第十五届人大常委会第三十六次会议，对县交通局、县环保局、县住建局、县城管局、县教育局、县卫计局、县公安局、县政务中心、县工信局、县农业局、县水务局、县广电局、县国土局进行满意度测评。

# 第六章　决议决定

## 第一节　作出决议决定

### 一、县十五届人大历次会议作出决议决定情况

深泽县第十五届人民代表大会共作出决议决定 31 项。

**2012—2016 年深泽县第十五届人民代表大会历次会议决议决定一览表**

表 73

| 时间 | 会次 | 名称 |
|---|---|---|
| 2012 年 2 月 13 日至 16 日 | 一次会议<br>第二次全体会议 | 1. 关于深泽县人民政府工作报告的决议<br>2. 关于 2011 年国民经济和社会发展计划执行情况与 2012 年国民经济和社会发展计划（草案）的报告的决议<br>3. 关于 2011 年县本级预算及县总预算执行情况与 2012 年县本级预算及县总预算（草案）的报告的决议<br>4. 关于深泽县人民代表大会常务委员会工作报告的决议<br>5. 关于深泽县人民法院工作报告的决议<br>6. 关于深泽县人民检察院工作报告的决议 |
| 2013 年 3 月 24 日至 26 日 | 二次会议<br>第二次全体会议 | 1. 关于深泽县人民政府工作报告的决议<br>2. 关于深泽县 2012 年国民经济和社会发展计划执行情况与 2013 年国民经济和社会发展计划（草案）的报告的决议<br>3. 关于 2012 年县本级预算及县总预算执行情况与 2013 年县本级预算及县总预算（草案）的报告的决议<br>4. 关于深泽县人民代表大会常务委员会工作报告的决议<br>5. 关于深泽县人民法院工作报告的决议<br>6. 关于深泽县人民检察院工作报告的决议 |

续表 73

| 时间 | 会次 | 名称 |
|---|---|---|
| 2014 年 1 月 21 日至 22 日 | 四次会议<br>第二次全体会议 | 1. 关于深泽县人民政府工作报告的决议<br>2. 关于深泽县 2013 年国民经济和社会发展计划执行情况与 2014 年国民经济和社会发展计划（草案）的报告的决议<br>3. 关于 2013 年县本级预算及县总预算执行情况与 2014 年县本级预算及县总预算（草案）的报告的决议<br>4. 关于深泽县人民代表大会常务委员会工作报告的决议<br>5. 关于深泽县人民法院工作报告的决议<br>6. 关于深泽县人民检察院工作报告的决议 |
| 2015 年 3 月 3 日至 5 日 | 五次会议<br>第二次全体会议 | 1. 关于深泽县人民政府工作报告的决议<br>2. 关于深泽县 2014 年国民经济和社会发展计划执行情况与 2015 年国民经济和社会发展计划（草案）的报告的决议<br>3. 关于 2014 年县本级预算及县总预算执行情况和 2015 年县本级预算及县总预算（草案）的报告的决议<br>4. 关于深泽县人民代表大会常务委员会工作报告的决议<br>5. 关于深泽县人民法院工作报告的决议<br>6. 关于深泽县人民检察院工作报告的决议 |
| 2016 年 2 月 15 日至 17 日 | 六次会议<br>第二次全体会议 | 1. 关于深泽县人民政府工作报告的决议<br>2. 关于深泽县 2015 年国民经济和社会发展计划执行情况与 2016 年国民经济和社会发展计划（草案）的报告的决议<br>3. 关于深泽县国民经济和社会发展第十三个五年规划纲要（草案）的报告的决议<br>4. 关于 2015 年县本级预算及县总预算执行情况和 2016 年县本级预算及县总预算（草案）的报告的决议<br>5. 关于深泽县人民代表大会常务委员会工作报告的决议<br>6. 关于深泽县人民法院工作报告的决议<br>7. 关于深泽县人民检察院工作报告的决议 |

## 二、县十五届人大常委会历次会议作出决议决定情况

县十五届人大常委会作出决议决定 37 项（不包含人事任免事项）。

## 2012—2017年深泽县第十五届人大常委会历次会议决议决定一览表

表74

| 时间 | 常委会会议 | 名称 |
| --- | --- | --- |
| 2012年7月18日 | 第三次 | 关于接受张运凯辞去深泽县人民政府副县长职务请求的决定 |
| 2012年7月18日 | 第三次 | 关于批准2011年度县本级决算的决议 |
| 2013年3月21日 | 第七次 | 关于召开县十五届人大二次会议的决定 |
| 2013年5月8日 | 第八次 | 关于接受盛庆功辞去深泽县人民政府县长职务请求的决定 |
| 2013年5月8日 | 第八次 | 关于明确张少华为深泽县人民政府代理县长的决定 |
| 2013年6月18日 | 第九次 | 关于接受部分县人大代表辞去代表职务请求的决定 |
| 2013年9月25日 | 第十次 | 关于2012年度县财政决算的决议 |
| 2013年9月25日 | 第十次 | 关于接受袁国良辞去深泽县人民政府副县长职务请求的决定 |
| 2014年1月14日 | 第十三次 | 深泽县人大常委会关于接受韩占昌辞去县十五届人大代表职务请求的决定 |
| 2014年1月14日 | 第十三次 | 关于召开深泽县第十五届人民代表大会第四次会议的决定 |
| 2014年9月16日 | 第十八次 | 关于2013年度县财政决算的决议 |
| 2015年2月27日 | 第二十一次 | 关于召开深泽县第十五届人民代表大会第五次会议的决定 |
| 2015年2月27日 | 第二十一次 | 关于接受贾增科辞去深泽县人大常委会副主任职务请求的决定 |
| 2015年6月5日 | 第二十四次 | 关于接受左立兵等4名县人大代表辞去代表职务请求的决定 |
| 2015年8月26日 | 第二十六次 | 关于2014年度县财政决算的决议 |
| 2015年11月27日 | 第二十九次 | 关于批准《2015年县级预算调整方案》的决定 |
| 2015年11月27日 | 第二十九次 | 深泽县人大常委会关于召开深泽县第十五届人民代表大会第六次会议的决定 |
| 2016年5月27日 | 第三十三次 | 关于许可深泽县人民检察院对深泽县第十五届人大代表任某采取强制措施的决定 |
| 2016年7月27日 | 第三十四次 | 深泽县人大常委会关于接受田建方辞去深泽县人民政府副县长职务请求的决定 |
| 2016年9月5日 | 第三十五次 | 关于2015年度县财政决算的决议 |
| 2016年11月21日 | 第三十六次 | 关于批准《2016年县级预算调整方案》的决定 |
| 2016年11月21日 | 第三十六次 | 关于深泽县县乡两级人民代表大会换届选举时间的决定 |
| 2016年11月21日 | 第三十六次 | 关于乡镇人民代表大会代表名额的决定 |
| 2016年11月21日 | 第三十六次 | 关于深泽县选举委员会组成人员的决定 |
| 2016年11月21日 | 第三十六次 | 关于各乡镇选举委员会组成人员的决定 |
| 2016年12月1日 | 第三十七次 | 关于《深泽县人民政府关于提请审议石家庄市深泽县改善农村人居环境建设一期项目购买服务资金列入县级财政预算的议案》的决议 |

续表 74

| 时间 | 常委会会议 | 名称 |
| --- | --- | --- |
| 2016 年 12 月 1 日 | 第三十七次 | 关于《深泽县人民政府关于深泽县城区道路建设工程项目有关情况的报告》的决议 |
| 2016 年 12 月 21 日 | 第三十八次 | 关于接受张少华辞去深泽县人民政府县长职务请求的决定 |
| 2016 年 12 月 21 日 | 第三十八次 | 关于李向阳为深泽县人民政府代理县长的决定 |
| 2016 年 12 月 21 日 | 第三十八次 | 关于接受范文龙等 39 人辞去深泽县选举委员会或乡（镇）选举委员会职务请求的决定 |
| 2017 年 2 月 6 日 | 第三十九次 | 关于接受卢明刚等 6 人辞去深泽县人民政府副县长职务请求的决定 |
| 2017 年 2 月 6 日 | 第三十九次 | 关于接受侯忠义辞去深泽县人民法院院长、审判委员会委员、审判员职务请求的决定 |
| 2017 年 2 月 6 日 | 第三十九次 | 关于接受王彦芳辞去深泽县人民检察院检察长、检察委员会委员、检察员职务请求的决定 |
| 2017 年 2 月 6 日 | 第三十九次 | 关于冯青林为深泽县人民法院代理院长的决定 |
| 2017 年 2 月 6 日 | 第三十九次 | 关于刘如卿为深泽县人民检察院代理检察长的决定 |
| 2017 年 2 月 17 日 | 第四十次 | 关于接受宋玉龙等 7 名县人大代表辞去代表职务请求的决定 |
| 2017 年 2 月 17 日 | 第四十次 | 关于召开深泽县第十六届人民代表大会第一次会议的决定 |

## 第二节 决议决定选录

### 深泽县第十五届人民代表大会第六次会议<br>关于深泽县国民经济和社会发展第十三个五年规划纲要的决议

（2016 年 2 月 17 日县十五届人大六次会议第二次全体会议通过）

深泽县第十五届人民代表大会第六次会议审查了县政府提出的《深泽县国民经济和社会发展第十三个五年规划纲要（草案）》，会议同意县人大常委会的审查结果报告。会议决定，批准《深泽县国民经济和社会发展第十三个五年规划纲要》。

### 深泽县人民代表大会常务委员会<br>关于《深泽县人民政府关于深泽县城区道路建设工程项目有关情况的报告》的决议

(2016 年 12 月 1 日县十五届人大常委会第三十七次会议通过)

深泽县第十五届人民代表大会常务委员会第三十七会议，听取和审议了《深泽县人民政府关于深泽县城区道路建设工程有关情况的报告》及相关情况的说明。会议原则同意县政府按法定程序列入相应年度财政预算方案。会议强调，县政府在项目实施过程中，要严格遵守规划、建设、预算、采购等方面的法律法规，加强对项目资金的监管，确保资金发挥最大效益。

## 深泽县人大常委会<br>关于《深泽县人民政府关于提请审议石家庄市深泽县改善农村人居环境建设一期项目购买服务资金列入县级财政预算的议案》的决议

（2016 年 12 月 1 日县十五届人大常委会第三十七次会议通过）

深泽县第十五届人民代表大会常务委员会第三十七次会议审议了县政府提交的《深泽县人民政府关于提请审议石家庄市深泽县改善农村人居环境建设一期项目购买服务资金列入县级财政预算的议案》，批准县政府按法定程序将石家庄市深泽县改善农村人居环境建设一期项目购买服务资金逐年列入报批财政预算方案。会议强调，县政府及相关部门必须严格按照规划、建设、预算、担保等方面法律法规的要求执行。县政府要对项目实施和资金使用加强监管，防止出现法律法规明确禁止的行为。

# 第七章　选举任免

## 第一节　常委会选举任免情况

2012年3月9日，县十五届人大常委会第一次会议，通过县人民政府、县人民法院人事任免事项。

决定任命：

张建毅为县政府办公室主任；

王树凯为县发展改革局局长；

张英利为县教育局局长；

张军坡为县科技局局长；

曹夫坤为县公安局局长；

姜增雪为县监察局局长；

张学荣为县民政局局长；

马运英为县司法局局长；

张志强为县财政局局长；

赵英民为县人力资源和社会保障局局长；

韩占昌为县住房和城乡建设局局长；

张增怀为县交通运输局局长；

王志强为县农业局局长；

纪书强为县文体局局长；

张志兴为县卫生局局长；

王振平为县人口和计划生育局局长；

苑运良为县审计局局长；

王伟为县环保局局长；

赵立为县统计局局长；

纪锁军为县安全生产监督管理局局长；

李占莽为县食品药品监督管理局局长。

免去：

纪兰生深泽县人民法院副院长、审判委员会委员职务。

2012 年 5 月 4 日，县十五届人大常委会第二次会议，通过县人民政府、县人民检察院人事任免事项。

决定任命：

贾卫东为县人口和计划生育局局长；

苑运良为县教育局局长；

高殿恒为县审计局局长。

决定免去：

王振平县人口和计划生育局局长职务；

张英利县教育局局长职务；

苑运良县审计局局长职务。

任命：

曹寿怀为县人民检察院副检察长、检察委员会委员。

免去：

张国忠县人民检察院副检察长职务。

2012 年 9 月 20 日，县十五届人大常委会第四次会议，通过县人民检察院人事任免事项。

决定任命：

王建水为县人民检察院副检察长。

2013 年 1 月 11 日，县十五届人大常委会第六次会议，通过县人民政府人事任免事项。

决定任命：

袁海涛为县安监局局长；

郑红桥为县卫生局局长。

决定免去：

纪锁军县安监局局长职务；

张志兴县卫生局局长职务。

2013 年 11 月 29 日，县十五届人大常委会第十一次会议，通过县人民政府人事任免事项。

决定任命：

宋文军为县住房和城乡建设局局长。

决定免去：

曹夫坤县公安局局长职务；

韩占昌县住房和城乡建设局局长职务。

2014年3月20日，县十五届人大常委会第十四次会议，通过县人民政府人事任免事项。

决定任命：

王伟为深泽县人民政府副县长。

决定免去：

贾卫东县人口和计划生育局局长职务。

2014年4月14日，县十五届人大常委会第十五次会议，通过县人民政府人事任免事项。

决定任命：

李林为县环保局局长。

决定免去：

王伟县环保局局长职务。

2014年9月16日，县十五届人大常委会第十八次会议，通过县人民法院、县人民检察院人事任免事项。

免去：

曹昆跃深泽县人民法院深泽镇人民法庭庭长职务；

贾桂龙深泽县人民法院刑事审判庭庭长、审判委员会委员职务；

王军锋深泽县人民法院深泽镇人民法庭副庭长、审判员职务；

张观华深泽县人民法院赵八镇人民法庭副庭长、审判员职务；

陈洁深泽县人民法院审判员职务；

刘士军深泽县人民法院刑事审判庭副庭长、审判员职务；

王建平深泽县人民法院人民陪审员职务；

赵淑敏深泽县人民检察院检察员职务。

2015年1月9日，县十五届人大常委会第二十次会议，通过县人民政府人事任免事项。

决定任命：

刘奇为县交通运输局局长；

张学荣为县卫生和计划生育局局长；

邸亚中为县市场监督管理局局长。

决定免去：

张增怀县交通运输局局长职务；

张学荣县卫生局局长职务；

李占莽县食品药品监督管理局局长职务。

2015 年 2 月 27 日，县十五届人大常委会第二十一次会议，通过县人民政府、县人民法院人事任免事项。

决定任命：

袁士科为县发展改革局局长；

贾炜为县统计局局长。

决定免去：

贾炜县发展改革局局长职务；

赵立县统计局局长职务。

免去：

贾福刚县人民法院副院长职务。

2015 年 5 月 22 日，县十五届人大常委会第二十三次会议，通过县人民政府、县人大常委会人事任免事项。

决定任命：

赵玉景为县人力资源和社会保障局局长。

任命：

谷磊为县人大常委会选举任免代表工作委员会委员（不驻会）。

决定免去：

赵英民县人力资源和社会保障局局长职务。

2015 年 7 月 21 日，县十五届人大常委会第二十五次会议，决定任命田建方为深泽县人民政府副县长。

2015 年 8 月 26 日，县十五届人大常委会第二十六次会议，决定任命卢明刚为深泽县人民政府副县长。

2015 年 10 月 21 日，县十五届人大常委会第二十八次会议，决定任命张军良为深泽县人民政府副县长。

2016 年 2 月 3 日，县十五届人大常委会第三十次会议，通过县人民政府、县人民法院人事任免事项。

决定任命：

左占宏为深泽县司法局局长。

决定免去：

高新未深泽县司法局局长职务。

任命：

刘剑波为深泽县人民法院审判员、审判委员会委员、副院长；

袁伟为深泽县人民法院审判委员会委员、副院长。

免去：

张造国深泽县人民法院副院长、审判委员会委员职务；

贾福刚深泽县人民法院审判委员会委员职务；

刘勇深泽县人民法院审判委员会委员职务；

孙焱深泽县人民法院审判委员会委员、审监庭庭长职务。

2016年3月30日，县十五届人大常委会第三十一次会议，通过县人民政府、县人民检察院人事任免事项。

决定任命：

张彩顺为深泽县人民政府副县长。

免去：

邸聪敏深泽县人民检察院检察员职务；

杨亚红深泽县人民检察院检察员职务。

2016年7月27日，县十五届人大常委会第三十四次会议，通过县人民法院人事任免事项。

任命：

宋跃轩为深泽县人民法院白庄法庭庭长；

杨英媛为深泽县人民法院深泽镇法庭庭长；

冯丽娜为深泽县人民法院赵八法庭庭长；

杜　伟为深泽县人民法院留村法庭庭长；

康海龙为深泽县人民法院桥头法庭庭长；

李立军为深泽县人民法院铁杆法庭庭长；

刘彦兵为深泽县人民法院审判委员会委员、审监庭庭长；

李文妙为深泽县人民法院民一庭庭长；

张运启为深泽县人民法院刑庭庭长。

免去：

宋跃轩深泽县人民法院执行二庭庭长职务；

杨英媛深泽县人民法院民一庭庭长职务；

康海龙深泽县人民法院桥头法庭副庭长职务；

李立军深泽县人民法院白庄法庭副庭长职务；

刘彦兵深泽县人民法院刑庭副庭长职务；

李文妙深泽县人民法院赵八法庭庭长职务；

张运启深泽县人民法院白庄法庭庭长职务；

张庆法深泽县人民法院执行一庭庭长职务；

张亚平深泽县人民法院桥头法庭庭长职务。

任命：

田桂学、高玉涛、韦伟、张学良、牛子荐、赵国栋、袁菁、闫梓涵、胡圣博、周建、翟玉壮、宿召、冯江月、赵超、许新、贾亚坤、贾英虎、刘旷军、许敏、王飞、戴培培、王双权 22 人为深泽县人民法院人民陪审员。

2016 年 9 月 5 日，县十五届人大常委会第三十五次会议，通过县人民政府人事任免事项。

决定任命：

王永鹏为深泽县环保局局长；

李林为深泽县农林畜牧局局长。

决定免去：

李林深泽县环保局局长职务；

王志强深泽县农林畜牧局局长职务。

2016 年 11 月 21 日，县十五届人大常委会第三十六次会议，通过县人民法院人事任免事项。

任命：

康晓燕为深泽县人民法院未成年人综合审判庭庭长。

免去：

康晓燕深泽县人民法院民二庭副庭长职务；

陈丽深泽县人民法院未成年人综合审判庭庭长职务。

2016 年 12 月 21 日，县十五届人大常委会第三十八次会议，通过县人民政府人事任免事项。

决定任命：

李向阳为深泽县人民政府副县长；

袁立峰为深泽县行政审批局局长。

2017 年 2 月 6 日，县十五届人大常委会第三十九次会议，通过县人民政府、县人民法院、县人民检察院人事任免事项。

决定任命：

徐圣银为深泽县人民政府副县长；

魏洪涛为深泽县人民政府副县长；

马　骅为深泽县人民政府副县长；

张　毅为深泽县公安局局长。

任命：

冯青林为深泽县人民法院审判员、审判委员会委员、副院长；

刘如卿为深泽县人民检察院检察员、检察委员会委员、副检察长。

决定免去：

史树昌深泽县公安局局长职务。

## 第二节　常委会接受辞职情况

2012年7月18日，深泽县第十五届人民代表大会常务委员会第三次会议，接受张运凯辞去深泽县人民政府副县长职务。

2013年5月8日，深泽县第十五届人民代表大会常务委员会第八次会议，接受盛庆功辞去深泽县人民政府县长职务。

2013年9月25日，深泽县第十五届人民代表大会常务委员会第十次会议，接受袁国良辞去深泽县人民政府副县长职务。

2015年2月27日，深泽县第十五届人民代表大会常务委员会第二十一次会议，接受贾增科辞去深泽县人大常委会副主任职务。

2016年7月27日，深泽县第十五届人民代表大会常务委员会第三十四次会议，接受田建方辞去深泽县人民政府副县长职务。

2016年12月21日，深泽县第十五届人民代表大会常务委员会第三十八次会议，接受张少华辞去深泽县人民政府县长职务。

2017年2月6日，深泽县第十五届人民代表大会常务委员会第三十九次会议，接受卢明刚、刘禹、陈玉联、张迎新、史树昌、张彩顺辞去深泽县人民政府副县长职务。

2017年2月6日，深泽县第十五届人民代表大会常务委员会第三十九次会议，接受侯忠义辞去深泽县人民法院院长、审判委员会委员、审判员职务。

2017年2月6日，深泽县第十五届人民代表大会常务委员会第三十九次会议，接受王彦芳辞去深泽县人民检察院检察长、检察委员会委员、检察员职务。

# 第八章　机关工作

第十五届县人大常委会在县委的领导下，深入贯彻党的十八大和十八届三中、四中、五中、六中全会精神，紧紧围绕全县经济和社会发展大局，把党委重大决策、政府着力推进、群众普遍关注的问题作为工作重点，依法履职，依法监督，使人大工作与党委的部署相一致、与全县的大局相协调、与人民的利益相统一，为推动全县经济发展和社会进步发挥了积极作用。

1. 从思想建设抓起，始终坚持每周五的政治理论学习，结合党的群众路线教育实践活动、“两学一做”学习教育活动，组织人员多次深入分包乡镇，到乡进厂、进村入户，听取意见，共征求意见和建议300余条。在此基础上，积极开展批评和自我批评，认真制定整改方案，逐条抓好整改落实。通过这项活动，常委会集中整治了16条“四风”方面的突出问题，健全了各项工作机制，实现了作风好转。

2. 从制度建设入手，完善修订各项议事规则、办法及岗位责任制，按照“决策科学化、工作制度化、程序规范化”要求，在历届常委会工作制度和优良传统的基础上，吸收近年来的成功探索和有益经验，修订完善《常委会议事规则》《主任会议议事规则》《关于加强自身建设的意见》《关于加强和改进代表工作的意见》《关于加强和改进监督工作的意见》《关于对财政预决算审查监督的暂行办法》等6项制度，制定《党组会议议事规则》，通过加强和完善制度建设，进一步明确常委会及机关的岗位责任，为县人大常委会高起点、高质量、高效率地履行各项职责提供了制度保证，有效地促进了县人大工作的规范化运行。

3. 加强人大信访工作。按照“谁主管，谁负责”和“分级负责、对口办理”的原则，认真办理群众和人民代表的来信来访，逐步完善和健全信访工作制度，提高了信访工作办理的实效和质量。5年间，共受理群众来信来访81件次，全部转交有关部门办理，保障了群众的合法权益。

# 第 十 三 篇

# 深泽县第十六届人民代表大会

（2017 年 2 月至 2021 年 7 月）

# 第一章　党的领导

深泽县第十六届人民代表大会及其常务委员会，在县委的领导下，全面贯彻党的十九大和十九届二中、三中、四中、五中全会精神，紧紧围绕全县经济和社会发展大局，把党委重大决策、政府着力推进、群众普遍关注的问题作为工作重点，依法履职，依法监督，使人大工作与党委的部署相一致、与全县的大局相协调、与人民的利益相统一，为推动全县经济发展和社会进步发挥了积极作用。

县人大常委会党组严格执行向县委请示报告制度，常委会重大事项、重要工作、重要活动都向县委请示报告，凡是县委提倡的，坚决落实到位，凡是县委明令禁止的，坚决不做。始终做到县委有号召、人大有行动，紧紧围绕全县中心工作部署人大工作、开展人大活动、行使人大职权、发挥人大作用，保证人大工作始终与县委方向一致、目标一致，同频共振。

县人大常委会党组坚决贯彻落实县委决策部署，确保县委重大决策不折不扣地落实。对县委提名推荐拟任命人员依法进行补选和任命，并顺利当选，实现了党委人事安排意图与人大常委会依法选举任命的高度统一。按照省市人大安排部署，经县委研究，相继开展了“河北发展，人大有责”、三项联动监督、“6 + 1”联动监督和四项联动监督等活动。按照县委包联责任分工，圆满完成了脱贫攻坚、招商引资、污染治理、疫情防控、扫黑除恶、维护稳定等中心工作，确保人大重点工作始终与县委重大部署同心同向、同步同行。

## 第一节　党的组织机构

### 中共深泽县人民代表大会常务委员会党组

书　记：张少华（2017 年 2 月至 2018 年 1 月）
　　　　袁国良（2018 年 1 月至 2021 年 7 月）
成　员：黎建辉（2017 年 2 月至 2021 年 7 月）
　　　　郭彦儒（2017 年 2 月至 2021 年 7 月）
　　　　高志强（2017 年 2 月至 2020 年 6 月）
　　　　宋　彬（2021 年 6 月至 2021 年 7 月）
　　　　袁占强（2017 年 2 月至 2021 年 7 月）

# 第二节　党组会议

## 一、党组会

县十六届人大期间，县人大常委会党组召开党组会39次。其中，2017年召开党组会3次，2018年召开党组会2次，2019年召开党组会11次，2020年召开党组会14次，2021年召开党组会9次。

**2017年深泽县人大常委会党组会召开情况表**

表75

| 时间 | 会次 | 会议议题 |
| --- | --- | --- |
| 6月1日 | 第1次 | 党组各成员逐个针对开展“一问八清理”、“机关作风整顿”和“十比十看”三个专题活动，联系个人思想、工作实际，谈体会、谈感受 |
| 8月3日 | 第2次 | 学习传达全省领导干部会议精神；学习传达市委十届二次全会精神；学习传达市委书记邢国辉到市人大调研视察时的讲话精神 |
| 12月4日 | 第3次 | 学习传达党的十九大精神 |

**2018年深泽县人大常委会党组会召开情况表**

表76

| 时间 | 会次 | 会议议题 |
| --- | --- | --- |
| 3月29日 | 第1次 | 对新修订的机关值班制度、请销假制度、学习制度进行学习和安排部署；集中学习十三届全国人大一次会议精神和宪法（修正案） |
| 10月8日 | 第2次 | 学习省、市、县开展宪法学习宣传实施自查工作方案，对县人大常委会及机关进一步抓好宪法（修订案）的学习宣传和实施进行再部署；学习《中国共产党纪律处分条例》；学习河北省委书记王东峰到正定调研人大工作讲话精神；学习传达9月30日全省关于认真学习贯彻“全国人大深入学习贯彻习近平总书记新时代坚持和完善人民代表大会制度重要思想交流会精神”的广电视频会议精神 |

**2019年深泽县人大常委会党组会召开情况表**

表77

| 时间 | 会次 | 会议议题 |
| --- | --- | --- |
| 1月14日 | 第1次 | 研究审议拟提请县委常委会通过的县十六届人大三次会议的相关事宜。一是《中共深泽县人大常委会党组关于召开县十六届人大三次会议的请示》；二是县十六届人大三次会议的日程安排（草案）；三是《选举办法（草案）》；四是《表决办法（草案）》；五是《常委会工作报告（讨论稿）》 |

续表 77

| 时间 | 会次 | 会议议题 |
|---|---|---|
| 5月17日 | 第2次 | 集中学习《中国共产党党组工作条例》和《中共中央关于加强党的政治建设的意见》；听取机关党支部换届相关工作汇报，研究相关问题；研究关于乡镇人代会依法召开的有关事宜 |
| 9月12日 | 第3次 | 传达学习《中共深泽县委关于开展“不忘初心、牢记使命”主题教育的实施意见》摘要；传达学习李向阳书记在全县“不忘初心、牢记使命”主题教育动员会讲话精神；部署县人大常委会党组开展“不忘初心、牢记使命”主题教育 |
| 9月21日 | 第4次 | 研究审议《中共深泽县人大常委会党组关于开展“不忘初心、牢记使命”主题教育的实施方案（征求意见稿）》；研究审议《中共深泽县人大常委会党组“不忘初心、牢记使命”主题教育调研工作方案（征求意见稿）》 |
| 10月21日 | 第5次 | 学习传达县委“不忘初心、牢记使命”主题教育领导小组关于认真做好广泛征求意见、检视问题、讲好专题党课的通知精神；对县人大常委会党组及个人、办公室班子和机关党支部班子及个人广泛征求意见、认真检视问题，领导干部讲好党课等项具体工作进行安排部署 |
| 10月28日 | 第6次 | 研究讨论县人大常委会党组关于对照党章党规找差距专题会议方案 |
| 11月1日 | 第7次 | 县人大常委会党组召开“对照党章找差距”专题会议 |
| 11月4日 | 第8次 | 通报11月3日县委常委会审议通过的《中共深泽县人大常委会党组“不忘初心、牢记使命”主题教育整改落实清单》，并部署下一步班子整改落实工作；研究关于进一步完善党组班子和个人主题教育相关档案资料事宜 |
| 12月3日 | 第9次 | 审议《中共深泽县人大常委会党组关于召开“不忘初心、牢记使命”主题教育专题民主生活会的安排意见》；研究讨论县人大常委会班子专题民主生活会剖析材料 |
| 12月6日 | 第10次 | 传达学习《杨雄、王东峰、张绍廉在市委常委“不忘初心、牢记使命”专题民主生活会上的讲话精神》和《邢国辉在指导裕华区委常委“不忘初心、牢记使命”专题民主生活会时的讲话精神》 |
| 12月16日 | 第11次 | 研究讨论《中共深泽县人大常委会党组关于2019年主要工作汇报》 |

## 2020年深泽县人大常委会党组会情况表

表 78

| 时间 | 会次 | 会议议题 |
|---|---|---|
| 1月6日 | 第1次 | 研究讨论需提交县委常委会审议通过的有关县十六届人大四次会议的相关事项；《中共深泽县人大常委会党组关于召开县十六届人大四次会议的请示》；县十六届人大四次会议日程安排（草案）；县十六届人大四次会议选举办法（草案）；县十六届人大四次会议民生实事项目票决办法（草案）；县人大常委会工作报告（征求意见稿） |

续表 78

| 时间 | 会次 | 会议议题 |
| --- | --- | --- |
| 1月28日 | 第2次 | 学习传达习近平总书记对疫情防控的重要指示、重要讲话精神；省委疫情防控专题会议王东峰的讲话精神；市委常委扩大会议邢国辉的讲话精神，提出的十二个方面明确要求；对人大常委会党组贯彻落实习近平总书记重要讲话、重要指示精神和省、市委、县委相关会议精神，做好疫情防控工作进行安排部署 |
| 3月3日 | 第3次 | 研究确定机关内部机关人员分工调整 |
| 4月7日 | 第4次 | 学习传达4月1日全市“振奋精神、改进作风、加强纪律动员会和书记邢国辉的讲话精神”；学习传达4月3日全县“振奋精神、改进作风、加强纪律动员会和书记李向阳的讲话精神”，并对人大机关贯彻落实全市、全县动员会精神进行安排部署 |
| 4月13日 | 第5次 | 研究审议《中共深泽县人大常委会党组关于开展“6+1”联动监督的实施方案（征求意见稿）》 |
| 5月11日 | 第6次 | 学习传达书记王东峰在“纪念河北省人大常委会设立40周年座谈会”上的讲话精神；安排部署“6+1”联动监督等工作；研究部署机关党风廉政建设工作 |
| 6月19日 | 第7次 | 对上半年党组履行党风廉政建设主体责任情况进行总结，找出问题和不足，并对下半年党风廉政建设工作提出要求，进行安排部署 |
| 7月24日 | 第8次 | 学习传达7月21日省委第十五巡视组巡视深泽县工作动员会议精神 |
| 8月12日 | 第9次 | 学习传达中共中央政治局会议、全省经济工作会议暨防汛工作会议、市委十届九次全会、县委十一届九次全会精神及李向阳在县委十一届九次全会上的讲话精神 |
| 9月28日 | 第10次 | 学习传达省、市委人大工作会议和王东峰、邢国辉的讲话精神；研究部署机关“双节”期间的疫情防控、值班应急、纠“四风”等项工作 |
| 10月16日 | 第11次 | 研究讨论《中共深泽县人大常委会党组关于“6+1”联动监督工作开展情况的汇报》 |
| 10月29日 | 第12次 | 学习传达全省“6+1”联动监督调度会精神，对“6+1”联动监督后续工作进行安排部署 |
| 11月19日 | 第13次 | 研究讨论关于落实“中共深泽县委办公室关于在全县范围开展谈心谈话活动的通知”要求，安排部署县人大常委会各副主任及办公室班子成员开展“谈心谈话”活动的相关事宜 |
| 12月30日 | 第14次 | 研究审议《中共深泽县人大常委会党组关于召开县十六届人大五次会议的请示》；研究审议《县十六届人大五次会议的日常安排（草案）》；研究审议《县十六届人大五次会议关于县政府2021年民生实事候选项目表决办法（草案）》；研究讨论《县人大常委会工作报告（征求意见稿）》 |

## 2021 年深泽县人大常委会党组会召开情况一览表

表 79

| 时间 | 会次 | 会议议题 |
|---|---|---|
| 1 月 11 日 | 第 1 次 | 学习传达贯彻省、市、县委关于疫情防控的精神，要求对机关进一步做好各项疫情防控工作进行再强调、再部署、再落实 |
| 2 月 2 日 | 第 2 次 | 安排部署召开县人大常委会党组 2020 年度民主生活会相关会前准备工作 |
| 2 月 15 日 | 第 3 次 | 研究关于召开县十六届人大五次会议的相关事宜 |
| 3 月 5 日 | 第 4 次 | 学习传达全国、省市县党史学习教育动员会精神，对县人大常委会党组、机关党支部和办公室开展党史学习教育进行安排部署 |
| 4 月 21 日 | 第 5 次 | 研究《深泽县县乡人大换届选举工作实施方案》 |
| 4 月 27 日 | 第 6 次 | 研究《深泽县人大常委会关于开展四项联动监督工作方案》 |
| 5 月 31 日 | 第 7 次 | 学习传达贯彻全市领导干部会议精神 |
| 6 月 3 日 | 第 8 次 | 召开党组专题民主生活会 |
| 7 月 12 日 | 第 9 次 | 研究讨论关于召开县十七届人大一次会议的相关事宜。《中共深泽县人大常委会党组关于召开县十七届人大一次会议的请示》；县十七届人大一次会议日程安排（草案）；县十七届人大一次会议《选举办法（草案）》；县十七届人大一次会议民生实事《表决办法（草案）》；县人大常委会工作报告（征求意见稿） |

## 二、党组民主生活会

县十六届人大期间，县人大常委会党组召开党组民主生活会 7 次。

2018 年 2 月 27 日，召开以“认真学习领会习近平新时代中国特色社会主义思想，坚定维护以习近平为核心的党中央权威和集中统一领导，全面贯彻落实党的十九大各项决策部署，进一步纠正四风和加强作风建设，推动县人大党组、常委会及机关建设上一个新的台阶，开创新时代县人大常委会工作新局面，为促进全县经济社会转型升级、高质高效发展依法履职尽责、作出新的更大贡献”为主题的民主生活会。

2018 年 8 月 19 日，县人大常委会党组召开以“认真学习贯彻习近平新时代中国特色社会主义思想和党的十九大精神，切实肩负起从严治党的政治责任，扎实推进巡视反馈意见整改落实，以高度的政治自觉、思想自觉，加强县人大党组班子建设”巡视整改民主生活会。

2018 年 12 月 21 日，按照省委巡视组要求和市委《关于召开巡视整改专题民主生活会的通知》，以及县委《省委巡视反馈意见整改方案》，县人大常委会党组召开以“认真学习贯彻习近平新时代中国特色社会主义思想和党的十九大精神，切实肩负起从严治党的政治责任，扎实推进省委巡视反馈意见整改落实，以高度的政治自觉、思想自觉，加强县人大党组班子建设”巡视整改专题民主生活会。

2019 年 1 月 12 日，县人大常委会党组召开以“强化创新理论武装，树牢四个意识，坚定四个自信，勇于担当作为，以求真务实作风坚决把党中央决策部署落到实处”为主题的2018年度民主生活会。

2019年12月6日，县人大常委会党组召开“不忘初心、牢记使命”主题教育专题民主生活会。

2021年2月27日，县人大常委会召开以“认真学习贯彻习近平新时代中国特色社会主义思想，加强政治建设，提高政治能力，坚守人民情怀，夺取决胜全面建成小康社会、实现第一个百年奋斗目标的伟大胜利，开启全面建设社会主义现代化国家新政策”为主题的2020年度民主生活会。

# 第二章　人大代表

深泽县第十六届人民代表大会代表名额169名。2017年2月，召开县十六届人大一次会议时实有代表165名。

## 第一节　选举产生

### 一、选举委员会

2016年11月21日，深泽县第十五届人民代表大会常务委员会第三十六次会议通过《关于深泽县选举委员会组成人员的决定》。主任：范文龙；副主任：袁国良、齐志良、郭立辉、李遐、高志强、张军良；委员：姜增雪、宋　彬、孙英山、支彦杰、高新未、赵路通、刘剑波、邸丽琴、刘荣建、张志强、纪兰锁、左占红、王大奎、李鹏、刘亚红、左彦丽、张玲、王猛、纪运强、曹占山、杨超峰。

县选举委员会办公室设在县人大常委会，办公室主任由县人大常委会选举任免代表工委主任赵路通兼任。

根据河北省人大常委会关于县人大代表名额的决定，深泽县人大代表名额按上届确定不再变动，县人大代表名额为169名。全县共划分县人大代表选区72个，按照每选区1—3名代表分别将164名县人大代表名额分配到各选区。

根据《中华人民共和国全国人民代表大会和地方各级人民代表大会选举法》关于选举委员会组成人员为代表候选人的，应当辞去选举委员会职务的规定，选举委员会部分组成人员提出辞职请求。2016年12月21日县十五届人大常委会第三十八次会议决定接受范文龙辞去深泽县选举委员会主任职务，齐志良、李遐、高志强辞去深泽县选举委员会副主任职务，赵路通、张志强、李鹏、刘亚红辞去深泽县选举委员会委员职务。

2016年12月28日为代表选举日，全县参加投票的选民163272人，参选率为91.9%，选举产生县十六届人大代表164名。

### 二、代表构成

新当选的164名代表中，工农92名，占55.8%；专业技术人员9名，占5.5%；妇女39

名，占 23.8%；党政干部 41 名，占 24.8%；企业负责人 14 名，占 8.5%；非中共党员 59 名，占 35.8%；大专以上学历 67 名，占 40.6%；连任代表 95 名，占 57.6%。

## 第二节　代表名单

### 一、深泽县第十六届人民代表大会代表名单

县直代表团（20 名，含华丽综合服务处）：

| | | | |
|---|---|---|---|
| 李　鹏 | 刘亚红（女） | 王力军 | 赵志东 |
| 孙亚兰（女） | 袁士科 | 宋宝龙 | 张志强 |
| 郑建龙 | 王小亚 | 张　伟 | 王　辉（女） |
| 邸　景（女） | 宋文军 | 闫丽宁（女） | 王志民 |
| 张建毅 | 宋　彬 | | |

华丽综合服务处：杨增升　马广全

深泽镇代表团（20 名）：

| | | | |
|---|---|---|---|
| 张少华 | 贾占勇 | 刘海英 | 黎建辉 |
| 王建平 | 戴庆年 | 王　茂 | 袁义国 |
| 李志国 | 张英魁 | 王宝涛 | 张杏敏（女） |
| 李　根 | 张敬芝（女） | 赵　兴 | 田向平（女） |
| 郭习昌 | 范林英（女） | 刘月强 | 张占山 |

白庄乡代表团（25 名）：

| | | | |
|---|---|---|---|
| 赵玉兰（女） | 张建立 | 李国宏 | 杨鹤伟 |
| 郭立辉 | 贺亚平 | 郭建强 | 张　淼（女） |
| 何士荣 | 高学永 | 张荣虎 | 何亚雄 |
| 宋亚坤（女） | 刘　平（女） | 张兰敏（女） | 张伟风 |
| 张建欣 | 郭耀辉 | 刘二虎 | 段亚如（女） |
| 刘玉存 | 王建宁 | 何泉水 | 李二宝 |
| 王文静（女） | | | |

留村乡代表团（22 名）：

| | | | |
|---|---|---|---|
| 李向阳 | 张迎新 | 邸东亚 | 张荣珍（女） |
| 刘玉龙 | 郭雷雨 | 张　伟 | 刘义敏（女） |
| 史志法 | 田彦龙 | 曹建宗 | 陈运东 |
| 张　改（女） | 刘庆春 | 张平英 | 张俊江（女） |
| 刘立强 | 王麦峰 | 马敬然（女） | 贾军明 |
| 刘跃东 | 贾　轻 | | |

赵八镇代表团（22名）：

| | | | |
|---|---|---|---|
| 赵彩芬（女） | 张建民 | 张士友 | 王　猛 |
| 高　飞 | 赵景坡 | 康彦申 | 高永红 |
| 高玉庆 | 曹志欣 | 张泽英 | 张敬敏（女） |
| 徐圣银 | 赵同会（女） | 曹亚峰 | 李　遐（女） |
| 陈　磊 | 崔　业 | 康彩红（女） | 杜国进 |
| 史建平 | 张彦轻 | | |

桥头乡代表团（29名）：

| | | | |
|---|---|---|---|
| 马焕朝 | 王　永 | 王志刚 | 左立兵 |
| 冯立伟 | 邢茂福 | 毕昔春 | 吕　芳（女） |
| 刘义娃 | 纪计芬（女） | 纪振友 | 杜建领 |
| 李　卫 | 李建军 | 张爱婷（女） | 张淑平（女） |
| 陈铁钢 | 郝立宁（女） | 赵月辉（女） | 赵根志 |
| 赵振全 | 袁占强 | 郭占坡 | 康瑛鑫 |
| 韩永谦 | 翟英会（女） | 卢明刚 | 郭彦儒 |
| 冯青林 | | | |

铁杆镇代表团（27名）：

| | | | |
|---|---|---|---|
| 邸四平（女） | 王永超 | 杨彦景（女） | 杜国强 |
| 杨　贺 | 翟路民 | 高志强 | 邢　津（女） |
| 刘如卿 | 赵路通 | 张彦卜 | 张树永 |
| 张义冲 | 康彦巧（女） | 刘芹英（女） | 徐文柱 |
| 张彦格（女） | 杨保录 | 李振庄 | 杜　辉 |
| 李远冬 | 毕　佩（女） | 刘恒章 | 翟造欣 |
| 翟伟冬 | 赵玉恒 | 王顺成 | |

**深泽县第十六届人大代表届中变动情况表**

表80

| 会次 | 终止情况 | 补选情况 | 人数 |
|---|---|---|---|
| 第一次会议 | 调离深泽7名：范文龙、杨秋、张庆民、齐志良、史国士、侯忠义、王彦芳<br>辞职7名：宋玉龙、李青月、闫成、张则峰、马玉、杨超峰、张书花 | 补选15名：郭立辉、郭建强、张迎新、刘玉存、徐圣银、冯青林、刘如卿、宋彬、郭耀辉、张森、张建毅、王猛、刘跃东、左立兵、李远东 | 县十六届人民代表大会第一次会议时，实有代表165名 |

续表 80

| 会次 | 终止情况 | 补选情况 | 人数 |
| --- | --- | --- | --- |
| 第二次会议 | 辞去深泽县人大代表5人：宋文军、张志强、刘亚红、赵志东、王文静<br>调离深泽县1名：王力军 | 补选代表6名：袁国良、宋勇志、左占红、曹建芝、李永红、刘向东 | 县十六届人民代表大会第二次会议时，实有代表165名 |
| 第三次会议 | 调离深泽县1名：张少华<br>辞去深泽县人大代表3人：宋勇志、李振庄、刘跃东<br>去世1名：毕昔春 | 补选代表2名：崔磊、李彦平 | 县十六届人民代表大会第三次会议时，实有代表162名 |
| 第四次会议 | 调离深泽县2名：徐圣银、李遐<br>辞去深泽县人大代表12人：王永、左占红、李鹏、赵兴、王建平、刘海英、李远冬、杨贺、王猛、刘向东、左立兵、郭耀辉<br>去世1名：张彦格 | 补选代表12名：魏洪涛、宋莲芳、田松、张良、崔子安、马骅、刘巧玉、贺秀改、高海霞、李建永、王飞、王朝辉 | 县十六届人民代表大会第四次会议时，实有代表159名 |
| 第五次会议 | 调离深泽县5名：李向阳、卢明刚、高志强、张建毅、李永红<br>辞去深泽县人大代表2人：马骅、刘巧玉<br>去世3名：康彦巧、刘义娃、贺亚平 | 补选代表7名：王建峰、韩旭、陈晓宁、赵红波、贾立桥、张玲、纪少伟 | 县十六届人民代表大会第五次会议时，实有代表156名 |

## 二、深泽县出席石家庄市第十四届人民代表大会代表名单

（2017年2月28日深泽县第十六届人民代表大会第一次会议第二次全体会议选举产生）

市直（2名）：王韶华　崔存利

县内（16名）：

| | | | |
| --- | --- | --- | --- |
| 王　辉（女） | 刘玉龙 | 刘玉田 | 刘玉兰（女） |
| 杜国强 | 李向阳 | 张少华 | 张永生 |
| 张英魁 | 张彦卜 | 张领民 | 陈洪涛（女） |
| 陈铁钢 | 赵景坡 | 祝春燕（女） | 袁旭光 |

2017年3月21日，深泽县第十六届人民代表大会常务委员会第一次会议补选王云才、王华平、谢艳华为深泽县出席石家庄市第十四届人民代表大会代表。

2021年2月14日，县十六届人大常委员会第三十三次会议补选王建峰、韩旭、赵立芬、王广维为深泽县出席石家庄市第十四届人民代表大会代表。

# 第三节　代表工作

## 一、代表培训

2017 年，邀请省人大常委会、市财政局、市审计局有关领导分别就人大代表履职、预算审查监督等知识进行辅导讲座，及时对新一届县人大代表进行初任培训；2018 年 11 月 28 日至 29 日，邀请省人大、市委党校专家教授分别就代表履职、新宪法、新时代中国特色社会主义理论进行辅导讲座；2019 年 12 月 12 日至 13 日，邀请市委党校教授就坚持和完善中国特色社会主义制度，推进国家治理体系和治理能力现代化、发展社会主义民主政治，坚持和完善人民代表大会制度进行辅导讲座；2020 年 11 月 13 日邀请市委党校教授和县司法局法律援助中心律师分别对十九届五中全会精神和民法典进行辅导讲座，促进代表增强人大意识、法治观念和履职能力。

## 二、继续加强联系代表

常委会继续实行“双联”制度，常委会组成人员重点联系县人大代表 5 人，县人大代表重点联系选民 5 人，保持与代表、选民的经常性联系，广泛听取意见建议。

## 三、加强“人大代表之家（站）”建设和管理

按照市人大有关通知要求，及时对人大代表之家（站）进行调整，人大代表之家由 9 个调整到 7 个，人大代表联络站由 4 个调整到 2 个，按照《石家庄市“人大代表之家（站）”建设管理办法》规定的选址和“八有”标准要求，对“家（站）”建设进行完善提升，按照家（站）“学习培训的课堂、联系选民的桥梁、履行职能的平台、服务群众的窗口、民主法治建设的阵地和社会治理创新的抓手”的功能定位，共开展学习培训活动 170 余次、调研视察活动 200 余次、接待走访联系群众 75000 余人次，收集意见建议 630 余条。

## 四、推行民生实事项目人大代表票决制

根据市人大相关要求，2020 年以来县人大常委会积极探索、实践，推行民生实事项目人大代表票决制。民生实事项目人大代表票决制，是指县政府提出的民生实事候选项目，在县人代会上由全体县人大代表以投票表决方式确定正式项目，交由县政府具体组织实施，并接受人大代表和人民群众监督的制度。民生实事项目由过去政府自己定、自己干变为群众提、代表决、政府办、人大评，促进了政府决策与群众需求的精准对接和密切融合，实现了从“为民做主”到“由民做主”的转变。

## 五、开展人大代表述职评议

为进一步激发代表履职活力，加强代表与人民群众的联系，提高依法履职水平，充分发挥各级人大代表主体作用，根据市、县人大常委会开展人大代表述职评议活动安排，每年按照参加述职评议代表人数不低于代表总数20%要求，积极开展县人大代表述职评议活动，县人大代表全部参加述职评议活动，评议平均满意率99.50%。

## 六、代表建议、意见选录

### 县十六届人大一次会议期间

县十六届人大一次会议，经过议案审查委员会审查，建议8件，意见16件。会后经县人大常委会审议，议案转建议3件。交县政府办理。

（一）议案转建议

1. 案由：进一步加大县城建设和管理力度，重点解决县城交通拥堵和内涝问题。

提议案人：袁义国　单位：深泽镇城内村

附议人：深泽镇代表团刘海英等10名代表

内容：由于向阳街、东苑街、北苑路等“断头路”“卡脖子路”问题，车辆乱停乱放、摊点乱摆占道经营问题，严重影响县城道路畅通，造成交通拥堵。县城排水管网排水不畅，一些路段雨天积水严重，县城内涝问题没有得到有效解决。希望县政府有关部门一是进一步加强县城道路建设，尽快修通“断头路”“卡脖子路”，增加南北、东西贯通的街、路，使车辆疏散分流不再拥堵。二是进一步加强管理，禁止车辆乱停乱放、摊点乱摆，有效维护县城交通秩序。三是尽快实施县城排水管网清理改造工程，有效解决县城内涝问题。

2. 案由：加快滹沱河生态景观带建设步伐，真正把滹沱河打造成我县的绿色名片。

提议案人：王志刚、王猛　单位：桥头乡大桥头村、赵八镇

附议人：桥头乡代表团李建军等11名代表、赵八镇代表团赵彩芬等10名代表

内容：滹沱河流经我县三镇两乡，傍城而过，目前，河道和两岸生态环境均遭到不同程度的破坏，不仅给两岸人民群众的生产、生活带来严重危害，还影响我县对外形象。希望县政府有关部门，尽快启动滹沱河生态修复建设工程，疏通整治河道，建设两岸生态园林景观带，真正把滹沱河打造成我县的绿色名片，造福两岸百姓，提升我县形象。

3. 案由：依托美丽乡村建设，进一步做大做强我县旅游产业。

提议案人：李二宝　单位：白庄乡宋家庄村

附议人：白庄乡代表团贺亚平等10名代表

内容：随着我县美丽乡村建设的持续推进，很多村庄的村容村貌、人居环境发生了翻天覆地的变化，同时，也给我县旅游业的发展带来了机遇，希望依托美丽乡村建设，充分挖掘利用永济桥、宋家庄大战遗址等文物古迹、红色文化遗存资源，杜社葡萄基地等特色农业观

光采摘资源，精心规划旅游线路，大力进行打造和包装，形成多元化旅游产业格局，逐步做大做强我县旅游产业。

（二）建议

1. 事由：关于解决赵八纺织业专业技术人员缺乏的建议。

提建议人：崔业　单位：赵八河北宏博纺织

内容：赵八纺织企业致力于开发高档新型面料，现有设备已具备相应织造能力，但需要专业技术人才支持，现在此类专业技术人员缺乏，希望相关部门可以提供一些技术交流，引进国企技术人员进行指导，提供一些学习平台。

2. 事由：关于保证低收入家庭生活水平的建议。

提建议人：毕佩　单位：铁杆镇大兴村

内容：低收入家庭关系到社会的稳定，随着物价指数的上涨，低保家庭的生活受到影响。建议提高我县低保标准，将低保标准与物价指数挂钩，保证低收入家庭的生活水平不至于因物价上涨而下降。同时建议解决低收入边缘户的生活补助或社会救助问题。

3. 事由：关于提高基层医务人员待遇的建议。

提建议人：张彦格、邢津　单位：铁杆镇故城村、马里卫生院

内容：基层医疗工作人员，任劳任怨，下班时间延迟，吃饭时间没点，常常吃不上热饭，没有节假日，不能照顾家人及孩子的日常生活，农村医生不分白天黑夜随叫随到，为基层百姓服务。建议提高基层医务人员的待遇，适当增加节假日，落实我省对 1987 年 12 月 31 日前进入原农村卫生室的赤脚医生，领取养老补助金的待遇，让基层医务人员更好的服务人民。

4. 事由：关于加大农村师资力量配备的建议。

提建议人：张建民　单位：昊博建筑工程公司

内容：农村小学教师逐渐老龄化，师资力量比较薄弱，急需年轻有为的教师投入农村教育事业，提高农村教学水平。

5. 事由：关于农业长效发展的建议。

提建议人：王永超　单位：铁杆镇西北马村河北吉胜果业

内容：我县是农业大县，农业发展群龙无首，没有特色农产品。建议：（1）发展特色品种，大力发展“黄金蟠桃”，建立基地，打造成“中国蟠桃之乡”。（2）每年举办深泽县农产品评比会，激发农民种植热情。

6. 事由：关于加大散煤治理力度，改善大气质量的建议。

提建议人：史建平、王建平　单位：赵八镇候村、深泽镇王场村

内容：近年来，雾霾成为社会问题，冬季散煤粗放燃烧是重要原因之一，应加大散煤治理力度。（1）提高型煤质量，同时力争型煤价格能和散煤相比更具优势。（2）加快煤改气步伐，使用清洁能源。（3）研发农户普通炉具使用型煤技术。（4）取缔散煤经营点，从源头上消除散煤交易现象。

7. 事由：关于关爱留守儿童的建议。

提建议人：张敬敏 单位：赵八镇南赵八小学

内容：近几年，农村劳动力大量外出务工，我县留守儿童现象尤为显著，农村留守儿童一是学习状况不容乐观。二是监护状况堪忧。三是缺乏亲情关爱。建议：（1）全县中小学高度重视办好家长学校，建立留守儿童与外出务工家长联系机制，定期与外出打工父母沟通联系。（2）大力发展县域经济，增加就业机会，鼓励农民在本县打工，逐步解决留守儿童问题。（3）全县中小学要配备专门的心理教师，开设心理教育课程，有组织有计划地对留守学生进行心理教育。

8. 事由：关于做好深泽石油矿区家属区供水、供电、供暖业务分离移交工作的建议。

提建议人：杨增升 单位：华丽综合服务处财务科

内容：按照河北省人民政府办公厅关于转发《国资委、财政厅河北省国有企业职工家属区“三供一业”分离移交工作实施意见》的通知（冀政办字〔2016〕125号）、《河北省财政厅、国资委关于印发河北省省属国有企业职工家属区“三供一业”分离移交财政补助资金管理办法的通知》（冀财资〔2016〕101号）以及2016年8月9日全省剥离国有企业办社会职能工作视频会议精神，2017年深泽县石油矿区范围内供水、供电、供热业务分离移交工作将稳步推进。建议深泽县人民政府与华北石油管理局华丽综合服务处建立有效的联系、沟通机制，签订供水、供电、供热业务分离移交框架协议，明确双方主管领导、牵头部门及联系人，统筹谋划、有效协调相关部门及接收企业，扎实做好供水、供电、供热业务分离移交过程中的资产无偿划转、设施维修及改造、费用测算及资金支付、人员安置等相关工作，确保国有企业办社会职能分离移交工作按期完成。

（三）意见

1. 河北纳利鑫洗化有限公司康瑛鑫代表提出：兴泽路西延至寺头，修通后有利于日化产业园企业入驻。

2. 留村乡李家庄村马敬然代表提出：西苑街北延至留白公路，有利于县城北跨，有利于县城东北一方交通便利和经济发展。

3. 桥头乡西河村李卫代表提出：现在农村健身器材较少，要增加农村健身器材布置。

4. 铁杆镇赵庄村杨彦景代表提出：农村彩礼数额已在十万元以上，尤其是结婚当天车辆烟酒等消费太高，应加大力度治理农村婚丧嫁娶大操大办，铺张浪费，减轻农民负担。

5. 铁杆镇杜社村康彦巧代表提出：正饶路铁马线北头没有标志，不明白路通往哪，应在此设置路标。

6. 留村艺迪尔有限公司曹建宗代表提出：依托石津高速连接线，进行土地规划，科学整合土地资源，建设经济、物流园区，促进经济发展。

7. 铁杆镇铁杆村张义冲代表提出：铁杆卫生院占地面积小，房屋紧张，患者就诊不便，就诊车辆无法正常停放，建议政府部门提供土地，选择合适的地点迁建。

8. 桥头乡大桥头村王志刚代表提出：希望对桥头工业园区朗天新能源一侧通大桥头村道路进行硬化，方便村民出行。

9. 桥头乡西河村赵振全代表提出：西九线西河段收购苹果期间堵车，村民出行不便，希望有关部门解决堵路问题，方便群众出行。

10. 留村乡西北留村张平英代表提出：磁河大堤水土流失，通行不便，多年来，绿化断带影响周围环境。希望有关部门硬化磁河大堤路面，进行植树绿化。

11. 白庄乡北冶庄头村何泉水代表提出：农村垃圾乱堆乱放，清理不彻底，村民有意见，希望彻底清理，不留死角。

12. 地税局城区分局田向平代表提出：新开初级中学学生上学放学经过安辛线路口，车辆太多，非常危险，应尽快启用红绿灯；向阳街与北苑路交叉口经常堵车，交通事故频发，应尽快安装红绿灯。

13. 铁杆镇铁杆村张彦卜代表提出：铁杆村东西九线张村路口经常堵车，交通事故频发，建议在此地安装红绿灯，以方便当地老百姓的出行。

14. 留村乡刘王庄村刘立强代表提出：西北留集贸市场交通堵塞严重，希望有关部门协调搬迁。

15. 白庄乡枣营村张兰敏代表提出：侯枣线白庄枣营路段破损严重，影响布艺发展，希望改造提升，拓宽重修道路。

16. 桥头乡耿庄村韩永谦代表提出：每到雨季西九线耿庄路段存水严重，村民出行不便，路面破损严重，希望相关部门对路面进行整修，方便村民出行。

## 县十六届人大二次会议期间

县十六届人大二次会议期间，经议案审查委员会审查，建议 8 件，意见 14 件。提交县人大常委会审议，议案转建议 2 件。交县政府办理。

（一）议案转建议

1. 案由：巩固“创城”成果，继续下大力抓好县城建设。

提议案人：袁义国　单位：深泽镇城内村

附议人：深泽镇代表团刘海英等 10 名代表

内容：去年，以“双创”为抓手，全县各级各部门齐心协力，攻坚克难，解决了车辆乱停乱放、占道经营、卫生脏乱差、乱贴乱画、内涝等老大难问题，县城面貌发生了翻天覆地的变化，老百姓拍手称赞。但我们都知道攻城不易，守城更难，相关部门要继续发扬“双创”精神，巩固“双创”成果。一是建立县城管理长效机制，好的措施继续坚持，好的成果继续保持，要打好组合拳，传统手段与信息化手段、严格执法与教育引导相结合，部门联合持续发力，坚决防止反弹。二是坚持疏堵结合，加大集贸市场、菜市场，停车场、停车位建设规划力度，尽快修通断头路、卡脖子路，增加南北、东西贯通的街、路，进一步完善县城路网建设，利于车辆疏散分流，减少交通拥堵的发生。

2. 案由：制定乡村振兴规划，加大特色种植扶持力度。

提议案人：张迎新、杨鹤伟　单位：县委宣传部、白庄乡北白庄村

附议人：白庄乡代表团张伟风等10名代表

内容：习近平总书记在党的十九大报告中提出了乡村振兴战略，国务院也提出了关于实施乡村振兴战略的意见。农业振兴是乡村振兴的重要组成部分，要尽快制定深泽县乡村振兴规划、计划，加大特色种植扶持力度，因地制宜确定农业产业结构布局，加快“三品一标”认证跑办申办，推进质量兴农和品牌强农，打造深泽独特的白山药、葡萄、皇冠梨等品牌农产品。

（二）建议

1. 事由：关于配齐档案馆智能防护系统的建议。

提建议人：曹建芝　单位：县妇联

内容：档案是党和国家的宝贵财富，档案馆在县委、县政府的大力支持下已建成，档案保管条件得到改善，目前有三个库房，全部配齐了密集柜，但是防水、防盗、防微生物腐蚀的安全保护措施还未达标，需要完善配套安全装置。

2. 事由：关于增设石油大街交通安全设施的建议。

提建议人：马广全 杨增升　单位：华丽综合服务处

内容：深泽县石油大街属城区道路，自2017年改造完成后，路面平坦宽阔，双向车道，给前来休闲锻炼的城区群众带来便利。目前石油大街附近有多个居民小区、丽泽广场、医院、超市、银行、餐饮、菜市场、娱乐场所等，车流量增多，车速快，交通安全隐患增多。建议在石油大街两端增设限速标志，限速应是40公里每小时，增设限速抓拍摄像头，以降低交通安全事故风险。

3. 事由：关于维修深泽县南苑路西段道路的建议。

提建议人：马广全 杨增升　单位：华丽综合服务处

内容：2016年8—9月，永源热力公司铺设市政暖气管网时，造成我县南苑路西环以外部分路段损坏严重，至今没有恢复，导致局部路面塌陷、杂草丛生、垃圾成堆、尘土飞扬，公路两边照明设施彻底损坏，夜间漆黑一片，给石油西区居民、北中山村民等出行造成很大不便，存在严重的交通安全隐患，影响了我县城市形象和品味。建议县政府多方筹措资金，尽快维修南苑路西段道路及两侧人行道路，恢复照明设施，确保人员及车辆出行安全。

4. 事由：关于加强交通安全宣传教育，使群众形成遵守交通规则良好习惯的建议。

提建议人：李根　单位：深泽镇南关村

内容：县城内增设了部分红绿灯，县城道路交通拥挤得到很大缓解，但部分群众步行或骑自行车、电动车路过红绿灯时，并不遵守交通规则造成极大的安全隐患。建议加强交通安全宣传教育，使群众形成遵守交通规则的良好习惯。

5. 事由：关于进一步改善农村环境卫生状况的建议。

提建议人：张建民　单位：河北昊博建筑公司

内容：虽然县委、县政府下了很大力度，但仍有一些村干部和老百姓，对环境卫生整治活动、改善生活方式认识不足，农民长期形成的不卫生习惯和生活方式，与新农村建设要求反差较大，因此解决乡村脏乱差困难较大。建议增强干部群众环境卫生意识，改善农民生活习惯，健全农村垃圾收集处理机制。

6. 事由：关于解决集市占道造成交通拥堵问题的建议。

提建议人：史建平　单位：赵八镇侯村

内容：近年来，我县公路建设，城乡建设等方面取得了良好的成绩，但乡镇集市占路经营，严重影响了道路通畅，受到了群众的关注。建议合理规划，对于占用国省道、县乡主干道，影响道路交通安全，存在安全隐患的集市，坚决撤离道路，就近选择合适位置建设新的市场，规范管理，采取疏导和清理取缔相结合的措施，引导摊贩到市场中经营，对滞留在道路两侧摆摊经营的摊贩进行清理，保证道路畅通。

7. 事由：关于加大统筹协调力度，加快城中村改造步伐的建议。

提建议人：李志国　单位：深泽镇西关村

内容：我县县城由 9 个城中村组成，各村发展建设极不平衡，部分村村内建筑杂乱无章，严重影响了县城整体形象。建议县政府加大棚户区（城中村）改造领导小组办公室的协调力度，“一村一策”“一村一案”由县领导分包所有事项一包到底，统一协调，加快改造进度。

8. 事由：关于继续加强师资队伍建设，全面提升农村教育质量的建议。

提建议人：张敬敏　单位：赵八镇南赵八村小学

内容：农村教师队伍结构不合理。首先是师资力量配备不合理，就以赵八学区来说，存在编制不足的问题，其次是知识结构不合理，大部分学校的美术、音乐、体育、书法专业教师太少。基层男教师太少，这种男女性别比例不合理，对于中小学生性格形成的影响是不可忽视的。建议在加强农村学校建设，提升学校硬件水平的同时，着力加强农村师资队伍建设，新招录教师优先向农村倾斜，招录新教师可以限定男女比例，加大招录男教师的力度，其次招录体美等专业教师的比例应该有所提升。

（三）意见

1. 县文工团王小亚代表提出：县文工团以前是县坠子剧团，自 1953 年成立以来，为深泽铸就了辉煌，作为全县唯一一家国家非遗坠子戏，希望增加县文工团人员编制及经费，使深泽坠子戏繁荣发展后继有人。

2. 铁杆镇杜社村康彦巧代表提出：加大对杜社葡萄小镇的支持力度，打造一个以杜社为中心，集观光、采摘、休闲、旅游、度假为一体的省级度假村。

3. 米莱家居用品布艺公司宋亚坤代表提出：加大留枣线拓宽改造力度，促进红柏家纺市场做大做强。

4. 白庄乡中白庄村李国宏代表提出：每年雨季，安新线北白庄段积水，造成交通堵塞，希望加大力度对积水路段尽快治理。

5. 白庄乡高庙村张森代表提出：滹沱河附近地下水污染严重，用地下水浇灌农作物，造成农作物死亡，希望加大滹沱河污染治理，净化地下水。

6. 兴业纺织公司陈磊代表提出：互联网共享经济模式是跨境电商发展的新趋势，现阶段企业发展遇到了出口退税不及时，企业退税难，出口发票不能及时领取的问题。希望税务机关及时解决企业出口退税和出口发票领取问题，让企业及时拿到资金，起到带动同行业，树立标杆作用，才能让传统企业更好地与互联网相结合。

7. 留村乡留王庄村王麦峰代表提出：木刀沟堤上修公路以来，路基一直没有垫好，离地面20厘米左右，经常出车祸，不能正常行走。

8. 桥头乡乘马村李建军代表提出：滹沱河大桥南侧安辛线、晋深路交叉口交通不便经常出事故。希望在此交叉口建转盘或安装红绿灯，解决经常出车祸问题。

9. 桥头乡耿庄村韩永谦代表、铁杆镇中央村王顺成代表提出：西九线铁杆段、耿庄段路面裂缝破损严重，尤其是过村段，从北濯头路段到耿庄村东，都是泥路面，已经没有一点公路的模样了。希望及时整修西九线公路。

10. 铁杆镇铁杆村张彦卜代表提出：正前线铁杆、故城段过窄，交通不方便，安全隐患很大，为事故多发路段，制约铁杆经济发展，希望拓宽正前线铁杆故城段。

11. 留村乡大贾庄村贾军明代表提出：为了深泽县域经济长久发展，将西苑街北延至留白公路，与高速链接线平行拓展，连接北外环，形成深泽经济又一个包围圈。

12. 留村乡西南留村张改代表提出：多年来，磁河大堤水土流失，目前磁河已经开挖修复，千里堤也应确保不再乱挖乱动，将堤面硬化，保证人员车辆正常通行。

13. 河北昊博建筑公司杨保录代表提出：铁杆镇没有污水处理厂，严重制约上项目和企业发展，希望在铁杆新建污水处理厂，加快企业转型，解决新上项目后顾之忧。

14. 桥头乡魏村邢茂福代表提出：晋深线魏村路口经常出车祸，希望尽快在此路口安装红绿灯。

## 县十六届人大三次会议期间

县十六届人大三次会议期间，经议案审查委员会审查，建议13件，意见8件。提交县人大常委会审议，议案转建议2件。交县政府办理。

（一）议案转建议

1. 案由：关于持续推动农村人居环境整治的议案。

提议案人：曹建芝 单位：县妇联

附议人：县直代表团李鹏等10名代表

内容：2018年9月，中共中央、国务院正式印发《乡村振兴战略规划（2018—2022年）》，同年省委办公厅、省政府办公厅印发了《河北省农村人居环境整治三年行动实施方案（2018—2020年）》，市委、县委也相继印发了相关文件并已经实施了一年。农村人居环境整治是实施乡村振兴战略的重要抓手，是加快农业、农村发展的助推器。今年省委、市委仍然把农村人居环境整治列为重点工作。县委十一届六次全会报告也提出“加快乡村振兴，在‘三农’工作上实现大作为”，对我县农村环境整治工作明确了目标任务。我县人居环境整治进入关键时期，应着力在垃圾处理、污水处理、“厕所革命”、河塘清淤、村容村貌改造提升方面加大实施力度。

一是深入开展“清洁家园行动”，把整治脏乱差作为重点任务，建立完善农村垃圾及污水处理的长效机制，号召群众人人动手，家家参与，转变陈规陋习，自觉维护村庄环境，切实解决垃圾乱倒、畜禽乱跑、柴草乱垛、污水乱排等问题。二是积极整治散乱污。对隐藏在农村的一些规模小、污染大、高耗能的无证无照小作坊、小企业，要加大打击治理力度。三是加强对农村坑塘的治理，消除黑臭水体和脏乱差现象。四是进一步加强村镇建设规划，推进改气、改电、改厕等工作，全面优化农村居住环境。五是不断提升群众文化素养。健全完善农村文化体育设施及文化活动中心功能，让这些文化阵地真正成为群众喜欢的去处。

2. 案由：关于进一步规范我县土地市场管理的议案。

提议案人：刘月强　单位：深泽镇小贾庄村

附议人：深泽镇代表团刘海英等 10 名代表

内容：目前，我县土地市场相对混乱，土地价格不一致，私自交易时有发生，对全县的招商引资、项目落地造成极大影响，县政府及有关部门应加强对土地市场的规范管理。

一是要总量控制建设用地。要根据我县总体规划的实际需要，对建设用地总供应量实行严格控制。土地主管部门要把盘活存量建设用地作为土地供应的重要来源，切实负起控制建设用地总量的职责。二是进一步完善建设用地集中供应制度。县政府要统一控制新增建设用地供应，新增建设用地应由县土地行政主管部门统一征用、统一提供。对原有存量建设用地，县政府要积极试行土地收购储备，统一收购和回收土地，掌握调控土地市场的主动权。收回的土地由县政府统一储备、统一开发，按市场需求统一供应。三是进一步规范土地使用权公开交易制度。计划出让的土地必须在指定场所或通过有关媒体向社会公布。按规定应招标拍卖的，必须公开招标拍卖。协议出让的，必须公布协议结果。土地交易管理的程序要向社会公开，要减少审批环节，降低交易费用，保障交易安全，促进土地使用权流转。四是要进一步加大对土地市场监管力度，坚决纠正土地资产管理工作中有法不依、执法不严、违法不究的行为，严肃查处土地交易中的违法违纪行为。

（二）建议

1. 事由：关于进一步优化营商环境的建议。

提建议人：王顺成　单位：铁杆镇中央村

内容：1. 优化政策环境，为企业发展创造良好氛围。县政府及相关部门要在政策允许的情况下，千方百计为企业想办法，勇于担当为企业谋发展。一是要进一步完善现有的优惠政策。结合实际，对全县所有审批项目进行再清理，能简化的手续再简化。二是要进一步加大招商力度，狠抓政策落实兑现。最大的优惠政策，就是政府承诺的落实。要严格落实《河北省优化营商环境条例》的相关规定，特别是第十六条，要认真制定具体的奖励兑现措施，确保承诺得到落实，及时兑现。要积极打造我县的明星企业、榜样企业，让享受到优惠政策的企业现身说法，以商招商。2. 努力创建服务型政府，深化供给侧结构性改革。一是进一步增强亲商、安商、扶商的意识。要想企业之所想，急企业之所急，真诚、主动、热情地为企业提供服务，营造投资环境良好氛围。要提供“一企一策”、“一项一策”精准支持。用优惠的政策和良好的制度继续引进一批投入产出高、经济效益明显的大项目、大企业。二是要充分发挥行政审批局的作用。对企业申报材料进行集中、限时审批，真正实现“一个头受理，一条龙服务，一次性办结”。三是要积极建立健全与企业对话的制度。充分发挥人大代表、政协委员以及社会各界的作用，及时收集企业对政府部门的意见和建议，支持和监督政府各部门更好地开展工作。县招商部门要及时召开政策说明会，将应公开的政策性文件及时传达到外来投资企业，让企业享受到最大的“知政权”和“知情权”。四是要继续深化供给侧结构性改革。县政府及相关部门要围绕支持什么、限制什么，发展什么、打击什么，升级什么、取消什么，鼓励什么、改造什么，制定发展的长期目标、具体措施。不搞“一刀切”，不过“左”搞政策。要积极鼓励企业加强核心技术攻关，支持新产业、新模式、新业态发展。3. 加大制度创新，进一步整治执法环境。一是认真推行检查准入制。对已投产的手续齐备企业，要努力增加企业生产天数，帮助企业解决发展困难。对重点新建、扩建项目推行“封闭运行”的制度，进一步减少随意性检查、关停、收费现象的发生。要给企业纠错、申诉的机会。二是健全完善行风评议监督机制。通过开展行风评议，进一步规范行政执法行为，真正在机关工作人员中形成给企业多服务、多沟通、多出主意、少找麻烦，“一切围绕经济转、一切为着经济干”的良好氛围。三是积极推行一次投诉查实惩戒制度。企业或群众投诉执法人员有不规范执法行为，人为改变标准，增加程序等问题，经调查属实，被投诉人确有过错，并造成严重影响的，要严肃处理，情节严重的应立即调离直至辞退。

2. 事由：关于进一步加强经济开发区建设的建议。

提建议人：王志刚　单位：桥头乡大桥头村

内容：目前，我县的经济开发区已经初具规模，入驻企业也不少，为我县的经济快速发展做出很大贡献。但是也存在一些不足，如：基础设施有待完善、用地困难、申办手续时间长等。要实现高质量发展还需要继续加大基础设施建设，巩固“新九通一平”建设成果。因此，提出如下建议：一是加大基础设施建设。要加快污水处理厂修建进度，其他一些附属设施如道路硬化、绿化、自来水、电网、通信等也要加大投入，为招商引资创造良好的条件。二是提升服务水平，进一步优化发展环境。各相关职能部门要进一步强化服务职能，创新服务方式，变被动服务为主动服务，协调处理好企业在申办、生产、经营过程中遇到的问题，不断创造更好更优的发展环境。

3. 事由：巩固“创城”成果，进一步提升城容城貌的建议。

提建议人：孙亚兰、王宝涛　单位：县自然资源和规划局、深泽镇大王庄村

内容：我县成功创建省级园林县城以来，城容城貌发生了翻天覆地的变化，赢得了全县人民的称赞，但仍有一些薄弱环节需要提升。建议：一是提升县城管理水平，努力在综合治理、精细化管理上下功夫，使县城秩序进一步改善。二是提升县城基础设施和公共服务设施建设水平，尽快启动石油大街及东苑街北延、向阳街南段改造工程，进一步完善县城路网建设；加大公共停车场建设力度，有效解决车辆乱停乱放和停车难问题；人民公园、北极台公

园尽快建成开放，在县城东部增加公园或游园，方便居民娱乐休闲。三是提升县城绿化美化水平，加大公园、游园、绿地、绿化带、街边花箱花架等花草苗木的修剪管护力度，枯死的及时补栽，主街主路两侧建筑及院落进行特色性的绿化美化，使县城形象出品位。

4. 事由：关于留枣线（中白庄至小堡段）拓宽改造的建议。

提建议人：李国宏　单位：白庄乡中白庄村

内容：近几年来，小堡及周边布艺发展迅猛，知名度也不断提高，2018 年红柏家纺市场获评全市仅有的两家县级区域的“2A 电子商务基地”，红柏家纺市场也多次受到市、县领导的关注，留枣线（中白庄至小堡段）道路损坏严重，尤其到了雨季经常发生交通堵塞，对布艺发展造成了一定影响，建议尽快对留枣线（中白庄至小堡段）进行拓宽改造，解决交通不畅问题，促进布艺市场发展。

5. 事由：关于支持发展中药材特色种植的建议。

提建议人：张荣虎　单位：白庄乡南张庄村

内容：近三年来，白庄乡中药材的种植面积不断加大，已初具规模，建议县政府及有关部门出台相关激励政策，逐步把中药材种植推向“统一种植、统一采收”的集约化模式。

6. 事由：关于兴泽路西延的建议。

提建议人：康瑛鑫　单位：中韩日化产业园

内容：西九线位村路口至堤北村路段路窄车多，经常堵车，严重影响沿线村庄的出行和经济发展。建议将兴泽路西延至寺头东口，缓解西九线交通压力，促进沿线经济发展。

7. 事由：关于尽快实施南苑路西段道路维修的建议。

提建议人：杨增升、马广全　单位：华丽综合服务处

内容：深泽县永源热力公司铺设暖气管线时，致使南苑路西段道路损坏严重，导致局部路面塌陷，至今没有恢复。目前，该路段路面狭窄、高低不平、垃圾成堆，公路两边照明设施完全损坏，夜间漆黑一片，存在较大的安全隐患，交通事故时有发生，给石油西区居民、附近村民出行造成很大困难。2018 年县政府工作报告“实施道路提质工程”，将本路段列入年度维修计划项目，一年过去了，不知什么原因，一直未实施。对此，广大居民怨声载道，对政府不满情绪日益强烈，严重影响了我县的城市形象和文明城市创建工作。建议尽快启动南苑路西段道路维修，恢复照明设施，消除安全隐患，彻底解决附近居民出行难的问题。

8. 事由：关于做好 2019 年“双代”（电代煤、气代煤）工作的建议。

提建议人：李二宝　单位：白庄乡宋家庄村

内容：2018 年“双代”工程，进场施工的时间参差不齐，有的 7 月份进村动工，有的 10 月份才安排，前后相差了三个月，同时施工队技术人员很少，负责施工的企业虚报施工人数，影响施工进度。“双代”炉具销售企业太多、太乱，安装及服务跟不上，群众有很多怨言。建议有关部门及时制定 2019 年“双代”施工方案，同时还要加强对施工队和炉具销售企业的监管，保证施工进度和炉具安装服务及时，确保“双代”工程按时完成。

9. 事由：关于建立城区废旧衣物固定回收点的建议。

提建议人：王辉　单位：县交通运输局

内容：很多居民家里旧衣服太多，堆放家中占位置，废旧衣物回收循环利用，不仅具有经济价值，也有利于在全社会树立保护环境、厉行节约的优良风尚。建议建立废旧衣物固定回收点，可以在全县选定试点小区或街道推进旧衣回收，并且，政府可鼓励相关企业回收和再利用。

10. 事由：关于提高我县纺织企业市场竞争力的建议。

提建议人：陈磊　单位：赵八兴业纺织公司

内容：现有传统纺织企业，科技含量低，产品附加值不高，为提高传统纺织企业在未来市场的占有率和生存发展空间，建议政府牵头，搞一些行业培训，对接外地优秀企业，学习他们互联网加传统销售的模式。有关部门增加纺织企业参加展览会、广交会的机会，加大境外展会的补贴和宣传力度，鼓励企业走出去。

11. 事由：关于解决教师身心健康问题的建议。

提建议人：张敬敏　单位：赵八镇南赵八小学

内容：近年来，在繁重的教学工作中，许多老师带病坚持工作，教师健康状况逐年下降，身心健康问题不容乐观。建议：一是教育部门为教师提供一年一次的免费体检，以便早日发现病情及时治疗。二是学校在管理上应加强人文关怀，及时为教师排忧解难，比如适量减轻中老年教师的工作量。三是定期为教师开展心理疏导，帮助教师通过自我情绪调节对情绪波动加以调控，保持积极进取的良好心理状态。

12. 事由：关于对老年代步车违章、违规行驶加强治理的建议。

提建议人：张平英　单位：留村乡西北留村

内容：近年来，老年代步车数量不断增加，特别是放学时间，随意停放，违章、违规行驶，扰乱交通秩序，造成安全隐患。建议公安交警大队拿出规范、管理、整治老年代步车的方案，尽快对老年代步车的违规、违章行为进行纠正、治理和处罚，维护正常的交通秩序，确保广大群众出行安全。

13. 事由：关于解决西河村东口水果交易期交通拥堵的建议。

提建议人：赵振全　单位：桥头乡西河村

内容：由于西河村及周边村果木较多，果子成熟期，大多都到西河村东口进行交易，严重影响交通，容易发生事故。建议：县政府加紧协调，有序规划西河水果交易市场，确保交通顺畅。

（三）意见

1. 县税务局田向平代表提出：城区内学校门口开学和放假时车辆增多，道路拥堵，交通秩序混乱，希望公安交警大队在这些时间段内增加警力，疏导交通，维护好车辆停放通行秩序。

2. 县检察院闫丽宁代表提出：应加强对公共场所遛狗的规范管理，让群众有一个安全放松的休闲锻炼场所。

3. 县医院王志民代表提出：急救车不是高级“滴滴”，请把急救资源留给那些真正需要的人。也许今天你为了自己方便占用了别人的急救资源，明天你真正需要救助而无车可用的时候，会不会一样无助，希望有关部门加强宣传让大家共同传播合理拨打急救电话的理念。

4. 桥头乡耿庄村韩永谦代表提出：西九线耿庄东口用砖修复的路面已坑洼不平，希望尽快铺油面修复至 2018 年已修复路段。

5. 河北宏博纺织有限公司崔业代表提出：一些纺织企业，根据国家规定已经换成天然气锅炉，各种环保手续也达到上级要求标准，现在到冬季取暖季还需要限产、停工，停工后工人挣工资减少致使人员流失，造成不稳定。希望在限产、停产上有选择性，使手续齐全、并能达到标准的企业保持正常运行，不至于造成太大损失和影响。

6. 赵八镇大雾头村赵彩芬代表提出：由于地下水源的问题，大雾头村有五六百亩小麦浇入冬水后，麦苗出现了百分之八九十的枯黄死亡，严重影响产量甚至绝收，希望有关部门尽快帮助打深水井，解决农作物浇水问题。

7. 留村乡大贾庄村贾军明代表提出：由于征地难，极大影响了我县一些重点项目的建设进度，希望有关部门在做好耐心细致的思想工作的同时，对无理纠缠的应依法严肃处理，解决项目征地难问题，使项目能尽快落地建设。

## 县十六届人大四次会议期间

县十六届人大四次会议期间，经议案审查委员会审查，建议 8 件，意见 15 件。提交县人大常委会审议，议案转建议 2 件。交县政府办理。

（一）议案转建议

1. 案由：关于建设政府部门信息共享平台，提高群众办事效率的议案。

提议案人：李彦平　单位：铁杆镇

附议人：铁杆镇代表团邸四平等 10 名代表

内容：打破政府各部门间的信息壁垒，统一规范管理信息，构建“大数据”平台。如：在户籍工作中，工作人员可通过数据平台查询结婚证、出生证、房产证等信息，避免奇葩证明；搭建“互联网 +”政务平台，优化网络政务办理流程，切实提高网络政务的服务水平。如：在政府官网平台上开通各部门的网上办事和审批功能，群众通过提交必要数据，办理业务；建立政府信息资源存量目录与共享管理机制。如：最大程度公开必要的政府信息目录，各政府部门间统一平台入口，避免信息“孤岛”效应的发生。让信息多跑路，让群众少跑腿，最大限度提高效率、便民利民。

2. 案由：关于加强县城交通管理和停车场建设，进一步改善县城交通秩序的议案。

提议案人：田松、翟伟冬　单位：赵八镇、铁杆镇铁杆村

附议人：赵八镇代表团陈磊等 10 名代表、铁杆镇代表团杜辉等 10 名代表

内容：随着经济快速发展车辆数量越来越多，城区的人、车、路矛盾日益凸显，道路被挤占、车辆停放无序、交通堵塞等现象日趋严重，特别是节假日期间和学校、办公、购物、

住宅相对集中的地段，问题较为突出。应该从规划、建设、管理等三个方面入手，大力推动县城停车场建设，加大立体停车场和地下停车场规划建设力度，沿街单位免费向社会开放停车场，同时增加机动车免费停车位。交管部门进一步加大监管力度，规范机动车和非机动车特别是电三轮和电动车的交通秩序，解决停车难和乱停车的问题，有效缓解交通拥堵，提高出行效率，提升县城形象。

（二）建议

1. 事由：关于提升物业管理水平，改善居民小区环境状况的建议。

提建议人：贺秀改 单位：县团委

内容：我县创城工作如火如荼地进行着，但部分小区停车秩序混乱，卫生环境脏乱差等问题依然存在。建议：1. 县政府有关职能部门监督指导物业管理服务部门，定期了解服务企业的工作开展情况，调查民意，体察民情，从居民的实际情况出发解决居民的实际困难。2. 加强宣传引导，提升业户素质。物管机构要通过宣传栏、宣传资料、公开收费支出等形式，开展宣传教育活动，引导业主发扬主人翁精神，在享有权利的同时，也积极履行在物业管理中的义务，自觉遵守有关管理规定。引导业主居民增强绿色生活理念，树立自觉维护社区环境的意识。3. 探索创建“红色物业”。石家庄市政府工作报告中提出，2020 年要大力推进“红色物业”创建活动，实现居民小区物业管理全覆盖。相关部门要主动发力，将党建引领作为引擎，把服务群众作为第一追求，把加强创新作为重要路径，积极探索协调联动处置机制，逐步推动小区物业管理进入正规化。

2. 事由：关于加强网络信息监管，严厉打击网络违法犯罪行为的建议。

提建议人：王宝涛 单位：深泽镇大王庄村

内容：随着网络科技的发展以及电脑、手机的普及，广大农村也进入了网络时代。网络诈骗、网络谣言、信息泄露、恶意攻击等问题时有发生，对群众的生活和国家的安全都造成了影响。建议政府有关部门加强网络信息监管，严厉打击网络违法犯罪行为，及时约束不规范行为，积极引导广大网民依法上网、文明上网，营造安全的网络环境。

3. 事由：关于拯救国家级非物质文化遗产深泽坠子戏的建议。

提建议人：王小亚 单位：县文工团

内容：深泽坠子戏于 2006 年列为石家庄市非物质文化遗产名录，2007 年 7 月列为河北省非物质文化遗产名录，2008 年入选第二批国家级非物质文化遗产名录。但承载着深泽坠子戏传承重任的深泽坠子剧团，存在年龄结构严重不合理青黄不接后继乏人、演员行当不全、演职员工资基本无着落等问题，对这一国家级非遗项目的传承和弘扬十分不利。建议县政府制定学员招聘优惠政策和具体保障措施，切实提高演职员工资待遇，重新规划编制，演职员工资由县财政定额发放。同时，县政府应重视学校戏曲人才培养工作，可在职教中心设立深泽坠子戏表演专业，采取多种形式培养青年表演人才，使后继有人，保障坠子戏这一国家级非物质文化遗产的传承。

4. 事由：关于津石高速连接线两侧土地规划调整的建议。

提建议人：王朝辉　单位：留村乡

内容：随着津石高速的开通，必将带动周边经济的发展。建议提前谋划调整连接线两侧土地为建设用地，规划物流园、仓储园，为今后经济发展打下良好基础。

5. 事由：关于建设地方性美术馆的建议。

提建议人：王辉　单位：县交通运输局

内容：文化艺术是一个民族的精神和灵魂。在科技、经济高度发展的今天，物质文明高度发展，人们对精神文明的需求也越来越高。公共美术馆是具有收藏、展示、研究艺术作品和承担社会美术教育功能的文化共享空间。它既可以为公众提供艺术欣赏的机会，也可以向人们展示艺术方面的学术成果。地方性美术馆离人民的生活更近，在实现公共文化艺术教育的整体工作中越来越重要，对于提高当地的文化形象起着重要的作用。建地方性美术馆投资较少，需要工作人员也不多，机制灵活，不会构成地方政府在公益方面过大的经济负担。

6. 事由：关于推进城乡教育一体化改革的建议。

提建议人：刘芹英　单位：铁杆镇铁杆村小学

内容：我县乡村学校在硬件设施、师资力量、教学水平等方面，还存在一定差距，影响教学质量，造成乡村学校招生难和城区学校大班额等问题。建议推进县域内城乡义务教育一体化改革，促进乡村教育发展。进一步优化教育领域综合政策，积极发挥政府的调节功能，统筹教育资金和师资力量，改善乡村办学条件，解决乡村学校招生难和城区学校大班额的矛盾，大力缩小城乡差距，实现教育公平。

7. 事由：关于加大农村基础设施投入力度，改善农村人居环境的建议。

提建议人：张泽英、李二宝　单位：赵八镇北刘家庄村、白庄乡宋家庄村

内容：随着经济发展，人民对美好生活的渴求越来越强烈，我县近年来也高度重视农村环境整治工作，不断加大基础设施投入力度，全县农村环境卫生有了明显好转，但基础设施仍是农村的短板，建议加大垃圾转运、污水处理等设施的投入力度，使农村垃圾、污水得到及时有效处理，农村人居环境得到进一步改善。

8. 事由：关于加强校园安全教育及心理健康教育的建议。

提建议人：闫丽宁、刘恒章　单位：县检察院、铁杆镇前马里村

内容：加强学校安全教育，做到系统化、统一化、标准化，开展经常性的安全教育、心理健康及性教育，将安全教育、心理健康教育及性教育纳入教学日程，切实提高学生自我保护意识。

（三）意见

1. 留村乡贾村郭雷雨代表提出：煤改气后燃气公司服务不到位，服务热线打不通，有问题不能及时得到解决，希望把服务维修人员落实到各村，加强安全教育，及时处理各种问题，让群众安心使用。

2. 深泽镇城内村袁义国代表提出：随着我县城市化进程的持续推进，众多老旧小区、城乡接合地带，滞后于县城建设步伐，缺乏基本功能性照明设施，不仅给周边居民的出行带来

极大不便，同时也造成了社区治安隐患。建议在原有的基础上，多增加照明设施，照亮居民的出行路。

3. 深泽镇城内村袁义国代表提出：向阳街南段迟迟不能打通，不仅影响县城容貌，也给县城交通带来不利影响，希望尽快打通。

4. 铁杆镇中央村王顺成代表、县自然资源和规划局孙亚兰代表提出：乡村公交车数量少，村民出行不便；县城公交车站牌位置没有候车等候区，人们只能在机动车道上等待，很不安全。希望适当增加乡村公交车数量，制定发车时间时刻表，方便群众出行；建立县城公交车站牌等候区。

5. 深泽镇东关村张杏敏代表提出：我县从创城以来，新修建了很多公园，给居民的生活带来了很多便利，但公园相对集中在县城周边，在县城中心的休闲场所较少，很多居民去公园相对较远，只能望而却步，无法经常去公园锻炼身体等。希望增加县城中心小型公园、游园、小区休闲活动场所，方便居民就近进行休闲娱乐活动。

6. 桥头乡西小封村陈铁刚代表提出：随着人口老龄化趋势加快，养老问题已成为重大民生和社会问题。县政府要完善养老服务发展规划，促进养老服务发展，建设养老院，让老人享受丰富多彩的生活，老有所养、老有所依、老有所乐。

7. 华丽综合服务处杨增升代表提出：深泽县城南大桥南侧三岔路口，车流和人流量逐年增大。目前，该路段夜间没有路灯，交通较混乱，存在较大的交通安全隐患。建议将该路口改造成环岛通行，增加高杆灯，增设道路标志及道路地标标志，避免交通事故发生，保障人民出行安全。

8. 白庄乡中白庄村李国宏代表提出：230 国道与侯枣线十字路口，西侧有白庄集贸市场，东侧通往大直要中学及小堡村布艺市场，侯枣线两侧商户林立，较大的人流量、货车量，加之国道车速飞快，频繁造成交通堵塞，也易造成交通事故。因此建议在此路口安装红绿灯，确保群众及过往车辆通行安全。

9. 县人社局宋宝龙代表提出：我县供暖公司多，但是收费标准不一样，弹性随意，不合理。在取暖期间个别供暖企业不能按时供暖和不能保证供暖温度，但仍要收取全额取暖费。建议相关部门出台相关规定，规范收费标准，对存在问题的供暖企业限期整改。

10. 留村乡大贾庄村贾军明代表提出：县城区域内公厕数量偏少，给群众带来不便，希望增加公厕数量，为广大群众提供便利。

11. 神龙包装公司纪振友代表提出：由于车流量大，耿庄村东口路面出现大坑小洼，车辆进出缓慢拥堵，并且伴有满天尘土飞扬，给村民造成很大的困扰，希望政府及有关部门尽快修复，给老百姓一个良好的出行环境。

12. 留村卫生院刘玉龙代表提出：定深公路和留白公路是留村乡境内主要道路，车流量大，由于修建时间较长，现破损严重，大坑小洼，雨天多处积水较深，定深公路堵着不畅通，给人们出行带来极大不便，希望政府有关部门进行修复或重建，保障公路畅通，方便人们出行。

13. 赵八镇南赵八小学张敬敏代表提出：由于农村教师中高级职称问题一直没有完善解决，造成心理和工作状态欠佳，影响教学质量。建议继续加大农村教师职称指标比例，让他们更安心地在农村长期工作，让农村孩子享有公平而有质量的教育。

14. 白庄乡枣营村张兰敏代表提出：高庙村至枣营村段河堤道路坑洼不平，路面损坏严重，不仅给途经车辆及当地村民的出行带来不便，而且存有安全隐患。希望尽早修缮，使其安全畅通。

15. 桥头乡位村邢茂福代表提出：我县营商环境还需进一步优化，建议进一步加大基础设施建设，打造良好的硬件环境。进一步增强亲商、安商、扶商的意识，落实政府承诺制度，想企业之所想，急企业之所急，真诚、主动、热情地为企业提供服务，营造投资环境良好氛围，促进我县经济发展。

## 县十六届人大五次会议期间

县十六届人大五次会议期间，经议案审查委员会审查，建议 7 件，意见 13 件。提交县人大常委会审议，议案转建议 2 件。交县政府办理。

（一）议案转建议

1. 案由：关于加快津石高速深泽出入口和连接线建设进度，促进县域经济发展的议案。

提议案人：王飞　单位：留村乡

附议人：留村乡代表团王朝辉等 10 名代表

内容：津石高速主线已经建成通车，结束了我县不通高速的历史，由于我县高速出入口和连接线建设还没有完成，依托津石高速交通优势，促进县域经济发展的作用得不到有效发挥。建议县政府及有关部门尽快启动津石高速出入口和连接线建设工程，加快建设进度，促进县域经济发展，方便人民群众出行。

2. 案由：关于进一步提升县乡医院医疗水平，改善群众就医条件的议案。

提议案人：张泽英　单位：赵八镇北刘家庄村

附议人：赵八镇代表团赵同会等 10 名代表

内容：与新时期群众对身体健康的需求相比，县乡医院的服务能力还需改善和提高。目前，乡镇卫生院医疗设备落后，专业人才匮乏的问题仍然比较突出，医疗技术力量相对薄弱，导致群众不愿意到乡镇卫生院就诊。县医院在医疗设备和医疗技术力量方面都比乡镇卫生院强很多，但与上级医院相比也还存在一定差距，给群众县域内就医带来影响。建议一是继续改善县乡医院医疗设施等硬件条件和服务水平。二是加强医疗队伍建设，通过定期派出医务人员进修学习等方式提高业务水平，同时，向上级申请选派业务骨干到县医疗机构、组织县医疗机构选派业务骨干到乡镇卫生院坐诊，通过这些业务骨干的传、帮、带，提升服务能力，方便群众就近就医。

（二）建议

1. 事由：关于进一步整合电商物流配送资源的建议。

提建议人：曹建芝 单位：县妇联

内容：我县有4个淘宝乡镇、12个淘宝村，对优质高效的物流配送服务要求与日俱增。为进一步提高效率，降低成本，建议将全县物流配送资源进行整合，政府有关部门加强指导协调，成立电商物流配送行业协会，规范运行；搭建县、乡、村三级统一运营电商物流配送体系，实现集中高效运行。

2.事由：关于拓宽渠道，有效解决各乡镇垃圾中转站生活垃圾外运不及时问题的建议。

提建议人：李二宝 单位：白庄乡宋家庄村

内容：近年来我县高度重视农村环境整治工作，各乡镇均建了垃圾中转站，并将生活垃圾转运至辛集冀清环保能源有限公司进行处理，但由于该公司时常因各种原因停止接收生活垃圾，导致各乡镇垃圾中转站生活垃圾堆积，各村生活垃圾不能及时转运至垃圾中转站。建议住建部门牵头拓宽渠道，多协调几个垃圾处理公司，有效解决各乡镇垃圾中转站生活垃圾外运不及时问题。

3.事由：关于打通向阳街，提升县城容貌的建议。

提建议人：张伟 单位：县民政局

内容：向阳街位于县城中心位置，南段一直没有打通，且已破损不堪，容貌与县城环境不相匹配，也影响县城交通。建议对向阳街南段进行改造提升，实现南北贯通。

4.事由：关于加强县石油大街道路安全管理的建议

提建议人：马广全 单位：华美综合服务处

内容：石油大街是一条多功能的大街，有社区、超市、医院、银行、体育场、公园等。自改造拓宽后，车流量大，小区出入口及道口多，有较大的安全隐患。建议合理运用交通标志、标线引导并结合合理处罚教育措施等，如加强礼让斑马线、车让人、限速等标志运用和警示灯运用，加大违法抓拍力度，进一步提高道路的安全管理水平。

5.事由：关于调整津石高速连接线两侧土地规划，进行土地收储的建议。

提建议人：王飞 单位：留村乡

内容：依托津石高速交通优势，建议调整津石高速连接线两侧土地规划，进行土地收储，发展物流产业园，积极打造构建集生产、储存、物流为一体的大型物流园区。

6.事由：关于滹沱河生态修复成果常态化管护问题的建议。

提建议人：张淑平 单位：大桥头镇南卓头村

内容：滹沱河二期生态景观成为群众休闲娱乐的打卡地，但随之而来是长期管护资金、人员难题。建议有关部门关注滹沱河生态修复成果常态化管护问题，不要把惠民工程干成一次性工程，要让水常清、花常开、景常在。

7.事由：关于定深路改造提升的的建议。

提建议人：王朝辉 单位：留村乡

内容：定深路是连接深泽和定州的一条主要道路，由于年久失修，不仅影响交通，还直接关乎深泽形象，建议尽快对破损路面和两侧绿化、亮化进行改造提升。

（三）意见

1. 深泽镇南关村李根代表提出：兴华路路面破损严重，两侧比较脏乱，向东断头，涉及彭赵庄、南关、城内、小张庄、石油小区等，交通不便，形象较差，希望通过打通断头、路面及排水管道整修、两侧私搭乱建清理、绿化、亮化，进行改造提升。

2. 深泽镇城内村袁义国代表提出：县城一些主要街道两侧没有停车位，容易造成违章停车，群众办事极不方便，希望结合实际情况合理规划停车位，最大限度地方便群众就近停车。

3. 白庄乡高庙村张淼代表提出：伍仟至枣营河堤路坑洼不平，希望予以大修或重建，提升形象方便出行。

4. 白庄乡北白庄村杨鹤伟代表提出：国道 G230 北白庄段，下雨存水，路段最深积水达 70 厘米，严重影响村民出行和车辆通行，北白庄村委会在县交通局的大力支持下修建了排水设施，但问题没有得到根本性解决。希望对该路段进行改造重修，从根本上解决积水问题。

5. 白庄乡中白庄村李国宏代表提出：侯枣线重修之后道路畅通，人流量、车流量较大，加之国道车速较快，国道 G230 与侯枣线十字路口，频繁造成交通堵塞，也易造成交通事故。建议在此路口安装红绿灯，确保群众及过往车辆通行安全有序。

6. 大桥头镇河庄村郝立宁代表提出：经济开发区十字路口没有红绿灯，交通事故频出，建议安装红绿灯。

7. 耿庄卫生院纪计芬代表提出：滹沱河大桥南头三角绿地是我县南大门，建设标准偏低，希望通过改造提升，提高品位形象。

8. 赵八镇南赵八村小学张敬敏代表提出：教学之外的检查、考核、评比报表、留痕等事务性工作过多，浪费老师的时间和精力。建议全面规范学校各类检查、考核、评比，让老师回归教育教学主业。

9. 赵八镇南刘家庄村赵同会代表提出：乡村学校硬件水平逐年提高，办学条件显著改善，但存在部分学校教师年龄结构老化，优秀年轻教师较少的问题，希望平衡教育资源，把更多的优秀年轻教师充实到乡村学校。

10. 大桥头镇方元村冯立伟代表提出：滹沱河二期建设规划中拟为南封庄、秀武、北留头、方元等村建设漫水桥，解决百姓到河对岸进行农业生产难题，希望有关部门督办落实。

11. 华美综合服务处马广全代表提出：自去年活动室交付地方之后，华美综合服务处居民没有就近活动场所。希望疫情过后能够开放西区、北区、北二区的活动室，供居民开展娱乐性活动。

12. 华运化工公司张占山代表提出：与外地比较，我县企业各种手续办理工作效率仍需提高，营商环境需继续改善。

13. 县文工团王小亚代表提出：建议实施老旧小区改造工程，通过抓设施改造和环境卫生整治，改善老旧小区人居环境，提升县城整体形象。

## 七、代表建议、意见办理

1.2017 年，县人大十六届一次会议经县人大常委会研究后，交付县政府办理的建议 11 件、意见 16 件。县政府有关部门高度重视承办工作，所有承办件均按程序进行办理答复，代表满意率达 98% 以上。

2.2018 年，县人大十六届二次会议经县人大常委会研究后，交付县政府办理的建议 10 件、意见 14 件。县政府及相关部门高度重视，所有承办件均按程序进行办理。代表对办理结果表示满意 20 件、基本满意 4 件。

3.2019 年，县人大十六届三次会议经县人大常委会研究后，交付县政府办理的建议 15 件、意见 8 件。县政府高度重视承办工作，所有承办件均按工作程序进行办理答复，代表对办理情况表示满意。

4.2020 年，县人大十六届四次会议经县人大常委会研究后，交付县政府办理的建议 10 件、意见 15 件。县政府有关部门高度重视承办工作，所有承办件均按工作程序进行办理和答复，代表满意率达到 98% 以上。

5.2021 年，县人大十六届五次会议经县人大常委会研究后，交付县政府办理的建议 9 件、意见 13 件。县政府有关部门高度重视承办工作，所有承办件均按工作程序进行办理答复。

## 八、评选优秀县人大代表

为总结经验，表彰先进，激励全体县人大代表更好地行使代表职权，履行代表义务，发挥代表作用，2017 年评选出优秀县人大代表 10 名；2018 年评选出优秀县人大代表 10 名。

**2017 年优秀县人大代表名单（共 10 名）**

| 姓　名 | 所在单位及职务 |
|---|---|
| 宋宝龙 | 县人力资源和社会保障局办公室主任 |
| 张英魁 | 河北深科建筑材料有限公司董事长 |
| 王顺成 | 铁杆镇中央村党组织书记、村委会主任 |
| 杨保录 | 河北昊博建筑有限公司执行董事 |
| 张敬敏（女） | 赵八镇南赵八村小学教师 |
| 康瑛鑫 | 河北纳利鑫洗化有限公司董事长 |
| 李　卫 | 桥头乡西河村村民 |
| 刘玉龙 | 留村乡卫生院院长 |
| 宋亚坤（女） | 深泽县吉丽达绣品厂总经理 |
| 张兰敏（女） | 枣营村党组织副书记 |

### 2018 年优秀县人大代表名单（共 10 名）

| 姓　名 | 所在单位及职务 |
|---|---|
| 王　辉（女） | 县交通运输局科长 |
| 郑建龙 | 县教育局办公室主任 |
| 杨增升 | 华丽综合服务处财务科科长 |
| 李志国 | 深泽镇西关村党组织书记、村委会主任 |
| 翟造欣 | 铁杆镇南冶庄头村党组织书记 |
| 翟伟冬 | 铁杆镇铁杆村村民 |
| 崔　业 | 河北宏博纺织有限公司总经理 |
| 纪振友 | 石家庄市深龙包装制品有限公司总经理 |
| 李二宝 | 白庄乡宋家庄村党组织书记、村委会主任 |
| 贺亚平 | 白庄乡小直要村党组织书记 |

## 九、深泽县代表团获优秀市人大代表情况

### 深泽县代表团获奖情况表

表 81

| 评选单位 | 评选时间 | 姓名 | 出处 |
|---|---|---|---|
| 石家庄市第十四届人大常委会 | 2021 年 4 月 | 赵景波　刘玉田　祝春燕　陈洪涛（女） | 《石家庄人大志》第十一篇石家庄市第十四届人民代表大会 |

# 第三章　人民代表大会

深泽县第十六届人民代表大会任期自 2017 年 2 月至 2021 年 7 月，共举行代表大会 5 次。

2017—2021 年深泽县第十六届人大历次会议概况表

表 82

| 会议次序 | 会议日期 | 议题（项） | 听取报告（个） | 决议决定（项） | 选举表决（项） |
|---|---|---|---|---|---|
| 第一次 | 2017 年 2 月 25 日至 28 日 | 8 | 6 | 6 | 4 |
| 第二次 | 2018 年 2 月 1 日至 3 日 | 8 | 6 | 6 | 2 |
| 第三次 | 2019 年 1 月 29 日至 31 日 | 8 | 6 | 6 | 1 |
| 第四次 | 2020 年 1 月 19 日至 21 日 | 8 | 6 | 6 | 2 |
| 第五次 | 2021 年 2 月 19 日至 20 日 | 9 | 7 | 7 | 1 |

## 第一节　会议概况

### 一、县十六届人大一次会议

深泽县第十六届人民代表大会第一次会议，于 2017 年 2 月 25 日至 28 日在政府会议楼二楼会议厅举行。深泽县人民政府代县长李向阳作《政府工作报告》，县人大常委会副主任黎建辉作《深泽县人民代表大会常务委员会工作报告》，县人民法院代院长冯青林作《深泽县人民法院工作报告》，县人民检察院代检察长刘如卿作《深泽县人民检察院工作报告》，县发展改革局局长袁士科作《关于 2016 年国民经济和社会发展计划执行情况与 2017 年国民经济和社会发展计划（草案）的报告》，县财政局局长张志强作《关于 2016 年县本级预算及县总预算执行情况和 2017 年县本级预算及县总预算（草案）的报告》。表决通过《深泽县第十六届人民代表大会第一次会议选举办法（草案）》，表决通过《深泽县第十六届人民代表大会第一次会议关于深泽县第十六届人民代表大会各专门委员会组成人员人选的表决办法（草案）》。选举产生县人大、县政府、县法院、县检察院等国家机关领导班子。

会议强调，今后五年既是深泽县打基础、增后劲，朝着全面建成小康社会奋力前行的五年，也是深泽县抢抓机遇、乘势而上、大有作为的五年。县政府要全面贯彻党的十八大、十八届三中、四中、五中、六中全会和习近平总书记系列重要讲话精神，按照省第九次党代会、市第十次党代会和我县第十一次党代会的部署和要求，以转变发展方式、提高发展质量和效益为中心，不断做大做强产业、做富做美城乡、做优做实民生，持续推进发展提速、转型提质、生态提升、服务提效。会议号召，全县人民要在中共深泽县委的坚强领导下，同心同德，砥砺奋进，撸起袖子加油干，进一步集聚发展动能、鼓足全县干劲，全面担负新使命，争当东部排头兵，为全面建成小康社会、建设实力美丽幸福新深泽而努力奋斗。

## 二、县十六届人大二次会议

深泽县第十六届人民代表大会第二次会议，于2018年2月1日至3日，在政府会议楼二楼会议厅举行。2月2日，大会举行开幕式和第一次全体会议，会议由主席团常务主席、大会执行主席袁国良主持。大会应出席代表165名，实出席代表158名，缺席7名。县长李向阳作《政府工作报告》，县人大常委会副主任黎建辉作《深泽县人民代表大会常务委员会工作报告》，县法院院长冯青林作《深泽县人民法院工作报告》，县检察院检察长刘如卿作《深泽县人民检察院工作报告》，县发展改革局局长袁士科作《关于2017年国民经济和社会发展计划执行情况与2018年国民经济和社会发展计划（草案）的报告》，县财政局局长左占红作《关于2017年县本级预算及县总预算执行情况和2018年县本级预算及县总预算（草案）的报告》。表决通过《深泽县第十六届人民代表大会第二次会议选举办法（草案）》，表决通过《深泽县第十六届人民代表大会城乡建设和环境保护委员会组成人员人选的表决（草案）》。

会议强调，2018年是贯彻党的十九大精神的开局之年，是改革开放40周年，是决胜全面建成小康社会、实施“十三五”规划承上启下的关键一年。县政府要全面深入贯彻党的十九大精神，坚持以习近平新时代中国特色社会主义思想为统领，按照县委十一届三次全会的安排部署，大力弘扬深泽精神，强力推进“一三六”工程，牢牢把握质量强县“一条主线”，扎实开展省级卫生县城、文明县城、洁净县城“三城同创”，深入实施项目建设质量、产业发展质量、城乡融合质量、改革创新质量、民生事业质量、党的建设质量“六个提升行动”，加快经济社会转型升级，建设新时代实力美丽幸福新深泽。会议号召，全县人民要在县委的坚强领导下，大力弘扬深泽精神，以更加饱满的热情、更加昂扬的斗志、更加务实的作风，不忘初心、牢记使命、开拓创新、奋力拼搏，为建设新时代实力美丽幸福新深泽而努力奋斗。

## 三、县十六届人大三次会议

深泽县第十六届人民代表大会第三次会议，于2019年1月29日至31日在政府会议楼二楼会议厅举行。1月30日，大会举行开幕式和第一次全体会议。会议由主席团常务主席、大会执行主席黎建辉主持。大会应出席代表162名，实到代表154名，缺席8名。代县长卢明刚作《政府工作报告》，县人大常委会主任袁国良作《深泽县人民代表大会常务委员会工作报告》，县法院院长冯青林作《深泽县人民法院工作报告》，县检察院检察长刘如卿作《深泽县人民检察院工作报告》，书面听取2019年计划（草案）及《关于2018年国民经济和社会发展计划执行情况与2019年国民经济和社会发展计划（草案）的报告》，书面听取2019年预算（草案）与《关于2018年县本级预算及县总预算执行情况和2019年县本级预算及县总预算（草案）的报告》。表决通过《深泽县第十六届人民代表大会第三次会议选举办法（草案）》，表决通过《深泽县第十六届人民代表大会社会建设委员会组成人员人选的表决办法（草案）》。

会议强调，2019年是新中国成立70周年，也是决胜全面建成小康社会的关键之年。县政府要坚持以习近平新时代中国特色社会主义思想为指导，全面贯彻党的十九大和十九届二中、三中全会精神，按照县委十一届六次全会的决策部署，坚持新发展理念，坚持高质量发展，紧紧围绕“四上目标、六个加快”，即产业发展上层次、城乡建设上档次、民生保障上台阶、党的建设上水平，加快产业转型升级、加快美丽县城建设、加快乡村振兴、加快生态治理、加快深化改革、加快改善民生，为全面建成小康社会收官打下决定性基础，以优异成绩庆祝中华人民共和国成立70周年。会议号召，全县人民要在县委的坚强领导下，唱响“勇于新担当、立志大作为”主旋律，不忘初心、牢记使命，勇立潮头、勇争一流，为开创新时代深泽各项事业发展新局面而努力奋斗。

## 四、县十六届人大四次会议

深泽县第十六届人民代表大会第四次会议，于2020年1月19日至21日在县政府会议楼二楼会议厅举行。应出席代表159名，实出席代表141名，缺席18名。1月20日，大会举行开幕式和第一次全体会议，会议由主席团常务主席、大会执行主席黎建辉主持。县长卢明刚作《政府工作报告》，县人大常委会主任袁国良作《深泽县人民代表大会常务委员会工作报告》，县法院院长冯青林作《深泽县人民法院工作报告》，县检察院检察长刘如卿作《深泽县人民检察院工作报告》，书面听取2020年计划（草案）及《关于2019年国民经济和社会发展计划执行情况与2020年国民经济和社会发展计划（草案）的报告》，书面听取2020年预算（草案）与《关于2019年县本级预算及县总预算执行情况和2020年县本级预算及县总预算（草案）的报告》。表决通过《深泽县第十六届人民代表大会第四次会议选举办法（草案）》，表决通过《深泽县第十六届人民代表大会第四次会议民生实事项目投票表决办法（草案）》。

会议强调，2020年是决胜全面建成小康社会、打赢精准脱贫攻坚战、实现“十三五”规划收官之年。县政府要坚持以习近平新时代中国特色社会主义思想为指导，深入贯彻党的十九大和十九届二中、三中、四中全会及省市委全会精神，全面落实县委十一届八次全会决策部署，增强“四个意识”、坚定“四个自信”、做到“两个维护”，紧扣全面建成小康社会目标任务，坚持新发展理念，坚持高质量发展，坚持“攻坚、突破、提升”主基调，奋力实施“三个攻坚”，加快推进“三个突破”，努力实现“两个提升”，统筹推进稳增长、促改革、调结构、惠民生、防风险、保稳定。会议号召，全县人民要在县委的坚强领导下，以奋发有为的状态、敢闯敢试的斗志、开拓进取的精神，全力推动经济社会高质量发展，为确保全面建成小康社会和“十三五”规划圆满收官，为开创新时代深泽各项事业发展新局面而努力奋斗。

### 五、县十六届人大五次会议

深泽县第十六届人民代表大会第五次会议，于2021年2月19日至20日在县政府会议楼二楼会议厅举行。2月20日，大会举行开幕式和第一次全体会议，大会应出席代表156名，实出席代表128名，缺席28名。会议由主席团常务主席、大会执行主席黎建辉主持。县政府代县长韩旭作《政府工作报告》，县人大常委会主任袁国良作《深泽县人民代表大会常务委员会工作报告》，县法院院长冯青林作《深泽县人民法院工作报告》，县检察院检察长刘如卿作《深泽县人民检察院工作报告》，审查《深泽县国民经济和社会发展第十四个五年规划和二〇三五年远景目标纲要（草案）》，书面听取2021年计划（草案）及《关于2020年国民经济和社会发展计划执行情况与2021年国民经济和社会发展计划（草案）的报告》，书面听取2021年预算（草案）与《关于2020年预算执行情况和2021年预算（草案）的报告》。表决通过《深泽县第十六届人民代表大会第五次会议选举办法（草案）》，表决通过《深泽县第十六届人民代表大会第五次会议民生实事项目投票表决办法（草案）》。

会议强调，2021年是“十四五”规划开局之年，也是深泽县实现高质量发展、全方位提升的关键之年。县政府要坚持以习近平新时代中国特色社会主义思想为指导，全面贯彻党的十九大和十九届二中、三中、四中、五中全会及县委十一届十一次全会精神，以深化供给侧结构性改革为主线，以改革创新为根本动力，以满足人民日益增长的美好生活需要为根本目的，巩固拓展疫情防控和经济社会发展成果，扎实做好“六稳”工作、全面落实“六保”任务，以“小而富、小而美、小而强”为目标引领，扎实开展“三重四创五优化”活动，大力发展“3+2”现代产业和传统产业，确保“十四五”开好局、起好步。会议号召，全县人民要在县委的坚强领导下，以更加饱满的激情、更加昂扬的斗志、更加务实的作风，不断开创新时代建设经济强县、美丽深泽新局面，以优异成绩庆祝中国共产党成立100周年！

## 第二节 会议选举

县十六届人大历次会议，共选举产生县国家机关工作人员41人次。

## 县人大常委会

主　任：

张少华　　2017 年 2 月 28 日县十六届人大一次会议第二次全体会议当选

袁国良　　2018 年 2 月 3 日县十六届人大二次会议第二次全体会议当选

副主任：

黎建辉　　2017 年 2 月 28 日县十六届人大一次会议第二次全体会议当选

高志强　　2017 年 2 月 28 日县十六届人大一次会议第二次全体会议当选

郭彦儒　　2017 年 2 月 28 日县十六届人大一次会议第二次全体会议当选

刘玉存　　2017 年 2 月 28 日县十六届人大一次会议第二次全体会议当选

委　员（2017 年 2 月 28 日县十六届人大一次会议第二次全体会议当选）：

| | | | |
|---|---|---|---|
| 王　茂 | 王　辉（女） | 王文静（女） | 王志民 |
| 王建平 | 史志法 | 刘亚红（女） | 闫丽宁（女） |
| 纪振友 | 孙亚兰（女） | 李　鹏 | 杨保录 |
| 杨增升 | 宋亚坤（女） | 张士友 | 陈运东 |
| 郑建龙 | 赵路通 | 袁占强 | 高　飞 |

曹建芝（女，2018 年 2 月 3 日县十六届人大二次会议第二次全体会议当选）

贺秀改（女，2020 年 1 月 21 日县十六届人大四次会议第二次全体会议当选）

## 县人民政府

县　长：

李向阳　　2017 年 2 月 28 日县十六届人大一次会议第二次全体会议当选

卢明刚　　2019 年 1 月 31 日县十六届人大三次会议第二次全体会议当选

韩　旭　　2021 年 2 月 20 日县十六届人大五次会议第二次全体会议当选

副县长：

徐圣银　　2017 年 2 月 28 日县十六届人大一次会议第二次全体会议当选

魏洪涛　　2017 年 2 月 28 日县十六届人大一次会议第二次全体会议当选

张军良　　2017 年 2 月 28 日县十六届人大一次会议第二次全体会议当选

宋文军　　2017 年 2 月 28 日县十六届人大一次会议第二次全体会议当选

马　骅（女）2017 年 2 月 28 日县十六届人大一次会议第二次全体会议当选

刘军峰　　2017 年 2 月 28 日县十六届人大一次会议第二次全体会议当选

## 县人民法院

院　长：

冯青林　　2017 年 2 月 28 日县十六届人大一次会议第二次全体会议当选

### 县人民检察院

检察长：

刘如卿　　2017 年 2 月 28 日县十六届人大一次会议第二次全体会议当选

### 监察委员会

主　任：

郭建强　　2018 年 2 月 3 日县十六届人大二次会议第二次全体会议当选

魏洪涛　　2020 年 1 月 21 日县十六届人大四次会议第二次全体会议当选

附：县十六届人大常委会主任、副主任简历

张少华，河北省新乐县人，中共党员。历任石家庄市委宣传部宣传处副处长、处长，深泽县委常委、宣传部长，深泽县委常委、政府副县长、常务副县长、县长，深泽县委书记，2017 年 2 月至 2018 年 2 月，兼任深泽县人大常委会主任。

袁国良，河北省深泽县人，中共党员。历任深泽县委组织部副部长、常务副部长，深泽县政府办公室主任，深泽县副县长，深泽县委常委、政法委书记，深泽县人大常委会主任。

黎建辉，河北省深泽县人，中共党员。历任深泽县委宣传部副部长，白庄乡党委副书记、经委主任，赵八乡乡长，深泽县物价局局长，深泽镇党委书记、工业园区主任，深泽县人大常委会副主任。

高志强，河北省深泽县人，中共党员。历任深泽县纪委副书记、监察局局长，深泽县人大常委会副主任。

郭彦儒，河北省深泽县人，中共党员。历任深泽县建设环保局副局长，县建设环卫局副局长、县建设局局长，桥头乡党委副书记，白庄乡党委书记，深泽县委组织部常务副部长，深泽县人大常委会副主任。

刘玉存，河北省深泽县人。历任深泽县科技局副局长，深泽县工商联主席，深泽县人大常委会副主任。

## 第三节　会议组织

### 一、县十六届人大一次会议

（一）大会临时党委

书　记：张少华

副书记：李向阳　卢明刚

成　员：

徐圣银　　张迎新　　郭建强　　李　遐（女）
黎建辉　　高志强　　李　鹏　　贾占勇
李振庄　　曹亚峰　　王　永　　刘跃东
高学永

（二）主席团成员

王　永　　卢明刚　　刘玉存　　刘亚红（女）
刘跃东　　李　遐（女）　　李　鹏　　李向阳
李振庄　　张少华　　张迎新　　赵路通
袁占强　　贾占勇　　郭立辉　　郭建强
郭彦儒　　高志强　　高学永　　曹亚峰
黎建辉

（三）秘书长：高志强（兼）

（四）主席团常务主席

张少华　　李向阳　　卢明刚　　黎建辉
高志强　　郭彦儒　　刘玉存

（五）主席团执行主席

张少华　　李向阳　　卢明刚　　黎建辉
高志强　　郭彦儒　　刘玉存

（六）议案审查委员会

主任委员：高志强

委　员：

赵路通　　刘亚红（女）　　袁义国　　张彦卜
邢茂福

（七）副秘书长

李建光　　袁占强　　张建毅　　宋　彬
孙英山　　黎　伟　　周　层　　杜京军
盖惠恩（女）　　邢淑敏（女）　　曹月涛

## 二、县十六届人大二次会议

（一）大会临时党委

书　记：张少华

副书记：李向阳　卢明刚　袁国良

成　员：

徐圣银　　张迎新　　郭建强　　李　遐（女）

| | | | |
|---|---|---|---|
| 高志强 | 李　鹏 | 贾占勇 | 李振庄 |
| 曹亚峰 | 刘向东 | 刘跃东 | 高学永 |

（二）主席团成员

| | | | |
|---|---|---|---|
| 卢明刚 | 刘玉存 | 刘向东 | 刘跃东 |
| 李　遐（女） | 李　鹏 | 李向阳 | 李振庄 |
| 张少华 | 张迎新 | 赵路通 | 袁占强 |
| 袁国良 | 贾占勇 | 郭立辉 | 郭建强 |
| 郭彦儒 | 高志强 | 高学永 | 曹亚峰 |
| 曹建芝（女） | 黎建辉 | | |

（三）秘书长：高志强（兼）

（四）主席团常务主席

| | | | |
|---|---|---|---|
| 张少华 | 卢明刚 | 袁国良 | 黎建辉 |
| 高志强 | 郭彦儒 | 刘玉存 | |

（五）主席团执行主席

| | | | |
|---|---|---|---|
| 张少华 | 卢明刚 | 袁国良 | 黎建辉 |
| 高志强 | 郭彦儒 | 刘玉存 | |

（六）议案审查委员会

主任委员：高志强

委　员：

| | | | |
|---|---|---|---|
| 赵路通 | 袁义国 | 张彦卜 | 邢茂福 |

（七）副秘书长

| | | | |
|---|---|---|---|
| 陈晓宁 | 袁占强 | 赵玉景 | 宋　彬 |
| 刘亚红（女） | 左占红 | 周　层 | 杜京军 |
| 闫　成 | 林宝栋 | 曹月涛 | |

## 三、县十六届人大三次会议

（一）大会临时党委

书　记：李向阳

副书记：卢明刚　袁国良

成　员：

| | | | |
|---|---|---|---|
| 徐圣银 | 张迎新 | 郭建强 | 李　遐（女） |
| 高志强 | 李　鹏 | 崔　磊 | 李彦平 |
| 曹亚峰 | 刘向东 | 高学永 | 张　伟 |

（二）主席团成员

| | | | |
|---|---|---|---|
| 刘玉存 | 刘向东 | 李　遐（女） | 李　鹏 |

| | | | |
|---|---|---|---|
| 李向阳 | 李彦平 | 张　伟 | 张迎新 |
| 赵路通 | 袁占强 | 袁国良 | 郭立辉 |
| 郭彦儒 | 高志强 | 高学永 | 曹亚峰 |
| 曹建芝（女） | 崔　磊 | 黎建辉 | |

（三）秘书长：高志强（兼）

（四）主席团常务主席

| | | | |
|---|---|---|---|
| 李向阳 | 袁国良 | 黎建辉 | 高志强 |
| 郭彦儒 | 刘玉存 | | |

（五）主席团执行主席

| | | | |
|---|---|---|---|
| 李向阳 | 袁国良 | 黎建辉 | 高志强 |
| 郭彦儒 | 刘玉存 | | |

（六）议案审查委员会

主任委员：刘玉存

委　员：

| | | | |
|---|---|---|---|
| 赵路通 | 袁义国 | 张彦卜 | 邢茂福 |

（七）副秘书长

| | | | |
|---|---|---|---|
| 陈晓宁 | 袁占强 | 赵玉景 | 宋　彬 |
| 刘亚红（女） | 左占红 | 周　层 | 杜京军 |
| 闫　成 | 林宝栋 | 曹月涛 | |

## 四、县十六届人大四次会议

（一）大会临时党委

书　记：李向阳

副书记：卢明刚　郭建强　袁国良

成　员：

| | | | |
|---|---|---|---|
| 魏洪涛 | 张迎新 | 崔子安 | 宋莲芳（女） |
| 黎建辉 | 崔　磊 | 李彦平 | 田　松 |
| 高海霞（女） | 高学永 | 王　飞 | 曹建芝（女） |

（二）主席团成员

| | | | |
|---|---|---|---|
| 王　飞 | 田　松 | 刘玉存 | 李向阳 |
| 李彦平 | 宋莲芳（女） | 张迎新 | 赵路通 |
| 袁占强 | 袁国良 | 郭立辉 | 郭建强 |
| 郭彦儒 | 高志强 | 高学永 | 高海霞（女） |
| 曹建芝（女） | 崔　磊 | 黎建辉 | |

（三）秘书长：黎建辉（兼）

（四）主席团常务主席

| | | | |
|---|---|---|---|
| 李向阳 | 郭建强 | 袁国良 | 黎建辉 |
| 高志强 | 郭彦儒 | 刘玉存 | |

（五）主席团执行主席

| | | | |
|---|---|---|---|
| 李向阳 | 郭建强 | 袁国良 | 黎建辉 |
| 高志强 | 郭彦儒 | 刘玉存 | |

（六）议案审查委员会

主任委员：刘玉存

委　员：

| | | | |
|---|---|---|---|
| 赵路通 | 袁义国 | 张彦卜 | 邢茂福 |

（七）副秘书长

| | | | |
|---|---|---|---|
| 陈晓宁 | 袁占强 | 赵玉景 | 刘亚红（女） |
| 李振庄 | 李　鹏 | 谷　磊 | 闫　成 |
| 马运泽 | 庞　丹 | 赵　杰 | 曹月涛 |

## 五、县十六届人大五次会议

（一）大会临时党委

书　记：王建峰

副书记：韩　旭（女）　郭建强　袁国良

成　员：

| | | | |
|---|---|---|---|
| 魏洪涛 | 张迎新 | 崔子安 | 宋莲芳（女） |
| 黎建辉 | 崔　磊 | 李彦平 | 田　松 |
| 高海霞（女） | 王　飞 | 张　玲（女） | 曹建芝（女） |

（二）主席团成员

| | | | |
|---|---|---|---|
| 王　飞 | 王建峰 | 田　松 | 刘玉存 |
| 李彦平 | 宋莲芳（女） | 张　玲（女） | 张迎新 |
| 赵路通 | 袁占强 | 袁国良 | 郭立辉 |
| 郭建强 | 郭彦儒 | 高海霞（女） | 曹建芝（女） |
| 崔　磊 | 黎建辉 | | |

（三）秘书长：黎建辉（兼）

（四）主席团常务主席

| | | | |
|---|---|---|---|
| 王建峰 | 郭建强 | 袁国良 | 黎建辉 |
| 郭彦儒 | 刘玉存 | | |

（五）主席团执行主席

| | | | |
|---|---|---|---|
| 王建峰 | 郭建强 | 袁国良 | 黎建辉 |

郭彦儒　　刘玉存

（六）议案审查委员会

主任委员：刘玉存

委　　员：

赵路通　　袁义国　　张彦卜　　邢茂福

（七）副秘书长

张海良　　袁占强　　赵玉景　　曹亚峰

刘亚红（女）　　陈晓宁　　贾卫东　　邸亚中

甄亚超　　李　鹏　　闫　成　　庞　丹

曹月涛

## 第四节　专门委员会

### 深泽县第十六届人民代表大会各专门委员会

### 一、县十六届人大一次会议选举产生

（一）财政经济委员会

主 任 委 员：黎建辉

副主任委员：陈运东

委　　　员：李　根　张士友　张杏敏（女）

（二）法制委员会

主 任 委 员：郭彦儒

副主任委员：史志法

委　　　员：田向平（女）　闫丽宁（女）　李　卫

（三）教育科技文化卫生委员会

主 任 委 员：刘玉存

副主任委员：王　茂

委　　　员：王顺成　刘玉龙　郑建龙

### 二、县十六届人大二次会议选举产生

（四）城乡建设和环境保护委员会

主 任 委 员：高志强

副主任委员：赵路通

委　　　员：杨增升　宋宝龙　袁义国

## 三、县十六届人大三次会议选举产生

（五）社会建设委员会

主 任 委 员：黎建辉

副主任委员：陈运东

委　　　员：王志民　张　伟　曹建芝（女）

# 第四章 人民代表大会常务委员会

## 第一节 常委会会议

2017 年 3 月至 2021 年 7 月，县十六届人大常委会共举行常委会会议 38 次。

**第一次会议** 2017 年 3 月 21 日在县人大常委会会议室召开。县委书记、县人大常委会主任张少华主持会议，副主任高志强、郭彦儒、刘玉存，委员王茂、王辉、王文静、王志民、王建平、史志法、刘亚红、闫丽宁、纪振友、孙亚兰、李鹏、杨增升、宋亚坤、张士友、陈运东、郑建龙、赵路通、袁占强、高飞出席。县政府副县长刘军峰，县法院院长冯青林、县检察院检察长刘如卿，各乡镇人大主席列席会议。

会议以无记名投票表决方式通过《深泽县人大常委会主任会议关于提请补选王云才等三名同志为石家庄市第十四届人民代表大会代表的议案》；以举手表决方式通过县十六届人大常委会代表资格审查委员会组成人员名单、县人大常委会 2017 年度工作要点和监督计划。

深泽县十六届人大常委会代表资格审查委员会

主 任 委 员：高志强

副主任委员：赵路通

委　　　员：王　辉　王志民　杨增升

以举手表决方式通过《关于开展评选优秀县人大代表活动的实施方案》；会议通过《深泽县第十六届人大常委会议事规则（修订稿）》《深泽县第十六届人大常委会关于加强自身建设的意见（修订稿）》《深泽县第十六届人大常委会关于加强和改进监督工作的意见（修订稿）》《深泽县第十六届人大常委会关于加强和改进代表工作的意见（修订稿）》等四个专件。

**第二次会议** 2017 年 6 月 6 日在政府会议楼第四会议室召开。县委书记、县人大常委会主任张少华主持会议，副主任黎建辉、高志强、郭彦儒、刘玉存，委员王茂、王辉、王文静、王志民、王建平、史志法、刘亚红、闫丽宁、纪振友、孙亚兰、李鹏、杨增升、宋亚坤、张士友、陈运东、郑建龙、赵路通、袁占强、高飞出席。县政府县长李向阳、副县长刘军峰，县法院院长冯青林、县检察院检察长刘如卿，县人社局、县工信局主要负责人和主管副职、县就业局班子全体，不是县人大常委会委员的各专委委员、各乡镇人大主席和部分省市县人大代表列席会议，部分公民旁听会议。

会议通过人事任免事项。

听取和审议县检察院《关于公诉工作开展情况的工作报告》、县政府《关于工业经济运行情况的工作报告》、县政府《关于就业工作开展情况的工作报告》，对县检察院、县工信局、县人社局（就业局）专项工作进行满意度测评。听取和审议县人大常委会调研（视察）组调研（视察）报告。会议议定，县政府及相关部门、县检察院要认真研究会议审议意见，结合人大调研（视察）报告，制定整改落实方案，报县人大相关工委，常委会会议将适时听取整改落实情况专题报告。

分两组进行宪法宣誓。第一组，新任命的县政府各组成部门负责人集体宣誓，政府办公室赵玉景领誓，其他人员跟誓。第二组，县检察院检察长刘如卿单独宣誓。宣誓仪式由县委书记、县人大常委会主任张少华主持并监誓，出席、列席会议的全体与会人员参加宣誓仪式。

**第三次会议**　2017 年 8 月 8 日召开，会期 1 天。上午在县宾馆四楼会议室召开第一阶段会议，组织预算法培训。邀请省人大、市财政局、市审计局有关专家领导分别对地方人大如何加强预算审查监督、预算改革、预算执行审计等相关知识讲解培训。县人大常委会副主任黎建辉主持培训会，县委常委、常务副县长徐圣银作总结讲话，县人大常委会各组成人员、不是常委会组成人员的县人大各专委委员、县直部分单位主管副职和会计，各乡镇乡镇长、人大主席、财政所所长或会计，部分人大代表、公民参加培训。

下午在政府会议楼第四会议室召开第二阶段会议。县人大常委会副主任黎建辉主持会议，副主任高志强、郭彦儒、刘玉存，委员王茂、王辉、王文静、王志民、王建平、史志法、刘亚红、闫丽宁、孙亚兰、李鹏、杨保录、杨增升、张士友、陈运东、郑建龙、赵路通、袁占强、高飞出席会议。县政府副县长宋文军，县法院院长冯青林、县检察院检察长刘如卿，县教育局、县人社局（就业局）、县工信局、县住建局、县城管局、县创园办、县交警大队主要领导和主管创园工作的副职，不是常委会组成人员的县人大各专委委员，各乡镇人大主席及部分县人大代表列席会议，部分公民旁听会议。

会议对创建省级园林县城工作进行专题询问。询问现问现答，委员王建平、杨增升、王辉、闫丽宁、孙亚兰、王文静、高飞，人大代表刘月强，分别就县城“三治”、集中供热、新建道路及设施的管理维护、生活垃圾及建筑垃圾的清扫收集和运送、污水处理厂建设和运转、天然气公司经营管理和供应情况、创园工作验收时间和标准及施工进度等方面工作提出问题，县城管局、县住建局、县交警大队、县创园办 4 个部门领导逐一做出解答，提问委员和代表表示满意或基本满意。副县长宋文军就进一步加大创园工作力度，确保年内创园成功作表态发言。会议强调，创建省级园林县城，是县委、县政府的重点工作，也是事关群众切身利益的民生问题，全县上下都十分关注。希望县政府和有关部门认真对待，集中力量、攻坚克难，确保高标准、高质量完成各项目标任务。县人大常委会将对创园工作进行持续关注，适时开展各项监督活动，对群众反映进展缓慢的部门，必要时启动质询程序。

会议听取和审议县政府《关于义务教育法贯彻落实情况的工作报告》和县人大常委会执法检查组《关于县政府贯彻落实义务教育法情况的执法检查报告》，对县教育局专项工作进行满意度测评。会议议定，县政府及县教育局要认真研究会议审议意见，结合人大执法检查报告，制定整改落实方案，报县人大教科文卫工委，常委会会议适时听取整改落实情况专题报告。

会议听取县政府和县检察院关于县人大常委会第二次会议审议意见落实整改情况的报告。会议认为，县政府和县检察院对第二次会议审议意见的落实比较到位，有些问题还需继续努力落实。县人大常委会要继续关注，有关委室将继续跟踪督办、持续监督，直到问题全部落实到位。

**第四次会议** 2017年8月18日在县人大常委会会议室召开。县人大常委会副主任黎建辉主持会议，副主任郭彦儒、刘玉存，委员王茂、王辉、王文静、王志民、王建平、史志法、闫丽宁、纪振友、孙亚兰、李鹏、杨增升、张士友、陈运东、郑建龙、赵路通、袁占强、高飞出席会议。县委常委、常务副县长徐圣银，县法院副院长刘剑波、县检察院副检察长曹寿怀列席会议。

会议通过县人大常委会有关文件无效的声明。2016年12月1日，县十五届人大常委会第三十七次会议审议县政府关于改善农村人居环境建设一期项目购买服务资金列入县级财政预算的议案、关于县城区道路建设工程项目有关情况的报告及说明，作出相应决议。近期，县政府及财政部门根据有关文件规定，分别通过通知、发函、声明等方式撤销或废止相关议案、函件或合同。为此，会议认为，借鉴其他县区做法，县人大常委会同样应需声明：县十五届人大常委会第三十七次会议通过的《关于〈深泽县人民政府关于提请审议石家庄市深泽县改善农村人居环境建设一期项目购买服务资金列入财政预算的议案〉的决议》和《关于〈深泽县人民政府关于深泽县城区道路建设工程项目有关情况的报告〉的决议》无效。会议以举手表决方式通过以上声明。会议议定，会后由县人大常委会办公室编印《常委会公报》，送发县政府及有关部门。

**第五次会议** 2017年9月22日在县人大常委会会议室召开，会期1天。上午召开第一阶段会议，组织专题培训。县人大常委会副主任黎建辉主持培训会，就进一步加强县乡人大建设、依法履行好人大各项职权进行培训。副主任高志强、选任代工委主任赵路通分别围绕常委会组成人员、专委组成人员、乡镇人大主席、副主席的产生、职责及如何履职等内容，结合相关法律法规，进行讲解培训。县人大常委会各组成人员、不是常委会组成人员的县人大各专委委员、各乡镇人大主席、部分县人大代表、公民参加培训。

下午召开第二阶段会议。县人大常委会副主任黎建辉主持会议，副主任高志强、郭彦儒、刘玉存，委员王茂、王辉、王文静、王建平、史志法、闫丽宁、纪振友、孙亚兰、李鹏、刘亚红、陈运东、宋亚坤、郑建龙、赵路通、袁占强、高飞出席会议。县政府副县长张军良，县法院院长冯青林、县检察院检察长刘如卿，县发改局局长袁士科、县财政局局长左占红、县审计局局长高殿恒，不是常委会组成人员的县人大各专委委员，各乡镇人大主席及部分市、县人大代表列席会议，部分公民旁听会议。

听取和审议县政府《关于2017年上半年国民经济和社会发展计划执行情况的工作报

告》，对县发改局专项工作进行满意度测评。

听取和审议县政府《关于2016年县本级决算和总决算情况的报告》《2016年度县本级预算执行和其他财政收支情况的审计工作报告》《2017年1—6月预算执行情况的报告》，对县财政局、县审计局专项工作进行满意度测评。

听取和审议县法院《关于民事审判工作开展情况的工作报告》，对县法院专项工作进行满意度测评。

听取县政府关于县人大常委会第三次会议审议意见整改落实情况的报告。

县人大常委会副主任黎建辉根据主任会议精神提出3点要求：1.县人大常委会各组成人员、各专委组成人员、各乡镇人大主席和副主席、各级人大代表要进一步加强履职常用法律法规和人大业务知识的学习，熟练掌握履职的程序和方法，不断提高自身的依法履职能力和水平，县人大常委会召开会议时将通过多种方式安排专题培训。2.县政府、县法院要充分考虑本次常委会会议所提意见、建议，认真抓好整改落实，将整改落实情况及时分别报送县人大常委会财经工委、政法工委，下次常委会会议将听取整改落实情况汇报。3.人大办负责将本次常委会会议满意度测评结果上报县委、通报县政府，并以《常委会公报》形式向社会公布。

**第六次会议**　2017年12月7日在县政府会议楼第四会议室召开，会期1天。上午8时召开第一阶段会议。县人大常委会副主任黎建辉主持会议，副主任高志强、郭彦儒、刘玉存，委员王志民、王茂、王辉、王文静、王建平、史志法、纪振友、孙亚兰、李鹏、刘亚红、陈运东、宋亚坤、郑建龙、张士友、杨增升、赵路通、袁占强、高飞出席会议。县政府副县长马骅，县法院院长冯青林、县检察院检察长刘如卿，县政府办公室主任赵玉景，县发改局局长袁士科、县财政局局长左占红、县水务局局长张英民、县卫计局局长张学荣、县市场监管局局长邸亚中、县工信局局长王秀党，县住建局、县城管局、县农业局县、县环保局、县公安局等单位分管副职，不是常委会组成人员的县人大各专委委员，各乡镇人大主席及部分县人大代表列席会议，部分公民旁听会议。

听取和审议县政府《关于卫生基础设施建设情况的工作报告》，对县卫计局专项工作进行满意度测评。

补选王东华为深泽县出席石家庄市第十四届人民代表大会代表。

听取和审议县政府《关于代表建议和意见办理情况的工作报告》，对议案涉及部门的专项工作进行满意度测评。

审议通过《深泽县人大常委会关于贯彻落实县委十一届二次全会精神持续深入推动党的十九大精神学习宣传贯彻的决定（草案）》。

听取县政府关于常委会第五次会议审议意见整改落实情况的报告。

对环境保护工作进行专题询问。会议现场现问现答，委员宋亚坤、王建平、李鹏、王辉、孙亚兰，分别就如何处理环境保护与项目建设的关系、如何解决农村取暖问题、如何打击和取缔“小漂洗”、如何治理企业偷排偷放、如何解决秸秆综合利用和焚烧等问题对列席会议的县政府相关部门进行询问。发改局局长袁士科、市场监管局局长邸亚中、工信局局长王秀党、环保局副局长赵志峰、农业局副局长部占通一一做了认真解答，提问委员和代表表示满意和基本满意。

听取和审议县政府关于2017年县级预算调整方案（草案）的议案及说明，审查县级预算调整方案（草案），审议通过相关决定。

下午召开第二阶段会议，党的十九大精神专题学习培训。县人大常委会副主任黎建辉主持学习培训会，就学习宣传贯彻党的十九大精神、进一步加强县乡人大建设、依法履行好人大各项职权进行讲解培训。选任代工委主任赵路通重点围绕党的十九大报告进行讲解培训。县人大常委会各组成人员、不是常委会组成人员的县人大各专委委员、各乡镇人大主席和副主席、部分人大代表和公民参加学习培训。

**第七次会议** 2018年1月26日在县人大常委会会议室召开。县人大常委会副主任黎建辉主持会议，副主任高志强、郭彦儒、刘玉存，委员王茂、王辉、王志民、王建平、史志法、闫丽宁、纪振友、孙亚兰、李鹏、杨保录、杨增升、宋亚坤、张士友、陈运东、郑建龙、赵路通、袁占强、高飞出席会议。县政府副县长刘军峰，县检察院检察长刘如卿、县法院副院长刘剑波，县财政局局长左占红、县发改局局长袁士科，不是常委会组成人员的县人大各专委委员，各乡镇人大主席及部分县人大代表列席会议，部分公民旁听会议。

听取和审议县政府《关于2018年计划草案及2017年国民经济和社会发展计划执行情况与2018年国民经济和社会发展计划草案的报告》；听取和审议县政府《关于2018年预算草案和2017年县本级预算及县总预算执行情况和2018年县本级预算及县总预算草案的报告》；通过县人大常委会财经工委《关于深泽县2017年国民经济和社会发展计划执行情况与2018年国民经济和社会发展计划草案审查结果的报告（草案）》和《关于深泽县2017年县本级预算及县总预算执行情况和2018年县本级预算及县总预算草案审查结果的报告（草案）》。

审议通过县十六届人大常委会主任、部分人大代表辞去相应职务请求的决定（草案）。

审议通过关于召开县十六届人大二次会议的相关事宜。

审议通过县人大常委会工作报告（讨论稿）。

审议通过《深泽县人大常委会关于表彰优秀县人大代表的决定（草案）》。

听取县政府关于常委会第六次会议审议意见整改落实情况的报告。

**第八次会议** 2018年2月3日在县人大常委会会议室召开。县人大常委会主任袁国良主持会议，副主任黎建辉、高志强、郭彦儒、刘玉存，委员王茂、王辉、王志民、王建平、史志法、闫丽宁、纪振友、张士友、宋亚坤、陈运东、李鹏、杨保录、杨增升、郑建龙、赵路通、高飞、袁占强、曹建芝出席。县委常委、常务副县长徐圣银，县委常委、县纪委书记、县监察委员会主任郭建强，县法院院长冯青林、县检察院检察长刘如卿，各乡镇人大主席列席会议。

会议表决通过人事任免事项。

根据《全国人大常委会关于实行宪法宣誓制度的决定》《河北省实施宪法宣誓制度办法》

和《深泽县人大常委会宪法宣誓仪式实施细则》要求，新任命人员姜增雪、郑红桥、郝鹏、石占朋、张景峰进行宪法公开宣誓。姜增雪领誓，其他人员跟誓。宣誓仪式由袁国良主持并监誓。出席、列席第八次常委会会议的全体人员参加宣誓仪式。

**第九次会议**　2018 年 3 月 1 日在县人大常委会会议室召开。县人大常委会主任袁国良主持会议，副主任黎建辉、郭彦儒、刘玉存，委员王茂、王辉、王志民、王建平、史志法、闫丽宁、纪振友、李鹏、杨保录、杨增升、张士友、陈运东、郑建龙、赵路通、袁占强、高飞、曹建芝出席。县政府副县长宋文军，县法院院长冯青林、县检察院检察长刘如卿、县监察委员会副主任郑红桥，各乡镇人大主席列席会议。

会议通报县人大常委会第九次主任会议审议通过的“关于调整县十六届人大常委会主任、副主任工作分工的意见”。

会议审议通过县人大常委会 2018 年度工作要点、监督计划。议定办公室负责以常委会文件形式将常委会 2018 年度工作要点、监督计划印发县人大常委会组成人员、“一府一委两院”、县政府各组成部门及各乡镇。

袁国良就进一步做好人大常委会工作，提高工作实效，树立良好的权力机关形象，对常委会各组成人员提出四点要求。一是要充分听取和积极反映基层代表和群众的意见和呼声。大家来自不同的行业、不同的工作岗位，平时要注重结合各自工作特点和优势，多听听周围老百姓的意见和呼声，当好人民群众的“代言人”。二是要进一步提高监督实效。监督权是宪法和法律赋予人大及其常委会的一项重要职权，依法履行对“一府一委两院”的法律监督和工作监督，不断提高监督实效，是法律赋予大家的法定职责。大家对此一定要有清醒的认识，要有强烈的责任感和使命感，要敢于说真话、实话，提出真知灼见；要进一步提高常委会会议审议质量和执法检查、视察、调研等活动的实际效果，绝不能流于形式。三是要进一步加强与人大代表的联系。常委会组成人员联系代表，代表联系基层群众和选民，要形成制度并不断加强，确保基层民众和社会各界的意见和呼声能够收集、反映上来。“代表之家”和“代表工作站”建设，要按照省市要求，结合深泽县实际，进一步完善和提升，为代表闭会期间依法履职、发挥作用提供可靠的保障。四是要树好县人大常委会的整体形象。常委会各组成人员要不断强化政治理论、党纪党规、法律法规、人大业务知识的学习，努力提高自身政治理论素养和依法履职水平，以良好的个人形象、工作效果，推动县人大常委会整体工作扎实有效开展，树好权威、履职尽责，为促进深泽经济社会转型升级、高质高效发展，建设新时代实力美丽幸福新深泽发挥积极作用、做出应有贡献。

**第十次会议**　2018 年 5 月 15 日在县人大常委会会议室召开。县人大常委会主任袁国良主持会议，副主任黎建辉、高志强、郭彦儒、刘玉存，委员王茂、王辉、王志民、王建平、史志法、闫丽宁、李鹏、宋亚坤、张士友、陈运东、郑建龙、赵路通、袁占强、高飞、曹建芝出席。县政府副县长张军良，县法院院长冯青林、县检察院检察长刘如卿、县监察委员会副主任姜增雪，县教育局、县科技局负责人，不是常委会组成人员的县人大各专委委员，各乡镇人大主席（副主席）和部分县人大代表列席会议，部分公民旁听会议。

会议通过人事任免事项。

会议听取和审议县政府《关于全县职业教育发展和科学技术进步法贯彻实施情况的工作报告》，听取和审议县人大教科文卫工委所作的相关视察报告和执法检查报告，对县政府部门相关专项工作进行满意度测评。议定县政府及相关部门要充分考虑县人大视察、执法检查报告和本次会议提出的问题和意见，认真抓好整改落实，在下次常委会会议上报告整改落实情况。

县人大常委会副主任刘玉存对省、市关于县乡人大工作暨“人大代表之家”建设工作会议精神进行传达学习。

县人大常委会主任袁国良重点就常委会组成人员如何发挥好表率带头作用、依法高质高效履职以及进一步做好“人大代表之家（站）”完善提升工作、充分发挥其特殊作用，提出具体要求。

关于人大常委会组成人员如何履职问题。袁国良指出，人大常委会组成人员是实行人民代表大会制度的直接承担者和践行者，其组成人员的素质和能力，直接关系到人大常委会依法履职的质量和水平，关系到人民群众的根本利益。因此，县人大常委会组成人员要行使好宪法赋予的职权，必须在四个方面带好头、做表率：一是要做好勤学善谋的表率。人大工作涉及到经济社会发展的方方面面，政治性、法律性、专业性都很强，对常委会组成人员的理论素养、知识水平和履职能力要求都很高。面对日新月异的人大工作，常委会组成人员要把学习放在更加突出的位置，深入系统地学习宪法、地方组织法、代表法、监督法、监察法等法律法规，熟悉人大工作的规则和程序，掌握人大工作的特点和规律。要坚持理论与实践相结合，全面提升综合素质，为做好人大工作提供知识储备，打好理论基础。二是要做好创先争优的表率。常委会组成人员大多是来自各行各业、各条战线的精英，应在本职岗位上兢兢业业、扎实工作，始终站在全县改革发展稳定的最前列，着力加强政治建设，牢固树立“四个意识”，当好抓落实、重实干的模范，在推进产业强县中显身手，在维护民生民利中树形象，在促进社会和谐中作表率，以自己的模范行动引领群众、带动群众，努力成为干事创业的时代先锋、改革发展的中流砥柱。同时，常委会组成人员还要带头遵纪守法，弘扬社会公德，坚持廉洁自律，积极践行应有的社会责任，以自身的模范行动倡导和引领良好的社会风尚，努力向社会传递更多更强的正能量。三是要做好履职尽责的表率。常委会组成人员既是一种荣誉，更是一种职务。因此，组成人员必须认真准备、按时参加人大常委会的各类会议和视察调研等活动，主动进行审议发言。组成人员作为一名人大代表，要以更高标准履行代表职务，积极参加“人大代表之家”“人大代表联络站”活动，切实加强与选区选民的联系，关心选区事务、心系选民冷暖，围绕县委、县政府中心工作和全社会普遍关注的食品安全、扫黑除恶、环境保护、城市建设等热点、难点、焦点问题，高效率地收集民情民意，高质量地提出意见建议，高水平地推动问题解决，切实当好群众的贴心人、代言人。更要积极参与到深化改革、招商引资和县委组织开展的“转观念、改作风、重担当、求实效”主题教育实践中去。四是要做好团结协作的表率。常委会组成人员来自不同部门、不同行业，在工作、学习和生活中，都要讲团结、求和谐、增合力，互相尊重、互相支持，围绕县人大常委会的工作，做到心往一处想、力往一处使，努力营造团结和谐的工作氛围，形成同心同德的工作合力，推动全县人大工作水平整体提升。下一步将严格按照人大常委会的监督计划，适时组织检查、视察、调研、测评、专题询问等系列活动，按照正确监督、有效监督的要求，在监督实效上下功夫，切实推动各项工作的开展。7月要召开第十一次常委会会议，请各位委员做好准备，准时参加并发表意见。

关于"人大代表之家"和"人大代表联络站"建设提升工作。袁国良强调，2017年以来，省、市人大高度重视"家""站"工作，分别两次召开会议进行安排部署和经验交流，根据县人大的安排，各乡镇人大特别是桥头乡和深泽镇在"家""站"建设上带了头，营造了较好活动氛围。其他乡镇也做了一些工作，但与省、市人大要求和兄弟县市相比，还有一些差距，还需要进一步在提升工作上下功夫。"人大代表之家"及"人大代表联络站"的建设是今年省市县人大的重点工作之一，请各乡镇人大主席、副主席紧紧抓在手上，专职专用。近期县人大将组织联查、评比、考核排队，由此展现各乡镇人大主席的能力水平。一是"家""站"硬件要提升。"家""站"硬件要达到"九有"。有场地。有固定的活动场所，配备桌椅、资料柜、电视、电脑等必要的办公设施。有标牌。门口或廊道悬挂"人大代表之家"或"人大代表联络站"标牌。有标语。屋内悬挂"人民选我当代表，我当代表为人民"标语和国徽。有公示。"召集人（站长）公示栏"有召集人或站长以及工作人员的照片、姓名、职务等。"代表公示栏"有代表的照片、姓名、单位、职务、联系电话等。有制度。"人大代表之家"悬挂"五项制度"（活动制度、学习培训制度、联系选民制度、视察调研制度、代表向选民述职制度）。"人大代表联络站"悬挂"两项制度"（联系和宣传群众制度、服务群众制度）。同时悬挂"家（站）"工作职责和年度活动计划等。制度牌大小统一、色调一致。有台账。每位代表一个档案盒，活动内容有记录。认真填写市人大统一下发的"四簿"（即人大代表之家开展活动登记簿、接待群众登记簿、代表述职登记簿、建议办理情况登记簿）等，注意留存活动影像资料。有资料。配备相关的法律法规书籍和报刊资料等。有专人。"人大代表之家"有2名召集人和工作人员，明确乡镇党委书记为第一召集人、人大主席为第二召集人；"人大代表联络站"有1名站长和工作人员。有展牌。在"家""站"屋内或走廊设立固定或移动"代表活动风采""家（站）特色工作"展牌，也可设立特色文化墙等，营造浓厚的"家""站"氛围。二是"家""站"活动要提升。按照市人大"充实内涵、扩大外延"的要求，在活动内容上，科学制订"家""站"年度活动计划，坚持每半年开展一次集中培训活动，每季度开展一次视察调研活动，每月开展一次接待或走访选民活动，"人大代表之家"年终组织开展一次评议基层站所、评选优秀县人大代表和代表述职评议活动。在活动方式上，坚持县人大常委会统一安排"家""站"开展活动与"家""站"自主安排开展活动相结合，进一步增强"家""站"活动的针对性和主动性。三是"家""站"管理要提升。明确"家""站"召集人、站长、工作人员各自相应职责并上墙。完善"家（站）"代表请假制度、代表参加活动情况定期通报制度，每次活动由工作人员严格考勤登记，每半年对代表出勤情况进行一次通报，使“家”“站”工作进一步规范化、制度化，努力建设成为学习培训的课堂、联络选民的桥梁、履行职能的平台、服务群众的窗口、民主法治建设的阵地、创新社会治理的抓手，切实发挥好作用。各常委会委员就近参加“家”“站”的活动，并以自己实际行动带动和推动“家”“站”建设和活动开展，在一个区域内发挥良好的社会作用。

**第十一次会议** 2018年7月18日，在县人大常委会会议室召开。县人大常委会主任袁国良主持会议，副主任黎建辉、高志强、郭彦儒、刘玉存，委员王茂、王辉、王志民、王建平、史志法、闫丽宁、纪振友、孙亚兰、李鹏、杨保录、宋亚坤、张士友、陈运东、郑建龙、赵路通、袁占强、高飞、曹建芝出席会议。副县长张军良，县法院院长冯青林、县检察院检察长刘如卿、县监察委员会副主任姜增雪，县公安局局长、县人社局局长，不是常委会组成人员的县人大各专委委员，各乡镇人大主席（副主席）和部分县人大代表列席会议，部分公民旁听会议。听取和审议县政府《关于社会保险工作开展情况的工作报告》，对县人社局专项工作进行满意度测评。听取和审议县公安局《关于扫黑除恶专项斗争开展情况的工作报告》，对县公安局专项工作进行满意度测评。

会议通过人事任免事项。

会议通过听取县政府关于常委会第十次会议审议意见整改落实情况的报告。学习传达《关于健全县人大讨论决定重大事项、县政府重大决策出台前向县人大报告的工作流程》文件精神。

**第十二次会议** 2018年9月5日，在县人大常委会会议室召开。县人大常委会主任袁国良主持会议，副主任黎建辉、高志强、郭彦儒、刘玉存，委员王茂、王辉、王志民、王建平、史志法、纪振友、孙亚兰、李鹏、杨保录、杨增升、宋亚坤、张士友、陈运东、赵路通、袁占强、高飞、曹建芝出席。副县长张军良，县法院院长冯青林、县检察院副检察长邸立琴、县监察委员会副主任姜增雪，县发改局、县财政局、县住建局、县审计局、县城管局、县民政局局长，不是常委会组成人员的县人大各专委委员，各乡镇人大主席和部分县人大代表列席会议，部分公民旁听会议。

会议听取和审议县发改局局长袁士科作的《关于2018年上半年国民经济和社会发展计划执行情况的报告》、财政局局长左占红作的《关于2017年度财政决算情况的报告》和《关于2018年上半年财政预算执行情况的报告》、审计局局长刘奇作的《关于2017年财政预算执行和其他财政收支的审计工作报告》、住建局局长宋勇志作的《关于县城建设和管理情况的工作报告》，以及县人大财经工委、选任代工委所作的相应视察报告。随后，对县发改局、财政局、住建局、城管局、审计局专项工作进行满意度测评。议定：县政府及相关部门要充分考虑县人大视察报告和本次会议上提出的问题、意见，认真抓好整改落实，并在下次会议上报告整改落实情况。

会议听取和审议副县长张军良作的《深泽县人民政府关于扶贫脱贫攻坚大气污染防治优化营商环境工作开展情况的报告》。议定：会后人大办抓紧对本次会议委员们提出的意见进行整理汇总，连同问题清单及时转交县政府及有关部门办理。

会议审议通过民政局局长刘荣建作的《关于撤销桥头乡设立大桥头镇行政区划调整方案》。议定：会后县人大常委会印发关于同意撤销桥头乡设立大桥头镇行政区划调整方案的意见。

会议通过人事任免事项。

**第十三次会议**　2018 年 11 月 14 日在县人大常委会会议室召开。县人大常委会主任袁国良主持会议，副主任黎建辉、高志强、郭彦儒、刘玉存，委员王茂、王辉、王志民、史志法、闫丽宁、纪振友、孙亚兰、李鹏、杨增升、陈运东、郑建龙、赵路通、袁占强、高飞、曹建芝出席。县政府副县长张军良、县检察院检察长刘如卿、县监察委员会副主任姜增雪、县法院副院长刘志兴，代表建议、意见办理和完成环保目标涉及的县政府办公室、县住建局、县教育局、县交通局、县公安局、县城管局、县农业局、县文体局、县税务局、县林业局、县水务局、县环保分局、县档案馆主要负责人或分管负责人，不是常委会组成人员的县人大各专委委员、各乡镇人大主席和部分县人大代表列席会议，部分公民旁听会议。

会议听取和审议县政府办公室主任赵玉景受县政府委托作的《深泽县人民政府关于代表建议和意见办理情况的工作报告》和县人大选任代工委作的相应调研报告。议定：县政府及相关部门要充分考虑县人大调研报告和本次会议上提出的问题、意见，认真抓好整改落实。

会议听取和审议市环保局深泽分局负责人受县政府委托所作的《深泽县人民政府关于2017 年度环境状况和环境保护目标完成情况的工作报告》。议定：县政府及相关部门要充分考虑本次会议上常委会组成人员、人大代表提出的审议意见，认真抓好整改落实。

对县住建局、县教育局、县交通局、县公安局、县城管局、县农业局、县文体局、县税务局、县林业局、县水务局、县环保分局、县档案馆专项工作进行满意度测评。

会议听取和审议县政府副县长张军良作的《深泽县人民政府关于县人大常委会第十二次会议审议意见和“三项联动监督”问题清单整改落实情况的报告》。

会议听取和审议《深泽县人民检察院关于公益诉讼工作开展情况的工作报告》，以举手表决方式通过《深泽县人大常委会关于加强检察机关公益诉讼工作的决议》。议定：县人大常委会办公室以常委会文件形式印发该决议，全县各级国家机关、人大代表、公民、法人和社会各界组织要切实抓好贯彻实施。

**第十四次会议**　2018 年 12 月 21 日在县人大常委会会议室召开。县人大常委会主任袁国良主持，副主任黎建辉、高志强、郭彦儒、刘玉存，委员王茂、王辉、王志民、王建平、史志法、闫丽宁、孙亚兰、李鹏、杨增升、宋亚坤、张士友、陈运东、郑建龙、赵路通、袁占强、高飞、曹建芝出席。县政府副县长宋文军，县检察院副检察长刘剑波、县监察委员会副主任姜增雪、县法院副院长邸丽琴、县财政局局长左占宏，不是常委会组成人员县人大各专委委员、各乡镇人大主席和部分县人大代表列席会议，部分公民旁听会议。

会议以无记名投票方式表决通过深泽县人大常委会主任会议《关于提请任命卢明刚为深泽县人民政府副县长并决定其为代理县长的议案》。

听取和审议县政府关于提请审议 2018 年县级预算调整方案（草案）的议案及说明，审查批准《2018 年县级预算调整方案（草案）》；

**第十五次会议**　2019 年 1 月 9 日在县人大常委会会议室召开。县人大常委会主任袁国良主持会议，县人大常委会副主任黎建辉、高志强、郭彦儒、刘玉存，委员王茂、王辉、王志民、王建平、史志法、闫丽宁、孙亚兰、李鹏、张士友、陈运东、郑建龙、赵路通、袁占强、高飞、曹建芝出席。县政府副县长马骅，县检察院检察长刘如卿、县法院院长冯青林、县监察委员会副主任姜增雪，不是常委会组成人员的县人大各专委委员、各乡镇人大主席和部分县人大代表列席会议，部分公民旁听会议。

听取和审议县政府关于县人大常委会第十三次会议审议意见整改落实情况的报告；通报 2018 年评选优秀县人大代表情况。

会议以无记名投票表决方式通过《深泽县人大常委会主任会议关于提请补选袁国良、卢明刚为石家庄市第十四届人大代表的议案》。

会议通过人事任免事项。

**第十六次会议**　2019 年 1 月 18 日在县人大常委会会议室召开。县人大常委会主任袁国良主持会议，副主任黎建辉、高志强、郭彦儒、刘玉存，委员王茂、王辉、王志民、王建平、史志法、闫丽宁、纪振友、孙亚兰、李鹏、陈运东、郑建龙、赵路通、袁占强、高飞、曹建芝出席。县政府副县长魏洪涛，县法院院长冯青林、县检察院检察长刘如卿、县监察委员会副主任郑红桥，县财政局局长左占红、县发改局局长贾占勇，不是常委会组成人员的县人大各专委委员、各乡镇人大主席和部分县人大代表列席会议，部分公民旁听会议。

听取和审议县政府《关于 2019 年计划草案及 2018 年国民经济和社会发展计划执行情况与 2019 年国民经济和社会发展计划草案的报告》；听取和审议县政府《关于 2019 年预算草案和 2018 年县本级预算及县总预算执行情况和 2019 年县本级预算及县总预算草案的报告》；通过县人大常委会《关于深泽县 2018 年国民经济和社会发展计划执行情况与 2019 年国民经济和社会发展计划草案审查结果的报告（草案）》和《关于深泽县 2018 年县本级预算及县总预算执行情况和 2019 年县本级预算及县总预算草案审查结果的报告（草案）》。审议通过部分县人大代表辞去代表职务请求的决定（草案）。审议通过关于召开县十六届人大三次会议相关事宜。审议通过县人大常委会工作报告（讨论稿）。

**第十七次会议**　2019 年 3 月 6 日，在县人大常委会会议室召开。县人大常委会主任袁国良主持会议，副主任黎建辉、刘玉存，委员王茂、王辉、王志民、史志法、闫丽宁、孙亚兰、杨增升、陈运东、郑建龙、赵路通、高飞、曹建芝出席。

听取和审议《石家庄市公安局关于呈请许可对深泽县人大代表王某采取刑事强制措施的报告》。会议听取和审议《石家庄市公安局关于呈请许可对深泽县人大代表王某采取刑事强制措施的报告》，表决同意石家庄市公安局提请的许可事项。会议议定：办公室负责起草《深泽县人大常委会关于许可石家庄市公安局对深泽县第十六届人大代表王某采取刑事强制措施的函》，交市公安局。

**第十八次会议**　2019 年 3 月 13 日在县人大常委会会议室召开。县人大常委会主任袁国良主持会议，副主任黎建辉、郭彦儒、刘玉存，委员王茂、王辉、王志民、史志法、闫丽宁、纪振友、孙亚兰、李鹏、杨增升、陈运东、郑建龙、赵路通、袁占强、高飞、曹建芝出席。县政府副县刘军峰，县检察院检察长刘如卿、县法院院长冯青林、县监察委员会副主任姜增雪，不是常委会组成人员的县人大各专委委员、各乡镇人大主席和部分县人大代表列席会议，部分公民旁听会议。会议审议通过深泽县人大常委会 2019 年监督计划（草案）；审议通过深泽县人大常委会 2019 年工作要点（草案）。

**第十九次会议** 2019 年 4 月 4 日，在县人大常委会会议室召开。县人大常委会主任袁国良主持会议，副主任黎建辉、高志强、郭彦儒、刘玉存，委员王茂、王辉、王志民、史志法、闫丽宁、纪振友、孙亚兰、李鹏、杨保录、杨增升、张士友、陈运东、郑建龙、赵路通、袁占强、高飞、曹建芝出席。县政府副县长张军良，县检察院检察长刘如卿、县法院副院长刘剑波、县监察委员会副主任郑红桥，县教育局局长韩占昌、县公安局副局长宋永杰，不是常委会组成人员的县人大各专委委员、各乡镇人大主席和部分县人大代表列席会议，部分公民旁听会议。

会议听取和审议县公安局《关于呈请许可对深泽县人大代表杨某采取刑事强制措施的报告》，以电子表决器表决方式通过该报告。

会议听取和审议县教育局局长韩占昌受县政府委托所作的《深泽县人民政府关于全县学前教育发展情况的工作报告》，对县教育局专项工作进行满意度测评。本次会议采用常委会组成人员按电子表决器方式进行满意度测评。常委会组成人员应到 24 人，实到 22 人，对县教育局专项工作满意票 19 票，基本满意票 3 票。

**第二十次会议** 2019 年 5 月 7 日在县政府会议楼第四会议室召开。县人大常委会主任袁国良主持会议，副主任黎建辉、高志强、郭彦儒、刘玉存，委员王茂、王志民、史志法、闫丽宁、纪振友、孙亚兰、李鹏、杨保录、杨增升、宋亚坤、张士友、陈运东、郑建龙、赵路通、袁占强、高飞、曹建芝出席。县政府副县长宋文军（列席第一项议题），县法院院长冯青林、县检察院检察长刘如卿、县监察委员会副主任姜增雪，县发展和改革局、县自然资源和规划局、县文化广电体育和旅游局、县市场监督管理局、县行政审批局、县民政局、县生态环境分局、县地方金融监管局主要负责人，不是常委会组成人员的县人大各专委委员、各乡镇人大主席和部分县人大代表列席会议。

会议以举手表决方式分别表决通过《深泽县人大常委会关于接受郭建强辞去深泽县监察委员会主任职务请求的决定（草案）》《深泽县人大常委会关于接受魏洪涛、张军良辞去深泽县人民政府副县长职务请求的决定（草案）》。以无记名投票方式分别表决通过《深泽县人大常委会主任会议关于提请任命魏洪涛为深泽县监察委员会副主任，并决定其为代理主任的议案》《深泽县人民政府关于提请任命王伟等职务的议案》；以举手表决方式表决通过《深泽县人大常委会关于魏洪涛为深泽县监察委员会代理主任的决定（草案）》。投票表决前，魏洪涛、王伟、王永 3 人作供职报告；表决后，县人大常委会主任袁国良为魏洪涛、王伟、王永 3 人颁发任命书，魏洪涛、王伟、王永分别作表态发言。随后进行宪法宣誓。宣誓仪式分两组进行：第一组首先由魏洪涛单独宣誓；第二组由王伟、王永集体宣誓，王伟领誓，王永跟誓。县人大常委会主任袁国良主持并监誓，出席、列席第二十次常委会会议的全体人员参加宣誓仪式。县政府副县长王永列席会议后面的议题。

会议听取和审议石家庄市长安区人民检察院关于呈请许可逮捕深泽县人大代表王某的报告。

会议听取和审议县生态环境分局受县政府委托所作的《深泽县人民政府关于2018年度环境状况和环境目标完成情况的工作报告》，对生态环境分局专项工作进行满意度测评。

会议审议通过《深泽县人大常委会关于落实省、市人大系统“河北发展、人大尽责”主题实践活动的实施方案》《深泽县人大常委会关于深化三项联动监督的工作方案》。

**第二十一次会议** 2019年6月13日在县人大常委会会议室召开。县人大常委会主任袁国良主持会议，副主任郭彦儒、刘玉存，委员王茂、王辉、王志民、史志法、闫丽宁、纪振友、孙亚兰、李鹏、杨增升、张士友、陈运东、郑建龙、赵路通、袁占强、高飞出席。县政府副县长马骅，县法院院长冯青林、县检察院副检察长王建水、县监察委员会副主任郑红桥，县财政局、县自然资源和规划局负责人，不是常委会组成人员的县人大各专委委员、各乡镇人大主席和部分县人大代表列席会议，部分公民旁听会议。

会议以按电子表决器方式表决通过《深泽县人大常委会关于接受徐圣银辞去县政府副县长职务请求的决定》。以无记名投票方式分别通过《深泽县人民政府关于提请任免马骅等职务的议案》《深泽县人民法院关于提请免去张亚平等二人职务的议案》《深泽县监察委员会关于提请免去姜增雪职务的议案》。

会议听取和审议县政府副县长、县财政局局长马骅受县政府委托所作的《深泽县人民政府关于提请审议2019年县级预算调整的议案》及说明、县人大陈运东所作的《深泽县人大财经委关于2019年县级预算调整方案（草案）的审查报告》。会议以按电子表决器方式通过《深泽县人大常委会关于批准2019年县级预算调整方案的决定》。

会议分别听取和审议县政府副县长、县财政局局长马骅和县自然资源和规划局局长曹亚峰受县政府委托所作的《深泽县人民政府关于2018年度国有资产管理情况的报告》，马骅报告侧重行政事业单位国有资产部分，曹亚峰报告侧重资源性国有资产部分。会议议定：县政府及相关部门一是要进一步加强对国有资产的管理，彻底杜绝账目登记不清、资产购置随意性大、资产处置不规范以及底数不清、多头管理、职权分散，资产配置、使用效率不高，流失、浪费严重等问题。二是要研究国有资产报告的编制方法，建立配套工作制度，制定日常报告和重大事项报告操作规程、工作规范标准，从制度建设和技术创新入手，着力解决实际问题。

听取和审议县法院院长冯青林所作的《深泽县人民法院关于呈请许可对深泽县人大代表杨某采取刑事强制措施和刑事审判的报告》，以按电子表决器方式通过该报告。

分别审议《深泽县人大常委会关于开展县乡两级人大代表述职评议活动的实施意见（征求意见稿）》《深泽县人大常委会关于实施民生实事项目人大代表票决制的实施意见（征求意

见稿）》《深泽县人大常委会关于开展专项工作满意度测评的实施意见（征求意见稿）》。议定由办公室根据会议审议意见进一步修改完善后，印发常委会文件正式施行。

学习传达市人大常委会副主任楚行宇到深泽视察调研、开展“双联”活动时的讲话精神。

**第二十二次会议**　2019 年 9 月 6 日在县政府会议楼第四会议室召开。县人大常委会主任袁国良主持会议，副主任黎建辉、高志强、郭彦儒、刘玉存，委员王茂、王辉、王志民、史志法、闫丽宁、纪振友、孙亚兰、李鹏、杨增升、宋亚坤、张士友、陈运东、郑建龙、赵路通、袁占强、高飞、曹建芝出席。县政府副县长、县财政局局长马骅，县法院院长冯青林、县检察院检察长刘如卿、县监察委员会副主任郑红桥，县发展和改革局局长贾占勇、县卫健局局长贾卫东、县审计局局长赵立，不是常委会组成人员的县人大各专委委员、参与履职评议的市人大代表、各乡镇人大主席和部分县人大代表列席会议，部分公民旁听会议。

会议听取和审议县卫健局局长贾卫东受县政府委托所作的《深泽县人民政府关于卫生防疫工作开展情况的工作报告》和县人大教科文卫工委所作的《深泽县人大常委会视察组关于卫生防疫工作开展情况的视察报告》。

听取和审议县法院院长冯青林所作的《深泽县人民法院关于执行工作开展情况的工作报告》和县人大政法工委所作的《深泽县人大常委会视察组关于县法院执行工作开展情况的视察报告》。

听取和审议县政府副县长、财政局局长马骅受县政府委托所作的《深泽县人民政府关于 2018 年度财政决算情况的报告》《深泽县人民政府关于 2019 年上半年财政预算执行情况的报告》，县审计局局长赵立受县政府委托所作的《深泽县人民政府关于 2018 年财政预算执行和其他财政收支的审计工作报告》，县人大财经委陈运东所作的《深泽县人大财经委关于 2018 年县本级决算和总决算以及县政府 2019 年 1–6 月预算执行情况的审查结果报告》，以举手表决方式表决通过《深泽县人大常委会关于批准 2018 年县本级决算的决议》。会议听取和审议县发展和改革局局长贾占勇受县政府委托所作的《深泽县人民政府 2019 年上半年国民经济和社会发展计划执行情况报告》，县人大财经委陈运东所作的《深泽县人大财经委关于 2019 年上半年国民经济和社会发展计划执行情况的审查结果报告》。分别对县卫健局、县法院、县发展和改革局、县财政局、县审计局专项工作进行了满意度测评。

通报 8 月份各“代表之家”开展活动征求“一府一委两院”工作意见、建议情况。议定：由人大常委会办公室负责将征求的意见、建议转交县政府及有关部门办理。

按照市人大统一安排，对深泽县非因“工作需要”当选的市人大代表进行履职评议。按照市人大要求，评议采用口头述职与书面述职相结合的方式进行，口头述职代表要达到 20% 以上，本次会议安排王辉、刘玉兰、张永生 3 位代表现场口头述职，其他代表书面述职。14 名应接受评议的市人大代表的《履职情况报告》和履职情况一览表，会前交县人大选任代工委编印成册，会上印发给各参评人员（市人大要求，参加评议投票的人员包括县人大常委会组成人员、乡镇人大主席和 10 名群众代表）。评议采用无记名投票方式进行，评议结果现场进行公布。

会议通过人事任免事项。

**第二十三次会议** 2019年11月29日在县人大常委会会议室召开。县人大常委会主任袁国良主持会议，副主任黎建辉、郭彦儒、刘玉存，委员王茂、王辉、王志民、史志法、闫丽宁、李鹏、张士友、陈运东、赵路通、袁占强、高飞、曹建芝出席。县政府副县长、县财政局局长马骅，县法院院长冯青林、县检察院检察长刘如卿、县监察委员会委员张升，县发展和改革局、县农业农村局、县交通运输局、县公安局、县住建局、县教育局、县卫健局、县民政局、县市场监管局、县水利局、县自然资源和规划局、县行政审批局、县生态环境分局、经济开发区负责人，不是常委会组成人员的县人大各专委委员、各乡镇人大主席或副主席、部分县人大代表列席会议，部分公民旁听会议。

会议通过人事任免事项。

听取和审议县政府副县长、县财政局局长马骅受县政府委托所作的《深泽县人民政府关于提请审议2019年县级预算调整方案（草案）的议案》及说明、县人大财经委陈运东所作的《深泽县人大财经委关于2019年县级预算调整方案（草案）的审查报告》。表决通过《深泽县人大常委会关于批准2019年县级预算调整方案的决定》。

听取和审议《深泽县人民政府关于代表建议和意见办理情况的工作报告》和县人大选任工委赵路通所作的《深泽县人大常委会视察组关于代表建议和意见办理情况的视察报告》。

听取和审议县检察院检察长刘如卿所作的《深泽县人民检察院关于公益诉讼工作开展情况的工作报告》和县人大政法工委史志法所作的《深泽县人大常委会调研组关于县检察院公益诉讼工作开展情况的调研报告》。

对县检察院和代表建议和意见办理工作涉及的县发展和改革局、农业农村局、交通运输局、公安局、住建局、教育局、卫健局、民政局、市场监管局、水利局、自然资源和规划局、行政审批局、生态环境分局、经济开发区等14个部门专项工作进行满意度测评。

**第二十四次会议** 2019年12月28日在县人大常委会会议室召开。县人大常委会主任袁国良主持会议，副主任黎建辉、高志强、郭彦儒、刘玉存，委员王茂、王辉、王志民、史志法、闫丽宁、纪振友、孙亚兰、李鹏、杨增升、张士友、陈运东、郑建龙、赵路通、袁占强、高飞、曹建芝出席。县法院院长冯青林、县检察院检察长刘如卿，县政府办公室主任赵玉景，县监察委员会副主任郑红桥，县财政局、县审计局各1名负责人，不是常委会组成人员的县人大各专委委员、各乡镇人大主席（或副主席）列席会议。

会议以无记名投票方式表决通过《深泽县人民政府关于提请任免崔子安等职务的议案》。投票表决前，拟任命人员向会议书面提交供职报告；投票表决后，袁国良为新任命人员分别颁发任命书，新任命人员分别作表态发言。全体新任命人员进行宪法集体宣誓，县委常委、县政府常务副县长崔子安领誓，县政府副县长、公安局局长李立新、县审计局局长周层跟誓。袁国良主持宣誓仪式并监督，出席、列席常委会会议的全体人员参加宣誓仪式。

县委常委、县政府常务副县长崔子安列席会议后面议题。

会议听取和审议县委常委、县政府常务副县长崔子安所作的《深泽县人民政府关于2018

年度县本级预算执行和其他财政收支情况的审计工作报告中有关问题整改情况的报告》。

会议审议通过《深泽县人大常委会关于实行民生实事人大代表票决制的实施办法（草案）》。

会议表决通过《深泽县人大常委会关于接受王云才辞去石家庄市第十四届人民代表大会代表职务请求的决议（草案）》。

**第二十五次会议**　2020年1月13日在县人大常委会会议室召开。县人大常委会主任袁国良主持会议，副主任黎建辉、郭彦儒、刘玉存，委员王茂、王辉、王志民、史志法、闫丽宁、纪振友、孙亚兰、杨增升、陈运东、郑建龙 、赵路通、袁占强、高飞、曹建芝出席。县政府副县长兼财政局局长马骅，县检察院检察长刘如卿、县法院副院长刘剑波，县发展和改革局局长贾占勇，不是常委会组成人员的县人大各专委委员和各乡镇人大主席或副主席列席会议。

会议分别听取县政府副县长兼财政局局长马骅及县发展和改革局局长贾占勇受县政府委托所作的《关于2020年预算（草案）和2019年县本级预算及县总预算执行情况和2020年县本级预算及县总预算草案的报告（草案）》《关于2020年国民经济计划（草案）及2019年国民经济和社会发展计划执行情况与2020年国民经济和社会发展计划（草案）的报告》。常委会各组成人员对2020年国民经济计划草案及报告（草案）、2020年预算草案及报告（草案）进行认真审议。以举手表决方式分别通过财经工委起草的关于国民经济计划和财政预决算的审查结果的报告（草案）。议定将报告（草案）提交县十六届人大四次会议主席团审议。

会议以举手表决方式通过《深泽县人大常委会关于接受王永等12人辞去深泽县第十六届人民代表大会代表职务请求的决议（草案）》。

会议以举手表决方式依次分别通过关于召开县十六届人大四次会议的相关事宜。

会议审议讨论《县人大常委会工作报告（征求意见稿）》。

**第二十六次会议**　2020年2月25日在县人大常委会会议室召开。县人大常委会主任袁国良主持会议，副主任黎建辉、高志强、郭彦儒、刘玉存，委员王茂、王辉、王志民、史志法、闫丽宁、纪振友、孙亚兰、杨增升、张士友、陈运东、郑建龙、赵路通、贺秀改、高飞、曹建芝出席。

会议审议通过《深泽县人大常委会关于统筹做好新冠肺炎疫情防控和经济社会发展工作的决定》。

**第二十七次会议**　2020年4月2日在县人大常委会会议室召开。县人大常委会主任袁国良主持会议，副主任黎建辉、高志强、郭彦儒、刘玉存，委员王茂、王辉、王志民、史志法、闫丽宁、孙亚兰、杨增升、张士友、陈运东、郑建龙、赵路通、贺秀改、袁占强、高飞、曹建芝出席。县政府副县长、县财政局局长马骅，县法院院长冯青林、县检察院检察长刘如卿、县监察委员会副主任郑红桥列席会议。

会议听取和审议县政府《关于新冠疫情防控和重点项目建设、重点企业复工复产、农业春耕生产情况的工作报告》。县政府按照中央和省委、市委、县委关于统筹做好疫情防控和经济社会发展的部署要求，结合贯彻省市县人大相关决定精神，不断加大重点项目开工建设、重点企业复工复产和农业春耕生产工作力度，经济社会发展各项工作顺利推进。会议要求，县政府要进一步统筹做好疫情防控和经济社会发展两项重点工作，确保疫情防控和经济社会发展“两手抓”“双胜利”，为实现全年目标任务、决胜全面建成小康社会和“十三五”规划圆满收官奠定坚实基础。

会议审议通过县人大常委会2020年度工作要点（草案）、监督计划（草案）。会议议定：办公室负责以常委会文件形式正式印发实施。

会议通过人事任免事项。

**第二十八次会议** 2020年5月27日在县人大常委会会议室召开。县人大常委会主任袁国良主持会议，副主任黎建辉、郭彦儒、刘玉存，委员王茂、王辉、王志民、史志法、闫丽宁、纪振友、孙亚兰、杨增升、陈运东、郑建龙、赵路通、贺秀改、袁占强、高飞、曹建芝出席。县政府副县长宋文军，县法院院长冯青林、县检察院检察长刘如卿、县监察委员会副主任刘炯，县生态环境分局局长王猛、县财政局副局长马运泽，各乡镇人大主席或副主席列席会议。

听取和审议《深泽县人民政府关于提请审议2020年县级预算调整方案（草案）的议案》及说明、《深泽县人大常委会财经工委关于2020年县级预算调整方案（草案）的审查报告》。表决通过《深泽县人大常委会关于批准2020年县级预算调整方案的决定》。

听取和审议县法院院长冯青林所作的《深泽县人民法院立案工作报告》和县人大政法工委史志法所作的《深泽县人大常委会视察组关于县法院立案工作开展情况的视察报告》。

听取和审议县生态环境分局局长王猛受县政府委托所作的《深泽县人民政府关于2019年度环境状况和环境目标完成情况的工作报告》和县人大选任代工委赵路通所作的《深泽县人大常委会调研组关于我县2019年度环境状况和环境目标完成情况的调研报告》。分别对县法院、县生态环境分局专项工作进行了满意度测评。

**第二十九次会议** 2020年7月20日在县政府会议楼第四会议室召开。县人大常委会主任袁国良主持会议，副主任黎建辉、郭彦儒、刘玉存，委员王茂、王辉、王志民、史志法、闫丽宁、纪振友、孙亚兰、杨保录、杨增升、张士友、陈运东、郑建龙、赵路通、贺秀改、袁占强、高飞、曹建芝出席。县政府副县长刘军峰，县法院院长冯青林、县检察院副检察长邸丽琴、县监察委员会副主任刘炯，县自然资源和规划局、县住建局、县卫健局、县水利局、县农业农村局、县发改局正职或主管副职及业务科室负责人、县司法局正职，各乡镇人大主席（或副主席）、参加“6+1”联动监督的部分县人大代表列席会议。

会议分别听取审议全县“6+1”联动监督各代表小组视察报告；围绕全县“6+1”联动监督各领域清理规范工作开展专题询问，出席、列席会议的常委会组成人员、人大代表分别就清理规范违法违规占用土地、违规违建项目、资源能源项目、房地产开发项目、地下水超采综合治理和加强公共卫生管理六方面工作向县政府相关责任部门进行询问，各责任部门一一作了回答，提问委员、代表均表示满意。会议分别对全县“6+1”联动监督各领域清理规范工作进行总体评议，评议共分“好、较好、一般、差”四个等次，出席会议的各常委会组成人员填写评议票。

会议听取和审议县卫健局局长贾卫东受县政府委托所作的《深泽县人民政府关于〈传染病防治法〉〈全国人民代表大会常务委员会关于全面禁止非法野生动物交易、革除滥食野生动物陋习、切实保障人民群众生命健康安全的决定〉贯彻实施情况的工作报告》和县人大教科文卫工委主任王茂所作的《深泽县人大常委会执法检查组关于《传染病防治法》〈全国人民代表大会常务委员会关于全面禁止非法野生动物交易、革除滥食野生动物陋习、切实保障人民群众生命健康安全的决定〉贯彻实施情况的执法检查报告》。

会议听取和审议县司法局局长宋玉龙所作的《深泽县司法局社区矫正工作情况报告》和县人大政法工委主任史志法所作的《深泽县人大常委会视察组关于县司法局社区矫正工作开展情况的视察报告》。

会议分别对县卫健局、县市场监管局、县农业农村局、县发展和改革局、县自然资源和规划局、县司法局专项工作进行满意度测评。

**第三十次会议**　2020 年 9 月 4 日在会议楼第四会议室召开。县人大常委会主任袁国良主持会议，副主任黎建辉、刘玉存，委员王茂、王辉、王志民、史志法、闫丽宁、纪振友、孙亚兰、杨增升、陈运东、郑建龙、赵路通、贺秀改、袁占强、高飞、曹建芝出席。县委常委、县政府常务副县长崔子安，县法院院长冯青林、县检察院副检察长曹寿怀、县监察委员会副主任刘炯，县自然资源和规划局、县住建局、县卫健局、县水利局、县农业农村局、县发改局、县财政局、县审计局主要负责人及各乡镇人大主席（或副主席）、参加“6+1”联动监督和本次常委会会议议题相关视察调研活动的部分县人大代表列席会议。

会议听取和审议县委常委、县政府常务副县长崔子安受县政府委托所作的《深泽县人民政府关于“6+1”联动监督各领域问题整改情况的工作报告》。

会议听取和审议县财政局党组书记陈晓宁、县自然资源和规划局局长崔擘受县政府委托所作的《深泽县人民政府关于 2019 年度国有资产管理情况的工作报告》和县人大财经工委主任贾立桥所作的《深泽县人大财政经济委员会关于 2019 年度国有资产管理情况的视察报告》。

会议听取和审议县财政局党组书记陈晓宁受县政府委托所作的《深泽县人民政府关于 2019 年度财政决算情况的报告》《深泽县人民政府关于 2020 年上半年财政预算执行情况的报告》，县审计局局长周层受县政府委托所作的《深泽县人民政府关于 2019 年财政预算执行和其他财政收支的审计工作报告》，县人大财经工委主任贾立桥所作的《深泽县人大财政经济委员会关于 2019 年县本级决算和总决算以及 2020 年 1—6 月预算执行情况的审查结果报告》，以举手表决方式表决通过《深泽县人大常委会关于批准 2019 年县本级决算的决议》。

会议听取和审议县发展和改革局局长贾占勇受县政府委托所作的《深泽县人民政府 2020 年上半年国民经济和社会发展计划执行情况报告》、县人大财经工委主任贾立桥所作的《深泽县人大财政经济委员会关于 2020 年上半年国民经济和社会发展计划执行情况的审查结果报告》。分别对县财政局、县审计局、县发展和改革局、县自然资源和规划局专项工作进行满意度测评。

会议通过人事任免事项。

**第三十一次会议** 2020年11月6日在会议楼第四会议室召开。县人大常委会主任袁国良主持会议，副主任黎建辉、郭彦儒、刘玉存，委员王茂、王辉、王志民、史志法、闫丽宁、纪振友、孙亚兰、杨增升、陈运东、郑建龙、赵路通、袁占强、高飞、曹建芝出席。县政府副县长、县公安局局长李立新，县法院院长冯青林、县检察院检察长刘如卿、县监察委员会副主任郑红桥，县财政局及代表建议、意见办理单位正职（或主管副职），2020年县政府部分民生实事牵头办理单位正职和一名相关业务科室负责人，各乡镇人大主席（或副主席）、参加本次常委会会议议题相关视察调研活动的部分县人大代表列席会议。

袁国良领学传达党的十九届五中全会和习近平总书记在深圳经济特区建立40周年庆祝大会上的重要讲话精神。

以无记名投票方式表决通过《深泽县人民政府关于提请任命邵瑾职务的议案》。投票表决前，邵瑾作供职报告；投票表决后，袁国良为邵瑾颁发任命书，邵瑾作表态发言。根据新修订的《深泽县人大常委会宪法宣誓实施细则》规定，新任命人员进行宪法宣誓。袁国良主持宣誓仪式并监誓，出席、列席常委会会议的全体人员参加宣誓仪式。

听取和审议县财政局局长陈晓宁受县政府委托所作的《深泽县人民政府关于提请审议2020年县级预算调整的议案》及说明。以举手表决方式表决通过《深泽县人大常委会关于批准2020年县级预算调整方案的决定》。

听取和审议县政府副县长、县公安局局长李立新受县政府委托所作的《深泽县人民政府关于县十六届人大四次会议代表建议和意见办理情况的工作报告》和县人大选任代工委赵路通所作的《深泽县人大常委会视察组关于代表建议和意见办理情况的视察报告》。

听取和审议县教育局局长韩占昌受县政府委托所作的《深泽县人民政府关于我县高中教育发展情况的工作报告》和县人大教科文卫工委王茂所作的《深泽县人大常委会视察组关于我县高中教育发展情况的视察报告》。分别对县教育局和代表建议和意见办理涉及单位专项工作进行满意度测评。

听取和审议《深泽县人民政府关于提请审议桥头乡撤乡设镇区划调整的议案》及说明。以举手表决方式表决通过《深泽县人民代表大会常务委员会关于同意撤销桥头乡设立大桥头镇行政区划调整方案的意见》。

审议通过《深泽县人大常委会关于深入学习宣传和贯彻实施中华人民共和国民法典的决定》。议定印发常委会文件公布实施。

听取和审议县政府副县长、县公安局局长李立新受县政府委托所作的《深泽县人民政府关于2020年县政府利民惠民10件实事办理情况的工作报告》。就第一件实事“为铁杆镇、赵八镇、桥头乡、留村乡、白庄乡每个乡镇建设一座垃圾中转站，解决农村垃圾清运短板”，第三件实事“在城区增设灯控路口、道路标志标牌、新建停车位，解决群众出行难问题”，第四件实事“实施安新线伍仟至宋家庄段、晋深线迎宾路、正港线赵八段绿化美化”，第六件实事“购置抽粪车、建设粪液资源化处理中心、信息化中心，实现粪液资源化利用”，第七件实事“实施方元、河庄、寺头、堤北、并市、北卓头、耿庄、秀武等8个村农田提质改造工程”等五件实事办理情况，进行专题询问。出席、列席会议的常委会组成人员、人大代表围绕实事项目办理工作，分别向县住建局、县交通运输局、县自然资源和规划局、县交警大队等牵头办理单位进行询问，各牵头办理单位逐项进行解答，询问委员和代表均表示满意。

**第三十二次会议** 2021年1月19日在县人大常委会会议室召开。县人大常委会主任袁国良主持会议，副主任黎建辉、郭彦儒、刘玉存，委员王茂、王辉、王志民、史志法、闫丽宁、孙亚兰、陈运东、郑建龙、赵路通、袁占强、高飞、曹建芝出席。县法院院长冯青林列席会议。

会议进行人事任免事项，宪法宣誓。

会议以举手表决方式表决通过《深泽县人大常委会关于接受卢明刚辞去深泽县人民政府县长职务请求的决定》，以无记名投票表决方式表决通过《深泽县人大常委会主任会议关于提请决定任命韩旭为深泽县人民政府副县长，并决定其为代理县长的议案》《深泽县人民法院关于提请免去刘剑波县法院副院长、审判委员会委员职务的议案》，以举手表决方式表决通过《深泽县人大常委会关于韩旭为深泽县人民政府代理县长的决定》。袁国良为韩旭颁发任命书，韩旭作表态发言。根据《深泽县人大常委会宪法宣誓实施细则》规定，韩旭进行宪法宣誓。袁国良主持宣誓仪式并监誓，出席、列席常委会会议的全体人员参加宣誓仪式。

**第三十三次会议** 2021年2月14日在县人大常委会会议室召开。县人大常委会主任袁国良主持会议，副主任黎建辉、刘玉存，委员王茂、王辉、王志民、史志法、闫丽宁、孙亚兰、陈运东、郑建龙、赵路通、贺秀改、袁占强、高飞、曹建芝出席。

会议以无记名投票方式表决通过《深泽县人大常委会主任会议关于提请补选王建峰、韩旭等4名同志为石家庄市第十四届人大代表的议案》。

**第三十四次会议** 2021年2月17日在县人大常委会会议室召开。县人大常委会主任袁国良主持会议，副主任黎建辉、郭彦儒、刘玉存，委员王茂、王辉、王志民、史志法、闫丽宁、孙亚兰、陈运东、郑建龙、赵路通、贺秀改、袁占强、高飞、曹建芝出席。县政府副县长邵瑾，县检察院检察长刘如卿，县审计局局长周层、县监委副主任刘炯、县法院副院长袁伟列席会议。

会议听取和审议县政府副县长邵瑾受县政府委托所作的《深泽县人民政府关于2019年度县级财政预算执行和其他财政收支审计查出问题情况的报告》。

会议以举手表决方式通过《深泽县人大常委会关于接受马骅、刘巧玉辞去深泽县第十六届人民代表大会代表职务请求的决议（草案）》。

会议以举手表决方式依次分别通过关于召开县十六届人大五次会议的相关事宜。

会议以举手表决方式通过《深泽县人大常委会主任会议关于审议通过刘玉存为深泽县第十六届人大常委会代表资格审查委员会主任委员的议案》。

深泽县十六届人大常委会代表资格审查委员会

主 任 委 员：刘玉存

副主任委员：赵路通

委员：王辉　王志民　杨增升

会议审议讨论《县人大常委会工作报告（征求意见稿）》。

**第三十五次会议**　2021 年 4 月 29 日在县人大常委会会议室召开。县人大常委会主任袁国良主持会议，副主任黎建辉、郭彦儒、刘玉存，委员王茂、王志民、史志法、闫丽宁、纪振友、孙亚兰、杨增升、宋亚坤、张士友、陈运东、郑建龙、赵路通、贺秀改、袁占强、高飞、曹建芝出席。县政府副县长宋文军，县法院副院长袁伟、县检察院副检察长曹寿怀和各乡镇人大主席（或副主席）列席会议。

会议以举手表决方式依次分别表决通过《深泽县人大常委会关于县乡人大换届选举时间的决定（草案）》《深泽县人大常委会关于县选举委员会组成人员的决定（草案）》《深泽县人大常委会关于各乡镇选举委员会组成人员的决定（草案）》《深泽县人大常委会关于县人大代表名额分配的决定（草案）》《深泽县人大常委会关于乡镇人大代表名额的决定（草案）》。

会议审议通过《深泽县人大常委会规范性文件备案审查办法（草案）》。会议议定：办公室负责以常委会文件形式正式印发实施。

会议听取和审议县人大政法工委关于规范性文件备案审查工作开展情况的专题报告。

**第三十六次会议**　2021 年 5 月 25 日在县人大常委会会议室召开。县人大常委会主任袁国良主持会议，副主任黎建辉、郭彦儒、刘玉存，委员王茂、王辉、王志民、史志法、闫丽宁、纪振友、孙亚兰、张士友、陈运东、郑建龙、赵路通、贺秀改、袁占强、高飞出席。各乡镇人大主席（或副主席）列席会议。

会议进行人事任免事项，宪法宣誓。

会议以举手表决方式表决通过《深泽县人大常委会关于接受韩旭等辞职请求的决定》，以无记名投票表决方式表决通过《深泽县人大常委会主任会议关于提请任命并决定郝英鹏等职务的议案》，以举手表决方式表决通过《深泽县人大常委会关于郝英鹏为深泽县人民政府代理县长的决定》《深泽县人大常委会关于李学红为深泽县人民法院代理院长的决定》《深泽县人大常委会关于李美茹为深泽县人民检察院代理检察长的决定》。袁国良为郝英鹏、李学红、李美茹颁发任命书，新任命人员分别作表态发言。采取集体宣誓形式进行宪法宣誓，郝英鹏领誓，李学红、李美茹跟誓。袁国良主持宣誓仪式并监誓，出席、列席常委会会议的全体人员参加宣誓仪式。

**第三十七次会议**　2021 年 6 月 4 日在县人大常委会会议室召开。县人大常委会主任袁国良主持会议，副主任黎建辉、郭彦儒、刘玉存，委员王茂、王辉、史志法、闫丽宁、纪振友、孙亚兰、张士友、陈运东、郑建龙、赵路通、袁占强、高飞出席。县法院代院长李学红、县检察院代检察长李美茹，县经济开发区党工委书记、管委会主任赵玉景列席会议。

会议进行人事任免事项，宪法宣誓。

会议以举手表决方式表决通过《深泽县人大常委会关于接受魏洪涛等辞职请求的决定》，以无记名投票表决方式表决通过《深泽县人民政府关于提请任命魏洪涛等职务的议案》《深泽县人大常委会主任会议关于提请任命康平为深泽县监察委员会副主任，并决定其为代理主任的议案》，以举手表决方式表决通过《深泽县人大常委会关于康平为深泽县监察委员会代理主任的决定》。袁国良为新任命人员颁发任命书，魏洪涛、康平、寇庆民、郭彬、贾光分别作表态发言。根据《深泽县人大常委会宪法宣誓实施细则》规定，魏洪涛、康平、寇庆民、郭彬、贾光进行宪法宣誓，魏洪涛领誓，其他4人跟誓。袁国良主持宣誓仪式并监誓，出席、列席常委会会议的全体人员参加宣誓仪式。

**第三十八次会议**　2021年7月16日在县人大常委会会议室召开。县人大常委会主任袁国良主持会议，副主任黎建辉、郭彦儒、刘玉存，委员王茂、王辉、王志民、史志法、闫丽宁、纪振友、孙亚兰、杨增升、陈运东、郑建龙、赵路通、袁占强、高飞、曹建芝出席。县政府副县长寇庆民，县法院代院长李学红、县检察院副检察长邸丽琴、县监委副主任刘炯，县生态环境分局主要负责人张东利和各乡镇人大主席或副主席列席会议。

会议听取和审议县生态环境分局主要负责人张东利所作的《深泽县人民政府关于2020年度环境状况和环境保护目标完成情况的报告》。

会议以举手表决方式通过《深泽县人大常委会关于县乡两级人大换届选举期间部分人员辞去选举委员会职务的确认报告（草案）》。

会议以举手表决方式通过《深泽县人大常委会关于接受贺秀改辞去深泽县第十六届人民代表大会常务委员会委员职务请求的决议（草案）》。

会议以举手表决方式通过《深泽县人大常委会关于接受陈业辞去深泽县第十七届人民代表大会代表职务请求的决议（草案）》。

会议以举手表决方式依次分别通过关于召开县十七届人大一次会议的相关事宜。

会议审议讨论《县人大常委会工作报告（征求意见稿）》，原则通过该报告（征求意见稿）。议定：办公室负责对报告（征求意见稿）进一步修改完善后，提交县十七届人民代表大会第一次会议审议。

## 第二节　机构设置

2019年9月，信访办取消。

**一、办公室**

主　任：袁占强（2017年2月至2021年7月）

副主任：高　飞（2017年2月至2019年9月）

　　　　陈运东（2019年9月至2021年7月）

**二、财经工委**

主　任：贾立桥（2020年2月至2021年7月）

副主任：陈运东（兼，2017 年 2 月至 2020 年 2 月）

**三、教科文卫工委**

主　任：王文静（女，2017 年 2 月至 2018 年 1 月）

　　　　王　茂（2020 年 5 月至 2021 年 7 月）

**四、选任代工委**

主　任：赵路通（2017 年 2 月至 2021 年 7 月）

**五、政法工委**

主　任：史志法（2017 年 2 月至 2021 年 7 月）

**六、信访办**

副主任：陈运东（2017 年 2 月至 2019 年 9 月）

# 第五章　监督工作

## 第一节　听取和审议专项工作报告与计划预算和审计工作报告

县十六届人大常委会会议共听取和审议县“一府两院”专项工作报告40项，计划预算和审计工作报告23项。

**2017—2021年深泽县听取和审议专项工作报告与计划预算和审计工作报告情况表**

表83

| 时间 | 常委会会议 | 报告内容 |
| --- | --- | --- |
| 2017年6月6日 | 第二次 | 关于公诉工作开展情况的工作报告<br>关于工业经济运行情况的工作报告<br>关于就业工作开展情况的工作报告 |
| 2017年8月8日 | 第三次 | 关于《中华人民共和国义务教育法》贯彻落实情况的工作报告<br>关于常委会第二次会议审议意见整改落实情况的报告 |
| 2017年9月22日 | 第五次 | 关于2017年上半年国民经济和社会发展计划执行情况的工作报告<br>关于2016年县本级决算和总决算情况的报告<br>2016年度县本级预算执行和其他财政收支情况的审计工作报告<br>2017年1—6月预算执行情况的报告<br>常委会第三次会议审议意见整改落实情况的报告<br>关于民事审判工作开展情况的工作报告 |
| 2017年12月7日 | 第六次 | 关于卫生基础设施建设情况的工作报告<br>关于代表建议和意见办理情况的工作报告<br>关于常委会第五次会议审议意见整改落实情况的报告 |
| 2018年1月26日 | 第七次 | 关于2018年计划草案及2017年国民经济和社会发展计划执行情况与2018年国民经济和社会发展计划草案的报告<br>关于2018年预算草案和2017年县本级预算及县总预算执行情况和2018年县本级预算及县总预算草案的报告<br>关于常委会第六次会议审议意见整改落实情况的报告 |
| 2018年5月15日 | 第十次 | 关于全县职业教育发展情况的工作报告<br>关于《中华人民共和国科学技术进步法》贯彻落实情况的工作报告 |

续表 83

| 时间 | 常委会会议 | 报告内容 |
| --- | --- | --- |
| 2018 年 7 月 18 日 | 第十一次 | 关于社会保险工作开展情况的工作报告<br>关于扫黑除恶专项斗争开展情况的工作报告<br>关于常委会第十次会议审议意见整改落实情况的报告 |
| 2018 年 9 月 5 日 | 第十二次 | 关于县城建设和管理情况的工作报告<br>关于 2017 年度财政决算情况的报告<br>关于 2017 年财政预算执行和其他财政收支的审计工作报告<br>关于 2018 年上半年财政预算执行情况的报告<br>关于 2018 年上半年国民经济和社会发展计划执行情况的报告<br>关于扶贫脱贫攻坚、大气污染防治、优化营商环境工作开展情况的工作报告 |
| 2018 年 11 月 14 日 | 第十三次 | 关于代表建议和意见办理情况的工作报告<br>关于 2017 年度环境状况和环境保护目标完成情况的工作报告<br>关于县人大常委会第十二次会议审议意见和“三项联动监督”问题清单整改落实情况的报告<br>关于公益诉讼工作开展情况的工作报告 |
| 2019 年 1 月 9 日 | 第十五次 | 关于县人大常委会第十三次会议审议意见整改落实情况的报告 |
| 2019 年 1 月 18 日 | 第十六次 | 关于 2019 年计划草案及 2018 年国民经济和社会发展计划执行情况与 2019 年国民经济和社会发展计划草案的报告<br>关于 2019 年预算草案和 2018 年县本级预算及县总预算执行情况和 2019 年县本级预算及县总预算草案的报告 |
| 2019 年 4 月 4 日 | 第十九次 | 关于全县学前教育发展情况的工作报告 |
| 2019 年 5 月 7 日 | 第二十次 | 关于 2018 年度环境状况和环境目标完成情况的工作报告 |
| 2019 年 6 月 13 日 | 第二十一次 | 关于 2018 年度国有资产管理情况的报告 |
| 2019 年 9 月 6 日 | 第二十二次 | 关于卫生防疫工作开展情况的工作报告<br>关于执行工作开展情况的工作报告<br>关于 2018 年度财政决算情况的报告<br>关于 2018 年财政预算执行和其他财政收支的审计工作报告<br>关于 2019 年上半年国民经济和社会发展计划执行情况、财政预算执行情况的报告 |
| 2019 年 11 月 29 日 | 第二十三次 | 关于代表建议和意见办理情况的工作报告 |
| 2019 年 12 月 28 日 | 第二十四次 | 关于《2018 年度县本级预算执行和其他财政收支情况的审计工作报告》中提出的有关问题整改情况的报告 |

续表 83

| 时间 | 常委会会议 | 报告内容 |
|---|---|---|
| 2020 年 1 月 13 日 | 第二十五次 | 关于 2020 年计划草案及 2019 年国民经济和社会发展计划执行情况与 2020 年国民经济和社会发展计划草案的报告<br>关于 2020 年预算草案和 2019 年县本级预算及县总预算执行情况和 2020 年县本级预算及县总预算草案的报告 |
| 2020 年 4 月 2 日 | 第二十七次 | 关于新冠疫情防控和重点项目建设、重点企业复工复产、农业春耕生产情况的工作报告 |
| 2020 年 5 月 27 日 | 第二十八次 | 关于立案工作开展情况的工作报告<br>关于 2019 年度环境状况和环境目标完成情况的工作报告 |
| 2020 年 7 月 20 日 | 第二十九次 | 关于《中华人民共和国传染病防治法》《全国人民代表大会常务委员会关于全面禁止非法野生动物交易、革除滥食野生动物陋习、切实保障人民群众生命健康安全的决定》贯彻实施情况的工作报告<br>关于社区矫正工作开展情况的工作报告 |
| 2020 年 9 月 4 日 | 第三十次 | 关于“6+1”联动监督各领域问题整改情况的工作报告<br>关于 2019 年国有资产管理情况的工作报告<br>关于 2019 年度财政决算情况的工作报告<br>关于 2020 年上半年财政预算执行情况的工作报告<br>关于 2019 年财政预算执行和其他财政收支情况的审计工作报告<br>关于 2020 年上半年国民经济和社会发展计划执行情况的工作报告 |
| 2020 年 11 月 6 日 | 第三十一次 | 关于代表建议和意见办理情况的工作报告 |
| | | 关于高中阶段教育开展情况的工作报告 |
| | | 关于 2020 年 10 件民生实事办理情况的工作报告 |
| 2021 年 2 月 17 日 | 第三十四次 | 关于《2019 年度县本级预算执行和其他财政收支情况的审计工作报告》中提出的有关问题整改情况的报告 |
| 2021 年 7 月 16 日 | 第三十八次 | 关于 2020 年度环境状况和环境保护目标完成情况的报告 |

## 第二节　法律法规实施情况检查

县十六届人大常委会组织开展执法检查 15 次。

1.2017 年 7 月，县人大常委会副主任刘玉存带队，教科文卫工委组织部分市、县人大代表组成执法检查组，对深泽县贯彻实施义务教育法情况进行了执法检查。检查组认真听取了县教育局相关情况汇报，与有关人员进行了座谈交流，并深入到逸夫小学、王场小学、新开中学 等学校进行了实地检查。

2.2018 年 4 月，县人大常委会副主任刘玉存带队，教科文卫工委组织部分委员、代表组成执法检查组，对深泽县贯彻实施《中华人民共和国科学技术进步法》有关情况进行了执法检查，检查组认真听取了县科技局有关工作情况汇报，与相关人员进行了座谈，对《中华人民共和国科学技术进步法》贯彻实施情况进行了详细了解。

3.2020年6月，县人大常委会副主任刘玉存带队，教科文卫工委组织部分委员和市县人大代表组成执法检查组，对我县贯彻实施传染病防治法和全国人大决定情况进行了执法检查。执法检查组认真听取了县卫健局及相关部门工作汇报，实地察看了县医院、疾病预防控制中心、部分餐饮机构及野生动物养殖场，召开人大代表及相关人员参加的座谈会，广泛听取意见建议，了解实际情况。

## 第三节　专题询问

县十六届人大常委会组织开展专题询问4次。

**2017—2020年深泽县人大常委会专题询问一览表**

表84

| 时间 | 常委会会议 | 询问内容 |
|---|---|---|
| 2017年8月8日 | 第三次 | 对创建省级园林县城工作进行专题询问 |
| 2017年12月7日 | 第六次 | 对环境保护工作进行专题询问 |
| 2017年7月20日 | 第二十九次 | 对全县“6+1”联动监督各领域清理规范工作进行专题询问 |
| 2020年11月6日 | 第三十一次 | 对县政府关于2020年10件民生实事办理情况进行专题询问 |

## 第四节　视察调研

县十六届人大常委会共组织开展视察调研活动72次。

**2017—2021年深泽县第十六届人大常委会部分视察活动表**

表85

| 时间 | 视察调研内容 | 牵头单位 |
|---|---|---|
| 2017年4月 | 关于就业工作开展情况 | 教科文卫工委 |
| 2017年5月 | 关于对县检察院公诉工作开展情况 | 政法工委 |
| 2017年5月 | 关于工业经济运行情况 | 财经工委 |
| 2018年4月 | 关于职业教育发展情况 | 教科文卫工委 |
| 2018年6月 | 关于县公安局扫黑除恶工作开展情况 | 政法工委 |
| 2018年7月 | 关于社会保险工作开展情况 | 财经工委 |
| 2018年8月 | 关于县城建设和管理工作情况 | 县人大常委会 |
| 2018年11月 | 关于代表建议和意见办理情况 | 选任代工委 |

续表 85

| 时间 | 视察调研内容 | 牵头单位 |
| --- | --- | --- |
| 2019 年 3 月 | 关于深泽县学前教育发展情况 | 教科文卫工委 |
| 2019 年 4 月 | 关于深泽县 2018 年度环境状况和环境保护目标完成情况 | 城建环保委 |
| 2019 年 6 月 | 关于深泽县卫生防疫工作开展情况 | 教科文卫工委 |
| 2019 年 6 月 | 关于县法院执行工作情况 | 政法工委 |
| 2019 年 11 月 | 关于代表建议和意见办理情况 | 选任代工委 |
| 2019 年 11 月 | 关于县检察院公益诉讼工作开展情况 | 政法工委 |
| 2020 年 4 月 | 关于县法院立案工作开展情况 | 政法工委 |
| 2020 年 4 月 | 关于 2019 年度环境状况和环境保护目标完成情况 | 城建环保委 |
| 2020 年 5 月 | 关于清理规范地下水超采综合治理 | 财经工委 |
| 2020 年 5 月 | 关于加强公共卫生管理 | 教科文卫工委 |
| 2020 年 6 月 | 关于清理规范违法违规占用土地 | 选任代工委 |
| 2020 年 6 月 | 关于清理规范资源能源项目 | 选任代工委 |
| 2020 年 6 月 | 关于清理规范房地产开发项目 | 选任代工委 |
| 2020 年 7 月 | 关于县司法局社区矫正工作开展情况 | 政法工委 |
| 2020 年 8 月 | 关于 2019 年度国有资产管理情况 | 财经工委 |
| 2020 年 10 月 | 关于深泽县高中教育发展情况 | 教科文卫工委 |

# 第六章　决议决定

## 第一节　作出决议决定

### 一、县十六届人大历次会议作出决议决定情况

深泽县第十六届人民代表大会共作出决议决定 31 项。

2017—2021 年深泽县十六届人民代表大会历次会议决议决定一览表

表 86

| 时间 | 会次 | 名称 |
| --- | --- | --- |
| 2017 年 2 月 25 日至 28 日 | 一次会议第二次全体会议 | 1. 关于深泽县人民政府工作报告的决议<br>2. 关于 2016 年国民经济和社会发展计划执行情况与 2017 年国民经济和社会发展计划（草案）的报告的决议<br>3. 关于 2016 年预算执行情况和 2017 年预算（草案）的报告的决议<br>4. 关于深泽县人民代表大会常务委员会工作报告的决议<br>5. 关于深泽县人民法院工作报告的决议<br>6. 关于深泽县人民检察院工作报告的决议 |
| 2018 年 2 月 1 日至 2 月 3 日 | 二次会议第二次全体会议 | 1. 关于深泽县人民政府工作报告的决议<br>2. 关于 2017 年国民经济和社会发展计划执行情况与 2018 年国民经济和社会发展计划（草案）的报告的决议<br>3. 关于 2017 年预算执行情况和 2018 年预算（草案）的报告的决议<br>4. 关于深泽县人民代表大会常务委员会工作报告的决议<br>5. 关于深泽县人民法院工作报告的决议<br>6. 关于深泽县人民检察院工作报告的决议 |
| 2019 年 1 月 29 日至 31 日 | 三次会议第二次全体会议 | 1. 关于深泽县人民政府工作报告的决议<br>2. 关于 2018 年国民经济和社会发展计划执行情况与 2019 年国民经济和社会发展计划（草案）的报告的决议<br>3. 关于 2018 年预算执行情况和 2019 年预算（草案）的报告的决议<br>4. 关于深泽县人民代表大会常务委员会工作报告的决议<br>5. 关于深泽县人民法院工作报告的决议<br>6. 关于深泽县人民检察院工作报告的决议 |

续表 86

| 时间 | 会次 | 名称 |
| --- | --- | --- |
| 2020 年 1 月 19 日至 21 日 | 四次会议第二次全体会议 | 1. 关于深泽县人民政府工作报告的决议<br>2. 关于 2019 年国民经济和社会发展计划执行情况与 2020 年国民经济和社会发展计划（草案）的报告的决议<br>3. 关于 2019 年预算执行情况和 2020 年预算（草案）的报告的决议<br>4. 关于深泽县人民代表大会常务委员会工作报告的决议<br>5. 关于深泽县人民法院工作报告的决议<br>6. 关于深泽县人民检察院工作报告的决议 |
| 2021 年 2 月 19 日至 20 日 | 五次会议第二次全体会议 | 1. 关于深泽县人民政府工作报告的决议<br>2. 关于国民经济和社会发展第十四个五年规划和 2035 年远景目标纲要的决议<br>3. 关于 2020 年国民经济和社会发展计划执行情况与 2021 年国民经济和社会发展计划（草案）的报告的决议<br>4. 关于 2020 年预算执行情况和 2021 年预算（草案）的报告的决议<br>5. 关于深泽县人民代表大会常务委员会工作报告的决议<br>6. 关于深泽县人民法院工作报告的决议<br>7. 关于深泽县人民检察院工作报告的决议 |

## 二、县十六届人大常委会历次会议作出决议决定情况

县十六届人大常委会作出决议决定 16 项（不包含人事任免事项）。

### 2017—2021 年深泽县第十六届人大常委会历次会议决议决定一览表

表 87

| 时间 | 常委会会议 | 名称 |
| --- | --- | --- |
| 2017 年 12 月 | 第六次 | 关于贯彻落实县委十一届二次全会精神持续深入推动党的十九大精神学习宣传贯彻的决定 |
| 2018 年 1 月 26 日 | 第七次 | 关于召开深泽县第十六届人民代表大会第二次会议的决定 |
| 2018 年 9 月 5 日 | 第十二次 | 关于批准 2017 年县本级决算的决议 |
| 2018 年 11 月 14 日 | 第十三次 | 关于加强检察机关公益诉讼工作的决议 |
| 2019 年 1 月 18 日 | 第十六次 | 关于召开深泽县第十六届人民代表大会第三次会议的决定 |
| 2019 年 6 月 13 日 | 第二十一次 | 关于批准《2019 年县级预算调整方案》的决定 |
| 2019 年 9 月 6 日 | 第二十二次 | 关于批准 2018 年县本级决算的决议 |
| 2019 年 11 月 29 日 | 第二十三次 | 关于批准《2019 年县级预算调整方案》的决定 |
| 2020 年 2 月 25 日 | 第二十六次 | 关于统筹做好新冠肺炎疫情防控和经济社会发展工作的决定 |
| 2020 年 5 月 27 日 | 第二十八次 | 关于批准《2020 年县级预算调整方案》的决定 |
| 2020 年 9 月 4 日 | 第三十次 | 关于批准 2019 年县本级决算的决议 |

续表 87

| 时间 | 常委会会议 | 名称 |
|---|---|---|
| 2020 年 11 月 6 日 | 第三十一次 | 关于批准《2020 年县级预算调整方案》的决定 |
| 2020 年 11 月 6 日 | 第三十一次 | 深泽县人大常委会关于深入学习宣传和贯彻实施中华人民共和国民法典的决定 |
| 2021 年 2 月 17 日 | 第三十四次 | 关于刘玉存为县十六届人大常委会代表资格审查委员会主任委员的决定 |
| 2021 年 7 月 16 日 | 第三十八次 | 关于接受贺秀改辞去县十六届人大常委会委员职务请求的决定 |
| 2021 年 7 月 16 日 | 第三十八次 | 关于接受陈业辞去县十七届人大代表职务请求的决议 |

## 第二节　决议决定选录

### 深泽县第十六届人民代表大会第五次会议<br>关于深泽县国民经济和社会发展第十四个五年规划和 2035 年远景目标纲要的决议

（2021 年 2 月 20 日县十六届人大五次会议第二次全体会议通过）

深泽县第十六届人民代表大会第五次会议审查了县政府提出的《深泽县国民经济和社会发展第十四个五年规划和 2035 年远景目标纲要（草案）》，同意县人大财政经济委员会的审查结果报告。会议决定，批准《深泽县国民经济和社会发展第十四个五年规划和 2035 年远景目标纲要》。

### 深泽县人大常委会<br>关于加强检察机关公益诉讼工作的决议

（2018 年 11 月 14 日县十六届人大常委会第十三次会议通过）

深泽县第十六届人民代表大会常务委员会第十三次会议，听取和审议了县人民检察院检察长刘如卿所作的《深泽县人民检察院关于公益诉讼工作情况的报告》。会议认为，检察机关开展公益诉讼是深入贯彻落实习近平新时代中国特色社会主义思想的重要内容，是深化司法体制改革的重要举措，对于维护国家利益和社会公共利益，促进依法行政，维护司法公正，推进法治深泽建设和经济社会发展具有十分重要的意义。为此，特作决议如下：

**一、提高认识，深刻理解检察机关开展公益诉讼工作的重要性和必要性**

探索建立检察机关提起公益诉讼制度，是党中央作出的重大决策部署，目的是充分发挥检察机关法律监督职能作用，促进依法行政，严格执法，维护宪法法律权威，维护社会公平正义，维护国家利益和社会公共利益。2017 年 6 月 27 日，第十二届全国人民代表大会常务委员会第二十八次会议通过《全国人民代表大会关于修改〈中华人民共和国民事诉讼法〉和

〈中华人民共和国行政诉讼法〉的决定》，检察机关提起公益诉讼制度以立法的形式正式确立。2018年7月6日，中央全面深化改革委员会第三次会议审议通过《关于设立最高人民检察院公益诉讼检察厅的方案》，充分体现了党中央对公益诉讼检察工作的高度重视。全县各级各部门、企事业单位、社会组织和个人，要充分认识检察机关开展公益诉讼工作的重要意义，站在贯彻落实依法治国基本方略、维护宪法法律权威、维护国家和社会公共利益的高度，全力支持和积极配合检察机关开展公益诉讼工作。

**二、突出重点，切实履行公益诉讼的法定职责**

公益诉讼制度是捍卫国家利益和社会公共利益的有力法律武器，检察机关肩负着重要责任。要切实增强紧迫感、责任感和使命感，认真贯彻落实民事诉讼法和行政诉讼法，扎实推进公益诉讼工作。要准确把握新时代社会主要矛盾的转化，牢牢把握公益核心，将办案作为推进公益诉讼的突破口，积极回应人民群众对改善生态环境的期盼。针对深泽县环境污染特别是大气污染问题仍然存在的情况，办准办好环保公益诉讼案件，推动环境污染综合治理，建设绿色美丽家园。要围绕实施健康中国战略，推动相关部门严格食品药品安全标准，完善食品药品安全监管机制和措施，保障人民群众舌尖上的安全。要围绕脱贫攻坚、乡村振兴、保障和改善民生等重点工作，解决好国有财产保护和国有土地使用权出让领域的突出问题。要依照《中华人民共和国英雄烈士保护法》，教育、引导全社会崇尚英雄、捍卫英雄、学习英雄、关爱英雄，切实维护英雄烈士的荣誉和名誉。要进一步充实办案力量，强化推进措施，创新工作机制，促进公益诉讼工作与其他检察工作协调发展。要严格遵循司法规律，牢牢把握检察机关提起公益诉讼的基本要求，坚持既保护公益又促进发展，确保法律效果、社会效果和政治效果相统一。

**三、注重协作，共同构建公益诉讼工作长效机制**

公益诉讼涉及检察、监察、审判、行政等多个部门，各部门要加强配合衔接，畅通公益诉讼工作渠道。

检察机关作为国家的法律监督机关，应当切实履行法律监督职能，通过公告督促、诉前检察建议、支持起诉、提起公益诉讼等法定方式，依法维护国家利益和社会公共利益。对行政机关未在规定时间内回复检察建议或者不依法履行职责的，检察机关应将检察建议报送人大常委会备案，必要时向人大常委会进行专题汇报。

行政机关应当增强接受检察机关法律监督的自觉性，积极支持和配合检察机关开展公益诉讼工作。在收到诉前检察建议后要认真开展自查，依法履职或纠正违法行为，并在规定的时间内回复。对检察机关提起行政公益诉讼的，行政机关应做好出庭应诉工作。审判机关对公益诉讼案件作出支持检察机关裁判的，被诉行政机关应按裁判规定的事项依法自觉履行。

监察机关要与检察机关建立案件信息共享和协调联动机制，相互移送案件线索，切实加强办案协作。

审判机关要深入研究公益诉讼审判工作职责任务，准确把握检察机关作为公益诉讼机关的特殊性，与检察机关加强沟通协调，共同开展对公益诉讼理论和实务问题研究，健全完善公益诉讼案件诉讼和审判工作机制，积极配合检察机关开展公益诉讼工作。对检察机关依法提起的公益诉讼，应当予以支持，并及时受理和审理，依法作出裁判，确保国家利益和社会公共利益得到有效司法保护。

检察机关、监察机关、审判机关、行政机关应就公益诉讼工作建立常态化联系机制，定期召开联席会议，协调解决公益诉讼工作开展过程中遇到的问题，在人力、财力、物力上保证公益诉讼工作有效开展，共同履行好维护国家利益和社会公共利益的法律职责。

人大常委会有关工作机构要采取专题调研、执法检查、询问质询、组织典型案件庭审观摩等方式，监督有关机关依法办理检察机关提出的监督事项，跟踪督促相关问题和困难的解决。

各级人大代表要充分发挥联系群众紧密的优势，主动发现公益诉讼案件线索，及时向有关方面反映问题或形成意见建议，督促有关部门依法履行职责，维护好国家利益和社会公共利益不受侵害。任何组织和公民个人对损害国家利益和社会公共利益的行为都有监督举报的权利。法律规定的机关或者有关组织提起民事公益诉讼，检察机关可以支持起诉。

**四、加强宣传，努力营造全社会支持公益诉讼工作的浓厚氛围**

检察机关应当采取发布典型案例、以案释法等方式大力宣传公益诉讼工作，对于社会影响较大、人民群众广泛关注的案件及时发布案件信息，公开案件办理情况，积极回应社会关切。司法行政部门应当把公益诉讼制度纳入普法宣传教育范围，切实增强国家机关工作人员特别是领导干部维护国家利益和社会公共利益的意识。各有关单位应当把检察公益诉讼制度作为强化法治宣传教育的重要内容予以认真贯彻落实。

新闻媒体应当通过多种形式和渠道，加强对公益诉讼工作正反两方面的宣传报道，提高公益诉讼制度的社会知晓度，增强公民、法人、其他社会组织以及社会各界共同维护国家利益和社会公共利益的意识，为开展公益诉讼工作营造良好舆论氛围和社会环境。

# 第七章　选举任免

## 第一节　常委会选举任免情况

2017 年 6 月 6 日，县十六届人大常委会第二次会议，通过县人民政府、县人民检察院人事任免事项。

决定任命：

赵玉景为深泽县人民政府办公室主任；

袁士科为深泽县发展改革局局长；

韩占昌为深泽县教育局局长；

张毅为深泽县公安局局长；

姜增雪为深泽县监察局局长；

刘荣建为深泽县民政局局长；

宋玉龙为深泽县司法局局长；

左占红为深泽县财政局局长；

张建毅为深泽县人力资源和社会保障局局长；

王永鹏为深泽县环保局局长；

宋勇志为深泽县住房和城乡建设局局长；

刘奇为深泽县交通运输局局长；

李林为深泽县农林畜牧局局长；

刘炬为深泽县文化广电新闻出版局局长；

张学荣为深泽县卫生和计划生育局局长；

贾炜为深泽县统计局局长；

高殿恒为深泽县审计局局长；

李小松为深泽县质量技术监督局局长；

邸亚中为深泽县市场监督管理局局长；

袁海涛为深泽县安全生产监督管理局局长；

袁立峰为深泽县行政审批局局长。

免去：

张国忠深泽县人民检察院检察员职务。

2018 年 2 月 3 日，县十六届人大常委会会第八次会议，通过县监察委人事任免事项。

任命：

姜增雪、郑红桥为深泽县监察委员会副主任；

郝鹏、石占朋、张景峰为深泽县监察委员会委员。

2018 年 5 月 15 日，县十六届人大常委会第十次会议，通过县人民政府人事任免事项。

决定免去：

刘奇深泽县交通运输局局长职务；

高殿恒深泽县审计局局长职务。

决定任命：

张礼明为深泽县交通运输局局长；

刘奇为深泽县审计局局长。

2018 年 7 月 18 日，县十六届人大常委会第十一次会议，任命袁彦军、李彦彬、邸彦波、纪惠改、吴子岩、宋彦龙为深泽县人民法院陪审员。

2018 年 9 月 5 日，县十六届人大常委会第十二次会议，通过县人民法院人事任免事项。

任命：

康晓燕为深泽县人民法院审判委员会委员。

2019 年 1 月 9 日，县十六届人大常委会第十五次会议，通过县人民政府人事任免事项。

决定免去：

宋勇志县住房和城乡建设局局长职务；

贾卫东县国土资源局局长职务；

袁士科县发展改革局局长职务；

张英民县水务局局长职务；

李林县农林畜牧局局长职务；

刘炬县文化广电新闻出版局局长职务；

张学荣县卫生和计划生育局局长职务；

姜增雪县监察局局长职务；

袁海涛县安全生产监督管理局局长职务；

李小松县质量技术监督局局长职务。

决定任命：

贾占勇为县发展和改革局局长；

宋勇志为县科学技术局局长；

贾卫东为县自然资源和规划局局长；

袁士科为县住房和城乡建设局局长；

张英民为县水利局局长；

李林为县农业农村局局长；

刘炬为县文化广电体育和旅游局局长；

张学荣为县卫生健康局局长；

崔擘为县退役军人事务局局长；

李振庄为县应急管理局局长；

刘跃东为县医疗保障局局长。

2019年5月7日，县十六届人大常委会第二十次会议，决定任命王伟、王永为深泽县人民政府副县长；任命魏洪涛为深泽县监察委员会副主任。

2019年6月13日，县十六届人大常委会第二十一次会议，通过县人民政府人事任免事项。

决定免去：

左占红县财政局局长职务；

张学荣县卫生健康局局长职务；

贾卫东县自然资源和规划局局长职务；

张建毅县人力资源和社会保障局局长职务；

刘奇县审计局局长职务；

贾炜县统计局局长职务。

决定任命：

马骅为县财政局局长；

贾卫东为县卫生健康局局长；

曹亚峰为县自然资源和规划局局长；

贾炜为县人力资源和社会保障局局长；

赵立为县审计局局长；

陈浓为县统计局局长。

免去：

姜增雪县监察委员会副主任职务；

张亚平、张进友县法院审判委员会委员职务。

2019 年 9 月 6 日，县十六届人大常委会第二十二次会议，通过县人民政府、县人民法院、县监察委人事任免事项。

决定免去：

刘荣建县民政局局长职务。

决定任命：

张丽为县民政局局长。

任命：

张升为县监察委员会委员；

李欣改、李志勇、曹会欣、贾保立、李亚芝、张阔、宋勇志、彭鹤、王伟娜、于红、张立刚为县人民法院人民陪审员。

2019 年 11 月 29 日，县十六届人大常委会第二十三次会议，通过县人民法院、县人民检察院人事任免事项。

任命：

刘彦兵为深泽县人民法院综合审判庭庭长；

李文妙为深泽县人民法院综合审判庭副庭长；

康晓燕为深泽县人民法院综合审判庭副庭长；

贾建立为深泽县人民检察院检察委员会委员。

免去：

刘彦兵深泽县人民法院审监庭庭长职务；

李文妙深泽县人民法院民一庭庭长职务；

康晓燕深泽县人民法院未成年人综合审判庭庭长职务；

张运启深泽县人民法院刑庭庭长职务；

王彩棉深泽县人民法院民二庭庭长职务；

张进友深泽县人民法院行政庭庭长职务；

刘彩红深泽县人民法院行政庭副庭长职务；

王立军深泽县人民法院民一庭副庭长职务；

宋跃轩深泽县人民法院白庄法庭庭长职务；

杜伟深泽县人民法院留村法庭庭长职务；

张景峰深泽县人民检察院检察委员会委员、检察员职务；

杨占博深泽县人民检察院检察员职务。

2019 年 12 月 28 日，县十六届人大常委会第二十四次会议，通过县人民政府人事任免事项。

决定任命：

崔子安为深泽县人民政府副县长；

李立新为深泽县人民政府副县长、公安局局长；

周层为深泽县审计局局长。

决定免去：

张毅深泽县公安局局长职务；

赵立深泽县审计局局长职务。

2020 年 4 月 2 日，县十六届人大常委会第二十七次会议，通过县人民政府、县监察委人事任免事项。

决定任命：

崔擘为深泽县自然资源和规划局局长；

李振庄为深泽县水利局局长。

任命：

刘炯为深泽县监察委员会副主任。

决定免去：

曹亚峰深泽县自然资源和规划局局长职务；

崔擘深泽县退役军人事务局局长职务；

张英民深泽县水利局局长职务；

李振庄深泽县应急管理局局长职务；

刘跃东深泽县医疗保障局局长职务。

2020 年 9 月 4 日，县十六届人大常委会第三十次会议，通过县人民政府人事任免事项。

决定免去：

马骅县财政局局长职务；

袁士科县住房和城乡建设局局长职务。

决定任命：

甄亚超为县应急管理局局长；

陈晓宁为县财政局局长；

袁士科为县医疗保障局局长；

高学永为县住房和城乡建设局局长。

2020 年 11 月 6 日，县十六届人大常委会第三十一次会议，决定任命邵瑾为深泽县人民政府副县长。

2021 年 1 月 19 日，县十六届人大常委会第三十二次会议，通过县人民政府、县人民法院人事任免事项。

决定任命：

韩旭为深泽县人民政府副县长、代理县长。

免去：

刘剑波深泽县人民法院副院长、审判委员会委员职务。

2021 年 5 月 25 日，县十六届人大常委会第三十六次会议，通过县人民政府、县人民法院、县人民检察院人事任免事项。

决定任命：

郝英鹏为深泽县人民政府副县长、代理县长。

任命：

李学红为深泽县人民法院审判员、审判委员会委员、副院长、代理院长；

李美茹为深泽县人民检察院检察员、检察委员会委员、副检察长、代理检察长。

2021 年 6 月 4 日，县十六届人大常委会第三十七次会议，通过县人民政府、县监察委人事任免事项。

决定任命：

魏洪涛为深泽县人民政府副县长；

寇庆民为深泽县人民政府副县长；

郭彬为深泽县人民政府副县长；

贾光为深泽县人民政府副县长。

任命：

康平为深泽县监察委员会副主任、代理主任。

## 第二节　常委会接受辞职情况

2019 年 5 月 7 日，县十六届人大常委会第二十次会议接受魏洪涛、张军良辞去深泽县人民政府副县长职务。

2019 年 6 月 13 日，县十六届人大常委会第二十一次会议接受徐圣银辞去深泽县人民政府副县长职务。

2019 年 12 月 28 日，县十六届人大常委会第二十四次会议接受王云才辞去石家庄市第十四届人民代表大会代表职务。

2020 年 7 月 20 日，县十六届人大常委会第二十九次会议接受高志强辞去深泽县人大常委会副主任职务。

2020 年 7 月 20 日，县十六届人大常委会第二十九次会议接受王伟辞去深泽县人民政府副县长职务。

2021 年 1 月 19 日，县十六届人大常委会第三十二次会议接受卢明刚辞去深泽县人民政府县长职务。

2021 年 5 月 25 日，县十六届人大常委会第三十六次会议接受韩旭辞去深泽县人民政府县长职务。

2021 年 5 月 25 日，县十六届人大常委会第三十六次会议接受崔子安辞去深泽县人民政府副县长职务。

2021 年 5 月 25 日，县十六届人大常委会第三十六次会议接受冯青林辞去深泽县人民法院院长、审判委员会委员、审判员职务。

2021 年 5 月 25 日，县十六届人大常委会第三十六次会议接受刘如卿辞去深泽县人民检察院检察长、检察委员会委员、检察员职务。

2021 年 6 月 4 日，县十六届人大常委会第三十七次会议会议接受宋文军、马骅、刘军峰、邵瑾辞去深泽县人民政府副县长职务。

# 第八章　机关工作

县十六届人大常委会在县委的领导下，全面贯彻党的十九大和十九届二中、三中、四中、五中全会精神，紧紧围绕全县经济和社会发展大局，把党委重大决策、政府着力推进、群众普遍关注的问题作为工作重点，依法履职，依法监督，使人大工作与党的部署相一致、与全县的大局相协调、与人民的利益相统一，为推动全县经济发展和社会进步发挥了积极作用。

1. 切实加强思想建设，理想信念更加坚定。常委会坚持把思想政治建设贯穿始终，筑牢依法履职的思想基础。坚持每周一次集中学习，每月一次党日活动，全面系统学习习近平新时代中国特色社会主义思想和系列重要讲话精神，扎实开展了“不忘初心、牢记使命”主题教育、“两学一做”学习教育、党史学习教育、“四史”宣传教育、思想作风整顿等系列活动，切实增强政治意识、大局意识、核心意识、看齐意识，政治定力和行动自觉不断增强，依法履职、服务大局的能力进一步提升。

2. 切实加强作风建设，宗旨意识更加牢固。常委会大兴调查研究之风，努力改进调研视察、执法检查、专题询问、跟踪督办等工作程序。各主任带头参加“人大代表之家”的每次活动，带头参加述职评议，带头进村入企蹲点，帮助群众、企业排忧解难，深入群众了解代表和民众意愿，积极回应群众诉求。每次常委会会议审议“一府两院”专项报告前，常委会组成人员均深入基层、深入群众了解代表和民众意愿，积极回应群众诉求，既为审议工作做好准备，又为县委、县政府决策提供参考，同时促进了机关干部作风转变。

3. 切实加强党风廉政建设，纪律约束更加严格。坚持把纪律和规矩挺在前面，严格落实党风廉政建设主体责任和监督责任，认真贯彻执行中央八项规定，严肃政治纪律、组织纪律、廉洁纪律、工作纪律、群众纪律和生活纪律，坚持以上率下，不断推动全面从严治党在人大机关向纵深发展，营造了良好的政治生态。同时，在人大机关开展了四问警示，一问自己的岗位职责是什么，是否尽职；二问自己干了什么，效果怎么样；三问自己还有什么没干好，问题在哪儿；四问自己下一步怎么干，方向要明确。

4. 切实加强制度建设，内部管理更加规范。按照“决策科学化、工作制度化、程序规范化”要求，严格落实县人大讨论决定重大事项、县政府重大决策出台前向县人大报告的工作流程，及时修订完善常委会议事规则、主任会议议事规则、党组会议议事规则等各项议事规则，对各委室岗位职责、工作规程进行重新明确，修订了值班、请销假、学习培训等工作制度，常委会会议启动了电子表决系统，机关工作效能和服务水平进一步提高，机关运行更加有序、高效。

# 第 十 四 篇

# 深泽县第十七届人民代表大会

（2021 年 7 月—　　　　　　）

# 第一章　党的领导

深泽县第十七届人民代表大会及其常务委员会，以习近平新时代中国特色社会主义思想为指导，全面贯彻党的十九大、十九届二中、三中、四中、五中全会和习近平总书记在庆祝中国共产党成立100周年大会上的讲话等系列重要讲话精神，按照县第十二次党代会的部署要求，把握新发展阶段，贯彻新发展理念，构建新发展格局，以满足人民日益增长的美好生活需要为根本目的，紧紧围绕“小而强、小而富、小而美”的奋斗目标和“产业跃升、城乡融合、民生优先、服务提质、作风提效”五大工程开展监督，认真履行宪法和法律赋予的职责，充分发挥地方国家权力机关的职能作用，为全面开创深泽高质量发展新局面，加快建设现代化、国际化美丽省会城市做出深泽贡献。

深泽县人大常委会党组始终坚持在思想上、政治上、行动上同以习近平为核心的党中央保持高度一致。进一步树牢“四个意识”，坚定“四个自信”，做到“两个维护”。自觉服从服务于全县工作大局，恪守宪法原则，弘扬宪法精神，履行宪法职责，依法统筹安排监督、决定重大事项等各项工作，忠实履职、奋力拼搏，在县域经济社会新一轮发展征程上担负新使命、贡献新力量。

深泽县人大常委会党组认真贯彻落实县委十二次党代会精神，继续落实县人大讨论决定重大事项，县政府重大决策出台前向人大报告的工作规程要求，充分发挥人大紧密联系群众的优势，广泛凝聚共识、广聚团结之力。突出围绕县委中心工作，沉到一线搞调研、深入群众摸实情，积极推动法律监督与工作监督有机结合，切实增强监督实效、体现监督刚性。时刻关心群众安危冷暖，聚焦群众最直接、最现实的问题，更加关注医疗、教育、交通、社保及乡村振兴等重点民生难题，推动民生实事加快落实，努力让人民群众更有获得感、幸福感。

深泽县人大常委会党组坚持把纪律和规矩挺在前面，巩固深化党史学习教育成果，以打造一流队伍为标准，狠抓机关作风建设，展现人大良好社会形象。认真落实人大常委会党组主体责任，推动全面从严治党、作风建设向纵深发展。强化对乡镇人大工作的联系指导，继续推行乡镇人大主席团的规范化建设，进一步提高乡镇人大主席团的监督能力。继续加大培训力度，提高人大工作者的能力素质，不断提升全县人大系统工作整体水平。

## 第一节　党的组织机构

### 中共深泽县人民代表大会常务委员会党组

书　　记：王建峰（2021 年 7 月至 2023 年 1 月）
　　　　　郭立辉（2023 年 1 月—　　　　）
副 书 记：宋　彬（2021 年 9 月—　　　　）
成　　员：宋　彬（2021 年 7 月至 2021 年 9 月）
　　　　　韩占昌（2021 年 7 月—　　　　）
　　　　　李　林（2021 年 7 月—　　　　）
　　　　　袁占强（2021 年 7 月至 2021 年 8 月）
　　　　　王　茂（2021 年 9 月—　　　　）

## 第二节　党组会议

### 一、党组会

2022 年，县十七届人大常委会召开党组会 20 次，2023 年，县十七届人大常委会召开党组会 4 次 。

**2022 年深泽县第十七届人大常委会党组会情况表**

表 88

| 时间 | 会次 | 会议议题 |
| --- | --- | --- |
| 1 月 14 日 | 第 1 次 | 传达学习习近平总书记《中共中央关于党的百年重大成就和历史经验的决议》的说明；传达学习习近平总书记在党史学习教育动员大会上的讲话精神 |
| 1 月 25 日 | 第 2 次 | 安排部署县人大常委会党组班子 2021 年度民主生活会相关事宜 |
| 1 月 28 日 | 第 3 次 | 传达学习《深入学习宣传贯彻党的十九届六中全会精神，奋力开创现代化经济强省美丽河北建设新局面》 |
| 2 月 11 日 | 第 4 次 | 传达学习《以史为鉴，开创未来，埋头苦干，勇毅前行》及习近平总书记的重要讲话精神 |
| 2 月 25 日 | 第 5 次 | 传达学习习近平总书记在十九届中央纪委六次全会上的重要讲话精神，《坚持严的基调不动摇，坚持不懈把全面从严治党向纵深推进》 |
| 3 月 4 日 | 第 6 次 | 传达学习习近平总书记重要文章《坚持走中国特色社会主义法治道路，更好推进中国特色社会主义法治体系建设》 |

续表 88

| 时间 | 会次 | 会议议题 |
|---|---|---|
| 3月18日 | 第7次 | 传达学习张超超在市纪委十一届二次全会上的讲话《坚持不懈把全面从严治党向纵深推进，为建设现代化、国际化美丽省会城市提供坚强保障》 |
| 4月8日 | 第8次 | 学习《习近平书信选集》第一卷 |
| 4月22日 | 第9次 | 传达学习2022年政府工作报告 |
| 5月13日 | 第10次 | 传达学习《习近平书信选集》第一卷 |
| 5月27日 | 第11次 | 传达学习倪岳峰在西柏坡调研学习时的讲话《始终牢记习近平总书记殷切嘱托，大力弘扬西柏坡精神，奋力走好新时代赶考路》 |
| 6月16日 | 第12次 | 学习《习近平书信选集》第一卷 |
| 6月24日 | 第13次 | 传达学习《正确认识和把握我国发展重大理论和实践问题》 |
| 7月24日 | 第14次 | 研究召开县十七届人大常委会第七次会议相关事宜 |
| 8月3日 | 第15次 | 学习《习近平书信选集》第一卷 |
| 9月25日 | 第16次 | 学习市委常委会扩大会议精神；传达学习常态化疫情防控措施；县政府关于疫情防控、经济发展、安全生产安排情况 |
| 10月13日 | 第17次 | 研究召开县十七届人大常委会第九次会议相关事宜 |
| 10月25日 | 第18次 | 传达学习党的二十大精神和一中全会精神；传达学习习近平总书记在参加党的二十大广西代表团讨论时的重要讲话精神；传达学习习近平总书记在二十届中央政治局常委同中外记者见面时的重要讲话精神 |
| 11月19日 | 第19次 | 传达学习党的二十大精神中央宣讲团报告会、河北省学习贯彻党的二十大精神宣讲团宣讲报告会精神；传达学习省委、市委全会精神；传达县委关于疫情防控有关部署 |
| 12月26日 | 第20次 | 研究县十七届人民代表大会第三次会议工作分工；听取各委室工作总结和2023年工作谋划情况；研究县十七届常委会第十次会议相关事项 |

## 2023年深泽县第十七届人大常委会党组会情况一览表

表 89

| 时间 | 会次 | 会议议题 |
|---|---|---|
| 1月12日 | 第1次 | 研究县十七届人大常委会第十二次会议相关事项；关于接受王建峰辞去县人大常委会主任职务的请求的决定 |
| 1月28日 | 第2次 | 研究县十七届人大常委会第十三次会议相关事项；补选郭立辉为石家庄市第十五届人大代表 |
| 2月8日 | 第3次 | 研究召开2022年度民主生活会相关事宜 |
| 3月23日 | 第4次 | 研究深泽县人大联动监督事宜 |

## 二、党组民主生活会

2022年至2023年，县十七届人大常委会党组召开党组民主生活会2次。

2022年1月22日，召开2021年度县人大常委会党组党史学习教育专题民主生活会。

2023年2月9日，召开2022年度县人大常委会党组班子民主生活会。

## 三、党组理论学习中心组学习会

截至2024年4月，县第十七届人大常委会党组理论学习中心组召开学习会议33次。其中，2021年召开学习会6次，2022年召开学习会11次，2023年召开学习会12次，2024年召开学习会4次。

**2021年深泽县人大常委会党组理论学习中心组学习会情况表**

表90

| 时间 | 会次 | 学习内容 |
| --- | --- | --- |
| 7月23日 | 第1次 | 学习习近平总书记在庆祝中国共产党成立100周年大会上的重要讲话；学习王东峰在河北省庆祝大会上的讲话、张超超在全市领导干部会议上的讲话、王建峰在县党代会上的工作报告和在县人代会上的讲话 |
| 8月20日 | 第2次 | 学习习近平总书记庆祝中国共产党成立100周年系列重要讲话；学习习近平总书记关于做好意识形态工作的重要论述 |
| 9月24日 | 第3次 | 学习“四项联动监督”涉及的主要法律法规；学习《中国共产党纪律处分条例》 |
| 10月22日 | 第4次 | 学习《党委（党组）关于落实全面从严治党主体责任的规定》；学习党史学习教育相关书目 |
| 11月26日 | 第5次 | 学习《中共中央关于加强党的政治建设的意见》；学习党史学习教育相关书目；收看《中国共产党历史》专题讲座 |
| 12月24日 | 第6次 | 学习党史学习教育相关书目，收看《中国共产党历史》专题讲座；学习习近平总书记关于坚持和完善人民代表大会制度的重要论述 |

**2022年党组理论学习中心组学习会情况一览表**

表91

| 时间 | 会次 | 学习内容 |
| --- | --- | --- |
| 1月14日 | 第1次 | 学习习近平总书记《关于〈中共中央关于党的百年奋斗重大成就和历史经验的决议〉的说明》；学习王东峰《深入学习宣传贯彻党的十九届六中全会精神，奋力开创现代化经济强省美丽河北建设新局面》讲话精神 |
| 2月25日 | 第2次 | 学习《以史为鉴，开创未来，埋头苦干，勇毅前行》习近平总书记重要讲话；学习《坚持严的主基调不动摇，坚持不懈把全面从严治党向纵深推进》习近平总书记在十九届中央纪委六次全会上的重要讲话精神 |

续表 91

| 时间 | 会次 | 学习内容 |
| --- | --- | --- |
| 3 月 25 日 | 第 3 次 | 学习《坚持走中国特色社会主义法治道路，更好推进中国特色社会主义法治体系建设》习近平总书记重要文章；学习《坚持不懈把全面从严治党向纵深推进，为建设现代化国际化美丽省会城市提供坚强保证》张超超在石家庄市纪委十一届二次全会上的讲话 |
| 4 月 22 日 | 第 4 次 | 学习《习近平书信选集》第一卷；学习 2022 年《政府工作报告》 |
| 5 月 27 日 | 第 5 次 | 学习《习近平书信选集》第一卷；学习《始终牢记习近平总书记殷切嘱托，大力弘扬西柏坡精神，奋力走好新时代赶考路》倪岳峰在西柏坡调研学习时的指示精神 |
| 6 月 24 日 | 第 6 次 | 学习《习近平书信选集》第一卷；学习《正确认识和把握我国发展重大理论和实践问题》习近平总书记重要文章 |
| 8 月 19 日 | 第 7 次 | 学习习近平在省部级领导干部“学习习近平总书记重要讲话精神，迎接党的二十大”专题研讨班上重要讲话精神；学习习近平总书记在中央统战工作会议上的重要讲话精神 |
| 9 月 23 日 | 第 8 次 | 学习《习近平谈治国理政》第四卷部分篇章（第一章至第三章）；学习《习近平谈治国理政》第四卷部分篇章（第四章、第五章） |
| 10 月 14 日 | 第 9 次 | 传达学习中国共产党第十九届中央委员会第七次全体会议公报；学习习近平总书记重要文章《坚持和发展中国特色社会主义要一以贯之》 |
| 10 月 28 日 | 第 10 次 | 传达学习党的二十大、二十届一中全会精神 |
| 12 月 16 日 | 第 11 次 | 传达学习习近平总书记在中共中央政治局第一次集体学习会议上的重要讲话；传达学习省委十届三次全会精神；传达学习市委十一届四次全会精神 |

## 2023 年党组理论学习中心组学习会情况一览表

表 92

| 时间 | 会次 | 学习内容 |
| --- | --- | --- |
| 1 月 9 日 | 第 1 次 | 学习中共中央总书记习近平在中共中央政治局召开的民主生活会上发表的重要讲话；学习《求是》杂志发表的习近平总书记重要文章《为实现党的二十大确定的目标任务而团结奋斗》 |
| 2 月 3 日 | 第 2 次 | 学习习近平总书记在学习贯彻党的二十大精神研讨班上的重要讲话、习近平总书记在二十届中央纪委二次全会上的重要讲话 |
| 3 月 23 日 | 第 3 次 | 学习党的二十届二中全会精神、全国两会精神 |
| 4 月 20 日 | 第 4 次 | 学习习近平总书记在学习贯彻习近平新时代中国特色社会主义思想主题教育工作会议上的讲话精神、倪岳峰在河北省委理论学习中心组学习会上的讲话精神 |
| 5 月 22 日 | 第 5 次 | 传达学习习近平总书记在雄安新区考察并主持召开高标准高质量推进雄安新区建设座谈会精神、习近平总书记在河北考察并主持召开深入推进京津冀协同发展座谈会上的重要讲话精神 |

续表 92

| 时间 | 会次 | 学习内容 |
| --- | --- | --- |
| 6月29日 | 第6次 | 传达学习习近平总书记在文化传承发展座谈会上的重要讲话精神；学习《人民日报》文章《总书记这样教育引导党员干部树牢正确政绩观》 |
| 7月24日 | 第7次 | 传达学习习近平总书记在文化传承发展座谈会上的重要讲话精神、石家庄市委十一届五次全会精神 |
| 8月25日 | 第8次 | 传达学习习近平总书记在中共中央政治局第七次集体学习时的重要讲话精神；学习《求是》杂志发表的习近平总书记重要文章《加强基础研究实现高水平科技自立自强》《中国式现代化是强国建设、民族复兴的康庄大道》 |
| 9月27日 | 第9次 | 传达学习习近平总书记在主题教育工作会议上的重要讲话精神、习近平总书记在中共中央政治局第四次集体学习时的重要讲话精神 |
| 10月25日 | 第10次 | 学习《习近平著作选读》第一卷、第二卷；学习《习近平新时代中国特色社会主义思想学习纲要（2023年版）》 |
| 11月22日 | 第11次 | 传达学习习近平总书记在北京、河北考察灾后恢复重建工作时的重要讲话精神、习近平总书记视察河北重要讲话和重要指示精神、习近平总书记在中共中央政治局第九次集体学习时的重要讲话精神 |
| 12月25日 | 第12次 | 学习《求是》杂志发表的习近平总书记重要文章《推进中国式现代化需要处理好若干重大关系》；学习省委十届五次全会精神；围绕“深刻领悟中国式现代化，实干担当推动高质量发展”进行交流研讨 |

## 2024年党组理论学习中心组学习会情况一览表

表 93

| 时间 | 会次 | 学习内容 |
| --- | --- | --- |
| 1月29日 | 第1次 | 学习习近平总书记在中共中央政治局专题民主生活会上的重要讲话精神；学习《县以上党和国家机关党员领导干部民主生活会若干规定》；围绕“切实加强党的建设，深入推进全面从严治党，以党的自我革命引领社会革命”进行交流研讨 |
| 2月20日 | 第2次 | 学习习近平总书记在中共中央政治局第十一次集体学习时的重要讲话精神；学习中央经济工作会议精神 |
| 3月18日 | 第3次 | 学习习近平总书记在2024年春季学期中央党校（国家行政学院）中青年干部培训班开班之际重要讲话精神；学习全国两会精神 |
| 4月16日 | 第4次 | 学习《中国共产党纪律处分条例》《党史学习教育工作条例》；结合工作实际，围绕“深入学习《中国共产党纪律处分条例》，贯彻落实习近平总书记关于党的自我革命的重要思想”进行交流研讨 |

# 第二章　人大代表

深泽县第十七届人民代表大会代表名额187名。2021年7月，召开县十七届人大一次会议时实有代表183名。

## 第一节　选举产生

### 一、选举委员会

2021年4月29日，深泽县十六届人大常委会第三十五次会议通过《关于深泽县选举委员会组成人员的决定》。县选举委员会主任：郭建强；副主任：袁国良、张军良、宋莲芳、刘玉存；委员：郑红桥、曹亚峰、刘亚红、田炜、李宪、赵路通、刘志兴、邸丽琴、纪兰锁、陈晓宁、宋玉龙、张丽、曹建芝 、贺秀改、刘向东 、李梦华、赵光义、郭宏勋、房佳、李赫、贺丽敏、袁旭光。

河北省人大常委会确定深泽县人大代表名额为187名。深泽县人大常委会确定乡级人大代表名额共432名。全县共划分县人大代表选区75个，乡级人大代表选区178个，按照每选区1—3名代表分别将184名县人大代表名额和420名乡级人大代表名额分配到各县及代表和乡级代表选区。

根据《中华人民共和国全国人民代表大会和地方各级人民代表大会选举法》关于选举委员会组成人员为代表候选人的，应当辞去选举委员会职务的规定，或因工作岗位变动，选举委员会部分组成人员提出辞职请求。2021年6月9日经县十六届人大常委会主任会议研究，决定接受郭建强辞去深泽县选举委员会主任职务，袁国良、张军良、宋莲芳、刘玉存辞去深泽县选举委员会副主任职务，李宪、赵路通、陈晓宁、曹建芝、贺秀改、贺丽敏、袁旭光辞去深泽县选举委员会委员职务。深泽县选举委员会的工作由委员曹亚峰主持。2021年7月16日，县十六届人大常委会第三十八次会议进行确认。

2021年6月15日为人大代表选举日。选举投票以投票站为主，流动票箱为辅，全县参加投票的选民158978人，参选率为87.5%。选举产生县十七届人大代表184名。

## 二、代表构成

在选举产生的 184 名县人大代表中，工农、专业技术人员代表 117 人，占 63.6%。妇女代表 48 人，占 26.1%。党政干部代表 22 人，占 11.96%。企业负责人代表 13 人，占 7.07%。新的社会阶层人士 3 名，占 1.63%。大专以上学历代表 97 人，占 52.7%。在选举产生的 420 名乡镇人大代表中，工农、专业技术人员代表 369 人，占 87.9%。妇女代表 113 人，占 26.9%。党政干部代表 1 人，占 0.24%。企业负责人代表 6 名，占 1.43%。新的社会阶层人士 5 人，占 1.19%。大专以上学历代表 102 人，占 24.3%。基层代表特别是一线的工人、农民、专业技术人员代表比例有所上升，妇女代表比例有所提高，党政干部担任人大代表的比例从严掌握，对企业负责人担任人大代表要统筹兼顾、防止比例过高，适度增加新的社会阶层代表人士，文化程度有所提高。

# 第二节　代表名单

## 一、深泽县第十七届人民代表大会代表名单

县直代表团（17 名，含华美综合服务处）：

| | | | |
|---|---|---|---|
| 王小亚 | 闫丽宁（女） | 孙亚兰（女） | 宋宝龙 |
| 贾占勇 | 张月波 | 张立松 | 张　伟 |
| 陈晓宁 | 庞珍立（女） | 赵红波 | 袁铁成 |
| 袁淑红（女） | 高学永 | 曹建芝（女） | 杜小红（女） |
| 马建红 | | | |

深泽镇代表团（21 名）：

| | | | |
|---|---|---|---|
| 王　伟 | 王宝涛 | 王拥军 | 田向平（女） |
| 刘月强 | 李　松 | 李思垚 | 李　根 |
| 杜　刚 | 张占山 | 张　伟 | 张杏敏（女） |
| 张英魁 | 张晓光 | 范林英（女） | 袁义国 |
| 郭习昌 | 高文成 | 黎建辉 | 韩占昌 |
| 崔　磊 | | | |

铁杆镇代表团（28 名）：

| | | | |
|---|---|---|---|
| 马琳叶（女） | 王万青 | 王姗姗（女） | 王顺成 |
| 邢　津（女） | 吉英良 | 毕　佩（女） | 杜国强 |
| 杜　辉 | 杨保录 | 李习科 | 李　杨 |
| 李彦平 | 何彩红（女） | 张义冲 | 张　梁 |
| 张　康 | 陈新永 | 赵玉恒 | 赵路通 |

| | | | |
|---|---|---|---|
| 徐宏旭 | 徐　慈 | 翟伟冬 | 翟耀辉 |
| 戴　星（女） | 袁国良 | 宋文军 | 李美茹（女） |

赵八镇代表团（25 名）：

| | | | |
|---|---|---|---|
| 于谦锋 | 王　芹（女） | 纪少伟 | 李　林（女） |
| 张士友 | 张泽英 | 张建民 | 张敬敏（女） |
| 陈玉芝（女） | 陈永科 | 陈军法 | 陈　宝 |
| 周红霞（女） | 赵景坡 | 贾焕英 | 郭耀辉 |
| 高　飞 | 高玉庆 | 高永红 | 曹东兴 |
| 崔　业 | 康彦申 | 康彩红（女） | 魏洪涛 |
| 梁勇强 | | | |

大桥头镇代表团（36 名）：

| | | | |
|---|---|---|---|
| 王　峰 | 田会宣（女） | 冯立伟 | 师晓兰（女） |
| 吕　芳（女） | 刘　永 | 刘　娜（女） | 孙永昊 |
| 孙　崇 | 纪振友 | 杜建领 | 杨　园（女） |
| 李　卫 | 李宗良 | 李建永 | 邸　旭 |
| 张爱婷（女） | 张淑平（女） | 陈占民 | 陈运东 |
| 孟红涛 | 郝立宁（女） | 赵月辉（女） | 赵　亮 |
| 赵根志 | 袁占强 | 郭伟丛（女） | 郭领军 |
| 高海霞（女） | 韩高龙 | 焦义娟（女） | 焦小伟 |
| 郝英鹏 | 郭彦儒 | 宋　彬 | 李学红 |

留村乡代表团（23 名）：

| | | | |
|---|---|---|---|
| 马庆宣（女） | 王　飞 | 王麦峰 | 田彦龙 |
| 史志法 | 刘玉龙 | 刘立卿 | 刘庆春 |
| 刘武超 | 刘佳其 | 李明英 | 李敬分（女） |
| 邸玉芝（女） | 邸东明 | 邸建恒 | 张荣珍（女） |
| 张　雷 | 贾军明 | 贾　静（女） | 曹立波 |
| 曹建宗 | 王建峰 | 李　林 | |

白庄乡代表团（33 名）：

| | | | |
|---|---|---|---|
| 王　帅 | 王　茂 | 王保坤 | 司亚辉 |
| 刘　平（女） | 刘永中 | 刘海彦（女） | 杨鹤伟 |
| 李二宝 | 李　丽（女） | 李国宏 | 何凯民 |
| 何凯军 | 何海尧 | 宋亚坤（女） | 宋红涛 |
| 张占永 | 张兰敏（女） | 张　贞 | 张建良 |
| 张建科 | 张　玲（女） | 张荣虎 | 张　森（女） |
| 赵　凯 | 段运谦 | 段建昌 | 强义兰（女） |

郭立辉　　康　平（女）　　刘玉存　　张江彦

贾立桥

**深泽县第十七届人大代表届中变动情况表**

表 94

| 会次 | 终止情况 | 补选情况 | 人数 |
|---|---|---|---|
| 第一次会议 | 辞职 1 名：陈业 | — | 县十七届人民代表大会第一次会议时，实有代表 183 名 |
| 第二次会议 | 辞职 7 名：贾占勇、高学永、李彦平、于谦锋、高海霞、李建永、贾立桥 | 补选 7 名：袁海涛、陈田、牟钢国、陈建民、张星、赵兴、周建 | 县十七届人民代表大会第二次会议时，实有代表 183 名 |
| 第三次会议 | 调离深泽 1 名：高文成<br>辞职 7 名：王飞、黎建辉、张伟、宋文军、纪少伟、郭彦儒、张星 | 补选 8 名：冯军立、赵光义、陈立锋、赵玉景、张新颖、李建永、李勇军、李宇飞 | 县十七届人民代表大会第三次会议时，实有代表 183 名 |
| 第四次会议 | 辞职 7 名：袁国良、刘玉存、袁海涛、曹建芝、李勇军、纪振友、曹东兴<br>调离深泽 3 名：魏洪涛、康平、陈田 | 补选 7 名：张丽、纪青峰、刘敬超、刘斯洋、纪振福、宋秀、王二东 | 县十七届人民代表大会第四次会议时，实有代表 182 名 |
| | 辞职 3 名：郭耀辉、刘斯洋、赵凯 | 补选 5 名：郭宏勋、韩玉钊、马运泽、翟东、曹兆南 | |

## 二、深泽县出席石家庄市第十五届人民代表大会代表名单

（2021 年 7 月 24 日县十七届人大一次会议第二次全体会议当选）

张效春　邢伟　赵立芬　王溪波（市直参选）；

王立兵　王建峰　刘雷　刘玉田　刘玉兰　杜国强　李丽娟　吴运涛　张士友　陈洪涛　赵景坡　郝英鹏　黄展（县内参选）

2023 年 1 月 28 日，县十七届人大常委会第十三次会议，补选郭立辉为石家庄市第十五届人民代表大会代表。

# 第三节　代表工作

## 一、代表培训

2022 年 8 月 2 日，举行人大代表专题培训。邀请河北省人大常委会原研究室主任、民侨外工委主任王振平就如何当好人大代表对县人大代表进行培训。邀请河北师大教授王宝治讲解宪法。通过培训提高人大代表的理论素养、业务水平和履职能力，增强代表意识，激发代

表履职热情。

## 二、联系代表

常委会继续实行“双联”制度，常委会组成人员重点联系县人大代表5人，县人大代表重点联系选民5人，保持与代表、选民的经常性联系，广泛听取意见建议。

## 三、“人大代表之家（站）”建设和管理

按照市人大有关通知要求，及时对“人大代表之家（站）”进行调整，“人大代表之家”由7个调整到6个，“人大代表联络站”由2个调整为1个。大桥头镇、白庄乡“人大代表之家”完成改造提升。“人大代表之家（站）”共开展学习培训活动50余次、调研视察活动60余次、接待走访联系群众35000余人次，收集意见建议490余条。

## 四、征集代表意见建议

2022年8月、2022年10月、2023年7月，按照县委有关要求，县人大常委会组织县人大代表广泛征集意见建议，共征集到工业及优化环境方面、城建方面、农业农村方面、文教卫生方面、交通方面、环保方面及其他方面意见建议239条。

## 五、人大代表主题活动月

按照石家庄市人大常委会和深泽县人大常委会《关于开展人大代表主题活动月的实施方案》的安排，县人大常委会于2022年10月组织省、市、县、乡四级人大代表，开展以“我为企业助一力”“我为基层解一难”“我为民生献一策”“我为民众办一事”“我为发展建一言”五个一活动为重点内容的、以“喜迎党的二十大代表聚力促发展”为主题的实践活动。共组织四级人大代表深入企业开展集体视察活动12次，参与代表190余名，代表走访企业100余家，帮助企业解决问题30余个。联系代表、群众2000余人次，帮助化解基层矛盾140余件，帮助群众解决急难愁盼问题90余件。征集市级民生实事建议项目2件、县级民生实事建议项目40余件，乡级民生实事建议项目60余件。四级人大代表围绕项目建设、城乡建设、民生事业发展等重点工作和关系人民群众切身利益的热点、难点问题提出建议160余条。

## 六、“深调研、解难题、促履职、助发展——人大代表在行动”活动

按照石家庄市人大常委会和深泽县人大常委会《关于开展“深调研、解难题、促履职、助发展——人大代表在行动”活动实施方案》的安排，县人大常委会于2023年11月16日至12月15日组织省、市、县、乡四级人大代表开展以“开展全方位宣讲”“组织多专题视察”“谋划深层次调研”“办好惠民生实事”“提出高质量建议”五项工作为重点内容的“深调研、解难题、促履职、助发展——人大代表在行动”活动。共组织四级人大代表集中宣讲

120余次，自主宣讲300余次；对县招商引资、项目建设、园区建设、乡村振兴、现代商贸、农村电子商务等开展专项视察活动20余次，提出意见建议90余条。开展代表接待日活动12次，走访农户600余户，企业60余家，学校30余所，养老院、医院20余所，联系群众3000余人次，收集群众意见建议300余件；帮助化解基层矛盾120余件，帮助群众解决急难愁盼问题80余条，征集县级民生实事建议项目80余件，乡级民生实事建议项目100余件，形成代表建议市级10余件、县级70余件、乡级110余件。

## 七、代表建议、意见选录

### 县十七届人大一次会议期间

县十七届人大一次会议，经议案审查委员会审查，建议27件，意见11件。提交县人大常委会审议，议案转为建议2件。交县政府办理。

（一）议案转建议

1.案由：关于进一步加强农村人居环境治理的议案。

提议案人：贾焕英　单位：赵八镇石桥头村

附议人：赵八镇代表团陈军法等10名代表

内容：近年来，我县把人居环境治理摆上重要位置，并取得了阶段性成效。但由于农村道路建设、亮化、绿化、美化等方面历史欠账较多，还需要持续加强。一是要通过电视、广播或微信抖音等新媒体加大宣传力度，充分引导群众参与人居环境治理，并充分尊重群众意愿，切实维护群众合法权益。二是对经济条件不好、财力不足的村居，在政策、资金上给予一定倾斜，均衡发展。三是根据不同区域自然环境条件、经济社会发展状况，以及人居环境的不同特点，科学确定治理模式。四是产业支撑，要扶持新型经营主体，发展壮大村级集体经济，变输血为造血，推进人居环境治理持续发力。

2.案由：关于加快城南第三污水处理厂建设进度的议案。

提议案人：刘娜　单位：大桥头镇乘马村

附议人：大桥头镇代表团孟红涛等20名代表

内容：第三污水处理厂多年来不能正常运行，影响项目建设和园区发展，管网只进不出，污水外溢，群众上访，不稳定因素增多，建议加快建设进度，早日正常运营。

（二）建议

1.事由：关于加强对外沟通，实施引凤还巢计划的建议。

提建议人：孙永昊　单位：石家庄哈醇日化有限公司

内容：深泽县发展离不开在外成功人士的支持帮助，建议县政府有关部门定期组织亲情招商，引凤还巢，让深泽籍在外成功人士为家乡发展献计出力。

2.事由：关于耿庄日化产业扶持壮大的建议。

提建议人：纪振友　单位：石家庄深龙包装有限公司

内容：耿庄日化是深泽名片，历史长，前景广，但受人们固有观念限制，制假、售假，档次低、质量差的标签挥之不去，建议将其纳入县经济开发区管理，同时，政府在主导对外宣传、提升耿庄日化知名度上予以倾斜、关注，为耿庄日化正名，为其做大做强提供政策、资金、土地等方面的扶持。

3. 事由：关于对小堡布艺产业进行帮扶的建议。

提建议人：何海尧　单位：小堡红柏家纺市场

内容：小堡村布艺为白庄乡支柱产业、特色产业，在同行业内具有一定知名度，现需要引进先进经营模式，增加产品种类，将小堡村布艺产业打造成深泽名片，希望得到相关部门政策、技术和模式上的支持。

4. 事由：关于鼓励做大做强本土企业的建议。

提建议人：赵景坡　单位：河北海益房地产公司

内容：本土企业长期以来，为我县经济和社会发展作出重要贡献。为提高本土企业的投资热情和发展动力，应鼓励做大做强本土企业。（1）要从战略上高度重视本土企业的发展，坚持把培育壮大本土企业作为推进我县发展的重大战略举措，同招商引资等重大事项同谋划、同部署、同扶持。（2）将培训本土企业家、企业经营管理人才纳入各级党委、政府人才培养计划，着力培养造就素质过硬、结构合理、能干事创业的优秀本土企业家群体。（3）不定期组织不同层次和行业的本土企业家互动交流，适时组织本土企业家到企业文化鲜明的发达地区参观考察，帮助他们开阔思路，永葆创业激情。

5. 事由：关于提升县城文明建设的建议。

提建议人：闫丽宁　单位：县检察院

内容：提升县城文明建设人人有责，但在创建工作中发现部分商户思想不端正，门前乱扔烟头纸屑，包段清扫工未能尽心尽力做好清洁工作，依赖分包部门心态严重。建议相关部门加大“门前三包”宣传力度，制定相关奖惩措施，督促包段清扫工尽心清扫，促使商户、部门、包段清洁工形成一股合力，真正从思想上认识到创建文明县城的重要性，使此项工作常态化，为县城文明建设做出最大贡献。

6. 事由：关于解决县城排水问题的建议。

提建议人：李林　单位：石家庄市久凯气门制造有限公司

内容：近日连续的雨水天气，使县城部分道路积水过深导致无法通行，建议针对现有排水防涝建设、维护、管理机制方面存在的实际问题，提出进一步完善机制体制的相关措施并改建或扩建排水防涝设施。

7. 事由：关于县域慢性病管理的建议。

提建议人：张立松　单位：深泽县医院

内容：当前，我县慢性病防治工作面临着严峻挑战，一是人民群众对慢病危害的知晓率低，二是健康体检意识淡薄和慢性病管理工作不完善，三是慢性病防治的人力、物力、财力不足。建议：（1）强化政府领导。制定切实可行的慢性病防治实施方案，建立以心血管病、肿瘤、糖尿病、呼吸系统疾病等为重点的慢性病综合防治服务体系。（2）加大慢性病防治经费投入和慢性病管理队伍建设。财政部门要将慢性病防治工作经费列入财政预算，根据慢性病防治工作需要，加大财政投入力度，保障慢性病防治所需经费，逐步完善医疗机构慢病防治相关设备，同时增编岗位、施行财政补助，吸引医学专业人才到社区卫生服务机构工作。（3）在全县范围内大力推广全民健康生活方式行动。在机关、企事业单位中开展健康宣教，开展全民健康生活方式行动，实现自我管理。大力倡导“每个人是自己健康第一责任人”的理念，广泛开展全民健身活动，充分利用电视、网络等传媒，深入基层、农村开展慢病防治健康宣传。（4）强化慢性病管理，提供全程服务。探索“互联网＋健康医疗”慢性病健康管理服务新模式，探索建立县级医疗机构、基层医疗机构和城乡居民的多级联动、线上线下相结合的慢性病管理服务体系。探索开展重点癌症的早期筛查，对发病率高、筛查手段成熟的食管癌、胃癌、宫颈癌等逐步扩大早诊早治覆盖面。推广脑卒中、心血管疾病等慢性病高危人群筛查和健康干预适宜技术。

8. 事由：关于拓宽农村学校教育面，使学生德智体美劳全面发展的建议。

提建议人：张贞　单位：大直要信用社

内容：农村教育模式较保守，建议学习城市教育模式，加强学生动手能力培养，投入相应设施设备，增加学生户外课程、实验课程，使学生德智体美劳全面发展。

9. 事由：关于定深公路改造提升的建议。

提建议人：刘立卿　单位：留村乡东南留村

内容：定深公路是连接深泽和定州的一条主要道路，由于年久失修，不仅影响交通，还直接关乎深泽形象，建议尽快对破损路面和两侧绿化、亮化进行改造提升。

10. 事由：关于开辟电力项目绿色通道，加快电网建设项目落地的建议。

提建议人：赵红波　单位：深泽县供电公司

内容：为了保证深泽县电网建设项目尽快落地，加大实施力度，争取更多资金、更多项目。提出以下建议：（1）建议县行政审批局、县自然资源和规划局等政府职能部门开通电力项目绿色通道，简化项目审批环节加快审批进程，方便更多的电力项目在我县落地实施。（2）成立电网建设领导小组，相关部门（如电力、通信、交通、工业园区、乡镇等）参与，建立定期协商机制，及时处理电网建设过程中遇到的问题。（3）对具体的项目给予相应政策支持，由各级政府部门参与到占地协调中来，制定统一赔偿标准，保证项目的顺利实施，及早投运，为全县人民安全用电提供保障。

（三）意见

1. 深泽镇小贾庄村刘月强代表提出：向阳街南段多年未能打通，造成交通不便，卫生脏乱差，希望尽早开通。

2. 深泽镇南关村李根代表提出：县城停车位设立不合理，主要街道停车位少，停车不方便。

3. 铁杆镇大兴学校马琳叶代表提出：农村边远地区公办幼儿园和普惠性幼儿园数量不足，

学前教育教学设施落后，师资良莠不齐，不能满足家长对于高质量教学环境的强烈需求，导致大量适龄儿童外流，恶化深泽教育生态，急需解决。

4. 铁杆镇中央村王顺成代表提出：煤改气、煤改电三年补助即将到期，群众强烈反映负担过重，煤改电的村部分群众已拆掉，还是烧煤取暖，希望县政府及有关部门重视，妥善解决。

## 县十七届人大二次会议期间

县十七届人大二次会议，经议案审查委员会审查，建议15件，意见15件。提交县人大常委会审议，议案转为建议2件。交县政府办理。

（一）议案转建议

1. 案由：关于大力开展城乡垃圾治理，打造全域清洁县的议案。

提议案人：宋宝龙　单位：县人社局

附议人：县直代表团张立松等10名代表

内容：随着城乡居民物质生活水平的不断提高，出现大量的生活垃圾、养殖业垃圾、种植业垃圾、地膜垃圾和建筑垃圾等。虽然近几年我县加大了城乡垃圾治理力度，特别是自我县农村人居环境整治提升行动全面启动以来，取得了阶段性的成效，但“垃圾围村、垃圾围城”的问题仍然突出，严重影响县城文明建设、村容村貌和环境治理，甚至有些垃圾威胁到人民生命健康安全。为此，提出如下建议：一要结合我县实际尽快建立城乡垃圾治理长效机制，使城乡垃圾治理规范运行。二要进一步加大财政投入力度，为城乡垃圾治理提供资金保障。三要切实加强农村环卫工作，配备专门保洁人员组建农村卫生管理队伍，乡、村两级保洁员工资列入县财政预算；同时各村组建由党员带头、群众参与的志愿者服务队伍，做好宣传引领服务工作。四要加大宣传教育力度。通过新闻媒体宣传、悬挂宣传横幅、张贴宣传标语、制定村规民约、大喇叭广播、光荣墙等方式，引导城乡居民形成良好的卫生习惯，调动群众参与卫生保洁的积极性和主动性，营造人人关注环境卫生、人人主动参与保洁的良好氛围。

2. 案由：关于解决县城各小区集中供暖问题的议案。

提议案人：曹东兴　单位：赵八镇侯村

附议人：赵八镇代表团陈军法等10名代表

内容：今年冬季我县城区范围全部改为天然气集中供暖方式，统一由一个公司负责供暖。这本是惠民的好事，但却出现了低温运行、间歇供暖、服务不到位等问题。室温不到15℃成为常态，居民苦不堪言。建议有关部门督促供暖公司加强供暖，达到供暖要求或让小区分批安装壁挂炉，住户单独采用壁挂炉天然气取暖。

（二）建议

1. 事由：关于促进纺织业发展的建议。

提建议人：陈军法　单位：石家庄顺天纺织有限公司

内容：纺织企业是劳动密集型企业，不适合在工业园区生存，但在村镇建设和扩建厂区现在土地手续已不再批复，致使后期不能再完善发展，之后国家政策如有变化，前期投入也会存在很大风险，新的手续无法批复也不能扩大生产，限制企业的发展。建议县政府有关部门进行协调，是否能使正常运营企业办理后续扩建土地手续，以便让工厂更好的发展，在市场竞争中更加稳固，同时使周边人员就业更加稳定。

2. 事由：关于促进气门行业发展的建议。

提建议人：李林　单位：石家庄久凯气门制造有限公司

内容：深泽县气门行业基本都坐落在大雾头村，受限电政策影响，原材料和车间维修配件价格不断上涨，但产品价格很难上调，利润空间小，一些规模较小的工厂已经很难维持。建议县政府在政策上加以扶持，建立新的工业园区，避免气门厂倒闭、工人失业。

3. 事由：关于加快推进第三污水处理厂正常运行的建议。

提建议人：孙崇　单位：大桥镇大桥头村

内容：我县第三污水处理厂，承接着耿庄日化和桥南开发区企业污水治理的重任，可有效处理开发区的工业废水和周边村庄的生活污水，避免污水及污染物直接流入滹沱河水域，对改善生态环境和促进经济发展具有重要意义，直接影响辖区企业的生产能力，建议加快推进第三污水处理厂正常运行，尽快接受企业污水。

4. 事由：关于进一步提高农村办学质量的建议。

提建议人：孙崇　单位：大桥头镇大桥头村

内容：农村中小学条件相对较差，缺乏吸引和挽留优秀教师安心工作的实力和条件，部分年轻教师刚刚被培养成熟，眼看着能够为农村教育事业挑起重担了，却又被那些条件优越、待遇丰厚的城市学校挖走了。建议加强农村幼儿园、中小学的专业师资力量配备，提高农村办学质量。

5. 事由：关于加强县城车辆停放管理的建议。

提建议人：陈宝　单位：广润纺织有限公司

内容：近年来，虽然县城内增设了停车场、停车位，但由于私家车日益增多，到处可见车辆乱停乱放。建议有关部门加大车辆停放管理力度，改善县城交通秩序。

6. 事由：关于减少学校与教育无关的工作的建议。

提建议人：张敬敏　单位：赵八镇南赵八小学

内容：学校一些与教育教学无关的工作，已经影响正常的教育教学活动。建议教育主管部门减少学校与教育无关的工作，严控各个部门的“进校园”活动，削减摊派任务，不能硬性规定要求老师和家长完成非教学直接相关的任务，让老师和家长在非教育活动中劳心费神。有些活动并不是完全不可取，的确能够增长学生见识，锻炼学生能力，但要严控“进校园”活动的数量和频率，删减不必要的活动。比如关注公众号、转发文章、注册平台、下载App、各种让家长签字活动，甚至学生家长的医保都让老师统计。学校是教书育人的地方，工作重点必须放在教育教学上，要达到减少校园与教育无关的工作，需要相关部门的帮助与支持。

7. 事由：关于关心关爱农村老年人的建议。

提建议人：郭领军　单位：大桥头镇南中山村

内容：我县为劳动力输出县，农村在外打工的年轻劳动力居多，留守部分老年人在家，建议政府加大对老年人的关爱，从养老服务、就医、业余生活等各方面提高老年人生活品质。

8. 事由：关于加强消防基础设施的建议。

提建议人：牟钢国　单位：县消防救援大队

内容：消防基础设施是防灾抗灾体系的重要组成部分，必须遵循与社会经济相适应、同步发展的原则。建议：一是加强乡镇消防工作机构建设。各乡镇成立消防安全委员会，根据实际设立乡镇消防工作办公室，配置专职工作人员，各乡镇可以通过依法授权或委托的方式，明确由乡镇综合执法队承接消防执法事项，同时将执法情况录入河北省社会治安综合治理信息平台，督促指导场所单位落实消防安全责任。二是各乡镇要制定实施农村消防规划，确保各乡镇、各行政村消防安全布局合理，落实专项经费，保障公共消防设施建设与城乡建设、基础设施建设统一规划、统一设计、同步建设、同步使用。三是增加相应的财政预算，推进城中村、乡镇产业聚集区、乱点区域市政消火栓管网及其他消防水源建设，打通消防车通道，拆除不合理的限高、限宽，推动行政村、社区及重点单位微型消防站的发展建设，强化基层一线灭火救援力量，满足火灾扑救和应急救援需求，缓解辖区内消防中队距离较远、出警时间长的问题。

（三）意见

1. 深泽镇城内村袁义国代表提出：向阳街南段多年未能打通，造成交通不便，希望尽快打通，方便通行。

2. 深泽镇城内村袁义国代表提出：希望在夜市附近建一座高标准公厕，方便群众。

3. 深泽镇小贾庄村刘月强代表提出：县城停车场、停车位太少，希望继续增加停车场、停车位，方便群众停车。

4. 县政府办公室袁铁成代表提出：个别小区物业服务不到位，物业人员不负责任，小区内脏、乱、差，对建筑物及其附属设施的维修养护不到位，小区业主交的物业费没用到该用的地方，业主多次提出意见，不予以采纳。应根据《中华人民共和国民法典》的相关规定，加强对物业人员的管理和监督，成立各小区业主委员会，物业公司或人员定期将服务的事项、收费标准、维修资金使用情况向业主公开，并定期向业主委员会报告，共同努力创建和谐小区、文明小区、宜居小区。

3. 天姿日化有限公司师晓兰代表提出：企业完善执照、备案、环评、双控、排污许可等相关手续繁琐复杂，建议简化审批手续，为深泽经济发展助力。

4. 铁杆镇铁杆村戴星代表提出：村民冬季用电、燃气取暖，取暖费每季需要 4000 ～ 5000 元，费用过高，村民不敢取暖，影响人民幸福指数。建议出台农村冬季取暖补贴政策，助力乡村振兴，改善环境质量，减轻农民负担。

5. 铁杆镇后马里村李杨代表提出：马里中心学校与马里幼儿园位于后马里村北，紧邻国道 338，上下学期间接送孩子易造成交通拥堵，多次发生交通事故，存在很大的交通安全隐患。建议学校南侧围墙拆除，向北移重建，留出一部分用于建设停车场，以便学生家长的私家车与三轮车有地方停车，避免占用交通要道，解决安全隐患。

6. 白庄乡北冶庄头村宋红涛代表提出：我县是一个农业大县，希望能在农业上增加一些投入，加大农业项目建设力度，引进适合我县的优质农业种植项目，使农民节约成本增加收入。

7. 白庄乡西固罗村张建科代表提出：农村人居环境整治水平参差不齐，还需进一步加大投入，通过抓设施建设和环境卫生整治，改善农村居住环境，推动人们思想观念、行为习惯不断转变，提升农村整体形象。

## 县十七届人大三次会议期间

县十七届人大三次会议，经议案审查委员会审查，建议 20 件，意见 10 件。提交县人大常委会审议，议案转为建议 2 件。交县政府办理。

（一）议案转建议

1. 案由：关于精准帮扶企业、协同创新发展的议案。

提议案人：张占山 单位：华运化工有限公司

附议人：深泽镇代表团李根等 11 名代表

内容：2022 年 8 月 2 日，县政府成立“国杰院士协同创新中心”，结合企业发展现状、技术难题开展活动。针对企业技术难题，入企调研，并举行专家和企业座谈会。对企业进行一对一精准技术帮扶，解决企业生产与研发的燃眉之急，此次协同创新取得成功。建议县政府以此为例，为企业搭建符合条件与现状的对接平台，经常开展关于环保、安全等方面的提升活动。由环保、安全方面的专家到企实地勘察，诊断各企业存在的问题和不足，企业积极改进、即察即整，促进环境保护与安全发展。在交流中扶优扶强企业，使企业无任何疏漏，无任何隐患。如果能够实行这种协同发展、创建对接的新模式，我县必将率先走出一条强县强企的经济发展新路。

2. 案由：关于改善农村人居环境，建设美丽宜居乡村的议案。

提议案人：郭耀辉、李丽 单位：赵八镇、白庄乡北白庄村

附议人：赵八镇代表团陈永科等 11 名代表、白庄乡代表团张兰敏等 10 名代表

内容：近年来，我县持续进行人居环境整治，村容村貌获得较大提升，但还是存在村与村之间进展不平衡、基础设施建设不完善、常态化管理制度不健全等问题，影响人居环境整治整体效果。建议：一是持续加大人居环境整治力度，加大整治资金投入，特别是国省干道两侧的村，参照高速连接线沿线村庄，统一进行立面整理，提升整体形象。二是开展人居环境集中攻坚行动，对于各村的背街小巷、犄角旮旯进行整治。三是建立长效管护机制。充分发挥村民主体作用，完善村规民约，提升村民自我管理意识；同时要发挥党员干部示范带动作用，创新工作方法，加强宣传，提高村民自觉参与环境整治的积极性。

（二）建议

1. 事由：关于加快直播电商发展速度，促进县域经济及本地品牌推广的建议。

提建议人：王伟　单位：深泽镇南关村

内容：随着近几年直播电商的快速发展，直播电商在互联网购物方式的占比越来越大，通过近期走访其他地区直播电商基地的发展和运营情况，建议：一是通过梳理深泽现有特色产业，如布艺、日化、特色农业等，用直播方式快速推向全国，提升品牌竞争力及市场占有率。二是整合我县现有产业资源，从产品设计、包装、仓储、物流等实现一站式服务。三是加大专业人才引进，组织从业人员培训，提高我县就业率。四是依托我县特色农业发展优势，引进符合我县情况的特色农业种植，带领村集体和农户共同发展，提升乡村振兴，发展乡村经济，从种植、加工、仓储、销售等通过直播带货方式进行宣传和推广。

2. 事由：关于建立农贸市场的建议

提建议人：曹东兴　单位：赵八镇侯村

内容：建立农贸市场有利于解决城区占道经营和交通干线两旁的乡村大集造成的交通拥堵问题。农贸市场是联系农产品生产者、经营者和消费者的重要纽带，是城乡居民“菜篮子”商品供应的主要场所和流通的主要渠道，是具有公用性、公益性的城市基础设施，与人民群众日常生活密切相关。建议选择合适地段建设功能完善、区块明晰的农产品综合市场，切实提高城乡居民生活便利性。

3. 事由：关于在滹沱河沿岸加设安全警示标识的建议。

提建议人：张伟　单位：县财政局

内容：滹沱河沿岸一直是我县群众周末假日游玩的首选去处，冬季滹沱河开始大范围结冰，部分游人在河道冰面玩耍，但冰层薄厚不一，部分水域冰层较薄，极易引发意外，建议在滹沱河沿岸加设安全警示标识，提示游人注意安全。

4. 事由：关于海天线赵八段进行提升的建议。

提建议人：张新颖　单位：赵八镇

内容：海天线目前已经升级成国道，是我县重要交通干道。海天线赵八段作为我县城西迎宾大道，经过提升后已经初步显现效果，但距离晋州、无极等兄弟县市的道路还是有一定差距，建议继续对海天线赵八段进行提升改造，特别是城乡接合部，对公路两侧 3–5 米裸露地面进行硬化和绿化，进一步提升城西迎宾道路风格品位。

5. 事由：关于进一步推进“双减”提质增效的建议。

提建议人：张敬敏　单位：赵八镇南赵八小学

内容：教师的首要职责是教书育人，但是纵观全县中小学校，一些干扰教师正常工作的现象影响了“双减”效能。要想为教师营造更加安心、静心、舒心从教的良好环境，必须关心和关注教师，切实减轻教师教育教学之外的负担。坚决杜绝干扰学校教育教学工作的事项进校园，减少学校非教育类的各项检查，明确教师任务清单，确保教师潜心教书，静心育人。建议由教育局牵头，梳理清查各项检查、督察，精简会议、文件，取消重复上报数据和多头填写表格，避免摊派过多教学之外的工作任务。

6. 事由：关于进一步提高乡村学校教育教学质量的建议。

提建议人：邸玉芝 单位：留村乡羊村小学

内容：农村学校师资力量不足，年龄偏大，学历偏低，大部分还是低年级包班，高年级语文、数学分别承担音体美任务，在一定程度上影响了农村学校的教育教学质量。建议进一步加强农村学校师资力量配备，在补助、评职上向农村学校教师倾斜，吸引更多的年轻教师扎根乡村，提高农村学校教育教学质量，留住优秀教师，给农村学校创造良好的教学环境。

7. 事由：关于春节期间燃放烟花炮竹由“禁”改为“限”的建议。

提建议人：王拥军 单位：农哈哈集团。

内容：春节是我国的传统节日，也是一年中最重要的节日，过春节燃放烟花爆竹是中华民族的传统习俗，更能表达人民欢天喜地过大年的心情。建议春节期间由禁放烟花炮竹改为限时间限区域燃放。

8. 事由：关于合理减免工业企业土地使用税的建议。

提建议人：张占山 单位：华运化工公司

内容：我县经济开发区坐落于乡镇中，乡里企业是免征土地使用税的，建成经济开发区后，乡改为镇，土地使用税由免征骤然改为每平方米每年征收 9 元，分四次缴纳。周边县市收费大概在每平方米每年 5 元左右。在工业用地土地使用税方面，地域差异还比较明显，浮动比例大，企业负担特别重，尤其是小型企业靠生产经营赚取微薄的利润。企业购置发展所需土地已经花费不菲成本，加上土地使用税，负担更重。因此，如能优化工业用地土地使用税，对企业来说，可以减轻负担，更好激发创业发展热情，推进项目落地投产，促进地方经济发展。

（三）意见

1. 留村乡东南留村刘庆春代表提出：天然气冬季气压低，经常断气，给群众生活取暖带来了很大不便，希望有关部门协调解决。

2. 铁杆镇中央村王顺成代表提出：西九线沿线经过桥头、铁杆等乡镇的过村路段，通往村内街口接点没有硬化好，易引起扬尘，希望尽快对所有交叉口硬化、优化。

3. 留村乡东南留村刘立卿代表提出：东南留村多年来没有出村道路，希望引起有关部门重视，修一条出村道路。

4. 县农业农村局袁淑红代表提出：沿街店铺门前卫生环境更需要时时维护，单靠环卫工人有时不及时，因此督导落实门前三包很必要。希望有关部门加强督导，落实门前三包责任制，营造常态化干净整洁的环境。

5. 县农业农村局袁淑红代表提出：冬季取暖是关乎千家万户的民生大事，绿源公司作为集中供暖企业，更是责任重大。但是在供暖期间，公司存在电话不畅通、维修不及时、供暖不达标等情况，比如林枫小区连续停止供暖四天，给有老人和孩子的家庭生活造成困扰。希望有关部门加大监管力度，督促及时解决问题。

## 县十七届人大四次会议期间

县十七届人大四次会议，经议案审查委员会审查，建议21件，意见8件。提交县人大常委会审议，议案转为建议2件。交县政府办理。

（一）议案转建议

1. 案由：关于持续、精准提升村容村貌，推动农村人居环境进一步改善的议案。

提议案人：张建科　单位：白庄乡西固罗村

附议人：白庄乡代表团王二东等10名代表

内容：为进一步提升农村人居环境，建议：一是针对村内主街道尚未完成硬化及硬化不完全不彻底的进行统计，上级部门加大修路投入，有计划、有步骤地推进道路硬化工作，实现道路硬化全覆盖。二是开展农村线缆集中专项行动，对于各村存在的不规范的各种电线、网线进行整治，清理村中存在的“空中蜘蛛网”。三是建立长效管护机制。提升村民自觉参与环境整治的积极性，持续加大人居环境整治力度。

2. 案由：关于加强幼儿园建设，进一步提升学前教育水平的议案。

提议案人：刘敬超　单位：赵八镇卫生院

附议人：赵八镇代表团陈宝等10名代表

内容：当前，人们对学前教育品质的追求逐步提升，“入园难”的呼声不断提高。建议：一是加大政府对公办幼儿园的投入，加快公办标准化幼儿园建设，大幅增加政府办园数量，建立幼师师资准入制度，制定公办和民办幼儿园生均经费标准；二是完善政策，保障到位。制定幼儿园建设专项规划和建设标准，彻底解决目前存在的“规划不建设、建设不达标、建后不移交”等问题，坚决取缔将小区配套幼儿园办成高价民办园或租办园；三是推进公益普惠园建设，促进学前教育均衡发展。支持普惠性民办园的发展，加快推进农村公办乡镇中心园的建设；四是建设高素质的幼儿园教师队伍。加强园长、教师、保育员的培训，监督保障教师工资待遇等。

（二）建议

1. 事由：关于进一步加强农村中小学教师队伍建设的建议。

提建议人：张泽英　单位：赵八镇北刘家庄村

内容：为进一步加强农村中小学教师队伍建设，建议：一、加大农村学校人事制度改革力度。建立比较完善的教师考核和评价机制，促进教师的均衡优化配置。二、完善农村中小学教师激励制度。对于在乡村学校从教年限较长的优秀中小学教师分别给予不同的奖励。三、科学开展农村中小学教师继续教育工作。分层次、分类别科学规划培训工作，明确培训对象、目标、内容等。

2. 事由：关于恢复烟花燃放、增加年味儿的建议。

提建议人：刘武超　单位：留村乡西北留村

内容：数千年来，过年燃放鞭炮已成为传统习俗。燃放鞭炮的主要目的是辞旧迎新，祈愿即将到来的一年风调雨顺，家庭平安，六畜兴旺，五谷丰登。这是人们对未来的美好祝愿和热切期盼。每到春节，家家户户都会贴春联、放鞭炮，增加春节的节日氛围，使得年味儿更加浓厚。并且2023年全国人大常委会法工委的备案审查报告也已经明确表明全面禁放烟花爆竹不合法，全面禁燃烟花爆竹的问题要纠偏，建议分时段、分区域允许燃放烟花爆竹，在规定时间和区域内，加强安全防护及保障，对可以燃放的烟花爆竹进行分类，危险性较大的，不建议个人进行燃放，或者由政府根据情况统一组织燃放，以增加逐渐消失的“年味儿”。

3. 事由：进一步保护和传承非物质文化遗产的建议。

提建议人：崔业　单位：河北宏博纺织有限公司

内容：不断提高非遗保护水平，才能从整体上提升非遗的可见度，让非物质文化遗产绽放更绚丽光彩。把历史文脉更好地传承下去，一定能让子孙后代受益于这些宝贵文化财富。建议：加强非遗项目资金保障，倾心构建非遗传承人保护体系。将非遗保护经费列入财政预算，每年拨付一定量的专项经费，用于非遗的普查、发掘、评审、保护、利用等工作。高度重视对非遗项目和传承人的保护工作，初步形成非遗项目保护机制，坚持“保护为主，抢救第一、合理利用、传承发展”的工作方针，加强非遗项目生产性保护传承队伍建设。

4. 事由：关于大力支持和发展农民专业合作社的建议。

提建议人：王芹　单位：赵八镇大梨园村

内容：近年来，农民专业合作社作为农村经营体制的一种创新模式，在运行过程中，也出现了制约发展的诸多因素。建议：一、加大资金扶持力度。政府要安排专项资金扶持农民专业合作社，使其做大做强，完善金融服务政策和资金管理体制，鼓励农民专业合作社成员入股，让更多的参股社员得到实惠。二、拓展服务功能。政府职能部门要在农产品销售、农资供应、农机具使用、病虫害防治等方面做好服务保障。

5. 事由：关于加强和规范学校周边“小饭桌”管理的建议。

提建议人：张敬敏　单位：赵八镇南赵八小学

内容：学校周边“小饭桌”解决了学生和家长的一些实际困难，但在卫生、监管等方面存在一些问题。建议：加强对“小饭桌”的规范管理，一是要求经营者向有关部门备案。二是对环境、卫生是否达标，加大督导检查力度，防止发生人身安全、食品安全事故等。三是配备专职服务人员，为小学生的身心健康，创造良好的校外教育环境，做到家长放心、学校放心、社会放心。

6. 事由：关于加快村内饮水管网改造提升进度的建议。

提建议人：段运谦　单位：白庄乡段庄村

内容：由于施工进场晚等多种原因，造成白庄乡整体农村饮水管网改造工程施工进展不快，施工质量不高。建议加强专业施工力量，理顺各环节关系，加快村内饮水管网改造提升，早施工、早完工，早日让村民用上更加安全、便捷的饮用水，真正把这项工程变成民生工程。

7. 事由：关于建设县级（二级）消防指挥中心的建议。

提建议人：牟钢国　单位：深泽县消防救援大队

内容：深泽县辖区296平方公里，常驻人口21万人，随着经济的快速发展，不可预测的火灾因素大量增加，每年接出警百余起且逐年增加。辖区虽建有一座一级消防站，但至今仍没有建设健全一支具有力量集中、指挥作战、分析信息等综合作用的指挥中心为县域社会经济发展提供更加坚实的消防安全保障，为了满足大数据时代指挥需求，更加高速和快速处理复杂事故，综合考虑我县社会经济发展的实际情况，建议建设县级（二级）消防指挥中心。

8. 事由：关于完善农村孤寡老人和留守老人的养老保障的建议。

提建议人：宋秀　单位：留村乡政府

内容：随着农村外出打工人员的增多，各村逐渐出现空心化现象，村内留守老人和孤寡老人增多，一些老人的自理能力偏差，居住环境也随之变差。建议：1. 扩宽养老保险基金来源，提高养老保险待遇。农村养老保险制度的实行，不能仅仅依靠一方的力量，应该明确国家、集体、个人三方集资的原则，通过加大宣传力度，提高保险金待遇等，充分调动个人的参保积极性，形成良性循环，保障基金的稳定性。2. 加快养老系统省级联网。让身处异地且无法迁移户口的老人能够在居住地享受同样的养老待遇。3. 发展农村特色产业，增加农村劳动力返乡就业。政府可以通过政策倾斜、增加补贴等手段，组织发展特色产业，提供就业岗位，吸引更多的年轻人返乡就业，从而减少农村的空心化现象，改善留守老人的养老困境。

9. 事由：关于完善提升道路安全标示和配套设施的建议。

提建议人：孙崇　单位：大桥头镇大桥头村

内容：随着县里翻天覆地的变化修建了许多宽敞的公路，极大地便利了人们的出行和生活。然而，随着道路交通的繁忙，我们也看到了一些令人担忧的问题。许多交通事故频繁发生，造成了不少人员伤亡和财产损失，亲眼目睹安新线大桥头村段，自去年拓宽以来连续发生多次人员伤亡事故。据了解县域内其他路段也是频发交通事故。为了解决这一问题，提出以下建议：应当重视道路标示和配套设施的完善。需要更加清晰、明确的指示牌和交通标志。同时，也需要增加一些道路安全设施，如路肩、护栏和减速带等。在事故多发路段合理安装减速设施及限速设施等，可以降低车辆速度和碰撞风险。

10. 事由：关于县城基础设施维护的建议。

提建议人：范林英　单位：深泽镇北袁庄村

内容：这两年，县委、县政府在资金艰难的情况下，千方百计筹措资金，打通了断头路，打通了地下网管，修街道和游园，开通了步行街等，得到了百姓的一致认可。但工程完成投入和使用后，维护和保养一定要跟上，比如街道、公园、游园基础设施的维护、维修等。下雨十字路口大量存水现象还是不少，如金世纪小区十字路口水漫过便道。

11. 事由：关于减轻教师负担，让教师真正回归课堂的建议。

提建议人：张敬敏　单位：南赵八小学

内容：目前，各式各样的非教学任务给教师带来了额外的工作负担和极大的心理压力，造成了教师每天忙于各类“杂活”，教学时间被挤占，教师心理压力大，职业倦怠感加剧等一系列问题。教师的非教学任务主要包括：各类档案创建，督导评估，各类检查及考核评比，各类不切实际的活动报表等，这些活动严重影响到我们的教学活动。学生在减负，老师也需要减负，学校也需要减负，教师应安安静静教书，让教师回归教学本身，少一点与教学无关的工作，这是广大一线教师的愿望。建议：减少形式主义的行政检查和督导评估。畅通教师沟通渠道，及时掌握教师心理状况，做好教师心理疏导和减压工作，还需要相关部门和学校切实维护教师合法权益，做教师的坚强后盾，切实提高教师的社会地位。

（三）意见

1. 大桥头镇河庄村郝立宁代表提出：近几年，深泽县生源大量流向外县市，2000 人的大村没有学生，给家长带来很大的经济负担和人力浪费，希望提高深泽县教育教学质量，留住生源。

2. 大桥头镇乘马村刘娜代表提出：创业就业困难，希望有关部门关注就业创业环境的改善，提供更多的就业机会。加强对就业困难群体的扶持和职业技能培训，提高劳动者的就业技能。

3. 县交通局庞珍立代表提出：上下学时间，学校、幼儿园附近经常出现交通拥堵现象，虽然采取了学校错峰上下学、交警出动警力维持秩序等措施，但仍时常出现拥堵。究其原因，真武路、文昌街等路段本来就窄，两侧社会车辆随意停放，导致通行困难。建议交警部门加大乱停乱放车辆的打击处罚力度，形成良好的交通习惯，彻底解决学校附近拥堵问题。

4. 深泽镇南关村李根代表提出：县城内的小黄车为民众带来方便的同时，小黄车的乱停乱放也给县城的形象带来了影响，建议有关部门加强规范管理。

5. 留村乡羊村张荣珍代表提出：近年来，乡村道路越来越好，交通便利，但高速连接线两侧便道与通往羊村路段交叉口生长茂盛的树木，遮挡了交通标志，导致车辆无法正确判断路况，容易导致交通事故，希望政府部门给予解决，让大家平安出行。

## 八、代表建议、意见办理

1.2021 年，县人大十七届一次会议经县人大常委会研究后，交付县政府办理的建议 29 件、意见 11 件。县政府和相关职能部门高度重视承办工作，所有承办件均按工作程序进行了办理和答复，代表对办理结果表示满意 39 件，理解 1 件。

2.2022 年，县人大十七届二次会议，经县人大常委会研究后，交付县政府办理的建议 17 件、意见 15 件。相关职能部门高度重视承办工作，所有承办件均按工作程序进行了办理和答复，征求人大代表意见，代表满意率 98%。

3.2023 年，县人大十七届三次会议，经县人大常委会研究后，交付县政府办理的建议 22 件、意见 10 件。相关职能部门高度重视承办工作，所有承办件均征求人大代表意见，按工作程序进行办理答复，代表对办理结果表示满意 31 件，理解 1 件。

# 第三章　人民代表大会

深泽县第十七届人民代表大会任期自2021年7月开始，截至2024年7月共举行代表大会4次。

**县十七届人大历次会议概况表**

表95

| 会议次序 | 会议日期 | 议题（项） | 听取报告（个） | 决议决定（项） | 选举表决（项） |
| --- | --- | --- | --- | --- | --- |
| 第一次 | 2021年7月22日至24日 | 6 | 4 | 4 | 4 |
| 第二次 | 2022年1月27日至29日 | 7 | 6 | 6 | 0 |
| 第三次 | 2023年1月12日至14日 | 8 | 6 | 6 | 2 |
| 第四次 | 2024年1月31日至2月2日 | 7 | 6 | 6 | 0 |

## 第一节　会议概况

### 一、县十七届人大一次会议

深泽县第十七届人民代表大会第一次会议，于2021年7月22日至24日在会议楼二楼会议厅举行。22日上午，举行第一次全体会议，会议由主席团常务主席、大会执行主席黎建辉主持。应出席本次会议代表183名，实到会代表175名，缺席8名。大会在雄壮的国歌声中开幕。县政府代县长郝英鹏作《政府工作报告》，县人大常委会主任袁国良作《深泽县人民代表大会常务委员会工作报告》，县法院代院长李学红作《深泽县人民法院工作报告》，县检察院代检察长李美茹作《深泽县人民检察院工作报告》，表决通过《深泽县第十七届人民代表大会第一次会议选举办法（草案）》和《深泽县第十七届人民代表大会各专门委员会组成人员人选的表决办法（草案）》。

会议强调，今后五年，县政府要以习近平新时代中国特色社会主义思想为指导，全面贯彻党的十九大、十九届二中、三中、四中、五中全会和习近平总书记在庆祝中国共产党成立100周年大会上的讲话等系列重要讲话精神，按照省委、市委和县第十二次党代会的部署要求，坚持以人民为中心的发展思想，把握新发展阶段，贯彻新发展理念，构建新发展格局，紧紧围绕“小而强、小而富、小而美”奋斗目标，深入实施“产业跃升、城乡融合、民生优先、服务体制、作风提效”五大工程，大干快上、后发先至，增比进位、跨越赶超。会议号召，全县人民要在县委的坚强领导下，以“马上就办、真抓实干”的务实作风，以“人一之我十之、人十之我百之”的奋斗姿态，为全面开创深泽高质量发展新局面、以实干实效融入省会建设发展大潮作出新的更大贡献。

## 二、县十七届人大二次会议

深泽县第十七届人民代表大会第二次会议，于2022年1月27日至29日在县政府会议楼二楼会议厅举行。1月28日上午，大会举行第一次全体会议，会议由主席团常务主席、大会执行主席王建峰主持。应出席本次会议的代表183名，实到会代表129名，缺席54名。大会在雄壮的国歌声中开幕。县政府县长郝英鹏作《政府工作报告》，县发展改革局党组书记陈建民作《关于2021年国民经济和社会发展计划执行情况与2022年国民经济和社会发展计划（草案）的报告》，县财政局局长陈晓宁作《关于2021年预算执行情况和2022年预算（草案）的报告》，县人大常委会副主任宋彬作《深泽县人民代表大会常务委员会工作报告》，县法院院长李学红作《深泽县人民法院工作报告》，县检察院检察长李美茹作《深泽县人民检察院工作报告》，表决通过《深泽县第十七届人民代表大会第二次会议民生实事项目投票表决办法（草案）》。

会议强调，县政府要坚持以习近平新时代中国特色社会主义思想为指导，深入学习宣传贯彻党的十九大和十九届历次全会精神，以及省第十次党代会、市第十一次党代会和县十二届二次全会精神，弘扬伟大建党精神，坚持党对经济工作的领导，坚持以经济建设为中心，坚持以发展为第一要务，坚持以人民为中心的发展思想，坚持稳字当头、稳中求进、进中求快，立足新发展阶段，完整、准确、全面贯彻新发展理念，构建和融入新发展格局，推动高质量发展。突出“八个坚持不懈”，努力实现“四个新突破、四个新提升”，统筹疫情防控和经济社会发展，统筹发展和安全，统筹当前和长远，继续做好“六稳”“六保”工作，以实干实效融入省会发展大潮，全面推动深泽高质量发展，为全市经济总量过万亿做出深泽贡献，以优异成绩迎接党的二十大胜利召开。

## 三、县十七届人大三次会议

深泽县第十七届人民代表大会第三次会议，于2023年1月12日至14日，在县政府会议楼二楼会议厅举行。1月13日上午，大会举行开幕式和第一次全体会议，会议由主席团常务主席、大会执行主席郭立辉主持。应出席本次会议的代表183名，实到会代表153名，缺席30名。县政府县长郝英鹏作《政府工作报告》，县发展改革局局长陈建民作《深泽县2022年国民经济和社会发展计划执行情况与2023年国民经济和社会发展计划（草案）的报告》，县财政局局长陈晓宁作《深泽县2022年预算执行情况和2023年预算（草案）的报告》，县人大常委会副主任宋彬作《深泽县人民代表大会常务委员会工作报告》，县法院院长李学红作《深泽县人民法院工作报告》，县检察院检察长李美茹作《深泽县人民检察院工作报告》，表决通过《深泽县第十七届人民代表大会第三次会议选举办法（草案）》和《深泽县第十七届人民代表大会第三次会议民生实事项目投票表决办法（草案）》。

会议强调，2023年是全面贯彻党的二十大精神的开局之年，是推动全市经济总量过万亿，实现弯道超车的跃升之年、展示之年。县政府要坚持以习近平新时代中国特色社会主义思想为指导，全面贯彻党的二十大精神和中央经济工作会议精神，认真落实省委十届三次全会、省委经济工作会议、市委十一届四次全会、市委经济工作会议和县委十二届三次全会部署要求，坚持稳中求进工作总基调，坚持发展为第一要务，完整、准确、全面贯彻新发展理念，紧紧抓住加快构建新发展格局战略机遇，以建设“小而精、小而美”魅力深泽为目标引领，更好统筹疫情防控和经济社会发展，更好统筹发展和安全，把实施扩大内需战略同深化供给侧结构性改革有机结合起来，突出做好稳增长、稳就业、稳物价工作，有效防范化解重大风险，实现经济社会发展质量更高、效益更好、速度更快，奋力谱写中国式现代化深泽新篇章，为加快建设现代化、国际化美丽省会城市贡献深泽力量。会议号召，县政府要在县委的坚强领导下，紧紧团结和依靠全县人民，自信自强、守正创新、踔厉奋发、勇毅前行，把党的二十大擘画的宏伟蓝图变成中国式现代化的深泽实践，为加快建设“小而精、小而美”的魅力深泽而努力奋斗。

## 四、县十七届人大四次会议

深泽县第十七届人民代表大会第四次会议，于2024年1月31日至2月2日在县政府会议楼二楼会议厅举行。2月1日上午，大会举行开幕式和第一次全体会议，会议由主席团常务主席、大会执行主席宋彬主持。应出席本次会议的代表182名，实到会代表154名，缺席28名。县政府县长郝英鹏作《政府工作报告》，县发展和改革局局长陈建民作《深泽县2023年国民经济和社会发展计划执行情况与2024年国民经济和社会发展计划（草案）的报告》，县财政局局长陈晓宁作《深泽县2023年预算执行情况和2024年预算（草案）的报告》，县人大常委会主任郭立辉作《深泽县人民代表大会常务委员会工作报告》，县法院院长李学红作《深泽县人民法院工作报告》，县检察院检察长李美茹作《深泽县人民检察院工作报告》，表决通过《深泽县第十七届人民代表大会第四次会议民生实事项目投票表决办法（草案）》。

会议强调，2024年是中华人民共和国成立75周年，是实现“十四五”规划目标任务的关键一年，是全面贯彻落实党的二十大精神的关键之年，也是推动全市经济总量过万亿，实现弯道超车的冲刺之年、决胜之年，做好全年工作意义重大。县政府要坚持以习近平新时代中国特色社会主义思想为指导，深入贯彻党的二十大和二十届二中全会精神，全面贯彻习近平总书记视察河北、视察石家庄重要讲话和重要指示精神，以及中央经济工作会议精神，省委十届五次全会和省委经济工作会议、市委十一届六次全会部署，坚持稳中求进工作总基调，完整、准确、全面贯彻新发展理念，聚焦经济建设这一中心工作和高质量发展这一首要任务，锚定建设“小而精、小而美”魅力深泽的奋斗目标，持续推动经济实现质的有效提升和量的合理增长，为加快建设现代化、国际化美丽省会城市和奋力谱写中国式现代化建设河北篇章，为中国式现代化全面推进强国建设、民族复兴伟业贡献深泽力量。会议要求，县政府要在县委的坚强领导下，紧紧团结和依靠全县人民，进一步解放思想、坚定信心，砥砺奋进、勇毅前行，不断开创我县高质量发展新局面，为加快建设“小而精、小而美”的魅力深泽而接续奋斗。

## 第二节　会议选举

截至2024年7月，县十七届人大历次会议，共选举产生县国家机关工作人员36人。

### 县人大常委会

主　任：

王建峰　2021年7月24日县十七届人大一次会议第二次全体会议当选

郭立辉　2023年1月14日县十七届人大三次会议第二次全体会议当选

副主任：

宋　彬　2021年7月24日县十七届人大一次会议第二次全体会议当选

韩占昌　2021年7月24日县十七届人大一次会议第二次全体会议当选

李　林　2021年7月24日县十七届人大一次会议第二次全体会议当选

张江彦　2021年7月24日县十七届人大一次会议第二次全体会议当选

委　员（2021年7月24日县十七届人大一次会议第二次全体会议当选）：

王　茂　史志法　闫丽宁（女）　孙亚兰（女）

纪振友　杜小红（女）　杨保录　宋亚坤（女）

张士友　张月波　张立松　陈运东

赵路通　袁占强　袁义国　袁淑红（女）

高　飞　曹建芝（女）

委　员（2023年1月14日县十七届人大三次会议第二次全体会议当选）：

周　建　陈　田（女）

### 县人民政府

县　长：

郝英鹏　2021年7月24日县十七届人大一次会议第二次全体会议当选

副县长：

魏洪涛　2021年7月24日县十七届人大一次会议第二次全体会议当选

李立新　2021年7月24日县十七届人大一次会议第二次全体会议当选

寇庆民　　　2021 年 7 月 24 日县十七届人大一次会议第二次全体会议当选
贾立桥　　　2021 年 7 月 24 日县十七届人大一次会议第二次全体会议当选
郭　彬（女）2021 年 7 月 24 日县十七届人大一次会议第二次全体会议当选
贾　光　　　2021 年 7 月 24 日县十七届人大一次会议第二次全体会议当选

## 县监察委员会

主　任：
康　平　　　2021 年 7 月 24 日县十七届人大一次会议第二次全体会议当选

## 县人民法院

院　长：
李学红　　　2021 年 7 月 24 日县十七届人大一次会议第二次全体会议当选

## 县人民检察院

检察长：
李美茹（女）2021 年 7 月 24 日县十七届人大一次会议第二次全体会议当选

附：县十七届人大常委会主任、副主任简历

王建峰，河北省赵县人，中共党员。历任石家庄市经济适用住房发展中心前期科科长，石家庄市经济适用住房发展中心副经理，石家庄市裕西房管所党总支书记，石家庄市保障性住房管理中心主任，石家庄市住房保障和房产管理局副局长、党组成员，栾城县委常委、副县长，石家庄市栾城区委常委、副区长，石家庄市藁城区委常委、副区长，石家庄市政府常务副秘书长、机关党组副书记，2021 年 1 月任深泽县委书记，2021 年 7 月至 2023 年 1 月兼任深泽县人大常委会主任、党组书记。

郭立辉，河北省安平县人，中共党员。历任深泽县耿庄乡副乡长，桥头乡副乡长，桥头乡党委委员、纪检书记，桥头乡党委副书记，桥头乡党委副书记、人大主席，县政协老干部联谊科副科长，县政协老干部联谊科科长，耿庄办事处党委副书记、主任、桥头乡副乡长，耿庄办事处党委书记，县政府办公室主任、政府党组成员，深泽县委常委、县委办公室主任、农工委书记，深泽县政协主席。2023 年 1 月任深泽县人大常委会主任、党组书记。

宋彬，深泽县北中山村人，中共党员。历任深泽县铁杆镇党委副书记、经委副主任，马里办事处党委副书记、经委副主任、经委主任，耿庄办事处党委副书记、主任兼桥头乡副乡长，桥头乡党委书记兼生物产业园管委会副主任，县林业局局长、党组书记，深泽县委组织部常务副部长，河北深泽经济开发区党工委副书记、管委会副主任，河北深泽经济开发区党工委书记、管委会主任，深泽县人大常委会副主任。

韩占昌，深泽县耿庄村人，中共党员。历任深泽县深泽镇党委副书记，马里办事处党委副书记、经委主任，深泽镇党委副书记、经委主任，深泽镇镇长，深泽镇党委书记、工业园区副主任，县住房和城乡建设局局长，县纪委常务副书记，县教育局局长，深泽县人大常委会副主任。

李林，河北省沧县人，中共党员。历任深泽县委办公室副主任，共青团深泽县委副书记、书记，留村乡乡长，赵八乡乡长，耿庄办事处党委书记，县环保局局长，县农林畜牧局局长，县农业农村局局长，深泽县人大常委会副主任。

张江彦，河北省元氏县人，历任深泽县政府办公室副主任科员，县政府信息中心主任，县教育局副局长，县监察局副局长，县教育局一级主任科员，深泽县人大常委会副主任。

## 第三节　会议组织

### 一、县十七届人大一次会议

（一）大会临时党委

书记：王建峰

副书记：郝英鹏　高文成　袁国良

委　员：

| | | | |
|---|---|---|---|
| 魏洪涛 | 宋文军 | 康　平（女） | 梁勇强 |
| 黎建辉 | 崔　磊 | 李彦平 | 郭耀辉 |
| 高海霞（女） | 王　飞 | 张　玲（女） | 曹建芝（女） |

（二）主席团

| | | | |
|---|---|---|---|
| 王　茂 | 王建峰 | 刘玉存 | 李　林 |
| 李彦平 | 宋　彬 | 宋文军 | 张　玲（女） |
| 张江彦 | 郝英鹏 | 赵路通 | 袁占强 |
| 袁国良 | 郭立辉 | 郭彦儒 | 郭耀辉 |
| 高文成 | 高海霞（女） | 曹建芝（女） | 崔　磊 |
| 康　平（女） | 梁勇强 | 韩占昌 | 黎建辉 |
| 魏洪涛 | | | |

（三）秘书长：黎建辉（兼）

（四）主席团常务主席

| | | | |
|---|---|---|---|
| 王建峰 | 郝英鹏 | 高文成 | 袁国良 |
| 黎建辉 | 郭彦儒 | 刘玉存 | 宋　彬 |

（五）大会执行主席

| | | | |
|---|---|---|---|
| 王建峰 | 袁国良 | 黎建辉 | 郭彦儒 |
| 刘玉存 | 宋　彬 | | |

（六）议案审查委员会

主任委员：刘玉存

委员：

| | | | |
|---|---|---|---|
| 赵路通 | 袁义国 | 孙亚兰（女） | 王顺成 |

（七）副秘书长

| | | | |
|---|---|---|---|
| 张海良 | 袁占强 | 袁海涛 | 曹亚峰 |
| 刘亚红（女） | 陈晓宁 | 贾卫东 | 甄亚超 |
| 李　鹏 | 李小松 | 闫　成 | 庞　丹 |
| 曹月涛 | | | |

## 二、县十七届人大二次会议

（一）大会临时党委

书　记：王建峰

副书记：郝英鹏　高文成

委　员：

| | | | |
|---|---|---|---|
| 魏洪涛 | 康　平（女） | 梁勇强 | 崔　磊 |
| 宋　彬 | 李　林 | 宋文军 | 陈建民 |
| 郭耀辉 | 赵　兴 | 张　玲（女） | 曹建芝（女） |

（二）主席团

| | | | |
|---|---|---|---|
| 王　茂 | 王建峰 | 李　林 | 宋　彬 |
| 宋文军 | 陈　田（女） | 陈建民 | 张　玲（女） |
| 张江彦 | 郝英鹏 | 赵　兴 | 赵路通 |
| 郭立辉 | 郭耀辉 | 高文成 | 曹建芝（女） |
| 崔　磊 | 康　平（女） | 梁勇强 | 韩占昌 |
| 魏洪涛 | | | |

（三）秘书长：宋　彬（兼）

（四）主席团常务主席

| | | | |
|---|---|---|---|
| 王建峰 | 郝英鹏 | 高文成 | 宋　彬 |
| 韩占昌 | 李　林 | 张江彦 | |

（五）大会执行主席

| | | | |
|---|---|---|---|
| 王建峰 | 宋　彬 | 韩占昌 | 李　林 |
| 张江彦 | | | |

（六）议案审查委员会

主任委员：韩占昌

委　员：

| | | | |
|---|---|---|---|
| 赵路通 | 袁义国 | 孙亚兰（女） | 王顺成 |

（七）副秘书长

| | | | |
|---|---|---|---|
| 张海良 | 王　茂 | 王占红 | 曹亚峰 |
| 刘亚红（女） | 陈晓宁 | 纪青峰 | 甄亚超 |
| 李　鹏 | 李小松 | 赵红波 | 闫　成 |
| 庞　丹 | 刘永利 | | |

## 三、县十七届人大三次会议

（一）大会临时党委

书记：王建峰

副书记：郝英鹏　冯军立

委　员：

| | | | |
|---|---|---|---|
| 魏洪涛 | 康　平（女） | 梁勇强 | 崔　磊 |
| 宋　彬 | 曹建芝（女） | 郭耀辉 | 赵　兴 |
| 张　玲（女） | 李建勇 | 张　梁 | |

（二）主席团

| | | | |
|---|---|---|---|
| 王　茂 | 王建峰 | 冯军立 | 李宇飞 |
| 李　林 | 李建勇 | 宋　彬 | 陈　田（女） |
| 张　玲（女） | 张江彦 | 张　梁 | 郝英鹏 |
| 赵玉景 | 赵　兴 | 赵路通 | 郭立辉 |
| 郭耀辉 | 曹建芝（女） | 崔　磊 | 康　平（女） |
| 梁勇强 | 韩占昌 | 魏洪涛 | |

（三）秘书长：宋　彬（兼）

（四）主席团常务主席

| | | | |
|---|---|---|---|
| 王建峰 | 郝英鹏 | 冯军立 | 郭立辉 |
| 宋　彬 | 韩占昌 | 李　林 | 张江彦 |

（五）大会执行主席

| | | | |
|---|---|---|---|
| 王建峰 | 郭立辉 | 宋　彬 | 韩占昌 |
| 李　林 | 张江彦 | | |

（六）议案审查委员会

主任委员：韩占昌

委　员：

| | | | |
|---|---|---|---|
| 赵路通 | 袁义国 | 曹建芝（女） | 王顺成 |

（七）副秘书长

| | | | |
|---|---|---|---|
| 张海良 | 王　茂 | 王占红 | 曹亚峰 |

| | | | |
|---|---|---|---|
| 刘亚红（女） | 陈晓宁 | 纪青峰 | 张　升 |
| 宋玉龙 | 李小松 | 赵红波 | 闫　成 |
| 庞　丹 | 刘永利 | | |

## 四、县十七届人大四次会议

（一）大会临时党委

书记：王建峰

副书记：郝英鹏　冯军立

委员：

| | | | |
|---|---|---|---|
| 郭立辉 | 梁勇强 | 崔　磊 | 张　玲（女） |
| 张　丽（女） | 赵　兴 | 李建勇 | 张新颖 |
| 郭宏勋 | 韩玉钊 | | |

（二）主席团

| | | | |
|---|---|---|---|
| 王　茂 | 王建峰 | 冯军立 | 李宇飞 |
| 李　林 | 李建勇 | 宋　彬 | 张　丽（女） |
| 张　玲（女） | 张江彦 | 张新颖 | 郝英鹏 |
| 赵玉景 | 赵　兴 | 赵路通 | 郭立辉 |
| 郭宏勋 | 崔　磊 | 梁勇强 | 韩占昌 |
| 韩玉钊 | | | |

（三）秘书长：宋　彬（兼）

（四）主席团常务主席

| | | | |
|---|---|---|---|
| 王建峰 | 郝英鹏 | 冯军立 | 郭立辉 |
| 宋　彬 | 韩占昌 | 李　林 | 张江彦 |

（五）大会执行主席

| | | | |
|---|---|---|---|
| 王建峰 | 郝英鹏 | 冯军立 | 郭立辉 |
| 宋　彬 | 韩占昌 | 李　林 | 张江彦 |

（六）议案审查委员会

主任委员：韩占昌

委　员：

| | | | |
|---|---|---|---|
| 赵路通 | 袁义国 | 张　丽（女） | 王顺成 |

（七）副秘书长

| | | | |
|---|---|---|---|
| 张立勇 | 王　茂 | 王占红 | 曹亚峰 |
| 崔亚超 | 陈晓宁 | 袁海涛 | 张　升 |
| 李小松 | 陈旭东 | 赵红波 | 王秀党 |
| 闫　成 | 高永强 | 刘永利 | 张　蓓 |

# 第四节　专门委员会

## 深泽县第十七届人民代表大会各专门委员会

（2021 年 7 月 24 日县十七届人大一次会议选举产生）

1. 法制委员会

主任委员：宋　彬

副主任委员：史志法

委　　员：王　伟　　田向平（女）　　刘月强　　闫丽宁（女）

李　卫

2. 财政经济委员会

主任委员：李　林

委　　员：杜　刚　　杜建领　　李　根　　张士友

张杏敏（女）

3. 城乡建设和环境保护委员会

主任委员：宋　彬

副主任委员：赵路通

委　　员：刘庆春　　李　松　　宋宝龙　　庞珍立（女）

袁义国

4. 教育科技文化卫生委员会

主任委员：张江彦

副主任委员：王　茂

委　　员：王宝涛　　王顺成　　杜　辉　　张月波

韩高龙

5. 社会建设委员会

主任委员：韩占昌

副主任委员：陈运东

委　　员：王小亚　　吕　芳（女）　　孙　崇　　张　伟

曹建芝（女）

# 第四章　人民代表大会常务委员会

## 第一节　常委会会议

从 2021 年 7 月开始，截至 2024 年 7 月，县十七届人大常委会共举行常委会会议 28 次。

**第一次会议**　2021 年 9 月 3 日在县人大常委会会议室召开。县人大常委会副主任宋彬主持会议，副主任韩占昌、李林、张江彦，委员袁占强、史志法、赵路通、王茂、高飞、陈运东、孙亚兰、张士友、张立松、张月波、袁义国、袁淑红、曹建芝出席会议。

会议以举手表决方式通过《深泽县公安局呈请许可对深泽县第十七届人大代表于某某采取强制措施的报告》和县人大选任代工委主任赵路通作的《深泽县人大常委会关于深泽县公安局提请许可对深泽县第十七届人大代表于某某采取强制措施的批复》。

**第二次会议**　2021 年 10 月 12 日在政府会议楼第四会议室召开。县委书记、县人大常委会主任王建峰主持会议，副主任宋彬、韩占昌、李林、张江彦，委员王茂、袁占强、史志法、赵路通、陈运东、高飞、闫丽宁、孙亚兰、纪振友、宋亚坤、张士友、张月波、张立松、袁义国、袁淑红、曹建芝出席会议。县政府副县长寇庆民，县人民法院院长李学红、县人民检察院检察长李美茹、县监察委员会副主任刘炯，县自然资源和规划局、县住建局、县水利局、县农业农村局、县卫生健康局、县发展和改革局、县财政局、县审计局主要负责人及各乡镇人大主席（或副主席），县财经委员会委员，参加联动监督活动的部分人大代表列席会议。

县人大常委会办公室主任王茂通报县十七届人大常委会主任、副主任工作分工。

会议以举手表决方式审议通过县人大选任代工委主任赵路通宣读的县十七届人大常委会代表资格审查委员会组成人员名单（草案）。

深泽县第十七届人大常委会代表资格审查委员会

主 任 委 员：韩占昌

副主任委员：赵路通

委　　　员：孙亚兰　张立松　张月波

会议听取和审议县财政局党组书记陈晓宁受县政府委托所作的《关于 2020 年国有资产管理情况的报告》。副县长寇庆民和县人大常委会副主任李林就《关于 2020 年国有资产管理情况的报告》发言。

会议听取和审议县财政局党组书记陈晓宁受县政府委托所作的《县政府关于提请审议2021年县级预算调整方案（草案）的议案》。寇庆民和李林就《县政府关于提请审议2021年县级预算调整方案（草案）的议案》发言。

会议以举手表决方式表决通过县人大财经工委主任周建所作的县人大常委会《关于批准2021年县级预算调整方案的决定（草案）》。

会议听取和审议县财政局党组书记陈晓宁作的《关于2020年度财政决算情况的报告》、县审计局党组书记李振庄作的《关于2020年财政预算执行和其他财政收支的审计工作报告》，县人民政府副县长寇庆民就两项工作报告进行发言。县人大财经工委主任周建宣读县人大财政经济委员会《关于2020年度财政决算以及县政府2021年1–6月预算执行情况的审查结果报告》，各位常委会组成人员及列席人员进行审查，县人大常委会副主任李林就审查结果进行发言。

会议以举手表决方式表决通过县人大财经工委主任周建所作的深泽县人大常委会《关于批准2020年县本级决算的决议（草案）》。

会议听取和审议县发展和改革局党组书记王飞作的《关于2021年上半年计划执行情况的报告》，寇庆民就《关于2021年上半年计划执行情况的报告》进行发言。县人大财经工委主任周建宣读县人大财政经济委员会《关于2021年上半年计划执行情况的审查结果报告》，李林就审查结果进行发言。

会议分别对县财政局、县审计局、县发展和改革局专项工作进行满意度测评。

会议听取县政府副县长寇庆民所作的《关于开展四项联动和“6+1”联动监督“回头看”工作的报告》。会议认为，四项联动监督和“6+1”联动监督“回头看”工作开展以来，县人大各领域分别成立代表小组和工作专班，有针对性地开展视察、调研、执法检查和座谈等活动，有力推动了一批群众反映强烈问题的解决；县政府及相关部门高度重视、组织有力、发动充分，工作标准高，有办法、有担当，解决了一批群众关心关注的热点难点问题，取得了阶段性成效。会议要求，下一步，县人大、县政府及相关部门要继续认真贯彻落实联动监督有关要求，进一步加大工作力度，确保圆满完成省、市制定的各项目标任务。一是继续保持高位推动。进一步提高政治站位，坚持把联动监督事项作为一项政治任务、民心工程、“一把手”工作，持续发力、加强调度，强化工作举措、狠抓工作落实，确保重点领域清理规范工作取得实效。二是全力推动集中整治。对排查发现的问题，坚持边查边改、立行立改；对历史成因复杂的项目，分类施治，严格执法，逐项清理，确保整治查处到位；对督查发现的问题，专项督办，特别是反映突出的问题，县政府要挂牌督办、跟踪问效。三是举一反三清理规范。围绕消减存量、严防增量，坚持整改问题和加强治理并重，重点查找制度机制建设中管理空白、程序模糊、可操作性不强等问题，分析原因、堵塞漏洞，补齐短板、健全制度，建立常态长效机制，打一场重点领域突出问题整改的“歼灭战”。

会议通过人事任免事项，进行宪法宣誓。

全部议题结束后，县委书记、县人大常委会主任王建峰就市十一次党代会和市“两会”

精神，明确未来五年的奋斗目标，提出具体要求。

**第三次会议**　2021 年 12 月 14 日在政府会议楼第四会议室举行。县委书记、县人大常委会主任王建峰主持会议，副主任宋彬、韩占昌、李林、张江彦，委员王茂、史志法、闫丽宁、孙亚兰、杜小红、宋亚坤、张月波、张立松、陈运东、赵路通、袁占强、袁义国、袁淑红、高飞出席会议。县人民政府副县长寇庆民，县人民法院院长李学红、县人民检察院检察长李美茹、县监察委员会副主任刘炯，县政府办公室、县财政局、县住建局、县农业农村局、县教育局、县卫健局、县交通局、县公安局、县行政审批局、县文旅局、县发改局、县水利局、县税务局、县开发区、县民政局、县自然资源和规划局、县供电公司等部门主要负责人及各乡镇人大主席（或副主席），部分县人大代表列席会议。

会议学习传达党的十九届六中全会、河北省第十次党代会和中央、省委人大工作会议精神。听取和审议县住建局局长高学永受县政府委托所作的《关于县城建设管理情况的工作报告》，听取县人大常委会选任代工委主任赵路通所作的《县人大常委会视察组关于县城建设管理情况的视察报告》；听取和审议县农业农村局局长崔亚超受县政府委托所作的《关于农村人居环境整治提升情况的工作报告》，听取县人大常委会财经工委主任周建所作的《县人大常委会关于农村人居环境整治提升情况的视察报告》；听取和审议县政府副县长寇庆民受县政府委托所作的《关于民生实事办理情况的工作报告》；听取和审议县政府办公室主任袁海涛受县政府委托所作的《关于代表建议和意见办理情况的工作报告》，听取县人大常委会选任代工委主任赵路通所作的《县人大常委会视察组关于代表建议和意见办理情况的视察报告》；听取和审议县财政局局长陈晓宁受县政府委托所作的《县政府关于提请审议 2021 年第二次县级预算调整方案（草案）的议案》，听取县人大常委会财经工委主任周建所作的《县人大财经委关于 2021 年第二次县级预算调整方案（草案）的审查报告》。表决通过《县人大常委会关于批准 2021 年第二次县级预算调整方案的决议》；听取和审议县政府副县长寇庆民所作的县政府《关于 2020 年度财政预算执行和其他财政收支情况的审计工作报告》中提出的有关问题整改情况的报告。

**第四次会议**　2022 年 1 月 20 日在政府会议楼第四会议室举行。县委书记、县人大常委会主任王建峰主持会议，副主任宋彬、韩占昌、李林、张江彦，委员王茂、史志法、闫丽宁、孙亚兰、纪振友、杜小红、宋亚坤、陈运东、张月波、张立松、赵路通、袁占强、高飞、曹建芝出席会议。县人民政府副县长寇庆民，县人民法院院长李学红、县人民检察院检察长李美茹、县监察委员会副主任刘炯，各乡镇人大主席（或副主席）列席会议。

会议分别表决通过关于接受贾占勇等 7 人辞去深泽县第十七届人民代表大会代表职务请求的决议、关于召开深泽县第十七届人民代表大会第二次会议的决定、关于代表资格的审查报告、主席团和大会秘书处组成人员建议名单、主席团常务主席建议名单、议案审查委员会建议名单、列席人员安排、各代表团召集人名单。听取和审议县人大常委会工作报告（征求意见稿），并原则通过该报告。

**第五次会议**　2022 年 3 月 10 日在政府会议楼第四会议室举行。县委书记、县人大常委会主任王建峰主持会议，副主任宋彬、韩占昌、张江彦，委员王茂、史志法、闫丽宁、孙亚兰、纪振友、宋亚坤、张月波、张立松、张士友、陈运东、赵路通、袁占强、袁义国、袁淑红、高飞、曹建芝出席会议。县人民政府副县长贾光，县人民法院院长李学红、县人民检察院检察长李美茹、县监察委员会副主任刘炯，各乡镇人大主席（或副主席），部分县人大代表列席会议。

会议以举手表决的方式审议通过县人大常委会办公室副主任陈运东受县人大常委会委托所作的《深泽县人大常委会2022年监督计划（草案）》；听取并审议县人大常委会政法工委主任史志法所作的《深泽县人大常委会政法工委2021年规范性文件备案审查工作情况的报告》；以无记名投票方式表决通过《深泽县人民法院关于提请任免刘树朝等职务的议案》和《深泽县人民检察院关于提请任免王玉洲等职务的议案》。投票表决后，县委书记、县人大常委会主任王建峰为新任命人员分别颁发任命书，刘树朝代表县人民法院新任命人员作表态发言，王玉洲代表县人民检察院新任命人员作表态发言；随后根据全国人大常委会决定和《深泽县人大常委会宪法宣誓仪式实施细则》规定，经主任会议议定，本次宪法宣誓分两组进行，县法院新任命人员为第一组，进行集体宣誓，刘树朝领誓，其他人跟誓；县检察院王玉洲单独宣誓。县委书记、县人大常委会主任王建峰主持宣誓仪式并监誓，出席、列席常委会会议的全体人员参加宣誓仪式。

**第六次会议**　2022年5月20日在办公楼四楼会议室举行。县委书记、县人大常委会主任王建峰主持会议，副主任宋彬、韩占昌、李林、张江彦，委员王茂、史志法、闫丽宁、纪振友、杜小红、张立松、张士友、袁义国、袁淑红、赵路通、袁占强、高飞出席会议。县纪委书记、监委主任康平，县政府副县长郭彬，县人民法院院长李学红、县人民检察院检察长李美茹，经济开发区、县生态环境分局、县发改局、县财政局、县自规局、县水利局、县农业农村局、县行政审批局、县住建局、县科工局、县人居办、县城管委等部门主要负责人及各乡镇人大主席，部分县人大代表列席会议。

会议以举手表决的方式通过《深泽县人大常委会关于接受贾立桥、贾光辞去深泽县人民政府副县长职务请求的决定》；以无记名投票方式表决通过《深泽县人民政府关于提请任免高会军等职务的议案》《深泽县监察委员会关于提请免去张升同志县监察委员会职务的议案》《深泽县人民法院关于提请任命张庆法等职务的议案》《深泽县人民检察院关于提请任免何燕锋等职务的议案》。投票表决后，县委书记、县人大常委会主任王建峰为新任命人员颁发了任命书，高会军代表县人民政府新任命人员作表态发言，张庆法代表县人民法院新任命人员作表态发言，何燕峰代表县人民检察院新任命人员作表态发言；随后根据全国人大常委会决定和《深泽县人大常委会宪法宣誓仪式实施细则》规定，新任命人员进行了宪法宣誓。县委书记、县人大常委会主任王建峰主持宣誓仪式并监誓，出席、列席常委会会议的全体人员参加了宣誓仪式；听取县人大常委会办公室主任王茂所作的《深泽县人大常委会关于“五项联动监督”工作开展情况的视察报告》；听取和审议县生态环境分局局长张东利受县政府委托所作的《深泽县人民政府关于2021年环境状况和环境保护目标完成情况的报告》，听取县人大常委会选任代工委主任赵路通所作的《深泽县人大常委会调研组关于2021年环境状况和环境目标完成情况的调研报告》；听取和审议县财政局局长陈晓宁受县政府委托所作的《深泽县人民政府关于2021年国有资产管理情况的报告》，听取县人大常委会财经工委主任周建所作的《深泽县人大财政经济委员会关于2021年国有资产管理情况的视察报告》；听取和审议县农业农村局局长甄亚超受县政府委托所作的《深泽县人民政府关于农村人居环境整治提升情况的工作报告》，听取县人大常委会财经工委主任周建所作的《深泽县人大财政经济委员会关于农村人居环境整治提升情况的视察报告》；听取和审议县监察委员会主任康平所作的《深泽县监察委员会关于工作开展情况的报告》。会议以无记名投票方式进行满意度测评。

**第七次会议**　2022年7月26日在办公楼四楼会议室举行。县委书记、县人大常委会主任王建峰主持会议，副主任宋彬、韩占昌、李林、张江彦，委员王茂、史志法、闫丽宁、张月波、张立松、陈运东、赵路通、袁占强、袁淑红出席会议。县委常委、政府常务副县长魏洪涛，县人民法院副院长张庆法、县人民检察院副检察长何燕锋，县住建局、县自规局、县水利局、县发改局、县卫健局、县人社局、县司法局、县市场监管局、县行政审批局、县税务局、经济开发区等部门主要负责人及各乡镇人大主席，部分县人大代表列席会议。

会议听取和审议县委常委、政府常务副县长魏洪涛所作的《深泽县人民政府关于“6+1”联动监督相关领域整改落实情况的报告》，听取县人大常委会办公室主任王茂所作的《深泽县人大常委会“6+1”联动监督“回头看”情况报告》；听取和审议县人民法院副院长张庆法所作的《深泽县人民法院关于民事执行工作开展情况的报告》，听取县人大常委会政法工委主任史志法所作的《深泽县人大常委会视察组关于县法院执行工作开展情况的视察报告》；听取和审议县委常委、政府常务副县长魏洪涛所作的《深泽县人民政府关于〈河北省优化营商环境条例〉贯彻实施情况的工作报告》，听取县人大常委会财经工委主任周建所作的《深泽县人大常委会执法检查组关于检查〈河北省优化营商环境条例〉实施情况的报告》。会议以无记名投票方式对议题涉及部门专项工作进行满意度测评。

**第八次会议**　2022年8月8日办公楼二楼中厅会议室举行。县人大常委会副主任宋彬主持会议，副主任李林、张江彦，委员王茂、史志法、闫丽宁、孙亚兰、纪振友、杜小红、张月波、陈运东、赵路通、袁占强、袁义国、袁淑红、高飞、曹建芝出席会议。县人民检察院副检察长王玉洲列席会议。

会议以无记名投票方式表决通过《深泽县人民检察院关于提请任免王亚卿等职务的议案》。

**第九次会议**　2022年10月14日在办公楼四楼会议室举行。深泽县人大常委会主任王建峰，副主任宋彬、韩占昌、李林、张江彦，委员王茂、闫丽宁、孙亚兰、纪振友、张士友、张月波、张立松、陈运东、赵路通、袁义国、袁淑红、高飞、曹建芝出席会议。县委常委、县监察委员会主任康平，县政府副县长张云良，县人民法院副院长张庆法、县人民检察院副检察长王玉洲，县发展和改革局、县财政局、县审计局、县住建局主要负责人及各乡镇人大主席、部分县人大代表列席会议。

会议以无记名投票方式表决通过《深泽县人民法院关于提请任命李侃等三十四人为人民陪审员的议案》；听取和审议县财政局局长陈晓宁受县政府委托所作的《深泽县人民政府关于2021年度财政决算情况的报告》，听取县审计局局长李振庄受县政府委托所作的《深泽县人民政府关于深泽县2021年度财政预算执行和其他财政收支的审计工作报告》，听取县财政局局长陈晓宁受县政府委托所作的《深泽县人民政府关于2022年上半年财政预算执行情况的报告》，听取县人大常委会财经工委主任周建所作的《深泽县人大财政经济委员会关于县政府2021年度财政决算以及2022年1—6月份预算执行情况的审查结果报告》。随后，会议以举手表决的方式通过县人大常委会财经工委主任周建所作的《深泽县人大常委会关于批准2021年财政决算的决议（草案）》；听取和审议县发展和改革局党组书记陈建民受县政府委托所作的《深泽县人民政府2022年上半年国民经济和社会发展计划执行情况报告》，听取县人大常委会财经工委主任周建所作的《深泽县人大财政经济委员会关于2022年国民经济和社会发展计划1—6月份执行情况的审查结果报告》；听取和审议县财政局局长陈晓宁受县政府委托所作的《深泽县人民政府关于提请审议2022年县级预算调整方案（草案）的议案》，听取县人大常委会财经工委主任周建所作的《深泽县人大财政经济委员会关于2022年县级预算调整方案（草案）的审查报告》。以举手表决的方式通过县人大常委会财经工委主任周建所作的《深泽县人大常委会关于批准〈2022年县级预算调整方案〉的决定（草案）》；听取和审议县住建局局长袁海涛受县政府委托所作的《深泽县人民政府关于县城建设工作情况报告》，听取县人大常委会选任代工委主任赵路通所作的《深泽县人大常委会视察组关于县城建设工作的视察报告》。随后，会议以无记名投票的方式对议题涉及部门专项工作进行满意度测评；听取和审议县政府副县长张云良受县政府委托所作的《深泽县人民政府关于“6+1”联动监督相关领域及〈河北省优化营商环境条例〉贯彻实施问题整改落实情况的报告》；听取和审议县法院副院长张庆法所作的《深泽县人民法院关于民事执行工作中存在问题整改情况的报告》。

**第十次会议** 2022年12月30日办公楼四楼会议室举行。深泽县人大常委会主任王建峰主持会议，副主任宋彬、李林、张江彦，委员王茂、史志法、闫丽宁、孙亚兰、纪振友、张月波、陈运东、袁占强、袁淑红、高飞、曹建芝出席会议。县委常委、县政府副县长魏洪涛，县人民法院院长李学红、县人民检察院检察长李美茹、县监察委员会委员郝鹏，部分县直部门主要负责人、各乡镇人大主席及部分县人大代表列席会议。

会议听取和审议县委常委、政府常务副县长魏洪涛所作的《深泽县人民政关于县十七届人大二次会议代表建议、意见办理工作的报告》；听取和审议县教育局局长李彦平所作的《深泽县人民政府关于落实国家“双减”政策提高义务教育阶段教育教学质量工作报告》；听取和审议县委常委、政府常务副县长魏洪涛所作的《深泽县人民政府关于2022年利民惠民10件民生实事进展情况的报告》；听取和审议县财政局局长陈晓宁所作的《深泽县人民政府关于提请审议2022年县级预算调整方案（草案）的议案》；听取县人大常委会财经工委主任周建所作的《深泽县人大财政经济委员会关于2022年县级预算调整方案（草案）的审查报告》。随后，以举手表决的方式通过县人大常委会财经工委主任周建所作的《深泽县人大财政经济委员会关于批准〈2022年县级预算调整方案〉的决定（草案）》；听取和审议县审计局副局长曹兰军所作的《深泽县人民政府关于2021年度县级财政预算执行、决算草案和其他财政财务收支审计查出问题整改情况的报告》。

**第十一次会议**　2023年1月10日在办公楼四楼会议室举行。县人大常委会副主任宋彬主持会议，副主任韩占昌、李林、张江彦，委员王茂、史志法、闫丽宁、纪振友、张月波、张立松、陈运东、赵路通、袁占强、袁义国、袁淑红、高飞出席会议。县政府副县长张云良，县人民法院院长李学红、县人民检察院检察长李美茹、县监察委员会副主任刘炯，各乡镇人大主席（或副主席）列席会议。

会议审议通过县人大常委会选任代工委主任赵路通所作的《深泽县人大常委会关于接受宋文军等7人辞去深泽县第十七届人民代表大会代表职务请求的决议（草案）》。审议通过关于召开县十七届人大三次会议相关事宜，一共8项，逐项表决通过：（1）县人大常委会办公室主任王茂所作的《深泽县人大常委会关于召开深泽县第十七届人民代表大会第三次会议的决定（草案）》；（2）县人大常委会选任代工委主任赵路通所作的《深泽县第十七届人大常委会代表资格审查委员会关于代表资格的审查报告（草案）》；（3）县人大常委会办公室主任王茂所作的《深泽县第十七届人民代表大会第三次会议主席团和大会秘书处组成人员建议名单（草案）》；（4）县人大常委会办公室主任王茂所作的《深泽县第十七届人民代表大会第三次会议主席团常务主席建议名单（草案）》；（5）县人大常委会办公室主任王茂所作的《深泽县第十七届人民代表大会第三次会议议案审查委员会建议名单（草案）》；（6）县人大常委会办公室主任王茂所作的《深泽县第十七届人民代表大会第三次会议总监票人、监票人建议名单（草案）》；（7）县人大常委会办公室主任王茂所作的《深泽县第十七届人民代表大会第三次会议列席人员安排（草案）》；（8）县人大常委会办公室主任王茂所作的《深泽县第十七届人民代表大会第三次会议各代表团召集人名单（草案）》。审议通过《县人大常委会工作报告（征求意见稿）》。

**第十二次会议**　2023年1月12日在办公楼三楼人大常委会会议室举行。县人大常委会副主任宋彬主持会议，韩占昌、李林、张江彦，委员王茂、史志法、闫丽宁、纪振友、张士友、张月波、张立松、陈运东、赵路通、袁占强、袁义国、袁淑红、高飞、曹建芝出席会议。

会议审议通过县人大常委会选任代工委主任赵路通所作的《深泽县人大常委会关于接受王建峰辞去深泽县人大常委会主任职务请求的决定（草案）》。

**第十三次会议**　2023年1月28日在办公楼三楼人大常委会会议室举行。县人大常委会主任郭立辉主持会议，副主任宋彬、李林、张江彦，委员王茂、史志法、杨保录、宋亚坤、张立松、陈运东、赵路通、袁占强、袁淑红、高飞、曹建芝、周建、陈田出席会议。

会议审议通过县人大常委会选任代工委主任赵路通所作的《深泽县人大常委会主任会议关于提请补选郭立辉同志为石家庄市第十五届人大代表的议案》，并以投票的方式补选深泽县出席石家庄市第十五届人民代表大会代表，郭立辉依法当选为石家庄市第十五届人民代表大会代表。

**第十四次会议**　2023年2月21日在办公楼二楼中厅会议室举行。县人大常委会主任郭立辉主持会议，副主任宋彬、李林、张江彦，委员王茂、史志法、闫丽宁、张月波、陈运东、赵路通、袁占强、袁淑红、高飞、周建出席会议。

会议审议通过县人大常委会选任代工委主任赵路通所作的《深泽县人大常委会关于接受王永辞去深泽县人民政府副县长职务请求的决定（草案）》，并以举手表决的方式通过该决定。

**第十五次会议** 2023年3月27日在办公楼四楼会议室举行。县人大常委会主任郭立辉主持会议，副主任李林、张江彦，委员王茂、史志法、闫丽宁、张月波、张立松、陈运东、赵路通、袁占强、袁义国、高飞、周建、陈田出席会议。县人大常委会领导赵玉景，县政府副县长张云良，县人民检察院检察长李美茹、县人民法院副院长刘树朝、县监察委员会副主任刘炯，县生态环境分局主要负责人、各乡镇人大主席（或副主席）以及部分县人大代表列席会议。

会议以举手表决的方式审议通过县人大常委会选任代工委主任赵路通所作的《深泽县人大常委会关于接受魏洪涛、寇庆民辞去深泽县人民政府副县长职务请求的决定（草案）》；以无记名投票方式表决通过《深泽县人民政府关于提请任免曹文海等职务的议案》《深泽县监察委员会关于提请免去石占朋县监察委员会委员职务的议案》《深泽县人民法院关于提请任命刘曼职务的议案》和《深泽县人民检察院关于提请任免王姣等职务的议案》。投票表决后，县人大常委会主任郭立辉为新任命人员分别颁发任命书，县政府、县法院、县检察院新任命人员分别作表态发言；随后根据全国人大常委会决定和《深泽县人大常委会宪法宣誓仪式实施细则》规定，县政府新任命人员进行宪法宣誓，县人大常委会主任郭立辉主持宣誓仪式并监誓，出席、列席常委会会议的全体人员参加宣誓仪式；县人大常委会办公室主任王茂通报县人大常委会领导成员工作分工；审议通过县人大常委会办公室副主任陈运东受县人大常委会委托所作的《深泽县人大常委会2023年监督计划（草案）》；听取和审议县生态环境分局局长刘永军所作《关于2022年度环境状况和环境目标完成情况的报告》，会议以无记名投票的方式对县生态环境分局专项工作进行满意度测评。

**第十六次会议** 2023年5月18日在办公楼四楼会议室举行。县人大常委会主任郭立辉主持会议，副主任宋彬、韩占昌、李林、张江彦，委员王茂、闫丽宁、杜小红、张士友、陈运东、赵路通、袁占强、袁义国、袁淑红、高飞、曹建芝、周建、陈田出席会议。县人大常委会领导赵玉景，县政府副县长曹文海，县监察委员会副主任刘炯，县人民法院副院长袁伟、县人民检察院贾建立，县财政局、县自规局、县发改局、县水利局、县科工局、县农业农村局、县人社局、县文旅局、县生态环境分局的主要负责人，各乡镇人大主席（或副主席）以及部分县人大代表列席会议。

会议以举手表决的方式审议通过县人大常委会办公室主任王茂所作的《深泽县第十七届人大常委会议事规则（草案）》；听取和审议县政府副县长曹文海受县政府委托所作的《深泽县国土空间总体规划（2021—2035）（草案）》并作说明；以举手表决的方式通过县选任代工委主任赵路通所作的《深泽县人大常委会关于〈深泽县国土空间总体规划（2021—2035）

（草案）〉的决议（草案）》；听取和审议财政局局长陈晓宁受县政府委托所作的《2022 年国有资产管理情况的报告》；听取县人大财经工委主任周建所作的《深泽人大常委会视察组关于 2022 年国有资产管理情况的视察报告》；听取和审议农业农村局局长甄亚超受县政府委托所作的《深泽县乡村振兴工作开展情况的报告》；听取县人大财经工委主任周建所作的《深泽人大常委会视察组关于乡村振兴工作开展情况的视察报告》。会议以无记名投票方式对相关部门进行满意度测评。

**第十七次会议** 2023 年 6 月 29 日在办公楼二楼中厅会议室举行。县人大常委会主任郭立辉主持会议，副主任宋彬、韩占昌、李林，委员王茂、史志法、闫丽宁、孙亚兰、杜小红、宋亚坤、张士友、陈运东、赵路通、袁占强、袁义国、袁淑红、高飞、周建、陈田出席会议。县人大常委会领导赵玉景，县政府副县长郭彬，县人民法院院长李学红、县人民检察院副检察长王玉洲、县监察委员会副主任刘炯，经济开发区、县发展和改革局、县住建局的主要负责人、各乡镇人大主席（或副主席）以及部分县人大代表列席会议。

会议以无记名投票的方式审议通过《深泽县人民政府关于提请任命梁勇强职务的议案》。投票表决后，县人大常委会主任郭立辉为新任命人员颁发任命书，梁勇强作表态发言；随后根据全国人大常委会决定和《深泽县人大常委会宪法宣誓仪式实施细则》规定，新任命人员进行宪法宣誓。县人大常委会主任郭立辉主持宣誓仪式并监誓，出席、列席常委会会议的全体人员参加宣誓仪式；听取和审议深泽县发展和改革局党组成员纪子涛受县政府委托所作的《深泽县人民政府关于招商引资和项目建设工作进展情况汇报》，听取县人大常委会财经工委主任周建所作的《深泽县人大常委会视察组关于招商引资和项目建设的视察报告》；听取和审议深泽县住房和城乡建设局副局长张磊受县政府委托所作的《深泽县人民政府关于县城建设工作情况报告》，听取县人大常委会选任代工委主任赵路通所作的《深泽县人大常委会视察组关于县城建设工作的视察报告》；听取和审议深泽县检察院副检察长王玉洲所作的《深泽县人民检察院关于 2022 年度刑事侦查监督工作情况的报告》，听取县人大常委会办公室副主任陈运东所作的《深泽县人大常委会视察组关于县检察院 2022 年度刑事侦查监督工作的视察报告》。会议以无记名投票方式对经济开发区、县发改局、县住建局、县检察院专项工作进行满意度测评。

**第十八次会议** 2023 年 7 月 4 日在办公楼二楼中厅会议室举行。县人大常委会主任郭立辉主持会议，副主任韩占昌、李林，张江彦，委员王茂、史志法、闫丽宁、孙亚兰、张士友、张月波、张立松、赵路通、袁占强、袁义国、袁淑红、高飞、曹建芝、周建、陈田出席会议。

会议听取和审议《深泽县公安局关于提请许可对县人大代表刘某某采取强制措施的报告》，表决同意深泽县公安局提请的许可事项。会议议定：会后办公室负责起草《深泽县人大常委会关于深泽县公安局提请许可对深泽县第十七届人大代表刘某某采取强制措施的批复》。

**第十九次会议** 2023 年 9 月 15 日在办公楼二楼中厅会议室举行。县人大常委会主任郭立辉主持会议，副主任宋彬、韩占昌、李林，委员王茂、史志法、闫丽宁、孙亚兰、杜小红、宋亚坤、张士友、张月波、张立松、陈运东、赵路通、袁占强、袁义国、袁淑红、高飞、周建、陈田出席会议。县人大党组成员赵玉景，县政府副县长曹文海，县人民法院院长李学红、县监察委员会副主任刘炯、县人民检察院贾建立，县财政局、县发改局、县审计局负责人、各乡镇人大主席（或副主席）以及部分县人大代表列席会议。

会议以无记名投票的方式表决通过《深泽县人民检察院关于提请免去林蕴等职务的议案》；以举手表决的方式审议通过县人大常委会选任代工委主任赵路通所作的《深泽县人大常委会关于接受康平辞去深泽县监察委员会主任职务请求的决定（草案）》《深泽县人大常委会关于接受郭彬辞去深泽县人民政府副县长职务请求的决定（草案）》；听取和审议县财政局局长陈晓宁受县政府委托所作的《深泽县人民政府关于2022年度财政决算的报告（草案）》（县财政局党组成员刘海欣代），听取和审议县审计局局长李振庄受县政府委托所作的《深泽县人民政府关于深泽县2022年度县级财政预算执行和其他财政收支情况的审计工作报告》，听取和审议县财政局局长陈晓宁受县政府委托所作的《深泽县人民政府关于2023年上半年财政预算执行情况报告》（县财政局党组成员刘海欣代），听取县人大常委会财经工委主任周建所作的《深泽县人大财政经济委员会关于县政府2022年度财政决算以及2023年1-6月份预算执行情况的审查结果报告》。会议以举手表决的方式通过县人大常委会财经工委主任周建所作的《深泽县人大常委会关于批准2022年财政决算的决议（草案）》；听取和审议县发展和改革局局长陈建民受县政府委托所作的《深泽县人民政府关于2023年上半年国民经济和社会发展计划执行情况报告》，听取县人大常委会财经工委主任周建所作的《关于2023年国民经济和社会发展计划1—6月执行情况的审查结果报告》；听取和审议县财政局局长陈晓宁受县政府委托所作的《深泽县人民政府关于提请审议2023年县级预算调整方案（草案）》并作说明（县财政局党组成员刘海欣代），听取县人大常委会财经工委主任周建所作的《深泽县人大财政经济委员会关于2023年县级预算调整方案（草案）的审查报告》。随后，以举手表决的方式通过县人大常委会财经工委主任周建所作的《深泽县人大常委会关于批准〈2023年县级预算调整方案〉的决定（草案）》。会议以无记名投票方式对县发改局、财政局、审计局专项工作进行满意度测评。

**第二十次会议**　2023年11月7日在办公楼二楼中厅会议室举行。县人大常委会主任郭立辉主持会议，副主任宋彬、韩占昌、李林、张江彦，委员王茂、史志法、闫丽宁、孙亚兰、张士友、张月波、张立松、陈运东、赵路通、袁占强、袁义国、袁淑红、高飞、周建出席会议。县人大常委会领导赵玉景，县政府副县长张云良，县监察委员会副主任张景峰、县人民法院副院长刘树朝、县人民检察院副检察长何燕峰，县农业农村局、县住建局、县卫健局、县教育局、县公安局、县市场监管局、县民政局、县人社局、县生态环境分局、县城管委办公室、经济开发区、县消防大队等部门主要负责人、各乡镇人大主席（或副主席）以及部分县人大代表列席会议。

会议以无记名投票的方式审议通过《深泽县人大常委会主任会议关于提请任命梁占强为深泽县监察委员会副主任并决定其为代理主任的议案》《深泽县人民法院关于提请任免刘曼等

职务的议案》。投票表决后，县人大常委会主任郭立辉为新任命人员颁发任命书，新任命人员作表态发言。根据全国人大常委会决定和《深泽县人大常委会宪法宣誓仪式实施细则》规定，梁占强进行宪法宣誓，县人大常委会主任郭立辉主持宣誓仪式并监誓，出席、列席常委会会议的全体人员参加宣誓仪式。法院新任命人员，按照相关规定，自行组织宪法宣誓仪式。

会议听取和审议深泽县财政局局长陈晓宁受县政府委托所作的《深泽县人民政府关于政府债务管理使用情况专项报告》，听取和审议深泽县政府副县长张云良所作的《深泽县人民政府关于县十七届人大三次会议代表建议和意见办理情况的工作报告》，听取县人大常委会选任代工委主任赵路通所作的《深泽县人大常委会视察组关于代表建议和意见办理情况的视察报告》，听取和审议深泽县政府副县长张云良所作的《统筹推进县乡村卫生健康服务一体化建设全面提升基层医疗卫生服务能力的报告》。

会议以无记名投票方式对议题涉及部门专项工作进行满意度测评。

**第二十一次会议**　2023 年 12 月 21 日在办公楼二楼中厅会议室举行。县人大常委会主任郭立辉主持会议，副主任宋彬、韩占昌、李林、张江彦，委员王茂、闫丽宁、孙亚兰、宋亚坤、张士友、张月波、张立松、陈运东、赵路通、袁占强、袁义国、袁淑红、高飞、周建出席会议。县人大常委会领导赵玉景，县政府副县长张云良，县监察委员会副主任张景峰、县人民法院副院长刘树朝、县人民检察院副检察长何燕峰，县交通局、县农业农村局、县财政局、县审计局、县卫健局、县教育局、县公安局、县民政局、县住建局、县文旅局、盛泽公司的主要负责人，各乡镇人大主席（或副主席）以及部分县人大代表列席会议。

会议以无记名投票的方式审议通过《深泽县人民政府关于提请任免张玲等职务的议案》。投票表决后，县人大常委会主任郭立辉为新任命人员颁发任命书，县政府新任命人员分别作表态发言；随后根据全国人大常委会决定和《深泽县人大常委会宪法宣誓仪式实施细则》规定，县政府新任命人员进行宪法宣誓。县人大常委会主任郭立辉主持宣誓仪式并监誓，出席、列席常委会会议的全体人员参加宣誓仪式；听取和审议县政府副县长张云良受县政府委托所作的《深泽县人民政府关于 2023 年利民惠民 10 件民生实事进展情况的报告》，随后会议以无记名投票的方式对第二项议题涉及部门专项工作进行满意度测评；听取和审议县审计局副局长曹兰军受县政府委托所作的《深泽县人民政府关于 2022 年度县级财政预算执行、决算草案和其他财政财务收支审计查出问题整改情况的报告》；听取和审议县财政局局长陈晓宁受县政府委托所作的《深泽县人民政府关于 2023 年县级预算调整方案（草案）》，听取县人大常委会财经工委主任周建所作的《深泽县人大财政经济委员会关于 2023 年县级预算调整方案（草案）的审查报告》。以举手表决的方式通过县人大常委会财经工委主任周建所作的《深泽县人大常委会关于批准〈2023 年县级预算调整方案〉的决定（草案）》。

**第二十二次会议**　2024 年 1 月 4 日在办公楼二楼中厅会议室举行。县人大常委会主任郭立辉主持会议，副主任李林、张江彦，委员王茂、史志法、宋亚坤、张月波、张立松、陈运东、赵路通、袁占强、袁义国、袁淑红、高飞、周建出席会议。

会议以举手表决方式审议通过《深泽县人大常委会主任会议关于提请免去梁占强的深泽

县监察委员会副主任职务并终止其代理主任职务的议案》。

**第二十三次会议** 2024年1月17日举行，在办公楼三楼人大常委会会议室召开。县人大常委会主任郭立辉主持会议，副主任韩占昌、李林、张江彦，委员王茂、张月波、张立松、陈运东、赵路通、袁占强、袁义国、袁淑红、周建出席会议。

会议以举手表决的方式审议通过《深泽县人大常委会关于接受王溪波辞去石家庄市第十五届人大代表职务请求的决议（草案）》。

**第二十四次会议** 2024年1月25日在办公楼四楼会议室举行。县人大常委会主任郭立辉主持会议，副主任宋彬、韩占昌、李林、张江彦，委员王茂、闫丽宁、孙亚兰、张士友、张月波、张立松、陈运东、袁义国、袁淑红、高飞、周建出席会议。县人大常委会领导赵玉景，县人民法院副院长张庆发，县人民检察院副检察长王玉洲，各乡镇人大主席（或副主席）列席会议。

会议分别表决通过关于接受袁国良等7人辞去深泽县第十七届人民代表大会代表职务请求的决议、关于接受袁占强、史志法辞去深泽县人大常委会委员职务请求的决定、关于接受史志法辞去深泽县第十七届人民代表大会法制委员会副主任委员职务请求的决定，关于召开深泽县第十七届人民代表大会第四次会议的决定、关于代表资格的审查报告、主席团常务主席建议名单、议案审查委员会建议名单、列席人员安排。听取和审议《县人大常委会工作报告（征求意见稿）》，并原则通过该报告。

**第二十五次会议** 2024年1月31日在办公楼二楼中厅会议室举行。县人大常委会主任郭立辉主持会议，副主任宋彬、韩占昌、李林、张江彦，委员王茂、闫丽宁、孙亚兰、张月波、张立松、陈运东、赵路通、袁义国、袁淑红、高飞、周建、杜小红出席会议。县人大常委会领导赵玉景，县政府副县长张玲，县人民法院院长李学红、县人民检察院检察长李美茹、县监察委员会副主任张景峰，各乡镇人大主席（或副主席）列席会议。

会议以无记名投票的方式审议通过《深泽县人民检察院关于提请任命李琳职务的议案》。投票表决后，县人大常委会主任郭立辉为新任命人员颁发任命书；随后会议分别表决通过关于接受郭耀辉等3人辞去深泽县第十七届人民代表大会代表职务请求的决议，关于代表资格的审查报告、主席团和大会秘书处组成人员建议名单、各代表团召集人名单。

**第二十六次会议** 2024年3月29日在办公楼四楼会议室举行。县人大常委会主任郭立辉主持会议，副主任宋彬、韩占昌、李林、张江彦，委员王茂、闫丽宁、孙亚兰、张立松、陈运东、赵路通、袁义国、袁淑红、高飞、周建、杜小红出席会议。县人大常委会领导赵玉景，县政府副县长张云良，县人民法院副院长刘树朝、县人民检察院副检察长何燕峰、县监察委员会副主任张景峰，县生态环境分局、县发展和改革局主要负责人，各乡镇人大主席以及部分县人大代表列席会议。

会议以举手表决的方式审议通过县人大常委会选任代工委主任赵路通所作的《深泽县人大常委会关于接受高会军辞去深泽县人民政府副县长职务请求的决定（草案）》；以无记名投票方式表决通过《深泽县人大常委会主任会议关于提请任命吕光丰为深泽县监察委员会副

主任并决定其为代理主任的议案》《深泽县人民法院关于提请任免李立军等职务的议案》；以举手表决的方式审议通过县人大常委会选任代工委主任赵路通所作的《深泽县人大常委会关于吕光丰为深泽县监察委员会代理主任的决定（草案）》。举手表决后，县人大常委会主任郭立辉为新任命人员分别颁发任命书，县监察委员会、县法院新任命人员分别作表态发言；随后根据全国人大常委会决定和《深泽县人大常委会宪法宣誓仪式实施细则》规定，县监察委员会新任命人员进行宪法宣誓，法院新任命人员，按照相关规定，自行组织宪法宣誓。县人大常委会主任郭立辉主持宣誓仪式并监誓，出席、列席常委会会议的全体人员参加宣誓仪式；审议通过县人大常委会办公室主任王茂受县人大常委会委托所作的《深泽县人大常委会 2024 年监督计划（草案）》；听取和审议县生态环境分局局长刘永军受县政府委托所作的《深泽县人民政府 2023 年度环境状况和环境保护目标完成情况的报告》，听取县人大常委会选任代工委主任赵路通所作的《深泽县人大常委会调研组关于我县 2023 年度环境状况和环境保护目标完成情况的调研报告》，会议以无记名投票的方式对县生态环境分局专项工作进行满意度测评；听取和审议县发展和改革局副局长李兵受县政府委托所作的《深泽县人民政府关于“十四五”规划中期评估情况的报告》。

**第二十七次会议**　2024 年 5 月 30 日在办公楼四楼会议室举行。县人大常委会主任郭立辉主持会议，副主任宋彬、韩占昌、李林、张江彦，委员王茂、闫丽宁、孙亚兰、宋亚坤、张士友、张月波、张立松、陈运东、赵路通、袁义国、袁淑红、高飞、周建出席会议。县人大常委会领导赵玉景，县人大常委会法工委主任段建欣，县委常委、纪委书记、县监察委员会代理主任吕光丰，县政府副县长李立新，县人民法院院长李学红、县人民检察院检察长李美茹，县财政局、县发改局、县科工局、县水利局、县自规局主要负责人，各乡镇人大主席以及部分县人大代表列席会议。

会议以举手表决的方式审议通过县人大常委会代表工作委员会主任赵路通所作的《深泽县人大常委会关于接受张云良辞去深泽县人民政府副县长职务请求的决定（草案）》；以无记名投票的方式表决通过《深泽县人民政府关于提请任免袁海涛等职务的议案》《深泽县监察委员会关于提请任命纪青枝、冯琦两名同志县监察委员会委员职务的议案》；表决通过后，县人大常委会主任郭立辉为新任命人员颁发任命书，新任命人员作表态发言；随后根据全国人大常委会决定和《深泽县人大常委会宪法宣誓仪式实施细则》规定，县政府新任命人员进行宪法宣誓，县监委新任命人员，按照相关规定，自行组织宪法宣誓。县人大常委会主任郭立辉主持宣誓仪式并监誓，出席、列席常委会会议的全体人员参加宣誓仪式；听取和审议县法院院长李学红所作的《深泽县人民法院关于提请确定人民陪审员名额的议案》，以举手表决的方式审议通过县人大常委会代表工作委员会主任赵路通所作的《深泽县人大常委会关于确定深泽县人民法院人民陪审员名额的决定（草案）》；听取和审议深泽县财政局局长陈晓宁受县政府委托所作的《深泽县人民政府关于 2023 年度政府债务管理情况的报告》；听取人大常委会预算工作委员会主任周建所做的《深泽县人大常委会视察组关于 2023 年度政府债务管理情况的视察报告》；听取和审议深泽县财政局局长陈晓宁受县政府委托所作的《2023

年国有资产管理情况的报告》；听取县人大常委会预算工作委员会主任周建所做的《深泽县人大常委会视察组关于2023年国有资产管理情况的视察报告》；会议以无记名投票的方式对三、四项议题涉及部门专项工作进行满意度测评。

**第二十八次会议** 2024年7月21日在办公楼四楼会议室举行。县人大常委会主任郭立辉主持会议，副主任宋彬、韩占昌、李林，委员王茂、孙亚兰、杜小红、张士友、陈运东、赵路通、袁义国、袁淑红、周建出席会议。

会议听取和审议深泽县财政局局长陈晓宁受县政府委托所作的《关于提请审议落实增发国债项目县级配套资金预算调整的议案》。

## 第二节 机构设置

2024年4月，政法工作委员会更名为法制工作委员会，财政经济工作委员会更名为预算工作委员会，选举任免代表工作委员会更名为代表工作委员会。

**一、办公室**

主　任：袁占强（2021年7月至2021年8月）

　　　　王　茂（2021年8月—　　　）

副主任：陈运东（2021年7月至2023年12月）

**二、财经工委**（预算工委）

主　任：周　建（2021年9月至2024年8月）

**三、教科文卫工委**

主　任：王　茂（2021年7月至2021年8月）

　　　　袁占强（2021年8月至2023年12月）

　　　　陈运东（2023年12月—　　　）

**四、选任代工委**（代表工委）

主　任：赵路通（2021年7月—　　　）

**五、政法工委**（法制工委）

主　任：史志法（2021年7月至2023年3月）

　　　　高海霞（女，2023年8月至2024年4月）

　　　　段建欣（2024年4月—　　　）

# 第五章　监督工作

## 第一节　听取和审议专项工作报告与计划预算和审计工作报告

截至 2024 年 7 月，县十七届人大常委会会议共听取和审议县“一府两院”专项工作报告 31 项，计划预算和审计工作报告 18 项。

**深泽县十七届人大常委会会议听取和审议专项工作报告与计划预算和审计工作报告情况表**

表 96

| 时间 | 常委会会议 | 报告内容 |
|---|---|---|
| 2021 年 10 月 12 日 | 第二次 | 关于 2020 年国有资产管理情况的报告 |
| | | 关于 2020 年度财政决算情况的报告 |
| | | 关于 2020 年财政预算执行和其他财政收支的审计工作报告 |
| | | 关于 2021 年上半年计划执行情况的报告 |
| | | 关于 2021 年上半年计划执行情况的报告 |
| | | 关于开展四项联动和“6+1”联动监督“回头看”工作的报告 |
| 2021 年 12 月 14 日 | 第三次 | 关于县城建设管理情况的工作报告 |
| | | 关于农村人居环境整治提升情况的工作报告 |
| | | 关于 2020 年度财政预算执行和其他财政收支情况的审计工作报告 |
| | | 关于代表建议和意见办理情况的工作报告 |
| | | 关于民生实事办理情况的工作报告 |
| 2022 年 5 月 20 日 | 第六次 | 关于 2021 年环境状况和环境保护目标完成情况的报告 |
| | | 关于 2021 年国有资产管理情况的报告 |
| | | 关于农村人居环境整治提升情况的工作报告 |
| 2022 年 7 月 26 日 | 第七次 | 关于“6+1”联动监督相关领域整改落实情况的报告 |
| | | 关于民事执行工作开展情况的报告 |
| | | 关于《河北省优化营商环境条例》贯彻实施情况的工作报告 |

续表 96

| 时间 | 常委会会议 | 报告内容 |
| --- | --- | --- |
| 2022 年 10 月 14 日 | 第九次 | 关于 2021 年度财政决算情况的报告 |
| | | 关于深泽县 2021 年度财政预算执行和其他财政收支的审计工作报告 |
| | | 关于 2022 年上半年财政预算执行情况的报告 |
| | | 2022 年上半年国民经济和社会发展计划执行情况报告 |
| | | 关于县城建设工作情况报告 |
| | | 关于“6+1”联动监督相关领域及《河北省优化营商环境条例》贯彻实施问题整改落实情况的报告 |
| | | 关于民事执行工作中存在问题整改情况的报告 |
| 2022 年 12 月 30 日 | 第十次 | 关于县十七届人大二次会议代表建议和意见办理工作的报告 |
| | | 关于落实国家“双减”政策提高义务教育阶段教育教学质量工作报告 |
| | | 关于 2022 年利民惠民 10 件民生实事进展情况的报告 |
| | | 关于 2021 年度县级财政预算执行、决算草案和其他财政财务收支审计查出问题整改情况的报告 |
| 2023 年 3 月 27 日 | 第十五次 | 关于 2022 年度环境状况和环境目标完成情况的报告 |
| 2023 年 5 月 18 日 | 第十六次 | 2022 年国有资产管理情况的报告 |
| | | 深泽县乡村振兴工作开展情况的报告 |
| 2023 年 6 月 29 日 | 第十七次 | 关于招商引资和项目建设工作进展情况汇报 |
| | | 关于县城建设工作情况报告 |
| | | 关于 2022 年度刑事侦查监督工作情况的报告 |
| 2023 年 9 月 15 日 | 第十九次 | 关于 2022 年度财政决算的报告 |
| | | 关于深泽县 2022 年度县级财政预算执行和其他财政收支情况的审计工作报告 |
| | | 关于 2023 年上半年财政预算执行情况报告 |
| | | 关于 2023 年上半年国民经济和社会发展计划执行情况报告 |
| 2023 年 11 月 7 日 | 第二十次 | 关于政府债务管理使用情况专项报告 |
| | | 关于县十七届人大三次会议代表建议和意见办理情况的工作报告 |
| | | 统筹推进县乡村卫生健康服务一体化建设全面提升基层医疗卫生服务能力的报告 |
| 2023 年 12 月 21 日 | 第二十一次 | 关于 2023 年利民惠民 10 件民生实事进展情况的报告 |
| | | 关于 2022 年度县级财政预算执行、决算草案和其他财政财务收支审计查出问题整改情况的报告 |
| 2024 年 3 月 29 日 | 第二十六次 | 2023 年度环境状况和环境保护目标完成情况的报告 |
| | | 关于“十四五”规划中期评估情况的报告 |
| 2024 年 5 月 30 日 | 第二十七次 | 关于 2023 年度政府债务管理情况的报告 |
| | | 2023 年国有资产管理情况的报告 |

## 第二节 法律法规实施情况的检查

截至2024年7月，县十七届人大常委会组织开展执法检查6次。

1.2021年7月，对《河北省优化营商环境条例》实施情况进行执法检查。

2.2021年9月至10月，对开展“四项联动监督”，推动促进相关法律法规落实情况进行执法检查。

3.2022年7月，对《中华人民共和国安全生产法》《河北省优化营商环境条例》实施情况进行执法检查。

4.2023年3月，对《中华人民共和国消费者权益保护法》实施情况进行执法检查。

5.2023年10月，对《河北省优化营商环境条例》实施情况进行执法检查。

6.2024年6月，对《中华人民共和国治安管理处罚法》实施情况进行执法检查。

## 第三节 视察调研

截至2024年7月，县十七届人大常委会组织开展视察调研活动65次。

**2021—2024年深泽县第十七届人大常委会视察调研活动一览表**

表97

| 序号 | 时间 | 视察调研内容 | 牵头单位 |
|---|---|---|---|
| 1 | 2021年7月 | 关于乡村振兴工作开展情况 | 财经工委 |
| 2 | 2021年8月 | 关于开展“四项联动监督”，分领域进行调研 | 县人大常委会 |
| 3 | 2021年8月 | 关于县政府2020年国民经济和社会发展计划执行情况 | 财经工委 |
| 4 | 2021年8月 | 关于县政府2020年财政预决算执行情况 | 财经工委 |
| 5 | 2021年8月 | 关于2020年国有资产管理情况 | 财经工委 |
| 6 | 2021年10月 | 关于县城建设和管理工作情况 | 选任代工委 |
| 7 | 2021年10月 | 关于政法机关如何发挥自身职能作用，为全县经济社会高质量发展提供优质高效服务保障情况 | 政法工委 |
| 8 | 2021年10月 | 关于农村人居环境整治提升情况 | 财经工委 |
| 9 | 2021年10月 | 关于10件民生实事项目开展情况 | 办公室 |
| 10 | 2021年11月 | 关于挖掘历史文化资源，发展文化旅游产业工作 | 教科文卫工委 |
| 11 | 2021年11月 | 关于代表建议和意见办理情况 | 选任代工委 |
| 12 | 2021年12月 | 关于加强代表工作，充分发挥各级人大代表在带头支持、参与、服务全县工作大局中的作用 | 选任代工委 |
| 13 | 2021年12月 | 关于津石高速深泽高速口、连接线及迎宾大道建设情况 | 选任代工委 |

续表 97

| 序号 | 时间 | 视察调研内容 | 牵头单位 |
|---|---|---|---|
| 14 | 2022 年 4 月 | 关于五项联动监督工作开展情况，分领域进行调研 | 县人大常委会 |
| 15 | 2022 年 4 月 | 关于深泽县 2021 年度环境状况和环境保护目标完成情况 | 教科文卫工委 |
| 16 | 2022 年 4 月 | 关于 2021 年国有资产管理情况 | 财经工委 |
| 17 | 2022 年 5 月 | 关于疫情防控信息化平台建设和应用情况 | 教科文卫工委 |
| 18 | 2022 年 5 月 | 关于农村人居环境整治提升情况 | 财经工委 |
| 19 | 2022 年 5 月 | 关于民生实事办理情况 | 办公室 |
| 20 | 2022 年 6 月 | 关于县法院执行工作开展情况 | 政法工委 |
| 21 | 2022 年 6 月 | 关于生物医疗产业发展情况 | 教科文卫工委 |
| 22 | 2022 年 7 月 | 关于县行政审批局工作开展情况 | 财经工委 |
| 23 | 2022 年 8 月 | 关于县政府 2021 年财政决算执行情况 | 财经工委 |
| 24 | 2022 年 8 月 | 关于县政府 2021 年财政预算执行和其他财政收支审计情况 | 财经工委 |
| 25 | 2022 年 9 月 | 关于县城建设工作 | 选任代工委 |
| 26 | 2022 年 9 月 | 关于县政府 2022 年上半年国民经济和社会发展计划执行情况 | 财经工委 |
| 27 | 2022 年 10 月 | 关于县布艺产业发展情况 | 财经工委 |
| 28 | 2022 年 10 月 | 关于提高义务教育阶段教育教学质量工作 | 教科文卫工委 |
| 29 | 2022 年 10 月 | 关于教育系统全面落实“双减”政策情况 | 教科文卫工委 |
| 30 | 2022 年 10 月 | 关于县十七届人大二次会议代表建议、意见办理工作 | 选任代工委 |
| 31 | 2022 年 11 月 | 关于县检察院公益诉讼工作 | 政法工委 |
| 32 | 2022 年 11 月 | 关于深入挖掘优秀传统文化资源，助力服务深泽高质量发展 | 教科文卫工委 |
| 33 | 2022 年 11 月 | 关于民生实事办理工作 | 办公室 |
| 34 | 2022 年 12 月 | 关于县政府 2022 年国民经济和社会发展计划执行情况 | 财经工委 |
| 35 | 2022 年 12 月 | 关于县政府 2022 年财政预算执行情况 | 财经工委 |
| 36 | 2022 年 12 月 | 对 2023 年国民经济和社会发展计划（草案）及预算（草案）进行调研初审 | 财经工委 |
| 37 | 2023 年 3 月 | 关于 2022 年度环境状况和环境保护目标完成情况 | 教科文卫工委 |
| 38 | 2023 年 4 月 | 关于 2022 年国有资产管理情况 | 财经工委 |
| 39 | 2023 年 4 月 | 关于县政府促进职业教育发展情况 | 教科文卫工委 |
| 40 | 2023 年 5 月 | 关于乡村振兴工作开展情况 | 财经工委 |
| 41 | 2023 年 5 月 | 关于县司法局“八五普法”工作开展情况 | 政法工委 |
| 42 | 2023 年 6 月 | 关于招商引资和项目建设情况 | 财经工委 |
| 43 | 2023 年 6 月 | 关于民生实事办理工作 | 办公室 |

续表 97

| 序号 | 时间 | 视察调研内容 | 牵头单位 |
|---|---|---|---|
| 44 | 2023 年 7 月 | 关于县检察院 2022 年度刑事侦查监督工作 | 政法工委 |
| 45 | 2023 年 7 月 | 关于县城建设工作 | 办公室 |
| 46 | 2023 年 7 月 | 关于县政府水利工作开展情况 | 办公室 |
| 47 | 2023 年 8 月 | 关于县政府 2022 年财政决算情况 | 财经工委 |
| 48 | 2023 年 8 月 | 关于县政府 2022 年财政预算执行和其他财政收支审计情况 | 财经工委 |
| 49 | 2023 年 8 月 | 关于县政府 2023 年上半年财政预算执行情况 | 财经工委 |
| 50 | 2023 年 9 月 | 关于县政府 2023 年上半年国民经济和社会发展计划执行情况 | 财经工委 |
| 51 | 2023 年 9 月 | 关于县政府历史文物和文化遗产保护利用工作 | 教科文卫工委 |
| 52 | 2023 年 10 月 | 关于县十七届人大三次会议代表建议、意见办理情况 | 选任代工委 |
| 53 | 2023 年 10 月 | 关于县工业园区建设情况 | 办公室 |
| 54 | 2023 年 10 月 | 关于推进县、乡、村卫生健康服务一体化建设，全面提升基层医疗卫生服务能力工作 | 教科文卫工委 |
| 55 | 2023 年 11 月 | 关于民生实事办理情况 | 办公室 |
| 56 | 2023 年 12 月 | 关于县政府 2023 年国民经济和社会发展计划执行情况 | 财经工委 |
| 57 | 2023 年 12 月 | 关于县政府 2023 年财政预算执行情况 | 财经工委 |
| 58 | 2023 年 12 月 | 对 2024 年国民经济和社会发展计划（草案）及预算（草案）进行调研初审 | 财经工委 |
| 59 | 2024 年 3 月 | 关于深泽县 2023 年度环境状况和环境保护目标完成情况 | 教科文卫工委 |
| 60 | 2024 年 3 月 | 关于《深泽县国民经济和社会发展第十四个五年规划和 2035 年远景目标纲要》实施中期评估情况 | 财经工委 |
| 61 | 2024 年 4 月 | 关于县政府债务管理情况 | 财经工委 |
| 62 | 2024 年 5 月 | 关于国有资产管理情况 | 财经工委 |
| 63 | 2024 年 6 月 | 关于全县中医药传承创新发展情况 | 教科文卫工委 |
| 64 | 2024 年 6 月 | 关于推进乡村振兴工作情况 | 办公室 |
| 65 | 2024 年 6 月 | 关于县政府 2024 年上半年国民经济和社会发展计划执行情况 | 财经工委 |

# 第四节 满意度测评

### 深泽县第十七届人大常委会第二次会议满意度测评票计票情况表

表 98

| 被测评单位 | 满意 | | 基本满意 | | 不满意 | | 弃权 | | 废票 | |
|---|---|---|---|---|---|---|---|---|---|---|
| | A 票 | B 票 | A 票 | B 票 | A 票 | B 票 | A 票 | B 票 | A 票 | B 票 |
| 县发改局 | 21 | 12 | 0 | 0 | 0 | 0 | 0 | 0 | 0 | 0 |
| 县财政局 | 21 | 12 | 0 | 0 | 0 | 0 | 0 | 0 | 0 | 0 |
| 县审计局 | 21 | 12 | 0 | 0 | 0 | 0 | 0 | 0 | 0 | 0 |

注：满意度测评票 A 票由常委会组成人员填写，B 票由会议列席旁听人员填写。本次会议应到 23 人，实到 21 人；发出 A 票 21 张，收回 21 张；发出 B 票 12 张，收回 12 张。

### 深泽县第十七届人大常委会第三次会议满意度测评票计票情况表

表 99

| 被测评单位 | 满意 | | 基本满意 | | 不满意 | |
|---|---|---|---|---|---|---|
| | A 票 | B 票 | A 票 | B 票 | A 票 | B 票 |
| 县住建局 | 16 | 11 | 3 | 0 | 0 | 0 |
| 县农业农村局 | 17 | 11 | 2 | 0 | 0 | 0 |
| 县交通局 | 18 | 11 | 1 | 0 | 0 | 0 |
| 县教育局 | 16 | 11 | 3 | 0 | 0 | 0 |
| 县卫健局 | 18 | 11 | 1 | 0 | 0 | 0 |
| 县供电公司 | 17 | 11 | 2 | 0 | 0 | 0 |
| 县公安局 | 17 | 11 | 2 | 0 | 0 | 0 |
| 县行政审批局 | 17 | 11 | 2 | 0 | 0 | 0 |
| 县文旅局 | 17 | 11 | 2 | 0 | 0 | 0 |
| 县发改局 | 17 | 11 | 2 | 0 | 0 | 0 |
| 县水利局 | 17 | 11 | 2 | 0 | 0 | 0 |
| 县税务局 | 17 | 11 | 2 | 0 | 0 | 0 |
| 县民政局 | 18 | 11 | 1 | 0 | 0 | 0 |
| 县自然资源和规划局 | 18 | 11 | 1 | 0 | 0 | 0 |
| 经济开发区 | 17 | 11 | 2 | 0 | 0 | 0 |

注：满意度测评票 A 票由常委会组成人员填写，B 票由会议列席旁听人员填写。本次会议应到 23 人，实到 19 人；发出 A 票 19 张，收回 19 张；发出 B 票 11 张，收回 11 张。

## 深泽县第十七届人大常委会第六次会议满意度测评票计票情况表

表 100

| 被测评单位 | 满意 | | 基本满意 | | 不满意 | | 弃权 | | 废票 | |
|---|---|---|---|---|---|---|---|---|---|---|
| | A 票 | B 票 | A 票 | B 票 | A 票 | B 票 | A 票 | B 票 | A 票 | B 票 |
| 生态环境分局 | 12 | 10 | 4 | 0 | 0 | 0 | 0 | 0 | 0 | 0 |
| 县财政局 | 15 | 10 | 1 | 0 | 0 | 0 | 0 | 0 | 0 | 0 |
| 县自然资源和规划局 | 13 | 10 | 3 | 0 | 0 | 0 | 0 | 0 | 0 | 0 |
| 县水利局 | 14 | 10 | 2 | 0 | 0 | 0 | 0 | 0 | 0 | 0 |
| 县发改局 | 15 | 10 | 1 | 0 | 0 | 0 | 0 | 0 | 0 | 0 |
| 县农业农村局 | 15 | 10 | 1 | 0 | 0 | 0 | 0 | 0 | 0 | 0 |
| 县监委 | 16 | 10 | 0 | 0 | 0 | 0 | 0 | 0 | 0 | 0 |

注：满意度测评票 A 票由常委会组成人员填写，B 票由会议列席旁听人员填写。本次会议应到 23 人，实到 16 人；发出 A 票 16 张，收回 16 张；发出 B 票 10 张，收回 10 张。

## 深泽县第十七届人大常委会第七次会议满意度测评计票结果表

表 101

| 被测评单位 | 满意 | 基本满意 | 不满意 |
|---|---|---|---|
| 县法院 | 22 | 1 | 0 |
| 县住建局 | 21 | 1 | 1 |
| 县自然资源和规划局 | 21 | 2 | 0 |
| 县水利局 | 15 | 8 | 0 |
| 县发改局 | 22 | 1 | 0 |
| 县卫健局 | 23 | 0 | 0 |
| 县人社局 | 22 | 1 | 0 |
| 县司法局 | 22 | 1 | 0 |
| 县市场监管局 | 23 | 0 | 0 |
| 县行政审批局 | 23 | 0 | 0 |
| 县税务局 | 21 | 2 | 0 |
| 经济开发区 | 21 | 2 | 0 |

注：本次会议应到常委会组成人员 23 人，实到 14 人；列席人员 9 人。发出测评票 23 张，收回 23 张。

## 深泽县第十七届人大常委会第九次会议满意度测评票计票结果表

表 102

| 被测评单位 | 专项工作 | 满意 | 基本满意 | 不满意 |
|---|---|---|---|---|
| 县财政局 | 决算、预算执行 | 28 | 0 | 0 |
| 县审计局 | 审计工作 | 28 | 0 | 0 |
| 县发改局 | 计划执行 | 27 | 1 | 0 |
| 县住建局 | 县城建设 | 26 | 2 | 0 |

注：本次会议应到常委会组成人员 23 人，实到 18 人；列席人员 10 人。发出测评票 28 张，收回 28 张。

## 深泽县第十七届人大常委会第十六次会议满意度测评票计票结果表

表 103

| 被测评单位 | 专项工作 | 满意 | 基本满意 | 不满意 |
|---|---|---|---|---|
| 县财政局 | 国资管理 | 28 | 2 | 0 |
| 县自然资源和规划局 | 国资管理 | 26 | 4 | 0 |
| 县水利局 | 国资管理 | 26 | 4 | 0 |
| 县发改局 | 国资管理 | 26 | 4 | 0 |
| 县科工局 | 国资管理 | 27 | 3 | 0 |
| 县农业农村局 | 乡村振兴 | 28 | 2 | 0 |
| 县人社局 | 乡村振兴 | 26 | 4 | 0 |
| 县文旅局 | 乡村振兴 | 28 | 2 | 0 |
| 生态环境分局 | 乡村振兴 | 25 | 5 | 0 |

注：本次会议发出测评票 30 张，收回 30 张。

## 深泽县第十七届人大常委会第十七次会议满意度测评票计票报告单表

表 104

| 被测评单位 | 专项工作 | 满意 | 基本满意 | 不满意 |
|---|---|---|---|---|
| 县发改局 | 招商引资项目建设 | 26 | 5 | 0 |
| 经济开发区 | 招商引资项目建设 | 28 | 3 | 0 |
| 县住建局 | 县城建设 | 26 | 5 | 0 |
| 县检察院 | 刑事侦查监督 | 30 | 1 | 0 |

注：本次会议发出测评票 31 张，收回 31 张，有效票 31 张。

## 深泽县第十七届人大常委会第十九次会议满意度测评票计票结果表

表 105

| 被测评单位 | 专项工作 | 满意 | 基本满意 | 不满意 |
| --- | --- | --- | --- | --- |
| 县发改局 | 国民经济和社会发展计划执行情况 | 30 | 2 | 0 |
| 县财政局 | 财政决算和预算执行情况 | 30 | 2 | 0 |
| 县审计局 | 审计工作 | 31 | 1 | 0 |

注：本次会议发出测评票 33 张，收回 33 张。有效票 32 张。

## 深泽县第十七届人大常委会第二十次会议满意度测评票计票结果表

表 106

| 被测评单位 | 专项工作 | 满意 | 基本满意 | 不满意 |
| --- | --- | --- | --- | --- |
| 县科工局 | 建议和意见办理 | 29 | 0 | 0 |
| 县农业农村局 | 建议和意见办理 | 28 | 1 | 0 |
| 县发改局 | 建议和意见办理 | 29 | 0 | 0 |
| 县住建局 | 建议和意见办理 | 23 | 6 | 0 |
| 县水利局 | 建议和意见办理 | 24 | 4 | 1 |
| 县卫健局 | 建议和意见办理<br>卫生健康服务一体化建设 | 26 | 3 | 0 |
| 县文旅局 | 建议和意见办理 | 29 | 0 | 0 |
| 县教育局 | 建议和意见办理 | 25 | 4 | 0 |
| 县公安局 | 建议和意见办理 | 26 | 3 | 0 |
| 县市场监管局 | 建议和意见办理 | 29 | 0 | 0 |
| 县民政局 | 建议和意见办理 | 29 | 0 | 0 |
| 县人社局 | 建议和意见办理 | 29 | 0 | 0 |
| 县司法局 | 建议和意见办理 | 29 | 0 | 0 |
| 县生态环境分局 | 建议和意见办理 | 24 | 5 | 0 |
| 县城管委办公室 | 建议和意见办理 | 27 | 2 | 0 |
| 县经济开发区 | 建议和意见办理 | 29 | 0 | 0 |
| 县消防大队 | 建议和意见办理 | 28 | 1 | 0 |

注：本次会议发出测评票 31 张，收回 31 张，有效票 29 张，废票 2 张。

## 深泽县第十七届人大常委会第二十一次会议满意度测评票计票结果表

表 107

| 被测评单位 | 专项工作 | 满意 | 基本满意 | 不满意 |
|---|---|---|---|---|
| 县交通局 | 民生实事办理工作 | 26 | 4 | 1 |
| 县农业农村局 | 民生实事办理工作 | 31 | 0 | 0 |
| 县住建局 | 民生实事办理工作 | 27 | 4 | 0 |
| 县卫健局 | 民生实事办理工作 | 29 | 2 | 0 |
| 县文旅局 | 民生实事办理工作 | 31 | 0 | 0 |
| 县教育局 | 民生实事办理工作 | 26 | 5 | 0 |
| 县公安局 | 民生实事办理工作 | 27 | 4 | 0 |
| 县民政局 | 民生实事办理工作 | 31 | 0 | 0 |
| 盛泽公司 | 民生实事办理工作 | 27 | 4 | 0 |

注：本次会议发出测评票 31 张，收回 31 张，有效票 31 张。

## 深泽县第十七届人大常委会第二十六次会议满意度测评票计票情况表

表 108

| 被测评单位 | 专项工作 | 满意 | 基本满意 | 不满意 |
|---|---|---|---|---|
| 县生态环境分局 | 2023 年度环境状况和环境保护目标完成情况 | 17 | 9 | 1 |

注：本次会议发出测评票 27 张，收回 27 张，有效票 27 张。

## 深泽县第十七届人大常委会第二十七次会议满意度测评票计票结果表

表 109

| 被测评单位 | 专项工作 | 满意 | 基本满意 | 不满意 |
|---|---|---|---|---|
| 县财政局 | 债务管理国有资产管理 | 27 | 3 | 0 |
| 县发改局 | 国有资产管理 | 22 | 8 | 0 |
| 县科工局 | 国有资产管理 | 26 | 4 | 0 |
| 县水利局 | 国有资产管理 | 26 | 3 | 1 |
| 县自然资源和规划局 | 国有资产管理 | 27 | 3 | 0 |

注：本次会议发出测评票 30 张，收回 30 张，有效票 30 张。

# 第六章　决议决定

## 第一节　作出决议决定

### 一、县十七届人大历次会议作出决议决定情况

截至 2024 年 7 月，深泽县第十七届人民代表大会共作出决议决定 22 项。

**2021—2024 年深泽县十七届人民代表大会历次会议决议决定一览表**

表 110

| 时间 | 会次 | 名称 |
|---|---|---|
| 2021 年 7 月 22 日至 24 日 | 一次会议第二次全体会议 | 1. 关于深泽县人民政府工作报告的决议<br>2. 关于深泽县人大常委会工作报告的决议<br>3. 关于深泽县人民法院工作报告的决议<br>4. 关于深泽县人民检察院工作报告的决议 |
| 2022 年 1 月 27 日至 29 日 | 二次会议第二次全体会议 | 1. 关于深泽县人民政府工作报告的决议<br>2. 关于 2021 年国民经济和社会发展计划执行情况与 2022 年国民经济和社会发展计划（草案）的报告的决议<br>3. 关于 2021 年预算执行情况和 2022 年预算（草案）的报告的决议<br>4. 关于深泽县人民代表大会常务委员会工作报告的决议<br>5. 关于深泽县人民法院工作报告的决议<br>6. 关于深泽县人民检察院工作报告的决议 |
| 2023 年 1 月 12 日至 14 日 | 三次会议第二次全体会议 | 1. 关于深泽县人民政府工作报告的决议<br>2. 关于 2022 年国民经济和社会发展计划执行情况与 2023 年国民经济和社会发展计划（草案）的报告的决议<br>3. 关于 2022 年预算执行情况和 2023 年预算（草案）的报告的决议<br>4. 关于深泽县人民代表大会常务委员会工作报告的决议<br>5. 关于深泽县人民法院工作报告的决议<br>6. 关于深泽县人民检察院工作报告的决议 |

续表 110

| 时间 | 会次 | 名称 |
|---|---|---|
| 2024 年 1 月 31 日至 2 月 2 日 | 四次会议第二次全体会议 | 1. 关于深泽县人民政府工作报告的决议<br>2. 关于 2023 年国民经济和社会发展计划执行情况与 2024 年国民经济和社会发展计划（草案）的报告的决议<br>3. 关于 2023 年预算执行情况和 2024 年预算（草案）的报告的决议<br>4. 关于深泽县人民代表大会常务委员会工作报告的决议<br>5. 关于深泽县人民法院工作报告的决议<br>6. 关于深泽县人民检察院工作报告的决议 |

## 二、县十七届人大常委会历次会议作出决议决定情况

截至 2024 年 7 月，县十七届人大常委会作出决议决定 32 项（不包含人事任免事项）。

### 县十七届人大常委会历次会议决议决定一览表

表 111

| 序号 | 时间 | 常委会会议 | 名称 |
|---|---|---|---|
| 1 | 2021 年 12 月 14 日 | 第三次 | 关于批准 2021 年第二次县级预算调整方案的决议 |
| 2 | 2022 年 1 月 20 日 | 第四次 | 关于接受贾占勇等 7 人辞去深泽县第十七届人民代表大会代表职务请求的决议 |
| 3 | 2022 年 1 月 20 日 | 第四次 | 关于召开深泽县第十七届人民代表大会第二次会议的决定 |
| 4 | 2022 年 5 月 20 日 | 第六次 | 关于接受贾立桥、贾光辞去深泽县人民政府副县长职务请求的决定 |
| 5 | 2022 年 10 月 14 日 | 第九次 | 关于批准 2021 年度财政决算的决议 |
| 6 | 2022 年 10 月 14 日 | 第九次 | 关于批准《2022 年县级预算调整方案》的决定 |
| 7 | 2022 年 12 月 30 日 | 第十次 | 关于批准《2022 年县级预算调整方案》的决定 |
| 8 | 2023 年 1 月 10 日 | 第十一次 | 关于接受宋文军等 7 人辞去深泽县第十七届人民代表大会代表职务请求的决议 |
| 9 | 2023 年 1 月 10 日 | 第十一次 | 关于召开深泽县第十七届人民代表大会第三次会议的决定 |
| 10 | 2023 年 1 月 12 日 | 第十二次 | 关于接受王建峰辞去深泽县人大常委会主任职务请求的决定 |
| 11 | 2023 年 2 月 21 日 | 第十四次 | 关于接受王永辞去深泽县人民政府副县长职务请求的决定 |
| 12 | 2023 年 3 月 27 日 | 第十五次 | 关于接受魏洪涛、寇庆民辞去深泽县人民政府副县长职务请求的决定 |
| 13 | 2023 年 5 月 18 日 | 第十六次 | 关于《深泽县国土空间总体规划（2021 — 2035 年）（草案）》的决议 |
| 14 | 2023 年 9 月 15 日 | 第十九次 | 关于接受康平辞去深泽县监察委员会主任职务请求的决定 |
| 15 | 2023 年 9 月 15 日 | 第十九次 | 关于接受郭彬辞去深泽县人民政府副县长职务请求的决定 |
| 16 | 2023 年 9 月 15 日 | 第十九次 | 关于批准 2022 年度财政决算的决议 |

续表 111

| 序号 | 时间 | 常委会会议 | 名称 |
|---|---|---|---|
| 17 | 2023 年 9 月 15 日 | 第十九次 | 关于批准《2023 年县级预算调整方案》的决定 |
| 18 | 2023 年 11 月 7 日 | 第二十次 | 关于梁占强为深泽县监察委员会代理主任的决定 |
| 19 | 2023 年 12 月 21 日 | 第二十一次 | 关于批准《2023 年县级预算调整方案》的决 定 |
| 20 | 2024 年 1 月 17 日 | 第二十三次 | 关于接受王溪波辞去石家庄市第十五届人民代表大会代表职务请求的决议 |
| 21 | 2024 年 1 月 25 日 | 第二十四次 | 关于接受袁国良等 7 人辞去深泽县第十七届人民代表大会代表职务请求的决议 |
| 22 | 2024 年 1 月 25 日 | 第二十四次 | 关于接受袁占强、史志法辞去深泽县人大常委会委员职务请求的决定 |
| 23 | 2024 年 1 月 25 日 | 第二十四次 | 关于接受史志法辞去深泽县第十七届人民代表大会法制委员会副主任委员职务请求的决定 |
| 24 | 2024 年 1 月 25 日 | 第二十四次 | 关于召开深泽县第十七届人民代表大会第四次会议的决定 |
| 25 | 2024 年 1 月 31 日 | 第二十五次 | 关于接受郭耀辉等 3 人辞去深泽县第十七届人民代表大会代表职务请求的决议 |
| 26 | 2024 年 3 月 29 日 | 第二十六次 | 关于接受高会军辞去深泽县人民政府副县长职务请求的决定 |
| 27 | 2024 年 3 月 29 日 | 第二十六次 | 深泽县人大常委会关于吕光丰为深泽县监察委员会代理主任的决定 |
| 30 | 2024 年 5 月 30 日 | 第二十七次 | 关于接受张云良辞去深泽县人民政府副县长职务请求的决定 |
| 31 | 2024 年 5 月 30 日 | 第二十七次 | 关于确定深泽县人民法院人民陪审员名额的决定 |
| 32 | 2024 年 7 月 21 日 | 第二十八次 | 关于批准县政府《预算调整的议案》的决定 |

## 第二节　决议决定选录

### 深泽县人大常委会<br>关于《深泽县国土空间总体规划（2021—2035 年）（草案）》的决议

（2023 年 5 月 18 日深泽县第十七届人大常委会第十六次会议通过）

深泽县第十七届人民代表大会常务委员会第十六次会议听取和审议了深泽县人民政府关于提请审议《深泽县国土空间总体规划（2021—2035 年）（草案）》（以下简称《规划（草案）》）的议案和关于《规划（草案）》的说明，并对《规划（草案）》进行了审议。会议同意《规划（草案）》，由深泽县人民政府按法定程序上报，批准后严格依法依规组织实施。

# 第七章　选举任免

## 第一节　常委会选举任免情况

2021 年 10 月 12 日，县十七届人大常委会第二次会议，通过县人民政府、县监察委员会人事任免事项。

决定任命：

袁海涛为深泽县人民政府办公室主任；

崔亚超为深泽县农业农村局局长；

王飞为深泽县发展和改革局局长；

李彦平为深泽县教育局局长；

贾占勇为深泽县科学技术局局长；

李立新为深泽县公安局局长；

张丽为深泽县民政局局长；

宋玉龙为深泽县司法局局长；

陈晓宁为深泽县财政局局长；

贾炜为深泽县人力资源和社会保障局局长；

崔擘为深泽县自然资源和规划局局长；

高学永为深泽县住房和城乡建设局局长；

张礼明为深泽县交通运输局局长；

刘志敏为深泽县水利局局长；

郑红桥为深泽县文化广电体育和旅游局局长；

贾卫东为深泽县卫生健康局局长；

甄亚超为深泽县应急管理局局长；

李振庄为深泽县审计局局长；

李小松为深泽县市场监督管理局局长；

陈浓为深泽县统计局局长；

袁立峰为深泽县行政审批局局长；

袁士科为深泽县医疗保障局局长。

任命：

张景峰为深泽县监察委员会副主任；

孙趁改为深泽县监察委员会委员。

决定免去：

韩占昌深泽县教育局局长职务；

李林深泽县农业农村局局长职务；

宋勇志深泽县科学技术局局长职务；

邸亚中深泽县市场监督管理局局长职务；

周层深泽县审计局局长职务；

贾占勇深泽县发展和改革局局长职务；

李振庄深泽县水利局局长职务。

免去：

郑红桥深泽县监察委员会副主任职务。

2022 年 3 月 10 日，县十七届人大常委会第五次会议，通过县人民法院、县人民检察院人事任免事项。

任命：

刘树朝为深泽县人民法院审判员、审判委员会委员、副院长；

杨英媛为深泽县人民法院桥头人民法庭庭长；

冯丽娜为深泽县人民法院深泽镇人民法庭庭长；

李立军为深泽县人民法院赵八人民法庭庭长；

康海龙为深泽县人民法院铁杆人民法庭庭长；

王玉洲为深泽县人民检察院检察员、检察委员会委员、副检察长。

免去：

刘志兴深泽县人民法院副院长、审判委员会委员、审判员职务；

杨英媛深泽县人民法院深泽镇人民法庭庭长职务；

冯丽娜深泽县人民法院赵八人民法庭庭长职务；

李立军深泽县人民法院铁杆人民法庭庭长职务；

康海龙深泽县人民法院桥头人民法庭庭长职务；

刘月彩深泽县人民法院立案庭庭长职务；

邸丽琴深泽县人民检察院副检察长、检察委员会委员、检察员职务；

王建水深泽县人民检察院副检察长职务。

2022 年 5 月 20 日，县十七届人大常委会第六次会议，通过县人民政府、县人民法院、县人民检察院人事任免事项。

决定任命：

高会军为深泽县人民政府副县长；

张云良为深泽县人民政府副县长；

纪青峰为深泽县卫生健康局局长；

贾占勇为深泽县科学技术和工业信息化局局长 ；

纪龙为深泽县统计局局长；

袁海涛为深泽县住房和城乡建设局局长 ；

王占红为深泽县人民政府办公室主任 ；

甄亚超为深泽县农业农村局局长；

张升为深泽县应急管理局局长。

任命：

张庆法为深泽县人民法院审判委员会委员、副院长；

李立军为深泽县人民法院审判委员会委员；

杨英媛为深泽县人民法院审判委员会委员；

康海龙为深泽县人民法院审判委员会委员；

刘曼为深泽县人民法院审判员；

何燕锋为深泽县人民检察院副检察长；

王姣为深泽县人民检察院检察员。

决定免去：

贾卫东深泽县卫生健康局局长职务；

贾占勇深泽县科学技术局局长职务；

高学永深泽县住房和城乡建设局局长职务；

陈浓深泽县统计局局长职务；

袁海涛深泽县人民政府办公室主任职务；

崔亚超深泽县农业农村局局长职务；

甄亚超深泽县应急管理局局长职务。

免去：

张升深泽县监察委员会委员职务；

高亚静深泽县人民检察院检察员职务。

2022 年 8 月 8 日，县十七届人大常委会第八次会议，通过县人民法院、县人民检察院人事任免事项。

任命：

王亚卿为深泽县人民检察院检察委员会委员；

李侃、刘洪涛、贾立彬、李志坤、赵昆朋、王松波、刘朋、席铭、雷明、陈涛、袁鹤云、牛岗、谷琳娜、潘军辉、王路媛、郭洋洋、张栋起、任小霞、于博雯、王建雷、封叶红、曹翠坦、何少博、邸剑峰、赵翠玲、王吉、王跃民、袁龙、马运肖、刘彦臣、杜凯、王亚、郝成义、秦闪为深泽县人民法院人民陪审员。

免去：

王建水深泽县人民检察院检察委员会委员职务；

张永计深泽县人民检察院检察委员会委员、检察员职务。

2023 年 3 月 27 日，县十七届人大常委会第十五次会议，通过县人民政府、县人民法院、县人民检察院人事任免事项。

决定任命：

曹文海为深泽县人民政府副县长；

陈建民为深泽县发展和改革局局长；

刘向东为深泽县统计局局长；

贾占勇为深泽县医疗保障局局长；

李鹏为深泽县司法局局长；

刘冲为深泽县科学技术和工业信息化局局长；

石占朋为深泽县水利局局长；

张静棉为深泽县文化广电体育和旅游局局长。

任命：

刘曼为深泽县人民法院立案庭庭长；

王娇为深泽县人民检察院检察委员会委员。

决定免去：

王飞深泽县发展和改革局局长职务；

贾占勇深泽县科学技术和工业信息化局局长职务；

纪龙深泽县统计局局长职务；

袁士科深泽县医疗保障局局长职务；

宋玉龙深泽县司法局局长职务；

郑红桥深泽县文化广电体育和旅游局局长职务；

刘志敏深泽县水利局局长职务。

免去：

石占朋深泽县监察委员会委员职务；

曹寿怀深泽县人民检察院副检察长职务；

曹春暖深泽县人民检察院检察委员会委员、检察员职务。

2023 年 6 月 29 日，县十七届人大常委会第十七次会议，决定任命梁勇强为深泽县人民政府副县长。

2023年9月15日，县十七届人大常委会第十九次会议，通过县人民检察院人事任免事项。

免去：

林蕴深泽县人民检察院检察委员会委员、检察员职务；

王建水深泽县人民检察院检察员职务。

2023年11月7日，县十七届人大常委会第二十次会议，通过县人民法院、县监察委人事任免事项。

任命：

梁占强为深泽县监察委员会副主任、代理主任；

刘曼为深泽县人民法院审判委员会委员；

娄露露为深泽县人民法院审判员。

免去：

崔跃民深泽县人民法院审判员职务。

2023年12月21日，县十七届人大常委会第二十一次会议，通过县人民政府人事任免事项。

决定任命：

张玲为深泽县人民政府副县长；

贾炜为深泽县教育局局长；

刘亚红为深泽县民政局局长；

李彦平为深泽县人力资源和社会保障局局长；

纪青峰为深泽县住房和城乡建设局局长。

决定免去：

袁海涛深泽县住房和城乡建设局局长职务；

贾炜深泽县人力资源和社会保障局局长职务；

李彦平深泽县教育局局长职务；

纪青峰深泽县卫生健康局局长职务；

张丽深泽县民政局局长职务。

2024年1月4日，县十七届人大常委会第二十二次会议，通过县监察委员会人事任免事项。

免去：

梁占强深泽县监察委员会副主任职务并终止其代理主任职务。

2024 年 1 月 31 日，县十七届人大常委会第二十五次会议，通过县人民检察院人事任免事项。

任命：

李琳为深泽县人民检察院检察员。

2024 年 3 月 29 日，县十七届人大常委会第二十六次会议，通过县人民法院、县监察委人事任免事项。

任命：

吕光丰为深泽县监察委员会副主任；

李立军为深泽县人民法院桥头人民法庭庭长；

杨英媛为深泽县人民法院赵八人民法庭庭长；

刘曼为深泽县人民法院白庄人民法庭庭长。

免去：

李立军深泽县人民法院赵八人民法庭庭长职务；

杨英媛深泽县人民法院桥头人民法庭庭长职务；

刘曼深泽县人民法院立案庭庭长职务；

刘剑波深泽县人民法院审判员职务。

2024 年 5 月 30 日，县十七届人大常委会第二十七次会议，通过县人民政府、县监察委人事任免事项。

决定任命：

袁海涛为深泽县卫生健康局局长；

申晓东为深泽县交通运输局局长；

张海良为深泽县数据和政务服务局局长；

高海霞为深泽县农业农村局局长；

张英民为深泽县退役军人事务局局长。

任命：

纪青枝为深泽县监察委员会委员；

冯琦为深泽县监察委员会委员。

决定免去：

张礼明深泽县交通运输局局长职务；

袁立峰深泽县行政审批局局长职务；

甄亚超深泽县农业农村局局长职务。

## 第二节 常委会接受辞职情况

2022 年 5 月 20 日，县十七届人大常委会第六次会议接受贾立桥、贾光辞去深泽县人民政府副县长职务。

2023 年 1 月 12 日，县十七届人大常委会第十二次会议接受王建峰辞去深泽县人大常委会主任职务。

2023 年 2 月 21 日，县第十七届人大常委会第十四次会议接受王永辞去深泽县人民政府副县长职务。

2023 年 3 月 27 日，县第十七届人大常委会第十五次会议接受魏洪涛、寇庆民辞去深泽县人民政府副县长职务。

2023 年 9 月 15 日，县十七届人大常委会第十九次会议接受郭彬辞去深泽县人民政府副县长职务。

2024 年 1 月 17 日，县十七届人大常委会第二十三次会议接受王溪波辞去石家庄市第十五届人民代表大会代表职务。

2024 年 3 月 29 日，县十七届人大常委会第二十六次会议接受高会军辞去深泽县人民政府副县长职务。

2024 年 5 月 30 日，县第十七届人大常委会第二十七次会议接受张云良辞去深泽县人民政府副县长职务。

# 第八章　深泽县人民代表大会制度研究会

加强人民代表大会制度理论研究，是坚持和完善人民代表大会制度、做好新时代人大工作、推动人民代表大会制度与时俱进的一项重要基础性工作。为进一步加强人民代表大会制度理论和实践研究，更好地坚持和完善人民代表大会制度，推动人大制度和人大工作创新发展，2024 年 6 月 28 日，深泽县人民代表大会制度研究会成立。深泽县人民代表大会制度研究会简称“县人大制度研究会”。

## 第一节　县人大制度研究会成立大会

### 一、筹备情况

按照社团成立要求，到 2024 年 6 月，县人大制度研究会做了以下筹备工作：一是提出县人大制度研究会负责人人选，包括会长、副会长、秘书长等，按照领导干部在社团组织任职规定进行备案审批；二是严格按照民政部《社会团体章程示范文本》，拟定社团发展章程草案；三是依据《民间非营利组织会计制度》，制定《深泽县人民代表大会制度研究会财务管理办法》；四是由深泽县人大常委会办公室提供办公地点；五是与深泽县数据和审批局联系，开具《开设临时账户通知书》到银行开立临时账户，在会计师事务所完成验资；六是起草成立大会安排方案，准备相关资料。

### 二、成立大会

2024 年 6 月 28 日，深泽县人民代表大会制度研究会成立大会召开。县人大常委会主任会议成员、研究会全体会员、县人大常委会各委室主任共计 70 人参加会议。会议由县人大常委会副主任宋彬主持。县人大常委会副主任韩占昌介绍研究会筹备情况，县人大常委会副主任李林宣讲《深泽县人民代表大会制度研究会章程》，县人大常委会副主任张江彦宣读《研究会理事会选举办法》。会议举手表决通过研究会章程，举手表决通过理事会选举办法，选举产生研究会第一届理事会。第一届理事会召开第一次会议，选举产生会长、副会长、秘书长。县人大常委会主任郭立辉在研究会成立大会上讲话。

### 三、研究会章程规定的宗旨和业务范围

研究会宗旨：

高举中国特色社会主义伟大旗帜，坚持以马克思列宁主义、毛泽东思想、邓小平理论、“三个代表”重要思想、科学发展观、习近平新时代中国特色社会主义思想为指导，坚持党的领导、人民当家作主、依法治国有机统一，忠诚捍卫“两个确立”、增强“四个意识”、坚定“四个自信”、做到“两个维护”。认真学习研究宣传习近平总书记关于坚持和完善人民代表大会制度的重要思想，深入贯彻中央和省委、市委、县委、县人大工作会议精神，紧紧围绕全县工作大局和县人大常委会工作重点，发扬理论联系实际的学风，积极开展理论研究、经验总结和学术交流等活动，充分发挥“智库”作用，努力推进人大制度和人大工作创新发展，为加强社会主义民主法治建设，全面推进依法治国，加快建设小而精、小而美的魅力深泽作出积极贡献。

业务范围：

1. 组织学习。组织会员认真学习习近平新时代中国特色社会主义思想，特别是习近平总书记关于坚持和完善人民代表大会制度的重要思想，加大对中央人大工作会议精神的研究探讨，学习宪法、法律和中央、省委、市委、县委、县人大常委会的重要文件精神，强化思想理论武装，指导推动工作实践。

2. 调查研究。围绕人民代表大会制度的理论和实践问题开展调查研究，确定调研重点方向和课题，深入基层、深入群众、深入实际，加强深层思考和规律性研究，及时总结新鲜经验，科学提出对策建议；接受相关机关和单位的委托，开展人民代表大会制度理论和实践研究等工作。

3. 理论研讨。积极开展研讨活动，加强成果交流、转化和运用，为常委会决策提供借鉴参考；加强与全国人大常委会、省人大常委会、市人大常委会和外地县人大常委会以及有关研究机构的沟通联系，积极开展对外合作交流，努力提升自身工作水平。

4. 其他工作。承办县人大常委会主任会议交办其他事项。

## 第二节　研究会成员

### 第一届深泽县人民代表大会制度研究会领导机构和会员名单

### 一、领导机构

会　　长：黎建辉

常务副会长：陈运东

副 会 长：刘　炬　张　辉　崔国英　郑建龙

吴运涛　张立松　刘玉龙

秘书长：陈运东（兼）

## 二、会员：

| | | | |
|---|---|---|---|
| 赵路通 | 周　建 | 段建欣 | 高　飞 |
| 封静妙（女） | 孙　强 | 杨　毅（女） | 苗　旭 |
| 袁　茜（女） | 吕欣宜（女） | 赵光义 | 王浩强 |
| 张　梁 | 王　昕（女） | 马运泽 | 李思璇（女） |
| 翟　东 | 王　柱 | 宋　秀（女） | 曹兆南 |
| 周　正 | 张　丽（女） | 宋宝龙 | 张光伟 |
| 王　娟（女） | 李丽芝（女） | 赵鹤婷（女） | 贺　琳（女） |
| 杜领娟（女） | 赵焕龙 | 冯玉芝（女） | 纪军英（女） |
| 李夏夏（女） | 谭秋瑾（女） | 王梦倩（女） | 徐奂景（女） |
| 张江波（女） | 赵月清（女） | 祝平静（女） | 司旭辉（女） |
| 宋　青（女） | 张晓玲（女） | 马培义 | 刘　佳 |
| 孙永立 | 张永力 | 张　浩 | 赵庆伟 |
| 王宝涛 | 张占山 | 张英魁 | 郭习昌 |
| 张士友 | 师晓兰（女） | 纪振福 | 韩高龙 |
| 宋亚坤（女） | 韩永涛 | 秦　尚 | |

## 三、理事会

| | | | |
|---|---|---|---|
| 黎建辉 | 陈运东 | 刘　炬 | 张　辉 |
| 崔国英 | 郑建龙 | 吴运涛 | 张立松 |
| 刘玉龙 | 张光伟 | 赵焕龙 | 张江波 |
| 张晓玲（女） | 王宝涛 | 张占山 | 张英魁 |
| 郭习昌 | 张士友 | 师晓兰（女） | 纪振福 |
| 韩高龙 | | | |

# 第三节　发起单位、主管单位和工作规划

## 一、发起单位

深泽县人民代表大会制度研究会由深泽中学、深泽县委党校、深泽县职教中心、深泽县文旅局、河北农哈哈机械公司作为发起单位。

## 二、主管单位

深泽县人大常委会办公室为深泽县人民代表大会制度研究会业务主管单位。

## 三、工作规划

人大制度研究会把从事人大制度理论研究与实际工作的机关、单位、院校和个人组织起来，把哲学、政治学、法学等多学科研究人大制度的力量整合起来，深入开展人大制度的理论与学术研究，全面总结人大制度建设的基本经验，不断探索人大制度的坚持、完善和发展，广泛宣传人大制度的特色和优势，不断增强道路自信、理论自信、制度自信、文化自信，充分发挥人大制度在推进中国特色社会主义民主政治和法治中国建设中的重要作用。

2024 年至 2027 年的主要任务，一是深入挖掘深泽县在抗日战争时期所召开的人民代表大会在人大制度史上的重要意义；二是建立健全规章制度，探索县人大及其常委会如何在助推社会主义建设和深泽县高质量发展中起到积极作用；三是确定科研课题，加强调查研究，尽快拿出研究成果。

# 第九章　机关工作

深泽县人大常委会坚持把纪律和规矩挺在前面，巩固深化党史学习教育成果，以打造一流队伍为标准，狠抓机关作风建设，展现人大良好社会形象。

1. 认真落实人大党组主体责任，推动全面从严治党、作风建设向纵深发展。强化对乡镇人大工作的联系指导，继续推行乡镇人大主席团的规范化建设，进一步提高乡镇人大主席团的监督能力。继续加大培训力度，提高人大工作者的能力素质，不断提升全县人大系统工作整体水平。

2. 全面加强人大自身建设，坚持请进来、走出去并重，在全县人大系统组织开展大学习大培训活动，加强常委会组成人员和人大代表的教育管理，努力打造让县委放心、人民群众满意的政治机关、权力机关、工作机关、代表机关。改进提高人代会、常委会、主任会等会务组织服务工作，做到无缝衔接、质效提升。

3. 坚持全面从严治党，严格落实中央八项规定及其实施细则精神，坚持不懈纠正“四风”，营造风清气正的政治生态。加强人大制度的理论研究和实践典型的宣传报道，让制度自信更加深入人心。

4. 把牢“政治机关、权力机关、工作机关、代表机关”定位要求，以政治建设为统领，加强常委会自身建设，筑牢思想政治根基，提升履职能力水平，着力打造一支政治坚定、服务人民、尊崇法治、发扬民主、勤勉尽责的人大工作队伍。

5. 全面加强机关党的建设，认真落实全面从严治党要求，扎实开展主题教育活动，着力强化“勤快严实精细廉”作风，力戒形式主义、官僚主义，大力营造勤政务实、风清气正、团结干事的良好氛围。强化学习教育培训，丰富拓展学习内容，努力提高常委会组成人员和机关干部的政治思想素质和依法履职能力。

6. 健全完善常委会工作制度和议事程序，改进视察、调研和执法检查方式方法，不断提升新时代人大工作质量和水平。加强人大新闻宣传，讲好人大故事，传递人大声音。强化上级人大工作联系，加强对乡镇人大工作的指导，密切工作协同联动，切实提升全县人大工作整体实效。

7. 顺应新时代人大工作的新形势新要求，持续加强思想、组织、作风、纪律和制度建设，不断加强常委会组成人员和人大机关干部的思想淬炼、政治历练、实践锻炼、专业训练，打造一支政治坚定、服务人民、崇尚法治、发扬民主、勤勉尽责的人大工作队伍。严格落实全面从严治党主体责任，坚定不移推进党风廉政建设，认真贯彻中央八项规定及其实施细则精神，驰而不息纠“四风”、转作风。自觉接受上级人大工作指导，联动开展执法检查、视察调研等工作。加强对乡镇人大工作的指导，密切工作协同联动，切实提升全县人大工作整体实效。

8.2022年5月1日，深泽县人大常委会机关办公地点由原来的平房院落，搬迁到县委、县人大、县政府、县政协办公楼三楼。

# 第 十 五 篇

# 各乡镇人民代表大会

# 第一章　深泽镇人民代表大会

深泽镇总面积25平方公里，下辖26个行政村，4个社区，人口5.2万人，耕地面积2.2万亩。1987年12月，经河北省人民政府批准，深泽县城关镇人民政府更名为深泽县深泽镇人民政府。

## 一、城关镇（深泽镇）第九届人民代表大会（1987年3月至1990年3月）

城关镇第九届人民代表大会第一次会议于1987年3月召开。选举镇长1人：刘会军；副镇长3人：曹庆田、秦会欣（女）、王建民。

**城关镇人民代表大会代表联组**

副组长：荣振科（1987年3月至1987年12月）

**深泽镇人民代表大会代表联组**

副组长：荣振科（1987年12月至1989年2月）

　　　　黎春生（1989年4月至1990年3月）

## 二、深泽镇第十届人民代表大会（1990年3月至1993年3月）

第一次会议于1990年3月召开，大会听取审议《镇政府工作报告》《财政预决算报告》《人大工作报告》，并通过有关决议。选举镇长1人：王建成；副镇长4人（包括科技副镇长1人）：陈彦军、陈敬平、陈占海、贾占锁（科技副镇长）。人大主席团设常务主席、副主席各1人。

第二次会议于1991年3月召开，大会听取审议《政府工作报告》《财政预决算报告》，通过有关决议。增补镇政府成员。

第三次会议于1992年1月召开，大会增补镇政府成员。

第四次会议于1992年3月召开，大会听取审议《镇政府工作报告》《镇财政预决算报告》《人大工作报告》，并通过《关于改善教学条件、提高教学质量的决议》《关于加强农业服务的决议》。

**深泽镇人民代表大会主席团**

常务主席：黎春生（1990年3月至1992年1月）

　　　　　刘殿欣（兼，1992年1月至1993年3月）

常务副主席：宋玉生（1992 年 1 月至 1993 年 3 月）

**三、深泽镇第十一届人民代表大会（1993 年 3 月至 1996 年 6）**

第一次会议于 1993 年 3 月召开。选举镇长 1 人：刘茂秋；副镇长 5 人：贾增谦、翟义芬（女）、刘志申、李秋长、陈占海。人大主席团设常务主席 1 人、副主席 1 人。

**深泽镇人民代表大会主席团**

常务主席：王建成（1993 年 3 月至 1996 年 1 月）

宋玉生（1996 年 1 月至 1996 年 6 月）

常务副主席：宋玉生（1993 年 3 月至 1996 年 1 月）

**四、深泽镇第十二届人民代表大会（1996 年 6 月至 1999 年 3 月）**

第一次会议于 1996 年 6 月召开。选举镇长 1 人：张进兴；副镇长 6 人（其中兼职 1 人）：纪锁军、王志强、李平均、王会然（女）、王会彬、崔胜国。选举深泽镇人大主席 1 人、副主席 1 人。

**深泽镇人民代表大会**

主　席：宋玉生（1996 年 6 月至 1997 年 11）

副主席：陈占海（1996 年 6 月至 1999 年 3 月）

**届中补选**

主　席：刘志申（1997 年 11 月至 1999 年 3 月）

**五、深泽镇第十三届人民代表大会（1999 年 3 月至 2002 年 4 月）**

第一次会议于 1999 年 3 月 18 日召开。选举镇长 1 人：权国法；副镇长 5 人：纪全起、赵明会（女）、张二争、陈士英、张海涛。选举深泽镇人大主席 1 人、副主席 1 人。

**深泽镇人民代表大会**

主　席：王会彬（1999 年 3 月至 1999 年 8 月）

副主席：陈占海（1999 年 3 月至 1999 年 5 月）

**届中补选**

主　席：纪锁军（1999 年 8 月至 2001 年 9 月）

副主席：韩彩芹（女，2002 年 1 月至 2002 年 4 月）

**六、深泽镇第十四届人民代表大会（2002 年 4 月至 2007 年 4）**

第一次会议于 2002 年 4 月召开。选举镇长 1 人：李建锁；副镇长 5 人：纪全起、陈士英、张海涛、贾立桥、于国红。选举深泽镇人大主席 1 人、副主席 1 人。

第三次会议于 2006 年 4 月召开。补选镇长 1 人：韩占昌；副镇长 4 人：韩彩芹（女）、王永、赵旭、贾立桥。补选深泽镇人大主席、副主席。

**深泽镇人民代表大会**

主　席：范　征（2002 年 4 月至 2006 年 4 月）

副主席：韩彩芹（女，2002 年 4 月至 2006 年 4 月）

**届中补选**

主　席：徐扣成（2006 年 4 月至 2007 年 4 月）

副主席：贾　炜（女，2006 年 4 月至 2007 年 4 月）

### 七、深泽镇第十五届人民代表大会（2007 年 4 月至 2012 年 2 月）

深泽镇第十五届人民大表大会第一次会议于 2007 年 4 月召开。选举镇长 1 人：张礼明；副镇长 4 人：韩彩芹（女）、贾立桥、赵旭、左立兵。选举深泽镇人大主席 1 人、副主席 1 人。

**深泽镇人民代表大会**

主　席：徐扣成（2007 年 4 月至 2010 年 9 月）

副主席：贾　炜（女，2007 年 4 月至 2009 年 4 月）

**届中补选**

主　席：高玉涛（2011 年 3 月至 2012 年 2 月）

副主席：刘亚品（女，2009 年 11 月至 2011 年 3 月）

　　　　许伟红（女，2011 年 3 月至 2012 年 2 月）

### 八、深泽镇第十八届人民代表大会（2021 年 6 月截至 2024 年 7 月）

第二次会议于 2022 年 5 月 29 日召开，会议应到代表 73 人，实到 61 人。会议补选赵光义为深泽镇人大主席，李建永为深泽镇政府镇长，张国策为深泽镇政府副镇长。

第三次会议于 2022 年 10 月 28 日召开，补选李龙为深泽镇政府镇长。

第四次会议于 2023 年 3 月 16 日召开，会议听取审议《深泽镇政府工作报告》《深泽镇人大工作报告》《关于 2022 年深泽镇财政预算执行情况和 2023 年财政预算情况的报告》。会议通过关于这三个报告的决议。会议通过投票表决，确定深泽镇人民政府 2023 年民生实事项目 2 个。

第五次会议于 2023 年 8 月 28 日召开，会议应到代表 72 人，实到 61 人。补选王浩强为深泽镇人大副主席。

第六次会议于 2024 年 2 月 28 日召开，会议应到代表 72 人，实到 57 人。会议听取和审议《深泽镇政府工作报告》《深泽镇人大工作报告》《关于 2023 年深泽镇财政决算情况和 2024 年财政预算情况的报告》。会议通过关于这三个报告的决议。会议通过投票表决，确定深泽镇人民政府 2024 年民生实事项目 2 个。

第七次会议于 2024 年 7 月 19 日召开，会议应到代表 71 人，实到 48 人。补选李士琛、靳正则为深泽镇政府副镇长，杨昭为深泽镇人大副主席。

# 第二章　铁杆镇人民代表大会

铁杆镇位于深泽县城东南15公里，地处两市（石家庄市、衡水市）、三县（深泽县、辛集市、安平县）交界处，面积73.40平方公里。下辖26个行政村，常驻人口28069人，基本农田68817亩，一般农田3502亩，林地3441亩、集体建设用地15759亩，正饶线、西九线、正前线贯穿全境。铁杆镇农业以种植小麦、玉米等为主，以苹果、葡萄、梨、白山药、中药材等经济作物为辅；工业项目以丝网拔丝为主。

1996年1月合乡并镇，铁杆镇和马里乡合并，称铁杆镇。

## 合乡并镇前人民代表大会

### 铁杆镇人民代表大会

#### 一、铁杆镇第九届人民代表大会（1987年5月至1990年3月）

铁杆镇第九届人民代表大会第一次会议于1987年5月在铁杆镇政府召开。会议听取和审议镇政府工作报告和财政预算报告，并通过有关决议。

**铁杆镇人民代表大会联组**

组　长：郭义忠（1987年5月至1990年2月）

**铁杆镇人民政府**

镇　长：李小录（1987年5月至1988年5月）

副镇长：丁贞来（1987年5月至1988年5月）

曹占青（1987年5月至1989年4月）

**届中补选**

镇　长：赵利宏（1988年5月至1990年3月）

副镇长：李国兴（1988年5月至1990年3月）

郭荣志（1989年4月至1990年2月）

刘根友（1989年4月至1990年3月）

崔跃进（1989年4月至1990年3月）

## 二、铁杆镇第十届人民代表大会（1990年3月至1993年3月）

铁杆镇第十届人民代表大会第一次会议于1990年3月召开。会议听取和审议镇政府工作报告和财政预算报告，并通过有关决议。大会选举镇长1人，副镇长4人，大会主席团常务主席1人。

**铁杆镇人民代表大会主席团**

常务主席：郭义忠（1990年3至1992年12月）

**铁杆镇人民政府**

镇　长：赵利宏（1990年3至1990年12月）

副镇长：李国兴（1990年3至1992年12月）

　　　　周计海（1990年3至1991年3月）

　　　　刘根友（1990年3至1991年12月）

**届中补选**

镇　长：崔胜国（1990年12月至1991年12月）

　　　　陈振英（1991年12至1993年3月）

副镇长：王国欣（1991年3月至1993年3月）

　　　　李立水（1991年3月至1993年3月）

　　　　宋录通（1992年2月至1993年3月）

## 三、铁杆镇第十一届人民代表大会（1993年3月至1996年6月）

铁杆镇第十一届人民代表大会第一次会议于1993年3月召开。

**铁杆镇人民代表大会主席团**

常务主席：周子波（1993年3月至1995年3月）

常务副主席：张双全（1993年3月至1996年1月）

**铁杆镇人民政府**

镇　长：陈振英（1993年3月至1994年6月）

副镇长：周景福（1993年3月至1995年5月）

　　　　李国兴（1993年3月至1994年6月）

　　　　李立水（1993年3月至1995年3月）

　　　　宋录通（1993年3月至1996年1月）

**届中补选**

镇　长：刘英辰（1994年6月至1995年3月）

　　　　李立水（1995年3月至1996年1月）

副镇长：李彦栋（1994年12月至1996年1月）

　　　　王录谦（1995年5月至1996年1月）

　　　　张路群（1995年5月至1996年1月）

## 马里乡人民代表大会

### 一、马里乡第九届人民代表大会（1987 年 5 月至 1990 年 4 月）

马里乡第九届人民代表大会第一次会议于 1987 年 5 月召开，出席代表 40 人。

**马里乡人民代表大会联组**

副组长：李志国（1987 年 5 月至 1990 年 2 月）

**马里乡人民政府**

乡　长：王保成（1987 年 5 月至 1988 年 11 月）

副乡长：戴彩申（1987 年 5 月至 1988 年 3 月）

　　　　郭兴龙（1987 年 5 月至 1988 年 10 月）

**届中补选**

乡　长：刘增奎（1988 年 11 月至 1990 年 4 月）

副乡长：贾保才（1988 年 3 月至 1990 年 2 月）

　　　　王振英（1988 年 11 月至 1990 年 4 月）

　　　　张增怀（1989 年 4 月至 1990 年 4 月）

### 二、马里乡第十届人民代表大会（1990 年 4 月至 1993 年 3 月）

马里乡第十届人民代表大会第一次会议于 1990 年 4 月召开，出席代表 53 人。大会听取和审议乡政府工作报告和财政预算报告，并通过有关决议。选举乡长、副乡长，大会主席团常务主席、常务副主席。

**马里乡人民代表大会主席团**

常 务 主 席：李保恒（1990 年 4 月至 1991 年 8 月）

常务副主席：李志国（1990 年 4 月至 1993 年 3 月）

**届中补选**

常 务 主 席：王殿勋（1991 年 8 月至 1993 年 3 月）

**马里乡人民政府**

乡　长：刘增奎（1990 年 4 月至 1990 年 12 月）

副乡长：王振英（1990 年 4 月至 1991 年 3 月）

　　　　郭荣志（1990 年 4 月至 1990 年 12 月）

　　　　张增怀（1990 年 4 月至 1992 年 2 月）

**届中补选**

乡　长：代彩申（1990 年 12 月至 1991 年 8 月）

　　　　袁英豹（1991 年 8 月至 1992 年 10 月）

　　　　贺书良（1992 年 10 月至 1993 年 3 月）

副乡长：陈彦军（1991 年 3 月至 1993 年 3 月）

刘晓英（1990 年 12 月至 1993 年 3 月）
周计海（1991 年 3 月至 1993 年 3 月）
权国法（1992 年 2 月至月 1993 年 3 月）

**三、马里乡第十一届人民代表大会（1993 年 3 月至 1996 年 6 月）**

马里乡第十一届人民代表大会第一次会议于 1993 年 3 月召开。

**马里乡人民代表大会主席团**

常务主席：李志国（1993 年 3 至 1996 年 1 月）

**马里乡人民政府**

乡　长：贺书良（1993 年 3 月至 1995 年 3 月）
副乡长：周计海（1993 年 3 月至 1996 年 1 月）
王录谦（1993 年 3 月至 1995 年 5 月）
陈彦军（1993 年 3 月至 1996 年 1 月）
权国法（1993 年 3 月至 1996 年 1 月）

**届中补选**

乡　长：杨长岭（1995 年 3 月至 1996 年 1 月）
副乡长：纪书强（1995 年 5 月至 1996 年 1 月）

## 合乡并镇后铁杆镇人民代表大会

**一、铁杆镇第一届人民代表大会（1996 年 6 月至 1999 年 3 月）**

铁杆镇第一届人民代表大会第一次会议于 1996 年 6 月召开。选举铁杆镇人大主席、镇长、副镇长。

**铁杆镇人民代表大会**

主　席：张双全（1996 年 6 月至 1997 年 11 月）

**届中补选**

主　席：周计海（1997 年 11 月至 1999 年 3 月）

**铁杆镇人民政府**

镇　长：杨长岭（1996 年 6 月至 1997 年 11 月）
副镇长：周计海（1996 年 6 月至 1997 年 11 月）
王录谦（1996 年 6 月至 1996 年 9 月）
贾占群（1996 年 6 月至 1997 年 11 月）
张路群（1996 年 6 月至 1997 年 11 月）
李彦栋（1996 年 6 月至 1997 年 11 月）
纪书强（1996 年 6 月至 1996 年 9 月）

**届中补选**

镇　长：张国杰（1997 年 11 月至 1999 年 3 月）

副镇长：刘向东（1996 年 9 月至 1997 年 11 月）

赵玉芬（女，1996 年 9 月至 1999 年 3 月）

任维维（挂职，1996 年 10 月至 1998 年 3 月）

张振波（1997 年 11 月至 1999 年 3 月）

赵喜军（1997 年 11 月至 1999 年 3 月）

刘彦力（1997 年 11 月至 1999 年 3 月）

## 二、铁杆镇第二届人民代表大会（1999 年 3 月至 2002 年 4 月）

铁杆镇第二届人民代表大会第一次会议于 1999 年 3 月召开。选举铁杆镇人大主席、副主席，镇长、副镇长。

**铁杆镇人民代表大会**

主　席：冉荣广（1999 年 3 月至 2002 年 4 月）

副主席：张振波（1999 年 3 月至 1999 年 12 月）

**届中补选**

副主席：郭运周（2001 年 3 月至 2002 年 4 月）

**铁杆镇人民政府**

镇　长：陈会兴（1999 年 3 月至 2001 年 10 月）

副镇长：刘彦立（1999 年 3 月至 2000 年 8 月）

陈玉坤（1999 年 3 月至 2002 年 4 月）

段学彬（1999 年 3 月至 2000 年 9 月）

甄亚超（1999 年 3 月至 2000 年 8 月）

张建毅（1999 年 3 月至 2000 年 8 月）

**届中补选**

镇　长：苑运良（2001 年 10 月至 2002 年 4 月）

副镇长：刘占涛（2001 年 1 月至 2002 年 4 月）

刘　涛（2001 年 1 月至 2002 年 4 月）

郑红桥（2001 年 1 月至 2002 年 4 月）

## 三、铁杆镇第三届人民代表大会（2002 年 4 月至 2007 年 4 月）

铁杆镇第三届人民代表大会第一次会议于 2002 年 4 月召开。选举铁杆镇人大主席、副主席，镇长、副镇长。

**铁杆镇人民代表大会**

主　席：冉荣广（2002 年 4 月至 2002 年 8 月）

副主席：郭运周（2002 年 4 月至 2006 年 4 月）

**届中补选**

主　席：赵永红（2002 年 8 月至 2005 年 12 月）

　　　　贾　恒（2005 年 12 月至 2007 年 4 月）

副主席：彭永光（2006 年 4 月至 2007 年 4 月）

　　　　许彦芝（2006 年 4 月至 2007 年 4 月）

**铁杆镇人民政府**

镇　长：王志强（2002 年 4 月至 2004 年 8 月）

副镇长：刘占涛（2002 年 4 月至 2006 年 4 月）

　　　　刘　涛（2002 年 4 月至 2005 年 12 月）

　　　　郑红桥（2002 年 4 月至 2003 年 4 月）

**届中补选**

镇　长：郑红桥（2004 年 8 月至 2005 年 12 月）

　　　　刘荣建（2005 年 12 月至 2007 年 4 月）

副镇长：张军波（2002 年 5 月至 2003 年 4 月）

　　　　张晓辉（2002 年 7 月至 2007 年 4 月）

　　　　何　影（2002 年 8 月至 2007 年 4 月）

　　　　马建勋（2006 年 4 月至 2007 年 4 月）

　　　　邸国申（2006 年 4 月至 2007 年 4 月）

## 四、铁杆镇第四届人民代表大会（2007 年 4 月至 2012 年 2 月）

铁杆镇第四届人民代表大会第一次会议于 2007 年 4 月召开。选举铁杆镇人大主席、副主席，镇长、副镇长。

**铁杆镇人民代表大会**

主　席：贾　恒（2007 年 4 月至 2009 年 10 月）

副主席：许彦芝（2007 年 4 月至 2010 年 7 月）

　　　　宋永涛（2007 年 4 月至 2009 年 10 月）

**届中补选**

主　席：张　丽（2011 年 3 月至 2012 年 2 月）

副主席：何丽敏（2009 年 10 月至 2011 年 3 月）

　　　　高学永（2010 年 12 月至 2011 年 3 月）

　　　　左立兵（2011 年 3 月至 2012 年 2 月）

　　　　张　玲（2011 年 3 月至 2012 年 2 月）

**铁杆镇人民政府**

镇　长：刘荣建（2007 年 4 月至 2007 年 6 月）

副镇长：张　丽（2007 年 4 月至 2009 年 10 月）

何　影（2007 年 4 月至 2007 年 10 月）

张运波（2007 年 4 月至 2009 年 4 月）

**届中补选**

镇　长：赵玉景（2007 年 8 月至 2012 年 2 月）

副镇长：段建欣（2009 年 4 月至 2011 年 3 月）

李远东（2007 年 10 月至 2011 年 3 月）

曹占山（2011 年 3 月至 2012 年 2 月）

林　光（2009 年 10 月至 2012 年 2 月）

### 五、铁杆镇第七届人民代表大会(2021 年 6 月截至 2024 年 7 月)

铁杆镇第七届人民代表大会第一次会议于 2021 年 6 月召开，应出席代表 70 人，实出席代表 62 人。会议听取和审议《镇政府工作报告》《2020 年财政决算及 2021 年财政预算报告》《镇人大工作报告》，并作出相应决议。会议选举铁杆镇第七届人民代表大会主席 1 人、副主席 1 人，镇政府镇长 1 人、副镇长 3 人。

铁杆镇人大主席：张梁（2021 年 6 月至 2024 年 7 月），副主席：陈团（女，2021 年 6 月至 2022 年 5 月）。铁杆镇政府镇长：陈建民；副镇长：封云（女）、刘腾姣（女月）、曹亚辉。

第二次会议于 2022 年 5 月召开，应出席代表 70 人，实出席代表 60 人。会议听取和审议《镇政府工作报告》《2021 年财政决算及 2022 年财政预算报告》《镇人大工作报告》，并作出相应决议。会议补选镇人民代表大会副主席 1 人，镇政府镇长 1 人、副镇长 1 人。

铁杆镇人大副主席：信海亮（2022 年 5 至 2023 年 8 月）。镇政府镇长：郭宏勋；副镇长：李葳（女）。

第三次会议于 2023 年 3 月召开，应出席代表 68 人，实出席代表 51 人。会议听取和审议《镇政府工作报告》《2022 年财政决算及 2023 年财政预算报告》《镇人大工作报告》，并作出相应决议。会议补选王克迪为铁杆镇副镇长。

第四次会议于 2023 年 8 月召开，应出席代表 69 人，实出席代表 51 人。补选王昕（女）为镇人大副主席。

第五次会议于 2024 年 2 月召开，应出席代表 69 人，实出席代表 51 人。会议听取和审议《镇政府工作报告》《2023 年财政决算及 2024 年财政预算报告》《镇人大工作报告》，并作出相应决议。会议补选赵凯为镇政府镇长。

# 第三章　赵八镇人民代表大会

赵八镇位于深泽县西部，距离县城4.6公里，西邻无极县，辖区面积36平方公里，省道正饶线穿境而过。总人口3.6万人，耕地3.86万亩，辖15个行政村。滹沱河、磁河、木刀沟3条河流自西向东由赵八镇流入深泽县境内。

2011年12月撤销赵八乡，建立赵八镇。

## 赵八乡历届人民代表大会

### 一、赵八乡第八届人民代表大会（1984年4月至1987年4月）

**第一次会议**　1984年4月10日召开。出席代表71人（应到102人）。会议听取和审议《赵八乡政府工作报告》，并作出相应决议。选举产生乡长、副乡长，设立乡人民政府。

**第二次会议**　1985年5月10日召开。会议听取和审议《赵八乡政府工作报告》，并作出相应决议。

**第三次会议**　1986年7月8日召开。出席代表76人（应到106人）。会议听取和审议毕国珍作的《政府工作报告》，并作出相应决议。选举毕国珍为乡人民政府乡长，刘焕军为副乡长。

### 二、赵八乡第九届人民代表大会（1987年4月至1990年3月）

**第一次会议**　1987年4月29日至30日召开。出席代表39人（应到48人）。会议听取和审议王运生作的《政府工作报告》，并作出相应决议。选举王运生为乡人民政府乡长，宋习兴、康占峰为副乡长。

**第二次会议**　1988年5月10日召开。出席代表39人（应到48人）。会议听取和审议王运生作的《政府工作报告》、程文利作的《赵八乡人民政府关于1987年财政预算执行情况和1988年财政预算情况的报告》、张占勋作的《赵八乡人民政府国民经济发展计划报告》、王保振宣读的《建立村民代表制的暂行规定》，并作出相应决议。

**第三次会议**　1989年4月15日召开。出席代表34人（应到48人）。会议听取和审议康占峰作的《政府工作报告》、程文利作的《赵八乡人民政府关于1988年财政决算和1989年财政预算报告》，并作出相应决议。补选康占峰为乡人民政府乡长，马计格、崔荣欣为副乡长。

**第四次会议** 1989年9月7日召开。出席代表28人（应到49人）。会议听取和审议康占峰作的《1989年上半年工作报告及下半年工作安排意见》，并作出相应决议。选举副乡长1名。

**三、赵八乡第十届人民代表大会（1990年3月至1993年3月）**

**第一次会议** 1990年3月13日召开。出席代表57人（应到69人）。会议听取和审议康占峰作的《政府工作报告》、刘焕军作的《赵八乡人民政府关于1989年财政决算和1990年财政预算报告》，并作出相应决议。补选康占峰为乡人民政府乡长，刘焕军、袁其珍、高平芬、张庆民为副乡长。

**第二次会议** 1991年4月4日召开。出席代表41人（应到68人）。会议听取和审议马计格作的《政府工作报告》、刘焕军作的《赵八乡人民政府关于1990财政决算和1991年财政预算报告》，并作出相应决议。补选马计格为乡人民政府乡长。

**第三次会议** 1991年12月17日召开。出席代表52人（应到64人）。会议听取和审议马计格作的《政府工作报告》、程文利作的《赵八乡人民政府1991财政收支情况报告》，并作出相应决议。补选副乡长2名。

**第四次会议** 1992年5月20日召开。出席代表53人（应到64人）。会议听取和审议马计格作的《政府工作报告》、程文利作的《赵八乡人民政府关于1991财政收支和1992年财政预算报告》、高平芬作的《社会治安综合治理工作报告》、王保振作的《人大主席团工作报告》，并作出相应决议。补选副乡长1人。

赵八乡人民代表大会主席团常务主席：王保振（1990年3月至1993年3月）。

**四、赵八乡第十一届人民代表大会（1993年3月至1996年6月）**

**第一次会议** 1993年3月27日召开。出席代表47人（应到70人）。会议听取和审议袁其珍作的《政府工作报告》、陈国英作的《赵八乡人民政府1992财政预算执行情况和1993年财政预算报告》、王保振作的《人大主席团工作报告》，并作出相应决议。选举袁其珍为乡人民政府乡长，冉荣广、王国英、陈国英、赵彦国为副乡长。

赵八乡人民代表大会主席团常务主席：王保振（1993年3月至1996年1月），陈永茂（1996年1月至1996年6月）。

**五、赵八乡第十二届人民代表大会（1996年6月至1999年3月）**

**第一次会议** 1996年6月召开。会议听取和审议《政府工作报告》《赵八乡人民政府1996财政预算执行情况和1997年财政预算报告》《人大工作报告》，并作出相应决议。选举赵英民为乡长，陈会兴、宋森林、姜增雪、陈雄志、刘彦军为副乡长。

赵八乡人大主席：陈永茂（1996年6月至1997年11月），邸彦彬（1997年11月至1999年3月）；副主席：邸彦彬（1996年6月至1997年11月）。

**六、赵八乡第十三届人民代表大会（1999 年 3 月至 2002 年 5 月）**

第一次会议　1999 年 3 月召开。会议听取和审议《政府工作报告》《赵八乡财政预决算报告》《人大工作报告》，并作出相应决议。选举黎建辉为乡长，刘运强、许彦芝（女）、王泽军、刘海彬、陈雄志为副乡长。

赵八乡人大主席：姜增雪（1999 年 3 月至 2002 年 5 月）；副主席：杜礼欣（1999 年 3 月至 2001 年 1 月）。

**七、赵八乡第十四届人民代表大会（2002 年 5 月至 2007 年 4 月）**

**第一次会议**　2002 年 5 月召开。会议听取和审议《政府工作报告》《赵八乡财政预决算报告》《人大工作报告》，并作出相应决议。选举杜贞庄为乡长，许彦芝（女）、刘海彬、刘占峰、秦晓烨（女）为副乡长。

赵八乡人大主席：宋森林（2002 年 5 月至 2006 年 4 月），张二争（2006 年 6 月至 2007 年 4 月）；副主席：张洪武（2002 年 5 月至 2006 年 6 月），郝哲（女，2006 年 6 月至 2007 年 4 月）。

**八、赵八乡第十五届人民代表大会（2007 年 4 月至 2012 年 2 月）**

**第一次会议**　2007 年 4 月召开。会议听取和审议《政府工作报告》《赵八乡财政预决算报告》《人大工作报告》，并作出相应决议。选举张建毅为乡长，刘海彬、秦晓烨（女）、刘占峰、李振庄为副乡长。

赵八乡人大主席：张二争（2007 年 4 月至 2009 年 4 月），秦晓烨（女，2009 年 10 月至 2011 年 3 月）；副主席：郝哲（女，2007 年 4 月至 2007 年 10 月），史亚辉（2007 年 10 月至 2009 年 10 月），邸曼芹（女，2009 年 10 月至 2011 年 3 月），封静妙（女，2011 年 3 月至 2012 年 2 月）。

## 赵八镇历届人民代表大会

**一、赵八镇第一届人民代表大会（2012 年 2 月至 2017 年 1 月）**

**第一次会议**　2012 年 2 月召开，会议听取和审议《政府工作报告》《赵八乡财政预决算报告》《人大工作报告》，并作出相应决议。选举李宇飞为镇长，邸曼芹为副镇长。

赵八镇人大主席：刘云峰（2012 年 2 月至 2012 年 9 月），左立兵（2012 年 9 月至 2015 年 5 月），张则峰（2015 年 5 月至 2017 年 1 月）；副主席：封静妙（女，2012 年 2 月至 2017 年 1 月）。

**二、赵八镇第二届人民代表大会（2017 年 1 月至 2021 年 6 月）**

**第一次会议**　2017 年 1 月召开。会议听取和审议《政府工作报告》《赵八镇财政预决算报告》《人大工作报告》，并作出相应决议。选举崔孽为镇长，房佳为副镇长。选举王猛为人大主席，段琼（女）为人大副主席。

**第三次会议** 2019年12月召开。会议听取和审议《政府工作报告》《赵八镇财政预决算报告》《人大工作报告》，并作出相应决议。补选张新颖、郎晨晞为副镇长。补选张梁为人大主席。

**第四次会议** 2020年9月18日召开。出席代表43人（应到58人）。会议听取和审议刘巧玉作的《政府工作报告》、张新颖作的《赵八镇人民政府关于2019年财政预算执行情况和2020年财政预算报告（草案）》、张梁作的《赵八镇人大工作报告》，并作出相应决议。选举刘巧玉（女）为镇长，韩进为人大副主席。会议票决确定2020年民生实事项目3件。

**三、赵八镇第三届人民代表大会（2021年6月截至2024年7月）**

**第一次会议** 2021年6月28日召开。出席代表52人（应到66人）。会议听取和审议刘巧玉作的《政府工作报告》、郎晨晞作的《赵八镇人民政府关于2020年财政预算执行情况和2021年财政预算报告（草案）》、纪少伟作的《赵八镇人民代表大会工作报告》，并作出相应决议。选举刘巧玉（女）为镇长，郎晨晞、韩进、韩伟松为副镇长。选举纪少伟为人大主席，魏默菲为人大副主席。会议票决确定2021年民生实事项目3件。

**第二次会议** 2022年5月28日召开。出席代表52人（应到66人）。会议听取和审议韩玉钊作的《赵八镇政府工作报告》、李丽平作的《关于2021年赵八镇财政预算执行情况和2022年财政预算情况的报告》、张新颖作的《赵八镇人民代表大会工作报告》，并作出相应决议。补选韩玉钊为镇长，谷进田、李丽平为副镇长。补选张新颖为人大主席。会议票决确定2022年民生实事项目2件。

**第三次会议** 2022年10月29日召开。出席代表45人（应到65人）。补选李思璇（女）为人大副主席。

**第四次会议** 2023年3月18日召开。出席代表47人（应到66人）。会议听取和审议韩玉钊作的《赵八镇政府工作报告》、谷进田作的《赵八镇人民政府关于2022年财政预算执行情况和2023年财政预算报告》、张新颖作的《赵八镇人民代表大会工作报告》，并作出相应决议。会议票决确定2023年民生实事项目3件。

**第五次会议** 2023年8月31日召开。出席代表45人（应到64人）。补选王涛为副镇长。

**第六次会议** 2024年2月27日召开，出席代表47人（应到64人）。会议听取和审议刘斯洋作的《赵八镇政府工作报告》、谷进田作的《赵八镇政府关于2023年财政预算执行情况和2024年财政预算的报告》、马运泽作的《赵八镇人大工作报告》，并通过相关决议。补选刘斯洋为镇长，杜爱为副镇长。补选马运泽为人大主席。会议票决确定2024年民生实事项目2件。

# 第四章　大桥头镇人民代表大会

大桥头镇位于深泽县南侧，滹沱河南岸。东接铁杆镇，东南与辛集市为邻，西南连晋州市，北接深泽镇，辖25个行政村，人口50376人，面积62.16平方公里，耕地52803亩。辖区内晋深公路、安新公路、西九公路穿境而过。

1996年1月，西河乡、耿庄乡合并为桥头乡。2020年12月，撤销桥头乡设立大桥头镇。

## 合乡并镇前人民代表大会

### 耿庄乡人民代表大会

#### 一、耿庄乡第八届人民代表大会（1984年4月至1987年5月）

**第一次会议**　1984年4月30日召开，出席代表90人，会议听取审议《乡政府工作报告》，讨论通过《乡规民约》，选举乡长1人：王存良；副乡长2人：毕国珍、段庆法。

**第三次会议**　1986年7月17日召开，会议听取和审议王殿勋作的《代表资格审查报告》、刘三宏作的《乡政府工作报告》；选举乡长1人：刘三宏；副乡长3人：王连卯、李国兴、张牛未。

#### 二、耿庄乡第九届人民代表大会（1987年5月至1990年3月）

**第一次会议**　1987年5月8日召开，选举乡长1人：刘三宏；副乡长2人：李国兴、贾二民。

**第二次会议**　1988年5月召开。会议听取审议《乡政府工作报告》《乡财政预决算报告》《关于建立村民协调委员会的报告》，通过《乡规民约条例（草案）》，通过有关决议。

**第三次会议**　1989年6月7日召开，会议听取和审议《乡政府工作报告》《乡财政1989年预算（草案）报告》，举行乡人民代表与乡政府领导对话会，补选耿庄乡人民政府乡长、副乡长。

#### 三、耿庄乡第十届人民代表大会（1990年3月至1993年3月）

**第一次会议**　1990年3月23日召开，会议听取审议《乡政府工作报告》《财政预决算报告》，通过《关于庄基地使用的决议》；选举乡长、副乡长。

**第三次会议** 1992年4月14日召开，会议听取审议《乡政府工作报告》《财政预决算报告》《加强林木管理的决定》，并通过有关决议。补选乡长、副乡长。选举人大主席团常务主席：陈永茂（1992年4月至1993年3月）。

**四、耿庄乡第十一届人民代表大会（1993年3月至1996年6月）**

**第一次会议** 1993年3月召开，会议选举乡长1人：李会军；副乡长4人：王建光、孙云生、赵安成、康占桥。人大主席团常务主席：陈永茂（1993年3月至1996年1月）。

### 西河乡人民代表大会

**一、西河乡第九届人民代表大会（1987年5月至1990年3月）**

**第一次会议** 1987年5月召开。

**西河乡人民代表大会联组**

副组长：王明生（1987年11月至1988年5月）

贾彦辉（1988年5月至1990年2月）

**二、西河乡第十届人民代表大会（1990年3月至1993年3月）**

**第一次会议** 1990年3月31日召开，会议听取和审议《乡政府工作报告》《乡政府关于1989年经济发展执行情况和1990年计划的报告》《乡政府1989年财政决算和1990年财政预算的报告》《乡政府关于粮棉生产同步发展战略计划的报告》，并通过有关决议。大会选举乡长1人：王国勋；副乡长3人：权国法、刘彦轻、梁增申。

**第二次会议** 1991年4月11日召开，会议听取和审议《乡政府工作报告》《乡政府关于1990年财政决算和1991年财政预算的报告》，并通过有关决议。补选西河乡人民政府乡长、副乡长。

西河乡第十届人民代表大会主席团常务主席：贾彦辉（1990年3月至1992年2月）；常务副主席：刘胜彬（1992年3月至1993年3月）。

**三、西河乡第十一届人民代表大会（1993年3月至1996年6月）**

**第一次会议** 1993年3月召开。

西河乡人大主席团常务主席：王殿勋（1993年3月至1996年1月）；常务副主席：刘胜彬（1993年3月至1996年1月）。

### 合乡并镇后桥头乡人民代表大会

**一、桥头乡第一届人民代表大会（1996年6月至1999年3月）**

**第一次会议** 1996年6月召开，会议选举乡长1人：张造国；副乡长8人：李玉博

（女）、贾元群、彭怀仁、秦恒民、刘义杰、郭立辉、董志刚、马文科。选举桥头乡人大主席1人，副主席2人。

桥头乡人大主席：王建光（1996年6月至1999年3月）；副主席：张志兵（1996年6月至1999年3月），吴礼栓（1996年6月至1999年3月）。

**二、桥头乡第二届人民代表大会（1999年3月至2002年5月）**

**第一次会议**　1999年3月召开。

桥头乡人大主席：崔胜国（1999年3月至1999年8月），郭立辉（1999年8月至1999年12月），刘彦军（2000年10月至2002年5月）；副主席：康同昌（1999年3月至2000年9月），张亚强（2001年1月至2002年5月）。

**三、桥头乡第三届人民代表大会（2002年5月至2007年4月）**

**第一次会议**　2002年5月召开。

桥头乡人大主席：刘彦军（2002年5月至2006年4月），王泽军（2006年4月至2007年4月）；副主席：张亚强（2002年5月至2006年4月），林雄伟（2006年4月至2007年4月），康然芬（2006年4月至2007年4月）。

**四、桥头乡第四届人民代表大会（2007年4月至2012年2月）**

**第一次会议**　2007年4月召开。

桥头乡人大主席：王泽军（2007年4月至2009年10月），张海涛（2009年10月至2011年3月），何海英（女，2011年3月至2012年2月）；副主席：林光（2007年4月至2009年10月），林雄伟（2007年4月至2010年12月），马玉（女，2009年10月至2012年2月），高永强（2010年12月至2012年2月）。

**五、桥头乡第五届人民代表大会（2012年2月至2017年1月）**

**第一次会议**　2012年2月召开。

**第二次会议**　2013年7月16日召开。

桥头乡人大主席：何海英（女，2012年2月至2015年4月）；副主席：杨采燕（女，2012年2月至2015年5月）。

**六、桥头乡第六届人民代表大会（2017年1月至2021年6月）**

**第三次会议**　2019年11月16日召开。会议听取审议《桥头乡政府工作报告》《财政预决算报告》《桥头乡人大工作报告》。补选乡长1人：杨超峰；副乡长2人：马永超、吴琪。补选桥头乡人大主席：李建永；副主席：刘保新。

## 大桥头镇人民代表大会

### 大桥头镇第一届人民代表大会（2021年6月截至2024年7月）

**第一次会议** 2021年6月28日召开，出席代表65人(应出席77人)。会议听取和审议杨超峰作的《政府工作报告》、李建永作的《人大工作报告》、赵永超作的《2020年财政预算执行情况和2021年财政预算（草案）的报告》，并作出相应决议。会议选举杨超峰为大桥头镇人民政府镇长，石笑楠、周祈望、金占华为副镇长；李建永为人大主席，于萧为人大副主席。

**第二次会议** 2022年5月27日召开，出席代表57人（应出席78人）。会议听取和审议刘巧玉作的《政府工作报告》、赵永超作的《2021年财政预算执行情况和2022年财政预算（草案）的报告》、李勇军作的《人大工作报告》，并作出相应决议。会议补选刘巧玉为大桥头镇人民政府镇长，杨益为副镇长；李勇军为人大主席。

**第三次会议** 2023年3月18日召开，出席代表55人（应出席代表77人）。会议听取和审议刘巧玉作的《政府工作报告》、赵永超作的《2022年财政预算执行情况和2023年财政预算（草案）的报告》、刘斯洋作的《人大工作报告》，并作出相应决议。会议补选刘斯洋为大桥头镇人大主席，康雅然为人大副主席。

**第四次会议** 2023年8月30日召开，出席代表56人（应出席代表78人）。会议补选贾云为大桥头镇人民政府镇长，齐津为副镇长。

**第五次会议** 2024年2月28日召开，出席代表52人（应出席代表76人）。会议听取和审议贾云作的《大桥头镇政府工作报告》、赵永超作的《2023年财政预算执行情况和2024年财政预算报告》、翟东作的《大桥头镇人大工作报告》。会议补选翟东为大桥头镇人大主席，王柱为人大副主席。

# 第五章　留村乡人民代表大会

留村乡位于深泽县西北部，总面积42平方公里，西邻无极县，北接定州市，下辖15个行政村，人口3.4万人，耕地3.7万亩。磁河和木刀沟自西向东流过。津石高速公路深泽出入口设在留村乡羊村，高速连接线为双向四车道，全长6.9公里。定深线（定州—深泽）公路贯穿全乡南北。

1996年1月合乡并镇，留村乡和羊村乡合并，称留村乡。

## 合乡并镇前人民代表大会

### 羊村乡人民代表大会

#### 一、羊村乡第八届人民代表大会（1984年4月至1987年4月）

第一次会议于1984年4月20日召开，出席代表62人，会议审议通过《羊村乡政府工作报告》《羊村乡乡规民约》，选举乡长1人：张小更；副乡长2人：贾二民、郝锁成。

第二次会议于1986年5月6日召开，出席代表60人，会议审议通过《羊村乡政府工作报告》并作出相应决议。通过《羊村乡第一届人民代表大会第二次会议补选办法》，补选乡长1人，副乡长2人。

#### 二、羊村乡第九届人民代表大会（1987年4月至1990年3月）

第一次会议于1987年4月25日召开，会议听取审议《羊村乡政府工作报告》。会议选举乡长1人：郝锁成；副乡长1人：李保恒。

第二次会议于1988年4月15日召开，出席代表35人，会议听取审议《羊村乡政府工作报告》《羊村乡1987年财政决算和1988年财政预算报告》《羊村乡国民经济发展计划的报告》。会议补选乡长1人：崔建民；副乡长1人：郭礼全。

羊村乡人大联组副组长：李贞明（1987年4月至1990年3月）。

#### 三、羊村乡第十届人民代表大会（1990年3月至1993年3月）

第一次会议于1990年3月15日召开，出席代表47人，会议听取审议《羊村乡政府工作报告》《羊村乡财政预决算报告》。选举乡长 1 人：崔建民；副乡长 4 人：郭礼全、赵同拴、黎习会、刘秀娟（女）。

第二次会议于 1991 年 5 月召开，出席代表 45 人，会议听取审议《羊村乡政府工作报告》《羊村乡 1990 年财政决算和 1991 年预算报告》。会议补选副乡长 3 人：李占秋、赵英民、崔敏英（女）。

第三次会议于 1992 年 4 月 28 日召开，出席代表 42 人，会议听取审议《羊村乡政府工作报告》《羊村乡 1991 年财政决算和 1992 年预算报告》《羊村乡人大主席团工作报告》《羊村乡关于启用能人发展经济的倡议书》。会议补选副乡长 2 人：丁国强、贾元群。

第四次会议于 1992 年 9 月 19 日召开，出席代表 36 人，会议听取审议《羊村乡关于秋收秋种期间保护树木的倡议书》。评议"七站八所"（七站八所：计生站、企管站、畜牧站、棉站、农机管理站、粮站、水管站；税务所、司法所、派出所、工商所、电管所、民政所、财政所、土地所）工作。会议补选副乡长 1 人：赵志栋。

羊村乡人大主席团常务主席：李贞明（1990 年 3 月至 1993 年 3 月）。

### 四、羊村乡第十一届人民代表大会（1993 年 3 月至 1996 年 7 月）

第一次会议于 1993 年 3 月 25 日召开，出席代表 41 人，会议听取审议《羊村乡政府工作报告》《羊村乡 1992 年财政决算和 1993 年预算报告》《羊村乡加快经济发展倡议书》。会议选举乡长 1 人：贾保才；副乡长 4 人：丁国强、李运良、贾元群、赵志栋。

羊村乡人大主席团常务主席：李贞明（1993 年 3 月至 1996 年 1 月）。

## 留村乡人民代表大会

### 一、留村乡第八届人民代表大会（1984 年 4 月至 1987 年 5 月）

第一次会议于 1984 年 4 月 19 日召开，出席代表 64 人，会议听取审议《留村乡政府工作报告》《留村乡财政预决算报告》。

第二次会议于 1986 年 7 月 7 日召开，会议听取审议《留村乡政府工作报告》《留村乡政府关于照顾二胎审批手续的规定》《留村乡关于移风易俗的规定》《留村乡关于农村发放庄基的规定》和《留村乡财务管理的规定》。

### 二、留村乡第九届人民代表大会（1987 年 5 月至 1990 年 3 月）

第一次会议于 1987 年 5 月 6 日召开，出席代表 37 人，会议听取审议《留村乡政府工作报告》《关于开展"双增双节"活动的报告》。会议选举乡长 1 人：邸彦彬；副乡长 2 人：李秋长、刘茂秋。

第二次会议于 1988 年 4 月 24 日召开，出席代表 32 人，会议听取审议《留村乡政府工作报告》《留村乡 1987 年财政决算和 1988 年预算情况报告》《人民代表议事会制度》《发放庄基及土地管理办法》和《乡规民约》。

第三次会议于1989年4月21日召开，出席代表31人，会议听取审议《留村乡政府工作报告》《留村乡1988年财政决算和1989年财政预算报告》。会议补选副乡长1人：袁其珍。

**留村乡人民代表大会联组**

副组长：贺海林（1987年5月至1990年3月）

　　　　曹庆田（1987年5月至1990年3月）

### 三、留村乡第十届人民代表大会（1990年3月至1993年3月）

第一次会议于1990年3月16日召开，会议听取审议《留村乡政府工作报告》《留村乡财政预决算报告》。会议选举乡长1人：杜根恒；副乡长4人：李秋长、曹庆田、邸安志、王运昌。选举人大主席团常务主席1人、常务副主席1人。

第二次会议于1991年5月召开，会议听取审议《留村乡政府工作报告》《留村乡1990年财政决算和1991年预算的报告》。

第三次会议于1992年3月18日召开，出席代表33人，会议听取审议《留村乡政府工作报告》《留村乡1991年财政决算和1992年预算报告》《留村乡人大主席团工作报告》《留村乡护林公约》，评议“七站八所、两社一庭”（两社一庭：信用社、供销社，法庭）。会议选举副乡长2人：贾占群、刘彦林。补选人大主席团常务主席。

**留村乡人大主席团**

常务主席：林志江（1990年3月至1990年12月）

常务副主席：贾秋录（1990年3月至1993年3月）

**届中补选**

常务主席：杜根恒（兼，1992年3月至1992年10月）

### 四、留村乡第十一届人民代表大会（1993年3月至1996年7月）

第一次会议于1993年3月召开，会议选举乡长1人：张增怀；副乡长5人。会议选举乡人大主席团常务主席、副主席。

**留村乡人大主席团**

常 务 主 席：邸安志（1993年3月至1996年1月）

常务副主席：贾秋录（1993年3月至1996年1月）

## 合乡并镇后留村乡人民代表大会

### 一、留村乡第一届人民代表大会（1996年7月至1999年3月）

第一次会议于1996年7月召开，会议听取和审议《留村乡政府工作报告》《留村乡1995年财政决算和1996年财政预算情况报告》《留村乡人大主席团工作报告》。会议选举政府乡长1人：冯玉光；副乡长5人：李会军、孙会平、邸国申、纪全起、李运良。选举乡人大主席、副主席。

留村乡人民代表大会

主　席：崔荣欣（1996 年 7 月至 1999 年 3 月）

副主席：王建波（1996 年 7 月至 1999 年 3 月）

## 二、留村乡第二届人民代表大会（1999 年 3 月至 2002 年 4 月）

第一次会议于 1999 年 3 月召开，会议听取和审议《留村乡政府工作报告》《留村乡 1998 年财政决算和 1999 年财政预算情况报告》《留村乡人大工作报告》。会议选举乡长 1 人：赵建立；副乡长 5 人：张敬娈（女）、李会军、贾恒、邸国申、陈彦霞（女）。会议选举乡人大主席、副主席。

**留村乡人民代表大会**

主　席：崔荣欣（1999 年 3 月至 2002 年 4 月）

副主席：王建波（1999 年 3 月至 2002 年 4 月）

## 三、留村乡第三届人民代表大会（2002 年 4 月至 2007 年 4 月）

第一次会议于 2002 年 4 月召开，会议听取审议《留村乡政府工作报告》《留村乡 2001 年财政决算和 2002 年预算情况报告》《留村乡人大工作报告》。会议选举乡长 1 人：邸亚中；副乡长 4 人：杨光、王永、赵贵品（女）、邸国申。选举乡人大主席、副主席。

第五次会议于 2006 年 4 月召开，会议听取审议《留村乡政府工作报告》《留村乡 2005 年财政决算和 2006 年财政预算情况报告》《留村乡人大工作报告》。会议补选乡长 1 人：李林；副乡长 3 人：陈立谦、白彩欣（女）、张洪武。会议补选乡人大主席、副主席。

**留村乡人民代表大会**

主　席：孙会平（2002 年 4 月至 2006 年 4 月）

副主席：刘国柱（2002 年 4 月至 2006 年 4 月）

**届中补选**

主　席：刘　锋（2006 年 4 月至 2007 年 4 月）

副主席：任海英（女，2006 年 4 月至 2007 年 4 月）

## 四、留村乡第四届人民代表大会（2007 年 4 月至 2012 年 2 月）

第一次会议于 2007 年 4 月召开。会议选举乡长 1 人：李林；副乡长 2 人：白彩欣（女）、张洪武。选举乡人大主席、副主席。

**留村乡人民代表大会**

主　席：刘义杰（2007 年 4 月至 2011 年 3 月）

副主席：宋　峰（2007 年 4 月至 2009 年 10 月）

**届中补选**

主　席：张　伟（2011 年 3 月至 2012 年 2 月）

副主席：曹兰军（2009 年 10 月至 2011 年 3 月）

　　　　贺丽敏（女，2011 年 3 月至 2012 年 2 月）

**五、留村乡第五届人民代表大会（2012 年 2 月至 2017 年 1 月）**

第一次会议于 2012 年 2 月召开，会议听取审议《留村乡政府工作报告》《留村乡 2011 年财政决算和 2012 年预算报告》《留村乡人大工作报告》。会议选举乡长 1 人：宋玉龙；副乡长 2 人：宋峰、孙趁改（女）。选举乡人大主席、副主席。

第二次会议于 2013 年 7 月 16 日召开，会议补选副乡长 1 人：冯英海。

第三次会议于 2015 年 7 月 10 日召开，会议补选乡长 1 人：甄亚超；副乡长 1 人：石珂。

**留村乡人民代表大会**

主　席：张　伟（2012 年 2 月至 2017 年 1 月）

副主席：贺丽敏（女，2012 年 2 月至 2017 年 1 月）

**六、留村乡第六届人民代表大会（2017 年 1 月至 2021 年 6 月）**

第一次会议于 2017 年 1 月 18 日召开，出席代表 58 人（应到 58 人）。会议听取和审议《留村乡政府工作报告》《留村乡 2016 年财政决算和 2017 年预算情况报告》《留村乡人大工作报告》。会议选举甄亚超为乡长，石珂、袁浩为副乡长。选举张伟为人大主席、贺丽敏（女）为人大副主席。

第三次会议于 2019 年 11 月 14 日召开，出席代表 52 人（应到 58 人）。会议听取和审议《留村乡政府工作报告》《留村乡 2018 年财政决算和 2019 年预算情况报告》《留村乡人大工作报告》。会议补选李龙为政府副乡长，王朝辉为人大主席、秦景坤为人大副主席。

第四次会议于 2020 年 9 月 18 日召开，出席代表 41 人（应到 57 人）。会议听取和审议《留村乡政府工作报告》《留村乡 2019 年财政决算和 2020 年预算情况报告》《留村乡人大工作报告》。会议补选刘楠楠为政府乡长，刘沛然（女）、杜爱为政府副乡长。

第五次会议于 2020 年 12 月 9 日召开，出席代表 39 人（应到 57 人）。会议补选赵玉龙、高士章为政府副乡长。

**七、留村乡第七届人民代表大会（2021 年 6 月截至 2024 年 7 月）**

第一次会议于 2021 年 6 月 28 日召开，出席代表 59 人（应到 65 人）。会议听取和审议《留村乡政府工作报告》《留村乡 2020 年财政决算和 2021 年预算情况报告》《留村乡人大工作报告》。会议选举刘楠楠为政府乡长，李泽旸（女）、张少鹏、赵玉龙为政府副乡长。会议选举王飞为人大主席、李思璇（女）为人大副主席。

第二次会议于 2022 年 5 月 27 日召开，出席代表 60 人（应到 65 人）。会议听取和审议《留村乡政府工作报告》《留村乡 2021 年财政决算和 2022 年预算情况报告》《留村乡人大工作报告》。会议补选李龙为人大主席。

第三次会议于 2022 年 10 月 29 日召开，出席代表 46 人（应到 64 人）。会议补选王加宁为人大副主席。

第四次会议于 2023 年 2 月 24 日召开，出席代表 47 人（应到 64 人）。会议补选王雨为政府乡长。

第五次会议于 2023 年 3 月 18 日召开，出席代表 43 人（应到 64 人）。会议听取和审议《留村乡政府工作报告》《留村乡 2022 年财政决算和 2023 年预算情况报告》《留村乡人大工作报告》。会议确定留白路（留村乡—白庄乡）提升和通武线（通化—武汉）建设 2 件民生实事项目。

第六次会议于 2023 年 8 月 31 日召开，出席代表 49 人（应到 64 人）。会议补选王加宁为政府副乡长，宋秀（女）为人大主席。

第七次会议于 2024 年 2 月 28 日召开，出席代表 43 人（应到 64 人）。会议听取和审议《留村乡政府工作报告》《留村乡 2023 年财政决算和 2024 年预算情况报告》《留村乡人大工作报告》。会议确定改造厕所 290 座和人居环境整治 2 件民生实事项目。

# 第六章　白庄乡人民代表大会

白庄乡位于深泽县东北部，距离县城 8 公里，地处两市（石家庄市、保定市）、三县（深泽县、安国市、定州市）交界处，面积 57.7 平方公里，安新公路贯穿全境。白庄乡下辖 18 个行政村，常驻人口 43998 人。耕地面积 60708 亩，其中一般农田 6358 亩。

1996 年 1 月合乡并镇，固罗乡和大直要乡合并，称白庄乡。

## 合乡并镇前人民代表大会

## 固罗乡人民代表大会

### 一、固罗乡第八届人民代表大会（1984 年 4 月至 1987 年 3 月）

第一次会议于 1984 年 4 月 28 日召开。应到代表 83 人，出席代表 77 人。会议听取和审议《乡政府工作报告》和乡规民约的有关规定。选举史全海为固罗乡人民政府乡长，郭兴龙、李秋长为固罗乡人民政府副乡长。

第二次会议于 1985 年 6 月 25 日召开。会议听取和审议《乡政府工作报告》。补选固罗乡人民政府乡长。

第三次会议于 1986 年 6 月 29 日召开。出席代表 55 人。会议听取和审议《乡政府工作报告》。补选利民生为固罗乡人民政府乡长，梁增申、赵拴根、邸安志为固罗乡人民政府副乡长。

### 二、固罗乡第九届人民代表大会（1987 年 3 月至 1990 年 2 月）

第一次会议于 1987 年 3 月 18 日召开。

第二次会议于 1988 年 4 月 30 日召开。会议听取和审议《乡政府工作报告》《1988 年经济发展规划报告》《固罗乡 1987 年财政决算和 1988 年预算情况报告》《人大工作报告》。补选固罗乡政府乡长。

### 三、固罗乡第十届人民代表大会（1990 年 2 月至 1993 年 3 月）

第一次会议于 1990 年 2 月 18 日召开，出席代表 58 人。会议听取和审议《乡政府工作报告》《固罗乡 1989 年财政决算和 1990 年预算情况报告》《人大主席团工作报告》。选举乡长 1 人：周子波；副乡长 3 人：张国胜、杨玉平（女）、赵栓根。

第二次会议于 1991 年 4 月 1 日召开，应到代表 57 人，出席代表 36 人。会议听取和审议《乡政府工作报告》《固罗乡1990年财政决算和1991年预算情况报告》《人大主席团工作报告》。通过固罗乡第十届人民代表大会第二次会议补选办法，补选固罗乡人民政府领导成员。

第三次会议于1992年4月25日召开，会议听取和审议《乡政府工作报告》《固罗乡1991年财政决算和1992年预算情况报告》《人大主席团工作报告》。补选张庆民、苑运良为固罗乡人民政府副乡长。

**四、固罗乡第十一届人民代表大会（1993年3月至1996年7月）**

第一次会议于1993年3月26日召开。应到代表59人，出席代表50人。会议听取和审议《乡政府工作报告》《固罗乡1992年财政决算和1993年预算情况报告》《人大主席团工作报告》。选举乡长1人：杨泉河；副乡长4人：孙洪州、苑运良、王栓泉、刘彦军。

第二次会议于1993年12月22日召开。应到代表59人，出席代表42人。补选袁民杰为固罗乡人民政府乡长。

## 大直要乡人民代表大会

**一、大直要乡第八届人民代表大会（1984年4月至1987年4月）**

第三次会议于1986年9月召开。应到代表91人，出席代表77人。会议听取和审议《乡政府工作报告》。补选贾洪生为大直要乡人民政府乡长，贾成军、段实法为大直要乡人民政府副乡长。

**二、大直要乡第九届人民代表大会（1987年4月至1990年3月）**

第一次会议于1987年4月召开。

**三、大直要乡第十届人民代表大会（1990年3月至1993年3月）**

第一次会议于1990年3月15日召开，出席代表51人。选举乡长1人：王民起；副乡长4人：刘会凯、贾秋录、崔荣欣、刘英辰。

第二次会议于1991年4月5日召开，出席代表47人。大会补选乡长1人、副乡长3人。

**四、大直要乡第十一届人民代表大会（1993年3月至1996年7月）**

第一次会议于1993年3月召开。选举乡长1人：郭荣志；副乡长4人：张路群、刘奇、赵焕斗、杜礼欣。

## 合乡并镇后白庄乡人民代表大会

**一、白庄乡第一届人民代表大会（1996年7月至1999年3月）**

第一次会议于1996年7月召开。选举乡长1人：李立水；副乡长6人：权国法、管秋来、韩立辉、邸亚忠、曹军昌、杜书亮。选举乡人大主席1人、副主席1人。

**白庄乡人民代表大会**

主　席：刘彦卿（1996 年 7 月至 1997 年 5 月）

副主席：王栓良（1996 年 7 月至 1997 年 12 月）

**届中补选**

主　席：袁民杰（1997 年 5 月至 1997 年 11 月）

　　　　王栓良（1997 年 12 月至 1999 年 3 月）

## 二、白庄乡第二届人民代表大会（1999 年 3 月至 2002 年 4 月）

第一次会议于 1999 年 3 月召开。选举乡长 1 人：朱建江；副乡长 5 人：管秋来、王伟、支彦杰（女）、邸新月、张运波。选举乡人大主席 1 人。

**白庄乡人民代表大会**

主　席：王栓良（1999 年 3 月至 2001 年 6 月）

**届中补选**

副主席：韩玉钊（2001 年 1 月至 2002 年 4 月）

## 三、白庄乡第三届人民代表大会（2002 年 4 月至 2007 年 4 月）

第一次会议于 2002 年 4 月召开。选举乡长 1 人：宋文军；副乡长 3 人：赵建峰、张运波、邸新月。选举乡人大主 1 人、副主席 1 人。

第二次会议于 2003 年 4 月召开。

第五次会议于 2006 年 4 月召开。补选乡长 1 人：贾卫东；副乡长 3 人：韩玉钊、纪立军、张海涛。

**白庄乡人民代表大会**

主　席：邸新月（2002 年 4 月至 2006 年 4 月）

副主席：韩玉钊（2002 年 4 月至 2006 年 4 月）

**届中补选**

主　席：张运波（2006 年 4 月至 2007 年 4 月）

副主席：王英荣（女，2006 年 6 月至 2007 年 4 月）

## 四、白庄乡第四届人民代表大会（2007 年 4 月至 2012 年 2 月）

第一次会议于 2007 年 4 月召开。选举乡长 1 人：贾卫东；副乡长 3 人：赵建峰、韩玉钊、戴贺年。选举乡人大主席 1 人、副主席 1 人。

第五次会议于 2011 年 9 月召开。

**白庄乡人民代表大会**

主　席：刘　峰（2007 年 4 月至 2010 年 9 月）

副主席：王荣英（女，2007 年 4 月至 2007 年 10 月）

**届中补选**

主　席：戴贺年（2010 年 9 月至 2012 年 2 月）

副主席：郝　哲（女，2007 年 10 月至 2011 年 3 月）

　　　　曹焕立（女，2011 年 3 月至 2012 年 2 月）

## 五、白庄乡第五届人民代表大会（2012 年 2 月至 2017 年 1 月）

第一次会议于 2012 年 2 月召开。选举乡长 1 人：李彦平；副乡长 2 人：杨柳（女）、郭耀辉。选举乡人大主席 1 人、副主席 1 人。

**白庄乡人民代表大会**

主　席：戴贺年（2012 年 2 月至 2012 年 7 月）

副主席：曹焕立（女，2012 年 2 月至 2017 年 1 月）

**届中补选**

主　席：刘　宁（2013 年 5 月至 2017 年 1 月）

## 六、白庄乡第七届人民代表大会（2021 年 6 月截至 2024 年 7 月）

第一次会议于 2021 年 6 月 27 日至 28 日召开，应到代表 74 人。会议听取和审议《白庄乡政府工作报告》《白庄乡人大工作报告》《2020 年财政预算执行情况和 2021 年财政预算（草案）的报告》，作出相应决议。会议选举王朝辉为白庄乡人民政府乡长，选举马欢欢、李海博、蔡贺雷为白庄乡人民政府副乡长，选举赵凯为白庄乡人大主席，选举尹韶石为白庄乡人大副主席。

第二次会议于 2022 年 5 月 27 日召开，应到代表 74 人。会议听取和审议《白庄乡政府工作报告》《白庄乡人大工作报告》《2021 年财政预算执行情况和 2022 年财政预算（草案）的报告》，作出相应决议。会议补选石笑楠为白庄乡人民政府副乡长。

第三次会议于 2023 年 3 月 17 日召开，应到代表 71 人，出席代表 61 人。会议听取和审议《白庄乡政府工作报告》《白庄乡人大工作报告》《2022 年财政预算执行情况和 2023 年财政预算（草案）的报告》，作出相应决议。会议补选马涵为白庄乡人民政府副乡长。

第四次会议于 2024 年 2 月 28 日召开，应到代表 71 人，出席代表 53 人。会议听取和审议《白庄乡政府工作报告》《白庄乡人大工作报告》《2023 年财政预算执行情况和 2024 年财政预算（草案）的报告》，作出相应决议。会议补选曹兆南为白庄乡人大主席，补选周正为白庄乡人大副主席。

第五次会议于 2024 年 7 月 26 日召开，应到代表 72 人，出席代表 61 人。会议补选赵光义为白庄乡人民政府乡长，补选王卓、曹亚辉为白庄乡人民政府副乡长。

# 后 记

2024年3月，深泽县人大常委会成立深泽县人大志编纂委员会，由袁剑军和人大常委会机关的诸位同志组成编辑室，《深泽县人大志》编修工作启动。

编纂人员从县档案馆借来档案，以届、以时为序摆放，小心翼翼地翻阅，那泛黄的纸张、手写的、竖排的字行里，熠熠地闪出当家做了主人的自豪和建设社会主义新中国的慷慨，开天辟地、扬眉吐气的豪情扑面而来，让每一个人心生敬佩。

代表们来自人民、代表人民，履行国家主人的神圣职责，实事求是地提出最直接关系全县发展和人民生活的意见建议，大到支持解放台湾，小到装变压器、买车轴、积肥，语言质朴无华，平凡中彰显伟大。

因此，在记述每一次会议、每一条建议、每一个决定时，字数虽多，必不敢节省气力；语言虽“土”，定不敢多加文饰。保持原汁原味的历史记录，让这本志书的读者，仿佛沿着这样一条历史的长河，从过去走到今天，然后走向未来。

尊重历史记录，如第四届人代会第一次会议中有称财政局的，第五届人代会第一次会议中有称财政科的；第九届人代会之前代表所提事项称提案，第十届人代会之后代表所提事项称议案、建议或意见；乡镇区划和名称的变更，乡镇人大机构设置和职务的变更，等等；均根据档案资料撰写。

因档案资料缺失，无法记述完整的县各界人民代表会议、县人民代表大会、县人大常委会会议、乡镇人民代表大会，又如第六届人代会代表中未注明女性等，虽为数无几，但不得不搁置不写，未免有些遗憾。

第七届至第十二届人代会期间的照片，由时任代表联系科科长的高晴君拍摄，编排相册、记录完整后亦交档案馆保管，是非常珍贵的图像资料。

全书篇章设置在石家庄市人大常委会指导下，由主编王茂、副主编赵路通、陈运东、高飞制定。各篇“党的领导”部分由陈运东撰写，“人大代表”部分由袁茜、孙强撰写，“人民代表大会”部分由杨毅、司晓丹撰写，“人民代表大会常务委员会”“监督工作”“决议决定”“选举任免”部分由牛佳乐撰写，“机关工作”部分由高飞撰写。篇首概述由袁剑军撰写，大事记由杨毅、司晓丹、袁茜、孙强、牛佳乐共同撰写。乡镇资料由赵路通指导撰写。各部分由袁剑军进行总纂和修改。初稿完成后，由主编通览，安排赵路通、段建欣及各撰稿人员分组进行阅览和修改，之后由编纂委员会进行审阅。

牛佳乐、杨毅、司晓丹、袁茜、吕欣宜、孙强、苗旭参加校对。在时间紧、任务重的情况下，所有工作人员付出了巨大的努力。

深泽县委、县政府非常关心和支持志书的编纂工作，并给予很大的帮助。县人大常委会主任郭立辉、分管副主任宋彬高度重视志书编纂，把它作为2024年的中心工作、重中之重工作来抓，并在编纂质量、时间进度上提出更高的要求，定期召开调度会、研讨会，及时了解情况，立即解决问题，保障了编纂出版工作的顺利进行。

记录历史，启迪未来。本书虽经多次修改、审核，但因前溯久远，某些资料缺失，书中或有疏漏和不妥之处，敬请广大读者谅解和批评指正。

编者

2024年11月